LES GRANDES ÉTAPES DE LA CIVILISATION FRANÇAISE

LES GRANDES ÉTAPES DE LA CIVILISATION FRANÇAISE

Ghislaine COTENTIN-REY
professeur agrégé de lettres classiques

Bordas

Gilles ACCARIE	Responsable d'édition
Catherine DEPREZ	Assistante d'édition
Marie-France GODON	Définition de la maquette
Jeanne COURJEAUD	Maquette
Christine VARIN	Recherche iconographique
Emmanuel de SAINT-MARTIN	Relecture et corrections
Studio ANTILOPE	Couverture
Josiane NICOLE	Fabrication

Cet ouvrage a été réalisé avec la collaboration du ministère français de la Culture.

Une partie des analyses et des documents utilisés pour ce livre ont été tirés de l'ancien ouvrage « Les grandes étapes de la civilisation française » (Éditions Bordas) de Jean THORAVAL †, professeur à la faculté des lettres et sciences humaines, Colette PELLERIN, professeur au lycée Molière, Monique LAMBERT, diplômée d'études supérieures de lettres, et Jean LE SOLLEUZ †, professeur.

Couverture : Claude MONET (1840-1926) « La rue Montorgueil, fête du 30 juin 1878 », huile sur toile, 1878. Musée d'Orsay, Paris. Ph. Hubert Josse © by SPADEM 1991.

ISBN 2-04-019929-2

Sommaire

Des origines à la fin du Moyen Âge

Le XVIe siècle

Le XVIIe siècle

Le XVIIIe siècle

Le XIXe siècle

Le XXe siècle

de 1900 à 1918 : la « Belle Époque » et la guerre

de 1918 à mai 1940 : l'entre-deux-guerres

de mai 1940 à mai 1968

de mai 1968 à nos jours

Des origines à la fin du Moyen Age

La situation de la France dans une des zones les plus tempérées de l'Europe occidentale favorise toutes les activités humaines. En effet, la diversité de son relief et les nuances infinies du climat permettent des ressources plus variées que celles des pays voisins : plaines atlantiques favorables aux cultures et aux herbages, régions montagnardes propres à la vie pastorale, enfin monde méditerranéen où croissent la vigne et l'olivier.

Située à la rencontre des grands axes européens de communication, accessible par la terre comme par la mer, elle fut de tout temps un carrefour de races et de civilisations : des envahisseurs, des conquérants, des marchands ont pénétré son territoire, y ont laissé leur empreinte, ont marqué son histoire.

Les traces préhistoriques

LE PALÉOLITHIQUE

Le sud-ouest de la France est particulièrement riche en témoignages d'activités humaines aux périodes interglaciaires : les découvertes archéologiques, l'étude des squelettes et des lieux alentour indiquent la station verticale de l'homme, la pratique de l'inhumation des morts (dévoilant par là une forme primitive de sentiments religieux) et l'existence d'une première ébauche d'industrie : la corne, l'ivoire, l'os commencent à être utilisés pour la fabrication de couteaux, de grattoirs, d'aiguilles, etc., puisque l'homme vit alors de la pêche et de la chasse. Il est tributaire de la faune qui l'entoure, notamment, dans cette région, des mammouths et des ours.

Un art véritable apparaît alors, dont les premières manifestations remontent à l'âge du renne : une visite aux grottes de Lascaux ou de Niaux dans l'Ariège permet de connaître les techniques de la peinture préhistorique qui permettent un étonnant rendu de la vie : dans une matière ocre et noire, apparaissent des mufles de taureaux, des courses de chevaux sauvages, des animaux percés de traits dont on pense qu'ils avaient peut-être une fonction magique, des personnages masqués (1).

---

(1) On peut consulter à ce propos l'ouvrage de G. Bataille, *Lascaux ou la Naissance de l'Art* (éd. Skira).

LA GAULE CONQUISE

IIe av. J.-C.	120	Appelés par Marseille, leur alliée, les Romains conquièrent un sixième environ du territoire gaulois, entre l'Espagne et l'Italie. Ils fondent Aix et Narbonne, capitale de la Province romaine de Narbonnaise.
	102-101	Marius extermine les Cimbres et les Teutons qui, après avoir franchi le Rhin, ravagent la Narbonnaise.
Ier av. J.-C.	58	César s'installe comme proconsul en Narbonnaise. Le chef suève Arioviste franchit le Rhin et pénètre en Gaule dans le territoire des Éduens, alliés de Rome. Appelé par les Éduens, César repousse Arioviste au-delà du Rhin.
	57	Victoires de César contre les peuples belges, qui se soumettent.
	56	Soumission des Aquitains et des peuples de l'Ouest.
	52	Vercingétorix, chef des Arvernes, forme une armée et se soulève contre César. Victoire de Vercingétorix sur César à Gergovie. Vercingétorix est enfermé avec ses troupes à Alésia. César assiège la ville et obtient la capitulation de Vercingétorix. À la fin de 50 av. J.-C., la Gaule entière est pacifiée.
	12	Auguste envoie à Lyon son beau-fils Drusus qui fonde l'autel de Rome et d'Auguste. Ce geste scelle l'unité des populations par la pratique du culte impérial.
Ier	48	Discours de Claude au Sénat pour y faire admettre des représentants de l'aristocratie gauloise. En 70 est définitivement établie la Paix romaine.
IIIe	212	Caracalla donne la citoyenneté romaine à tous les hommes libres de l'Empire.
IVe	325	Le concile de Nicée condamne l'arianisme.
	395	L'empereur Théodose divise l'Empire en deux : l'empire d'Orient (qui durera jusqu'en 1453 : prise de Constantinople par les Turcs) et l'empire d'Occident.
Ve	476	Poussés par les Huns, hordes asiatiques, les Germains pénètrent en Gaule. Les Francs Saliens, les Wisigoths, les Burgondes aident le général Aetius à repousser les Huns. Disparition du dernier empereur d'Occident.

LES MÉROVINGIENS

Ve	481	Clovis Ier, roi des Francs.
	496	Baptême de Clovis. La capitale de la France devient Paris.
VIe	511	Mort de Clovis. Il laisse un vaste royaume, mais qui sera partagé entre ses fils, et source de luttes incessantes pour le pouvoir.
VIIe	621-39	Règne de Dagobert. Après ce règne, période des « rois fainéants », qui abandonnent leur pouvoir aux « Maires du Palais ».
VIIIe	732	Charles Martel, Maire du Palais, arrête les Arabes à Poitiers. Ses descendants fondent une nouvelle dynastie.

LES CAROLINGIENS

IXe	800	Charlemagne couronné empereur à Rome par le pape. Il double le royaume, s'empare de la Lombardie, de la Saxe et repousse les Sarrasins en Espagne.
	814	Mort de Charlemagne. Le royaume est partagé ; nouvelle crise dynastique.
	842	Serment de Strasbourg entre Charles le Chauve et Louis le Débonnaire contre leur frère, Lothaire : premier document en langue française.
	843	Traité de Verdun, qui consacre le partage du royaume, alors affaibli et attaqué par des pirates normands et sarrasins.

LES CAPÉTIENS

X^{e}	987	Couronnement d'Hugues Capet.
XIe	1095	1re croisade, prêchée par le pape Urbain II.
	1099	Prise de Jérusalem après la deuxième expédition.
XIIe	1128	Création de l'ordre de Templiers, moines-soldats, pour protéger les pèlerins.
	1147-49	La 2e croisade, prêchée par saint Bernard et dirigée par Louis VII, est un échec.
	1180	Philippe Auguste devient roi et lutte contre les rois d'Angleterre pour récupérer les fiefs anglais en France.
	1189-92	3e croisade. Jérusalem est laissée aux musulmans.
XIIIe	1202	4e croisade.
	1204	Prise de Constantinople par les croisés et les Vénitiens.
	1214	Victoire à Bouvines de Philippe Auguste contre le roi d'Angleterre, le comte de Flandre et l'empereur d'Allemagne coalisés.
	1226	Louis IX devient roi.
	1229	Perte de Jérusalem.
	1248-54	7e croisade dirigée par Saint Louis.
	1259	Traité de Paris avec l'Angleterre, qui fait cesser le conflit avec les Plantagenêts, seigneurs d'Anjou.
	1270	8e croisade, dirigée par Saint Louis, qui meurt à Tunis lors d'une épidémie de peste.
	1285	Philippe IV le Bel, roi autoritaire mais qui consolide le royaume.
XIVe	1307	Il brise l'ordre des Templiers et confisque leurs biens.

LES VALOIS

	1328	Philippe VI de Valois devient roi. Mais le roi d'Angleterre prétend au trône par droit de succession.
	1337	Début de la guerre de Cent Ans.
	1346	Défaite française à Crécy.
	1347	Capitulation de Calais après 11 mois de siège.
	1347-49	Épidémie de peste. Début de la Jacquerie.
	1360	Trêve par le Traité de Brétigny : toute la France de l'ouest est anglaise.
	1364	Charles V roi ; avec l'aide d'un gentilhomme breton, Bertrand du Guesclin, il élimine les Grandes Compagnies, bandes de mercenaires hors la loi.
XVe	1415	La guerre a repris. Défaite française à Azincourt.
	1420	Traité de Troyes, signé par Charles VI, qui reconnaît le roi d'Angleterre comme héritier du trône.
	1422	Mort de Charles VI. Son fils Charles VII est roi, mais sans autorité.
	1429	Jeanne d'Arc se présente à Charles VII à Chinon. Elle délivre Orléans, et le fait sacrer roi à Reims.
	1430	Échec de Jeanne d'Arc à Paris. Faite prisonnière, elle est vendue aux Anglais.
	1431	Procès et mort de Jeanne d'Arc.
	1453	Les Anglais sont chassés de France.
	1461	Louis XI devient roi, il triomphe du duché de Bourgogne, fief féodal résistant au pouvoir royal.
	1483	Mort de Louis XI.

LE NÉOLITHIQUE

Les hommes, avec la pratique de l'agriculture et de l'élevage, sont devenus sédentaires.
De la fin de cette époque datent les monuments mégalithiques, formés de gros blocs de pierre qui, pour être érigés, ont exigé la coordination des efforts d'un grand nombre d'individus. Ils abondent dans tout l'Ouest et le Nord-Ouest : menhirs (mot breton signifiant « pierre levée ») et dolmens (mot breton signifiant « table de pierre »), recouverts de terre, étaient sans doute des tombeaux-monuments.
Des contacts se nouent aussi avec les Égéens (1) et l'Orient, par l'intermédiaire des marchands, contacts qui stimulent l'artisanat grâce à l'apport de techniques nouvelles.

L'ÂGE DES MÉTAUX

Les artisans profitent des techniques orientales, les améliorent et, à partir de l'an 1000 av. J.-C., l'industrie locale du bronze, jusqu'alors peu développée, progresse rapidement.
Ainsi l'étude de la préhistoire révèle en France un passé riche de créations humaines dans les domaines les plus variés.

La Gaule

La Gaule indépendante

LE MODE DE VIE

Les Celtes, premiers habitants historiquement connus de la Gaule, sont des envahisseurs venus d'Europe centrale. Ils ne forment pas une nation, mais se divisent en une soixantaine de peuples, dominés par deux classes sociales : celle des chevaliers, nobles possesseurs des terres et des troupeaux, et celle des druides, prêtres qui constituent une communauté d'initiés. Ceux-ci, en même temps qu'ils exercent leur sacerdoce, sont éducateurs des jeunes nobles et, juges, servent d'arbitres entre les peuples (2).
Tout en étant ouverts aux courants commerciaux et aux influences étrangères, en particulier à celles des Grecs et des Étrusques, et malgré les différends qui les opposent parfois, les peuples de la Gaule sont unis par leur langue, d'origine indo-européenne, et par leur religion : des fouilles archéologiques ont offert des témoignages de la religion des « têtes coupées », née de la conviction que le crâne conserve l'âme du mort; on voit encore des niches murales où s'encastraient les crânes des ancêtres ou des ennemis vaincus.
En revanche, les Gaulois n'ont pas de villes : leur architecture n'utilise pas de matériaux durs, si l'on excepte la construction de l'« oppidum » que protègent des remparts de poutres et de pierres, le « murus gallicus » que décrit César.

ARTS ET TECHNIQUES

Il existait une littérature, presque uniquement poétique, transmise oralement par les bardes, et un art de la sculpture. Le goût de ces peuples pour la parure et les bijoux se

---

(1) Civilisations préhelléniques qui se sont développées dans les îles de la mer Égée et dans le Péloponnèse, vers l'an 2000 av. J.-C. – (2) On peut consulter sur ce sujet les ouvrages de Strabon, Diodore de Sicile et Tacite, et surtout *La Guerre des Gaules* de César.

révèle dans les torques, colliers de métal richement ornés, les nombreux objets d'or et de bronze retrouvés dans les tombes, qui attestent aussi l'influence des Étrusques et des Grecs.

Leur technique apparaît dans les charrues à roues et les moissonneuses qui ont émerveillé les Romains ; l'usage de la moissonneuse se perdra, jusqu'au XIXe siècle.

Les apports de Rome en Gaule

LA CULTURE GRÉCO-LATINE

Le latin s'implante rapidement et élimine la langue celtique : les vieux vocables se latinisent ou disparaissent. La diffusion du latin est favorisée par les techniques nouvelles, le brassage démographique et le rayonnement d'écoles de rhétorique (à Autun et à Bordeaux par exemple). Il est un instrument efficace d'unité. À la connaissance du latin s'ajoute souvent, dans l'aristocratie, celle du grec.

UN NOUVEAU MODE DE VIE

Sous l'influence romaine, la Gaule se couvre de villes grandioses, ce qui représente pour les Gaulois ruraux une révolution sociale. L'architecture modernise de façon rationnelle le territoire et renforce encore l'unification : routes, aqueducs, châteaux d'eau, réservoirs, marchés et bâtiments administratifs... L'assimilation de la population locale est facilitée aussi par le fait que Rome a confié l'administration municipale à l'aristocratie gauloise et que les villes adoptent volontiers les habitudes romaines : thermes et bains publics, jeux du cirque dans d'immenses amphithéâtres (1).

Les artisans se groupent en corporations : le travail du bois est très développé avec les bûcherons, les charpentiers. L'industrie du fer est également importante, ainsi que le travail de l'or et de l'argent. Certains ateliers de céramique atteignent une production industrielle, telle celle des santons, petits sujets d'argile coloriée, dont on orne aujourd'hui les crèches de Noël en Provence.

Dans les campagnes, les terres défrichées et amendées produisent plus, l'élevage est varié, le vignoble étendu. Lorsque les invasions vont menacer la Gaule, les « villas », ou domaines campagnards, se sont multipliées : elles sont à l'origine des villages et des paroisses françaises. Les villes, elles, se sont repliées derrière des remparts.

L'ART GALLO-ROMAIN

Il réalise une synthèse entre les qualités originales des Gaulois et celles des Romains et même des Grecs de la période hellénistique.

Apport original, les lignes courbes employées en orfèvrerie se retrouveront chez les artistes mérovingiens : ce géométrisme curviligne trouvera son épanouissement dans les chapiteaux romans et les enluminures gothiques. Les artisans gaulois savent aussi représenter les animaux et les hommes, de façon réaliste et familière comme en témoignent de nombreuses sculptures et l'art funéraire.

Ainsi les artistes locaux mettent leurs goûts au service d'œuvres classiques qui se libèrent du conformisme traditionnel et prennent une vigueur nouvelle même quand les sujets demeurent mythologiques : statues, peintures, fresques, mosaïques, abondent dans les riches demeures gallo-romaines et dans les chapelles.

---

(1) Les principaux vestiges gallo-romains se trouvent à Arles, Narbonne, Nîmes, Orange, Vaison.

LE CHRISTIANISME

Les Gaulois ont adopté la plupart des dieux romains, tout en gardant le culte des anciennes divinités celtiques, comme Taranis et les déesses-mères. À la fin de l'Empire, la pénétration du culte de Cybèle, déesse de la terre, et son succès traduisent une inquiétude spirituelle qui ouvre la voie au christianisme.

Aux IIe et IIIe siècles, cette religion pénètre d'abord dans les villes. Un seul texte parle de persécutions : une lettre, adressée par la communauté de Lyon aux Églises d'Asie, qui relate le martyre de l'évêque Pothin et celui de l'esclave Blandine en 177.

À partir de 313, après l'édit de Milan, Constantin, empereur de l'Occident, et Licinius, empereur de l'Orient (1), opèrent un rapprochement avec les chrétiens.

(...) nous avons décidé d'accorder aux chrétiens et à tous les autres le libre choix de suivre la religion qu'ils voudraient, de telle sorte que ce qu'il peut y avoir de divinité et de pouvoir céleste puisse nous être bienveillant, à nous et à tous ceux qui vivent sous notre autorité.

Ainsi donc, dans un dessein salutaire et tout à fait droit, nous avons décidé que notre volonté est qu'il ne faut refuser absolument à personne la liberté de suivre (...) la religion des chrétiens...

Cité par Eusèbe de Césarée, *Histoire ecclésiastique,* X.
Trad. G. Bardy, *Sources chrétiennes* (éd. du Cerf).

Au IVe siècle commence le monachisme et l'évangélisation des campagnes. L'élan est donné par saint Martin de Tours, ancien officier de la garde impériale qui s'installe à Ligugé, près de Poitiers, où il vit en ermite. En 371, il devient évêque de Tours et fonde un monastère non loin de la ville. Le mouvement monastique s'étendra bientôt à toute la Gaule.

L'union de l'Église et de l'État, reconnue officiellement par l'empereur Théodose, favorise la formation de structures ecclésiastiques, calquées dans l'ensemble sur celles de l'Empire. La cellule essentielle est l'évêché qui se limite à une cité. À la campagne, certains propriétaires installent sur leurs domaines des chapelles, qui seront les noyaux des futures paroisses. Peu à peu, une organisation s'établit, les évêques sont désignés par le clergé et par le peuple, l'épiscopat gaulois reconnaît l'autorité pontificale romaine.

Les invasions barbares

UNE COEXISTENCE DIFFICILE

Toute la Gaule se couvre de royaumes barbares : Wisigoths en Aquitaine, Burgondes à l'Est, Francs au Nord. Même si les barbares sont peu nombreux, et leurs exigences relativement modérées, la cohabitation est pénible et les pillages fréquents. L'image du barbare est fortement péjorative, comme le prouvent les plaintes de Sidoine Apollinaire (430-489), futur évêque de Clermont, contraint d'héberger les Burgondes : « Chanter en vers (...) quand je vis au milieu des hordes chevelues, assourdi par les sons de la langue germanique, obligé d'avoir l'air de louer quelquefois ce que chante, quand il est bien repu, le Burgonde aux cheveux graissés d'un beurre rance. »

Deux sociétés coexistent donc, l'une de civilisation urbaine, l'autre germanique, formée de tribus dirigées par des nobles qui élisent leurs rois, plus chefs de bandes que souverains. Cette coexistence contraint à adopter le système de la « Personnalité des lois » :

---

(1) Dioclétien (284-305) avait institué le système de la tétrarchie (ou des 4 empereurs) pour gouverner l'Empire. Deux Augustes – assistés de deux Césars – administraient l'un l'Orient, avec Nicomédie pour capitale, l'autre l'Occident, avec Milan pour capitale. Ce système fut très éphémère.

chacun est jugé selon les lois de son peuple. Pour les Germains, la loi, c'est la coutume orale (1) qui témoigne de la rudesse des mœurs avec l'emploi du duel judiciaire, combat ordonné par les juges entre l'accusateur et l'accusé, où le vaincu était considéré et traité comme coupable. Un autre trait original des coutumes germaniques est la possibilité de racheter un méfait en versant à la victime ou à sa famille une somme d'argent à titre de compensation : le Wergeld.

LA QUESTION RELIGIEUSE

Elle constitue l'obstacle le plus sérieux entre les deux sociétés. À l'exception des Francs, qui sont demeurés païens, les « barbares » ont adopté l'arianisme (2). Aussi Wisigoths et Burgondes sont-ils considérés par les évêques gallo-romains, tout-puissants dans leur cité, comme des hérétiques, et ces évêques entretiennent contre eux la résistance des populations fidèles au catholicisme.

La chute de l'empire d'Occident qui faisait disparaître la domination romaine en Gaule a marqué la fin d'un monde. Une assimilation, une lente fusion se produiront peu à peu. Bientôt une nouvelle domination barbare va supplanter les autres : celle des Francs. Un monde nouveau est en gestation.

Le Moyen Âge

Le terme de Moyen Âge est relativement récent puisqu'il date du XVIe siècle. Historiquement, il désigne la période s'étendant de l'effondrement de l'Empire romain d'Occident (476) à la prise de Constantinople par les Turcs (1453) qui marque la disparition de l'Empire byzantin. On substitue parfois à cette dernière date celle de l'invention de l'imprimerie par Gutenberg (1457) ou celle de la découverte du Nouveau Monde (1492).

Cette période intermédiaire entre le monde antique et le monde moderne resta longtemps l'objet d'erreurs et de préjugés. Les hommes de la Renaissance jetèrent le discrédit sur ces siècles où la culture gréco-latine subit une éclipse. Ils ne virent dans le Moyen Âge qu'ignorance et obscurantisme, traitèrent de gothique (c'est-à-dire « barbare ») l'architecture des cathédrales. Au XVIIe siècle, avec Boileau, on jugea ces siècles « grossiers ». Les philosophes du Siècle des lumières (XVIIIe siècle) se déchaînèrent contre cette époque de « ténèbres » où ils ne trouvaient que superstition, fanatisme religieux, absence de liberté de pensée. Il fallut l'admiration de Chateaubriand pour les cathédrales gothiques, qu'il célèbre dans son *Génie du Christianisme,* puis l'enthousiasme des romantiques devant cette « mer de poésie » (Hugo), pour que se formât dans l'opinion un courant favorable. Depuis la fin du XIXe siècle, les travaux patients des érudits et des savants apportent de nouvelles raisons d'admirer ce Moyen Âge que Verlaine qualifie d'« énorme et délicat ».

Il ne faut pas chercher dans ces dix siècles une uniformité. On peut y distinguer trois phases : une lente préparation, le « Haut Moyen Âge », du IVe au XIe siècle, une période d'épanouissement aux XIIe et XIIIe siècles, et un déclin aux XIVe et XVe siècles. Toutefois on peut dégager de cet ensemble un certain nombre de traits dominants.

C'est à juste titre qu'on voit dans la diffusion du livre le début d'une ère nouvelle. Au Moyen Âge, en effet, la presque totalité des gens ne savait pas lire. Mais illettré ne signifiait pas alors « ignorant ». Les hommes du Moyen Âge s'instruisaient d'une façon directe,

---

(1) Dans la France du XVIIIe siècle, on distinguera encore les pays de droit coutumier dans le Nord, où l'empreinte germanique a été plus marquée, et les pays de droit écrit dans le Sud, où le droit romain a survécu. – (2) Cette doctrine, prêchée au début du IVe siècle par le prêtre égyptien Arius, et qui niait la divinité de Jésus, fut condamnée par le concile de Nicée en 325.

au contact du réel, en regardant, en écoutant, et dans l'accomplissement de leur métier. L'image, la parole, le geste tiennent lieu de textes écrits, et la promesse orale est un engagement sacré.

On demeure frappé aussi de la complexité d'un temps qui laissa coexister avec tant d'aisance des façons d'être qui nous paraissent incompatibles. L'époque de la courtoisie la plus raffinée est aussi celle des chansons les plus gaillardes, où la grossièreté se donne libre cours. Le plus ardent mysticisme n'exclut pas un robuste sens pratique. Le respect de la coutume et de la tradition est tout-puissant, l'homme est attaché à sa famille, à sa terre, et pourtant que de monde sur les grands chemins! Marchands, pèlerins, croisés, étudiants, techniciens, ouvriers, on a beaucoup bougé; mais on a aussi beaucoup bâti, enraciné dans le sol d'immenses constructions.

La foi chrétienne

Ce qui fait l'unité du Moyen Âge, c'est la foi religieuse. La suprématie de l'Église s'affirme dans tous les domaines.

LE RÔLE DE L'ÉGLISE

Déjà à l'époque mérovingienne, période de troubles et de guerres, l'Église, fortement hiérarchisée, représente le seul élément de stabilité et d'unité. Les évêques se font les chefs et les défenseurs de leur diocèse. Ils s'efforcent aussi d'adoucir la brutalité des mœurs; ils créent par exemple le droit d'asile. Les coupables qui trouvaient refuge dans les églises étaient placés sous la protection divine et échappaient à un châtiment immédiat et expéditif : torture, mutilation ou mort. Ils instaurent les fêtes religieuses chômées : Pâques, Pentecôte, Noël, les Rogations. Dès le VIe siècle, ils fondent les paroisses rurales, qui deviendront nos « communes ». Ainsi, leur influence pénètre profondément dans les campagnes.

Le rôle des monastères, à la même époque, est également capital : les fondations sont tellement nombreuses qu'on a pu parler d'une « invasion monastique ». Selon les prescriptions de saint Benoît (480-547), fondateur de l'ordre des bénédictins, ces moines partagent leur temps entre les exercices religieux et le travail manuel : « L'oisiveté est l'ennemie de l'âme, et par conséquent, les frères doivent, à certains moments, s'occuper du travail des mains; dans d'autres, à de saintes lectures. » (Extrait de la *Règle de saint Benoît*). Les moines bénédictins de cette époque sont toujours représentés avec une serpe : ce sont eux, en effet, qui commencent les grands travaux de défrichement, assèchent les marais, rendent aptes à la culture les terres stériles. Ils étudient aussi et copient des manuscrits; ils sont à la fois les pionniers d'une économie nouvelle et les gardiens de la culture. Grâce à eux encore, se poursuit l'évangélisation des régions peu accessibles.

À l'époque féodale, du XIe au XIIIe siècle, une nouvelle société s'est formée, où le rôle du clergé s'accentue et dépasse son premier devoir, la fonction liturgique. Le clergé possède des tribunaux particuliers, où la justice est souvent rendue de façon moins arbitraire. C'est lui aussi qui dispense le savoir dans les écoles épiscopales et monastiques. Les biens considérables qu'il possède alors lui permettent d'ouvrir des asiles et des hôpitaux, de soulager les pauvres et les malades. Poursuivant son effort d'humanisation des mœurs, le clergé s'efforce de maintenir la paix, ou au moins de réduire la guerre : les évêques et les abbés réunissaient les chevaliers en assemblées, pour leur faire adopter la « Paix de Dieu » qui interdisait de s'attaquer aux clercs, aux paysans et aux marchands. Plus tard, ils imposent la « Trêve de Dieu » qui, en mémoire de la Passion du Christ, interdit le combat du mercredi soir au dimanche soir.

Enfin, c'est l'Église qui institua la chevalerie. Après une nuit passée en prière, le jeune écuyer recevait ses armes solennellement. En conférant à cette cérémonie de l'adoubement un caractère religieux, elle rappelait au chevalier ses devoirs moraux : combattre seulement pour le droit et la justice, défendre les faibles. À la brutalité, elle substituait l'honneur et la droiture.

LES CROISADES

Un événement capital secoua le Moyen Âge français : les croisades, expéditions militaires entreprises, du XIe au XIIIe siècle, pour élargir le domaine de la Chrétienté, auxquelles participèrent les rois de France eux-mêmes.

Ému des persécutions que subissaient les pèlerins qui se rendaient à Jérusalem sur le tombeau du Christ, le pape Urbain II fit appel aux chrétiens en 1095. La première croisade suscita un tel enthousiasme que de véritables foules (plus de 600 000 hommes) se mirent en marche sous le commandement du moine français Pierre L'Ermite et du chevalier allemand Gauthier Sans Avoir. Les croisés, mal organisés, indisciplinés, ignorants des dangers de la route, furent dispersés et massacrés sans avoir pu arriver en Terre sainte.

Deux ans plus tard, une expédition mieux organisée, et comprenant surtout des chevaliers, prit le chemin de Jérusalem sous la direction de Godefroy de Bouillon. Les croisés s'emparèrent de la ville :

> En entendant prononcer le nom de Jérusalem, tous versèrent d'abondantes larmes de joie, heureux de se trouver si près des lieux saints, de la ville désirée, pour l'amour de laquelle ils avaient supporté tant de fatigues et de périls, et bravé la mort sous tant d'aspects divers. Leur ardent désir de voir de près la cité sainte leur fit promptement oublier leurs travaux et leur lassitude, et ils pressèrent leur marche plus qu'ils n'avaient coutume de le faire. Ils allèrent ainsi, sans la moindre halte, jusqu'à ce qu'ils fussent arrivés devant les murs de Jérusalem, chantant des hymnes de louange, poussant des cris jusqu'au ciel et répandant des larmes de joie.
>
> L'armée était alors forte de soixante mille individus environ, de l'un et de l'autre sexe.
>
> Albert d'Aix.

Après la reprise de Jérusalem par le sultan Saladin, Philippe Auguste partit pour la troisième croisade. Mais, lors de la quatrième croisade, à la suite d'intrigues compliquées, les croisés se trouvèrent changés en conquérants de terres chrétiennes et s'emparèrent de Constantinople. La ville fut pillée et chacun reçut sa part de butin. Cette croisade fit grand scandale, et ces expéditions où tant de chevaliers français avaient trouvé la mort devinrent impopulaires. Il fallut la piété de Louis IX, futur Saint Louis – artisan de la septième et de la huitième croisades – pour que se ranimât l'ardeur de la guerre sainte. L'armée modifia son itinéraire et passa par l'Afrique ; elle enleva Damiette, à l'embouchure du Nil, mais elle dut battre en retraite et fut décimée par l'épidémie.

> ...la maladie de l'armée était telle que la chair de nos jambes séchait toute, et que la peau de nos jambes devenait tavelée de noir et d'une couleur terreuse, comme une vieille botte ; et à nous qui avions telle maladie, il venait de la chair pourrie aux gencives, et nul ne s'échappait de cette maladie, mais il lui fallait mourir.
>
> Joinville, *Histoire de Saint Louis*, LVIII.

Cernés par les Sarrazins, le roi et une partie importante des croisés sont faits prisonniers. Ils ne recouvreront leur liberté que moyennant une forte rançon. Enfin, la huitième croisade fut un échec total. Louis IX mourut de la peste sous les murs de Tunis, où il avait débarqué dans l'espoir d'entraîner le sultan dans sa lutte contre l'Égypte.

Les croisades n'ont pas abouti au résultat escompté par la papauté, mais elles ont eu pour la France des conséquences extrêmement importantes. Des principautés chrétiennes avaient été créées en Palestine et en Syrie, pour protéger Jérusalem des attaques fortuites. Certains croisés, leur vœu accompli, se fixèrent dans ces nouveaux États : ils se firent bâtisseurs et législateurs. Leur influence fut profonde et contribua à asseoir le prestige de la France dans le Levant.

Par ailleurs le raffinement et la richesse de la civilisation orientale ne laissèrent pas indifférents les chevaliers. Rentrés chez eux, ils restèrent fascinés par les objets précieux, les étoffes de soie, la saveur des épices, les fruits et les légumes jusqu'alors inconnus.

Sous l'influence du commerce, animé d'une impulsion nouvelle, les goûts changèrent; un autre mode de vie, moins fruste, se développa. Arts et sciences – médecine, diplomatie, architecture – subirent l'influence de l'Orient. À ces conséquences économiques et sociales, il faut ajouter des conséquences politiques. Au lieu de tourner leurs forces contre des seigneurs voisins, les croisés s'étaient unis contre un ennemi commun. Les nobles avaient cessé de se quereller et de se jalouser. Beaucoup d'entre eux moururent à la croisade, la féodalité s'en trouva affaiblie et l'autorité du roi grandit.

Les héros du Moyen Âge

Les textes du Moyen Âge, aussi bien les chansons de geste que, plus tard, les récits des chroniqueurs, ont magnifié et transfiguré plusieurs héros de ces temps difficiles. Même si l'exagération est parfois manifeste dans les portraits de ces héros, leur rôle n'en a pas moins été considérable.

CHARLEMAGNE

Dans les chansons de geste, Charlemagne a « deux cents ans », sa barbe est « blanche comme fleur en avril »; ailleurs il apparaît « tout de fer, coiffé d'un casque de fer, ganté de fer; il avait couvert sa poitrine de fer et ses larges épaules d'une cuirasse de fer ». Ce grand conquérant, qui doubla presque le royaume qu'il avait reçu de son père, fut dans la réalité un chef de guerre prévoyant et rigoureux, un excellent administrateur. Il garda l'organisation ancienne, les officiers du palais et la division du pays en comtés. Mais il créa un lien entre le pouvoir central et l'autorité locale : les « missi dominici » (au sens littéral « envoyés du maître »), sortes d'inspecteurs choisis par l'empereur, qui veillaient à l'exécution de ses ordres à travers les trois cents comtés de l'Empire.

Toujours entouré de trois sages conseillers, il tenait une fois par an une assemblée où étaient conviés nobles et évêques; il s'informait, sollicitait des avis, puis prenait ses décisions. Lues à haute voix et publiées, elles formaient un ensemble de prescriptions, appelées « Capitulaires » – aujourd'hui précieux document qui montre toutes les questions auxquelles s'étendait la sollicitude de l'empereur : la façon de rendre la justice, l'état des églises, l'administration de ses domaines...

Sous l'impulsion de Charlemagne, se manifeste une renaissance intellectuelle. Il incite les prêtres à ouvrir des écoles. Dans le palais impérial même, jeunes nobles, clercs et fils de pauvres gens reçoivent ensemble une instruction à la fois politique, intellectuelle et religieuse, sous la direction de lettrés que Charlemagne avait groupés autour de lui.

SAINT LOUIS

La figure de Louis IX nous est bien connue grâce au chroniqueur Joinville. Chrétien fervent, il mit sa vie au service de sa foi, et sa piété, sa charité, sont demeurées légendaires. La justice fut son grand souci. Il rendait lui-même les sentences, arbitrait les cas difficiles :

Maintes fois, il arriva qu'en été il allait s'asseoir au bois de Vincennes, et s'adossait à un chêne, et il nous faisait asseoir autour de lui. Et tous ceux qui avaient affaire venaient lui parler, sans s'embarrasser d'huissier ou d'autre. Et alors il leur demandait de sa bouche : « Y a-t-il ici quelqu'un qui ait procès ? » Et ceux-là se levaient, qui avaient procès. Et alors il disait : « Taisez-vous tous, et on vous expédiera (1) l'un après l'autre. » Et alors il appelait Monseigneur Pierre de Fontaines et Monseigneur Geoffroy de Villette et il disait à l'un d'eux : « Expédiez-moi ce procès. »

Et quand il voyait quelque chose à amender dans la sentence de ceux qui parlaient pour lui, ou dans la sentence de ceux qui parlaient pour autrui, il l'amendait lui-même de sa bouche.

Joinville, XII.

Dans son ordonnance de 1254, il précise les devoirs de ses fonctionnaires, exige que la justice soit la même pour tous. Il créa le droit d'appel au tribunal du roi, ou Parlement.

Sa haine de la guerre l'amena à préférer l'arbitrage et les règlements pacifiques de préférence à tout autre. Seules les croisades contre les Infidèles trouvaient grâce à ses yeux. Il mit fin dans le royaume au duel judiciaire (cf. p. 13).

Le prestige de Louis IX donna à la royauté française une puissance qu'elle n'avait jamais eue.

JEANNE D'ARC

Il fallut l'énergie d'une bergère lorraine de seize ans, Jeanne d'Arc, pour regrouper les courages autour de Charles VII, face à l'invasion anglaise. Persuadée qu'elle était « envoyée de par Dieu », pour « bouter les Anglais hors de France », elle entra dans Orléans, dont les Anglais abandonnèrent le siège, puis mena sacrer Charles VII à Reims. Dès lors, la confiance revint : un premier assaut fut donné sur Paris, mais le lendemain le roi fit battre l'armée en retraite. Quelques mois plus tard, en mai 1430, Jeanne tomba aux mains des Bourguignons, qui la livrèrent aux Anglais.

Voulant déconsidérer sa mission, les Anglais la firent juger par un tribunal ecclésiastique, qui la déclara hérétique et envoyée du diable. On la harcela de questions sur ces « voix », qui s'étaient manifestées à elle depuis qu'elle avait treize ans, et qui lui avaient dicté tous ses actes. La minute du procès de condamnation montre la force d'âme et la noblesse de cette jeune fille de dix-huit ans, face aux interrogatoires insidieux et torturants des hommes d'Église.

Jeanne d'Arc fut brûlée vive, comme sorcière, à Rouen, en 1431. L'opinion publique n'attendit pas son procès de réhabilitation (entrepris en 1436) pour lui vouer son admiration. Elle est restée, jusqu'à nos jours, la plus célèbre des héroïnes nationales, exaltée par Michelet, chantée par Péguy, Claudel, Anouilh, Honegger. Le mouvement d'enthousiasme qu'avait su créer cette jeune bergère alla en grandissant, et les Anglais finirent par être chassés de France. Cela marqua la fin de la guerre de Cent Ans.

(1) On réglera vos affaires.

Quelques aspects de la vie quotidienne

Des documents de tous ordres nous renseignent sur la vie quotidienne du Moyen Âge. C'est au moment où la civilisation médiévale est dans son épanouissement, du XIIe siècle à la fin du XIVe siècle, qu'il est le plus intéressant de la saisir.

LA VIE PAYSANNE

C'est aux paysans qu'il incombe de travailler la terre. On distingue les paysans libres, roturiers ou vilains (ces mots n'avaient pas alors le sens péjoratif qu'ils ont pris par la suite), et les serfs, attachés à un territoire qu'ils n'ont pas le droit de quitter, mais qu'on ne peut leur enlever. À l'époque féodale, tous dépendent du seigneur, qui est en même temps leur juge. Ils lui doivent redevances et corvées, dont l'importance varie selon les endroits. Au XIIIe siècle, les serfs seront progressivement affranchis.

Même si, peu à peu, leurs conditions de vie s'améliorent à partir du XIe siècle, les paysans restent souvent très pauvres. Les artistes du temps, fidèlement, avec minutie et sympathie, nous montrent le paysan dans ses gestes les plus humbles : sculptures, vitraux, tapisseries et miniatures ont comme sujet de prédilection les travaux des champs. En littérature, c'est presque un lieu commun de décrire le paysan comme un rustre, un être affreusement laid. On s'en moque souvent, on le ridiculise. Cependant certains auteurs décrivent la dure condition des paysans, dont les travaux font vivre clercs et chevaliers, tel Étienne de Fougères (deuxième moitié du XIIe siècle) dans son *Livre des Manières* :

Il a bien du travail et peine ;
Au meilleur jour de la semaine,
Il sème seigle, il herse avoine.
Il fauche prés, il tond la laine.
Il fait palissade et enclos,
Il fait viviers sur les rivières,
Il fait corvées, et prestations,
Et obligations coutumières.
Jamais il ne mange bon pain ;
Nous lui prenons le meilleur grain
Et le plus beau et le plus sain
Mais le mauvais reste au vilain
S'il a oie grasse ou poulette
Ou gâteau de blanche farine
À son seigneur il le destine (...)
Bons morceaux, jamais il ne tâte,
Ni un oiseau, ni un rôti.
S'il a pain de noire farine,
Et lait, et beurre, c'est son régal.

LA VIE SEIGNEURIALE

À l'origine, elle repose sur le code de la chevalerie, propre à la féodalité. Le chevalier, combattant pourvu d'un cheval et d'un armement complet, est souvent au service d'un suzerain, dont il devient le vassal. Une cérémonie, dont les gestes sont significatifs, consacre cet attachement. Le vassal rend hommage à son suzerain : à genoux devant lui, il met les mains dans les siennes (attitude pleine de confiance et d'abandon), et se reconnaît son « homme ». Le suzerain l'embrasse. Le chevalier lui jure ensuite fidélité, la main sur l'Évangile, et lui promet aide et conseil. En retour, le suzerain accorde à son vassal un fief et sa protection. Les deux hommes se trouvent ainsi liés par un engagement personnel et réciproque. Qui manque à son serment est félon, et commet la pire faute qui soit. Le tel suzerain peut être lui-même vassal d'un suzerain plus puissant. Cette hiérarchie féodale, fondée sur la fidélité, subsistera jusqu'à la fin du XVe siècle. Quant au fief, signe matériel du contrat féodal, il consiste souvent en un domaine sur lequel le vassal exerce des droits seigneuriaux.

Certaines cours seigneuriales étalaient, surtout au moment des fêtes et des noces, un luxe et une magnificence qui nous étonnent aujourd'hui. Ainsi en témoigne ce texte, tiré du roman provençal *Flamenca* (XIIIe siècle) :

Archambaut fait orner la ville. On tend les rues de tapisseries, on y dispose des banquettes, de riches tapis, des étoffes de soie, le sol est jonché d'herbes et de fleurs coupées... Par tout le bourg, chacun s'occupe de mettre les rues en état (...)

...tous s'assirent, non pas sur des bancs, mais sur des coussins de soie diaprée, et loin d'être rudes, les serviettes qu'on leur donna pour s'essuyer les mains étaient bien douces et bien unies. Les dames une fois assises, on servit des mets de toute espèce. Tout ce qui peut se faire de froment, de racines, de raisin, de fruits, de jeunes rejetons, toutes les bonnes choses que produisent l'air, la terre et les abîmes de la mer figuraient sur les tables.

Cet éclat se manifeste tout particulièrement lors des chasses et de ces jeux souvent violents que furent les tournois. Le roman *Flamenca* décrit un de ces tournois :

Au matin, lorsque le soleil se montra rougissant, après qu'on eût sonné matines, vous eussiez entendu trompes et clairons, trompettes et cors, cymbales, tambours et flûtes, non point de bergers, mais de ceux qui sonnaient l'appel au tournoi et mettaient en mouvement chevaliers et chevaux. Le fracas fut grand, alors que retentirent les grelots des chevaux qui passaient, les uns au trot, les autres au galop, foulant les herbes et les fleurs. Le tournoi commence (...).

Le comte Alphonse, celui de Toulouse, le meilleur comte dont on ait jamais ouï parler, alla jouter (1) avec le comte de Louvain, qu'on nommait Gontaric. Tous deux étaient bons chevaliers : ils frappent de telle sorte qu'ils ont brisé leurs écus ; les sangles sont rompues, ils tombent à terre. Les chevaliers accourent pour les relever ; on se pousse, on se frappe, on se renverse : les lances se brisent, les arçons se déchirent ; masses et bâtons tombent et retombent, les épées se heurtent aux heaumes et s'ébrèchent. Les heaumes sont bossués. Jamais on ne vit pareille mêlée...

Pendant la guerre de Cent Ans, une épidémie de peste décima le tiers de la population de 1347 à 1349. Par suite du manque de main-d'œuvre et de la multiplication des pillards, les campagnes s'appauvrirent. Les paysans (appelés Jacques par les nobles) se révoltèrent alors, pillèrent les châteaux, massacrèrent les habitants. Froissart nous parle de la Jacquerie :

Alors ils s'assemblèrent et s'en allèrent, sans autre conseil et sans aucune armure, si ce n'est des bâtons ferrés et des couteaux, en la maison d'un chevalier qui demeurait près de là. Ils brisèrent la maison, tuèrent le chevalier, la dame et les enfants petits et grands et mirent le feu à la maison... Ainsi firent-ils en plusieurs châteaux et bonnes maisons. Et ils grossirent tant qu'ils furent bien six mille ; et partout où ils arrivaient, leur nombre grossissait.

LE NOUVEL ESSOR DES VILLES

Jusqu'au XIIe siècle, les villes sont peu nombreuses en France. Pendant longtemps, les seigneurs vécurent en économie fermée sur leurs terres avec les paysans. Mais, avec la fin des invasions, cesse la crainte de circuler. L'essor démographique considérable, qui fit passer la population de huit à seize millions d'habitants du Xe au XVIe siècle, a contraint à construire de nouveau. Mais ce sont également les croisades qui ont indirectement favorisé la révolution urbaine. Les croisés, séduits par la richesse et le luxe orientaux, favorisent le commerce. Bientôt, les négociants ouvrent des marchés d'échanges aux nœuds de communication : aux carrefours des routes, le long des rivières, près des ports,

(1) Combattre en une joute ; un combat courtois.

à côté des châteaux. Le bourg s'étend autour du marché et souvent est entouré d'une enceinte, destinée à le protéger. Ses habitants forment la nouvelle classe des bourgeois, distincte de la noblesse et de la paysannerie. Les nouveaux quartiers construits hors de l'enceinte sont les faubourgs. La plupart des maisons sont en bois, sauf l'église et le logement de certains notables, et les risques d'incendie sont très grands. Les maisons sont construites de façon désordonnée, au gré des besoins; les rues, étroites et tortueuses, sont rarement pavées, ce qui explique la décision de Philippe Auguste de donner à Paris un air de capitale :

Un jour que le roi allait par son palais, pensant à ses affaires, car il se préoccupait de maintenir et d'accroître son royaume, il s'appuya à une des fenêtres de la salle à laquelle il s'appuyait parfois pour regarder couler la Seine et prendre l'air. Or il arriva qu'à ce moment-là, des charrettes, qui passaient dans les rues, agitèrent et soulevèrent tant la fange et les ordures dont les rues étaient remplies, qu'une puanteur s'en dégagea... et si grande qu'elle monta jusqu'à la fenêtre où le roi était appuyé. Quand il sentit cette si horrible puanteur, il s'en alla de la fenêtre le cœur soulevé.

Cela le décida à faire une œuvre grande et coûteuse, mais fort nécessaire. Aucun de ses devanciers n'avait jamais osé en entreprendre une semblable, à cause des grandes dépenses qu'elle entraînait.

Il fit venir alors le prévôt et les bourgeois de Paris, et leur commanda de faire paver toutes les rues de grès solide et résistant, soigneusement et bien. Le roi agit ainsi parce qu'il voulait supprimer la raison pour laquelle ses anciens fondateurs avaient donné à la ville le nom de Lutèce. On l'appela de la sorte à cette époque parce que « Lutèce » signifie « ville pleine de boue ». Et comme, en ce temps-là, les habitants avaient horreur de ce nom qui était laid, ils le changèrent et lui donnèrent le nom de Paris, en l'honneur de Pâris, fils aîné du roi de Troie Priam, car ils étaient descendus de cette belle lignée...

Chronique de Saint-Denis.

Ce roi contribua à l'extension de la capitale et « entoura tout Paris dans une enceinte ». Les bourgeois, fiers de leur cité, contribuèrent à l'embellir, en construisant l'église, ou en érigeant un beffroi qui symbolise l'indépendance de la communauté.

La vie dans une maison bourgeoise s'organise dans la régularité. Dans *Le Ménagier de Paris,* un mari âgé donne à sa jeune femme des conseils pour bien tenir sa maison, s'occuper avec sollicitude des animaux domestiques, préparer avec soin les repas.

LA VIE DES ÉTUDIANTS

Le savoir était tenu en haute estime au Moyen Âge, et les enfants de toutes les conditions sociales recevaient une instruction sommaire dans les écoles attachées aux églises, aux couvents ou aux évêchés : c'est l'évêque qui accordait la « licence » ou permission d'enseigner.

Mais au début du XIIIe siècle, étudiants et maîtres, dans un souci d'émancipation, se groupèrent en associations indépendantes : ce furent les universités. Chacune avait sa spécialité; la plus célèbre fut bientôt l'université de Paris, cette « lampe resplendissante dans la Maison du Seigneur », comme l'appelle le pape Alexandre IV.

Ces universités sont une des gloires du Moyen Âge. Des étudiants, venus de toutes les contrées, se pressaient pour écouter les plus grands maîtres de la scolastique faire leurs cours en latin. La scolastique désigne l'enseignement philosophique qui était alors en vigueur : il conciliait des méthodes d'argumentation logique avec le respect de la théologie et des philosophes anciens, dont le maître incontesté était Aristote. La vie des étudiants était à la fois studieuse et turbulente. À Paris, le quartier des Écoles – appelé « Quartier latin » – était animé de leurs joyeuses farces, de leurs chansons gaillardes entonnées dans les tavernes. Beaucoup de ces jeunes gens, de condition très modeste, recevaient le vivre et le couvert dans les collèges, créés par des fondations charitables. Robert de Sorbon fonde ainsi le collège qui, par la suite, deviendra la Sorbonne, pour héberger les étudiants en théologie. Plus d'un texte se fait l'écho des difficultés matérielles rencontrées au cours des études :

Nous menons une vie de labeur studieux, dont la vertu n'est pas absente ; mais le riche se rit des pauvres étudiants et leur donne même des coups.

Dans ma chambre qui n'est pas une haute chambre de château je fais de maigres repas ; je n'ai pas d'argent, et les Parques ne me font pas de cadeaux. (...)

Telle est la vie des clercs aux visages maigres, qui n'ont que la peau sur les os : cette vie nous purifie, elle fait parler les fantômes que nous sommes...

Jean de Garlande, *Morale Scholarium.*

LA VIE DES ARTISANS ET DES MARCHANDS

Du XIe siècle au début du XIIIe siècle, les cités ont conquis leur autonomie. À l'abri de leurs murs, la vie urbaine s'organise. Aux bruits des artisans au travail, dont les échoppes ouvrent sur la rue, se mêlent les cris et les boniments des marchands. On « crie » tout, à cette époque : on crie le vin à la porte des tavernes, on fait savoir que les bains sont chauds, et cela très tôt le matin, au risque de réveiller ceux qui dorment. En passant dans les rues, on s'égosille à proposer sa marchandise, dans un langage savoureux et cadencé, pour donner l'envie d'acheter.

Les artisans travaillent, groupés en confréries, ou en associations de métiers que les historiens ont pris l'habitude d'appeler, depuis le XVIIIe siècle, « corporations ». Dans les cités, chaque confrérie honore son saint patron, célèbre avec éclat les fêtes religieuses, souvent aussi accompagnées de festins. La statue du saint est portée en procession et les membres du métier défilent sous les bannières de la corporation. À cette occasion, la cité entière cesse le travail, et l'on a compté que le nombre de jours ainsi chômés s'élevait à 80 dans une année.

Les conditions de travail des artisans nous sont assez bien connues, grâce au *Livre des Métiers,* rédigé par Étienne Boileau, au XIIIe siècle, sur la demande de Saint Louis, et elle apparaît comme strictement réglementée. Chaque ville, d'autre part, travaillait à une fabrication particulière. En Artois et en Champagne s'ouvrirent au XIIe siècle de grands ateliers, où travaillaient les ouvrières en soierie, dans des conditions fort pénibles : leur misère a ému Chrétien de Troyes qui leur prête cette plainte :

Toujours draps de soie tisserons
Et n'en serons pas mieux vêtues,
Toujours serons pauvres et nues,
Et toujours faim et soif aurons ;
Jamais tant gagner ne saurons
Que mieux en ayons à manger.
De pain, n'avons que chichement,
Au matin, peu, et au soir moins ;
Et de l'ouvrage de nos mains
Chacune n'aura pour son vivre
Que quatre deniers de la livre.
Et de cela ne pouvons pas
Avoir assez viande et draps ;
Car qui gagne pour sa semaine
Vingt sous n'est pas hors de peine.
Eh bien sachez, soyez certains
Qu'il n'y a pas une de nous
Qui ne gagne vingt sous au plus.
De cela serait riche un duc !
Et s'enrichit de nos salaires
Celui pour qui nous travaillons.
Des nuits, grand'partie veillons
Et tout le jour, pour avoir gain.
On nous menace de frapper
Nos membres, quand nous reposons :
Pour cela, reposer n'osons.

Yvain (Vers 5298-5324).

Les échanges avec les pays du bassin méditerranéen se multiplient. Des caravanes de marchands remontent la vallée du Rhône, de la Saône, de la Meuse, passent en Flandre par l'Escaut, et débarquent en Angleterre. Malgré les périls auxquels ils pouvaient se trouver exposés, le long des routes souvent peu sûres, ils emportaient dans leurs ballots toutes sortes de produits rares et précieux. Les grandes foires, telle la célèbre « Foire du Lendit », à Saint-Denis, étaient le rendez-vous des marchands ambulants.

Tout au long de l'année, les cités tenaient marché journalier où les paysans des environs apportaient à vendre fruits, légumes, œufs et volailles, comme de nos jours. Mais l'on pouvait aussi s'approvisionner dans les boutiques, installées à demeure, par exemple chez les « regratiers », ancêtres de nos épiciers.

Sciences et techniques

Les sciences

Ce que nous appelons « science » n'existe pas, à proprement parler, au Moyen Âge. Il serait plus juste de parler de « savoir », de « connaissance ». L'homme du Moyen Âge est plus intéressé par le sens caché des choses que par les apparences : la réalité visible n'est que le symbole et le signe d'une vérité plus grande.

C'est peut-être dans ce domaine que le Moyen Âge reste le plus méconnu. Nous possédons un très grand nombre de traités médiévaux sur les questions les plus diverses; mais le dénombrement de ces traités est loin d'être fait, leur déchiffrement est souvent malaisé et nos vues en sont encore très fragmentaires.

Il est fort difficile aussi d'isoler ce qui fut l'apport particulier de la France d'alors. Le savoir fut longtemps conservé dans les monastères, bon nombre de savants furent des religieux, et l'on assiste à d'incessants déplacements, d'un couvent à l'autre, d'un pays à l'autre. Un brassage se fait ainsi, par des échanges qui s'étendent de l'Irlande à la Dalmatie, non seulement entre les différentes parties du monde chrétien, mais avec le monde musulman et hébraïque, et à travers eux, avec l'Extrême-Orient. Pour l'élite intellectuelle de ce temps-là, les frontières n'existent pas, et Paris représente un véritable rendez-vous international.

L'EXPÉRIENCE ET L'IMAGINATION

Dans les ouvrages qui nous sont parvenus, des distinctions sont à opérer. Les uns montrent une précision étonnante dans la description, une observation minutieuse, et en ce sens, les travaux d'Albert le Grand s'apparentent à ceux des naturalistes modernes. Mais les autres (c'est le cas en particulier des « encyclopédies » rédigées à partir du XIIe siècle) sont écrits dans un esprit différent. Toutes sortes d'éléments s'y trouvent juxtaposés. À côté d'une représentation très juste des animaux, prennent place des légendes accréditées, des opinions couramment admises. Il s'agit dans les bestiaires (1), lapidaires (2), herbiers, de faire de vastes dénombrements, de donner la « somme » des connaissances du temps. Le monde est ainsi présenté comme un vaste répertoire des merveilles dans l'*Image du Monde* d'Honorius d'Autun, dans le *Miroir* de Vincent de Beauvais, dans *Le Livre du Trésor* de Brunetto Latini, écrit en français. L'hirondelle, l'ours et la fourmi voisinent avec les monstres et les animaux fantastiques. L'imagination, la poésie, y trouvent leur compte, et, sans nul doute, aussi la symbolique. On sait par exemple que l'onocentaure, moitié âne, moitié homme, figure l'être humain qu'avilissent ses mauvais instincts; la licorne représente la pureté, et le phénix, oiseau unique de son espèce, qui renaît de ses cendres au bout de trois jours, est l'image du Christ, sortant vainqueur de la mort. Entre la science, la philosophie, la religion, il n'y a pas de barrières.

---

(1) Recueils consacrés aux animaux. – (2) Recueils consacrés aux pierres.

L'ALCHIMIE, L'ARITHMÉTIQUE, L'ASTRONOMIE

Le Moyen Âge n'a pas ignoré l'expérimentation qui nous semble, avec l'observation, un des éléments de la science moderne. Tous les savants réputés furent plus ou moins tentés par l'alchimie. C'est dans sa recherche sur la transmutation des métaux qu'Arnaud de Villeneuve découvre l'essence de térébenthine, et l'utilisation de l'alcool comme solvant. C'est en recourant à la distillation, dans le même but alchimique, que Raymond Lulle pressent la chimie organique. Les expériences de Pierre de Maricourt, fort bien conduites – qu'il décrit en 1269 dans sa *Lettre sur la pierre d'aimant* – contribueront d'une manière déterminante à la théorie du magnétisme. Gerbert avait rapporté d'Espagne, à la fin du Xᵉ siècle, l'abaque, table à calcul sur laquelle les chiffres prennent une valeur variable, selon la colonne où ils sont disposés. Cela, joint à l'introduction des chiffres arabes, favorisa l'essor de l'arithmétique. Pour pouvoir repérer à tout moment la position respective des astres, on perfectionna un ingénieux instrument : l'astrolabe. Jean de Lignières compose un vaste répertoire d'étoiles, cependant que Guillaume de Saint-Cloud fait en 1292 de précieuses mesures astronomiques. On sait que Roger Bacon se servait de lentilles concaves et convexes. En médecine, à partir du XIVᵉ siècle, la dissection, longtemps abandonnée pour des raisons religieuses, est remise à l'honneur à l'université de Montpellier, où s'illustre le chirurgien Guy de Chauliac.

Il n'est pas question de faire ici le bilan des connaissances du Moyen Âge. Il est bon toutefois de remarquer que l'idée de la rotondité de la terre était couramment répandue. Ainsi en témoigne ce texte de « vulgarisation », tiré du *Trésor* de Brunetto Latini (XIIIᵉ siècle) :

Et à la vérité, la terre est aussi comme la pointe du compas, qui toujours est au milieu de son cercle, et qui ne s'éloigne pas plus d'un côté que de l'autre. Et pour cette raison, il est nécessaire que la terre soit ronde ; car si elle était d'une autre forme, elle serait plus près du ciel et du firmament en un lieu qu'en un autre, et ce ne peut être...

Livre du Trésor, I, 3.

Les techniques

Même si, tout au long du Moyen Âge, les préoccupations scientifiques ont été liées à des préoccupations spirituelles, les savants ne se sont pas détournés des applications pratiques : la notion d'utilité n'est jamais absente de leurs recherches. Ce sens pratique permit le développement exceptionnel de techniques qui ont apporté des changements spectaculaires dans l'existence quotidienne comme dans la vie économique et sociale.

On peut dire qu'aux XIᵉ et XIIᵉ siècles, une révolution technique s'accomplit. L'homme devient en effet le maître de forces qu'il avait jusque-là ignorées ou mal utilisées, et la France participe d'une façon active à ce bouleversement que connut tout l'Occident médiéval.

INVENTIONS ET PERFECTIONNEMENTS

À la fin du Xᵉ siècle apparaît un changement dans la méthode de l'attelage. On remplace la bande de cuir souple, passée autour du cou du cheval, par le collier d'épaules, armature rigide qui s'appuyait sur les omoplates et laissait libre la respiration : toute la force de l'animal pouvait être utilisée. Cette invention anonyme s'accompagna d'autres perfectionnements : attelage en file, ferrures à clous, routes pavées, routes dites « souples », remplaçant les voies romaines faites de dalles. Désormais l'homme devenait le conducteur d'une force nouvelle.

La traction animale eut des conséquences immenses. Le paysan se trouvait libéré des durs travaux, aidé par le bœuf ou le cheval : on vit le servage disparaître progressivement, et le nombre de jours de corvée diminuer. Les grands défrichements purent être entrepris ; des transports lourds et lointains devinrent possibles. La construction des cathédrales, le développement du commerce sont en relation étroite avec cette nouvelle utilisation de la traction animale.

LES MACHINES

L'homme du Moyen Âge conquiert aussi la force hydraulique et la force éolienne : sur les moindres cours d'eau, on installe des moulins, à grains, à huile... On utilise l'énergie hydraulique pour toutes sortes d'industries. Les moulins à vent, déjà connus en Perse et en Espagne, se répandent en France dès le XIIe siècle.

Désormais, la machine tend à suppléer l'activité de l'homme ; on met au point des dispositifs ingénieux : appareils servant à élever de grosses pierres, presses à vis. L'art militaire même se perfectionne : l'arbalète meurtrière, l'artillerie au trébuchet.

LA NAVIGATION

Les transports maritimes s'améliorent considérablement grâce à l'emploi de la boussole et du gouvernail d'étambot, pièce de bois fixée à la quille, capable de tourner sur des gonds, et manœuvrée depuis l'intérieur du navire par une barre. Ainsi les vastes nefs pouvaient tourner facilement : ce sont les débuts de la navigation moderne.

On ne s'émerveillera jamais assez de cet esprit inventif dont bénéficient le laboureur (la charrue à roues se répand au XIIIe siècle), la femme qui file la laine (le rouet concurrence à partir de 1280 la quenouille et le fuseau) et l'intellectuel qui prolonge son travail, une fois la nuit venue, grâce à la diffusion de la chandelle de graisse et du cierge de cire. C'est au Moyen Âge encore que nous devons la brouette, le bouton et la chemise (le linge de corps apparaît au XIVe siècle), les lunettes (XIIIe siècle), le champagne : la champagnisation du vin blanc est réalisée à Clairvaux, au XIVe siècle.

Les arts

L'architecture

Au Moyen Âge, elle tient le premier rang des arts. Les architectures militaire (châteaux féodaux), monastique (abbayes bénédictines ou cisterciennes), et civile (palais construits à partir du XIVe siècle surtout par les rois et les princes) ont laissé des édifices remarquables. Mais c'est à l'architecture religieuse que revient la suprématie.

LE TEMPS DES CATHÉDRALES

Après les terreurs de l'An Mil (1), on se met à bâtir des églises. À côté d'édifices modestes, il en est dont les proportions nous surprennent aujourd'hui : 10 000 personnes peu-

(1) Il s'agit du « millénarisme », peur que le monde ne vienne à disparaître à la fin du siècle.

vent trouver place dans la cathédrale d'Amiens, la voûte de Notre-Dame de Reims s'élève à 37,95 mètres, certaines fondations descendent à dix mètres sous terre.

Ce vaste mouvement de construction, qui va de 1050 à 1350, et qui connaît son apogée au XIIIe siècle, souvent appelé le « siècle des cathédrales », ne fut possible que grâce à la foi fervente des bâtisseurs et des fidèles, à l'initiative des monastères, des évêques, ou de riches cités qui rivalisent entre elles. Pendant la guerre de Cent Ans, les chantiers sont fermés, les constructions abandonnées. Quand la paix revint, l'enthousiasme était éteint. Le temps des cathédrales était fini.

LA CONSTRUCTION DES CATHÉDRALES

Sur beaucoup de points, la construction des cathédrales reste obscure pour nous. On faisait appel aux largesses des princes, à la générosité des fidèles, qu'on sollicitait par des quêtes, des ventes d'indulgences, la procession de reliques vénérées. Les dons en nature même étaient admis. Plus d'une fois, les revenus des évêques constituèrent un apport précieux. Le temps nécessaire à la construction était toujours très long : qui assistait aux travaux de fondation savait qu'il ne verrait pas la cathédrale terminée de son vivant. Beaucoup de cathédrales restèrent même inachevées, celle de Beauvais par exemple.

La première difficulté résidait dans le transport des matériaux. Les pierres, traînées par des bœufs, étaient amenées souvent de fort loin. On vit parfois les fidèles aider, par piété, à tirer les charrois. Mais c'est aux ouvriers des chantiers, en fait, qu'appartient le travail de construction : jaloux de leurs salaires et de leurs prérogatives, ils voyaient d'ailleurs d'un très mauvais œil les bonnes volontés soucieuses d'actions méritoires et peu intéressées par le gain. Tous les corps de métiers étaient appelés à participer à la construction. Ils avaient sans doute des secrets de fabrication, comme le laisse supposer Étienne Boileau dans son *Livre des Métiers* :

Les maçons, mortelliers (1), plâtriers peuvent avoir autant d'aides et de valets en leur métier qu'il leur plaît, pour autant qu'ils ne montrent à aucun d'eux aucun point de métier.

Tous les maçons, tous les mortelliers, tous les plâtriers doivent jurer sur les saints qu'ils garderont le métier cité et agiront bien et loyalement chacun en ce qui le concerne...

Heures et jours de travail étaient soumis à des règles. Les ouvriers formaient une main-d'œuvre libre, allant d'un chantier à l'autre : mais ils travaillaient sous la direction d'un architecte. Près de la cathédrale, les tailleurs de pierres trouvaient un abri, ou loge : ces loges devinrent très vite des lieux de réunions particulièrement vivants.

Ainsi s'édifiaient les cathédrales, demeures de Dieu et maisons de prière, souvent dédiées à la Vierge envers qui le Moyen Âge montra, à l'exemple de saint Bernard, une dévotion fervente. Les fidèles venaient y prier, vénérer les reliques, entendre les « sermons illustrés » (L. Réau) que constituent les scènes édifiantes, sculptées ou peintes. Sans doute s'y sentaient-ils aussi chez eux, si l'on se rappelle la liberté avec laquelle ils y circulaient, accompagnés parfois de leurs chiens, y parlaient à voix haute, peut-être même s'y réunissaient pour parler des affaires de leur cité. Ils pouvaient y admirer, au cours des cérémonies, les objets sacrés, faits d'or et ornés de pierres précieuses.

Par-delà les siècles, les cathédrales demeurent un éclatant témoignage de la foi des hommes du Moyen Âge, de leur sens de la beauté et de leur maîtrise des techniques.

L'ARCHITECTURE ROMANE

Les églises carolingiennes couvertes d'une charpente de bois avaient eu souvent à souffrir des incendies provoqués par la foudre. Par souci de sécurité, et pour la beauté de l'édifice, les constructeurs adoptèrent dès le Xe siècle les voûtes de pierre.

(1) Qui font le mortier.

L'architecture romane (de la fin du Xe siècle au milieu du XIIe siècle) connaît trois systèmes de voûtes : la voûte en berceau, qui prolonge l'arc en plein cintre et s'appuie sur les murs latéraux, la coupole, empruntée à l'art byzantin, et la voûte d'arête, formée par l'intersection de deux voûtes en berceau. Selon les régions où elles sont élevées, les églises adoptent une allure différente. Elles ont toutefois un air de parenté : solidement plantées sur le sol, elles laissent une impression puissante d'équilibre et d'harmonie. Ce sont des églises à la mesure de l'homme.

L'ARCHITECTURE GOTHIQUE

Il n'y a pas de discontinuité entre l'architecture romane et l'architecture gothique. Mais alors que les églises romanes sont, le plus souvent, rurales ou attenantes à des monastères, les églises gothiques sont généralement construites dans les villes, ou bâties à la place d'anciennes églises romanes. Elles sont destinées à recevoir des foules plus nombreuses, et les architectes doivent trouver des moyens de construire des nefs plus vastes, sans nuire à la solidité de l'ensemble : le déambulatoire, par exemple, contourne le chœur et permet aux pèlerins de circuler autour de l'autel qui contient les reliques des saints, sans perturber les offices. Le même matériau est utilisé : la pierre; le plan de l'église en forme de croix est conservé. Mais dès le milieu du XIIe siècle et jusqu'au début du XVIe siècle, la voûte sur croisée d'ogives se généralise. Au lieu d'être la lourde carapace des siècles précédents, la voûte devenait ainsi articulée, puisque chaque travée de la nef était indépendante, pesant seulement sur quatre piliers. Du même coup, le mur de l'édifice pouvait être allégé, largement percé de baies; des arcs-boutants extérieurs venaient assurer la résistance des piliers. Une tout autre architecture était possible, à laquelle on a donné le nom de gothique. Les parois de pierre seront en grande partie remplacées par d'immenses verrières et des rosaces, qui laissent entrer la lumière. Toutes les audaces en hauteur semblent désormais permises : les fûts des colonnes jaillissent vers le ciel; les tours, les flèches participent à cette verticalité. Par ses lignes ascendantes, la cathédrale gothique traduit l'élan de la prière, l'élévation de l'âme vers Dieu.

Une signification symbolique était d'ailleurs attachée à chacune des parties de l'église gothique, si l'on en croit ces fragments du *Speculum ecclesiae,* écrit au XIIIe siècle par Pierre de Roissy, chancelier de la cathédrale de Chartres :

Des pierres carrées et polies : Les pierres carrées signifient l'ensemble des quatre vertus propres aux saints : la tempérance, la justice, le courage, la prudence. Les pierres polies signifient les saints polis par leur patience à supporter les maux.

Des vitraux : Les vitraux de l'église, qui arrêtent les vents et les pluies, et laissent passer la clarté du soleil, symbolisent l'Écriture sainte, qui éloigne de nous les maux et qui nous apporte la lumière.

Des tours de l'église : Les tours symbolisent les prédicateurs et les prélats de l'Église...

Du coq qui est placé au sommet de l'église : Ajoutons à ce qui a été dit qu'un coq est placé au sommet de l'église; il est placé sur un globe que dominent une croix et une tige de fer : cela pour signifier que le monde a été soumis à l'autorité de la croix.

Le coq symbolise le prélat, car comme le coq est exposé à tous les vents, ainsi est le prélat aux persécutions exercées contre l'Église, tout comme une défense d'airain.

LE GOTHIQUE FLAMBOYANT

À la fin du Moyen Âge, la décoration prend en architecture la première place. Les murs sont ajourés à l'extrême, percés de fenêtres assemblées dont chacune rappelle la forme d'une flamme. Le dessin des rosaces se complique. Courbes et entrelacs donnent une impression de grâce excessive et finalement de gracilité. C'est l'époque des « dentelles de pierre » (XVe et XVIe siècles), des flèches audacieuses. Tel est le dernier terme de l'évolution d'une architecture marquée à ses débuts par la robuste simplicité des églises romanes.

La sculpture

Elle renaît au XIe siècle. Intimement liée à l'architecture religieuse, elle a une fonction décorative, mais elle se propose aussi un autre but : instruire les fidèles, dont l'immense majorité ne savait pas lire, des vérités de la religion. La couleur venait rehausser les parties sculptées, et les faisait ressembler à de vastes enluminures.

LA SCULPTURE ROMANE

On a parlé à son sujet de maladresse et de naïveté. Rien n'est moins vrai. Les déformations que présentent les figures humaines témoignent d'une recherche de l'expression à tout prix, et prennent une valeur symbolique : la haute taille du Christ est le signe de sa suprématie, les élus sont plus grands que les damnés, et la taille des animaux est inférieure à celle des hommes.

Les chapiteaux constituent une des réussites les plus originales de la sculpture romane. Les « imagiers » médiévaux ont taillé dans la pierre de charmantes scènes de la vie du Christ, de la vie des paysans, et toutes sortes de monstres.

LA SCULPTURE GOTHIQUE

Les chapiteaux historiés disparaissent des cathédrales gothiques. Seule la décoration florale demeure. Les monstres n'apparaissent plus qu'à l'extérieur des édifices : gargouilles crachant l'eau de pluie.

La sculpture a gagné en sérénité et en noblesse. Portails et façades accueillent un peuple de statues. Un souci d'ordre et de clarté apparaît sur ces façades. « Pas de beauté sans ordre », disait saint Thomas d'Aquin. Les tympans, composés avec un soin extrême, sont faits de bandes superposées, et les scènes se lisent facilement.

ÉVOLUTION DE LA SCULPTURE À PARTIR DU XIVe SIÈCLE

On se plaît à orner l'intérieur des églises par des galeries séparant la nef et le chœur, appelées jubés, ou par des sièges sculptés ou stalles. Les statues de la Vierge et des saints n'ont jamais été aussi nombreuses. Mais, influencés par les misères qui se sont abattues sur leur pays, les artistes représentent volontiers des scènes douloureuses. Le goût des détails réalistes se développe, en particulier dans l'art funéraire, qui connaît alors son épanouissement. Les grands personnages sont représentés « gisant », les mains jointes sur leur dalle funéraire, accompagnés parfois d'une frise de « pleurants ».

La peinture

LA PEINTURE MURALE

Toutes les églises romanes étaient couvertes de peintures. Au cours des siècles, des couches d'enduit successives recouvrirent, et souvent protégèrent ces peintures murales, qu'on remet actuellement au jour. La peinture murale disparaît des grands édifices gothiques, car les murs s'évident et s'ornent de vitraux, mais elle se maintient longtemps dans les villages.

LA PEINTURE SUR PARCHEMIN : LA MINIATURE

D'abord œuvre des moines, la peinture sur parchemin est exécutée à partir du XIIIe siècle par des laïcs, travaillant dans les ateliers d'enluminure. Là sont illustrés bibles et psautiers, pour les princes du temps. La guerre de Cent Ans n'arrêtera pas cette activité où les Parisiens étaient passés maîtres. *Les Très Riches Heures du duc de Berry,* sorties des délicats pinceaux des frères Paul et Jean de Limbourg, témoignent de la richesse d'invention et de l'habileté de ces artistes.

Le vitrail

Les plus anciens vitraux datent de 1144 : ils se trouvent à la basilique de Saint-Denis. Mais c'est à partir du Xe siècle qu'on prit l'habitude d'orner les fenêtres des églises d'une mosaïque de verres colorés. Protégés par une armature de fer, ces morceaux de verre étaient teintés dans la masse, sertis de plomb et assemblés de manière à figurer des scènes qui se lisaient de bas en haut. En même temps ces verres soufflés, qui parfois emprisonnaient des bulles d'air, font jouer la lumière.

Les maîtres verriers romans n'utilisaient qu'un nombre limité de couleurs : bleu, rouge, vert, pourpre, mais ils ont su les disposer dans des compositions d'une somptuosité étonnante, qui rappellent certains tissus d'Orient. Les progrès de la technique seront fatals à cet art. Les couleurs se multiplient, on donne plus d'importance au modelé et au dessin et, à partir du XIVe siècle, le vitrail tend à devenir une simple peinture sur verre.

La tapisserie

Faite d'un entrecroisement de fils de trame et de fils de chaîne, la tapisserie connaît au Moyen Âge une grande faveur : la couleur des laines est un ornement pour les murs des châteaux, et leur contexture serrée en fait d'excellentes tentures, permettant de lutter contre le froid. Faciles à rouler, à ranger dans des coffres, à transporter, les tapisseries avaient place dans les bagages de tout personnage important.

Comme le vitrail, la tapisserie est un art essentiellement français. La pièce la plus ancienne qui nous soit parvenue n'est pas la longue *broderie* donnée au XIe siècle par la reine Mathilde à l'évêque de Bayeux, qui représente la conquête de l'Angleterre par les Normands. Elle porte à tort le nom de *Tapisserie de Bayeux,* et fut sans doute réalisée par des brodeuses anglo-saxonnes. C'est l'*Apocalypse d'Angers,* commandée vers 1380 par le frère de Charles V, qui demeure la plus étonnante des tentures du Moyen Âge.

La musique

La réforme du pape Grégoire le Grand, au début du VIIe siècle, avait imposé, pour les cérémonies religieuses, une forme de prière chantée. Des écoles de chant dit « grégorien » s'ouvrirent alors en France.

Mais la grande invention du Moyen Âge français est la polyphonie, c'est-à-dire l'art de faire entendre ensemble des parties différentes. La riche harmonie de cette musique s'accordait avec les dimensions et la beauté des cathédrales nouvellement construites.

La musique n'est pas seulement religieuse. Les danses villageoises tout comme les poèmes courtois ne se comprennent pas sans accompagnement musical. À la fin d'un festin, les musiciens s'avancent, et quelle variété dans les instruments!

L'un joue de la harpe, l'autre de la viole ; l'un de la flûte, l'autre du rebec (1) ; l'un de la gigue (2), l'autre de la rote (3) ; l'un dit des paroles, l'autre l'accompagne ; l'un joue de la musette (4), l'autre du pipeau ; l'un de la cornemuse, l'autre du chalumeau (5) ; l'un de la mandoline, l'autre accorde le psaltérion (6) avec le monocorde (7).

Flamenca, roman provençal du XIIIe siècle.

Les lettres

Le Moyen Âge littéraire débute tard. Les *Serments de Strasbourg* (842) sont le premier écrit qui atteste l'existence de la langue romane. Il faut attendre le XIIe siècle pour qu'apparaissent les grands textes littéraires (*La Chanson de Roland* fut composée vers 1100). Mais à partir de ce moment, les œuvres foisonnent, étonnamment variées, libres de ces emprunts qui, à partir de la Renaissance, seront règle courante. Plutôt que de faire un tableau, forcément incomplet, de la littérature française au Moyen Âge, nous nous attacherons à montrer à quel point elle reflète les préoccupations d'un temps marqué par la chevalerie et la courtoisie, où la féerie et le merveilleux existent à côté de la cocasserie, où la gaieté et la verdeur d'expression voisinent avec des débats pathétiques et le sentiment douloureux de la mort.

Les chansons de geste et la chevalerie

Les chansons de geste célèbrent les exploits des grands personnages historiques ou légendaires, sous forme de poèmes épiques (environ 80) composés du XIIe au XIVe siècle, que les jongleurs chantaient, sur une mélodie simple, devant des publics très variés. Ainsi se trouve popularisée la figure du chevalier : hardi au combat, d'un courage invincible, doué de forces plus qu'humaines, toujours prêt à se battre pour son seigneur et pour son Dieu. Ses étonnantes prouesses frappaient les imaginations. On admirait ce sentiment de l'honneur qui ne connaît pas de défaillance, cette foi puissante qui sait accepter les souffrances et la mort même, comme des épreuves qui auront leur récompense en Paradis.

LA « CHANSON DE ROLAND »

Parmi ces héros, le plus connu est Roland, neveu de Charlemagne, l'un des douze pairs. Placé à l'arrière-garde de l'armée qui revient d'Espagne, il est surpris par les Sarrasins, auprès de qui Ganelon l'a trahi. La bataille a été dure. Tous les Français sont morts, mais les ennemis ont fui, après avoir subi de lourdes pertes. Roland reste seul pour mourir, dans le saisissant décor de Roncevaux :

« Hauts sont les monts, et ténébreux, et grands. »

Il quitte la vie en chevalier soucieux de son honneur, en homme qui se tourne avec émotion vers son pays, vers les êtres qu'il a aimés, en chrétien aussi, qui demande humblement à Dieu le pardon de ses fautes.

---

(1) Sorte de violon. – (2) Sorte de mandoline. – (3) Sorte de cithare. – (4) Instrument à vent. – (5) Instrument de roseau comme la flûte. – (6) Instrument triangulaire à corde. – (7) Instrument à une corde.

CLXXI

Lors, Roland sent qu'il a perdu la vue,
Se met sur pied, tant qu'il peut s'évertue;
De son visage, la couleur est perdue,
Tient Durandal, son épée, toute nue.
Par devant lui est une pierre bise (1);
Frappe dix coups, par douleur et par rage.
L'acier grince, ne se rompt, ne s'ébrèche
– Eh, dit Roland, Sainte Marie, à l'aide!
Eh, Durandal, bonne et si malheureuse!
Quand je me perds, de vous n'ai plus besoin.
Tant de batailles, avec vous, j'ai vaincues,
Et tant de terres immenses j'ai conquises,
Que Charles tient, à la barbe chenue (2).
De mon vivant ne me serez ôtée.
Un bon vassal vous a longtemps tenue.
Tel ne sera jamais en libre France.

CLXXIII

Roland frappa sur une pierre bise;
Plus en abat que je ne sais vous dire.
L'épée grince, ne se froisse, ne se brise;
Contre le ciel, en haut elle rebondit.
Quand le comte voit qu'il ne peut la fendre,
Très doucement, il la plaint en lui-même :
– Eh, Durandal, que tu es belle et sainte!
En ton pommeau d'or, sont maintes reliques :
Dent de saint Pierre, Sang de saint Basile,
Et cheveux de Monseigneur saint Denis,
Et du vêtement de Sainte Marie;
Il ne convient pas que païens te tiennent;
Par des chrétiens devez être servie;

(La mort approche)

CLXXVI

Le comte Roland gît dessous un pin;
Vers l'Espagne, il a tourné son visage.
De maintes choses, le souvenir lui vint,
De tant de terres que vaillant il prit,
De douce France, des hommes de son lignage,
De Charles, son seigneur, qui l'a nourri;
Ne peut manquer de pleurer, soupirer,
Mais il ne veut pas lui-même oublier.
Il bat sa coulpe, demande à Dieu pitié :
– Vrai père, toi qui jamais ne mentis,
Et ressuscitas saint Lazare mort,
Et Daniel des lions défendis,
Guéris mon âme de tous les périls,
Pour les péchés que je fis en ma vie!
Son dextre gant, à Dieu il a offert;
Saint Gabriel de sa main l'a pris;
Roland, sur son bras, incline la tête;
Les mains jointes, il est allé à sa fin.
Dien envoya son ange chérubin
Et saint Michel du péril de la mer;
Et avec eux saint Gabriel y vint.
L'âme du comte, ils portent en paradis.

Les romans d'aventure et d'amour et l'esprit courtois

Le public aristocratique se lassa de la simplicité et de la rudesse des chansons de geste. Dès la deuxième moitié du XIIe siècle, les mœurs en effet se sont adoucies. Après la première croisade, rois et grands seigneurs commencent à mener une vie élégante et une paix relative permet à la vie mondaine de se développer dans le pays d'Oc (3). Les cours provençales jouent un rôle essentiel dans cette transformation des manières et des goûts. Grâce à Aliénor d'Aquitaine, devenue reine de France, puis d'Angleterre, grâce surtout à ses deux filles, Aélis de Blois et Marie de Champagne, la « courtoisie » se répand jusque dans le nord de la France.

La dame (latin : *domina*) prend la première place. Elle est comme la suzeraine. C'est pour elle désormais, et non plus pour son seigneur et son Dieu, que le chevalier accomplit ses prouesses. Il s'acquitte du « service d'amour », il lui voue un culte délicat. Malheur à lui s'il encourt la colère de la dame, s'il ne lui montre pas un attachement parfait. Suivant en tout point celle qu'il aime, le chevalier devient raffiné dans ses gestes – les miniatures du temps le montrent bien – comme dans ses sentiments. Un code, dit de la *fine amor,* s'instaure, plein de subtilités, de règles, d'interdits.

(1) Gris-brun : on dit encore toile bise, pain bis. – (2) Blanchie par l'âge. – (3) Le midi de la France.

« TRISTAN ET ISEUT » : L'AMOUR PASSION

La légende de Tristan et d'Iseut passa de Bretagne en France au milieu du XIIe siècle. Elle inspira ce conte « d'amour et de mort » écrit par Thomas. Tristan est allé chercher en Irlande la fiancée de son oncle, le roi Marc. Sur le navire qui conduit Tristan et Iseut en Cornouailles, ils boivent par erreur un « vin herbé », philtre destiné aux futurs époux, qui devait leur assurer un amour éternel. Voilà Tristan et Iseut liés à jamais l'un à l'autre, plus fortement que par les lois humaines, plus fortement même que par les lois divines. La vie séparera les amants, mais la mort les réunit.

Le vent sur la mer s'est levé
Et frappe au milieu de la voile,
Vers la terre il conduit la nef.
Iseut est de la nef sortie,
Entend les plaintes dans la rue,
Cloches aux moutiers, aux chapelles;
Elle demande aux gens les nouvelles,
Pour qui font-ils telles sonneries,
Et pour qui sont donc tant de pleurs.
Alors un vieil homme lui dit :
– Belle dame, que Dieu m'assiste,
Nous avons si grande douleur
Que jamais n'y en eut si grande.
Tristan le preux, le franc, est mort :
De tous il était le soutien,
Large était pour les besogneux
Et charitable aux malheureux.
D'une plaie qu'il eut en son corps,
En son lit il vient de mourir.
Jamais telle calamité
N'arriva dans cette région.
Dès qu'Iseut ouït la nouvelle,
De douleur ne peut dire mot.
De sa mort est si affligée
Que par la rue va dégrafée,
Devant les autres, au palais.
Les Bretons ne virent jamais
Femme d'une telle beauté :
On se demande par la cité
D'où elle vient et qui elle est.
Iseut va où elle voit le corps,
Elle se tourne vers l'Orient,
Elle prie pour lui avec pitié :
– Ami Tristan, vous êtes mort,
Il n'est plus juste que je vive.
Vous êtes mort d'amour pour moi,
Et je meurs, ami, de tendresse,
Puisque n'ai pu venir à temps,
Pour vous guérir de votre mal.
Ami, ami, puisqu'êtes mort,
Je n'aurai plus de réconfort,
Joie, ni gaîté, ni nul plaisir.
Que cet orage soit maudit
Qui tant me fit rester en mer
Que n'ai pu arriver à vous!
Si assez tôt j'étais venue,
La vie, je vous l'aurais rendue,
Et parlé doucement à vous
De l'amour qui fut entre nous.
J'aurais pleuré notre aventure,
Notre joie, et notre bonheur,
La peine, et la grande douleur
Qui a été en notre amour.
Et j'aurais rappelé cela,
Vous aurais baisé, enlacé.
Puisque je n'ai pu vous guérir
Ensemble puissions-nous mourir!
Elle l'embrasse et elle s'étend,
Lui baise la bouche et la face,
Et très étroitement l'enlace,
Corps à corps, bouche contre bouche.
Alors elle a rendu l'esprit,
Et meurt ainsi, auprès de lui,
Pour la douleur de son ami.

CHRÉTIEN DE TROYES : LE DÉBAT AMOUREUX

On peut considérer Chrétien de Troyes comme un des premiers romanciers français. Ses œuvres proposent des réponses diverses à une même question : un chevalier doit-il servir d'abord sa dame, ou sa gloire? Tantôt, l'aventure passe avant l'amour; tantôt, il exalte la fidélité parfaite. *Lancelot* (vers 1168) illustre la soumission totale du chevalier, capable de passer pour couard si sa dame le demande, car « moult est, qui aime, obéissant ». Le conflit entre les exploits et l'obéissance à la dame fait encore le sujet de *Yvain ou le Chevalier au lion* (1170). Mais dans *Perceval* (vers 1182), d'ailleurs inachevé, l'idéal religieux remplace l'idéal chevaleresque : Perceval part en quête d'un vase mystérieux, le Graal.

La scène suivante, extraite de *Yvain ou le Chevalier au lion,* offre un témoignage savoureux de la malice amusée qu'il manifeste à l'égard de ses personnages. Yvain s'est épris de

Laudine, la veuve du sénéchal Ké qu'il vient de tuer en combat singulier. Lunette, une habile suivante, a su convaincre Laudine que seul le vainqueur de son époux était un prétendant digne d'elle. Allant de l'un à l'autre, elle a tour à tour rassuré et effrayé Yvain. Finalement, elle met en présence le chevalier et Laudine. Yvain croit qu'il doit plaider sa cause et se faire pardonner; la dame se laisse faire la cour avec un plaisir évident. On arrive rapidement à une déclaration d'amour.

La demoiselle par la main
Emmène monseigneur Yvain
Où il sera le bienvenu;
Mais il croit être mal reçu;
Et s'il le croit, c'est naturel.
Par-dessus un coussin vermeil,
Ils trouvèrent la dame assise.
Grand'peur, je vous assure,
Eut messire Yvain à l'entrée
De la chambre, où il a trouvé
La dame qui ne lui dit mot;
Pour cela, plus grand'peur il eut :
Il fut de peur si étourdi,
Qu'il pensa bien être trahi;
Et il se tint debout loin d'elle
Jusqu'au moment où la pucelle
Lui dit : – Que soit aux cinq cents diables
Qui conduit dans chambre de dame,
Chevalier qui ne s'en approche,
Et qui n'a ni langue ni bouche
Ni esprit, dont il sache user!
À ces mots, par le bras, le tire,
Et lui a dit : – Çà, avancez,
Chevalier, et n'ayez pas peur
Que ma dame aille vous mordre!...
– Dame, fait-il, par votre grâce,
Quand votre seigneur m'attaqua,
Quel tort ai-je eu de me défendre?
Celui qui veut tuer, ou prendre,
Si l'homme qui se défend le tue,
Dites-moi, quelle faute a-t-il faite?
– Point, si l'on regarde le droit.
Je crois qu'à rien ne servirait
Même de vous faire tuer.
Mais volontiers voudrais savoir
D'où peut bien venir cette force,
Qui vous commande d'obéir
À ma volonté sans réserve.
Des torts, des méfaits, je fais grâce,
Mais asseyez-vous et contez
Comment vous fûtes ainsi dompté.
– Dame, fait-il, la force vient
De mon cœur qui de vous dépend;
En ce vouloir m'a mis mon cœur.
– Et qui le cœur, beau doux ami?
– Dame, les yeux. – Et les yeux qui?
– Grande beauté qu'en vous je vis.
– Et la beauté qu'a-t-elle donc fait?
– Dame, aimer elle m'a fait.
– Aimer, et qui? – Vous, dame chère.
– Moi. – Vraiment, oui. – De quelle manière?
– Que plus grand amour ne se peut,
Que de vous ne bouge mon cœur,
Que je ne le sens pas ailleurs,
Qu'à d'autre objet ne peux penser,
Qu'à vous entièrement me donne,
Que je vous aime plus que moi,
Que s'il vous plaît, facilement,
Pour vous je veux mourir ou vivre.

LES CHANSONS D'AMOUR

L'amour est le thème essentiel de ces poèmes à forme fixe écrits en langue d'Oc par les troubadours, ou en langue d'Oil (1) par les trouvères, aux XIIe et XIIIe siècles.

Dans la « chanson de toile » que les dames fredonnaient, assises à leur métier à broder ou à tisser, un drame d'amour est souvent évoqué. « La reverdie » célèbre le retour du printemps et la joie d'aimer, tandis que « l'aube » déplore l'arrivée du jour qui va séparer ceux qui s'aiment et avaient usé de la complicité de la nuit pour se rejoindre. Dans « la chanson dramatique », le chevalier soupire, loin de sa dame, ou la dame, demeurée seule, se plaint de l'absence de son ami, parti pour la croisade. Un seigneur rencontre une bergère et la courtise : voilà le sujet de la « pastourelle (2) ». La plupart de ces œuvres sont anonymes. Quelques poètes, pourtant, nous demeurent connus : Jaufré Rudel, Conon de Béthune, Gace Brulé, Thibaud de Champagne, par exemple.

---

(1) OC = oui en provençal (du latin *hoc*). La langue d'oc était parlée dans le midi de la France. OIL = oui en français de l'Île-de-France (du latin *hoc + il*, pronom personnel qui le renforçait). La langue d'oïl était parlée dans le nord de la France. – (2) Chanson de berger (ou pâtre).

Une chanson de toile : « belle doette »

Belle doette à la fenêtre assise,
Lit en un livre, mais son cœur n'y est point :
De son ami Doon il lui souvient,
Qui tout là-bas est parti tournoyer.
Et j'en ai douleur.

Un écuyer aux degrés de la salle
Est descendu, a détaché sa malle.
Belle doette les degrés lors dévale.
Elle ne croit pas à mauvaise nouvelle.
Et j'en ai douleur.

Belle doette alors lui demanda :
– Où est messire, que n'ai vu de long temps?
Il eut tel deuil que de pitié pleura.
Belle doette à l'instant se pâma.
Et j'en ai douleur.

Belle doette debout s'est redressée,
Voit l'écuyer, vers lui s'est avancée.
En son cœur est dolente et attristée
Pour son seigneur, qu'elle ne voit pas.
Et j'en ai douleur.

Belle doette se prit à demander :
– Où est messire que je dois tant aimer?
– Au nom de Dieu, dame, ne puis le cacher,
Mort est messire, tué fut en joutant.
Et j'en ai douleur.

Belle doette se mit à lamenter :
– Pour mon malheur, tu partis débonnaire!
Pour votre amour, je vêtirai la haire (1);
Mon corps n'aura plus pelisse fourrée.
Et j'en ai douleur.
Pour vous deviendrai nonne en l'église Saint-Pol.

Pour vous je bâtirai une abbaye telle
Que lorsque viendra le jour de sa fête,
Si quelqu'un y vient, traître à son amour,
Jamais du moutier ne saura l'entrée.
Et j'en ai douleur.
Pour vous deviendrai nonne en l'église Saint-Pol.

Belle doette fit bâtir l'abbaye
Qui est si grande et toujours grandira;
Tous ceux et celles, elle voudra attirer
Qui pour amour savent peine et souffrance.
Et j'en ai douleur.
Pour vous deviendrai nonne en l'église Saint-Pol.

Pastourelle de Thibaud de Champagne

J'allais l'autre jour errant
  Sans compagnon
Sur mon palefroi (2), pensant
  À faire une chanson,
Quand j'ouïs, ne sais comment,
  Près d'un buisson
La voix du plus bel enfant
Que jamais vit-on,
Ce n'était pas un enfant,
Avait quinze ans et demi,
Jamais créature ne vis
  De si gente façon.
Vers elle m'en vais sur-le-champ
  Et je lui dis :
– Belle, dites-moi comment
Par Dieu, vous nomme-t-on!
Elle saute en un instant
  Sur son bâton :
– Si vous venez plus avant,
  Y aura discussion.
Sire, allez-vous-en d'ici!
  N'ai cure d'un tel ami;
Car j'ai bien plus beau choisi.
  Il s'appelle Robichon.
Quand je la vis effrayée
  Si fortement
Qu'elle ne daigne me regarder
  Ni faire autre manière
Lors commençai à penser
  Par quel moyen
Elle me pourrait aimer
  Et changer de désir.
À terre d'elle m'assis.
Plus regarde son clair vis,
Plus mon cœur se trouve épris,
  (Ce) qui double mon désir.
Lors me pris à demander
  Très gentiment
Qu'elle me daignât regarder
Et faire autre manière
Elle commença à pleurer
  Et dit alors :
– Je ne vous peux écouter;
Ne sais qu'allez cherchant.
Vers elle m'approche et lui dis :
– Ma belle, par Dieu pitié!
Elle rit et répondit :
– Ne faites rien! les gens.
Devant moi, la fis monter
  Dès à présent
Et tout droit je m'en allai
Vers un bois verdoyant.
En bas, les prés regardai.
  J'ouïs criant
Deux bergers parmi le blé
Qui venaient hurlant.
Ils poussèrent un grand cri,
  Je fis plus vite que le dis :
Je la laisse et je m'enfuis,
  Je n'aime pas ces gens.

(1) Étoffe rude de l'habit que portent les religieuses. – (2) Cheval de parade.

Le merveilleux

Le chevalier, toujours en quête de prouesses à réaliser, entraîne avec lui le public dans le monde de la féerie. Nature enchantée, peuplée d'êtres surnaturels, châteaux magiques, situations inconnues à l'univers habituel, étranges moyens de sortir de difficultés qui paraissaient insurmontables : le passage est aisé du quotidien au merveilleux!

Nous n'en citerons comme exemple que cette fontaine singulière que décrit Chrétien de Troyes dans *Yvain ou le Chevalier au lion.*

Tu verras fontaine qui bout
Bien plus froide que n'est le marbre.
Lui fait ombre le plus bel arbre
Que jamais put faire Nature.
En tous temps ses feuilles lui durent
Il ne les perd en nul hiver.
Il y pend un bassin de fer
Avec une si longue chaîne
Qu'elle va jusqu'à la fontaine.
Près de fontaine, trouveras
Un perron tel que tu verras
(Je ne sais pas te dire quel,
Car n'en vis jamais un pareil)
Et d'autre part une chapelle
Petite, mais elle est très belle.
Si avec (ce) bassin tu prends l'eau
Et sur le perron la répand
Lors, tu verras telle tempête
Qu'en ce bois ne restera bête,
Chevreuil ni daim, ni cerf, ni porc,
Même les oiseaux s'enfuiront
Car tu verras foudre tomber,
Venter, et arbres s'effondrer.
Pleuvoir, tonner, éclairs briller,
Et si tu peux t'en éloigner
Sans grand ennui et sans dommage,
Tu auras une meilleure chance
Que jamais n'eurent chevaliers.

La gaieté

La vitalité prodigieuse du Moyen Âge s'est manifestée dans une franche gaieté, dans un besoin de rire et de faire rire. Sans doute la liberté de propos et même la verdeur de l'expression caractérisent-elles la littérature dite « bourgeoise ». Mais cette époque ne concevait pas la gravité à notre manière, puisque de véritables gags trouvent place dans une des plus anciennes chansons de geste, le *Pèlerinage de Charlemagne,* et que, dans les « Mystères », des scènes bouffonnes voisinent avec des débats dramatiques.

LE SENS DU COCASSE : LA FATRASIE

Jamais, peut-être, on n'eut autant le goût du mot pour le mot. Le désir de pur divertissement, sans aucun souci de la cohérence, a pu dicter ces rêveries ou fatrasies (1) dont Marot et Rabelais se feront les héritiers. Le poète Paul Éluard adapta au XXe siècle cette fatrasie de Philippe Rémi de Beaumanoir (fin du XIIIe siècle) pour son *Anthologie vivante de la Poésie du Passé.*

Un grand hareng-saur
Avait assiégé Gisors
De part et d'autre
Et deux hommes morts
Vinrent avec de grands efforts
Portant une porte.

Sans une vieille bossue
Qui alla criant : « Ah! Hors! »
Le cri d'une caille morte
Les aurait pris avec de grands efforts
Sous un chapeau de feutre.

---

(1) De fatras : ensemble incohérent.

L'ESPRIT GAULOIS : LES FABLIAUX

Joseph Bédier définissait les fabliaux (environ 150, écrits du XIIe au XIVe siècle) comme des « contes à rire, en vers ». Pleins de bonne humeur, ils plaisaient à un public bourgeois et populaire, mais aussi aux seigneurs. On s'y moque ouvertement des femmes, bavardes et coquettes, des paysans naïfs, des curés gourmands. Pour faire rire, tous les procédés sont bons : jeux de mots, malentendus, coups de bâton. La crudité, la grossièreté du langage sont de règle. On s'amuse de ces « bons tours », de ces farces qui nous paraîtraient aujourd'hui inhumaines, mais la pitié a peu de place dans les fabliaux.

Ainsi, dans *Les Trois Aveugles de Compiègne* de Cortebarbe, on rira aux dépens de trois aveugles, cependant que la vie des grands chemins et des hôtelleries est évoquée d'une façon pittoresque. Trois aveugles s'en allaient sur la route ; ils rencontrent un clerc, et lui demandent l'aumône. Étonné de les voir marcher ainsi sans guide, et doutant de leur infirmité, le clerc veut en avoir le cœur net. Il leur donne un besant (1) pour les trois. Chacun croit que l'autre l'a reçu. Tout joyeux, les aveugles retournent à Compiègne avec l'intention de festoyer.

Vers Compiègne ils sont retournés
Ainsi comme ils sont équipés ;
Ils étaient heureux et très gais.
Quant au clerc, de loin il suivait,
Il se disait qu'il les suivrait
Jusqu'au moment où il saurait
La fin. Dans la ville, ils entrèrent,
Prêtèrent l'ouïe, et entendirent
Qu'on criait autour du Château :
– Ici bon vin frais et nouveau,
Vin d'Auxerre, vin de Soissons,
Pain et viande, vin et poissons !
Ici, dépensez votre argent,
Ici, hôtel pour toutes gens ;
C'est ici qu'il fait bon loger.
Ils y vont, sans hésitation,
Et ils entrent dans la maison ;
À l'hôtelier, ils s'adressèrent :
– Occupez-vous de nous, font-ils,
Et ne nous tenez pas pour vils,
Si nous avons pauvres habits.
Vous nous servirez en privé.
Nous vous paierons mieux qu'élégants,
(Ont-ils dit, et lui, se sent aise)
Car nous voulons faire un festin.
L'hôte pense qu'ils disent vrai :
Telles gens ont plein de deniers.
De les servir, il s'est hâté ;
Dans la salle haute, les mène :
– Seigneurs, dit-il, une semaine,
Vous pourriez ici séjourner ;
Tous les bons morceaux de la ville,
Vous les aurez, si vous voulez ;
– Sire, font-ils, dépêchez-vous,
Et donnez-nous tout ce qu'il faut.
– Laissez-moi faire, mes seigneurs,
Dit le bourgeois et il s'en va.
Sur cinq grands plats, il leur prépare
Pain, viande, pâtés et chapons
Et vins, pourvu qu'ils fussent bons ;
Puis les leur fait là-haut porter,
Et fit au feu charbon jeter :
Se sont assis à haute table.
Le valet du clerc, à l'étable
Conduit les chevaux. Gîte est pris.
Le clerc de bonne éducation,
Bien vêtu et très élégant,
Avec l'hôte, en place d'honneur,
Prit le matin son déjeuner,
Et le soir aussi, son souper.
Les aveugles à leur étage,
Servis comme des chevaliers,
Menaient chacun grand bruit, grand train.
L'un à l'autre versait le vin :
– Tiens, je t'en donne ; après, m'en donne !
Il a poussé sur vigne bonne !
Et ne croyez pas qu'ils s'ennuient.
C'est ainsi que jusqu'à minuit,
Ils s'égayèrent sans souci.
Les lits sont faits, ils vont dormir
Jusqu'au lendemain, de bonne heure ;
Et le clerc, lui aussi, demeure
Pour savoir quelle sera la fin.
L'hôte se leva, au matin,
Et son valet. Tous deux comptèrent
Combien coûtaient viande et poisson.
Le valet dit : « En vérité,
Le pain, le vin et le pâté
Ont bien coûté plus de dix sous ;
Tant ils en ont pris, à eux tous.
Le clerc, lui, en a pour cinq sous.
– De lui, je n'attends pas d'ennui.
Va là-haut et fais-moi payer.
Et le valet sans plus tarder

(1) Pièce de monnaie d'or.

Vint aux aveugles et leur dit
Que chacun, vite, se vêtît,
Son maître veut être payé.
– Pourquoi, font-ils, vous inquiéter,
Puisque très bien nous le paierons ;
Savez-vous ce que nous devons ?
– Oui, dit-il, vous devez dix sous.
– Cela les vaut. Chacun se lève ;
Tous trois sont en bas descendus.
Le clerc avait tout entendu,
En se chaussant, devant son lit.
Les trois aveugles à l'hôte ont dit :
– Sire, nous avons un besant.
Je crois qu'il est fort bien pesant ;
Rendez-nous-en donc le surplus,
Sans attendre que nous devions plus.
– Très volontiers, leur répond l'hôte.
– L'un deux dit : – Et bien, donne-le !
Lequel l'a ? – Ah, je ne l'ai pas !
C'est donc Robert Barbe-Fleurie ?
– Pas moi, mais vous l'avez, je sais.
– Corbleu, moi non plus, je ne l'ai !
– Lequel l'a donc ? – Tu l'as ? – L'as-tu ?
– Payez, ou vous serez battus,
Dit l'hôtelier, seigneurs truands,
Et mis dans un recoin puant,
Avant que vous partiez d'ici.
Ils lui crient : Ah ! Par Dieu, pitié.
Sire, nous vous paierons très bien.
Et ils reprennent leur querelle :
– Robert, dit l'un, donnez-lui donc
Le besant ; vous marchez devant :
Vous le reçûtes, étant premier.
– Mais vous qui venez par derrière,
Donnez-le, car je ne l'ai point.
– Je suis ici venu à point,
Dit l'hôte, car on rit de moi.
À l'un il envoie un soufflet
Puis fait apporter deux gourdins.
Le clerc qui s'était habillé
Trouvait l'affaire fort plaisante.
Plein d'aise, il se pâmait de rire.
Mais quand il vit le dénouement,
Il vint à l'hôte promptement,
Lui demande ce qu'il avait,
Ce qu'à ces gens il réclamait.
L'hôte dit : « Du mien, ils ont eu
Dix sous qu'ils ont mangé et bu.
Ils ne font que rire de moi ;
Mais du bâton, vais leur donner :
De son corps chacun aura honte. »
– Mettez donc cela sur mon compte,
Dit le clerc, quinze sous pour moi !

SATIRE ET PARODIE : LE « ROMAN DE RENART »

Comparée à celle des fabliaux, la satire se fait souvent plus acerbe dans *le Roman de Renart,* ensemble de 27 poèmes indépendants, appelés « branches », écrits à la fin du XIIe et au XIIIe siècle. Si le thème essentiel est la lutte de Renart, le goupil (1), et d'Ysengrin, le loup, cette rivalité est une occasion pour se moquer de la manière d'agir des humains, pour parodier les chansons de geste et les romans courtois, pour dénoncer même, avec véhémence, certains abus : par exemple, cette coutume si répandue de partir pour de lointains pèlerinages.

Renart a été condamné à être pendu par Noble, le lion, et sa cour. Tous les animaux s'en réjouissent. Grimbert, son cousin, sera le seul à manifester quelque pitié pour Renart.

Sur un mont, en haut d'un rocher,
Le roi fait dresser la potence
Pour pendre Renart, le Goupil :
Voilà Renart en grand péril.
Le singe lui fait la grimace.
Et lui donne un coup sur la joue.
Renart regarde derrière lui,
Il voit qu'ils viennent plus de trois.
L'un le tire, l'autre le pousse :
Qu'il ait peur n'est pas étonnant.
Couard, le lièvre, sur lui jette
Des pierres, et n'ose l'approcher...
Renart se voit fort accablé,
De toutes parts pris et lié.
Mais il ne peut trouver de ruse,
Un moyen pour en échapper.
Échapper, il ne le peut pas,
Sinon par une grande astuce.
Quand il vit dresser la potence,
Il n'y eut en lui que tristesse.
Il dit au roi : « Beau gentil Sire,
Laissez-moi parler un instant.
Vous m'avez fait lier et prendre,
Et me voulez sans crime pendre.

(1) Au Moyen Âge, le renard s'appelle encore le goupil. C'est précisément à cause du *Roman de Renart* que l'appellation « goupil » sera supplantée par celle que nous utilisons aujourd'hui.

Mais j'ai fait de très grands péchés
Dont je suis très fort accablé.
Je veux venir à repentance.
Au nom de Sainte Pénitence
Je prendrai la croix pour aller
Si Dieu le veut, outre la mer.
Si je meurs, je serai sauvé.
Me pendre serait mal agir.
Ce serait bien pauvre vengeance.
Je veux venir à repentance. »
Alors, il tombe aux pieds du roi.
Le roi en prit grande pitié.
Grimbert revient, de son côté,
Et pour Renart il crie « pitié ».
« Sire, par Dieu, écoute-moi !
Agis sagement, souviens-toi
Que Renart est preux et courtois.
Si Renart revient dans cinq mois,
Tu auras grand besoin de lui,
C'est ton plus hardi serviteur. »
– Ce ne peut se dire, fait le roi.
À son retour, il serait pire !
Tous observent cette coutume :
Qui bon y part, mauvais revient.
Tout comme les autres il fera,
S'il échappe de ce péril.
– S'il ne peut alors s'amender,
Qu'il n'en revienne jamais, Sire !
Le roi dit : « Qu'il prenne la croix,
Et que là-bas, toujours, il reste ! »
Renart l'entend, il a grand' joie.
Il ne sait s'il fera la route,
Mais quoi qu'il en puisse advenir
On lui met la croix sur l'épaule.
On lui donne écharpe et bourdon (1).
Les animaux sont désolés :
Ceux qui l'ont frappé, malmené,
Disent qu'un jour, ils le paieront.
Voilà Renart le pèlerin,
Écharpe au cou, bourdon au poing.
Le roi lui dit de pardonner
Tous les maux qu'on a pu lui faire,
D'abandonner ruses et méfaits :
Et s'il meurt, il sera sauvé.
Et Renart ne refuse rien
De ce que demande le roi,
Mais il approuve tous ses dires
En attendant d'être parti.
Il rompt le fétu, leur pardonne.
De la cour, s'en va, avant None.

Renart réussit même à se faire donner l'anneau de la Reine. Une fois arrivé en haut du rocher, il jette bourdon et écharpe, insulte le roi et sa cour et se réfugie dans son château de Maupertuis, où il se barricade solidement.

LE THÉÂTRE COMIQUE

Au XIIIe siècle, on peut commencer à parler de théâtre comique avec le *Jeu de saint Nicolas* de Jean Bodel, le *Jeu de la Feuillée* et le *Jeu de Robin et Marion,* tous deux d'Adam de la Halle. Au XVe siècle, les pièces comiques foisonnent : monologues dramatiques parodiant les sermons, « moralités », « soties » qui sont d'audacieuses satires, et farces.

La Farce de Maître Pathelin, dont l'auteur est inconnu, écrite entre 1464 et 1469, est une joyeuse comédie. La fourberie y règne d'un bout à l'autre, chaque personnage s'ingéniant à tromper l'autre, et le héros, Pathelin, est resté célèbre pour sa ruse.

L'avocat Pathelin avait réussi à extorquer au drapier Guillaume une bonne coupe de drap, sans rien lui payer. À son tour, le voilà mis en échec par l'Agnelet, berger de Guillaume. En effet, Pathelin avait conseillé à l'Agnelet de faire la bête, et de ne répondre que par « bée » dans le procès qui l'opposait à son maître. Quand l'avocat veut finalement se faire payer, il n'obtiendra que le même « bée ». C'est la dernière scène de cette farce.

Pathelin :
Dis, Agnelet.
Le berger :
Bée !
Pathelin :
Viens, çà, viens.
Ta besogne est-elle bien faite ?
Le berger :
Bée !
Pathelin :
Ton adversaire est parti.
Plus de bée ! Ce n'est plus la peine.
Lui ai-je donné belle entorse (2) ?
T'ai-je pas conseillé à point ?
Le berger :
Bée !
Pathelin :
Il est temps que je m'en aille.
Paie-moi.

(1) Bâton de pèlerin. – (2) Lui ai-je joué un bon tour ?

Le berger :
Bée!
Pathelin :
À dire vrai,
Tu as bien fait ton devoir,
Et as eu bonne contenance.
Ce qui lui a donné le change,
C'est que tu t'es tenu de rire.
Le berger :
Bée!
Pathelin :
Quel bée! Ne faut plus le dire!
Paie-moi bien et gentiment.
Le berger :
Bée!
Pathelin :
Quel bée! Parle sagement.
Et paie-moi, puis je m'en irai.
Le berger :
Bée!
Pathelin :
Sais-tu ce que je dirai?
Je te prie, sans plus dire bée,
De penser à me payer.
Je ne veux plus de bêlement.
Paie-moi.
Le berger :
Bée!
Pathelin :
Est-ce moquerie?
Est-ce tout ce que tu feras?
Par mon serment! tu me payeras.
Entends-tu? si tu ne t'envoles!
Mon argent!
Le berger :
Bée!...
Pathelin :
Par Saint Jean! Tu as raison :
Les oisons mènent les oies paître.

Le pathétique

Toute une partie de la littérature du Moyen Âge est empreinte de gravité. Clercs et laïcs écrivent des ouvrages didactiques, où ils rappellent les grandes règles de la morale chrétienne, essayent de montrer le néant des vanités terrestres. La méditation sur la vie, le sens de la souffrance et de la mort pénétraient tellement ces siècles profondément religieux que les foules se pressaient, dès la fin du XIIe siècle, pour assister aux « Miracles ». Ces textes faisaient revivre des épisodes de la vie des saints, les montraient intervenant dans les affaires humaines, par exemple pour assister un innocent aux prises avec le Démon, ou pour sauver un pécheur dont le repentir était sincère.

Plus tard, après la guerre de Cent Ans, il y eut les « Mystères » qui représentaient des scènes de l'Ancien et du Nouveau Testament. Toute le cité venait contempler la Passion du Christ, son agonie douloureuse et sa mort, apprenait à espérer en la Vierge. Sur le parvis des cathédrales, une leçon de confiance et de piété était ainsi donnée.

LE « MYSTÈRE DE LA PASSION »

Le très célèbre *Mystère de la Passion* d'Arnould Gréban, écrit vers 1450 (œuvre monumentale de 34 574 vers) présente ce dialogue entre Jésus et Notre-Dame. À la requête de sa mère, humaine et douloureuse, qui voudrait voir écarter l'agonie de son fils, Jésus répond par l'obéissance aux Saintes Écritures et explique qu'il lui faut mourir.

Jhésus :
Car, comme tous ceux d'Adam nés
Ont péché jusqu'à vous et moi,
Moi, qui l'humanité reçois
Pour tous les humains délivrer,
Dois sur tout mon corps endurer
Excessive peine et amère :
Oyez Isaïe, ma mère,
Résignez-vous à ses paroles;
Dit-il pas : « A planta pedis
Usque ad verticis metas
Non est in eo sanitas »?
Il dit que je serai blessé
Tant, que de la plante du pied
Jusqu'à la tête, part hautaine,
Il ne restera partie saine
Qui n'ait souffrance, n'ait détresse.
Notre-Dame :
Ô dolente mère angoissée!
Ô pitié, ô compassion!
Pourras-tu voir telle passion
Sur ton cher fils exécuter?
Ô deuil ineffable à porter,
Quel cœur te saura soutenir?

Le sens de la mort

Le Moyen Âge a vécu dans une grande familiarité avec la mort. Elle est parfois décrite simplement, parfois avec un réalisme terrifiant.

HÉLINAND ET VILLON

Pour la chanter, deux poètes ont trouvé un ton lyrique, prenant sa source dans la sincérité d'une émotion profonde. Hélinand, gentilhomme de Flandre, devenu moine, adresse vers 1195 à ses amis restés dans le monde un solennel avertissement : il fait avec véhémence l'éloge de la mort, maîtresse du monde, grande niveleuse, grande justicière, et veut leur faire partager sa crainte.

Vers de la mort

Que vaut beauté, que vaut richesse
Que vaut honneur? que vaut hautesse (1),
Puisque la mort tout à son aise
Fait sur nous pluie et sécheresse,
Puisqu'elle a tout en sa puissance,
Qu'on la méprise ou qu'on l'estime?
Celui qui ne craint pas la mort,
C'est celui-là qu'elle provoque
Et c'est vers lui qu'elle se dirige. (...)
Mort est la main qui tout agrippe;
Tout lui reste quand elle saisit.
Mort fait à tous sombre manteau
Et de pure terre linceul.
Mort nous sert tous également,
Mort met secrets à découvert,
Mort fait homme libre de serf,
Mort asservit et roi et pape,
Mort à chacun donne son dû.
Mort rend au pauvre ce qu'il perd,
Mort ôte au riche ce qu'il prit.

Villon s'attendait à mourir de pendaison (1562) à la suite d'une rixe, quand il écrivit sa *Ballade des Pendus.* Il se voit déjà attaché au gibet et fait parler le cadavre qu'il sera. L'horreur de la mort physique est évoquée dans ce poème, en même temps qu'un cri jaillit à l'adresse de ses « frères humains », et que la pensée d'un châtiment éternel le fait frémir.

Ballade des pendus

Frères humains qui après nous vivez,
N'ayez les cœurs contre nous endurcis.
Car si pitié de nous pauvres avez,
Dieu en aura plut tôt de vous merci (2).
Vous nous voyez ci attachés cinq, six :
Quant de la chair, que trop avons nourrie,
Elle est piéça (3) dévorée et pourrie,
Et nous, les os, devenons cendre et poudre.
De notre mal personne ne s'en rie (4);
Mais priez Dieu que tous nous veuille absoudre!

Si frères vous clamons, pas n'en devez
Avoir dédain, quoi que fûmes occis
Par justice. Toutefois, vous savez
Que tous hommes n'ont pas le sens rassis;
Excusez-nous, puisque sommes transis (5),
Envers le fils de la Vierge Marie,
Que sa grâce ne soit pour nous tarie,
Nous préservant de l'infernale foudre.
Nous sommes morts, âme ne nous harie (6);
Mais priez Dieu que tous nous veuille absoudre!

La pluie nous a débués (7) et lavés,
Et le soleil desséchés et noircis;
Pies, corbeaux nous ont les yeux cavés (8)
Et arraché la barbe et les sourcils.
Jamais nul temps nous ne sommes assis;
Puis çà, puis là, comme le vent varie,
À son plaisir sans cesser nous charrie,
Plus becquetés d'oiseaux que dés à coudre.
Ne soyez donc de notre confrérie;
Mais priez Dieu que tous nous veuille absoudre!

---

(1) Dignité. – (2) Pitié. – (3) Voilà déjà longtemps qu'elle est... – (4) Subjonctif à valeur d'ordre. – (5) Trépassés; morts. – (6) Tourmente (subj. à valeur d'ordre). – (7) Littéralement : lessivés. – (8) Creusés.

Questions et recherches

Histoire

• D'après le tableau historique n° 1 et les données figurant dans ce chapitre, caractérisez la politique romaine en Gaule.
• Étudiez l'évolution religieuse des origines à la chute de l'empire romain. Quels furent les apports du christianisme à la société ?
• Le Moyen Âge fut une époque fortement troublée : à l'aide du tableau historique n° 2 et des données figurant dans ce chapitre, dites quelles furent alors les principales crises.
• Étudiez l'évolution de l'autorité politique au Moyen Âge.

Civilisation

• Faites l'exposé des valeurs, réelles ou mythiques, que possède le « héros » médiéval.
• Le savoir au Moyen Âge : étudiez-en les principales caractéristiques, et expliquez ses apports à la société.
• L'art médiéval :
– recherchez le sens des termes spécialisés utilisés dans ce chapitre ;
– montrez précisément la présence et le rôle du symbolisme dans l'art médiéval, et son évolution, parallèle à celle des mentalités.

Littérature

① LA CHANSON DE ROLAND

• Après avoir défini les termes « vassal », « lignage », « seigneur », étudiez les liens qui unissent Roland à Charlemagne.
• Relevez les passages qui évoquent les qualités du parfait chevalier, et expliquez-les ; montrez le lien entre les éléments matériels et spirituels.
• Quelles sont les caractéristiques de la mort de Roland ? Cette mort, héroïque, garde-t-elle son humanité ?
• Ce texte est une « chanson de geste » : relevez ses caractéristiques (dans les actions, le rôle du merveilleux...) et ses qualités stylistiques.

② TRISTAN ET ISEUT

• Quelle est la conception de l'amour qui se dégage de ce texte ?
• Expliquez précisément en quoi ce texte est caractéristique de la littérature courtoise.
• Que révèlent sur la vie médiévale les éléments du décor et les réactions des personnages ?

③ YVAIN

• Décrivez à partir d'éléments du texte le caractère de la dame et celui de sa servante.
• Relevez et expliquez les éléments qui, dans ce texte, expriment le code de la *fine amor* et les rapports entre le chevalier et sa dame.
• Quels sont les procédés utilisés par Chrétien de Troyes pour prendre des distances vis-à-vis de l'amour courtois.

④ BELLE DOETTE

• Étudiez dans ce texte les éléments caractéristiques de la société médiévale.
• Quelle image de l'amour apparaît dans ce texte ?
• Par quels procédés stylistiques l'auteur parvient-il à rendre à la fois simple et pathétique cette plainte d'amour ?

⑤ PASTOURELLE

• Que nous apprend ce texte sur les rapports sociaux au Moyen Âge ?
• Montrez les différences entre les conceptions de l'amour courtois et l'image de l'amour proposée dans ce texte.
• La pastourelle utilise souvent l'humour et l'ironie pour prendre une distance vis-à-vis du code de la *fine amor* : montrez-le.

⑥ YVAIN

• Relevez les éléments merveilleux de ce texte ; par quels moyens stylistiques sont-ils mis en relief ?
• À partir de ce texte, notamment des derniers vers, définissez le rôle que joue le merveilleux.

⑦ LES TROIS AVEUGLES

• Marquez les différentes étapes du texte et donnez-leur un titre.
• Les fabliaux sont enracinés dans la vie quotidienne : montrez-le en relevant les notations qui évoquent la vie médiévale et les expressions du langage familier.
• Les fabliaux correspondent-ils, à en juger par ce texte, aux valeurs religieuses et morales du Moyen Âge ?
• Quels sont les éléments comiques du texte : classez-les selon leur nature (situation, caractère, gestes, langage...).

⑧ LE ROMAN DE RENART

• Dans quelle mesure cette scène reproduit-elle le monde féodal, son organisation sociale, ses croyances, ses mœurs ?
• Expliquez le rôle que joue chaque personnage dans cette société.
• En considérant le dénouement de cet épisode, montrez en quoi le rôle de Renart constitue une provocation, voire une démythification, face aux valeurs médiévales ; relevez, à ce propos, les insolences du conteur.

⑨ LA FARCE DE MAÎTRE PATHELIN

• Le personnage de Maître Pathelin est devenu un « type » littéraire : définissez-en les caractéristiques.
• Quelle est la « morale » de ce texte ? Expliquez-en le dernier vers.
• D'où vient le comique de ce texte ?

⑩ LE MYSTÈRE DE LA PASSION

• Quelle est la leçon religieuse donnée ici ? De façon plus générale, expliquez, à l'aide du texte, quel est le but d'un « mystère ».
• Au XVe siècle, la souffrance et la mort sont au centre des préoccupations : à ce propos, étudiez les sentiments qui se révèlent ici.
• Relevez les éléments stylistiques qui contribuent au didactisme de ce texte.

⑪ VERS DE LA MORT

• Quelle est la leçon donnée dans ces vers ? En quoi constitue-t-elle aussi une critique sociale ?
• Montrez comment la mort devient ici une allégorie : précisez quels éléments stylistiques contribuent à la rendre telle.
• La mort apparaît-elle ici objet d'effroi ou de souhait ?

⑫ BALLADE DES PENDUS

• Quel portrait de Villon pourriez-vous faire à partir de ce texte ?
• Étudiez la construction de ce poème, en observant l'alternance de ses deux thèmes principaux : l'horreur de la mort et l'appel à la pitié.
• Quels sont les éléments stylistiques qui renforcent la vision réaliste de la mort ? Pourquoi une telle insistance ?

Exploitation de l'iconographie

Photos 1 et 2 page I
• Comparez les architectures romane et gothique. Quels sentiments cherchent-elles à suggérer ?

Photo 3 page I
• Identifiez les personnages représentés (leur métier, leur appartenance sociale).
• Observez les dimensions des personnages et des éléments du décor : que remarquez-vous ? Pourquoi ?

Photo 6 page III
• Quelles sont les caractéristiques de la vie à la Cour (personnages, ameublement, occupations...) ?
• Comment l'artiste a-t-il évoqué les « chansons de geste » que les nobles aimaient alors écouter ?

Photo 7 page III
• Caractérisez la musique médiévale : ses acteurs, ses instruments...
• À partir des documents 3, 6 et 7 commentez :
– l'art de la représentation humaine au Moyen Âge ;
– la symbolique médiévale.

Photos 4 et 5 page II
• Par quels procédés l'artiste a-t-il intensifié la dramatisation de cette scène infernale ?

• Comment le décor, les couleurs, les attitudes des personnages symbolisent-ils l'amour courtois ?
• En quoi ces deux documents correspondent-ils à la mentalité médiévale ? Associez-les à des textes figurant dans ce chapitre, en justifiant votre choix.

Prolongements

① METTRE EN SCÈNE :

• l'extrait de *La Farce de Maître Pathelin;*
• la « pastourelle » ;
• la scène entre le chevalier Yvain, la dame et la servante.

② RÉDIGER :

• le récit d'un soldat romain arrivé en Gaule ;
• la lettre d'un chevalier arrivé à Jérusalem à sa dame restée en France ;
• le récit d'un témoin du procès et de la mort de Jeanne d'Arc ;
• l'évocation d'une journée de la vie d'un ouvrier sur le chantier d'une cathédrale ;
• la description d'un lieu tout imprégné de merveilleux.

③ EXPRESSION ORALE

• Imaginez une interview de Charlemagne.
• Faites un compte rendu télévisé de la mort de Roland.
• Réalisez un débat entre accusateurs et défenseurs de Jeanne d'Arc.
• Imaginez le dialogue entre Renart et sa femme après sa fuite.

④ SUJETS DE DISSERTATION

• Verlaine qualifie le Moyen Âge d'« énorme et délicat ». En choisissant vos exemples dans l'histoire, la civilisation et les arts, essayez de justifier ces deux adjectifs qui s'opposent, en précisant ce qu'ils recouvrent.
• Le système féodal a marqué l'ensemble du Moyen Âge ; montrez-le à partir des textes figurant dans ce chapitre.
• Le Moyen Âge a longtemps été considéré comme un siècle de barbarie et d'immobilisme. Partagez-vous cette opinion ?

⑤ COMMENTAIRE COMPOSÉ

• Étudiez, sous forme de commentaire composé, le texte de Villon *La Ballade des pendus* ; vous pourrez, par exemple, montrer comment la mort, terrible par le réalisme des images, entraîne ici une intense ferveur religieuse.

⑥ CONTRACTION DE TEXTE

• Résumez, en 200 mots environ, la 4e partie du chapitre : sciences et techniques au Moyen Âge.

Le XVIe siècle

La Renaissance

Il n'y a pas de coupure entre la fin du XVe et le début du XVIe siècle, ni dans la vie des hommes, ni dans le contenu ou la forme des œuvres artistiques ou littéraires, ni dans l'évolution de la langue française.

Pourtant quelques faits importants entraînent des transformations visibles dès la première moitié de ce siècle :
- les guerres transalpines révèlent à la noblesse française la vie brillante et raffinée des Italiens;
- l'exploration des régions lointaines recule les bornes du monde connu;
- les progrès de l'imprimerie permettent une diffusion plus rapide et plus large de textes anciens et modernes. Les connaissances philosophiques et scientifiques se renouvellent.

Ce n'est pas une révolution intellectuelle et morale, mais l'avènement d'un ordre différent, d'un ensemble d'activités, de réalisations, de tendances, à la place d'une civilisation affaiblie et sclérosée : la littérature était alors réduite à un jeu de phrases et de mots, la philosophie était devenue une scolastique formelle, la religion était enfermée dans des traditions stériles et figées.

Les hommes les plus actifs et ouverts de ce temps ont conscience de cet esprit nouveau et en sont fiers : c'est bien une régénération et un enrichissement de l'homme qu'ils cherchent dans les textes antiques dont la quête des originaux débute dès le XIVe siècle, avec Pétrarque.

Cet humanisme prendra des formes fort diverses : évangélisme (1) des philosophes qui rêvent d'une religion épurée, réforme religieuse organisée par Calvin, restauration littéraire et poétique de la Pléiade, renaissance des arts.

La férocité des guerres de religion apparaîtra comme un naufrage de tout l'optimisme de la Renaissance, mais la sagesse à la fois antique et familière de Montaigne assurera la permanence de cet humanisme qui, après tout, n'est autre chose que connaissance et respect de la dignité humaine, chez les autres et en soi-même.

---

(1) Retour à l'Évangile.

XVe	1492	Règne de Charles VIII. Début des guerres d'Italie pour reconquérir le royaume de Naples. Charles VIII couronné roi de Naples.
	1495	« Ligue de Venise » entre le pape, Venise et Milan. Charles VIII perd ses conquêtes.
	1498	Règne de Louis XII. 2e guerre d'Italie. Louis XII, d'abord victorieux, puis vaincu par une coalition entre le pape, Venise, l'Espagne et l'Angleterre.
XVIe	1515	Début du règne de François Ier. Victoire de Marignan : reconquête du Milanais.
	1516	Concordat entre le pape Léon X et la France : le roi nomme évêques et abbés.
	1520	Rupture de Luther avec Rome.
	1522	Le Trésor public est ruiné : recours à l'emprunt et à la vente des Offices.
	1525	Défaite de François Ier à Pavie contre la coalition de Charles Quint et d'Henri VIII d'Angleterre. François Ier prisonnier.
	1526	Le Traité de Madrid consacre cette défaite. Mais François Ier, libéré, le dénonce et entreprend une lutte diplomatique.
	1534	Affaire des Placards, déclarations contre la messe placardées sur les portes. Début de la répression contre les protestants.
	1535	Jacques Cartier prend possession du Canada.
	1539	Ordonnance de Villers-Cotterêts : réforme de la justice, désormais en français.
	1543	Système de Copernic.
	1547	Avènement d'Henri II. Poursuite des guerres d'Italie contre Charles Quint et son fils Philippe II.
	1559	Traité de Cateau-Cambrésis : fin des guerres d'Italie. La France renonce à l'Italie, mais stabilise ses frontières. Ier synode des églises protestantes de France. François II roi.
	1560	Conjuration d'Amboise dirigée par les protestants, soutenant le prince de Condé contre François II. Charles IX roi, Catherine de Médicis régente.
	1561	Fondation de la colonie de Caroline.
	1562	Début des guerres de Religion.
	1564	Édit de pacification d'Amboise; mais la guerre reprend vite.
	1569	Mort de Condé. Édit de Saint-Germain : Catherine de Médicis accorde aux protestants la liberté de conscience et 4 villes fortifiées, dont La Rochelle.
	1572	Sous l'influence de Catherine de Médicis, massacre des protestants lors de la Saint-Barthélemy. La guerre civile fait rage.
	1574	Mort de Charles IX. Henri III roi.
	1576	Paix de Beaulieu : liberté du culte pour les protestants. Mais conflit entre Henri III et la « Ligue » catholique soutenue par le duc de Guise.
	1588	Assassinat du duc de Guise sur l'ordre d'Henri III. Le roi, chassé de Paris, doit en faire le siège.
	1589	Assassinat d'Henri III par le moine Clément.

LES BOURBONS

	1589	Avènement d'Henri IV, qui réunit le royaume de Navarre à la France. Mais la Ligue ne le reconnaît pas roi et lui interdit Paris.
	1591	Siège de Paris par Henri IV.
	1593	Henri IV abjure le protestantisme. En 1594, sacré roi, il entre dans Paris.
	1596	Sully administre les Finances.
	1598	Édit de Nantes : fin des guerres de Religion. Paix de Vervins avec l'Espagne.
XVIIe	1608	Champlain construit Québec.
	1610	Assassinat d'Henri IV par Ravaillac.

MOYEN AGE et XVIe siècle

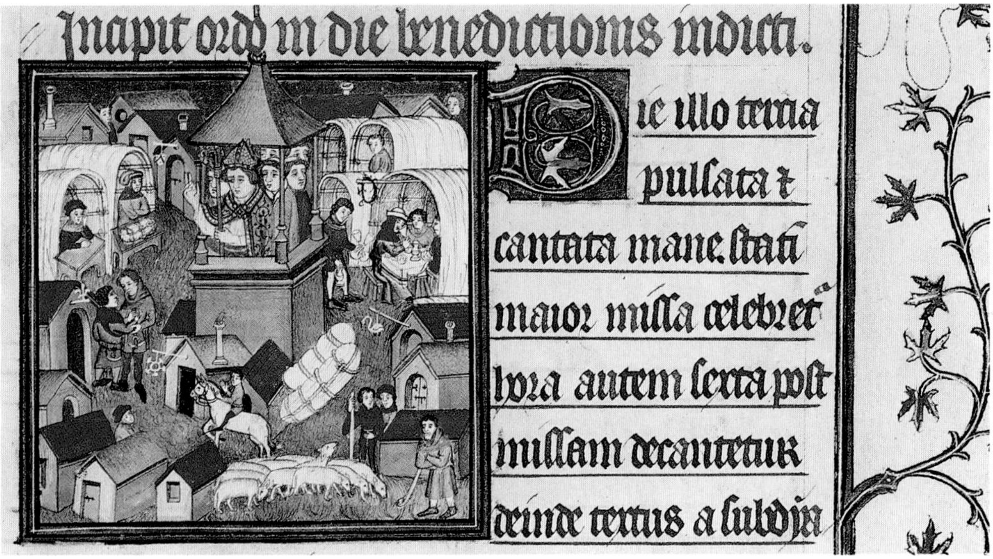

1. Bénédiction de la foire du Lendit par l'abbé de Saint-Denis. (*Pontificale Senonense,* XIVe s.).

2. Cathédrale de Reims.

3. Église de Saint-Nectaire.

4. « L'Enfer » (Miniature extraite des *Très Riches Heures du Duc de Berry,* XVe s., artistes : les frères Limbourg).

5. « L'offrande du cœur » (tapisserie des ateliers d'Arras, début XVe s.).

6. « Paysans, travaux de la moisson et du blé » (Miniature extraite des *Chants royaux sur la conception,* 1519-1528).

7. Concert symbolique (*Bréviaire du roi René,* XVe s.).

8. Banquet en l'honneur de Charles IV (*Grandes chroniques de France,* 1375-79).

9. Fontainebleau : la salle de bal d'Henri II.

11. Château de Chambord (vue aérienne).

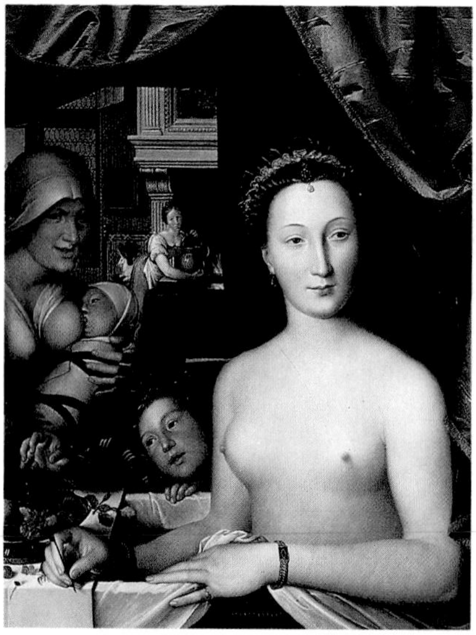

10. « Diane de Poitiers » (peinture de Clouet).

Quelques aspects de la vie quotidienne

Les vicissitudes politiques et les transformations sociales font de la Renaissance une période de contrastes et de bouleversements : épanouie et prospère jusqu'en 1558, la vie devient chaotique et douloureuse pendant les guerres de Religion, mais de 1594 à 1610, retrouve avec Henri IV et Sully un équilibre et un bonheur inespérés. Henri IV, esprit vif et décidé, se consacre avec vigueur et méthode au rétablissement de l'autorité royale. Il fait appel à tous les hommes de bonne volonté, mais tient les grands seigneurs éloignés des affaires publiques et punit sévèrement les conspirateurs. Il est très bien secondé par son ancien compagnon devenu « surintendant général des Finances », l'habile et honnête Sully, qui lutte contre le gaspillage, établit le service de la Dette publique, favorise l'agriculture, améliore les moyens de communication. Les *Mémoires* de Sully nous donnent une idée de l'état de la France à la fin du siècle et nous permettent d'apprécier l'effort de restauration fourni par Henri IV.

... Par où commencer? Les dettes exorbitantes de l'État demandaient qu'on augmentât les impôts. La misère générale demandait encore plus fortement qu'on retranchât des anciens : et tout bien pesé, je trouvai que l'intérêt même du peuple voulait qu'on écoutât le cri de la misère publique. Rien assurément ne peut donner une idée de l'état accablant auquel étaient réduites les provinces, surtout celles de Provence, Dauphiné, Languedoc et Guyenne, long et sanglant théâtre de guerres et de violences qui les avaient épuisées. Je remis par tout le royaume le reste des impôts de 1596, qui étaient encore à payer; action autant de nécessité que de charité et de justice. Cette gratification, qui commença à faire respirer le peuple, fit perdre au roi vingt millions; mais aussi elle facilita le paiement des subsides de 1597, qui sans cela, serait devenu moralement impossible.

Après ce soulagement, je cherchai à procurer aux peuples de la campagne tous ce que je pouvais leur donner, fortement persuadé que ce ne peut être une somme de 30 millions perçue tous les ans dans un royaume de la richesse et de l'étendue de la France qui le réduit en l'état où je le voyais, et qu'il fallait qe les sommes consistant en vexations et faux frais (1) excédassent infiniment celles qui entraient dans les coffres de Sa Majesté. Je pris la plume et entrepris ce calcul immense. Je vis, avec une horreur qui augmenta mon zèle, que pour ces 30 millions qui revenaient au roi, il en sortait de la bourse des particuliers, j'ai presque honte de le dire, 150 millions. La chose me paraissait incroyable; mais à force de travail, j'en assurai la vérité.

... Je me tournai contre les auteurs de cette violence, qui étaient tous les gouverneurs et autres officiers de guerre, aussi bien que de justice et de finance, qui, jusqu'aux moindres, faisaient tous un abus énorme de l'autorité que leurs emplois leur donnaient sur le peuple; et je fis rendre un arrêt du Conseil par lequel il était défendu, sous de grandes peines, de rien exiger du peuple, à quelque titre que ce pût être, sans une ordonnance en forme, au-delà de ce à quoi il était obligé pour sa part des tailles (2) et autres subsides réglées par Sa Majesté; enjoint (3) au trésorier de France, sous peine d'en répondre personnellement, d'informer de tout ce qui se pratiquerait au contraire (II, 2).

Les classes sociales connaissent des destins différents : la noblesse, avide de pouvoir et d'action, se laisse prendre peu à peu au mirage brillant de la cour; à moins qu'elle ne préfère gérer ses domaines de province ou se mêler des affaires de religion : une noblesse catholique groupée derrière le connétable de Montmorency, François de Guise et le cardinal de Lorraine, s'oppose aux calvinistes dirigés par les Bourbons, Antoine, roi de Navarre, le prince de Condé et l'amiral de Coligny. Les paysans connaissent une certaine aisance avant que ne s'abattent les dévastations de la guerre civile. Les marchands s'enrichissent irrégulièrement mais sûrement; leur importance s'accroît sans cesse.

---

(1) Dépenses secondaires superflues. – (2) Impôts payés par les roturiers, gens sans titre de noblesse. – (3) Enjoindre : ordonner expressément.

L'homme de la Renaissance

L'homme de la Renaissance a une personnalité qui épouse la complexité d'un monde en fermentation. C'est un être à la fois vigoureux et instable :

– Il a le corps rompu à tous les exercices militaires et à la chasse, il aime les jeux de force et d'adresse, il endure la souffrance et la fatigue.

– Il a une sensibilité excessive, est prompt à la colère, aux larmes, à la violence, aux excès.

– Sa curiosité est insatiable, son appétit intellectuel sans bornes et sa capacité de travail incroyable. Il a d'ailleurs plus d'enthousiasme que de discernement et préfère souvent le luxe au bon goût.

– Il est capable de crimes inouïs, mais prêt à des sacrifices héroïques. Il peut montrer la crudité la plus naïve et faire preuve du spiritualisme le plus dépouillé. C'est un homme de contrastes et de surprises, endurci par une vie rude et dangereuse au spectacle de la souffrance et de la mort. Il sait pourtant goûter les subtilités du sentiment amoureux et les douceurs de l'amitié.

– Il est très artiste, et sa vive sensibilité le rend attentif aux images, aux sons et aux parfums; il admire la beauté du corps humain, il aime les belles maisons, les meubles, les vêtements brillants et riches, les jardins et, par-dessus tout, la musique, qui fait partie de sa vie quotidienne.

– Il aime aussi le beau langage et pratique volontiers l'art de parler et d'écrire.

La société de la Renaissance

Les cours royales ont joué un grand rôle dans le progrès de la civilisation au XVIe siècle. François Ier a voulu faire de la sienne un centre d'art, d'élégance et de vie mondaine, aussi brillant que les cours italiennes qu'il avait connues. Sa sœur, Marguerite de Navarre, sut protéger un cercle également prestigieux de savants, d'écrivains et de philosophes. L'architecture des châteaux de la Renaissance illustre cette nouvelle conception de la vie : plus de lumière, plus de beauté, plus de liberté.

Les chasses sont à la fois des rencontres sportives et mondaines; les fêtes sont extraordinaires : réceptions de rois, de grands personnages, à grand renfort d'arcs de triomphe, de défilés, de musique et de danse, de tournois et de jeux divers, c'est toute une exubérance de vie, de gaieté et de mouvement... L'abbaye de Thélème, imaginée par Rabelais dans son *Gargantua,* illustre l'idéal de cette société aristocratique nouvelle :

Toute leur vie était employée, non par lois, statuts ou règles, mais selon leur vouloir et franc arbitre. Se levaient du lit quand bon leur semblait, buvaient, mangeaient, travaillaient, dormaient quand le désir leur venait. Nul ne les éveillait, nul ne les parforçait (1) ni à boire, ni à manger, ni à faire chose quelconque. Ainsi l'avait établi Gargantua. En leur règle n'était que cette clause :

FAIS CE QUE VOUDRAS,

parce que gens libères (2), bien nés, bien instruits, conversant (3) en compagnies honnêtes, ont par nature un instinct et aiguillon qui toujours les pousse à faits vertueux et retire de vice, lequel ils nommaient honneur...

Tant noblement étaient appris (4) qu'il n'était entre eux celui ni celle qui ne sût lire, écrire, chanter, jouer d'instruments harmonieux, parler de cinq à six langages, et en iceux composer, tant en carmes (5) qu'en oraison solue (6).

Jamais ne furent vues dames tant propres, tant mignonnes (7) moins fâcheuses, plus doctes à la main, à l'aiguille, à tout acte muliëbre (8) honnête et libre, que là étaient.

Gargantua (ch. LVII).

(1) Obligeait. – (2) Libres. – (3) Fréquentant. – (4) Instruits. – (5) En vers. – (6) En prose. – (7) Élégantes. – (8) Féminin.

La cour royale s'organise peu à peu : encore réduite à un cercle mondain sous la direction de Catherine de Médicis, elle devient plus importante et mieux ordonnée avec Henri III qui organise une véritable maison du roi en 1578. La vie de cour est brillante ; théâtre, bals, promenades, chasses se succèdent sans relâche jusqu'aux troubles de 1585 et à l'assassinat d'Henri III en 1589, qui entraînent une décadence brutale de la vie sociale et des mœurs. Après cinq ans d'anarchie et de brutalités, Henri IV fera renaître la cour en 1594. Mais son élégance sera plus tapageuse, son éclat plus bariolé, ses mœurs plus proches du luxe des parvenus que de la suprême distinction de la cour des Valois.

Le principal art d'agrément de cette société raffinée, plus encore que le bal ou la musique, dont la présence était constante (il y avait des instruments de musique dans toutes les maisons, et même chez les barbiers), fut sans doute la conversation. Il nous en reste maints exemples dans les contes de Boccace et les œuvres de Rabelais, où se trouvent nombre de dialogues à peine transposés.

Les souverains encouragent les arts et la littérature : à l'imitation de Louvain, où il en existe un depuis 1517, François Ier, conseillé par l'humaniste Guillaume Budé, fonde vers 1530 à Paris un Collège royal ou Collège des Trois Langues (latin, grec, hébreu), enlevant ainsi à la Sorbonne le privilège du haut enseignement qui se trouve en même temps dégagé de l'emprise théologique. En 1570, Charles IX assiste aux séances de l'Académie royale (ancêtre de l'Académie française) et, en 1576, Henri III la restaure et la réorganise. Les cénacles mondains et littéraires se multiplient à Paris et en province.

Les cruautés des guerres de Religion, qui ont étouffé cette civilisation brillante et riche, sont la survivance des mœurs antérieures et d'une vie rude et guerrière. Les hommes de la haute noblesse sont restés, dans leur majorité, des féodaux sauvages, passionnés de batailles et de duels, prêts à toutes les violences par intérêt ou par ambition. Les crimes sont atroces et fréquents. La férocité est générale : une foule hystérique assiste aux exécutions capitales. Les hommes sont sincèrement religieux, mais enclins aux fanatismes et à toutes les terreurs superstitieuses et irrationnelles. On voit partout la main du diable, ou plutôt d'innombrables diables. De multiples procès de sorcellerie, qui reposent parfois sur des prétextes infimes et des dénonciations très vagues, provoquent de véritables exterminations.

Cette cruauté s'est donné libre cours à la faveur des guerres civiles et une société tout entière s'est replongée dans la barbarie, les duels parfois collectifs, l'orgie crapuleuse et les forfaits de toutes sortes : on doit d'autant plus apprécier la liberté d'esprit d'un Montaigne qui n'hésite pas à aller à contre-courant de la tendance générale.

> De moi, je n'ai pas su voir seulement, sans déplaisir, poursuivre et tuer une bête innocente qui est sans défense, et de qui nous ne recevons aucune offense et, comme il advient communément que le cerf, se sentant hors d'haleine et de force, n'ayant plus autre remède, se rejette et se rend à nous-mêmes qui le poursuivons, nous demandant merci (1) par ses larmes... Les naturels sanguinaires à l'endroit (2) des bêtes témoignent une propension naturelle à la cruauté. Après qu'on se fût apprivoisé à Rome aux spectacles des meurtres des animaux, on vint aux hommes et aux gladiateurs. Nature a, ce crains-je, elle-même attaché à l'homme quelque instinct à l'inhumanité.
>
> *Essais* (II, II).

Tout compte fait, le bilan reste largement positif, l'intelligence et la civilisation ont progressé dans les milieux cultivés. L'humanisme des écrivains, l'effort constructif du protestantisme, la renaissance catholique qu'illustre bientôt l'œuvre charitable de saint Vincent de Paul, l'éducation solide donnée dans les collèges des jésuites, la pensée libre de Montaigne, sont les signes très divers d'un progrès essentiel.

Les acquisitions matérielles ont aussi des conséquences durables. Comme le Portugal, l'Espagne et l'Angleterre, la France a profité des découvertes maritimes : l'afflux d'or venu du Pérou et du Mexique a décuplé la circulation monétaire dans l'Europe de l'Ouest.

---

(1) Qu'on lui laisse la vie sauve. – (2) À l'égard de.

La hausse des prix a profité aux paysans, du moins jusqu'aux guerres de Religion, et leur a permis d'acquérir une partie de la terre. L'apparition de la fortune mobilière a fait naître une classe nouvelle, la bourgeoisie, qui comprend tout un ensemble de commerçants enrichis, puissants et ambitieux, force nouvelle dans le pays et facteur de transformations politiques et économiques importantes : il est caractéristique que François Ier ait pris comme surintendant des Finances le banquier Semblançay, fils d'un marchand de Tours.

Le pays dans son ensemble reste riche en ressources matérielles et en hommes; aussi la politique économique intelligente de Sully, organisant les finances de la monarchie à partir de 1598, prenant la défense des agriculteurs et instituant des manufactures, ne tarde-t-elle pas à rétablir la prospérité et l'équilibre.

Sciences et techniques

Une curiosité universelle

Les acquisitions scientifiques et techniques du XVIe siècle se succèdent dans le mouvement général de l'humanisme de la Renaissance et participent à l'éveil d'une curiosité universelle. L'érudition, la découverte, l'étude passionnée des manuscrits retrouvés ou réédités et l'observation attentive de la nature, des hommes, des animaux, des plantes, de l'univers, se complètent sans se contrarier. Érasme de Rotterdam, professeur au Collège des Trois Langues de Louvain, mérite, par l'étendue remarquable de ses connaissances, le surnom de « Prince des humanistes ». Son *Éloge de la folie* paraît en 1511. On édite Platon en 1518, on le traduit de 1520 à 1540; en 1529, Budé publie ses *Commentaires sur la langue grecque;* en 1535, Robert Estienne publie le *Thesaurus Linguae Latinae;* Rabelais, moine humaniste, bachelier en médecine à Montpellier, fait procéder en public à l'une des premières dissections vers 1532, est reçu docteur en 1536.

La seconde moitié du siècle voit paraître les *Vies* de Plutarque traduites par Amyot (1559), puis les *Œuvres morales* (1572), le *Thesaurus Linguae Graeciae* d'Henri Estienne en 1572, mais aussi les *Recherches de la France* de Pasquier en 1560.

Il ne s'agit pas d'une action méthodique et dirigée, mais d'un immense appétit d'apprendre. La fameuse lettre de Gargantua à Pantagruel, chez Rabelais, traduit bien cet enthousiasme d'une génération avide de connaissances, soucieuse de formation morale et animée par la foi religieuse pour les immenses progrès qu'elle voit accomplir.

Par quoi, mon fils, je t'admoneste (1) qu'emploies ta jeunesse à bien profiter en étude et en vertus. Tu es à Paris, tu as ton précepteur Épistémon, dont l'un par vives et vocales instructions, l'autre (2) par louables exemples, te peut endoctriner (3). J'entends et veux que tu apprennes les langues parfaitement : premièrement la grecque, comme le veut Quintilien, secondement la latine, et puis l'hébraïque pour les saintes lettres (4), et la chaldaïque et arabique pareillement, et que tu formes ton style, quant à la grecque, à l'imitation de Platon, quant à la latine, à Cicéron, qu'il n'y ait histoire que tu ne tiennes en mémoire présente, à quoi t'aidera la cosmographie de ceux qui en ont écrit. Des arts libéraux, géométrie, arithmétique et musique, je t'en donnai quelque goût quand tu étais encore petit, en l'âge de cinq à six ans; poursuis le reste, et d'astronomie saches-en tous les canons (5). Laisse-moi l'astrologie divinatrice et l'art de Lullius (6), comme abus et vanités. Du droit civil, je veux que tu saches par cœur les beaux textes et me les confères (7) avec philosophie.

Et quant à la connaissance des faits de nature, je veux que tu t'y adonnes curieusement (8), qu'il n'y ait mer, rivière ni fontaine dont tu ne connaisses les poissons; tous les oiseaux de l'air, tous les arbres, arbustes et fructices (9) des forêts, toutes les herbes de la terre, tous les métaux cachés au ventre des abîmes, les pierreries de tout Orient et Midi, rien ne te soit inconnu.

---

(1) Je te recommande vivement. – (2) C'est-à-dire Paris. – (3) Instruire. – (4) Les Écritures sacrées. – (5) Règles. – (6) Raymond Lulle (XIIIe siècle), alchimiste espagnol. – (7) Compares. – (8) Avec soin. – (9) Arbrisseaux.

Puis, soigneusement revisite (1) les livres des médecins grecs, arabes et latins, sans contemner (2) les talmudistes et cabalistes (3), et par fréquentes anatomies (4) acquiers-toi parfaite connaissance de l'autre monde qui est l'homme. Et par quelques heures du jour commence à visiter les saintes lettres, premièrement en grec le *Nouveau Testament* et *Épîtres des Apôtres,* et puis en hébreu le *Vieux Testament.* Somme (5), que je voie un abîme de science...

Mais parce que, selon le sage Salomon, sapience (6) n'entre point en âme malivole (7), et science sans conscience n'est que ruine de l'âme, il te convient servir, aimer et craindre Dieu et en lui mettre toutes tes pensées et tout ton espoir, et par foi, formée de charité, être à lui adjoint, en sorte que jamais n'en sois désemparé (8) par péché. Aie suspects (9) les abus du monde. Ne mets ton cœur à vanité, car cette vie est transitoire, mais la parole de Dieu demeure éternellement.

Ton père, Gargantua.
Rabelais, *Gargantua.*

Dans le domaine des sciences abstraites, la France n'a pas connu de savants aussi prestigieux que l'astronome polonais Copernic, les mathématiciens italiens Tartaglia, Ferrari, Cardan, l'Anglais Neper; pourtant un homme éminent, Viète, jette vers 1591 les fondements de l'algèbre moderne et de la géométrie analytique.

Mais, en fait, ce sont surtout les activités techniques et industrielles qui se développent : l'armement militaire et l'artillerie se perfectionnent à l'imitation des Italiens, tandis que des fabriques de soie s'installent à Lyon.

Les témoignages des hommes de science sur leurs propres travaux

Dans ce siècle de fermentation intellectuelle, de curiosité inlassable et d'activité intense, de nombreux savants, inventeurs ou techniciens s'efforcèrent de raconter leur expérience et d'exposer le résultat de leurs travaux.

OLIVIER DE SERRES (1539-1619)

Il fut le premier à cultiver le mûrier, produisit de la soie, écrivit un *Théâtre d'agriculture,* encore réédité en 1804, où les connaissances théoriques et pratiques, les souvenirs antiques et le bon sens paysan se marient heureusement.

BERNARD PALISSY (VERS 1510-1589)

Il passa des années de sa vie à chercher avec passion le secret de fabrication de l'émail italien. Il fut naturaliste, géologue, chimiste et artisan, inventeur et artiste à la fois. Sa *Recette véritable par laquelle tous les hommes de France peuvent apprendre à multiplier et augmenter leurs trésors* est avant tout le récit extraordinaire de ses échecs répétés, de ses efforts inouïs, d'un véritable héroïsme de la découverte : il procède par de multiples essais, broie des matières diverses au hasard, mais, ne sachant cuire la terre, tantôt il ne chauffe pas assez, tantôt il fait tout brûler. Mais il ne se décourage pas.

Il me survint un autre malheur, lequel me donna grande fâcherie (10) qui est que le bois m'ayant failli (11), je fus contraint brûler les tables et planchers de la maison, afin de faire fondre la seconde composition. J'étais en une telle angoisse que je ne saurais dire : car j'étais tout tari et desséché à cause du labeur et de la chaleur du fourneau ; il y avait plus d'un mois que ma chemise n'avait séché sur moi, et même ceux qui me devaient secourir, allaient crier par la ville que je faisais brûler le plancher; et par tel moyen l'on me faisait perdre mon crédit, et m'estimait-on être fol...

---

(1) Étudie à nouveau. – (2) Mépriser. – (3) Médecins juifs très estimés à cette époque. – (4) Dissections. – (5) Bref. – (6) Sagesse. – (7) Malveillante. – (8) Séparé. – (9) Tiens pour suspects. – (10) Grande contrariété. – (11) Manqué.

AMBROISE PARÉ (VERS 1509-1590)

Le grand médecin et chirurgien Ambroise Paré, par l'importance de son œuvre – *Méthode pour traiter les plaies faites par harquebuttes* (1) (1545); *Anatomie universelle du corps humain* (1561); *Dix Livres de la chirurgie avec les magasins des instruments* (1564) – est, dans le domaine scientifique, la personnalité la plus marquante de ce temps.

D'origine modeste, il fut d'abord barbier, puis, à force d'habileté et de connaissance pratique du corps humain, Paré devint un chirurgien-barbier d'une extraordinaire compétence. Plusieurs campagnes à l'armée, une curiosité scientifique inlassable, une intelligence lucide et étendue firent de lui un maître incontesté.

La Faculté de Médecine lui reprocha de ne pas connaître le latin, mais la publication de ses œuvres en français assura un retentissement considérable à son traitement des « plaies par harquebuttes » et à sa méthode de ligature des artères et des veines après amputation qui supprimait la cruelle cautérisation au fer rouge. Il apporte à la Renaissance un véritable humanisme médical dont le désir de servir la personne humaine, la confiance en Dieu et en la Nature constituent les principes essentiels.

Il fut un homme complet, un érudit connaissant tous les travaux de ses prédécesseurs, mais aussi un homme de bon sens et de sens concret, capable d'utiliser un poireau pour sauver un glouton de l'étouffement, ou les tenailles d'un maréchal-ferrant pour ôter un fer de lance du crâne du duc de Guise, un observateur patient et attentif, mais aussi un praticien habile et décidé, un logicien raisonnable et un croyant fervent.

Voici en quels termes il raconte la cure et la guérison du marquis d'Auret, qui avait reçu un coup d'arquebuse près du genou, sept mois auparavant :

Je le trouvai avec une grosse fièvre les yeux fort enfoncés avec un visage moribond et jaunâtre, la langue sèche et aride et tout le corps fort émacié et maigre, la parole basse comme d'un homme fort près de la mort : puis trouvai sa cuisse fort enflée, apostumée (2), et ulcérée, jetant une sanie (3) verdoyante et fort fétide. Je la sondai avec une sonde d'argent.

Après un examen très précis, Paré le quitte un moment :

L'ayant vu, je m'en allai promener en un jardin, là où je priai Dieu qu'il me fît cette grâce qu'il guérît ; et qu'il bénît nos mains et le médicament à combattre tant de maladies compliquées. Je discourus en mon esprit les moyens qu'il me fallait tenir pour ce faire.

Dans la suite du récit, se référant à son célèbre traité, il commente les symptômes, explique les soins à donner, les complète même par des conseils pour l'alimentation et l'hygiène : nourriture, sommeil, amélioration de l'état général, apaisement de la douleur, rien n'est omis dans cette exemplaire leçon de pathologie médicale, pas même les recettes pharmaceutiques et culinaires. La rééducation de la jambe atteinte est prévue et préparée sans plus attendre. Puis le praticien passe à l'action directe, immédiate :

Les jours suivants, je lui faisais des injections au profond et cavités des ulcères, faites d'Égyptiac (4) dissous tantôt en eau-de-vie, et autrefois en vin. J'appliquais, pour mondifier (5) et sécher les chairs spongieuses (6) et mollasses, des compresses au fond des sinuosités et tentes de plomb cannulées (7), à fin de toujours donner issue à la sanie ; et par-dessus une grande emplâtre de diachalcitheos (8) dissous en vin. Pareillement je le bandais si dextrement qu'il n'avait nulle douleur : laquelle sédée (9), la fièvre commença lors à diminuer. Alors je lui fis boire du vin trempé médiocrement d'eau, sachant qu'il restaure et vivifie les vertus.

---

(1) Arquebuses. – (2) Couverte d'abcès. – (3) Matière purulente sortant des plaies infectées. – (4) Onguent dont Ambroise Paré a précisé ailleurs la composition. – (5) Rendre propre. – (6) Qui ont la consistance de l'éponge. – (7) Sondes creuses en plomb. – (8) Médicament disparu de composition inconnue. – (9) Apaisée.

Les acquisitions de la science et leur contribution à la découverte du monde

Les acquisitions de la science et de la technique vont aussi permettre d'élargir considérablement les limites du monde connu. La qualité accrue des navires, dont la solide caravelle fut le meilleur exemple, les perfectionnements des instruments de bord et particulièrement de la boussole, les progrès de la cartographie, dus notamment au Flamand Mercator, facilitent les lointains voyages, et désormais la hardiesse des navigateurs ne connaît plus de bornes.

Aux voyages illustres des Espagnols et des Portugais : Christophe Colomb, Amerigo Vespucci, Vasco de Gama, Albuquerque, Magellan, s'ajoutent les expéditions des Français : Parmentier à Sumatra et à Madagascar (1528), et surtout Jacques Cartier (1534-1535) à qui l'on doit la découverte du Canada. En 1561, la France fonde la colonie de Caroline; en 1608 Champlain construit la ville de Québec.

Les voyages de Pantagruel, parti avec Panurge pour consulter l'oracle de la Dive Bouteille (1) (au *Quart Livre*), sont à l'image de ces fabuleuses aventures, odyssées à la mesure d'un des plus grands moments de l'histoire universelle.

Les arts

L'évolution des arts du Moyen Âge à François Ier

Ainsi le XVIe siècle, en France comme un peu partout en Europe, marque une renaissance des esprits, s'ouvrant aux horizons immenses que leur dévoilent les inventions scientifiques et techniques, les explorations des grands navigateurs, les révélations vertigineuses d'un Copernic et surtout la découverte, par les Italiens, de l'Antiquité, de ses idéaux plastiques et de son humanisme païen.

Cependant, dans le domaine des arts comme dans celui de la littérature, ce réveil se fera progressivement : l'art et la tradition gothiques survivront au Moyen Âge et continueront de flamboyer, comme à Saint-Eustache à Paris, et de donner dans le macabre jusque sous Henri II; le pâle Louis XII fait encore figure de monarque médiéval, économe, étroit d'esprit. Il faudra attendre l'avènement de François Ier, épris de gloire et de prestige, pour voir s'animer le milieu artistique. Les arts trouvent en lui un mécène de choix et de goût, qui ne cessera de les encourager à vivre et à s'épanouir. Nombreux sont les artistes transalpins, et parmi eux les plus grands, qui seront invités à sa cour, et c'est en France que le plus célèbre d'entre eux, Léonard de Vinci, rédigera son *Traité de la peinture*.

L'art de la Renaissance

UN CADRE DE VIE

François Ier, à l'imitation des seigneurs italiens, lance l'entreprise d'un centre d'art, vaste ensemble architectural où la peinture et la sculpture auront leur part, et ouvre ses chantiers à tous les talents de France, d'Italie, des Flandres.

(1) La divine bouteille.

Le roi lui-même, grand et vigoureux, sensuel, curieux des choses de l'esprit, est aussi un homme d'action qui fait la guerre, mais qui, avant tout, aime le luxe et le raffinement. Il transformera les forteresses médiévales en élégants châteaux de plaisance. C'est ainsi que les chefs-d'œuvre de la Renaissance, au service de l'architecture, furent essentiellement des œuvres picturales et sculpturales soumises à des cadres de vie, faites davantage pour orner le décor de la vie quotidienne que pour satisfaire un pur plaisir esthétique, détaché de tout contexte.

Le XVIe siècle, loin d'être un moment de décadence après les folles fantaisies du gothique, fut en réalité un moment de transition, solide et riche d'expériences constructives, entre le Moyen Âge et le Baroque.

L'INFLUENCE ITALIENNE

Sous Charles VIII et Louis XII, la France, en découvrant l'Italie, avait découvert un décor séduisant et somptueux qui lui était inconnu, et une conception nouvelle de l'art, intellectuelle et savante, fondée sur l'érudition. Ces révélations vont être décisives sur l'évolution de son aventure artistique.

Dès 1509, alors que de nombreux châteaux, ceux d'Ussé ou de Chaumont par exemple, sont encore entièrement gothiques, la façade de l'un d'eux se transformera radicalement : au château de Gaillon, des travées de pilastres superposés et décorés d'arabesques laissent pressentir un équilibre géométrique nouveau et l'apparition prochaine des ordres (1).

DES CRÉATIONS ORIGINALES : LES CHÂTEAUX DE LA LOIRE

Mais les plus heureuses tentatives de renouvellement furent faites sous François Ier dans le cadre doux et paisible de la vallée de la Loire. La beauté et le charme extrêmement personnel de ces châteaux viennent sans doute de la séduisante ambiguïté de leur style. En effet, les structures et les silhouettes anachroniques et devenues inutilement défensives, mais majestueuses et pittoresques, des châteaux du Moyen Âge (donjons, tours énormes, créneaux, mâchicoulis) s'humanisent sous une décoration et dans un « découpage » italianisants parfaitement adaptés. Les fenêtres rectangulaires laissent entrer à flot la lumière, pilastres et médaillons viennent agrémenter les façades, mais les lucarnes et les hautes toitures d'ardoise sont bien françaises; ainsi, au château d'Azay-le-Rideau (1524-1527), les échauguettes (2) des constructions médiévales se transforment en d'élégantes tourelles.

Le plus célèbre de ces châteaux est sans doute Chambord (1526-1544) où l'on voit une des premières utilisations architecturales de décor italien, qui, jusque là, n'avait apporté que des motifs d'ornementation : c'est la terrasse qui couronne la salle des gardes. Mais son charme insolite ne vient pas de là, ni du balcon en corniche qui remplace les anciens créneaux, ni de sa structure en donjon, si surprenante soit-elle : il est dans le contraste qui s'établit entre sa façade d'une sobriété exemplaire et cette forêt de lanternes, de cheminées et de lucarnes qui transforme ses combles en un monde prodigieux, d'une richesse et d'une fantaisie étourdissantes.

Ni Blois et son étrange façade des loges, ni Chenonceaux et son aile pittoresque qui enjambe le Cher n'ont l'extraordinaire rayonnement de Chambord. Tout y est fait pour le mystère et la surprise y compris son étonnant escalier à double révolution qui crée une délicieuse atmosphère de jeu et de fantaisie gratuite.

---

(1) Systèmes architecturaux fondés par les Grecs : le dorique, l'ionique et le corinthien. – (2) Guérites de pierre qui se trouvaient au sommet des tours des châteaux forts.

La Seconde Renaissance

Un second mouvement artistique s'amorce en France vers 1530. On l'appellera « Seconde Renaissance » : l'art devient alors une science et une technique, grâce aux publications d'ouvrages sur l'art antique, et aux séjours en Italie d'artistes français, qui entrent alors en contact avec l'art antique, directement, à travers ses propres œuvres étudiées sur place. La séduisante liberté de la Première Renaissance, sa spontanéité, vont se plier aux nouveaux canons, stricts et abstraits. Mais les apports antiques ou italiens seront davantage l'objet de transpositions que de serviles adaptations : ainsi « nationalisés », ils voisinent avec des éléments de pure tradition française, lucarnes, hautes toitures, cheminées. Ce style composite, qui ne manque ni de grandeur ni d'élégance, aboutira finalement, sous Henri II, à l'œuvre de Pierre Lescot au Louvre : il combat la monotonie italienne, grâce à une composition absolument originale d'avant-corps aux colonnes engagées où s'étagent les différents ordres, et qu'ornent les œuvres élégantes de Jean Goujon.

L'ÉCOLE DE FONTAINEBLEAU

Mais c'est à Fontainebleau que ce style se manifeste pour la première fois : François Ier veut en faire une demeure rivale de celles des princes italiens et digne de la beauté de sa favorite, la duchesse d'Étampes. L'architecte Gilles Le Breton préside à la transformation de cette résidence de chasse médiévale en palais de rois. Les nouveaux bâtiments dessinent deux cours nouvelles, dont la fameuse Cour ovale à laquelle on accède par un portique à entablement (1) et à deux ordres superposés. On fait appel à de nombreux décorateurs, peintres et mosaïstes, qui travaillent sous la direction de deux Italiens, Le Primatice et Rosso. Nous sommes en 1526, l'école de Fontainebleau est née. Son originalité sera d'allier à la somptueuse grandeur italienne le charme mièvre du maniérisme français, hérité du Moyen Âge.

Henri II prolongera l'œuvre et l'intention de son père : à sa maîtresse, Diane de Poitiers, il dédie l'ornementation du palais, sous le signe du croissant de Diane et de l'entrelacement de leurs deux initiales. Philibert Delorme (1515-1570) s'en chargera et réalisera notamment la salle de bal, immense, éclairée d'une frise de peinture à la fresque et couronnée d'un plafond à caissons octogones splendidement décoré. Jamais en France les demeures royales n'avaient été aussi luxueusement aménagées.

UN ART ÉLÉGANT

Le mobilier de l'époque, fait pour poétiser la vie quotidienne des princes, est dans le même ton : il s'orne de marqueterie polychrome, multiplie les colonnettes, inaugure des fauteuils légers... Quant aux tapisseries, héritées du Moyen Âge, elles ajoutent à ce cadre de vie une note non plus guerrière, mais bucolique et galante, et lui donnent l'éclat de leurs riches et vives couleurs, telle celle de la mystérieuse *Dame à la Licorne*.

Les églises adoptent elles aussi des solutions élégantes. Le délicat jubé de Saint-Étienne-du-Mont à Paris, avec ses escaliers à spirale ajourée, a un charme bien païen que viennent souligner les deux *Renommées* (2) qui en ornent l'arc à ses extrémités.

Peut-on parler alors d'une peinture française? L'école de Fontainebleau laisse une peinture avant tout décorative : figures mythologiques voluptueuses, aux formes allongées, se prêtant volontiers à des scènes anecdotiques, nymphes et dryades (3) en qui les dames de

(1) Partie de l'édifice qui se trouve au-dessus des colonnes. – (2) Personnage mythologique enfanté par la Terre pour publier les crimes des dieux, et représenté par une femme sonnant de la trompette. – (3) Divinités des eaux et des forêts.

la cour aiment à se reconnaître, et qui offrent leur nudité à une société moins soucieuse de plaisir esthétique que de plaisir tout court. Cela n'a pas la grandeur ni l'éclat des compositions italiennes, et c'est surtout comme élément d'un ensemble riche et homogène que cette peinture prend une dimension d'art. C'est à la personnalité artistique de Jean Clouet (v. 1475-1541) et à celle de son fils François (v. 1520-1572), dont les portraits rigoureux ont une perfection déjà classique, que la France doit sa grande peinture « Renaissance ».

DEUX SCULPTEURS DE GÉNIE : JEAN GOUJON, GERMAIN PILON

Deux artistes dominent l'art de ce temps, peu riche en « noms » : les sculpteurs Jean Goujon et Germain Pilon.

Jean Goujon (1510-v. 1566) transforme l'art des bas-reliefs, venu d'Italie, en œuvre personnelle. Car il a une science admirable de la composition, une délicatesse exquise et unique à faire couler les drapés le long des corps souples et délicats de ses femmes, et un modelé sans égal pour y faire jouer la lumière, telles ses nymphes de la *Fontaine des Innocents* et ses élégantes figures féminines de l'hôtel Carnavalet à Paris.

Germain Pilon (v. 1537-1590) est d'une autre génération, de celle de Montaigne : c'est un homme fervent que la décoration intéresse moins que l'âme humaine. Ses portraits, aux visages expressifs, souvent ascétiques, le réalisme bouleversant des gisants d'Henri II et de Catherine de Médicis, à Saint-Denis, sont ses plus grandes réussites et annoncent, par la profondeur de leur psychologie, une nouvelle conception de l'art.

D'Henri IV à Louis XIII

L'avènement d'Henri IV marquera un nouveau moment dans l'histoire de l'art au XVIe siècle. Son souci majeur est moins d'encourager les beaux-arts que de ramener l'ordre et la prospérité. Ainsi Sully entreprend la transformation de Paris et réalise les projets grandioses d'urbanisme lancés par le roi. Des ponts sont construits, tel le Pont-Neuf, premier pont de pierre de la capitale ; des places s'élèvent, telles la place Dauphine et la place Royale (1), cet ensemble exceptionnel dont l'architecte nous est demeuré inconnu. Cette place est particulièrement vaste pour l'époque, et a l'originalité de la symétrie. Par le jeu discret des couleurs des matériaux utilisés (ardoises, briques, pierres), la sévérité de la symétrie est adoucie. Ce style original, où la polychromie joue un rôle capital, connaîtra une vogue inouïe jusqu'au « Grand Siècle » : communément appelé « style Louis XIII », il est pourtant enraciné dans le XVIe siècle.

La musique instrumentale et vocale : un divertissement

De même qu'une civilisation de palais a succédé à une civilisation de cathédrales, de même, à travers la découverte d'une païenne joie de vivre, une musique profane va se développer, au détriment de la musique religieuse qui ne donnera plus que des œuvres fades et médiocres. La musique est alors considérée comme un des agréments essentiels de la vie, accompagnant « gaillardes » et « pavanes » (2) ou, tout simplement, le chant. Les instruments à cordes inaugurent un répertoire nouveau de danses, tandis que les bois s'imposent davantage : flûte, haubois, trompette, cornet, sacqueboute (3). La musique

---

(1) Elle sera terminée après la mort du roi. Aujourd'hui, transformée en square, c'est la place des Vosges. – (2) Danses à la mode. – (3) Espèce de trompette à quatre branches démontables.

de danse et la musique vocale accompagnée se cultivent à la cour de François Ier, et bientôt se vulgarisent chez les grands seigneurs qui deviennent même exécutants amateurs.

Cette vogue ira grandissant et ce phénomène d'amateurisme sera à la base d'une transformation extrêmement importante de la musique vocale. Auparavant polyphonique (1), elle tendra de plus en plus à laisser la prédominance à une seule des parties, à laquelle les autres servent d'accompagnement, ceci correspondant à l'interprétation éventuelle de l'œuvre par une seule voix accompagnée d'instruments. De même l'accompagnement se simplifie, se schématise dans le sens de l'harmonie, délaissant le contrepoint qui nécessitait plusieurs instruments, pour venir à l'accord. On assiste alors à une démocratisation de la musique, qui se trouve d'autant plus facilitée qu'un nouveau mode de diffusion va paraître : l'imprimerie musicale, née à Venise en 1501, se développe en France à partir de 1528, et propage les compositions de musiciens français dans tout le pays et à travers l'Europe.

Une réussite : la chanson

Cependant, la musique polyphonique ne disparaît pas, bien au contraire. Dans cette ambiance de joie, la « Chanson française » va s'épanouir. Il ne s'agit pas d'une création, mais d'un achèvement. En effet, toutes les générations qui se sont succédé depuis la guerre de Cent Ans y ont travaillé avec des maîtres de premier ordre comme Dufay et Josquin Des Prés; et maintenant, grâce à leurs héritiers les plus marquants, parmi lesquels Clément Janequin, Claude Lejeune et Roland de Lassus, cette « Chanson française » va arriver à son apogée. Elle sera d'inspiration multiple, allant de la galanterie la plus courtoise aux grossièretés les plus crues : l'homme de la Renaissance, à l'image de Rabelais, aime aussi la truculence qui est un signe de saine vitalité.

CLÉMENT JANEQUIN (VERS 1480-1558)

Il domine son temps. Il ne composa pas moins de 300 chansons, dont la plupart sont arrivées jusqu'à nous sans une ride. La chanson se teinte avec lui d'un pittoresque hérité de l'art populaire. Mis à part ses rondeaux, ses chansons courtoises et lyriques, Janequin a surtout excellé dans la musique descriptive, qui se double de la forme la plus hasardeuse de l'imitation musicale, l'onomatopée. *La Bataille de Marignan* (2), dont les sonorités sont impressionnantes, nous offre en ce sens le charivari le plus musical qui soit : les voix se superposent et s'entrecroisent dans un cliquetis de consonnes suggestif, nous introduisant ainsi dans la mêlée jusqu'à la victoire finale.

Alarme, alarme, chacun s'assaisonne
La fleur de lys, fleur de haut prix y est en personne ;
Suivez François la fleur des lys, suivez la couronne !
Tricque, bricque, chipe, chope,
Torche, lorgne !

À mort, à mort, courage, frappez dessus !
Gentils galants soyez vaillants, fers émoulus
Zin Zin Zin, il sont défaits, ils sont perdus !
Frappez, tuez, rompez, ils sont confondus...

Le Cacquet des femmes, Les Cris de Paris, La Chasse, sont dans le même ton des réussites exceptionnelles, tandis que *Le Chant des oiseaux* oppose à leur exubérance un lyrisme poétique qui dépasse la simple imitation. Janequin a inventé en quelque sorte le poème symphonique.

---

(1) Le principe en est la superposition de plusieurs lignes mélodiques ou « voix » différentes. – (2) Cette chanson célébrait la fameuse victoire de François Ier.

CLAUDE LEJEUNE ET ROLAND DE LASSUS

Entre 1560 et 1670, apparaît une nouvelle génération de musiciens, avec Claude Lejeune et Roland de Lassus, ouverte aux influences étrangères, notamment italiennes. L'importation du madrigal va petit à petit modifier la « Chanson française », lui apportant l'homophonie (1). De plus, la simplification qu'elle subit en France, à cause de sa popularité, la dirige vers la monodie (2) ; l'harmonie s'installe, consacrant pour de bon l'accord, et le chromatisme, avec son échelle nuancée de demi-tons, paraît. La musique française en est bouleversée, et Claude Lejeune (v. 1530-1600) en profite pour se lancer aussi dans des expériences nouvelles : il adopte une rythmique inédite, puisée dans l'art métrique antique que le poète Antoine de Baïf avait ressuscité, et qui faisait alors l'objet d'une véritable mode à Paris. Une académie de musique et de poésie avait même été créée dans ce sens et avait propagé cette rythmique, faite plus encore de technique que de vraie musique. Claude Lejeune sut cependant, à l'intérieur des limites et malgré la dure discipline imposée, faire évoluer la chanson dans une voie spécifiquement française, alors qu'elle tendait de plus en plus à prendre des colorations étrangères, flamandes et italiennes.

C'est Roland de Lassus (1532-1594) qui fera la synthèse de tous ces apports. Hainuyer (3) d'origine, ce grand voyageur dont toutes les cours d'Europe se disputent le talent, compose plus de 2 000 œuvres, parmi lesquelles 135 chansons françaises qui voisinent avec 93 lieder allemands et 145 madrigaux italiens. C'est dire la diversité extraordinaire de ce compositeur, son ouverture et sa démesure. L'esprit même de cette France de la Renaissance et des poésies de Ronsard revit dans ses chansons françaises : l'humour, le grotesque, le truculent, la satire et aussi l'amour sous toutes ses formes, la mélancolie, l'élégie, la plus poignante nostalgie. Lassus a essayé tous les genres et y a également excellé ; il réussit même à réconcilier le contrepoint avec l'harmonie, la polyphonie avec l'homophonie.

Les lettres

L'épanouissement de la Renaissance (1500-1560)

La littérature de la Renaissance est à la fois très savante et très vivante. Les humanistes comme Budé, Dorat, Calvin sont aussi des éducateurs et des hommes d'action. Un écrivain comme Rabelais, d'une culture fort étendue, mène une existence très active.

La poésie, un peu mondaine et artificielle encore chez Marot, s'élève au lyrisme le plus personnel et le plus original dans les vers de Ronsard et de du Bellay.

Bonaventure des Périers

SA VIE ET SON ŒUVRE (VERS 1510-1544)

Helléniste et latiniste distingué, il devient en 1532 valet de chambre et secrétaire de Marguerite d'Angoulême, reine de Navarre. Il publia en 1537 le *Cymbalum Mundi,* dialogue sceptique à la manière de Lucien (4), qu'un arrêt du Parlement condamna pour athéisme. En mourant, il laissa inédit son recueil de 90 contes en prose qui fut publié en 1558, *Nouvelles Récréations et joyeux devis.*

---

(1) Musique s'exécutant à l'unisson ou à l'octave, en opposition avec la polyphonie. – (2) Chant exécuté par une seule voix. – (3) Originaire de la province du Hainaut. – (4) Philosophe et rhéteur grec du IIe siècle avant J.-C. qui attaqua les traditions et préjugés de son temps.

SON TALENT RÉALISTE

Le conte *Du Poitevin* (1) *qui enseigne le chemin aux passants* est un tableau réaliste et piquant dont le dialogue vif et amusant, le patois authentique et savoureux montrent que cet érudit philologue savait rire et faire rire, de façon franche et populaire.

... vous avisez (2) un Poitevin assez loin de vous, qui laboure en un champ; vous vous prenez à lui demander : « Et hau ! mon ami, où est le chemin de Parthenay ? » Le pique-bœuf (3), encore qu'il vous entende, ne se hâte pas de répondre, mais il parle à ses bœufs : « Garea, Fremitin, Brichet, Castain, ven après moay, tu ves bien crelincou tant (4) », ce dit-il à son bœuf, et vous laisse crier deux ou trois fois bonnes et hautes. Puis, quand il voit que vous êtes en colère et que vous voulez piquer droit à lui, il sible (5) ses bœufs pour les arrêter et vous dit : « Qu'est-ce que vous dites ? » Mais il a bien meilleure grâce au langage du pays : « Quet o que vous disez ? » Pensez que ce vous est un grand plaisir, quand vous avez si longuement demeuré à vous étuder (6) et crié à gorge rompue, que ce bouvier vous demande ce que c'est que vous dites ; et bien, si faut-il que vous parliez : « Où est le chemin de Parthenay ? Dy (7). – De Parthenay ? » vous dira-t-il. « Oui, de Parthenay. Que te vienne le cancre ! – Et d'où venez-vous, monsieur ? » dira-t-il. « Il faut rêver ou de cœur ou de bouche ! D'où je viens ! Où est le chemin de Parthenay ? – Y voulez-vous aller, monsieur ? » Or sus (8) prenez patience. « Oui, mon ami, je m'y en vais. Où est le chemin ? » À donc il appellera un autre pique-bœuf qui sera là auprès, et lui dira : « Micha, icoul homme demande le chemin de Parthenay ; n'est o pas per qui aval ? » L'autre répondra (s'il plaît à Dieu) : « O m'est avis qu'il est par de çà ! » Pendant qu'ils sont là tous deux à débattre de votre chemin, c'est à vous à adviser (9) si vous deviendrez fol ou sage. À la fin quand ces deux Poitevins ont bien disputé ensemble, l'un d'eux va vous dire : « Quand vous serez à icette grande cray, tournez à la bonne main et peu allez tout dret (10) ; vous ne sauriez faillir » (11). En avez-vous à cette heure ? Allez hardiment, meshui (12) vous ne ferez mauvaise fin, étant si bien adressé (13)...

Clément Marot

SA VIE (1496-1544)

Son père, grand poète rhétoriqueur, avait été protégé d'Anne de Bretagne, femme de Louis XII. Page dès 1515, il se mêle à la joyeuse confrérie des Clercs de la Basoche (14), compose en 1515 le poème allégorique le *Temple de Cupido* et devient valet de chambre et secrétaire de Marguerite, duchesse d'Alençon, sœur du roi. Il rencontre chez elle des penseurs réformistes, compose épîtres, ballades et rondeaux.

En 1516, il est emprisonné sur dénonciation d'avoir mangé « lard en carême » au Châtelet, qu'il décrira dans son *Enfer* de 1539. Enfin relâché (15), il sera arrêté à nouveau en 1527 pour avoir aidé un prisonnier à échapper aux sergents ; il doit demander sa libération au roi (16) dont il a l'appui.

Pourtant, en 1531, compromis dans l'affaire des Placards, il doit s'enfuir à la cour de Marguerite de Navarre, puis de Renée de France à Ferrare.

Gracié par le roi, il doit abjurer à Lyon (1536), rentre à Paris, traduit les Psaumes en vers français et en publie 30 en 1541. Mais à nouveau inquiété, il doit quitter la France en 1542 et mourra en exil en Italie.

---

(1) Habitant du Poitou. – (2) Apercevez. – (3) Expression comique s'appliquant au laboureur qui « pique » ses bœufs pour les faire avancer. – (4) Patois du pays. - (5) En patois : il siffle. – (6) Avoir chaud à force de crier. – (7) Mis pour « Dieu ». – (8) Allons donc. – (9) Réfléchir. – (10) Tout droit. – (11) Vous tromper. – (12) Désormais. – (13) Renseigné. – (14) Corporation des Clercs du Palais. – (15) Cf. l'épître à son ami Lyon, qui nous raconte cette aventure sous la forme d'une fable familière et amusante. – (16) Dans l'*Épître au roi, pour le délivrer de prison.*

LA DIVERSITÉ DE SON TALENT

Poète savant, sans prétendre à l'érudition comme les poètes de la Pléiade, Marot connaît bien l'antiquité latine. Son *Enfer* est un catalogue mythologique plein de réminiscences virgiliennes. Mais il n'oublie ni le *Roman de la Rose* qu'il adapte dans son *Temple de Cupido,* ni Villon, qu'il édite en 1533.

Poète de l'amour, comme tous ceux de son siècle, homme du monde courtois, qui exprime avec l'emphase nécessaire la beauté de la grande amie, de la belle dame, et la ferveur d'un sentiment presque toujours idéal et platonique, il chante ainsi Anne « qui lui jeta de la neige » :

Anne par jeu me jeta de la neige
Que je cuidais (1) froide certainement;
Mais c'était feu, l'expérience en ai-je,
Car embrasé je fus soudainement.
Puisque le feu loge secrètement
Dedans la neige, où trouverai-je place
Pour n'ardre (2) point? Anne, ta seule grâce
Éteindre peut le feu que je sens bien,
Non point par eau, par neige ni par glace
Mais par sentir (3) un feu pareil au mien.

(Épigrammes).

Mais il fut aussi un écrivain religieux très sincère qui renonça à la carrière confortable et brillante de poète de cour, de flatteur aimable et choyé du roi, pour rejoindre les indisciplinés et les réformés en un exil volontaire et définitif. C'est avec une parfaite humilité qu'il s'est consacré à la traduction des Psaumes, composant ainsi des chants populaires que les protestants adoptèrent dans leurs églises dès 1542.

Cependant, Marot est avant tout un poète de circonstance : c'est là sa véritable originalité, et l'explication de la variété de sujets et de tons dans sa poésie. Capable d'être un satirique ardent, il n'a jamais été si personnel, si indépendant que dans les innombrables poèmes écrits sous la pression des événements, dans une intention bien définie : être délivré de prison, obtenir une faveur, de l'argent, un cheval... Il a créé et porté à sa perfection le genre de l'épître familière.

Cette *Épître au roi pour Marot malade à Paris* fut écrite lorsque Marot, en avril 1531, était atteint de la peste. Son valet de chambre venait de lui voler l'argent donné par le roi; dans le récit de ses mésaventures, il se montre un conteur vif, inattendu, plaisant, et sait voiler, sous le rire et la fantaisie, une mélancolie profonde, y mêlant le badinage subtil qui amène adroitement une prosaïque demande d'argent.

J'avais un jour un valet de Gascogne
Gourmand, ivrogne, et assuré menteur,
Pipeur (4), larron, jureur, blasphémateur,
Sentant la hart (5), de cent pas à la ronde
Au demeurant, le meilleur fils du monde...
Ce vénérable hillot (6) fut averti
De quelque argent que m'aviez départi
Et que ma bourse avait grosse apostume (7);
Si se leva plus tôt que de coutume,
Et me va prendre en tapinois (8) icelle (9);
Puis la vous mit très bien sous son aisselle,
Argent et tout, cela se doit entendre
Et ne crois point que ce fût pour la rendre,
Car oncques puis (10) n'en ai ouï parler.
Bref, le vilain ne s'en voulut aller
Pour si petit, mais encore il me happe
Saie (11) et bonnet, chausses, pourpoint et cape;
De mes habits, en effet, il pilla
Tous les plus beaux; et puis s'en habilla
Si justement, qu'à le voir ainsi être,
Vous l'eussiez pris, en plein jour, pour son maître.
Finalement, de ma chambre il s'en va
Droit à l'étable, où deux chevaux trouva;
Laisse le pire, et sur le meilleur monte,
Pique et s'en va. Pour abréger le conte,
Soyez certain qu'au sortir dudit lieu
N'oublia rien, fors (12) à me dire adieu.
Ainsi s'en va, chatouilleux de la gorge,
Ledit valet, monté comme un Saint-George,
Et vous laissa Monsieur dormir son soûl,
Qui au réveil n'eût su finer (13) d'un sou.
Ce Monsieur-là, Sire, c'était moi-même,
Qui sans mentir, fus au matin bien blême,
Quand je me vis sans honnête vêture,

(1) Je croyais. – (2) Brûler. – (3) En sentant. – (4) Trompeur. – (5) La corde des pendus. – (6) Garçon. – (7) Enflure, tumeur. – (8) En cachette. – (9) Celle-ci. – (10) Jamais depuis. – (11) Casaque. – (12) Sauf. – (13) S'acquitter.

Et fort fâché de perdre ma monture;
Mais, de l'argent que vous m'aviez donné,
Je ne fus point de le perdre étonné.
Car votre argent, très débonnaire (1) prince,
Sans point de faute, est sujet à la pince (2)...
Ce néanmoins, ce que je vous en mande (3)
N'est pour vous faire ou requête, ou demande :
Je ne veux point tant de gens ressembler
Qui n'ont souci autre que d'assembler; (4)
Tant qu'ils vivront, ils demanderont, eux;
Mais je commence à devenir honteux,
Et ne veux plus à vos dons m'arrêter...

L'École lyonnaise

Lyon, ville d'imprimeurs, de savants, d'écrivains et d'artistes, fut un foyer ardent de vie intellectuelle et de courtoisie mondaine. Lieu de passage et de séjour entre l'Italie et la France, elle posséda un brillant cercle de poètes : pleins d'admiration pour Pétrarque, ils désirent imiter sa poésie sensible et recherchée; ils sont également influencés par le néoplatonisme (5) qui satisfait leurs aspirations à un monde idéal, et passionnés de création artistique et de beaux vers.

MAURICE SCÈVE (1501-1564)

Le plus brillant de ces poètes fut Maurice Scève, qui publia, en 1544, *Délie, objet de la plus haute vertu* consacré à son amour pour la jeune Pernette du Guillet, bourgeoise et poétesse. Cette œuvre importante et riche comporte une analyse pénétrante des souffrances et des contradictions de l'amour qui dépasse largement les jeux subtils du pétrarquisme. Le tourment amoureux aboutit parfois au désespoir métaphysique, à une explication de l'angoisse humaine que Ronsard ne dépassera pas, mais l'amour peut aussi devenir moyen d'accès à l'absolu, ce dont la musique du vers nous donne l'intuition sensible.

... Moins je la vois, certes plus je la hais :
Plus je la hais, et moins elle me fâche,
Plus je l'estime et moins compte j'en fais (6)
Plus je la fuis, plus veux qu'elle me sache (7),
Et un moment deux divers traits (8) me lâche
Amour et haine, ennui avec plaisir.
Forte est l'amour, qui lors me vient saisir.
Quand haine vient et vengeance me crie.
Ainsi me fait haïr mon vain désir.
Celle pour qui mon cœur toujours me prie.

(XLIII).

LOUISE LABÉ (1524-1566)

Au groupe lyonnais se rattache Louise Labé, qui a eu les mêmes goûts et a subi les mêmes influences littéraires; elle chante aussi, en un bref recueil de sonnets, les plaisirs et les souffrances d'un amour aussi pétrarquiste que sincère.

Je vis, je meurs : je me brûle et me noie.
J'ai chaud extrême en endurant froidure :
La vie n'est et trop molle et trop dure.
J'ai grands ennuis (9) entremêlés de joie :

Tout à un coup, je ris et je larmoie,
Et en plaisir maint grief (10) tourment j'endure :
Mon bien s'en va, et à jamais il dure :
Tout en un coup je sèche et je verdoie.

Ainsi Amour inconstamment me mène :
Et quand je pense avoir plus de douleur,
Sans y penser je me trouve hors de peine.

Puis, quand je crois ma joie être certaine,
Et être au haut de mon désiré heur (11),
Il me remet en mon premier malheur.

(Sonnet VIII).

(1) Bon. – (2) Au vol : allusion à la dilapidation du Trésor. – (3) Fais savoir. – (4) Amasser de l'argent. – (5) On retient alors de la philosophie de Platon la conviction que les choses sensibles d'ici-bas ne sont que le reflet d'une réalité supérieure ou « Idée ». Dans l'amour, notre âme s'attache à la beauté, parce qu'elle croit y reconnaître l'image d'une beauté supérieure et divine. – (6) Moins je lui attache de l'importance. – (7) Connaisse. – (8) Flèche. – (9) Tourmente. – (10) Pénible, grave : mot qui se prononce en une seule syllabe. – (11) Bonheur.

Calvin

SA VIE (1509-1564)

Calvin fit des études humanistes à Paris puis à Orléans et à Bourges. Il publia en 1533 son *Commentaire latin du De Clementia* de Sénèque, et soutint les idées des Évangélistes influencés par l'ardent mouvement réformiste de Luther en Allemagne ; ceux-ci, esprits sincèrement pieux, protestent contre les abus : cumuls de bénéfices par les grands, attributions d'évêchés ou d'abbayes à des courtisans, voire à des femmes... Les érudits veulent revenir aux leçons de l'Écriture sainte, tel Lefèvre d'Étaples qui traduit les Évangiles, puis la Bible.

Calvin, inquiété au moment de l'affaire des Placards, dut s'enfuir à Bâle ; il y publie en 1536 *L'Institution de la religion chrétienne,* et prend la tête d'un mouvement réformiste, plus radical que celui de Luther, dont il appliquera avec autorité les principes à Genève à partir de 1541.

L'« INSTITUTION CHRÉTIENNE »

L'Institution de la religion chrétienne était à l'origine une œuvre de circonstance, destinée à répondre à une lettre de François Ier aux princes allemands, attaquant les réformés de France et d'Allemagne.

Mais l'auteur la traduisit en français, dans une langue claire et dépouillée, pour toucher un public plus étendu : il en fit le manifeste du protestantisme français, sur le plan religieux, moral et politique. Apologie des réformés qui ne sont pas des rebelles, mais des esprits sincères attachés à la doctrine véritable de l'Évangile, *L'Institution* est aussi une explication du péché et une affirmation de la prédestination ; la tache originelle a souillé la nature humaine : Dieu seul peut nous sauver. Nous sommes élus ou réprouvés selon sa décision préalable et sans appel.

... toutes les parties de l'homme, depuis l'entendement jusqu'à la volonté, depuis l'âme jusqu'à la chair, sont souillées et du tout remplies de cette concupiscence, (...) l'homme n'est autre chose de soi-même que corruption.

De la Connaissance de l'Homme, II.

Tous les grands problèmes politiques (nature et légitimité des régimes politiques, limites de l'obéissance due au pouvoir, et par suite rapports entre l'Église et l'État), ont été nettement posés par Calvin, et parfois résolus de façon très moderne. Ainsi accepte-t-il, comme une nécessité sociale, la diversité géographique des gouvernements, où Montesquieu, deux siècles plus tard, verra l'un des principes fondamentaux de *L'Esprit des lois.* Dans toute son œuvre, Calvin appuie son argumentation sur des textes empruntés à la Bible : c'est la Providence qui a voulu la diversité des gouvernements et fondé l'autorité des rois.

Rabelais

SA VIE (1494-1553)

François Rabelais, d'abord moine franciscain, devient en 1524 moine bénédictin, dans un milieu beaucoup plus humaniste et tolérant ; il séjourne à Paris, puis à Montpellier où il est étudiant en médecine, enfin à Lyon en 1532 comme médecin à l'Hôtel Dieu. C'est alors qu'il publie son *Pantagruel.* En 1534, un nouvel ouvrage, *Gargantua, père de Pantagruel,* précise ses idées sur la scolastique, l'humanisme, la guerre, la vie de société.

Après un voyage en Italie et la condamnation par la Sorbonne du *Tiers Livre* paru en 1546, il obtient, grâce à la faveur d'Henri II, le bénéfice de la cure de Meudon : le *Quart Livre* est publié en 1552. L'authenticité du *Cinquième Livre* paru en 1564 est très discutée.

LE CONTEUR

Rabelais a le sens de l'action, du récit captivant et, en même temps, du comique direct et spontané. Sa verve se grise de phrases vives, de mots drôles accumulés, du spectacle même de la vie et du mouvement.

Voici comment, au début de *Pantagruel,* il décrit les réactions de Gargantua, après la naissance de son fils Pantagruel et la mort de sa femme. Ici, le comique naît non seulement de l'étrangeté de la situation, mais aussi de la satire du raisonnement scolastique : le rythme communicatif du rire et de la joie s'impose à nous progressivement, tandis que nous est évoquée, en toile de fond, la vie quotidienne du temps, observée dans ses détails vivants et pittoresques.

Quand Pantagruel fut né, qui fut bien ébahi et perplexe ? Ce fut Gargantua son père. Car, en voyant d'un côté sa femme Badebec morte, et de l'autre son fils Pantagruel né, tant beau et tant grand, ne savait que dire ni que faire, et le doute qui troublait son entendement (1) était à savoir s'il devait pleurer pour le deuil de sa femme ou rire pour la joie de son fils. D'un côté et d'autre, il avait arguments sophistiques (2) qui le suffoquaient, car il les faisait très bien in modo figura (3), mais il ne les pouvait souldre (4), et par ce moyen, demeurait empêtré comme la souris empeignée (5), ou un milan (6) pris au lacet.

« Pleurerais-je ? dit-il. Oui, car pourquoi ? Ma tant bonne femme est morte, qui était la plus ceci, la plus cela qui fût au monde. Jamais je ne la verrai, jamais je n'en recouvrerai une telle : ce m'est une perte inestimable. Ô mon Dieu ! que t'avais-je fait pour ainsi me punir ? Que m'envoyas-tu la mort à moi premier qui à elle ? Car vivre sans elle ne m'est que languir. Ha ! Badebec, ma mignonne, m'amie, ma tendrette, ma savate, ma pantoufle, jamais je ne te verrai. Ha ! pauvre Pantagruel, tu as perdu ta bonne mère, ta douce nourrice, ta dame très aimée. Ha ! fausse (7) mort, tant tu m'es malivole (8), tant tu m'es outrageuse, de me tollir (9) celle à laquelle immortalité appartenait de droit. »

Et, ce disant, pleurait comme une vache, mais, tout soudain, riait comme un veau, quand Pantagruel lui venait en mémoire. « Ho ! mon petit-fils, disait-il, mon peton (10), que tu es joli : et tant je suis tenu (11) à Dieu de ce qu'il m'a donné un si beau fils, tant joyeux, tant riant, tant joli. Ho, ho, ho, ho ! Que je suis aise ! Buvons. Ho ! Laissons toute mélancolie ; apporte du meilleur, rince les verres, boute (12) la nappe ; chasse ces chiens, souffle ce feu, allume la chandelle, ferme cette porte, taille ces soupes (13) ; envoie ces pauvres, baille-leur (14) ce qu'ils demandent, tiens ma robe que je me mette en pourpoint (15) pour mieux festoyer les commères. »

LE PENSEUR

Ce conteur a des convictions à affirmer sur la stupidité des guerres, les conquérants criminels, les princes raisonnables, les moines ignorants, comme il se plaît à le souligner dans la préface de *Gargantua*.

... vous convient être sages, pour fleurer (16), sentir et estimer ces beaux livres de haute graisse (17), légers (18) au pourchas (19) et hardis à la rencontre. Puis, par curieuse leçon (20) et méditation fréquente, rompre l'os et sucer la substantifique (21) moelle, c'est-à-dire que j'entends par ces symboles pythagoriques

---

(1) Intelligence. – (2) Conçus selon la méthode sophiste : faux raisonnements conçus pour induire en erreur. – (3) Selon les méthodes des logiciens. – (4) Résoudre. – (5) Prise dans la poix. – (6) Oiseau de proie, pris au piège. – (7) Trompeuse. – (8) Malveillante. – (9) Enlever. – (10) Petit pied dans le langage des enfants, ici terme affectueux. – (11) Reconnaissant. – (12) Mets. – (13) Pain trempé dans le bouillon. – (14) Donneleur. – (15) Vêtement qui couvrait le corps jusqu'à la ceinture. – (16) Flairer. – (17) Comme une viande d'excellente qualité. – (18) Il convient que vous soyez légers... que vous soyez hardis. – (19) À la poursuite. – (20) Attentive lecture. – (21) Nourrissante : image célèbre illustrant la soif de connaissance de Rabelais et de son époque.

avec espoir certain d'être faits escors (1) et preux (2) à la dite lecture, car en icelle (3) bien autre goût trouverez, et doctrine plus absconse (4), laquelle vous révélera de très hauts sacrements (5) et mystères horrifiques, tant en ce qui concerne notre religion que aussi l'état politique et vie économique.

Dans ses œuvres, la satire est constante ; la présence des géants bienveillants, des joyeux compagnons, des hommes de bonne volonté, ne peut faire oublier les nombreux sots, orgueilleux, bigots et méchants de toutes sortes : la critique est plus drôle que cruelle, plus salubre que destructive. Rabelais, optimiste, découvre plutôt des vaniteux, des imbéciles et des médiocres que de grands criminels.

Tel nous apparaît Bridoye, juge formaliste et ridicule, à travers cette conclusion de procès pour laquelle Rabelais déploie son irrésistible invention verbale.

Ayant bien vu, revu, lu, relu, paperassé et feuilleté les complaintes, ajournements, comparutions, commissions, informations, avant-procédés, productions, allégations, intendits, contredits, requêtes, enquêtes, répliques, dupliques, tripliques, écritures, reproches, griefs, salvations, récolements, confrontations, acarations, libelles, apostoles, lettres royaux, compulsoires, déclinatoires, anticipatoires, évocations, envois, renvois, conclusions, fin de non procéder, appointements, reliefs, confessions, exploits et autres dragées et épiceries (6) d'une part et d'autre, comme doit faire le bon juge... je pose sur le bout de la table en mon cabinet tous les sacs (7) du défendeur et lui livre chance premièrement (8), comme vous autres, Messieurs... Cela fait, je pose les sacs du demandeur, comme vous autres Messieurs, sur l'autre bout... Pareillement, et quant et quant (9) je lui livre sa chance.

Tiers Livre, XXXIX.

L'HUMANISTE

Rabelais nous donne aussi une leçon d'humanisme : non seulement Gargantua a pu acquérir, une fois débarrassé de ses précepteurs sophistes, une connaissance encyclopédique, une santé et un entraînement physique parfaits, une expérience étonnamment riche des hommes et du monde, mais encore il a la satisfaction de voir son fils aller plus loin dans la même voie.

Il exprime ouvertement sa joie de vivre à l'époque qui voit s'ouvrir toutes les voies du savoir, sa joie de découvrir l'antiquité païenne et chrétienne, et d'aller à la source même de la connaissance. Il éprouve une immense confiance en l'avenir des sciences, les progrès de la médecine, la solidarité humaine, et aussi en un Dieu de vérité, de sagesse, et de charité humaines.

Cette confiance en l'homme, en l'art et en l'amour s'épanouit dans l'abbaye de Thélème, rêve d'un sage très sociable imaginant une compagnie honnête de gens libres, bien nés, bien instruits, d'un philosophe qui croit à la bonté foncière de la nature et construit une société idéale où l'être humain trouverait un libre et harmonieux épanouissement.

Pour atteindre ce résultat, il convient de recevoir une éducation parfaite et Rabelais montre d'abord comment le nouveau précepteur, Ponocratès, laisse Gargantua faire selon ses habitudes anciennes, pour mieux mettre en évidence l'absence d'hygiène, l'ignorance prétentieuse et la paresse morne de l'éducation « gothique » dispensée à son élève par son prédécesseur. En contraste avec cette éducation inefficace, voici l'éducation humaniste, donc idéale, analysée avec la solennité sérieuse qui convient à un sujet si noble ; son programme est tout simplement universel : hygiène, sports et jeux, alimentation, sciences en tout genre, arts, techniques, métiers, musique et chants, sans oublier prières et commentaires évangéliques.

---

(1) Avisés. – (2) Meilleurs. – (3) Dans cette lecture. – (4) Obscure. – (5) Connaissances sacrées. – (6) Cadeaux qu'il était alors habituel d'offrir au juge avant le procès. – (7) Dans lesquels se trouve le dossier. – (8) Bridoye donne en sa faveur le premier coup de dés. – (9) En même temps, Bridoye donne le second coup de dés.

Après, en tel train d'étude le mit que ne perdait heure quelconque du jour : ains (1) tout son temps consommait en lettres et honnête savoir. S'éveillait donc Gargantua environ quatre heures du matin. Cependant qu'on le frottait, lui était lue quelque pagine (2) de la divine Écriture hautement et clairement, avec prononciation compétente à la matière, et à ce était commis un jeune page, natif de Basché (3), nommé Anagnostes (4). Selon le propos et argument de cette leçon, souventes fois s'adonnait à révérer, adorer, prier et supplier le bon Dieu, duquel la lecture montrait la majesté et jugements merveilleux.

Ce fait, était habillé, peigné, testonné (5), accoutré et parfumé, durant lequel temps on lui répétait les leçons du jour d'avant. Lui-même les disait par cœur et y fondait quelques cas pratiques et concernant l'état humain, lesquels ils étendaient aucunes fois jusque deux ou trois heures, mais ordinairement cessaient lorsqu'il était du tout (6) habillé. Puis par trois bonnes heures lui était faite lecture.

Ce fait, issaient hors (7), toujours conférant des propos de la lecture, et se déportaient en Bracque (8), ou ès (9) près, et jouaient à la balle, à la paume, à la pile trigone (10), galantement s'exerçant les corps comme ils avaient les âmes auparavant exercé. Tout leur jeu n'était qu'en liberté car ils laissaient la partie quand leur plaisait, et cessaient ordinairement lorsque suaient parmi le corps, ou étaient autrement las. À donc (11), étaient très bien essuyés et frottés, changeaient de chemise, et, doucement se promenant, allaient voir si le dîner était prêt. Là attendant, récitaient clairement et éloquentement quelques sentences retenues de la leçon.

Cependant, Monsieur l'Appétit venait, et par bonne opportunité s'asseyaient à table. Au commencement du repas, était lue quelque histoire plaisante des anciennes prouesses, jusques à ce qu'il eût pris son vin. Lors, si bon semblait, on continuait la lecture, ou commençaient à deviser (12) joyeusement ensemble, parlant, pour les premiers mots, de la vertu, propriété, efficace et nature de tout ce qui leur était servi à table : du pain, du vin, de l'eau, du sel, des viandes, poisson, fruits, herbes, racines et de l'apprêt d'icelles (13). Ce que faisant, apprit en peu de temps tous les passages à ce compétents en Pline, Athénée, Dioscoride Julius, Pollux, Aristoteles, Élien et autres. Iceux propos tenus, faisaient souvent, pour plus être assurés, apporter les livres susdits à table. Et si bien et entièrement retient en sa mémoire les choses dites, que, pour lors, n'était médecin qui en sût à la moitié tant comme il faisait. Après, devisaient des leçons au matin, et parachevant leur repas par quelque confection de cotoniat (14) se curaient les dents avec un trou (15) de lentisque, se lavaient les mains et les yeux de belle eau fraîche et rendaient grâces à Dieu par quelques beaux cantiques faits à la louange de la munificence et bénignité divine.

Ce fait, on apportait des cartes, non pour jouer, mais pour y apprendre mille petites gentillesses et inventions nouvelles, lesquelles toutes issaient (16) d'arithmétique. En ce moyen entra en affection d'icelle science numérale, et, tous les jours après dîner et souper, y passait temps aussi plaisantement qu'il soulait (17) ès dés ou ès cartes.

Gargantua étudie de même géométrie, astronomie et musique.

La fin de la journée est consacrée aux « sports », puis Gargantua et ses maîtres rentrent au logis en herborisant. L'heure du souper arrive alors.

... Durant icelui (18) repas était continuée la leçon du dîner tant que bon semblait; le reste était consommé en bons propos tous lettrés et utiles. Après grâces rendues, s'adonnaient à chanter musicalement, à jouer d'instruments harmonieux, ou de ces petits passe-temps qu'on fait ès cartes, ès dés et gobelets et là demeuraient faisant grand'chère (19), et s'ébaudissant (20) aucune fois jusques à l'heure de dormir; quelquefois (21) allaient visiter les compagnies de gens lettrés, ou de gens qui eussent vu pays étranges (22).

En pleine nuit, devant que (23) soi retirer, allaient au lieu de leur logis le plus découvert voir la face du ciel, et là notaient les comètes; si aucunes étaient (24), les figures, situations, aspects, oppositions et conjonctions des astres.

Puis, avec son précepteur, récapitulait brièvement, à la mode des Pythagoriques, tout ce qu'il avait lu, vu, su, fait et entendu au décours de toute la journée.

Si priaient Dieu le Créateur, en l'adorant et ratifiant leur foi envers lui, et le glorifiant de sa bonté immense, et, lui rendant grâces de tout le temps passé, se recommandaient à sa divine clémence pour tout l'avenir. Ce fait entraient en leur repos.

La Pléiade

Aux environs de 1550, un petit groupe de jeunes hommes épris de beaux textes anciens d'art et de poésie décide de constituer « la Brigade », mouvement poétique révolution-

(1) Mais. – (2) Page. – (3) Près de Chinon, patrie de Rabelais. – (4) En grec, signifie : lecteur. – (5) Coiffé. – (6) Entièrement. – (7) Ils sortaient. – (8) Jeu de paume. – (9) Dans les prés. – (10) À la balle à trois. – (11) Alors. – (12) Conserver. – (13) De leur préparation. – (14) Confiture de coings. – (15) Trognon. – (16) Dérivaient. – (17) Avait l'habitude. – (18) Ce. – (19) Un excellent repas. – (20) Se divertissaient. – (21) Quelquefois. – (22) Étrangers. – (23) Avant de se retirer. – (24) S'il y en avait.

naire qui devait, par la suite, s'appeler la Pléiade. Parmi eux Ronsard et Baïf, disciples, au collège de Coqueret, de J. Dorat, excellent philologue et ardent admirateur des poètes anciens, ainsi que Belleau, Jodelle, du Bellay et Pontus de Tyard.

LE PROGRAMME DE LA PLÉIADE

Dans la *Défense et Illustration de la langue française* (1549), du Bellay précise l'ambitieux programme de la Pléiade. En face des savants et de certains artistes qui préfèrent écrire leurs ouvrages en latin, il affirme que la langue française peut et doit produire d'aussi grandes œuvres que les langues grecque et latine.

La langue française était pauvre ; il fallait donc enrichir son vocabulaire par des emprunts aux langues anciennes, aux dialectes provinciaux, aux langages techniques, et par des créations à partir de mots existant déjà.

Il fallait aussi restaurer la littérature, et surtout la poésie, par l'imitation des grands genres antiques et du sonnet italien, abandonner les petits genres imparfaits du Moyen Âge, substituer aux rondeaux, ballades et virelais (1), les épigrammes, odes et élégies, et remplacer la farce et la moralité par la comédie et la tragédie, plus nobles et plus dignes.

SA CONCEPTION DE LA POÉSIE

De cet ambitieux manifeste se dégage une conception générale et originale de la poésie : tous sont profondément convaincus de la grandeur de la poésie, seule capable d'assurer l'immortalité, tous pensent que le poète n'est pas un amuseur, mais un guide digne de fréquenter les princes et de conseiller les rois. Mais cette vocation grandiose comporte des devoirs : l'artiste, l'écrivain sont astreints à une rude discipline, à un épuisant et constant travail, comme en témoignent ces lignes de la *Défense et Illustration de la langue française.*

Qui veut voler par les mains et bouches des hommes doit longuement demeurer en sa chambre et qui désire vivre en la mémoire de la postérité, doit, comme mort en soi-même, suer et trembler maintes fois, et, autant que nos poètes courtisans boivent, mangent et dorment à leur aise, endurer de faim, de soif, et de longues vigiles (2).

Ce sont les ailes dont les écrits volent au ciel.

Mais ces laborieux ne sont pas simplement des érudits; leur inspiration poétique est conforme à l'esprit de la Renaissance : ils respectent la beauté sous toutes ses formes, celle des femmes, des paysages, des châteaux, des fêtes, de la musique et de la poésie, symbole même, selon une large interprétation de Platon, de l'Idée, image perceptible de Dieu.

L'APPORT DE LA PLÉIADE

Il restera des efforts de la Pléiade un réel enrichissement du vocabulaire, que le siècle suivant régularisera sans l'anéantir. Le public cultivé lui doit peut-être sa curiosité pour les problèmes posés par la langue française et le métier des lettres. Elle est à l'origine d'une tradition poétique dont le classicisme gardera l'essentiel : admiration de l'antique, souci d'une beauté formelle, efforts constants vers la perfection. Enfin elle a restauré le prestige de la poésie lyrique, méritant ainsi l'hommage que lui rendront plus tard les Romantiques.

---

(1) Poèmes sur deux rimes. – (2) Veilles.

Du Bellay

SA VIE (1522-1560)

Joachim du Bellay, né à Liré, en Anjou, d'une famille illustre, mais personnellement peu fortuné, fit des études de droit à Poitiers, y connut les humanistes Muret et Peletier du Mans et écouta, en 1547, les leçons de Dorat au collège de Coqueret. Il résuma dans la *Défense et Illustration de la langue française* les idées nouvelles élaborées par le petit groupe qui s'y était formé.

La même année (1549), il publie *L'Olive,* recueil de 50 sonnets (augmenté et réédité en 1550), les treize odes de *Vers Lyriques* et un recueil de poèmes divers. Après un séjour décevant, de 1553 à 1557, à Rome avec son oncle, le cardinal Jean du Bellay, en mission diplomatique auprès du pape, il rapporte à son retour en France le recueil de 32 sonnets des *Antiquités de Rome,* les 191 sonnets des *Regrets* et les *Divers Jeux rustiques* qu'il publie en 1558. En 1559, il écrit le poème satirique du *Poète courtisan.*

LES « ANTIQUITÉS DE ROME »

Le voyage à Rome n'a pas seulement évoqué à Du Bellay des souvenirs de l'Antiquité. Le spectacle des ruines a été pour lui l'image même de la décadence de la Ville des Villes; et sa propre tristesse, d'homme déçu dans ses ambitions et d'humaniste désillusionné, lui a fait mieux comprendre la mort d'un empire, et le caractère « périssable de toute chose née », soumise à la cruauté du destin.

Le sonnet suivant, construit sous la forme d'une litanie, tel un écho dans un champ de ruines, offre, par la progression du mouvement qui l'anime, le dessin même de la décadence romaine.

Nouveau venu qui cherches Rome en Rome
Et rien de Rome en Rome n'aperçois,
Ces vieux palais, ces vieux arcs que tu vois,
Et ces vieux murs, c'est ce que Rome on nomme.

Vois quel orgueil, quelle ruine, et comme
Celle qui mit le monde sous ses lois,
Pour dompter tout, se dompta quelquefois (1),
Et devint proie du temps, qui tout consomme.

Rome de Rome est le seul monument,
Et Rome Rome a vaincu seulement.
Le Tibre seul, qui vers la mer s'enfuit,

Reste de Rome. Ô mondaine inconstance!
Ce qui est ferme est par le temps détruit,
Et ce qui fuit au temps fait résistance.

(III).

LA POÉSIE PERSONNELLE : « LES REGRETS »

L'inspiration est plus intime dans les *Regrets :* Du Bellay y exprime sa nostalgie de la patrie, de son pays natal, la province angevine, et de la maison de ses aïeux; il nous dit l'amertume que suscitent la mesquinerie des occupations quotidiennes et l'éloignement de ses amis; il nous fait part de l'indignation que lui inspirent l'emphase, la prétention, l'hypocrisie et l'avarice des courtisans romains.

Ainsi, dans un de ses sonnets, il évoque le retour d'Ulysse et de Jason, et oppose de façon touchante l'orgueil romain et la douceur angevine, unissant heureusement les souvenirs antiques et l'amour du pays natal.

(1) Autrefois.

Heureux qui, comme Ulysse, a fait un beau voyage,
Ou comme cestuy-là (1) qui conquit la toison,
Et puis est retourné, plein d'usage et raison,
Vivre entre ses parents le reste de son âge (2).

Quand reverrai-je, hélas! de mon petit village
Fumer la cheminée, et en quelle saison
Reverrai-je le clos (3) de ma pauvre maison,
Qui m'est une province et beaucoup davantage?

Plus me plaît le séjour qu'ont bâti mes aïeux
Que des palais romains le front (4) audacieux,
Plus que le marbre dur, me plaît l'ardoise fine,

Plus mon Loire gaulois que le Tibre latin,
Plus mon petit Liré (5) que le mont Palatin,
Et plus que l'air marin la douceur angevine.

(XXXI).

D'autre part, sous le tableau satirique, cocasse et vivant, de la cour romaine perce l'indignation profonde d'un homme déçu et blessé :

Marcher d'un grave pas et d'un grave sourci (6),
Et d'un grave souris (7) à chacun faire fête,
Balancer (8) tous ses mots, répondre de la tête,
Avec un *Messer non* ou bien un *Messer si* (9);

Entremêler souvent un petti *E cosi* (10),
Et d'un *son Servitor* (11) contrefaire (12) l'honnête;
Et, comme si l'on eût sa part en la conquête,
Discourir sur Florence, et sur Naples aussi;

Seigneuriser (13) chacun d'un baisement de main,
Et, suivant la façon du courtisan romain,
Cacher sa pauvreté d'une brave (14) apparence :
Voilà de cette cour la plus grande vertu,
Dont souvent, mal monté (15), mal sain (16) et mal [vêtu
Sans barbe (17) et sans argent, on s'en retourne en [France.

(LXXXVI).

Ronsard

SA VIE ET SON ŒUVRE (1524-1585)

Né d'une famille noble, bien considérée à la cour, Pierre de Ronsard, très jeune, fut page au service des princes de sang royal et destiné à une brillante carrière militaire ou diplomatique. Mais atteint de surdité en 1540, il renonça alors aux armes, et se consacra avec enthousiasme à la poésie.

Il suit, de 1544 à 1549, les cours de Dorat au collège de Coqueret et publie en 1550 les premiers livres des *Odes* et *Le Bocage,* en 1552 *Les Amours de Cassandre* (Cassandre Salviati rencontrée à Blois en 1545), en 1554, le deuxième *Bocage,* en 1555, *Les Amours de Marie* (une simple paysanne angevine de quinze ans rencontrée cette année même) et les *Hymnes,* œuvre épique et philosophique.

À l'avènement de Charles IX, Ronsard devient le poète officiel de la cour, et se mêle aux événements politiques et religieux en écrivant les *Discours des misères de ce temps* et sa *Continuation* en 1562.

En 1572 et 1573, il ajoute à son œuvre les 4 premiers livres de la *Franciade,* épopée restée inachevée. En 1578, sont publiés *Les Sonnets pour Hélène,* inspirés par Hélène de Surgères, fille d'honneur de Catherine de Médicis, qui fut le dernier et non le moins ardent des amours du poète.

---

(1) Celui-là : Jason, qui alla conquérir la Toison d'or dans le Caucase, puis revint en Grèce. – (2) Sa vie. – (3) Le jardin. – (4) La façade. – (5) Village natal du poète. – (6) Sourcil. – (7) Sourire. – (8) Peser. – (9) Non, Monsieur, oui Monsieur. – (10) Termes d'approbation : c'est ainsi. – (11) Je suis votre serviteur : formule de politesse. – (12) Prétendre être honnête. – (13) Traiter en seigneur. – (14) Élégante et riche. – (15) Monté sur un mauvais cheval. – (16) Malade. – (17) Du Bellay avait contracté la pelade.

LES « AMOURS »

Les premières œuvres de Ronsard semblaient trop savantes, trop hermétiques. Il quitte alors le style haut pour le « beau style bas », le « doux style », et s'engage dans la voie de la simplicité pour chanter la jeune paysanne Marie, en des sonnets célèbres par leur musicalité et leur fraîcheur rustique, où se mêlent cependant des souvenirs pétrarquistes.

Mignonne, levez-vous, vous êtes paresseuse,
Jà (1) la gaie alouette au ciel a fredonné,
Et jà le rossignol frisquement (2) jargonné (3),
Dessus l'épine assis (4) sa complainte amoureuse.

Debout donc, allons voir l'herbelette perleuse (5),
Et votre beau rosier de boutons couronné,
Et vos œillets aimés, auxquels avez donné
Hier au soir de l'eau, d'une main si soigneuse.

Hier en vous couchant, vous me fîtes promesse
D'être plus tôt que moi ce matin éveillée,
Mais le sommeil vous tient encore toute sillée (6) :

Ian (7), je vous punirai du péché de paresse,
Je vais baiser cent fois votre œil, votre tétin (8),
Afin de vous apprendre à vous lever matin.
(XXIII).

L'écho du dernier amour d'un Ronsard vieillissant, celui qu'il éprouva pour la belle et inaccessible Hélène, anime les sonnets qu'il lui dédie. Celui-ci associe la prière amoureuse, le tableau d'intérieur et l'orgueil lucide du poète épicurien, reprenant le « Carpe Diem » (« profite du jour présent ») des *Odes* d'Horace :

Quand vous serez bien vieille, au soir, à la chandelle,
Assise auprès du feu, dévidant (9) et filant,
Direz, chantant mes vers, et vous émerveillant (10) :
Ronsard me célébrait du temps que j'étais belle !

Lors (11), vous n'aurez servante oyant (12) telle
[nouvelle,
Déjà sous la labeur à demi sommeillant,
Qui au bruit de Ronsard ne s'aille réveillant (13),
Bénissant (14) votre nom de louange immortelle.

Je serai sous la terre, et, fantôme sans os,
Par les ombres myrteux (15) je prendrai mon repos ;
Vous serez au foyer une vieille accroupie,

Regrettant mon amour et votre fier (16) dédain ;
Vivez, si m'en croyez, n'attendez à demain :
Cueillez dès aujourd'hui les roses de la vie.

Le théâtre

Le théâtre ne connaît pas au XVIe siècle l'éclatant épanouissement de la poésie. À Paris, il n'existe qu'une seule salle de représentations publiques, celle de l'hôtel de Bourgogne, que les Confrères de la Passion se réservent jusqu'en 1599, et seulement quelques sociétés d'amateurs, tandis que la province ne connaît que de misérables troupes.

Le théâtre du Moyen Âge survit dans les mystères, les farces, soties et moralités. Les Confrères de la Passion jouent le *Mystère de la Passion* jusqu'en 1548, date où le Parlement interdit ces représentations à Paris. Les pièces comiques seront encore jouées devant un public populaire. Quant aux tragédies des écrivains humanistes, elles traitent souvent des sujets religieux, telle *Abraham sacrifiant* composée en 1550 par Théodore de Bèze.

---

(1) Déjà. – (2) Gracieusement. – (3) Chanté dans le langage des oiseaux. – (4) Posé. – (5) Couverte de perles de rosée. – (6) Les yeux fermés. – (7) Particule affirmative prise au langage populaire. – (8) Sein. – (9) Mettre le fil en écheveau. – (10) À la fois admirative et surprise. – (11) Alors. – (12) Entendant : du verbe « ouïr ». – (13) Forme progressive, comme en anglais : s'aller marchant en ancien français, devient aujourd'hui faire de la marche. – (14) Se rapporte à Ronsard. – (15) Un bois de myrtes était, aux Enfers, hanté par les amoureux célèbres. – (16) Farouche.

Mais c'est surtout l'imitation des pièces grecques et latines qui inspire les hommes de la Renaissance : le théâtre est alors l'affaire des érudits, des professeurs et des étudiants. Baïf traduit en vers dès 1537 l'*Électre* de Sophocle, et donne une excellente définition de la tragédie : « Calamités, meurtres et adversités survenues aux nobles et excellents personnages. » Ronsard lui-même traduit et joue en 1549 le *Plutus* d'Aristophane au collège de Coqueret. Ces tragédies sont l'œuvre d'admirateurs de l'Antiquité, qui cherchent à faire revivre sa littérature; ils traduisent et jouent eux-mêmes les pièces sur des scènes improvisées, et surtout dans les collèges où se forment peu à peu auteurs, acteurs et public.

La Poétique de Scaliger, qui définit en latin les règles de la tragédie, est le symbole de cette élaboration, tout d'abord artificielle, d'un art nouveau. Pourtant la pièce de Robert Garnier (1544-1590), *Les Juives* (1583), est plus qu'une tragédie de collège. Elle témoigne du talent de Garnier et des progrès de l'art dramatique, et reflète la période troublée qui fut celle de la fin du siècle. Garnier, qui avait commencé par imiter Sénèque, puis les tragiques grecs, a construit cette fois une véritable et solide œuvre dramatique. Le sujet biblique – châtiment du roi juif Sédécie par le roi d'Assyrie Nabuchodonosor – unit bien à la fatalité de la tragédie grecque la puissance terrible du Dieu des Juifs. Les caractères sont nets, les dialogues expressifs et bien conduits.

Nabuchodonosor

Qui t'a mis en l'esprit de fausser ta parole?
N'en faire non plus cas que de chose frivole?
De parjurer ta foi? serait-ce point ton Dieu,
Ton Dieu, qui n'a crédit qu'entre le peuple hébreu?
N'est-ce point ce Pontife, et ces braves Prophètes
Les choses prédisant après qu'elles sont faites?
Réponds, traître, réponds, où t'es-tu confié (1)
De guerroyer celui qui t'a gratifié?

Sédécie

Le Dieu que nous servons est le seul Dieu du monde,
Qui de rien a bâti le ciel, la terre et l'onde :
C'est lui seul qui commande à la guerre, aux assauts :
Il n'y a Dieu que lui, tous les autres sont faux.
Il déteste le vice, et le punit sévère (2),
Quand il connaît surtout que l'on y persévère.
Il ne conseille aucun de commettre un méfait,
Au contraire c'est lui qui la vengeance en fait (3).

La littérature à l'époque des guerres de Religion (1560 à 1600)

La dernière partie de ce siècle est marquée par la tragique flambée des guerres de Religion, préparée par vingt-cinq ans de conflits idéologiques, de passions partisanes et d'intrigues politiques. Les écrivains humanistes et moralistes cèdent la place aux gens de guerre, qui d'ailleurs sont parfois aussi bons conteurs, comme Montluc, ou poètes inspirés comme Agrippa d'Aubigné.

Un grand écrivain, Montaigne, tirant une œuvre nouvelle de l'observation de lui-même et de son expérience quotidienne, affirme heureusement la survie d'une sagesse humaine véritable.

Blaise de Montluc (1502-1577)

Ce terrible ennemi des protestants n'était en fait ni un fanatique religieux, ni un homme de parti, mais un soldat de métier, rude et franc.

Soldat dès l'âge de seize ans, Montluc fut de toutes les campagnes de François Ier contre Charles Quint. Pendant les guerres de Religion, il est à la tête d'armées catholiques et

(1) Quelles assurances te donnent le courage... – (2) Sévèrement. – (3) En tire vengeance.

le roi le nomme gouverneur de Guyenne; il s'y montre d'une rigueur impitoyable contre les protestants, sujets rebelles et ennemis du roi.

Dans ses *Commentaires,* récit de toutes ses campagnes, commencé en 1570, continué jusqu'à sa mort et publié en 1592, il raconte sans remords ses cruautés. La sincérité évidente de son témoignage souligne le caractère féroce de la lutte et l'inhumanité si sûre d'elle-même de ces années terribles, par exemple dans ce récit du massacre qui suivit le siège de la ville protestante de Rabastens en Béarn :

L'on voulait sauver le ministre et le capitaine de là-dedans, nommé Ladon, pour les faire pendre devant mon logis; mais les soldats les ôtèrent à ceux qui les tenaient, et les mirent en mille pièces. Les soldats en firent sauter cinquante ou soixante du haut de la grande tour, qui s'étaient retirés là-dedans, dans le fossé, lesquels se noyèrent. Il se trouve que l'on n'en sauva que deux, qui s'étaient cachés. Il y avait tel prisonnier qui voulait donner quatre mille écus; mais jamais homme ne voulut entendre à aucune raison, et la plupart des femmes furent tuées, lesquelles faisaient aussi de grands maux avec les pierres.

Agrippa d'Aubigné

SA VIE (1552-1630)

Agrippa d'Aubigné sut très tôt le grec, le latin et l'hébreu. Il acquit une foi profonde mais aussi – car la foi ne se sépare guère de la partialité et de l'esprit de lutte à partir de 1560 – une haine affirmée pour l'Église catholique. Il fit à Genève, puis à Lyon, de sérieuses études humanistes, religieuses, juridiques et même scientifiques, avant de se donner à l'action et de combattre dans les armées protestantes. Après la paix de 1570, il séjourna à la cour de Charles IX, échappa par miracle à la Saint-Barthélemy, revint à la cour sous Henri III, en compagnie de son ami Henri de Navarre, et s'en éloigna avec lui en 1576 pour se laisser emporter dans le torrent de la guerre civile. Contraint à un repos momentané après une grave blessure au combat, il commença à composer le poème des *Tragiques.* Après l'abjuration d'Henri IV en 1593, il se retira en Poitou, en sortit pour intervenir avec une fougue toujours égale dans les assemblées protestantes, s'exila enfin à Genève en 1620 où il mourut, attristé par les victoires de Richelieu sur ses coreligionnaires, et par l'abjuration de son propre fils, Constant.

Érudit, poète, homme d'action et homme de parti, brillant courtisan et visionnaire inspiré, Agrippa d'Aubigné est capable de terribles cruautés et peut créer de délicats poèmes. Il a laissé une œuvre abondante et variée, qui révèle les aspects multiples de sa personnalité. Il est poète de l'amour, à la mode de Ronsard, dans le *Printemps* (publié en 1574); il est poète religieux lorsqu'il met en vers *La Création;* il est aussi conteur satirique dans *Les Aventures du baron de Fœneste,* publié en 1616.

LES « TRAGIQUES »

Dans le poème des *Tragiques,* à la fois épopée, satire et hymne, il a fait le récit des événements de l'histoire de la France de son temps, rappelé ses haines de combattant, et confié ses espérances suprêmes.

Ce poème est une œuvre engagée, et qui se veut engagée :

Je n'écris plus les feux d'un amour inconnu
Mais par l'affliction plus sage devenu,
J'entreprends bien plus haut, car j'apprends à ma [plume
Un autre feu auquel la France se consume...

Il est aussi l'œuvre d'un satirique indigné, d'un inspiré qui connaît à fond la Bible et la cite constamment, d'un prophète que « le doigt du Très Fort pousse à combattre », et qui vole du crime de Caïn à la Résurrection des morts.

Poème épique, enfin, les *Tragiques* vont des malédictions et des colères à l'éclatante apothéose du martyre, où « les cendres des brûlés sont précieuses graines », où la nature se fait consolatrice en Dieu même « au doux printemps d'un million de fleurs ».

L'allégorie de la *France mère affligée* montre comment le patriotisme le plus sincère a pu s'allier, dans les âmes du XVIe siècle, à l'esprit de parti le plus affirmé et le plus violent.

Je veux peindre la France une mère affligée,
Qui est entre ses bras de deux enfants chargée.
Le plus fort, orgueilleux, empoigne les deux bouts
Des tétins (1) nourriciers; puis, à force de coups
D'ongles, de poings, de pieds, il brise le partage (2)
Dont nature donnait à son besson (3) l'usage;
Ce voleur acharné, cet Ésaü malheureux (4),
Fait dégât du doux lait qui doit nourrir les deux,
Si que (5), pour arracher à son frère la vie,
Il méprise la sienne et n'en a plus d'envie;
Lors son Jacob, pressé d'avoir jeûné meshui (6)
Ayant dompté longtemps en son cœur son ennui (7),
À la fin se défend, et sa juste colère
Rend à l'autre un combat dont le champ est la mère.

(*Tragiques,* I, « Misères »).

Michel Eyquem de Montaigne

SA VIE (1533-1592)

D'abord pensionnaire au collège de Guyenne à Bordeaux de 1539 à 1546, où il reçoit une solide culture humaniste, il fit ensuite ses études de droit à Toulouse. Nommé conseiller à la cour des aides de Périgueux en 1554, il devint conseiller à Bordeaux en 1557. En 1559, il effectua un voyage à Paris et se fit recevoir à la cour.

Peu après la mort de son ami La Boétie, il vend sa charge de conseiller en 1570 et se retire dans son château, souffrant, dès 1578, d'une douloureuse maladie, la « gravelle » (8). Il publie en mars 1580 la première édition des *Essais* qui comprend deux livres, inspirés par ses nombreuses lectures et ses réflexions personnelles. Il fait alors un long voyage en Allemagne et en Italie, au cours duquel il est élu maire de Bordeaux; il le restera jusqu'en 1584. Ayant retrouvé sa « librairie » (9), il s'occupe ensuite pendant sept ans à la préparation d'une nouvelle édition des *Essais,* qui est ainsi le fruit d'une riche expérience humaine : elle paraît en 1588, augmentée d'un troisième livre et de 600 additions aux deux premiers. Après un dernier voyage à Paris en 1588, il entreprend une troisième édition des *Essais,* en vue de laquelle il relit un exemplaire de l'édition de 1588, en ajoutant en marge corrections et compléments. Après sa mort, Mademoiselle de Gournay, sa fille adoptive, et l'écrivain de Brach mettent au point, en utilisant les notes manuscrites, l'édition posthume, qui paraît en 1595.

Montaigne ne cherche ni les honneurs des poètes courtisans, ni la gloire éternelle des grands écrivains inspirés, ne s'engage pas dans un combat politique ou religieux, mais devient écrivain pour suivre la pente de son esprit et les expériences de sa vie quotidienne. Sans prétendre tirer de son propre cas des règles universelles, il nous entraîne cependant à réfléchir sur la nature humaine en général.

Cette page montre l'originalité de Montaigne et explique son œuvre. Il lui manque les qualités du gentilhomme accompli de son temps, mais il sait se contenter des capacités de sa nature, et affirme l'indépendance d'une âme accoutumée à se conduire à sa mode.

---

(1) Seins. – (2) La part. – (3) Jumeau. – (4) Maudit; Esaü incarne ici le parti catholique, et Jacob le parti protestant. – (5) Si bien que. – (6) Aujourd'hui. – (7) Sens fort : grande douleur. – (8) Formation de calculs rénaux, les « pierres », qui se bloquent dans les voies urinaires et provoquent de vives douleurs. – (9) Bibliothèque.

Mes conditions corporelles sont, en somme, très bien accordantes (1) à celles de l'âme. Il n'y a rien d'allègre : il y a seulement une vigueur pleine et ferme. Je dure (2) bien à la peine ; mais j'y dure, si je m'y porte moi-même, et autant que mon désir m'y conduit (...).

Autrement, si je m'y suis alléché par quelque plaisir, et si j'ai autre guide que ma pure et libre volonté, je n'y vaux rien. Car j'en suis là que, sauf la santé et la vie, il n'est chose pour quoi je veuille ronger mes ongles, et que je veuille acheter au prix du tourment d'esprit et de la contrainte (...), extrêmement oisif, extrêmement libre, et par nature et par art. Je prêterais aussi volontiers mon sang que mon soin.

J'ai une âme toute sienne, accoutumée à se conduire à sa mode. N'ayant eu jusques à cette heure ni commandant, ni maître forcé, j'ai marché aussi avant et le pas qu'il m'a plu : cela m'a amolli et rendu inutile au service d'autrui et ne m'a fait bon qu'à moi. Et pour moi, il n'a été besoin de forcer ce naturel pesant, paresseux et fainéant ; car m'étant trouvé en tel degré de fortune, dès ma naissance, que j'ai eu occasion de m'y arrêter (3), et en tel degré de sens que j'ai senti en avoir occasion, je n'ai rien cherché et n'ai aussi rien pris (...).

(II, 17, « De la Présomption »).

L'IDÉAL PÉDAGOGIQUE DE MONTAIGNE

Ainsi, à partir de sa propre expérience, dans le chapitre « De l'Institution des enfants », Montaigne préconise avant tout une souple adaptation au tempérament et aux possibilités de chaque homme : car l'éducation ne prétend à aucune utilité immédiate, mais vise au plein épanouissement de chaque individu. Le « conducteur », qui doit avoir avant tout une « tête bien faite », doit cultiver la réflexion de l'enfant autant que sa mémoire, se mettre au niveau de l'élève pour l'élever peu à peu, former son jugement au lieu de lui imposer des opinions par contrainte, tâcher de le rendre meilleur et plus sage. L'idéal pédagogique de Montaigne annonce « l'honnête homme » du XVIIe siècle.

On ne cesse de criailler à mes oreilles, comme qui verserait dans un entonnoir ; et notre charge, ce n'est que redire ce qu'on nous a dit. Je voudrais qu'il corrigeât cette partie, et que, de belle arrivée (4), selon la portée de l'âme qu'il a en main, il commençât à la mettre sur la montre (5), lui faisant goûter les choses, les choisir et discerner d'elle-même ; quelquefois lui ouvrant chemin, quelquefois le lui laissant ouvrir. Je ne veux pas qu'il invente et parle seul, je veux qu'il écoute son disciple parler à son tour. Socrate et, depuis, Archésilas (6), faisaient premièrement parler leurs disciples, et puis ils parlaient à eux (...).

Qu'il ne lui demande pas seulement compte des mots de sa leçon, mais du sens et de la substance ; et qu'il juge du profit qu'il aura fait, non par le témoignage de sa mémoire, mais de sa vie. Que ce qu'il viendra d'apprendre, il le lui fasse mettre en cent visages et accommoder à autant de divers sujets, pour voir s'il l'a encore (7) bien pris et bien fait sien, prenant l'instruction de son progrès des pédagogismes de Platon. C'est témoignage de crudité et indigestion que de regorger (8) la viande comme on l'a avalée. L'estomac n'a pas fait son opération, s'il n'a fait changer la façon et la forme à ce qu'on lui avait donné à cuire (...).

Qu'il lui fasse tout passer par l'étamine (9), et ne loge rien en sa tête par simple autorité et à crédit ; les principes d'Aristote ne lui soient principes, non plus que ceux des Stoïciens ou Épicuriens. Qu'on lui propose cette diversité de jugements : il choisira, s'il peut, sinon il en demeurera en doute. Il n'y a que les fols certains et résolus (...).

(I, 26).

MONTAIGNE DEVANT LES GRANDS PROBLÈMES

Montaigne, cherchant à se connaître, va à la découverte de ses talents et de ses faiblesses et s'efforce de définir ce qu'il trouve en lui-même de droit et de retors, de comique et de douloureux. Il distingue en lui ce qui lui est propre et ce qui est le lot de tous.

Au cours de cette investigation, à la fois sérieuse et souriante, il pose les petites questions qui concernent les détails de l'existence quotidienne, mais aussi les grands problèmes qu'ont essayé de résoudre les philosophes de l'Antiquité et la plupart des écrivains.

---

(1) En rapport avec. – (2) Je supporte. – (3) M'en contenter. – (4) Depuis le début. – (5) À l'épreuve. – (6) Philosophe grec du IIIe siècle av. J.-C. – (7) Déjà. – (8) Rendre la nourriture. – (9) Au crible.

C'est l'imagination pleine de souvenirs de Cicéron, de Sénèque, de Lucrèce, le poète philosophe, qu'il aborde le problème de la mort. Ce problème est lié chez lui à une préoccupation toute pratique : comment nous préparer à mourir, pour échapper à la hantise de la mort? Les textes de Montaigne s'emplissent alors de résonances stoïciennes.

Le but de notre carrière, c'est la mort, c'est l'objet nécessaire de notre visée ; si elle nous effraye, comment est-il possible d'aller un pas en avant sans fièvre ? Le remède du vulgaire (1), c'est de n'y penser pas. Mais de quelle brutale stupidité lui peut venir un si grossier aveuglement ? (...).

Ils vont, ils viennent, ils trottent, ils dansent ; de mort, nulles nouvelles. Tout cela est beau. Mais aussi, quand elle arrive ou à eux ou à leurs femmes, enfants et amis, les surprenant en dessoude et à découvert (2), quels tourments, quels cris, quelle rage et quel désespoir les accable ! Vîtes-vous jamais rien si rabaissé, si changé, si confus ? Il faut y pourvoir de meilleure heure ; et cette nonchalance bestiale, quand elle pourrait loger en la tête d'un homme d'entendement, ce que je trouve entièrement impossible, nous vend trop cher ses denrées. Si c'était ennemi qui se pût éviter, je conseillerais d'emprunter les armes de la couardise. Mais puisqu'il ne se peut, puisqu'il (3) vous attrape fuyant et poltron aussi bien qu'honnête homme, et que nulle trempe de cuirasse ne vous couvre, apprenons à le soutenir de pied ferme et à le combattre. Et pour commencer à lui ôter son plus grand avantage contre nous, prenons voie toute contraire à la commune. Ôtons-lui l'étrangeté, pratiquons-le (4), accoutumons-le, n'ayons rien si souvent en la tête que la mort. À tous instants représentons-la à notre imagination et en tous visages.

(I, 20).

Il pose également le problème de la vérité, intéressant au premier chef la condition humaine, notamment dans le chapitre « L'Apologie de Raymond Sebond ». Ne devons-nous pas nous résigner à une impuissance naturelle, à une imperfection inhérente à notre nature ?

Quelle vérité que ces montagnes bornent, qui est mensonge au monde qui se tient au-delà ?

(II, 12).

L'expérience toujours renouvelée de nos erreurs confirme les contradictions des philosophes : la moins mauvaise des ignorances est celle « qui se sait, se juge, et qui se condamne » ; encore, ne connaît-elle pas ses limites. – « Que sais-je ? », dit Montaigne, dans un total scepticisme, et non « je ne sais pas » ; car « je ne sais pas » impliquerait au moins qu'il connût les limites de son ignorance.

LA SAGESSE DE MONTAIGNE : UN HUMANISME INDIVIDUALISTE ET SOURIANT

Montaigne a-t-il atteint la sagesse ? Il a du moins compris où il ne fallait pas la chercher. Il n'a pas triomphé de la mort, mais il a découvert qu'il ne servait à rien de se raidir contre elle : l'exemple de ceux qui ne savent ni Aristote ni Caton vaut mieux que les efforts de toutes les philosophies : « Nature suggère mieux la constance et la patience que les leçons de l'école. »

Ce scepticisme souriant est la première étape vers la découverte d'un art de vivre, fait d'équilibre, de mesure : « Les plus belles vies sont, à mon gré, celles qui se rangent au modèle commun et humain, avec ordre, mais sans miracle et sans extravagance » (III, 13). Cette sagesse se fonde sur l'adaptation aux circonstances et sur le raisonnement individuel, selon les besoins de notre être : « J'aime la vie et la cultive, telle qu'il a plu à Dieu me l'octroyer. »

Ainsi, malgré les pénibles circonstances historiques qui l'environnent et malgré ses propres faiblesses, Montaigne, en cette fin de siècle, réaffirme avec conviction l'idéal optimiste de la Renaissance.

---

(1) Des gens ordinaires. – (2) À l'improviste et sans défense. – (3) L'ennemi, la mort. – (4) Fréquentons-le.

Questions et recherches

Histoire

• Les guerres au XVIe siècle : présentez-les, étudiez-en les causes et les conséquences à l'aide des données de ce chapitre.
• Comment le pouvoir royal s'exerce-t-il? Qu'apporte-t-il au pays?
• Comment peut-on justifier le terme de « Renaissance »?
• Présentez les « grandes découvertes » du XVIe siècle.

Civilisation

• Définissez l'humanisme et ses valeurs à l'aide d'exemples précis.
• Essayez de caractériser l'éducation idéale telle qu'elle se dessine au XVIe siècle.
• L'art sous la Renaissance :
– Comment peut-on expliquer son évolution?
– Pourquoi parle-t-on de « style composite » vers 1530? Donnez des exemples précis.
– Un « art de divertissement » : expliquez à l'aide d'exemples le sens de cette formule au XVIe siècle.

Littérature

① LE CONTE DU POITEVIN

• Caractérisez les différents emplois de « vous » dans ce texte. Montrez comment l'humour s'y rattache.
• Quels rapports s'établissent entre le promeneur et le paysan? Quelle image du monde paysan ce texte nous présente-t-il?
• Quelles sont les sources du comique dans ce texte?
• Relevez les expressions qui lient les différents moments du récit : analysez-en la valeur circonstancielle.

② ÉPIGRAMME

• En étudiant la valeur du « je », montrez que 3 visages de Marot se distinguent ici : le narrateur, l'amant, le poète badin.
• L'antithèse est une des caractéristiques de la poésie pétrarquiste. Comment est-elle ici mise en valeur?
• L'appel à l'amour vous paraît-il habilement présenté?
• Caractérisez la forme d'une épigramme; quelles ressources stylistiques Marot utilise-t-il pour rendre sa poésie « élégante »?

③ ÉPITRE AU ROI

• Étudiez les sources du comique dans ce texte : distinguez nettement le comique du récit lui-même, l'ironie et l'humour.
• Faites le portrait de Marot à partir de ce texte, et caractérisez ses rapports avec le roi.
• Observez les effets rythmiques du texte; quel rôle jouent-ils?
• Étudiez la valeur des temps de l'indicatif dans cette épître.

④ DÉLIE, OBJET DE LA PLUS HAUTE VERTU

• Étudiez les antithèses, leur disposition dans le vers, dans le dizain : quel est l'effet produit?
• Étudiez l'emploi de « me » et « mon » dans les 2 derniers vers : quelle remarque psychologique peut-on en tirer?
• En quoi l'image du poète qui ressort de ce texte se rattache-t-elle au platonisme?

⑤ « JE VIS, JE MEURS... »

• Dans les 2 premiers quatrains, étudiez les techniques qui mettent en valeur l'antithèse.
• Étudiez l'emploi des termes abstraits et concrets : quelles conclusions peut-on en tirer?
• Comparez ce sonnet au dizain de M. Scève : peut-on parler de « spécificité de l'écriture féminine » à propos du poème de L. Labé?

⑥ LA NAISSANCE DE PANTAGRUEL

• En quoi ce texte est-il un exemple de raisonnement scolastique ? Par quels procédés Rabelais en fait-il la satire ?
• Quel effet produit l'énumération chez Rabelais ?
• Montrez comment le fait que Gargantua soit un géant s'exprime par la mise en valeur et l'opposition d'éléments extrêmes.

⑦ PRÉFACE DE GARGANTUA

• Expliquez précisément l'expression : « rompre l'os et sucer la substantifique moelle ».
• Quelles sont les qualités que Rabelais attend d'un lecteur et souhaite développer chez lui ?
• Relevez et expliquez les termes qui font l'éloge de son œuvre.

⑧ LE TIERS LIVRE XXXIX

• Par quels procédés Rabelais démythifie-t-il la fonction judiciaire ?
• Étudiez le rythme, les sonorités, la construction d'ensemble de l'explosion verbale dans ce texte : quel est l'effet produit ?

⑨ GARGANTUA

• Transcrivez en rétablissant la syntaxe du français moderne les 2 premiers paragraphes du texte.
• Montrez comment ce programme d'éducation reflète l'idéal : « mens sana in corpore sano ».
• Dégagez les principes pédagogiques sur lesquels se fonde cette éducation.
• En quoi une telle éducation reflète-t-elle les valeurs chères aux humanistes de la Renaissance ?

⑩ LES ANTIQUITÉS III

• Dans le premier quatrain, étudiez l'effet produit par les répétitions.
• Justifiez les choix rythmiques dans les deux tercets.
• Expliquez les deux derniers vers : montrez que l'inspiration philosophique qui s'exprime dans ce sonnet rejoint les conceptions de la Pléiade.

⑪ LES REGRETS XXXI

• Étudiez dans les deux quatrains l'image que Du Bellay nous présente du voyage.
• Observez les temps verbaux dans l'ensemble du texte. Mettez-les en rapport avec la structure syntaxique des strophes et montrez quels sont les sentiments du poète qui s'expriment par ces procédés.
• Sur quelle construction grammaticale les 2 tercets sont-ils construits ? quel est l'effet recherché ?

⑫ LES REGRETS LXXXVI

• Quel est l'effet recherché par le rythme du premier quatrain ?
• À partir des données fournies par le sonnet, faites le portrait physique et moral du courtisan romain.
• Caractérisez le ton du dernier tercet ; comparez-le à celui du premier quatrain.

⑬ LES AMOURS DE MARIE

• Quels sont les procédés stylistiques (choix lexicaux, syntaxiques, métriques...) qui contribuent à la simplicité de ce texte ?

⑭ LES AMOURS D'HÉLÈNE

• Étudiez l'image que Ronsard nous présente de la vieillesse : quels sont les procédés stylistiques qui la renforcent ?
• Quel est l'effet produit dans le deuxième quatrain par l'emploi des négations et celui du participe présent ?
• Comparez le rythme des vers 1-2 et celui des vers 13-14 : quel est l'effet obtenu ?
• Montrez que, dans ce texte, le poète exerce une double fonction.

⑮ LES JUIVES

• Étudiez l'emploi des négations dans ce texte, et précisez-en la valeur.
• Étudiez le rôle de l'interrogation dans la réplique de Nabuchodonosor ; montrez comment le rythme soutient l'effet tragique.
• En quoi la réponse de Sédécie reflète-t-elle les questions religieuses qui agitent le XVIe siècle ?

⑯ LES TRAGIQUES

• Étudiez la présentation des deux jumeaux : pour lequel Agrippa d'Aubigné prend-il parti ?
• Quel effet recherche Agrippa d'Aubigné par le choix de son allégorie ?
• Comparez le rythme des vers 3 à 6 avec celui des vers 11 à 14.

⑰ DE LA PRÉSOMPTION

- Regroupez les éléments du texte qui mettent en évidence le trait de caractère essentiel de Montaigne.
- Ce texte s'insère dans le chapitre « De la Présomption » : en quoi s'y rattache-t-il ?
- Montrez que le style de Montaigne a souvent recours à des groupes binaires (2 noms, 2 adjectifs, 2 propositions subordonnées...) ; comment expliquez-vous cette caractéristique ?

⑱ DE L'INSTITUTION DES ENFANTS

- Relevez et expliquez les comparaisons empruntées à la vie concrète et familière : dans quel but Montaigne y a-t-il recours ?
- Classez ce que Montaigne reproche à l'éducation de son temps, et opposez chaque aspect nocif à l'idéal que lui-même propose.
- Expliquez l'expression : « Il en demeurera en doute ». À quel courant philosophique Montaigne se rattache-t-il ici ? Quels éléments historiques et psychologiques peuvent expliquer cette tendance chez Montaigne ?

⑲ LA MORT

- Quel est l'effet recherché par le rythme du texte dans ce passage : « Ils vont... si confus » ?
- Étudiez les images empruntées à la guerre dans ce texte : comment justifiez-vous ce choix ?
- Observez et justifiez les emplois des pronoms personnels dans ce texte.
- Expliquez à l'aide de passages du texte l'expression : « Il faut y pourvoir de meilleure heure. » Montaigne vous paraît-il un véritable stoïcien ?

Exploitation de l'iconographie

Photos 10 et 11 page IV
- Définissez les caractéristiques de l'architecture de la Renaissance.
- Quelle idée de la vie à la Cour transparaît dans ces documents ? Par quels détails ?

Photo 9 page IV
- Quels éléments de l'art de vivre et de la mentalité du XVIᵉ siècle ressortent de ce tableau ?
- Caractérisez les techniques picturales de Clouet.

Photo 8 page III
- Identifiez les maîtres de cette ferme, en justifiant votre réponse.
- Quelle image de la vie paysanne ce document donne-t-il ?

Prolongements

① METTRE EN SCÈNE :
- l'extrait du conte du *Poitevin ;*
- l'épître de Marot au roi ;
- le sonnet LXXXVI des *Regrets.*

② RÉDIGER :
- la lettre d'une noble dame italienne invitée à la cour, au château de Fontainebleau, à sa fille restée à Rome ;
- le récit d'un protestant qui vient d'échapper à un massacre ;
- la description d'une tapisserie ;
- l'évocation de la journée d'un élève d'un collège traditionnel ;
- la réponse faite par Hélène de Surgères à Ronsard.

③ EXPRESSION ORALE
- Imaginez une interview d'Ambroise Paré.
- Faites un compte rendu télévisé d'une visite effectuée à l'abbaye de Thélème imaginée par Rabelais, du procès jugé par Bridoye.
- Réalisez un débat entre partisans de Montluc et partisans d'Agrippa d'Aubigné.
- Imaginez le dialogue entre Ronsard et Marie à son réveil.

④ SUJETS DE DISSERTATION
- Définissez, à l'aide des données figurant dans ce chapitre et en suivant un plan structuré, ce que l'on peut appeler « l'esprit nouveau » au XVIᵉ siècle.
- Analysez la double image de l'amour qui se dégage des textes poétiques figurant dans ce chapitre, et la façon dont elle s'exprime.
- « L'homme n'est autre chose de soi-même que corruption », écrit Calvin. Considérez-vous que l'observation du XVIᵉ siècle, de ses événements historiques et sociaux, de son art, de sa littérature, permette de justifier cette opinion ?

⑤ COMMENTAIRE COMPOSÉ

• Étudiez sous forme de commentaire composé l'*Épître au roi* de Marot. Vous pourrez notamment étudier comment, sous la désinvolture humoristique du récit, on aperçoit les rapports privilégiés qui s'établissent entre Marot et le roi.

⑥ CONTRACTION DE TEXTE

• Résumez, en 200 mots environ, la 1re partie du chapitre : quelques aspects de la vie quotidienne.

Le XVIIᵉ siècle

Dans sa magnificence, son éclat et sa grandeur, le XVIIᵉ siècle offre à nos yeux une impressionnante unité. Cela ne veut pas dire qu'il n'y ait pas eu de grands changements, des premières années du règne de Louis XIII aux dernières du règne de Louis XIV, ni qu'il ne subsiste une grande variété dans les œuvres et les hommes.

Les écrivains, les artistes, différents par le tempérament et la technique, ont trouvé un terrain d'entente et adopté des principes communs : la prédilection pour la raison, l'ordre et la clarté convient à une époque qui se veut intelligente, éclairée et disciplinée ; le souci de politesse et de raffinement est nécessaire à une société civilisée qui veut affirmer sa supériorité sur les époques barbares et sur les peuples sauvages et grossiers ; un intérêt constant doit être porté à l'homme, à la morale qui lui est nécessaire, à la religion qui définit sa place dans l'univers. Il subsiste un fond de cruauté et de violence que les crises font reparaître. Mais la vie intellectuelle et les mœurs traduisent un effort certain d'épuration et de correction. L'œuvre d'art et l'œuvre littéraire sont faites pour une élite d'honnêtes gens, de femmes brillantes et lettrées, pour une société polie et cultivée.

Mais cette unité rayonnante n'est ni sclérose ni immobilité : les irréguliers du début du siècle continuent à vivre : ce sont les écrivains baroques et truculents, les poètes inspirés, dont les œuvres émues et mélancoliques peuvent toujours ravir le lecteur sensible, les libertins aussi, dont le réalisme critique ne serait pas démodé au XVIIIᵉ siècle. Plusieurs artistes, classiques dans leur pureté formelle, échappent à toute classification en raison de leur indépendance et de leur spontanéité.

Il n'est pas surprenant, dans ces conditions, de voir se répandre, dans les dernières années du siècle, une effervescence d'idées, de sentiments, de jugements, sur tous les sujets, même politiques et religieux. C'est que ce siècle, à son apogée, vers 1660, incontestablement grand par les œuvres et par l'esprit, connut un équilibre instable, que la forte personnalité d'un roi s'imposa quelque temps à un peuple en pleine évolution, à une noblesse dont les privilèges masquaient la faiblesse matérielle, à une bourgeoisie dont la puissance incontestée restait privée de prérogatives officielles ; cet équilibre aussi provisoire était fait de forces en action, de puissances dominées et de disciplines consenties.

LOUIS XIII

XVIIe	1610	Régence de Marie de Médicis, sous l'influence de Concini : les grands seigneurs ruinent le Trésor public par les pensions qu'ils obtiennent.
	1614	Réunion des États Généraux, mais en vain.
	1615	Louis XIII épouse Anne d'Autriche.
	1617	Louis XIII a 16 ans ; il fait assassiner Concini sur les conseils de Luynes. Révolte de Marie de Médicis et de ses partisans : elle est exilée et emprisonnée à Blois.
	1620	Échec des partisans de la Régence aux Ponts-de-Cé ; mais les Protestants entrent à leur tour en lutte contre le roi. Échec de Luynes à Montauban contre les Protestants.
	1621	Le prince de Condé enlève Montpellier aux Protestants. Traité entre Louis XIII et les Protestants qui conservent leurs privilèges et deux places fortes : La Rochelle et Montauban.
	1624	La reine-mère introduit Richelieu auprès du roi : il s'impose à lui, devient cardinal ; il réorganise l'armée et la marine, entreprend une action diplomatique active.
	1625	Richelieu reprend le combat contre les Protestants.
	1626	Richelieu fait exécuter le comte de Chalais, accusé de conspirer. Édit contre les duels.
	1627	Richelieu assiège La Rochelle.
	1629	Paix d'Alès : enlève aux Protestants privilèges et places fortes mais préserve la liberté du culte. Richelieu nommé « principal ministre ». Réconciliation entre le roi et Marie de Médicis.
	1630	« Journée des Dupes » : les ennemis de Richelieu sont démasqués ; Marie de Médicis doit s'exiler.
	1631	Révolte de Gaston d'Orléans, frère cadet du roi, réprimée.
	1632	Mise à mort du duc de Montmorency, accusé de conspirer.
	1635	La France déclare la guerre au roi Philippe IV d'Espagne : début de la « guerre de Trente Ans ».
	1638	Conquête de l'Alsace.
	1642	Exécution de Cinq-Mars, favori de Louis XIII, par Richelieu. Conquête du Roussillon contre les Habsbourg d'Espagne. Mort de Richelieu. Mazarin, nommé cardinal, entre au Conseil du roi.
	1643	Mort de Louis XIII.

LOUIS XIV

1643	Régence d'Anne d'Autriche, appuyée par Mazarin. À Rocroi, victoire de Condé et de Turenne contre le roi d'Espagne.
1643-48	Nombreuses victoires des armées royales. Opposition du Parlement aux édits financiers.
1648	Traités de Westphalie : équilibre européen et fin de l'hégémonie des Habsbourg ; annexion d'une partie de l'Alsace. Mais la cour d'Espagne continue la lutte. Début de la « fronde » parlementaire contre Mazarin.
1649	Paix de Rueil : apaise la Fronde ; mais la cour quitte Paris.

1650	« Disette monétaire » : baisse des envois d'or du Pérou en Espagne. Reprise de la Fronde par suite des ambitions de Condé et de Conti. Anne d'Autriche fait arrêter Condé. Soulèvement du Parlement et des bourgeois. Troubles en province où Louis XIV tente de réprimer des révoltes.
1651	Louis XIV majeur : fin de la Régence.
1652	« La Grande Mademoiselle », fille de Gaston d'Orléans, fait tirer le canon de la Bastille contre les troupes royales pour sauver Condé. Anarchie à Paris ; fuite de Mazarin. Louis XIV rentre à Paris.
1653	Retour de Mazarin : arrestation du cardinal de Retz, exil de Gaston d'Orléans et de sa fille. Ralliement du Parlement au roi. Le pape condamne cinq propositions de l'*Augustinus*.
1654	Condé, condamné à mort, fuit en Espagne et lutte contre la France.
1655-59	Guerre franco-anglo-espagnole.
1659	Traité de paix des Pyrénées avec l'Espagne : accorde l'Artois et le Roussillon à la France. Mais le Trésor public est vide.
1660	Grâce accordée à Condé.
1661	Mort de Mazarin : Louis XIV règne sans premier ministre. Colbert fait arrêter Fouquet, intendant des Finances, et devient « Contrôleur général ».
1664	Fondation de la Compagnie des Indes occidentales.
1665	Mort de Philippe IV d'Espagne : 2 prétendants, Louis XIV et l'empereur d'Allemagne. Louis XIV envahit la Flandre et la Franche-Comté.
1666	Louvois ministre de la guerre après son père Le Tellier.
1667-68	« Guerre de Dévolution » : Louis XIV réclame les Pays-Bas et la Franche-Comté.
1668	Traité d'Aix-la-Chapelle : renonce à la Franche-Comté et reçoit 11 villes en Flandre.
1672	Louis XIV envahit la Hollande ; mais ses troupes sont arrêtées par l'inondation volontaire du pays.
1673	Coalition contre la France entre l'empereur germanique, le duc de Lorraine, le roi d'Espagne et Guillaume d'Orange, roi d'Angleterre.
1673-79	Affaire « des Poisons » : la duchesse de Montespan, maîtresse du roi, compromise, est disgraciée. Principale accusée : La Voisin.
1678	Paix de Nimègue : Louis XIV reprend la Franche-Comté et douze places fortes en Flandre ; l'Espagne sort diminuée de la guerre. Louis XIV maître de l'Europe pour 10 ans. Conflit avec le pape pour le « droit de régale ».
1680	Mort de La Voisin. Début des « dragonnades » contre les protestants.
1681	Annexion de Strasbourg.
1682	Déclaration des « Quatre Articles » soustrayant le clergé français à l'autorité du pape. Versailles, résidence officielle.
1683	Mort de Colbert.
1684	Mariage secret de Louis XIV avec Mme de Maintenon, qui l'influence, notamment en matière religieuse.
1684	Louis XIV impose aux membres du clergé un formulaire anti-janséniste.
1685	Révocation de l'édit de Nantes : début du départ des protestants qui se joignent aux armées adverses.
1686	Ligue d'Augsbourg entre les États protestants et l'Espagne.
1687	Grave famine.

	1688	Début de la « guerre de la Ligue d'Augsbourg » (9 ans), qui ruine le commerce et les finances.
	1689	Mort du pape Innocent XI.
	1693	Désaveu des « Quatre Articles » et accord entre Louis XIV et la papauté.
	1693-94	Famine.
	1697	Paix de Ryswick : Louis XIV reconnaît Guillaume d'Orange comme roi d'Angleterre, accorde des avantages commerciaux à la Hollande, rend les places conquises au roi d'Espagne, mais conserve Strasbourg et l'Alsace.
XVIIIe	1700	Le roi d'Espagne nomme comme héritier le duc d'Anjou, petit-fils de Louis XIV : grande alliance contre la France entre l'Angleterre, la Hollande et les princes allemands.
	1701	La « guerre de Succession d'Espagne » s'étend à l'Europe, aux mers et aux colonies.
	1702	« Guerre des Camisards », huguenots des Cévennes, qui prennent parti pour l'Angleterre et la Hollande : destructions et ravages.
	1704	Armistice avec le chef des Camisards.
	1709	Défaite française à Malplaquet; mais Louis XIV n'accepte pas les conditions de paix et reprend la lutte. Famine. Expulsion des religieuses de Port-Royal.
	1710	Destruction de Port-Royal.
	1711	Mort du Dauphin.
	1712	Victoire de Villars à Denain. Bulle *Unigenitus* du pape Clément XI contre les jansénistes.
	1713	Traité d'Utrecht.
	1714	Traité de Rastadt : ces deux traités assurent à Philippe V l'Espagne et ses colonies, mais il renonce à la couronne de France. L'empereur Charles VI a les Pays-Bas et ses possessions italiennes, et l'Angleterre d'importants avantages commerciaux et coloniaux.
	1715	Mort de Louis XIV.

Quelques aspects de la vie quotidienne

La vie quotidienne de Louis XIII à Louis XIV

La vie de société

LA COUR ET LES SALONS

Louis XIII juge nécessaire de résider au Louvre et se plie au foisonnement de serviteurs et de visiteurs qui assure depuis 1585, selon les directives d'Henri III, la vie publique et le prestige officiel du roi; mais il fait sans plaisir ce métier de représentation, préférant au cérémonial solennel les plaisirs de la chasse, les exercices d'adresse et de force.

Aussi néglige-t-il la cour, laissant à la jeune reine Anne d'Autriche bals, comédies, réceptions et ballets, et aussi les intrigues et les conjurations où se complaît une haute noblesse romanesque et aventureuse. Peu à peu se développe toute une activité mondaine à laquelle il ne participe pas, qui va d'ailleurs se répartir inégalement entre le palais royal et les salons parisiens. Il y avait une vieille tradition de courtoisie dans la noblesse française : la cour royale avait été brillante sous les Valois, mais Henri IV aimait la chasse et les plaisirs sportifs plus que les réunions mondaines; aussi les nobles, qui se plaisaient à des rencontres élégantes et à des conversations galantes, formèrent-ils des cercles qui prirent de plus en plus d'importance après l'arrivée au pouvoir de Richelieu et la stabilisation de la vie politique. Plus tard, les « salons » gardèrent tout leur succès tandis que la cour prenait une allure solennelle et peu libre. L'hôtel de Rambouillet fut le siège du plus brillant et du plus durable des salons du XVIIe siècle : grands seigneurs et gens de lettres y communiaient dans les belles manières, les distractions littéraires et les conversations spirituelles.

UN PHÉNOMÈNE SOCIAL : LA PRÉCIOSITÉ

La préciosité, réaction sociale contre les grossièretés de la vie de cour sous Henri IV, fait un effort constant pour atteindre la distinction, non seulement dans le langage et les œuvres artistiques, mais aussi dans la conduite quotidienne. Elle s'oppose à la nature brute, aux vulgarités de l'instinct : paroles affectées, politesses recherchées, parfums exquis ne sont que les marques extérieures de cette purification. L'amour est la principale occupation des précieux, mais il s'agit d'un amour décent et supérieur, où les sens n'ont plus de part.

Le désir de distinction aristocratique est évident dans le langage : il faut écarter les mots populaires, les termes vieillis ou techniques, vulgaires ou bas, employer au besoin des périphrases (1) qui cernent les moindres nuances d'une pensée toujours subtile. Tout cela est essentiel à un siècle où la conversation joue un rôle éminent dans la vie sociale.

---

(1) *Le Grand Dictionnaire des précieuses ou la Clef du langage des ruelles* (1660-1661) d'Antoine Baudeau nous en donne de nombreux exemples, parmi lesquels : « les chers souffrants » (les pieds), « les Trônes de la pudeur » (les joues), « la jeunesse des vieillards » (la perruque)... Certaines expressions sont restées comme : « perdre son sérieux », « laisser mourir la conversation ».

LA PRÉCIOSITÉ ET LA LITTÉRATURE

Tous les écrivains du XVIIe siècle, de Malherbe à Molière et La Bruyère, qui ont pourtant lutté contre l'affectation et l'artifice, ont été touchés par la préciosité : la subtilité dans l'analyse des sentiments amoureux, la recherche d'une langue pure et distinguée, le désir de perfection formelle sont le bien commun du siècle; certains d'entre eux, tels Malleville, Voiture, Godeau, Benserade, Ménage, Cotin, Sarasin, lui ont même dû toute leur notoriété.

La préciosité du langage est portée à son point culminant dans la poésie : les poètes des cercles raffinés visent à la perfection de la forme. Dans les genres mineurs où ils sont passés maîtres (lettre, épigramme, blason, madrigal, rondeau, sonnet, bout-rimé, portrait), ils utilisent, avec une ingéniosité expérimentée, toutes les figures et tous les procédés, antithèses, jeux de mots, pointes, comparaisons, métonymies, complications de toutes sortes. Leurs vers recherchés, abstraits et élégants à l'audition, font l'enchantement d'un public qui parle le même langage et poursuit, dans leurs livres, le dialogue commencé dans les « ruelles » (1).

Les plus doués furent Voiture (1597-1648), familier de l'hôtel de Rambouillet, auteur inépuisable de lettres, de poèmes, de jeux de toutes sortes, et Benserade (1613-1691), qui composa poèmes et ballets au goût du jour.

Emprunté par Du Bellay à la poésie italienne, le thème de « La Belle Matineuse », comparaison de l'être aimé avec le soleil levant, la plus éclatante des beautés matérielles, est sans doute celui qui fut traité le plus fréquemment dans la poésie galante du XVIe et du XVIIe siècle. Le sonnet de Voiture en offre une version particulièrement précieuse; agréable à l'oreille, absolument dépourvue de tout trait descriptif et de tout sentiment personnel, elle déroule des images molles et recherchées qui s'épanouissent en une apothéose finale de feux, de flammes et de rayons dorés, en l'honneur de Philis, « l'astre du jour ».

Des portes du matin l'amante de Céphale (2)
Ses roses épandait (3) dans le milieu des airs,
Et jetait sur les cieux nouvellement ouverts
Ces traits d'or et d'azur qu'en naissant elle étale.

Quand la nymphe divine, à mon repos fatale,
Apparut, et brilla de tant d'attraits divers,
Qu'il semblait qu'elle seule éclairait l'univers
Et remplissait de feux la rive orientale.

Le soleil se hâtant pour la gloire des cieux
Vint opposer sa flamme à l'éclat de ses yeux
Et prit tous les rayons dont l'Olympe se dore.

L'onde, la terre et l'air s'allumaient à l'entour.
Mais auprès de Philis on le prit pour l'Aurore,
Et l'on crut que Philis était l'astre du jour.

L'Astrée, d'Honoré d'Urfé (1568-1625), eut un prodigieux succès à partir de 1610, lorsque parurent les deux premières parties. En dépit du cadre dans lequel il se déroule, le roman – « où par plusieurs histoires et sous-personnages de bergers et d'autres sont déduits les effets de l'honnête amitié » – n'a jamais prétendu décrire la Gaule barbare du Ve siècle, mais bien plutôt peindre les mœurs galantes du temps, exposer les conceptions nouvelles de l'amour et de la vie sentimentale qui fleurissaient dans les salons à la mode. *L'Astrée* eut une influence capitale sur la sensibilité du siècle, annonçant la théorie cornélienne de l'amour raisonné et de l'héroïsme.

Une civilisation d'hommes d'armes

Malgré ces raffinements de civilisation, les hommes en général restent violents, emportés, impulsifs : les jeunes nobles, qui passent six mois dans les salons, sont le reste du

(1) Les groupes d'invités se réunissent souvent dans la chambre à coucher de leur hôtesse, autour du lit, dans les alcôves et les « ruelles ». – (2) Céphale fut enlevé par l'Aurore. – (3) Répandait ses roses.

temps à l'armée où la vie est rude et les mœurs sauvages; le duel est la distraction préférée, qui fait périr des centaines de gentilshommes stupidement chaque année, malgré les édits d'Henri IV et de Richelieu.

Les mœurs bourgeoises sont rudes et le resteront tout au long du siècle : si la préciosité fait une place de premier plan aux femmes dans les œuvres littéraires, ainsi que dans les salons, il faut reconnaître que leur situation reste peu enviable dans la plupart des familles : les formules apparemment exagérées et grotesques des « Maximes du mariage » d'Arnolphe, dans *l'École des femmes* (III, 2) de Molière (1662), expriment en réalité la conviction de beaucoup de maris.

I. Maxime (1)
Celle qu'un lien honnête
Fait entrer au lit d'autrui,
Doit se mettre dans la tête,
Malgré le train d'aujourd'hui
Que l'homme qui la prend ne la prend que pour lui.

II. Maxime
Elle ne se doit parer
Qu'autant que peut désirer
Le mari qui la possède.
C'est lui que touche seul le soin de sa beauté,
Et pour rien doit être compté,
Que les autres la trouvent laide.

VII. Maxime
Dans ses meubles, dût-elle en avoir de l'ennui,
Il ne faut écritoire, encre, papier, ni plumes :
Le mari doit, dans les bonnes coutumes,
Écrire tout ce qui s'écrit chez lui.

VIII. Maxime
Ces sociétés déréglées,
Qu'on nomme belles assemblées,
Des femmes, tous les jours, corrompent les esprits.
En bonne politique on les doit interdire;
Car c'est là que l'on conspire
Contre les pauvres maris.

Cette époque abonde en oppositions et en contrastes. Si la haute société vit avec distinction dans les salons et à la cour, Paris reste une ville inconfortable et pénible : les abords campagnards sont agréables, mais les maisons sont mal disposées, les rues très sales et nauséabondes. Les vagabonds sont très nombreux – 50 000 dit-on – et se groupent en dangereuses bandes. Les émeutes populaires sont fréquentes et atroces.

La réglementation de la langue

La fondation de l'Académie française traduit le besoin éprouvé par un bon nombre de gens du monde, d'écrivains, d'artistes et de savants, d'une amélioration de la langue française : les esprits éclairés ressentent alors la nécessité d'une discipline consentie, et d'une règle sur laquelle puissent s'appuyer les gens de goût.

À la suite de l'intervention de quelques hommes de lettres, comme Godeau et Malherbe, l'Académie fut créée, sur l'instigation de Richelieu, dans le but de « contribuer à l'épanouissement des belles-lettres et au perfectionnement de la langue française » (2), et la première séance eut lieu le 13 mars 1634. Les Quarante (3) se réunirent, à partir de 1672, au Louvre, et les discours « de réception » prononcés par les nouveaux admis (dont l'élection devait être approuvée par le roi) furent souvent des exposés importants pour l'histoire littéraire. Ceux de Fénelon et de La Bruyère, par exemple, furent de véritables commentaires critiques de la littérature contemporaine.

L'Académie ne publia pas de grammaire, mais les *Remarques sur la langue française,* publiées par l'académicien Vaugelas (1647), en tinrent lieu. À partir de 1639, on commença à travailler au dictionnaire, qui parut en 1694, non sans difficultés ni querelles.

---

(1) Ces maximes sont une imitation de l'*Institution à Olympia* de saint Grégoire de Nysse, qu'avait traduite Desmarets de Saint-Sorlin et que les dévots répandaient alors comme un texte édifiant. – (2) D'après les « lettres patentes » du roi Louis XIII en date de janvier 1635. – (3) Le nombre des académiciens avait été limité à ce chiffre.

Les mouvements religieux sous Louis XIII et Louis XIV

SAINT FRANÇOIS DE SALES (1567-1622)

La renaissance catholique, qui commence dès le début du siècle grâce à saint François de Sales, Bérulle et saint Vincent de Paul (1), n'est pas seulement un effort de rénovation de l'Église par la réforme des ordres monastiques, l'amélioration du sacerdoce et l'éducation des prêtres, mais aussi une campagne de perfectionnement moral, d'adoucissement des mœurs et de charité attentive.

François de Sales, évêque de Genève, publia en 1608 l'*Introduction à la vie dévote* et, en 1616, le *Traité de l'amour de Dieu*. Il a joué un grand rôle dans la renaissance catholique par son action personnelle de conseiller spirituel, et par ses œuvres, caractéristiques d'un humanisme dévot; il voit dans la religion le plus parfait accomplissement des qualités humaines, unissant aux leçons de Montaigne le plus pur amour de Dieu.

PORT-ROYAL ET LE JANSÉNISME

L'abbaye de Port-Royal fut le principal centre de la réforme catholique au XVIIe siècle. Cette abbaye féminine avait été réformée dès 1608 par son abbesse, la mère Angélique Arnauld, et l'abbé de Saint-Cyran, qui en fut le directeur de 1633 à 1638, était disciple de Jansénius, évêque d'Ypres, dont l'*Augustinus* fut publié en 1640. Prétendant redonner toute sa rigueur à la doctrine de saint Augustin sur la parfaite gratuité et la seule efficacité de la grâce, Jansénius insistait sur la gravité de la faute originelle et sur l'importance de la grâce divine, qui peut être ainsi refusée à des justes et accordée à des pécheurs (2).

Saint-Cyran introduit ces idées à la fois chez les religieuses de Port-Royal et chez les Solitaires, groupe de chrétiens fervents qui, autour d'Antoine Arnauld, de Nicole et de Lancelot, se consacrent à l'étude, à la méditation, et aussi à l'enseignement soigneux d'une élite de jeunes gens.

Cette doctrine ne devait pas tarder à être combattue par les jésuites (3), disciples de Molina, et bientôt par le pouvoir royal. En 1653, le pape condamnera cinq propositions tirées de l'*Augustinus;* de véritables persécutions sont organisées et l'on refuse l'absolution à des fidèles considérés comme jansénistes notoires. Malgré l'effort de Pascal, gagné aux idées jansénistes depuis 1654, pour toucher et convaincre l'opinion publique, la persécution continuera, ouvertement et brutalement à partir de 1679 : en 1684, un formulaire antijanséniste est imposé aux membres des congrégations; en 1709, les religieuses de Port-Royal sont expulsées et dispersées et en 1710 le monastère est entièrement détruit.

LA LUTTE CONTRE LES PROTESTANTS

Durant les premières années de son règne, Louis XIV avait appliqué l'édit de Nantes sans bienveillance et favorisé les abjurations. À partir de 1679, cette hostilité se transforme en une véritable persécution : on dresse les enfants contre les parents, on exclut les réformés de toutes sortes d'offices, de professions, de dignités, on les force à loger des gens de guerre; ce sont les abominables « dragonnades » (4), généralisées par Louvois en 1685.

---

(1) Il fut aumônier des galériens en 1622, et créa, en 1638, l'œuvre des « Enfants trouvés ». – (2) Il était ainsi plus proche de Calvin, qui croyait à la prédestination, que de Pélage, qui croyait l'homme responsable de son salut. – (3) Ils avaient assoupli la thèse augustinienne, et soutenaient que Dieu procurait à tous les « grâces suffisantes » que l'homme avait la liberté de saisir. – (4) Persécutions exécutées par les dragons, soldats de la cavalerie de ligne.

Puis intervient le catastrophique édit de « Révocation de l'édit de Nantes », qui correspond vraiment à un tournant de l'histoire, aussi bien à l'extérieur qu'à l'intérieur. Il décide la démolition des temples, le bannissement des ministres du culte et l'interdiction définitive de ce culte aux fidèles. Les biens protestants sont confisqués ou utilisés au profit des convertis. Tout un peuple (de 80 à 300 000 hommes selon les estimations) quitte clandestinement la France pour les pays protestants (Hollande, Angleterre, Irlande et Brandebourg). Ceux qui restent sont en butte à des brimades (1) constantes.

Dans les Cévennes, où les réformés demeurent nombreux, les paysans, exaspérés par la persécution, constituent de véritables maquis « au désert », et finissent par se révolter, immobilisant de 1702 à 1705 pour cette « guerre des Camisards » des troupes importantes qui ne réussissent pas à les anéantir.

Une grande partie des Français, qu'on avait habitués à considérer les protestants comme de dangereux opposants hostiles au roi et par suite à la Nation, applaudissent à cette politique, mais quelques esprits moins conformistes voient plus clair, tel Saint-Simon.

La révocation de l'édit de Nantes sans le moindre prétexte et sans aucun besoin, et les diverses proscriptions plutôt que déclarations qui la suivirent, furent les fruits de ce complot affreux qui dépeupla un quart du royaume, qui ruina son commerce, qui l'affaiblit dans toutes ses parties, qui le mit si longtemps au pillage public et avoué des dragons, qui autorisa les tourments et les supplices dans lesquels ils firent réellement mourir tant d'innocents de tout sexe par milliers, qui ruina un peuple si nombreux, qui déchira un monde de familles, qui arma les enfants contre les parents pour avoir leur bien et les laissa mourir de faim ; qui fit passer nos manufactures aux étrangers, fit fleurir et regorger leurs États aux dépens du nôtre et leur fit bâtir de nouvelles villes, qui leur donna le spectacle d'un si prodigieux peuple proscrit, nu, fugitif, errant sans crime, cherchant asile loin de sa patrie.

En face des esprits religieux : les libertins

Au cours du XVIIe siècle, essentiellement chrétien, se maintient pourtant un courant de libre pensée qui prolonge le naturalisme païen de la Renaissance et annonce les encyclopédistes. L'audace de ces incrédules, qu'on appelle « les libertins », est durement réprimée au début du siècle, et l'Italien Vanini, auteur des *Secrets de la nature,* qui niait dans ses écrits l'immortalité de l'âme, est condamné au bûcher en 1619, tandis que le poète Théophile de Viau est emprisonné. La Fronde et l'affaiblissement du pouvoir leur donnent à nouveau l'occasion de se manifester.

LE LIBERTINAGE MONDAIN

C'est parmi les mondains que se manifeste, souvent d'une manière agressive, cet esprit d'incrédulité. Beaucoup hantent le salon de Ninon de Lenclos qui garde toute sa vie, et même devant la mort, la conviction qu'elle n'a pas d'âme. Certains sont cyniques et railleurs, d'autres se plaisent aux défis : le prince de Condé, la princesse Palatine et son médecin Bourdelot entreprennent un jour de brûler un morceau de la Vraie Croix. Le cardinal de Retz, Brissac, Fontrailles chargent l'épée haute contre le crucifix d'un enterrement en criant : « Voilà l'ennemi. »

De ces grands seigneurs libertins d'esprit autant que de mœurs, Molière trace audacieusement le portrait à travers son personnage Dom Juan, défini par son valet Sganarelle : « Le plus grand scélérat que la terre ait jamais porté, un enragé, un chien, un diable, un Turc, un hérétique, qui ne croit ni Ciel, ni Enfer (...) qui ferme l'oreille à toutes les remontrances qu'on lui peut faire et traite de billevesées (2) tout ce que nous croyons. » (I, 1.)

(1) Persécutions. – (2) Sottises.

LE LIBERTINAGE PHILOSOPHIQUE

Chez les philosophes, l'incrédulité se manifeste avec plus de mesure et de prudence. Libres dans leurs propos, ils se gardent dans leurs écrits d'aller jusqu'au bout de leur pensée. La Mothe Le Vayer (1588-1672), dont le scepticisme s'étend à tous les domaines, y compris le domaine religieux, s'attache notamment à montrer que la croyance aux miracles n'est qu'un aspect de l'attrait du merveilleux contre lequel il convient de mettre en garde. Mais, prudemment, il prétend dégager aussi de la religion les superstitions qui s'y rattachent, l'épurer et non la détruire. Gassendi (1592-1655) fait dépendre de l'exercice des sens le développement de l'intelligence. Saint-Évremond (v. 1615-1703), qui dut s'exiler en Angleterre pour avoir exercé sa verve contre Mazarin et le traité des Pyrénées, laisse volontiers percer l'indépendance de sa pensée et son ironie meurtrière : il ne craint pas non plus d'insinuer que notre foi en l'immortalité est née de notre horreur instinctive de l'anéantissement.

La vie quotidienne sous Louis XIV, de 1660 à 1682

La cour reste le centre des activités sociales et culturelles

La cour s'est transformée après la disparition de Richelieu et de sa discipline. Les vingt premières années du règne de Louis XIV ne font qu'accentuer cette évolution : les intrigues inextricables, les rivalités amoureuses se multiplient. La vie sentimentale du roi lui-même constitue un scandale public et permanent : Louise de La Vallière et Mme de Montespan sont sur le même plan que la reine.

La cour a pris une extraordinaire ampleur : 10 000 hommes dans la maison militaire, 4 000 dans la maison civile, rassemblant toute la haute noblesse. Elle n'est pas seulement le cadre prestigieux où se donne le spectacle solennel de la vie quotidienne du roi, mais aussi un organisme politique : elle est un moyen sûr pour dominer, et même pour domestiquer les Grands : ruinée par le luxe, le jeu, le besoin de paraître, la noblesse de cour ne peut se passer des pensions et des faveurs du roi, et finit par dépendre entièrement de son bon vouloir.

Les activités quotidiennes de la cour constituent une fête perpétuelle : carrousels, mascarades, opéras, comédies, ballets, feux d'artifice, chasses se succèdent sans interruption et le souverain y joue son rôle; le luxe est inouï, les modes sont éphémères et compliquées, les dépenses publiques et privées sont effrayantes. Même les enterrements, les services funèbres des grands personnages ont la somptueuse solennité d'une fête, et ces cérémonies sont sans doute les plus caractéristiques du grand siècle, par leur majestueux apparat et leur rigoureuse ordonnance.

Le roi est jeune et galant; ses armées sont victorieuses et il éprouve une sorte d'ivresse, d'orgueil et de puissance. Il se croit tout permis à tous points de vue : ses divertissements et ses plaisirs continuels lui paraissent le cortège nécessaire de la gloire et de la grandeur. Il est vraiment le Roi-Soleil.

L'AMOUR DU JEU

Les conditions de vie ruineuses de la cour permettent à Louis XIV d'emprisonner la haute noblesse dans un esclavage doré dont la passion du jeu est un des aspects les plus caractéristiques. Le jeu tient une grande place dans les soirées, où se mêlent étrangement l'éclat matériel et la déliquescence morale : toute la bonne société s'y retrouve, les joueurs professionnels de « reversi » (1) y font fureur, des fortunes se gagnent et se perdent.

LES DISTRACTIONS SPORTIVES ET CULTURELLES

Cette société aime aussi les jeux sportifs, tels que la paume et le mail : il y a plus de cent jeux de paume à Paris; on se rencontre et on fait étalage de toilettes dans les endroits à la mode, au Cours-la-Reine, au jardin des Tuileries, au bois de Boulogne; mais la principale distraction reste le théâtre, que le roi aime beaucoup et qu'il protège.

Jusqu'en 1673, il y a trois troupes : celle du théâtre de Bourgogne, dite « troupe royale » avec la permission de Louis XIII, où brillent Montfleury, la Champmeslé et Baron, le théâtre du Marais que domine le célèbre Mondory, et enfin la troupe de Molière. Ces deux dernières fusionnent en 1673, puis la troupe de l'hôtel de Bourgogne les rejoint à son tour en 1680, pour former la Comédie-Française. Le public aime vraiment la comédie et les comédiens : c'est le public du parterre, remuant, gouailleur (2), tapageur, mais vif et prompt à l'enthousiasme, plus encore que les privilégiés dont certains font parade sur la scène même et osent troubler la pièce en arrivant en retard.

Une force qui monte : la bourgeoisie

Le fait social le plus important du règne est sans doute la prodigieuse ascension de la bourgeoisie : Louis XIV écarte volontairement la noblesse du pouvoir réel pour s'entourer de bourgeois intelligents et actifs, dont il assure lui-même la réussite, la richesse et le dévouement... Le rôle qu'il permit de jouer à Le Tellier, secrétaire à la Guerre, à Colbert, les égards qu'il témoigne au banquier Samuel Bernard, sont les signes éclatants de cette réussite, évidente dans la vie de chaque jour : la haute bourgeoisie, et la noblesse de robe (3) qui en sort, fait construire de magnifiques hôtels à Paris, mène un train de vie fastueux; les riches commerçants parisiens, les chefs d'industrie, que protège la politique d'expansion économique de Colbert, constituent une classe privilégiée, essentielle à la vie de l'État.

L'ŒUVRE DE COLBERT

Après l'arrestation du surintendant des Finances Fouquet, son ennemi Colbert, descendant d'une famille de marchands de drap et devenu intendant personnel des biens de Mazarin, cumula tous les pouvoirs d'un ministre des Finances, de l'Économie nationale, du Commerce et de la Marine. Homme intelligent et actif, il sut faire preuve d'autorité, voire de rigueur. En matière de finances, il s'efforce de mettre de l'ordre dans une situation difficile et jette les bases d'une comptabilité moderne, en prônant un « état de prévoyance » des dépenses à engager. Il s'efforce de diminuer les dettes et de faire des économies, reprochant même au roi les folles prodigalités de la cour.

Sa politique économique est fondée sur des idées neuves : le travail étant la source essentielle des richesses, de la grandeur même du pays, l'abondance de la monnaie traduit l'activité et la réussite de ce pays, et il faut la développer par tous les moyens, fabriquer et vendre plus et mieux que les autres.

---

(1) Sorte de jeu de cartes qui se joue à quatre. – (2) Railleur. – (3) Noblesse due à une concession du roi et non pas au titre de naissance.

LA PUISSANCE DE L'ARGENT

Peu à peu va se constituer une classe nouvelle de parvenus, dont l'égoïsme fréquent révoltera La Bruyère qui en brosse des portraits sévères dans ses *Caractères*.

Ils ont eux-mêmes des habits où brillent l'invention et la richesse, et ils n'habitent d'anciens palais qu'après les avoir renouvelés et embellis. Ils mangent délicatement et avec réflexion ; il n'y a sorte de volupté qu'ils n'essayent, et dont ils ne puissent rendre compte. Ils doivent à eux-mêmes leur fortune, et ils la soutiennent avec la même adresse qu'ils (1) l'ont élevée : dédaigneux et fiers, ils n'abordent plus leurs pareils, ils ne les saluent plus ; ils parlent où tous les autres se taisent ; entrent, pénètrent en des endroits et à des heures où les grands n'osent se faire voir : ceux-ci, avec de longs services, bien des plaies sur le corps, de beaux emplois, ou de grandes dignités, ne montrent pas un visage si assuré, ni une contenance si libre.

La Bruyère, épris de justice humaine, voit avec colère les dégradations morales et sociales qu'entraîne l'importance croissante accordée à l'argent, et il dénonce les gens de finances en des portraits d'une brièveté violente.

Sosie, de la livrée (2) a passé, par une petite recette, à une sous-ferme (3) et, par les concussions, la violence et l'abus qu'il a fait de ses pouvoirs, il s'est enfin, sur les ruines de plusieurs familles, élevé à quelque grade. Devenu noble par une charge, il ne lui manquait que d'être homme de bien : une place de marguillier (4) a fait ce prodige.

Champagne (5), au sortir d'un long dîner qui lui enfle l'estomac, et dans les douces fumées d'un vin d'Avenay ou de Sillery, signe un ordre qu'on lui présente, qui ôterait le pain à toute une province si l'on n'y remédiait : il est excusable ; quel moyen de comprendre, dans la première heure de la digestion, qu'on puisse quelque part mourir de faim ?

Un homme soucieux du bonheur du peuple : Vauban

Le maréchal de Vauban (1633-1707) fut un des hommes les plus remarquables de son temps par l'action et par la pensée. Ingénieur du roi à vingt-deux ans, commandant de compagnie, bientôt collaborateur de Louvois et de Colbert, chargé de toutes les fortifications du royaume, il se préoccupa constamment des souffrances des soldats, des misères des paysans, peut-être parce qu'il était lui-même d'une famille de nobles ruinés.

Dans *La Dîme royale,* « ni lettré » ni « homme de finances » mais honnête homme « affectionné à sa patrie » et à son roi, il eut la hardiesse extraordinaire de proposer un impôt équitablement réparti entre tous les citoyens, sans distinction de classe ou de rang (6). Il voulait ainsi à la fois lutter contre le désordre désastreux des finances et assurer l'amélioration économique du pays, en particulier l'amélioration des conditions de vie du peuple, dont il connaissait la misère, par les statistiques qu'il établissait et utilisait de façon méthodique et moderne

Je me sens encore obligé d'honneur et de conscience de représenter à Sa Majesté qu'il m'a paru que de tout temps on n'avait pas eu assez d'égards en France pour le menu peuple (7), et qu'on en avait fait trop peu de cas ; aussi c'est la partie la plus ruinée et la plus misérable du royaume ; c'est elle, cependant, qui est la plus considérable par son nombre et par les services réels et effectifs qu'elle lui rend ; car c'est elle qui porte toutes les charges, qui a toujours le plus souffert, et qui souffre encore le plus et c'est sur elle aussi que tombe toute la diminution des hommes qui arrive dans le royaume...

C'est encore la partie basse du peuple qui, par son travail et son commerce, et par ce qu'elle paye au roi, l'enrichit et tout son royaume ; c'est elle qui fournit tous les soldats et matelots de ses armées de terre

---

(1) Avec laquelle ils l'ont élevée. – (2) L'uniforme de laquais. – (3) Le receveur est le plus humble collecteur de l'impôt, le sous-fermier est au-dessus dans la hiérarchie. – (4) Celui qui tient les registres d'une paroisse. – (5) Nom de laquais. – (6) La noblesse et le clergé étaient exemptés d'impôts. – (7) La classe sociale la plus modeste.

et de mer, et grand nombre d'officiers, tous les marchands et les petits officiers de judicature (1) ; c'est elle qui exerce et qui remplit tous les arts et métiers ; c'est elle qui fait tout le commerce et les manufactures de ce royaume, qui fournit tous les laboureurs, vignerons et manœuvres de la campagne, qui garde et nourrit les bestiaux, qui sème les blés et les recueille ; qui façonne les vignes et fait le vin, et pour achever de le dire en peu de mots, c'est elle qui fait tous les gros et menus ouvrages de la campagne et des villes.

Voilà en quoi consiste cette partie du peuple si utile et si méprisée, qui a tant souffert et qui souffre tant de l'heure que j'écris ceci. On peut espérer que l'établissement de la Dîme royale pourra réparer tout cela en moins de quinze années de temps, et remettre le royaume dans une abondance parfaite d'hommes et de biens ; car quand les peuples ne seront pas si oppressés, ils se marieront plus hardiment, ils se vêtiront et nourriront mieux, leurs enfants seront plus robustes et mieux élevés ; ils prendront un plus grand soin de leurs affaires ; enfin, ils travailleront avec plus de force et de courage, quand ils verront que la principale partie du profit qu'ils y feront leur demeure.

Ces documents nous laissent pressentir tout ce qui se cachait d'injustice et d'égoïsme sous un décor brillant et somptueux. Un autre aspect, terrifiant cette fois, de « l'envers du Grand Siècle », qui fut aussi une ère de frayeurs, de révoltes et de tortures, se révèle dans une lettre de Mme de Sevigné, qui raconte la mort sur le bûcher de « La Voisin », empoisonneuse célèbre.

(...) elle se défendit, autant qu'elle put, de sortir du tombereau (2), on l'en tira de force, on la mit sur le bûcher, assise et liée avec du fer ; on la couvrit de paille ; elle jura beaucoup ; elle repoussa la paille cinq ou six fois ; mais enfin le feu s'augmenta, et on l'a perdue de vue, et ses cendres sont en l'air présentement. Voilà la mort de Mme Voisin, célèbre par ses crimes et par son impiété. On croit qu'il y aura de grandes suites qui nous surprendront. Un juge à qui mon fils disait l'autre jour que c'était une étrange chose que de la faire brûler à petit feu lui dit : « Ah ! Monsieur, il y a certains petits adoucissements à cause de la faiblesse du sexe. – Eh quoi ! Monsieur, on les étrangle ? – Non, mais on leur jette des bûches sur la tête ; les garçons du bourreau leur arrachent la tête avec des crocs de fer. »

Les problèmes pédagogiques et les grands éducateurs

L'ÉDUCATION DES PRINCES

Les problèmes de la formation intellectuelle et morale de la jeunesse ont été constamment mis en lumière au XVIIe siècle. Non seulement les grands écrivains, les prélats catholiques, les esprits cultivés se sont préoccupés de l'éducation des princes, dont l'importance politique était évidente dans une monarchie absolue, mais Louis XIV lui-même voulut confier le dauphin aux soins attentifs de Bossuet, et le duc de Bourgogne à ceux de Fénelon ; le Grand Condé s'en remit à La Bruyère pour l'instruction du duc de Bourbon, son petit-fils ; Pascal souhaita, selon le témoignage de Nicole, une tâche semblable, et le *Traité de l'éducation d'un prince,* publié par ce dernier, rappelle les conseils oraux donnés par Pascal au fils aîné du duc de Luynes.

L'ÉDUCATION DES NOBLES ET DES BOURGEOIS

De nombreux collèges étaient ouverts à Paris et en province, pour l'éducation des jeunes nobles et bourgeois, auxquels leur situation de famille permettait de dépasser l'instruction élémentaire ; celle-ci, fort irrégulière, dépendait essentiellement des conditions locales, mais était en général assez faible. Certains collèges furent rattachés à l'université de Paris qui, depuis les statuts publiés par Henri IV, ne dépendait plus de l'autorité ecclésiastique mais du roi lui-même ; ainsi le collège d'Harcourt (3), le collège de Navarre, de Montaigu, la Sorbonne, dispensaient à des élèves, âgés de neuf ans au moins, un ensei-

(1) Justice. – (2) Charrette. – (3) Sur l'emplacement de l'actuel lycée Saint-Louis.

gnement où le latin jouait un rôle essentiel, et dont les idées philosophiques restaient dans la tradition d'Aristote.

Ces établissements paraissent démodés en face des nouveaux collèges fondés depuis le début du siècle par l'ordre des Jésuites, les Oratoriens et Port-Royal. Les collèges des Jésuites restaient attachés à un enseignement classique et rhétorique, mais s'efforçaient d'en retirer une formation littéraire et morale d'une valeur générale ; cet humanisme chrétien a marqué leurs nombreux élèves, parmi lesquels Condé, Bossuet, Descartes, Corneille, Molière, Fontenelle, dont la vie et les œuvres furent pourtant si diverses. Les collèges des Jésuites se sont considérablement développés et multipliés, en France comme dans toute l'Europe du XVIIe siècle.

Infiniment plus modeste par ses effectifs – quelques centaines d'élèves répartis dans les « petites écoles » de Paris, ou des campagnes avoisinantes –, l'enseignement de Port-Royal a eu cependant une très grande importance, sur le plan des idées pédagogiques et de la formation intellectuelle en général. On y développe à la fois l'enseignement du grec et celui du français, on y introduit les langues étrangères. D'excellents pédagogues s'efforcent de substituer des explications logiques à un enseignement formel et mécanique de la grammaire, et préfèrent la lecture directe des auteurs à celle de leurs éditions expurgées et défigurées.

L'ÉDUCATION DES FEMMES

Enfin, il est utile de noter que l'éducation des femmes mêmes – dont le rôle dans la société du XVIIe siècle fut si important au point de vue de la famille et des mœurs, mais la situation juridique et les droits civils si réduits – n'a pas été tout à fait négligée. Précieuses et femmes savantes apportent le témoignage de leur désir d'instruction.

Fénelon surtout a eu le mérite de s'occuper réellement et avec beaucoup de conviction de l'éducation des jeunes filles, à la fois comme directeur des « Nouvelles Catholiques » de Paris, puis en rédigeant pour les huit filles de la duchesse de Beauvilliers son *Traité de l'éducation des filles* : il unit les principes chrétiens et le respect de la personne humaine à une observation pratique de l'économie des familles et de l'organisation de la société française. Même si elles semblent encore bien modestes de nos jours, ses remarques sur la négligence dont on fait preuve pour l'éducation des filles étaient nouvelles alors.

Rien n'est plus négligé que l'éducation des filles. La coutume et le caprice des mères y décident souvent de tout ; on suppose qu'on doit donner à ce sexe peu d'instruction...

Il est vrai qu'il faut craindre de faire des savantes ridicules. Les femmes ont d'ordinaire l'esprit encore plus faible et plus curieux que les hommes ; aussi n'est-il point à propos de les engager dans les études dont elles pourraient s'entêter ; elles ne doivent ni gouverner l'État, ni faire la guerre, ni entrer dans le ministère des choses sacrées. Ainsi elles peuvent se passer de certaines connaissances étendues qui appartiennent à la politique, à l'art militaire, à la jurisprudence, à la philosophie et à la théologie. La plupart même des arts mécaniques ne leur conviennent pas. Elles sont faites pour des exercices modérés. Leur corps, aussi bien que leur esprit, est moins fort et moins robuste que celui des hommes. En revanche, la nature leur a donné en partage l'industrie (1), la propreté (2) et l'économie pour les occuper tranquillement dans leurs maisons.

Mais que s'ensuit-il de la faiblesse naturelle des femmes ? Plus elles sont faibles, plus il est important de les fortifier. N'ont-elles pas des devoirs à remplir, mais des devoirs qui sont les fondements de toute la vie humaine ? N'est-ce pas elles qui ruinent ou qui soutiennent les maisons, qui règlent tout le détail des choses domestiques, et qui, par conséquent, décident de ce qui touche de plus près à tout le genre humain ? Par là, elles ont la principale part aux bonnes ou aux mauvaises mœurs de presque tout le monde. Une femme judicieuse, appliquée et pleine de religion, est l'âme de toute une grande maison ; elle y met l'ordre pour les biens temporels et pour le salut. Les hommes mêmes qui ont toute l'autorité en public ne peuvent par leurs délibérations établir aucun bien effectif, si les femmes ne leur (3) aident à l'exécuter.

---

(1) L'adresse. – (2) Le soin. – (3) On dirait aujourd'hui : ne *les* aident.

La vie quotidienne sous Louis XIV, de 1682 à 1715

Paris délaissé pour Versailles

La cour s'est installée à Versailles en 1681 ; moins galante, plus austère qu'auparavant, elle reste tout aussi brillante et devient plus solennelle encore, respectant une étiquette minutieuse : le lever, la promenade, le souper, le coucher sont des cérémonies officielles dont chaque détail a été défini par un règlement précis et compliqué ; la haute noblesse, définitivement domptée, est obligatoirement présente et participe à ce culte royal, se disputant l'honneur d'être admise au lever du roi, et de faire partie de sa maison. En revanche, la noblesse de province, qui ne touche pas de pension et ne bénéficie d'aucun avantage, se ruine et disparaît peu à peu.

D'ailleurs le roi finit par être coupé de tout ce qui n'est pas Versailles et la cour. Il a pratiquement délaissé Paris et les 500 000 habitants qui y vivent entassés dans 20 000 immeubles peu confortables (1), formant une agglomération aux rues étroites et sales, rarement aérées par des places exiguës. Le grouillement de ces rues, les chocs et les dangers courus par le passant revivent en une succession de croquis sur le vif, sous la plume de Boileau, en des phrases précipitées, des vers au rythme accéléré, qui ajoutent encore à la vérité de ces « Embarras de Paris ».

En quelque endroit que j'aille, il faut fendre [la presse (2)
D'un peuple d'importuns qui fourmillent sans cesse ;
L'un me heurte d'un ais (3) dont je suis tout [froissé (4).
Je vois d'un autre coup mon chapeau renversé.
Là d'un enterrement la funèbre ordonnance,
D'un pas lugubre et lent vers l'église s'avance,
Et plus loin des laquais, l'un l'autre s'agaçants (5)
Font aboyer les chiens, et jurer les passants.
Des paveurs en ce lieu me bouchent le passage.
Là je trouve une croix de funeste présage :
Et des couvreurs grimpés au toit d'une maison,
En font pleuvoir l'ardoise et la tuile à foison.
Là sur une charrette une poutre branlante
Vient menaçant de loin la foule qu'elle augmente ;
Six chevaux attelés à ce fardeau pesant,
Ont peine à l'émouvoir (6) sur le pavé glissant ;
D'un carrosse en passant il accroche une roue,
Et du choc le renverse en un grand tas de boue,
Quand un autre à l'instant s'efforçant de passer
Dans le même embarras se vient embarrasser.
Vingt carrosses bientôt arrivant à la file
Y sont en moins de rien suivis de plus de mille ;
Et pour surcroît de maux, un sort malencontreux
Conduit en cet endroit un grand troupeau de bœufs ;
Chacun prétend passer ; l'un mugit, l'autre jure ;
Des mulets en sonnant augmentent le murmure ;
Aussitôt, cent chevaux dans la foule appelés
De l'embarras qui croît ferment les défilés (7)
Et partout des passants enchaînant les brigades (8),
Au milieu de la paix font voir les barricades (9)
On n'entend que des cris poussés confusément :
Dieu, pour s'y faire ouïr, tonnerait vainement.

Sous l'impulsion de Colbert, un grand mouvement de construction monumentale et officielle commence à transformer la physionomie de la capitale : on voit s'élever l'Observatoire, les Gobelins, la colonnade du Louvre, le dôme des Invalides, la porte Saint-Denis. Mais la ville présente encore d'innombrables taudis ; on y a compté onze « cours des miracles » (10), véritables quartiers réservés, et la seule solution officielle à la misère et à la mendicité a paru être le rassemblement des malheureux dans un « hôpital général » qui

(1) À l'exception de quelques centaines d'immeubles magnifiques de construction récente. – (2) La foule pressée. – (3) Planche de bois menuisé. – (4) Couvert de coups. – (5) Qui s'agacent l'un l'autre. – (6) Vieil emploi : mouvoir. – (7) Passages. – (8) Groupes, colonnes de passants bloqués par ce qu'on appelle aujourd'hui « embouteillage ». – (9) Rappel de la Fronde et des combats de rue. – (10) Endroit où se réunissaient autrefois les gueux et les mendiants. Le jour, aveugles, infirmes, estropiés allaient mendier dans les rues : le soir, ils s'y retrouvaient et se débarrassaient de toutes leurs infirmités simulées : miracle quotidien, d'où ces endroits tiraient leur nom.

ne diffère guère d'une prison. Les hôpitaux sont d'ailleurs tous misérables; les malades sont trois ou quatre par lit, l'hygiène n'existe pas. Les efforts des sociétés charitables restent insuffisants devant l'étendue de la misère.

Les communications

Malgré les efforts de Colbert pour améliorer les routes des grands parcours, et pour rendre navigables les fleuves et les rivières, les voies de communication restent médiocres au XVIIe siècle. Dans les grandes villes, comme Paris, la circulation est difficile par les rues étroites et souvent tortueuses; les routes des campagnes sont raboteuses et irrégulières, les itinéraires difficiles à suivre faute de signalisation, les auberges rares.

Des hommes habiles ont essayé d'améliorer la circulation en perfectionnant les voitures; en ville, les carrosses, désormais dotés de glaces – apanage des grands seigneurs –, les fiacres à deux places, qu'on loue aux usagers, les chaises à porteurs, importées d'Angleterre, et les calèches, grandes voitures découvertes, peuvent satisfaire les besoins les plus divers. Pour les voyages à longue distance, on construit des coches, carrosses lourds et solides, mais lents et peu confortables (1).

Tout voyage est une aventure : sans parler des rencontres de brigands, des auberges mal famées et des compagnons indésirables, que d'accidents variés! Mémoires et lettres sont pleins d'anecdotes plaisamment contées, mais fort pénibles pour les victimes.

La triste condition du peuple à la fin du siècle

L'état du royaume est désastreux dans les dernières années du règne : la charge des guerres continuelles est devenue intolérable; l'exode des industriels et des ouvriers protestants désorganise l'activité économique. Les compagnons « ouvriers » mènent une vie très précaire, emprisonnés dans le dirigisme corporatif, étatisé et renforcé par Colbert.

Depuis la mort de ce dernier surtout, la répartition de l'impôt est déplorable : la taille, qui ne pèse que sur les paysans, est fort injuste et paralyse tout esprit d'amélioration et d'initiative; les impôts indirects perçus par les fermiers ou « traitants » donnent lieu à de multiples abus, les taxes sur le sel ou « gabelle », les « aides » (2) et « traites » (3) apparaissent comme des vexations insupportables et illogiques. La crise monétaire européenne de la fin du siècle, qui correspond à une diminution progressive des stocks d'or et d'argent, aggrave la situation : la production industrielle s'effondre, la misère s'installe, et le désarroi financier ne permet pas la réforme fiscale (4) qui serait nécessaire. Vauban essaie en vain de convaincre le roi dans sa *Dîme royale* en 1707; son livre est condamné et mis au pilon (5). Le gouvernement se contente de multiplier les expédients les plus fâcheux tels que les manipulations monétaires et les créations d'offices inutiles, sans pouvoir écarter la menace de banqueroute.

Dans cette faiblesse généralisée des finances et de l'économie, les mauvaises récoltes, les épidémies, les cataclysmes naturels provoquent de terribles famines en 1687, en 1693 et 1694, en 1709. La population diminue, et on peut compter 2 millions de mendiants sur 17 millions d'habitants. Voici le récit que fait Saint-Simon, dans ses *Mémoires,* de la disette et des troubles de 1709.

---

(1) Il faut quatorze jours pour aller de Paris à Bordeaux. – (2) Taxe sur les boissons. – (3) Sorte de droits de douane perçus même entre les provinces. – (4) Adjectif formé sur « fisc » : administration chargée de la perception des impôts. – (5) Détruit.

L'hiver, comme je l'ai déjà remarqué, avait été terrible et tel que, de mémoire d'homme, on se souvenait d'aucun qui en eût approché. Une gelée qui dura près de deux mois de la même force avait, dès ses premiers jours, rendu les rivières solides jusqu'à leur embouchure, et les bords de la mer capables de porter des charrettes qui y voituraient les plus grands fardeaux. Un faux dégel fondit les neiges qui avaient couvert la terre pendant ce temps-là ; il fut suivi d'un subit renouvellement de gelée aussi forte que la précédente trois autres semaines durant.

(...) Cette seconde gelée perdit tout. Les arbres fruitiers périrent ; il ne resta plus ni noyers, ni oliviers, ni pommiers, ni vignes, à si peu près que ce n'est pas la peine d'en parler. Les autres arbres moururent en très grand nombre, les jardins périrent, et tous les grains dans la terre. On ne peut comprendre la désolation de cette ruine générale. Chacun resserra (1) son vieux grain ; le pain enchérit à proportion du désespoir de la récolte (2). Les plus avisés ressemèrent des orges dans les terres où il y avait eu du blé, et furent imités de la plupart : ils furent les plus heureux, et ce fut le salut ; mais la police s'avisa de le défendre, et s'en repentit trop tard. Il se publia divers édits sur les blés, on fit des recherches des amas (3), on envoya des commissaires par les provinces trois mois après les avoir annoncés, et toute cette conduite acheva de porter au comble l'indigence et la cherté, dans le temps qu'il était évident, par les supputations (4), qu'il y avait pour deux années entières de blé en France, pour la nourrir tout entière, indépendamment d'aucune moisson. Beaucoup de gens crurent donc que Messieurs des finances avaient saisi cette occasion de s'emparer des blés par des émissaires répandus dans tous les marchés du Royaume, pour le vendre ensuite aux prix qu'ils y voudraient mettre au profit du Roi, sans oublier le leur.

Les mémoires des commissaires du roi en 1687, les rapports des intendants, les *Mémoires* de Saint-Simon, de Boisguillebert, de Vauban donnent de nombreux exemples semblables : ils expliquent que le mécontentement s'accroît, que les pamphlets se répandent, que les émeutes, et particulièrement les jacqueries des paysans se répètent, et sont le plus souvent, réprimées avec violence.

Sciences et techniques

De grands esprits à la recherche d'une architecture des sciences

Des discussions passionnées et une correspondance abondante provoquent un échange d'idées sans cesse accru en Europe occidentale. Plusieurs écrivains français divulguent les découvertes étrangères : Marin Mersenne traduit les œuvres de Galilée, Peiresc fait connaître sa doctrine.

La curiosité des gens cultivés pour les problèmes scientifiques de tous ordres, les questions qu'ils se posaient au sujet des lois qui régissent le monde, l'intérêt même qu'ils portaient à l'existence possible de planètes inconnues, apparaissent dans les œuvres étranges de Cyrano de Bergerac (1619-1655), disciple de Gassendi et de La Mothe Le Vayer. Ce sont de véritables romans d'anticipation, où la fantaisie la plus débridée se mêle aux conceptions scientifiques les plus hardies, telle la page de l'*Histoire comique du voyage dans la Lune,* qui décrit l'ascension céleste du héros grâce à une machine à fusée.

On a pu parler d'un « miracle des années 1620 », parce qu'à cette époque on commence à substituer l'étude quantitative des phénomènes à leur description qualitative : au lieu de faire intervenir des propriétés théoriques, on cherche à comparer, à mesurer les phénomènes, on s'efforce de découvrir, dans l'ensemble de la nature, un édifice rationnel susceptible d'être défini en langage mathématique. À partir de 1650 règne un esprit scien-

(1) Mit de côté, en réserve. – (2) Le prix du pain augmenta en même mesure que le désespoir de la récolte à venir. – (3) Sur les grains de blé amassés. – (4) Les suppositions.

tifique prudent et efficace : on poursuit méthodiquement la recherche de principes qui permettront une étude positive de la nature, inanimée ou animée; le monde apparaît désormais comme un système cohérent de forces à étudier : les conditions mêmes de création de la science moderne sont définitivement établies.

Cette activité scientifique fut encouragée par la Royauté : Mazarin, puis Colbert protégèrent les savants français, firent venir à Paris des savants étrangers célèbres, des techniciens réputés et un grand nombre d'ouvriers spécialisés. En 1666, l'Académie des sciences est fondée à Paris; en 1667, on commence la construction de l'Observatoire, où l'illustre famille des Cassini va régner pendant plus d'un siècle.

Colbert vit très bien le profit technique que la France pouvait tirer de tout le progrès scientifique et n'hésita pas à encourager, par tous les moyens, la création de manufactures royales, embryon de l'industrie française moderne : il créa un corps d'inspecteurs, accorda des privilèges aux maîtres et aux ouvriers les plus compétents, soumettant le monde du travail et du commerce à une réglementation précise et rigoureuse pour assurer la qualité parfaite des marchandises françaises.

LES MATHÉMATIQUES

Ce siècle voit s'épanouir et triompher les sciences mathématiques, en véritable effervescence dans toute l'Europe. Fermat (1601-1661) fonde l'arithmétique moderne, renouvelle l'algèbre et établit la théorie des nombres. Le calcul infinitésimal naît de ses calculs, complétés par ceux de Descartes et de Roberval (1600-1671). Le calcul des probabilités apparaît dans la correspondance de Fermat avec Pascal, alors âgé de trente et un ans. Desargues (1591-1661) étudie la géométrie pure, et l'explique en une langue simple et commune, pour rompre avec la tradition d'écrire en latin les livres savants.

LA PHYSIQUE

La physique fait aussi de grands pas en avant grâce aux progrès des mathématiques qui permettent d'en élargir le champ d'application. Descartes et Pascal, Roberval, Mariotte, Denis Papin l'enrichissent constamment par le raisonnement et la recherche expérimentale. On assimile bientôt la dynamique de Galilée et de Newton, l'astronomie de Galilée et de Kepler; Descartes et Malebranche étudient l'optique.

Les savants s'adonnent à la fois aux débats métaphysiques soulevés par la science qu'ils étudient et à ses méthodes pratiques; ils cherchent les fondements d'une science positive qu'ils définissent peu à peu, précisant son vocabulaire, perfectionnant l'outil mathématique, instituant des principes durables.

LA CONNAISSANCE DE L'HOMME

Dans le domaine de la médecine, il n'y eut rien en France qui fut comparable à la découverte de la circulation du sang par Harvey. Les théories de Descartes, qui assimilent l'homme à une machine (*Traité de l'homme,* 1664), peuvent paraître démodées à nos yeux, mais cette façon, un peu naïve, d'envisager le corps comme un ensemble mécanique était la marque d'un esprit nouveau et fort utile : désormais, d'innombrables études de détail, analyses chimiques, physiques, examens des micro-organismes, vont peu à peu transformer la connaissance de l'homme et de ses fonctions. Grâce à elles, la médecine cesse d'être empirique pour devenir scientifique. En outre, les théories d'école, les discussions professionnelles abolissent peu à peu le secret des thérapeutiques et des techniques, et permettent une diffusion généralisée des progrès médicaux et pharmaceutiques.

L'homme du XVIIe siècle : René Descartes (1596-1650)

La vie et l'œuvre de Descartes se confondent avec l'histoire de la science dans la première moitié du XVIIe siècle : philosophe, mathématicien, physicien, physiologue, musicien même, non seulement il s'est intéressé à tous les aspects des sciences de son temps, sans en négliger l'aspect matériel et les applications pratiques, mais encore il a su tirer de sa propre expérience une méthode rationnelle, et peut être considéré à bon droit comme le père de la philosophie moderne française.

Il fait de bonnes études classiques au collège des Jésuites de La Flèche, puis des études supérieures de droit et de médecine à Poitiers. Mais, en méditant sur la valeur de ses connaissances, il s'aperçoit qu'elles n'offrent aucune certitude et décide de chercher une méthode qui lui permette d'accéder indubitablement à la vérité. Ainsi, il fait paraître, en 1637, le *Discours de la Méthode,* ouvrage rédigé en français, qui nous raconte la genèse de ses réflexions et nous expose ses nouveaux principes. Dans les *Méditations sur la philosophie première, dans lesquelles sont démontrées l'existence de Dieu et la distinction de l'âme et du corps,* parues en latin en 1641, puis dans *le Traité des passions,* publié à Stockholm en 1649, où il s'est rendu sur l'invitation de la reine Christine de Suède, il présente sa philosophie de façon plus systématique.

La philosophie cartésienne tient une grande place dans l'histoire de la pensée. Descartes définit le doute méthodique indispensable à une pensée juste et, après avoir exercé son examen critique à l'égard de toutes les connaissances – en laissant à l'écart la religion et les institutions politiques – il élabore une chaîne de connaissances « vraies », à partir de l'évidence première : « Je pense, donc je suis », et se propose de déduire, aussi loin qu'il le pourra, une science exacte, sur le modèle des mathématiques.

Les règles de la méthode

Mais, comme un homme qui marche seul et dans les ténèbres, je me résolus d'aller si lentement et d'user de tant de circonspection en toutes choses, que, si je n'avançais que fort peu, je me garderais bien au moins de tomber : même je ne voulus point commencer à rejeter tout à fait aucune des opinions qui s'étaient pu glisser autrefois en ma créance sans y avoir été introduites par la raison, que je n'eusse auparavant employé assez de temps à faire le projet de l'ouvrage que j'entreprenais et à chercher la vraie méthode pour parvenir à la connaissance de toutes les choses dont mon esprit serait capable.

Et comme la multitude des lois fournit souvent des excuses aux vices, en sorte qu'un État est bien mieux réglé lorsque, n'en ayant que fort peu, elles y sont fort étroitement observées ; au lieu de ce grand nombre de préceptes dont la logique est composée, je crus que j'aurais assez des quatre suivants, pourvu que je prisse une ferme et constante résolution de ne manquer pas une seule fois à les observer.

Le premier était de ne recevoir jamais aucune chose pour vraie que je ne la connusse évidemment (1) être telle : c'est-à-dire d'éviter soigneusement la précipitation et la prévention, et de ne comprendre rien de plus en mes jugements que ce qui se présenterait si clairement et si distinctement à mon esprit que je n'eusse aucune occasion de le mettre en doute.

Le second, de diviser chacune des difficultés que j'examinais en autant de parcelles (2) qu'il se pourrait et qu'il serait requis pour les mieux résoudre.

Le troisième, de conduire par ordre mes pensées, en commençant par les objets les plus simples et les plus aisés à connaître, pour monter peu à peu comme par degrés (3) jusques à la connaissance des plus composés, et supposant même de l'ordre entre ceux qui ne se précèdent point naturellement les uns les autres.

Et le dernier de faire partout des dénombrements si entiers et des revues si générales, que je fusse assuré de ne rien omettre.

Descartes a la conviction que les progrès de la science supposent l'évidence et la simplicité de ses principes, la clarté et la rigueur de sa méthode. La physique, la médecine, la psychologie, la morale même ne sont que des parties d'un même savoir. « Il faut bien

(1) Qui frappe l'esprit par l'évidence claire et distincte. Mot clef à ne pas prendre au sens contemporain, affaibli. – (2) Éléments simples. – (3) Pour remonter par ordre et par progression du simple au complexe.

se convaincre – écrit-il – que toutes les sciences sont tellement liées ensemble, qu'il est plus facile de les apprendre toutes à la fois, que d'en isoler une des autres » (*Regulae,* I). Le savant doit tourner le dos aux préjugés, refuser les idées toutes faites et les principes obscurs qui égarent l'esprit au lieu de le guider et, loin de suivre aveuglément l'autorité établie, qu'elle soit scientifique ou théologique, il ne doit se fier qu'au seul exercice de sa raison.

La troisième des *Méditations métaphysiques : De Dieu, qu'il existe,* est consacrée à l'existence de Dieu. Descartes, alors qu'il avait été suspecté et accusé d'athéisme lors d'un séjour en Hollande, cherche à définir sa « nature pensante », fait l'inventaire de ses idées, parmi lesquelles il rencontre celle de Dieu; cette idée, il ne pourra en trouver l'origine qu'en Dieu lui-même. Pour définir la pensée en lui, il commence donc par écarter toutes les images des choses matérielles afin de « se rendre peu à peu plus connu et familier à lui-même ».

Je suis une chose qui pense

Je fermerai maintenant les yeux, je boucherai mes oreilles, je détournerai tous mes sens, j'effacerai même de ma pensée toutes les images des choses corporelles, ou du moins, parce qu'à peine cela se peut-il faire, je les réputerai comme (1) vaines et comme fausses; et ainsi m'entretenant seulement moi-même, et considérant mon intérieur je tâcherai de me rendre peu à peu plus connu et plus familier à moi-même. Je suis une chose qui pense, c'est-à-dire qui doute, qui affirme, qui nie, qui veut, qui ne veut pas, qui imagine aussi, et qui sent. Car ainsi que j'ai remarqué ci-devant (2), quoique les choses que je sens et que j'imagine ne soient peut-être rien du tout hors de moi et en elles-mêmes, je suis néanmoins assuré que ces façons de penser, que j'appelle sentiments et imaginations, en tant seulement qu'elles sont des façons de penser, résident et se rencontrent certainement en moi. Et dans ce peu que je viens de dire, je crois avoir rapporté tout ce que je sais véritablement, ou du moins tout ce que jusques ici j'ai remarqué que je savais. Maintenant je considérai plus exactement si peut-être il ne se retrouve point en moi d'autres connaissances que je n'ai pas encore aperçues. Je suis certain que je suis une chose qui pense, mais ne sais-je donc pas aussi ce qui est requis pour me rendre certain de quelque chose? Dans cette première connaissance il ne se rencontre rien qu'une claire et distincte perception de ce que je connais; laquelle de vrai (3) ne serait pas suffisante pour m'assurer qu'elle est vraie, s'il pouvait jamais arriver qu'une chose que je concevrais ainsi clairement et distinctement se trouvât fausse : et partant il me semble que déjà je puis établir pour règle générale, que toutes les choses que nous concevons fort clairement et fort distinctement sont toutes vraies.

Un génie universel : Blaise Pascal

Pascal fut, en même temps qu'un grand mystique (4), un savant, mathématicien et physicien, l'ingénieur qui sut concevoir une machine arithmétique, et l'organisateur pratique qui créa un service de carrosses à 5 sols pour le transport en commun du peuple parisien. Bien plus, comme Descartes, il réussit, à mesure qu'il progressait, à fixer les règles de son activité et à définir une méthode de recherche générale, écartant définitivement les traditions retardataires et les préjugés de l'ancienne physique. En 1658, Pascal étudiera le problème de la roulette (cycloïde) et ira jusqu'à mettre sur pied les éléments d'une théorie mathématique, point de départ du calcul intégral moderne.

Les expériences sur le vide auxquelles Pascal procède avec méthode en 1648 pour vérifier les découvertes de Torricelli (5) nous offrent une excellente leçon de rigueur scienti-

(1) Tiendrai pour. – (2) Précédemment. – (3) Conformément à la vérité. – (4) *Cf.* p. 114. – (5) Cette expérience faite en septembre 1648 sur ses indications, par son beau-frère Périer, au Puy-de-Dôme, consistait à mesurer la pression de l'air en haut et en bas de la montagne.

fique. Après la narration, les faits et l'énumération des résultats, l'auteur conclut le récit de son expérience en rappelant la démarche de sa pensée : critique des idées reçues, expérimentation prudente, explication de l'erreur, proclamation de la vérité.

Les expériences que je vous ai données dans mon Abrégé (1) détruisent, à mon jugement, le premier de ces principes (2), et je ne vois pas que le second (3) puisse résister à celle que je vous donne maintenant : de sorte que je ne fais plus de difficulté de prendre ce troisième, que la nature n'a aucune répugnance pour le vide ; qu'elle ne fait aucun effort pour l'éviter ; que tous les effets qu'on a attribués à cette horreur procèdent de la pesanteur et de la pression de l'air ; qu'elle en est la seule et véritable cause et que, manque de la connaître, on avait inventé exprès cette horreur imaginaire du vide, pour en rendre raison. Ce n'est pas en cette seule rencontre que, quand la faiblesse des hommes n'a pu trouver les véritables causes, leur subtilité en a substitué d'imaginaires, qu'ils ont exprimées par des noms spéciaux qui remplissent les oreilles et non pas l'esprit (...).

Ce n'est pas toutefois sans regret, que je me dépars de ces opinions si généralement reçues ; je ne le fais qu'en cédant à la force de la vérité qui m'y contraint. J'ai résisté à ces sentiments nouveaux, tant que j'ai eu quelque prétexte pour suivre les anciens ; les maximes que j'ai employées en mon Abrégé le témoignent assez. Mais enfin, l'évidence des expériences me force de quitter les opinions où le respect de l'antiquité m'avait retenu.

Les arts

Richesse et complexité du temps de Louis XIII

Sous Louis XIII, la vie artistique est à l'image de la vie politique : mouvementée, exubérante, extrêmement complexe. Curieux de tout, les artistes tentent toutes les possibilités offertes par les grands maîtres étrangers de la Renaissance, en même temps que s'impose un courant individualiste venu de Montaigne, avec tout ce qu'il comporte de richesse et de contradiction.

DANS L'ARCHITECTURE

De 1610 aux années soixante, en même temps qu'elle recherche son équilibre, l'architecture suit l'imagination lyrique et effervescente qui caractérise l'époque, selon sans doute une interprétation gauche et trop échevelée des modèles antiques et italiens. Le bizarre, le rare, le fantastique, le goût du jour pour la fiction et l'illusion se font sentir dans les décors tarabiscotés (4) des opéras ou les savants trucages de mise en scène des pièces à machines ; le pittoresque de rocaille et de guirlandes dans la décoration des intérieurs, le palais du Luxembourg (1615-1621) et la fantaisie insolite de la « fontaine de Médicis » de Salomon de Brosse, celle, bien romantique, de l'hôtel de Beauvais d'Antoine Lepautre, reflètent cette très grande liberté dans l'imagination et l'expression, tout comme les somptueux hôtels dans le quartier du Marais.

Ceux mêmes qui compteront parmi les représentants les plus parfaits de l'architecture française, François Mansart, Claude Perrault, Louis Le Vau, ne pourront pas se préserver de la tentation baroque, et leurs premiers projets montrent une complaisance certaine à tourmenter lignes et structures d'ornements inattendus et de fausses perspectives. Louis

(1) *Nouvelles expériences touchant le vide* de 1647, qui portent le même nom, alors qu'elles sont différentes. – (2) C'est-à-dire le fait que « la nature a de l'horreur pour le vide ». – (3) C'est-à-dire le fait que cette « horreur » « a des limites » et peut être « surmontée par quelque violence ». – (4) Compliqués, surchargés.

Le Vau (1612-1670) donnera l'exemple de la complexité d'un style qui se cherche encore, hésitant entre la séduction des fantaisies irrationnelles du baroque et un élan vers le dépouillement abstrait du classicisme : c'est le château de Vaux-le-Vicomte (1656-1660) avec ses jeux de volumes et ses effets ornementaux.

On retrouve la même variété dans l'architecture religieuse, caractérisée par le fronton à la manière antique et la coupole, du style dit « Jésuite » (1). Lemercier fait en 1625 un des premiers essais du dôme en France avec sa chapelle de la Sorbonne, tandis que l'église Saint-Paul-Saint-Louis (1627-1641) est un modèle du genre, à la fois strict et orné.

DANS LA PEINTURE

C'est plus clairement encore dans la peinture que l'on trouve l'expression de cette dualité qui oppose la tendance classique aux multiples élans d'imagination d'une époque mouvementée. Parmi les plus représentatifs de ces peintres, qui naquirent aux alentours de 1594, émergent Jacques Callot, Georges de La Tour et Louis Le Nain.

Jacques Callot (1592-1635), avec ses silhouettes de gueux, incisives et dépravées, semblant venir tout droit de quelque cour des miracles, fit vibrer, jusque dans son réalisme, la note insolite caractéristique de l'époque. Toute la fantaisie multiforme de Callot retrouva celle des Italiens de Rome et de Florence ; et les visions fantastiques ou baroques où elle se complut, même à l'occasion de sujets bibliques, nous donnent peine à penser qu'elles furent contemporaines de l'abstraction mystique de Georges de La Tour.

En effet, le retour à la spiritualité éclaire déjà les tableaux de La Tour avant de devenir l'âme même du classicisme. Quoique nous ignorions presque tout de la vie de Georges de La Tour (1593-1652), c'est sans doute d'Italie, et plus précisément des œuvres du Caravage, qu'il a dû recevoir la révélation de la lumière. Mais il ne vit que la lumière et ne retint rien des gesticulations et du réalisme baroques qui caractérisent l'œuvre du maître italien. Ses contemporains restèrent également insensibles à la chaleur passionnée des Flamands comme Rubens qui, en 1622 déjà, travaillait à la galerie Médicis. Venue sans doute d'une exigence de spiritualité très pure et très profonde, la lumière chez La Tour, abstraite et symbolique, est l'émanation de l'âme même de ses personnages : ils émergent de la nuit à la manière de leurs torches, droits et immobiles.

Louis Le Nain (1593-1648) subit les deux tendances contradictoires qu'illustrent Callot et La Tour. Provincial, étranger aux abstractions du raisonnement, il subit le charme de son Laonnois (2) natal. Ses scènes de paysans baignent dans une lumière étrangère, elle aussi, à celle des tableaux à l'italienne. Dans la mesure où, grâce à leur style ferme et serein, palpite un silence méditatif intense, instant d'éternité dans lequel des personnages se libèrent de leur aspect anecdotique pour devenir élément de poésie, ses tableaux, comme La *Famille de paysans dans un intérieur,* le *Repas de paysans,* ou encore la *Halte du cavalier,* sont déjà classiques.

DANS LA SCULPTURE

Au cours de la période s'étendant de 1590 à 1660, c'est la sculpture qui, parmi les arts plastiques, connut le moins de fluctuations : elle décrit une courbe constante et tenace vers l'ordre classique. Jean Goujon qui avait retrouvé la vraie source, le vrai secret, de la technique antique, et qui, par là, s'était préservé de toute influence italienne, avait inauguré, dès la première moitié du XVIe siècle, un nouveau style, qui eut une destinée heureuse : il se verra finalement consacré, dogmatisé, préservé envers et contre tous par l'Académie, toute-puissante machine à normaliser le bon goût.

---

(1) Du nom de l'église du « Gesù » à Rome. – (2) Région de Laon.

Sarazin (1588-1660), un des fondateurs de cette Académie, fut le chef de file des sculpteurs d'alors, réunissant dans son atelier bon nombre d'entre eux, dont Vouet et les frères Anguier. C'est à lui et à ses collaborateurs que l'on doit les célèbres cariatides ornant le pavillon de l'Horloge au Louvre.

Mais ce furent François (1604-1669) et Michel (1612-1686) Anguier qui débarrassèrent le nouveau style de toute équivoque baroque. Pour le tombeau élevé par la duchesse de Montmorency à son mari, ils groupent, autour de l'effigie du couple, des Vertus chrétiennes, sœurs des Muses, sœurs des dieux avec lesquels elles s'associent ici.

Mais ce n'est pas seulement par l'imagerie mythologique que fut influencé alors l'art religieux. Sa prééminence sur l'art profane jusqu'en 1660 est due surtout à ce même élan mystique qui animait la charité de saint Vincent de Paul et les écrits de saint François de Sales. C'est alors qu'on vit les monastères réclamer un décor et, comme celle du Val-de-Grâce, les façades des églises se peupler de statues d'anges et d'apôtres.

Splendeur de l'art classique

C'est le désordre même du baroque, admirable de vitalité et de fécondité, qui déclencha le mouvement vers l'unité classique. Car cet excès de liberté devait nécessairement amener une réaction dans le sens opposé, et cette réaction prit la forme d'une exigence de discipline et de raison, parallèle ici à celle des philosophes et des écrivains, parallèle également à celle de Louis XIV lorsqu'au début de son règne il organisa la société.

POUSSIN (1594-1665)

La tentative de coordination du classicisme dans les lettres et les arts, que rendra officielle un état d'esprit, s'affirmait de plus en plus depuis le début du siècle. D'un côté, la vie d'exilé que mena Poussin en Italie et qui lui permit, loin du bouillonnement artistique français, d'édifier la parfaite unité de son art, et de l'autre, la spontanéité « naïve » et passionnée de son approche des œuvres antiques ainsi que des œuvres modernes – celles de Raphaël surtout –, sont à la base de sa puissante originalité, au même titre que cet amour de la nature, ce sens du concret, voire cette jouissance du réel que sa nature paysanne conservera toujours. Poussin réalisera dans son œuvre l'alliance difficile du rationnel et du sensible. Ses lavis (1) de la campagne romaine, brossés comme par impulsion, aussi bien que ses grandes compositions allégoriques, constituent le plus considérable des apports classiques à la peinture.

Cette lettre adressée à M. de Chambray en 1665, ultime message de Poussin, exprime justement le double aspect de sa personnalité qui, tout en rendant justice à la rigueur classique, n'hésita pas à reconnaître la part de l'inspiration dans tout grand art.

Principes que tout homme capable de raison peut apprendre

Il ne se donne point de visible sans lumière.
Il ne se donne point de visible sans moyen
[transparent.
Il ne se donne point de visible sans terme (2).
Il ne se donne point de visible sans couleur.
Il ne se donne point de visible sans distance.
Il ne se donne point de visible sans instrument.
Ce qui suit ne s'apprend point,
Ce sont parties du peintre.

(1) Dessins faits à l'encre de Chine, au bistre, ou à la sépia. – (2) Limites dans l'espace.

Mais premièrement de la matière (1) :

Elle doit être prise noble, qui n'ait reçu aucune qualité de l'ouvrier. Pour donner lieu au peintre de montrer son esprit et industrie (2), il la faut prendre capable de recevoir la plus excellente forme. Il faut commencer par la disposition puis par l'ornement, le décoré, la beauté, la grâce, la vicacité, le costume, la vraisemblance et le jugement partout. Ces dernières parties sont du peintre et ne se peuvent apprendre. C'est le rameau d'or de Virgile que nul ne peut trouver ni cueillir s'il n'est conduit par la fatalité.

CLAUDE LORRAIN (1600-1682)

Après Poussin, ce n'est peut-être pas au Bruxellois de Paris Philippe de Champaigne – malgré les splendides portraits que donnèrent à la peinture française son réalisme sobre et sévère et sa spiritualité bien janséniste – que l'art français doit sa plus parfaite expression; mais c'est bien à Claude Lorrain, cet ami de Poussin qui, lui aussi, vécut en Italie, lui aussi, dut la plus grande part de son originalité à une sensibilité paysanne, qui lui permit de donner au paysage français sa véritable dimension d'art. Et ceci, en grande partie grâce à son extrême sensiblité à la lumière solaire. La lumière apporte la vie aux tableaux de Claude Lorrain : elle nous invite à y entrer, à nous perdre dans leurs échappées vers l'extase de soleils couchants; en même temps, elle nous fait percevoir l'écho de l'âme même de Lorrain. Cette âme semble symbolisée par la forme féminine perdue dans la solitude romantique du *Château enchanté,* dans le rêve et l'attente; c'est une âme hantée par l'éternelle nostalgie, par ce désir d'évasion qui est le thème de tant de toiles de Lorrain, ces *Embarquements* et ces *Ports de mer au soleil couchant,* dont les titres même sont autant d'invitations au voyage.

Ces deux grands maîtres éclipseront Mignard et Le Brun, qu'ils relègueront au rang de décorateurs ou d'anecdotiers du siècle, en dépit de leurs fonctions importantes, en particulier celle qu'occupait Le Brun au sein de l'Académie.

Versailles : synthèse des arts sous Louis XIV

Versailles, fruit d'une immense coopération d'artistes, dont le travail fut étroitement contrôlé et guidé par le roi lui-même, offre l'ensemble le plus parfait que nous puissions avoir de tous les arts plastiques de cette seconde partie du siècle. Sa plus grande beauté réside sans doute dans son plan, grandiose par sa simplicité : le petit hôtel de Lemercier se développa au nord, au sud, à l'est et à l'ouest, à partir des appartements royaux qui devinrent l'axe de la nouvelle construction, tandis que la cour s'agrandissait démesurément et que le jardin se transformait en un parc fabuleux.

LE PARC

Ce parc, conçu et ordonné par Le Nôtre (1613-1700) détermina l'architecture définitive du palais. La noblesse du cadre servit de théâtre à ces fêtes féeriques que donna le roi au cours de son règne. Certaines d'ailleurs sont restées fameuses, comme celle dédiée à Louise de Lavallière : « les plaisirs de l'île enchantée. » Le Nôtre, jardinier, architecte-paysagiste avant la lettre, fut un des créateurs les plus représentatifs de l'art classique : à Versailles, l'harmonie qu'il imposa entre jardins et bâtiments, la disposition parfaitement symétrique des allées et de leurs perspectives, des bosquets et des ornements sculptés, des parterres enfin et des bassins, en offriront, avec les jets d'eau et les cascatelles rigoureusement réglés (3), l'expression la plus intellectuelle et la plus abstraite. Tout ici, et en particulier la nature vaincue et disciplinée, célèbre l'intelligence.

---

(1) Au sujet de la matière. – (2) Habileté. – (3) Les jeux d'eau de Versailles ne furent possibles que grâce aux solutions techniques suggérées par le baron de Ville de Huy et réalisées par le maître artisan liégeois Rennequin Sualem, auteur de la machine de Marly.

En 1672, Le Brun prit la direction des chantiers de Versailles, mais ne fit rien qu'illustrer l'agencement de Le Nôtre. Une armée de sculpteurs, qui comptait les plus grands artistes de France, des Pays-Bas, du Pays de Liège et d'ailleurs, travailla sous ses ordres, peuplant le parc de tout un monde de dieux, de nymphes et de tritons, et aussi d'animaux familiers ou fabuleux, mis à la mode par La Fontaine. Une foule de statues, les unes signées par des maîtres célèbres comme Girardon et ses émules Regnaudin, les frères Marsy, Legros et Lehongre, les autres, œuvres d'artistes restés inconnus, servent de point de départ ou de point d'arrivée aux allées. Ce jardin mythologique où règne l'allégorie antique montre le triomphe de l'art nouveau.

LE CHÂTEAU

Jusqu'en 1678, Le Brun resta le maître d'œuvre de Versailles et prit part personnellement à la décoration du palais. Les peintures de la voûte de la Grande Galerie révèlent une tendance baroque, cependant discrète.

C'est en 1678 qu'appelé par le roi, Jules Hardouin-Mansart (1646-1708), petit-neveu de François Mansart, entreprit de transformer et d'agrandir le premier Versailles de Le Vau qui, dans l'équilibre dépouillé de sa façade, avait sans doute atteint le point culminant de l'architecture classique. Prenant alors en main l'ensemble des travaux, il fera triompher à Versailles l'aspect purement spectaculaire de l'harmonie architecturale. Son chef-d'œuvre est la façade sur le parc, ligne horizontale que viennent équilibrer les colonnes et les pilastres, et les trophées de la corniche. L'ardoise et la brique, matériaux pittoresques des châteaux Louis XIII, ont disparu pour faire place à la sobriété lumineuse de la pierre nue. Toute la sûre majesté du siècle y est présente.

Mais Mansart dut bientôt abandonner la direction des sculpteurs à Girardon, pour pouvoir mener à bien les travaux du Grand Trianon en même temps que ceux des places royales de Paris – place Vendôme, place des Victoires – et de la chapelle des Invalides, si proche de la manière de François Mansart. Elle fut achevée, comme celle du château, par Robert de Cotte. La chapelle de Versailles annonce déjà ce qui sera connu sous le nom de « goût moderne » ; elle est sans doute ce qu'elle est grâce à la collaboration personnelle de Louis XIV. C'est lui en effet qui imposa la pierre nue pour les piliers que Mansart voulait revêtir de marbres polychromes, et donna ainsi tout leur relief aux ornements et aux fresques qui, ici, célèbrent autant Sa Majesté qu'ils chantent la gloire de Dieu.

Les dernières années du siècle, par la pauvreté de leur production picturale, risquent quelquefois de ternir l'éclat de la réussite classique. L'Académie en est responsable car, en prônant le stéréotypé, elle finit par scléroser un art dont elle avait tué le génie. Mais, fort heureusement, parmi les sculpteurs et les décorateurs de Versailles, le siècle suivant devait trouver une nouvelle source de vie.

La musique

LA MUSIQUE DE COUR

Sous Louis XIII, la musique, jusqu'alors spécifiquement populaire, devint l'affaire d'un petit groupe de lettrés et de gens de cour. Après les représentations en plein air, sur le parvis des cathédrales ou dans les cours des collèges, commencent les spectacles en salles closes devant un public d'élite. L'aristocratie va s'emparer de la musique comme elle s'est emparée de l'opinion et du goût. Alors se perfectionna l'« air de cour », qui avait paru vers 1570. À l'origine, c'était une chanson de caractère élégiaque à une voix accompagnée ; avec les salons et l'influence des précieux, il s'appropriera petits morceaux et poèmes galants et deviendra mièvre et maniéré. Ces « airs de cour », qu'ils soient de Pierre Guédron et d'Antoine Besset, artistes talentueux, ou de musiciens moins doués, plaisent à un public frivole et raffiné qui ne connaît pas encore la musique italienne. Mais comme celui d'Italie, il apprécie par-dessus tout les mises en scène fastueuses des ballets de cour, tels *Les Argonautes, Le Triomphe de Minerve* ou *Les Aventures de Tancrède,* genre de revues à grand spectacle qui nécessitait la collaboration d'un poète, d'un ou de plusieurs compositeurs, de chanteurs, d'un machiniste, de baladins et d'accompagnateurs, avec des décors insolites et des costumes luxueux rivalisant de pittoresque. Le « grand ballet » qui couronnait l'ensemble réclamait la participation effective du roi et des grands seigneurs qui prenaient part aux danses – ce n'étaient encore que des mimes rythmés –, tandis que violons, cornets, hautbois, flûtes et musettes accompagnaient ce spectacle étrange et hétéroclite.

L'OPÉRA : LULLI (1632-1687)

La musique italienne s'infiltrait de plus en plus en France et bientôt, au Carnaval de 1646, Mazarin révéla aux Parisiens étonnés et méfiants l'*Orfeo* de Luigi Rossi, qu'interprétaient les meilleurs chanteurs italiens. C'était la grande première en France de l'opéra, mais les Français, dépaysés, ne s'y faisaient pas encore et se contentaient seulement d'en colorer leurs traditionnels ballets et airs de cour. Mais allait s'imposer à Paris un Italien, Jean-Baptiste Lulli. Arriviste et courtisan, il sut s'attirer la faveur du roi et obtint ainsi la surintendance de la musique. Alors commença son vrai règne.

Sachant que ce qui plaisait alors n'était pas la musique de son pays, il oublia qu'il était italien. Il se mit à assimiler la musique française, à en découvrir les beautés et les faiblesses, afin de pouvoir s'en servir pour réaliser ce qu'il avait toujours voulu tenter : la tragédie lyrique. Il commença par collaborer aux comédies-ballets de Molière, dans lesquelles, de *La Princesse d'Élide* au *Bourgeois gentilhomme,* il fit entrer tous les éléments du ballet de cour traditionnel. Il trouva les accents d'humour ou de bouffonnerie qu'il fallait pour accompagner et prolonger, sans aucune fausse note, la verve de Molière. Quand il prit la charge d'administrateur de l'Académie royale de musique, fondée en 1672 par un de ses précurseurs, Cambert, il réalisa, en 1673, en collaboration avec Quinault, sa première tragédie lyrique : *Cadmus et Hermione.* Ce fut la création en même temps que le triomphe d'un opéra spécifiquement français. Le roi, enthousiasmé, l'encouragea à continuer et ce fut cette longue suite de pièces, de 1673 à 1686, parmi lesquelles prit place son vrai chef-d'œuvre, *Armide.* Parallèlement à ses opéras, Lulli répondait toujours au goût du jour en créant un bon nombre de pastorales-ballets. Une d'entre elles, *Le Triomphe de l'amour,* alla même jusqu'à mettre en scène, nouveauté hardie, des ballerines. C'est bien à Lulli que reviennent l'originalité et la force surprenantes de l'opéra français au XVIIe siècle.

L'opéra, genre nouveau, triompha en France malgré l'opposition de lettrés comme Boileau, ou d'hommes d'Église comme Bossuet. Perrault lui rendit hommage dans *Les Parallèles :*

> « Les opéras » ont le don de plaire à toutes sortes d'esprits, aux grands génies de même qu'au menu peuple, aux vieillards comme aux enfants : ces chimères bien maniées endorment et amusent la raison quoique contraires à cette même raison et la charment davantage que toute la vraisemblance imaginable ; ainsi nous pouvons dire que l'invention ingénieuse des opéras n'est pas un accroissement peu considérable à la belle et grande poésie.

LA MUSIQUE D'ÉGLISE
CHARPENTIER (1635-1704)

Marc-Antoine Charpentier, au début de sa carrière, ne put éclipser son adversaire, Lulli. Mais c'est lui qui italianisa la musique religieuse d'alors, en y apportant tout ce qu'il avait appris au cours des trois ans qu'il avait passés à Rome. L'art officiel inspira d'abord ses messes, ses motets et ses hymnes, même ses oratorios dont il était pourtant le premier à avoir introduit le genre en France et qui allaient préparer la voie à Bach. Mais, à la mort de Lulli, la France le reconnut enfin ; le roi l'admira et Philippe, duc de Chartres, le prit pour professeur. On put alors entendre ses grandes compositions. Il composa maintes musiques de scène – dont celle du *Malade imaginaire* en 1672 – qui eurent sans doute du succès, mais c'est surtout par sa musique religieuse qu'il se fit connaître et admirer, notamment son *Te Deum*. Cette partie de son œuvre, allant de la *Messe de minuit sur des Noëls anciens* au *Magnificat* à huit voix, dont les hardiesses extrêmes et les nouveautés harmoniques étonnent encore, offre une très grande variété de ton.

LALANDE (1657-1726)

Devenu surintendant de la musique à la mort de Lulli, il finira par remplir toutes les charges musicales qui existaient alors : il fut appelé à faire aussi bien de la musique profane que de la musique religieuse. Mais ni ses *Symphonies pour les soupers du Roy,* ni sa musique de ballet, n'égalent en profondeur la réussite de ses grands motets. Les grands chœurs accompagnés de l'orchestre, les effets dramatiques des voix et des instruments manquent peut-être de recueillement, mais ils reflètent bien, comme l'opulence de la décoration des églises, la majesté grandiloquente et somptueuse des célébrations liturgiques du Grand Siècle.

COUPERIN (1668-1733)

François Couperin, surnommé « le Grand », donna, dans le domaine instrumental de la musique religieuse et plus précisément dans celui de l'orgue, la mesure de sa valeur. Il rendit à la musique d'église son intégrité religieuse en la sauvant des influences aimables du style concert ou du style opéra qui avaient transformé, dès 1660, l'art liturgique en art de cour. Il sut, dans ses deux *Messes* d'orgue, à l'usage des paroisses et à l'usage des couvents, revenir aux thèmes grégoriens, en les ornant, sans les laïciser. Les tendres mélodies qui s'y mêlent ne deviennent pas pour autant profanes, mais animent d'une pure et sincère émotion le sentiment vraiment religieux qu'elles paraphrasent.

Les lettres

Entre l'ordre et la gloire (1600-1643)

Cette période confuse voit s'imposer peu à peu la discipline et la politesse dans les mœurs et dans les œuvres, tandis que persistent le souci de la gloire personnelle, de l'originalité, de la fantaisie, de la liberté. Quelques hommes puissants et convaincus tels que Richelieu, Malherbe, Corneille et Descartes, établissent les fondements du pouvoir royal, de la langue et de la poésie, du théâtre et de la philosophie.

Malherbe

SA VIE ET SON ŒUVRE (1555-1628)

À la fin de ses études, il se trouva d'abord comme protecteur Henri II, gouverneur de Provence ; après la mort de ce dernier, il végéta bien des années. À Aix, en 1595, il offrit à la jeune reine Marie de Médicis l'*Ode sur sa bienvenue en France* (1600) et enfin, en 1605, il fut présenté au roi Henri IV qui le chargea de composer des vers sur son voyage en Limousin. Il devint dès lors poète officiel, s'installa à Paris et s'imposa au monde littéraire comme un maître avisé et sûr de lui. Malgré les ennemis que sa cinglante sévérité lui attira, il poursuivit sa tâche avec ardeur et ténacité.

SA DOCTRINE

Grâce à l'orgueilleuse idée qu'il se fait de son œuvre et à sa conception même de la poésie, Malherbe oriente la littérature de son temps, mais il laisse aussi de beaux vers, exemples parfaits d'un art accordé au siècle qui s'est fixé un idéal d'ordre, d'unité et de grandeur. Ainsi sa doctrine et son exemple vont dans le même sens que l'Académie française.

Malherbe n'a pas composé d'art poétique, mais les traits essentiels de sa doctrine apparaissent dans ses poèmes et aussi dans son commentaire, sévère mais détaillé, des œuvres de Desportes. Il est constamment guidé par la raison et la réflexion. Les comparaisons éclairant toujours l'idée sont plus expressives que brillantes; le plan est simple jusqu'à l'évidence. D'autre part, il sait accepter, et même s'imposer avec joie, une discipline cohérente : règles de la grammaire, usage reconnu des mots, genres littéraires, principes de versification – il les fixe lui-même si cela lui semble nécessaire. C'est à juste titre qu'il a pu écrire : « Beauté, mon beau souci... »

PRIÈRE POUR LE ROI HENRI LE GRAND ALLANT EN LIMOUSIN (Stances)

Cette ode prend appui sur des idées simples et fortes : elle proclame le courage, la vertu, la prudence et la grandeur du roi, la confiance en Dieu qui l'inspire, son espoir en des années pacifiques et fécondes; la plénitude de la phrase et du vers donne véritablement l'impression d'un monde embelli et heureux.

(...) La terreur de son nom rendra nos villes fortes :
On n'en gardera plus ni les murs ni les portes,
Les veilles cesseront aux sommets de nos tours;
Le fer mieux employé cultivera la terre,
Et le peuple qui tremble aux frayeurs de la guerre,
Si ce n'est pour danser, n'aura plus de tambours.

Loin des mœurs de son siècle il bannira les vices,
L'oisive nonchalance, et les molles délices
Qui nous avaient portés jusqu'aux derniers [hasards (1);
Les vertus reviendront de palmes couronnées,
Et ses justes faveurs aux mérites données
Feront ressusciter l'excellence des arts.

La foi de ses aïeux, ton amour, et ta crainte,
Dont il porte dans l'âme une éternelle empreinte,
D'actes de piété ne pourront l'assouvir;
Il étendra ta gloire autant que sa puissance;
Et, n'ayant rien si cher que ton obéissance,
Où tu le fais régner il te fera servir.

Tu nous rendras alors nos douces destinées :
Nous ne reverrons plus ces fâcheuses années,
Qui pour les plus heureux n'ont produit que des [pleurs.
Toute sorte de biens comblera nos familles,
La moisson de nos champs lassera les faucilles,
Et les fruits passeront (2) la promesse des fleurs (...).

Il ne s'agit pas ici d'un lyrisme de commande, flatterie de poète courtisan, mais de l'expression sincère d'une confiance absolue en la grandeur de la monarchie, seule capable, pour lui, de ramener la paix et l'ordre.

---

(1) Risques, périls. – (2) Dépasseront.

Cependant, Malherbe reste conscient de la vanité des choses humaines, de l'impuissance de tous les hommes, même les plus grands, devant la mort. Les images, dans cette *Paraphrase du Psaume CXLV,* sont plus expressives que rares, mais les mots précis et forts prennent tout leur relief grâce aux oppositions et au rythme des vers.

N'espérons plus, mon âme, aux promesses
[du monde;
Sa lumière est un verre, et sa faveur une onde
Que toujours quelque vent empêche de calmer (1);
Quittons ces vanités, lassons-nous de les suivre :
C'est Dieu qui nous fait vivre,
C'est Dieu qu'il faut aimer.

En vain, pour satisfaire à nos lâches envies,
Nous passons près des rois tout le temps de nos vies,
À souffrir des mépris, et ployer les genoux;
Ce qu'ils peuvent n'est rien; ils sont comme nous
[sommes,
Véritablement hommes,
Et meurent comme nous (...).

Mathurin Régnier (1573-1613)

N'hésitant pas à s'élever contre la doctrine et l'autorité tyrannique de Malherbe, Régnier revendique hautement la liberté du poète. Son œuvre est peu abondante : quelques épîtres, élégies, odes, épigrammes; mais ses seize satires restent très vivantes par la vérité de l'observation, l'originalité des idées, la verve et la fantaisie du conteur qui nous entraîne à sa suite, comme dans celle-ci, où il nous décrit les poètes misérables et sottement vaniteux.

(...) Cependant sans souliers, ceintures, ni cordon (2),
L'œil farouche et troublé, l'esprit à l'abandon,
Vous viennent accoster comme personnes ivres,
Et disent pour bonjour : « Monsieur, je fais des livres;
On les vend au Palais, et les doctes du temps,
À les lire amusés, n'ont d'autre passe-temps. »
De là, sans vous laisser, importuns ils vous suivent,
Vous alourdent (3) de vers, d'allégresse vous privent,
Vous parlent de fortune, et qu'il faut acquérir
Du crédit, de l'honneur, avant que de mourir;
Mais que, pour leur respect (4), l'ingrat siècle où nous
[sommes
Au prix de la vertu (5) n'estime point les hommes;
Que Ronsard, Du Bellay, vivants ont eu du bien,
Et que c'est honte au roi de ne leur donner rien.
Puis, sans qu'on les convie, ainsi que vénérables,
S'asseyent en prélats les premiers à vos tables,
Où le caquet leur maNque, et, des dents discourant,
Semblent avoir des yeux regret au demeurant (6). (...)

Théophile de Viau

SA VIE (1590-1626)

Dramatique exemple des vicissitudes du siècle, Théophile de Viau, né de parents huguenots, est exilé en 1619 en raison des intrigues de la cour plus encore que pour la hardiesse de ses écrits. Rentré en grâce, il abjure prudemment le protestantisme, mais il est dénoncé par des jésuites pour avoir collaboré à un recueil de vers libertins, condamné à mort par contumace (7), puis arrêté en 1623; après deux années de prison, il est libéré, mais meurt sans doute à la suite des souffrances subies dans son cachot.

SON ŒUVRE

Il aime sincèrement et spontanément « la nature, la vie, la société, l'océan, ses vagues; son calme..., la musique, les beaux habits, la chasse, les beaux chevaux, les bonnes odeurs,

---

(1) Se calmer. – (2) Pour attacher sa bourse. – (3) Alourdissent. – (4) À leur égard. – (5) Du mérite. – (6) Ils jettent des regards de regret sur ce qui reste encore dans les plats. – (7) En l'absence du prévenu qui ne s'est pas présenté devant le tribunal.

la bonne chère ». Aussi évoque-t-il naturellement toutes les beautés du monde lorsqu'il veut adresser un éloge au roi, ou supplier Cloris de lui accorder « un amoureux plaisir ».

Mais il a chanté aussi les formes les plus sombres de la passion : faiblesses et déceptions, humiliations et chagrin d'amour, et il a découvert avec l'exil la tristesse profonde de la condition humaine. Ainsi, depuis Du Bellay, il n'est pas un sonnet qui traduise, de façon plus poignante et plus sobre que celui sur son exil, le désespoir et la douleur de vivre.

Quelque si doux espoir où ma raison s'appuie,
Un mal si découvert ne se saurait cacher :
J'emporte, malheureux, quelque part où je fuis,
Un trait (1) qu'aucun secours ne me peut arracher.

Je viens dans un désert mes larmes épancher (2),
Où la terre languit, où le soleil s'ennuie,
Et, d'un torrent de pleurs qu'on ne peut étancher,
Couvre l'air de vapeur et la terre de pluie.

Parmi ces tristes lieux traînant mes longs regrets,
Je me promène seul dans l'horreur des forêts
Où la funeste orfraie (3) et le hibou se perchent.

Là, le seul réconfort qui peut m'entretenir
C'est de ne craindre point que les vivants me [cherchent
Où le flambeau du jour n'osa jamais venir.

Marc-Antoine de Saint-Amant (1594-1661)

Homme d'action et de voyages (en Europe, en Amérique, en Afrique, aux Indes), Saint-Amant élargit considérablement le domaine de la poésie. Les titres de ses poèmes sont éloquents : *Le Passage de Gibraltar, L'Été de Rome, L'Automne des Canaries, L'Hiver des Alpes, Sonnet sur Amsterdam, La Vistule sollicitée.* Narration de campagne avec les armées royales, ou de traversées, ou même de simples promenades au bord de la mer, description de paysages, de régions étranges, d'hommes extraordinaires, natures mortes, sa poésie est riche et variée, tantôt héroïque ou dangereuse, tantôt simple et rustique, toujours spontanée et sincère. Ainsi, dans *Le Contemplateur,* il passe de l'observation de la mer à une rêverie philosophique et religieuse, du tir au cormoran à l'angoisse métaphysique.

Comme Malherbe et Théophile de Viau, il est résolument moderne. Il prétend ignorer le grec et le latin mais connaît l'anglais, l'espagnol et l'italien. Musicien, savant admirateur de Copernic et de Galilée, il suit sa raison et non une autorité quelconque. Il se distingue de Malherbe, quand il affirme la nécessité pour le poète d'être soi-même et de « suivre sa nature », et son œuvre ne doit rien aux principes de l'Académie, dont il fit pourtant partie, ni au goût des salons mondains. Sa poésie amoureuse, par exemple, renouvelle la tradition : aux plaintes de l'amant bafoué s'ajoutent les émotions que suggèrent à Tircis une nature hostile et inquiétante, parfois proche du fantastique.

Peintre de la réalité multiforme, dans *Les Visions,* Saint-Amant a voulu aussi traduire l'indicible, suggérer l'angoisse; le point de départ est net et bien concret : un grand chien noir hurle devant la porte.

Un grand chien maigre et noir, se traînant lentement,
Accompagné d'horreur (4) et d'épouvantement,
S'en vient toutes les nuits hurler devant ma porte,
Redoublant ses abois d'une effroyable sorte.
Mes voisins, éperdus à ce triste réveil,
N'osent ni ne sauraient rappeler le sommeil,
Et chacun, le prenant pour un sinistre augure,
Dit avec des soupirs tout ce qu'il s'en figure.
Moi, qu'un sort rigoureux outrage à tout propos
Et qui ne puis goûter ni plaisir, ni repos
Les cheveux hérissés, j'entre en des rêveries,
Des contes de sorciers, de sabbats, de furies;
J'erre dans les enfers, je rôde dans les cieux;
L'âme de mon aïeul se présente à mes yeux;
Ce fantôme léger, coiffé d'un vieux suaire,
Et tristement vêtu d'un long drap mortuaire,
À pas affreux et lents s'approche de mon lit;
Mon sang en est glacé, mon visage en pâlit,
De frayeur mon bonnet sur mes cheveux se dresse,
Je sens sur l'estomac un fardeau qui m'oppresse.
Je voudrais bien crier, mais je l'essaie en vain :
Il me ferme la bouche avec sa froide main.
Puis d'une voix plaintive en l'air évanouie,
Me prédit mes malheurs, et longtemps sans ciller
Me contemple debout contre mon oreiller.

(1) Une flèche. – (2) Répandre. – (3) Oiseau de proie. – (4) Frayeur.

Tristan L'Hermite (1601-1655)

Ce solitaire, qui mena une vie aventureuse, errant de ville en ville et d'emploi en emploi, avant d'entrer au service de Gaston d'Orléans, puis du duc de Guise, composa une abondante œuvre lyrique : *Les Plaintes d'Acante* (1633), *Les Amours de Tristan* (1638), *La Lyre* (1641), *Vers héroïques* (1648), en sont les principaux recueils.

Il a chanté les joies de l'amour et les consolations épicuriennes. Le temps qui emporte toutes les belles choses l'avertit de « faire des bouquets en la saison des roses ». Mais il sait aussi les déceptions, les souffrances et le malheur inévitable de la condition humaine. Chantre de l'amour, il joint au pétrarquisme hérité de la Renaissance les accents plus sensuels imités de l'italien Marino : « Donnons-nous des baisers sans nombre et joignons à la fois nos lèvres et nos cœurs... »; il aime les « concetti », les périphrases.

Homme de rêverie et de solitude, il analyse ses contemplations mélancoliques ou heureuses, et possède incontestablement le sentiment de la nature, qu'il sait d'ailleurs admirer en artiste et en curieux. C'est ainsi que, dans l'ode *La Mer,* écrite au siège de La Rochelle, il s'efforce de décrire les effets pittoresques du soleil sur l'eau.

Le soleil à longs traits ardents
Y donne encore de la grâce,
Et tâche à se mirer dedans
Comme on ferait dans une glace.
Mais les flots de vert émaillés
Qui semblent des jaspes (1) taillés
S'entredérobent son visage
Et par de petits tremblements
Font voir au lieu de son image
Mille pointes de diamants.

Les romans précieux

La préciosité continue à fleurir – l'hôtel de Rambouillet brille de tout son éclat jusqu'à 1645 – dans la profusion des petits poèmes de Malleville, Voiture, Godeau, Ménage, Cotin, Sarasin, Benserade, et surtout dans d'innombrables romans : plus de 1 200 au cours du siècle.

Les romans de Gomberville : *Polexandre,* publié de 1629 à 1632, et de Madeleine de Scudéry : *Artamène ou le Grand Cyrus* (1649-1653) et *Clélie* (1654-1660), sont parmi les plus appréciés. Plus invraisemblables, moins fraîchement poétiques que *L'Astrée,* plus touffus et souvent insipides, ils constituent pourtant de véritables codes de politesse mondaine, des guides précis des convenances et du langage amoureux à l'usage de la meilleure société.

LA CARTE DU TENDRE

La célèbre Carte du Tendre *(dans* Clélie*) est le symbole de ce monde qui a inventé l'amitié amoureuse pour se consoler des mariages d'intérêt et de convenance, et fait de la conversation galante une forme supérieure de civilisation et un idéal de vie.*

Afin que vous compreniez mieux le dessein de Clélie, vous verrez qu'elle a imaginé qu'on peut avoir de la tendresse par trois causes différentes : ou par une grande estime, ou par reconnaissance, ou par inclination ; et c'est ce qui l'a obligée d'établir ces trois villes de Tendre sur trois rivières qui portent ces trois noms, et de faire aussi trois routes d'Ionie, et Cumes sur la mer Tyrrhène, elle fait qu'on dit Tendre sur Inclination, Tendre sur Estime, Tendre sur Reconnaissance. Cependant comme elle a présupposé que la tendresse qui naît par Inclination, n'a besoin de rien d'autre chose pour être ce qu'elle est, Clélie,

(1) Pierre dure, de nuance verte.

comme vous le voyez, Madame, n'a mis nul village le long des bords de cette rivière qui va si vite, qu'on n'a que faire de logement le long de ses rives pour aller de Nouvelle Amitié à Tendre. Mais pour aller à Tendre sur Estime, il n'en est pas de même ; car Clélie a ingénieusement mis autant de villages qu'il y a de petites et de grandes choses qui peuvent contribuer à faire naître par estime cette tendresse dont elle entend parler. En effet vous voyez que de Nouvelle Amitié on passe à un lieu qu'elle appelle Grand Esprit, parce que c'est ce qui commence ordinairement l'estime ; ensuite vous voyez ces agréables villages de Jolis Vers, de Billet Galant, de Billet Doux, qui sont les opérations les plus ordinaires du grand esprit dans les commencements d'une amitié. Ensuite pour faire un plus grand progrès dans cette route, vous voyez Sincérité, Grand Cœur, Probité, Générosité, Respect, Exactitude et Bonté, qui est tout contre Tendre, pour faire connaître qu'il ne peut y avoir de véritable estime sans bonté, et qu'on ne peut arriver à Tendre de ce côté-là sans avoir cette précieuse qualité (...).

(Puis l'on suit la route qui va de Nouvelle Amitié à Tendre sur Reconnaissance.)

Mais, Madame, comme il n'y a point de chemins où l'on ne se puisse égarer, Clélie a fait, comme vous le pouvez voir, que si ceux qui sont à Nouvelle Amitié prenaient un peu plus à droite ou un peu plus à gauche, ils s'égareraient aussi ; car si au partir de Grand Esprit, on allait à Négligence, que vous voyez tout contre sur cette carte, qu'ensuite continuant cet égarement, on allât à Inégalité, de là à Tiédeur, à Légèreté, et à Oubli, au lieu de se trouver à Tendre sur Estime, on se trouverait au Lac d'Indifférence que vous voyez marqué sur cette carte et qui par ses eaux tranquilles représente sans doute fort juste la chose dont il porte le nom en cet endroit. De l'autre côté, si au partir de Nouvelle Amitié, on prenait un peu trop à gauche, et qu'on allât à Indiscrétion, à Perfidie, à Orgueil, à Médisance ou à Méchanceté, au lieu de se trouver à Tendre sur Reconnaissance, on se trouverait à la mer d'Inimitié, où tous les vaisseaux font naufrage.

Les romans réalistes

Le bon sens bourgeois, l'observation sincère de la réalité quotidienne, avaient entraîné très tôt une réaction vive contre les débauches d'imagination et les débordements stylistiques des romans précieux. Le succès des traductions de *Don Quichotte,* de 1614 à 1618, encouragea ce mouvement.

C'est ainsi que Sorel publia, de 1623 à 1632, *Francion,* et de 1627 à 1633, *Le Berger extravagant. Le Page disgracié,* de Tristan (1643), le *Roman comique,* de Scarron, publié de 1651 à 1657, et, plus tard, le *Roman bourgeois* (1666) de Furetière, correspondent à une double intention : faire la parodie et la critique des romans d'aventures galantes et d'expression précieuse, peindre les gens de la rue dans leur vie de chaque jour : « On voulait des histoires feintes qui représentassent les personnes comme elles sont et qui fussent une naïve peinture de leur condition et de leur naturel. »

Ainsi les romans réalistes, si l'on fait abstraction de quelque exagération bouffonne ou de quelque déformation burlesque, ont le mérite de nous montrer un aspect important de la société du XVIIe siècle ; tandis que les romans précieux nous aident à évoquer le grand monde, ceux-ci font revivre la bourgeoisie et le peuple.

SCARRON (1610-1660)

Paul Scarron, impotent, se consola de ses infirmités par une activité intellectuelle débordante, publiant de nombreux ouvrages en vers et en prose, où dominent le comique et la parodie. À son *Virgile travesti* et à son *Typhon ou la Gigantomachie,* nous préférons aujourd'hui le *Roman comique,* histoire de comédiens en tournée dans le Maine, à travers laquelle nous essayons d'imaginer les années de pérégrination de Molière, et dont les scènes de la vie de province ont gardé tout leur pittoresque.

Dans cet extrait, l'avocat Ragotin, petit homme vaniteux et ridicule, ébloui par la beauté des comédiennes, leur fait une cour assidue : débraillé (1) des personnages, désordre vivant des aventures, enchaînement des gags, exactitude concrète et abondance des mots caractérisent cette œuvre, dont le réalisme joyeux garde toute sa saveur.

Cependant les Comédiennes s'en retournèrent à leur hôtellerie, avec un grand cortège de Manceaux (2). Ragotin s'étant trouvé auprès de Mademoiselle (3) de la Caverne, dans le temps qu'elle sortait du jeu de paume où l'on avait joué, lui présenta la main pour la ramener, quoiqu'il eût mieux aimé rendre ce service-là à sa chère Étoile. Il en fit autant à Mademoiselle Angélique, tellement qu'il se trouva écuyer (4) à droite et à gauche. Cette double civilité fut cause d'une incommodité triple ; car La Caverne, qui avait le haut de la rue, comme de raison, était pressée par Ragotin, afin qu'Angélique ne marchât point dans le ruisseau. De plus, le petit homme, qui ne leur venait qu'à la ceinture, tirait si fort leurs mains en bas qu'elles avaient bien de la peine à s'empêcher de tomber sur lui. Ce qui les incommodait encore davantage, c'est qu'il se retournait à tout moment pour regarder Mademoiselle de l'Étoile, qu'il entendait parler derrière eux à deux Godelureaux (5) qui la ramenaient malgré elle. Les pauvres Comédiennes essayèrent souvent de se déprendre les mains ; mais il les tint toujours si fermes qu'elles eussent autant aimé avoir les osselets (6). Elles le prièrent cent fois de ne prendre pas tant de peine. Il leur répondait seulement : « Serviteur ! Serviteur ! » (c'était son compliment ordinaire), et leur serra les mains encore plus fort. Il fallut donc prendre patience jusqu'à l'escalier de leur chambre où elles espérèrent d'être remises en liberté, mais Ragotin n'était pas homme à cela.

En disant toujours : « Serviteur ! Serviteur ! » à tout ce qu'elles lui purent dire, il essaya premièrement de monter de front avec les deux Comédiennes ; ce qui s'étant trouvé impossible parce que l'escalier était trop étroit, La Caverne se mit le dos contre la muraille et monta la première, tirant après soi Ragotin, qui tirait après soi Angélique, qui ne tirait rien et qui riait comme une folle. Pour nouvelle incommodité, à quatre ou cinq degrés de leur chambre, ils trouvèrent un valet de l'hôte, chargé d'un sac d'avoine d'une pesanteur excessive, qui leur dit à grand-peine, tant il était accablé de son fardeau, qu'ils eussent à descendre parce qu'il ne pouvait remonter chargé comme il l'était. Ragotin voulut répliquer ; le valet jura tout net qu'il laisserait tomber son sac sur eux. Ils défirent donc avec précipitation ce qu'ils avaient fait fort posément sans que Ragotin voulût encore quitter les mains des Comédiennes. Le valet, chargé d'avoine, les pressait étrangement ; ce qui fut cause que Ragotin fit un faux pas qui ne l'eût pourtant pas fait tomber, se tenant comme il faisait, aux mains des Comédiennes ; mais il s'attira sur le corps La Caverne, laquelle le soutenait davantage que sa fille, à cause de l'avantage du lieu. Elle tomba donc sur lui et lui marcha sur l'estomac et sur le ventre, se donnant de la tête contre celle de sa fille si rudement qu'elles en tombèrent et l'une et l'autre. Le valet, qui crut que tant de monde ne se relèverait sitôt et qui ne pouvait plus supporter la pesanteur de son sac d'avoine, le déchargea enfin sur les degrés, jurant comme un valet d'hôtellerie. Le sac se délia ou se rompit par malheur. L'hôte y arriva, qui pensa enrager contre son valet, le valet enrageait contre les Comédiennes, les Comédiennes enrageaient contre Ragotin qui enrageait plus que pas un de ceux qui enragèrent, parce que Mademoiselle de L'Étoile, qui arriva en même temps, fut encore témoin de cette disgrâce, presque aussi fâcheuse que celle du chapeau que l'on lui avait coupé avec des ciseaux quelques jours auparavant.

(Livre I, ch. 17).

Corneille

SA VIE, SON ŒUVRE (1606-1684)

Né à Rouen dans une famille de moyenne bourgeoisie, après des études brillantes, il fut reçu avocat et acquit des charges royales qu'il garda jusqu'en 1650. Le jeune Corneille fréquente les salons littéraires de Rouen et rime tôt des poèmes selon la mode précieuse. Il écrit dès 1629 une comédie, *Mélite,* dont le succès engage le célèbre acteur Mondory à la jouer à Paris. Jusqu'en 1636, il fait jouer sept autres pièces, parmi lesquelles *Clitandre*

(1) Laisser-aller. – (2) Habitants du Mans. – (3) Se dit de toute femme mariée, non noble. – (4) Celui qui donne la main pour aider à monter à cheval, à marcher. – (5) Terme péjoratif pour désigner de jeunes galants, frivoles. – (6) Les mains serrées comme par des menottes.

(tragi-comédie), *La Galerie du palais* (comédie), *La Place Royale* (comédie), *Médée* (tragédie), *L'Illusion Comique,* pièce complexe joignant à la comédie la tragédie et la farce.

La représentation du *Cid* en 1636 le situe d'emblée parmi les plus grands auteurs classiques de son temps, non seulement parce qu'elle donne lieu à des controverses passionnées sur sa « régularité » (1), mais surtout parce que Corneille a su tirer du drame espagnol de Guilhem de Castro la première tragédie « classique », dont la psychologie et la morale forment le ressort dramatique et l'intérêt principal : son immense succès oriente toute l'évolution du théâtre français.

L'histoire de Corneille se confond dès lors avec la succession de ses nombreuses pièces; après *le Cid,* ce sont *Horace* (1640), *Cinna* (1640), *Polyeucte* (1642), trois drames où s'impose le désir ardent de la gloire et où triomphe la volonté. En 1643, il fait jouer *La Mort de Pompée* et revient brillamment à la comédie avec *Le Menteur.* En 1644, *Rodogune* obtient un grand succès.

Corneille entre à l'Académie en 1647. Ses tragédies deviennent de plus en plus complexes, mais sont très habilement construites; *Nicomède* (1651) est une véritable fresque historique et politique. Après l'échec de *Pertharite* (1651), Corneille abandonne la scène et se consacre, pendant quelques années, à une adaptation en vers de *l'Imitation de Jésus-Christ,* qui sera publiée de 1652 à 1656. Il revient cependant au théâtre de 1659 à 1674, écrit alors onze pièces dont *Sertorius, Sophonisbe, Attila, Tite et Bérénice, Suréna* sont les plus connues. Ses dernières années se passent dans une retraite pieuse, tandis que le public, qui avait peu apprécié ses dernières œuvres, s'intéresse de nouveaux à ses grandes tragédies, et les applaudit en France comme à l'étranger.

LA TRAGÉDIE CORNÉLIENNE

Un destin terrible oppose sans cesse les hommes, les partis, les nations : la politique noue de grands conflits d'intérêts, d'ambitions, de jalousie; la raison d'État, l'honneur féodal, la grandeur romaine, l'autorité royale sont de puissants ressorts : l'amour se heurte aux rivalités de familles ou de patries; la mort est sans cesse présente : cinq combattants sur six succombent dans *Horace,* le survivant tue sa propre sœur et réclame la mort. Il ne s'agit pas là d'un pathétique romanesque ou légendaire : le théâtre de Corneille nous présente le reflet d'un monde déchiré par la guerre, d'une société qui, après les guerres de Religion, s'est jetée dans les folles aventures de la Fronde, d'une noblesse qui s'extermine en duels fratricides, malgré les édits royaux. L'Espagne déchirée par les rivalités des grands seigneurs et menacée par les Maures, la République romaine combattant pour un avenir grandiose, l'empire d'Auguste émergeant péniblement des guerres civiles, le christianisme qui s'affirme peu à peu par des sacrifices sanglants, voilà les chapitres d'une épopée dramatique où tout est tension, conflit, lutte.

DES ÂMES PEU COMMUNES

De telles époques, de tels combats ne peuvent convenir qu'à des âmes peu communes, des individualités fortes. Lucides, ses héros ont tôt fait de prendre un parti en pleine connaissance de cause; volontaires, ils conforment leur conduite à leur décision, quoi qu'il leur en coûte, qu'il s'agisse d'ailleurs d'honneur du nom et de la race, du salut et de la grandeur de la patrie, ou de profession de foi en Dieu. Ils mettent leur gloire à faire triompher leur liberté dans une difficile générosité.

Il importe peu que leur volonté les sépare de leurs amis, de leurs parents, de leurs concitoyens, de l'humanité dans son ensemble : ils acceptent d'avance l'incompréhension, la solitude morale; ils acceptent la mort...

(1) Au sens propre du terme : conformité aux règles des trois unités – de temps, de lieu, d'action – et aux bienséances.

L'amour est pour eux interdit et immuable : Chimène et Rodrigue ne peuvent que s'estimer, donc se combattre, sans cesser de s'aimer. Pauline adore Polyeucte à l'heure où il se sépare volontairement d'elle.

La progression dramatique de la tragédie, renouvelée par Corneille, est faite pour de tels personnages : l'élan vertigineux de Rodrigue, la rigueur croissante d'Horace, la grandeur d'âme d'Auguste, l'élévation mystique de Polyeucte l'entraînent et l'expliquent.

LE CID

« Rodrigue retrouve Chimène (III, 4) »

Rodrigue, après avoir tué en duel le père de sa fiancée Chimène, est revenu la voir; l'entrevue est contraire à toutes les « bienséances ». Corneille a voulu nous présenter deux êtres d'une grandeur et d'une noblesse exceptionnelles : Rodrigue assume pleinement son acte – « Je le ferais encore si j'avais à le faire » – et demande à mourir de la main de Chimène. Chimène a cette même conception de la gloire – elle ne pourrait aimer un homme sans honneur – et se plie, elle aussi, à l'affreux devoir de demander sa mort. Ainsi les deux amants sont à la fois ardemment épris l'un de l'autre, et violemment opposés l'un à l'autre par leur devoir; mais Chimène avoue qu'elle espère « ne rien pouvoir » et le dialogue ennemi se transforme en un poétique duo d'amour.

Chimène

...n'attends pas de mon affection
De lâches sentiments pour ta punition.
De quoi qu'en ta faveur notre amour m'entre-
[tienne (1),
Ma générosité (2) doit répondre à la tienne :
Tu t'es, en m'offensant, montré digne de moi;
Je me dois, par ta mort, montrer digne de toi.

Don Rodrigue

Ne diffère donc plus ce que l'honneur t'ordonne :
Il demande ma tête, et je te l'abandonne;
Fais-en un sacrifice à ce noble intérêt;
Le coup m'en sera doux, aussi bien que l'arrêt.
Attendre après mon crime une lente justice,
C'est reculer ta gloire autant que mon supplice.
Je mourrai trop heureux, mourant d'un coup si beau.

Chimène

Va, je suis ta partie (3) et non pas ton bourreau.
Si tu m'offres ta tête, est-ce à moi de la prendre?
Je la dois attaquer, mais tu dois la défendre;
C'est d'un autre que toi qu'il me faut l'obtenir,
Et je dois te poursuivre, et non pas te punir.

Don Rodrigue

De quoi qu'en ma faveur notre amour t'entretienne,
Ta générosité doit répondre à la mienne;
Et pour venger un père emprunter d'autres bras,
Ma Chimène, crois-moi, c'est n'y répondre pas :
Ma main seule du mien a su venger l'offense,
Ta main seule du tien doit prendre la vengeance.

Chimène

Cruel, à quel propos sur ce point t'obstiner?
Tu t'es vengé sans aide, et tu m'en veux donner.
Je suivrai ton exemple, et j'ai trop de courage
Pour souffrir qu'avec toi ma gloire se partage.
Mon père et mon honneur ne veulent rien devoir
Aux traits (4) de ton amour ni de ton désespoir.

Don Rodrigue

Rigoureux point d'honneur hélas! quoi que je fasse,
Ne pourrai-je à la fin obtenir cette grâce?
Au nom d'un père mort, ou de notre amitié (5),
Punis-moi par vengeance, ou du moins par pitié;
Ton malheureux amant aura bien moins de peine
À mourir par ta main qu'à vivre avec ta haine.

Chimène

Va, je ne te hais point.

Don Rodrigue

Tu le dois.

Chimène

Je ne puis.

Don Rodrigue

Crains-tu si peu le blâme, et si peu les faux bruits?
Quand on saura mon crime, et que ta flamme dure
Que ne publieront point l'envie et l'imposture?
Force-les au silence, et sans plus discourir,
Sauve ta renommée en me faisant mourir.

(1) Malgré l'indulgence à laquelle mon amour pour toi me pousse. – (2) Ma grandeur d'âme. – (3) Adversaire, terme de la langue juridique. – (4) Actions, mouvements provoqués par la passion (vocabulaire galant). – (5) Amour.

Chimène
Elle éclate bien mieux en te laissant la vie;
Et je veux que la voix de la plus noire envie
Élève au ciel ma gloire et plaigne mes ennuis,
Sachant que je t'adore et que je te poursuis.
Va-t'en, ne montre plus à ma douleur extrême
Ce qu'il faut que je perde, encore que je l'aime.
Dans l'ombre de la nuit cache bien ton départ :
Si l'on te voit sortir, mon honneur court hasard (1).
La seule occasion qu'aura la médisance,
C'est de savoir qu'ici j'ai souffert ta présence :
Ne lui donne point lieu d'attaquer ma vertu.

Don Rodrigue
Que je meure.

Chimène
Va-t'en.

Don Rodrigue
À quoi te résous-tu?

Chimène
Malgré des feux si beaux, qui troublent ma colère
Je ferai mon possible à bien venger mon père;
Mais malgré la rigueur d'un si cruel devoir,
Mon unique souhait est de ne rien pouvoir.

Don Rodrigue
Ô miracle d'amour.

Chimène
Ô comble de misères.

Don Rodrigue
Que de maux et de pleurs nous coûteront nos pères.

Chimène
Rodrigue, qui l'eût cru?

Don Rodrigue
Chimène, qui l'eût dit?

Chimène
Que notre heur (2) fût si proche et sitôt se perdît?

Don Rodrigue
Et que si près du port, contre toute apparence,
Un orage si prompt brisât notre espérance?

Chimène
Ah! mortelles douleurs!

Don Rodrigue
Ah! regrets superflus!

Chimène
Va-t'en, encore un coup, je ne t'écoute plus.

Don Rodrigue
Adieu : je vais traîner, une mourante vie,
Tant que (3) par ta poursuite elle me soit ravie.

Chimène
Si l'on obtient l'effet, je t'engage ma foi
De ne respirer pas un moment après toi.
Adieu : sors, et surtout garde bien qu'on te voie.

Elvire
Madame, quelques maux que le ciel nous envoie...

Chimène
Ne m'importune plus, laisse-moi soupirer,
Je cherche le silence et la nuit pour pleurer...

POLYEUCTE

« Dernière entrevue de Polyeucte et de Pauline »

La scène 3 de l'acte V est la dernière où apparaît Polyeucte qui va vers le martyre, où Pauline essaie de fléchir son mari et de le sauver d'une mort imminente.

Il y a là face à face trois personnages, séparés par une incompréhension profonde : l'intensité dramatique de la situation les pousse peu à peu à révéler leurs sentiments vrais : Pauline s'irrite de son impuissance à convaincre son mari, et finit par lui crier son amour. Félix supplie, fait appel à l'émotion, donne des arguments, puis menace. Polyeucte, qui a renoncé à Pauline va jusqu'à lui souhaiter d'être heureuse avec Sévère, son premier soupirant; cette attitude peut paraître inhumaine et surprenante; n'oublions pas cependant que nous assistons à l'ascension mystique du héros, qui abandonne volontairement ce monde terrestre pour acquérir la gloire du martyre et la béatitude céleste.

(1) Est menacé. – (2) Bonheur. – (3) Jusqu'à ce que.

Pauline

Que t'ai-je fait, cruel, pour être ainsi traitée,
Et pour me reprocher, au mépris de ma foi,
Un amour si puissant que j'ai vaincu pour toi?
Vois, pour te faire vaincre un si fort adversaire,
Quels efforts à moi-même (1) il a fallu me faire;
Quels combats j'ai donnés pour te donner un cœur
Si justement acquis à son premier vainqueur;
Et si l'ingratitude en ton cœur ne domine,
Fais quelque effort sur toi pour te rendre à Pauline :
Apprends d'elle à forcer ton propre sentiment;
Prends sa vertu pour guide en ton aveuglement,
Souffre que de toi-même elle obtienne ta vie,
Pour vivre sous tes lois à jamais asservie.
Si tu peux rejeter de si justes désirs,
Regarde au moins ses pleurs, écoute ses soupirs;
Ne désespère pas une âme qui t'adore.

Polyeucte

Je vous l'ai déjà dit, et vous le dis encore,
Vivez avec Sévère, ou mourez avec moi.
Je ne méprise point vos pleurs ni votre foi;
Mais de quoi que pour vous notre amour
[m'entretienne,
Je ne vous connais plus, si vous n'êtes chrétienne (...).

Félix

(...) Malheureux Polyeucte, es-tu seul insensible?
Et veux-tu rendre seul ton crime irrémissible?
Peux-tu voir tant de pleurs d'un œil si détaché?
Peux-tu voir tant d'amour sans en être touché?
Ne reconnais-tu plus ni beau-père, ni femme,
Sans amitié pour l'un, et pour l'autre sans flamme?
Pour reprendre les noms et de gendre et d'époux,
Veux-tu nous voir tous deux embrasser tes genoux?

Polyeucte

Que tout cet artifice est de mauvaise grâce.
Après avoir deux fois essayé la menace,
Après m'avoir fait voir Néarque dans la mort,
Après avoir tenté l'amour et son effort,
Après m'avoir montré cette soif du baptême,
Pour opposer à Dieu l'intérêt de Dieu même,
Vous vous joignez ensemble. Ah! ruse de l'enfer (2)!
Faut-il tant de fois vaincre avant de triompher?
Vos résolutions usent trop de remise (3);
Prenez la vôtre enfin, puisque la mienne est prise.
Je n'adore qu'un Dieu, maître de l'univers,
Sous qui tremblent le ciel, la terre, et les enfers,
Un Dieu qui, nous aimant d'une amour infinie,
Voulut mourir pour nous avec ignominie,
Et qui par un effort de cet excès d'amour,
Veut pour nous en victime être offert chaque jour.
Mais j'ai tort d'en parler à qui ne peut m'en-
[tendre (4).
Voyez l'aveugle erreur que vous osez défendre :
Des crimes les plus noirs vous souillez tous vos dieux;
Vous n'en punissez point qui n'ait son maître aux
[cieux :
La prostitution, l'adultère, l'inceste,
Le vol, l'assassinat, et tout ce qu'on déteste,
C'est l'exemple qu'à suivre offrent vos immortels (5).
J'ai profané leur temple, et brisé leurs autels;
Je le ferais encore, si j'avais à le faire,
Même aux yeux de Félix, même aux yeux de Sévère,
Même aux yeux du sénat, aux yeux de l'empereur.

Félix

Enfin ma bonté cède à ma juste fureur :
Adore-les, ou meurs.

Polyeucte

Je suis chrétien.

Félix

Impie,
Adore-les, te dis-je, ou renonce à la vie.

Polyeucte

Je suis chrétien.

Félix

Tu l'es? Ô cœur trop obstiné!
Soldats, exécutez l'ordre que j'ai donné.

Pauline

Où le conduisez-vous?

Félix

À la mort.

Polyeucte

À la gloire!
Chère Pauline, adieu : conservez ma mémoire (6).

Pauline

Je te suivrai partout, et mourrai si tu meurs.

Polyeucte

Ne suivez point mes pas, ou quittez vos erreurs.

Félix

Qu'on l'ôte de mes yeux, et que l'on m'obéisse
Puisqu'il aime à périr, je consens qu'il périsse.

---

(1) Sur moi-même. – (2) Prononcer « enfé » : c'est la rime dite normande, en raison de la prononciation. – (3) Retard. – (4) Me comprendre. – (5) Inversion du sujet, ainsi mis en valeur. – (6) Mon souvenir.

Blaise Pascal (1623-1662)

PASCAL ET LE JANSÉNISME : « LES PROVINCIALES »

Blaise Pascal, enfant, montra des dons précoces pour les mathématiques, puis pour la physique, assimilant, dès l'âge de douze ans, les propositions d'Euclide, rédigeant à seize ans un traité sur les coniques, et construisant à dix-neuf ans la première machine à calculer. Ainsi que toute sa famille, il prend contact avec les idées jansénistes en 1646, mais continue à vivre dans le siècle, non seulement en savant, mais aussi pour trouver une détente dans la fréquentation de mondains, et même de libertins, et dans l'étude de philosophes profanes, comme Épictète et Montaigne.

Le 23 novembre 1654, après une nuit d'extase mystique, il « se convertit », c'est-à-dire qu'il se tourne vers une vie chrétienne plus complète, et bientôt il se plie à des règles plus rigoureuses, dont Port-Royal lui offre le modèle.

Au moment où Pascal, en une « renonciation totale et douce », fait sa « soumission totale à Jésus-Christ et à son directeur », Port-Royal se trouve entraîné dans un rude combat : les jésuites multiplient leurs attaques, Arnauld étudie avec les Messieurs de Port-Royal un projet de justification. L'idée vient de confier à Pascal la rédaction d'un « factum » qui serait capable de toucher le grand public, de le désabuser en lui montrant l'inanité des querelles, la sottise des reproches faits aux jansénistes. Pascal écrit aussitôt la première *Lettre écrite à un provincial par un de ses amis sur le sujet des disputes présentes de la Sorbonne; de Paris, 23 janvier 1656.*

Il en écrit dix-sept autres jusqu'au 16 mars 1657; tantôt sous forme de dialogues qui amènent peu à peu à la victoire de la thèse janséniste, tantôt sous forme d'apostrophes passionnées à ses adversaires, Pascal énonce les principes essentiels, invoque la raison et le bon sens. Il rejette les théories des jésuites sur la grâce, qui ne font pas assez de place à l'intervention divine et conduisent à une indulgence blâmable; il condamne leur casuistique (1) qui, en cherchant les excuses possibles de la faute, aboutit à une morale relâchée, par la pratique de la direction d'intention ou de la restriction mentale (2). Les exemplaires de ces *Petites Lettres,* appelées aussi *Provinciales,* eurent un très grand succès : publiées clandestinement, elles intéressèrent un large public à des problèmes théologiques et moraux auxquels il n'avait jamais eu accès auparavant.

Dans cette « Septième Lettre » : « De la méthode de diriger l'intention selon les casuistes; de la permission qu'ils donnent de tuer pour la défense de l'honneur ou des biens », comme dans les précédentes, Pascal fait parler le « bon père » qui, avec naïveté, accommode la religion aux faiblesses des hommes (sinon, dit-il, il faudrait exclure tous les gentilshommes des confessionnaux) et cherche à concilier « deux choses aussi opposées en apparence que la piété et l'honneur ». Le bon père s'enferre lui-même, et finit par admettre que l'homicide est « justifié en mille rencontres ». L'auteur mène le jeu avec malice car il suppose que la justification précède le meurtre et encourage le meurtrier. Deux morales s'opposent ici : l'une exigeante, l'autre plus réaliste dans son indulgence; ce sont deux conceptions de la religion et de l'homme.

(...) Mais je veux maintenant vous faire voir cette grande méthode dans tout son lustre sur le sujet de l'homicide, qu'elle justifie en mille rencontres, afin que vous jugiez par un tel effet tout ce qu'elle est capable de produire. Je vois déjà, lui dis-je, que par là tout sera permis, rien n'en échappera. Vous allez toujours d'une extrémité à l'autre, répondit le Père : corrigez-vous de cela. Car, pour vous témoigner que nous ne permettons pas tout, sachez que, par exemple, nous ne souffrons jamais d'avoir l'intention formelle de pécher pour le seul dessein de pécher; et que quiconque s'obstine à n'avoir point d'autre fin dans le mal que le mal même, nous rompons avec lui; cela est diabolique : voilà qui est sans exception d'âge,

---

(1) Partie de la théologie morale portant sur les cas de conscience. – (2) Ils prétendent, selon lui, supprimer le péché en ôtant l'intention de pécher : *cf.* texte infra.

de sexe, de qualité. Mais quand on n'est pas dans cette malheureuse disposition, alors nous essayons de mettre en pratique notre méthode de diriger l'intention, qui consiste à se proposer pour fin de ses actions un objet permis. Ce n'est pas qu'autant qu'il est en notre pouvoir nous ne détournions les hommes de choses défendues ; mais quand nous ne pouvons pas empêcher l'action, nous purifions au moins l'intention ; et ainsi nous corrigeons le vice du moyen par la pureté de la fin (1).

Voilà par où nos Pères ont trouvé moyen de permettre les violences qu'on pratique en défendant son honneur. Car il n'y a qu'à détourner son intention du désir de vengeance, qui est criminel, pour la porter au désir de défendre son honneur, qui est permis selon nos Pères. Et c'est ainsi qu'ils accomplissent tous leurs devoirs envers Dieu et envers les hommes.

LES « PENSÉES »

Pascal destinait sa grande apologie de la religion chrétienne avant tout aux indifférents, qu'il voulait éveiller aux problèmes religieux. Il en exposa le dessein général dès 1658, mais le livre ne fut pas mené à terme : à sa mort, on trouva des liasses de notes, des fragments plus ou moins achevés et sans aucun ordre. Port-Royal en fit une publication partielle en 1670, en les groupant arbitrairement. Mais, au XIXe et au XXe siècle, on s'efforça de retrouver les intentions de Pascal à partir de son manuscrit.

Dans cette œuvre, l'auteur fait appel à la fois à l'intelligence et à la sensibilité. Il ne s'adresse ni à un croyant, ni à un athée convaincu, mais à un homme du monde, ou à un libertin, qui ne pense pas à Dieu. Il fait une peinture de la condition humaine saisie dans sa grandeur et dans sa faiblesse, montre que les philosophes ne peuvent guérir son inquiétude, et que l'Écriture sainte seule apporte des solutions raisonnables et accordées à sa vraie nature. Les *Pensées* sont à l'image de la vie de Pascal, en quête de la vérité, d'une vérité vivante, éblouissante, dont une nuit d'extase lui avait donné la vision inoubliable. Il y fait preuve aussi d'un esprit méthodique qui, à mesure qu'il avance, explique sa démarche et la rend exemplaire et universelle. Mais, dans cet ouvrage, nous ne trouvons pas seulement une recherche intellectuelle, un effort de réflexion et de démonstration ; les problèmes concernant la religion, la condition de l'homme, et l'existence même de Dieu y sont envisagés, et la leçon suprême de l'apologie est que seule la religion chrétienne apporte à l'homme une satisfaction totale, comblant simultanément son corps, son esprit et son cœur.

LES DEUX INFINIS

Dans ce texte des Pensées, *deux mouvements symétriques nous entraînent, en une progression vertigineuse, dans des conceptions grandioses et des visions cosmiques ; d'une part, des objets « bas » jusqu'à l'espace incommensurable où notre imagination se perd ; d'autre part, de notre corps aux merveilles inaccessibles de petitesse de ciron* (2), *abîme nouveau où nous nous perdons encore. Ainsi se trouve définie la place de l'homme dans la nature.*

Que l'homme contemple donc la nature entière dans sa haute et pleine majesté ; qu'il éloigne sa vue des objets bas qui l'environnent. Qu'il regarde cette éclatante lumière, mise comme une lampe éternelle pour éclairer l'univers ; que la terre lui paraisse comme un point au prix du vaste tour que cet astre décrit, et qu'il s'étonne de ce que ce vaste tour lui-même n'est qu'une pointe très délicate à l'égard de celui que les astres qui roulent dans le firmament embrassent. Mais si notre vue s'arrête là, que l'imagination passe outre (3) ; elle se lassera plutôt de concevoir, que la nature de fournir. Tout ce monde visible n'est qu'un trait imperceptible dans l'ample sein de la nature. Nulle idée n'en approche. Nous avons beau enfler nos conceptions au-delà des espaces imaginables, nous n'enfantons que des atomes, au prix de la réalité des choses. C'est une sphère infinie dont le centre est partout, la circonférence nulle

(1) Formule percutante, qui porte d'autant plus. – (2) Le plus petit des animaux visibles à l'œil nu ; avant l'invention du microscope, il était le symbole de ce qu'il y avait de plus petit au monde. – (3) Aille au-delà.

part. Enfin c'est le plus grand caractère sensible de la toute-puissance de Dieu, que notre imagination se perde dans cette pensée.

Que l'homme, étant revenu à soi, considère ce qu'il est au prix de ce qui est ; qu'il se regarde comme égaré dans ce canton détourné de la nature ; et que, de ce petit cachot où il se trouve logé, j'entends l'univers, il apprenne à estimer la terre, les royaumes, les villes et soi-même à son juste prix. Qu'est-ce qu'un homme dans l'infini ?

Mais pour lui présenter un autre prodige aussi étonnant, qu'il recherche dans ce qu'il connaît les choses les plus délicates. Qu'un ciron lui offre, dans la petitesse de son corps, des parties incomparablement plus petites, des jambes, du sang dans ses veines, des humeurs dans ce sang, des gouttes dans ces humeurs, des vapeurs dans ces gouttes ; que, divisant encore ces dernières choses, il épuise ses forces en ces conceptions, et que le dernier objet où il peut arriver soit maintenant celui de notre discours ; il pensera peut-être que c'est là l'extrême petitesse de la nature. Je veux lui faire voir là-dedans un abîme nouveau. Je lui veux peindre non seulement l'univers visible mais l'immensité qu'on peut concevoir de la nature, dans l'enceinte de ce raccourci d'atome. Qu'il y voie une infinité d'univers, dont chacun a son firmament, ses planètes, sa terre, en la même proportion que le monde visible : dans cette terre, des animaux, et enfin des cirons dans lesquels il retrouvera ce que les premiers ont donné ; et trouvant encore dans les autres la même chose, sans fin et sans repos, qu'il se perde dans ces merveilles, aussi étonnantes dans leur petitesse que les autres par leur étendue ; car qui n'admirera que notre corps, qui tantôt n'était pas perceptible dans l'univers, imperceptible lui-même dans le sein du tout, soit à présent un colosse, un monde, ou plutôt un tout, à l'égard du néant où l'on ne peut arriver ?

Qui se considérera de la sorte s'effrayera de soi-même et, se considérant soutenu dans la masse que la nature lui a donnée, entre ces deux abîmes de l'infini et du néant, il tremblera dans la vue de ces merveilles ; et je crois que, sa curiosité se changeant en admiration, il sera plus disposé à les contempler en silence qu'à les rechercher avec présomption.

Car enfin qu'est-ce que l'homme dans la nature ? Un néant à l'égard de l'infini, un tout à l'égard du néant, un milieu entre rien et tout. Infiniment éloigné de comprendre les extrêmes, la fin des choses et leur principe sont pour lui invinciblement cachés dans un secret impénétrable, également incapable de voir le néant d'où il est tiré et l'infini où il est englouti.

Que fera-t-il donc, sinon d'apercevoir quelque apparence du milieu des choses, dans un désespoir éternel de connaître ni leur principe ni leur fin ? Toutes ces choses sont sorties du néant et portées jusqu'à l'infini. Qui suivra ces étonnantes démarches ? L'auteur de ces merveilles les comprend. Tout autre ne le peut faire.

LE ROSEAU PENSANT

Pascal ne se fait pas plus d'illusions que Montaigne sur la nature des hommes, même des plus grands philosophes : quelle faiblesse que la raison humaine, trop souvent dupée par la coutume et par l'imagination « maîtresse d'erreur et de fausseté ». Cependant cette pensée (347), rédigée sour une forme presque mathématique, nous montre le paradoxe du destin de l'homme, mélange de néant et de grandeur, tandis que les images elles-mêmes en renforcent le pathétique.

L'homme n'est qu'un roseau, le plus faible de la nature, mais c'est un roseau pensant. Il ne faut pas que l'univers entier s'arme pour l'écraser ; une vapeur, une goutte d'eau suffit pour le tuer. Mais quand (1) l'univers l'écraserait, l'homme serait encore plus noble que ce qui le tue, puisqu'il sait qu'il meurt, et l'avantage que l'univers a sur lui, l'univers n'en sait rien.

Toute notre dignité consiste donc en la pensée. C'est de là qu'il nous faut relever et non de l'espace et de la durée, que nous ne saurions remplir.

Travaillons donc à bien penser : voilà le principe de la morale (347).

LES TROIS ORDRES

Pourtant Pascal ne se laisse aller ni au scepticisme ni au désespoir : ce savant garde sa foi en l'homme ; ce chrétien trouve dans sa religion l'explication et l'acceptation de sa dualité fondamentale, qui s'efface dans une vision ordonnée

(1) Même si.

du monde, selon trois ordres : celui de la « chair », celui de l'« esprit » et, au sommet, celui de la « charité », de l'amour surnaturel. Mais il faut une véritable révélation pour accéder à cet ordre supérieur, et le texte restitue, par son rythme, la force de l'élan mystique de Pascal.

La distance infinie des corps aux esprits figure (1) la distance infiniment plus infinie des esprits à la charité, car elle est surnaturelle.

Tout l'éclat des grandeurs (2) n'a point de lustre (3) pour les gens qui sont dans les recherches de l'esprit.

La grandeur des gens d'esprit est invisible aux rois, aux riches, aux capitaines, à tous ces grands de chair.

La grandeur de la sagesse, qui n'est nulle sinon de Dieu, est invisible aux charnels et aux gens d'esprit. Ce sont trois ordres différents de genre.

Les grands génies ont leur empire (4), leur éclat, leur grandeur, leur victoire et leur lustre, et n'ont nul besoin des grandeurs charnelles où (5) elles n'ont pas de rapport. Ils sont vus, non des yeux, mais des esprits, c'est assez.

Les saints ont leur empire, leur éclat, leur victoire, leur lustre et n'ont nul besoin des grandeurs charnelles ou spirituelles, où elles n'ont nul rapport, car elles n'y ajoutent ni ôtent. Ils sont vus de Dieu et des anges et non des corps ni des esprits curieux (6). Dieu leur suffit.

Archimède sans éclat serait en même vénération. Il n'a pas donné des batailles pour les yeux, mais il a fourni à tous les esprits ses inventions. Ô (7) qu'il a éclaté (8) aux esprits !

Jésus-Christ sans biens, et sans aucune production au dehors de science, est dans son ordre de sainteté. Il n'a point donné d'invention, il n'a point régné, mais il a été humble, patient, saint, saint, saint à Dieu, terrible aux démons, sans aucun péché. Ô qu'il est venu en grande pompe et en une prodigieuse magnificence aux yeux du cœur et qui voient la sagesse !

(Fragment 290)

Équilibre et maturité (1643-1685)

Molière

SA VIE (1622-1673)

Jean-Baptiste Poquelin, fils d'un marchand tapissier du roi, après avoir reçu une solide éducation, décide de se faire comédien et, en 1643, il signe un contrat avec « l'Illustre Théâtre » – c'est-à-dire avec la comédienne Madeleine Béjart et sa famille –, prend le nom de Molière, rencontre maintes difficultés matérielles et se heurte à des rivalités de toutes sortes : « l'Illustre Théâtre », dont il est devenu le directeur, fait faillite en 1645. De 1645 à 1658, les comédiens mènent une vie de voyages, parcourant le midi et l'ouest de la France. Molière fait jouer en 1653 *L'Étourdi,* que suivra *Le Dépit amoureux,* joué à Béziers en 1656.

Rentré à Paris en 1658, Molière, dont la troupe a obtenu la protection de Monsieur, frère du roi, donne en 1659 *Les Précieuses ridicules* et en 1661 *Don Garcie de Navarre,* une tragi-comédie qui fut un échec. Il épouse en 1662 Armande Béjart, sœur de Madeleine, qui a vingt ans de moins que lui. La représentation de *L'École des femmes,* la même année, provoque des discussions passionnées. *Tartuffe* en 1664 rencontre l'hostilité des dévots : la pièce est interdite et ne sera représentée en public, grâce au soutien du roi, qu'en 1669. Molière donne ensuite *Dom Juan* (1665), également en butte à la « cabale des dévots », *Le Misanthrope* (1666), *L'Avare* (1668), *Le Bourgeois gentilhomme* (1670), *Les Femmes savantes* (1672). À la quatrième représentation du *Malade imaginaire* (1673), il a une défaillance sur la scène et meurt quelques heures plus tard.

---

(1) Représente. – (2) Des biens matériels, des fonctions officielles. – (3) D'éclat. – (4) Pouvoir. – (5) Là où. – (6) Qui s'intéressent aux choses de l'esprit. – (7) Oh ! – (8) Il s'est manifesté avec éclat aux yeux des gens d'esprit.

SON ŒUVRE

L'œuvre de Molière est une véritable Comédie humaine, riche d'idées, de jugements. Si quelquefois ses personnages peuvent paraître généraux et simplifiés jusqu'à la caricature, le plus souvent ils sont des êtres réels, enracinés dans leur époque, leur quartier, leur classe sociale, complexes, nuancés, parfois en contradiction avec eux-mêmes.

Molière classe et apprécie ses personnages selon leur sincérité, leur bon sens et, tout simplement, leur bonté. Il a en horreur l'hypocrisie, la tromperie, le mensonge des faux dévots, les prudes de toutes sortes. Il raille tout ce qui est pédant, vaniteux, compliqué, se moque des petits marquis, des précieux, des faux savants, tels le Trissotin et le Vadius des *Femmes savantes.* Il déteste ceux qui font souffrir les autres par cupidité, par jalousie, par égoïsme ou par sottise et s'élève vigoureusement contre les mariages d'intérêts qui ne tiennent pas compte des inclinations naturelles.

Son œuvre est d'un comique constant et vigoureux, parfois comique sérieux, un peu grinçant et amer, comme dans *Le Misanthrope* ou *Dom Juan,* toujours comique de satire qui nous venge des personnages odieux, rire purificateur qui repousse les stupidités et les malveillances, mais aussi verve spontanée, franche gaieté, joie de vivre et de jouer.

L'ÉCOLE DES FEMMES

Arnolphe, tuteur de la jeune Agnès, s'efforce de l'élever dans l'ignorance la plus complète. Cette méfiance n'est peut-être pas si habile qu'il le croit car le jeune Horace, qui le connaît sous un nom d'emprunt, vient lui raconter qu'il a fait la connaissance d'une belle jeune fille : c'est précisément Agnès. Aussi Arnolphe s'empresse-t-il d'interroger sa pupille. On notera la naïveté des réponses, les inutiles détours du tuteur, la curiosité candide d'Agnès, attirée instinctivement vers Horace. (II, 5).

Arnolphe
La promenade est belle.

Agnès
Fort belle.

Arnolphe
Le beau jour.

Agnès
Fort beau.

Arnolphe
Quelle nouvelle?

Agnès
Le petit chat est mort.

Arnolphe
C'est dommage; mais quoi?
Nous sommes tous mortels, et chacun est pour soi.
Lorsque j'étais aux champs, n'a-t-il point fait de [pluie?

Agnès
Non.

Arnolphe
Vous ennuyait-il?

Agnès
Jamais je ne m'ennuie.

Arnolphe
Qu'avez-vous fait encore ces neuf ou dix jours-ci?

Agnès
Six chemises, je pense, et six coiffes aussi.

Arnolphe (ayant un peu rêvé)
Le monde, chère Agnès, est une étrange chose.
Voyez la médisance, et comme chacun cause :
Quelques voisins m'ont dit qu'un jeune homme inconnu
Était en mon absence à la maison venu,
Que vous aviez souffert (1) sa vue et ses harangues;
Mais je n'ai point (2) pris foi sur ces méchantes langues
Et j'ai voulu gager (3) que c'était faussement...

Agnès
Mon Dieu, ne gagez pas : vous perdriez vraiment.

(1) Toléré. – (2) Forme légèrement archaïque : je n'ai pas... – (3) Parier.

Arnolphe
Quoi ! c'est la vérité qu'un homme...

Agnès
Chose sûre.
Il n'a presque bougé de chez nous, je vous jure.

Arnolphe (à part)
Cet aveu qu'elle fait avec sincérité
Me marque pour le moins son ingénuité.
Mais il me semble, Agnès, si ma mémoire est bonne,
Que j'avais défendu que vous vissiez personne.

Agnès
Oui ; mais quand je l'ai vu, vous ignorez pourquoi,
Et vous en auriez fait, sans doute, autant que moi.

Arnolphe
Peut-être. Mais enfin contez-moi cette histoire.

Agnès
Elle est fort étonnante, et difficile à croire.
J'étais sur le balcon à travailler au frais,
Lorsque je vis passer sous les arbres d'auprès
Un jeune homme bien fait, qui rencontrant ma vue
D'une humble révérence aussitôt me salue :
Moi, pour ne point manquer à la civilité,
Je fis la révérence aussi de mon côté.
Soudain il me refait une autre révérence :
Moi, j'en refais de même une autre en diligence (1),
Et lui d'une troisième aussitôt repartant,
D'une troisième aussi j'y repars à l'instant.
Il passe, vient, repasse, et toujours de plus belle
Me fait à chaque fois révérence nouvelle ;
Et moi, qui tous ces tours fixement regardais,
Nouvelle révérence aussi je lui rendais :
Tant que, si sur ce point la nuit ne fût venue,
Toujours comme cela je me serais tenue,
Ne voulant point céder, et recevoir l'ennui (2)
Qu'il me pût estimer moins civile que lui...

TARTUFFE

On a beaucoup parlé de Tartuffe dans les deux premiers actes de la pièce. Orgon et Madame Pernelle ont loué sa sainteté. Dorine, Cléante et Damis ont déploré son influence néfaste sur Orgon et l'importance qu'il a prise dans la maison. Il apparaît enfin en personne à l'acte III (scène 2), avec toute son « affectation » et ses démonstrations de vertu et de piété.

Ici (acte III, scène 3) est mise en évidence la duplicité de Tartuffe, qui n'est pas seulement un faux dévot, dont les déclarations religieuses et les protestations vertueuses sont purement intéressées et factices, mais encore un homme profondément immoral et cynique.

Elmire
J'ai voulu vous parler en secret d'une affaire (3)
Et suis bien aise ici qu'aucun ne nous éclaire.

Tartuffe
J'en suis ravi de même, et sans doute il m'est doux,
Madame, de me voir seul à seul avec vous :
C'est une occasion qu'au Ciel j'ai demandée,
Sans que jusqu'à cette heure il me l'ait accordée.

Elmire
Pour moi, ce que je veux, c'est un mot d'entretien,
Où tout votre cœur s'ouvre, et ne me cache rien.

Tartuffe
Et je ne veux aussi pour grâce singulière
Que montrer à vos yeux mon âme tout entière,
Et vous faire serment que les bruits que j'ai faits
Des visites qu'ici reçoivent vos attraits
Ne sont pas envers vous l'effet d'aucune haine,
Mais plutôt d'un transport de zèle qui m'entraîne
Et d'un pur mouvement...

Elmire
Je le prends bien aussi,
Et crois que mon salut vous donne ce souci.

Tartuffe (Il lui serre le bout des doigts)
Oui, Madame, sans doute ; et ma ferveur est telle...

Elmire
Ouf vous me serrez trop.

Tartuffe
C'est par excès de zèle
De vous faire autre mal, je n'eus jamais dessein,
Et j'aurais bien plutôt...
(Il met la main sur le genou)

Elmire
Que fait là votre main ?

Tartuffe
Je tâte votre habit : l'étoffe en est moelleuse.

(1) Tout aussitôt. – (2) Contrariété : sens fort. – (3) Il s'agit du mariage de Mariane et de Valère, mais Tartuffe croit que ce n'est qu'un prétexte.

Elmire
Ah! de grâce, laissez, je suis fort chatouilleuse;
(Elle recule sa chaise, et Tartuffe rapproche la sienne.)

Tartuffe (maniant le fichu d'Elmire)
Mon Dieu que de ce point l'ouvrage est merveilleux
On travaille aujourd'hui d'un air miraculeux (1);
Jamais, en toute chose, on n'a vu si bien faire.

Elmire
Il est vrai. Mais parlons un peu de notre affaire.
On tient que mon mari veut dégager sa foi,
Et vous donner sa fille. Est-il vrai, dites-moi?

Tartuffe
Il m'en a dit deux mots; mais, Madame, à vrai dire,
Ce n'est pas le bonheur après quoi je soupire;
Et je vois autre part les merveilleux attraits
De la félicité qui fait tous mes souhaits.

Elmire
C'est que vous n'aimez rien des choses de la terre.

Tartuffe
Mon sein n'enferme pas un cœur qui soit de pierre.

Elmire
Pour moi, je crois qu'au Ciel tendent tous vos soupirs,
Et que rien ici-bas n'arrête vos désirs.

Tartuffe
L'amour qui nous attache aux beautés éternelles
N'étouffe pas en nous l'amour des temporelles;
Nos sens facilement peuvent être charmés
Des ouvrages parfaits que le Ciel a formés.
Ses attraits réfléchis brillent dans vos pareilles;
Mais il étale en vous ses plus rares merveilles :
Il a sur votre face épanché des beautés
Dont les yeux sont surpris, et les cœurs transportés,
Et je n'ai pu vous voir, parfaite créature,
Sans admirer en vous l'auteur de la nature,
Et d'une ardente amour sentir mon cœur atteint,
Au plus beau des portraits où lui-même il s'est peint.
D'abord j'appréhendai que cette ardeur secrète
Ne fût du noir esprit (2) une surprise adroite;
Et même à fuir vos yeux mon cœur se résolut,
Vous croyant un obstacle à faire mon salut.
Mais enfin je connus, ô beauté toute aimable,
Que cette passion peut n'être point coupable,
Que je puis l'ajuster avec que la pudeur
Et c'est ce qui m'y fait abandonner mon cœur.
Ce m'est (3), je le confesse, une audace bien grande
Que d'oser de ce cœur vous adresser l'offrande;
Mais j'attends en mes vœux tout de votre bonté,
Et rien des vains efforts de mon infirmité (4);
En vous est mon espoir, mon bien, ma quiétude,
De vous dépend ma peine ou ma béatitude,
Et je vais être enfin, par votre seul arrêt,
Heureux, si vous voulez, malheureux, s'il vous plaît.

Elmire
La déclaration est tout à fait galante,
Mais elle est, à vrai dire, un peu bien surprenante.
Vous deviez, ce me semble, armer mieux votre sein,
Et raisonner un peu sur un pareil dessein.
Un dévot comme vous, et que partout on nomme...

Tartuffe
Ah! pout être dévot, je n'en suis pas moins homme;
Et lorsqu'on vient à voir vos célestes appas,
Un cœur se laisse prendre, et ne raisonne pas.
Je sais qu'un tel discours de moi paraît étrange;
Mais, Madame, après tout, je ne suis pas un ange;
Et si vous condamnez l'aveu que je vous fais,
Vous devez vous en prendre à vos charmants attraits.

LE MALADE IMAGINAIRE

Dans sa dernière œuvre, Molière retrouve le rythme de la farce, sans pour autant négliger ses sujets de prédilection : la fausse science, représentée par M. Diafoirus, médecin, et son fils Thomas, qu'il ridiculise, et le mariage : face au désir égoïste d'Argan, « malade imaginaire », qui souhaite un gendre médecin, la servante Toinette se range du côté de l'amour. Comme souvent chez Molière, la nature et le bon sens sont incarnés par une servante. (I, 5).

TOINETTE : Elle n'a que faire de monsieur Diafoirus, ni de son fils Thomas Diafoirus, ni de tous les Diafoirus du monde.

ARGAN : J'en ai affaire, moi, outre que le parti est plus avantageux qu'on ne pense. Monsieur Diafoirus n'a que ce fils-là pour tout héritier; et, de plus, Monsieur Purgon, qui n'a ni femme ni enfants, lui donne tout son bien en faveur de ce mariage; et monsieur Purgon est un homme qui a huit mille bonnes livres de rente.

TOINETTE : Il faut qu'il ait tué bien des gens, pour s'être fait si riche.

ARGAN : Huit mille livres de rente sont quelque chose, sans compter le bien du père.

TOINETTE : Monsieur, tout cela est bel et bon; mais j'en reviens toujours là : je vous conseille, entre nous, de lui choisir un autre mari; et elle n'est point faite pour être madame Diafoirus.

ARGAN : Et je veux, moi, que cela soit.

TOINETTE : Eh fi! ne dites pas cela.

(1) D'une façon miraculeuse. – (2) De Satan. – (3) C'est de ma part. – (4) Ma faiblesse.

ARGAN : Comment, que je ne dise pas cela?
TOINETTE : Hé non!
ARGAN : Et pourquoi ne le dirai-je pas?
TOINETTE : On dira que vous ne songez pas à ce que vous dites.
ARGAN : On dira ce qu'on voudra; mais je vous dis que je veux qu'elle exécute la parole que j'ai donnée.
TOINETTE : Non : je suis sûre qu'elle ne le fera pas.
ARGAN : Je l'y forcerai bien.
TOINETTE : Elle ne le fera pas, vous dis-je.
ARGAN : Elle le fera, ou je la mettrai dans un couvent.
TOINETTE : Vous?
ARGAN : Moi.
TOINETTE : Bon.
ARGAN : Comment, « bon »?
TOINETTE : Vous ne la mettrez point dans un couvent.
ARGAN : Je ne la mettrai point dans un couvent?
TOINETTE : Non.
ARGAN : Non?
TOINETTE : Non.
ARGAN : Ouais! voici qui est plaisant : je ne mettrai pas ma fille dans un couvent, si je veux?
TOINETTE : Non, vous dis-je.
ARGAN : Qui m'en empêchera?
TOINETTE : Vous-même.
ARGAN : Moi?
TOINETTE : Oui, vous n'aurez pas ce cœur-là.
ARGAN : Je l'aurai.
TOINETTE : Vous vous moquez.
ARGAN : Je ne me moque point.
TOINETTE : La tendresse paternelle vous prendra.
ARGAN : Elle ne me prendra point.
TOINETTE : Une petite larme ou deux, des bras jetés au cou, un « mon petit papa mignon », prononcé tendrement, sera assez pour vous toucher.
ARGAN : Tout cela ne fera rien.
TOINETTE : Oui, oui.
ARGAN : Je vous dis que je n'en démordrai point.
TOINETTE : Bagatelles.
ARGAN : Il ne faut point dire « bagatelles ».
TOINETTE : Mon Dieu! je vous connais, vous êtes bon naturellement.
ARGAN, *avec emportement :* Je ne suis point bon, et je suis méchant quand je veux.
TOINETTE : Doucement, Monsieur; vous ne songez pas que vous êtes malade.
ARGAN : Je lui commande absolument de se préparer à prendre le mari que je dis.
TOINETTE : Et moi, je lui défends absolument d'en faire rien.
ARGAN : Où est-ce que nous sommes? et quelle audace est-ce là à une coquine de servante de parler de la sorte devant son maître?
TOINETTE : Quant un maître ne songe pas à ce qu'il fait, une servante bien sensée est en droit de le redresser.

La Fontaine (1621-1695)

Né à Château-Thierry, Jean de La Fontaine y exerça, après son père, la charge de maître des Eaux et Forêts. Épicurien et nonchalant, il eut la chance de trouver tout au long de sa vie des protecteurs dévoués : le surintendant Fouquet, Madame de La Sablière chez qui il passe plus de vingt ans (1672-1693).

Le premier recueil des *Fables* paraît en 1668, quelques années après la publication des *Contes et Nouvelles,* et le second recueil paraîtra en 1678. Renouvelant la tradition du genre, La Fontaine y fait entrer un tableau satirique de la société de son temps. Il y manifeste son talent de conteur, son sens de l'observation pittoresque. Transplanté tardivement à Paris, il a gardé le goût de la nature. Il sait peindre sur le vif aussi bien les petites gens – artisans et paysans – que les gens de cour et les bourgeois. Il emprunte tout à tour les tons les plus divers, prolonge une fable familière et malicieuse en une méditation lyrique ou philosophique.

LA JEUNE VEUVE

On retrouve dans cette fable le même scepticisme aimable que dans les Contes, *s'exprimant sur un ton de badinage léger que rehausse une note de poésie gracieuse et précieuse. En face de la « jeune veuve », le père de famille, de façon traditionnelle, exprime une philosophie souriante, indulgente et désabusée, celle de La Fontaine. Comme le dit la « morale » qui précède le texte : « Sur les ailes du Temps la tristesse s'envole. » (VI, 21).*

L'époux d'une jeune beauté
Partait pour l'autre monde. À ses côtés, sa femme
Lui criait : « Attends-moi, je te suis ; et mon âme,
Aussi bien que la tienne, est prête à s'envoler. »
Le mari fait seul le voyage.
La belle avait un père, homme prudent et sage ;
Il laissa le torrent couler.
À la fin, pour la consoler :
« Ma fille, lui dit-il, c'est trop verser de larmes :
Qu'a besoin le défunt que vous noyiez vos charmes ?
Puisqu'il est des vivants, ne songez plus aux morts.
Je ne dis pas que tout à l'heure
Une condition meilleure
Change en des noces ces transports ;
Mais, après certain temps, souffrez qu'on vous [propose
Un époux beau, bien fait, jeune, et tout autre chose
Que le défunt. – Ah ! dit-elle aussitôt,
Un cloître est l'époux qu'il me faut. »
Le père lui laissa digérer sa disgrâce.
Un mois de la sorte se passe ;
L'autre mois, on l'emploie à changer tous les jours
Quelque chose à l'habit, au linge, à la coiffure ;
Le deuil enfin sert de parure,
En attendant d'autres atours ;
Toute la bande des Amours
Revient au colombier ; les jeux, les ris (1), la danse,
Ont aussi leur tour à la fin :
On se plonge soir et matin
Dans la fontaine de Jouvence (2).
Le père ne craint plus ce défunt tant chéri ;
Mais comme il ne parlait de rien à notre belle :
« Où donc est le jeune mari
Que vous m'avez promis ? » dit-elle.

LES OBSÈQUES DE LA LIONNE

La satire, tour à tour ironique, amusée et véhémente, prend souvent pour cible l'étiquette et le cérémonial de cour, le monarque infatué et naïf, les courtisans serviles à l'égard du roi et impitoyables à l'égard d'autrui. Pour en tempérer l'audace, La Fontaine met en scène des animaux. Mais en entremêlant délibérément des mots et des détails disparates, dont les uns conviennent à des animaux et les autres à des hommes, il accentue le caractère conventionnel de cet élément traditionnel de la fable, allant parfois jusqu'au burlesque (VIII, 14).

La femme du lion mourut ;
Aussitôt chacun accourut
Pour s'acquitter envers le prince
De certains compliments de consolation
Qui sont surcroît d'affliction.
Il fit avertir sa province
Que les obsèques se feraient
Un tel jour, en tel lieu ; ses prévôts y seraient
Pour régler la cérémonie,
Et pour placer la compagnie.
Jugez si chacun s'y trouva.
Le prince aux cris s'abandonna,
Et tout son antre en résonna ;
Les lions n'ont point d'autre temple.
On entendit, à son exemple,
Rugir en leur patois messieurs les courtisans.
Je définis la cour un pays où les gens,
Tristes, gais, prêts à tout, à tout indifférents,
Sont ce qu'il plaît au prince, ou, s'ils ne peuvent [l'être,
Tâchent au moins de le paraître :
Peuple caméléon, peuple singe du maître ;
On dirait qu'un esprit anime mille corps :
C'est bien là que les gens sont de simples ressorts (3).
Pour revenir à notre affaire,
Le cerf ne pleura point. Comment eût-il pu faire ?
Cette mort le vengeait : la reine avait jadis
Étranglé sa femme et son fils.
Bref, il ne pleura point. Un flatteur l'alla dire,
Et soutint qu'il l'avait vu rire.
La colère du roi, comme dit Salomon,
Est terrible ; et surtout celle du roi lion ;
Mais ce cerf n'avait pas accoutumé de lire.
Le monarque lui dit : « Chétif hôte des bois,
Tu ris, tu ne suis pas ces gémissantes voix.
Nous n'appliquerons point sur tes membres profanes
Nos sacrés ongles : venez, loups,
Vengez la reine ; immolez tous
Ce traître à ses augustes mânes. »
Le cerf reprit alors : « Sire, le temps des pleurs
Est passé ; la douleur est ici superflue.
Votre digne moitié, couchée entre des fleurs,
Tout près d'ici m'est apparue ;
Et je l'ai d'abord reconnue :
« Ami, m'a-t-elle dit, garde que ce convoi,
Quand je vais chez les dieux, ne t'oblige à des larmes ;
Aux champs Élysiens j'ai goûté mille charmes,
Conversant avec ceux qui sont saints comme moi.
Laisse agir quelque temps le désespoir du roi :
J'y prends plaisir. » À peine on eut ouï la chose,
Qu'on se mit à crier : « Miracle ! Apothéose ! »
Le cerf eut un présent, bien loin d'être puni.
Amusez les rois par des songes,
Flattez-les, payez-les d'agréables mensonges :
Quelque indignation dont leur cœur soit rempli,
Ils goberont (4) l'appât ; vous serez leur ami.

---

(1) Rires. – (2) Fontaine légendaire dont l'eau redonne jeunesse à ceux qui l'ont perdue. – (3) Noter la violence à peine déguisée de ce passage. – (4) Avaleront.

Bossuet

SA VIE (1627-1704)

Jacques-Bénigne Bossuet, après ses études au collège des Jésuites de Dijon, puis sa théologie à Paris, fut reçu docteur en Sorbonne en 1652 peu après avoir été ordonné prêtre. Il prêchera à Paris de 1659 à 1669.

Nommé évêque de Condom en 1669, reçu à l'Académie française en 1671, il est chargé de l'éducation du Grand Dauphin en 1670, pour lequel il compose le *Discours sur l'histoire universelle* (1681) et le *Traité de la connaissance de Dieu et de soi-même,* après avoir complété ses connaissances sur l'histoire et la politique et avoir médité sur la nature humaine.

Évêque de Meaux de 1681 à 1704, après le mariage du Dauphin, il se consacre avec ardeur à son diocèse. L'âge ne ralentit pas son activité et n'affaiblit pas la vigueur de sa pensée : il continue ses controverses avec les protestants, tout en souhaitant la réunion des Églises. Il prend violemment à partie le théâtre contemporain et l'œuvre de Molière, qu'il accuse de corrompre les mœurs dans ses *Maximes et réflexions sur la Comédie* (1694). Il attaque sans merci tout ce qui lui paraît déviation du dogme ou hérésie : ainsi, il condamne la casuistique, attaque Fénelon et le quiétisme (1), se refusant à admettre son mysticisme trop individualiste et sa piété indépendante et peu conformiste, jusqu'à le faire condamner par le pape en 1699.

SON ŒUVRE

Moraliste avant tout, ce directeur de conscience est, à chaque instant, conscient des responsabilités qui lui incombent : il veut la chasteté des mœurs, la régularité de la vie, la charité à l'égard des pauvres, en bon disciple de saint Vincent de Paul (2). Ainsi, prêchant le *Carême du Louvre* en 1662, il ne manqua pas, malgré son admiration pour le roi, de lui rappeler ses devoirs envers ceux qui meurent de faim.

...se peut-il faire que vous entendiez la voix languissante des pauvres (3), qui tremblent devant vous, qui, accoutumés à surmonter leur pauvreté par leur travail et par leurs sueurs, se laissent mourir de faim plutôt que de découvrir leur misère ? C'est pourquoi ils meurent de faim : oui, Messieurs, ils meurent de faim dans vos terres, dans vos châteaux, dans les villes, dans les campagnes, à la porte et aux environs de vos hôtels ; nul ne court à leur aide : hélas ! ils ne vous demandent que le superflu, quelques miettes de votre table, quelques restes de votre grande chère.

Or ce moraliste exigeant est un psychologue avisé. Il a connu le monde, vécu dans le Paris de la Fronde, vu les pièces de Corneille, lu la littérature profane, avant de se détacher à vingt et un ans de toutes ces vanités. Il connaît les insuffisances de notre nature ; il a découvert l'horreur de la mort, non parce qu'il la craint lui-même, mais parce qu'il a été touché par le sort d'Henriette d'Angleterre ; il a senti non moins profondément que Pascal le malheur de la condition humaine. Mais il possède aussi la solution de tous nos malheurs et le remède à tous nos défauts, nos révoltes et nos erreurs : de même que, selon lui, l'histoire universelle s'explique par les desseins de la Providence, que le peuple doit trouver justice et bonheur dans une monarchie héréditaire conforme à la loi naturelle, de même toute notre vie matérielle et morale s'ordonne définitivement dans l'amour de Dieu.

---

(1) *Cf.* p. 134 note (10). – (2) Chez qui il a fait retraite en 1652, au moment de son ordination. – (3) Bossuet vient d'expliquer que nous sommes uniquement préoccupés de satisfaire nos passions.

ORAISON FUNÈBRE D'HENRIETTE-MARIE DE FRANCE (1), REINE D'ANGLETERRE (Exorde)

« Grand genre » classique en prose, l'oraison funèbre a la noblesse de l'épopée ou de la tragédie, et Bossuet en prononça plusieurs, restées célèbres. Celle du 16 novembre 1669 en l'honneur d'Henriette de France remémore une destinée semblable à celles qui inspiraient Corneille; cette grande reine est une héroïne véritable, et la période de Bossuet n'est pas inférieure à l'alexandrin. Mais l'oraison funèbre n'est pas une œuvre d'art désintéressée, elle constitue une démonstration éclatante de la puissance divine : Bossuet sait joindre ici au rappel nécessaire de l'histoire de son temps une haute leçon sur le sens chrétien de la mort.

Chrétiens, que la mémoire d'une grande reine, fille, femme, mère de rois si puissants, et souveraine de trois royaumes, appelle de tous côtés à cette triste cérémonie, ce discours vous fera paraître un de ces exemples redoutables qui étalent aux yeux du monde sa vanité tout entière. Vous verrez dans une seule vie toutes les extrémités des choses humaines : la félicité sans bornes, aussi bien que les misères; une longue et paisible jouissance d'une des plus nobles couronnes de l'univers; tout ce que peuvent donner de plus glorieux la naissance et la grandeur accumulées sur une tête, qui ensuite est exposée à tous les outrages de la fortune; la bonne cause d'abord suivie de bons succès, et, depuis, des retours soudains; des changements inouïs; la rébellion longtemps retenue, à la fin tout à fait maîtresse; nul frein à la licence; les lois abolies, la majesté violée par des attentats jusques alors inconnus; l'usurpation et la tyrannie sous le nom de liberté; une reine fugitive, qui ne trouve aucune retraite dans trois royaumes, et à qui sa propre patrie n'est plus qu'un triste lieu d'exil; neuf voyages sur mer entrepris par une princesse malgré les tempêtes; l'Océan étonné de se voir traversé tant de fois en des appareils si divers, et pour des causes si différentes; un trône indignement renversé, et miraculeusement rétabli. Voilà les enseignements que Dieu donne aux rois : ainsi fait-il voir au monde le néant de ses pompes et de ses grandeurs.

ORAISON FUNÈBRE D'HENRIETTE-ANNE D'ANGLETERRE (2)

Le même avertissement apparaît à travers ce récit saisissant de la mort de Madame, où l'émotion se propage à travers les cris des témoins, le sourd tocsin des mots abstraits, les adjectifs moraux, le mouvement même de l'âme de l'orateur qui revit ces heures de douleur et d'étonnement, irréfutable exemple de l'inconstance des choses humaines.

Ô nuit désastreuse, ô nuit effroyable, où retentit tout à coup, comme un éclat de tonnerre, cette étonnante nouvelle : Madame se meurt, Madame est morte! Qui de nous ne se sentit frappé à ce coup, comme si quelque tragique accident avait désolé sa famille? Au premier bruit d'un mal si étrange, on accourut à Saint-Cloud de toutes parts; on trouve tout consterné, excepté le cœur de cette princesse. Partout on entend des cris, partout on voit la douleur et le désespoir, et l'image de la mort. Le roi, la reine, Monsieur (3), toute la cour, tout le peuple, tout est abattu, tout est désespéré, et il me semble que je vois l'accomplissement de cette parole du prophète : « le roi pleurera, le prince sera désolé, et les mains tomberont au peuple, de douleur et d'étonnement ».

Mais et les princes et les peuples gémissaient en vain. En vain Monsieur, en vain le roi tenait Madame serrée par de si étroits embrassements. Alors ils pouvaient dire l'un et l'autre, avec saint Ambroise : *Stringebam brachia, sed jam amiseram quam tenebam.* « Je serrais les bras, mais j'avais déjà perdu ce que je tenais. » La princesse leur échappait parmi des embrassements si tendres, et la mort plus puissante nous l'enlevait entre ces royales mains. Quoi donc,

(1) Fille d'Henri IV et de Marie de Médicis (1609-1669), mariée à Charles Ier d'Angleterre en 1625, elle aida efficacement lors de la lutte contre le Parlement, participa aux combats avant de fuir en France en 1644, où elle apprit la défaite et l'exécution de son mari; elle assista de façon inespérée au couronnement de son fils, mais se retira au couvent de Chaillot pour y mourir en fervente chrétienne. – (2) Henriette-Anne Stuart, fille de Charles Ier et d'Henriette de France, eut du succès dès sa présentation à la cour en 1660. Elle épousa le duc d'Orléans, frère du roi, protégea Molière et Racine, fut chargée d'importantes missions diplomatiques et mourut subitement et assez mystérieusement. – (3) On nomme ainsi le frère du roi.

elle devait périr si tôt ! Dans la plupart des hommes, les changements se font peu à peu, et la mort les prépare ordinairement à son dernier coup. Madame cependant a passé du matin au soir, ainsi que l'herbe des champs. Le matin elle fleurissait, avec quelles grâces, vous le savez : le soir, nous la vîmes séchée, et ces fortes expressions, par lesquelles l'Écriture sainte exagère l'inconstance des choses humaines, devaient être pour cette princesse si précises et si littérales...

La Rochefoucauld

SA VIE (1613-1680)

Après une jeunesse aventureuse, François, duc de La Rochefoucauld, dès l'âge de seize ans, fait ses premières armes en Italie ; puis il participe à un complot contre Richelieu, prend part à la Fronde. Vaincu et grièvement blessé, il renonce à l'action, se retire dans ses terres (1652) et entreprend la rédaction de ses mémoires.

De retour à Paris en 1656, il fréquente les salons. En 1665 paraissent ses *Maximes,* qui connaîtront cinq éditions de son vivant.

SON ŒUVRE

Déçu dans ses ambitions, aigri, désabusé, La Rochefoucauld offre dans ses *Maximes* une vision peu consolante de la nature humaine. L'amour-propre, ou, pour mieux dire, l'égoïsme, y apparaît le mobile essentiel de toutes nos actions, même de celles qui semblent inspirées par les plus nobles sentiments. Cependant çà et là La Rochefoucauld exalte quelques hautes vertus, telle l'intrépidité, en hommage à certaines âmes d'élite en qui s'associent, comme chez les héros cornéliens, le courage indomptable et la calme lucidité de la raison.

La Rochefoucauld, dans ses *Maximes,* selon les lois du genre, rehausse la finesse de l'analyse par la qualité de l'expression. Il sait tirer parti des symétries de construction, des oppositions de termes, des comparaisons et des images. Inlassablement, d'une édition à l'autre, il retouche la forme de ses phrases : sans cesse, il élague, visant à la concision et à la densité et toujours, par un choix plus judicieux des mots, il serre de plus près la pensée.

Ce qui paraît générosité n'est souvent qu'une ambition déguisée, qui méprise de petits intérêts, pour aller à de plus grands. (Éd. I.)

L'amour de la justice n'est, en la plupart des hommes, que la crainte de souffrir l'injustice. (Éd. I.)

La clémence des princes n'est souvent qu'une politique pour gagner l'affection des peuples. (Éd. I.)

Maxime retouchée :

– L'amitié la plus sainte et la plus sacrée n'est qu'un trafic où nous croyons toujours gagner quelque chose. *(Manuscrit.)*

– L'amitié la plus désintéressée n'est qu'un trafic où notre amour-propre se propose toujours quelque chose à gagner. (*Éd. de* 1665.)

– L'amitié la plus désintéressée n'est qu'un commerce où notre amour-propre se propose toujours quelque chose à gagner. (*Éd. de* 1666-1671-1675.)

– Ce que les hommes ont nommé amitié n'est qu'une société, qu'un ménagement réciproque d'intérêts et qu'un échange de bons offices ; ce n'est enfin qu'un commerce où l'amour-propre se propose toujours quelque chose à gagner. (*Éd. de* 1678.)

Jean Racine

SA VIE (1639-1699)

Orphelin de bonne heure, Jean Racine poursuit durant trois ans ses études à Port-Royal (1655-1658). Aux austères jansénistes qui furent ses maîtres, il doit pour une large part sa vision peu consolante de l'âme humaine livrée à ses passions et esclave de sa faiblesse.

À l'helléniste Lancelot en particulier, il doit cette culture grecque assez rare chez les écrivains de son temps, qui détermine souvent le choix de ses sujets. Il rompt avec Port-Royal quand il s'oriente vers la vie mondaine et le théâtre. Et c'est alors, d'*Andromaque* (1667) à *Phèdre* (1677), la période des grands chefs-d'œuvre : *Britannicus* (1669), *Bérénice* (1670), *Bajazet* (1672), *Mithridate* (1673), *Iphigénie* (1674).

L'échec de *Phèdre* amène une réconciliation avec Port-Royal, et il abandonne le théâtre. Il y reviendra douze ans plus tard, sur la demande de Mme de Maintenon, pour composer deux pièces d'inspiration religieuse, *Esther* et *Athalie,* à l'intention des demoiselles de Saint-Cyr (1).

LA FATALITÉ

La dramaturgie racinienne met en évidence l'impitoyable fatalité qui pèse sur les hommes. L'action progresse, par le jeu des volontés, des passions antagonistes des personnages, d'une situation en équilibre fragile, peu à peu déstabilisée, à un point d'acmé où un seul mot – ou un silence – entraîne inévitablement le dénouement, la mort ou l'absolue solitude. À cela s'ajoute le rôle des légendes, des dieux antiques ou du « Dieu caché », celui des jansénistes, qui accentue le tragique de la condition humaine.

LA PASSION

Racine excelle à suggérer les passions collectives, les mouvements de foule, les intrigues de cour de la Rome impériale, les rivalités politiques de la Grèce, l'atmosphère lourde d'un sérail. Mais son analyse psychologique s'attache surtout aux âmes troublées, tourmentées, en lesquelles la violence de la passion – amour, ambition... – lutte à la fois contre les passions rivales et la voix de leur propre conscience. Ainsi l'on pénètre dans un univers où l'harmonie sereine, la poésie des vers servent de toile de fond à la cruauté, la « fureur », la folie et le crime.

BRITANNICUS

L'empereur Néron, après avoir gouverné trois ans avec sagesse l'empire romain, « cesse de se contraindre ». Il fait enlever Junie, promise à Britannicus, et l'oblige à rompre avec son fiancé. Mais Junie, au cours d'un entretien privé, explique à Britannicus la contrainte qu'elle a subie. Néron arrive pendant cette conversation, et l'on a là un exemple de la violence de la passion qui anime les personnages raciniens, traduite par la vivacité du dialogue. (III, 8.)

BRITANNICUS

Rome met-elle au nombre de vos droits
Tout ce qu'a de cruel l'injustice et la force,
Les emprisonnements, le rapt et le divorce (2)?

NÉRON

Rome ne porte point ses regards curieux
Jusque dans des secrets que je cache à ses yeux.
Imitez son respect.

BRITANNICUS

On sait ce qu'elle en pense.

NÉRON

Elle se tait du moins : imitez son silence.

BRITANNICUS

Ainsi Néron commence à ne se plus forcer.

(1) École pour jeunes filles, dont s'occupe personnellement Mme de Maintenon. – (2) Pour épouser Junie, Néron n'hésiterait pas à divorcer d'Octavie, sœur de Britannicus.

NÉRON
Néron de vos discours commence à se lasser.

BRITANNICUS
Chacun devait bénir le bonheur de son règne.

NÉRON
Heureux ou malheureux, il suffit qu'on me craigne.

BRITANNICUS
Je connais mal Junie, ou de tels sentiments
Ne mériteront pas ses applaudissements.

NÉRON
Du moins, si je ne sais le secret de lui plaire,
Je sais l'art de punir un rival téméraire.

BRITANNICUS
Pour moi, quelque péril qui me puisse accabler,
Sa seule inimitié peut me faire trembler.

NÉRON
Souhaitez-la : c'est tout ce que je vous puis dire.

BRITANNICUS
Le bonheur de lui plaire est le seul où j'aspire.

NÉRON
Elle vous l'a promis, vous lui plairez toujours.

BRITANNICUS
Je ne sais pas du moins épier ses discours.
Je la laisse expliquer sur tout ce qui me touche,
Et ne me cache point pour lui fermer la bouche.

NÉRON
Je vous entends. Hé bien, Gardes!

PHÈDRE

Phèdre, épouse de Thésée, aime son beau-fils Hippolyte. Consumée à la fois par sa passion incestueuse et par le remords, en proie à une immense détresse physique et morale, elle inspire plus de compassion que d'horreur. Le déroulement de la scène, en une progression irrésistible, nous montre Phèdre cédant peu à peu devant les instances de sa nourrice Œnone, et bientôt acculée à un aveu qui révolte sa pudeur mais qui la libère, tout en déclenchant la « machine infernale » qui la conduira, ainsi qu'Hippolyte et Œnone, à la mort. (I, 3)

ŒNONE
Madame, au nom des pleurs que pour vous [j'ai versés,
Par vos faibles genoux que je tiens embrassés (1),
Délivrez mon esprit de ce funeste doute.

PHÈDRE
Tu le veux. Lève-toi.

ŒNONE
Parlez : je vous écoute.

PHÈDRE
Ciel! que lui vais-je dire? et par où commencer?

ŒNONE
Par de vaines frayeurs cessez de m'offenser.

PHÈDRE
Ô haine de Vénus! Ô fatale colère!
Dans quels égarements l'amour jeta ma mère (2)!

ŒNONE
Oublions-les Madame, et qu'à tout l'avenir (3)
Un silence éternel cache ce souvenir.

PHÈDRE
Ariane, ma sœur, de quel amour blessée
Vous mourûtes aux bords où vous fûtes laissée (4)!

ŒNONE
Que faites-vous, Madame? et quel mortel ennui (5)
Contre tout votre sang vous anime aujourd'hui?

PHÈDRE
Puisque Vénus le veut, de ce sang déplorable
Je péris la dernière et la plus misérable (6).

ŒNONE
Aimez-vous?

PHÈDRE
De l'amour j'ai toutes les fureurs (7).

(1) J'entoure de mes bras : geste rituel des suppliants. – (2) Phèdre est fille de Minos et de Pasiphaé, elle-même fille du Soleil, ennemi de Vénus dont il avait dévoilé les amours. Punie par Vénus, Pasiphaé aima un taureau dont elle conçut le Minotaure. – (3) Pour la postérité. – (4) Thésée avait abandonné Ariane, qui l'avait pourtant aidé à sortir du labyrinthe après qu'il eut tué le Minotaure. – (5) Désespoir. – (6) Malheureuse. – (7) Violents emportements.

ŒNONE

Pour qui?

PHÈDRE

Tu vas ouïr le comble des horreurs.
J'aime... À ce nom fatal, je tremble, je frissonne.
J'aime...

ŒNONE

Qui?

PHÈDRE

Tu connais ce fils de l'Amazone,
Ce prince si longtemps par moi-même opprimé?

ŒNONE

Hippolyte? Grands dieux!

PHÈDRE

C'est toi qui l'as nommé!

ŒNONE

Juste ciel! tout mon sang dans mes veines se glace!
Ô désespoir? ô crime! ô déplorable (1) race!
Voyage infortuné! Rivage malheureux (2),
Fallait-il approcher de tes bords dangereux?

PHÈDRE

Mon mal vient de plus loin. À peine au fils d'Égée (3)
Sous les lois de l'hymen je m'étais engagée,
Mon repos, mon bonheur semblait être affermi,
Athènes me montra mon superbe (4) ennemi.
Je le vis, je rougis, je pâlis à sa vue;
Un trouble s'éleva dans mon âme éperdue;
Mes yeux ne voyaient plus, je ne pouvais parler,
Je sentis tout mon corps et transir et brûler.
Je reconnus Vénus et ses feux redoutables,
D'un sang qu'elle poursuit tourments inévitables.
Par des vœux assidus je crus les détourner :
Je lui bâtis un temple, et pris soin de l'orner;
De victimes moi-même à toute heure entourée,
Je cherchais dans leurs flancs (5) ma raison égarée.
D'un incurable amour remèdes impuissants!
En vain sur les autels ma main brûlait l'encens :
Quand ma bouche implorait le nom de la déesse,
J'adorais Hippolyte, et le voyant sans cesse,
Même au pied des autels que je faisais fumer,
J'offrais tout à ce dieu que je n'osais nommer.
Je l'évitais partout. Ô comble de misère!
Mes yeux le retrouvaient dans les traits de son père.
Contre moi-même enfin j'osai me révolter :
J'excitai mon courage (6) à le persécuter.
Pour bannir l'ennemi dont j'étais idolâtre,
J'affectai les chagrins d'une injuste marâtre;
Je pressai son exil, et mes cris éternels
L'arrachèrent du sein et des bras paternels.
Je respirais, Œnone; et depuis son absence
Mes jours moins agités coulaient dans l'innocence;
Soumise à mon époux, et cachant mes ennuis,
De son fatal hymen je cultivais les fruits (7).
Vaines précautions! Cruelle destinée!
Par mon époux lui-même à Trézène amenée,
J'ai revu l'ennemi que j'avais éloigné :
Ma blessure trop vive aussitôt a saigné.
Ce n'est plus une ardeur dans mes veines cachées :
C'est Vénus toute (8) entière à sa proie attachée.
J'ai conçu pour mon crime une juste terreur.
J'ai pris la vie en haine et ma flamme en horreur;
Je voulais en mourant prendre soin de ma gloire (9),
Et dérober au jour une flamme si noire.
Je n'ai pu soutenir tes larmes, tes combats;
Je t'ai tout avoué; je ne m'en repens pas,
Pourvu que de ma mort respectant les approches,
Tu ne m'affliges plus par d'injustes reproches,
Et que tes vains secours cessent de rappeler
Un reste de chaleur tout prêt à s'exhaler.

Madame de Sévigné

SA VIE (1626-1696)

Orpheline à l'âge de sept ans, Marie de Rabutin-Chantal fut élevée de façon très soignée par son oncle, abbé de Livry. Elle épouse en 1644 le marquis de Sévigné, gentilhomme séduisant mais volage et dépensier, qui meurt en duel en 1651. Veuve avec deux enfants, elle renonce à se remarier, fréquente la société mondaine et les salons littéraires où elle a de nombreux amis.

---

(1) Digne de pitié. – (2) Il s'agit de Trézène, port proche d'Athènes. – (3) Thésée. – (4) Orgueilleux : Hippolyte semble mépriser l'amour. – (5) Il s'agit du rituel divinatoire. – (6) Cœur. – (7) Ses deux jeunes enfants. – (8) Accord possible au XVIIe siècle. – (9) Mon honneur.

Le mariage de sa fille, tendrement chérie, lui cause un grand chagrin : cette dernière suit en 1669 son mari, le comte de Grignan, nommé lieutenant général en Provence. Dès lors, elle lui envoie de nombreuses lettres où elle lui exprime sa tendresse et la tient au courant des événements et des potins de sa vie quotidienne.

L'ÉPISTOLIÈRE

Les lettres de Mme de Sévigné sont le plus vivant reportage sur la vie et l'histoire, au jour le jour, du dernier tiers du XVIIe siècle. Les grands événements de la cour, de la ville et de la province y sont évoqués (le procès de Fouquet, le passage du Rhin...), mais aussi les échos mondains sur la faveur croissante de Mme de Maintenon, la disgrâce de Pomponne, l'affaire des poisons, les grandes premières théâtrales. Même les faits divers, infimes parfois, du voisinage sont commentés dans une conversation vive et spontanée.

LA CHRONIQUE DE LA COUR

Cette femme qui n'écrivit que des lettres intimes est un des plus grands écrivains classiques : non seulement elle parle une langue aisée, souple et précise par le vocabulaire et la syntaxe, mais encore elle a le don de l'humour, quand elle présente sous forme de devinette le rhumatisme qui la torture par exemple, et surtout un sens inné de la composition narrative qui suscite la curiosité et tient l'attention en éveil, comme dans ce texte où elle évoque un épisode de la vie de la cour : le mariage du comte de Lauzun.

À COULANGES

À Paris, ce lundi 15 décembre 1670.

Je m'en vais vous mander la chose la plus étonnante, la plus surprenante, la plus merveilleuse, la plus miraculeuse, la plus triomphante, la plus étourdissante, la plus inouïe, la plus singulière, la plus extraordinaire, la plus incroyable, la plus imprévue, la plus grande, la plus petite, la plus rare, la plus commune, la plus éclatante, la plus secrète jusqu'aujourd'hui, la plus brillante, la plus digne d'envie : enfin une chose dont on ne trouve qu'un exemple dans les siècles passés, encore cet exemple n'est-il pas juste ; une chose que l'on ne peut pas croire à Paris (comment la pourrait-on croire à Lyon (1) ?) ; une chose qui fait crier miséricorde à tout le monde ; une chose qui comble de joie Mme de Rohan et Mme d'Hauterive (2) ; une chose enfin qui se fera dimanche, où ceux qui la verront croiront avoir la berlue (3), une chose qui se fera dimanche, et qui ne sera peut-être pas faite lundi. Je ne puis me résoudre à la dire ; devinez-la : je vous le donne en trois. Jetez-vous votre langue aux chiens ? Et bien ! il faut donc vous la dire : M. de Lauzun épouse dimanche au Louvre, devinez qui ? Je vous le donne en quatre, je vous le donne en dix ; je vous le donne en cent. Mme de Coulanges dit : Voilà qui est bien difficile à deviner ; c'est Mme de La Vallière – Point du tout, madame. – C'est donc Mlle de Retz ? – Point du tout, vous êtes bien provinciale. – Vraiment nous sommes bien bêtes, dites-vous, c'est Mlle Colbert ? – Encore moins. – C'est assurément Mlle de Créquy (4) ? – Vous n'y êtes pas. Il faut donc à la fin vous le dire : il épouse dimanche, au Louvre, avec la permission du Roi, Mademoiselle, Mademoiselle de... Mademoiselle... devinez le nom : il épouse Mademoiselle, ma foi ! par ma foi ! ma foi jurée ! Mademoiselle, la grande Mademoiselle ; Mademoiselle, fille de feu Monsieur (5) ; Mademoiselle, petit-fille de Henri IV ; mademoiselle d'Eu, mademoiselle de Dombes, mademoiselle de Montpensier, mademoiselle d'Orléans ; Mademoiselle, cousine germaine du Roi ; Mademoiselle, destinée au trône ; Mademoiselle, le seul parti de France qui fût digne de Monsieur (6). Voilà un beau sujet de discourir. Si vous criez, si vous êtes hors de vous-même, si vous dites que nous avons menti, que cela est faux, qu'on se moque de vous, que voilà une belle raillerie, que cela est bien fade à imaginer (7) ; si enfin vous nous dites des injures : nous trouverons que vous avez raison ; nous en avons fait autant que vous.

(1) Coulanges s'y trouve alors. – (2) Elles avaient épousé des hommes de condition inférieure à la leur. – (3) Rêver. – (4) Ces femmes sont les meilleurs partis d'alors. – (5) Le frère de Louis XIII. – (6) Philippe d'Orléans, frère de Louis XIV. – (7) C'est une invention peu spirituelle.

UNE MÈRE PASSIONNÉE

Ces lettres sont parfois des lettres d'amour. Mme de Sévigné exprime avec une ardeur extrême son amour exclusif pour une fille dont elle ne put jamais se résoudre à être séparée. Aucune réserve d'amour-propre ou de dignité maternelle, aucune fausse pudeur n'atténuent le ton de ces lettres où s'affirment une tendre et inquiète sollicitude et une sensibilité ardente. La phrase « sensible » que Rousseau retrouvera dans La Nouvelle Héloïse *apparaît déjà ici avec ses caractères essentiels ; rompue par les répétitions, les exclamations et les apostrophes, elle est plus proche du cri que du discours.*

À Madame de Grignan.

À Paris, mercredi 27 septembre 1679.

Je suis venue ici un jour ou deux, avec le bon abbé, pour mille petites affaires. Ah, mon Dieu ! ma très-aimable, quel souvenir que le jour de votre départ ! J'en solennise (1) souvent la mémoire ; je ne puis encore du tout en soutenir la pensée ; on dit qu'il faut la chasser, elle revient toujours. Il y a justement aujourd'hui quinze jours, ma chère enfant, que je vous voyais et vous embrassais encore : il me semble que je ne pourrai jamais avoir le courage de passer un mois, et deux mois, et trois mois. Ah ! ma fille, c'est une éternité ! J'ai des bouffées et des heures de tendresse que je ne puis contenir. Quelle possession vous avez prise de mon cœur, et quelle « trace » vous avez faite « dans la tête ». Vous avez raison d'en être bien persuadée ; vous ne sauriez aller trop loin ; ne craignez point de passer le but ; allez, allez, portez vos idées où vous voudrez, elles n'iront pas au delà ; et pour vous, ma fille, ah ! ne croyez point que j'aie pour remède à ma tendresse la pensée de n'être pas aimée de vous : non, non, je crois que vous m'aimez, je m'abandonne sur ce pied-là (2), et j'y compte sûrement.

Madame de La Fayette (1634-1693)

De petite noblesse, fille d'honneur d'Anne d'Autriche, mariée en 1655 au comte de La Fayette, plus âgé qu'elle de dix-huit ans, elle est en relation avec le monde littéraire, et finit par se fixer à Paris alors que son mari réside le plus souvent en Auvergne. Elle écrit alors plusieurs romans dont *Zaïde,* roman à la manière espagnole (1670) et *La Princesse de Clèves,* publié en 1678, sans nom d'auteur. Elle mène une vie active, s'occupe de l'avenir de ses fils et se charge même de missions diplomatiques.

LA PRINCESSE DE CLÈVES

Son principal roman, se passe à la cour d'Henri II : Mlle de Chartres, mariée à seize ans au prince de Clèves qui l'aime avec ferveur, trouve l'amour en rencontrant le duc de Nemours, et cet amour est réciproque. La jeune femme résiste à sa passion, l'avoue à son mari, mais celui-ci éprouve un désespoir profond et finit par mourir. Elle n'épousera jamais le duc de Nemours et ne survivra guère à M. de Clèves.

Aussi fine dans l'analyse psychologique que n'importe quel roman précieux, cette œuvre les dépasse tous par sa simplicité et sa vraisemblance naturelle, sa force dramatique et sa sobriété d'expression.

La cruauté de l'amour est évidente dans ce roman : M. de Clèves meurt de n'être pas aimé de sa femme; Mme de Clèves, qui se sent responsable de la mort de son mari, ne pourra jamais accepter les hommages de M. de Nemours, qu'elle aime avec ardeur et dont elle se sépare à tout jamais. Or, comme dans ce texte, cette cruauté s'allie à une parfaite politesse : l'élégance de l'expression, la noble sobriété des attitudes font de cette œuvre le symbole d'une humanité à la fois digne et passionnée.

(1) Je célèbre avec solennité, avec gravité. – (2) Je me laisse aller à cette idée.

Mme de Clèves était si éloignée de s'imaginer que son mari pût avoir des soupçons contre elle qu'elle écouta toutes ces paroles sans les comprendre, et sans avoir d'autre idée, sinon qu'il lui reprochait son inclination pour M. de Nemours ; enfin, sortant tout d'un coup de son aveuglement :

– Moi, des crimes ! s'écria-t-elle ; la pensée même m'en est inconnue. La vertu la plus austère ne peut inspirer d'autre conduite que celle que j'ai eue ; et je n'ai jamais fait d'action dont je n'eusse souhaité que vous eussiez été témoin.

– Eussiez-vous souhaité, répliqua M. de Clèves, en la regardant avec dédain, que je l'eusse été des nuits que vous avez passées avec M. de Nemours ? Ah ! Madame, est-ce de vous dont je parle, quand je parle d'une femme qui a passé des nuits avec un homme ?

– Non, Monsieur, reprit-elle ; non, ce n'est pas de moi dont vous parlez. Je n'ai jamais passé ni de nuits ni de moments avec M. de Nemours. Il ne m'a jamais vue en particulier ; je ne l'ai jamais souffert, ni écouté, et j'en ferais tous les serments...

– N'en dites pas davantage, interrompit M. de Clèves ; de faux serments ou un aveu me feraient peut-être une égale peine.

Mme de Clèves ne pouvait répondre ; ses larmes et sa douleur lui ôtaient la parole ; enfin, faisant un effort :

– Regardez-moi du moins ; écoutez-moi, lui dit-elle. S'il n'y allait que de mon intérêt, je souffrirais ces reproches ; mais il y va de votre vie ; écoutez-moi, pour l'amour de vous-même : il est impossible qu'avec tant de vérité, je ne vous persuade mon innocence.

– Plût à Dieu que vous me la puissiez persuader, s'écria-t-il ; mais que me pouvez-vous dire ? M. de Nemours n'a-t-il pas été à Coulommiers avec sa sœur ? Et n'avait-il pas passé les deux nuits précédentes avec vous dans le jardin de la forêt ?

– Si c'est là mon crime, répliqua-t-elle, il m'est aisé de me justifier. Je ne vous demande point de me croire ; mais croyez tous vos domestiques, et sachez (1) si j'allai dans le jardin de la forêt la veille que (2) M. de Nemours vint à Coulommiers, et si je n'en sortis pas le soir d'auparavant (3) deux heures plus tôt que je n'avais accoutumé.

Elle lui conta ensuite comme elle avait cru voir quelqu'un dans ce jardin. Elle lui avoua qu'elle avait cru que c'était M. de Nemours. Elle lui parla avec tant d'assurance, et la vérité se persuade si aisément lors même qu'elle n'est pas vraisemblable, que M. de Clèves fut presque convaincu de son innocence.

Boileau

SA VIE (1636-1711)

Nicolas Boileau-Despréaux fit de bonnes études classiques, puis étudia la théologie et le droit ; mais il se mêla tôt aux poètes satiriques. Après 1657, l'héritage paternel lui permet de vivre indépendant et il commence à écrire des satires : son admiration pour Molière et sa colère contre Chapelain (1663) s'y inscrivent tout naturellement. En 1666, il compose le *Dialogue des héros de roman,* satire des romans d'aventures galantes. Ces années sont marquées par une véritable petite guerre de pamphlets, satires, discours et opuscules de toutes sortes.

Mais à partir de 1668, Boileau mène une vie plus régulière et rédige des œuvres moins combatives ; il fréquente les salons, se fait présenter au roi en 1674 et reçoit une pension, en devient même l'historiographe en 1677, en même temps que Racine qu'il défend au moment de la Cabale de *Phèdre* (4). Tout en ne publiant que peu d'œuvres poétiques, il continue à jouer un grand rôle dans la vie littéraire : élu en 1684 à l'Académie française, il intervient dans la lutte des Anciens et des Modernes (5). Il nous offre une synthèse des débats littéraires de son temps, et des *Réflexions Critiques* (1694) pertinentes.

L'ÉCRIVAIN SATIRIQUE

Observateur pittoresque, Boileau se fit d'abord connaître par ses *Satires,* dont les notations exactes et l'expression brillante et vive captent toujours l'attention. Les premières

(1) Cherchez à savoir. – (2) La veille du jour où. – (3) Le soir précédent. – (4) Coalition d'hommes de lettres et de mondains qui tenta de faire échouer la pièce. – (5) *Cf.* p. 136.

sont surtout morales : les détails concrets y traduisent les vices des hommes. L'ensemble constitue un tableau sombre mais amusant de la sottise et de la folie des hommes du temps, et les écrivains ridicules n'y sont pas oubliés. Ce redoutable satirique est aussi critique littéraire, dans la parodie du *Dialogue des héros de roman,* tout comme dans le long poème du *Lutrin,* véritables démolitions, par le ridicule et le burlesque, des romans héroïques et galants ; le bon sens pratique, le respect de l'histoire et la simple psychologie y condamnent sans recours l'héroïsme factice, l'invraisemblance des sentiments et des gestes, la mascarade anachronique des personnages et des situations.

L'ART POÉTIQUE

Exposé méthodique des caractéristiques de la tragédie telle qu'elle est conçue à l'époque, le début du Chant III *est aussi un rappel des grands principes de l'art classique dont elle est le « grand genre » le plus représentatif. Boileau y refait, après Aristote, la théorie de l'imitation, mais aussitôt il note la nécessité de plaire et de toucher. Puis il précise les impératifs techniques : le sujet doit être au plus tôt expliqué dans « l'exposition », le lieu et le temps bien définis et limités, l'action unique ; de façon générale, l'œuvre doit être vraisemblable, acceptable pour l'esprit : une progression dramatique qui s'éclaire tout à coup par une révélation raisonnable satisfait pleinement l'intelligence. Ainsi se mêlent habilement les précisions techniques et les vues générales qui assimilent peu à peu la tragédie et l'essence même de l'art classique.*

Il n'est point de serpent, ni de monstre odieux,
Qui par l'art imité ne puisse plaire aux yeux.
D'un pinceau délicat l'artifice agréable
Du plus affreux objet fait un objet aimable.
Ainsi, pour nous charmer, la Tragédie en pleurs
D'Œdipe tout sanglant fit parler les douleurs,
D'Oreste parricide exprima les alarmes,
Et pour nous divertir nous arracha des larmes (...).
Que dans tous vos discours la passion émue
Aille chercher le cœur, l'échauffe, et le remue.
Si d'un beau mouvement l'agréable fureur
Souvent ne nous remplit d'une douce terreur,
Ou n'excite en notre âme une pitié charmante,
En vain vous étalez une scène savante :
Vos froids raisonnements ne feront qu'attiédir
Un spectateur toujours paresseux d'applaudir,
Et qui des vains efforts de votre Rhétorique,
Justement fatigué, s'endort, ou vous critique.
Le secret est d'abord de plaire et de toucher :
Inventez des ressorts qui puissent m'attacher.
  Que dès les premiers vers l'action préparée,
Sans peine, du sujet aplanisse l'entrée.
Je me ris d'un acteur qui lent à l'exprimer,
De ce qu'il veut d'abord ne sait pas m'informer,
Et qui débrouillant mal une pénible intrigue
D'un divertissement me fait une fatigue.
J'aimerais mieux encor qu'il déclinât son nom,
Et dise : je suis Oreste, ou bien Agamemnon
Que d'aller par un tas de confuses merveilles,
Sans rien dire à l'esprit étourdir les oreilles.
Le sujet n'est jamais assez tôt expliqué.
  Que le lieu de la scène y soit fixe et marqué.
Un rimeur, sans péril, delà les Pyrénées (1),
Sur la scène en un jour renferme des années.
Là souvent le héros d'un spectacle grossier,
Enfant au premier acte, est barbon au dernier.
Mais nous, que la Raison à ses règles engage,
Nous voulons qu'avec art l'action se ménage :
Qu'en un lieu, qu'en un jour, un seul fait accompli
Tienne jusqu'à la fin le théâtre rempli.
  Jamais au spectateur n'offrez rien d'incroyable.
Le Vrai peut quelquefois n'être pas vraisemblable.
Une merveille absurde est pour moi sans appas.
L'esprit n'est point ému de ce qu'il ne croit pas.
Ce qu'on ne doit point voir, qu'un récit nous [l'expose :
Les yeux en le voyant saisiraient mieux la chose.
Mais il est des objets que l'Art judicieux
Doit offrir à l'oreille, et reculer des yeux.
  Que le trouble toujours croissant de scène en scène
À son comble arrivé se débrouille sans peine.
L'esprit ne se sent point plus vivement frappé,
Que lorsque en un sujet d'intrigue enveloppé,
D'un secret tout à coup la vérité connue
Change tout, donne à tout une face imprévue.

(1) Au-delà des Pyrénées, à l'étranger.

Fin de siècle troublée (1685-1715)

La Bruyère

SA VIE (1645-1696)

Reçu avocat au parlement de Paris, Jean de La Bruyère acheta, grâce à un héritage, un office de trésorier des finances ; il put ainsi mener une vie calme et solitaire et observer les hommes de son temps. À quarante ans, il entre dans la maison de Condé comme précepteur du duc de Bourbon. Les Condé ne sont pas gens d'humeur facile et régulière, et deux années de préceptorat ne lui apportent guère de satisfaction. Pourtant, après la mort du Grand Condé, le plus estimable et celui qui l'aimait le mieux, il reste au château de Chantilly, sans doute afin de continuer à étudier la cour et la ville.

Après quelques hésitations, il livre au public en 1688, sans nom d'auteur, les *Caractères de Théophraste,* traduits du grec, avec *Les Caractères ou les Mœurs de ce siècle.* Le succès est immédiat et retentissant : on cherche les originaux des portraits, des « clefs » circulent, et trois éditions sont épuisées en un an. La Bruyère, tout en protestant contre ces procédés, multiplie les portraits dans les cinq éditions successives (de 1689 à 1694), triplant ainsi l'épaisseur de son ouvrage.

Il n'est admis qu'en 1693 à l'Académie française, et la séance de réception est l'occasion de pointes et de sarcasmes contre lui de la part des « Modernes » (1). Une véritable campagne s'organise, dont il se défend dans la préface de son édition de 1694, en précisant les intentions morales et religieuses des *Caractères.*

LES CARACTÈRES

La Bruyère ajoute à la précision de l'analyse psychologique un tableau étendu des mœurs contemporaines, des petits travers et des grands vices des hommes de son temps ; il a minutieusement observé les manies, les vanités, les mensonges, les égoïsmes, la futilité, la coquetterie féminine. Il ne se contente pas d'en décrire les aspects amusants, pour flatter la curiosité de ses lecteurs ; en moraliste chrétien, il connaît les faiblesses graves de la nature humaine et s'efforce de les corriger.

C'est surtout l'examen critique de cette société qui lui a paru nécessaire, car il s'indignait de sa dégradation : il décrit l'envers d'une monarchie prestigieuse, la bassesse des courtisans, la vilenie des financiers parvenus (2), la puissance corruptrice de l'argent, la misère du peuple, l'humiliation des pauvres, les abus judiciaires qu'inspire l'intelligence brimée. Sa critique ne diffère de celle du XVIIIe siècle que parce qu'elle épargne les institutions elles-mêmes.

ARRIAS

On ne peut trouver plus grand hâbleur (3) que cet Arrias qui explique à l'ambassadeur venu d'une cour du Nord ce qui se passe dans cette cour. La Bruyère a soigneusement ménagé la surprise finale, imitant la verve du menteur.

Arrias a tout lu, a tout vu ; il veut le persuader ainsi : c'est un homme universel, et il se donne pour tel ; il aime mieux mentir que de se taire ou de paraître ignorer quelque chose. On parle à la table d'un grand d'une cour du Nord ; il prend la parole, et l'ôte à ceux qui allaient dire ce qu'ils en savent ; il s'oriente dans cette région lointaine comme s'il en était originaire ; il discourt des mœurs de cette cour, des fem-

(1) *Cf.* p. 136. – (2) *Cf.* p. 88. – (3) Grand bavard, vantard qui exagère toujours.

mes du pays, de ses lois et de ses coutumes; il récite des historiettes qui y sont arrivées; il les trouve plaisantes, et il en rit le premier jusqu'à éclater. Quelqu'un se hasarde de le contredire, et lui prouve nettement qu'il dit des choses qui ne sont pas vraies : Arrias ne se trouble point, prend feu au contraire contre l'interrupteur. « Je n'avance, lui dit-il, je ne raconte rien que je ne sache d'original; je l'ai appris de Sethon, ambassadeur de France dans cette cour, revenu à Paris depuis quelques jours, que je connais familièrement, que j'ai fort interrogé, et qui ne m'a caché aucune circonstance. » Il reprenait le fil de sa narration avec plus de confiance qu'il ne l'avait commencée, lorsque l'un des conviés lui dit : « C'est Sethon à qui vous parlez, lui-même, et qui arrive de son ambassade. »

GNATHON

Bourgeois parisien sans doute, Gnathon nous est présenté dans le vivant contexte de sa vie quotidienne; sa tenue à table nous rappelle que ces malpropretés étaient alors d'un usage courant, que l'on commençait à combattre. Mais tous ces détails, s'ils sont pittoresques, visent à nous peindre non seulement un grotesque, mais un ennemi du genre humain.

Gnathon ne vit que pour soi, et tous les hommes sont à son égard comme s'ils n'étaient point. Non content de remplir à une table la première place, il occupe à lui seul celle de deux autres; il oublie que le repas est pour lui et pour toute la compagnie; il se rend maître du plat, et fait son propre (1) de chaque service; il ne s'attache à aucun des mets, qu'il n'ait achevé (2) d'essayer de tous; il voudrait pouvoir les savourer tous tout à la fois. Il ne se sert à table que de ses mains; il manie les viandes, les remanie, démembre, déchire, et en use de manière qu'il faut que les conviés, s'ils veulent manger, mangent ses restes. Il ne leur épargne aucune de ces malpropretés dégoûtantes, capables d'ôter l'appétit aux plus affamés; le jus et les sauces lui dégouttent (3) du menton et de la barbe; s'il enlève un ragoût de dessus un plat, il le répand en chemin dans un autre plat et sur la nappe : on le suit à la trace; il mange haut et avec grand bruit; il roule les yeux en mangeant; la table est pour lui un râtelier (4); il écure (5) ses dents, et il continue à manger. Il se fait, quelque part où il se trouve, une manière d'établissement, et ne souffre pas d'être plus pressé (6) au sermon ou au théâtre que dans sa chambre. Il n'y a dans un carrosse que les places du fond qui lui conviennent : dans tout autre, si on veut l'en croire, il pâlit et tombe en faiblesse. S'il fait un voyage avec plusieurs, il les prévient (7) dans les hôtelleries et il sait toujours se conserver dans la meilleure chambre le meilleur lit. Il tourne tout à son usage; ses valets, ceux d'autrui, courent dans le même temps pour son service; tout ce qu'il trouve sous sa main lui est propre, hardes, équipages. Il embarrasse tout le monde, ne se contraint pour personne, ne plaint personne, ne connaît de maux que les siens, que sa réplétion (8) et sa bile, ne pleure point la mort des autres, n'appréhende que la sienne, qu'il rachèterait volontiers de l'extinction du genre humain (9).

Fénelon

SA VIE (1651-1715)

François de Salignac de La Mote-Fénelon, ordonné prêtre en 1675, devient supérieur de la « Congrégation des Nouvelles Catholiques » qui réunissait de jeunes protestantes récemment converties. Désigné en 1689 précepteur du petit-fils de Louis XIV, puis élu à l'Académie française, il est bientôt nommé archevêque de Cambrai.

Mais l'affaire du quiétisme (10) provoque sa disgrâce. La publication de son *Télémaque,* où l'on voit une satire du roi et de la cour, achève de le discréditer. Exilé dès lors dans son diocèse, la mort de son élève en 1712 lui enlève son dernier espoir de rétablir son crédit perdu.

---

(1) Sa propriété. – (2) Avant d'avoir achevé. – (3) Tombent goutte à goutte. – (4) Endroit où l'on place le foin des chevaux à l'écurie. – (5) Récure, nettoie. – (6) Serré par la foule. – (7) Arrive avant eux. – (8) Surabondance de sang. – (9) Il échangerait sa mort contre celle de toute l'humanité. – (10) Doctrine de certains mystiques, selon laquelle il faut s'anéantir soi-même pour s'unir à Dieu et se tenir dans un état de contemplation passive. Elle fut condamnée comme hérétique par le pape Innocent XII en 1699.

SON ŒUVRE

Auteur du *Traité de l'éducation des filles* (1687) (1) et précepteur habile, Fénelon est un éducateur né, plein de douceur et de fermeté; indulgent en apparence, il ne perd pas de vue son but : il n'hésite pas à insérer dans les aventures de *Télémaque* une intrigue amoureuse, pour mettre son élève en garde contre les charmes féminins; il nous peint son jeune héros si près de succomber aux ruses de Vénus, que Mentor le jette à l'eau pour le forcer à quitter l'île.

Mais la politique tient, dans les œuvres de Fénelon, plus de place que chez aucun autre écrivain du XVIIe siècle : le *Télémaque,* rédigé vers 1695, sous une forme légendaire et romancée, est une initiation à l'art d'être roi, qui comporte des conseils pertinents et précis.

Accompagné de Mentor, qui n'est autre que Minerve, Télémaque, parti à la recherche de son père, est jeté par la tempête sur l'île de Calypso. Au cours du récit qu'il fait à la déesse de ses aventures, nous le voyons témoin du bonheur des Crétois sous le sage gouvernement du roi Minos (I, 5). En condamnant le despotisme et en prônant chez le monarque le souci du bien public, la justice et l'humanité, Fénelon annonce la monarchie libérale et vertueuse, idéal du XVIIIe siècle, tandis qu'en condamnant le luxe il précède Rousseau.

Je lui (2) demandai en quoi consistait l'autorité du roi, et il me répondit : « Il peut tout sur les peuples; mais les lois peuvent tout sur lui. Il a une puissance absolue pour faire le bien, et les mains liées dès qu'il veut faire le mal. Les lois lui confient les peuples comme le plus précieux de tous les dépôts, à condition qu'il sera le père de ses sujets. Elles veulent qu'un seul homme serve, par sa sagesse et par sa modération, à la félicité de tant d'hommes; et non pas que tant d'hommes servent, par leur misère et par leur servitude lâche, à flatter l'orgueil et la mollesse d'un seul homme. Le roi ne doit rien avoir au-dessus des autres, excepté ce qui est nécessaire ou pour le soulager dans ses pénibles fonctions, ou pour imprimer aux peuples le respect de celui qui doit soutenir les lois. D'ailleurs le roi doit être plus sobre, plus ennemi de la mollesse, plus exempt de faste et de hauteur, qu'aucun autre. Il ne doit point avoir plus de richesse et de plaisirs, mais plus de sagesse, de vertu et de gloire que le reste des hommes. Il doit être au dehors le défenseur de la patrie, en commandant les armées; et au dedans, le juge des peuples, pour les rendre bons, sages et heureux. Ce n'est point pour lui-même que les dieux l'ont fait roi : il ne l'est que pour être l'homme des peuples : c'est aux peuples qu'il doit tout son temps, tous ses soins, toute son affection : et il n'est digne de la royauté qu'autant qu'il s'oublie lui-même pour se sacrifier au bien public. Minos n'a voulu que ses enfants régnassent après lui qu'à condition qu'ils régneraient suivant ces maximes : il aimait encore plus son peuple que sa famille. C'est par une telle sagesse qu'il a rendu la Crète si puissante et si heureuse; c'est par cette modération qu'il a effacé la gloire de tous les conquérants qui veulent faire servir les peuples à leur grandeur, c'est-à-dire à leur vanité; enfin, c'est par sa justice qu'il a mérité d'être aux enfers le souverain juge des morts.

Fénelon eut le courage de s'adresser personnellement à Louis XIV en mai 1693. La hardiesse de ses critiques, la nouveauté des principes énoncés dans le *Télémaque* provoquèrent sa disgrâce. Pourtant, inspiré par une foi ardente et profonde, son désir sincère de faire régner la justice de Dieu et l'amour des hommes rappelle Bossuet : la politique rejoint ici la révélation mystique.

Que vois-je dans toute la Nature? Dieu, Dieu partout, et encore Dieu seul. Quand je pense, Seigneur, que tout l'être est en vous, vous épuisez et vous engloutissez, ô abîme de vérité, toute ma pensée; je ne sais ce que je deviens, tout ce qui n'est point vous disparaît, et à peine me reste-t-il de quoi me trouver encore moi-même. Qui ne vous voit point n'a rien vu; qui ne vous goûte point n'a jamais rien senti, il est comme s'il n'était pas.

(Existence de Dieu.)

(1) *Cf.* p. 90. – (2) À Mentor.

La Querelle des Anciens et des Modernes

ATTAQUES ET CONTRE-ATTAQUES

Au cours des dernières années du siècle, un mouvement, qui est le reflet d'un état d'esprit général, s'opère vers une émancipation de la pensée et de l'art. C'est alors qu'est remis en question le culte de l'Antiquité qui, depuis la Renaissance, n'a cessé de croître. En effet, les apports de la civilisation dans tous les domaines ouvraient des perspectives nouvelles sur le génie proprement « moderne » et certains esprits hardis, tels Descartes et Pascal, en prônant les conquêtes de l'esprit humain, s'étaient faits partisans du progrès contre le préjugé rétrograde de la supériorité des Anciens.

Une vraie querelle éclata. On vit Charles Perrault, l'auteur des *Contes,* déclarer la guerre aux Anciens et tenter de les démystifier.

Ils sont grands, il est vrai, mais hommes comme nous;
Et l'on peut comparer, sans crainte d'être injuste
Le siècle de Louis au beau siècle d'Auguste...

On vit Boileau contre-attaquer avec de violentes épigrammes, entouré de ses amis Racine, La Fontaine et La Bruyère.

VICTOIRE DES « MODERNES »

Cependant, de 1688 à 1692, la défense des « Modernes » va leur assurer un solide succès. Leurs armes, plus efficaces que l'injure ou l'épigramme, seront des « raisons », autrement dit des arguments. *La Digression sur les Anciens et les Modernes,* de Fontenelle et *Les Parallèles des Anciens et des Modernes,* de Perrault sont publiés la même année, en 1688. Fontenelle introduit dans la « querelle » un élément de réflexion philosophique.

Un bon esprit cultivé est, pour ainsi dire, composé de tous les esprits des siècles précédents; ce n'est qu'un même esprit qui s'est cultivé pendant tout ce temps-là. Ainsi cet homme, qui a vécu depuis le commencement du monde jusqu'à présent, a eu son enfance, où il ne s'est occupé que des besoins les plus pressants de la vie, sa jeunesse où il a assez bien réussi aux choses d'imagination, telles que la poésie et l'éloquence, et où même il a commencé à raisonner, mais avec moins de solidité que de feu. Il est maintenant dans l'âge de la virilité, où il raisonne avec plus de force et plus de lumières que jamais. Rien n'arrête tant le progrès des choses, rien ne borne tant les esprits que l'admiration excessive des anciens. Parce qu'on s'était tout dévoué à l'autorité d'Aristote, et qu'on ne cherchait la vérité que dans ses écrits énigmatiques, et jamais dans la nature, non seulement la philosophie n'avançait en aucune façon, mais elle était tombée dans un abîme de galimatias et d'idées inintelligibles, d'où l'on a eu toutes les peines du monde à la retirer... Si l'on allait s'entêter un jour de Descartes et le mettre à la place d'Aristote, ce serait à peu près le même inconvénient.

La clairvoyance de Fontenelle devait gagner l'opinion à la cause de son parti; la victoire des Modernes sera soulignée par son élection à l'Académie en 1691.

Le XVIIIe siècle, avec son ouverture aux problèmes politiques et sociaux et son sens des réalités contemporaines, consacrera la victoire définitive des « Modernes » : cette victoire aura des prolongements considérables.

Questions et recherches

Histoire

• Quels sont les faits historiques qui déséquilibrent le XVIIe siècle ?
• La question religieuse au XVIIe siècle : analysez-en les causes, les faits et les conséquences.
• Quels sont les faits qui permirent, au XVIIe siècle, la constitution d'un État puissant ?
• Présentez l'œuvre de Louis XIV et de ses ministres.

Civilisation

• Montrez comment, au XVIIe siècle, la pensée française évolue vers un « règne de la Raison ».
• Quel rôle joua la Préciosité au XVIIe siècle ?
• Présentez la vie sociale au XVIIe siècle.
• Qu'appelle-t-on « honnête homme » au XVIIe siècle ?
• L'art au XVIIe siècle :
– Qu'appelle-t-on le baroque ? Comment se manifeste-t-il ?
– Quelles sont les caractéristiques du classicisme ?
– Pourquoi peut-on parler d'un « art de cour » ?
– Présentez le théâtre du XVIIe siècle.

Littérature

① PRIÈRE POUR LE ROI HENRI

• Comment Malherbe représente-t-il le monde d'antan ?
• Quelle image du roi et de la monarchie Malherbe présente-t-il ?
• Quels sont les éléments stylistiques (lexicaux, syntaxiques, métriques...) qui donnent à cette ode un ton solennel ?
• Étudiez la valeur des adjectifs qualificatifs dans ce poème.

② PARAPHRASE DU PSAUME CXLV

• Expliquez les vers 2 et 3.
• Étudiez les conceptions religieuses qui s'expriment dans ce poème.
• Quel effet produisent les rythmes de ce texte ?

③ SATIRE DU « FÂCHEUX »

• Quels sont les passages du texte où se manifeste le coupable excès qui caractérise le poète misérable ?
• Expliquez les 4 derniers vers.
• Cette satire est celle, traditionnelle, du « fâcheux », de l'importun : de quelles fautes est-il coupable ?
• Transposez au style direct, et dans un français moderne, le passage de discours indirect.

④ SONNET DE THÉOPHILE DE VIAU

• Étudiez l'emploi et le rôle des négations dans ce sonnet.
• Quel effet produisent les images qui figurent dans ce texte ?
• Montrez comment apparaît déjà, dans ce sonnet, l'harmonie entre la nature et l'état d'âme du poète.

⑤ LES VISIONS

• Expliquez l'expression : « un sinistre augure ».
• Par quels éléments concrets Saint-Amant fait-il naître l'angoisse ?
• Quelle image du poète ce texte laisse-t-il apparaître ?

⑥ LA MER

• Comment ce texte est-il construit ?
• Qu'est-ce qui contribue à rapprocher ce poème d'un tableau impressionniste ?

⑦ CLÉLIE

• Quelles sont les caractéristiques qui différencient les routes qui partent de « Nouvelle Amitié » ?

• Quels sont les périls qui guettent l'amour ?
• Montrez comment la Préciosité allie, dans la route qui mène à l'amour, le concret et l'abstrait.
• Essayez de définir précisément ce que la Préciosité entend par « Tendre ».

⑧ LE ROMAN COMIQUE

• Étudiez la satire de la vie provinciale à travers ce texte.
• Par quels procédés comiques Scarron ridiculise-t-il le personnage de Ragotin ?
• Marquez les différentes étapes du récit, et cherchez le « gag » burlesque qui correspond à chacune d'elles.
• Étudiez l'effet produit par le rythme de la dernière phrase.

⑨ LE CID. III, 4

• Expliquez les vers 5 et 6 et la morale de l'honneur qu'ils expriment.
• Relevez les symétries de ce passage et expliquez l'effet qu'elles produisent.
• À partir de ce texte, analysez d'où vient le tragique du théâtre cornélien.
• Versification : séparez les syllabes de l'alexandrin dans le passage « Va t'en, ne te montre plus... vertu » ; étudiez alors le rôle des coupes, des « e » muets ou prononcés, des rythmes.

⑩ POLYEUCTE. V, 3

• Résumez les arguments invoqués par Pauline.
• Relevez et expliquez les vers qui montrent l'élévation, presque inhumaine, du héros cornélien.
• Quel est l'idéal qui soutient Polyeucte ? Quels éléments stylistiques renforcent son expression ?

⑪ LES PROVINCIALES

• Marquez les différentes étapes du texte.
• Relevez les passages chargés d'ironie ; quel effet produisent-ils ?
• Expliquez ce que le jésuite appelle « la direction d'intention ».
• Qu'est-ce que Pascal reproche à la morale des jésuites ? Quelle est la sienne ?

⑫ LES DEUX INFINIS

• Par quelles techniques Pascal fait-il comprendre ce que sont « l'infini de grandeur » et « l'infini de petitesse » ?
• Relevez les subjonctifs et les interrogations : quel rôle jouent-ils dans le texte ?
• Dégagez la structure de ce texte ; quelle place Pascal accorde-t-il à l'homme ?

⑬ LE ROSEAU PENSANT

• Analysez la formulation « mathématique » de cette pensée.
• Expliquez le « raisonnement a fortiori » fait par Pascal.

⑭ LES TROIS ORDRES

• Définissez les caractéristiques propres à chaque « ordre ».
• Relevez les parallélismes : dans quel but Pascal les utilise-t-il ?
• Caractérisez le style du dernier paragraphe : pourquoi ce choix ?

⑮ L'ÉCOLE DES FEMMES. II, 5

• Relevez les preuves de l'ingénuité d'Agnès.
• Quelles sont les différentes attitudes adoptées par Arnolphe face à sa pupille ? Que révèlent-elles de son caractère ?
• Marquez les étapes de la tirade d'Agnès : quels effets de rythme Molière utilise-t-il ?

⑯ TARTUFFE. III, 3

• Classez dans un tableau de deux colonnes les termes employés par Tartuffe :
– se référant à la religion ;
– se référant aux choses terrestres.
Dans quel but Molière mêle-t-il ces deux registres ?
• L'attitude d'Elmire vous paraît-elle habile ?
• Par quels arguments Tartuffe se disculpe-t-il ? Portez un jugement sur ce personnage.
• Relevez les éléments comiques de cette scène ? Le ton général vous paraît-il comique ?

⑰ LE MALADE IMAGINAIRE. I, 5

• Étudiez les éléments comiques de ce passage.
• Quelle image Molière nous donne-t-il des « pères » de son temps ?
• Qui est victorieux dans ce combat ? Pourquoi ?

⑱ LA JEUNE VEUVE

• Marquez les étapes chronologiques de ce texte : quel effet La Fontaine recherche-t-il ?
• Étudiez l'emploi de « on » dans cette fable.
• Observez les variations métriques : quel effet La Fontaine en tire-t-il ?
• Quel jugement La Fontaine porte-t-il, selon vous, sur les deux personnages de sa fable ?

⑲ LES OBSÈQUES DE LA LIONNE

• Classez dans un tableau de deux colonnes les termes propres au monde animal et ceux propres au monde humain : dans quel but La Fontaine les mêle-t-il ?
• Relevez toutes les preuves d'habileté dans le discours du cerf.
• Quelle image du roi et de la cour La Fontaine nous présente-t-il ? Qui blâme-t-il le plus ? Pourquoi ?

⑳ ORAISON FUNÈBRE D'HENRIETTE-MARIE DE FRANCE

• Relevez les termes marquant la grandeur royale.
• Quels sont, d'après ce texte, les dangers courus par les rois ?
• Dégagez la structure du texte : quelle en est la partie la plus importante ? Pourquoi ?
• Quel sens Bossuet donne-t-il au mot « vanité » ?

㉑ ORAISON FUNÈBRE D'HENRIETTE-ANNE D'ANGLETERRE

• Relevez les termes et les images évoquant la rapidité de cette mort : quelle leçon Bossuet en tire-t-il ?
• Par quels procédés stylistiques Bossuet suggère-t-il l'émotion ?
• Observez l'emploi des pronoms : nous, on, je, vous ; quel rôle jouent-ils dans ce passage ?

㉒ MAXIMES DE LA ROCHEFOUCAULD

• D'après quel procédé stylistique les trois premières maximes sont-elles construites ? Quel effet cela produit-il ?
• Comparez les trois premières versions de la maxime corrigée : comment La Rochefoucauld travaille-t-il ?
• Étudiez la dernière version : qu'apporte-t-elle de plus ?
• Faites le portrait de La Rochefoucauld à travers ses maximes.

㉓ BRITANNICUS. III, 8

• Relevez les symétries dans ce dialogue : quel rôle jouent-elles ?
• Faites le portrait de Néron tel que le présente ici Britannicus.
• Caractérisez le personnage de Britannicus.

㉔ PHÈDRE. I, 3

• Étudiez le rythme des vers dans la première partie de cet extrait. Pourquoi ce choix ?
• Étudiez le rythme et la sonorité des vers 11-12 et du vers 31 : pourquoi, selon vous, ces vers sont-ils restés célèbres ?
• Dégagez les étapes chronologiques de la tirade de Phèdre. Comment apparaît alors la passion chez Racine ?
• Relevez les termes évoquant la « fatalité » : quelle image de l'homme Racine nous présente-t-il ainsi ?

㉕ LA CHRONIQUE DE LA COUR

• Étudiez les techniques stylistiques de la première phrase (l. 1 à 17) : quel effet produisent-elles ?
• Comment Mme de Sévigné entretient-elle le suspense dans sa lettre ?
• Quel portrait de l'écrivain peut-on dessiner à partir de ce texte ?

㉖ UNE MÈRE PASSIONNÉE

• Relevez les termes d'affection qui apparaissent dans cette lettre.
• Pourquoi peut-on parler de « phrase sensible » dans ce texte ? Relevez-en les procédés.

㉗ LA PRINCESSE DE CLÈVES

• Étudiez les preuves de la noblesse de l'héroïne à travers ses attitudes et son langage.
• À quels signes la cruauté de la passion se révèle-t-elle ici ?
• Observez les négations dans ce texte : comment justifiez-vous leur emploi ?

㉘ L'ART POÉTIQUE

• Relevez les expressions par lesquelles Boileau critique certains de ses contemporains.
• Quel doit-être, selon Boileau, le but principal de la tragédie ?
• Relevez et expliquez les principales « règles » de la tragédie classique présentées dans ce texte : quel mot résume cet idéal ?

㉙ ARRIAS

• Dégagez la structure de ce portrait : que met-elle en évidence ?
• Relevez les termes par lesquels La Bruyère dénonce les défauts d'Arrias : caractérisez ce personnage.
• Par quels procédés stylistiques La Bruyère restitue-t-il la vie dans ce texte ?

㉚ GNATHON

• Comment La Bruyère met-il en évidence l'aspect répugnant de ce personnage ?
• Dégagez les différentes parties de ce texte : quel rôle jouent la première et la dernière phrases ?
• Quelles règles de la vie sociale Gnathon oublie-t-il ?
• Étudiez les procédés stylistiques de la dernière phrase du portrait : que soulignent-ils ?

㉛ TÉLÉMAQUE

• Relevez et expliquez les passages qui peuvent constituer une satire de Louis XIV.
• Relevez les termes appartenant au vocabulaire de la religion : quel idéal soutiennent-ils ?
• Quel rôle Fénelon attribue-t-il aux lois ?

㉜ DIGRESSION SUR LES ANCIENS ET LES MODERNES

• Expliquez l'image qui soutient la pensée philosophique de Fontenelle : à quelles périodes historiques correspond-elle ?
• Relevez les termes critiques à l'égard des Anciens : que reproche-t-il à leurs partisans ?
• Quel est l'idéal de Fontenelle ?

Exploitation de l'iconographie

Photo 12 page V
• À quoi reconnaît-on les comédiens italiens ?
• Identifiez, d'après leurs costumes et leurs gestes, les rôles incarnés par les différents acteurs.

Photo 13 page V
• Le classicisme : définissez ce terme en observant ce document.
• En quoi ce tableau permet-il d'imaginer la vie à la Cour de Louis XIV ?

Photo 14 page V
• Qu'appelle-t-on une « ruelle » ?
• Quels commentaires pouvez-vous faire sur le mobilier ?
• D'après ce document, définissez « l'honnête homme ».

Photo 15 page VI
• Caractérisez l'« art de Cour » et ses objectifs.
• Quelle image du XVIIe siècle donnent les visages, les vêtements, les gestes de ces personnages ?

Photos 16 et 17 page VI
• Comparez ces deux tableaux (attitudes des personnages, décor, couleurs, lumière...). Lequel préférez-vous ? Pourquoi ?
• En quoi ces deux peintres sont-ils représentatifs du XVIIe siècle ?

Prolongements

① METTRE EN SCÈNE :

• l'extrait du *Roman comique* de Scarron ;
• l'extrait de *l'École des femmes* de Molière ;
• la fable *« Les Obsèques de la lionne »* de La Fontaine ;
• l'extrait de *Phèdre* de Racine.

② RÉDIGER :

• la lettre d'un courtisan évoquant une journée à Versailles ;
• le portrait du roi idéal ;
• la description d'un tableau de Poussin ;
• la réponse de la fille de Mme de Sévigné à la lettre de sa mère ;

XVIIe et XVIIIe siècles

12. Farceurs français et italiens (peinture anonyme vers 1670 – Molière serait à l'extrême-gauche).

13. Pierre Patel : « Vue du château et des jardins de Versailles, 1668. »

14. Reconstitution d'une « ruelle », au XVIIIe s.

15. Nicolas Poussin : « Les Bergers d'Arcadie ».

16. Henri Testelin : Colbert présente les membres de l'Académie des sciences à Louis XIV (1666, détail).

17. Frères Le Nain : « La famille de paysans ».

18. Antoine Watteau : « Les plaisirs du bal »

19. Jean-Baptiste Siméon Chardin :
« La mère laborieuse ».

20. Joseph Vernet :
« Tempête naufrage », 1777.

21. « Le réveil du Tiers-État », aquarelle anonyme.

22. Versailles : le Petit Trianon.

23. « Ébéniste et marquetterie », planche tirée de l'Encyclopédie.

- le récit, fait par une précieuse, de la mésaventure arrivée à l'Arrias de La Bruyère ;
- à la manière de La Bruyère, le portrait d'un paysan pauvre.

③ EXPRESSION ORALE

- Imaginez une interview de Descartes.
- Présentez, en tant que journaliste, l'inauguration du château de Versailles.
- Le procès d'une précieuse : présentez les plaidoiries de l'accusation et de la défense.
- Réalisez un débat télévisé public entre Pascal et un jésuite.
- Horace, le jeune homme aperçu par Agnès (dans *L'École des femmes* de Molière), raconte à sa façon cette rencontre à un ami.

④ DISSERTATION

- Définissez, à l'aide des données figurant dans ce chapitre, ce qui fit la force du « classicisme ».
- À travers les textes présentés, analysez l'image de l'amour au XVIIe siècle.
- « Rendre la vertu aimable, le vice odieux, le ridicule saillant. Voilà le projet de tout homme qui prend la plume, le pinceau et le ciseau. » Dans quelle mesure ce point de vue de Diderot (XVIIIe siècle) vous paraît-il correspondre au but assigné à la littérature par les écrivains du XVIIe siècle ?

⑤ COMMENTAIRES COMPOSÉS

- Étudiez, sous forme de commentaire composé, l'extrait de l'*Oraison funèbre d'Henriette-Anne d'Angleterre,* de Bossuet. Vous pourrez par exemple analyser comment, à l'aide de l'émotion qui imprègne son récit, Bossuet met en évidence son message chrétien.
- Vous ferez un commentaire composé de la fable *« Les obsèques de la lionne »* de La Fontaine. Vous pourrez notamment étudier comment le déguisement animal permet à La Fontaine de faire la satire de sa société.

⑥ CONTRACTION DE TEXTE

Résumez, en 150 mots environ, la partie concernant « les mouvements religieux sous Louis XIII et Louis XIV ».

Le XVIIIe siècle

La mort de Louis XIV, en 1715, marque la fin d'une époque dont sa puissante personnalité assurait l'unité, malgré les revers extérieurs, les mécontentements et les impatiences. La régence du duc d'Orléans donne immédiatement de l'audace aux opposants de toutes sortes. De cette gestation tumultueuse d'un monde nouveau, en France et en Europe, retenons que tous les grands problèmes politiques ou sociaux de l'avenir sont alors posés : droits de l'homme et limites des pouvoirs de l'État, définition de la liberté individuelle, rapports de l'Église et de l'État, droits des peuples à disposer d'eux-mêmes, égalité civile devant la justice et la loi.

Cependant les institutions et les cadres sociaux sont toujours en place : le prestige de Paris n'a jamais été plus éclatant et la société mondaine plus raffinée. Le milieu du siècle voit une effervescence générale des idées et un progrès rapide des sciences.

Mais les dernières années de Louis XV sont déjà bien sombres, malgré les efforts pour redresser l'État. Quand le roi meurt, son impopularité s'est étendue à la monarchie elle-même. Comment Louis XVI, qui n'a guère d'autorité, pourrait-il soutenir un programme capable de redresser la situation, alors que les privilégiés bloquent toute réforme, que la lutte philosophique devient plus âpre et que les écrivains se montrent de plus en plus agressifs contre les traditions religieuses ou politiques, plus audacieux contre les institutions sociales ?

À partir de 1787, les événements se précipitent, et, cinquante ans après que le peuple de France eut prié passionnément pour la guérison de Louis XV « le Bien-Aimé », Louis XVI fut exécuté publiquement : l'ancien régime est renversé, un gouvernement républicain va s'installer qui, par-delà les destructions et « la Terreur », marquera à tout jamais l'évolution de l'humanité.

LA RÉGENCE

XVIIIe	1715	Mort de Louis XIV. Régent : Philippe d'Orléans.
	1716	Début du « système de Law ». Triple alliance (France, Angleterre, Hollande).
	1718	Réprimande adressée au Parlement qui entretenait l'opposition au Régent. Law nommé contrôleur général. Excommunication des jansénistes.
	1719	Création de la Compagnie des Indes. Guerre franco-espagnole.
	1720	Faillite de Law : émeutes à Paris.

LOUIS XV

1723	Louis XV devient roi.
1724	Édit contre les protestants.
1726	Fleury est nommé ministre d'État. Traité d'alliance avec l'Espagne grâce à Fleury.
1730	Insurrection des Corses contre Gênes.
1733	Début de la guerre de succession de Pologne.
1738	La paix de Vienne achève la guerre de succession de Pologne.
1739	Guerre entre l'Espagne et l'Angleterre. Grâce à Fleury, le budget français est enfin en équilibre.
1740	Crise de la succession d'Autriche : alliance France-Prusse-Espagne contre Marie-Thérèse.
1743	Marie-Thérèse brise la coalition. Ligue de Worms entre Angleterre-Hollande et Saxe contre France-Espagne. Mort de Fleury : Louis XV gouverne seul. Mme de Pompadour devient favorite.
1744	Alliance de la France avec Frédéric II de Prusse : l'invasion du pays est arrêtée. Mais il fait volte-face et s'allie avec Marie-Thérèse. Révolte des soyeux à Lyon.
1745	Début de la conquête des Pays-Bas. Victoire de Fontenoy contre la coalition.
1746	Victoire de Raucoux. L'affaire des « billets de confession », lutte contre les jansénistes, brise le calme religieux : « grandes remontrances » du Parlement au roi.
1747	Victoire de Laufeld.
1748	Traité de paix d'Aix-la-Chapelle, peu avantageux pour la France.
1749	Émeutes à Paris.
1751	Machault d'Arnouville crée l'impôt du « vingtième » pour lutter contre les privilèges. L'Église s'en fait exempter : échec de la réforme fiscale.
1752	Arrêt du Conseil d'État contre L'*Encyclopédie*.
1755	Tremblement de terre à Lisbonne.
1756	Traité de Whitehall entre Angleterre-Hanovre-Prusse contre France et Russie : début de la guerre de Sept Ans.
1757	Agitation parlementaire. Compromis accepté par le roi dans l'affaire des « billets de confession » : faiblesse monarchique éclate. Attentat de Damiens contre le roi. Victoires de Frédéric II à Rossbach et à Leuthen.
1758	Le duc de Choiseul : secrétaire d'État aux Affaires étrangères.
1760	Perte de Montréal.
1762	Affaire Calas.
1763	Traité de Paris cédant aux Anglais des colonies. Traité d'Hubertbourg rétablissant le statu quo en Allemagne. Émeutes de la faim : le parlement de Paris réclame la convocation d'états généraux.

1764	Le roi officialise l'arrêt rendu par le Parlement contre les jésuites. Mort de Mme de Pompadour ; Mme du Barry favorite.
1765	La révolte du parlement de Rennes entraîne les autres parlements dans l'opposition à la monarchie.
1766	Mort du roi Stanislas de Pologne : annexion de la Lorraine par la France. Affaire du chevalier de La Barre.
1767	Arrêt d'expulsion des jésuites de France.
1768	Annexion de la Corse grâce à Choiseul. Maupeou nommé chancelier.
1769	L'abbé Terray nommé contrôleur général.
1770	Grève des parlementaires : Choiseul disgrâcié. Le duc d'Aiguillon nommé ministre des Affaires étrangères forme « le Triumvirat » avec Maupeou et Terray (gouverne jusqu'en 1774). Mariage du dauphin avec Marie-Antoinette d'Autriche.
1771	Début de la réforme de Maupeou : suppression des parlements et des abus de la justice. Crise économique grave.

LOUIS XVI

1774	Mort de Louis XV : Louis XVI, devenu roi, renvoie le Triumvirat, nomme des ministres « éclairés ». Émeutes de la faim. Turgot : contrôleur général des Finances. Édit sur la liberté du commerce des grains.
1776	Suppression de la corvée et des corporations. Renvoi de Turgot à cause de l'opposition du Parlement. Ministre : Necker qui tente de réorganiser le budget.
1778	Intervention française en Amérique aux côtés des « Insurgents » en lutte contre l'Angleterre pour leur indépendance.
1781	Renvoi de Necker à cause de l'opposition des privilégiés. Graves difficultés financières.
1783	Traité de Versailles entre Angleterre et Amérique : fonde les États-Unis.
1784	Affaire du « collier de la reine ». Émeutes des soyeux à Lyon.
1789	Situation financière désespérée : émeutes agraires en province. Rédaction des « cahiers de doléances ». Le roi convoque les États généraux et rappelle Necker.
5 mai	Ouverture des États généraux : conflit entre les trois ordres.
17 juin	Le tiers-état se déclare Assemblée nationale, proclame sa souveraineté.

LA CONSTITUANTE

9 juillet	Le roi transforme cette Assemblée nationale en Assemblée constituante où les trois ordres siègent de concert. Troupes massées autour de Paris, manifestations populaires, formation d'une « milice nationale ».
14 juillet	Prise de la Bastille. Début de « la Grande Peur », terreur collective due aux fausses nouvelles qui circulent.
4 août	Suppression des privilèges par l'Assemblée.
26 août	*Déclaration des droits de l'homme et du citoyen.*
5-6 octobre	Émeutes : le roi est ramené aux Tuileries. L'Assemblée à Paris. Confiscation des biens du clergé.
1790	Fête de « la Fédération » ; création des 83 départements.
1791	Fuite du roi ; rattrapé à Varennes, il est ramené à Paris (octobre).

L'ASSEMBLÉE LÉGISLATIVE

1791	Décrets contre les émigrés et les prêtres réfractaires.
1792	Guerre déclarée à l'Autriche : on proclame « la patrie en danger ».
9-10 août	Assaut contre les Tuileries : le roi est suspendu.
septembre	Victoire de Valmy contre les rois coalisés.

LA CONVENTION : LA RÉPUBLIQUE

22 septembre	Formation de la Convention : proclamation de la République.
1793	Exécution de Louis XVI. Invasion de la France : soulèvement des Vendéens monarchistes. Début de « la Terreur » : les montagnards éliminent les girondins, nombreuses exécutions.
6 octobre	Politique de déchristianisation. Formation du « Comité de salut public ». Défaites des Vendéens, des Prussiens, des Autrichiens.
1794 avril	Pouvoir absolu de Robespierre : « la Terreur » s'accentue.
juillet	Robespierre guillotiné avec ses partisans : « la Terreur » s'adoucit. Liberté religieuse rétablie, pacification de la Vendée.
1795	Émeutes populaires écrasées.

LE DIRECTOIRE

1796	Formation d'un Directoire avec « cinq directeurs ».
octobre	Bonaparte chef des armées d'Italie : victoire d'Arcole.
1797	« Conspiration des Égaux » (partisans d'un régime politique communiste prôné par Babeuf) écrasée. Les royalistes écartés par un coup d'État militaire. Traité de Campo-Formio entre la France et l'Autriche.
1798	Expédition d'Égypte dirigée par Bonaparte.

LE CONSULAT

1799 9 novembre	Coup d'État de Bonaparte : le « Triple Consulat » remplace le Directoire (Sieyès, Ducos, Bonaparte).
décembre	Constitution de l'an VIII : pouvoir de Bonaparte, premier consul, qui réorganise l'administration.
XIXᵉ 1800	Victoire de Marengo contre les Autrichiens. Traité de Lunéville.
1801	Concordat entre l'Église et l'État.
1802	Paix d'Amiens avec l'Angleterre.
août	Bonaparte plébiscité : nommé consul à vie.
1804 2 décembre	Bonaparte sacré empereur par le pape.

Quelques aspects de la vie quotidienne

Sous la monarchie

Les structures sociales

LE PRESTIGE DE L'ARGENT

La structure de la société française du XVIIIe siècle est la même que celle du siècle précédent : le roi et la cour sont au sommet de l'édifice, et la cour n'a rien perdu de son apparat : la noblesse s'épuise à paraître et suit une mode raffinée jusqu'à l'extravagance (1), elle mène un jeu ruineux, et noue de multiples intrigues amoureuses, le roi donnant l'exemple avec ses favorites, telle, à partir de 1743, celle qu'il créa marquise de Pompadour. Cette dernière devint la véritable souveraine des fêtes et des plaisirs; elle prétendit jouer un rôle politique mais, en dépit de l'appui qu'elle apporta à Choiseul, à la fin du règne de Louis XV, elle contribua surtout à aggraver le délabrement des finances et rendit le roi impopulaire par ses dépenses excessives.

« On voit s'élever une antipathie extraordinaire entre le roi et son peuple, surtout le peuple de Paris. Dans les émeutes du mois de mai dernier, tout le peuple révolté vomit à foison des propos exécrables contre le roi. »

(*Mémoires* du Marquis d'Argenson, 23/7/1750.)

En fait pourtant, la noblesse d'épée a perdu son pouvoir réel, au profit d'une noblesse de robe (2) orgueilleuse et puissante, et aussi d'une bourgeoisie nantie, qui a su consolider les avantages acquis sous Louis XIV grâce à l'essor commercial et industriel. L'argent sous toutes ses formes a pris une importance énorme dans cette société, les financiers jouent un rôle politique de premier plan, comme le démontra l'aventure de Law.

Soutenu par le Régent, Law avait créé, pour gérer la Louisiane, nouvelle colonie d'Amérique, la Compagnie du Mississipi, devenue ensuite Compagnie des Indes, qui émit un emprunt énorme pour rembourser les dettes de l'État. Law fut nommé contrôleur général des Finances. Mais la spéculation rapide et excessive provoqua des inquiétudes dans le public; les actionnaires, pris de panique et ayant perdu toute confiance dans les billets de banque, demandèrent le remboursement, provoquant des émeutes graves : ce fut la banqueroute et la ruine de Law et de son système; des fortunes furent bouleversées, car toutes les classes sociales avaient été touchées par la fureur de la spéculation et de la finance.

Cependant, à côté de la réalisation d'immenses fortunes, les difficultés financières de l'État sont aiguës : le contrôleur général Silhouette, désigné par le duc de Choiseul, secrétaire d'État dès 1758, échoue dans sa tentative d'instituer un impôt sur la richesse. Les privilégiés et le Parlement s'opposent à toute réforme financière, et on se borne à employer les expédients traditionnels : vente d'offices et augmentation des impôts existants. Ainsi la puissance des fermiers généraux devient presque sans limites. Les réformes de Maupeou en 1771, qui supprime la vénalité des offices et de la justice, de Turgot et de Necker, restèrent impuissantes à réorganiser le budget.

---

(1) Les coiffures féminines reproduisent même des paysages, ou les frégates de la flotte ! – (2) Noblesse d'épée et de robe : titre dû à la naissance ou à une concession par le souverain d'une charge dans l'armée et dans la magistrature.

LA LIBERTÉ : UN VAIN MOT

Malgré le mécontentement d'une opinion publique de plus en plus consciente des injustices du temps, qui réclame la liberté d'information et de pensée, la liberté individuelle est encore un vain mot : pour peupler la Louisiane, on déportera, à partir de 1717 et jusqu'au milieu du siècle, des centaines de jeunes filles et de jeunes gens, orphelins, prisonniers, délinquants de toutes sortes. Le recrutement de l'armée pour un service de sept à huit ans se fait par des méthodes exécrables; les désertions sont nombreuses et cruellement châtiées.

Au chapitre III de *Candide,* Voltaire a placé en Bulgarie la scène suivante, tableau de ce qui se passait alors en France :

Notre homme (1), tout transi, se traîna le lendemain vers la ville voisine, qui s'appelle Valderghoff-trartk-dikdorff. N'ayant point d'argent, mourant de faim et de lassitude, il s'arrêta tristement à la porte d'un cabaret; deux hommes habillés de bleu le remarquèrent.

« Camarade, dit l'un, voilà un jeune homme très bien fait et qui a la taille requise. »

Ils s'avancèrent vers le jeune homme et le prièrent à dîner très civilement.

« Messieurs, leur dit-il, avec une modestie charmante, vous me faites beaucoup d'honneur; mais je n'ai pas de quoi payer mon écot (2).

– Ah! Monsieur, lui dit un des bleus, les personnes de votre figure et de votre mérite ne payent jamais rien. N'avez-vous pas cinq pieds huit pouces de haut?

– Oui, Messieurs, c'est ma taille, dit-il, en faisant la révérence.

– Ah! Monsieur, mettez-vous à table : non seulement nous vous défrayerons (3), mais nous ne souffrirons jamais qu'un homme comme vous manque d'argent; les hommes ne sont faits que pour se secourir les uns les autres.

– Vous avez raison », dit-il.

On le prie d'accepter quelques écus; il les prend et veut faire son billet (4); on n'en veut point; on se met à table.

« N'aimez-vous pas tendrement le roi des Bulgares?

– Point du tout, dit-il, car je ne l'ai jamais vu.

– Comment? C'est le plus charmant des rois et il faut boire à sa santé (5).

– Oh! très volontiers, Messieurs. »

Et il boit.

« C'en est assez, lui dit-on : vous voilà l'appui, le soutien, le défenseur, le héros des Bulgares; votre fortune est faite et votre gloire est assurée. »

On lui met sur-le-champ les fers aux pieds et on le mène au régiment.

La police est sévère et brutale, les méthodes judiciaires sont atroces : l'attentat commis contre Louis XV par Damiens en 1757 est puni par des tortures indicibles; la férocité du public et des grandes dames, venus savourer le spectacle, est plus honteuse encore. Il a fallu l'effort patient des philosophes pour émouvoir peu à peu l'opinion publique et toucher les hommes au pouvoir : la question préparatoire est abolie en 1780 (6), la question préalable (7) en 1788, les droits civils étendus aux non-catholiques la même année.

Le bonheur et la joie de vivre : l'épanouissement de la vie mondaine

Mais ces cruautés ne sont que l'envers d'un monde séduisant : les étrangers en voyage louent l'accueil aimable, admirent l'urbanisme parisien, l'élégance des manières et des costumes.

Le siècle s'est effectivement adouci : les « âmes sensibles » se sont rassemblées à l'appel de Rousseau, et de nombreuses sociétés humanitaires ont été créées. En réaction contre

(1) Candide, le héros du conte. – (2) Ma part. – (3) Inviterons. – (4) Une reconnaissance de dette. – (5) Acte qui marque l'acceptation de l'enrôlement. – (6) (7) Tortures administrées aux prévenus pour les faire avouer.

les horreurs de la traite des Noirs et de l'esclavage, la Société des amis des Noirs fut fondée à Paris en 1788, peu après celle de Londres. La charité publique et privée fut particulièrement active au cours du dur hiver de 1788-1789.

Dès 1736, dans *Le Mondain,* Voltaire évoque cette « douceur de vivre » qu'il oppose avec impertinence à tout ascétisme religieux et moral.

Regrettera qui veut le bon vieux temps
Et l'âge d'or, et le règne d'Astrée (1),
Et les beaux jours de Saturne (2) et de Rhée,
Et le jardin de nos premiers parents,
Moi je rends grâce à la nature sage
Qui, pour mon bien, m'a fait naître en cet âge
Tant décrié par nos tristes frondeurs :
Ce temps profane est tout fait pour mes mœurs.
J'aime le luxe et même la mollesse,
Tous les plaisirs, les arts de toute espèce,
La propreté, les goûts, les ornements,
Tout honnête homme (3) a de tels sentiments.
Il est bien doux pour mon cœur très immonde
De voir ici l'abondance à la ronde,
Mère des arts et des heureux travaux,
Nous apporter, de sa source féconde
Et des besoins et des plaisirs nouveaux.
L'or de la terre et les trésors de l'onde,
Leurs habitants et les peuples de l'air,
Tout sert au luxe, aux plaisirs de ce monde.
Oh ! le bon temps que ce siècle de fer !

PARIS REMPLACE VERSAILLES

Les salons ont repris l'importance qu'ils avaient au début du XVIIe siècle : ceux de Mme de Lambert, de Mme de Tencin, de Mme Geoffrin, de la marquise du Deffand réunissent grands seigneurs, écrivains, financiers, artistes, savants.

Marmontel (4), dans le sixième livre de ses *Mémoires,* nous parle du salon de Mme Geoffrin, où nous apercevons d'Alembert et Marivaux, pris ici sur le vif dans toute la vérité de leur comportement quotidien.

De cette société, l'homme le plus gai, le plus animé, le plus amusant dans sa gaieté, c'était d'Alembert. Après avoir passé sa matinée à chiffrer de l'algèbre et à résoudre des problèmes de dynamique ou d'astronomie, il sortait de chez sa vitrière (5) comme un écolier échappé du collège, ne demandant qu'à se réjouir ; et, par le tour vif et plaisant que prenait alors cet esprit si lumineux, si profond, si solide, il faisait oublier en lui le philosophe et le savant, pour n'y plus voir que l'homme aimable...

Marivaux aurait bien voulu avoir aussi cette humeur enjouée ; mais il avait dans la tête une affaire qui le préoccupait sans cesse et lui donnait l'air soucieux. Comme il avait acquis par ses ouvrages la réputation d'esprit subtil et raffiné, il se croyait obligé d'avoir toujours de cet esprit-là et il était continuellement à l'affût des idées susceptibles d'opposition ou d'analyse, pour les faire jouer ensemble ou pour les mettre à l'alambic (6).

Soit qu'il fût entré dans le plan de Mme Geoffrin d'attirer chez elle les plus considérables des étrangers qui venaient à Paris et de rendre, par-là, sa maison célèbre dans toute l'Europe, soit que ce fût la suite et l'effet naturel de l'agrément et de l'éclat que donnait à cette maison la société des gens de lettres, il n'arrivait d'aucun pays ni prince, ni ministre, ni hommes ou femmes de nom qui, en allant voir Mme Geoffrin, n'eussent l'ambition d'être invités à l'un de nos dîners et ne se fissent un grand plaisir de nous voir réunis à table...

En même temps, les cafés se multiplient à Paris (7) : on y discute aussi passionnément que dans les clubs, les académies (8) et les loges maçonniques, où se façonne peu à peu une opinion publique de plus en plus puissante.

---

(1) Fille de Zeus et de Thémis, qui répandait parmi les hommes le sentiment de la justice au temps de l'âge d'or. – (2) Chassé du ciel par Jupiter, Saturne s'était réfugié dans le Latium, où il avait apporté la paix et l'abondance et enseigné aux hommes l'agriculture ; c'est son règne que les poètes ont appelé « l'âge d'or » ; Rhéa était son épouse. – (3) Tout homme cultivé. – (4) Jean-François Marmontel (1723-1799), auteur des *Contes moraux.* – (5) D'Alembert, enfant trouvé, avait été élevé par la femme d'un vitrier chez qui il habita jusqu'à cinquante ans. – (6) Pour les analyser de la façon la plus raffinée possible. – (7) Parmi lesquels le célèbre café Procope. – (8) Sociétés de gens de lettres, de savants, d'artistes, très nombreuses et actives en province.

Le rayonnement de la France est alors à son apogée : ses artistes et ses écrivains sont accueillis avec faveur dans l'Europe entière, et la bonne société de tous les pays parle français.

LA VIE DE PARIS

Paris a connu au cours de ce siècle des améliorations et des embellissements remarquables. Même si beaucoup de rues ne sont que des ruelles boueuses, où stagne une vie misérable, certains quartiers, comme le Palais-Royal, les boulevards, le jardin des Tuileries, qui est le rendez-vous de la noblesse élégante, connaissent une animation extraordinaire. Une rage de spéculation et de construction immobilière s'est emparée des habitants fortunés; l'éclairage des rues a été amélioré : les théâtres – le Théâtre-Français, l'Opéra, le théâtre des Italiens – sont florissants. Le prestige de la Cité est considérable. Les visiteurs étrangers apprécient surtout le mouvement et la gaieté des rues, dont Sébastien Mercier (1) nous a laissé une évocation précise et pittoresque dans son *Tableau de Paris.*

Les falots et les cris de Paris

On appelle ainsi les « porteurs de lanternes numérotées » qui, après dix heures du soir, parcourent les rues pour aider ceux qui rentrent chez eux.

Le porte-fanal se couche très tard et rend compte le lendemain de tout ce qu'il a aperçu. Rien ne contribue mieux à entretenir l'ordre et prévenir plusieurs accidents que ces fanaux qui, circulant de côté et d'autre, empêchent par leur subite présence les délits nocturnes. D'ailleurs, au moindre tumulte, ils courent au guet (2) et portent témoignage sur le fait.

Il n'y a que leur cri qui soit fatigant; mais si le falot crie la nuit, qui ne crie pas dans le jour? Le petit peuple est naturellement braillard à l'excès; il pousse sa voix avec une discordance choquante. On entend de tous côtés des cris rauques, aigus, sourds. « Voilà le maquereau qui n'est pas mort; il arrive, il arrive! Des harengs qui glacent, des harengs nouveaux! Pommes cuites au four! Il brûle, il brûle, il brûle! » Ce sont des gâteaux froids. « Voilà le plaisir des dames, voilà le plaisir. » C'est du croquet (3). « À la barque, à la barque! À l'écailler! » Ce sont des huîtres. « Portugal, Portugal! » Ce sont des oranges.

Joignez à ces cris les clameurs confuses des tripiers ambulants, des vendeurs de parasols, de vieilles ferrailles, des porteurs d'eau. Les hommes ont des cris de femmes et les femmes des cris d'hommes. C'est un glapissement perpétuel; et l'on ne saurait peindre le ton et l'accent de cette pitoyable criaillerie, lors que toutes ces voix réunies viennent à se croiser dans un carrefour.

La condition du peuple

Il est difficile de savoir ce que fut la vie de la province au XVIIIe siècle. Certaines régions prospéraient sous la gestion avisée d'intendants actifs, d'autres végétaient. Les ports de Nantes, Brest et Bordeaux profitèrent des traités économiques avec l'Angleterre, de l'encouragement donné au commerce maritime par Fleury et de la traite des Noirs, mais les industries lyonnaises périclitèrent. Cependant, jusqu'en 1775, l'ensemble du pays connut une nette amélioration : la population passa de 15 millions en 1715 à 24 millions en 1789; la durée moyenne de vie s'éleva. Les villes s'agrandirent, les campagnes progressèrent aussi grâce à une forte natalité. On construisit beaucoup de grandes routes, on améliora les voies d'eau; la production d'énergie augmenta, notamment grâce aux moulins à eau; la circulation monétaire s'accrut; l'augmentation des revenus fonciers provoqua une plus

(1) Polygraphe intarissable, devenu célèbre grâce à ce *Tableau de Paris* édité en Suisse en 1781, souvent réimprimé et augmenté jusqu'à douze volumes édités de 1783 à 1788. – (2) Les services de police. – (3) Petit biscuit sec aux amandes.

large demande de constructions, de meubles et de textiles : l'essor commercial fut intense.

La situation des paysans est alors moins mauvaise qu'à la fin du règne de Louis XIV. Certains ont même pu s'affranchir et devenir propriétaires, profitant de l'appauvrissement d'une partie de la noblesse : un quart du sol leur appartient, mais l'étendue des terres est souvent insuffisante ; les méthodes de travail s'améliorent lentement, les jachères diminuent (1), mais les impôts sont lourds et les mauvaises récoltes peu supportables. Cependant, on ne voit plus les famines meurtrières du début du siècle et, dans son ensemble, l'économie française progresse de façon satisfaisante.

La crise de 1775 dégrade profondément cette économie essentiellement rurale. De 1773 à 1789, les mauvaises récoltes qui se succèdent provoquent la disette, ruinent ou appauvrissent les propriétaires, entraînent la chute des prix et le marasme (2) de l'industrie et du commerce.

Indirectement, cette situation amène la « réaction nobiliaire » des seigneurs qui cherchent, par la « révision des terriers » (3), à retrouver des revenus dans les droits tombés en désuétude, tandis que monte une colère toujours plus vive contre la fiscalité royale dont le poids paraît insupportable en des moments de crise. De nombreux échos de cette situation se retrouvent dans les « cahiers de doléances » rédigés dans les provinces avant la réunion des États généraux de 1789.

C'est sur cette période que porte le témoignage du voyageur Young dans ses *Voyages en France* : bien des régions étaient défavorisées dans les années précédant la révolution, la misère était grande et la cherté du blé suscita bien des émeutes.

10 juin 1787

Traversé Payrac (4) et vu beaucoup de mendiants, ce qui ne nous était pas encore arrivé. Dans tout le pays, les filles et les femmes de paysans ne portent ni chaussures, ni bas ; les laboureurs, à leur travail, n'ont ni sabots, ni chaussettes. C'est une misère qui frappe à sa racine la prospérité nationale, une large consommation des pauvres ayant bien plus de conséquence que celle des riches.

30 juin 1789

Il me donna un aperçu effrayant de la misère du peuple : des familles entières, dans la plus complète détresse ; ceux qui travaillent n'ont qu'un salaire insuffisant pour se nourrir et beaucoup ont bien de la peine à en trouver du tout. J'interrogeai M. de Guerchy sur ce que l'on m'avait dit ; il déclara que c'était la vérité. Par ordre des magistrats, et pour prévenir l'accaparement (5), personne n'est autorisé à acheter au marché plus de deux boisseaux de blé ; pour qui a le sens commun, il est clair que de pareilles réglementations ont une tendance directe à accroître le mal, mais c'est en vain que l'on voudrait raisonner avec des gens dont les idées sont fixées d'une façon immobile. Le jour du marché je vis le blé vendu conformément à ce règlement, avec un piquet de dragons (6) au milieu de la place pour empêcher toute violence. Le peuple se dispute avec les boulangers, prétendant que les prix qu'ils demandent pour le pain sont hors de proportion avec ceux du blé ; des injures on passe aux coups ; c'est l'émeute, et l'on se sauve avec du pain et du blé sans rien payer.

À Paris aussi, les années qui précédèrent la révolution furent pénibles pour le peuple accablé par le coût de la vie, et la situation s'aggrava en 1789 : le pain était rare et exécrable.

Les ouvriers, dont le salaire était nettement insuffisant et les conditions de vie plus que précaires, dans les mines et le textile en particulier, furent les victimes de cette crise des subsistances : il y eut de l'agitation un peu partout dans le pays, tandis qu'augmentaient les mendiants et que se développait la criminalité.

---

(1) Terres non cultivées. – (2) Affaiblissement ou arrêt d'activité. – (3) Livre qui contenait le dénombrement des droits seigneuriaux. – (4) Dans le Lot. – (5) La monopolisation. – (6) Gardes militaires.

L'œuvre de la Révolution

Les structures sociales

La famille reste la cellule essentielle de la société, et les mariages n'ont guère évolué depuis le XVIIe siècle. La révolution n'a pas anéanti du jour au lendemain les cadres et les classes sociales. Ainsi, après les excès de la « Terreur », la réaction thermidorienne révèle l'éclosion d'une nouvelle société de parvenus : les difficultés économiques et financières ont enrichi, au détriment du reste de la nation, une minorité de spéculateurs, de trafiquants et d'agioteurs, qui affichent un luxe provocant. Les « Merveilleux » et les « Incroyables », qui se font remarquer par leurs costumes excentriques et leur prononciation affectée (1), sont l'image de cette société frivole et corrompue. Cependant, peu auparavant dans le peuple, la carmagnole (2) et le bonnet rouge ont été de rigueur, on s'est tutoyé, on a remplacé « Monsieur » par « Citoyen », on a débaptisé les rues de Paris pour supprimer les vestiges de l'Ancien Régime. Irrévocablement, même si elle ne s'inscrit pas encore totalement dans les faits, la marche vers la liberté et l'égalité de tous devant la loi est entamée. Le 26 août 1789 la *Déclaration des droits de l'homme et du citoyen* affirme cette révolution sociale et juridique.

Art. 1er. – Les hommes naissent et demeurent libres et égaux en droits. Les distinctions sociales ne peuvent être fondées que sur l'utilité commune.

Art. 2. – Le but de toute association politique est la conservation des droits naturels et imprescriptibles de l'homme. Ces droits sont la liberté, la propriété, la sûreté, la résistance à l'oppression.

Art. 3. – Le principe de toute souveraineté repose essentiellement dans la nation; nul corps, nul individu ne peut exercer d'autorité qui n'en émane expressément.

Art. 4. – La liberté consiste à pouvoir faire tout ce qui ne nuit pas à autrui. Ainsi l'exercice des droits naturels de chaque homme n'a de bornes que celles qui assurent aux autres membres de la société la jouissance de ces mêmes droits. Ces bornes ne peuvent être déterminées que par la loi.

Art. 5. – La loi n'a le droit de défendre que les actions nuisibles à la société. Tout ce qui n'est pas défendu par la loi ne peut être empêché, et nul ne peut être contraint à faire ce qu'elle n'ordonne pas.

Art. 6. – La loi est l'expression de la volonté générale. Tous les citoyens ont droit de concourir personnellement, ou par leurs représentants, à sa formation. Elle doit être la même pour tous, soit qu'elle protège, soit qu'elle punisse. Tous les citoyens étant égaux à ses yeux, sont également admissibles à toutes dignités, places et emplois publics selon leur capacité et sans autre distinction que celle de leurs vertus et de leurs talents.

Art. 7. – Nul homme ne peut être accusé, arrêté, ni détenu que dans les cas déterminés par la loi, et selon les formes qu'elle a prescrites. Ceux qui sollicitent, expédient, exécutent ou font exécuter des ordres arbitraires, doivent être punis; mais tout citoyen appelé ou saisi en vertu de la loi doit obéir à l'instant : il se rend coupable par la résistance.

Art. 8. – La loi ne doit établir que des peines strictement et évidemment nécessaires, et nul ne peut être puni qu'en vertu d'une loi établie et promulguée antérieurement au délit, et légalement appliquée.

Art. 9. – Tout homme étant présumé innocent jusqu'à ce qu'il ait été déclaré coupable, s'il est jugé indispensable de l'arrêter, toute rigueur qui ne serait pas nécessaire pour s'assurer de sa personne doit être sévèrement réprimée par la loi.

Art. 10. – Nul ne doit être inquiété pour ses opinions, même religieuses, pourvu que leur manifestation ne trouble pas l'ordre public établi par la loi.

Art. 11. – La libre communication des pensées et des opinions est un des droits les plus précieux de l'homme : tout citoyen peut donc parler, écrire, imprimer librement, sauf à répondre de l'abus de cette liberté dans les cas déterminés par la loi.

Art. 12. – La garantie des droits de l'homme nécessite une force publique : cette force est donc instituée pour l'avantage de tous, et non pour l'utilité particulière de ceux à qui elle est confiée.

Art. 13. – Pour l'entretien de la force publique et

(1) Ils prononçaient « incoyables ». – (2) Veste courte portée par les révolutionnaires, qui donna son nom à une ronde populaire dansée en 1793 et à la chanson révolutionnaire qui l'accompagnait.

pour les dépenses d'administration, une contribution commune est indispensable ; elle doit être légalement répartie entre tous les citoyens en raison de leurs facultés.

Art. 14. – Tous les citoyens ont le droit de constater par eux-mêmes ou par leurs représentants, la nécessité de la contribution publique, de la consentir librement, d'en suivre l'emploi et d'en déterminer la quotité, l'assiette, le recouvrement et la durée.

Art. 15. – La société a droit de demander compte à tout agent public de son administration.

Art. 16. – Toute société dans laquelle la garantie des droits n'est pas assurée, ni la séparation des pouvoirs déterminée, n'a point de constitution.

Art. 17. – La propriété étant un droit inviolable et sacré, nul ne peut en être privé, si ce n'est lorsque la nécessité publique, légalement constatée, l'exige évidemment et sous la condition d'une juste et préalable indemnité.

Une nouvelle organisation administrative

LA CONSTITUANTE

D'octobre 1789 à septembre 1791, la Constituante va s'efforcer de résoudre la crise financière : elle émet du papier-monnaie, les assignats, dont la valeur est garantie par les biens du clergé confisqués et qui doivent permettre d'amortir la dette publique. Mais l'excessive quantité d'assignats mis en circulation provoqua très tôt leur dépréciation.

D'autre part la Constitution définit une monarchie constitutionnelle avec un système électoral fondé sur la fortune : seuls les propriétaires, dont les biens semblent offrir une garantie d'indépendance, sont électeurs. Elle affirme la souveraineté du peuple, la séparation des pouvoirs, la décentralisation ; elle réorganise le clergé, séparé de la papauté selon la Constitution civile : une grande partie des prêtres refusa d'admettre cette mesure, qui fut condamnée par le pape Pie VI.

LA « MONTAGNE »

Après l'exécution de Louis XVI, la révolution se durcit : la « Terreur » élimine les opposants et les condamnations à mort se multiplient.

La politique de « déchristianisation » devient plus rigoureuse : de nombreuses églises sont fermées, et le calendrier traditionnel est remplacé, en octobre 1793, par le calendrier révolutionnaire, qui restera en vigueur treize ans : il commençait à l'équinoxe d'automne, le 22 septembre, et comportait 12 mois de 30 jours, dont les noms, dus à Fabre d'Églantine, évoquaient les saisons (1).

Robespierre, au pouvoir d'avril à juillet 1794, désire établir une égalité sociale, basée sur l'abolition de la pauvreté, par la « redistribution » des biens des suspects et l'organisation d'une « bienfaisance nationale » : cela entraîne un durcissement de la « Terreur », qui se retournera finalement contre lui : pourtant, il fut un homme d'une stricte rigueur morale, fondant même une religion révolutionnaire et patriotique : elle rend un culte à « l'Être suprême », en l'honneur duquel une fête solennelle eut lieu au Champ-de-Mars.

(1) Les mois sont : vendémiaire (les vendanges), brumaire (les brumes), frimaire (les frimas), nivôse (les neiges), pluviôse (les pluies), ventôse (les vents), germinal (la germination), floréal (les fleurs), prairial (les prairies), messidor (les moissons), thermidor (la chaleur), fructidor (les fruits) ; les fêtes chrétiennes sont abolies et les jours, qui ne marquaient plus les fêtes des saints et portaient des noms latins, divisaient des décades : primidi, duodi, tridi, quartidi...

L'ORDRE BONAPARTISTE

La Constitution de l'an VIII, plébiscitée par le peuple en 1800, sous une apparence libérale (suffrage universel et assemblées partageant le pouvoir législatif avec le premier consul), donne en fait la réalité du pouvoir à Bonaparte, qui décide de la guerre et de la paix, choisit les ministres et nomme les fonctionnaires.

Il consolide la société issue de la révolution par une administration centralisée, institue les préfets, réorganise les finances, la justice, l'enseignement, établit et rédige lui-même le Code civil. Enfin, en établissant de bons rapports entre l'Église et l'État, il se concilie l'influence encore puissante du clergé et assure la paix religieuse jusqu'en 1804.

L'enseignement

Beaucoup de grandes écoles scientifiques et techniques ont été créées ou réorganisées dans la seconde moitié du XVIIIe siècle : Écoles des ponts et chaussées, des mines, du génie, des constructions navales, École polytechnique, qui constituaient un enseignement supérieur de qualité et formèrent des générations de savants, de chercheurs et d'hommes d'action.

Mais, si l'enseignement supérieur et celui des collèges étaient assez efficaces et suffisaient à la formation de la noblesse et de la bourgeoisie, les « petites écoles », existant dans les trois quarts des communes au moins pour les garçons, étaient très insuffisantes. De nombreux cahiers de doléances de 1789 déplorent d'ailleurs la mainmise de l'Église dans ce domaine et réclament la création d'une « éducation nationale ».

Avec la révolution s'affirment donc l'idée d'une utilité commune de l'enseignement et la conviction que tout homme a droit à une instruction en rapport avec ses possibilités, idée qui était chère à Jean-Jacques Rousseau (1). Aussi l'Assemblée constituante défend-elle le principe d'une « instruction publique commune à tous les citoyens, gratuite à l'égard des parties d'enseignement indispensables à tous les hommes, et dont les établissements seront distribués graduellement dans un rapport combiné avec la division du royaume ». Ce principe est repris dans un texte publié par l'Assemblée législative.

L'instruction nationale est pour la puissance publique un devoir de justice. Il faut donner à tous l'instruction qu'il est possible d'étendre sur tous, et ne refuser à aucune partie des citoyens l'instruction plus élevée qu'il est impossible de faire partager à la masse entière des individus.

... Il faut donc des établissements qui embrassent le système entier des connaissances humaines.

(Projet inspiré par Condorcet
au Comité de l'Instruction publique
de l'Assemblée législative.)

L'idée de « nation »

Malgré l'ouverture sur le monde que traduisent les idées généreuses de la *Déclaration des droits de l'homme* et l'abolition de l'esclavage en 1794 (2), la révolution va entraîner l'affirmation de l'idée de nation.

Lorsque Louis XVI, en 1791, décida de s'appuyer sur les souverains et les troupes étrangers pour reprendre son pouvoir, et quitta secrètement les Tuileries pour passer la frontière, puis fut rattrapé à Varennes et ramené à Paris, le patriotisme de la population s'exacerba. La déclaration de guerre avec l'Autriche porta ce sentiment à son apogée : on déclara « la patrie en danger ».

---

(1) *cf.* p. 188-189. – (2) Il sera rétabli en 1802 par Bonaparte premier consul.

Décret du 11 juillet 1792

Des troupes nombreuses s'avancent vers nos frontières : tous ceux qui ont horreur de la liberté s'arment contre notre Constitution.

Citoyens, la patrie est en danger. Que ceux qui vont obtenir l'honneur de marcher les premiers pour défendre ce qu'ils ont de plus cher, se souviennent toujours qu'ils sont français et libres : que leurs concitoyens maintiennent dans leurs foyers la sûreté des personnes et des propriétés ; que les magistrats du peuple veillent attentivement ; que tous, dans un courage calme, attribut de la véritable force, attendent pour agir le signal de la loi, et la patrie sera sauvée.

Les enrôlements se multiplient alors dans tout le pays ; le peuple de Paris, lui, est encouragé par les « clubs » (1) et exalté par les groupes fédérés venus de province, dont l'un, venu de Marseille, entre dans la capitale en chantant l'hymne nouveau qu'on appellera la « Marseillaise » (2).

C'est aussi en s'appuyant sur cette même idée de « salut de la nation » qu'après sa brillante campagne d'Italie et son expédition d'Égypte, Bonaparte justifie son coup d'État du 18 brumaire.

Soldats, l'armée s'est unie de cœur avec moi, comme je me suis uni de cœur avec elle, comme je me suis uni avec le corps législatif. La République serait bientôt détruite si les conseils ne prenaient des mesures fortes et décisives.

Dans quel état j'ai laissé la France, et dans quel état je l'ai retrouvée ! Je vous avais laissé la paix, et je retrouve la guerre ! Je vous avais laissé des conquêtes, et l'ennemi presse vos frontières ! J'ai laissé nos arsenaux garnis, et je n'ai pas retrouvé une arme ! J'ai laissé les millions de l'Italie, et je retrouve partout des lois spoliatrices (3) et la misère ! Nos canons ont été vendus ! Le vol a été érigé en système ! Les ressources de l'État épuisées ! On a eu recours à des moyens vexatoires, réprouvés par la justice et le bon sens ! On a livré le soldat sans défense ! Où sont-ils les braves, les cent mille camarades que j'ai laissés couverts de lauriers ?...

Sciences et techniques

Naissance et épanouissement de l'esprit critique : la réalisation des principes cartésiens

Le XVIIIe siècle a vu un remarquable développement de l'esprit critique et du progrès scientifique. On a tiré toutes les conséquences du *Discours de la méthode* de Descartes et nul domaine n'échappe désormais à la raison et au doute méthodique ; la recherche expérimentale complète la réflexion théorique dans l'investigation scientifique, la curiosité intellectuelle est insatiable.

À l'aube du XVIIIe siècle, la littérature devient de plus en plus philosophique et scientifique ; l'œuvre littéraire se fait polémique, elle est désormais une démonstration, une discussion, un combat.

PIERRE BAYLE (1647-1706)

Pierre Bayle, qui a passé la plus grande partie de sa vie en Hollande, fut un des premiers grands écrivains qui prétendit exercer librement sa raison, appliquer son esprit d'exa-

---

(1) Lieux de réunion sous la révolution, tels le Club des cordeliers, fondé en 1790 par Danton, Marat et Desmoulins dans un ancien couvent des cordeliers (ancien nom des franciscains), ou celui des jacobins. – (2) *cf.* p. 194. – (3) Qui dépouillent illégalement un individu de ses biens.

men et de critique aux opinions admises par la majorité, aux traditions morales et aux superstitions, mais en même temps aux cérémonies religieuses et aux pratiques chrétiennes. Il est l'auteur des *Pensées diverses sur la Comète* (1682) et du *Dictionnaire historique et critique* (1697).

Des deux lois inviolables de l'Histoire... j'ai observé religieusement celle qui ordonne de rien dire de faux; mais pour l'autre qui ordonne d'oser dire tout ce qui est vrai, je ne me saurais vanter de l'avoir toujours suivie; je la crois quelquefois contraire non seulement à la prudence, mais aussi à la raison.

Ne croyez pas que je me vante de n'avoir rien dit que de vrai; je ne garantis que mon intention, et non pas mon ignorance. Je n'avance rien comme vrai lorsque, selon ma persuasion, c'est un mensonge; mais combien y a-t-il de choses que je n'ai pas bien comprises, ou dont les idées se sont confondues ensemble pendant la composition? Combien de fois arrive-t-il à la plume de trahir notre pensée? Nous avons dessein d'écrire un chiffre ou le nom d'un homme et quelquefois, faute d'attention, ou même par trop d'attention à d'autres choses, nous en écrivons un autre.

FONTENELLE (1657-1757)

Fontenelle, neveu de Thomas Corneille, vient très tôt à Paris; esprit fort intelligent et curieux, il est aussi un homme du monde et des salons. Il écrit des vers précieux, collabore au *Mercure Galant,* s'intéresse au théâtre.

Élu à l'Académie française en 1691, il prend résolument le parti des Modernes contre les Anciens, et montre sa confiance dans les progrès de l'humanité et la diffusion des connaissances (*Digression sur les Anciens et les Modernes,* 1688). Membre de l'Académie des sciences, il joue un grand rôle dans la vulgarisation des connaissances nouvelles et s'efforce de mettre l'astronomie à la portée du public cultivé en publiant les *Entretiens sur la pluralité des mondes* (1686), et la *Théorie des tourbillons cartésiens* en 1752.

Mais son action la plus durable est celle qu'il exerce comme philosophe. Dès 1683, le *Dialogue des morts,* où apparaissent Socrate, Montaigne, Sénèque, Lulle, constitue une sorte de manuel du scepticisme. *L'Histoire des oracles* (1687), inspiré de l'ouvrage historique d'un médecin hollandais, est en fait un catalogue de toutes les erreurs humaines touchant la prédiction de l'avenir, et par suite tout le « merveilleux » des religions antiques. Fontenelle y adopte une attitude vraiment scientifique et philosophique : il n'admet que les vérités observées et démontrées. Aussi étudie-t-il de façon critique les croyances antérieures au christianisme. Il s'arrête là, mais sous-entend que la même méthode peut bien s'appliquer aussi au christianisme...

Quand la Pythie (1) se mettait sur le trépied, c'était dans son sanctuaire, lieu obscur et éloigné d'une petite chambre où se tenaient ceux qui venaient consulter l'oracle. L'ouverture même de ce sanctuaire était couverte de feuillages de laurier; et ceux à qui on permettait d'en approcher n'avaient garde d'y rien voir.

D'où croyez-vous que vienne la diversité avec laquelle les anciens parlent de la forme de leurs oracles? C'est qu'ils ne voyaient point ce qui se passait dans le fond de leurs temples.

Par exemple, ils ne s'accordent point les uns avec les autres sur l'oracle de Dodone (2); et cependant que devait-il y avoir de plus connu des Grecs? Aristote, au rapport de Suidas, dit qu'à Dodone il y a deux colonnes, sur l'une desquelles est un bassin d'airain, et sur l'autre la statue d'un enfant qui tient un fouet, dont les cordes étant aussi d'airain, font du bruit contre le bassin, lorsqu'elles y sont poussées par le vent.

Démon, selon le même Suidas, dit que l'oracle de Jupiter Dodonéen est tout environné de bassins qui, aussitôt que l'un est poussé contre l'autre, se communiquent ce mouvement en rond, et font un bruit qui dure assez de temps.

D'autres disent que c'était un chêne résonnant qui secouait ses branches et ses feuilles lorsqu'il était consulté, et qui déclarait ses volontés par des prêtresses nommées Dodonides.

Il paraît bien, par tout cela, qu'il n'y avait que le bruit de constant, parce qu'on l'entendait du dehors; mais comme on ne voyait point le dedans du lieu où se rendait l'oracle, on ne savait que par conjecture

(1) Célèbre prêtresse d'Apollon. – (2) Ancienne ville d'Épire où se trouvait un temple de Zeus.

ou par le rapport infidèle des prêtres ce qui causait le bruit. Il se trouve pourtant dans l'histoire que quelques personnes ont eu le privilège d'entrer dans ces sanctuaires; mais ce n'était pas des gens moins considérables qu'Alexandre et Vespasien. Strabon rapporte de Callisthène qu'Alexandre entra seul avec le prêtre dans le sanctuaire d'Ammon (1) et que tous les autres n'entendirent l'oracle que du dehors. [...] Sans doute il fallait un grand crédit pour les (2) obliger à la confidence de leurs mystères, et même ils ne la faisaient qu'à des princes naturellement intéressés à leur garder le secret et qui, dans le cas où ils se trouvaient, avaient quelque raison particulière de faire valoir les oracles.

Les apports du nouvel état d'esprit

LES SCIENCES ET LA PHILOSOPHIE DES SCIENCES

Des sciences nouvelles se dégagent de cette fermentation critique. La philosophie juridique et politique naît avec *L'Esprit des lois* de Montesquieu. Le sensualisme (3) de Condillac et de Cabanis annonce à la fois une explication matérialiste de l'homme et une psychologie autonome de tendance nouvelle. Enfin, entre la publication de son *Histoire de Charles XII* et de son *Siècle de Louis XIV,* Voltaire parvient à définir l'objet, la méthode et le style de l'histoire.

L'intérêt pour les sciences est considérable : la physique expérimentale est à la mode; la diffusion des idées de Locke et de Newton est rapide dans les milieux cultivés, Voltaire, avec les *Éléments de la philosophie de Newton* (1738), et le géomètre Clairaut contribuent à les faire connaître, d'Alembert les adopte et les prolonge; l'astronomie et la physique cartésiennes, défendues par Fontenelle, sont détrônées, à partir de 1730, par le système newtonien : une double expédition à l'Équateur et au cercle polaire (1736), patronnée par l'Académie des sciences et à laquelle participa le mathématicien Maupertuis, démontre l'aplatissement de la terre au pôle, affirmé par Newton, et consacre définitivement son succès.

TURGOT ET LES PHYSIOCRATES

La doctrine des physiocrates, Quesnay, Gournay, Adam Smith, présentait une théorie générale de la société reposant sur deux conceptions, l'une philosophique, celle de « l'ordre naturel », l'autre économique, celle du « produit net ».

Turgot, qui avait acquis une très complète formation d'économie politique, d'abord théorique, en étudiant leur doctrine, puis pratique, en développant l'activité économique du Limousin, voulut avant tout rétablir, une fois devenu contrôleur général des Finances (1774), la situation en réduisant toutes les dépenses – en particulier celles de la cour – et remplacer tous les impôts par une contribution unique dite « subvention territoriale », à laquelle seraient soumis tous les propriétaires. Il espérait que le développement des richesses accroîtrait naturellement le rendement de l'impôt et que la suppression des contraintes de toutes sortes (corvées, réquisitions, règles et réglementations) fournirait une impulsion efficace. Pour réaliser ce programme ambitieux, il souhaitait, entre la monarchie et le peuple, une entente qu'il imaginait facile à établir par l'intermédiaire d'une pyramide de municipalités aboutissant à une assemblée nationale.

Turgot ne disposa que de deux ans pour accomplir cette œuvre. Dès 1774, un édit proclama la liberté du commerce des grains, abolissant la frontière des provinces; en janvier 1776, la corvée (4) exigée des paysans fut supprimée et remplacée par une contribution que devaient payer tous les propriétaires; la même année, un autre édit libérait toutes

(1) Dieu égyptien du soleil. – (2) Les prêtres. – (3) Système philosophique dont les principes avaient été posés par l'anglais Locke, et selon lequel toute la vie intellectuelle provient des sensations. – (4) Travail gratuit que le paysan devait fournir à l'État ou à son seigneur.

les professions, supprimant les corporations, les jurés et les maîtres. Comme Turgot l'avait prévu, les courtisans se dressèrent contre lui ; la reine se plaignit des économies qui la gênaient, le parlement de Paris fit des remontrances, et le roi, qui avait confiance en lui, n'eut pas le courage de tenir tête à son entourage et à la reine. Le 13 mai, il lui donna l'ordre d'abandonner ses fonctions.

LE PROGRÈS DES SCIENCES

Le progrès des sciences est général : les sciences abstraites se développent dans l'analyse mathématique de d'Alembert, les travaux de Lagrange et de Monge en géométrie, de Laplace en algèbre. Les sciences expérimentales sont illustrées par les découvertes de Coulomb en électricité, et par celles de Lavoisier qui fonde véritablement la chimie moderne, en posant le principe de la conservation de la masse dans les réactions chimiques, en distinguant corps pondérables et impondérables, en découvrant le rôle de l'oxygène dans la combustion de la respiration. Les acquisitions des sciences de la nature enfin sont considérables, non seulement parce que Linné précise la notion d'espèce en biologie, et parce que Lamarck, en posant les principes du transformisme, donne les éléments d'une explication générale du monde organisé, mais aussi parce que l'Académie des sciences et le jardin du roi sont le siège de recherches actives et fécondes et l'origine de voyages d'exploration célèbres, comme ceux de Bougainville et de La Pérouse ; la médecine, de son côté, tire parti de la découverte que fit Harvey au siècle précédent de la circulation du sang, et l'anatomie et la physiologie progressent grâce à Bichat, Broussais, Bordeu et Réaumur. Mais le plus représentatif de son époque est sans doute Buffon.

BUFFON (1707-1788)

Georges-Louis Leclerc, comte de Buffon en 1772, fit de bonnes études au collège des jésuites de Dijon, puis à Angers. Après des voyages en Italie, en Suisse, en Angleterre, il se fait connaître par des ouvrages de mathématiques et de physique, est nommé en 1739 intendant du jardin et du cabinet du roi. Il se consacre pendant quarante ans, à partir de 1744, à son *Histoire naturelle.* Il en publie les trois premiers volumes en 1749 (Terre-Histoire de l'homme), douze volumes de 1753 à 1778 (Quadrupèdes vivipares), entretemps le *Discours sur le style* (1753), neuf volumes de 1770 à 1783 (Oiseaux), cinq volumes de 1783 à 1788 (Minéraux) et sept volumes de suppléments de 1774 à 1789, dont *Les Époques de la nature* (1778). Lacépède achève son œuvre en 1789.

Partisan de l'observation et de l'expérience, Buffon réagit contre les classifications artificielles de certains naturalistes, comme Linné, qui lui semblent contredire l'unité réelle de la création ; puis il admet peu à peu l'idée d'une transformation des espèces et cherche à définir un système du monde où l'homme occupe une place essentielle, mais n'exerce plus une royauté absolue. En grand écrivain, il réussit à imaginer la marche épique du globe avant le premier homme.

Dans *Les Époques de la nature,* Buffon a divisé l'histoire de la terre en sept époques ; à la fin de la quatrième époque, le globe, d'abord constitué d'une masse de chaleur et de feu, est devenu un continent couvert d'une mer universelle. La phrase périodique de Buffon exprime avec une grandeur épique les terrifiants bouleversements géologiques des premiers âges, équilibrant avec rigueur les notions scientifiques et la poésie de l'imagination qui crée le mouvement et la vie.

Notre globe, pendant trente-cinq mille ans, n'a donc été qu'une masse de chaleur et de feu, dont aucun être sensible ne pouvait approcher ; ensuite, pendant quinze ou vingt mille ans, sa surface n'était qu'une mer universelle : il a fallu cette longue succession de siècles pour le refroidissement de la terre et pour la retraite des eaux, et ce n'est qu'à la fin de cette seconde période que la surface de nos continents a été figurée. [...]

À mesure que les mers s'abaissaient et découvraient

les pointes les plus élevées des continents, ces sommets, comme autant de soupiraux qu'on viendrait à déboucher, commencèrent à laisser exhaler les nouveaux feux produits dans l'intérieur de la terre par l'effervescence des matières qui servent d'aliment aux volcans. Le domaine de la terre, sur la fin de cette seconde période de vingt mille ans, était partagé entre le feu et l'eau ; également déchirée et dévorée par la fureur de ces deux éléments, il n'y avait nulle part ni sûreté ni repos ; mais heureusement ces anciennes scènes, les plus épouvantables de la nature, n'ont point eu de spectateurs, et ce n'est qu'après cette seconde période entièrement révolue que l'on peut dater la naissance des animaux terrestres ; les eaux étaient alors retirées, puisque les deux continents étaient unis vers le nord et également peuplés d'éléphants ; le nombre des volcans était aussi beaucoup diminué, parce que leurs éruptions ne pouvant s'opérer que par le conflit de l'eau et du feu, elles avaient cessé dès que la mer, en s'abaissant, s'en était éloignée. Qu'on se représente encore l'aspect qu'offrait la terre immédiatement après cette seconde période, c'est-à-dire à cinquante-cinq ou soixante mille ans de sa formation. Dans toutes les parties basses, des mares profondes, des courants rapides et des tournoiements d'eau ; des tremblements de terre presque continuels, produits par l'affaissement des cavernes et par les fréquentes explosions des volcans, tant sous mer que sur terre ; des orages généraux et particuliers, des tourbillons de fumée et des tempêtes excitées par les violentes secousses de la terre et de la mer ; des inondations, des débordements, des déluges occasionnés par ces mêmes commotions ; des fleuves de verre fondu, de bitume et de soufre, ravageant les montagnes et venant dans les plaines empoisonner les eaux ; le soleil même presque toujours offusqué (1) non seulement par des nuages aqueux (2), mais par des masses épaisses de cendres et de pierres poussées par les volcans ; et nous remercierons le Créateur de n'avoir pas rendu l'homme témoin de ces scènes effrayantes et terribles qui ont précédé et pour ainsi dire annoncé la naissance de la nature intelligente et sensible.

Les applications techniques des nouvelles découvertes

La science de cette époque a presque toujours été accompagnée d'un développement simultané de ses applications techniques : Buffon et Lavoisier furent aussi bons techniciens que bons savants.

De la machine à vapeur de Papin en 1690, jusqu'au chariot de feu de Cugnot en 1770, en passant par les merveilles mécaniques que sont les automates de Vaucanson, on peut citer une multitude d'inventions, de perfectionnements dans la métallurgie, les textiles et dans tous les métiers. Le ballon sphérique de Montgolfier en 1782 est cependant moins représentatif que les progrès apportés à la navigation grâce aux perfectionnements de la cartographie, aux acquisitions de l'astronomie qui permettent l'établissement des longitudes, grâce enfin à l'invention du chronomètre.

Outre ces diverses applications techniques, la science a entraîné, au XVIIIe siècle, une transformation de la vie pratique ; l'amélioration matérielle de la vie quotidienne, la recherche d'un confort plus grand sont une préoccupation constante de ce temps ; architecture et aménagement intérieur des maisons, urbanisme, mobiliers, vêtements, cuisine, moyens de transport furent étudiés par de nombreux savants, inventeurs et artisans, et occupèrent des milliers d'ouvriers, sans que la révolution d'ailleurs ne vienne ralentir ces recherches.

L'Encyclopédie

L'*Encyclopédie,* premier ouvrage d'enseignement technique (son sous-titre est : « Dictionnaire raisonné des sciences, des arts et des métiers »), résume et illustre l'immense apport du XVIIIe siècle dans ce domaine, en même temps que l'effort scientifique et philosophique du temps.

Le libraire-éditeur Le Breton, voulant publier un dictionnaire moderne, décide de faire traduire en français la *Cyclopaedia des arts et sciences* de Chambers, éditée à Londres en 1727.

---

(1) Assombri. – (2) Chargés d'eau.

Diderot accepte de réaliser ce projet et conçoit l'ouvrage comme un dictionnaire philosophique qui résumera les progrès de l'humanité.

HISTOIRE DE L'« ENCYCLOPÉDIE »

Le premier volume paraît en 1751. Les sept volumes suivants seront publiés de 1752 à 1757, malgré de multiples difficultés : poursuite de collaborateurs, suppression de deux tomes en 1752, par un arrêt porté par le Conseil d'État, à la suite d'une intervention de la faculté de théologie. L'autorité centrale d'ailleurs n'était pas sans contradictions et l'*Encyclopédie* profita, contre les jésuites et le parti dévot, de l'appui de Mme de Pompadour.

Arrêt du conseil interdisant l'Encyclopédie

7 février 1752.

Le roi, s'étant fait rendre compte de ce qui s'est passé au sujet d'un ouvrage appelé Encyclopédie, ou Dictionnaire raisonné des sciences, des arts et des métiers, par une société de gens de lettres, dont il n'y a encore que deux volumes imprimés, S. M. a reconnu que, dans ces deux volumes, on a affecté d'insérer plusieurs maximes tendant à détruire l'autorité royale, à établir l'esprit d'indépendance et de révolte et, sous des noms obscurs et équivoques, à élever les fondements de l'erreur, de la corruption des mœurs, de l'irreligion et de l'incrédulité. S. M., toujours attentive à ce qui touche l'ordre public et l'honneur de la religion, ordonne que les deux premiers volumes de l'ouvrage intitulé Encyclopédie... seront et demeureront supprimés.

Des attaques, souvent perfides, sont dirigées contre d'Alembert et Helvétius, dont le livre *De l'Esprit* est condamné au feu en 1758, ce qui entraîne l'interdiction des tomes parus. Les tomes VIII à XVII paraîtront clandestinement en 1765.

Diderot, bien que parfois découragé, réussit à écarter tous les obstacles. De nouveaux volumes de planches sont ajoutés en 1772, et des éditions plus commodes se répandent à l'étranger.

LE DESSEIN

L'œuvre est bien une « machine de guerre » philosophique et rationaliste. Elle prétend dresser un « tableau général des efforts de l'esprit humain dans tous les genres et dans tous les siècles » et décrire les progrès des sciences et des arts. Elle veut aussi contribuer à ce progrès des connaissances et de l'intelligence et, pour cela, s'efforce d'exercer une action sociale, politique et religieuse. Sous des apparences prudemment sérieuses, elle glisse, par l'intermédiaire de renvois à d'autres articles, d'allusions voilées, de naïvetés feintes, un ensemble de critiques violentes des institutions et de la société, de vues hardies, de jugements non conformistes sur la politique, le clergé et la vie économique.

Mais elle est aussi un excellent instrument de vulgarisation scientifique, de diffusion des connaissances nouvelles dans l'Europe entière : elle est une tribune où les meilleurs spécialistes, le mathématicien d'Alembert, le chimiste d'Holbach, le médecin Tronchin, les économistes Quesnay et Turgot, des théoriciens brillants comme Condorcet, Condillac et Helvétius, viennent exposer leur système et débattre leurs idées.

Enfin, grâce aux patientes recherches de Diderot, les douze volumes illustrés de planches constituent un répertoire complet des techniques, des arts et des métiers, qui permet une divulgation universelle des connaissances pratiques, aussi dignes d'intérêt que les notions purement littéraires ou esthétiques.

ARTICLE « AUTORITÉ POLITIQUE »

Dans cette page, Diderot, après avoir montré que la seule autorité naturelle est la puissance paternelle, explique l'autorité politique par la violence ou le consentement des peuples. Dans les deux cas, elle est limitée; Dieu seul est un maître absolu. Ainsi la critique des puissances politiques (donc du roi) est prudemment compensée par l'acceptation de la toute-puissance divine.

La puissance qui s'acquiert par la violence n'est qu'une usurpation (1) et ne dure qu'autant que la force de celui qui commande l'emporte sur celle de ceux qui obéissent; en sorte que si ces derniers deviennent à leur tour les plus forts et qu'ils secouent le joug, ils le font avec autant de droit et de justice que l'autre qui le leur avait imposé. La même loi qui a fait l'autorité la défait alors : c'est la loi du plus fort.

Quelquefois l'autorité qui s'établit par la violence change de nature; c'est lorsqu'elle continue et se maintient du consentement exprès de ceux qu'on a soumis : mais elle rentre par là dans la seconde espèce dont je vais parler; et celui qui se l'était arrogée, devenant alors prince, cesse d'être tyran.

La puissance qui vient du consentement des peuples suppose nécessairement des conditions qui en rendent l'usage légitime utile à la société, avantageux à la république et qui la fixent et la restreignent entre des limites; car l'homme ne peut ni ne doit se donner entièrement et sans réserve à un autre homme, parce qu'il a un maître supérieur au-dessus de tout, à qui seul il appartient tout entier. C'est Dieu, dont le pouvoir est toujours immédiat sur la créature, maître aussi jaloux qu'absolu, qui ne perd jamais de ses droits et ne les communique point. Il permet pour le bien commun et le maintien de la société que les hommes établissent entre eux un ordre de subordination, qu'ils obéissent à l'un d'eux; mais il veut que ce soit par raison et avec mesure, et non pas aveuglément et sans réserve, afin que la créature ne s'arroge (2) pas les droits du créateur. Toute autre soumission est le véritable crime d'idolâtrie. Fléchir le genou devant un homme ou devant une image n'est qu'une cérémonie extérieure, dont le vrai Dieu qui demande le cœur et l'esprit ne se soucie guère, et qu'il abandonne à l'institution des hommes pour en faire, comme il leur conviendra, des marques d'un culte civil et politique, ou d'un culte de religion. Ainsi ce ne sont pas des cérémonies en elles-mêmes, mais l'esprit de leur établissement qui en rend la pratique innocente ou criminelle.

Les arts

La génération de la Régence, avec sa soif de liberté après l'austérité du « règne » de Mme de Maintenon, son goût immodéré pour le luxe et les plaisirs, oriente tout le mouvement artistique de cette époque, et les chefs-d'œuvre plastiques et picturaux, dans leurs thèmes et leurs « manières », en sont l'expression la plus fidèle : ce fut la génération du sourire, du jeu et de l'illusion, de l'intimité et de la grâce qui, sous Louis XV encore, rêve de toutes les évasions et cultive une nostalgie profonde du bonheur, bonheur qui apparaît terrestre et irréel à la fois, charnel et rêvé.

Mais un tel appétit de plaisir de vivre, un tel optimisme, révèlent l'instabilité et le malaise profond d'un siècle en marche qui s'est mis à tout aimer, à tout désirer. Et, la sensibilité, bridée au cours du siècle précédent, prend conscience d'elle-même : on assiste alors à l'humanisation de l'œuvre d'art. Avec ce que nous appelons maintenant le « préromantisme », le sentiment devient tout-puissant : la peinture, en particulier, se met à vibrer, à émouvoir, à édifier même.

L'assujettissement de l'art à l'émotion aurait été total sans ce retour à l'équilibre classique, qu'annonçait le style Louis XVI, et qui se prolongea avec l'intransigeance de l'âge révolutionnaire qui se mit à faire de l'antique à tout prix, pour y retrouver noblesse et vigueur.

---

(1) Prise de pouvoir non légitime. – (2) Ne s'attribue illégitimement.

L'architecture

SOUS LA RÉGENCE ET LOUIS XV : L'HUMANISATION DES DEMEURES

À la civilisation de Versailles succède, au XVIIIe siècle, la civilisation des villes : les architectes qui, naguère, se seraient consacrés au service du roi, s'occupent maintenant d'urbanisme et répondent en premier lieu aux commandes de particuliers. Ainsi, de 1715 à 1750, de véritables petites cités vont éclore au sein de Paris : ce sont les quartiers du faubourg Saint-Germain et du faubourg Saint-Honoré, sans compter celui du Marais qui continue de se développer. Les hôtels particuliers, de plus en plus luxueux, véritables petits châteaux en miniature, sont alors signés Robert de Cotte, Jacques Gabriel, Germain Boffrand.

L'habitation nouvelle, dès l'extérieur, s'humanise : les ordres ont disparu des façades qui, si elles perdent en noblesse, gagnent en charme, grâce à l'élégance de leurs sculptures ornementales et à l'extrême diversité de forme des fenêtres et des lucarnes. La ligne droite, l'angle droit, s'oublient maintenant au profit de la ligne courbe et même contournée : cette époque a horreur de la monotonie. Quant aux appartements, beaucoup plus réduits, ils n'ont plus les salles d'apparat du siècle précédent, mais des pièces qui se spécialisent. La chambre à coucher, par exemple, se distingue du salon, et la salle à manger devient ce qu'elle est de nos jours. Même des châteaux comme Versailles ou Chantilly suivront cet exemple. Les petits appartements privés, dont Gabriel dotera la maison de Mansart, sont très proches de ceux des hôtels particuliers dont ils ont les boiseries et la décoration. Le monumental cède la place à l'intime et au familier : les boudoirs et les petits salons en rotonde, leur décoration de bois sculpté doré, leurs couleurs claires – gris perle, bleu, rose, vert d'eau, lilas – les formes légères et dansantes des meubles et des objets usuels sont empreints d'un raffinement et d'une délicatesse qui témoignent bien de la prépondérance féminine pendant toute cette partie du siècle.

Enfin, la prospérité financière introduisit un luxe et une somptuosité qui se déployèrent avec tout leur éclat dans le domaine de l'ornementation : celle-ci était accessoire, elle devint primordiale. L'hôtel de Soubise, reconstruit par Delamair de 1705 à 1709, en offre l'exemple le plus élevé par la richesse des peintures de Boucher et de Carle Van Loo et les sculptures de Jean-Baptiste Le Moyne et des frères Adam, parmi tant d'autres. Cette danse trépidante des ors et des couleurs, cette fantaisie débridée de coquilles et de guirlandes, cette prolifération de scènes mythologiques et pastorales feront naître de l'art rocaille (1) sa caricature et son exagération : l'art rococo, contre lequel réagira la génération de 1750.

L'ARCHITECTURE RELIGIEUSE

Avant 1750, les églises adoptent également le nouveau style où l'ornement est roi. Les élégances de la nouvelle mode pénètrent dans les chœurs d'Amiens et de Bourges, dans ceux de Saint-Merri et de Saint-Germain-l'Auxerrois à Paris, avec leurs grilles de fer forgé, leurs revêtements de stucs et de bois sculpté, leurs « gloires », leurs baldaquins surplombant les autels.

L'ARCHITECTURE URBAINE

Ce style « décor » transforme même l'aspect de la ville. Les édifices publics s'épanouissent; l'École militaire est fondée par Louis XV et réalisée par Jacques-Ange Gabriel

(1) Style empruntant ses éléments à la botanique comme à la géologie, et caractérisé par une absence de symétrie inspirée des accidents de la nature.

(1698-1782) : sa façade, aux proportions parfaites, échappe aux excès de la trop grande liberté des formes contemporaines, comme le Petit Trianon, du même artiste, qui est du « Louis XVI » avant la lettre. Gabriel couronna son œuvre en dotant Paris de cette place qui restera jusqu'à nos jours la plus grande et la plus célèbre du monde : la place Louis XV qui, après la révolution, deviendra la place de la Concorde. Par son plan qui l'ouvre au sud sur la Seine, à l'ouest et à l'est sur les jardins des Tuileries et des Champs-Élysées, tandis que l'hôtel Crillon et le garde-meuble de la Couronne (1) lui donnent, pour l'achever, sa troisième dimension monumentale, cette place est sans doute la réalisation artistique la plus grandiose du XVIIIe siècle. En outre, sa situation, en marge alors du centre des affaires, et l'importance de ses proportions prouvent que ce siècle du progrès pressentait déjà l'éclatement de nos villes modernes.

Mais c'est à Nancy que triomphent la liberté et l'originalité de cette génération, avec la place Stanislas, de Héré. L'imprévu de son plan et, chef-d'œuvre de Jean Lamour, cette luxuriante décoration de fer forgé rehaussé d'or qui étreint les balcons et les portes d'accès et comble tous les vides, sont sans nul doute ce que l'art rocaille a achevé de plus personnel et de plus osé.

VERS LA SOBRIÉTÉ : DU STYLE LOUIS XVI À L'AUSTÉRITÉ RÉVOLUTIONNAIRE

Mais, à partir de 1750 environ, se produit en France un revirement du goût. Le style, qu'on appellera style Louis XVI, existe en fait déjà bien avant le règne de ce roi; il se définit comme une réaction aux fioritures du baroque Louis XV, un retour à l'équilibre dépouillé de la ligne droite et finalement à la rectitude du style antique.

L'abstraction progressive de la forme, aux dépens de l'ornementation, nous ramène à l'allure architecturale du mobilier classique. L'architecture elle-même perd l'élégance un peu mièvre de ses ornements et de ses fantaisies contournées. Les édifices publics retrouvent une noblesse et une magnificence dignes du Grand Siècle. Les églises – comme l'église Sainte-Geneviève, construite par Soufflot – avec leurs ordres retrouvés, leur coupole et leur péristyle à l'antique, gagnent en majesté.

L'architecture civile, elle, sera plus importante que sous Louis XV et beaucoup plus variée, mais restera toujours sous le signe de l'antique et du monumental. Victor Louis (1731-1802), qui achève le Grand Théâtre de Bordeaux en 1780, entreprend des « galeries marchandes » pour enclore le jardin du Palais-Royal, demeure du duc d'Orléans, lesquelles, abritant derrière leurs nobles colonnades boutiques et restaurants, deviendront un centre de la vie parisienne. Ledoux (1736-1806), qui, avec Victor Louis, est sans doute le plus grand architecte de l'époque, dotera la barrière douanière des fermiers généraux de bureaux d'octroi (2) sévères et solennels.

L'ATTRAIT DE LA NATURE ET L'ÉVEIL DE LA SENSIBILITÉ

À côté des hôtels, les riches particuliers se font construire des « folies », pavillons nichés dans des parcs ou des bois, dont la plupart malheureusement ont disparu au cours du XIXe siècle. Mais le pavillon de Bagatelle, caprice de grand seigneur, significatif de la décadence de toute une civilisation qui s'attache avec ivresse au plaisir de vivre, nous donne un aperçu de ce qu'étaient ces coûteuses et frivoles fantaisies; c'est l'époque aussi où la sombre austérité du temple de l'Amour est contemporaine de l'aimable et rustique refuge du Hameau (3), tous deux réalisés d'ailleurs par le même Richard Mique. Cette dualité

(1) Aujourd'hui l'hôtel de la Marine. – (2) Perception des taxes douanières. – (3) Tous deux situés dans le parc du château de Versailles.

se remarque jusque dans les jardins et leurs rapports avec les colonnes doriques ou corinthiennes des demeures qu'ils encadrent. Ces jardins ne sont plus des réalisations mathématiques de l'intelligence, mais se veulent des improvisations de la sensibilité : par de savantes imitations de la nature, les allées n'aboutissent nulle part, les bosquets remplacent les parterres, et leur mystère engendre et cultive une récente importation d'Angleterre qui s'appelle la mélancolie.

LE RETOUR À L'ANTIQUE QUI ANNONCE L'EMPIRE

Quant à la décoration intérieure, elle devient plus sage, et bientôt trop sage. Le grec, le romain, l'étrusque, le pompéien, mis à la mode par les récentes fouilles archéologiques, transforment Versailles et Fontainebleau : plus de motifs floraux, seuls les motifs géométriques sont admis. La bibliothèque de Louis XVI et la chambre de Marie-Antoinette au Petit Trianon marquent ce retour à la sobriété, où la délicatesse tempère ce que la ligne droite a de trop sévère. Mais le rationalisme révolutionnaire ira plus loin dans sa volonté d'abstraction, et aboutira à la rigueur du style impérial.

La sculpture

LE BUSTE : UNE MODE PRESTIGIEUSE QUI DEVIENT UN ART

Versailles et Marly continuent la tradition du XVIIe siècle et la grande sculpture décorative y subsiste; dans les églises, elle dresse encore de grandiloquentes mises en scène derrière les autels et sur les tombeaux. Slodtz, le Lorrain, les Adam, les Coustou et les Le Moyne s'y consacrent. Mais tous ces effets dramatiques nous paraissent de second ordre à côté du portrait fidèle et multiple que les bustes nous donnent de l'ensemble de la société du XVIIIe siècle. C'est une époque où le Français prend conscience de son individualité et s'attache à l'affirmer : il veut se voir et se faire voir. Les sculpteurs, tel Houdon, reçoivent de nombreuses commandes venant de tous les horizons de la société. Ces bustes amenèrent les artistes à une approche réelle de la psychologie de leurs modèles, et, en cela, ils constituent une étape décisive dans l'évolution du portrait.

Parmi ces « bustiers », on peut évoquer Jean-Baptiste Le Moyne, et les jeux fugitifs de physionomie qu'il saisit avec réalisme, Pigalle et ses bustes d'enfants, Falconet, qui travestit ses modèles et traduit ainsi dans l'allégorie ce penchant pour le masque et la comédie qui est dans l'esprit même de son temps, Pajou, enfin, sculpteur officiel de Louis XVI, qui apporte la simplicité antique à l'art du portrait.

JEAN-ANTOINE HOUDON (1741-1828)

Cependant c'est avec Houdon que le portrait accède au grand art. La plus belle partie de son œuvre est une immense galerie de portraits dont l'intérêt dépasse même les limites de l'esthétique pure : littérateurs, musiciens, artistes, avocats, financiers, chirurgiens, rois, princes et grandes dames, ou simplement parents, enfants, amis, toute la société y est représentée. Plus que chez les autres sculpteurs de son temps, l'observation et l'étude systématique du corps humain sont à la base de son art, comme en témoigne son *Écorché,* réclamé par plusieurs Académies de chirurgie comme indispensable à l'enseignement de l'anatomie. Les traits empâtés de son Louis XVI ou encore la face grêlée (1) de son Mirabeau

(1) Marquée de la petite vérole.

illustrent bien le réalisme presque scientifique avec lequel il traduisait ses modèles. Mais ce réalisme n'aboutit pas à l'excès d'expressivité baroque, au contraire : soucieux avant tout de saisir et d'exprimer la vérité psychologique, Houdon ne s'attache à reproduire avec fidélité les détails physiques de ses modèles que dans la mesure où ces détails sont révélateurs de leur personnalité profonde.

LA PETITE SCULPTURE OU SCULPTURE « DE GENRE »

Le nouveau cadre de vie, intime, familier, en même temps que le goût du jour pour le fragile et le précaire, favorisent le développement des petits groupes et petits sujets de terre cuite et de biscuit qui deviennent du même coup éléments de décoration. C'est alors que Falconet (1716-1791), dirigeant la manufacture royale de Sèvres, inaugure ces modèles réduits de grands sujets allégoriques et mythologiques qui, par leur finesse exquise et cette précieuse délicatesse qui venait de leur fragilité même, connurent un succès immense. Grâce à la possibilité de les reproduire à l'infini, ils firent en même temps la fortune de la manufacture qui acquit une renommée européenne.

Clodion (1738-1814) y travailla aussi, mais c'est surtout dans la sculpture décorative de terre cuite qu'il excella. On l'appelle à juste titre « le Fragonard de la sculpture », surtout parce que son œuvre, statuettes de nymphes et de bacchantes délicates et raffinées, est pénétrée de cette grâce sensuelle qui fait, chez Fragonard, palpiter les couleurs. C'est encore Clodion qui représente l'aspect « galant » de la sculpture de son temps, avec les statuettes et les bas-reliefs dont il orne les « folies ». Ici encore l'Antiquité se plie au goût du jour et lui fournit la note païenne indispensable à ce nouveau charme de « vie sensible » que découvre le siècle.

La peinture

Le XVIIIe siècle français marqua pour les beaux-arts le commencement d'une ère nouvelle : on commença à s'intéresser vraiment aux problèmes de l'esthétique, l'histoire de l'art se distinguant enfin de l'histoire des artistes, le musée fut créé en même temps que le « commerce d'art », et « l'amateur », nouveau type de collectionneur, apparut. En fait, quelque chose avait changé en profondeur : d'une part le regard de l'artiste, libéré des œillères de l'Académie, d'autre part celui d'une société, qui s'éveillait à la sensibilité. C'est à partir de là que s'oriente toute la peinture du XVIIIe siècle. Comme la littérature, qui exerce sur elle une influence capitale, elle reflète l'influence prépondérante de la femme, suit l'évolution de la sensibilité du temps et en affecte le ton. Enfin, après l'énorme et affligeante production du genre « moralisateur » et du genre « sensible », l'époque révolutionnaire, qui remet à l'ordre du jour, sous l'influence des récentes découvertes archéologiques, l'intransigeant idéal antique, entraîne les peintres à célébrer, en même temps que les autres artistes, le triomphe d'un retour au rationalisme.

LE PUBLIC A CHANGÉ

Aristocrates amateurs d'art et bourgeois enrichis, conscients de toute la puissance de leur influence, imposent au peintre leurs goûts, dans le choix des sujets et des genres à adopter : ceci explique la profusion des scènes dites « de genre » et des tableaux de chevalet, purement décoratifs, dont les dimensions sont exigées par la taille réduite des nouveaux appartements.

Cependant ce public sait aussi déceler et apprécier la personnalité propre du peintre et l'originalité de sa facture. Le XVIIIᵉ siècle, qui redécouvre l'individu en l'homme, sera le premier à découvrir dans un tableau le talent de l'artiste et à établir ainsi des rapports entre l'œuvre et le génie. On peut y voir l'origine de la prodigieuse destinée de la critique d'art. Diderot sera le véritable créateur du genre, et cet extrait du *Salon de 1761* relatif à des tableaux de Boucher illustre justement la nouvelle attitude de l'amateur d'art qui, dans ses éloges comme dans ses critiques, aboutit en dernière analyse à ce qui, pour lui, est devenu l'essentiel, l'artiste.

Personne n'entend comme Boucher l'art de la lumière et des ombres. Il est fait pour tourner la tête à deux sortes de personnes, les gens du monde et les artistes. Son élégance, sa mignardise (1), sa galanterie romanesque, sa coquetterie, son goût, sa facilité, sa variété, son éclat, ses carnations (2) fardées, sa débauche, doivent captiver les petits-maîtres (3), les petites femmes, les jeunes gens, les gens du monde, la foule de ceux qui sont étrangers au vrai goût, à la vérité, aux idées justes, à la sévérité de l'art. Comment résisteraient-ils au saillant, aux pompons, aux nudités, au libertinage, à l'épigramme de Boucher ? Les artistes qui voient jusqu'à quel point cet homme a surmonté les difficultés de la peinture, et pour qui c'est tout que ce mérite qui n'est guère bien connu que d'eux, fléchissent le genou devant lui ; c'est leur dieu. Les gens d'un grand goût, d'un goût sévère et antique, n'en font nul cas. Au reste, ce peintre est à peu près en peinture ce que l'Arioste (4) est en poésie. Celui qui est enchanté de l'un est inconséquent (5) s'il n'est pas fou de l'autre. Ils ont, ce me semble, la même imagination, le même goût, le même style, le même coloris. Boucher a un faire qui lui appartient tellement que dans quelque morceau de peinture qu'on lui donnât une figure à exécuter, on la reconnaîtrait sur-le-champ.

LE PORTRAIT : L'ORNEMENT CÈDE LA PLACE À LA PSYCHOLOGIE

Si le portrait d'apparat subsiste toujours, si la mythologie et le théâtre lui ajoutent la fausse poésie de leurs attributs et de leurs travestissements, et le style rocaille le maniérisme de ses lignes contournées, il se différencie pourtant de ceux du siècle précédent par une vitalité nouvelle. Ainsi Rigaud, qui avait peint le Roi-Soleil dans toute sa gloire, peint maintenant son arrière-petit-fils Louis XV à l'âge de cinq ans ; s'il sert encore la majesté de la monarchie par une somptueuse accumulation de velours et d'hermine et par la pose adoptée, du moins le visage du jeune roi est-il celui d'un vrai enfant, amusé, souriant, insolite par son naturel dans un cadre aussi factice et arrangé.

Après avoir été brillant et pompeux au début du siècle, le portrait devient intimiste et sentimental, se préoccupant davantage de révéler la vie intérieure des êtres que de reproduire leur simple apparence extérieure, jouée ou réelle. Chardin (1699-1779) est celui qui ira le plus loin dans ce sens. Choisissant ses sujets parmi les gens simples et humbles, il les représente dans leurs gestes les plus quotidiens et les plus familiers : un enfant qui joue, une gouvernante qui montre à lire à son élève, des femmes qui reviennent du marché. Avec lui, l'instantané remplace le portrait posé et figé, tandis que le portraitiste devient plus profondément psychologue, en abolissant bientôt tout accessoire et en adoptant le gros plan pour le visage qui seul maintenant attire l'attention.

La psychologie l'emporte encore dans les portraits de Maurice Quentin de La Tour (1704-1788) et de Jean-Baptiste Perronneau (1715-1783), spécialistes du pastel. Le premier, qui veut « descendre au fond » de ses modèles, nous fait voir dans ses « préparations », mieux encore que dans ses portraits achevés, l'étonnante facilité qu'il avait à saisir leurs jeux d'expressions et l'intensité de leurs regards ; le second, moins séduisant sans doute, moins ambitieux, mais plus coloriste et plus luministe, laisse davantage encore parler ses modèles, ne leur imposant même plus le sourire de rigueur, les saisissant dans leur vérité la plus fugitive mais aussi la plus impitoyable.

---

(1) Délicatesse. – (2) Teint. – (3) Jeunes gens débauchés. – (4) Célèbre poète italien de la Renaissance. – (5) Sans logique.

Sous Louis XVI, le portrait gagnera en simplicité et en rigueur. Ici comme ailleurs, la ligne droite s'affirmera. Certains portraits de Mme Vigée Le Brun et de Mme Labille Guiard en tirent une gravité nouvelle qui coïncide avec l'évolution d'ensemble des beaux-arts.

LE PAYSAGE : UNE NOUVELLE APPROCHE DE LA NATURE

Siècle créateur par excellence, le XVIIIe siècle renouvelle aussi les genres. Une nouvelle manière de voir, grâce à Chardin, fait accéder la nature morte à une réelle dimension d'art, une nouvelle manière de sentir et de goûter la nature fait évoluer le paysage vers cette première forme d'art moderne qu'est le tableau fait « sur le motif ». En effet, à cette époque, on se mit à voyager, et on découvrit la campagne et la montagne, jusque-là ignorées ou dédaignées. Cette approche dégagea progressivement la peinture de paysage de tout ce qu'elle avait de fictif ou d'artificiel et, à travers une émotion vraie, mit le peintre en contact direct avec la transparence de l'air, le frémissement des feuilles, la vie profonde de la nature tout entière. Il sut alors faire naître le paysage sur sa toile, pas encore avec réalisme, mais du moins avec sincérité.

Les scènes de chasse de Desportes, d'Oudry, de Van Loo, ou encore les pastorales de Boucher, avec leurs bouquets d'arbres bien disposés ou leurs lointains bleutés, ne sont toujours que des scènes anecdotiques ou idylliques où la nature sert uniquement de cadre. Mais déjà Hubert Robert (1733-1808), Joseph Vernet (1714-1789) et Fragonard nous montrent que la peinture est en train de se dégager de plus en plus de l'emprise du paysage de genre. Enfin, avec Louis Moreau (1740-1806), le genre achève de se dépouiller de tout élément accessoire ou complémentaire pour montrer la nature dans toute son authenticité et sans travestissement : ses toiles chantent la vraie transparence des ciels, traduisent la luminosité du plein air.

Cependant, l'amateur d'art ne recherche pas alors un simple et pur plaisir esthétique. Cet homme, dont la sensibilité vient de se libérer, est avide de la faire vibrer à toutes les émotions. Il veut donc que le tableau soulève dans son cœur – qui est roi – une certaine turbulence des sentiments et ces vagues de joie ou de tristesse, d'enthousiasme ou de désespoir, de sérénité ou de mélancolie, sur lesquelles, à l'époque, se fondent et se jugent toutes les valeurs, sur lesquelles aussi le siècle des philosophes bâtit un nouvel art de vivre.

C'est ce que Diderot, dans son *Salon de 1763* apprécie avec tant de chaleur chez Vernet.

S'il suscite une tempête, vous entendez siffler les vents et mugir les flots ; vous les voyez s'élever contre les rochers et les blanchir de leur écume. Les matelots crient ; les flancs du bâtiment s'entrouvrent, les uns se précipitent dans les eaux, les autres, moribonds, sont étendus sur le rivage. Ici des spectateurs élèvent leurs mains aux cieux ; là une mère presse son enfant contre son sein ; d'autres s'exposent à périr pour sauver leurs amis ou leurs proches ; un mari tient entre ses bras sa femme à demi pâmée ; une mère pleure sur son enfant noyé ; cependant le vent applique ses vêtements contre son corps et vous en fait discerner les formes ; des marchandises se balancent sur les eaux et des passagers sont entraînés au fond des gouffres.

C'est Vernet qui sait rassembler les orages, ouvrir les cataractes du ciel et inonder la terre ; c'est lui qui sait aussi, quand il lui plaît, dissiper la tempête et rendre le calme à la mer, la sérénité aux cieux. Alors toute la nature, sortant comme du chaos, s'éclaire d'une manière enchanteresse et reprend tous ses charmes.

Comme ses jours sont sereins ! comme ses nuits sont tranquilles ! comme les eaux sont transparentes ! C'est lui qui crée le silence, la fraîcheur et l'ombre dans les forêts. C'est lui qui ose sans crainte placer le soleil ou la lune dans son firmament. Il a volé à la nature son secret ; *tout ce qu'elle produit, il peut le répéter.*

Et comment ses compositions n'étonneraient-elles pas ?

Il embrasse un espace infini ; c'est toute l'étendue du ciel sous l'horizon le plus élevé, c'est la surface d'une mer, c'est une multitude d'hommes occupés du bonheur de la société, ce sont des édifices immenses et qu'il conduit à perte de vue.

L'EXOTISME

Enfin, dans la mesure où elle pouvait les dépayser et répondre à leur désir toujours renouvelé d'impressions inédites et rares, la vision de la nature exotique captiva et enchanta les amateurs du XVIIIe siècle : l'Orient était à la mode en France depuis la fin du XVIIe siècle et les récits et « journaux » de voyages continuaient de passionner le public. La Compagnie des Indes contribuait à ce renouvellement des mirages exotiques et ramenait en France, non seulement épices et bois précieux, mais aussi des images fascinantes et des thèmes originaux.

Les peintres ne pouvaient y rester insensibles. C'est ainsi que les salons, où se pressaient nobles et bourgeois, travestis en Persans ou en Turcs et que servaient des domestiques noirs, s'ornaient de toiles décoratives à sujets exotiques que peignaient Boucher ou Van Loo, Huet ou Desportes.

Tandis que le meuble s'enrichissait de décors à la laque de Chine, la tapisserie d'Aubusson, des Gobelins ou de Beauvais se mettait à célébrer, d'après les cartons de Van Loo et de Boucher, ce même délire exotique en « turqueries » et « chinoiseries » exubérantes.

LE RÉALISME FAMILIER : LA DÉMOCRATISATION DE LA PEINTURE

D'innombrables tableaux illustrent la vie quotidienne de l'époque : intérieurs bourgeois et nobles, gestes quotidiens de la vie de famille ou de la vie de salon, scènes intimes révélant sur la toile le nouveau confort et l'étonnant raffinement de cette société. Les bourgeois comme les nobles se laissent volontiers surprendre par le peintre : repas princiers ou agapes champêtres continuent de célébrer dans leurs cadres cet immense appétit de vivre ; mais l'intimité du *Benedicite* de Chardin annonce déjà l'apaisement et la gravité retrouvés des dernières années, où l'exubérance s'assagit en une calme mais rayonnante intériorisation de la douceur de vivre. On ne peut pas ici ne pas penser à l'influence des maîtres intimistes de la peinture hollandaise.

Cependant, les peintres ne se contentèrent pas de cerner l'homme au sein de sa vie privée ; ils le retrouvèrent dans la rue au milieu des réjouissances populaires et dans ses occupations professionnelles, le poursuivirent à travers toutes les classes de la société, à la ville comme à la campagne. Quelquefois même l'anecdote prend une réelle dimension d'art : Watteau fit une enseigne pour le marchand de tableaux Gersaint, sur laquelle tout, attitudes, gestes, mouvements, contribue à faire revivre intensément les activités de ce commerce ; Chardin donne de la vie paysanne une profusion d'images émues et vraies.

Malheureusement, ce genre devait dégénérer. Avec les nouvelles exigences de la sensibilité des bourgeois, sous l'influence de Diderot et de son « art moralisateur », des romans de Rousseau et de leurs leçons de vertu, des peintres comme Greuze entreprirent de transformer cette peinture en une école de morale, et se mirent à prêcher les bonnes mœurs à travers les effets trop faciles d'une sentimentalité larmoyante et finalement ennuyeuse. *Le Père de famille expliquant la Bible, Le Paralytique servi par ses enfants, Le Mauvais Fils puni*, autant de titres éloquents, révélateurs des intentions moralisatrices de Greuze.

Écoutons Diderot exprimer son engouement, et celui de sa génération, pour tous ces sermons pathétiques, déjà dans le *Salon de 1763* :

C'est vraiment là mon homme que ce Greuze. Oubliant pour un moment ses petites compositions, qui me fourniront des choses agréables à lui dire, j'en viens tout de suite à son tableau de la *Piété filiale*, qu'on intitulerait mieux : *De la récompense de la bonne éducation donnée.*

D'abord le genre me plaît ; c'est la peinture morale. Quoi donc ! Le pinceau n'a-t-il pas été assez et trop longtemps consacré à la débauche et au vice ? Ne devons-nous pas être satisfaits de le voir concourir enfin avec la poésie dramatique à nous toucher, à nous instruire, à nous corriger et à nous inviter à la vertu ? Courage, mon ami Greuze, fais de la morale en peinture, et fais-en toujours comme cela !

LES FÊTES GALANTES : WATTEAU (1684-1721)

En 1717, un tableau « représentant une fête galante » faisait recevoir Antoine Watteau à l'Académie de peinture. Cette appellation vague, qui sous-titrait une de ses œuvres les plus fameuses, *L'Embarquement pour Cythère,* consacra un genre de peinture, le plus prestigieux sans doute du XVIIIe siècle, et s'appliqua aux œuvres de toute une école de peintres. Le théâtre, qui passionne ce siècle, et en particulier le théâtre italien, qui avait séduit Watteau par tout ce qu'il comportait de délicieuse fantaisie, est le principal élément de cette nouvelle peinture.

Watteau, à la charnière de deux civilisations, célèbre déjà la grande découverte de la grâce et de la sensibilité féminines, et celle du charme de la nature, en même temps qu'il traduit en profondeur ce malaise d'être qui caractérise la nouvelle génération. Ce refus du réel en soi, auquel tournent le dos tant de ses personnages en marche vers on ne sait quel paradis, et que d'autres s'efforcent d'ignorer en faisant de la musique, en jouant la comédie ou en se cachant derrière des masques et sous de fantasques déguisements d'Arlequins et de Colombines, cette humeur fugace, frivole et nostalgique, dont témoigne l'atmosphère de poésie et de rêve dans laquelle baignent ses grands parcs bleus et mélancoliques, cette évasion vers un univers où l'imaginaire se charge de métamorphoser le réel en vie enchantée, c'est tout le programme que se donne cette civilisation nouvelle.

L'HOMME DU XVIIIe SIÈCLE : FRAGONARD (1732-1806)

Fragonard pourrait illustrer à lui seul toute l'histoire de la peinture de son temps, puisant aux sources les plus diverses, italiennes, hollandaises et même françaises, mais restant pourtant profondément original : dessinateur et peintre, il est un luministe aussi bien qu'un coloriste. Curieux de tout, il s'attache aussi bien au charme du corps féminin et à la sensualité des couleurs qu'aux créations de l'imagination et à l'abstraite gratuité de l'arabesque.

S'essayant à tous les sujets et à tous les thèmes, il passe successivement de la froide peinture d'histoire aux polissonneries de la peinture galante et, chose inattendue, il les délaisse enfin pour prêcher les bons sentiments dans le genre moralisateur. *Le Grand Prêtre Corésus qui se sacrifie pour sauver Callirrhoé, Les Hasards heureux de l'escarpolette, La Chemise enlevée, Le Feu aux poudres, La Visite à la nourrice, La Bonne Mère, L'Heureuse Famille...* Cet apparent éclectisme révèle une étonnante souplesse.

Fragonard ne sacrifia qu'un temps à l'académisme, le temps de se faire admettre au sein du temple officiel du goût. Selon les caprices de la mode, il se fit même portraitiste et paysagiste ! Cependant, c'est dans la peinture du genre galant que Fragonard brille le plus. Son extrême habileté à ne pas dépasser les limites du bon goût, sa délicatesse dans le traitement des sujets les plus osés, la fraîcheur délicieuse de ses femmes et la douceur lumineuse et fluide de ses coloris sauvent sa peinture de toute vulgarité et donnent à la sensualité qui s'en dégage des tonalités qui appartiennent à la vraie poésie.

« PENSÉES DÉTACHÉES » DE DIDEROT

Avec Diderot, une véritable révolution s'opère dans l'approche des chefs-d'œuvre artistiques : la critique subjective s'empare de l'Art, le discute, le juge. En outre, le XIXe siècle s'annonce : déjà la couleur s'affirme comme aussi expressive que le dessin, l'harmonie comme plus vraie que l'exactitude réaliste. Enfin, et paradoxalement chez cet admirateur de la peinture moralisatrice, son intuition lui fait pressentir l'existence d'une peinture qui ne serait que de la peinture, autrement dit, la totale autonomie de l'Art.

J'en demande pardon à Aristote ; mais c'est une critique vicieuse que de déduire des règles exclusives des ouvrages les plus parfaits, comme si les moyens de plaire n'étaient pas infinis. Il n'y a presque aucune de ses règles que le génie ne puisse enfreindre avec succès. Il est vrai que la troupe des esclaves, tout en admirant, crie au sacrilège.

Tout morceau de sculpture ou de peinture doit être l'expression d'une grande maxime, une leçon pour le spectateur ; sans quoi il est muet.

Éclairez vos objets selon votre soleil, qui n'est pas celui de la nature ; soyez le disciple de l'arc-en-ciel, mais n'en soyez pas l'esclave.

Pourquoi l'art s'accommode-t-il si aisément des sujets fabuleux, malgré leur invraisemblance ? C'est par la même raison que les spectacles s'accommodent mieux des lumières artificielles que du jour. L'art et ces lumières sont un commencement de prestige et d'illusion.

C'est la couleur qui attire, c'est l'action qui attache ; ce sont ces deux qualités qui font pardonner à l'artiste les légères incorrections du dessin ; je dis à l'artiste peintre, et non à l'artiste sculpteur. Le dessin est de rigueur en sculpture ; un membre même faiblement estropié ôte à une statue presque tout son prix.

C'est un artifice fort adroit que d'emprunter d'un reflet cette demi-teinte, qui semble entraîner l'œil au-delà de la partie visible du contour. C'est bien alors une magie ; car le spectateur sent l'effet, sans en pouvoir deviner la cause.

Vénus est plus blanche au milieu des trois Grâces que seule ; mais cet éclat qu'elle en reçoit, elle le leur rend. Les reflets d'un corps obscur sont moins sensibles que les reflets d'un corps éclairé ; et le corps éclairé est moins sensible aux reflets que le corps obscur.

La musique

UN ORNEMENT DE LA VIE QUOTIDIENNE

L'atmosphère du siècle lui était assurément favorable, et des horizons nouveaux lui étaient ouverts, grâce aux échanges culturels que la France multipliait avec l'étranger, l'Italie bien sûr, mais aussi les pays germaniques.

L'année 1725 marque une date dans l'histoire de la musique française : une première saison officielle d'auditions musicales publiques est inaugurée au palais des Tuileries, dans la salle des Suisses. C'est Anne Danican Philidor qui en est le promoteur ; il s'engage alors à donner tous les ans trente-deux concerts spirituels composés d'œuvres instrumentales et vocales sur paroles latines. L'élan est donné ; d'autres initiatives le prolongent. Les orchestres privés ne se comptent plus : la cour en a perdu l'exclusivité. Parmi les fermiers généraux qui s'intéressent à la musique, La Pouplinière fait figure de mécène et favorise les nouveautés : c'est chez lui qu'en 1750 paraît pour la première fois en France la clarinette. Aux instruments à cordes de l'orchestre, le XVIIIe siècle français ajoute ainsi les instruments à vent, flûte, cor, clarinette, hautbois, basson, révélés par l'orchestre de Mannheim, qui fait connaître en même temps aux Parisiens une musique de chambre allemande dont ils ignoraient l'existence. L'individualisme grandissant du XVIIIe siècle, qui incite au « culte de la personnalité » dans tous les domaines, met aussi en vedette le talent des virtuoses qui ajoute aux orchestres une note brillante.

La Révolution engagera la musique française dans une voie nouvelle. Il ne s'agira plus alors de génies ou de talents. La musique n'appartient plus qu'à l'actualité politique qu'elle commente ou qu'elle célèbre : les chants patriotiques, vulgaires souvent et toujours grandiloquents, sont faits pour soulever les masses (1). La musique en tant qu'art a disparu : elle est devenue un instrument de propagande. Mais tout n'est pas perdu : en 1795 est créé un Institut national de musique, qui deviendra en 1831 l'actuel Conservatoire de musique : c'est le signe d'une future renaissance.

(1) *cf.* p. 194.

LA MUSIQUE INSTRUMENTALE : LA NAISSANCE DE L'ORCHESTRE MODERNE

L'orchestre moderne naît au XVIIIe siècle. En 1777, il groupera violons, altos, violoncelles, contrebasses, flûtes, hautbois, clarinettes, bassons, cors, trompettes, timbales, jusqu'à 77 musiciens, ce qui explique la richesse des compositions instrumentales de l'époque. Trois grands genres se les partagent : la sonate, le concerto, la symphonie.

Dès la fin du XVIIe siècle, la sonate, dérivée des « suites » – ou arrangements de danses à la mode – avait trouvé son caractère définitif de composition pour un, deux ou trois instruments en plusieurs mouvements. Puis au XVIIIe siècle, sous l'influence italienne, ces mouvements au nombre de quatre ont le plus souvent la disposition suivante : une introduction lente suivie de trois mouvements, vif, lent, vif. Ce sont les violonistes italiens qui, alors, illustrent le plus brillamment ce genre musical et semblent même en détenir le monopole. Cependant, un Français réussit à s'imposer : Jean-Marie Leclair (1697-1764). Grâce à un voyage à Turin, il prit contact directement avec la musique italienne, et fit bénéficier la sonate française de cette expérience. Ses sonates pour un, deux, trois violons en sont le plus bel exemple. Les hardiesses que lui inspiraient sa parfaite technique et sa sensibilité profonde et passionnée permettaient ainsi à Leclair des allegros et des fugues aussi brillantes qu'audacieuses, en même temps que des adagios et des arias déjà romantiques. Mais, bientôt, la vogue des instruments à claviers, du clavecin et du piano-forte, à cordes frappées, qui allait détrôner le clavecin et devenir le père de notre piano moderne, fit pâlir l'étoile du violon, auquel pendant longtemps on n'attribua plus qu'un rôle subalterne d'accompagnateur.

Jean-Marie Leclair, exécutant soliste, a aussi été séduit par la forme du concerto, opposant un instrument soliste à l'orchestre. Il en composa un grand nombre pour violon, et ceux-là, avec son concerto pour flûte, sont sans doute parmi les plus beaux et les plus originaux du XVIIIe siècle, grâce à leur lyrisme passionné. Leur structure en trois mouvements est déjà proche de celle qui deviendra, avec Mozart, la structure type du concerto : deux mouvements rapides encadrant un mouvement lent.

On voit apparaître enfin les premières ébauches de la symphonie moderne, issue sans doute des ouvertures d'opéra et de la sonate à trois. Guignon (1702-1774) composa des *Concerts de symphonies* et avec lui d'autres musiciens comme Gossec, Blainville et Michel Corette. De ces œuvres essentiellement orchestrales naît la symphonie concertante, qui emprunte au concerto l'intervention de solistes tandis que celui-ci lui emprunte ses tutti. Forme hybride qui ne manquait pas de séductions, elle fut exploitée par nombre de musiciens français et c'est à Paris que Mozart devait la découvrir.

LA RÉVOLUTION DE RAMEAU : L'OPÉRA

Comme Lulli, Jean-Philippe Rameau (1683-1764), organiste, claveciniste, compositeur de cantates et de motets, vient très tard au théâtre. Avec lui, l'opéra évolue, non seulement sur le plan du spectacle, grâce à l'importance donnée aux décors et aux ballets, mais surtout sur le plan proprement musical. Rameau, dans ses opéras, attribue un rôle nouveau à la musique : elle devient plus autonome et indépendante, et éveille l'attention du spectateur, tout autant que le livret qui mettait autrefois le texte et l'action au premier plan. Elle commence à prendre dans l'œuvre la place qui lui sera assignée par Mozart. C'est à ce dernier, en effet, que nous devons la conception d'une musique d'opéra enfin libérée : elle est seulement le contrepoint du drame et peut librement mettre en œuvre son indicible pouvoir émotif.

En ce siècle de discussions et de polémiques d'une part, d'hommes tendres et sentimentaux d'autre part, une théorie si nouvelle fondée sur une science profonde, mathématique, de l'harmonie, ne pouvait que déclencher une petite révolution, dont témoignent par exemple ces attaques de Diderot contre « nos opéras modernes ».

– Quoi ! ce chaos, cette confusion de parties, cette multitude d'instruments différents qui semblent s'insulter l'un l'autre, ce fracas d'accompagnements qui étouffent les voix sans les soutenir, tout cela fait-il donc les véritables beautés de la musique ? Est-ce de là qu'elle tire sa force et son énergie ? Il faudrait donc que la musique la plus harmonieuse fût en même temps la plus touchante. Mais le public a assez appris le contraire. Considérons les Italiens, nos contemporains, dont la musique est la meilleure, ou plutôt la seule bonne de l'univers, au jugement unanime de tous les peuples, excepté des Français qui lui préfèrent la leur. Voyez quelle sobriété dans les accords, quel choix dans l'harmonie ! Ces gens-là ne s'avisent point de mesurer au nombre des parties l'estime qu'ils font d'une musique ; proprement leurs opéras ne sont que des duos et tout l'Europe les admire et les imite. Ce n'est certainement pas à force de multiplier les parties de leur musique que les Français parviendront à la faire goûter aux étrangers.

Il n'est pas nécessaire d'être connaisseur pour goûter du plaisir lorsqu'on entend de la bonne musique, il suffit d'être sensible ; la connaissance et l'amour, ou le goût qui les suivent de près, peuvent augmenter ce plaisir mais ne le font pas tout : dans bien des cas, au contraire, ils le diminuent ; l'art nuit à la nature...

Aussi toutes les publications de Rameau, exposés et démonstrations, rencontrèrent-elles une farouche opposition de la part des dévots de la musique italienne qui crurent lancer contre lui l'anathème en le traitant de « géomètre », autrement dit d'intellectuel sclérosé. Puis, à travers lui, c'est alors toute la musique française qui se trouve condamnée, particulièrement par Rousseau, qui, dans sa violente *Lettre sur la musique française* (1753), n'hésita pas à dénier toute valeur aux plus grands compositeurs et tout sens musical aux Français.

Je crois avoir fait voir qu'il n'y a ni mesure, ni mélodie dans la musique française, parce que la langue n'en est pas susceptible ; que le chant français n'est qu'un aboiement continuel, insupportable à toute oreille non prévenue ; que l'harmonie en est brute, sans expression et sentant uniquement son remplissage d'écolier ; que les airs français ne sont point des airs ; que le récitatif français n'est point du récitatif. D'où je conclus que les Français n'ont point de musique et n'en peuvent avoir ou que, si jamais ils en ont une, ce sera tant pis pour eux.

Rameau ne resta pas insensible aux attaques. Dans cette lettre à Houdar de la Motte (1727), nous le voyons s'insurger contre ceux qui prétendaient réduire la musique à l'expression spontanée de sentiments et défendre sa propre conception, déjà moderne : la musique est une science inséparable de l'enthousiasme créateur, car l'harmonie soutient toute expression musicale de qualité.

Qui dit un savant musicien, entend ordinairement par là un homme à qui rien n'échappe dans les différentes combinaisons des notes ; mais on le croit en même temps tellement absorbé dans ces combinaisons, qu'il y sacrifie tout, le bon sens, le sentiment, l'esprit et la raison. Or ce n'est là qu'un musicien de l'école, école où il n'est question que de notes, et rien de plus ; de sorte qu'on a raison de lui préférer un musicien qui se pique moins de science que de goût. Cependant celui-ci dont le goût n'est formé que par des comparaisons à la portée de ses sensations, ne peut tout au plus exceller que dans de certains genres, je veux dire dans des genres relatifs à son tempérament. Est-il naturellement tendre ? il exprime bien la tendresse ; son caractère est-il vif, enjoué, badin, etc. ? sa musique y répond pour lors ; mais sortez-le de ces caractères qui lui sont naturels, vous ne le reconnaissez plus. D'ailleurs, comme il tire tout de son imagination, sans aucun secours de l'art, par ses rapports avec ces expressions, il s'use à la fin. Dans son premier feu, il était tout brillant ; mais ce feu se consume à mesure qu'il veut le rallumer et l'on ne trouve plus chez lui que des redites ou des platitudes.

Il serait donc à souhaiter qu'il se trouvât pour le théâtre un musicien qui étudiât la nature avant que de la peindre et qui, par sa science, sût faire le choix des couleurs et des nuances dont son esprit et son goût lui auraient fait sentir le rapport avec les expressions nécessaires. Je suis bien éloigné de croire que je sois ce musicien, mais du moins j'ai au-dessus des autres la connaissance des couleurs et des nuances, dont ils n'usent à propos que par hasard. Ils ont du goût et de l'imagination mais le tout est borné dans le réservoir de leurs sensations, où les différents objets se réunissent en une petite portion de couleurs, au-delà desquelles ils n'aperçoivent plus rien. La nature ne m'a pas tout à fait privé de ses dons, et je ne me suis pas livré aux combinaisons des notes jusqu'au point d'oublier leur liaison intime avec le beau naturel qui suffit seul pour plaire, mais qu'on ne trouve pas facilement dans une terre qui manque de semences et qui a fait surtout ses derniers efforts.

Tous les opéras de Rameau, que ce soient des tragédies comme *Hippolyte et Aricie,* des comédies comme *Platée,* ou *La Princesse de Navarre,* des opéras-ballets comme *Les Indes galantes, les Fêtes d'Hébé,* ou *Le Temple de la gloire,* ou simplement des œuvres brèves comme *Pygmalion, Les Sybarites* ou *Anacréon,* tirent leur grandeur, non de leurs effets purement spectaculaires, mais de leur splendeur symphonique : les ouvertures, les passages descriptifs, les commentaires lyriques des états d'âme des personnages, enfin les symphonies de danses brillantes, variées à l'infini et toujours expressives, font oublier la médiocrité des livrets.
Seul Voltaire, admettant le principe d'une évolution de l'ouïe, sut faire de la musique de Rameau une étape inéluctable de l'histoire de la musique.

On dit que, dans *Les Indes (Les Indes galantes),* l'opéra de Rameau pourrait réussir. Je crois que la profusion de ses doubles croches peut révolter les Lullistes ; mais, à la longue, il faudra bien que le goût de Rameau devienne le goût dominant de la nation, à mesure qu'elle sera plus savante. Les oreilles se forment petit à petit. Trois ou quatre générations changent les organes d'une nation. Lulli nous a donné le sens de l'ouïe que nous n'avions point, mais les Rameau le perfectionneront. Vous m'en donnerez des nouvelles dans cent cinquante ans d'ici.

UNE INVENTION DE LA SENSIBILITÉ FRANÇAISE : L'OPÉRA-COMIQUE

Cependant le public parisien venait au théâtre moins pour entendre de la belle musique que pour satisfaire sa sensibilité. Cette sensibilité, que la noble convention de la tragédie musicale ne touchait plus, était surtout avide de « vraisemblable » pathétique et de sentimentalité « vécue », influencée en cela par la littérature. Il lui fallait une nouvelle forme de théâtre lyrique qui fût à sa portée et qui pût lui offrir d'abord une musique simple et facile, où la parole eût sa place à côté du chant, une intrigue avant tout sentimentale, où le ton fût non plus tragique mais pathétique, enfin des personnages cessant d'être nobles pour lui ressembler : en un mot, un « drame bourgeois » lyrique. Ce public fit donc un accueil enthousiaste à l'opéra-comique, qui acquit très vite ses lettres de noblesse. En 1781, Favart prit la direction d'un théâtre fait pour lui : le théâtre de l'Opéra-Comique, et nombre de musiciens se mirent alors à composer les pièces que ce genre nouveau réclamait : pièces hybrides, mi-lyriques mi-dramatiques, toujours chargées d'émotions. Certaines d'entre elles furent des réussites, comme *Le Déserteur* de Monsigny, et tout le monde applaudissait Favart, Laruette, qui fut aussi un des créateurs de l'opérette, Grétry, et tant d'autres. Mais l'opéra-comique, malgré son immense succès, ne pouvait aspirer au grand art : en se voulant coûte que coûte fidèle à une réalité médiocre ou simpliste, sentimentale ou touchante, il se condamna lui-même à demeurer au rang des petits genres.

GLUCK ET LA RÉFORME DE L'OPÉRA FRANÇAIS

L'opéra-comique eut toutefois une influence constructive : il entraîna la réforme de l'opéra français : ce fut le compositeur allemand Gluck (1714-1787) qui s'en chargea. *Alceste, Iphigénie en Aulide, Orphée,* comme toutes ses pièces, illustrent sa conception originale de l'opéra : on y remarque justement une plus grande fusion entre la musique et l'intrigue, laquelle devient plus rigoureuse et plus dramatique, et une plus grande simplicité de structure, grâce à l'absence de ces ornements gratuits et inutiles que l'on trouvait chez Lulli et Rameau. Avec Gluck, l'opéra, moins grave que la tragédie lyrique de Lulli et plus sage que l'opéra-spectacle de Rameau, gagne en souplesse et en pureté. C'est sans doute pour cela que Gluck fut combattu par ces mêmes amateurs qui attaquaient naguère Rameau : accusé de n'être pas assez italianisant, il dut quitter Paris. Voici toute la réforme de Gluck dans l'apologie de son *Alceste* qu'il adresse au grand-duc de Toscane (1). Cette pièce, jouée sans succès à Paris, avait recueilli à Vienne tous les suffrages.

---

(1) Texte traduit par G. de Chacé.

Lorsque j'entrepris d'écrire la musique de l'*Alceste,* je me proposai de la dépouiller entièrement de tous ces abus qui, introduits soit par la vanité mal entendue des chanteurs, soit par une complaisance exagérée des maîtres, défigurent depuis longtemps l'opéra italien, et font du plus pompeux et du plus beau de tous les spectacles une chose ridicule et ennuyeuse. Je voulus réduire la musique à son véritable but, qui est de fortifier la poésie par une expression nouvelle, de rendre plus saisissantes les situations de la fable, sans interrompre l'action, sans même la refroidir avec des ornements inutiles. Je pensai que la musique devait être au poème ce que sont à un dessin correct et bien agencé la vivacité des couleurs et le contraste bien ménagé des lumières et des ombres qui servent à animer les figures sans en altérer les contours.

Je n'ai pas voulu arrêter l'acteur dans la chaleur du dialogue pour attendre une insipide ritournelle, ni couper un mot pour le retenir sur une voyelle favorable, pour faire valoir dans un long passage l'agilité de sa belle voix ; je n'ai pas compris non plus que l'orchestre par une cadence donnât le temps au chanteur de reprendre haleine. Je n'ai pas cru devoir glisser rapidement sur la seconde partie d'un air, peut-être la plus passionnée et la plus importante, répéter quatre fois les paroles de la première partie, et terminer l'air, bien que le sens ne soit pas complet, afin de permettre au chanteur de varier capricieusement l'air de plusieurs manières. En somme, j'ai cherché à bannir de la musique tous ces abus contre lesquels protestent en vain le bon sens et la raison.

J'ai pensé que l'ouverture devait éclairer les spectateurs sur l'action et en être pour ainsi dire l'argument, la préface ; que la partie instrumentale devait se mesurer à l'intérêt et à la passion des situations ; qu'il ne fallait pas permettre qu'une coupure disparate entre l'air et le récitatif vînt tronquer à contresens la période et enlever à l'action sa force et sa chaleur.

J'ai cru, en outre, que tout mon travail devait tendre à la recherche d'une noble simplicité, évitant de faire ostentation de difficultés au préjudice de la clarté ; la découverte de quelque nouveauté ne m'a semblé précieuse qu'autant qu'elle était d'accord avec la situation ; enfin il n'y a pas de règle que je n'aie cru devoir sacrifier de plein gré en faveur de l'effet.

Les lettres

Les symptômes de l'esprit nouveau (1715-1734)

De 1715 à 1734, toutes les formes classiques subsistent et les mêmes genres littéraires restent à l'honneur : la tragédie, la comédie, le roman ; mais la critique et la satire se développent et s'étendent à tous les domaines, et l'esprit nouveau touche la politique, la société, la religion même.

Lesage (1668-1747)

Alain-René Lesage, après des études au collège des Jésuites de Vannes, devenu orphelin à l'âge de quinze ans, fut obligé de gagner sa vie. D'abord avocat comme son père, il abandonna bientôt le barreau pour tenter de vivre de sa plume. Il traduisit un grand nombre de romans picaresques (1) et de pièces espagnoles, puis composa lui-même *Crispin rival de son maître* (1707) et *Turcaret* (1709), comédies de mœurs dont la vigueur, comparable à celle des grandes pièces de Molière, fit scandale. Il revint au roman avec *Gil Blas de Santillane,* publié de 1715 à 1735.

(1) Le roman picaresque, roman d'aventures, mouvementé et pittoresque, était né en Espagne au XVIe siècle.

TURCARET

Turcaret, ancien laquais devenu riche à force de spéculations malhonnêtes, est resté le type du financier parvenu, impitoyable avec les faibles, ridicule et désarmé devant plus rusé que lui, caricature en laquelle le peuple, écrasé de charges, reconnaît aisément les « fermiers » ou « partisans » des Compagnies qui assurent le recouvrement des impôts.

La scène 5 de l'acte III met face à face – en présence de la baronne que courtise Turcaret – le marquis, jeune libertin dépensier et insolent, et Turcaret, vexé de se voir percé à jour, mais très humble devant un gentilhomme.

Le marquis, à la baronne

Que faites-vous de cet homme-là, madame ? Vous le connaissez ? Vous empruntez sur gages ? Palsambleu ! il vous ruinera.

La baronne

Monsieur le marquis...

Le marquis, l'interrompt

Il vous pillera, il vous écorchera ; je vous en avertis. C'est l'usurier le plus juif ; il vend son argent au poids de l'or.

M. Turcaret, à part

J'aurais mieux fait de m'en aller.

La baronne, au marquis

Vous vous méprenez, monsieur le marquis ; M. Turcaret passe dans le monde pour un homme de bien et d'honneur.

Le marquis

Aussi l'est-il, madame, aussi l'est-il. Il aime le bien des hommes et l'honneur des femmes. Il a cette réputation-là.

M. Turcaret

Vous aimez à plaisanter, monsieur le marquis... *(À la baronne.)* Il est badin, madame, il est badin. Ne le connaissez-vous pas sur ce pied-là ?

La baronne

Oui, je comprends bien qu'il badine, ou qu'il est mal informé.

Le marquis

Mal informé ! Morbleu ! madame, personne ne saurait vous en parler mieux que moi : il a de mes nippes (1) actuellement.

M. Turcaret

De vos nippes, monsieur ? Oh ! je ferais bien serment du contraire.

Le marquis

Ah ! parbleu ! vous avez raison. Le diamant est à vous à l'heure qu'il est, selon nos conventions ; j'ai laissé passer le terme.

La baronne

Expliquez-moi tous deux cette énigme.

M. Turcaret

Il n'y a point d'énigme là-dedans, madame. Je ne sais ce que c'est.

Le marquis, à la baronne

Il a raison, cela est fort clair, il n'y a point d'énigme. J'ai eu besoin d'argent il y a quinze mois. J'avais un brillant de cinq cents louis ; on m'adressa à M. Turcaret. M. Turcaret me renvoya à un de ses commis, à un certain M. Ra... Ra... Rafle. C'est celui qui tient son bureau d'usure. Cet honnête M. Rafle me prêta sur ma bague onze cent trente-deux livres six sols huit deniers. Il me prescrivit un temps pour la retirer. Je ne suis pas fort exact, moi : le temps est passé : mon diamant est perdu.

M. Turcaret

Monsieur le marquis, monsieur le marquis, ne me confondez point avec M. Rafle, je vous prie. C'est un fripon que j'ai chassé de chez moi. S'il a fait quelque mauvaise manœuvre, vous avez la voie de la justice. Je ne sais ce que c'est que votre brillant ; je ne l'ai jamais vu ni manié.

Le marquis

Il me venait de ma tante ; c'était un des plus beaux brillants ; il était d'une netteté, d'une forme d'une grosseur à peu près comme... *(Regardant le diamant de la baronne.)* Eh ! le voilà, madame ! Vous vous en êtes accommodée avec M. Turcaret, apparemment ?

La baronne, au marquis

Autre méprise, monsieur, je l'ai acheté, assez cher même, d'une revendeuse à la toilette.

Le marquis

Cela vient de lui, madame. Il a des vendeuses à sa disposition, et à ce qu'on dit, même dans sa famille.

M. Turcaret

Monsieur ! monsieur !

La baronne, au marquis

Vous êtes insultant, monsieur le marquis.

Le marquis

Non, madame, mon dessein n'est pas d'insulter : je suis trop serviteur de M. Turcaret, quoiqu'il me traite durement. Nous avons eu autrefois ensemble un petit commerce d'amitié. Il était laquais de mon grand-père ; il me portait sur ses bras. Nous jouions tous les jours ensemble ; nous ne nous quittions presque point. Le petit ingrat ne s'en souvient plus.

M. Turcaret

Je me souviens... je me souviens... Le passé est passé ; je ne songe qu'au présent.

(1) Vieux vêtements, à l'origine : ici, désigne des objets personnels.

Marivaux (1688-1763)

SA VIE

Pierre Carlet de Chamblain de Marivaux fut reçu dans les salons à la mode (1), fréquenta La Motte, Fontenelle, Helvétius, et commença tôt à écrire des romans, des parodies des anciens et des articles pour *Le Nouveau Mercure.* Après 1720, ruiné par la banqueroute de Law, il cherche à vivre de sa plume, fait des publications diverses, mais surtout compose des comédies originales : *La Double Inconstance* (1723), *Le Jeu de l'amour et du hasard* (1730), *Les Fausses Confidences* (1737), *L'Épreuve* (1740), où il étudie avec beaucoup de finesse et de précision les sentiments amoureux. Il fait jouer ses pièces de préférence au théâtre des Italiens. Après avoir donné des farces improvisées, ceux-ci avaient monté des spectacles plus raffinés, tout en gardant la vie, la liberté et la fantaisie de leurs origines. Marivaux écrivit pour eux, et prit leurs propres « types » pour personnages : Silvia, Colombine, Arlequin, Gilles. Il écrivit aussi deux romans importants, *La Vie de Marianne* (publiée de 1731 à 1741) et *Le Paysan parvenu* (1735-1736), où il étudie avec beaucoup de vérité les mœurs contemporaines à travers des personnages vivants et concrets. En 1742, il fut élu à l'Académie.

SON ORIGINALITÉ

L'unité de l'œuvre de Marivaux est le symbole de ce que le XVIIIe siècle, en psychologie, en littérature et en art, a de plus séduisant : l'élégance aisée des personnages, si proches de Watteau, l'équilibre instable, mais délicieux, des sentiments, une modération morale aussi éloignée du rigorisme que du libertinage. Enfin, la délicatesse de l'expression, appuyée sur le mot juste et l'harmonie subtile de la phrase, épouse toutes les nuances des sentiments.

Le mot « marivaudage » (2), alors péjoratif, mais qui en réalité exprimait bien tout ce que cette analyse raffinée de la complexité du cœur avait d'original, est devenu le symbole d'une société charmante, mais qui se sent déjà menacée.

LE JEU DE L'AMOUR ET DU HASARD

Silvia, déguisée en soubrette tandis que sa suivante, Lisette, a pris ses propres vêtements, éprouve une vive attirance pour Arlequin qui, par bonheur, n'est autre que Dorante, le fiancé qu'on lui destine; elle ignore qu'il s'est travesti en valet, comme elle-même, pour connaître en secret celle qu'on veut lui faire épouser. Dans cette scène (II, 7), Marivaux analyse avec une extrême délicatesse les émotions de l'amour naissant, les réticences de l'amour-propre et l'agacement de la jeune fille qui ne veut pas admettre la réalité de ses sentiments, puis les excuses qu'elle se donne naïvement à elle-même dans le monologue de la scène 8.

Silvia

Eh bien ! je vous charge de lui (3) dire mes dégoûts, et de l'assurer qu'ils sont invincibles ; je ne saurais me persuader qu'après cela il veuille pousser les choses plus loin.

Lisette

Mais, Madame, le futur, qu'a-t-il donc de si désagréable, de si rebutant?

Silvia

Il me déplaît, vous dis-je, et votre peu de zèle aussi.

Lisette

Donnez-vous le temps de voir ce qu'il est, voilà tout ce qu'on vous demande.

Silvia

Je le hais assez, sans prendre du temps pour le haïr davantage.

---

(1) *cf.* p. 149. – (2) Synonyme de complications, sentiments affectés et préciosité verbale. – (3) De dire à celui qu'elle croit être son futur époux, mais qui n'est que son valet.

Lisette

Son valet, qui fait l'important, ne vous aurait-il point gâté l'esprit sur son compte?

Silvia

Hum! la sotte! son valet a bien affaire ici!

Lisette

C'est que je me méfie de lui, car il est raisonneur.

Silvia

Finissez vos portraits, on n'en a que faire. J'ai soin (1) que ce valet me parle peu, et dans le peu qu'il m'a dit, il ne m'a jamais rien dit que de très sage.

Lisette

Je crois qu'il est homme à vous avoir conté des histoires maladroites pour faire briller son bel esprit.

Silvia

Mon déguisement ne m'expose-t-il pas à m'entendre dire de jolies choses? À qui en avez-vous? D'où vous vient la manie d'imputer à ce garçon une répugnance à laquelle il n'a point de part? Car enfin, vous m'obligez à le justifier; il n'est pas question de le brouiller avec son maître ni d'en faire un fourbe pour me faire une imbécile, moi, qui écoute ses histoires.

Lisette

Oh! Madame, dès que vous le défendez sur ce ton-là, et que cela va jusqu'à vous fâcher, je n'ai plus rien à dire.

Silvia

Dès que je le défends sur ce ton-là? Qu'est-ce que c'est que le ton dont vous dites cela vous-même? Qu'entendez-vous par ce discours? Que se passe-t-il dans votre esprit?

Lisette

Je dis, Madame, que je ne vous ai jamais vue comme vous êtes, et que je ne conçois (2) rien à votre aigreur. Eh bien! si ce valet n'a rien dit, à la bonne heure; il ne faut pas vous emporter pour le justifier; je vous crois, voilà qui est fini; je ne m'oppose pas à la bonne opinion que vous en avez, moi.

Silvia

Voyez-vous le mauvais esprit! comme elle tourne les choses. Je me sens dans une indignation... qui... va jusqu'aux larmes.

Lisette

En quoi donc, Madame! Quelle finesse (3) entendez-vous à ce que je dis?

Silvia

Moi, j'y entends finesse! moi! je vous querelle pour lui! j'ai bonne opinion de lui! Vous me manquez de respect jusque-là. Bonne opinion, juste ciel! bonne opinion! Que faut-il que je réponde à cela! Qu'est-ce que cela veut dire? À qui parlez-vous? Qui est-ce qui est à l'abri de ce qui arrive? Où en sommes-nous?

Lisette

Je n'en sais rien, mais je ne reviendrai de longtemps de la surprise où vous me jetez.

Silvia

Elle a des façons de parler qui me mettent hors de moi. Retirez-vous, vous m'êtes insupportable; laissez-moi, je prendrai d'autres mesures.

Scène 8

Silvia, seule

Je frissonne encore de ce que je lui ai entendu dire. Avec quelle impudence les domestiques ne nous traitent-ils pas dans leur esprit! Comme ces gens-là vous dégradent! Je ne saurais m'en remettre; je n'oserais songer aux termes dont elle s'est servie, ils me font toujours peur. Il s'agit d'un valet. Ah! l'étrange chose! Écartons l'idée dont cette insolente est venue me noircir l'imagination. Voici Bourguignon, voilà cet objet en question pour lequel je m'emporte; mais ce n'est pas sa faute, le pauvre garçon; et je ne dois pas m'en prendre à lui.

Les philosophes

À partir de 1734, date de publication des *Considérations* de Montesquieu et des *Lettres philosophiques* de Voltaire, la philosophie sous ses différents aspects, historique, politique, métaphysique, scientifique, et même pratique, devient l'objet essentiel de la littérature : l'histoire des œuvres se confond avec l'histoire des idées.

Montesquieu (1689-1755)

Charles-Louis de Secondat, qui sera baron de Montesquieu, après des études classiques et des études de droit, est conseiller en 1714, puis en 1716 « président à mortier » (4) au

(1) Soucis. – (2) Comprends. – (3) Subtilité de sens. – (4) Le « mortier » était un bonnet de velours que portaient les « grands présidents », ou présidents de Parlement.

parlement de Guyenne. Il fréquente alors à la fois les salons, où règne l'orientalisme mis à la mode par la traduction des *Mille et Une Nuits* que Galland avait publiée au début du siècle (1), et les académies, et rédige des mémoires scientifiques.

Il compose alors un roman par lettres, d'apparence orientale, dans lequel il glisse, sous une intrigue un peu légère, une vigoureuse satire des mœurs du temps et des aperçus hardis sur toutes sortes de problèmes moraux, politiques et religieux : les *Lettres persanes* paraissent sans nom d'auteur en 1721.

Faisant de nombreux voyages à Paris, Montesquieu fréquente la société parisienne, les salons, le club de l'Entresol (2). Élu à l'Académie en 1728, il s'intéresse de plus en plus aux problèmes politiques et juridiques et, de 1728 à 1731, il effectue de longs voyages d'études en Allemagne, en Autriche, en Italie, en Suisse, en Hollande et en Angleterre, où il séjourne deux ans. De retour en France, il entreprend de rassembler ses observations et ses réflexions en vue d'un grand ouvrage sur l'histoire et l'explication des lois. En 1734, il publie les *Considérations sur les causes de la grandeur des Romains et de leur décadence,* qui sont à la fois un chapitre détaché de l'ouvrage en cours et une sorte de vérification expérimentale de ses premières constatations : examinant les faits historiques, il cherche les lois dont dépend le destin des États et des gouvernements. Il ébauche ainsi une véritable philosophie de l'histoire.

L'Esprit des lois paraît en 1748 à Genève et connaît un succès considérable; il provoque aussi des attaques auxquelles Montesquieu répond en 1751 par une *Défense de l'Esprit des lois. L'Esprit des lois* nous offre une synthèse d'observations historiques et géographiques, un système rationnel et complet d'institutions et de principes exemplaires, accordés aux circonstances et à la nature humaine. L'ensemble constitue une leçon de méthode scientifique et philosophique.

LES LETTRES PERSANES

Comprendre les différences entre les hommes, avoir le sens du relatif dans les sciences, dans l'histoire, aussi bien que dans la vie quotidienne, c'est une des grandes conquêtes de la philosophie du siècle. Dans cette Lettre *(XXX), Montesquieu note d'abord l'impuissance des Parisiens à sortir d'eux-mêmes, impuissance ridicule par sa naïveté même, puis il procède à une contre-épreuve : nul ne remarque le Persan s'il s'habille comme un Parisien, et tous s'esclaffent d'entendre dire qui il est. Montesquieu sait ici allier la rigueur de la construction de la phrase à la finesse du trait humoristique ou même caricatural.*

Les habitants de Paris sont d'une curiosité qui va jusqu'à l'extravagance. Lorsque j'arrivai, je fus regardé comme si j'avais été envoyé du ciel : vieillards, hommes, femmes, enfants, tous voulaient me voir. Si je sortais, tout le monde se mettait aux fenêtres; si j'étais aux Tuileries (3), je voyais aussitôt un cercle se former autour de moi : les femmes mêmes faisaient un arc-en-ciel, nuancé de mille couleurs, qui m'entourait; si j'étais aux spectacles, je trouvais d'abord cent lorgnettes dressées contre ma figure : enfin jamais homme n'a tant été vu que moi. Je souriais quelquefois d'entendre des gens qui n'étaient presque jamais sortis de leur chambre, qui disaient entr'eux : « Il faut avouer qu'il a l'air bien persan. » Chose admirable! je trouvais de mes portraits partout; je me voyais multiplié dans toutes les boutiques, sur toutes les cheminées : tant on craignait de ne m'avoir pas assez vu.

Tant d'honneurs ne laissent (4) pas d'être à charge : je ne me croyais pas un homme si curieux et si rare; et, quoique j'aie très bonne opinion de moi, je ne me serais jamais imaginé que je dusse troubler le repos d'une grande ville où je n'étais point connu. Cela me fit résoudre à quitter l'habit persan et à en endosser un à l'européenne, pour voir s'il resterait encore dans ma physionomie quelque chose d'admirable. Cet essai me fit connaître ce que je valais réellement : libre de tous les ornements étrangers, je me

(1) *cf.* p. 168. – (2) *cf.* p. 155. Déjà à cette époque, on y discutait les affaires d'État et les questions d'actualité. – (3) Dont les jardins étaient une promenade célèbre. – (4) Finissent par être une charge.

vis apprécié au plus juste. J'eus sujet de me plaindre de mon tailleur, qui m'avait fait perdre en un instant l'attention et l'estime publique ; car j'entrai tout à coup dans un néant affreux. Je demeurais quelquefois une heure dans une compagnie sans qu'on m'eût regardé, et qu'on m'eût mis en occasion d'ouvrir la bouche. Mais si quelqu'un par hasard, apprenait à la compagnie que j'étais persan, j'entendais aussitôt autour de moi un bourdonnement : « Ah ! ah ! Monsieur est persan ? C'est une chose extraordinaire ! Comment peut-on être persan ? »

L'ESPRIT DES LOIS

La préface de l'ouvrage, introduction enthousiaste, caractérise bien l'esprit et la méthode de Montesquieu. Étude attentive des lois et des mœurs, recherche des principes et vérifications par les cas particuliers, elle manifeste une volonté d'éclairer le peuple pour qu'il aime « mieux ses devoirs, son prince, sa patrie et ses lois ». Elle traduit enfin la satisfaction profonde de l'architecte parvenu au bout de sa tâche.

Si, dans le nombre infini des choses qui sont dans ce livre, il y en avait quelqu'une qui, contre mon attente, pût offenser, il n'y en a pas du moins qui ait été mise avec mauvaise intention. Je n'ai point naturellement l'esprit désapprobateur. Platon remerciait le ciel de ce qu'il était né du temps de Socrate ; et moi je lui rends grâces de ce qu'il m'a fait naître dans le gouvernement où je vis, et de ce qu'il a voulu que j'obéisse à ce qu'il m'a fait aimer.

Je demande une grâce que je crains qu'on ne m'accorde pas ; c'est de ne pas juger, par la lecture d'un moment, d'un travail de vingt années ; d'approuver ou de condamner le livre entier, et non pas quelques phrases. Si l'on veut chercher le dessein de l'auteur, on ne le peut bien découvrir que dans le dessein de l'ouvrage.

J'ai d'abord examiné les hommes, et j'ai cru que, dans cette infinie diversité de lois et de mœurs, ils n'étaient pas uniquement conduits par leurs fantaisies.

J'ai posé les principes et j'ai vu les cas particuliers s'y plier comme d'eux-mêmes, les histoires de toutes les nations n'en être que les suites, et chaque loi particulière liée avec une autre loi, ou dépendre d'une autre plus générale.

Quand j'ai été rappelé à l'antiquité, j'ai cherché à en prendre l'esprit pour ne pas regarder comme semblables des cas réellement différents, et ne pas manquer les différences de ceux qui paraissent semblables.

Je n'ai point tiré mes principes de mes préjugés, mais de la nature des choses.

Ici, bien des vérités ne se feront sentir qu'après qu'on aura vu la chaîne (1) qui les lie à d'autres. Plus on réfléchira sur les détails plus on sentira la certitude des principes. Ces détails mêmes, je ne les ai pas tous donnés ; car qui pourrait dire tout sans un mortel ennui ?

On ne trouvera point ici ces traits saillants qui semblent caractériser les ouvrages d'aujourd'hui. Pour peu qu'on voie les choses avec une certaine étendue, les saillies s'évanouissent ; elles ne naissent d'ordinaire que parce que l'esprit se jette tout d'un côté, et abandonne tous les autres.

Je n'écris point pour censurer ce qui est établi dans quelque pays que ce soit. Chaque nation trouvera ici les raisons de ses maximes ; et on en tirera naturellement cette conséquence, qu'il n'appartient de proposer des changements qu'à ceux qui sont assez heureusement nés pour pénétrer d'un coup de génie toute la constitution d'un État.

Il n'est pas indifférent que le peuple soit éclairé. Les préjugés des magistrats ont commencé par être les préjugés de la nation. Dans un temps d'ignorance, on n'a aucun doute, même lorsqu'on fait les plus grands maux ; dans un temps de lumière, on tremble encore lorsqu'on fait les plus grands biens. On sent les abus anciens, on en voit la correction ; mais on voit encore les abus de la correction même. On laisse le mal, si l'on craint le pire ; on laisse le bien, si on est en doute du mieux. On ne regarde les parties que pour juger du tout ensemble ; on examine toutes les causes pour voir tous les résultats.

Si je pouvais faire en sorte que tout le monde eût de nouvelles raisons pour aimer ses devoirs, son prince, sa patrie, ses lois ; qu'on pût mieux sentir son bonheur dans chaque pays, dans chaque gouvernement, dans chaque poste où l'on se trouve, je me croirais le plus heureux des mortels.

Si je pouvais faire en sorte que ceux qui commandent augmentassent leurs connaissances sur ce qu'ils doivent prescrire, et que ceux qui obéissent trouvassent un nouveau plaisir à obéir, je me croirais le plus heureux des mortels.

Je me croirais le plus heureux des mortels, si je pouvais faire que les hommes pussent se guérir de leurs préjugés. J'appelle ici préjugés non pas ce qui fait qu'on ignore de certaines choses, mais ce qui fait qu'on s'ignore soi-même...

(1) Le lien logique, l'enchaînement.

C'est en cherchant à instruire les hommes que l'on peut pratiquer cette vertu générale qui comprend l'amour de tous. L'homme, cet être flexible, se pliant dans la société aux pensées et aux impressions des autres, est également capable de connaître sa propre nature lorsqu'on la lui montre, et d'en perdre jusqu'au sentiment lorsqu'on la lui dérobe.

J'ai bien des fois commencé et bien des fois abandonné cet ouvrage ; j'ai mille fois abandonné aux vents les feuilles que j'avais écrites ; je sentais tous les jours les mains paternelles tomber ; je suivais mon objet sans former de dessein ; je ne connaissais ni les règles ni les exceptions ; je ne trouvais la vérité que pour la perdre : mais quand j'ai découvert mes principes, tout ce que je cherchais est venu à moi et dans le cours de vingt années, j'ai vu mon ouvrage commencer, croître, s'avancer et finir.

Dans le chapitre VI, Montesquieu énonce le principe de la séparation des pouvoirs, qui s'est imposé par la suite à toutes les constitutions démocratiques et à toutes les nations civilisées. Il commence par définir nettement les trois pouvoirs possibles, et montre ensuite, par des exemples, les inconvénients que présente leur réunion sur la tête d'un seul homme ou dans un corps de magistrature.

Il y a dans chaque État trois sortes de pouvoirs : la puissance législative, la puissance exécutrice des choses qui dépendent du droit des gens, et la puissance exécutrice de celles qui dépendent du droit civil.

Par la première, le prince ou le magistrat fait des lois pour un temps ou pour toujours, et corrige ou abroge celles qui sont faites. Par la seconde, il fait la paix ou la guerre, envoie ou reçoit des ambassades, établit la sûreté, prévient les invasions. Par la troisième, il punit les crimes ou juge les différends des particuliers. On appellera cette dernière la puissance de juger ; et l'autre, simplement la puissance exécutrice de l'État.

La liberté politique, dans un citoyen, est cette tranquillité d'esprit qui provient de l'opinion que chacun a de sa sûreté ; et, pour qu'on ait cette liberté, il faut que le gouvernement soit tel qu'un citoyen ne puisse pas craindre un autre citoyen.

Lorsque dans la même personne ou dans le même corps de magistrature la puissance législative est réunie à la puissance exécutrice, il n'y a point de liberté, parce qu'on peut craindre que le même monarque ou le même Sénat ne fasse des lois tyranniques pour les exécuter tyranniquement.

Il n'y a point encore de liberté si la puissance de juger n'est pas séparée de la puissance législative et de l'exécutrice. Si elle était jointe à la puissance législative, le pouvoir sur la vie et la liberté des citoyens serait arbitraire ; car le juge serait législateur. Si elle était jointe à la puissance exécutrice, le juge pourrait avoir la force d'un oppresseur.

Tout serait perdu si le même homme, ou le même corps des principaux ou des nobles, ou du peuple, exerçaient ces trois pouvoirs : celui de faire des lois, celui d'exécuter les résolutions publiques, et celui de juger les crimes ou les différends des particuliers.

Dans la plupart des royaumes de l'Europe, le gouvernement est modéré, parce que le prince, qui a les deux premiers pouvoirs, laisse à ses sujets l'exercice du troisième. Chez les Turcs, où ces trois pouvoirs sont réunis sur la tête du sultan, il règne un affreux despotisme.

Voltaire (1694-1778)

SA VIE, SON ŒUVRE

François-Marie Arouet, après ses études chez les jésuites, s'introduisit tôt dans la société libertine du Temple (1), se livra alors à des incartades, rédigea quelques écrits insolents qui lui valurent d'être embastillé onze mois. En 1718, il fit représenter un *Œdipe* et mena une vie brillante à la cour. Mais la bastonnade par laquelle le duc de Rohan le punit d'une réponse insolente lui rappela qu'il n'était pas noble, et il dut partir pour l'Angleterre en 1726.

Ce séjour lui fut profitable : il y découvrit la philosophie de Locke, le théâtre de Shakespeare et surtout une liberté politique qu'il louera dans ses *Lettres anglaises,* publiées en 1734, cinq ans après son retour. La même année, il rencontra Mme du Châtelet avec laquelle il resta lié seize ans, revenant toujours chez elle entre deux voyages, à Cirey, où il se livre à des expériences scientifiques, donne des représentations théâtrales et compose son essai sur le *Siècle de Louis XIV,* qui ne paraîtra qu'en 1751.

---

(1) Société de libertins se réunissant chez le chevalier de Vendôme, grand prieur de l'ordre des Templiers.

En 1744, appelé à Versailles par son ami d'Argenson, devenu ministre des Affaires étrangères, nommé historiographe du roi, il compose des poèmes divers et rédige *Zadig*. Mais son humeur satirique lui attire des hostilités. Il part donc pour Berlin en 1750, où le roi de Prusse l'a invité ; d'abord bien accueilli, il se brouille vite avec le roi et revient en France en 1753.

En mai 1755, il s'établit aux « Délices », près de Genève : il s'occupe de ses intérêts, embellit la propriété et y installe un théâtre. Il publie alors l'*Essai sur les Mœurs* (1756) et *Candide* (1759), rédige de nombreux pamphlets et opuscules. Il se brouille finalement avec Rousseau, mais aussi avec les Genevois, et achète en 1759 le château de Ferney, retraite sûre qui lui permet de passer rapidement de France en Suisse, sans pour autant dépendre de Genève : son activité y est intense.

Il écrit le *Traité sur la Tolérance* (1763) et le *Dictionnaire philosophique* (1764), mène la lutte philosophique et critique sur tous les plans, contre l'intolérance et l'iniquité judiciaire (parmi beaucoup d'autres, l'affaire de Calas (1), de Sirven, de Lally-Tollendal, condamnés à mort), crible ses adversaires de sarcasmes, encourage ou supplie d'innombrables correspondants, mais aussi enrichit Ferney, améliorant dans sa région l'agriculture et l'industrie, donnant des réceptions brillantes et des représentations théâtrales où il joue lui-même.

En 1778, il fait un voyage triomphal à Paris, où il mourra après avoir assisté au succès de sa pièce *Irène* à la Comédie-Française et appris la réhabilitation de Lally-Tollendal.

LA DIVERSITÉ DE L'ŒUVRE ET L'UNITÉ DE LA PENSÉE

L'œuvre de Voltaire est riche de contradictions apparentes, comme sa vie même : désireux de réformer la société, il est cependant charmé par la vie mondaine, philosophe au sens critique aigu, il sait aussi être homme d'action et de combat, impitoyable avec ses adversaires, il se montre capable de générosité et de dévouement. Il a su, malgré ces contradictions, donner à son œuvre variée une unité interne, autour de quelques grandes lignes de force : l'humanisme, le désir de vérité, l'art de vivre.

La croyance en un progrès réel de l'humanité, et le désir d'y contribuer, en créant une civilisation vraiment humaniste, sont un aspect essentiel de la pensée de Voltaire. Certes, le progrès n'est pas une marche en avant constante et régulière, la cruauté renaît sans cesse, l'homme n'est pas naturellement bon ; il faut pourtant l'aimer et le rendre meilleur : l'humanisme voltairien unit la pensée optimiste de la Renaissance et la méfiance moraliste des classiques. Il s'agit surtout de garder les yeux ouverts sur l'actualité, les découvertes scientifiques, la société mondaine, les arts, les spectacles, et c'est en cela que Voltaire s'opposera à Rousseau.

Donc, il faut sans cesse lutter contre les injustices, les ignorances, l'erreur. La recherche de la vérité est le souci majeur de Voltaire : pendant soixante ans, il a exercé un effort critique sans hésitations ni défaillances, lutté contre les préjugés scientifiques, les superstitions, les déformations stupides ou volontaires de la vérité historique, les erreurs judiciaires, la vanité des hommes et même celle des philosophes. En ce qui concerne les grands problèmes métaphysiques, au lieu de se perdre dans une polémique stérile qui engendre le fanatisme et l'intolérance, mieux vaut reconnaître l'insuffisance de notre esprit à percer le secret de sa nature, accepter notre condition fondamentale, et organiser notre vie le mieux possible. Mais cette acceptation n'est pas un renoncement : son humanisme est combatif et sa résignation active ; il regrette aussi vivement le jansénisme morose et décourageant qu'un épicurisme sans perspective généreuse ou altruiste. Il lutte contre les persécutions, la guerre, l'intolérance, les fanatismes de race et de religion, les abus de pouvoir, les violences de tout genre. Il ne néglige pas les questions matérielles, gère fort bien sa richesse, pratique à Ferney une économie avisée, mettant en valeur le canton pour le meilleur

---

(1) *cf.* infra p. 183.

profit des habitants et le sien propre. Ainsi, il a découvert peu à peu un art de vivre : « paix, lucidité, prospérité », où l'amitié, l'humour, la bonne humeur ont leur place, et dont le rayonnement illumine ses innombrables lettres.

CANDIDE OU L'OPTIMISME

Le jeune Candide, chassé de chez le baron Thunder-Ten-Tronckh, parcourt le monde à la recherche du bonheur. À travers ses multiples aventures, il découvre la vanité des idées optimistes que lui avait inculquées son précepteur Pangloss. En compagnie de ce dernier et du philosophe Martin, il achève sa burlesque odyssée.

La brusquerie du derviche (1) leur rappelle que la métaphysique est sans issue, l'aventure des vizirs et du mufti (2) que les ambitions politiques sont funestes, l'exemple du vieillard que la sagesse véritable est dans une simplicité active et sociale non dénuée de sens pratique et même commercial. Les trois amis gardent pourtant leur personnalité et Pangloss conserve ses illusions : cependant le travail se révèle le remède le plus précieux.

Il y avait dans le voisinage un Derviche très fameux, qui passait pour le meilleur philosophe de la Turquie ; ils allèrent le consulter. Pangloss porta la parole, et lui dit : « Maître, nous venons vous prier de nous dire pourquoi un aussi étrange animal que l'homme a été formé ? – De quoi te mêles-tu ? dit le Derviche, est-ce là ton affaire ? – Mais, mon Révérend Père, dit Candide, il y a horriblement de mal sur la Terre. – Qu'importe, dit le Derviche, qu'il y ait du mal ou du bien ? Quand Sa Hautesse (3) envoie un vaisseau en Égypte, s'embarrasse-t-elle si les souris qui sont dans le vaisseau sont à leur aise ou non ? – Que faut-il donc faire ? dit Pangloss. – Te taire, dit le Derviche. – Je me flattais, dit Pangloss, de raisonner un peu avec vous des effets et des causes du meilleur des Mondes possibles, de l'origine du mal, de la nature de l'âme, et de l'harmonie préétablie (4). » Le Derviche à ces mots leur ferma la porte au nez.

Pendant cette conversation, la nouvelle s'était répandue qu'on venait d'étrangler à Constantinople deux Vizirs du Banc (5) et le Mufti (6), et qu'on avait empalé plusieurs de leurs amis. Cette catastrophe faisait partout un grand bruit pendant quelques heures. Pangloss, Candide et Martin, en retournant à la petite métairie, rencontrèrent un bon vieillard qui prenait le frais à sa porte sous un berceau d'orangers. Pangloss qui était aussi curieux que raisonneur, lui demanda comment se nommait le Mufti qu'on venait d'étrangler. « Je n'en sais rien, répondit le bon homme, et je n'ai jamais su le nom d'aucun Mufti, ni d'aucun Vizir. J'ignore absolument l'aventure dont vous me parlez ; je présume qu'en général ceux qui se mêlent des affaires publiques périssent quelquefois misérablement, et qu'ils le méritent ; mais je ne m'informe jamais de ce qu'on fait à Constantinople ; je me contente d'y envoyer vendre les fruits du jardin que je cultive. » Ayant dit ces mots, il fit entrer les étrangers dans sa maison. Ses deux filles et ses deux fils leur présentèrent plusieurs sortes de sorbets qu'ils faisaient eux-mêmes, du kaïmak, piqué d'écorces de cédra confit, des oranges, des citrons, des limons, des ananas, des pistaches, du café de Moka qui n'était point mêlé avec le mauvais café de Batavia et des Îles. Après quoi les deux filles de ce bon Musulman parfumèrent les barbes de Candide, de Pangloss et de Martin.

« Vous devez avoir, dit Candide au Turc, une vaste et magnifique terre ? – Je n'ai que vingt arpents, répondit le Turc ; je les cultive avec mes enfants : le travail éloigne de nous trois grands maux, l'ennui, le vice et le besoin. »

Candide en retournant dans sa métairie, fit de profondes réflexions sur le discours du Turc. Il dit à Pangloss et à Martin : « Ce bon vieillard me paraît s'être fait un sort bien préférable à celui des six Rois avec qui nous avons eu l'honneur de souper. – Les grandeurs, dit Pangloss, sont fort dangereuses, selon le rapport de tous les philosophes. Car enfin Églon Roi des Moabites fut assassiné par Aod ; Absalon fut pendu par les cheveux et percé de trois dards. Le Roi Nadab, fils de Jéroboam, fut tué par Baza, le Roi Éla par Zambri, Okosias par Jehu, Attalia par Joiada, les Rois Joakim, Jéconias, Sédécias furent esclaves. Vous savez comment périrent Crésus, Astiage, Darius, Denys de Syracuse, Pyrrhus, Persée, Annibal, Jugurtha, Arioviste, César, Pompée, Néron, Othon, Vitellius, Domitien, Richard second d'Angleterre, Édouard second, Henri six, Richard trois, Marie Stuart, Charles premier, les trois Henri de France, l'Empereur Henri quatre ? Vous savez... – Je sais aussi, dit Candide, qu'il faut cultiver notre jardin... »

---

(1) Religieux musulman. – (2) Chef religieux musulman. – (3) Le sultan de Turquie. – (4) Allusion aux théories optimistes de Wolf, disciple du philosophe Leibniz. – (5) Ministre du Conseil du sultan. – (6) Voltaire a entendu parler de l'instabilité des hauts fontionnaires turcs, mais vise aussi les changements fréquents de ministres sous Louis XV.

TRAITÉ SUR LA TOLÉRANCE

En 1762, à l'occasion de « l'Affaire Calas », la lutte que mène Voltaire contre l'intolérance et l'injustice atteint son point culminant. Un protestant toulousain, Jean Calas, accusé sans preuves évidentes d'avoir fait pendre un de ses fils qui avait voulu se faire catholique, avait été condamné au supplice de la roue. Voltaire soulève l'opinion, et obtient, après une longue lutte, sa réhabilitation. À la fin du Traité sur la Tolérance, *Voltaire, dans sa « Prière à Dieu », appel à la réconciliation mais aussi instrument de polémique, attaque, d'une façon indirecte, toutes les manifestations de fanatisme religieux; mais elle exprime aussi la foi en un Dieu qui, au-dessus de toute superstition, unit les hommes dans la paix et la fraternité.*

Ce n'est donc plus aux hommes que je m'adresse, c'est à toi, Dieu de tous les êtres, de tous les mondes et de tous les temps, s'il est permis, à de faibles créatures perdues dans l'immensité, et imperceptibles au reste de l'univers, d'oser te demander quelque chose, à toi qui as tout donné, à toi dont les décrets sont immuables comme éternels. Daigne regarder en pitié les erreurs attachées à notre nature : que ces erreurs ne fassent point nos calamités. Tu ne nous as point donné un cœur pour nous haïr et des mains pour nous égorger ; fais que nous nous aidions mutuellement à supporter le fardeau d'une vie pénible et passagère ; que les petites différences entre les vêtements qui couvrent nos débiles corps, entre tous nos langages insuffisants, entre tous nos usages ridicules, entre toutes nos lois imparfaites, entre toutes nos opinions insensées, entre toutes nos conditions si disproportionnées à nos yeux, et si égales devant toi ; que toutes ces petites nuances qui distinguent les atomes appelés hommes, ne soient pas des signaux de haine et de persécution...

Puissent tous les hommes se souvenir qu'ils sont frères ! qu'ils aient en horreur la tyrannie exercée sur les âmes, comme ils ont en exécration le brigandage qui ravit par la force le fruit du travail et de l'industrie paisible ! Si les fléaux de la guerre sont inévitables, ne nous haïssons pas, ne nous déchirons pas les uns les autres dans le sein de la paix, et employons l'instant de notre existence à bénir également en mille langages divers, depuis Siam jusqu'à la Californie, ta bonté qui nous a donné cet instant !

À partir de 1761 : la naissance d'une littérature nouvelle

Diderot (1713-1784)

SA VIE

Denis Diderot abandonna vite l'étude du droit pour mener une vie à la fois très libre et très studieuse. Le libraire Le Breton lui confia en 1745 la direction de l'*Encyclopédie,* tâche énorme poursuivie jusqu'en 1772, parallèlement à une activité littéraire, théâtrale, artistique inépuisable. Il écrit plusieurs ouvrages de polémique philosophique : les *Pensées philosophiques* (1746), la *Lettre sur les aveugles à l'usage de ceux qui voient* (1749) – il est alors emprisonné à Vincennes pour athéisme –, *De l'interprétation de la nature* (1753), qui prône un matérialisme hardi. Il publie en 1757 *le Fils naturel ou les Épreuves de la vertu,* et expose dans les *Entretiens sur le Fils naturel,* ses idées sur le drame et la comédie. Il se brouille avec Rousseau, fréquente Mme d'Épinay, le baron d'Holbach, se lie avec Sophie Volland à qui il écrit des lettres fort vivantes et sensibles, et publie en 1759 un *Salon* qui inaugure une série de comptes rendus qui durera vingt ans (1).

En 1765, Catherine de Russie lui achète sa bibliothèque ; Diderot lui rend visite en 1773 et séjourne plusieurs mois à Saint-Pétersbourg. Cette période de sa vie est particulière-

(1) *cf.* pp. 165-169.

ment féconde, et les ouvrages philosophiques se succèdent : *Entretien entre d'Alembert et Diderot* (1769), *le Rêve de d'Alembert* (1770), *Ceci n'est pas un conte* (1772) ; en 1773, *Jacques le Fataliste* est en préparation, ainsi que le *Paradoxe sur le comédien,* qui paraîtra en 1778.

À son retour de Russie (1774), il continue à se dépenser en études et travaux divers : il rédige un essai sur la vie de Sénèque, termine le *Paradoxe sur le comédien* (1778), *Le Neveu de Rameau* et enfin *Est-il bon? Est-il méchant?* (1781).

SON ŒUVRE

Une grande partie de l'œuvre de Diderot n'est publiée qu'après sa mort : *La Religieuse,* roman mi-sensible, mi-scandaleux sur la vie des couvents, *Jacques le Fataliste,* succession d'aventures amoureuses entremêlées de réflexions sur la matière, la fatalité, l'art et la vie, qui révèle une conception nouvelle et originale du roman, *Le Neveu de Rameau* enfin, roman sans équivalent dans la littérature française.

Dans toute cette œuvre si variée on peut distinguer certains aspects essentiels : la vulgarisation scientifique et philosophique, qui repose sur la conviction de la prépondérance de la matière, le réalisme, le don de la description pittoresque, le sens du mouvement et de la vie.

LE RÊVE DE D'ALEMBERT

Diderot lance dans ce texte des idées qui le situent à l'avant-garde de son temps. Il raisonne en philosophe matérialiste : la nature est un tout dont les différents composants – minéral, végétal, animal, animal pensant – sont interdépendants, animés d'un même dynamisme qui est celui de la matière éternelle, principe premier (1). L'agrément d'une conversation vivante est allié ici à la liberté apparente du rêve, qui aboutit à une sorte de vertige intellectuel, de lyrisme scientifique original et suggestif.

Mademoiselle de l'Espinasse. – Vous avez raison ; est-ce qu'il reprendrait son rêve ?

Bordeu (2). – Écoutons.

D'Alembert. – Pourquoi suis-je tel ? c'est qu'il a fallu que je fusse tel... Ici, oui, mais ailleurs ? au pôle ? mais sous la ligne (3) ? mais dans Saturne ?... Si une distance de quelque mille lieues change mon espèce, que ne fera point l'intervalle de quelques milliers de diamètres terrestres ?... Et si tout est un flux général, comme le spectacle de l'univers me le montre partout, que ne produiront point ici et ailleurs la durée et les vicissitudes de quelques millions de siècles ? Qui sait ce qu'est l'être pensant et sentant en Saturne ?... Mais y a-t-il en Saturne du sentiment et de la pensée ?... pourquoi non ?... L'être sentant et pensant en Saturne aurait-il plus de sens que je n'en ai ? Si cela est, ah ! qu'il est malheureux le Saturnien !... Plus de sens, plus de besoins.

Bordeu. – Il a raison ; les organes produisent les besoins et réciproquement les besoins produisent les organes (4).

Mademoiselle de l'Espinasse. – Docteur, délirez-vous aussi ?

Bordeu. – Pourquoi non ? J'ai vu deux moignons devenir à la longue deux bras.

Mademoiselle de Lespinasse. – Vous mentez.

Bordeu. – Il est vrai, mais à défaut de deux bras qui manquaient j'ai vu deux omoplates s'allonger, se mouvoir en pince, et devenir deux moignons.

Mademoiselle de l'Espinasse. – Quelle folie !

Bordeu. – C'est un fait. Supposez une longue suite de générations manchotes, supposez des efforts continus, et vous verrez les deux côtés de cette pincette s'étendre, s'étendre de plus en plus, se croiser sur le dos, revenir par devant, peut-être se digiter (5) à leurs extrémités et refaire des bras et des mains. La confor-

(1) C'est l'hypothèse de la « chaîne des êtres », formulée par le philosophe anglais Locke et reprise par le matérialiste français La Mettrie. – (2) Médecin arrivé à Paris en 1752, devenu célèbre après la publication de ses *Recherches sur le pouls.* – (3) L'équateur. – (4) Par cette formule, l'auteur rejette le « finalisme » qui admet une destination fixée par Dieu à chaque organe, pour admettre l'idée nouvelle de l'évolution, transformation progressive des êtres par sélection ou par adaptation. – (5) Prendre la forme des doigts.

mation originelle s'altère ou se perfectionne par la nécessité et les fonctions habituelles. Nous marchons si peu, nous travaillons si peu et nous pensons tant, que je ne désespère pas que l'homme ne finisse par n'être qu'une tête.

Mademoiselle de l'Espinasse. – Une tête ! Une tête ! c'est bien peu de chose ; j'espère que la galanterie effrénée... Vous me faites venir des idées bien ridicules.

Bordeu. – Paix.

D'Alembert. – Je suis donc tel, parce qu'il a fallu que je fusse tel. Changez le tout, vous me changez nécessairement, mais le tout change sans cesse. L'homme n'est qu'un effet commun, le monstre qu'un effet rare, mais tous les deux également naturels, également nécessaires, également dans l'ordre universel et général... Et qu'est-ce qu'il y a d'étonnant à cela ?... Tous les êtres circulent les uns dans les autres, par conséquent toutes les espèces... tout est en un flux perpétuel... Tout animal est plus ou moins plante, toute plante est plus ou moins animal. Il n'y a rien de précis en nature...

LE NEVEU DE RAMEAU

Ce roman-conversation est à la fois une confidence personnelle sincère et vive, presque cynique, un tableau coloré de la pittoresque clientèle des cafés du Palais-Royal, et aussi un vertigineux débat sur la parasitisme, la paresse, l'échec de l'individu et les fautes de la société, dont l'apogée est la « pantomime des gueux », féroce réquisitoire contre l'hypocrisie sociale et même contre le pouvoir de droit divin.

Lui. – Je suis dans ce monde et j'y reste. Mais, s'il est dans la nature d'avoir appétit, car c'est toujours à l'appétit que j'en reviens, à la sensation qui m'est toujours présente, je trouve qu'il n'est pas du bon ordre de n'avoir pas toujours de quoi manger. Que diable d'économie (1), des hommes qui regorgent de tout, tandis que d'autres, qui ont un estomac importun comme eux, une faim renaissante comme eux, et pas de quoi mettre sous la dent ! Le pis, c'est la posture contrainte où nous tient le besoin. L'homme nécessiteux ne marche pas comme un autre ; il saute, il rampe, il se tortille, il se traîne ; il passe sa vie à prendre et à exécuter des positions.

Moi. – Qu'est-ce que des positions ?

Lui. – Allez le demander à Noverre (2). Le monde en offre bien plus que son art n'en peut imiter.

Moi. – Et vous voilà, aussi, pour me servir de votre expression, ou de celle de Montaigne, « perché sur l'épicycle de Mercure (3) », et considérant les différentes pantomimes de l'espèce humaine.

Lui. – Non, non, vous dis-je. Je suis trop lourd pour m'élever si haut. J'abandonne aux grues le séjour des brouillards. Je vais terre à terre. Je regarde autour de moi ; et je prends mes positions, ou je m'amuse des positions que je vois prendre aux autres. Je suis excellent pantomime, comme vous en allez juger.

Puis il se met à sourire, à contrefaire l'homme admirateur, l'homme suppliant, l'homme complaisant ; il a le pied droit en avant, le gauche en arrière, le dos courbé, la tête relevée, le regard comme attaché sur d'autres yeux, la bouche entr'ouverte, les bras portés vers quelque objet ; il attend un ordre, il le reçoit, il part comme un trait, il revient, il est exécuté ; il en rend compte. Il est attentif à tout ; il ramasse ce qui tombe ; il place un oreiller ou un tabouret sous des pieds ; il tient une soucoupe, il approche une chaise, il ouvre une porte ; il ferme une fenêtre ; il tire des rideaux ; il observe le maître et la maîtresse ; il est immobile, les bras pendants, les jambes parallèles ; il écoute ; il cherche à lire sur des visages ; et il ajoute : « Voilà ma pantomime, à peu près la même que celle des flatteurs, des courtisans, des valets et des gueux. »

Les folies de cet homme, les comtes de l'abbé Galiani (4), les extravagances de Rabelais m'ont quelquefois fait rêver profondément. Ce sont trois magasins où je me suis pourvu de masques ridicules que je place sur le visage des plus graves personnages ; et je vois Pantalon (5) dans un prélat, un satyre dans un président (6), un pourceau dans un cénobite (7) ; une autruche dans un ministre, une oie dans son premier commis (8).

Moi. – Mais à votre compte, dis-je à mon homme, il y a bien des gueux dans ce monde-ci ; et je ne connais personne qui ne sache quelques pas de votre danse.

Lui. – Vous avez raison. Il n'y a dans tout un royaume qu'un homme qui marche, c'est le souverain. Tout le reste prend des positions.

---

(1) Au sens de gestion politique et sociale. – (2) Maître de ballet à l'Opéra-Comique (1727-1810). – (3) Expression signifiant que l'on observe les choses de très loin. – (4) Familier du baron d'Holbach. – (5) Personnage de la « commedia dell'arte », vieillard pédant, avare, peureux, amateur de jeunes filles. – (6) Président de Parlement. – (7) Moine appartenant à une communauté. – (8) Désigne un haut fonctionnaire.

Moi. – Le souverain? Encore y a-t-il quelque chose à dire. Et croyez-vous qu'il ne se trouve pas, de temps en temps, à côté de lui, un petit pied, un petit chignon, un petit nez qui lui fasse faire un peu de la pantomime? Quiconque a besoin d'un autre est indigent et prend une position. Le Roi prend une position devant sa maîtresse et devant Dieu, il fait son pas de pantomime. Le ministre fait le pas de courtisan, de flatteur, de valet ou de gueux devant son roi. La foule des ambitieux danse vos positions, en cent manières plus viles les unes que les autres, devant le ministre; l'abbé de condition (1), en rabat et en manteau long, au moins une fois la semaine, devant le dépositaire de la feuille des bénéfices (2). Ma foi, ce que vous appelez la pantomime des gueux, est le grand branle (3) de la terre.

L'Abbé Prévost (1697-1763)

Antoine-François Prévost, novice chez les jésuites, les quitte en 1716 pour s'engager dans l'armée. Revenu à la vie religieuse, ordonné prêtre en 1726, il s'enfuit l'année suivante, et se rend en Angleterre et en Hollande. Après avoir achevé les sept volumes des *Mémoires et aventures d'un homme de qualité* (1728-1731), puis rédigé l'*Histoire de M. Cleveland* (8 volumes de 1731 à 1737), il devient aumônier du prince de Conti (1735), et, dans ses vingt dernières années passées à Paris, un peu moins aventureuses, il compose ou traduit de l'anglais de nombreux romans. De cet inépuisable amas d'aventures extraordinaires et souvent sinistres que constituent, à l'image de sa vie, les *Mémoires et aventures d'un homme de qualité,* se dégage un court récit (le tome VII), qui sera publié à part en 1753 : *La Véritable Histoire du chevalier des Grieux et de Manon Lescaut.* À dix-sept ans, le chevalier des Grieux a tout quitté pour s'enfuir à Paris avec Manon, jeune fille de quinze ans, séduisante, déjà experte en galanterie et frivole. L'amour fatal qui le possède le pousse peu à peu à toutes les compromissions et aux pires folies.

Dans cette page, l'auteur analyse avec finesse la naissance du soupçon, les souffrances de l'amant troublé, ses efforts désespérés pour se mentir à lui-même : la violence des sentiments annonce Rousseau et les romantiques, mais le style garde une sobriété et une discrétion tout à fait classiques.

Un jour que j'étais sorti l'après-midi et que je l'avais avertie que je serais dehors plus longtemps qu'à l'ordinaire, je fus étonné qu'à mon retour on me fit attendre deux ou trois minutes à la porte. Nous n'étions servis que par une petite fille qui était à peu près de notre âge. Étant venue m'ouvrir, je lui demandai pourquoi elle avait tardé si longtemps. Elle me répondit d'un air embarrassé qu'elle ne m'avait point entendu frapper. Je n'avais frappé qu'une fois; je lui dis : « Mais si vous ne m'avez pas entendu, pourquoi êtes-vous donc venue m'ouvrir? » Cette question la déconcerta si fort que, n'ayant point assez de présence d'esprit pour y répondre, elle se mit à pleurer, en m'assurant que ce n'était point sa faute et que Madame lui avait défendu d'ouvrir la porte jusqu'à ce que M. de B... fût sorti par l'autre escalier, qui répondait au cabinet. Je demeurais si confus que je n'eus point la force d'entrer dans l'appartement. Je pris le parti de descendre sous prétexte d'une affaire et j'ordonnai à cette enfant de dire à sa maîtresse que je retournerais dans le moment, mais de ne pas faire connaître qu'elle m'eût parlé de M. de B...

Ma consternation fut si grande que je versai des larmes en descendant l'escalier, sans savoir encore de quel sentiment elles partaient. J'entrai dans le premier café et m'y étant assis près d'une table, j'appuyai la tête sur mes deux mains pour y développer ce qui se passait dans mon cœur. Je n'osais rappeler ce que je venais d'entendre. Je voulais le considérer comme une illusion, et je fus près deux ou trois fois de retourner au logis sans marquer que j'y eusse fait attention. Il me paraissait si impossible que Manon m'eût trahi, que je craignais de lui faire injure en la soupçonnant. Je l'adorais, cela était sûr, je ne lui avais donné plus de preuves d'amour que je n'en avais reçu d'elle; pourquoi l'aurais-je accusée d'être moins sincère et moins constante que moi? Quelle raison aurait-elle eue de me tromper? Il n'y avait que trois heures qu'elle m'avait accablé des plus tendres caresses, et qu'elle avait reçu les miennes avec transport; je ne connaissais pas mieux mon cœur que le sien. Non, non, repris-je, il n'est pas possible que Manon me trahisse. Elle n'ignore pas que je ne vis que pour elle. Elle sait trop bien que je l'adore. Ce n'est pas là un sujet de me haïr.

(1) De naissance noble. – (2) Celui qui est chargé de répartir les dignités ecclésiastiques offrant un revenu. – (3) Ronde populaire.

Rousseau (1712-1778)

SA VIE

Né à Genève dans une famille protestante d'origine française, orphelin dès sa naissance, Jean-Jacques Rousseau est élevé par un père fantasque et instable ; en 1728, trouvant les portes de la ville fermées au retour d'une promenade, il part pour l'aventure, se fait héberger par un curé catholique qui l'adresse à Mme de Warens ; baptisé à Turin, sur les instances de sa protectrice, il essaie plusieurs métiers, y compris celui de laquais, court les routes de Suisse et de France et retrouve Mme de Warens à Chambéry, puis aux Charmettes (1737), dont il gardera un souvenir idyllique. Il devient ensuite précepteur à Lyon, puis décide de chercher fortune à Paris en 1742. D'abord bien reçu dans la haute société, il accompagne l'ambassadeur de France à Venise, à titre de secrétaire, mais se brouille avec lui (1743), revient à Paris et se lie avec une servante d'auberge, Thérèse Levasseur, dont il aura plusieurs enfants, tous abandonnés aux Enfants Trouvés.

Allant voir Diderot, emprisonné à Vincennes, il lit dans le *Mercure de France* la question mise au concours par l'Académie de Dijon : « Si le rétablissement des sciences et des arts a contribué à épurer les mœurs. » Il répond par la négative dans le *Discours sur les sciences et les arts* (1750), remporte le prix, et, dès lors, conforme sa vie à cette nouvelle conception de la société : l'homme est bon par nature, corrompu par la société et la civilisation. En 1755, il écrit le *Discours sur l'origine et les fondements de l'inégalité parmi les hommes* pour répondre à une nouvelle question de l'Académie de Dijon.

Il revient à Genève et abjure le catholicisme, puis séjourne dans la propriété de Mme d'Épinay à Montmorency jusqu'en 1757, se brouille avec Diderot, et à l'occasion d'un article de l'*Encyclopédie* sur Genève, dénonce dans la *Lettre à d'Alembert sur les spectacles* (1758) l'immoralité du théâtre.

Hébergé au château du maréchal de Luxembourg, il publie en 1761 *La Nouvelle Héloïse,* en 1762 *Le Contrat social* et l'*Émile.* Ces trois dernières œuvres, roman sentimental, dissertation politique, et traité d'éducation romancé, ont en commun le désir de mettre l'homme en valeur, l'homme selon la nature, dans sa vie sentimentale, dans le cadre politique qui lui convient, avec l'éducation qui le développera sans le déformer. L'*Émile* est brûlé par décret du Parlement. Rousseau s'enfuit alors en Suisse, puis à Motiers, enfin en Angleterre. Mais, s'étant brouillé avec le philosophe Hume, il rentre en France en 1767 et finit par s'installer à Paris en 1770.

Pour se défendre contre le « complot universel » qu'il croit fomenté contre lui à partir des calomnies de ses adversaires, il rédige de mars 1765 à août 1767 les six premiers livres des *Confessions,* consacrés à son enfance et à sa jeunesse, et en 1769 et 1770 les six derniers sur sa vie de 1741 à 1765.

De 1776 à 1778, il renonce aux confidences polémiques et s'adonne à une méditation plus sereine, à une analyse plus profonde de son âme, à une explication spirituelle et parfois mystique de sa vie tout entière : ce sont *Les Rêveries du promeneur solitaire.*

SON ŒUVRE

On peut distinguer trois aspects essentiels dans l'œuvre de Rousseau. Les écrits théoriques comportent une critique de la civilisation, des arts, du théâtre, des institutions politiques, plus étendue que celle des autres philosophes ; la reconstruction d'un système politique idéal, fondé sur un « courant social » mieux adapté à la nature humaine ; un système d'éducation révolutionnaire parce que fondé sur la vérité et la liberté individuelle, voire une religion, révélée par les élans mêmes du cœur et de l'imagination.

Sa création romanesque, glorification de la passion amoureuse, explosion de sentiments généreux, exaltation d'âmes sensibles captivées par les beautés de la nature et par la solitude, apologie d'un monde moral nouveau, est aussi une exploration originale de l'âme humaine dont se souviendront les romantiques, découverte même et traduction directe de la vie intérieure. Le roman devient une confidence dépouillée, une évasion dans l'imagination et le rêve, l'expression de l'émotion pure et de la rêverie intime dans ce qu'elles ont d'insaisissable et d'unique. La phrase se confond ici avec le rythme de l'âme et se fait poésie.

DISCOURS SUR L'ORIGINE DE L'INÉGALITÉ

Il y a entre les hommes des inégalités naturelles inévitables, mais l'idée de propriété a aggravé le mal. Rousseau oppose, avec une éloquence passionnée, l'homme de la nature « libre, sain, bon et heureux » et la société corrompue.

Le premier qui ayant enclos un terrain s'avisa de dire : ceci est à moi, et trouva des gens assez simples pour le croire, fut le vrai fondateur de la société civile. Que de crimes, de guerres, de meurtres, que de misères et d'horreurs n'eût point épargnés au genre humain celui qui, arrachant les pieux ou comblant le fossé, eût crié à ses semblables : « Gardez-vous d'écouter cet imposteur; vous êtes perdus si vous oubliez que les fruits sont à tous, et que la terre n'est à personne ! » Mais il y a grande apparence qu'alors les choses en étaient déjà venues au point de ne pouvoir plus durer comme elles étaient : car cette idée de propriété, dépendant de beaucoup d'idées antérieures qui n'ont pu naître que successivement, ne se forma pas tout d'un coup dans l'esprit humain : il fallut faire bien des progrès, acquérir bien de l'industrie (1) et des lumières, les transmettre et les augmenter d'âge en âge, avant que d'arriver à ce dernier terme de l'état de nature. Reprenons donc les choses de plus haut, et tâchons de rassembler sous un seul point de vue cette lente succession d'événements et de connaissances dans leur ordre le plus naturel.

Tant que les hommes se contentèrent de leurs cabanes rustiques, tant qu'ils se bornèrent à coudre leurs habits de peaux avec des épines ou des arêtes, à se parer de plumes et de coquillages, à se peindre le corps de diverses couleurs, à perfectionner ou embellir leurs arcs et leurs flèches, à tailler avec des pierres tranchantes quelques canots de pêcheurs ou quelques grossiers instruments de musique ; en un mot, tant qu'ils ne s'appliquèrent qu'à des ouvrages qu'un seul pouvait faire, et qu'à des arts qui n'avaient pas besoin du concours de plusieurs mains ils vécurent libres, sains, bons et heureux autant qu'ils pouvaient l'être par leur nature et continuèrent à jouir entre eux des douceurs d'un commerce indépendant : mais dès l'instant qu'un homme eut besoin du secours d'un autre, dès qu'on s'aperçut qu'il était utile à un seul d'avoir des provisions pour deux, l'égalité disparut, la propriété s'introduisit, le travail devint nécessaire, et les vastes forêts se changèrent en des campagnes riantes qu'il fallut arroser de la sueur des hommes, et dans lesquelles on vit bientôt l'esclavage et la misère germer et croître avec les moissons.

L'ÉMILE

L'idéal pédagogique de Rousseau consiste en une éducation individuelle et non sociale, négative (2) et non conformiste, concrète et non livresque, expérimentale et pratique plutôt qu'intellectuelle et abstraite. Rousseau veut sauver la spontanéité de l'enfant : pour rendre l'homme bon, il faut sauvegarder en lui, dès son enfance, la droiture et le bon sens naturels. L'ouvrage commence par ces mots : « Tout est bien sortant des mains de l'auteur des choses, tout dégénère entre les mains de l'homme. » Ainsi, au lieu d'imposer à l'enfant une éducation toute faite et de le conformer, tout bébé, à un moule social, il faut laisser son jugement libre. Juger sainement, selon Rousseau, c'est avant tout suivre la sagesse du sentiment naturel inscrit au cœur de l'homme, plutôt que les maximes de la raison, le plus souvent obscurcies par l'emprise des préjugés. Un autre principe, et non moins important, est de traiter l'enfant en enfant : Rousseau pense, et c'est une idée nouvelle, qu'il y a une évolution du corps et de l'esprit qu'il faut savoir respecter, et qu'un éducateur doit se comporter d'une façon différente avec l'enfant aux différentes étapes de sa croissance physique et intellectuelle.

Un court extrait du livre II montre les intentions de Rousseau :

---

(1) Habileté et savoir-faire. – (2) Dans la mesure où l'enfant doit être élevé loin du monde, à l'abri de tout contact avec la société.

Émile a quinze ans

Émile a peu de connaissances, mais celles qu'il a sont véritablement siennes, il ne sait rien à demi. Dans le petit nombre des choses qu'il sait et qu'il sait bien, la plus importante est qu'il y en a beaucoup qu'il ignore et qu'il peut savoir un jour, beaucoup plus que d'autres hommes savent et qu'il ne saura de sa vie, et une infinité d'autres qu'aucun homme ne saura jamais. Il a un esprit universel, non par les lumières, mais par la faculté d'en acquérir; un esprit ouvert, intelligent, prêt à tout et, comme dit Montaigne, sinon instruit, du moins instruisable. Il me suffit qu'il sache trouver l'à quoi bon sur tout ce qu'il fait et le pourquoi sur tout ce qu'il croit. Encore une fois, mon objet n'est point de lui donner la science, mais de lui apprendre à l'acquérir au besoin, de la lui faire estimer exactement ce qu'elle vaut, et de lui faire aimer la vérité par-dessus tout. Avec cette méthode on avance peu, mais on ne fait jamais un pas inutile et l'on n'est point forcé de rétrograder.

LA NOUVELLE HÉLOÏSE

La Nouvelle Héloïse (1) *est un roman par lettres, conformément à une mode du temps. Saint-Preux, qu'un amour impossible unit à Julie d'Étanges, lui écrit sa passion, tandis qu'à ses amis il confie la mélancolie et l'angoisse qu'il éprouve à la revoir dans un cadre qui lui rappelle les souvenirs délicieux de leurs premiers aveux. Le genre épistolaire permet à Rousseau un style libre et spontané.*

Dans ce passage, Saint-Preux est au comble du désespoir car Julie a obtenu de lui qu'il consente à s'éloigner d'elle quelque temps. Rousseau utilise ici une syntaxe peu régulière : les phrases inachevées sont coupées d'interrogations ou d'exclamations, le monologue est discontinu et dramatique, pour traduire le désarroi de la pensée et la fièvre des sentiments.

I

Pourquoi n'ai-je pu vous voir avant mon départ? Vous avez craint que je n'expirasse en vous quittant? Cœur pitoyable, rassurez-vous. Je me porte bien... je ne souffre pas... je vis encore... je pense à vous... je pense au temps où je vous fus cher... j'ai le cœur un peu serré... la voiture m'étourdit... je me trouve abattu... Je ne pourrai longtemps vous écrire aujourd'hui. Demain peut-être aurai-je plus de force... ou n'en aurai-je plus besoin...

II

Où m'entraînent ces chevaux avec tant de vitesse? Où me conduit avec tant de zèle cet homme qui se dit mon ami? Est-ce loin de toi, Julie? Est-ce par ton ordre? Est-ce en des lieux où tu n'es pas?... Ah! fille insensée!... je mesure des yeux le chemin que je parcours si rapidement. D'où viens-je? où vais-je? et pourquoi tant de diligence? Avez-vous peur, cruels, que je ne coure pas assez tôt à ma perte? Ô amitié! ô amour! est-ce là votre accord? sont-ce là vos bienfaits?...

III

As-tu bien consulté ton cœur en me chassant avec tant de violence? As-tu pu, dis, Julie, as-tu pu renoncer pour jamais... Non, non : ce tendre cœur m'aime, je le sais bien. Malgré le sort, malgré lui-même, il m'aimera jusqu'au tombeau. Je le vois, tu t'es laissé suggérer... Quel repentir éternel tu te prépares!... Hélas! il sera trop tard... Quoi! tu pourrais oublier... Quoi! je t'aurai mal connue!... Ah! songe à toi, songe à moi, songe à... Écoute, il en est temps encore... Tu m'as chassé avec barbarie, je fuis plus vite que le vent... Dis un mot, un seul mot, et je reviens plus prompt que l'éclair. Dis un mot, et pour jamais nous sommes unis : nous devons l'être... nous le serons... Ah! l'air emporte mes plaintes!... et cependant je fuis! Je vais vivre et mourir loin d'elle!... Vivre loin d'elle!...

Seconde partie.
Lettre II.

---

(1) Le titre souligne l'analogie entre Julie et Héloïse (1101-1164), la célèbre héroïne amoureuse d'Abélard, éprise comme elle de son précepteur et dont l'amour est impossible.

LES RÊVERIES DU PROMENEUR SOLITAIRE

Dans cette œuvre, Rousseau développe notamment un thème qui sera cher aux romantiques, celui du souvenir nostalgique – par exemple l'évocation de sa vie aux Charmettes avec Mme de Warens dans la dixième promenade – ; il exprime aussi la complicité entre l'homme et la nature, une harmonie que rechercheront et approfondiront les poètes à venir. Il crée alors une phrase musicale fort souple, aux modulations variées : c'est à la fois un genre nouveau qui s'annonce, la méditation en prose ou en vers, et une forme nouvelle qui s'ébauche, la prose poétique.

Exprimant l'admiration d'une nature riante et le charme de la solitude, cette page est aussi une traduction, par l'harmonie et le rythme de la phrase, de la naissance même de la rêverie.

Quand le soir approchait, je descendais des cimes de l'île et j'allais volontiers m'asseoir au bord du lac, sur la grève, dans quelque asile caché; là, le bruit des vagues et l'agitation de l'eau, fixant mes sens et chassant de mon âme toute autre agitation, la plongeaient dans une rêverie délicieuse, où la nuit me surprenait souvent sans que je m'en fusse aperçu. Le flux et le reflux (1) de cette eau, son bruit continu, mais renflé par intervalles, frappant sans relâche mon oreille et mes yeux, suppléaient aux mouvements internes que la rêverie éteignait en moi et suffisaient pour me faire sentir avec plaisir mon existence, sans prendre la peine de penser. De temps à autre naissait quelque faible et courte réflexion sur l'instabilité des choses de ce monde, dont la surface des eaux m'offrait l'image : mais bientôt ces impressions légères s'effaçaient dans l'uniformité du mouvement continu qui me berçait et qui, sans aucun concours actif de mon âme, ne laissait pas de m'attacher au point qu'appelé par l'heure et par le signal convenu je ne pouvais m'arracher de là sans effort.

Cinquième Rêverie.

Beaumarchais (1732-1799)

Pierre-Augustin Caron refuse d'abord d'apprendre le métier paternel d'horloger, puis se ravise, invente même un mécanisme d'horlogerie, devient horloger de la cour, puis maître de harpe des filles de Louis XV; il prend le nom de Beaumarchais, acquiert une charge royale, enfin se transforme en financier.

En 1764, il est à Madrid, y fait des projets commerciaux, mêlés d'intrigues politiques, hérite en partie les biens du financier Paris-Duverney, ce qui l'entraîne dans un procès de huit ans; de tout cela, on trouve de nombreux échos dans son œuvre. Il se défend avec acharnement, en utilisant sans scrupules tous les moyens possibles, et en rédigeant contre le conseiller Goëzmann, son adversaire, des *Mémoires* brillants et vigoureux. En 1775, il fait jouer *Le Barbier de Séville,* qui connaît bientôt le triomphe après une légère modification de la composition.

Sa vie est toujours aussi aventureuse et dispersée : il vend des armes en Amérique, fonde la Société des auteurs dramatiques, se bat contre la censure pour faire son *Mariage de Figaro,* enfin représenté avec un grand succès en 1784.

Pendant la révolution, il compose un drame moralisateur, part pour l'étranger, revient à Paris, reconstitue sa fortune peu avant sa mort. Au cours de sa vie irrégulière et romanesque, Beaumarchais réussit à composer plusieurs pièces, en accord avec son *Essai sur le genre dramatique sérieux,* vertueuses et exemplaires; mais *Le Barbier de Séville* et *Le Mariage de Figaro* les surclassent toutes. Beaumarchais s'y laisse aller à une hardiesse dans la satire sociale et politique, qui nous rappelle celle de Diderot dans le domaine philosophique et religieux, et celle de Laclos, en ce qui concerne les mœurs mondaines et la vie de société. L'amertume de la satire y est voilé par la verve et le rire, qui sont le mouvement même de la vie.

---

(1) Mouvement alternatif de l'eau provoqué par le vent.

LE MARIAGE DE FIGARO, OU LA FOLLE JOURNÉE (1)

Figaro a cru que sa fiancée, Suzanne, était sur le point de le tromper avec le comte Almaviva, son maître. Dans ce monologue, le plus long du théâtre français, il la maudit violemment, puis ajoute à ses insultes une acerbe satire des privilèges de la noblesse et de l'inégalité sociale, enfin proteste avec vigueur en faveur de la liberté d'écrire et de publier. L'expression est vivante et variée, les mots sont concrets et pittoresques, la phrase s'adapte à la verve étourdissante de Figaro.

Figaro, *seul, se promenant dans l'obscurité, dit du ton le plus sombre :*

Ô femme, femme, femme ! créature faible et décevante !... Nul animal créé ne peut manquer à son instinct ; le tien est-il donc de tromper ? Après m'avoir obstinément refusé quand je l'en pressais devant sa maîtresse, à l'instant qu'elle me donne sa parole, au milieu même de la cérémonie... il riait en le lisant le perfide, et moi comme un benêt !... Non, monsieur le comte, vous ne l'aurez pas... Vous ne l'aurez pas... Parce que vous êtes un grand seigneur, vous vous croyez un grand génie ! Noblesse, fortune, un rang, tout cela rend si fier. Qu'avez-vous fait pour tant de biens ? Vous vous êtes donné la peine de naître, et rien de plus : du reste homme assez ordinaire ; tandis que moi, morbleu ! perdu dans la foule obscure, il m'a fallu déployer plus de science et de calculs pour subsister seulement, qu'on n'en a mis depuis cent ans à gouverner toutes les Espagnes ; et vous voulez jouter (2)... On vient... c'est elle... ce n'est personne. – La nuit est noire en diable, et me voilà faisant le sot métier de mari, quoique je ne le sois qu'à moitié ! *(Il s'assied sur un banc.)* Est-il rien de plus bizarre que ma destinée ! Fils de je ne sais pas qui ; volé par des bandits ; élevé dans leurs mœurs, je m'en dégoûte et veux courir une carrière honnête ; et partout je suis repoussé ! J'apprends la chimie, la pharmacie, la chirurgie ; et tout le crédit d'un grand seigneur peut à peine me mettre à la main une lancette vétérinaire ! – Las d'attrister des bêtes malades, et pour faire un métier contraire, je me jette à corps perdu dans le théâtre ; me fussé-je mis une pierre au cou ! Je broche (3) une comédie dans les mœurs du sérail ; auteur espagnol, je crois pouvoir y fronder Mahomet, sans scrupule ; à l'instant, un envoyé... de je ne sais où, se plaint que j'offense dans mes vers la Sublime Porte (4), la Perse, une partie de la presqu'île de l'Inde, toute l'Égypte, les royaumes de Barca, de Tripoli, de Tunis, d'Alger et de Maroc ; et voilà ma comédie flambée (5), pour plaire aux princes mahométans, dont pas un, je crois, ne sait lire, et qui nous meurtrissent l'omoplate, en vous disant : Chiens de chrétiens ! – Ne pouvant avilir l'esprit, on se venge en le maltraitant. – Mes joues creusaient, mon terme était échu : je voyais de loin arriver l'affreux recors (6), la plume fichée dans sa perruque : en frémissant je m'évertue. Il s'élève une question sur la nature des richesses ; et comme il n'est pas nécessaire de tenir les choses pour en raisonner, n'ayant pas un sol, j'écris sur la valeur de l'argent et sur son produit net ; sitôt je vois, du fond d'un fiacre, baisser pour moi le pont d'un château fort (7), à l'entrée duquel je laissai l'espérance (8) et la liberté. *(Il se lève.)* Que je voudrais bien tenir un de ces puissants de quatre jours, si légers sur le mal qu'ils ordonnent, quand une bonne disgrâce a cuvé son orgueil ! Je lui dirais... que les sottises imprimées n'ont d'importance qu'aux lieux où l'on en gêne le cours ; que sans la liberté de blâmer, il n'est point d'éloge flatteur ; et qu'il n'y a que les petits hommes qui redoutent les petits écrits... *(Il retombe assis.)* Ô bizarre suite d'événements ! Comment cela m'est-il arrivé ? Pourquoi ces choses et non pas d'autres ? Qui les a fixées sur ma tête ? Forcé de parcourir la route où je suis entré sans le savoir, comme j'en sortirai sans le vouloir, je l'ai jonchée d'autant de fleurs que ma gaieté me l'a permis ; encore je dis ma gaieté, sans savoir si elle est plus à moi que le reste, ni même quel est ce moi dont je m'occupe : un assemblage informe de parties inconnues ; puis un chétif être imbécile : un petit animal folâtre ; un jeune homme ardent au plaisir ; ayant tous les goûts pour jouir ; faisant tous les métiers pour vivre ; maître ici, valet là, selon qu'il plaît à la fortune ; ambitieux par vanité ; laborieux par nécessité, mais paresseux... avec délices ; orateur selon le danger ; poète par délassement ; musicien par occasion, amoureux par folles bouffées : j'ai tout vu, tout fait, tout usé.

V, 3.

(1) Le sous-titre de cette comédie évoque bien son rythme effrené. – (2) Vous mesurer à moi. – (3) Compose. – (4) Le gouvernement du sultan des Turcs. – (5) Condamnée à être brûlée. – (6) Il accompagne l'huissier qui vient faire une saisie pour non-paiement du « terme », c'est-à-dire du loyer. – (7) Il s'agit de la Bastille. – (8) « Vous qui entrez ici, laissez toute espérance », inscription sur la porte de l'Enfer, selon Dante.

Les romanciers de l'immoralité

Trois écrivains, Restif de la Bretonne (1734-1806), Sade et Choderlos de Laclos introduisent dans la littérature la description d'aspects de la nature humaine jusque-là passés sous silence. À travers leurs œuvres, c'est une vision toute différente de la réalité, de la vie, de l'homme, que nous découvrons. Peu importe que chacun d'eux ait ajouté à ses œuvres une conclusion plus ou moins moralisante; leur originalité essentielle, à la fois inquiétante et fascinante, réside dans une incroyable « descente aux enfers » des turpitudes de l'homme.

SADE (1740-1814)

Donatien, marquis de Sade, dont le nom a servi à nommer une perversion pathologique, le sadisme, est vraiment un « cas » exceptionnel dans l'histoire de la littérature et de la société. Officier de cavalerie, marié en 1763, il se livre à des désordres si scandaleux qu'il est arrêté à plusieurs reprises et finit par passer sept ans à Vincennes, puis six ans à la Bastille. Sorti de prison à la faveur de la révolution française, il est arrêté à nouveau en 1801 et définitivement emprisonné jusqu'à sa mort.

D'une œuvre abondante, souvent obscène (*Philosophie dans le Boudoir* en 1795, *Justine ou les Malheurs de la vertu* en 1791), officiellement ignorée au XIXe siècle, mais connue de Baudelaire et de Flaubert, mise en lumière par Apollinaire au début du XXe siècle, se dégage la conviction que l'homme n'est pas bon. L'œuvre de Sade est une démonstration expérimentale – bien dans la ligne scientifique du siècle de l'*Encyclopédie* – de l'existence du mal, de la cruauté, de la violence. Ses personnages éprouvent un plaisir démoniaque dans les souffrances morales et physiques qu'ils infligent à des être innocents, sous l'impulsion d'une imagination aussi féconde que perfide et cruelle.

CHODERLOS DE LACLOS (1741-1803)

Le meilleur de ces trois écrivains est sans doute Choderlos de Laclos. Il a écrit de nombreux poèmes frivoles selon la mode de cette époque, une *Éducation des femmes* inspirée de l'*Émile,* mais il est devenu célèbre grâce aux seules *Liaisons dangereuses* (1782). Dans ce roman par lettres, la peinture du mal, plus psychologique, plus intellectuelle que chez Sade, n'en est pas moins cruelle; il nous apparaît lié à une société décadente, sceptique et futile (« J'ai vu les mœurs de mon temps », cite l'épigraphe), mais aussi à l'insondable perversité du cœur humain : Mme de Merteuil est un « cœur incapable d'amour ». Le langage, accordé à chaque personnage, contribue à la réussite de ce roman.

LES LIAISONS DANGEREUSES

La présidente de Tourvel, sur le point de céder à la passion, supplie le vicomte de Valmont de s'éloigner d'elle. Mais nous devinons, à travers cette lettre émouvante et sincère, le pouvoir redoutable et machiavélique du séducteur; la pureté de la langue et du vocabulaire s'adapte ici parfaitement à la précision de l'examen de conscience.

La présidente de Tourvel au vicomte de Valmont :

« Je désire beaucoup, Monsieur, que cette lettre ne vous fasse aucune peine; ou si elle doit vous en causer, qu'au moins elle puisse être adoucie par celle que j'éprouve en vous l'écrivant. Vous devez me connaître assez, à présent, pour être bien sûr que ma volonté n'est pas de vous affliger; mais vous, sans doute, vous ne voudriez pas non plus me plonger dans un désespoir éternel. Je vous conjure donc, au nom de l'amitié tendre que je vous ai promise, au nom même des sentiments peut-être plus vifs, mais à coup sûr pas plus sincères, que vous avez pour moi, ne nous voyons plus ; partez, et jusque-là, fuyons surtout ces entretiens particuliers et trop dangereux où par une inconcevable puissance, sans jamais parvenir à vous dire ce que je veux, je passe mon temps à écouter ce que je ne devrais pas entendre.

Hier encore, quand vous vîntes me joindre dans le parc j'avais bien pour unique objet de vous dire ce que je vous écris aujourd'hui ; et cependant qu'ai-je fait ? que m'occuper de votre amour... de votre amour, auquel jamais je ne dois répondre ! Ah ! de grâce, éloignez-vous de moi...

... Déjà assaillie par la honte, à la veille des remords, je redoute et les autres et moi-même ; je rougis dans le cercle, et je frémis dans la solitude, je n'ai plus qu'une vie de douleurs ; je n'aurai de tranquillité que par votre consentement. Mes résolutions les plus louables ne suffisent pas pour me rassurer ; j'ai formé celle-ci dès hier, et cependant j'ai passé cette nuit dans les larmes.

Voyez votre amie, celle que vous aimez, confuse et suppliante vous demander le repos et l'innocence. Ah ! Dieu ! sans vous, eût-elle jamais été réduite à cette humiliante demande ? Je ne vous reproche rien ; je sens trop par moi-même combien est difficile de résister à un sentiment impérieux. Une plainte n'est pas un murmure. Faites par générosité ce que je fais par devoir ; et à tous les sentiments que vous m'avez inspirés, je joindrai celui d'une éternelle reconnaissance. Adieu, adieu, Monsieur. »

Chénier (1762-1794)

SA VIE

Né près de Constantinople, où son père était consul, d'une mère grecque, il vint très tôt habiter Paris. Après de bonnes études, il connut, dans la brillante société qui fréquentait le salon de ses parents, bon nombre d'artistes qui admiraient l'Antiquité grecque, il se passionna pour la littérature, la philosophie, les arts. Pendant la Révolution, il se mêle activement à la vie politique, fonde la « Société de 89 », s'oppose aux jacobins, prépare la défense du roi Louis XVI ; mais, arrêté et emprisonné en 1794, il est condamné et guillotiné.

SON ŒUVRE

L'œuvre de Chénier ne fut publiée qu'après sa mort, en 1819 : ce fut une révélation. Jusqu'à la Révolution, elle est à la fois antique et moderne : Chénier pratique avec brio tous les genres d'imitation ; tantôt il compose des « vers nouveaux » sur des « pensers antiques » (*Idylles* ou *Bucoliques* écrites de 1785 à 1788), tantôt des vers classiques ou d'une beauté « à l'antique » sur des « pensers nouveaux » (esquisses et fragments de *L'Hermès* et de *L'Amérique,* élégies).

Après la Révolution, Chénier écrit des œuvres de doctrine et de combat (*Avis au peuple français sur ses véritables ennemis* en 1790), mais continue à composer aussi des poèmes lyriques (*Pièces à Fanny*) et des poèmes de satire personnelle, les *Iambes,* où il proteste contre la mort qui le bâillonne, et réclame le fouet contre ses bourreaux, affirmant hautement la justesse de sa cause et la grandeur de son âme.

(...) Mais quoi !
Nul ne resterait donc pour attendrir l'histoire
Sur tant de justes massacrés ?
Pour consoler leur fils, leurs veuves, leur mémoire.
Pour que des brigands abhorrés
Frémissent aux portraits noirs de leur ressemblance,
Pour descendre jusqu'aux enfers
Nouer le triple fouet (1), le fouet de la vengeance
Déjà levé sur ces pervers ?
Pour cracher sur leurs noms, pour chanter leur [supplice ?
Allons, étouffe tes clameurs ;
Souffre, ô cœur gros de haine, affamé de justice.
Toi, Vertu, pleure si je meurs.

(1) Le fouet des trois Furies qui punissent les criminels.

La jeune Tarentine

Pleurez, doux alcyons (2), ô vous, oiseaux sacrés!
Oiseaux chers à Thétis (3), doux alcyons, pleurez!
Elle a vécu, Myrto, la jeune Tarentine (4).
Un vaisseau la portait aux bords de Camarine (5).
Là, l'hymen (6), les chansons, les flûtes, lentement
Devaient la reconduire au seuil de son amant.
Une clef vigilante a pour cette journée
Dans le cèdre (7) enfermé sa robe d'hyménée
Et l'or dont au festin ses bras seraient parés,
Et pour ses blonds cheveux les parfums préparés.
Mais, seule sur la proue, invoquant les étoiles,
Le vent impétueux qui soufflait dans ses voiles
L'enveloppe. Étonnée, et loin des matelots,
Elle crie, elle tombe, elle est au sein des flots.
Elle est au sein des flots, la jeune Tarentine.
Son beau corps a roulé sous la vague marine.
Thétis (8), les yeux en pleurs, dans le creux
[d'un rocher
Aux monstres dévorants eut soin de le cacher.
Par ses ordres bientôt les belles Néréides (9)
L'élevent au-dessus des demeures humides,
Le portent au rivage, et dans ce monument
L'ont, au cap du Zéphyr (10), déposé mollement.
Puis de loin à grands cris appelant leurs compagnes,
Et les Nymphes des bois, des sources, des montagnes,
Toutes, frappant leur sein et traînant un long deuil,
Répétèrent : « Hélas! » autour de son cercueil.
Hélas! chez ton amant tu n'es point ramenée.
Tu n'as point revêtu ta robe d'hyménée.
L'or autour de tes bras n'a point serré de nœuds.
Les doux parfums n'ont point coulé sur tes cheveux.

La littérature militante sous le signe de la Révolution

L'éloquence

La Révolution a développé, dans les dix dernières années du XVIIIe siècle, une littérature militante, dont la principale caractéristique est l'éloquence : les orateurs sont nombreux, vigoureux, convaincants, combatifs. Mirabeau, Sieyès, Vergniaud, Danton, Robespierre, Saint-Just ont été particulièrement brillants et écoutés. Les mots « tyrans », « usurpateurs », sont employés avec violence, tandis que « députés » et « nation » prennent une noblesse nouvelle. La langue reste mêlée de réminiscences antiques, la rhétorique classique est toujours en honneur et les appels au sentiment et à la vertu sont fréquents, mais toujours l'appel au combat, à la vengeance est constant. Le chant patriotique, avec sa vigueur et sa grandiloquence, remplace l'élégie.

La Marseillaise

Allons, enfants de la Patrie,
Le jour de gloire est arrivé!
Contre nous de la tyrannie
L'étendard sanglant est levé! *(bis)*
Entendez-vous dans les campagnes
Mugir ces féroces soldats?
Ils viennent jusque dans nos bras
Égorger nos fils, nos compagnes.
Amour sacré de la Patrie,
Conduis, soutiens nos bras vengeurs!
Liberté, Liberté chérie,
Combats avec tes défenseurs! *(bis)*
Sous nos drapeaux, que la Victoire
Accoure à tes mâles accents!
Que tes ennemis expirants
Voient ton triomphe et notre gloire!
Aux armes citoyens! formez vos bataillons!
Marchons! Marchons!
Qu'un sang impur abreuve nos sillons!

---

(1) Oiseau marin fabuleux. – (2) Déesse de la mer, une des Néréides. – (3) Tarente : port de l'Italie méridionale. – (4) Port de Sicile : la jeune fille se rend de Tarente à Camarine, pour rejoindre son fiancé. – (5) Cortège nuptial. – (6) Dans un coffre de cèdre. – (7) Thétis : la mer personnifiée par cette déesse. – (8) Divinités maritimes. – (9) Le cap de Zéphir, au sud de l'Italie.

Le journalisme

La *Déclaration des droits de l'homme* (1), en proclamant la liberté de la presse, lui permit un prodigieux développement. Les premiers quotidiens firent leur apparition, et avec eux le journalisme politique (2).

Camille Desmoulins (1760-1794) fut sans doute le plus grand journaliste de son temps. Dans le numéro 4, resté célèbre, du *Vieux Cordelier,* qu'il dirigeait, il dénonça les excès du terrorisme révolutionnaire, son injustice et sa folie. Cette audace devait lui coûter la vie. Mais son appel pathétique pour l'institution d'un comité de clémence allait bouleverser l'opinion.

... Non, la liberté, descendue du ciel, ce n'est point une nymphe de l'Opéra (3), ce n'est point un bonnet rouge, une chemise sale ou des haillons. La liberté, c'est le bonheur, c'est la raison, c'est l'égalité, c'est la justice, c'est la déclaration des droits, c'est votre sublime Constitution ! Voulez-vous que je la reconnaisse, que je tombe à ses pieds, que je verse tout mon sang pour elle ? Ouvrez les prisons à ces deux cent mille citoyens que vous appelez suspects ; car, dans la déclaration des droits il n'y a point de maison de suspicion, il n'y a que des maisons d'arrêt. Le soupçon n'a point de prisons, mais l'accusateur public ; il n'y a point de gens suspects, il n'y a que des prévenus de délits fixés par la loi. Et ne croyez pas que cette mesure serait funeste à la République. Ce serait la mesure la plus révolutionnaire que vous eussiez jamais prise. Vous voulez exterminer tous vos ennemis par la guillotine ! Mais y eut-il jamais plus grande folie ? Pouvez-vous en faire périr un seul à (4) l'échafaud, sans vous faire dix ennemis de sa famille ou de ses amis ? Croyez-vous que ce soient ces femmes, ces vieillards, ces cacochymes (5), ces égoïstes, ces traînards de la Révolution, que vous enfermez, qui sont dangereux ? De vos ennemis, il n'est resté parmi vous que les lâches et les malades. Les braves et les forts ont émigré. Ils ont péri à Lyon (6) ou dans la Vendée (7) ; tout le reste ne mérite pas votre colère...

Que de bénédictions s'élèveraient alors de toutes parts ! Je pense bien différemment de ceux qui vous disent qu'il faut laisser la terreur à l'ordre du jour. Je suis certain, au contraire, que la liberté serait consolidée, et l'Europe vaincue, si vous aviez un Comité de Clémence...

Les proclamations impériales

On trouve le dernier aspect de cette littérature engagée et militante dans les proclamations de Napoléon à ses soldats : la plus célèbre d'entre elles, celle d'Austerlitz, en est le modèle ; félicitations aux braves, confiance ferme en l'avenir, affirmation de la force, et promesse de récompenses, tout y est fait pour flatter les hommes et nourrir la mystique impériale.

Austerlitz, 2 frimaire an XIV (8)

Soldats, je suis content de vous. Vous avez, à la journée d'Austerlitz, justifié tout ce que j'attendais de votre intrépidité. Vous avez décoré vos aigles (9) d'une immortelle gloire.

Une armée de cent mille hommes, commandée par les empereurs de Russie et d'Autriche, a été en moins de quatre heures ou coupée ou dispersée. Ce qui a échappé à votre fer s'est noyé dans les lacs. Quarante drapeaux, les étendards de la garde impériale de Russie, cent vingt pièces de canon, vingt généraux, plus de trente mille prisonniers sont le résultat de cette journée à jamais célèbre.

Soldats, lorsque le peuple français plaça sur ma tête la couronne impériale, je me confiai à vous pour la

(1) *cf.* p. 152. – (2) Sous l'Ancien Régime, les journaux hebdomadaires ou mensuels étaient surtout culturels. – (3) Allusion à l'allégorie de la Liberté qui avait été représentée à une fête révolutionnaire célébrant la Raison. – (4) Sur. – (5) Homme de constitution débile. – (6) Allusion au soulèvement des hommes contre la Convention en 1793. – (7) Allusion au soulèvement des Vendéens monarchistes. – (8) *cf.* p. 155. – (9) Étendards de l'armée impériale qui, à l'image des étendards romains, avaient l'aigle pour emblème.

maintenir toujours dans ce haut éclat de gloire qui, seul, pouvait lui donner du prix à mes yeux; mais dans le même temps, nos ennemis pensaient à la détruire et à l'avilir, et cette couronne de fer conquise par le sang de tant de Français, ils voulaient m'obliger à la placer sur la tête de nos plus cruels ennemis; projets téméraires et insensés que, le jour même de l'anniversaire de votre Empereur, vous avez anéantis et confondus. Vous leur avez appris qu'il est plus facile de nous braver et de nous menacer que de nous vaincre.

Soldats, lorsque tout ce qui nous est nécessaire pour assurer le bonheur et la prospérité de notre patrie sera accompli, je vous ramènerai en France. Là, vous serez l'objet de mes tendres sollicitudes. Mon peuple vous reverra avec joie, et il vous suffira de dire : j'étais à la bataille d'Austerlitz, pour qu'on vous réponde : « Voilà un brave ! »

Questions et recherches

Histoire

• Étudiez la question financière au XVIIIᵉ siècle.
• Quelles sont les causes qui peuvent expliquer l'explosion de 1789 ?
• Quels furent les excès, mais aussi les apports, de la Révolution ?

Civilisation

• Quel rôle joua la science au XVIIIᵉ siècle ?
• Présentez les classes sociales au XVIIIᵉ siècle.
• L'*Encyclopédie* : sa méthode, sa réalisation, son rôle.
• L'art au XVIIIᵉ siècle :
– Qu'appelle-t-on l'art rococo ?
– En quoi les arts avant 1750 reflètent-ils la société sous la Régence et Louis XV ?
– Le rôle de la nature dans l'art.
– Étudiez les progrès de la sensibilité dans les arts de la seconde moitié du siècle.

Littérature

① TURCARET (III, 5)

• Relevez les expressions à double sens et expliquez-les.
• Étudiez la façon dont l'argent intervient dans ce texte et le rôle qu'il joue.
• Faites le portrait de Turcaret :
– à partir de ce qu'en disent les autres personnages,
– à partir de ses propres répliques.

② LE JEU DE L'AMOUR ET DU HASARD (II, 7 et 8)

• Étudiez la ponctuation dans les répliques de Sylvia (sc.7). Que révèle-t-elle de son état d'esprit ? Caractérisez-en les différentes étapes.
• Quel rôle joue ici la servante ?
• Analysez le rôle que Marivaux assigne à l'amour-propre.
• Expliquez le titre de la comédie en fonction des deux scènes présentées.

③ LES LETTRES PERSANES

• Quels sont les défauts des Parisiens que Montesquieu dénonce ici ?
• Marquez les différentes étapes du texte : que cherche à démontrer Montesquieu par cette construction ?
• Relevez les procédés d'exagération utilisés par Montesquieu : dans quel but en use-t-il ?

④ L'ESPRIT DES LOIS : PRÉFACE

• Expliquez les mots et expressions : préjugés, censurer, éclairer le peuple.
• À quelles difficultés Montesquieu s'est-il heurté ?
• Quel est le but de Montesquieu en écrivant cet ouvrage ? Montrez que ce but correspond à la fois à un désir intellectuel et à des qualités de cœur.
• Présentez les caractéristiques de la méthode suivie par Montesquieu : en quoi reflète-t-elle l'esprit du XVIIIᵉ siècle ?

⑤ L'ESPRIT DES LOIS (VI)

• À l'aide des deux premiers paragraphes, présentez les trois pouvoirs et définissez le rôle de chacun à l'époque de Montesquieu, puis à notre époque.
• Quels sont les obstacles à la liberté que Montesquieu souligne dans ce texte ?
• Quelle est la méthode utilisée par Montesquieu pour exposer ses idées ?
• En reprenant la *Déclaration des droits de l'homme et du citoyen* de 1789 (ch. IV, p. 152), relevez les points communs avec l'idéal politique de Montesquieu.

⑥ CANDIDE OU L'OPTIMISME

• Étudiez le caractère de Pangloss et celui de Candide.
• À travers les paroles et l'attitude du derviche, expliquez les idées de Voltaire face aux questions métaphysiques.
• Expliquez la leçon de morale que Voltaire nous donne par le biais du vieillard.
• Quels sens (littéral, philosophique...) peut-on donner à l'expression : « Il faut cultiver notre jardin ? »

⑦ TRAITÉ SUR LA TOLÉRANCE : PRIÈRE À DIEU

• Quelle image de l'homme Voltaire présente-t-il dans ce passage ?
• Relevez, dans cet extrait, les différents procédés oratoires et caractérisez-les : comment expliquez-vous le choix d'un tel style ?
• Définissez les conceptions religieuses de Voltaire ; en quoi sont-elles un reflet de son époque, de sa vie ?

⑧ LE RÊVE DE D'ALEMBERT

• Expliquez la formule : « Il a fallu que je fusse tel ».
• Présentez les différents éléments du matérialisme de Diderot à l'aide des données du texte.
• Expliquez la théorie de l'évolution telle que Diderot la présente : quelles en sont les conséquences ?
• En quoi les idées de d'Alembert sont-elles conciliables avec le fait qu'il s'agit d'un rêve ? Comment cela se manifeste-t-il dans le style ?

⑨ LE NEVEU DE RAMEAU

• Expliquez le titre : « la pantomime des gueux ». Comment s'applique-t-il concrètement dans le texte ?
• Relevez et expliquez les éléments de critique politique et sociale.
• Quel rôle jouent respectivement « Lui », « Moi » ? Où Diderot lui-même se situe-t-il ?
• En quoi ce texte reflète-t-il le tempérament et les conceptions littéraires de Diderot ?

⑩ MANON LESCAUT

• Relevez les faits qui amènent les soupçons de des Grieux.
• À travers le second paragraphe, étudiez les différentes étapes dans les sentiments de des Grieux.
• En quoi la présentation de la passion a-t-elle déjà un caractère romantique ? À quoi est dû le fait qu'elle reste pourtant classique ?
• Relevez un passage de style direct, un de style indirect et un de style indirect libre ; quel intérêt présente l'emploi de chacun de ces procédés ?

⑪ DISCOURS SUR L'ORIGINE DE L'INÉGALITÉ

• Qu'est-ce qu'un « imposteur » ? Relevez les termes qui prouvent qu'il s'agit bien d'une imposture.
• Montrez les trois étapes du premier paragraphe et caractérisez le rôle de chacune.
• Comment le second paragraphe est-il construit ? Qu'est-ce que Rousseau cherche à mettre en évidence par cette construction ?
• En quoi les idées de Rousseau dans ce texte s'opposent-elles aux conceptions générales des encyclopédistes ?
• Montrez par quels procédés le style de Rousseau allie la rigueur du raisonnement aux élans lyriques.

⑫ ÉMILE

• Expliquez les différents « sait » employés au début du texte.
• Expliquez l'adjectif « instruisable » et cherchez à quelles conceptions éducatives Rousseau l'oppose.
• Quelles sont les bases philosophiques du programme éducatif de Rousseau ?

⑬ LA NOUVELLE HÉLOÏSE

• Étudiez ce que traduit l'emploi des pronoms personnels désignant Julie : vous, tu, elle.
• Étudiez les différentes images du temps (passé, présent, futur) et le rôle qu'elles jouent par rapport aux sentiments du héros.
• Dans l'extrait III, relevez les différentes étapes dans les sentiments de Saint-Preux : quelle image de la passion se trouve ainsi présentée ?

⑭ LES RÊVERIES DU PROMENEUR SOLITAIRE

• Quelle différence établissez-vous entre les mots « impression », « réflexion », « rêverie » ?
• Quelles sont les conditions, extérieures et intérieures, nécessaires au surgissement de la rêverie ? Pourquoi s'agit-il d'un état « délicieux » ?
• Quels procédés contribuent à faire de ce texte un poème en prose ?

⑮ LE MARIAGE DE FIGARO (V, 3)

• Justifiez les indications scéniques du passage.
• Quelles réalités politiques, sociales, morales, de la société de son temps Beaumarchais critique-t-il à travers l'évocation de chaque métier de Figaro ?
• Quelles raisons expliquent les attaques de Figaro contre son maître ? Quelles valeurs Beaumarchais affirme-t-il ainsi ?
• Le monologue a généralement pour rôle d'exprimer de façon lyrique des sentiments : quels sont ceux qui apparaissent dans ce texte ? Quelles conceptions de l'existence révèlent-ils ?

⑯ LES LIAISONS DANGEREUSES

• Relevez les conditionnels du texte et étudiez-en la valeur.
• Relevez et étudiez les notions chrétiennes qui apparaissent dans cette lettre.
• Expliquez l'expression « inconcevable puissance » qu'emploie l'héroïne, en en étudiant les différentes implications.
• Quelles conceptions diverses de l'amour peut-on déduire de ce texte ?

⑰ LES IAMBES

• Expliquez l'expression « attendrir l'histoire ».
• Quelle image de la Révolution ce poème présente-t-il ?
• Quels rôles Chénier s'attribue-t-il ?
• Étudiez précisément comment le rythme des iambes (12/8 syllabes) soutient les sentiments exprimés.

⑱ LA JEUNE TARENTINE

• Relevez et expliquez les éléments empruntés à l'Antiquité : quel ton cela donne-t-il au poème ?
• Étudiez les temps des quatre derniers vers. À quels vers s'opposent-ils ? Quel est l'effet ainsi produit ?
• Étudiez les procédés poétiques des vers 1-3 et 11-16 : quels sentiments Chénier cherche-t-il ainsi à produire ?

⑲ LA MARSEILLAISE

• À quels faits historiques le texte fait-il allusion ?
• Relevez les termes violents de ce passage : comment peut-on expliquer leur emploi ?
• Quels sont les idéaux qui sous-tendent ce texte ?

⑳ LE VIEUX CORDELIER (N° 4)

• À quels arguments Desmoulins fait-il appel pour réclamer la création d'un « Comité de clémence » ?
• Quels sont les procédés rhétoriques utilisés ici ?
• Quelles sont les références aux idéaux révolutionnaires qui apparaissent dans ce texte ?

㉑ PROCLAMATION DE NAPOLÉON APRÈS AUSTERLITZ

• Marquez les différentes étapes du discours.
• En étudiant l'emploi des personnes (je, vous, nous...) dans ce texte, montrez l'habileté de Napoléon.
• À quels sentiments Napoléon fait-il appel pour s'attacher ses soldats ?

Exploitation de l'iconographie

Page VII
• Couleurs et lumière : comment ces deux éléments picturaux sont-ils traités par chacun de ces peintres ?
• Commentez ces trois visions du XVIIIe siècle, en les situant par rapport à l'évolution de la société et des mentalités.

Photo 21 page VIII
• Comparez l'architecture du Petit Trianon à celle du château de Versailles (doc. n° 13)

Photo 22 page VIII
• En quoi ce document correspond-il aux buts et aux méthodes de l'Encyclopédie ?

Photo 23 page VIII
• Identifiez ces trois personnages. Quels sentiments l'auteur de ce tableau cherche-t-il à suggérer ?
• Le symbolisme révolutionnaire : analysez-en les différentes composantes.

Page VIII
• Quels rapports pouvez-vous établir entre ces trois documents ? En quoi symbolisent-ils le XVIIIe siècle ?

Prolongements

① METTRE EN SCÈNE :

- l'extrait de *Turcaret* de Lesage ;
- l'extrait du *Jeu de l'amour et du hasard* de Marivaux ;
- l'extrait des *Lettres persanes* de Montesquieu ;
- l'extrait du *Neveu de Rameau* de Diderot.

② RÉDIGER :

- le récit d'une soirée à la cour de Louis XV ;
- la description d'un tableau de Watteau ;
- la lettre écrite à sa famille par un soldat de Napoléon après Austerlitz ;
- la lettre d'un encyclopédiste à un de ses amis pour lui expliquer son travail et ses difficultés ;
- à la manière de Rousseau, la lettre de Julie en réponse à celles de Saint-Preux.

③ EXPRESSION ORALE

- Présentez, en tant que journaliste, le premier envol du ballon de Montgolfier en 1782.
- Le procès d'un noble sous la « Terreur » : présentez les plaidoiries de l'accusation et de la défense.
- Imaginez un débat parlementaire entre Robespierre et Camille Desmoulins, soutenus par leurs partisans.
- Imaginez le dialogue entre Manon et des Grieux à son retour.

④ DISSERTATION

- À l'aide des données figurant dans ce chapitre, expliquez et justifiez l'expression qui qualifie le XVIIIe siècle : « le Siècle des lumières ».
- À travers les textes présentés, analysez le thème de la « Liberté » au XVIIIe siècle.
- Dans le *Poème sur le désastre de Lisbonne* (1756), Voltaire écrit : « Ce monde, ce théâtre et d'orgueil et d'erreur, / Est plein d'infortunés qui parlent de bonheur. » Montrez en quoi ces deux vers pourraient représenter l'image de l'homme telle qu'elle apparaît à travers les œuvres littéraires du XVIIIe siècle.

⑤ COMMENTAIRE COMPOSÉ

- Vous ferez un commentaire composé du texte extrait du chapitre III de *Candide* de Voltaire (p. 7). Vous pourrez observer comment Voltaire met en évidence le titre de son œuvre à travers le caractère de son héros et ce qu'il entend par « conte philosophique ».
- Étudiez, sous la forme d'un commentaire composé, la « Prière à Dieu » de Voltaire (*Traité de la Tolérance*). Vous pourrez par exemple analyser en quoi ce texte, tout en constituant une prière, est avant tout une œuvre représentative du philosophe qu'est Voltaire.

⑥ CONTRACTION DE TEXTE

- Résumez, en 200 mots environ, la partie concernant la musique au XVIIIe siècle.

Le XIXe siècle

Étrange et confus XIXe siècle, où le passé se heurte à l'avenir, la culture traditionnelle aux goûts nouveaux, les anciennes classes sociales aux masses ouvrières en formation : siècle fécond en promesses et riche en souvenirs!

Ce siècle verra se succéder deux empereurs, trois rois, deux républiques, sera secoué de troubles, connaîtra la guerre, mais aussi permettra l'entrée dans l'ère industrielle grâce à un essor économique considérable.

Les artistes, pour leur part, dès 1820, expriment des sentiments personnels et passionnés, une conception du monde où l'enthousiasme et le rêve dominent, en réponse à l'importance, excessive à leurs yeux, que la société accorde à l'argent. À partir de 1830, leur attitude se fait de plus en plus politique : ils se révoltent contre un monde égoïste et intéressé et soutiennent les mouvement républicains. Il faut attendre la seconde moitié du siècle pour en voir certains, déçus dans leurs espérances, se replier dans leur solitude et développer leur propre aventure spirituelle. D'autres cependant continuent à choisir la lutte ouverte, reprenant à leur façon l'engagement des romantiques de 1840 dans une société dont la fraction dirigeante paraît satisfaite et décidée à l'immobilité.

Quelques aspects de la vie quotidienne

La bourgeoisie conquérante

Le XIXe siècle vit l'apogée de la bourgeoisie. Dès 1799, les banquiers parisiens apportent leur appui à Napoléon Ier, contribuent au succès de la réorganisation financière et en profitent eux-mêmes. Convertis sans hésitation à la Restauration, ils triomphent en 1830, détournant à leur avantage la révolution et se ralliant à Louis-Philippe, fondateur d'une véritable royauté bourgeoise, qui leur assure le pouvoir, la sécurité matérielle, la

LE PREMIER EMPIRE

1804	Sacre de Napoléon. Promulgation du Code civil. Institution de la Légion d'honneur, ordre de chevalerie national.
1805	Défaite des flottes française et espagnole à Trafalgar contre l'Angleterre. Victoire d'Austerlitz contre l'Autriche : fin de la coalition contre la France.
1806-1808	Lois créant l'Université impériale.
1806	Victoires d'Iéna et d'Auerstaedt contre les Prussiens. Début du « blocus continental » contre l'Angleterre.
1807	Victoires d'Eylau et de Friedland contre les Russes : traité franco-russe de Tilsit.
1808	Prise de Barcelone et de Madrid. Siège de Saragosse : soulèvement espagnol brutalement réprimé. Création de la noblesse d'Empire.
1809	Victoire de Wagram sur l'Autriche alliée à l'Angleterre : traité de Vienne imposé à l'Autriche.
1810	Annulation du mariage de Napoléon avec Joséphine de Beauharnais. Remariage avec Marie-Louise d'Autriche : l'Europe sous l'hégémonie napoléonienne. Création du Code pénal.
1812	Début de la campagne de Russie : incendie de Moscou par les Russes et retraite de l'armée française.
1813	Soulèvement de la Prusse, rejointe par l'Autriche et la Russie. Défaite de Leipzig.
1814	Invasion de la France et occupation de Paris. Abdication de Napoléon exilé à l'île d'Elbe. Traité de Paris : retour aux frontières de 1792.

RESTAURATION : LOUIS XVIII

1814	Charte instaurant une monarchie constitutionnelle avec Louis XVIII, frère de Louis XVI.
26 février 1815	« Les Cent-Jours » : Napoléon s'enfuit de l'île d'Elbe, retourne triomphalement à Paris, envahit la Belgique.
18 juin 1815	Défaite de Waterloo : abdication de Napoléon exilé à l'île de Sainte-Hélène. Retour de Louis XVIII : début de la « Terreur blanche », luttes entre les modérés et les « ultra-royalistes ».
1820	Assassinat du duc de Berry. Début du gouvernement ultra : émeutes nombreuses dues à l'opposition libérale.
1822	Lois contre la liberté de la presse.
1824	Mort de Louis XVIII.

CHARLES X

1825	Sacre de Charles X. « Loi du milliard » sur les émigrés.
1827	Progrès électoral des libéraux.
1829	Le ministère Polignac (ultra) entre en conflit avec la Chambre : dissolution de la Chambre. Restriction de la liberté de la presse et du régime constitutionnel.
Juillet 1830	Émeutes : « les Trois Glorieuses ». Abdication de Charles X. Le duc d'Orléans devient roi.

LA MONARCHIE DE JUILLET : LOUIS PHILIPPE

1831	Révolte des canuts de Lyon. Loi électorale fondée sur la fortune. Opposition des légitimistes (fidèles à Charles X) et des républicains.
1832	Broglie, Guizot, Thiers gouvernent : stabilité politique, prospérité économique, répression des revendications sociales.
1836	Ministère Thiers.
1837	Conquête de l'Algérie : prise de Constantine.
1840	Diffusion du système métrique. Ministère Soult-Guizot.
1841	Loi limitant le travail des enfants.
1842	Organisation des chemins de fer.
1844	Le Maroc reconnaît les frontières de l'Algérie française.
1846	Crise économique et disette.
1847	Reddition d'Abdel-Kader. « Campagne des banquets » en faveur d'une réforme électorale : nombreuses manifestations populaires.
1848	Révolution de février. Abdication de Louis-Philippe.

LA SECONDE RÉPUBLIQUE

1848	Un gouvernement provisoire proclame la république : suffrage universel, abolition de la peine de mort pour raisons politiques, de l'esclavage ; droit au travail ; liberté de presse et de réunion.
Décembre 1848	Louis-Napoléon élu président : assemblée modérée.
1849	Assemblée conservatrice.
1850	Loi Falloux : pouvoir accordé à l'Église catholique sur l'enseignement. Restriction du suffrage universel et des libertés.
2 décembre 1851	Coup d'État de Louis-Napoléon Bonaparte aidé des ducs de Morny et de Persigny : plébiscite qui écrase l'opposition républicaine.

LE SECOND EMPIRE

1852	Proclamation du Second Empire. Censure de la presse.
1853	Haussmann commence ses grands travaux à Paris.
1854	Début de la guerre de Crimée contre la Russie.
1855	Exposition universelle à Paris. Prise de Sébastopol par Mac-Mahon.
1856	Fin de la guerre de Crimée : 2e traité de Paris.
1858	Attentat d'Orsini contre Napoléon III : loi de sûreté générale.
1859	Campagne d'Italie : victoires de Magenta et de Solférino.
1860	Traité de Turin : Nice et la Savoie rattachées à la France.
1864	Loi sur le droit de grève. Fondation de la Ire Internationale à Londres.
1866	Puissance croissante de la Prusse, victorieuse de l'Autriche à Sadowa.
1867	Exposition universelle à Paris. Lois sur l'enseignement primaire et sur l'enseignement secondaire de jeunes filles.
1868	Libéralisation de la presse. Dissolution de la section française de la Ire Internationale.

1869	Inauguration du canal de Suez.
1870	Guerre contre la Prusse déclarée par la France. Défaite de Mac-Mahon à Sedan : capitulation de Napoléon III.

LA TROISIÈME RÉPUBLIQUE

4 septembre 1870	Proclamation de la 3e République : *Thiers président.* Début du siège de Paris.
1871	Armistice : traité de Francfort cédant l'Alsace et la Lorraine.
Mars-Mai	« La Commune de Paris » : formation d'un gouvernement révolutionnaire. Thiers fait donner l'assaut sur Paris par Mac-Mahon : « semaine sanglante ». Incendie de l'hôtel de ville et des Tuileries.
1872	Succès électoral des modérés. Thiers contraint de démissionner.
1873	*Mac-Mahon président.* Évacuation de la France après paiement des dommages de guerre réclamés.
1874	Gouvernement « d'ordre moral ». Loi sur le travail des enfants.
1875	Liberté de l'enseignement supérieur. Vote de la Constitution de la Troisième République.
1876	Triomphe électoral du parti républicain. Ministères Gambetta puis Jules Ferry : reprise économique et expansion coloniale.
1878	Exposition universelle à Paris.
1879	*Président Jules Grévy.* Création du parti ouvrier de Jules Guesde.
1880	Amnistie des Communards.
1881	Liberté de presse et de réunion. Loi Jules Ferry sur la gratuité de l'enseignement. Protectorat sur la Tunisie.
1882	Protectorat sur l'Égypte. Lois Jules Ferry sur la scolarité obligatoire.
1883	Protectorat sur l'Indochine.
1884	Lois sur les libertés syndicales.
1885	*Réélection de Jules Grévy.*
1886	Loi Goblet sur l'enseignement. Mouvement nationaliste autour du général Boulanger, ministre de la guerre, et de Déroulède avec la « Ligue des patriotes » : crise politique.
1887	*Président Sadi Carnot.*
1889	Fondation de la 2e Internationale. Fin de la crise avec la fuite de Boulanger en Belgique. Exposition universelle : tour Eiffel.
1891	Encyclique « Rerum Novarum » du pape Léon XIII : appel à la justice sociale.
1892	Scandale de Panama. Loi sur le travail des femmes et des hommes.
1893	Organisation des socialistes : grèves. Alliance franco-russe.
1894	Assassinat de Sadi Carnot. *Casimir Périer président.* Lois contre anarchistes et socialistes. Condamnation de Dreyfus.
1895	*Président Félix Faure.* Constitution de la C.G.T. Protectorat sur Madagascar.
1896	Annexion de Madagascar.
1898	Zola intervient dans l'affaire Dreyfus. Fondation de la Ligue des Droits de l'Homme.
1899	*Président Émile Loubet.* Fin de l'affaire Dreyfus. « Bloc des gauches » au Parlement.
1900	Exposition universelle à Paris.

perpétuité des bénéfices, voire le contrôle des idées et des mœurs. La concurrence étrangère est inconnue, les négociants et les fabricants font d'excellentes affaires : « Enrichissez-vous par le travail et par l'épargne » est le mot d'ordre de Guizot à cette société sur laquelle veille la garde nationale, véritable milice bourgeoise.

Une page du roman satirique de Louis Reybaud, *Jérôme Paturot à la recherche d'une position sociale* (1843), décrit avec une précision à peine exagérée les progrès de l'affairisme et de la spéculation.

C'était le moment où ces industriels florissaient. La France était leur proie; ils disposaient de la fortune publique. Une sorte de vertige semblait avoir gagné toutes les têtes. La commandite (1) régnait et gouvernait. À l'aide d'un fonds social, divisé par petits coupons, combinaison bien simple comme vous le voyez, on parvint alors à extraire de l'argent de bourses qui ne s'étaient jamais ouvertes, à exercer une rafle générale sur les épargnes des pauvres gens. Tout était bon, tout était prétexte à commandite. On eût mis le Chimboranzo (2) en actions, que le Chimboranzo eût trouvé des souscripteurs; on l'eût coté à la bourse. Quel temps, Monsieur, quel temps! On a parlé de la fièvre du dernier siècle, et de l'agiotage de la rue Quincampoix. Notre époque a vu mieux. Quand Law (3) vantait les merveilles du Mississippi, il comptait sur la distance; mais ici, c'était à nos portes mêmes qu'on faisait surgir des existences fabuleuses, des richesses imaginaires. Et que pensera-t-on de nous dans vingt ans, quand on dira que les dupes se précipitaient sur ces valeurs fictives, sans s'enquérir même si le gage existait?

Nous étions au fort de la crise. On venait d'improviser, par la grâce de la commandite, des chemins de fer, des mines de charbon, d'or, de mercure, de cuivre, des journaux, des métaux, mille inventions, mille créations toutes plus attrayantes les unes que les autres. Chacune d'elles devait donner des rentes inépuisables au moindre souscripteur : tout Français allait marcher couvert d'or; les chaumières étaient à la veille de se changer en palais. Seulement, il fallait se presser, car les coupons disparaissaient à vue d'œil : il n'y en avait pas assez pour tout le monde.

Je me trouvais donc devant l'un des souverains du moment, devant l'un des promoteurs de cette grande mystification industrielle. Certes l'orgueil lui était permis car il avait eu autant de puissance que Dieu. De rien il avait fait quelque chose : il avait donné une valeur au néant. Aussi le sentiment de sa puissance et de sa position se peignait-il sur son visage : il était content de lui-même, il semblait écouter le murmure d'applaudissements intérieurs.

Le reste de la nation se sent brimé : les révolutionnaires authentiques s'indignent, les écrivains et les artistes romantiques se montrent railleurs et méprisants; c'est le cas de ces deux étudiants de 1836, dont Balzac analyse l'état d'âme dans *Zacharie Marcas*.

Tout en remarquant l'ilotisme (3) auquel est condamnée la jeunesse, nous étions étonnés de la brutale indifférence du pouvoir pour tout ce qui tient à l'intelligence, à la pensée, à la poésie. Quels regards, Juse et moi, nous échangions souvent, en lisant les journaux, en apprenant les événements de la politique, en parcourant les débats des Chambres, en discutant la conduite des courtisans, à la médiocrité des hommes qui forment une haie autour du nouveau trône, tous sans esprit ni portée, sans gloire ni science, sans influence ni grandeur! Quel éloge de la cour de Charles X que la cour actuelle, si tant est que ce soit une cour! Quelle haine contre le pays dans la naturalisation de vulgaires étrangers sans talent, intronisés (4) à la Chambre des pairs! Quel déni de justice! Quelle insulte faite aux jeunes illustrations, aux ambitions nées sur le sol! Nous regardions toutes ces choses comme un spectacle, et nous en gémissions sans prendre un parti sur nous-mêmes.

Cette réaction de la jeunesse, privée des rêves de gloire avec la chute de Napoléon, et à laquelle on offre, pour seul idéal, les valeurs matérielles, sera la composante essentielle de ce que l'on nommera « le mal du siècle ».

---

(1) Société commerciale dans laquelle les associés n'ont ni fonction ni responsabilité, mais fournissent les capitaux. – (2) Volcan éteint des Andes, point réputé le plus éloigné du centre de la terre. – (3) Au sens figuré : état d'abjection et d'ignorance. – (4) *CF.* p. 147. – (5) Établi souverainement.

Mouvements sociaux et religieux

Par contraste, il est vrai, de 1830 à 1848, les penseurs socialistes, Fourier, Saint-Simon, Proudhon, échafaudent, tour à tour, des théories sociales, où ils cherchent à définir les fondements d'une société idéale. Proudhon, épris de liberté et de justice, se veut le défenseur de l'individualité. Hostile à la tyrannie de l'étatisme, il pense que « le gouvernement de l'homme par l'homme, c'est la servitude ». Il définit la condition prolétarienne, pose le problème fondamental : « Qu'est-ce que la propriété ? », et esquisse un programme d'action indépendant des mouvements politiques, dont le syndicalisme à tendance anarchiste s'inspirera largement :

Si j'avais à répondre à la question suivante : « Qu'est-ce que l'esclavage ? » et que d'un seul mot je répondisse : « C'est l'assassinat », ma pensée serait d'abord comprise. Je n'aurais pas besoin d'un long discours pour montrer que le pouvoir d'ôter à l'homme la pensée, la volonté, la personnalité, est un pouvoir de vie et de mort, et que faire un homme esclave, c'est l'assassiner. Pourquoi donc à cette autre demande : « Qu'est-ce que la propriété ? » ne puis-je répondre de même : « C'est le vol », sans avoir la certitude de n'être pas entendu bien que cette seconde proposition ne soit que la première transformée.

La Deuxième République traduit ces idées dans les faits : la peine de mort infligée pour des raisons politiques est abolie, l'esclavage est supprimé aux colonies, le suffrage universel est décidé et le nombre des électeurs passe de 240 000 à un million. Déclarations et proclamations révèlent très nettement cette orientation de la politique dans un sens humanitaire et social.

Déclaration et arrêté du 28 février-2 mars

Au nom du peuple français,

Considérant que la Révolution faite par le peuple doit être faite pour lui,

Qu'il est temps de mettre un terme aux longues et injustes souffrances des travailleurs,

Que la question du travail est d'une importance suprême,

Qu'il n'en est pas de plus haute, de plus digne des préoccupations d'un gouvernement républicain,

Qu'il appartient surtout à la France d'étudier ardemment et de résoudre un problème posé aujourd'hui chez toutes les nations industrielles de l'Europe,

Qu'il faut aviser sans le moindre retard à garantir au peuple les fruits légitimes de son travail,

Le gouvernement provisoire arrête :

Une commission permanente, qui s'appellera *commission de gouvernement pour les travailleurs,* va être nommée avec mission expresse et spéciale de s'occuper de leur sort.

Mais ces mesures sociales seront vite abandonnées ou faussées.

Cependant, ces travaux sont à l'origine d'une vaste réflexion sociologique dont *Le Manifeste* de Karl Marx en 1847 et *Le Capital* en 1867 seront l'expression achevée et l'illustration; la loi sur le droit de grève (1864) en marquera la diffusion pratique et la portée juridique.

Lamennais, lui, tente de réconcilier le catholicisme et la démocratie; mais ses efforts sont condamnés à Rome et son échec aggrave le fossé entre l'Église catholique et le socialisme naissant : peu à peu se creuse dans le pays une coupure entre la droite et la gauche, dont l'affaire Dreyfus marquera bientôt la gravité.

La bourgeoisie triomphante

Sous le Second Empire, la bourgeoisie a continué à prospérer : les financiers sont tout-puissants. Les grands réseaux de chemins de fer, les grandes compagnies maritimes se développent rapidement; Lesseps entreprend la réalisation du canal de Suez. La Troisième République poursuit cette tâche, accentuant notamment l'expansion coloniale, encourageant les hardiesses des explorateurs et les expéditions militaires.

Le luxe et le goût des plaisirs sont insolents dans les milieux fortunés. Les fêtes, les spectacles, les toilettes sont les signes nets d'une réussite matérielle : l'exposition universelle de 1867 constitue l'apothéose de cette expansion économique et l'aboutissement de la politique prônée par Guizot vingt-cinq ans plus tôt.

PARIS TOUJOURS FAVORISÉ : LE CONFORT MATÉRIEL S'INSTALLE MAIS NE TOUCHE QUE LES PRIVILÉGIÉS

La civilisation urbaine se développe : dans des villes plus nombreuses et plus importantes, les grands immeubles se multiplient; l'éclairage des rues s'améliore, le confort de la vie quotidienne progresse. À Paris, les transformations matérielles sont considérables : le préfet Haussmann bouleverse le centre de la capitale pour créer la grande croisée de la rue de Rivoli et du boulevard Sébastopol, et aménager de larges artères (1).

De grands ensembles architecturaux se réalisent : l'Étoile, les Champs-Élysées; le bois de Boulogne et le bois de Vincennes sont dessinés. L'ouest et le centre, bien dégagés, se transforment en quartiers résidentiels et élégants, tandis que la population plus modeste et les ouvriers se massent dans les faubourgs est et nord et la proche banlieue. Ainsi se crée une « sécession géographique » qui ne fait qu'accentuer le fossé entre les classes sociales.

La province connaît moins de contrastes et d'inégalités, sauf dans les grandes villes industrielles, telles Lille et Lyon; les nouveautés parisiennes ne parviennent d'ailleurs dans les petites villes qu'avec beaucoup de retard. Aussi est-ce de loin que la province suit, pendant les trois quarts du siècle, les événements auxquels elle ne participe pas : elle est presque étrangère aux grands troubles qui secouent la capitale.

LE PROLÉTARIAT : UNE NOUVELLE CLASSE SOCIALE QUI S'AFFIRME

C'est au XIXe siècle que la question sociale se pose pour la première fois sous sa forme moderne car la souffrance des pauvres prend un aspect nouveau depuis la naissance de la grande industrie : le chômage qu'entraîne la mévente, conséquence d'une surproduction inorganisée et d'une concurrence anarchique, le terrible travail des femmes et des enfants, les mauvaises conditions de vie posent des problèmes inconnus jusque-là. Des émeutes violentes éclatent, comme celle des canuts (2) de Lyon, durement réprimée, que le chansonnier Aristide Bruant célébrera encore à la fin du siècle :

C'est nous les canuts
Nous sommes tout nus

Pour chanter Veni Creator
Il faut une chasuble d'or,
Nous en tissons pour vous, Grands de l'Église,
Et nous, pauvres canuts, n'avons pas de chemise.

Pour gouverner il faut avoir
Manteaux ou rubans en sautoir,
Nous en tissons pour vous, Grands de la Terre,
Et nous, pauvres canuts, sans drap on nous enterre.

Mais notre règne arrivera
Quand votre règne finira,
Nous tisserons le linceul du vieux monde,
Car on entend déjà la révolte qui gronde.

C'est nous les canuts
Nous n'irons plus nus.

La concentration des ouvriers dans les manufactures de textiles ou les usines métallurgiques fait d'eux des prolétaires qui vivent au jour le jour, percevant un maigre salaire en échange d'une activité machinale et pénible.

---

(1) Ainsi les barricades qui, lors des émeutes, permettaient au peuple de paralyser tout mouvement de troupes, deviennent inefficaces. – (2) Ouvriers de la soie.

On peut suivre dans la littérature cette évolution des classes populaires. En 1830, à la demande du Comité de bienfaisance, qui s'efforce de secourir les milliers d'ouvriers réduits à la misère aux portes de Rouen, Victor Hugo écrit un poème où l'opposition entre le riche et le pauvre prend la forme d'une parabole évangélique.

Pour les pauvres

Donnez, riches! L'aumône est sœur de la prière,
Hélas! quand un vieillard, sur votre seuil de pierre,
Tout roidi par l'hiver, en vain tombe à genoux;
Quand les petits enfants, les mains de froid rougies,
Ramassent sous vos pieds les miettes des orgies,
La face du Seigneur se détourne de vous.

Donnez! Il vient un jour où la terre nous laisse.
Vos aumônes là-haut vous font une richesse.
Donnez! afin qu'on dise : il a pitié de nous!
Afin que l'indigent que glacent les tempêtes,
Que le pauvre qui souffre à côté de vos fêtes,
Au seuil de vos palais fixe un œil moins jaloux.

Donnez! pour être aimés du Dieu qui se fit homme,
Pour que le méchant même en s'inclinant vous
[nomme,
Pour que votre foyer soit calme et fraternel;

Donnez! afin qu'un jour à votre heure dernière,
Contre tous vos péchés vous ayez la prière
D'un mendiant puissant au ciel.

Mais dans *Germinal,* il ne s'agit plus de charité individuelle ni de rachat chrétien des fautes : c'est la revendication violente, la plainte aiguë des ouvriers malheureux que nous fait entendre Zola par la bouche d'un d'entre eux, Étienne Lantier, dans sa harangue aux mineurs.

... Il remontait au premier Maheu, il montrait toute cette famille usée à la mine, mangée par la compagnie, plus affamée après cent ans de travail et, devant elle, il mettait ensuite les ventres de la Régie (1), qui suaient l'argent, toute la bande des actionnaires entretenus depuis un siècle, à ne rien faire, à jouir de leur corps. N'était-ce pas effroyable : un peuple d'hommes crevant au fond de père en fils, pour qu'on paie des pots-de-vin à des ministres (2), pour que des générations de grands seigneurs et de bourgeois donnent des fêtes ou s'engraissent au coin de leur feu! Il avait étudié les maladies des mineurs, il les faisait défiler toutes, avec des détails effrayants : l'anémie, les scrofules (3), la bronchite noire, l'asthme qui étouffe, les rhumatismes qui paralysent. Ces misérables, on les jetait en pâture aux machines, on les parquait ainsi que du bétail dans les corons (4), les grandes compagnies les absorbaient peu à peu, réglementant l'esclavage, menaçant d'enregistrer tous les travailleurs d'une nation, des millions de bras, pour la fortune d'un millier de paresseux. Mais le mineur n'était plus l'ignorant, la brute écrasée dans les entrailles du sol. Une armée poussait des profondeurs des fosses, une moisson de citoyens dont la semence germait et ferait éclater la terre, un jour de grand soleil. Et l'on saurait alors si, après quarante années de service, on oserait offrir cent cinquante francs de pension à un vieillard de soixante ans, crachant de la houille, les jambes enflées par l'eau des tailles. Oui! le travail demanderait des comptes au capital, à ce dieu impersonnel, inconnu de l'ouvrier accroupi quelque part, dans le mystère de son tabernacle, d'où il suçait la vie des meurt-la-faim qui le nourrissaient! On irait là-bas, on finirait bien par lui voir sa face aux clartés des incendies, on le noierait sous le sang, ce pourceau immonde, cette idole monstrueuse, gorgée de chair humaine!

Peu à peu est apparue, à côté de la masse de la population rurale, encore essentielle en 1848 et qui assura le succès de Napoléon III en tous ses plébiscites, une classe ouvrière qui dépasse un million d'hommes au milieu du siècle, et atteindra huit millions au début du siècle suivant. Admise au gouvernement en 1848, mais presque aussitôt réduite au

(1) L'ensemble des dirigeants de la société. – (2) Achète le concours des ministres. – (3) Maladie qui se traduit par l'inflammation des ganglions. – (4) Maisons et villages des mineurs dans le nord de la France et en Belgique.

silence par les classes dominantes, appelée au pouvoir de façon bien partielle et improvisée par la Commune de 1871, écrasée ensuite par la réaction que conduisit Thiers au nom de « l'ordre, la justice, la civilisation », cette classe ne cessera plus d'exister comme une force qui a pris conscience d'elle-même, éclairée par les progrès de l'instruction primaire, encouragée par le développement du syndicalisme et des unions mutualistes ; sa progression est un des faits décisifs de la fin du siècle.

L'Association internationale des travailleurs, qui sera la Ire Internationale, fut fondée en 1864 à la suite du grand meeting auquel participèrent Tolain et Limousin, représentants des ouvriers français.

Les pouvoirs publics ne restent pas étrangers à cette évolution des problèmes et agissent dans le sens d'un relèvement de la condition des travailleurs : en 1874, une loi interdit le travail des enfants de moins de douze ans et fixe à douze heures la journée de ceux qui sont âgés de douze à seize ans ; en 1892, une autre loi limite à douze heures la journée des hommes et à onze heures celle des femmes ; et en 1898, une loi engage la responsabilité pécuniaire du patron en cas d'accidents de travail survenant à ses ouvriers. Mais les salaires restent très bas ; il n'y a ni congés payés ni repos hebdomadaire (1). Ainsi, malgré ses efforts, la France reste, dans le domaine de la législation sociale, en retard par rapport à la Grande-Bretagne et à l'Allemagne.

ÉVOLUTION DE L'ENSEIGNEMENT : VERS LA DÉMOCRATISATION ET LA LAÏCISATION

Le XIXe siècle, en matière d'éducation, a surtout été un siècle d'organisation, pour répondre aux besoins d'une société en pleine évolution.

La loi de 1802 distinguait les écoles primaires et les écoles secondaires, dont les meilleurs élèves iraient dans les lycées, rattachés au pouvoir central et dirigés par un proviseur.

Les lois de 1806 et 1808 créent l'Université impériale, dont le grand maître est nommé par l'Empereur, organisent les académies dirigées par les recteurs, prévoient des inspecteurs généraux à Paris, des inspecteurs d'académies en province.

L'enseignement supérieur et l'enseignement secondaire ont trouvé leur structure définitive. L'enseignement primaire est pratiquement laissé aux frères des écoles chrétiennes (petites écoles).

La Restauration garde la même organisation, mais rattache l'Université au ministère de l'Intérieur.

De 1830 à 1850, de nombreux établissements libres, profitant de dispositions administratives favorables, s'ajoutent aux lycées nationaux et aux collèges municipaux.

Des acquisitions importantes seront apportées par le libéral Victor Duruy : la gratuité des écoles primaires n'est encore que facultative, mais la loi oblige les communes de 500 habitants à ouvrir une école publique de filles. Un enseignement « spécial », ébauche de l'enseignement secondaire public de jeunes filles, est créé en 1865. Il faut attendre les lois républicaines de 1881 et 1882 (lois Ferry) et 1886 (loi Goblet) pour voir s'imposer « gratuité », « obligation », et « laïcité » de l'enseignement, véritable dogme de la République française. Ces lois vont provoquer une nette progression de l'enseignement primaire public que l'Empire avait négligé.

---

(1) Il faudra attendre la loi de 1906 pour rendre obligatoire le repos hebdomadaire.

Sciences et techniques

À partir de 1880, le développement des sciences devient général ; il n'y a aucune rupture entre le XVIIIᵉ et le XIXᵉ siècle. De grands savants, comme Lagrange, Monge, Laplace, continuent leur œuvre et l'effort méthodique accompli par les encyclopédistes porte ses fruits. Les cours magistraux des grandes écoles créées par la Révolution ont répandu l'esprit scientifique ; un corps de professionnels, savants, chercheurs, professeurs, s'est constitué. Enfin les instruments de travail, bibliothèques, laboratoires, collections de toutes sortes, se sont considérablement perfectionnés.

Le système métrique, dont l'unité de base, selon une décision de l'Académie des sciences prise en 1791, correspond à la dix millionième partie du méridien terrestre, prend une existence légale par un décret du 2 novembre 1802, abolissant du même coup les multiples mesures existant auparavant en France. Sa diffusion générale, rendue obligatoire à partir de 1840, facilitera toutes les mesures qui sont le fondement des sciences modernes.

Le domaine des mathématiques s'élargit constamment. La continuation des travaux de Newton et de Leibniz est assurée par Cauchy, par Galois, qui renouvelle l'algèbre, par Darboux, qui définit la géométrie infinitésimale. En 1846, Le Verrier découvre par calculs la planète Neptune, dont l'observation céleste vérifie bientôt l'existence.

En physique, des progrès décisifs sont réalisés dans l'étude des gaz et dans l'optique par Dulong et Petit, Lebon, Gay-Lussac, Arago, Fresnel, Sadi Carnot ; Ampère étudie l'électromagnétisme ; Gramme invente la première dynamo industrielle ; l'électricité fait naître un monde nouveau.

L'histoire de la vie

En sciences naturelles dominent trois esprits puissants et créateurs : Lamarck, Geoffroy Saint-Hilaire et Cuvier.

Lamarck (1744-1829) est l'initiateur de la théorie du transformisme, que complétera Darwin. L'étude des espèces animales le conduit à une conclusion qui s'oppose ainsi radicalement aux thèses soutenues jusqu'alors.

CONCLUSION ADMISE JUSQU'À CE JOUR

La nature (ou son auteur), en créant les animaux, a prévu toutes les sortes possibles de circonstances dans lesquelles ils avaient à vivre et a donné à chaque espèce une organisation constante, ainsi qu'une forme déterminée et invariable dans ses parties qui force chaque espèce à vivre dans les lieux et les climats où on la trouve et à conserver les habitudes qu'on lui connaît.

MA CONCLUSION PARTICULIÈRE

La nature, en produisant successivement toutes les espèces d'animaux, en commençant par les plus imparfaits et les plus simples, pour terminer son ouvrage par les plus parfaits, a compliqué graduellement leur organisation ; et, ces animaux se répandant généralement sur toutes les régions habitables du globe, chaque espèce a reçu de l'influence des circonstances dans lesquelles elle s'est rencontrée, les habitudes que nous lui connaissons et les modifications dans ses parties que l'observation nous montre entre elles.

(*Philosophie zoologique,* VII.)

Geoffroy Saint-Hilaire (1772-1844), dans ce même courant de pensée scientifique, conçoit un plan unique de classification des espèces, et Cuvier (1769-1832) crée l'anatomie comparée et la paléontologie.

Les apports pratiques de la recherche scientifique

En chimie, on progresse dans la définition des corps simples, grâce à l'école de Gay-Lussac. Chevreul et Dumas fondent la chimie organique.

Tous les cantons de l'immense domaine de la médecine sont marqués par des noms illustres : ce sont des savants, des maîtres d'anatomie, des praticiens, des experts, des inventeurs de techniques nouvelles d'exploration ou de guérison, comme Pinel, Magendie, Broussais, Bichat, comme Laennec, qui fait progresser l'auscultation de façon décisive.

Cela entraîne des modifications techniques importantes, qui transforment la vie même des hommes. En 1828, la chaudière tubulaire de Seguin améliore considérablement la machine à vapeur déjà utilisée à l'étranger. Ainsi, de 1828 à 1842, s'installent plusieurs lignes de chemin de fer d'intérêt local : c'est une révolution... La photographie naît avec Niepce en 1824 et Daguerre en 1839. Le télégraphe électrique s'introduit dans la vie quotidienne : la première ligne, Paris-Rouen, est inaugurée en 1844.

L'avènement d'une ère chimique : Berthelot

Après 1850, les conquêtes de la chimie s'accélèrent encore. Inventeur de synthèses nouvelles, Berthelot (1827-1907) explore toutes les voies de la chimie et découvre les possibilités infinies de cette science en plein essor. Voici un extrait de son discours du 5 avril 1894 :

L'avenir de la chimie

... Est-il nécessaire de vous rappeler les progrès accomplis par vous (1) pendant le siècle qui vient de s'écouler? La fabrication de l'acide sulfurique et de la soude artificielle, le blanchiment et la teinture des étoffes, le sucre des betteraves, les alcaloïdes thérapeutiques, le gaz d'éclairage, la dorure et l'argenture, et tant d'autres inventions, dues à nos prédécesseurs? Sans surfaire notre travail personnel, nous pouvons déclarer que les inventions de l'âge présent ne sont certes pas moindres : l'électrochimie transforme en ce moment la vieille métallurgie et révolutionne ses pratiques séculaires; les matières explosives sont perfectionnées par les progrès de la thermochimie et apportent à l'art des mines et à celui de la guerre le concours d'énergies toutes-puissantes; la synthèse organique surtout, œuvre de notre génération, prodigue ses merveilles dans l'invention des matières colorantes, des parfums, des agents thérapeutiques et antiseptiques.

Mais, quelque considérables que soient ces progrès, chacun de nous en entrevoit bien d'autres : l'avenir de la chimie sera, n'en doutez pas, plus grand encore que son passé.

Déjà nous avons vu la force des bras humains remplacée par celle de la vapeur, c'est-à-dire par l'énergie chimique empruntée à la combustion de charbon, mais cet agent doit être extrait péniblement du sein de la terre et la proportion en diminue sans cesse. Il faut trouver mieux. Or le principe de cette invention est facile à concevoir : il faut utiliser la chaleur solaire, il faut utiliser la chaleur centrale de notre globe. Les progrès constants de la science font naître l'espérance de capter des sources d'une énergie illimitée. Pour capter la chaleur centrale par exemple, il suffirait de creuser des puits de quatre à cinq mille mètres de profondeur : ce qui ne surpasse peut-être pas les moyens des ingénieurs actuels, et surtout ceux des ingénieurs de l'avenir. On trouvera de la chaleur, origine de toute vie et de toute industrie. Ainsi l'eau atteindrait au fond de ces puits une température élevée et développerait une pression capable de faire marcher toutes les machines possibles. Sa distillation continue produirait cette eau pure, exempte de microbes, que l'on recherche aujourd'hui à si grands frais, à des fontaines parfois contaminées. À cette profondeur, on possèderait une source d'énergie thermo-électrique sans limites et incessamment renouvelée. On aurait donc la force partout présente, sur tous les points du globe, et bien des milliers de siècles s'écouleraient avant qu'elle éprouvât une diminution sensible. Mais revenons à nos moutons, je veux dire à la chimie. Qui dit source d'énergie calorifique ou électrique, dit

(1) Le discours s'adresse aux membres de la Chambre syndicale des produits chimiques.

source d'énergie chimique. Avec une telle source, la fabrication de tous les produits chimiques devient facile, économique, en tout temps, en tout lieu, en tout point de la surface du globe.

C'est là que nous trouverons la solution économique du plus grand problème qui relève de la chimie, celui de la fabrication des produits alimentaires. En principe, il est déjà résolu; la synthèse des graisses et des huiles est réalisée depuis quarante ans, celle des sucres et des hydrates de carbone s'accomplit de nos jours. Ainsi le problème des aliments, ne l'oublions pas, est un problème chimique. Le jour où l'énergie sera obtenue économiquement, on ne tardera pas guère à fabriquer des aliments de toutes pièces, avec le carbone emprunté à l'acide carbonique, avec l'hydrogène pris à l'eau, avec l'azote et l'oxygène tirés de l'atmosphère.

Ce que les végétaux ont fait jusqu'à présent, à l'aide de l'énergie empruntée à l'univers ambiant, nous l'accomplissons bien mieux d'une façon plus étendue et plus parfaite que ne le fait la nature; car telle est la puissance de la synthèse chimique.

Un jour viendra où chacun emportera pour se nourrir sa petite tablette azotée, sa petite motte de matière grasse, son petit morceau de fécule ou de sucre, un petit flacon d'épices aromatiques, accommodés à son goût personnel : tout cela fabriqué économiquement et en quantités inépuisables par nos usines; tout cela indépendant des saisons irrégulières, de la pluie et de la sécheresse, de la chaleur qui dessèche les plantes ou de la gelée qui détruit l'espoir de fructification : tout cela enfin exempt de ces microbes pathogènes, origine des épidémies et ennemis de la vie humaine.

Les dimensions nouvelles de la biologie et de la physiologie

CLAUDE BERNARD (1813-1878)

La biologie et la physiologie, elles aussi, se renouvellent de fond en comble : le savant Claude Bernard définit le rôle du foie et, en expliquant le rôle du déterminisme en physiologie, tire la leçon philosophique de ses découvertes et de son activité même dans *L'Introduction à l'étude de la médecine expérimentale* (1865). Il n'omet pas d'y souligner le caractère propre de la science biologique et précise la nature spécifique de la vie, création continue et originale (II, 2).

S'il fallait définir la vie d'un seul mot qui, en exprimant bien ma pensée, mît en relief le seul caractère qui, suivant moi, distingue nettement la science biologique, je dirais : la vie, c'est la *création*. En effet, l'organisme créé est une machine qui fonctionne nécessairement en vertu des propriétés physico-chimiques de ses éléments constituants. Nous distinguons aujourd'hui trois ordres de propriétés manifestées dans les phénomènes des êtres vivants : propriétés physiques, propriétés chimiques et propriétés vitales. Cette dernière dénomination de propriétés vitales n'est elle-même que provisoire; car nous appelons vitales les propriétés organiques que nous n'avons pas encore pu réduire à des considérations physico-chimiques; mais il n'est pas douteux qu'on y arrivera un jour. De sorte que ce qui caractérise la machine vivante, ce n'est pas la nature de ses propriétés physico-chimiques, si complexes qu'elles soient, mais bien la création de cette machine qui se développe sous nos yeux dans les conditions qui lui sont propres et d'après une idée définie qui exprime la nature de l'être vivant et l'essence même de la vie.

Quand un poulet se développe dans un œuf, ce n'est point tant la formation du corps animal, que le groupement d'éléments chimiques, qui caractérise essentiellement la force vitale. Ce groupement ne se fait que par suite des lois qui régissent les propriétés chimico-physiques de la matière; mais ce qui est essentiellement du domaine de la vie et ce qui n'appartient ni à la chimie ni à la physique, ni à rien autre chose c'est l'idée directrice de cette évolution vitale.

Dans tout germe vivant il y a une idée créatrice qui se développe et se manifeste par l'organisation. Pendant toute sa durée, l'être vivant reste sous l'influence de cette même force vitale créatrice, et la mort arrive lorsqu'elle ne peut plus se réaliser. Ici, comme partout, tout dérive de l'idée qui elle seule crée et dirige; les moyens de manifestation physico-chimiques sont communs à tous les phénomènes de la nature et restent confondus pêle-mêle, comme les caractères de l'alphabet dans une boîte où une force va les chercher pour exprimer les pensées ou les mécanismes les plus divers.

PASTEUR (1822-1895)

Louis Pasteur, d'abord cristallographe, puis chimiste, découvre en 1857 la fermentation microscopique et en déduit le procédé auquel on devait donner son nom : la pasteurisation. Ses recherches donnent naissance à l'antisepsie, à l'asepsie, à l'immunisation, et transforment la médecine comme la pharmacie, et même les conditions matérielles de notre vie. Il a exposé ses idées avec ardeur et ténacité; nous en avons un exemple dans cette conférence publique du 7 avril 1864 à la Sorbonne : il y montre que les expériences des défenseurs de la « génération spontanée » ont été mal faites; les reprenant devant son auditoire, il prouve qu'il est impossible de manipuler sans faire pénétrer à l'intérieur du vase utilisé les poussières qui sont à sa surface et, par suite, sans introduire des germes.

Voici, Messieurs, une infusion de matière organique d'une limpidité parfaite, limpide comme de l'eau distillée et qui est extrêmement altérable. Elle a été préparée aujourd'hui. Demain déjà elle contiendra des animalcules, de petits infusoires ou des flocons de moisissures.

Je place une portion de cette infusion de matière organique dans un vase à long col, tel que celui-ci. Je suppose que je fasse bouillir le liquide et qu'ensuite je laisse refroidir. Au bout de quelques jours il y aura des moisissures ou des animalcules infusoires développés dans le liquide. En faisant bouillir, j'ai détruit les germes qui pouvaient exister dans le liquide et à la surface des parois du vase. Mais comme cette infusion se trouve remuée au contact de l'air, elle s'altère comme toutes les infusions. Maintenant, je suppose que je répète cette expérience, mais qu'avant de faire bouillir le liquide j'étire à la lampe d'émailleur le col du ballon, de manière à l'effiler en laissant toutefois son extrémité ouverte. Cela fait, je porte le liquide du ballon à l'ébullition, puis je laisse refroidir. Or le liquide de ce deuxième ballon restera complètement inaltéré non pas deux jours, non pas trois, quatre, non pas un mois, une année, mais trois ou quatre années, car l'expérience dont je vous parle a déjà cette durée. Le liquide reste parfaitement limpide, limpide comme de l'eau distillée. Quelle différence y a-t-il donc entre ces deux vases? Ils renferment le même liquide, ils renferment tous deux de l'air, tous les deux sont ouverts. Pourquoi donc celui-ci s'altère-t-il tandis que celui-là ne s'altère pas? La seule différence, Messieurs, qui existe entre les deux vases, la voici. Dans celui-ci les poussières sont en suspension dans l'air et leurs germes peuvent tomber par le goulot du vase et arriver au contact du liquide où ils trouvent un élément approprié et se développent. De là les êtres microscopiques. Ici, au contraire, il n'est pas possible ou du moins il est très difficile, à moins que l'air ne soit vivement agité, que les poussières en suspension dans l'air puissent entrer dans ce vase. Où vont-elles? Elles tombent sur le col recourbé. Quand l'air rentre dans le vase par les lois de la diffusion et de la variation de température, celles-ci n'étant jamais brusques, l'air rentre lentement et assez lentement pour que ses poussières et toutes les particules solides qu'il charrie tombent à l'ouverture du col, ou s'arrêtent dans les premières parties de la courbure.

Naissance d'une philosophie des sciences

L'évolution de la philosophie tend, au XIXe siècle, à suivre le développement général des conceptions scientifiques : elle devient de plus en plus une réflexion sur l'orientation nouvelle de la science, et les travaux scientifiques s'accompagnent presque toujours d'un commentaire critique sur la légitimité des méthodes employées, le fondement de la théorie élaborée, la portée des découvertes et leur incidence sur la façon même d'envisager la recherche. Philosophes et savants tentent, tout à tour, chacun à la lumière de sa discipline, de donner une cohérence interne à la pensée scientifique et, par elle, de jeter une lumière nouvelle sur les domaines de la connaissance qui s'ouvrent à chaque étape de la science, sur les limites du savoir, sur la place de l'homme, enfin, dans ce monde qu'il définit peu à peu.

MAINE DE BIRAN (1766-1824)

L'œuvre de Maine de Biran, ni politique, ni scientifique, occupe pourtant une place importante dans l'histoire des idées au XIXe siècle. Après avoir été tenté par des théories assez proches du sensualisme de Condillac, ce philosophe revint à des conceptions plus proches de la tradition humaniste héritée de Pascal, de Fénelon et de Jean-Jacques Rousseau. Il les fonde sur une étude approfondie de l'habitude et de l'effort qui la contrarie, et découvre dans cette lutte le mouvement intérieur de la conscience, preuve de notre existence. Cette analyse lui permet d'édifier une morale de l'effort : « Il faut savoir ce qu'il y a en nous de libre et de volontaire et s'y attacher uniquement. »

AUGUSTE COMTE ET LE POSITIVISME (1798-1857)

Auguste Comte, dont la doctrine philosophique, le « positivisme », exercera une influence prépondérante sur l'orientation de la philosophie, de la critique littéraire, de l'histoire et de la littérature dans le seconde moitié du XIXe siècle, fonde sur sa philosophie des sciences les principes d'une politique et les dogmes d'une religion.

Mais avant d'aboutir à cette religion nouvelle, dont Auguste Comte s'institue le fondateur, ou d'inciter aux exagérations du scientisme, cette philosophie eut le mérite de souligner le respect que l'on doit à la science désintéressée et l'importance qu'elle mérite d'avoir dans la société moderne. Une page tirée de son *Cours de philosophie positive* (2e leçon) précise bien cette « véritable destination des sciences » :

Sans doute, quand on envisage l'ensemble complet des travaux de tout genre de l'espèce humaine, on doit concevoir l'étude de la nature comme destinée à fournir la véritable base rationnelle de l'action de l'homme sur la nature, puisque la connaissance des lois des phénomènes, dont le résultat constant est de nous les faire prévoir, peut seule évidemment nous conduire à les modifier à notre avantage les uns par les autres. Nos moyens naturels et directs pour agir sur les corps qui nous entourent sont extrêmement faibles et tout à fait disproportionnés à nos besoins. Toutes les fois que nous parvenons à exercer une grande action, c'est seulement parce que la connaissance des lois naturelles nous permet d'introduire parmi les circonstances déterminées sous l'influence desquelles s'accomplissent les divers phénomènes, quelques éléments modificateurs qui, quelque faibles qu'ils soient en eux-mêmes, suffisent dans certains cas pour faire tourner à notre satisfaction les résultats définitifs de l'ensemble des causes extérieures. En résumé, science, d'où prévoyance ; prévoyance, d'où action, telle est la formule très simple qui exprime d'une manière exacte la relation générale de la science et de l'art en prenant ces deux mots dans leur acception totale.

Mais malgré l'importance capitale de cette relation qui ne doit jamais être méconnue, ce serait se former des sciences une idée bien imparfaite que de les concevoir seulement comme les bases des arts, et c'est à quoi malheureusement on n'est que trop enclin de nos jours. Quels que soient les immenses services rendus à l'industrie par les théories scientifiques ; quoique, suivant l'énergique expression de Bacon, la puissance soit nécessairement proportionnée à la connaissance, nous ne devons pas oublier que les sciences ont avant tout une destination plus directe et plus élevée, celle de satisfaire au besoin fondamental qu'éprouve notre intelligence de connaître les lois des phénomènes. Pour sentir combien ce besoin est profond et impérieux, il suffit de penser un instant aux effets physiologiques de l'étonnement, et de considérer que la sensation la plus terrible que nous puissions éprouver est celle qui se produit toutes les fois qu'un phénomène nous semble s'accomplir contradictoirement aux lois naturelles qui nous sont familières. (...)

L'intelligence humaine, réduite à ne s'occuper que de recherches susceptibles d'une utilité pratique immédiate se trouverait par cela seul, comme l'a très justement remarqué Condorcet, tout à fait arrêtée dans ses progrès même à l'égard de ces applications auxquelles on aurait imprudemment sacrifié les travaux purement spéculatifs ; car les applications les plus importantes dérivent constamment de théories formées dans une simple intention scientifique et qui souvent ont été cultivées pendant plusieurs siècles sans produire aucun résultat pratique. (...)

Il est donc évident qu'après avoir conçu d'une manière générale l'étude de la nature comme servant de base rationnelle à l'action sur la nature, l'esprit humain doit procéder aux recherches théoriques en faisant complètement abstraction de toute considération pratique ; car nos moyens pour découvrir la vérité sont tellement faibles que si nous ne les concentrions pas exclusivement vers ce but, et si, en cherchant la vérité, nous nous imposions en même temps la condition étrangère d'y trouver une utilité pratique immédiatement, il nous serait presque toujours impossible d'y parvenir.

LA RELIGION DE LA SCIENCE

Les découvertes font naître, en même temps qu'un enthousiasme général, une confiance presque mystique dans l'avenir de la science. La croyance en un progrès indéfini, la conviction d'une réussite générale toute proche, l'espoir d'un bonheur matériel et complet se répandent partout, malgré les crises économiques, ou les récriminations de quelques prophètes isolés comme Villiers de L'Isle-Adam ou Léon Bloy (*Le Désespéré* paraît en 1886).

Ernest Renan (1823-1892), dans son œuvre *L'Avenir de la Science* (publiée en 1890), nous offre un témoignage significatif de cet état d'esprit.

Oui, il viendra un jour où l'humanité ne croira plus, mais elle saura le monde métaphysique et moral, comme elle sait déjà le monde physique ; un jour où le gouvernement de l'humanité ne sera plus livré au hasard et à l'intrigue, mais à la discussion rationnelle du meilleur et des moyens les plus efficaces de l'atteindre. Si tel est le but de la science, si elle a pour but d'enseigner à l'homme sa fin et sa loi, de lui faire saisir le vrai sens de la vie, de composer, avec l'art, la poésie et la vertu, le divin idéal qui seul donne du prix à l'existence humaine, peut-elle avoir de sérieux détracteurs ?

Et c'est un vibrant hommage que rend Berthelot à la science, en des phrases triomphales qui traduisent l'atmosphère de la fin de ce siècle :

Nous assistons en ce moment à un retour offensif du mysticisme contre la science : il prétend reconquérir sur elle, par des arguments oratoires, la domination du monde qu'il a perdue, après l'avoir si longtemps maintenue par le fer et le feu. C'est là une vieille querelle qui n'a jamais cessé depuis les temps mystiques du Paradis terrestre et du vieil Enoch, temps où les « anges révoltés contre Dieu révélèrent aux hommes la science maudite du bien et du mal et les arts défendus ». Le mysticisme réclame de nouveau le monopole de la morale, au nom des principes religieux.

Mais les temps sont changés. La science, si longtemps mise en interdit, la science persécutée pendant tout le Moyen Âge, a conquis aujourd'hui son indépendance, à force de services rendus aux hommes, elle peut dédaigner les négations des mystiques. Aussi bien la jeunesse a refusé de suivre ces guides fallacieux : quelles que puissent être les séductions de leur langage et la sincérité de leurs croyances, elle professe de son côté des convictions plus hautes, plus certaines et plus généreuses. Elle sait que la prétendue banqueroute de la science est une illusion de personnes étrangères à l'esprit scientifique ; elle sait que la science a tenu les promesses faites en son nom par les philosophes de la nature, depuis le XVIIe et le XVIIIe siècle : c'est la science seule qui a transformé depuis lors et même depuis le commencement des temps, les conditions matérielles et morales de la vie des peuples.

Les changements accomplis à partir du début des civilisations n'ont pas eu d'autre promoteur que la science, quoique l'origine véritable en soit restée longtemps cachée et comme obscurcie par le mélange d'éléments empruntés à l'imagination. Voici deux siècles et demi seulement que la méthode scientifique s'est dégagée de tout alliage étranger et manifestée dans sa pureté : son efficacité a été attestée dans les ordres les plus divers, par une évolution industrielle et sociale sans cesse accélérée.

Certes il existe, et il existera toujours bien des choses blâmables, bien des souffrances, bien des iniquités dans le monde. Mais ce qui a donné crédit à la science, c'est qu'au lieu de se borner à engourdir les mortels dans le sentiment de leur impuissance et dans la passivité des résignations, elle les a poussés à réagir contre la destinée, et elle leur a enseigné par quelle voie sûre ils peuvent diminuer la somme de ces douleurs et de ces injustices, c'est-à-dire accroître leur bonheur et celui de leurs semblables. Cette œuvre, en effet, elle ne l'exécute pas à l'aide d'exhortations verbales ou de raisonnements « a priori » ; mais en vertu de règles et de procédés vraiment efficaces, parce qu'ils sont empruntés à l'étude même des conditions de l'existence et des causes de nos maux. Tel est le but que la science n'a cessé et ne cessera jamais de poursuivre, avec un dévouement infatigable à l'idéal et à la vérité, avec un amour sans bornes pour l'humanité. Aujourd'hui son influence s'exerce surtout sur les nations de l'Occident, jusqu'au moment où elle aura étendu sur toute la surface de la terre sa domination bienfaisante.

La Science et la Morale.

Progrès des techniques

NAISSANCE DE L'ÈRE DES LABORATOIRES

Un prodigieux développement des techniques diverses, qui ne sera jamais ralenti par la suite, accompagne les progrès scientifiques : les sciences et la technique s'épaulent et se complètent.

Les travaux de Berthelot et de Pasteur transforment l'industrie mais, inversement, les travaux des laboratoires les plus utilitaires ouvrent la voie aux découvertes les plus générales : c'est en étudiant la fermentation des boissons que Pasteur s'oriente vers l'étude de la vie.

À cette époque où la science a encore un aspect artisanal, les savants travaillent souvent chacun de son côté, dans des locaux et avec un matériel de fortune. Pasteur, avec une ouverture de vue toute moderne, fait appel aux pouvoirs publics pour obtenir ces laboratoires, indispensables à tout progrès de la connaissance.

Les conceptions les plus hardies, les spéculations les plus légitimes, ne prennent un corps et une âme que le jour où elles sont consacrées par l'observation et l'expérience. Laboratoires et découvertes sont des termes corrélatifs. Supprimez les laboratoires, les sciences physiques deviendront l'image de la stérilité et de la mort. Elles ne seront plus que des sciences d'enseignement, limitées et impuissantes, et non des sciences de progrès et d'avenir. Rendez-leur les laboratoires, et avec eux reparaîtra la vie, sa fécondité et sa puissance.

Hors de leurs laboratoires, le physicien et le chimiste sont des soldats sans armes sur le champ de bataille.

Le Budget de la science, 1868.

CIVILISATION DU CHEMIN DE FER

Dans le domaine de l'énergie, des transports et des communications, les réalisations sont extraordinaires.

La turbine hydraulique de Fourneyron prouve qu'on peut capter dans de très bonnes conditions les forces de la nature. Le moteur à explosion, réalisé par Lenoir dès 1860, contient en germe le développement de l'automobile. On met au point le dirigeable (1); on lance des « clippers », navires à armature de fer qui marquent l'apogée du navire à voiles. Mais le XIXe siècle est avant tout le siècle des chemins de fer.

Certes, cette invention ne réunit pas du premier coup tous les suffrages des usagers : elle sème d'abord la crainte. Mais bientôt chacun pourra dire comme Victor Hugo : « Je suis réconcilié avec le chemin de fer... » car, tandis qu'en 1828 les diligences parcourent les routes à la vitesse de 6 kilomètres à l'heure, on peut, en 1837, admirer comme lui un paysage qui « paraît et disparaît comme l'éclair ».

De plus la construction des voies, des machines et des wagons nécessite un immense effort humain et financier, donnant un coup de fouet à l'industrie minière et métallurgique, provoquant la formation de puissantes sociétés appuyées sur des banques solides, étape décisive dans l'histoire de la concentration des entreprises, que marque bien la création du Comité des forges en 1864.

Une page célèbre du roman de Zola, *La Bête humaine,* dont le principal personnage est la locomotive, nous montre, observée par Roubaud, sous-chef de gare, l'activité d'une grande gare parisienne à la fin de ce siècle voué aux mécaniques et aux machines.

---

(1) Ballon aéronef, muni d'hélices propulsives et d'un système de direction.

Gare Saint-Lazare vers 1890

Sous la marquise (1) des grandes lignes, l'arrivée d'un train de Mantes avait animé les quais ; et il suivit des yeux la machine de manœuvre, une petite machine-tender, aux trois roues basses et couplées qui commençait le débranchement du train, alerte besogneuse, emmenant, refoulant les wagons sur les voies de remisage (2). Une autre machine, puissante celle-là, une machine d'express, aux deux grandes roues dévorantes, stationnait seule, lâchait par sa cheminée une grosse fumée noire, montant droit, très lente dans l'air calme. Mais toute son attention fut prise par le train de trois heures vingt-cinq, à destination de Caen, empli déjà de ses voyageurs, et qui attendait sa machine. Il n'apercevait pas celle-ci, arrêtée au-delà du pont de l'Europe ; il l'entendait seulement demander la voie, à légers coups de sifflet pressés, en personne que l'impatience gagne. Un ordre fut crié, elle répondit par un coup bref qu'elle avait compris. Puis, avant la mise en marche, il y eut un silence, les purgeurs furent ouverts, la vapeur siffla au ras du sol, en un jet assourdissant. Et il vit alors déborder du pont cette blancheur qui foisonnait, tourbillonnante comme un duvet de neige, en volée à travers les charpentes de fer. Tout un coin de l'espace en était blanchi, tandis que les fumées accrues de l'autre machine élargissaient leur voile noir. Derrière, s'étouffaient des sons prolongés de trompe, des cris de commandement, des secousses de plaques tournantes. Une déchirure se produisit, il distingua, au fond, un train de Versailles et un train d'Auteuil, l'un montant, l'autre, descendant, qui se croisaient.

CONSÉQUENCES DE CES PROGRÈS

L'ampleur de la révolution industrielle correspond à une transformation générale de la vie matérielle des individus et des sociétés, dont les conséquences sont évidentes vers 1880. La population s'est concentrée autour des grandes villes : l'agglomération parisienne et celle du département de la Seine s'accroissent d'un million d'habitants en vingt-cinq ans. L'industrie connaît une véritable fièvre de production. L'activité commerciale est intense : le signe le plus éclatant de cette réussite impressionnante est peut-être l'extension des grands magasins comme Le Bon Marché et La Samaritaine, phénomène économique nouveau auquel Zola consacre tout un roman, *Au bonheur des dames,* « poème de l'activité moderne », selon son expression.

Les arts

Une révolution artistique incomprise

En dépit de l'instabilité politique du XIXe siècle, la vie artistique de ce temps a été animée d'une étonnante vitalité.

À vrai dire, rien au début du siècle ne laissait présager la révolution qui allait s'opérer. En effet, dans le domaine des arts, le Directoire et l'Empire ne faisaient que prolonger le mouvement déjà amorcé par le style dit « Louis XVI » vers le dépouillement et la rigueur antiques.

Cependant, la société mondaine d'alors, nouvelle noblesse d'empire et petits-bourgeois enrichis, se lasse de ce cadre de vie solennel et froid que la grâce d'une décoration « pompéienne » à la mode n'arrivait pas à humaniser. Et, faute de formes nouvelles que cette génération fatiguée et affaiblie par la révolution ne pouvait plus créer, elle se rabattit sur les anciennes formes des siècles passés, et surtout celles du siècle de Louis XV. En effet,

(1) Auvent vitré qui couvre les quais. – (2) Voies de garage.

cette société artificielle et parvenue, soucieuse d'étaler ses richesses, y trouvait ce luxe d'ornements et d'arabesques, naguère condamné, mais dont elle avait impérieusement besoin. Le mauvais goût « XIXe siècle » commença là, avec le pastiche des styles d'autrefois. Il alla s'épanouissant avec le pittoresque de pacotille dont s'enrichit l'orientalisme, et enfin avec la nouvelle vogue du gothique, venue d'un vieux fond de nationalisme, qu'avaient ranimé certains hommes de lettres en réaction contre l'engouement antique et néo-classique.

Le grand bouleversement annoncé dès le salon de 1819 par le scandale du *Radeau de la Méduse,* approche cependant, et les années 1830, si elles furent, comme on l'a dit, « le 1789 de la littérature », voient également s'opérer une véritable révolution dans le domaine artistique, dont la peinture donna le signal : c'est l'heure de toutes les libérations. La grande révolution rousseauiste du « moi » (1) et de la sensibilité bouleverse alors l'esthétique et la notion même de réalité. On dénie toute existence à un Beau idéal et on lutte contre les principes et le dogmatisme classiques : chaque individu ayant sa propre interprétation du monde également vraie, la Réalité devient multiple et d'une richesse inépuisable.

Mais le romantisme ne se contente pas de transformer l'esthétique : comme il l'a fait pour la littérature, il ouvre aux arts plastiques des horizons nouveaux en célébrant l'univers de la réalité sensible, de la nature vivante et des êtres de chair. Et, s'il laisse au rêve sa place, on lui doit aussi un grand courant réaliste, renforcé par les progrès des moyens de communication, qui amènent les artistes à découvrir le plein air et sa lumière, et par le courant scientiste qui les pousse à une analyse subtile de tous les phénomènes qu'ils observent. La vie de l'art était ainsi liée à toute une évolution de la civilisation qui, par une plus grande facilité des échanges, faisait du mouvement romantique un mouvement européen, et du domaine des arts un monde sans frontières.

Cependant, le goût du public, toujours plus ou moins teinté d'académisme, n'allait pas au rythme de l'évolution esthétique. C'est pourquoi tant de chefs-d'œuvre firent scandale et choquèrent le bourgeois, portant atteinte à son conformisme serein et inviolable; toute la seconde partie du siècle ne fut qu'une suite de luttes entre le petit esprit bien pensant du bataillon des bourgeois et le génie d'une poignée d'artistes combatifs.

Quelles limites donner au mouvement artistique du XIXe siècle? On peut dire qu'il s'achève avec les derniers sursauts du mouvement romantique, au moment où Paris, métamorphosée en capitale moderne, se repose enfin des révolutions et de la guerre dont elle a été le théâtre. 1884, date du premier projet de la tour Eiffel, c'est déjà notre monde moderne qui naît, c'est aussi un nouvel élan qui est donné aux beaux-arts; cette période, qui s'étendra jusqu'à la guerre de 14, a vu s'élaborer toutes les tendances de l'art contemporain : c'est pourquoi elle est inséparable de l'histoire du XXe siècle.

L'architecture

UNE STRATÉGIE IMPÉRIALE

La crise politique et sociale qui dura jusqu'en 1794 avait été non seulement un temps mort pour la construction, mais était allée jusqu'à inciter certains fanatiques au vandalisme contre des œuvres symbolisant, à leurs yeux, l'infâme propagande monarchiste. Ce fut seulement avec l'Empire que le mouvement architectural reprit vie.

Napoléon sentait bien l'importance d'un renouveau architectural pour le prestige de son régime. Aussi entreprit-il de faire de Paris la plus belle et la plus grandiose cité du monde. Cela ne pouvait être fait que sur un modèle : celui qu'offrait la perfection, alors indiscutée, des cités antiques et de leurs monuments. En effet, la noble grandeur, stricte

(1) *Cf.* pp. 187-190.

et dépouillée, sévère même, du style antique répondait parfaitement à la volonté de puissance et de discipline de Napoléon, tandis qu'elle était l'expression de ce Beau idéal auquel les architectes croyaient encore.

LA FOLIE DES GRANDEURS

Alors commença la « romanisation » de Paris. C'est l'Empereur qui choisit l'architecte Vignon pour la construction du « Temple à la Gloire » (1) qu'il veut élever en l'honneur de la grande armée; sa façade, avec ses colonnes et son fronton, s'harmonisera avec celle que fait Poyet pour le siège du Corps législatif, de l'autre côté de la Seine, tandis que, dans le même esprit, Brongniart dessine le péristyle de cette autre « basilique » moderne : la Bourse.

Il fait dresser, au centre de la place Vendôme, une colonne qui, à la manière de celle de Trajan à Rome, raconte les fastes militaires de l'Empire, et ordonne la construction de deux arcs monumentaux : l'un sur la place de l'Étoile, qui sera terminé longtemps après lui, l'autre à l'entrée des Tuileries, pour commémorer Austerlitz. Inspiré de celui de Septime Sévère, ce dernier, chef-d'œuvre de Percier et de Fontaine, fit d'emblée l'admiration de tous leurs contemporains : l'élégance de ses proportions et la note délicate de ses marbres polychromes humanisaient, en effet, la sévère ordonnance antique.

Pour que soient mis en valeur ces temples grecs et ces arcs romains, il faut ouvrir dans Paris de nouvelles perspectives qui soient à l'échelle de la noblesse de leur conception; c'est pourquoi l'Empereur favorise de nouveaux plans d'urbanisme, qui annoncent déjà la grande entreprise de Haussmann sous le Second Empire. Ici encore, les grands maîtres d'œuvre sont Percier et Fontaine. Des carrefours sont aménagés, de nouvelles rues sont percées, telle la rue de Rivoli, la rue la plus « architecturale » de Paris avec ses maisons symétriques et ses arcades; de nouveaux ponts enjambent la Seine. L'Empereur pense aussi aux marchés qu'il faut construire, aux salles de spectacle dont il faut doter Paris : le théâtre de l'Odéon est refait par Chalgrin, à qui a déjà été confié l'arc de triomphe de l'Étoile, et la salle du Théâtre-Français est réaménagée. De nouvelles fontaines se dressent sur les places; elles sont monumentales, comme il se doit, et quelquefois « orientalisantes », comme le « Palmier » de la place du Châtelet.

L'Empereur n'a garde d'oublier ces symboles de puissance que sont les palais : il fait agrandir le Louvre, embellir ses résidences, les Tuileries, la Malmaison, Saint-Cloud, Versailles, Compiègne, Fontainebleau. Les intérieurs se transforment alors, et sont réaménagés selon le goût du jour pour le noble et le colossal; les escaliers prennent des dimensions monumentales, les appartements perdent leur caractère intime et les glaces qui se multiplient les agrandissent encore, en ouvrant des perspectives illimitées, tandis que le rouge et le vert, couleurs chaudes des tentures et des tissus, essaient de contrebalancer la sévérité inconfortable et massive du mobilier. La bourgeoisie, qui adopte ces nouvelles formes lourdes et riches, adopte également la décoration qui les accompagne : motifs antiques, cariatides, vases grecs, sphinx égyptiens, figures mythologiques et allégoriques, mosaïques.

UN MOUVEMENT NATIONALISTE : LA RÉHABILITATION DU MOYEN ÂGE

Avec la chute de l'Empire et la Restauration, la France, avec le romantisme, remonte aux sources, découvre et met à la mode le Moyen Âge. Le succès de *Notre-Dame de Paris* (1831) de Victor Hugo consacre ce nouvel engouement qui saisit alors l'Europe tout entière.

Les formes architecturales du Moyen Âge sont réhabilitées en même temps que le renouveau catholique, déjà signalé par l'œuvre de Chateaubriand, éveille les sensibilités à l'élan

(1) Aujourd'hui l'église de la Madeleine.

mystique des cathédrales. Toute une période néo-gothique commence. Elle verra Gau construire Sainte-Clotilde et l'équipe de Viollet-le-Duc restaurer Notre-Dame, Vézelay, le château de Pierrefonds et Carcassonne, tandis que le mobilier et même les objets usuels reproduiront en miniature les constructions ogivales du XIIIe siècle. Le style « troubadour » envahit tous les domaines de l'art.

Cependant, malgré des excès, et grâce aux possibilités immenses que leur offrait maintenant le fer, nouvel apport du progrès industriel, certains architectes, comme Labrouste à la bibliothèque Sainte-Geneviève et à la Bibliothèque nationale, réalisèrent des ouvrages hardis et d'une étonnante légèreté. On y remarque également un souci fonctionnel tout à fait nouveau, qui montre l'évolution de la nouvelle optique architecturale.

L'URBANISME ET SES CONFORTS BOURGEOIS

Le même souci présida à l'immense entreprise d'urbanisme que lança le Second Empire : l'exigence d'adapter Paris aux nécessités urgentes du développement démographique, comme à celles qu'entraînaient les problèmes de la circulation. Le baron Haussmann (1809-1891) se voulait résolument moderne et faisait passer les intérêts d'ordre pratique avant tout souci d'esthétique ou de pittoresque sentimental : c'est pourquoi Paris perdit tant de pavés historiques, de ruelles, d'hôtels somptueux; nombre de ses quartiers furent éventrés et défigurés pour permettre la lancée de nouveaux axes de circulation.

Mais l'œuvre d'Haussmann, tant décriée, si destructrice qu'elle fût, permit à Paris d'être à l'avant-garde des cités du monde. Elle lui donna sa physionomie actuelle, ses vingt arrondissements, ses larges artères rectilignes, ses places dégagées, ses parcs, ses squares et ses parterres. Le Second Empire créa aussi sa banlieue, grâce au progrès des omnibus et du chemin de fer; des gares sont construites : celle du Nord allie curieusement des souvenirs Renaissance à l'utilisation moderne d'éléments en fer; des églises, où l'on retrouve cette même caractéristique, sont édifiées aux points de départ ou d'arrivée des nouvelles avenues, et l'Opéra, de Garnier, ferme noblement et pompeusement la perspective d'une des plus larges artères de la capitale.

Dans le domaine de l'utilité publique, les améliorations sont également fort importantes : l'eau pure est acheminée vers Paris par l'aqueduc de la Vanne, les Halles sont reconstruites, et un immense réseau d'égouts est aménagé. Cette fièvre d'aménagement et de construction gagne alors la province, jusque-là complètement éclipsée par la capitale, et des villes comme Lyon et Marseille s'offrent, comme Paris, de grands boulevards, des gares et des théâtres. Ce dynamisme extraordinaire acheva de faire du XIXe siècle une civilisation essentiellement urbaine.

Dans ces villes, les bourgeois vivent dans des intérieurs de plus en plus confortables, mais le plus souvent prétentieux et vulgaires, au décor criard et surchargé, au milieu de leurs flacons et de ces bibelots mis à la mode par les voyages en pays exotiques, qui envahissent les appartements.

La sculpture

ÉVOLUTION DE LA SCULPTURE

La clientèle, jusqu'alors constituée en majeure partie de princes et de grands seigneurs, se trouve réduite, avec l'avènement de Napoléon, à un élément quasi unique et tout-puissant : l'État. C'est lui qui impose les styles et dispose des œuvres, d'une part en favorisant, par son Institut des arts, un développement envahissant du style antique et de l'académisme, d'autre part en donnant aux œuvres elles-mêmes une fonction nouvelle, celle de parer la voie publique. C'est aussi lui qui fait d'une sculpture jusqu'alors fonctionnelle et complémentaire des arts décoratifs un objet de musée, en inaugurant au Louvre une étonnante collection d'antiques; cela transformera fondamentalement la conception de l'œuvre d'art, en lui reconnaissant une parfaite autonomie et une valeur purement plastique.

Ainsi, la sculpture descendit dans la rue et s'intégra à la vie quotidienne des Parisiens, tandis qu'au Louvre tant de chefs-d'œuvre ramenés de si loin étaient mis à la portée de tous. Cependant, du fait que le sculpteur n'était plus soumis à l'architecte et que ses œuvres étaient conçues pour elles-mêmes, et non dans la perspective d'un ensemble ou d'un cadre donné, ces dernières furent très souvent des éléments décoratifs hétérogènes, beaucoup plus que de réelles sculptures monumentales.

Quant à la petite sculpture, sa fortune fut considérable, car la vogue du « bibelot » chez le bourgeois la démocratisa; mais, très vite commercialisée et victime de son succès, elle sombra dans la médiocrité.

Tout cela explique la pauvreté de la sculpture au XIXe siècle et l'émancipation assez tardive de cet art par rapport à la peinture. Pourtant, les thèmes se renouvelaient : lasse des affabulations mythologiques et des compositions médiévales, la sculpture avait découvert avec Jean Duseigneur et son *Roland Furieux* (1831) la vie et son dynamisme passionné, tandis qu'avec Barye, en 1833, elle découvrait le réalisme dramatique du monde animal. Mais le sursaut romantique qui, dans les autres arts, avait opéré un bouleversement fécond, ne réussit qu'à la disperser dans un éclectisme plus désordonné que constructif.

L'ACADÉMIE ET LE GOÛT ANTIQUE

Au début du siècle, l'art religieux a complètement disparu. La sculpture, qui vient de vivre la période la plus anarchique de son histoire, a perdu toute unité et toute vitalité. L'Académie supprimée, le nouveau régime aurait pu donner un nouvel élan au mouvement sculptural, grâce à son Institut des arts. Il n'en fut rien. Napoléon, fanatique de la « virtu » (1) romaine, entendait prolonger l'engouement qu'avait eu la Révolution pour l'Antiquité : l'État tout-puissant réinstaura, en même temps que le dogme intolérant du Beau idéal, l'hégémonie du style antique. L'Italien Canova, invité à s'installer en France, « romanisera » (2) non seulement Napoléon lui-même, mais nombre de ses parents et, à l'exemple de la famille impériale, la société bourgeoise se fait immortaliser coiffée ou drapée à l'antique, à la mode du jour. Les artistes les plus sollicités sont alors Chinard, Cartellier et Chardet. Mais la médiocrité de leurs œuvres est flagrante : c'est alors le triomphe du nu à l'antique et des sujets mythologiques où toute expression est bannie; seul demeure le tracé froid et abstrait du dessin.

Le style académique survivra à la révolution romantique et continuera de se manifester sporadiquement jusqu'à la fin du siècle.

LE ROMANTISME ET LA RESTAURATION DU PASSÉ

Avec la Restauration, la sculpture se passionne elle aussi de médiévisme : c'est le style troubadour, première forme du style néo-gothique romantique. Un désir d'évasion, la nostalgie d'un certain « exotisme » courtois ou chevaleresque, « merveilleux » et mystique, renouvellent l'inspiration et les thèmes des sculpteurs qui font revivre tout un passé héroïque. D'innombrables *Jeanne d'Arc,* toutes descendantes de celle de Gois (1808), prennent alors la place des nymphes et des déesses de naguère. Ce style troubadour fera également la fortune de la manufacture de Sèvres : les groupes et les statuettes en biscuit de cette époque connaîtront une vogue sans précédent.

---

(1) Qualité virile. – (2) En les représentant habillés et coiffés à l'antique.

Pourtant il semble que les sculpteurs n'aient pas su exploiter les immenses possibilités qui leur étaient offertes par le bouleversement romantique. La sculpture se libéra très lentement, et ce n'est qu'au Salon de 1833 qu'elle suscita un scandale : ce fut avec *La Tuerie,* bas-relief de Préault. Ici un lyrisme échevelé, pathétique, bouleverse composition et perspective ; tout est mouvement, expressivité hurlante, atroce. Illustrant la nouvelle tendance néo-gothique, *La Tuerie,* dans son sujet comme dans la tension émotionnelle dont elle est chargée, est enfin « romantique », avec une destinée tapageuse dans le ton de celle d'*Hernani* (1) : l'année suivante, en effet, le jury, rétrospectivement effrayé, la condamna à être « pendue au gibet ». Les exclusions commencent à partir de ce moment-là, les polémiques battent leur plein, la presse se déchaîne et, en 1848, le jury sera dissous par Ledru-Rollin, alors ministre de l'Intérieur.

La sculpture romantique était donc « lancée ». Elle s'intéressa alors aux nouvelles découvertes de son temps, à l'archéologie surtout – qui remettait à l'honneur l'art grec – à l'art gothique, et mit à la mode le quattrocento italien. Simart, Viollet-le-Duc, Félicie de Fauveau illustrent ce nouvel engouement, apparenté à cette grande passion historique qui soulève tout le siècle et trouve en Frémiet son héros. Cependant, si l'abondance des œuvres et leur éclectisme témoignent d'un élan vital certain, les personnalités font défaut : trois noms seulement se détachent sur un fond généralement médiocre.

RUDE (1784-1855)

Rude est surtout connu comme auteur de *La Marseillaise.* Cette étiquette pathétique et fougueuse donnée par l'admiration et le patriotisme populaires à l'allégorie du *Départ,* que fit Rude pour un des piédroits de l'arc de triomphe de l'Étoile, montre bien l'élan impétueux et communicatif qui se dégage de ce groupe : la Patrie hurlante entraîne des volontaires vaillants et subjugués dans quelque combat surhumain. Tout contribue à l'expression, chez cet artiste qui reste pourtant classique dans son admiration pour les anciens. Son *Mercure* tendu par l'élan, son *Napoléon,* décharné qui, bien que touché par la mort, se dégage du suaire, enfin son *Maréchal Ney* chargeant et criant à pleine voix, ce sont là ses plus grandes œuvres, frémissantes et chargées d'un dynamisme dramatique. Cet amour du mouvement devait être le souci majeur de Rude jusqu'à ses dernières œuvres, telle cette *Hébé,* romantique par excellence.

BARYE (1795-1875)

Le romantisme, ennemi de la civilisation et amoureux de la nature sauvage et de ses fauves, eut son homme en Barye. Jouant un rôle analogue à celui du paysage en peinture, l'animal remis à l'honneur et étudié d'après la nature reparaissait dans la sculpture : les animaliers pouvaient enfin conquérir leurs lettres de noblesse. Mène, Cordier, Frémiet illustrent ce genre nouvellement réhabilité d'œuvres imitatives ou documentaires très vraies, mais le poète en est Barye. Chez lui, une connaissance extrêmement approfondie de l'anatomie et de la nature des animaux, acquise au Muséum et à partir des études de Lacépède, Cuvier et Geoffroy Saint-Hilaire, s'unissait à une parfaite maîtrise de la technique et à la flamme intérieure. Observateur passionné du réel vivant, Barye rend lions et sangliers, serpents et jaguars avec une extrême vérité. Il pousse jusqu'au trompe-l'œil l'imitation des pelages et des musculatures ; mais ces forces animales déchaînées dépassent le simple réalisme. C'est en cela que Barye est le sculpteur le plus complet de son temps : les muscles et les attitudes sont avant tout chez ses fauves l'expression d'une tension extrême et d'une passion dévorante.

(1) Drame de V. Hugo, qui fit scandale en 1830. *Cf.* p. 245. Préault avait d'ailleurs fait partie des fougueux défenseurs du poète, à la première de la pièce. C'est lui qui aurait lancé, à l'orchestre et au balcon « pavés de crânes académiques et classiques », l'apostrophe fameuse : « À la guillotine les genoux ! »

CARPEAUX (1827-1875)

Le XVIIIe siècle, avec sa fougue et son jubilant bonheur, renaît dans les œuvres de Carpeaux. Tempérament combatif et volontaire, Carpeaux ne cessa de célébrer, dans son œuvre, la victoire des forces triomphantes de la vie sur la tristesse et la souffrance qui furent son lot. L'effroi dramatique dont s'épouvante son *Ugolin* vient de sa vie frémissante, celle qui, dans un autre registre, anime, épanouit et transfigure la ronde du *Triomphe de Flore* du Louvre, celle, bondissante des *Trois Grâces,* celle enfin, exubérante et radieuse, de *La Danse* de l'Opéra, sans compter l'envolée des *Quatre Parties du monde* de la *Fontaine de l'Observatoire.* Toutes les œuvres de Carpeaux sont éclatantes de vie. Par un certain impressionnisme dans la facture, touches d'ombre et de lumière jouant entre elles par la disposition des saillies et des creux, Carpeaux crée le mouvement, nous entraîne dans un rythme circulaire, rayonnant de grâce et de chaleur humaine, communiquant une réelle impression de bonheur. Or ce message parut insolent et indécent à la génération de 70 qui se scandalisa : Carpeaux avait en fait libéré la sculpture de plus d'un demi-siècle de dictature.

La peinture

Au début du siècle, rien ne laissait prévoir le rôle prépondérant que devait jouer vingt ans plus tard la peinture dans le domaine des arts : l'Empire au goût sévère ne faisait que prolonger un classicisme académique anachronique, où la double personnalité de David et le lyrisme de Gros passaient inaperçus.

Mais la chute de l'Empire libéra du même coup les forces de révolte accumulées depuis le XVIIe siècle dans l'âme artistique, et amena un bouleversement inévitable qui devait ébranler les principes fondamentaux de l'esthétique. Ce bouleversement opéra en profondeur, car ce ne furent pas vraiment les thèmes et les techniques qui changèrent, mais plutôt la vision du monde par le peintre et, partant, sa conception même de l'art : il ne s'agit plus tant pour lui de rendre sur sa toile un reflet objectif et choisi des apparences, qu'une impression subjective et unique du monde, saisie à travers le prisme de ses émotions et de ses sensations. Cette nouvelle façon d'appréhender le monde et d'envisager l'art, cette nouvelle faculté de création, Baudelaire l'appelle « Imagination » :

> L'artiste, le vrai artiste, le vrai poète, ne doit peindre que selon qu'il voit et qu'il sent. Il doit être *réellement* fidèle à sa propre nature. Il doit éviter comme la mort d'emprunter les yeux et les sentiments d'un autre homme, si grand qu'il soit car alors les productions qu'il nous donnerait seraient, relativement à lui, des mensonges, et non des *réalités (...)*
>
> ... Un bon tableau, fidèle et égal au rêve qui l'a enfanté, doit être produit comme un monde (...)
>
> ... Tout l'univers visible n'est qu'un magasin d'images et de signes auxquels l'imagination donnera une place et une valeur relatives ; c'est une espèce de pâture que l'imagination doit digérer et transformer. Toutes les facultés de l'âme humaine doivent être subordonnées à l'imagination, qui les met en réquisition toutes à la fois. De même que bien connaître le dictionnaire n'implique pas nécessairement la connaissance de l'art de la composition, et que l'art de la composition lui-même n'implique pas l'imagination universelle, ainsi un bon peintre peut n'être pas un grand peintre. Mais un grand peintre est forcément un bon peintre, parce que l'imagination universelle renferme l'intelligence de tous les moyens et le désir de les acquérir. Salon de 1859.

L'esthétique moderne, « la véritable esthétique » selon Baudelaire, était née.

LE NÉO-CLASSICISME ET SES MÉTAMORPHOSES : DAVID ET INGRES

David (1748-1825) exerça une véritable dictature sur les arts pendant tout le début du siècle, en imposant le grand dogme de la pureté et le culte du style antique. Peintre

« engagé » (ses œuvres ne sont en définitive que des morceaux d'éloquence et des manifestes), il lutte avant tout contre le maniérisme du XVIIIe siècle finissant. Dans l'atelier du maître se réunissent alors les grands espoirs de la peinture française : ils apprennent de lui le refus de l'expression et l'implacable doctrine du Beau idéal. Dans ses portraits – celui, inachevé, de Bonaparte par exemple –, le psychologue perce pourtant sous le classique et comme malgré lui, révélant ainsi le double aspect de sa personnalité.

Chez certains de ses élèves, il n'a pu empêcher non plus une certaine originalité de se faire jour sous l'apparente soumission à l'idéal qu'il leur enseignait : en marge du groupe de Gérard, Girodet et Guérin, ses pâles imitateurs, Gros et Prud'hon se détachent, l'un par le sentiment, l'autre par la grâce, tous deux par leur lyrisme, et annoncent par là la révolution prochaine, tandis que toute l'œuvre d'Ingres (1780-1867), le plus remarquable de ses disciples, sera dominée par une lutte permanente et acharnée entre les froids principes reçus et une sensibilité d'artiste authentique. Par son souci majeur du dessin, de la ligne abstraite et de la perfection architecturale des formes, dont témoignent l'ovale trop pur de ses visages et le cou anormal de sa *Thétis,* Ingres annonce la grande expérience géométrique et intellectuelle tentée par Cézanne et les cubistes : il ne cessa de célébrer l'importance et la valeur du dessin.

Dessiner ne veut pas dire simplement reproduire des contours ; le dessin ne consiste pas simplement dans le trait : le dessin c'est encore l'expression, la forme intérieure, le plan, le modelé. Voyez ce qui reste après cela ! Le dessin comprend les trois quarts et demi de ce qui constitue la peinture. Si j'avais à mettre une enseigne au-dessus de ma porte, j'écrirais : École de dessin, et je suis sûr que je ferais des peintres.

... Le dessin comprend tout, excepté la teinte.

... Plus les lignes et les formes sont simples, plus il y a de beauté et de force. Toutes les fois que vous partagez les formes, vous les affaiblissez. Il en est de cela comme du fractionnement en toutes choses.

Pensées d'Ingres, éd. Plon, 1870

Le néo-classicisme devait encore survivre dans l'œuvre des disciples d'Ingres. Aucun pourtant ne reçut le vrai message du maître : les uns furent de froids académiciens, comme Flandrin, les autres, comme Chassériau, des intuitifs plus ardents et plus personnels que l'artiste probe que se voulait Ingres.

LE ROMANTISME : L'AVÈNEMENT DE LA COULEUR ET DE L'EXPRESSIVITÉ

Entre 1820 et 1840, flamboie la peinture romantique, nouvelle conception, diamétralement opposée à celle des classiques et des élèves d'Ingres. À côté du dessin, de l'équilibre architectural, de la valeur des formes, on découvre la couleur, le mouvement, la valeur de la touche : Delacroix en face d'Ingres.

Déjà le Salon de 1812 avait lancé le scandale de cette nouvelle peinture : Géricault (1791-1824) y avait exposé un *Officier de chasseurs à cheval chargeant,* dont le dynamisme audacieux avait effrayé les critiques.

Plus tard, au Salon de 1819, son *Radeau de la Méduse,* par son sujet puisé dans la trivialité des faits divers, révélait une réalité picturale insolemment différente de celle, faussement tragique, des peintures d'histoire, et remettait son nom à l'ordre du jour. Une émotion esthétique toute nouvelle et inquiétante naissait de cette composition : Géricault célébrait la fin d'un monde et la naissance d'un nouvel état d'esprit pétri de sensibilité. Son tempérament bouillant lui faisait aimer dans la réalité, la plus quotidienne ou la plus atroce, tout ce qu'elle avait d'exaltant dynamisme et d'intensité dramatique. Le spectacle de la rue, les courses de chevaux le fascinaient autant que l'univers des fous, et ses toiles, qui font ainsi vibrer la réalité en couleurs soutenues, révèlent un pionnier du romantisme. Mais en même temps, il ouvrait la porte à toutes les investigations et à toutes les expériences du réalisme et même de l'expressionnisme.

DELACROIX (1798-1863)

Malgré son refus d'appartenir à aucune école, malgré son souci de la construction rigoureuse et son respect pour les grands classiques, Delacroix devait incarner l'âme même du romantisme et prolonger, en le couronnant, le scandale de Géricault. *La Barque de Dante,* exposée au Salon de 1822, et *Les Massacres de Scio* de 1824 étaient l'expression même de tout le programme romantique. On le retrouve tout particulièrement dans la seconde de ces toiles, où sont rendus tout le tragique de la vie et toute l'angoisse de la mort, ce « frisson nouveau »; il associe au mouvement pathétique des masses la lutte farouche des tons éclatants : le rouge sanglant des vêtements, des blessures et de l'incendie se heurte au blanc du linge et à la pâleur des visages. Tout y est « expression », les couleurs qui s'affrontent, la torsion du corps de la captive, le mouvement enlevé du cheval qui s'emporte, le regard tragique de la vieille femme. En même temps, l'exotisme est lancé; la couleur locale permet à Delacroix de faire chatoyer les jaunes et les rouges, de bronzer les corps et d'utiliser la richesse inquiétante des accessoires. Toutes ses toiles sont déjà ici en puissance. Personnalité romantique par excellence, Delacroix sut cristalliser en lui le génie coloré de Rubens et des Vénitiens, la force expressive de Michel-Ange et la sensibilité à la lumière des paysagistes anglais.

Le *Journal* de Delacroix marque les premiers pas d'une esthétique moderne, qui affirme l'autonomie de la peinture, qui découvre la couleur et son langage propre, qui veut donner naissance à une émotion purement picturale et ineffable : « Ce qu'il y a de plus réel pour moi, ce sont les illusions que je crée avec ma peinture. Le reste est un sable mouvant. »

Le plaisir esthétique

... Ce genre d'émotion propre à la peinture est tangible en quelque sorte ; la poésie et la musique ne peuvent le donner. Vous jouissez de la représentation réelle de ces objets, comme si vous les voyiez véritablement, et en même temps le sens que renferment les images pour l'esprit vous échauffe et vous transporte. Ces figures, ces objets, qui semblent la chose même à une certaine partie de votre âge intelligent, semblent comme un pont solide sur lequel l'imagination s'appuie pour pénétrer jusqu'à la sensation mystérieuse et profonde dont les formes sont en quelque sorte l'hiéroglyphe, mais un hiéroglyphe bien autrement parlant qu'une froide représentation, qui ne tient que la place d'un caractère d'imprimerie : art sublime dans ce sens, si on le compare à celui où la pensée n'arrive à l'esprit qu'à l'aide des lettres mises dans un ordre convenu ; art beaucoup plus compliqué, si l'on veut, puisque le caractère n'est rien et que la pensée semble être tout, mais cent fois plus expressif, si l'on considère qu'indépendamment de l'idée, le signe visible, hiéroglyphe parlant, signe sans valeur pour l'esprit dans l'ouvrage du littérateur, devient chez le peintre une source de la plus vive jouissance, c'est-à-dire la satisfaction que donnent, dans le spectacle des choses, la beauté, la proportion, le contraste, l'harmonie de la couleur, et tout ce que l'œil considère avec tant de plaisir dans le monde extérieur, et qui est un besoin de notre culture.

(17 octobre 1853.)

Personne mieux que Baudelaire n'a été sensible à la peinture nouvelle de Delacroix (*Exposition universelle de 1855 : E. Delacroix*).

D'abord il faut remarquer, et c'est très important, que, vu à une distance trop grande pour analyser ou même comprendre le sujet, un tableau de Delacroix a déjà produit sur l'âme une impression riche, heureuse ou mélancolique.On dirait que cette peinture, comme les sorciers et les magnétiseurs, projette sa pensée à distance. Ce singulier phénomène tient à la puissance du coloriste, à l'accord parfait des tons, et à l'harmonie (préétablie dans le cerveau du peintre) entre la couleur et le sujet. Il semble que cette couleur, qu'on me pardonne ces subterfuges de langage pour exprimer des idées fort délicates, pense par elle-même, indépendamment des objets qu'elle habille. Puis ces admirables accords de sa couleur font souvent rêver d'harmonie et de mélodie, et l'impression qu'on emporte de ses tableaux est souvent quasi musicale. Un poète a essayé d'exprimer ces sensations subtiles dans des vers dont la sincérité peut faire passer la bizarrerie :

Delacroix, lac de sang hanté des mauvais anges,
Ombragé par un bois de sapins toujours vert,
Où, sous un ciel chagrin, des fanfares étranges
Passent comme un soupir étouffé de Weber.

Lac de sang : le rouge ; – hanté des mauvais anges : surnaturalisme ; – un bois toujours vert : le vert, complémentaire du rouge ; – un ciel chagrin : les fonds tumultueux et orageux de ses tableaux ; – les fanfares et Weber : idées de musique romantique que réveillent les harmonies de sa couleur.

En réaction contre le classicisme, de nombreux peintres suivirent l'élan donné par Géricault et Delacroix vers un renouvellement de la peinture; ils cultivèrent et prolongèrent leur goût pour la couleur et le mouvement. Les scènes mythologiques firent place aux scènes bourgeoises de Devéria, la froide beauté académique fit place au pittoresque coloré de Decamps et de Fromentin, et la peinture de l'Antiquité fut détrônée par celle de l'histoire contemporaine avec Raffet et Horace Vernet, ou par celle de la vie moderne, mondaine, anecdotique, avec Guys et Gavarni.

DU ROMANTISME AU RÉALISME : COURBET (1819-1877)

La peinture réaliste, lancée par Géricault, s'épanouit après 1840. Comme la peinture romantique, dans le même esprit de liberté et de révolte, elle exprime la grande réaction du siècle contre les artifices du maniérisme et du classicisme, contre tout esprit de système.

Elle marque un retour à une certaine naïveté originelle, réceptive à la nature sensible et concrète, source première de toute beauté. Courbet en sera le champion. Le premier, il pénètre ses toiles de ce nouveau paganisme et son exposition de 1855 fait crier au scandale visiteurs et critiques. Cette même exposition éveille cependant chez les hommes de lettres un sentiment nouveau pour la réalité nue, exacte et vraie : ce sera le premier germe du réalisme littéraire. La peinture de Courbet semble un défi lancé aussi bien au classicisme qu'au romantisme : tout enthousiasme en est banni, en même temps que tout souci d'idéalisation. Sensible au seul rayonnement extérieur des choses, et s'intégrant physiquement au réel qu'il peint, Courbet le laisse s'épanouir sur sa toile dans tout son dépouillement. C'est ainsi que revivent les scènes de l'humble vie d'Ornans, sa petite ville natale, et qu'il découvre les charmes de la vraie nature, vivante, de la lumière solaire et du plein air : en ce sens, on peut dire que *Les Demoiselles des bords de la Seine* annoncent l'impressionnisme.

Dans une lettre à ses « élèves » datée du 25 décembre 1861, il leur définit très précisément sa conception de la peinture :

Je tiens aussi que la peinture est un art essentiellement « concret » et ne peut consister que dans la représentation des choses « réelles et existantes ». C'est une langue toute physique, qui se compose pour mots, de tous les objets visibles : un objet « abstrait », non visible, non existant, n'est pas du domaine de la peinture.

L'imagination dans l'art consiste à savoir trouver l'expression la plus complète d'une chose existante, mais jamais à supposer ou à créer cette chose même.

Le beau est dans la nature, et se rencontre dans la réalité des formes les plus diverses. Dès qu'on l'y trouve, il appartient à l'art, ou plutôt à l'artiste qui sait l'y voir. Dès que le beau est réel et visible, il a en lui-même son expression artistique. Mais l'artiste n'a pas le droit d'amplifier cette expression. Il ne peut y toucher qu'en risquant de la dénaturer, et par suite de l'affaiblir. Le beau donné par la nature est supérieur à toutes les conventions de l'artiste.

Dans le même esprit de contradiction et avec le même souci d'authenticité, Daumier (1808-1879) transformera les gestes quotidiens de la comédie bourgeoise en caricatures pathétiques et essentiellement picturales, tandis que Millet (1814-1875), plus sentimental que peintre, témoignera dans sa peinture de l'humble vie paysanne, d'une certaine foi retrouvée dans l'homme « naturel » et dans la terre.

L'ÉCOLE DE BARBIZON

L'exemple de Courbet amène tout un groupe de peintres à quitter Paris. L'école de Barbizon, près de la forêt de Fontainebleau, cultive un amour enthousiaste et presque religieux pour la nature. Théodore Rousseau (1812-1867), son chef de file, plus profondément sensible encore que Courbet à la lumière, la fait rayonner à travers les couleurs claires de sa palette. Variée à l'infini, cette lumière nouvelle ensoleille ses toiles comme celles de Diaz et de Daubigny. L'école de Barbizon est une école du paysage ; avec elle, le genre se dépouille de ses mises en scène théâtrales et de toute contamination sentimentale pour devenir une représentation objective du réel, tandis que le peintre sort maintenant de son atelier pour peindre en plein air « sur le motif ». C'est le début de l'immense fortune que le paysage connaîtra jusqu'à la fin du siècle.

COROT (1796-1875)

À l'écart de toute lutte d'écoles, Corot réalise un parfait équilibre entre les valeurs fondamentales de la peinture, structures et couleurs. Dans ses paysages, où l'on sent une prédilection pour les constructions, les ponts et les viaducs, dont l'équilibre des masses fait jouer les contrastes de la lumière et de l'ombre, il recrée ce qu'il voit à travers son émotion immédiate : il capte la fluidité de l'air ou sa douceur vaporeuse, selon les lieux et les heures, selon qu'il est en Italie ou dans les environs de Paris. C'est lui qui le premier donna de l'importance au mot « impression » : « Ne jamais perdre la première impression qui nous a émus », disait-il, et il écrivait sur un album :

... Le beau dans l'art, c'est la vérité baignée dans l'impression que nous avons reçue à l'aspect de la nature. Je suis frappé en voyant un lieu quelconque. Tout en cherchant l'imitation consciencieuse, je ne perds pas un seul instant l'émotion qui m'a saisi. Le réel est une partie de l'art ; le sentiment complète. Sur la nature, cherchez d'abord la forme ; après, les valeurs ou rapports de tons, la couleur et l'exécution ; et le tout soumis au sentiment que vous avez éprouvé. Ce que nous éprouvons est bien réel. Devant tel site, tel objet, nous sommes émus par une certaine grâce élégante. N'abandonnons jamais cela et, en cherchant la vérité et l'exactitude, n'oublions jamais de lui donner cette enveloppe qui nous a frappés. N'importe quel site, quel objet ; soumettons-nous à l'impression première. Si nous avons été réellement touchés, la sincérité de notre émotion passera chez les autres.

La méthode de Corot établit un pont entre la rigueur constructive classique et l'alchimie impressionniste.

TROIS INDIVIDUALISTES : MANET, DEGAS, RENOIR

À partir de 1858, un phénomène d'éclatement se produit dans la peinture qui sera alors représentée moins par des mouvements collectifs que par des personnalités totalement indépendantes.

Avec Manet (1832-1883), la peinture acquiert une véritable autonomie et le tableau devient une réalité indépendante. C'est sans doute pour cela qu'il effraya le jury du Salon plus encore que ne l'avaient fait Delacroix et Courbet réunis : on parla « d'offense à la pudeur » et de « réalisme » à l'occasion des deux scandales du *Déjeuner sur l'herbe* (1863) et de l'*Olympia* (1865). En vérité c'était moins leurs sujets, thèmes classiques en soi, qui déconcertaient que leur « modernité » et la technique nouvelle et insolite dont ils étaient l'expression. L'œil, encore classique, des juges ne se faisait pas à cette juxtaposition brutale et sans transition de tons vifs et contrastés. *Le Fifre* (1866), également refusé (1), consacre

(1) Dès 1863, pour contrebalancer les refus des juges officiels, il s'était créé un « Salon des Refusés ».

justement cette technique « de carte à jouer », comme disait avec ironie Courbet ; influencé, comme tant de ses contemporains, par l'art japonais, Manet « invente » ici une perspective nouvelle, anti-réaliste, réduite finalement à deux dimensions, suggérée non plus par les volumes mais par l'intensité de ton des différents plans colorés et par leur répartition sur la toile. Il n'y a rien de commun entre la nature et cette peinture, entre la lumière naturelle et cette lumière étonnamment vraie obtenue par le jeu des contrastes : un univers proprement pictural est créé.

C'est cet univers que Degas (1834-1917), ennemi des impressionnistes, défendra par un art savant et rythmé, tandis que Renoir (1841-1919), malgré ses thèmes et quelques toiles irradiées de lumière, restera le plus souvent en dehors du groupe de Manet et sera avant tout soucieux de formes. L'originalité de Renoir tient surtout à ce que l'on peut appeler son « dessin » : un dessin original, qui naît de l'organisation des couleurs, des volumes pleins et charnus qu'elles suggèrent. C'est ce modelage de l'intérieur qui donne à ses baigneuses leur plasticité somptueuse et épanouie.

L'ABOUTISSEMENT EXTRÊME DU RÉALISME : L'IMPRESSIONNISME

Héritiers directs de Courbet, des paysagistes anglais et de ceux de Barbizon, de Boudin enfin que Corot appelait « le Roi des ciels », poussés par une quête de la réalité toujours plus impérieuse, toujours plus précise et bientôt exaspérée, un groupe de peintres, parmi lesquels on peut compter Pissarro, Bazille, Sisley et Monet, lance, à partir de 1858, la grande expérience « impressionniste », mouvement de recherche expérimentale, amenée en partie sans doute par l'esprit scientifique de l'époque, vers la découverte et la conquête de la lumière et de ses rapports avec les formes et les couleurs. Les « séries » de Monet (1840-1926), ses *Cathédrales de Rouen,* ses vues de Londres et de Venise, qui pourraient bien s'intituler « études », le confirment. D'éclairage plaqué qu'elle était jusque-là, la lumière tend alors de plus en plus à devenir la matière même des paysages. Une étude approfondie des vibrations de l'atmosphère, de leurs métamorphoses sans cesse renouvelées et de leurs impressions sur la rétine de l'œil humain, conduit Monet à la contemplation de l'eau, miroir prismatique du soleil. Il y perçoit l'éclatement moléculaire de la lumière, la dissociation de ses composantes colorées et, enfin, la désagrégation des formes : toute la technique picturale de l'impressionnisme est là, faite de touches divisées, brèves, vives et complexes, se superposant à la manière d'un contrepoint musical et aboutissant, à travers le chromatisme de leurs couleurs complémentaires, à un éblouissement fluide et rayonnant. Monet sera ainsi amené, au bout de son expérience, à faire une peinture qui, après être partie d'une représentation exacte de la nature, se soustraira finalement à l'emprise de l'espace, pour toucher à une sorte d'irréalisme. Le réalisme impressionniste, poussant jusqu'à ses limites extrêmes l'observation des apparences, les détruit donc et conduit à une abstraction lyrique très proche du symbolisme. La série des *Nymphéas* en est l'ultime expression. C'est cette destruction qui explique la réaction choquée du public, qu'exprime le « Baron Grimm » dans *le Figaro* du 5 avril 1877 :

> Une curiosité malsaine nous a conduits dans le local où s'étale ce musée des horreurs qu'on appelle l'Exposition des Impressionnistes : on sait que le but des Impressionnistes est de faire impression. À ce point de vue les peintres qui se sont voués à cette haute idée aussi funambulesque que peu artistique, atteignent aisément le résultat qu'ils cherchent ; ils font impression mais ce n'est peut-être pas celle qu'ils ont cherchée. Vue dans son ensemble l'Exposition des Impressionnistes ressemble à une collection de toiles fraîchement peintes sur lesquelles on aurait répandu des flots de crème à la pistache, à la vanille et à la groseille...

Pissarro (1830-1903) et Sisley (1839-1899) ne seront pas aussi « destructeurs » que Monet. Au scintillement et au mouvement de ses toiles, le premier opposera l'équilibre statique, immobile et calme, de ses campagnes, et apportera à la ferveur impressionniste un souci de construction classique et une épaisseur humaine qui leur étaient étrangers. De même Sisley y apportera la sérénité des ciels de l'Ile-de-France dont la lumière douce et fine est au service d'une réalité qui le touche et l'émeut.

En définitive, l'impressionnisme, en bouleversant la vision du peintre et sa technique, allait permettre toutes les audaces futures : c'est là une suprême expression de la libération romantique.

La musique

RETARD DE LA MUSIQUE DANS L'ÉVOLUTION DES ARTS

On est frappé tout d'abord par le retard de la musique sur la littérature et les arts plastiques : le ciel musical reste longtemps serein et n'est troublé par aucune controverse, aucune innovation. Le public va à l'Opéra pour applaudir l'aigu d'un ténor ou le contre-ut d'un soprano et faire pour la semaine sa provision de mélodies faciles à retenir et toujours écrites sur des harmonies du XVIIIe siècle. *Le Calife de Bagdad,* de Boieldieu (1800), *Joseph,* de Méhul (1807), *Le Barbier de Séville,* de Rossini (1816) connaissent à Paris de francs succès, bien que leurs compositeurs utilisent encore un système musical mis au point par Rameau et Mozart cinquante ans plus tôt.

En outre, un net décalage entre les goûts d'un public épris de tradition et les conceptions hardies de certains jeunes compositeurs empêche ces derniers de s'exprimer devant un large auditoire. La vie musicale ne coïncide plus avec l'histoire des grandes œuvres de la musique. Peut-être cette attitude est-elle imputable à la survivance des idées de Rousseau sur la musique. Avec quelle véhémence celui-ci critiquait-il le génie de Rameau pour célébrer celui de Pergolèse, et réclamait-il en même temps la primauté de la mélodie sur la symphonie ! Au XIXe siècle, la querelle entre partisans de la musique française et partisans de la musique italienne n'est pas terminée.

Un autre trait caractéristique de l'époque est la prédominance de l'opéra et de ses formes dérivées sur les autres genres musicaux. L'art lyrique résume alors, à lui seul, toutes les platitudes et toutes les hardiesses de la vie musicale. Il est à l'origine d'une décadence de la musique, puis de son brillant renouveau, tant dans le domaine de la mélodie que dans celui de la symphonie. Aucun compositeur ne résiste à son pouvoir d'attraction.

TRIOMPHE DE L'ART LYRIQUE

La révolution de 1789 n'avait communiqué aucun renouveau à l'art des sons. Les compositeurs de chants révolutionnaires s'étaient faits sous l'Empire les artisans d'un style mi-gracieux, mi-pompeux, héritier en droite ligne du style Louis XV. L'Empereur ne nourrissait d'ailleurs pas un penchant particulier pour la musique. Il fallait toutefois certaines œuvres de circonstance (pour le Sacre par exemple), et surtout beaucoup de musique gracieuse pour divertir la société mondaine, et faire oublier pour un temps les misères de l'épopée napoléonienne. Les compositeurs Méhul, Gossec, Catel, Lesueur, élaborent donc cette « musique d'Empire », et laissent au répertoire *Joseph, Toinon et Toinette, Les Bayadères, Les Bardes,* œuvres agréables et sans outrance, mais désespérément académiques.

Pendant les quarante années suivantes (de 1820 à 1860 environ), la vie musicale est le monopole de deux étrangers, parisiens d'adoption, l'Italien Rossini et l'Allemand Meyerbeer.

Rossini (1792-1868) s'installe définitivement à Paris en 1823 et devient bientôt le musicien le plus en vue sous la Restauration; il obtient la direction du Théâtre-Italien : il y fait admirer le « bel canto », où la mélodie souple et facile, agrémentée de fioritures, de vocalises et de points d'orgue, met en valeur la virtuosité et le charme de la voix. Si *Le Barbier de Séville* est considéré, à juste titre, comme le chef-d'œuvre du maître italien, son dernier opéra, *Guillaume Tell* (1829), contient des accents romantiques indéniables et obtient, de ce fait, un succès mitigé. En 1826, Meyerbeer (1791-1864) arrive à Paris, où il éclipse bientôt son puissant rival. Ancien condisciple de Weber en Allemagne, il conserve du romantisme certains procédés d'orchestration, l'utilisation judicieuse des masses vocales et orchestrales, et le souci des nuances. Il possède surtout le sens du goût du public et sait s'adjoindre un librettiste habile, Scribe. Ses opéras sont accueillis avec délire : *Robert le Diable* (1831), *Les Huguenots* (1836), *le Prophète* (1849) déploient un romantisme tout extérieur, qui tient beaucoup plus du livret, des jeux de scène, du faste des décors, de l'emphase des interprètes que de la musique proprement dite. Meyerbeer régentera pendant près de seize années la vie musicale française.

Encouragés par cet exemple, de nombreux musiciens français s'essayent avec un certain bonheur dans le genre de l'opéra-comique. Auber se rend célèbre par *La Muette de Portici* (1828), *Fra Diavolo* (1830), *Le Domino noir* (1837); Halévy (1799-1862) par *La Juive* (1835); Hérold (1791-1833) par *Zampa* (1831) et *Le Pré aux clercs* (1832); Adam par *Le Chalet* (1834), *Le Postillon de Longjumeau* (1836) et surtout *Oiselle* (1841), premier ballet romantique, sur un argument de Théophile Gautier et de Saint-Georges.

Tandis que le talent d'Hector Berlioz (1803-1869) est éclipsé par les succès peu méritoires mais tapageurs des scènes lyriques, Wagner arrive à Paris en conquérant dès 1859. Son salon devient le centre d'une petite coterie d'artistes et de poètes d'avant-garde parmi lesquels Baudelaire et le romancier réaliste Champfleury. Malgré la cabale qui accueille les trois représentations de *Tannhäuser* à l'Opéra en 1861, Wagner détrône Meyerbeer et finit par faire triompher sa conception d'un drame lyrique fondé sur une synthèse de la poésie et de la musique. Mais cette « fusion des arts » n'est pas l'apanage du compositeur allemand; il y a longtemps que cette idée est dans l'air : Berlioz a monté la *Damnation de Faust* en 1846 après avoir repris *Huit scènes de Faust* écrites en 1828. Gounod termine son propre *Faust* en 1859; *Samson et Dalila* de Camille Saint-Saëns sera donné par Liszt à Weimar en 1877.

UNE MUSIQUE « LITTÉRAIRE »

Après l'expérience dite wagnérienne, le langage musical se met au service de diverses écoles littéraires et donne naissance à des œuvres qui, tout en gardant leur originalité propre, se différencient davantage par leur conception dramatique que par leur substance musicale. Reyer, auteur de *Sigurd* (1884), anime un courant post-romantique, tandis qu'un réalisme musical s'affirme dans les œuvres d'Alfred Bruneau telles que *L'Attaque du moulin* ou *Le Rêve,* qu'il compose sur un livret de Zola, et dans celles de Gustave Charpentier : *Louise* (1900) est un « roman musical »; mais déjà, dans sa *Carmen* (1875), Bizet nous avait livré des pages réalistes et colorées à l'opposé de l'esthétique wagnérienne. Enfin, c'est d'après un texte essentiellement symboliste de Maurice Maeterlinck que Claude Debussy (1862-1918) conçoit son drame lyrique de *Pelléas et Mélisande* qui provoquera en 1902 un véritable scandale à l'Opéra-Comique. Ce n'est pas le symbolisme du livret que le public attaquera principalement, mais les hardiesses de l'écriture musicale.

QUELQUES ÉCOLES OU CÉNACLES MUSICAUX

Tandis qu'on applaudit un romantisme de convention, Berlioz compose des œuvres qui ne seront goûtées que par de rares initiés. Ainsi en est-il de la *Symphonie fantastique* (1830), de la *Symphonie dramatique de Roméo et Juliette* (1839), avec son étincelant scherzo de la Reine

Mab, et de la tragédie lyrique des *Troyens* (1855-1858). Berlioz fait figure de novateur intrépide, non seulement par son mépris d'une scolastique desséchante, mais aussi par son respect pour l'inspiration et des découvertes orchestrales ; comme on l'a dit, il fut le vrai créateur de l'orchestre moderne : dans une lettre à Liszt (1841), il expose les extases du compositeur-chef d'orchestre.

Avec quelle joie furieuse il s'abandonne au bonheur de « jouer de l'orchestre » ! Comme il presse, comme il embrasse, comme il étreint cet immense et fougueux instrument ! L'attention multiple lui revient ; il a l'œil partout ; il indique d'un regard les entrées vocales et instrumentales, en haut, en bas, à droite, à gauche ; il jette avec son bras droit de terribles accords qui semblent éclater au loin comme d'harmonieux projectiles : puis il arrête, dans les points d'orgue, tient ce mouvement qu'il a communiqué ; il enchaîne toutes les attentions ; il suspend tous les bras, tous les souffles, écoute un instant le silence... et redonne plus ardente carrière au tourbillon qu'il a dompté...

Tout autre est le tempérament de César Franck (1822-1890). Modeste, sincèrement mystique, travailleur infatigable, ce Belge d'origine, organiste de Sainte-Clotilde, s'achemine lentement vers une transformation totale de notre système harmonique. *Les Béatitudes* (1869-1879), *Rédemption* (1871-1872), la *Symphonie en ré mineur* (1886-1888), la *Sonate en la pour violon et piano* (1886), *le Quintette en fa mineur* (1880), le lumineux *Quatuor à cordes en ré majeur* (1890), les *Trois Chorals pour orgue* (1890) sont des chefs-d'œuvre. Titulaire de la classe d'orgue du Conservatoire, Franck voit bientôt venir à lui un groupe de jeunes compositeurs qu'on surnomma « la bande à Franck », et parmi lesquels il faut citer Chausson, Guillaume Lekeu, Vincent d'Indy et Henri Duparc (1848-1933), le véritable rénovateur de la mélodie française, compositeur de l'*Invitation au Voyage,* sur un poème de Baudelaire.

Gabriel Fauré (1845-1924) fait école lui aussi. Poussant plus avant les hardiesses, il invente un système harmonique personnel et remet à l'honneur les vieux modes grecs et grégoriens. Une sensibilité pleine de retenue le pousse vers les genres les plus intimes qui se prêtent à la confidence : la mélodie, la musique pour piano, la musique de chambre. Son *Clair de lune,* sur un poème de Verlaine, est un véritable « pastel musical » tout en finesse. Son *Requiem* (1887-1888) est une page « religieuse » et sensible, pénétrée de vrai recueillement.

Mais dans quel groupe classer Léo Delibes, Chabrier, Lalo, Gabriel Pierné, Paul Dukas, ou encore Bizet, auteur de la délicate *Symphonie en ut,* et Saint-Saëns, créateur d'une majestueuse *symphonie* avec orgue ? Le bilan du XIXe siècle est déjà une révolution : tout a changé, la forme, le système tonal, la mélodie, l'harmonie, l'orchestration. Le bon usage d'antan est devenu, à la fin du siècle, une atteinte au bon goût.

Les lettres

Genèse et épanouissement du romantisme (1800-1851)

Un précurseur : Chateaubriand (1768-1848)

SA VIE

Né à Saint-Malo (où il sera aussi enterré, sur un rocher face à la mer), François-Auguste-René de Chateaubriand passe une enfance, puis une adolescence rêveuses, notamment au château de Combourg.

Chateaubriand :
« René », gravure
de Fernand Delannoy
d'après Gustave Staal.

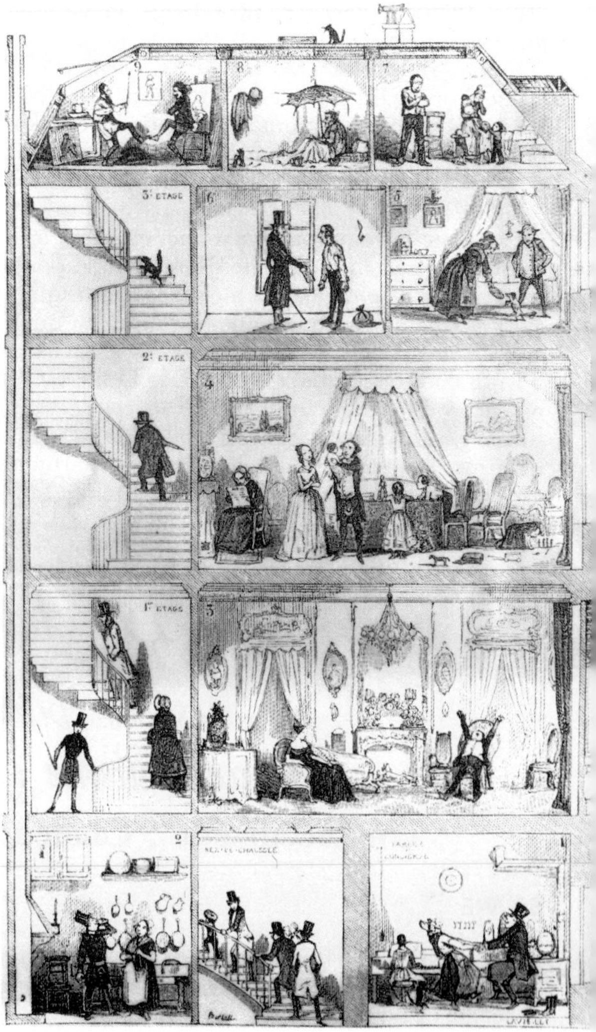

A. d'Arnoux,
dit Bertall :
« Coupe d'une maison
parisienne », 1845.

En 1791, il s'embarque pour l'Amérique ; à peine de retour en France en 1792, il repart pour l'Angleterre, où il publie en 1797 l'*Essai sur les révolutions*. De libertin qu'il était devenu, il revient à une foi catholique ardente après avoir appris la mort de sa mère et de sa sœur.

Rentré en France en 1800, il publie avec l'approbation de Bonaparte *Atala,* puis *le Génie du christianisme* et *René* qui en fait partie. Nommé secrétaire d'ambassade à Rome, il démissionne à la nouvelle de l'exécution du duc d'Enghien (1) et effectue de 1806 à 1807 un long voyage en Orient.

À son retour, il mène une vie politique mouvementée et, devenu ensuite ministre des Affaires étrangères, il joue un rôle important dans la déclaration de guerre à l'Espagne (2). Après avoir servi successivement Louis XVIII et Charles X, il se retire de la politique et se consacre à des travaux littéraires et à ses *Mémoires d'outre-tombe.*

SON ORIGINALITÉ

Inventeur du « vague des passions », qui définira le « mal du siècle » romantique, interprète des mélancolies de l'adolescence, peintre extasié de paysages grandioses, en une prose qui devient parfois poésie pure, témoin attentif des vicissitudes dramatiques d'un demi-siècle d'histoire, Chateaubriand a tenu une place de premier plan dans la littérature du XIXe siècle. *René* est en grande partie une autobiographie romancée : le héros, jeune homme rêveur, à l'âme inquiète, et dont la sensibilité a été avivée par les circonstances et les événements d'une vie douloureuse, ressemble beaucoup à Chateaubriand. Ce « beau ténébreux » (3), qui se complaît dans son ennui et sa solitude, préfigure déjà les héros romantiques.

RÊVERIES DE RENÉ

Le désir d'évasion était devenu un thème privilégié pour les romantiques des années 20 à 40, mais nul n'a su mieux que Chateaubriand rattacher la mélancolie de l'adolescence aux incertitudes de l'automne. Au moyen de symboles émouvants, il traduit de façon suggestive l'exaltation fiévreuse des jeunes années.

L'automne me surprit au milieu de ces incertitudes : j'entrai avec ravissement dans les mois des tempêtes. Tantôt j'aurais voulu être un de ces guerriers errant au milieu des vents, des nuages et des fantômes ; tantôt j'enviais jusqu'au sort du pâtre que je voyais réchauffer ses mains à l'humble feu de broussailles qu'il avait allumé au coin d'un bois. J'écoutais ces chants mélancoliques, qui me rappelaient que dans tout pays, le chant naturel de l'homme est triste, lors même qu'il exprime le bonheur. Notre cœur est un instrument incomplet, une lyre où il manque des cordes, et où nous sommes forcés de rendre les accents de la joie sur le ton consacré aux soupirs.

Le jour je m'égarais sur de grandes bruyères terminées par des forêts. Qu'il fallait peu de choses à ma rêverie : une feuille séchée que le vent chassait devant moi, une cabane dont la fumée s'élevait dans la cime dépouillée des arbres, la mousse qui tremblait au souffle du Nord sur le tronc d'un chêne, une roche écartée, un étang désert où le jonc flétri murmurait ! Le clocher du hameau, s'élevant au loin dans la vallée, a souvent attiré mes regards ; souvent j'ai suivi des yeux les oiseaux de passage qui volaient au-dessus de ma tête. Je me figurais les bords ignorés, les climats lointains où ils se rendent ; j'aurais voulu être sur leurs ailes. Un secret instinct me tourmentait ; je sentais que je n'étais moi-même qu'un voyageur ; mais une voix du ciel semblait me dire : « Homme, la saison de ta migration n'est pas encore venue ; attends que le vent de la mort se lève, alors tu déploieras ton vol vers ces régions inconnues que ton cœur demande. »

« Levez-vous vite, orages désirés, qui devez emporter René dans les espaces d'une autre vie ! » Ainsi disant, je marchais à grands pas, le visage enflammé,

(1) Descendant des Bourbon-Condé, il avait été enlevé puis fusillé par ordre de Bonaparte, après le complot royaliste qui venait d'être fomenté contre lui, pour que son cas servît d'exemple. – (2) *Cf.* p. 202. – (3) L'expression est de Sainte-Beuve (1804-1869), célèbre critique littéraire.

le vent sifflant dans ma chevelure, ne sentant ni pluie ni frimas (1), enchanté, tourmenté, et comme possédé par le démon de mon cœur.

La nuit, lorsque l'aquilon (2) ébranlait ma chaumière, que les pluies tombaient en torrent sur mon toit, qu'à travers ma fenêtre, je voyais la lune sillonner les nuages amoncelés, comme un pâle vaisseau qui laboure les vagues, il me semblait que la vie redoublait au fond de mon cœur, que j'aurais eu la puissance de créer des mondes.

La poésie romantique

Lamartine

SA VIE (1790-1869)

Alphonse de Lamartine grandit à la campagne et mène pendant quelques années une vie oisive consacrée à lire et à voyager. En 1816, il rencontre une jeune femme malade, Julie Charles, pour laquelle il éprouve une vive passion, mais elle meurt en décembre 1817 : l'amour et la douleur lui inspirent *Les Méditations,* poèmes qui paraissent, avec un vif succès, en 1820.

Marié la même année à une jeune Anglaise, Lamartine entre dans la carrière diplomatique, sans cesser d'écrire des vers; il publie tour à tour *Nouvelles Méditations* (1823) et *Harmonies poétiques et religieuses* (1830). Cependant, attiré par les idées libérales, il consacre bientôt à la politique la plus grande partie de son temps et sera député de 1833 à 1851. Il se fait remarquer à la Chambre par des dons d'orateur exceptionnels (3) et un sens aigu des réalités. Ses écrits reflètent son idéal généreux, comme en témoignent *Jocelyn* (1836), *La Chute d'un ange* (1838) et *Les Recueillements* (1839). Mais la faveur populaire l'abandonne après la révolution de 1848, et le coup d'État de 1851 voit la fin de sa carrière politique.

Ses vingt dernières années s'écoulent dans des difficultés financières. Endetté, il doit s'employer à des « travaux littéraires forcés » : il écrit des romans où il idéalise sa vie (*Graziella, Raphaël*), des ouvrages historiques, et un *Cours familier de littérature.*

SA POÉSIE

Lamartine est resté le poète de l'âme; pour lui, « la poésie, c'est le chant intérieur ». Pour exprimer « les plus intimes et les plus insaisissables nuances du sentiment », il a su trouver une fluidité et des harmonies qui le feront saluer par les symbolistes comme étant : « mieux qu'un poète, la poésie pure ».

LE LAC

Après leur première rencontre, le poète et Julie Charles s'étaient donné rendez-vous pour l'été suivant, au bord de ce même lac du Bourget. Le poète l'attendait; trop malade, elle ne put le rejoindre. Seul dans ces lieux où ils ont été heureux ensemble, Lamartine exprime les sentiments qui l'envahissent, dans une « méditation » célèbre. Écartant tout rappel trop précis de son aventure personnelle, il atteignait une vérité universelle : à la brièveté de la vie de l'homme s'oppose l'éternité de la nature; c'est donc seulement grâce au souvenir qu'en garde la nature que l'amour humain échappe à l'action destructrice du temps (4).

(1) Brouillard épais et froid qui se congèle en tombant. – (2) Vent du Nord. – (3) Son discours de 1848, resté célèbre, fera maintenir le drapeau tricolore, malgré les délégations venues imposer le drapeau rouge. – (4) *Cf.* Rousseau, pp. 187-188.

...Ô lac! l'année à peine a fini sa carrière,
Et près des flots chéris qu'elle devait revoir,
Regarde! je viens seul m'asseoir sur cette pierre
Où tu la vis s'asseoir!

Tu mugissais ainsi sous ces roches profondes;
Ainsi tu te brisais sur leurs flancs déchirés;
Ainsi le vent jetait l'écume de tes ondes
Sur ses pieds adorés.

Un soir, t'en souvient-il? nous voguions en silence;
On n'entendait au loin, sur l'onde et sous les cieux,
Que le bruit des rameurs qui frappaient en cadence
Tes flots harmonieux.

Tout à coup des accents inconnus à la terre
Du rivage charmé (1) frappèrent les échos;
Le flot fut attentif, et la voix qui m'est chère
Laissa tomber ces mots :

« Ô temps, suspends ton vol! et vous, heures propices,
Suspendez votre cours!
Laissez-nous savourer les rapides délices
Des plus beaux de nos jours!

« Assez de malheureux ici-bas vous implorent :
Coulez, coulez pour eux;
Prenez avec leurs jours les soins (2) qui les dévorent;
Oubliez les heureux.

« Mais je demande en vain quelques moments encore,
Le temps m'échappe et fuit;
Je dis à cette nuit : « Sois plus lente »; et l'aurore
Va dissiper la nuit.

« Aimons donc, aimons donc! de l'heure fugitive,
Hâtons-nous, jouissons!
L'homme n'a point de port, le temps n'a point de [rive;
Il coule, et nous passons! »

Temps jaloux, se peut-il que ces moments d'ivresse,
Où l'amour à longs flots nous verse le bonheur,
S'envolent loin de nous de la même vitesse
Que les jours de malheur?

Hé quoi! n'en pourrons-nous fixer au moins la trace?
Quoi! passés pour jamais? quoi! tout entiers perdus?
Ce temps qui les donna, ce temps qui les efface,
Ne nous les rendra plus?

Éternité, néant, passé, sombres abîmes,
Que faites-vous des jours que vous engloutissez?
Parlez : nous rendrez-nous ces extases sublimes
Que vous nous ravissez?

Ô lac! rochers muets! grottes! forêt obscure!
Vous que le temps épargne ou qu'il peut rajeunir,
Gardez de cette nuit, gardez, belle nature,
Au moins le souvenir!

Qu'il soit dans ton repos, qu'il soit dans tes orages,
Beau lac, et dans l'aspect de tes riants coteaux,
Et dans ces noirs sapins, et dans ces rocs sauvages
Qui pendent sur tes eaux!

Qu'il soit dans le zéphyr qui frémit et qui passe,
Dans les bruits de tes bords par tes bords répétés,
Dans l'astre au front d'argent qui blanchit ta surface
De ses molles clartés!

Que le vent qui gémit, le roseau qui soupire,
Que les parfums légers de ton air embaumé,
Que tout ce qu'on entend, l'on voit ou l'on respire,
Tout dise : « Ils ont aimé! »

Méditations poétiques, XIV.

Vigny

SA VIE (1797-1863)

Alfred de Vigny, élevé entre une mère sévère et un père ancien officier, grandit avec le sens de l'honneur et le regret de l'ancienne noblesse. Attiré par la carrière militaire où il débute en 1814, il ne connaîtra guère que la monotonie de la vie de garnison. Pour tromper son oisiveté, il publie en 1822 un recueil intitulé *Poèmes* et, en 1824, *Éloa.* Après son mariage avec une jeune Anglaise (1825), il quitte l'armée et s'installe à Paris où, lié avec V. Hugo, il fréquente les milieux littéraires romantiques; il fait paraître en 1826 les *Poèmes antiques et modernes,* ainsi que *Cinq-Mars,* un roman historique.

La Révolution de 1830 l'incline à la pitié pour les misères humaines. Il célèbre le poète incompris dans un roman, *Stello* (1832), et dans un drame, *Chatterton* (1835). Il chante le soldat, « cet autre paria moderne », dans *Servitude et grandeur militaires* (1835).

Après la mort de sa mère et sa rupture avec la comédienne Marie Dorval, il s'enferme dans son manoir en Charente, où il mènera une vie très retirée; c'est l'époque des grands poèmes : *la Mort du Loup* (1838), *La Colère de Samson* (1839), *Le Mont des Oliviers* (1839),

(1) Sens étymologique : sous leur emprise magique. – (2) Sens ancien et fort : soucis, préoccupations.

La Sauvage (1842), *La Maison du Berger* (1844), *La Bouteille à la mer* (1847). Il laissa des œuvres inédites : les poèmes des *Destinées,* écrits en 1849, le roman *Daphné,* et un ensemble de notes qui seront réunies sous le titre *Journal d'un poète.*

UN POÈTE PHILOSOPHE

L'œuvre de Vigny est celle d'un philosophe et d'un poète. Le monde est mené par des forces qui écrasent l'homme : de ce pessimisme métaphysique, exprimé dès 1823, Vigny ne guérira jamais. Mais, à partir de 1840, il lui oppose un optimisme social : les hommes, par leur travail et leur esprit d'entraide, peuvent rendre la vie sur terre supportable. Un jour triomphera « l'esprit pur » (1); l'œuvre s'achève sur cette confiance.

LA MORT DU LOUP

Vigny emprunte tous les éléments de sa description d'une chasse au loup à la réalité; mais le loup symbolise ici le silence stoïque devant la mort; de façon plus complexe, c'est aussi la valeur de la solitude en même temps que la nécessité du devoir social que le poète veut affirmer.

...Trois s'arrêtent, et moi, cherchant ce qu'ils voyaient,
J'aperçois tout à coup deux yeux qui flamboyaient
Et je vois au delà quatre formes légères
Qui dansaient sous la lune au milieu des bruyères,
Comme font, chaque jour, à grand bruit sous nos [yeux,
Quand le maître revient, les lévriers joyeux.
Leur forme était semblable et semblable la danse;
Mais les enfants du Loup se jouaient en silence,
Sachant bien qu'à deux pas, ne dormant qu'à demi,
Se couche dans ses murs l'homme, leur ennemi.
Le père était debout, et plus loin, contre un arbre,
Sa louve reposait, comme celle de marbre
Qu'adoraient les Romains, et dont les flancs velus
Couvaient les demi-dieux Rémus et Romulus (2).
Le Loup vient et s'assied, les deux jambes dressées,
Par leurs ongles crochus dans le sable enfoncées.
Il s'est jugé perdu, puisqu'il était surpris,
Sa retraite coupée et tous ses chemins pris,
Alors il a saisi, dans sa gueule brûlante,
Du chien le plus hardi la gorge pantelante,
Et n'a pas desserré ses mâchoires de fer,
Malgré nos coups de feu qui traversaient sa chair,
Et nos couteaux aigus qui, comme des tenailles,
Se croisaient en plongeant dans ses larges entrailles,
Jusqu'au dernier moment où le chien étranglé,
Mort longtemps avant lui, sous ses pieds a roulé.
Le Loup le quitte alors et puis il nous regarde.
Les couteaux lui restaient au flanc jusqu'à la garde,
Le clouaient au gazon tout baigné dans son sang;
Nos fusils l'entouraient en sinistre croissant.
Il nous regarde encore, ensuite il se recouche,
Tout en léchant le sang répandu sur sa bouche,
Et, sans daigner savoir comment il a péri,
Refermant ses grands yeux, meurt sans jeter un cri.

II

J'ai reposé mon front sur mon fusil sans poudre,
Me prenant à penser, et n'ai pu me résoudre
À poursuivre sa Louve et ses fils, qui tous trois
Avaient voulu l'attendre, et, comme je le crois,
Sans ses deux louveteaux, la belle et sombre veuve
Ne l'eût pas laissé seul subir la grande épreuve;
Mais son devoir était de les sauver, afin
De pouvoir leur apprendre à bien souffrir la faim,
À ne jamais entrer dans le pacte des villes
Que l'homme a fait avec les animaux serviles
Qui chassent devant lui, pour avoir le coucher,
Les premiers possesseurs du bois et du rocher.

III

Hélas! ai-je pensé, malgré ce grand nom d'Hommes,
Que j'ai honte de nous, débiles que nous sommes!
Comment on doit quitter la vie et tous ses maux,
C'est vous qui le savez, sublimes animaux.
À voir ce que l'on fut sur terre et ce qu'on laisse,
Seul le silence est grand; tout le reste est faiblesse.
– Ah! je t'ai bien compris, sauvage voyageur,
Et ton dernier regard m'est allé jusqu'au cœur.
Il disait : « Si tu peux, fais que ton âme arrive,
À force de rester studieuse (3) et pensive,
Jusqu'à ce haut degré de stoïque fierté
Où, naissant dans les bois, j'ai tout d'abord monté.
Gémir, pleurer, prier, est également lâche.
Fais énergiquement ta longue et lourde tâche
Dans la voie où le sort a voulu t'appeler,
Puis, après, comme moi, souffre et meurs sans [parler. »

---

(1) Titre d'une de ses dernières œuvres (mars 1863), qui est comme son testament spirituel. – (2) Rémus et Romulus, qui furent, selon la légende, allaités par une louve. – (3) Appliquée.

XIXe siècle

24. Myrbach :
« Le carreau des Halles à Paris », 1885.

25. Vue générale
de l'Exposition Universelle de 1889.

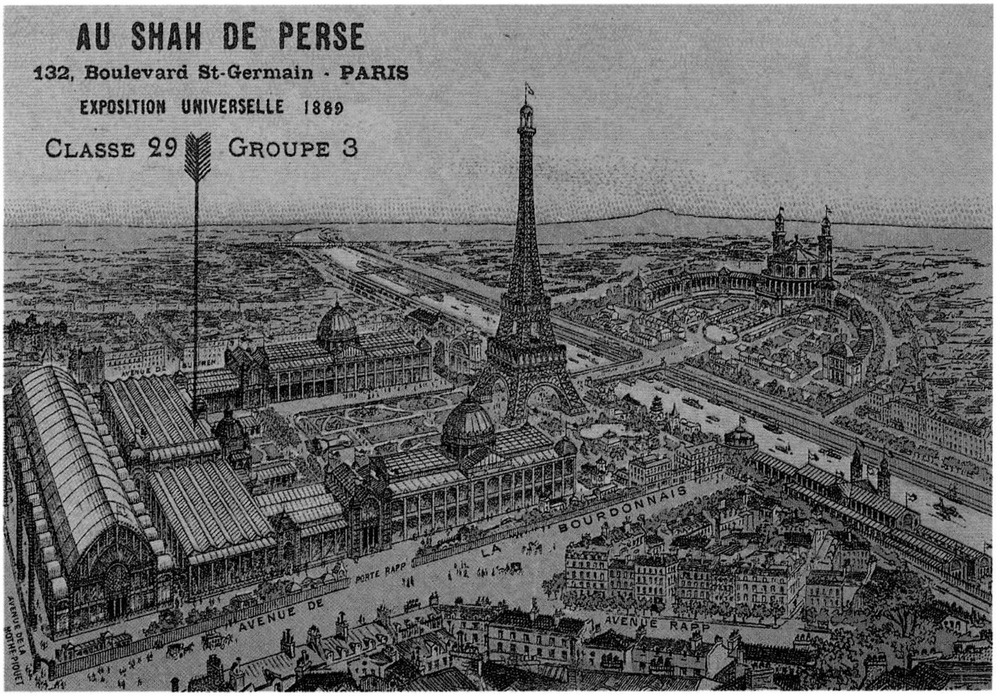

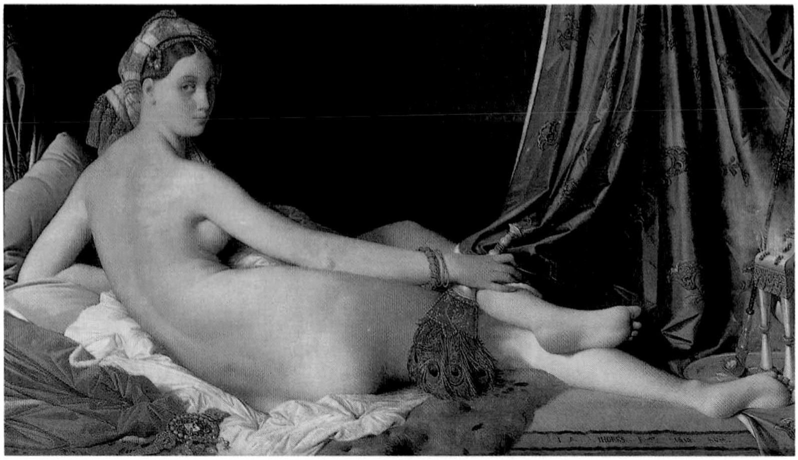

26. J.A.D. Ingres : « Odalisque couchée dite La grande Odalisque », 1814.

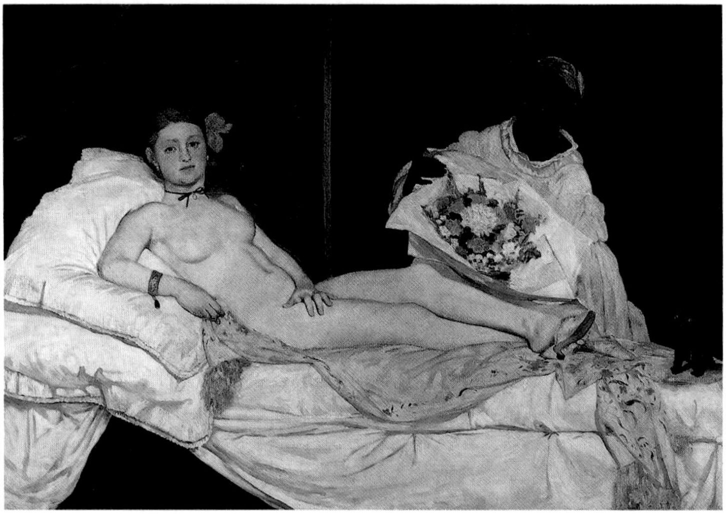

27. E. Manet : « Olympia », 1863.

28. A. Renoir : « Les Baigneuses », 1887.

29. E. Delacroix : « Scènes des massacres de Scio », 1822.

30. E. Courbet : « Les Cribleuses de blé », 1855.

31. J.B. Corot :
« Souvenir de Mortefontaine », 1864.

32. C. Monet :
« Promenade sur la falaise »,1882.

Hugo

SA VIE (1802-1885)

Victor Hugo garda un souvenir ému des jours heureux de son enfance passés, de 1809 à 1813, avec sa mère et ses frères, de leurs jeux dans le jardin de l'ancien couvent des Feuillantines.

Dès ses premiers vers, Hugo connaît la gloire. Après les *Odes* (1822), il s'essaye au roman avec *Han d'Islande* (1823) et commence à fréquenter les milieux littéraires. La préface de sa pièce *Cromwell* (1827) réclame la liberté de l'art. Les *Odes et Ballades* (1828) et les *Orientales* (1829) montrent son sens du pittoresque et sa virtuosité.

La bataille à laquelle donnent lieu les premières représentations d'*Hernani* (1830) fait triompher les « Jeunes-France » (1) sur les partisans des classiques. Hugo est reconnu comme le chef de la nouvelle école. Jusqu'en 1840, sa réputation ne fera que s'affirmer. Quatre recueils lyriques, *Les Feuilles d'automne* (1831), *Les Chants du crépuscule* (1835), *Les Voix intérieures* (1837) et *Les Rayons et les Ombres* (1840) révèlent l'élargissement des préoccupations du poète. Un roman, *Notre-Dame de Paris* (1831) et des succès au théâtre avec *Ruy Blas* (1838) lui conquièrent un vaste public.

L'année 1843 est pour lui une année sombre : le 4 septembre, Léopoldine, sa fille aînée, mariée depuis quelques mois, se noie avec son mari près de Rouen au cours d'une promenade sur la Seine. Pendant dix ans, Hugo ne publie rien; il semble se détourner de la littérature, songe à faire une carrière politique, défend ses idées libérales. Le coup d'État de 1851 ruine tous ses espoirs et il est obligé de s'exiler à Jersey, puis à Guernesey, îles anglo-normandes; c'est là qu'Hugo connaîtra sa plus grande activité littéraire. Paraissent en 1853 *Les Châtiments,* violente satire qui dénonce les crimes de « Napoléon le petit »; en 1856, un grand recueil lyrique, *Les Contemplations :* « C'est l'existence humaine sortant de l'énigme du berceau et aboutissant à l'énigme du cercueil »; en 1859, un recueil épique, *La Légende des siècles* (1re partie). *Les Misérables* (1862), *Les Travailleurs de la mer* (1866) et *L'Homme qui rit* (1869) sont trois romans qui affirmeront la sollicitude de Hugo pour les humbles. Sur son rocher battu par les tempêtes, le poète fait figure de penseur et de mage; l'exilé devient le symbole de la liberté proscrite : il est la voix de la justice.

À son retour, en 1870, le peuple de Paris acclame avec enthousiasme son « patriarche », qui continue à publier : en 1872 et en 1883 paraissent la deuxième et la troisième série de *La Légende des siècles.* Après sa mort, deuil national, il fut enterré au Panthéon (2).

LE POÈTE

Hugo eut particulièrement le sens du mot et de la magie verbale. Il a mis cette langue sonore et colorée, orchestrée par un rythme puissant, au service de tous les grands sentiments, les plus délicats et les plus tumultueux. Il a chanté les humbles joies et les douceurs de l'amour, mais aussi la haine et la colère; il a traduit en visions grandioses son attirance et son effroi devant l'invisible.

Enthousiasmé par tout ce qui touchait au passé de son pays, il a essayé de faire revivre les époques révolues et ranimé le souffle de l'épopée. Il s'est fait justicier en dénonçant l'injustice sociale. Les hommes les plus humbles se sont reconnus dans ses vers. Aucun poète français n'est plus populaire.

---

(1) Groupe de jeunes étudiants et d'artistes, parmi lesquels les poètes Gérard de Nerval et Théophile Gautier, qui constituait la phalange combative du mouvement romantique. *Cf.* p. 222, note 1. – (2) Église de Paris, transformée par l'Assemblée constituante en un temple, pour abriter les cendres des grands hommes.

Ô SOUVENIRS! PRINTEMPS! AURORE!...

Le quatrième livre des Contemplations, *intitulé* Pauca meae, *contient dix-sept poèmes écrits en souvenir de Léopoldine. Les uns expriment les sentiments du père, l'abattement, la révolte, le désespoir, ou la résignation (« À Villequier »); les autres, comme celui-ci, évoquent l'enfant ou la jeune fille, sur un ton simple, empreint d'une émotion discrète.*

Ô souvenirs! printemps! aurore!
Doux rayon triste et réchauffant!
– Lorsqu'elle était petite encore,
Que sa sœur était tout enfant... –

Connaissez-vous, sur la colline
Qui joint Montlignon à Saint-Leu,
Une terrasse qui s'incline
Entre un bois sombre et le ciel bleu? (1)

C'est là que nous vivions. – Pénètre,
Mon cœur, dans ce passé charmant! –
Je l'entendais sous ma fenêtre
Jouer le matin doucement.

Elle courait dans la rosée,
Sans bruit, de peur de m'éveiller;
Moi, je n'ouvrais pas ma croisée,
De peur de la faire envoler.

Ses frères riaient... – Aube pure!
Tout chantait sous ces frais berceaux,
Ma famille avec la nature,
Mes enfants avec les oiseaux!

Je toussais, on devenait brave;
Elle montait à petits pas,
Et me disait d'un air très grave :
J'ai laissé les enfants en bas.

Qu'elle fût bien ou mal coiffée,
Que mon cœur fût triste ou joyeux,
Je l'admirais. C'était ma fée,
Et le doux astre de mes yeux!

Nous jouions toute la journée.
Ô jeux charmants! chers entretiens!
Le soir, comme elle était l'aînée,
Elle me disait : « Père, viens!

« Nous allons t'apporter ta chaise,
« Conte-nous une histoire, dis! » –
Et je voyais rayonner d'aise
Tous ces regards du paradis.

Alors, prodiguant les carnages,
J'inventais un conte profond
Dont je trouvais les personnages
Parmi les ombres du plafond.

Toujours, ces quatre douces têtes
Riaient, comme à cet âge on rit,
De voir d'affreux géants très bêtes
Vaincus par des nains pleins d'esprit.

J'étais l'Arioste (2) et l'Homère
D'un poème éclos d'un seul jet;
Pendant que je parlais, leur mère
Les regardait rire, et songeait.

Leur aïeul, qui lisait dans l'ombre,
Sur eux parfois levait les yeux,
Et moi, par la fenêtre sombre
J'entrevoyais un coin des cieux!

BOOZ ENDORMI

Dans La Légende des siècles, *Hugo se proposait d' « exprimer l'humanité en une espèce d'œuvre cyclique ». « Booz endormi » figure dans la première partie :* D'Ève à Jésus. *Le sujet est tiré de la Bible (livre de Ruth). Il y est dit comment Ruth, venue de Moab en Arabie, conquit le cœur du riche Booz qui l'épousa malgré sa vieillesse. Leur fils devait être Jessé, père de David, et ancêtre du Christ. Ce poème allie la familiarité patriarcale à la grandeur épique. L'évocation pittoresque des termes bibliques, des échanges libres et simples entre le ciel et la terre, se traduit dans la douceur murmurante de l'expression, dans l'harmonie chaude et voilée des sonorités, dans le fondu discret du rythme.*

...Comme dormait Jacob (3), comme dormait Judith (4),
Booz, les yeux fermés, gisait sous la feuillée;
Or, la porte du ciel s'étant entre-bâillée
Au-dessus de sa tête, un songe en descendit.

Et ce songe était tel, que Booz vit un chêne
Qui, sorti de son ventre, allait jusqu'au ciel bleu;
Une race y montait comme une longue chaîne;
Un roi (5) chantait en bas, en haut mourait un Dieu (6).

(1) Hugo évoque ici le domaine de La Terrasse, dans la vallée d'Enghien, près de Montmorency, où il passa l'été avec sa famille en 1840. – (2) Poète épique italien, auteur du célèbre *Roland furieux* (1516). – (3) et (4) Jacob et Judith firent des rêves prophétiques. – (5) David. – (6) Le Christ.

Et Booz murmurait avec la voix de l'âme :
« Comment se pourrait-il que de moi ceci vînt?
Le chiffre de mes ans a passé quatre-vingt,
Et je n'ai pas de fils, et je n'ai plus de femme.

« Voilà longtemps que celle avec qui j'ai dormi,
Ô Seigneur! a quitté ma couche pour la vôtre;
Et nous sommes encor tout mêlés l'un à l'autre,
Elle à demi vivante et moi mort à demi.

« Une race naîtrait de moi! Comment le croire?
Comment se pourrait-il que j'eusse des enfants?
Quand on est jeune, on a des matins triomphants,
Le jour sort de la nuit comme d'une victoire;

« Mais, vieux, on tremble ainsi qu'à l'hiver le [bouleau;
Je suis veuf, je suis seul, et sur moi le soir tombe,
Et je courbe, ô mon Dieu! mon âme vers la tombe,
Comme un bœuf ayant soif penche son front vers [l'eau. »

Ainsi parlait Booz dans le rêve et l'extase,
Tournant vers Dieu ses yeux par le sommeil noyés;
Le cèdre ne sent pas une rose à sa base,
Et lui ne sentait pas une femme à ses pieds.

Pendant qu'il sommeillait, Ruth, une Moabite,
S'était couchée aux pieds de Booz, le sein nu,
Espérant on ne sait quel rayon inconnu,
Quand viendrait du réveil la lumière subite.

Booz ne savait point qu'une femme était là,
Et Ruth ne savait point ce que Dieu voulait d'elle.
Un frais parfum sortait des touffes d'asphodèle;
Les souffles de la nuit flottaient sur Galgala (1).

L'ombre était nuptiale, auguste et solennelle;
Les anges y volaient sans doute obscurément,
Car on voyait passer dans la nuit, par moment,
Quelque chose de bleu qui paraissait une aile.

La respiration de Booz qui dormait
Se mêlait au bruit sourd des ruisseaux sur la mousse.
On était dans le mois où la nature est douce,
Les collines ayant des lis sur leur sommet.

Ruth songeait et Booz dormait; l'herbe était noire,
Les grelots des troupeaux palpitaient vaguement;
Une immense bonté tombait du firmament;
C'était l'heure tranquille où les lions vont boire.

Tout reposait dans Ur et dans Jérimadeth (2);
Les astres émaillaient le ciel profond et sombre;
Le croissant fin et clair parmi ces fleurs de l'ombre
Brillait à l'occident, et Ruth se demandait,

Immobile, ouvrant l'œil à moitié sous ses voiles,
Quel dieu, quel moissonneur de l'éternel été
Avait, en s'en allant, négligemment jeté
Cette faucille d'or dans le champ des étoiles.

Gérard de Nerval

SA VIE (1808-1855)

Gérard Labrunie (3) montre très jeune un enthousiasme déclaré pour la poésie du XVIe siècle et pour la littérature allemande qu'il connaît parfaitement. Jeune romantique, il traduit *Faust* en 1828, publie des poèmes et des contes, tout en menant la vie insouciante et bohème des artistes et poètes de la rue du Doyenné.

La chanteuse Jenny Colon lui inspire un grand amour, mais le quitte bientôt pour se marier. Il ne se console qu'en apparence : l'image de Jenny prend place dans ses souvenirs embués de rêve, se confond peu à peu avec le fantôme charmant de celles qu'il a aimées et perdues, apparences fugitives d'un être insaisissable et éternel. Il effectue en 1843 un voyage en Orient : il enrichit encore sa sensibilité par une enquête sur tous les mysticismes orientaux, enquête que fera revivre son *Voyage en Orient* (1851); mais son état mental, qui avait subi en 1841 une première atteinte, aboutit en 1851 à une seconde crise de démence et à un séjour en clinique.

Pourtant il publie en 1853 *Sylvie,* recueil de nouvelles, et, malgré ses séjours répétés en clinique, luttant désespérément contre la folie, il réussit à terminer le recueil de sonnets *Les Chimères* en 1853, *Les Filles du feu* en 1854; mais le 26 janvier 1855, vers six heures du matin, on le trouve pendu à une grille dans une ruelle sordide.

---

(1) Colline à trois lieues de Jérusalem. – (2) Jérimadeth : nom inventé par Hugo. Ur, ville de Chaldée. – (3) Son pseudonyme est emprunté à une terre de son Valois, le clos de Nerval.

UN POÈTE SURNATURALISTE

Poète plein de mystère, héritier des traditions pythagoriciennes (1), néo-païennes (2) ou panthéistes (3), il a essayé de traduire ce qu'il nomme les « rêveries surnaturalistes ». Artiste savant et lucide, il a su évoquer les vieilles coutumes, les fêtes rustiques, les danses de jeunes filles en une langue toujours exacte et suggestive.

Visionnaire enfin et « révélateur » inspiré, il a vécu, avant Baudelaire et Rimbaud, une étonnante descente aux enfers, une irremplaçable expérience intérieure.

ADRIENNE ET SYLVIE

Douloureuse histoire d'amours de jeunesse, Sylvie *est aussi un poème du souvenir, du rêve, des profondeurs de l'âme, accordé aux paysages calmes et harmonieux du « vieux pays de Valois », tout embelli d'histoire et de légende.*

Je me représentais un château du temps de Henri IV avec ses toits pointus couverts d'ardoises et sa face rougeâtre aux encoignures dentelées de pierres jaunies, une grande place verte encadrée d'ormes et de tilleuls, dont le soleil couchant perçait le feuillage de ses traits enflammés. Des jeunes filles dansaient en rond sur la pelouse en chantant de vieux airs transmis par leurs mères, et d'un français si naturellement pur, que l'on se sentait bien exister dans ce vieux pays du Valois, où, pendant plus de mille ans, a battu le cœur de la France.

J'étais le seul garçon dans cette ronde, où j'avais amené ma compagne toute jeune encore, Sylvie, une petite fille du hameau voisin, si vive et si fraîche, avec ses yeux noirs, son profil régulier et sa peau légèrement hâlée !... Je n'aimais qu'elle, je ne voyais qu'elle, – jusque-là ! À peine avais-je remarqué, dans la ronde, où nous dansions, une blonde, grande et belle, qu'on appelait Adrienne. Tout d'un coup, suivant les règles de la danse, Adrienne se trouva placée seule avec moi au milieu du cercle. Nos tailles étaient pareilles. On nous dit de nous embrasser, et la danse et le chœur tournaient plus vivement que jamais. En lui donnant ce baiser, je ne pus m'empêcher de lui presser la main. Les longs anneaux roulés de ses cheveux d'or effleuraient mes joues. De ce moment, un trouble inconnu s'empara de moi. – La belle devait chanter pour avoir le droit de rentrer dans la danse. On s'assit autour d'elle, et aussitôt, d'une voix fraîche et pénétrante, légèrement voilée, comme celle des filles de ce pays brumeux, elle chanta une de ces anciennes romances pleines de mélancolie et d'amour, qui racontent toujours les malheurs d'une princesse enfermée dans sa tour par la volonté d'un père qui la punit d'avoir aimé. La mélodie se terminait à chaque stance par ces trilles chevrotants que font valoir si bien les voix jeunes, quand elles imitent par un frisson modulé la voix tremblante des aïeules.

À mesure qu'elle chantait, l'ombre descendait des grands arbres et le clair de lune naissant tombait sur elle seule, isolée de notre cercle attentif. – Elle se tut, et personne n'osa rompre le silence. La pelouse était couverte de faibles vapeurs condensées, qui déroulaient leurs blancs flocons sur les pointes des herbes. Nous pensions être en paradis. – Je me levai enfin, courant au parterre du château, où se trouvaient des lauriers, plantés dans de grands vases de faïence peints en *camaïeu* (4). Je rapportai deux branches, qui furent tressées en couronne et nouées d'un ruban. Je posai sur la tête d'Adrienne cet ornement, dont les feuilles lustrées éclataient sur ses cheveux blonds aux rayons pâles de la lune. Elle ressemblait à la Béatrice de *Dante* qui sourit au poète errant sur la lisière des saintes demeures.

Chap. II.

EL DESDICHADO

El Desdichado, le Déshérité, c'est le chevalier inconnu qui entre en lice dans le roman de Walter Scott : Ivanhoé, *mais c'est aussi le poète lui-même, avec tous ses rêves irréalisables, ses souvenirs féminins et les créatures imaginaires*

---

(1) Pythagore et son école considéraient le « nombre » comme le principe de toutes choses et admettaient la métempsycose. – (2) Qui marquent un retour au paganisme antique. – (3) Selon le panthéisme, Dieu s'identifie à l'ensemble des êtres. – (4) Teinture qui emploie les tons variés d'une couleur unique.

de ses songes; cette véritable descente aux enfers tient à la fois du délire et de la révélation mystique. Ce qu'on a appelé l'hermétisme de Nerval est ici l'aboutissement du jeu magique et incantatoire des mots, des images, des rythmes et des sonorités, révélant le monde ignoré et fascinant des fantasmes secrets de l'âme, de ses mythes et de ses symboles. Ce poème annonce les expériences et les réussites du surréalisme.

Je suis le Ténébreux, – le Veuf, – l'Inconsolé,
Le Prince d'Aquitaine (1) à la Tour abolie :
Ma seule *étoile* est morte, – et mon luth constellé
Porte *le Soleil* noir (2) de la *Mélancolie.*

Dans la nuit du Tombeau, Toi qui m'as consolé,
Rends-moi le Pausilippe (3) et la mer d'Italie,
La *fleur* qui plaisait tant à mon cœur désolé
Et la treille où le Pampre à la Rose s'allie.

Suis-je Amour ou Phébus?... Lusignan (4) ou Biron (5)?
Mon front est rouge encor du baiser de la Reine;
J'ai rêvé dans la Grotte où nage la sirène...

Et j'ai deux fois vainqueur traversé l'Achéron :
Modulant tour à tour sur la lyre d'Orphée
Les soupirs de la Sainte et les cris de la Fée (6).

Les Chimères.

Musset

SA VIE ET SON ŒUVRE (1810-1857)

Musset, après une enfance heureuse et des études brillantes, est fêté dans les milieux littéraires parisiens comme un jeune homme plein de charme et de génie. Son premier recueil poétique, *Contes d'Espagne et d'Italie* (1830), est goûté pour ses rythmes audacieux et ses images colorées. L'échec au théâtre de *La Nuit vénitienne* l'incite à écrire désormais des pièces sans les faire jouer : *La Coupe et les Lèvres, À quoi rêvent les jeunes filles* (1832), *Les Caprices de Marianne* (1833), *Fantasio* (1834).

Sa passion pour George Sand, vécue en partie dans le cadre romantique de Venise et traversée d'orages, ne durera que de 1833 à 1835. Mais elle fit, au dire même de Musset, « un homme d'un enfant ». L'apaisement une fois venu, le poète connaît une période de grande activité littéraire. L'écho de ses amours se retrouve dans ses poèmes : *Les Nuits* (1835-1837), *Lettre à Lamartine* (1836), *Souvenir* (1841). Mais il ne se limite pas à la poésie et fait paraître des pièces de théâtre : *On ne badine pas avec l'amour* (1834), *Lorenzaccio* (1834), *Il ne faut jurer de rien* (1836), *Un Caprice* (1837), ainsi que des nouvelles et des essais de critique littéraire. Brusquement sa verve créatrice se tarit après 1840; sa santé décline et il meurt, usé par les plaisirs et l'alcool.

Musset a souvent affirmé sa vénération pour certains écrivains classiques, tels que La Fontaine ou Molière, et s'est maintes fois moqué des romantiques. Néanmoins, il est bien un poète romantique; pour lui, l'émotion est la source de l'inspiration : « Ah! frappe-toi le cœur, c'est là qu'est le génie. »

LA NUIT DE MAI

Musset, depuis sa rupture avec George Sand, n'avait plus écrit de vers. Au printemps 1835, l'inspiration renaît, et il écrit ce dialogue entre le poète, encore mal guéri de son amour, et la Muse, qui l'appelle à reprendre la plume et en même temps à retrouver goût à la vie : si la douleur est source de poésie, la poésie est consolatrice. Dans ce passage,

(1) Nerval se croyait issu d'une noble famille possédant des châteaux au bord de la Dordogne. – (2) Allusion à une gravure célèbre de Dürer, dont le « soleil noir » devient ici un symbole. – (3) Promontoire qui domine la baie de Naples. – (4) Illustre famille du Poitou. – (5) Noble compagnon d'Henri IV. – (6) « Adrienne » et « Aurélia », les deux femmes rêvées qu'il a aimées toute sa vie et souvent confondues.

Musset reprend le symbole chrétien du pélican qui donne sa vie pour ses petits, et utilise la comparaison, procédé classique par excellence. Mais il lui confère une dimension nouvelle, en l'organisant sous la forme d'un drame pathétique au sein d'un cadre spécifiquement romantique.

LA MUSE

...Rien ne nous rend si grands qu'une grande douleur.
Mais, pour en être atteint, ne crois pas, ô poète,
Que ta voix ici-bas doive rester muette.
Les plus désespérés sont les chants les plus beaux,
Et j'en sais d'immortels qui sont de purs sanglots.
Lorsque le pélican, lassé d'un long voyage,
Dans les brouillards du soir retourne à ses roseaux,
Ses petits affamés courent sur le rivage
En le voyant au loin s'abattre sur les eaux.
Déjà, croyant saisir et partager leur proie,
Ils courent à leur père avec des cris de joie
En secouant leurs becs sur leurs goitres hideux.
Lui, gagnant à pas lents une roche élevée,
De son aile pendante abritant sa couvée,
Pêcheur mélancolique, il regarde les cieux.
Le sang coule à longs flots de sa poitrine ouverte;
En vain il a des mers fouillé la profondeur :
L'Océan était vide et la plage déserte;
Pour toute nourriture il apporte son cœur.
Sombre et silencieux, étendu sur la pierre,
Partageant à ses fils ses entrailles de père,
Dans son amour sublime, il berce sa douleur,
Et, regardant couler sa sanglante mamelle,
Sur son festin de mort il s'affaisse et chancelle,
Ivre de volupté, de tendresse et d'horreur.
Mais parfois, au milieu du divin sacrifice,
Fatigué de mourir dans un trop long supplice,
Il craint que ses enfants ne le laissent vivant;
Alors il se soulève, ouvre son aile au vent,
Et, se frappant le cœur avec un cri sauvage,
Il pousse dans la nuit un si funèbre adieu,
Que les oiseaux des mers désertent le rivage,
Et que le voyageur attardé sur la plage,
Sentant passer la mort, se recommande à Dieu.
Poète, c'est ainsi que font les grands poètes.
Ils laissent s'égayer ceux qui vivent un temps;
Mais les festins humains qu'ils servent à leurs fêtes
Ressemblent la plupart à ceux des pélicans.
Quand ils parlent ainsi d'espérances trompées,
De tristesse et d'oubli, d'amour et de malheur,
Ce n'est pas un concert à dilater le cœur.
Leurs déclamations sont comme des épées :
Elles tracent dans l'air un cercle éblouissant,
Mais il y pend toujours quelque goutte de sang.

Le théâtre romantique

LES SOURCES : LE MÉLODRAME ET LE THÉÂTRE DE SHAKESPEARE

La tragédie est en pleine décadence avec des intrigues languissantes, des personnages sans vie, un style ridiculement pompeux. Au contraire, depuis la fin du XVIIIᵉ siècle, un genre populaire, le mélodrame, connaît une vogue grandissante. Le public raffole de ces pièces où se mêlent, au cours d'une action semée de péripéties sans nombre, le comique, l'émouvant, l'horrifiant et le macabre. On y voit souvent face à face les trois personnages qui s'affrontent inéluctablement : une jeune et palpitante héroïne, un traître férocement attaché à sa perte et un jeune premier séduisant, le sauveur et le justicier. Les décors et les costumes veulent restituer la « couleur locale ». Le plus célèbre des auteurs de mélodrame, Pixérécourt, poussera le souci du dépaysement jusqu'à faire converser sur la scène des sauvages, en langue caraïbe. Le mélodrame exercera sur les conceptions du théâtre romantique une influence qui n'est pas négligeable.

En même temps, le théâtre de Shakespeare, dont Guizot publie une traduction en 1821, s'introduit sur la scène française, non sans provoquer quelques remous. En 1822, à Paris, une troupe d'acteurs anglais se heurte à l'hostilité bruyante du public; mais cinq ans plus tard, la pièce *Roméo et Juliette* soulève l'enthousiasme général. Cet élargissement du goût s'explique aussi en partie par l'influence de certains écrits théoriques, comme le *Racine et Shakespeare* de Stendhal (1823 et 1825). Selon lui, les pièces de Racine, emprisonnées dans l'étroitesse des conventions classiques, manquent de ressort dramatique. À l'exemple de Shakespeare, il faut s'affranchir de ces règles trop strictes et s'orienter vers une forme de « tragédie en prose qui dure plusieurs mois et se passe en divers lieux ».

Alexandre Dumas

Le premier succès romantique au théâtre fut, en 1829, *Henri III et sa Cour,* œuvre d'un jeune homme, Alexandre Dumas (1802-1870). Cette pièce a pour sujet les amours d'un jeune favori d'Henri III, Saint-Mégrin, et de la duchesse de Guise. Le duc de Guise entraîne son rival dans un guet-apens et le fait assassiner. De ce drame de la passion, Dumas s'attache à faire aussi un tableau d'histoire : il évoque les intrigues politiques qui mettent aux prises le roi, le duc de Guise et Catherine de Médicis.

Dans une scène essentielle et caractéristique, on voit le duc de Guise contraindre la duchesse à écrire, sous sa dictée, un billet à Saint-Mégrin, pour lui fixer un rendez-vous où il trouvera la mort (III, 5). Dumas y pratique avec adresse l'art du « suspense » : comme les spectateurs, la duchesse ne prend conscience que progressivement du dessein impitoyable de son mari. Par l'évanouissement de la jeune femme, par l'exhibition de son bras meurtri, il obtient des effets d'un pathétique facile. Tout cela s'apparente de près au mélodrame.

Le Duc

Voulez-vous bien me servir de secrétaire?

La Duchesse

Moi, Monsieur! et pour écrire à qui?

Le Duc

Que vous importe! c'est moi qui dicterai. *(En approchant une plume et du papier.)* Voilà ce qu'il vous faut.

La Duchesse

Je crains de ne pouvoir former un seul mot; ma main tremble; ne pourriez-vous par une autre personne?...

Le Duc

Non, Madame, il est indispensable que ce soit vous.

La Duchesse

Mais au moins, remettez à plus tard...

Le Duc

Cela ne peut se remettre, Madame, d'ailleurs il suffira que votre écriture soit lisible... Écrivez donc.

La Duchesse

Je suis prête...

Le Duc (dictant)

« Plusieurs membres de la Sainte-Union (1) se rassemblent cette nuit à l'hôtel de Guise; les portes resteront ouvertes jusqu'à une heure du matin; vous pouvez, à l'aide d'un costume de ligueur (2), passer sans être aperçu... L'appartement de Mme la Duchesse de Guise est au deuxième étage... »

La Duchesse

Je n'écrirai pas davantage, que je ne sache à qui est destiné ce billet.

Le Duc

Vous le verrez, Madame, en mettant l'adresse.

La Duchesse

Elle ne peut être pour vous, Monsieur, et, à tout autre elle compromet mon honneur...

Le Duc

Votre honneur!... Vive Dieu! Madame, et qui doit en être plus jaloux que moi?... Laissez-m'en juge, et suivez mon désir...

La Duchesse

Vous n'obtiendrez rien de moi en me contraignant à rester...

Le Duc

(lui saisissant le bras avec son gant de fer) (3)

Écrivez.

La Duchesse

Oh! laissez-moi.

Le Duc

Écrivez.

La Duchesse

(essayant de dégager son bras)

Vous me faites mal, Henri.

Le Duc

Écrivez, vous dis-je.

La Duchesse

Vous me faites bien mal, Henri; vous me faites horriblement mal... Grâce! Grâce! Ah!

Le Duc

Écrivez donc...

La Duchesse

Le puis-je? Ma vue se trouble... Une sueur froide... Ô mon Dieu! mon Dieu! je te remercie, je vais mourir. *(Elle s'évanouit.)*

---

(1) La Ligue : mouvement organisé par le duc de Guise, sous prétexte de défendre le catholicisme, mais en fait pour mettre sur le trône, à la place d'Henri III, un prince de la famille des Guise. – (2) Partisan de la Ligue. – (3) Le duc est revêtu de son armure.

Le Duc

Eh ! non, Madame.

La Duchesse

Qu'exigez-vous de moi ?

Le Duc

Que vous m'obéissiez.

La Duchesse

Oui ! oui ! j'obéis... La douleur seule m'a vaincue... Elle a été au-delà de mes forces. Tu l'as permis, ô mon Dieu ! le reste est entre tes mains.

Le Duc (dictant)

« L'appartement de Madame la Duchesse de Guise est au deuxième étage, et cette clé en ouvre la porte. » L'adresse maintenant.

(Pendant qu'il plie la lettre, Mme de Guise relève sa manche, et l'on voit sur son bras des traces bleuâtres.)

La Duchesse

Que dirait la noblesse de France, si elle savait que le Duc de Guise a meurtri un bras de femme avec un gantelet de chevalier ?

Le Duc

Le Duc de Guise en rendra raison à quiconque viendra la lui demander. Achevez : « A Monsieur le Comte de Saint-Mégrin. »

La Duchesse

C'était donc bien à lui ?

Le Duc

Ne l'aviez-vous pas deviné ?

La Duchesse

Monsieur le Duc, ma conscience me permettait d'en douter du moins.

Le Duc

Assez, assez. Appelez un de vos pages, et remettez-lui cette lettre *(allant à la porte du salon et ôtant la clé)* et cette clé...

Victor Hugo

LA THÉORIE DU DRAME

Le premier drame de Hugo, *Cromwell* (1827), par la complication de l'intrigue, la multiplicité des personnages et la durée du spectacle (sept heures), était injouable. Mais l'importante préface qui l'accompagnait exposait les vues de l'auteur sur le théâtre. Il s'opposait à la conception classique au nom d'un principe essentiel : « l'art doit être la représentation de la nature ». Cette reproduction doit être totale, et puisque dans la vie « le laid existe à côté du beau », le grotesque à côté du sublime, le théâtre romantique n'hésitera pas à les faire figurer côte à côte : ce principe exclut la distinction des genres. Il faut aussi laisser se développer sur la scène les événements que les classiques resserraient en récits, et que le décor, élément essentiel du drame, soit vrai et approprié aux scènes capitales qui s'y déroulent. Ainsi, les unités de temps et de lieu doivent être sacrifiées, en vertu du principe même qui les rendait nécessaires aux yeux des classiques : la vraisemblance (1). La liberté est le grand principe de l'art : « Il n'y a ni règles, ni modèles; le poète ne doit prendre conseil que de la nature, de la vérité et de l'inspiration. »

LES ŒUVRES DRAMATIQUES

Dans les drames de Hugo, péripéties, coups de théâtre se multiplient. La psychologie y est assez sommaire et les personnages s'apparentent par plus d'un trait à ceux du mélodrame. Mais les dons poétiques de l'écrivain, sa verve, l'irrésistible maîtrise de la langue qui lui permet de ménager sans fin des effets grandiloquents et burlesques, s'y manifestent sous la forme de couplets lyriques ou de larges fresque épiques. Le style est vivant et coloré. Grâce à l'emploi de l'alexandrin, assoupli par le jeu des coupes et des rejets, la forme est brillante sans être guindée. *Hernani* et *Ruy Blas* sont restées les deux pièces les plus célèbres de cette œuvre dramatique.

---

(1) Pour les classiques, la vraisemblance exigeait que l'action se déroulât en un temps aussi voisin que possible de la durée du spectacle, et que le même décor subsistât d'un bout à l'autre de la pièce, afin d'entretenir l'illusion du spectateur.

HERNANI

Doña Sol doit « dans une heure » épouser contre son gré son oncle, le vieux Don Ruy Gomez de Silva. À Hernani, qu'elle aime d'un amour profond et qui l'aime, elle confie son intention de se tuer pour ne pas appartenir à un autre. Hernani exhale son désespoir. Dans cette tirade (III, 4), se dépeint le héros romantique, esclave de la fatalité, qui entraîne au malheur tous ceux qui l'approchent. L'évocation de ses compagnons disparus s'élargit en un tableau épique. Le thème de la mort et celui de la fatalité du destin se prêtent aux accents lyriques. Le rythme, les images, la puissance d'évocation des noms propres, la souplesse du vers donnent une expression pathétique à ces sentiments tumultueux.

Hernani

Monts d'Aragon ! Galice ! Estramadoure !
– Oh ! je porte malheur à tout ce qui m'entoure ! –
J'ai pris vos meilleurs fils ; pour mes droits, sans [remords
Je les ai fait combattre et voilà qu'ils sont morts !
C'étaient les plus vaillants de la vaillante Espagne.
Ils sont morts ! ils sont tous tombés dans la montagne,
Tous sur le dos couchés, en braves, devant Dieu,
Et, si leurs yeux s'ouvraient, ils verraient le ciel bleu !
Voilà ce que je fais de tout ce qui m'épouse !
Est-ce une destinée à te rendre jalouse ?
Doña Sol, prends le duc, prends l'enfer, prends le [roi (1) !
C'est bien. Tout ce qui n'est pas moi vaut mieux [que moi !
Je n'ai plus un ami qui de moi se souvienne,
Tout me quitte, il est temps qu'à la fin ton tour [vienne,
Car je dois être seul. Fuis ma contagion.
Ne te fais pas d'aimer une religion (2) !
Oh ! par pitié pour toi, fuis ! – Tu me crois peut-être
Un homme comme sont tous les autres, un être
Intelligent, qui court droit au but qu'il rêva.
Détrompe-toi. Je suis une force qui va !
Agent aveugle et sourd de mystères funèbres !
Une âme de malheur faite avec des ténèbres !
Où vais-je ? je ne sais. Mais je me sens poussé
D'un souffle impétueux, d'un destin insensé.
Je descends, je descends, et jamais ne m'arrête.
Si parfois, haletant, j'ose tourner la tête,
Une voix me dit : Marche ! et l'abîme est profond,
Et de flamme ou de sang je le vois rouge au fond !
Cependant, à l'entour de ma course farouche,
Tout se brise, tout meurt. Malheur à qui me touche !
Oh ! fuis ! détourne-toi de mon chemin fatal,
Hélas ! sans le vouloir, je te ferais du mal !

Grâce à la magnanimité de son autre rival, Don Carlos, devenu l'empereur Charles Quint, Hernani épousera Doña Sol. Mais, esclave d'une promesse faite jadis à Don Gomez, il doit se tuer et Doña Sol l'accompagnera dans la mort.

Musset

UN THÉÂTRE ORIGINAL

Les comédies de Musset, « théâtre dans un fauteuil » qui n'a pas été fait pour être joué, apportent au théâtre une note originale, spirituelle et charmante. Sur un ton ironique et attendri, dans un cadre familier, Musset présente des héroïnes vives, naïves et romanesques, dont la pensée vagabonde en constantes virevoltes tout en revenant sans cesse à l'essentiel, l'amour qui les intrigue, les affole et les enchante.

Mais c'est avec *Lorenzaccio* (1834) que Musset a sans doute donné un des chefs-d'œuvre du drame romantique. Cette histoire du meurtre d'Alexandre de Médicis par son neveu Lorenzo est remarquable par la peinture de ce héros sceptique et idéaliste, qu'on a pu comparer à Hamlet, et par la juste évocation de l'atmosphère de Florence au XVIe siècle. Dans cet extrait (III, 3), Lorenzo, qui a plongé dans la débauche pour devenir le familier d'Alexandre et pouvoir ainsi le tuer, se rend compte que le vice, choisi initialement pour préparer la liberté de sa patrie, est à présent pour lui une seconde nature. Son pessimisme s'exprime alors, quand il explique à Philippe Strozzi, chef des républicains, à quel point son héroïsme est illusoire.

(1) Don Carlos, qui est aussi amoureux de Doña Sol. – (2) Un scrupule de conscience.

LORENZO. – Suis-je un Satan? Lumière du ciel! Quand j'ai commencé à jouer mon rôle de Brutus (1) moderne, je marchais dans mes habits neufs de la grande confrérie du vice comme un enfant de dix ans dans l'armure d'un géant de la Fable. Je croyais que la corruption était un stigmate (2), et que les monstres seuls le portaient au front. J'avais commencé à dire tout haut que mes vingt années de vertu étaient un masque étouffant; ô Philippe! j'entrai alors dans la vie, et je vis qu'à mon approche tout le monde en faisait autant que moi; tous les masques tombaient devant mon regard; l'humanité souleva sa robe et me montra, comme à un adepte digne d'elle, sa monstrueuse nudité. J'ai vu les hommes tels qu'ils sont, et je me suis dit : Pour qui est-ce que je travaille? Lorsque je parcourais les rues de Florence, avec mon fantôme à mes côtés, je me demandais : Quand j'aurai fait mon coup, celui-là en profitera-t-il? J'ai vu les républicains dans leur cabinets; je suis entré dans les boutiques; j'ai écouté et j'ai guetté. J'ai recueilli les discours des gens du peuple; j'ai vu l'effet que produisait sur eux la tyrannie; j'ai bu dans les banquets patriotiques le vin qui engendre la métaphore et la prosopopée (3); j'ai avalé entre deux baisers les larmes les plus vertueuses; j'attendais toujours que l'humanité me laissât voir sur sa face quelque chose d'honnête. J'observais comme un amant observe sa fiancée en attendant le jour des noces.

PHILIPPE. – Si tu n'as vu que le mal, je te plains; mais je ne puis te croire. Le mal existe, mais non pas sans le bien, comme l'ombre existe, mais non sans la lumière.

LORENZO. – Tu ne veux voir en moi qu'un mépriseur d'hommes : c'est me faire injure. Je sais parfaitement qu'il y en a de bons; mais à quoi servent-ils? que font-ils? comment agissent-ils? Qu'importe que la conscience soit vivante, si le bras est mort? Il y a de certains côtés par où tout devient bon : un chien est un ami fidèle; on peut trouver en lui le meilleur des serviteurs, comme on peut voir aussi qu'il se roule sur les cadavres, et que la langue avec laquelle il lèche son maître sent la charogne à une lieue. Tout ce que j'ai à voir, moi, c'est que je suis perdu, et que les hommes n'en profiteront pas plus qu'ils ne me comprendront.

PHILIPPE. – Pauvre enfant, tu me navres le cœur! Mais si tu es honnête, quand tu auras délivré ta patrie, tu le redeviendras. Cela réjouit mon vieux cœur, Lorenzo, de penser que tu es honnête; alors tu jetteras ce déguisement hideux qui te défigure, et tu redeviendras d'un métal aussi pur que les statues de bronze d'Harmodius et d'Aristogiton (4).

LORENZO. – Philippe, Philippe, j'ai été honnête. La main qui a soulevé une fois le voile de la vérité ne peut plus le laisser retomber; elle reste immobile jusqu'à la mort, tenant toujours ce voile terrible, et l'élevant de plus en plus au-dessus de la tête de l'homme, jusqu'à ce que l'ange du sommeil éternel lui bouche les yeux.

PHILIPPE. – Toutes les maladies se guérissent; et le vice est aussi une maladie.

LORENZO. – Il est trop tard. Je me suis fait à mon métier. Le vice a été pour moi un vêtement; maintenant il est collé à ma peau. Je suis vraiment un ruffian, et, quand je plaisante sur mes pareils, je me sens sérieux comme la mort au milieu de ma gaieté. Brutus a fait le fou pour tuer Tarquin (5) et ce qui m'étonne en lui, c'est qu'il n'y ait pas laissé sa raison. Profite de moi, Philippe, voilà ce que j'ai à te dire; ne travaille pas pour la patrie.

Le roman

Stendhal

SA VIE (1783-1842)

Après une enfance et une adolescence sans joie, Henri Beyle, qui prendra le pseudonyme de Stendhal, vient à Paris où il s'oriente vers la carrière militaire; d'abord sous-lieutenant à l'armée d'Italie (1800-1802), après quelques années de vie civile qu'il passe à Paris, complétant sa culture par d'importantes lectures et cherchant sans succès dans le domaine du théâtre sa voie d'écrivain, il entre dans l'intendance où il demeurera jusqu'à la chute de Napoléon (1806-1814). Il se fixe alors à Milan pour quelques années, revient ensuite à Paris et publie quelques ouvrages dont *Racine et Shakespeare* et *Le Rouge et le Noir* (1831).

(1) Un des meurtriers de Jules César. – (2) La marque que laissèrent les clous dans les mains et les pieds du Christ. – (3) Figure de style qui consiste à faire parler une personne absente ou morte. – (4) Meurtriers d'Hipparque, tyran d'Athènes. – (5) Tarquin le Superbe, dernier roi de Rome.

Après la Révolution de 1830, il exerce en Italie les fonctions de consul. Au cours d'un long congé passé en France, il écrit *La Chartreuse de Parme* (1839). Sa santé l'oblige à regagner Paris où il mourra d'une attaque d'apoplexie.

L'HOMME ET L'ŒUVRE

Stendhal nous livre son caractère dans *La Vie d'Henri Brulard,* ouvrage autobiographique. Être passionné, pour lui la vie doit avoir pour but la recherche d'une plénitude heureuse qui s'affirmera dans les joies de l'amour et les satisfactions de l'ambition. Le culte de l'énergie permet de triompher de tous les obstacles, qu'ils viennent des êtres, des circonstances ou de la contrainte sociale.

Ses romans sont d'inspiration réaliste. Autour d'un sujet emprunté à des événements vécus, il recrée sans indulgence l'atmosphère d'une époque. Il prête aux personnages principaux beaucoup de lui-même, mais choisit pour eux un cadre de vie et un enchaînement de circonstances différents de ce qu'il a connu; il peut ainsi développer en eux certains traits de caractère qui, chez lui, n'ont pas eu l'occasion de s'épanouir. Son analyse psychologique trouve le plus efficace des moyens d'expression dans un style qui, par sa précision sèche et son mépris de la phrase, se veut l'émule de celui du Code civil.

LE ROUGE ET LE NOIR

Julien Sorel, un jeune homme ambitieux et passionné, issu du peuple, a réussi à se faire aimer de Mme de Rênal, chez qui il a été engagé comme précepteur. Obligé de quitter la ville à cause du scandale, il est venu à Paris où le marquis de La Mole l'a engagé comme secrétaire. Stendhal nous relate ici, avec son style précis et dépouillé, une des premières journées de Julien au service du marquis : cet extrait offre une peinture sans indulgence, à travers le marquis et son fils, d'une aristocratie dont la politesse est parfaite, la conversation et l'esprit superficiels. Surtout il montre Julien remportant sa première victoire : il gagne par sa bonne grâce la sympathie du marquis et de ses familiers et provoque même l'intérêt amusé de l'altière Mathilde, sa fille (II, 3).

Le comte Norbert parut dans la bibliothèque vers les trois heures; il venait étudier un journal, pour pouvoir parler politique le soir, et fut bien aise de rencontrer Julien dont il avait oublié l'existence. Il fut parfait pour lui; il lui offrit de monter à cheval.

– Mon père nous donne congé jusqu'au dîner.

Julien comprit ce *nous* et le trouva charmant.

– Mon Dieu, monsieur le comte, dit Julien, s'il s'agissait d'abattre un arbre de quatre-vingts pieds de haut, de l'équarrir et d'en faire des planches, je m'en tirerais bien, j'ose le dire; mais monter à cheval, cela ne m'est pas arrivé six fois en ma vie.

– Eh bien, ce sera la septième, dit Norbert.

Au fond, Julien se rappelait l'entrée du roi de ***, à Verrière, et croyait monter à cheval supérieurement. Mais, en revenant du bois de Boulogne, au beau milieu de la rue du Bac, il tomba, en voulant éviter brusquement un cabriolet, et se couvrit de boue. Bien lui prit d'avoir deux habits. Au dîner, le marquis voulant lui adresser la parole, lui demanda des nouvelles de sa promenade; Norbert se hâta de répondre en termes généraux.

– Monsieur le comte est plein de bonté pour moi, reprit Julien, je l'en remercie, et j'en sens tout le prix. Il a daigné me faire donner le cheval le plus doux et le plus joli; mais enfin il ne pouvait pas m'y attacher, et, faute de cette précaution, je suis tombé au beau milieu de cette rue si longue, près du pont.

Mademoiselle Mathilde essaya en vain de dissimuler un éclat de rire, ensuite son indiscrétion demanda des détails. Julien s'en tira avec beaucoup de simplicité; il eut de la grâce sans le savoir.

– J'augure bien de ce petit prêtre, dit le marquis à l'académicien; un provincial simple en pareil occurence! c'est ce qui ne s'est jamais vu et ne se verra plus; et encore il raconte son malheur devant des *dames*!

Julien mit tellement les auditeurs à leur aise sur son infortune qu'à la fin du dîner, lorsque la conversation générale eut pris un autre cours, mademoiselle Mathilde faisait des questions à son frère sur les détails de l'événement malheureux. Ses questions se prolongeant, et Julien rencontrant ses yeux plusieurs fois, il osa répondre directement, quoiqu'il ne fût pas interrogé, et tous trois finirent par rire, comme auraient pu faire trois jeunes habitants d'un village au fond d'un bois.

Désormais la réussite du jeune homme s'affirme; il gagne la confiance du marquis de La Mole. Mathilde, subjuguée par lui, est devenue sa maîtresse et va l'épouser. Mais Mme de Rênal jalouse dessert Julien auprès du marquis. Pour se venger, il tire sur elle deux coups de pistolet. Condamné à la peine capitale, il meurt sans faiblir.

LA CHARTREUSE DE PARME

Fabrice del Dongo s'est engagé dans l'armée de Napoléon et il prend part à la bataille de Waterloo (chap. III). Stendhal, qui n'a pas assisté à cette bataille, mais qui a l'expérience de la guerre, transforme ici des souvenirs vécus. Son récit réaliste ne nous offre pas, comme le ferait une narration d'historien, un exposé clair et dominé du plan de la bataille et de ses phases. Il se contente de noter les impressions fragmentaires d'un soldat auquel échappe l'évolution d'ensemble du combat.

L'escorte prit le galop; on traversait une grande pièce de terre labourée, située au-delà du canal, et ce champ était jonché de cadavres.

– Les habits rouges! les habits rouges! criaient avec joie les hussards de l'escorte et d'abord Fabrice ne comprenait pas; enfin il remarqua qu'en effet presque tous les cadavres étaient vêtus de rouge. Une circonstance lui donna un frisson d'horreur; il remarqua que beaucoup de ces malheureux habits rouges vivaient encore; ils criaient évidemment pour demander du secours, et personne ne s'arrêtait pour leur en donner. Notre héros, fort humain, se donnait toutes les peines du monde pour que son cheval ne mît les pieds sur aucun habit rouge. L'escorte s'arrêta; Fabrice, qui ne faisait pas assez attention à son devoir de soldat, galopait toujours en regardant un malheureux blessé.

– Veux-tu bien t'arrêter, blanc-bec (1)! lui cria le maréchal des logis (2).

Fabrice s'aperçut qu'il était à vingt pas sur la droite en avant des généraux, et précisément du côté où ils regardaient avec leurs lorgnettes (3). En revenant se ranger à la queue des autres hussards restés à quelques pas en arrière, il vit le plus gros de ces généraux qui parlait à son voisin, général aussi, d'un air d'autorité et presque de réprimande; il jurait. Fabrice ne put retenir sa curiosité; et malgré le conseil de ne point parler, à lui donné par son amie la geôlière, il arrangea une petite phrase bien française, bien correcte, et dit à son voisin :

– Quel est-il ce général qui gourmande (4) son voisin?

– Pardi (5), c'est le maréchal!

– Quel maréchal?

– Le maréchal Ney (6), bêta (7)! Ah çà! où as-tu servi jusqu'ici?

Fabrice, quoique fort susceptible, ne songea point à se fâcher de l'injure; il contemplait, perdu dans une admiration enfantine, ce fameux prince de la Moskowa, le brave des braves.

Balzac

SA VIE (1799-1850)

Honoré de Balzac décide à vingt ans de se faire une place dans le monde des lettres. Ses premières œuvres – un drame et plusieurs romans d'inspiration diverse où prédomine l'imagination – sont des échecs. Il tente alors de se lancer dans les affaires, mais

(1) Terme de dérision : jeune homme sans expérience. – (2) Sergent des troupes à cheval. – (3) Longues-vues. – (4) Parler sur un ton de réprimande. – (5) Déformation de « pardieu », juron. – (6) Maréchal de France (1769-1815) : il se distingua à la campagne de Russie (la Moskowa). Créé pair de France sous Louis XVIII, il se rallia à Napoléon durant les Cent-Jours. À la seconde restauration, il fut inculpé de trahison et fusillé. – (7) Imbécile!

son entreprise tourne à un désastre financier. Revenu à la littérature, il publie alors avec succès *Les Chouans* (1829) puis *La Peau de chagrin* (1831). Il conçoit bientôt l'idée d'édifier toute une suite de romans, dans lesquels les mêmes personnages reparaîtraient de l'un à l'autre et dont l'ensemble offrirait l'image de la société tout entière. Dans *Le Père Goriot* (1834), il applique pour la première fois ce système. Au prix d'un travail régulier et acharné auquel il consacre quinze heures par jour, il construit roman après roman ce vaste édifice qui comportera près de cent ouvrages. En 1842, il en donne le titre définitif : *La Comédie humaine : La Cousine Bette* (1846) et *Le Cousin Pons* (1847) s'inscrivent au premier plan de cette immense production.

En 1850, il épousa son amie Mme Hanska, avec laquelle il échangeait depuis près de vingt ans une correspondance passionnée. Épuisé par un travail surhumain, prolongé pendant des années, il meurt quelques mois plus tard.

SA DOCTRINE ET SON ŒUVRE

Dans l'avant-propos de *La Comédie humaine,* Balzac déclare qu'il a transposé les idées du naturaliste Geoffroy Saint-Hilaire dans le domaine du roman, selon lequel la diversité des espèces est la conséquence de la diversité des milieux où elles se développent. Pour le romancier, la diversité des hommes est étroitement tributaire des milieux où se déroule leur existence.

Son œuvre est d'abord une immense fresque de la société à l'époque de la Restauration et de la Monarchie de Juillet, à Paris et en province. Il évoque les puissances du jour qui l'écrasent : l'argent, la presse, la bureaucratie; il dépeint les passions qui l'agitent frénétiquement : l'ambition, la cupidité, la haine, la soif de plaisir; il rappelle les problèmes politiques, économiques et sociaux auxquels elle se heurte.

Au sein de cette société, les personnages apparaissent à la fois comme des types, en proie à une passion ou à un vice qui les domine, et comme des individus marqués, chacun à sa manière, par leurs antécédents, leur âge, leur origine, leur milieu, leur profession. Romancier réaliste, Balzac nous les révèle en profondeur, à travers leurs propos, leur costume, leur silhouette, leur visage. Il les prend souvent dans la vie, mais les anime de son génie de visionnaire, leur donne des proportions plus qu'humaines, les grandit à la taille d'un symbole; sous les détails concrets et colorés, les portraits de Balzac sont riches de valeur psychologique et d'intérêt dramatique. L'intrigue, méthodiquement posée, progresse vigoureusement, à travers des digressions quelquefois pesantes mais aussi des scènes éclatantes. Le style, parfois verbeux et outrancier, est le plus souvent dynamique, semé d'images, riche en formules qui frappent.

LE PÈRE GORIOT

Le personnage mis au premier plan dans le roman est le père Goriot, un vieil homme qu'anime une passion unique : l'amour qu'il porte à ses filles. Pour leur assurer le luxe, il accepte de vivre dans la misère. Abandonné par elles, il meurt avec le nom de ses « anges » sur les lèvres.

Selon Balzac, le caractère des hommes est fortement marqué par le cadre de leur existence. Il juge donc nécessaire de commencer son roman par une longue description de la « pension Vauquer », pension de famille où se passe l'essentiel de l'intrigue. Cette atmosphère d'une maison dominée par la laideur et l'esprit d'épargne sordide nous fait déjà participer à la vie mesquine où vont se débattre les personnages. La description du salon – la pièce d'apparat! – est très significative de la manière de Balzac : la précision détaillée d'un « état des lieux » et l'énumération minutieuse des éléments d'un mobilier vétuste, médiocre et prétentieux, joignent aux notations objectives l'humour féroce de l'écrivain.

Naturellement destiné à l'exploitation de la pension bourgeoise, le rez-de-chaussée se compose d'une première pièce éclairée par les deux croisées (1) de la rue, et où l'on entre par une porte-fenêtre. Ce salon communique à une salle à manger qui est séparée de la cuisine par la cage d'un escalier dont les marches sont en bois et en carreaux mis en couleur et frottés. Rien n'est plus triste à voir que ce salon meublé de fauteuils et de chaises en étoffe de crin à raies alternativement mates et luisantes. Au milieu se trouve une table ronde à dessus de marbre Saint-Anne (2), décorée de ce cabaret (3) en porcelaine blanche ornée de filets d'or effacés à demi, que l'on rencontre partout aujourd'hui. Cette pièce, assez mal planchéiée, est lambrissée (4) à hauteur d'appui. Le surplus des parois est tendu d'un papier verni représentant les principales scènes de *Télémaque* (5), et dont les classiques personnages sont coloriés. Le panneau d'entre les croisées grillagées offre aux pensionnaires le tableau du festin donné au fils d'Ulysse par Calypso. Depuis quarante ans, cette peinture excite les plaisanteries des jeunes pensionnaires, qui se croient supérieurs à leur position en se moquant du dîner auquel la misère les condamne. La cheminée en pierre, dont le foyer toujours propre atteste qu'il ne s'y fait de feu que dans les grandes occasions, est ornée de deux vases pleins de fleurs artificielles, vieillies et encagées (6), qui accompagnent une pendule en marbre bleuâtre du plus mauvais goût. Cette première place exhale une odeur sans nom dans la langue, et qu'il faudrait appeler *l'odeur de pension*. Elle sent le renfermé, le moisi, le rance ; elle donne froid, elle est humide au nez, elle pénètre les vêtements ; elle a le goût d'une salle où l'on a dîné ; elle pue le service, l'office, l'hospice. Peut-être pourrait-elle se décrire si l'on inventait un procédé pour évaluer les quantités élémentaires et nauséabondes qu'y jettent les atmosphères catarrhales (7) et *sui generis* (8) de chaque pensionnaire, jeune ou vieux.

Dans ce roman d'armature complexe, figurent, auprès du père Goriot, d'autres personnages essentiels, qui poursuivent sur leur plan personnel leurs visées particulières, sans que la netteté de l'intrigue en souffre ; Vautrin est l'un des plus représentatifs. Surnommé Trompe-la-Mort, de son vrai nom Jacques Collin, Vautrin est un forçat évadé. Il est démasqué et on vient l'arrêter. C'est l'occasion d'une grande scène, au centre de laquelle s'impose Vautrin qui, tout masque jeté, retrouve son vrai visage : son aspect physique révélateur, son langage emprunté à l'argot des prisons, sa gouaille populaire (9). Face à ces gens qui l'entourent et qu'il écrase de son mépris, Vautrin prend des proportions gigantesques et symbolise, dans sa doctrine et dans ses actes, l'Ennemi de la Société.

Bientôt le silence régna dans la salle à manger, les pensionnaires se séparèrent pour livrer passage à trois de ces hommes qui tous avaient la main dans leur poche de côté et y tenaient un pistolet armé. Deux gendarmes qui suivaient les agents occupèrent la porte du salon, et deux autres se montrèrent à celle qui sortait par l'escalier. Le pas et les fusils de plusieurs soldats retentirent sur le pavé caillouteux qui longeait la façade. Tout espoir de fuite fut donc interdit à Trompe-la-Mort, sur qui tous les regards s'arrêtèrent irrésistiblement. Le chef alla droit à lui, commença par lui donner sur la tête une tape si violemment appliquée qu'il fit sauter la perruque et rendit à la tête de Collin toute son horreur. Accompagnées de cheveux rouge brique et courts qui leur donnaient un épouvantable caractère de force mêlée de ruse, cette tête et cette face, en harmonie avec le buste, furent intelligemment illuminées comme si les feux de l'enfer les eussent éclairées. Chacun comprit tout Vautrin, son passé, son présent, son avenir, ses doctrines implacables, la religion de son bon plaisir, la royauté que lui donnaient le cynisme de ses pensées, de ses actes, et la force d'une organisation faite à tout. Le sang lui monta au visage, et ses yeux brillèrent comme ceux d'un chat sauvage. Il bondit sur lui-même par un mouvement empreint d'une si féroce énergie, il rugit si bien qu'il arracha des cris de terreur à tous les pensionnaires. À ce geste de lion, et s'appuyant de la clameur générale, les agents tirèrent leurs pistolets. Collin comprit son danger en voyant briller le chien (10) de chaque arme, et donna tout à coup la preuve de la plus haute puissance humaine. Horrible et majestueux spectacle ! sa physionomie présenta un phénomène qui ne peut être comparé qu'à celui de la chaudière pleine de cette vapeur fumeuse qui soulèverait des montagnes, et que dissout en un clin d'œil une goutte d'eau froide. La goutte d'eau qui froidit sa rage fut une réflexion rapide comme un éclair. Il se mit à sourire et regarda sa perruque.

---

(1) Fenêtres. – (2) Marbre gris tacheté de blanc. – (3) Plateau supportant tasses ou verres à liqueurs. – (4) Revêtue de panneaux de bois. – (5) Œuvre de Fénelon, écrivain de la fin du XVIIᵉ siècle. – (6) Placer sous un globe de verre. – (7) Provoquées par une toux continuelle. – (8) Particulières. – (9) Ton railleur. – (10) Pièce de fusil qui frappe et enflamme l'amorce.

– Tu n'es pas dans tes jours de politesse, dit-il au chef de la police de sûreté. Et il tendit ses mains aux gendarmes en les appelant par un signe de tête. Messieurs les gendarmes, mettez-moi les menottes ou les poucettes (1). Je prends à témoin les personnes présentes que je ne résiste pas. Un murmure admiratif, arraché par la promptitude avec laquelle la lave et le feu sortirent et rentrèrent dans ce volcan humain, retentit dans la salle. – Ça te la coupe (2), monsieur l'enfonceur (3), reprit le forçat en regardant le célèbre directeur de la police judiciaire.

– Allons, qu'on se déshabille, lui dit l'homme de la petite rue Saint-Anne d'un air plein de mépris.

– Pourquoi ? dit Collin, il y a des dames. Je ne nie rien et je me rends.

Il fit une pause, et regarda l'assemblée comme un orateur qui va dire des choses surprenantes.

– Écrivez, papa Lachapelle, dit-il en s'adressant à un petit vieillard en cheveux blancs qui s'était assis au bout de la table après avoir tiré d'un portefeuille le procès-verbal de l'arrestation. Je reconnais être Jacques Collin, dit Trompe-la-Mort, condamné à vingt ans de fers ; et je viens de prouver que je n'ai pas volé mon surnom. Si j'avais seulement levé la main, dit-il aux pensionnaires, ces trois mouchards-là (4) répandaient tout mon *raisiné* sur le *trimar* (5) domestique de maman Vauquer. Ces drôles se mêlent de combiner des guet-apens !

Mme Vauquer se trouva mal en entendant ces mots.

Victor Hugo

Au sein de la production romanesque de Victor Hugo, deux œuvres essentielles se détachent : *Notre-Dame de Paris* et *Les Misérables*.

NOTRE-DAME DE PARIS

Il s'agit d'un roman historique (1831), dans lequel les qualités du poète agrandissent à des dimensions épiques le tableau de Paris au XVe siècle et des foules bigarrées qui s'y pressent. L'intrigue, assez banale, s'organise autour d'une bohémienne, la Esmeralda, qui aime le séduisant capitaine Phoebus et que convoitent un prêtre, Claude Frollo, et un monstre difforme, Quasimodo. Mais le jeu impitoyable des passions entraîne irrésistiblement vers la mort tous ces êtres, sous l'effet d'une fatalité qui les domine, et enveloppe le drame d'une atmosphère tragique.

Dans ce passage (II, 6), le poète Gringoire, poursuivi en pleine nuit par des mendiants, se retrouve tout à coup au milieu de cette Cour des Miracles qui est le lieu de rassemblement de tous les gueux de Paris. L'auteur s'efface ici derrière son personnage : au lieu d'une description précise et impersonnelle, il évoque la vision presque hallucinante qui s'impose aux regards d'un homme traqué.

« Enfin, il atteignit l'extrémité de la rue. Elle débouchait sur une place immense, où mille lumière éparses vacillaient dans le brouillard confus de la nuit. Gringoire s'y jeta, espérant échapper par la vitesse de ses jambes aux trois spectres infirmes qui s'étaient cramponnés à lui.

– *Onde vas, hombre* (6) ? cria le perclus (7) jetant là ses béquilles, et courant après lui avec les deux meilleures jambes qui eussent jamais tracé un pas géométrique sur le pavé de Paris.

Cependant le cul-de-jatte, debout sur pieds, coiffait Gringoire de sa lourde jatte (8) ferrée, et l'aveugle le regardait en face avec des yeux flamboyants.

– Où suis-je ? dit le poète terrifié.

– Dans la Cour des Miracles, répondit un quatrième spectre qui les avait accostés.

– Sur mon âme, reprit Gringoire, je vois bien les aveugles qui regardent et les boiteux qui courent : mais où est le Sauveur ?

Ils répondirent par un éclat de rire sinistre.

Le pauvre poète jeta les yeux autour de lui. Il était en effet dans cette redoutable Cour des Miracles, où jamais honnête homme n'avait pénétré à pareille heure ; cercle magique où les officiers du Châtelet (9) et les sergents de la prévôté (10) qui s'y aventuraient disparaissaient en miettes ; cité des voleurs, hideuse

(1) Chaînette à cadenas, pour lier les pouces d'un prisonnier. – (2) Expression argotique : ça te coupe la parole. – (3) En argot : pourvoyeur des prisons. – (4) Dénonciateur, en argot. – (5) Mots d'argot : raisiné = le sang ; le trimar = le sol. – (6) Où vas-tu, l'homme ? – (7) L'infirme. – (8) Caisse dans laquelle est installé l'infirme. – (9) Siège de la justice royale. – (10) Tribunal du prévôt de Paris.

verrue à la face de Paris ; égout d'où s'échappait chaque matin, et où revenait croupir chaque nuit, ce ruisseau de vices, de mendicité et de vagabondage, toujours débordé dans les rues des capitales ; ruche monstrueuse où rentraient le soir avec leur butin tous les frelons de l'ordre social ; hôpital menteur où le bohémien, l'écolier perdu, les vauriens de toutes les nations, Espagnols, Italiens, Allemands, de toutes les religions, juifs, chrétiens, mahométans, idolâtres, couverts de plaies fardées, mendiant le jour, se transfiguraient la nuit en brigands ; immense vestiaire, en un mot, où s'habillaient et se déshabillaient à cette époque tous les acteurs de cette comédie éternelle que le vol et le meurtre jouent sur le pavé de Paris.

LES MISÉRABLES

Plus encore qu'un roman historique, élargi lui aussi aux dimensions de l'épopée, c'est un roman social (1862) qui dénonce les conséquences tragiques de l'injustice, de l'ignorance et de la misère, et prêche la bonté et la charité. Le thème essentiel du roman est celui de la rédemption d'un forçat libéré, Jean Valjean, qui voue son existence au soulagement des malheureux, assiste jusque dans son agonie Fantine, la femme abandonnée, recueille sa fille Cosette, et sauve même la vie du policier Javert, attaché pourtant à sa perte.

Le récit de la bataille de Waterloo, qui occupe dans l'ouvrage un livre entier (II, I), se rattache d'une manière assez lâche à la trame du roman ; dans cet épisode, la description réaliste (1) se transfigure en épopée : les exploits des combattants les élèvent au-dessus de l'humain, et le combat prend figure de cataclysme.

Les cuirassiers (2) se ruèrent sur les carrés anglais.

Ventre à terre, brides lâches, sabre au dent, pistolet au poing, telle fut l'attaque.

Il y a des moments dans les batailles où l'âme durcit l'homme jusqu'à changer le soldat en statue, et où toute cette chair se fait granit. Les bataillons anglais, éperdument assaillis, ne bougèrent pas.

Alors, ce fut effrayant.

Toutes les faces des carrés anglais furent attaquées à la fois. Un tournoiement frénétique les enveloppa. Cette froide infanterie demeura impassible. Le premier rang, genou en terre, recevait les cuirassiers sur les baïonnettes, le second rang les fusillait, derrière le second rang, les canonniers chargeaient les pièces, le front du carré s'ouvrait, laissait passer une éruption de mitraille et se refermait. Les cuirassiers répondaient par l'écrasement. Leurs grands chevaux se cabraient, enjambaient les rangs, sautaient par-dessus les baïonnettes et tombaient, gigantesques, au milieu de ces quatre murs vivants. Les boulets faisaient des trouées dans les cuirassiers, les cuirassiers faisaient des brèches dans les carrés. Des files d'hommes disparaissaient broyées sous les chevaux. Les baïonnettes s'enfonçaient dans les ventres de ces centaures. De là une difformité de blessures qu'on n'a pas vue peut-être ailleurs. Les carrés, rongés par cette cavalerie forcenée, se rétrécissaient sans broncher. Inépuisables en mitraille, ils faisaient explosion au milieu des assaillants. La figure de ce combat était monstrueuse. Ces carrés n'étaient plus des bataillons, c'étaient des cratères ; ces cuirassiers n'étaient plus une cavalerie, c'était une tempête. Chaque carré était un volcan attaqué par un nuage ; la lave combattait la foudre.

Mérimée

SA VIE (1803-1870)

Prosper Mérimée débute dans les lettres par deux mystifications : le *Théâtre de Clara Gazul* (1825) et *La Guzla* (1827). Il s'oriente ensuite vers le roman historique avec la *Chronique du règne de Charles X* (1829), puis trouve dans le genre littéraire de la nouvelle un cadre qui s'accorde parfaitement avec son tempérament ; *Mosaïque* (1833) rassemble plusieurs récits assez courts dont *Mateo Falcone* est le plus connu. En 1834, nommé inspecteur géné-

(1) On pourra utilement comparer cette description avec celle de Stendhal. *Cf.* p. 248. – (2) Soldats commandés par Ney, combattant à cheval.

ral des monuments historiques, il entreprend de nombreux voyages en France et à l'étranger. En 1840 paraît *Colomba* et, en 1845, *Carmen.* Esprit curieux, il s'intéresse à la littérature russe qu'il contribue à faire connaître en France. L'avènement du second Empire et l'amitié d'Eugénie de Montijo lui valent de fréquenter les Tuileries et d'être nommé sénateur.

SON ART

Contemporain des grands romantiques, Mérimée a écrit son œuvre essentiellement avant 1850. Pourtant l'influence romantique le marque assez peu, sauf dans ses premiers romans qui font revivre, à travers les siècles et dans leur vérité colorée, des époques où se déchaînaient les passions, et dans plusieurs de ses récits qui témoignent de son goût pour le fantastique.

Contrairement à la plupart de ses contemporains, il a le souci d'être impersonnel. Même dans l'évocation d'une scène pathétique, il ne se laisse pas gagner par l'émotion et se retranche derrière l'exactitude sobre de sa peinture, parfois jusqu'à la sécheresse. Son honnêteté d'érudit ne se contente pas de la couleur locale clinquante et superficielle qui s'étale dans la plupart des drames romantiques. Il a écrit *Colomba* au retour d'un voyage en Corse, après avoir rendu visite à Colomba Carabelli, l'héroïne de l'histoire vécue qui lui servit de modèle. Dans les limites de la nouvelle, plus étroites que celles d'un roman, il campe en quelques traits le paysage et les personnages, dont la psychologie s'exprime par le comportement saisi dans sa vérité pittoresque, et il fait progresser rigoureusement l'intrigue. Son art mesuré, équilibré, s'apparente à l'art classique.

MATEO FALCONE

Après avoir aidé un fugitif à se cacher, un enfant corse, le petit Fortunato, l'a livré aux soldats lancés à sa poursuite. Son père, Mateo Falcone vient d'apprendre cette trahison.

Le cadre est légèrement esquissé, les mœurs patriarcales sont suggérées par cette autorité absolue du père de famille, l'âme corse apparaît avec ses dominantes : l'inflexible sentiment de l'honneur, la foi un peu étroite mais fervente. Le pathétique cependant reste discret : le désespoir de l'enfant, repentant et non révolté, le désarroi presque muet de la mère, la froide et méthodique détermination de ce justicier inhumain dont le dessein se dévoile progressivement, touchent d'autant plus que Mérimée se contente de nous faire assister objectivement au drame.

Les sanglots et les hoquets de Fortunato redoublèrent et Falcone tenait ses yeux de lynx toujours attachés sur lui. Enfin il frappa de la crosse de son fusil, puis le rejeta sur son épaule et reprit le chemin du maquis en criant à Fortunato de le suivre. L'enfant obéit.

Giuseppa courut après Mateo et lui saisit le bras.

– C'est ton fils, lui dit-elle d'une voix tremblante en attachant ses yeux noirs sur ceux de son mari, comme pour lire ce qui se passait dans son âme.

– Laisse-moi, répondit Mateo : je suis son père.

Giuseppa embrassa son fils et entra en pleurant dans sa cabane. Elle se jeta à genoux devant une image de la Vierge et pria avec ferveur. Cependant Falcone marcha quelque deux cents pas dans le sentier et ne s'arrêta que dans un petit ravin où il descendit. Il sonda la terre avec la crosse de son fusil et la trouva molle et facile à creuser. L'endroit lui parut convenable pour son dessein.

– Fortunato, va auprès de cette grosse pierre.

L'enfant fit ce qu'il lui commandait, puis il s'agenouilla.

– Dis tes prières.

– Mon père, mon père, ne me tuez pas!

– Dis tes prières! répéta Mateo d'une voix terrible.

L'enfant tout en balbutiant et en sanglotant, récita le Pater et le Credo. Le père, d'une voix forte, répondait Amen! à la fin de chaque prière.

– Sont-ce là toutes les prières que tu sais?

– Mon père, je sais encore l'Ave Maria et la litanie que ma tante m'a apprise.

– Elle est bien longue, n'importe.

L'enfant acheva la litanie d'une voix éteinte.

– As-tu fini?

– Oh ! mon père, grâce ! pardonnez-moi ! Je ne le ferai plus ! Je prierai tant mon cousin le caporal qu'on fera grâce au Gianetto.

Il parlait encore, Mateo avait armé son fusil et le couchait en joue (1) en lui disant :

– Que Dieu te pardonne !

L'enfant fit un effort désespéré pour se relever et embrasser les genoux de son père ; mais il n'en eut pas le temps, Mateo fit feu, et Fortunato tomba raide mort.

Sans jeter un coup d'œil sur le cadavre, Mateo reprit le chemin de sa maison pour aller chercher une bêche afin d'enterrer son fils. Il avait fait à peine quelques pas qu'il rencontra Giuseppa, qui accourait alarmée du coup de feu.

– Qu'as-tu fait ? s'écria-t-elle.

– Justice.

– Où est-il ?

– Dans le ravin. Je vais l'enterrer. Il est mort en chrétien ; je lui ferai chanter une messe. Qu'on dise à mon gendre Tiodoro Bianchi de venir demeurer avec nous.

George Sand

SA VIE (1804-1876)

Aurore Dupin, qui prendra plus tard le pseudonyme de George Sand, passe son enfance à Nohant, dans le Berry. Mariée à dix-huit ans, elle se sépare de son mari quelques années plus tard et publie *Indiana* (1832) et *Lélia* (1833), romans qui proclament les droits de la passion en face des conventions sociales. Elle compose ensuite *Mauprat* (1837), *Le Meunier d'Angibault* (1845), romans d'inspiration sociale et humanitaire. De retour à Nohant, elle écrit des romans champêtres : *La Mare au diable* (1846), *François le Champi* (1847), *La Petite Fadette* (1848), *les Maîtres sonneurs* (1853), où revivent, dans un cadre pittoresque et poétique, les paysans au milieu desquels elle passera désormais son existence.

SON ORIGINALITÉ

Les romans de George Sand sont lyriques et idéalistes. Elle y épanche ses propres sentiments, y chante sa foi dans la bonté de l'homme et dans l'avènement du progrès social. Elle met en scène des personnages empreints de vérité et de noblesse. Dans ses romans champêtres, en particulier, elle a su restituer les lignes et la couleur des paysages du Berry qu'elle connaît bien ; ses paysans, saisis avec justesse dans le cadre de leurs soucis et de leurs occupations quotidiennes, s'expriment dans une langue simple, semée de quelques expressions savoureuses empruntées au terroir.

LA MARE AU DIABLE

Germain, le « fin laboureur », qui aime passionnément sa terre et son métier, resté veuf avec trois enfants, accepte de se remarier sur le conseil de ses beaux-parents. Mais, au lieu de la veuve riche et coquette qu'on lui destine, il épousera Marie, une jeune bergère pauvre qui répond à son amour.

Cette description (chap. II) évoque le cadre champêtre par une « journée claire et tiède », et l'impression de force et de sérénité qui se dégage des acteurs, bêtes et gens, appliqués à leur simple tâche, crée un climat de calme plénitude. George Sand sait allier l'exactitude pittoresque de la peinture au souci de donner de cette vie proche de la nature une image idéalisée, empreinte de beauté et de noblesse.

(1) Le mettait en position de tir.

Ce qui attira ensuite mon attention était véritablement un beau spectacle, un noble sujet pour un peintre. À l'autre extrémité de la plaine labourable, un jeune homme de bonne mine (1) conduisait un attelage magnifique : quatre paires de jeunes animaux à robe sombre mêlée de noir fauve à reflets de feu, avec ces têtes courtes et frisées qui sentent encore le taureau sauvage, ces gros yeux farouches, ces mouvements brusques, ce travail nerveux et saccadé qui s'irrite encore du joug et de l'aiguillon et n'obéit qu'en frémissant de colère à la domination nouvellement imposée. C'est ce qu'on appelle des bœufs *fraîchement liés*. L'homme qui les gouvernait avait à défricher un coin naguère abandonné au pâturage et rempli de souches séculaires, travail d'athlète auquel suffisaient à peine son énergie, sa jeunesse et ses huit animaux quasi indomptés.

Un enfant de six à sept ans (2), beau comme un ange, et les épaules couvertes, sur sa blouse, d'une peau d'agneau qui le faisait ressembler au petit saint Jean-Baptiste des peintres de la Renaissance, marchait dans le sillon parallèle à la charrue et piquait le flanc des bœufs avec une gaule longue et légère, armée d'un aiguillon peu acéré. Les fiers (3) animaux frémissaient sous la petite main de l'enfant, et faisaient grincer les jougs et les courroies liés à leur front, en imprimant au timon de violentes secousses. Lorsqu'une racine arrêtait le soc, le laboureur criait d'une voix puissante, appelant chaque bête par son nom, mais plutôt pour calmer que pour exciter ; car les bœufs, irrités par cette brusque résistance, bondissaient, creusaient la terre de leurs larges pieds fourchus, et se seraient jetés de côté emportant l'areau (4) à travers champs, si de la voix et de l'aiguillon, le jeune homme n'eût maintenu les quatre premiers, tandis que l'enfant gouvernait les quatre autres. Il criait aussi, le pauvret, d'une voix qu'il voulait rendre terrible et qui restait douce comme sa figure angélique. Tout cela était beau de force ou de grâce : le paysage, l'homme, l'enfant, les taureaux sous le joug ; et, malgré cette lutte puissante, où la terre était vaincue, il y avait un sentiment de douceur et de calme profond qui planait sur toutes choses.

Renouveau de l'Histoire

Au XIXe siècle, on assiste à un renouveau des études historiques. Sur le plan littéraire d'abord, l'importance que donne le romantisme à la « couleur locale » développe le sens et la curiosité du passé. Sur le plan politique, le régime parlementaire sous la Restauration et sous Louis-Philippe offrira l'occasion de débats où les précédents historiques seront évoqués pour orienter et justifier l'action présente. L'histoire devient inséparable de l'actualité et il est significatif de remarquer que plusieurs grands historiens de cette époque, comme Thiers, Guizot, Tocqueville, jouent dans la vie politique un rôle de premier plan. Enfin, le développement des sciences auxiliaires de l'histoire, l'étude des monuments et des inscriptions, la création d'écoles spécialisées comme l'École des chartes (1816) orientent définitivement les chercheurs vers une conception scientifique de l'histoire.

Deux tendances se manifestent. Certains historiens s'attachent essentiellement à offrir une narration vivante des événements ; c'est le cas d'Augustin Thierry (1795-1856) qui, dans ses *Récits des temps mérovingiens* (1840), fait une relation colorée et dramatique d'épisodes qui ont eu pour cadre la Gaule au VIe siècle. D'autres s'appliquent surtout à dégager à la lumière des faits une philosophie de l'Histoire. Ainsi Guizot (1787-1874), dans son *Histoire de la civilisation en France* (1845), illustre cette idée que les classes moyennes constituent la force d'une nation et qu'à ce titre la prospérité en France est liée à l'exercice du pouvoir par la bourgeoisie.

TOCQUEVILLE (1805-1859)

Le comte de Tocqueville, pour sa part, pense que l'évolution historique à travers les siècles conduit irrésistiblement à l'avènement de la démocratie. Il se tourne donc vers un pays où se trouve réalisé pleinement un régime d'égalité et de liberté et consacre à la *Démo-*

---

(1) Le héros du roman, Germain. – (2) Le fils de Germain, Petit-Pierre. – (3) Farouches. – (4) Charrue (en patois berrichon).

cratie en Amérique un ouvrage capital. Il y étudie le système politique des États-Unis, y montre l'influence d'une constitution démocratique sur les sentiments, les mœurs, le mouvement intellectuel, enfin en tire des conclusions applicables à la France.

DE LA DÉMOCRATIE EN AMÉRIQUE

L'introduction de l'ouvrage pose l'idée que, d'une étape à l'autre, l'évolution démocratique se poursuit, non seulement en France, mais « dans tout l'univers chrétien ». Les faits, et c'est là une conception originale des études historiques, n'intéressent Tocqueville que dans la stricte mesure où ils permettent de dégager et d'illustrer les lois qui gouvernent l'histoire.

Lorsqu'on parcourt les pages de notre histoire, on ne rencontre pour ainsi dire pas de grands événements qui, depuis sept cents ans, n'aient tourné au profit de l'égalité.

Les croisades et les guerres des Anglais déciment les nobles et divisent leurs terres ; l'institution des communes introduit la liberté démocratique au sein de la monarchie féodale ; la découverte des armes à feu égalise le vilain et le noble sur le champ de bataille ; l'imprimerie offre d'égales ressources à leur intelligence ; la poste vient déposer la lumière sur le seuil de la cabane du pauvre comme à la porte des palais ; le protestantisme soutient que tous les hommes sont également en état de trouver le chemin du ciel. L'Amérique, qui se découvre, présente à la fortune mille routes nouvelles, et livre à l'obscur aventurier les richesses et le pouvoir.

Si, à partir du XIe siècle, vous examinez ce qui se passe en France de cinquante en cinquante années, au bout de chacune de ces périodes, vous ne manquerez point d'apercevoir qu'une double révolution s'est opérée dans l'état de la société. Le noble aura baissé dans l'échelle sociale, le roturier s'y sera élevé ; l'un descend, l'autre monte. Chaque demi-siècle les rapproche, et bientôt ils vont se toucher.

Et ceci n'est pas seulement particulier à la France. De quelque côté que nous jetions nos regards, nous apercevons la même révolution qui se continue dans tout l'univers chrétien.

Partout on a vu les divers incidents de la vie des peuples tourner au profit de la démocratie ; tous les hommes l'ont aidée de leurs efforts : ceux qui avaient en vue de concourir à des succès et ceux qui ne songeaient point à la servir, ceux qui ont combattu pour elle, et ceux mêmes qui se sont déclarés ses ennemis ; tous ont été poussés pêle-mêle dans la même voie, et tous ont travaillé en commun, les uns malgré eux, les autres à leur insu, aveugles instruments dans les mains de Dieu.

Le développement graduel de l'égalité des conditions est donc un fait providentiel, il en a les principaux caractères : il est universel, il est durable, il échappe chaque jour à la puissance humaine ; tous les événements, comme tous les hommes, servent à son développement.

MICHELET (1798-1874)

Jules Michelet publie, en 1831, une *Histoire romaine,* et devient chef de la section historique aux Archives nationales où il dispose, pour ses recherches, d'un grand nombre de documents inédits. En 1833, il commence à écrire son *Histoire de France,* puis, entré dans la lutte politique, il proclame hautement ses sentiments démocratiques et compose dans l'enthousiasme son *Histoire de la Révolution* (1847-1853). Après le coup d'État de 1851, contraint d'abandonner ses fonctions, il poursuit la rédaction de son *Histoire de France* mais, aigri et déçu, il manque d'impartialité et de sérénité dans ses jugements et l'historien cède trop souvent la place au pamphlétaire. Son dernier ouvrage, l'*Histoire du XIXe siècle,* reste inachevé.

Pour Michelet, l'objet de l'Histoire, c'est la « résurrection de la vie intégrale non plus dans ses surfaces mais dans ses organismes intérieurs et profonds ». Cela montre déjà le champ immense de ses recherches : l'Histoire vivante se compose en réalité d'une foule d'éléments divers (politique, droit, religion, littérature, art, influences géographiques, physiologiques, etc.), et chaque chose agit sur toutes. Ainsi un exemple piquant, celui du café, montre comment les phénomènes économiques agissent sur les mœurs, et par là sur l'esprit des individus, puis sur les destinées d'une nation.

De cette explosion étincelante (1), nul doute que l'honneur ne revienne en partie à l'heureuse révolution du temps, au grand fait qui créa de nouvelles habitudes, modifia les tempéraments : l'avènement du café . (...)

Les trois âges du café sont ceux de la pensée moderne ; ils marquent les moments solennels du brillant siècle de l'esprit.

Le café arabe la prépare, même avant 1700. Ces belles dames que vous voyez dans les modes de Bonnart (2) humer leur petite tasse, elles y prennent l'arôme du très fin café d'Arabie. Et de quoi causent-elles ? du Sérail de Chardin (3), de la coiffure à la Sultane, des *Mille et Une Nuits* (1704). Elles comparent l'ennui de Versailles à ces paradis d'Orient.

Bientôt (1710-1720) commence le règne du café indien, abondant, populaire, relativement à bon marché. Bourbon (4), notre île indienne, où le café est transplanté, a tout à coup un bonheur inouï.

Ce café de terre volcanique fait l'explosion de la Régence et de l'esprit nouveau, l'hilarité subite, la risée du vieux monde, les saillies (5) dont il est criblé, ce torrent d'étincelles dont les vers légers de Voltaire, dont les *Lettres persanes* nous donnent une idée affaiblie. Les livres, et les plus brillants même, n'ont pas pu prendre au vol cette causerie ailée, qui va, vient, fuit insaisissable. C'est ce Génie de nature éthérée que, dans les *Mille et Une Nuits,* l'enchanteur veut mettre en bouteille. Mais quelle fiole en viendra à bout ?

La lave de Bourbon, pas plus que le sable arabique, ne suffisait à la production. Le Régent le sentit, et fit transporter le café dans les puissantes terres de nos Antilles. Deux arbustes du Jardin du Roi, portés par le chevalier de Clieux, avec le soin, l'amour religieux d'un homme qui sentait porter une révolution, arrivèrent à la Martinique, et réussirent si bien que cette île bientôt en envoie par an dix millions de livres. Ce fort café, celui de Saint-Domingue, plein, corsé, nourrissant, aussi bien qu'excitant, a nourri l'âge adulte du siècle, l'âge fort de *l'Encyclopédie.* Il fut bu par Buffon, par Diderot, Rousseau, ajouta sa chaleur aux âmes chaleureuses, sa lumière à la vue perçante des prophètes assemblés dans « l'antre de Procope », qui virent au fond du noir breuvage le futur rayon de 89.

Histoire de France, XV, 7.

Pour reconstituer ce vaste ensemble, il remonte aux sources, consulte les documents inédits, étudie les monuments, les inscriptions, les médailles. Tous ces éléments s'organisent en une vision où ressuscitent l'atmosphère d'une époque, les événements et les hommes, sous l'élan d'un style imagé. Son idéalisme le conduit à nous montrer, à travers le cheminement des siècles, le spectacle « de la victoire progressive de l'homme contre la nature..., de la liberté contre la fatalité », de l'émancipation progressive de l'humanité.

FUSTEL DE COULANGES (1830-1889)

Avec lui se fonde vraiment la méthode historique contemporaine. Il ne pense pas que l'on puisse dégager une loi qui explique toute l'évolution de l'humanité. « Il y a une philosophie et il y a une histoire, écrit-il, mais il n'y a pas de philosophie de l'Histoire. » À travers l'étude serrée et précise des événements et des institutions, il s'attache surtout à connaître l'âme humaine et « ce que cette âme a cru, a pensé, a senti aux différents âges de la vie du genre humain ». *La Cité antique* (1864) est son œuvre maîtresse.

L'héritage du romantisme : prolongements et réactions (1851-1870)

Barbey d'Aurevilly (1808-1889)

Il est assez difficile de prime abord de classer Barbey d'Aurevilly dans l'histoire de la littérature française. Dandy, qui fréquente les milieux littéraires, monarchiste et catholi-

(1) Il s'agit de l'explosion de l'esprit au XVIIIe siècle. – (2) L'un des membres d'une famille de graveurs français des XVIIe et XVIIIe siècles. – (3) Négociant et voyageur du XVIIe siècle. – (4) Actuellement l'île de la Réunion. – (5) Attaques ironiques.

que, il se déclare adversaire des abus, des sottises et des vulgarités du siècle, écrit des articles enflammés, rédige des chroniques littéraires partiales et pourtant souvent lucides et pénétrantes, comme celles qu'il consacre à Baudelaire et à Huysmans. Il se réfugie avec ferveur dans un passé tumultueux, chante l'épopée de la chouannerie et la beauté de sa Normandie natale, rude et mystérieuse, dans *L'Ensorcelée* (1854) et *Le Chevalier des Touches* (1864). *Un prêtre marié* paraît en 1865 et *Les Diaboliques* en 1874.

Les six nouvelles des *Diaboliques* peuvent être considérées comme des modèles. L'auteur y crée des situations extraordinaires, tandis que les âmes orgueilleuses et indomptables des personnages y subissent une fatalité passionnelle cruelle. Pour Barbey d'Aurevilly, le catholicisme ne consiste pas à cacher le mal, mais à l'attaquer de front, après l'avoir décrit dans toute son horreur. Ainsi, tous les paroxysmes de l'amour et les sauvageries criminelles des hommes fournissent le sujet de récits courts et rendus saisissants par une prose riche et puissante.

LE COMMANDANT SÉLUNE, DIT « LE BALAFRÉ » (1)

Ce portrait vigoureux d'un ancien officier de l'armée de Napoléon montre bien la prédilection de l'auteur pour les héros d'exception, les histoires cruelles, les actions inouïes.

Le commandant Sélune, assis auprès du vieux M. de Mesnisgrand, faisait face à Mesnil. C'était un homme d'une forte stature militaire et qui méritait de s'appeler *« le Balafré »* encore plus que le duc de Guise, car il avait reçu en Espagne, dans une affaire d'avant-poste, un immense coup de sabre courbe, si bien appliqué sur sa figure qu'elle en avait été fendue, nez et tout, en écharpe (2) de la tempe gauche jusqu'au-dessous de l'oreille droite. À l'état normal ce n'aurait été qu'une terrible blessure d'un assez noble effet sur le visage d'un soldat; mais le chirurgien qui avait rapproché les lèvres de cette plaie béante, pressé ou maladroit, les avait mal rejointes, et à la guerre comme à la guerre! On était en marche, et, pour en finir au plus vite, il avait coupé avec des ciseaux le bourrelet de chair qui débordait de deux doigts l'un des côtés de la plaie fermée; ce qui fit non pas un sillon dans le visage de Sélune, mais un épouvantable ravin. C'était horrible, mais après tout, grandiose. Quand le sang montait au visage de Sélune, qui était violent, la blessure rougissait, et c'était comme un large ruban rouge qui lui traversait sa face bronzée.

(À un dîner d'athées.)

Leconte de Lisle

SA VIE (1818-1894)

Leconte de Lisle, après avoir passé dans son pays natal, l'île de la Réunion, une grande partie de sa jeunesse, vient poursuivre ses études en France, mais s'intéresse surtout à la poésie. D'abord conquis par les idées fouriéristes (3), il publie des poèmes d'inspiration démocratique et humanitaire. Mais, déçu par l'échec de la Révolution de 1848, il rentre dans sa tour d'ivoire et se consacre exclusivement à l'art. En 1852 il publie les *Poèmes antiques,* en 1862 les *Poèmes barbares,* en 1884 les *Poèmes tragiques*. En 1886, il entre à l'Académie française où il succède à Victor Hugo.

(1) De « balafre » : longue entaille au visage. – (2) Obliquement. – (3) Fourier (1772-1837), sociologue, créa un système dans lequel les individus se groupent en phalanstères, harmonieusement composés dans le dessein d'assurer à chacun le maximum de bien-être.

SA DOCTRINE ET SON ŒUVRE

En réaction contre les romantiques, Leconte de Lisle refuse aux poètes le droit d'exprimer l'intimité de leurs sentiments. Aussi, se tourne-t-il vers l'évocation d'un passé lointain, grec ou hindou dans les *Poèmes antiques,* scandinave et biblique dans les *Poèmes barbares.* Il décrit avec exactitude et pittoresque la nature extérieure, les animaux. Sa peinture est encore rehaussée par la valeur expressive de ses vers, qui attestent son souci de la beauté formelle, et la sûreté de sa technique. Son œuvre laisse transparaître une vision désabusée du monde et un pessimisme profond qui ne voit pour l'homme de recours et de repos que dans la mort.

LE RÊVE DU JAGUAR

Leconte de Lisle sait donner une puissance suggestive à la description d'un paysage exotique dans ses lignes et ses couleurs originales ; il brosse une peinture vivante du fauve en marche, restitue avec force la cruauté du rêve, donnant aux mots une exactitude pittoresque et aux vers une indéniable qualité plastique.

Sous les noirs acajous, les lianes en fleur,
Dans l'air lourd, immobile et saturé de mouches,
Pendent, et, s'enroulant en bas parmi les souches,
Bercent le perroquet splendide et querelleur,
L'araignée au dos jaune et les singes farouches.
C'est là que le tueur de bœufs et de chevaux,
Le long des vieux troncs morts à l'écorce moussue,
Sinistre et fatigué, revient à pas égaux.
Il va, frottant ses reins musculeux qu'il bossue ;
Et, du mufle béant par la soif alourdi,
Un souffle rauque et bref, d'une brusque secousse,
Trouble les grands lézards, chauds des feux de midi,
Dont la fuite étincelle à travers l'herbe rousse.
En un creux du bois sombre interdit au soleil
Il s'affaisse, allongé sur quelque roche plate ;
D'un large coup de langue il se lustre la patte ;
Il cligne ses yeux d'or hébétés de sommeil ;
Et, dans l'illusion de ses forces inertes,
Faisant mouvoir sa queue et frissonner ses flancs,
Il rêve qu'au milieu des plantations vertes,
Il enfonce d'un bond ses ongles ruisselants
Dans la chair des taureaux effarés et beuglants.

Poèmes barbares.
(A. Lemerre, éditeur.)

LE PARNASSE

Entre 1860 et 1866, un groupe de jeunes poètes, parmi lesquels Théodore de Banville et José-Maria de Heredia, suivent l'élan donné naguère par Théophile Gautier (1811-1872) pour s'éloigner du lyrisme romantique et proscrire les effusions indiscrètes des sentiments, et s'accordent dans leur souci d'atteindre à la perfection de la forme, qu'il faut, tel un sculpteur, sans cesse « ciseler ».

Ils reconnaissent leur maître en Leconte de Lisle, prennent le nom de « Parnassiens » et publient, de 1866 à 1876, trois recueils de leurs vers qu'ils intitulent *Le Parnasse contemporain.*

UN DISCIPLE DE LECONTE DE LISLE : JOSÉ-MARIA DE HEREDIA (1842-1905)

Né à Cuba, ancien élève de l'école des Chartes (1), José-Maria de Heredia est l'auteur d'un recueil de sonnets : *Les Trophées* (1893). Son art réside surtout dans la perfection de sa technique et la richesse de ses évocations. Dans le cadre étroit du sonnet, il excelle à enfermer un tableau vivant et coloré, lui gardant tout son relief et même son appel au rêve.

(1) Grande école de Paris, préparant archivistes et conservateurs de musées.

MARIS STELLA

La description d'un groupe de femmes bretonnes, saisies dans la vérité pittoresque de leur attitude commune et de leur costume, étreintes par une même angoisse, communiant dans la même foi, est en même temps pour Heredia l'occasion d'évoquer la Bretagne, son paysage et le genre de vie de ses habitants.

Sous les coiffes de lin, toutes, croisant leurs bras
Vêtus de laine rude ou de mince percale (1),
Les femmes, à genoux sur le roc de la cale,
Regardent l'océan blanchir l'île de Batz (2).

Les hommes, père, fils, amants, là-bas,
Avec ceux de Paimpol, d'Audierne et de Cancale (3),
Vers le Nord, sont partis pour la lointaine escale.
Que de hardis pêcheurs qui ne reviendront pas!

Par-dessus la rumeur de la mer et des côtes
Le chant plaintif s'élève, invoquant à voix hautes
L'étoile sainte, espoir des marins en péril;

Et l'angélus, courbant tous ces fronts noirs de hâle (4),
Des clochers de Roscoff à ceux de Sybiril (5)
S'envole, tinte et meurt dans le ciel rose et pâle.

Les Trophées.
(A. Lemerre, éditeur.)

Charles Baudelaire

SA VIE (1821-1867)

Charles Baudelaire perd très tôt son père; sa mère se remarie l'année suivante avec le chef de bataillon Aupick, avec qui il devait se heurter violemment. Jusqu'en 1841, décidé à devenir homme de lettres, il mène la vie libre de la bohème parisienne, se passionne pour la littérature et les beaux-arts; mais, bientôt, sur l'avis du conseil de famille (6), on l'embarque pour un long voyage qui le mène jusqu'à l'île Bourbon (7). À son retour à Paris, il rencontre la mulâtresse Jeanne Duval qui tiendra désormais une grande place dans sa vie. Il commence alors à écrire des poèmes et des articles de revues. Il publie le *Salon de 1846* qui le révèle critique d'art.

Suivent le *Salon de 1845* et, en 1847, *La Fanfarlo*. En 1852, il rencontre Mme Sabatier qui lui inspire un amour régénérateur mais vite déçu. Son œuvre majeure, *Les Fleurs du mal,* naît peu à peu : après une publication de 18 poèmes (8) en 1855, la première édition paraît en 1857, mais est aussitôt condamnée par la moralisante justice du Second Empire. Simultanément, Baudelaire compose aussi des poèmes en prose qui paraissent par petits recueils de 1857 à 1864, de nombreuses traductions d'Edgar Poe (de 1856 à 1865), *Les Paradis artificiels* (1860) où il étudie en artiste, mais aussi en moraliste, les effets produits sur l'âme et l'imagination par le haschich et l'opium, et de nombreuses études critiques. Depuis 1858, sa santé s'est altérée et, à partir de 1864, sa vie ne sera plus qu'une lamentable agonie.

UN ÉVÉNEMENT LITTÉRAIRE : « LES FLEURS DU MAL »

Les Fleurs du mal sont à la fois le bilan d'une expérience humaine originale et une tentative littéraire de premier ordre. Tiraillé sans cesse entre deux élans, dont l'un, fait de spi-

(1) Toile de coton très fine. – (2) Île célèbre au large de Roscoff, port de pêche situé sur la côte nord de la Bretagne. – (3) Paimpol et Cancale : ports de la côte nord de la Bretagne. Audierne : port de pêche de la côte ouest. – (4) Brunissement de la peau au soleil et au grand air. – (5) Petit village aux environs de Roscoff. – (6) Conseil de parents institué selon la loi pour veiller aux intérêts d'un mineur. – (7) Aujourd'hui, la Réunion. – (8) Et sans doute des notes intimes, intitulées *Fusées,* véritable journal de sa vie intérieure.

ritualité, voudrait l'amener vers Dieu, dont l'autre, fait d'animalité, l'entraîne vers Satan, l'homme est le théâtre d'un combat incessant. Pour échapper à la banalité, à la médiocrité, à l'ennui – c'est-à-dire au « spleen » – il met à l'épreuve toutes les ressources que lui offrent son corps, son esprit, sa faculté de rêver; mais la poésie, l'amour, la communion avec ses semblables, les paradis artificiels et les plaisirs des sens se révèlent tour à tour comme autant de tentations d'évasions décevantes, au terme desquelles le poète ne trouvera en définitive de recours que dans la mort.

Cet itinéraire intérieur est conté par un poète qui sait faire collaborer à l'unité suggestive de l'impression la valeur des sonorités et des rythmes, la puissance évocatrice des images. On voit par là ce que devra à ce maître de l'harmonie un mouvement littéraire comme le symbolisme, dont Valéry dira qu'il traduisait « l'intention commune à plusieurs familles de poètes de reprendre à la musique leur bien ». Lorsque Moréas, dans le premier manifeste du symbolisme, définit les phénomènes concrets comme « de simples apparences sensibles destinées à représenter leurs affinités avec des Idées », il rejoint la théorie des « correspondances » chère à Baudelaire.

HARMONIE DU SOIR

Cette œuvre, rappelant le souvenir de Mme Sabatier, et qui unit, dans une harmonie douce et recueillie, sensations, sentiments, parfums et sons, est un « pantoum », poème oriental révélé par Hugo et Banville, caractérisé par la répétition des vers 2 et 4 de la première strophe aux vers 1 et 3 de la seconde, disposition reproduite dans les strophes suivantes.

Voici venir les temps où vibrant sur sa tige
Chaque fleur s'évapore ainsi qu'un encensoir;
Les sons et les parfums tournent dans l'air du soir,
Valse mélancolique et langoureux vertige!

Chaque fleur s'évapore ainsi qu'un encensoir;
Le violon frémit comme un cœur qu'on afflige;
Valse mélancolique et langoureux vertige!
Le ciel est triste et beau comme un grand reposoir.

Le violon frémit comme un cœur qu'on afflige,
Un cœur tendre, qui hait le néant vaste et noir!
Le ciel est triste et beau comme un grand reposoir;
Le soleil s'est noyé dans son sang qui se fige.

Un cœur tendre, qui hait le néant vaste et noir,
Du passé lumineux recueille tout vestige!
Le soleil s'est noyé dans son sang qui se fige...
Ton souvenir en moi luit comme un ostensoir!

SPLEEN

Le « spleen » n'est pas seulement un état de profonde mélancolie dû à l'accablement de l'esprit qui a perdu tout goût de vivre et ne voit, dans le monde extérieur, qu'une sinistre « correspondance » de ses sensations et sentiments; il est la représentation même du Mal inhérent à la condition humaine, qui empoisonne l'âme et la fait peu à peu sombrer dans un gouffre sans fond.

Quand le ciel bas et lourd pèse comme un couvercle
Sur l'esprit gémissant en proie aux longs ennuis,
Et que de l'horizon embrassant tout le cercle
Il nous verse un jour noir plus triste que les nuits;

Quand la terre est changée en un cachot humide,
Où l'Espérance, comme une chauve-souris,
S'en va battant les murs de son aile timide
Et se cognant la tête à des plafonds pourris;

Quand la pluie étalant ses immenses traînées
D'une vaste prison imite les barreaux,
Et qu'un peuple muet d'infâmes araignées
Vient tendre ses filets au fond de nos cerveaux,

Des cloches tout à coup sautent avec furie
Et lancent vers le ciel un affreux hurlement,
Ainsi que des esprits errants et sans patrie
Qui se mettent à geindre opiniâtrement.

– Et de longs corbillards, sans tambours ni musique,
Défilent lentement dans mon âme; l'Espoir,
Vaincu, pleure, et l'Angoisse atroce, despotique,
Sur mon crâne incliné plante son drapeau noir.

Spleen (LXXVIII).

LES YEUX DES PAUVRES

Ce poème en prose est un « tableau parisien » qui met en scène le poète, attablé à la terrasse d'un café à la mode avec son « cher ange », et un brave homme, au visage fatigué, accompagné de ses deux enfants, qui s'est arrêté sur la chaussée.

Mais ce tableau parisien est le décor d'une confidence : le narrateur découvre une fois encore, avec amertume, l'incompréhension incurable des gens qui s'aiment, et, en même temps, l'occasion d'une émotion profonde et touchante. Moins imperméable que sa maîtresse aux souffrances des autres, Baudelaire se sent honteux du luxe qui l'entoure et en communion d'âme avec ces malheureux dont il devine et traduit les sentiments.

...Droit devant nous, sur la chaussée, était planté un brave homme d'une quarantaine d'années, au visage fatigué, à la barbe grisonnante, tenant d'une main un petit garçon et portant sur l'autre bras un petit être trop faible pour marcher. Il remplissait l'office de bonne et faisait prendre à ses enfants l'air du soir. Tous en guenille. Ces trois visages étaient extraordinairement sérieux, et ces six yeux contemplaient fixement le café nouveau avec une admiration égale, mais nuancée diversement par l'âge.

Les yeux du père disaient : « Que c'est beau ! que c'est beau ! on dirait que tout l'or du pauvre monde est venu se porter sur ces murs. » – Les yeux du petit garçon : « Que c'est beau ! que c'est beau ! mais c'est une maison où peuvent seuls entrer les gens qui ne sont pas comme nous. » – Quant aux yeux du plus petit, ils étaient trop fascinés pour exprimer autre chose qu'une joie stupide et profonde.

Les chansonniers disent que le plaisir rend l'âme bonne et amollit le cœur. La chanson avait raison ce soir-là, relativement à moi. Non seulement j'étais attendri par cette famille d'yeux, mais je me sentais un peu honteux de nos verres et de nos carafes, plus grands que notre soif. Je tournais mes regards vers les vôtres, cher amour, pour y lire *ma* pensée ; je plongeais dans vos yeux si beaux et si bizarrement doux, dans vos yeux verts, habités par le Caprice et inspirés par la Lune, quand vous me dites : « Ces gens-là me sont insupportables avec leurs yeux ouverts comme des portes cochères ! Ne pourriez-vous pas prier le maître du café de les éloigner d'ici ? »

Tant il est difficile de s'entendre, mon cher ange, et tant la pensée est incommunicable, même entre gens qui s'aiment.

Le roman réaliste

Gustave Flaubert

SA VIE (1821-1880)

Gustave Flaubert, après des études de droit poursuivies à Paris sans enthousiasme, car il sentait en lui une vocation d'écrivain, fut atteint d'une grave maladie nerveuse qui lui interdisait toute carrière active. Aussi consacra-t-il toute son existence à écrire, le plus souvent dans sa propriété de Croisset près de Rouen, dans une solitude laborieuse. Après cinquante-trois mois d'un travail opiniâtre, il publia *Madame Bovary* (1857) qui lui valut la célébrité en même temps qu'un procès retentissant. En 1862, parut *Salammbô* puis, en 1869, *L'Éducation sentimentale* qui fut un échec, de même que *La Tentation de saint Antoine* (1874). Mais ses *Trois Contes* (1877) furent accueillis avec beaucoup de faveur; il mourut subitement en laissant inachevé *Bouvard et Pécuchet,* son dernier roman.

LE ROMANCIER RÉALISTE

Par le fond de son tempérament, Flaubert était romantique. Pourtant, son esthétique en fit un romancier réaliste. Qu'il choisisse ses sujets dans la vie contemporaine ou dans l'histoire, il s'attache, par une documentation minutieuse, à restituer avec exactitude les cadres, les institutions, les faits et les individus. *Madame Bovary,* par exemple, s'inspire d'une histoire vécue, pitoyablement tragique. La forme enfin révèle son souci d'exactitude objective, presque médicale : sans cesse, il refondait, retouchait, élaguait les premiers jets, accumulant pour *Madame Bovary* près de deux mille pages de brouillon pour cinq cents pages définitives. À ses yeux, la forme devait être l'auxiliaire parfaite du fond.

MADAME BOVARY

Emma Rouault, fille d'un fermier normand, a épousé Charles Bovary, un brave homme assez épais, médecin dans un petit bourg. Bientôt, comme la jeune femme s'y ennuie, Charles décide d'aller s'installer à Yonville-l'Abbaye. À leur arrivée, ils dînent en compagnie d'Homais, le pharmacien, et de Léon Dupuis, un clerc de notaire (II, 2).

Sous l'apparence d'une conversation à bâtons rompus, Flaubert raille chez Emma et Léon les aspirations romanesques qu'il s'est acharné à étouffer en lui-même, et dont ils donnent une image caricaturale. Homais, lui, incarne l'esprit bourgeois, avec son absence de goût, son pédantisme, sa passion des ragots et ses préoccupations matérielles. L'effet de caricature est encore accusé par la succession des propos disparates.

– Avez-vous du moins quelques promenades dans les environs? continuait Mme Bovary parlant au jeune homme.

– Oh! fort peu, répondit-il. Il y a un endroit que l'on nomme la Pâture, sur le haut de la côte, à la lisière de la forêt. Quelquefois, le dimanche, je vais là, et j'y reste avec un livre, à regarder le soleil couchant.

– Je ne trouve rien d'admirable comme les soleils couchants, reprit-elle, mais au bord de la mer, surtout.

– Oh! j'adore la mer, dit M. Léon.

– Et puis ne vous semble-t-il pas, répliqua Mme Bovary, que l'esprit vogue plus librement sur cette étendue sans limites, dont la contemplation vous élève l'âme et donne des idées d'infini, d'idéal?

– Il en est de même des paysages de montagnes, reprit Léon. J'ai un cousin qui a voyagé en Suisse l'année dernière, et qui me disait qu'on ne peut se figurer la poésie des lacs, le charme des cascades, l'effet gigantesque des glaciers. On voit des pins d'une grandeur incroyable, en travers des torrents, des cabanes suspendues sur des précipices, et, à mille pieds sous vous, des vallées entières quand les nuages s'entr'ouvrent. Ces spectacles doivent enthousiasmer, disposer à la prière, à l'extase! Aussi je ne m'étonne plus de ce musicien célèbre qui, pour exciter mieux son imagination, avait coutume d'aller jouer du piano devant quelque site imposant.

– Vous faites de la musique? demanda-t-elle.

– Non, mais je l'aime beaucoup, répondit-il.

– Ah! ne l'écoutez pas, Madame Bovary, interrompit Homais en se penchant sur son assiette, c'est modestie pure. – Comment, mon cher! Eh! l'autre jour, dans votre chambre, vous chantiez l'*Ange Gardien* à ravir. Je vous entendais du laboratoire; vous détachiez cela comme un acteur.

Léon, en effet, logeait chez le pharmacien, où il avait une petite pièce au second étage, sur la place. Il rougit à ce compliment de son propriétaire, qui déjà s'était tourné vers le médecin et lui énumérait les uns après les autres les principaux habitants d'Yonville. Il racontait des anecdotes, donnait des renseignements. On ne savait pas au juste la fortune du notaire, et *il y avait la maison Tuvache* (1) qui faisait beaucoup d'embarras.

Emma reprit :

– Et quelle musique préférez-vous?

– Oh! la musique allemande, celle qui porte à rêver.

– Connaissez-vous les Italiens?

– Pas encore; mais je les verrai l'année prochaine, quand j'irai habiter Paris, pour finir mon droit.

– C'est comme j'avais l'honneur, dit le pharmacien, de l'exprimer à monsieur votre époux, à propos de ce pauvre Yanoda, qui s'est enfui; vous vous trouverez, grâce aux folies qu'il a faites, jouir d'une des maisons les plus confortables d'Yonville. Ce qu'elle a principalement de commode pour un médecin, c'est une porte sur *l'Allée* qui permet d'entrer et de sortir sans être vu. D'ailleurs, elle est fournie de tout ce qui est agréable à un ménage : buanderie, cuisine avec office, salon de famille, fruitier (2), etc. C'était un gaillard qui n'y regardait pas! Il s'était fait construire au bout du jardin, à côté de l'eau, une tonnelle tout exprès pour boire de la bière en été, et si Madame aime le jardinage, elle pourra...

– Ma femme ne s'en occupe guère, dit Charles; elle aime mieux, quoiqu'on lui recommande l'exercice, toujours rester dans sa chambre, à lire.

– C'est comme moi, répliqua Léon; quelle meilleure chose, en effet, que d'être le soir au coin du feu avec un livre, pendant que le vent bat les carreaux, que la lampe brûle?...

(1) Monsieur Tuvache est le maire de Yonville-l'Abbaye. – (2) Lieu où l'on conserve les fruits secs.

– N'est-ce pas ? dit-elle, en fixant sur lui ses grands yeux noirs tout ouverts.

– On ne songe à rien, continuait-il, les heures passent. On se promène immobile dans des pays que l'on croit voir, et votre pensée, s'enlaçant à la fiction, se joue dans les détails ou poursuit le contour des aventures. Elle se mêle aux personnages ; il semble que c'est vous qui palpitez sous leurs costumes.

– C'est vrai ! c'est vrai ! disait-elle.

Le dialogue laisse pressentir l'idylle qui va naître entre les deux « âmes sœurs ». Mais Léon quittera bientôt Yonville et Emma prendra alors un amant, Rodolphe, qui l'abandonnera lâchement. Elle retrouvera Léon plus tard, à Rouen, et deviendra sa maîtresse, cherchant en vain à s'étourdir et se livrant à de folles dépenses. Traquée par les créanciers, abandonnée par Léon, affolée et désabusée, elle s'empoisonne. Charles, ruiné et inconsolable, mourra subitement peu de temps après elle.

Le naturalisme en face du mysticisme (1870-1900)

Le roman naturaliste

Émile Zola

SA VIE (1840-1902)

Émile Zola, venu de Provence à Paris pour y poursuivre ses études, se lança en fait rapidement dans le journalisme. Travailleur acharné, il mène de front ses activités professionnelles et littéraires. Ses premières œuvres, comme les *Contes à Ninon* (1864), le rangent parmi les écrivains d'inspiration romantique. Mais bientôt, influencé par Taine et le biologiste Claude Bernard, il s'attache à appliquer la méthode scientifique au domaine du roman, à partir d'une observation minutieuse du réel. Dès 1868, il conçoit, et accomplira en vingt-cinq ans, le vaste projet d'un cycle de romans, *Les Rougon-Macquart,* « histoire naturelle et sociale d'une famille sous le second Empire ». Mais ce n'est qu'en 1877, avec le septième volume, *L'Assommoir,* qu'il connaît le succès. Reconnu comme le chef de l'école naturaliste, il publie en 1880, en collaboration avec ses disciples, un recueil de nouvelles qui fait figure de manifeste, *Les Soirées de Médan,* ainsi qu'un exposé de doctrine, *Le Roman expérimental.* Parmi les volumes qui vont compléter jusqu'en 1893 *Les Rougon-Macquart* se détache *Germinal* (1885), évocation de la vie des mineurs.

Les enquêtes sociales qu'il a menées pour étayer ses romans lui confèrent le goût de l'action sociale. L'affaire Dreyfus (1) lui inspire un courageux et généreux article, « J'accuse », qui lui vaut bien des ennemis. Sa dernière œuvre, *Les Quatre Évangiles* (Fécondité, Travail, Vérité, Justice), visait à établir les bases morales des temps nouveaux. Sa mort accidentelle laisse le dernier volume inachevé.

ZOLA THÉORICIEN ET ROMANCIER

Pour Zola, l'homme est étroitement tributaire de son hérédité physiologique et du milieu dans lequel il vit ; il trouve par suite logique d'appliquer à l'étude de l'homme, dans le cadre du roman, les méthodes qui viennent de faire leurs preuves avec Claude Bernard dans le domaine de la biologie. Il pratique donc l'observation, attentive et passive, du comportement des hommes et de leurs cadres de vie. Et il se croit autorisé aussi à pratiquer l'expérimentation, intervenant et modifiant méthodiquement, comme le fait l'homme de science, les conditions et les circonstances. Telle est l'idée-maîtresse des *Rougon-*

(1) *Cf.* p. 204.

Macquart : Zola fera vivre des personnages, issus d'une même ascendance et souffrant d'une tare héréditaire commune, dans les milieux les plus divers, et notera les modifications de comportement qu'apportent chez les uns et les autres ces modes de vie différents. Fort de ces expérimentations méthodiques, Zola prétend atteindre à une connaissance scientifique de l'homme et dégager les lois qui président à son action individuelle et sociale, oubliant que le personnage de roman n'est pas un animal de laboratoire puisque c'est le romancier qui le mène jusqu'au dénouement que lui-même a choisi.

LE POÈTE

Mais ce romancier naturaliste reste un poète. Un souffle épique transfigure les individus, les foules et les objets eux-mêmes, qui prennent souvent une figure et des dimensions plus qu'humaines : une âme collective anime la foule, les objets deviennent vivants et menaçants ; et les dénouements font figure d'apocalypses, ruine nécessaire pour que « germe » un monde régénéré.

L'ASSOMMOIR

Dans ce roman, Zola veut montrer « la déchéance fatale d'une famille ouvrière dans le milieu empesté de nos faubourgs ».

Le mariage de Gervaise Macquart, une blanchisseuse, et de Coupeau, l'ouvrier zingueur, est d'abord heureux. Mais un accident de travail, une longue convalescence, des habitudes de paresse, puis d'ivrognerie, accoleront le ménage à la gêne puis à la misère. Esclave de l'alcool, Coupeau sombre dans la déchéance physique et le désordre mental. Soucieux d'une documentation exacte, Zola emprunte à un ouvrage médical les éléments de sa description, mais les exploite dans le sens d'un drame humain, à la fois poignant et écœurant. Le choix des mots, les images familières, le dessin des phrases, ont la verdeur et la liberté de la langue parlée : la puissance d'évocation des milieux populaires s'en trouve renforcée.

Avec ça, il oubliait d'embellir ; un revenant à regarder ! Le poison le travaillait rudement. Son corps imbibé d'alcool se ratatinait comme les fœtus qui sont dans des bocaux, chez les pharmaciens. Quand il se mettait devant la fenêtre, on apercevait le jour au travers de ses côtes, tant il était maigre. Les joues creuses, les yeux dégouttant, pleurant assez de cire pour fournir une cathédrale, il ne gardait que sa truffe (1) de fleurie, belle et rouge, pareille à un œillet au milieu de sa trogne (2) dévastée. Ceux qui savaient son âge, quarante ans sonnés, avaient un petit frisson, lorsqu'il passait, courbé, vacillant, vieux comme les rues. Et le tremblement de ses mains redoublait, sa main droite surtout battait tellement la breloque (3), que, certains jours, il devait prendre son verre dans les deux poings, pour le porter à ses lèvres. Oh ! ce nom de Dieu de tremblement ! c'était la seule chose qui le taquinât encore, au milieu de sa vacherie générale ! On l'entendait grogner des injures féroces contre ses mains. D'autres fois, on le voyait pendant des heures en contemplation devant ses mains qui dansaient, les regardant sauter comme des grenouilles, sans rien dire, ne se fâchant plus, ayant l'air de chercher quelle mécanique intérieure pouvait leur faire faire joujou (4) de la sorte ; et un soir, Gervaise l'avait trouvé ainsi, avec deux grosses larmes qui coulaient sur ses joues cuites de pochard (5). (...)

Plusieurs fois, il s'alita ; il se pelotonnait, se cachait sous le drap, avec le souffle fort et continu d'un animal qui souffre. Alors, les extravagances de Sainte-Anne (6) recommençaient. Méfiant, inquiet, tourmenté d'une fièvre ardente, il se roulait dans des rages folles, déchirait ses blouses, mordait les meubles, de sa mâchoire convulsée ; ou bien il tombait à un grand attendrissement, lâchant des plaintes de filles, sanglotant et se lamentant de n'être aimé par personne. Un soir, Gervaise et Nana (7), qui rentraient ensemble, ne le trouvèrent plus dans son lit. À sa place il avait couché le traversin. Et, quand elles le découvrirent, caché entre le lit et le mur, il claquait des dents, il racontait que des hommes allaient venir l'assassiner. Les deux femmes durent le recoucher et le rassurer comme un enfant...

Coupeau mourra bientôt d'une crise de délirium tremens. Gervaise à son tour tombera dans l'alcoolisme, la misère, l'hébétude et la mort.

---

(1) Son nez. – (2) Son visage. – (3) Au sens propre : battre le tambour. – (4) Langage enfantin : jouer. – (5) D'ivrogne. – (6) Asile psychiatrique. – (7) La fille de Gervaise.

Guy de Maupassant

SA VIE (1850-1893)

Après une enfance passée dans la familiarité des paysans et des pêcheurs, au sein de la campagne normande qu'il évoquera si fidèlement, Guy de Maupassant devint élève à Rouen, ce qui lui donna l'occasion de passer ses dimanches à Croisset chez Flaubert, en compagnie de son correspondant, le poète Louis Bouilhet. Mobilisé pendant la guerre de 1870, il obtint ensuite une place de commis dans des ministères, à Paris. Sous la direction de Flaubert, il fait alors laborieusement son apprentissage d'écrivain. *Boule de suif,* qui paraît en 1880 dans *Les Soirées de Médan* (1) lui donne la notoriété. En dix ans, il va écrire plus de trois cents contes, réunis ensuite en volumes, et six romans, dont *Une Vie* (1883) et *Pierre et Jean* (1888). Sa santé, depuis longtemps compromise, décline de plus en plus. Il est en proie à des hallucinations, et sombre dans la folie qui exige son internement dans la maison de santé du docteur Blanche (2).

SA DOCTRINE

Selon Maupassant, l'objet essentiel de l'art est de donner « une image exacte de la vie ». Toutefois, en vrai naturaliste, il décrit le plus souvent des personnages moyens ou médiocres dans le cadre rétréci de leurs occupations quotidiennes. Outre une observation minutieuse, les diverses sources d'inspiration de son œuvre, récits du terroir normand, épisodes de guerre, évocation de la vie des employés de bureau, s'appuient aussi étroitement sur son expérience vécue; et les contes fantastiques eux-mêmes, tel *Le Horla,* utilisent avec une lucidité tragique des éléments empruntés à ses crises hallucinatoires. Mais l'image « vraie » de la réalité, dans la mesure où elle reflète une interprétation de l'écrivain, ne saurait rester aussi objective qu'il le souhaiterait : le monde qu'il décrit nous renseigne tout autant sur l'observateur que sur l'objet décrit. Maupassant fait preuve d'un pessimisme profond : selon lui, la vie sociale est une grotesque comédie; la philosophie, comme la science, reste à la surface des problèmes; la religion est un recours illusoire. L'homme reste muré dans sa solitude morale : « Nous sommes tous dans un désert. »

L'ART DU CONTEUR

Dans ce domaine, Maupassant atteint à une perfection classique : le décor est rapidement brossé, le cadre posé, l'atmosphère créée. L'aspect physique, le comportement des personnages, la qualité de leurs propos, suffisent à nous faire pénétrer dans le secret de leurs états d'âme; et ce sont ces états d'âme qui déterminent le cheminement de l'intrigue, transformant un simple fait divers en un drame humain.

LE PETIT FÛT (3)

L'aubergiste Chicot a obtenu, non sans peine, que la mère Magloire, une vieille paysanne normande, lui vende sa ferme en viager (4), mais la vieille ne se presse pas de mourir.

L'originalité de Maupassant apparaît nettement dans ce conte naturaliste : un drame sordide de l'intérêt constitue l'intrigue, où s'affrontent deux paysans avares. L'homme, sous son apparence de jovialité amicale, est un hypocrite sans pitié ni scrupules, qui élabore un plan machiavélique. Le réalisme de la peinture se manifeste à la fois dans les dialogues en patois normand et dans la description minutieuse du repas campagnard.

---

(1) *Cf.* p. 264. – (2) Célèbre psychiatre, qui soigna également Gérard de Nerval. – (3) La petite barrique. – (4) Vente qui consiste à verser une somme de base, puis une rente périodique jusqu'à la mort du vendeur.

Trois ans s'écoulèrent. La bonne femme se portait comme un charme. Elle paraissait n'avoir pas vieilli d'un jour et Chicot se désespérait. Il lui semblait, à lui, qu'il payait cette rente depuis un demi-siècle, qu'il était trompé, floué, ruiné. Il allait de temps en temps rendre visite à la fermière, comme on va voir en juillet, dans les champs, si les blés sont mûrs pour la faux. Elle le recevait avec une malice dans le regard. On eût dit qu'elle se félicitait du bon tour qu'elle lui avait joué et il remontait bien vite dans son tilbury (1) en murmurant :

– Tu ne crèveras donc point, carcasse !

Il ne savait que faire. Il eût voulu l'étrangler en la voyant. Il la haïssait d'une haine féroce, sournoise, d'une haine de paysan volé.

Alors il chercha des moyens.

Un jour enfin, il s'en revint la voir en se frottant les mains, comme il faisait la première fois lorsqu'il lui avait proposé le marché.

Et, après avoir causé quelques minutes :

– Dites donc, la mère, pourquoi que ne v'nez point dîner à la maison quand vous passez à Épreville ? On en jase (2), on dit comme ça que j'sommes pu amis (3), et ça me fait deuil (4). Vous savez, chez mé (5), vous ne payerez point. J'suis pas regardant (6) à dîner. Tant que le cœur vous en dira, v'nez sans retenue, ça m'fera plaisir.

La mère Magloire ne se le fit point répéter, et le surlendemain, comme elle allait au marché dans sa carriole conduite par son valet Célestin, elle mit sans gêne son cheval à l'écurie chez maître Chicot, et réclama le dîner promis.

L'aubergiste radieux la traita comme une dame, lui servit du poulet, du boudin, de l'andouille, du gigot et du lard aux choux. Mais elle ne mangea presque rien, sobre depuis son enfance, ayant toujours vécu d'un peu de soupe et d'une croûte de pain beurrée.

Chicot insistait, désappointé. Elle ne buvait pas non plus. Elle refusa de prendre du café.

Il demanda :

– Vous accepterez toujours bien un p'tit verre.

– Ah ! pour ça oui. Je ne dis pas non.

Et il cria de tous ses poumons, à travers l'auberge :

– Rosalie, apporte la fine, la surfine, le fil-en-dix (7).

Et la servante apparut, tenant une longue bouteille ornée d'une feuille de vigne en papier.

Il emplit deux petits verres.

– Goûte ça, la mère, c'est de la fameuse.

Et la bonne femme se mit à boire tout doucement, à petites gorgées, faisant durer le plaisir. Quand elle eut vidé son verre, elle l'égoutta, puis déclara :

– Ça oui, c'est de la fine.

Elle n'avait point fini de parler que Chicot lui en versait un second coup. Elle voulut refuser, mais il était trop tard, et elle le dégusta longuement, comme le premier.

Il voulut alors lui faire accepter une troisième tournée, mais elle résista. Il insistait :

– Ça c'est du lait, voyez-vous ; mé (8) j'en bois dix, douze sans embarras. Ça passe comme du sucre. Rien au ventre, rien à la tête ; on dirait que ça s'évapore sur la langue. Y a rien de meilleur pour la santé !

Comme elle en avait bien envie, elle céda, mais elle ne prit que la moitié du verre.

Alors Chicot, dans un élan de générosité, s'écria :

– T'nez, puisqu'elle vous plaît, j'vas vous en donner un p'tit fût, histoire de vous montrer que j'sommes toujours une paire d'amis.

La bonne femme ne dit pas non, et s'en alla un peu grise (9).

Le lendemain, l'aubergiste entra dans la cour de la mère Magloire, puis tira du fond de sa voiture une petite barrique cerclée de fer. Puis il voulut lui faire goûter le contenu, pour prouver que c'était bien la même fine ; et, quand ils en eurent encore bu chacun trois verres, il déclara, en s'en allant :

– Et puis, vous savez, quand n'y en aura pu (10), y en a encore ; n'vous gênez point. Je n'suis pas regardant. Pu tôt que ce sera fini, pu que je serai content.

Et il remonta dans son tilbury.

Il revint quatre jours plus tard. La vieille était devant la porte, occupée à couper le pain de la soupe.

Il s'approcha, lui dit bonjour, lui parla sous le nez, histoire de sentir son haleine. Et il reconnut un souffle d'alcool. Alors son visage s'éclaira.

– Vous m'offrirez bien un verre de fine ? dit-il.

Et ils trinquèrent deux ou trois fois.

Mais bientôt le bruit courut dans la contrée que la mère Magloire s'ivrognait (11) toute seule. On la ramassait tantôt dans sa cuisine, tantôt dans sa cour, tantôt dans les chemins des environs, et il fallait la rapporter chez elle, inerte comme un cadavre.

Chicot n'allait plus chez elle, et, quand on lui parlait de la paysanne, il murmurait avec un visage triste :

– C'est-il pas malheureux, à son âge, d'avoir pris c't'habitude-là ? Voyez-vous, quand on est vieux, y a pas de ressource. Ça finira bien par lui jouer un mauvais tour !

Ça lui joua un mauvais tour, en effet. Elle mourut l'hiver suivant, vers la Noël, étant tombée saoule, dans la neige.

Et maître Chicot hérita de la ferme en déclarant :

– C'te manante (12), si elle s'était point boissonnée (13), alle (14) en avait bien pour dix ans de plus.

Albin Michel, éditeur.

---

(1) Voiture à cheval légère. – (2) Jaser = bavarder. – (3) Que nous ne sommes plus amis. – (4) Cela m'attriste. – (5) Chez moi. – (6) Économe. – (7) Appellations régionales de l'eau-de-vie. – (8) Moi. – (9) Saoule. – (10) Plus. – (11) Se saoulait. – (12) Paysanne. – (13) Si elle n'était pas devenue alcoolique. – (14) Elle.

Alphonse Daudet (1840-1897)

Alphonse Daudet, originaire de Nîmes, après la ruine de sa famille, devra dès l'âge de seize ans gagner sa vie. Répétiteur (1) au collège d'Alès pendant un an, il vient ensuite à Paris et, secrétaire du duc de Morny (2), il profite de ses loisirs pour écrire. *Le Petit Chose,* récit en grande partie autobiographique, paraît en 1868. En 1869, il publie *Les Lettres de mon moulin,* recueil de contes qui se passent dans le cadre ensoleillé de sa Provence natale. Avec *Fromont jeune et Risler aîné* (1874), il entreprend la peinture réaliste de la société contemporaine, qu'il poursuivra notamment dans *Le Nabab* (1877), *Numa Roumestan* (1881) et *L'Immortel* (1888).

Lorsque parut *Le Nabab,* Zola salua en Daudet un écrivain naturaliste. Certes, Daudet emprunte à la réalité l'essentiel de la matière de ses livres, et ses carnets, où il notait des détails d'observation quotidienne, en vue de leur utilisation dans ses romans, témoignent de son souci de peindre sur le vif. Mais sa sensibilité et sa puissance de sympathie pour les êtres, son ironie bienveillante, son style tour à tour alerte, coloré et pathétique, ne sauraient s'accorder avec une école pour laquelle l'impersonnalité est un dogme et qui offre de la vie une image délibérément pessimiste.

LE PETIT CHOSE

Daniel Esseytte, « le petit Chose », vient rendre visite au principal du collège de Sarlande, où il doit occuper un poste de répétiteur (I, 5). La timidité et l'embarras du très jeune visiteur, l'abord pontifiant du principal, sa mentalité de fonctionnaire respectueux de la hiérarchie, l'autorité menaçante du surveillant général, s'expriment, d'une manière concrète, par leurs attitudes, leurs gestes, leurs propos. Mais l'ironie de Daudet est souriante et indulgente à l'égard du premier, féroce à l'égard des deux autres : comme toujours, l'auteur prend le parti des humbles.

Quand il eut fini d'écrire, le principal se tourna vers moi, et je pus examiner à mon aise sa petite face pâlotte et sèche, éclairée par deux yeux froids, sans couleur. Lui, de son côté, releva, pour mieux me voir, l'abat-jour de la lampe et accrocha un lorgnon à son nez.

– Mais c'est un enfant ! s'écria-t-il en bondissant sur son fauteuil. Que veut-on que je fasse d'un enfant ?

Pour le coup, le petit Chose eut une peur terrible ; il se voyait déjà dans la rue, sans ressources... Il eut à peine la force de balbutier deux ou trois mots et de remettre au principal la lettre d'introduction qu'il avait pour lui.

Le principal prit la lettre, la lut, la relut, la plia, la déplia, la relut encore, puis il finit par me dire que, grâce à la recommandation toute particulière du recteur et à l'honorabilité de ma famille, il consentait à me prendre chez lui, bien que ma grande jeunesse lui fît peur. Il entama ensuite de longues déclamations sur la gravité de mes nouveaux devoirs ; mais je ne l'écoutais plus. Pour moi, l'essentiel était qu'on ne me renvoyât pas. On ne me renvoyait pas ; j'étais heureux, follement heureux. J'aurais voulu que M. le principal eût mille mains et les lui embrasser toutes.

Un formidable bruit de ferrailles m'arrêta dans mes effusions. Je me retournai vivement et me trouvai en face d'un long personnage, à favoris rouges, qui venait d'entrer dans le cabinet sans qu'on l'eût entendu : c'était le surveillant général.

Sa tête penchée sur l'épaule, à l'*Ecce homo* (3), il me regardait avec le plus doux des sourires, en secouant un trousseau de clefs de toutes dimensions, suspendu à son index. Le sourire m'aurait prévenu en sa faveur, mais les clefs grinçaient avec un bruit terrible, frinc ! frinc ! frinc ! – qui me fit peur.

– Monsieur Viot, dit le principal, voici le remplaçant de M. Serrières qui nous arrive.

M. Viot s'inclina et me sourit le plus doucement du monde. Ses clefs, au contraire, s'agitèrent d'un air ironique et méchant, comme pour dire : « Ce petit homme-là remplacer M. Serrières, allons donc ! allons donc ! »

Le principal comprit aussi bien que moi ce que les clefs venaient de dire, et il ajouta avec un soupir :

(1) Comme le sera son héros, le petit Chose. – (2) Un des artisans du coup d'État du 2 décembre 1851 : *Cf.* p. 203. – (3) Effigie du Christ couronné d'épines et penchant la tête sur son épaule.

« Je sais qu'en perdant M. Serrières, nous faisons une perte presque irréparable (ici les clefs poussèrent un véritable sanglot...) ; mais je suis sûr que si M. Viot veut bien prendre le nouveau maître sous sa tutelle spéciale, et lui inculquer ses précieuses idées sur l'enseignement, l'ordre et la discipline de la maison n'auront pas trop à souffrir du départ de M. Serrières.

Toujours souriant et doux, M. Viot répondit que sa bienveillance m'était acquise et qu'il m'aiderait volontiers de ses conseils ; mais les clefs n'étaient pas bienveillantes, elles. Il fallait les entendre s'agiter et grincer avec frénésie : « Si tu bouges, petit drôle (1), gare à toi. »

– Monsieur Eyssette, conclut le principal, vous pouvez vous retirer. Pour ce soir encore, il faudra que vous couchiez à l'hôtel... Soyez ici demain à huit heures... Allez...

Et il me congédia d'un geste digne.

Fasquelle, éditeur.

Joris-Karl Huysmans (1848-1907)

Fonctionnaire au ministère de l'Intérieur, Huysmans publie d'abord un recueil de poèmes en prose, puis *Marthe* (1876), un roman très réaliste qui lui ouvre les rangs des écrivains naturalistes : il participera au recueil des *Soirées de Médan* (2). Il publie ensuite *Les Sœurs Vatard* (1879) et *En Ménage* (1881), mais se distingue bientôt de ses amis par l'acuité de ses analyses d'états d'âme bizarres, et sa prédilection pour les êtres inquiets ou blessés.

Son dégoût du quotidien et sa passion pour tous les problèmes artistiques aboutissent à une œuvre étrange qu'il intitule fort bien *À Rebours* (1884) : son héros, des Esseintes, esthète et névrosé, perpétuel insatisfait, se construit un monde imaginaire et artificiel. Dans *Là-bas* (1891) apparaît un autre personnage, Durtal, véritable porte-parole de l'auteur; sa plongée dans les profondeurs mi-magiques, mi-chrétiennes du Moyen Âge, où il poursuit l'image fuyante de Gilles de Rais, peut passer pour la première étape d'une conversion laborieuse et longue, traversée d'hésitations et d'incertitudes. *En Route* (1895), *La Cathédrale* (1898), *L'Oblat* (1903), jalonnent cette ascension vers le mysticisme et la sérénité.

UN ART NATURALISTE

En fait, tout en devenant un croyant convaincu, aspirant à une béatitude supérieure fort dédaigneuse de la nature et du réel, Huysmans était resté proche de Zola par la précision des détails observés, le besoin d'une vérité qui ne craint ni le cru, ni l'horrible : par l'expression « naturalisme spiritualiste », il a très justement noté le paradoxe apparent de son originalité.

LA SOUPE DES MENDIANTS

Le roman Marthe, histoire d'une fille, *dont les intentions sont conformes aux principes du roman naturaliste, nous présente une « tranche de vie ». L'auteur déclare d'ailleurs dans un avant-propos, en 1879 : « Les clameurs indignées que les derniers idéalistes ont poussée dès l'apparition de* Marthe *et des* Sœurs Vatard *ne m'ont guère ému. Je fais ce que je vois, ce que je sens et ce que j'ai vécu, en l'écrivant du mieux que je puis et voilà tout. »*

En fait, l'intrigue, simplifiée, sert souvent de prétexte à des descriptions de milieux misérables ; le réalisme est soutenu par les détails insolites, la précision des mots, l'harmonie de la phrase.

(1) Petit vaurien. – (2) *Cf.* p. 264.

Une pelletée de misérables avait été jetée dans le ruisseau au pied de ces trois arbres. Il y avait là des pauvresses aux poitrines rases et au teint glaiseux (1), des ramassis de bancroches (2), des borgnes et des ventrées de galopins morveux (3) qui soufflaient par le nez d'incomparables chandelles (4) et suçaient leurs doigts, attendant l'heure de la miche (5).

Accotés, accroupis, couchés les uns contre les autres, ils agitaient des récipients inouïs : casseroles sans queue, pots de grès cravatés de ficelles, bidons cabossés, gamelles meurtries, bouillottes sans anses, pots de fleurs bouchés par le bas.

Un soldat leur fit signe et tous se précipitèrent en avant tête baissée, aboyant comme des dogues (6), puis, quand leurs écuelles furent pleines, ils s'enfuirent avec des regards voraces et, le derrière sur le trottoir, les pieds dans le ruisseau, ils avalèrent goulûment leur bâfre (7).

L'ORGUE À BOUCHE

Dans À Rebours *apparaît des Esseintes, esthète subtil et décadent, à l'affût de tous les raffinements, de tous les artifices, et ennemi de la nature. « L'orgue à bouche » (IV) est une extraordinaire application du fameux système des correspondances exposé et illustré par Baudelaire dans* les Fleurs du mal *(8). Aussi le roman est-il la négation même du réalisme, et peut-être du réel (9).*

... Pratiquée dans l'une des cloisons, une armoire contenait une série de petites tonnes (10), rangées côte à côte, sur de minuscules chantiers de bois de santal, percées de robinets d'argent au bas ventre.

Il appelait cette réunion de barils à liqueurs son orgue à bouche.

Une tige pouvait rejoindre tous les robinets, les asservir à un mouvement unique, de sorte qu'une fois l'appareil en place, il suffisait de toucher un bouton dissimulé dans la boiserie, pour que toutes les cannelles tournées en même temps remplissent de liqueur les imperceptibles gobelets placés au-dessous d'elles.

L'orgue se trouvait alors ouvert. Les tiroirs étiquetés « flûte, cor, voix céleste », étaient tirés prêts à la manœuvre. Des Esseintes buvait une goutte, ici, là, se jouait des symphonies intérieures, arrivait à se procurer, dans le gosier, des sensations analogues à celles que la musique verse à l'oreille.

Du reste chaque liqueur correspondait selon lui, comme goût, au son d'un instrument. Le curaçao sec, par exemple, à la clarinette dont le chant aigrelet est velouté ; le kummel au hautbois dont le timbre sonore nasille. (...)

La similitude se prolongeait encore ; des relations de tons existaient dans la musique des liqueurs ; ainsi, pour ne citer qu'une note, la bénédictine figure, pour ainsi dire, le ton mineur de ce ton majeur des alcools que les partitions commerciales désignent sous le signe de chartreuse verte.

Ces principes une fois admis, il était parvenu, grâce à d'érudites expériences, à se jouer sur la langue de silencieuses mélodies, de muettes marches funèbres à grand spectacle, à entendre dans sa bouche des solis de menthe, des duos de vespétro et de rhum.

Il arrivait même à transférer dans sa mâchoire de véritables morceaux de musique, suivant le compositeur, pas à pas, rendant sa pensée, ses effets, ses nuances, par des unions ou des contrastes voisins de liqueurs, par d'approximatifs et savants mélanges.

La réaction au naturalisme

Villiers de l'Isle-Adam (1838-1889)

Villiers de l'Isle-Adam vient de Bretagne à Paris en 1857 et y rencontre Baudelaire et Leconte de Lisle. Il vit très misérablement, écrit des articles et des contes qui le font connaître peu à peu, et publie en 1886 *L'Ève future,* œuvre d'anticipation, mais aussi de psycho-

(1) Couleur de terre. – (2) Infirmes et contrefaits. – (3) Des portées d'enfants ayant de la morve au bout du nez. – (4) Désigne la morve qui leur coule du nez. – (5) Pain rond. – (6) Gros chiens. – (7) Mot familier et ironique : repas abondant. – (8) *Cf.* pp. 260-261. – (9) Zola ne s'y trompe pas, qui écrivit : « Vous venez de porter un coup très dur au naturalisme. » – (10) Tonneaux.

logie et de métaphysique, et *Thibulat Bonhomet,* œuvre dans laquelle apparaît le « tueur de cygnes », véritable mythe de la cruauté scientifique, qui détruit l'art et la beauté par souci d'expérimentation et désir de connaissances « positives ». Dans le recueil des *Contes cruels* (1883), il met en évidence la cruauté grossière de la foule et l'incurable lourdeur du bourgeois, en opposition avec l'élévation spirituelle et la noblesse surhumaine des âmes d'élite. Jusqu'à sa mort, Villiers de l'Isle-Adam cherchera le moyen d'échapper au monde médiocre et stupide des apparences. Sa grande œuvre est *Axël* (posth., 1890).

LE SECRET DE L'ÉGLISE

Dans cette page de L'Enjeu, *l'angoisse naît de la façon la plus naturelle et la plus surprenante qui soit : dans une société artificielle et dépravée, c'est un prêtre mondain, joueur et passablement suspect, Tussert, qui, pour continuer à jouer, propose comme enjeu de révéler à l'assistance, s'il perd, un extraordinaire « secret ».*

– Quel secret ?... demanda M. Le Glaïeul, à demi stupéfait.

– Mais, celui de l'ÉGLISE, répondit froidement Tussert.

Fut-ce l'intonation brève et, certes, peu mystificatrice de ce ténébreux viveur, ou la fatigue nerveuse de la nuit, ou les captieuses fumées dorées du Roederer, ou l'ensemble de ces deux choses, les deux invités et la rieuse Maryse, elle-même, tressaillirent à ces mots : tous trois en regardant l'énigmatique personnage venaient d'éprouver la sensation que leur eût causée le dressement soudain d'une tête de serpent, entre les flambeaux.

– L'Église a tant de secrets... que je pourrais, au moins, vous demander lequel !... répondit, sans plus s'émouvoir, le vicomte Le Glaïeul : mais vous me voyez médiocrement curieux de ces sortes de révélations. Concluons. J'ai trop gagné, ce soir, pour vous refuser : donc, tenu, quand même. 25 louis, en 5 points liés, contre le « secret de l'ÉGLISE ».

Par une courtoisie d'homme « du monde » il ne voulut évidement point ajouter : « ... qui ne nous intéresse pas ».

On reprit les cartes.

– L'abbé ! savez-vous bien qu'en ce moment vous avez l'air du... *Diable ?...* s'écria, d'un ton naïf, la tout aimable Maryelle, devenue presque pensive.

– L'enjeu, d'ailleurs, est d'une bizarrerie minime, pour les incrédules ! murmura follement l'invité oisif avec un de ces insignifiants sourires parisiens dont la sérénité ne tient même pas devant une salière renversée. – Le secret de l'Église ! Ah ! Ah !... Ce doit être drôle.

Tussert le regarda :

– Vous en jugerez, si je perds encore, dit-il.

La partie commença plus lente que les autres : une manche fut gagnée, d'abord par... lui, puis revanche perdue.

– La belle ! dit-il.

Chose très singulière : l'attention, pimentée au début d'un semblant de superstition souriante, était, par degrés insensibles, devenue intense : on eût dit qu'autour des joueurs l'air s'était saturé d'une solennité subtile : – d'une inquiétude !... On tenait à gagner.

À 2 points contre 3, le vicomte Le Glaïeul, ayant retourné le roi de cœur, eut pour jeu, les quatre 7 – et un 8 neutre ; Tussert, ayant la quinte majeure de pique, hésita, joua d'autorité, par un mouvement de risque-tout, – et perdit, comme de raison. Le coup fut joué très vite.

Le diacre eut, pendant une seconde, une lueur de regard et le front crispé.

À présent, Maryelle considérait, insoucieusement ses ongles roses ; le vicomte, d'un air distrait, examinait la nacre des jetons, sans questionner ; l'invité oisif se détournant, par conséquence, entr'ouvrit (avec un tact qui tenait, vraiment, de l'inspiration !) les rideaux de la croisée, auprès de lui.

Alors, à travers les arbres, apparut, pâlissant les bougies, l'aube livide, le petit jour, dont le reflet rendit brusquement mortuaires les mains des jeunes hôtes du salon. Et le parfum de l'appartement sembla s'affadir, plus impur, d'un regret de plaisirs marchandés, de chairs à regret voluptueuses, – de lassitude ! – Et de très vagues mais poignantes nuances passèrent sur les visages, dénonçant, d'une imperceptible estompe, les atteintes futures que l'âge réservait à chacun d'eux. Bien que l'on ne crût à rien, ici, qu'à des plaisirs fantômes, on se sentit, tout à coup, sonner si creux en cette existence, que le coup d'aile de la vieille tristesse du monde effleura, malgré eux, à l'improviste, ces faux amusés : en eux c'était le vide, l'inespérance, on oubliait, on ne se souciait plus d'entendre... l'insolite secret... si, toutefois...

Mais le diacre s'était levé, glacial, tenant, déjà son

tricorne. Après un coup d'œil circulaire, officiel, sur ces trois vivants quelque peu interdits :

– Madame, et vous messieurs, dit-il, puisse l'enjeu que j'ai perdu vous donner à songer !... Payons.

Et regardant, avec une fixité froide, les brillants écouteurs, il prononça, d'une voix plus basse, mais qui sonna comme un coup de glas, cette damnable, cette fantastique parole :

– Le secret de l'Église ?... C'est... c'est QU'IL N'Y A PAS DE « PURGATOIRE ».

Calmann-Lévy, éditeur.

Léon Bloy (1846-1917)

Chez Léon Bloy, converti au catholicisme, la profondeur de la foi prend la forme d'un combat ardent contre un monde qui le fait hurler d'indignation et qu'il prend à partie sous les formes du matérialisme scientiste et de la démocratie libérale. Il s'attaque aussi à une bourgeoisie bien pensante dont il dénonce la tiédeur, l'égoïsme et le sot mépris pour l'art. Ce révolté chrétien écrit des pamphlets, des études historiques ou critiques, deux romans autobiographiques, *Le Désespéré* (1886) et *La Femme pauvre* (1897), et un journal intime dont *Le Mendiant ingrat* constitue la première partie. Ces œuvres ont en commun l'expression : la phrase, dramatique, s'adapte à l'exaltation de cette vie brûlante et misérable ; l'œuvre tout entière n'est qu'un cri d'angoisse et de foi, le cri du « Pèlerin de l'Absolu » pour lequel « il n'y a qu'une tristesse, c'est de n'être pas des saints ».

RETOUR DE LA TRAPPE (1)

« Ô mon Dieu sauveur, ayez pitié de moi ! », implore Caïn Marchenoir, « le désespéré », proclamant, comme Bloy lui-même, la « Fureur » qui l'habite et le message qu'il se croit chargé de répercuter : le héros s'affirme « en communion d'impatience avec tous les révoltés ».

Maintenant, qu'elle s'accomplisse, mon épouvantable destinée ! Le mépris, le ridicule, la calomnie, l'exécration universelle, tout m'est égal... On pourra me faire crever de faim, on ne m'empêchera pas d'aboyer sous les étrivières (2) de l'indignation !

Fils obéissant de l'Église, je suis néanmoins en communion d'impatience avec tous les révoltés, tous les déçus, tous les inexaucés, tous les damnés de ce monde. Quand je me souviens de cette multitude, une main me saisit par les cheveux et m'emporte au-delà des relatives exigences d'un ordre social dans une vision d'injustice à faire sangloter jusqu'à l'orgueil des philosophies.

Mercure de France, éditeur.

Le symbolisme

Paul Verlaine

SA VIE (1844-1896)

Né dans les plaines moroses de l'est de la France, Verlaine passe à Paris sa jeunesse, et devient employé à l'hôtel de ville. Il subit l'influence du groupe parnassien et publie les *Poèmes saturniens* (1866) et *Les Fêtes galantes* (1869). Sa rencontre avec Mathilde Mauté,

(1) Célèbre abbaye, lieu de retraite. – (2) Courroie portant les étriers.

qui va devenir sa femme, l'arrache pour un temps à sa vie de bohème, et lui inspire un recueil touchant, *La Bonne Chanson* (1870). Mais bientôt, sa liaison avec Arthur Rimbaud lui fait abandonner son foyer. L'existence vagabonde qu'il mène avec ce dernier en Angleterre et en Belgique s'achève tragiquement : Verlaine le blesse d'un coup de revolver. Sa condamnation, un séjour de deux ans à la prison de Mons, provoque en lui un repentir sincère et le ramène à Dieu. Sa conversion lui inspire les vers mystiques qui, plus tard, seront réunis dans *Sagesse* (1880). Après sa libération, il s'efforce de mener une vie plus digne, enseigne en Angleterre, puis en France au collège de Rethel. De retour à Paris, il sombre à nouveau dans la débauche et l'alcoolisme. Usé par ses excès, après de longs séjours dans les hôpitaux, il meurt dans la misère.

LE POÈTE

L'originalité de Verlaine tient à la qualité de son lyrisme, qui fuit les larges effusions et se maintient dans la note intime des confidences en demi-teintes, suggérées : il confie à ses vers les échos de sa sensibilité, sollicitée à la fois par les appels impérieux des sens et par le désir nostalgique d'une vie « simple et tranquille » dans la candeur retrouvée de son enfance.

Pour s'accorder avec ce ton de confidence discret, le poète s'écarte d'un rythme trop oratoire, multiplie, dans l'utilisation de l'alexandrin, les rejets qui l'assouplissent, et emploie de préférence les vers impairs, plus fluides; il remplace souvent la rime par l'assonance; les allitérations, les rimes intérieures, les mêmes sonorités fondamentales qui reviennent inlassablement dans le cours d'un poème ajoutent à la puissance de suggestion musicale. Son souci de simplicité et de spontanéité se retrouve dans l'emploi du vocabulaire quotidien et dans la syntaxe brisée de la phrase, souvent faite d'éléments juxtaposés.

CLAIR DE LUNE

Ce texte, extrait des Fêtes galantes, *évoque les tableaux de Watteau par ses couleurs et son atmosphère. Mais, derrière la légèreté du début, la musique qui s'atténue au fil du poème, la solitude qui l'envahit peu à peu, laissent pressentir toute la mélancolie qui se cache sous le masque du plaisir, qui est aussi celui que porte Verlaine.*

Votre âme est un paysage choisi
Que vont charmant masques et bergamasques (1),
Jouant du luth, et dansant, et quasi
Tristes sous leurs déguisements fantasques.

Tout en chantant sur le mode mineur
L'amour vainqueur et la vie opportune,
Ils n'ont pas l'air de croire à leur bonheur
Et leur chanson se mêle au clair de lune,

Au calme clair de lune triste et beau,
Qui fait rêver les oiseaux dans les arbres
Et sangloter d'extase les jets d'eau,
Les grands jets d'eau sveltes parmi les marbres.

LA LUNE BLANCHE

Verlaine, au retour d'une visite faite à sa fiancée, décrit un paysage de nuit. L'effusion sentimentale n'est pas faite de confidences directes; elle s'exprime par l'évocation du cadre, sa transfiguration, la délicatesse des sensations, la brièveté du vers, la juxtaposition des impressions (La Bonne Chanson).

(1) Habitants de la ville de Bergame, mais aussi danse typique de cette ville.

La lune blanche
Luit dans les bois ;
De chaque branche
Part une voix
Sous la ramée...

Ô bien-aimée.

L'étang reflète,
Profond miroir,
La silhouette
Du saule noir
Où le vent pleure...

Rêvons, c'est l'heure.

Un vaste et tendre
Apaisement
Semble descendre
Du firmament
Que l'astre irise... (1)

C'est l'heure exquise.

LE CIEL EST PAR-DESSUS LE TOIT...

Le poète regarde par la fenêtre de sa prison. Sous son apparence de spontanéité, le poème est rigoureusement construit : aux impressions visuelles succèdent les impressions auditives. Le tumulte de l'émotion, auquel aboutit la contemplation, amène, par une progression naturelle, un retour douloureux sur le passé (Sagesse).

Le ciel est par-dessus le toit,
  Si bleu, si calme !
Un arbre, par-dessus le toit,
  Berce sa palme.

La cloche, dans le ciel qu'on voit
  Doucement tinte.
Un oiseau sur l'arbre qu'on voit
  Chante sa plainte.

Mon Dieu, mon Dieu, la vie est là,
  Simple et tranquille.
Cette paisible rumeur-là
  Vient de la ville.

– Qu'as-tu fait, ô toi que voilà
  Pleurant sans cesse,
Dis, qu'as-tu fait, toi que voilà,
De ta jeunesse ?

Arthur Rimbaud

SA VIE AVENTUREUSE (1854-1891)

Rimbaud, élève brillant, écrit, à l'âge de quinze ans, des poèmes qui témoignent déjà d'une exceptionnelle maîtrise. Adolescent épris d'aventure, il fait plusieurs fugues et exhale, dans ses vers, sa haine des bourgeois et son anticléricalisme. En septembre 1871, il se rend à Paris sur l'invitation de Verlaine à qui il avait envoyé plusieurs de ses poèmes : c'est le commencement d'une liaison orageuse. Ensemble, ils passent la majeure partie de leur temps dans les cafés du quartier latin. En juillet 1872, ils partent pour la Belgique et l'Angleterre. Une année plus tard, c'est l'aventure de Bruxelles (2). Verlaine emprisonné, Rimbaud revient chez sa mère et y achève *Une saison en enfer* (1873). À cette époque, il a déjà écrit un certain nombre de poèmes en prose qui seront rassemblés dans *Les Illuminations* (1873-1875, publiées en 1886).

Lorsqu'il entreprend, à vingt et un ans, toute une succession de voyages en divers pays d'Europe et à Java, Rimbaud a définitivement renoncé à la poésie. Pendant dix ans, à Aden et en Abyssinie, il mènera une vie d'action et d'aventure, gérant d'un comptoir commercial et, à l'occasion, trafiquant d'armes. Atteint d'une tumeur au genou, qui nécessitera une amputation, il est rapatrié à Marseille où il meurt quelques mois plus tard.

LE POÈTE RÉVOLTÉ

Rimbaud est un révolté ; sa vie est une aventure. Son esprit de révolte le dresse contre les valeurs religieuses, morales, sociales, sur lesquelles la civilisation de son temps se

(1) Colore de reflets. – (2) *Cf.* pp. 272-273 supra.

fonde : elle a asservi l'esprit humain, l'a enfermé dans le monde des apparences. La poésie sera l'instrument de sa libération. En un premier temps, conservant les formes traditionnelles, il épanche sa hargne contre toutes les idoles contemporaines : ses premiers poèmes, violemment satiriques, s'attaquent au christianisme et au conformisme bourgeois.

Mais, bientôt, il assigne à la poésie une autre mission : elle sera un instrument de connaissance, un moyen d'accéder à la réalité profonde que nous cache « la pâle raison ». À cet effet, il faut que le poète, tendant méthodiquement à un « dérèglement de tous les sens », s'applique à devenir un « Voyant », à retrouver, sous la permanence trompeuse des perceptions, l'univers mouvant des sensations, à plonger vers l'inconnu, à mettre son moi à l'unisson du monde. Mais le renouvellement de l'inspiration ne peut s'exprimer qu'à travers une forme poétique renouvelée : « Cette langue sera de l'âme pour l'âme, résumant tout, parfums, sons, couleurs », les images deviennent ainsi hallucinatoires, les sonorités et les rythmes prennent une puissance d'incantation.

MA BOHÈME

Ce sonnet, écrit au cours d'une fugue en Belgique, alors que Rimbaud n'avait pas encore seize ans, est révélateur de son état d'âme d'adolescent : on y trouve le goût de l'aventure, la puissance du rêve, l'esprit gouailleur qui se moque de ses propres élans. La forme, classique pour l'essentiel malgré le pittoresque de certains détails, n'annonce que de très loin les audaces à venir.

Je m'en allais, les poings dans mes poches crevées;
Mon paletot aussi devenait idéal;
J'allais sous le ciel, Muse! et j'étais ton féal;
Oh! là! là! que d'amours splendides j'ai rêvées!

Mon unique culotte avait un large trou.
– Petit Poucet rêveur, j'égrenais dans ma course
Des rimes. Mon auberge était à la Grande-Ourse (1).
– Mes étoiles au ciel avaient un doux frou-frou

Et je les écoutais, assis au bord des routes,
Ces bons soirs de septembre où je sentais des gouttes
De rosée à mon front, comme un vin de vigueur;

Où, rimant au milieu des ombres fantastiques,
Comme des lyres, je tirais les élastiques
De mes souliers blessés, un pied près de mon cœur!

Mercure de France, éditeur.

ALCHIMIE DU VERBE

*Cette page capitale d'*Une saison en enfer *relate l'expérience à laquelle s'est soumis méthodiquement Rimbaud pour parvenir à ce « dérèglement de tous les sens » sans lequel un poète ne saurait devenir un « voyant ». En s'abandonnant délibérément à sa faculté de rêve, il aboutit à une hallucination, dont il tente de fixer les vertiges à l'aide d'une expression entièrement renouvelée.*

À moi. L'histoire d'une de mes folies.

Depuis longtemps je me vantais de posséder tous les paysages possibles, et trouvais dérisoires les célébrités de la peinture et de la poésie modernes.

J'aimais les peintures idiotes, dessus de portes, décors, toiles de saltimbanques, enseignes, enluminures populaires; la littérature démodée, latin d'église, livres érotiques sans orthographe, romans de nos aïeules, contes de fées, petits livres de l'enfance, opéras vieux, refrains niais, rythmes naïfs.

Je rêvais croisades, voyages de découvertes dont on n'a pas de relations, républiques sans histoires, guerres de religion étouffées, révolutions de mœurs, déplacements de races et de continents : je croyais à tous les enchantements.

J'inventai la couleur des voyelles! – *A* noir, *E* blanc, *I* rouge, *O* bleu, *U* vert. – Je réglai la forme et le mouvement de chaque consonne, et, avec des rythmes instinctifs, je me flattai d'inventer un verbe poétique accessible, un jour ou l'autre, à tous les sens. Je réservais la traduction.

(1) Il dort en pleine nature, « à la belle étoile ».

Ce fut d'abord une étude. J'écrivais des silences, des nuits, je notais l'inexprimable. Je fixais des vertiges. (...)

La vieillerie poétique avait une bonne part dans mon alchimie du verbe.

Je m'habituai à l'hallucination simple : je voyais très franchement une mosquée à la place d'une usine, une école de tambours faite par des anges, des calèches sur les routes du ciel, un salon au fond d'un lac ; les monstres, les mystères ; un titre de vaudeville dressait des épouvantes devant moi.

Puis j'expliquai mes sophismes magiques avec l'hallucination des mots !

Je finis par trouver sacré le désordre de mon esprit...

Mercure de France, éditeur.

MARINE

Ce poème en vers libres développe côte à côte, et comme insérées l'une dans l'autre, la description de la mer et celle de la lande : les éléments s'en mêlent à mesure, de plus en plus étroitement, deviennent indissociables dans une sorte de « puzzle » étrange. L'hallucination se crée progressivement et s'épanouit dans un océan de lumière (Les Illuminations).

Les chars d'argent et de cuivre –
Les proues d'acier et d'argent –
Battent l'écume, –
Soulèvent les souches des ronces.
Les courants de la lande,
Et les ornières immenses du reflux,
Filent circulairement vers l'est,
Vers les piliers de la forêt,
Vers les fûts de la jetée,
Dont l'angle est heurté par des tourbillons de lumière.

Mercure de France, éditeur.

Stéphane Mallarmé (1842-1898)

Mallarmé mena une vie sans histoire, occupé par ses tâches de professeur d'anglais et ses difficultés matérielles de père de famille.

La véritable biographie de Mallarmé est toute intérieure. Il venait de finir ses études quand, en 1861, il découvre Baudelaire, puis les Parnassiens. Il commence alors à écrire, et ses premiers poèmes, *Galanterie macabre, Le Guignon, Le Sonneur,* se ressentent de ces influences. À vingt ans, il a trouvé le principe de sa poésie : l'art est sacré, comme la religion ; or, si la musique emploie des signes qui la rendent impénétrable au profane, la poésie, elle, n'a jamais inventé une « langue immaculée – des formules hiératiques dont l'étude aride aveugle le profane ». Il rêve de trouver ce langage et, dès ce moment, il s'orientera de façon délibérée vers l'hermétisme. Serviteur de la beauté, il sent à la fois sa vocation et la caractère inaccessible de son idéal : c'est l'époque de *L'Azur,* des *Fenêtres,* de *Brise marine,* et surtout d'*Hérodiade* (écrit à partir de 1864).

À partir de 1866, la certitude naît en lui que le poète peut pénétrer le mystère de l'univers et en donner une traduction valable : « L'explication orphique de la Terre, qui est le seul devoir du Poète, est le jeu littéraire par excellence. » Désormais, il consacrera toutes ses forces au « Grand Œuvre » et s'interdira d'en rien publier.

Ce qu'il fait paraître alors obéit à d'autres impératifs : « tombeaux » en l'honneur d'Edgar Poe et de Baudelaire, vers de circonstance pour remplir les devoirs d'amitié auxquels il attachait un grand prix, et reprise du monologue du Faune écrit dix ans plus tôt, et qui devient *L'Après-midi d'un faune* (1). Installé depuis 1874 rue de Rome à Paris, il est salué par les jeunes poètes comme le maître du symbolisme, mais ne sera connu du public qu'après 1884. En 1897 paraissait *Un coup de dés...,* œuvre énigmatique, que Mallarmé considérait

(1) En 1894, Debussy s'en inspirera pour son poème symphonique : *Prélude à l'Après-midi d'un faune.*

comme « un fragment d'exécuté ». Les pièces maîtresses de l'œuvre à laquelle Mallarmé travaillait depuis plus de vingt ans n'étaient pas encore achevées quand la mort l'emporta en deux jours. L'œuvre de Mallarmé a rebuté bien des lecteurs, donné lieu à bien des controverses. Pourtant Gide disait : « C'est le point extrême où se soit aventuré l'esprit humain. »

L'AZUR

Ce poème est construit comme ceux d'Edgar Poe, avec « la précision et la rigoureuse logique d'un problème mathématique » (Poe). On y suit les différentes étapes de la lutte que vit Mallarmé : l'azur est le symbole de l'idéal; le poète impuissant devant « la feuille de papier souvent blanche » voudrait fuir sa vocation, mais ses efforts sont vains, et l'azur triomphe.

De l'éternel azur la sereine ironie
Accable, belle indolemment comme les fleurs,
Le poète impuissant qui maudit son génie
À travers un désert stérile de Douleurs.

Fuyant, les yeux fermés, je le sens qui regarde
Avec l'intensité d'un remords atterrant (1),
Mon âme vide. Où fuir? Et quelle nuit hagarde
Jeter, lambeaux, jeter sur ce mépris navrant?

Brouillards, montez! Versez vos cendres monotones
Avec de longs haillons de brume dans les cieux
Qui noiera le marais livide des automnes
Et bâtissez un grand plafond silencieux!

Et toi, sors des étangs léthéens (2) et ramasse
En t'en venant la vase et les pâles roseaux,
Cher Ennui, pour boucher d'une main jamais lasse
Les grands trous bleus que font méchamment les [oiseaux.

Encor! que sans répit les tristes cheminées
Fument, et que de suie une errante prison
Éteigne dans l'horreur de ses noires traînées
Le soleil se mourant jaunâtre à l'horizon!

– Le Ciel est mort. – Vers toi, j'accours! donne, [ô matière,
L'oubli de l'Idéal cruel et du Péché
À ce martyr qui vient partager la litière
Où le bétail heureux des hommes est couché,

Car j'y veux, puisque enfin ma cervelle, vidée
Comme le pot de fard gisant au pied d'un mur,
N'a plus l'art d'attifer (3) la sanglotante idée,
Lugubrement bâiller vers un trépas obscur...

En vain! l'Azur triomphe, et je l'entends qui chante
Dans les cloches. Mon âme, il se fait voix pour plus
Nous faire peur avec sa victoire méchante,
Et du métal vivant sort en bleus angélus!

Il roule par la brume, ancien (4) et traverse
Ta native (5) agonie ainsi qu'un glaive sûr;
Où fuir dans la révolte inutile et perverse?
Je suis hanté. L'Azur! l'Azur! l'Azur! l'Azur!

Gallimard, éditeur.

LE TOMBEAU D'EDGAR POE

Ce sonnet célèbre fut écrit à l'occasion de l'érection d'un monument funéraire en l'honneur de Poe au cimetière de Baltimore : sous l'aspect de l'éternité, le Poète prend son vrai visage, épuré de toutes les contingences de la vie. C'est la pureté de ce visage que défendra des sarcasmes de la postérité, à défaut de ce poème, au moins le monument élevé à la gloire de l'artiste.

Tel qu'en Lui-même enfin l'éternité le change,
Le Poëte suscite avec un glaive nu
Son siècle épouvanté de n'avoir pas connu
Que la mort triomphait dans cette voix étrange!

Eux, comme un vil sursaut d'hydre oyant jadis l'ange
Donner un sens plus pur aux mots de la tribu
Proclamèrent très haut le sortilège bu
Dans le flot sans honneur de quelque noir mélange.

Du sol et de la nue hostile, ô grief!
Si notre idée avec ne sculpte un bas-relief
Dont la tombe de Poe éblouissante s'orne,

Calme bloc ici-bas chu d'un désastre obscur,
Que ce granit du moins montre à jamais sa borne
Aux noirs vols du Blasphème épars dans le futur.

Gallimard, éditeur.

(1) Accablant. – (2) De Léthé : fleuve des enfers dans la Grèce antique, symbole de l'oubli. – (3) Mot péjoratif : parer avec recherche. – (4) Inchangé. – (5) Dont l'origine existait dès la naissance, liée à sa nature même.

Lautréamont (1846-1870)

Lautréamont, de son vrai nom Isidore Ducasse, né à Montevideo, fit ses études dans les Pyrénées, puis vint à Paris en 1868. Avant sa mort, il acheva *Les Chants de Maldoror,* dont la publication passa inaperçue, mais que les surréalistes exaltèrent après 1920.

Maldoror est le héros de ce long poème en prose divisé en six chants. « Pâmé, voûté, maquillé par des rides précoces », il a vu les malheurs du monde, les guerres, les incendies, les naufrages et il a été surtout sensible à la méchanceté des hommes : « Je rougis pour l'homme. » En révolte contre Dieu, il se dresse aussi contre les humains et chante la haine : « Moi, je fais servir mon génie à peindre les délices de la cruauté. » Esprit du mal, il se déchaîne avec une violence terrifiante et, loin de reculer devant le crime, il y goûte une volupté raffinée.

Cette œuvre insolite, dont on a donné des interprétations diverses, impressionne par son caractère forcené et la violence de son écriture.

MALDOROR ET LA LAMPE

Un des épisodes du chant deuxième est ce combat entre Maldoror et la lampe d'une cathédrale qui peut être Notre-Dame de Paris, puisque l'action se situe sur les bords de la Seine. La violence anti-religieuse de Lautréamont éclate pleinement ici, en même temps que s'affirment son goût du symbole et la force de sa vision.

Après avoir parlé ainsi, Maldoror ne sort pas du temple, et reste les yeux fixés sur la lampe du saint lieu... Il croit voir une espèce de provocation dans l'attitude de cette lampe, qui l'irrite au plus haut degré, par sa présence inopportune. Il se dit que, si quelque âme est renfermée dans cette lampe, elle est lâche de ne pas répondre, à une attaque loyale, par la sincérité. Il bat l'air de ses bras nerveux et souhaiterait que la lampe se transformât en homme ; il lui ferait passer un mauvais quart d'heure, il se le promet. Mais le moyen qu'une lampe se change en homme ; ce n'est pas naturel. Il ne se résigne pas, et va chercher, sur le parvis de la misérable pagode, un caillou plat, à tranchant effilé. Il le lance en l'air avec force... la chaîne est coupée, par le milieu, comme l'herbe par la faux, et l'instrument du culte tombe à terre, en répandant son huile sur les dalles... Il saisit la lampe pour la porter dehors, mais elle résiste et grandit. Il lui semble voir des ailes sur ses flancs, et la partie supérieure revêt la forme d'un buste d'ange. Le tout veut s'élever en l'air pour prendre son essor ; mais il le retient d'une main ferme. Une lampe et un ange qui forment un même corps, voilà ce que l'on ne voit pas souvent. Il reconnaît la forme de la lampe ; il reconnaît la forme de l'ange ; mais il ne peut les scinder dans son esprit ; en effet, dans la réalité, elles sont collées l'une dans l'autre, et ne forment qu'un corps indépendant et libre ; mais, lui croit que quelque nuage a voilé ses yeux, et lui a fait perdre un peu de l'excellence de sa vue. Néanmoins, il se prépare à la lutte avec courage, car son adversaire n'a pas peur. Les gens naïfs racontent, à ceux qui veulent les croire, que le portail sacré se referma de lui-même, en roulant sur ses gonds affligés, pour que personne ne pût assister à cette lutte impie, dont les péripéties allaient se dérouler dans l'enceinte du sanctuaire violé. L'homme au manteau, pendant qu'il reçoit des blessures cruelles avec un glaive invisible, s'efforce de rapprocher de sa bouche la figure de l'ange ; il ne pense qu'à cela, et tous ses efforts se portent vers ce but. Celui-ci perd son énergie, et paraît pressentir sa destinée. Il ne lutte plus que faiblement, et l'on voit le moment où son adversaire pourra l'embrasser à son aise, si c'est ce qu'il veut faire. Eh bien, le moment est venu. Avec ses muscles, il étrangle la gorge de l'ange, qui ne peut plus respirer, et lui renverse le visage, en l'appuyant sur sa poitrine odieuse. Il est un instant touché du sort qui attend cet être céleste, dont il aurait volontiers fait son ami. Mais, il se dit que c'est l'envoyé du Seigneur, et il ne peut pas retenir son courroux. C'en est fait ; quelque chose d'horrible va rentrer dans la cage du temps ! Il se penche, et porte la langue, imbibée de salive, sur cette joue angélique, qui jette des regards suppliants. Il promène quelque temps sa langue sur cette joue. Oh !... voyez !... voyez donc !... la joue blanche et rose est devenue noire, comme un charbon ! Elle exhale des miasmes putrides. C'est la gangrène ; il n'est plus permis d'en douter. Le mal rongeur s'étend sur toute la figure, et de là, exerce ses furies sur les parties basses ; bientôt tout le corps n'est qu'une vaste plaie immonde. Lui-même, épouvanté (car il ne croyait pas que sa langue contînt un poison d'une telle violence), il ramasse la lampe et s'enfuit de l'église. Une fois dehors, il aperçoit dans les airs une forme noirâtre, aux ailes brûlées, qui dirige péniblement son vol vers les régions du ciel. Ils se regardent tous les deux, pendant que l'ange monte vers les hauteurs sereines du bien, et que lui, Maldoror, au contraire, descend vers les abîmes vertigineux du mal...

Finalement, il « se dirige vers la Seine, et lance la lampe par-dessus le parapet ». Chaque soir, la lampe réapparaîtra mystérieusement à la surface du fleuve.

Jules Laforgue (1860-1887)

Au cours de sa brève existence, Jules Laforgue connut peu de joies. Pauvre, maladif, solitaire, il écrit des poèmes où son pessimisme métaphysique s'allie à une sensibilité raffinée : *Les Complaintes* (1885), *L'Imitation de Notre-Dame la lune* (1886). Après cinq années passées à Berlin comme lecteur de l'impératrice Augusta, il revient à Paris, se marie, mais meurt quelques mois plus tard. En 1887, paraîtront des contes, *Les Moralités légendaires,* et en 1890, les *Derniers Vers.*

La poésie de Jules Laforgue, décadente par une très grande liberté qui la conduit jusqu'à l'acrobatie verbale, reste attachante par ce curieux mélange de détresse et de fantaisie qui la teinte d'un humour triste et pathétique, par son côté « naïf » et non conformiste.

L'HIVER QUI VIENT

Ce poème, qui appartient aux Derniers vers, *séduit sans doute par les jeux de mots et de rythmes ; Jules Laforgue s'y révèle un maître du vers libre, dont il avait été l'initiateur dès 1886. Mais, sous l'apparence d'improvisation qu'apportent la dislocation du vers et la désinvolture des ritournelles, perce une profonde et maladive nostalgie de bonheur, tandis que le rythme haletant traduit un immense désarroi.*

Blocus sentimental (1) ! Messageries du Levant !...
Oh ! tombée de la pluie ! Oh ! tombée de la nuit,
Oh ! le vent !...
La Toussaint, la Noël et la Nouvelle Année,
Oh ! dans les bruines (2), toutes mes cheminées !...
D'usines...

On ne peut plus s'asseoir, tous les bancs sont [mouillés ;
Crois-moi, c'est bien fini jusqu'à l'année prochaine,
Tant les bancs sont mouillés, tant les bois sont [rouillés,
Et tant les cors ont fait ton ton (3), ont fait [ton taine (3) !...

Ah, nuées accourues des côtes de la Manche,
Vous nous avez gâté notre dernier dimanche.

Il bruine ;
Dans la forêt mouillée, les toiles d'araignées
Ploient sous les gouttes d'eau, et c'est leur ruine.

Soleils plénipotentiaires (4) des travaux en blonds [Pactoles (5)
Des spectacles agricoles,
Où êtes-vous ensevelis ?
Ce soir un soleil fichu gît au haut du coteau,
Gît sur le flanc, dans les genêts, sur son manteau :
Un soleil blanc comme un crachat d'estaminet (6)
Sur une litière de jaunes genêts,
De jaunes genêts d'automne.
Et les cors lui sonnent !
Qu'il revienne...
Qu'il revienne à lui !
Taïaut ! Taïaut ! et hallali ! (7)
Ô triste antienne, as-tu fini !...
Et font les fous !...
Et il gît là, comme une glande arrachée dans un cou,
Et il frissonne, sans personne !...

(1) Jeu de mots sur « blocus continental », arme économique dont s'était servi Napoléon contre l'Angleterre. – (2) Pluies très fines. – (3) Onomatopées sur le son du cor. – (4) Terme de la langue diplomatique : investi des pleins pouvoirs. – (5) Sources de richesses ; le Pactole était une petite rivière de Lydie (ancien pays d'Asie Mineure), fameuse par l'or qu'elle charriait. – (6) Débit de boissons. – (7) Cris des chasseurs à courre, à la poursuite du gibier, puis au moment de lâcher les chiens.

Allons, allons, et hallali!
C'est l'Hiver bien connu qui s'amène;
Oh! les tournants des grandes routes,
Et sans petit Chaperon Rouge qui chemine!...
Oh! leurs ornières des chars de l'autre mois,
Montant en donquichottesques (1) rails
Vers les patrouilles des nuées en déroute
Que le vent malmène vers les transatlantiques [bercails!...
Accélérons, accélérons, c'est la saison bien connue, [cette fois.

Et le vent, cette nuit, il en a fait de belles!
Ô dégâts, ô nids, ô modestes jardinets!
Mon cœur et mon sommeil : ô échos des cognées!

Tous ces rameaux avaient encor leurs feuilles vertes,
Les sous-bois ne sont plus qu'un fumier de feuilles [mortes;
Feuilles, folioles (2), qu'un bon vent vous emporte
Vers les étangs par ribambelles (3),
Ou pour le feu du garde-chasse,
Ou les sommiers des ambulances
Pour les soldats loin de la France.

C'est la saison, c'est la saison, la rouille envahit les [masses,
La rouille ronge en leurs spleens kilométriques
Les fils télégraphiques des grandes routes où nul ne [passe.

Les cors, les cors, les cors – mélancoliques!...
Mélancoliques!...
S'en vont, changeant de ton,
Changeant de ton et de musique,
Ton ton, ton taine, ton ton...
Les cors, les cors, les cors...
S'en sont allés au vent du Nord. (...)

(1) Adjectif fabriqué par Laforgue. – (2) Chacune des petites feuilles formant une feuille composée. – (3) Longues suites.

Questions et recherches

Histoire

- Présentez l'épopée napoléonienne.
- Étudiez les conquêtes successives de la bourgeoisie au XIXe siècle.
- Les revendications sociales au XIXe siècle : quels en furent les causes, les manifestations et les résultats ?

Civilisation

- Faites le portrait d'un jeune romantique.
- Quels faits de civilisation vous paraissent pouvoir expliquer ce que l'on appela au XIXe siècle : « le mal du siècle » ?
- Au XIXe siècle, on parle de « scientisme ». Expliquez ce terme. Vous paraît-il justifié par rapport à cette époque ?
- L'art au XIXe siècle :
  - Étudiez les différentes étapes de l'évolution de l'urbanisme parisien.
  - En quoi l'art, au XIXe siècle, se replie-t-il sur le passé ? Pour quelles raisons ?
  - Définissez le réalisme pictural ; comment peut-on expliquer son évolution vers l'impressionnisme ?
  - Essayez de caractériser l'art romantique et les raisons des scandales qu'il provoqua.

Littérature

① RÊVERIES DE RENÉ

- Étudiez les temps verbaux du premier paragraphe : quels sentiments révèlent-ils ?
- Observez les adjectifs du deuxième paragraphe : quels sentiments expriment-ils ?
- Caractérisez les différentes images de la nature présentes dans ce texte ; à quels sentiments correspondent-elles ?
- Justifiez l'expression antithétique : « enchanté, tourmenté » en analysant le « mal » de René : le « vague des passions ».

② LE LAC

- Observez les temps verbaux de la première strophe : quels sentiments expriment-ils ?
- Expliquez l'adverbe « ainsi » (strophe 2) ; quel sentiment produit sa répétition ?
- Quels sentiments expriment les strophes évoquant les paroles de la femme aimée ? Comment y justifiez-vous le changement métrique ?
- Quels rôles jouent les éléments de la nature dans ce poème ?

③ LA MORT DU LOUP

- Donnez un titre à chacune des trois parties et expliquez leur rôle.
- Relevez les termes qui montrent la cruauté de cette chasse.
- Classez dans un tableau à deux colonnes les expressions qui assimilent les loups à des animaux, puis à des hommes. Justifiez alors le choix de la métaphore.
- Expliquez en quoi consiste le « stoïcisme » que prône Vigny.

④ Ô SOUVENIRS ! PRINTEMPS ! AURORE !

- Relevez les exclamations : quels sentiments expriment-elles ?
- Relevez les notations qui caractérisent Léopoldine ; déterminez ce qui appartient à la réalité, à l'idéalisation.
- Relevez les antithèses du texte : quelles conceptions de la vie révèlent-elles ?

⑤ BOOZ ENDORMI

- Étudiez l'image de la nature dans ce poème ; quels effets Hugo cherche-t-il à produire ?
- Étudiez le personnage de Ruth.
- Relevez les passages qui expriment une communication entre l'homme et le ciel ; quelles -conclusions peut-on en tirer sur les conceptions religieuses de Hugo ?
- Étudiez précisément les vers 7-8 de la deuxième partie : rythme, sonorités... Quel effet Hugo cherche-t-il à produire ?

⑥ ADRIENNE ET SYLVIE

• Que révèle l'expression « jusque-là ! » sur les sentiments du narrateur ?
• Comparez la description du décor au début et à la fin du texte : que remarquez-vous ?
• Relevez les notations symboliques dans le dernier paragraphe : quelle conception de la femme traduisent-elles ?
• Quelles remarques peut-on faire sur la présence ou l'absence du sujet « je » dans le texte ?

⑦ EL DESDICHADO

• Montrez en quoi les deux quatrains correspondent au sens du titre : le deshérité.
• À partir des notations du texte, étudiez les différents aspects de la femme chez Nerval.
• Que recherche le poète ? Comment cette recherche se manifeste-t-elle stylistiquement ?
• Quel rapports peut-on établir entre le poète et Orphée ?

⑧ LA NUIT DE MAI

• Marquez les différentes étapes du texte et donnez-leur un titre.
• Relevez les notations pathétiques dans l'attitude du pélican. Quels sentiments expriment-elles ?
• Expliquez l'expression « pour en être atteint » puis résumez le message de la Muse ; en quoi est-il spécifiquement romantique ?

⑨ HENRI III ET SA COUR

• Étudiez les différentes étapes dans les réactions de la duchesse.
• Le thème de l'honneur : étudiez ses diverses apparitions dans le texte.
• Quels sont les effets scéniques susceptibles de renforcer l'aspect pathétique de cette scène ?

⑩ HERNANI

• Comment comprenez-vous l'expression : « je descends » ?
• Quels sont les vers qui donnent à ce texte une dimension épique ? Par quels procédés stylistiques est-elle soutenue ?
• Relevez les traits qui font d'Hernani un héros romantique.
• Relevez trois vers dont le contenu vous paraît particulièrement bien soutenu par la versification et justifiez votre choix.

⑪ LORENZACCIO

• Expliquez l'expression : « avec mon fantôme à mes côtés ».
• Quels sentiments l'exclamation « ô Philippe ! » exprime-t-elle ?
• Étudiez l'emploi des temps dans les deux avant-dernières répliques de Philippe et de Lorenzo ; que révèlent-ils du caractère de chaque personnage ?
• Analysez les raisons du pessimisme de Lorenzo : qu'a-t-il de pathétique ?

⑫ LE ROUGE ET LE NOIR

• Quel portrait Stendhal fait-il des aristocrates dans ce texte ?
• En quoi consiste ici l'habileté de Julien ? Est-elle consciente ?
• Peut-on, à travers ce passage, découvrir l'opinion de l'auteur sur son héros ?

⑬ LA CHARTREUSE DE PARME

• Quelle image de la guerre et des hommes de guerre se trouve donnée dans cet extrait ?
• En quoi le texte est-il réaliste ? Par quels procédés stylistiques Stendhal accentue-t-il ce réalisme ?
• « Notre héros » : quel ton est ici utilisé par Stendhal ? Quel jugement porte-t-il sur son personnage ?

⑭ LE PÈRE GORIOT (texte N° 1)

• Pourquoi Balzac qualifie-t-il le décor de « triste » ?
• Relevez les notations qui traduisent la médiocrité et l'avarice de Mme Vauquer.
• Quel effet Balzac cherche-t-il à produire par la description de « l'odeur de pension ? » À partir de là, caractérisez les individus susceptibles de vivre en ce lieu.

⑮ LE PÈRE GORIOT (texte N° 2)

• Relevez et justifiez à l'aide du texte les comparaisons qui caractérisent Vautrin.
• Analysez l'attitude des personnages secondaires face à Vautrin.
• Observez les pronoms personnels employés dans le dialogue : quels sentiments traduisent-ils ?
• Quels sentiments Balzac éprouve-t-il face à son héros ?

⑯ NOTRE-DAME DE PARIS

• Par quelles notations Hugo réussit-il à suggérer la terreur de Gringoire ?
• Comment peut-on justifier l'expression : « cercle magique » ?
• Quel effet Hugo cherche-t-il à produire par l'énumération finale et les images qu'il choisit ?

⑰ LES MISÉRABLES

• Comment Hugo parvient-il à donner une dimension épique à sa description ?
• Quel effet Hugo cherche-il à produire dans les six dernières lignes du texte ? Par quels procédés stylistiques l'obtient-il ?
• Quelles différences constatez-vous entre ce texte et celui de Stendhal (texte n° 13) ? Quelles conclusions peut-on en tirer sur les conceptions littéraires des deux romanciers ?

⑱ MATEO FALCONE

• Faites le portrait psychologique de Mateo. Quels sentiments ce personnage fait-il naître chez le lecteur ?
• Mérimée apparaît-il dans son récit ? Quel effet cela produit-il ?
• Quelle image de l'âme corse ce texte donne-t-il ?

⑲ LA MARE AU DIABLE

• Relevez et expliquez les termes spécifiques au labour.
• Relevez les traits caractérisant l'enfant : quelle impression G. Sand cherche-t-elle à produire ?
• Observez les adjectifs employés dans les 5 premières et les 6 dernières lignes du texte : quel rôle jouent-ils ?

⑳ DE LA DÉMOCRATIE EN AMÉRIQUE

• Quel rôle joue le second paragraphe du texte ?
• Par quels procédés stylistiques Tocqueville met-il en évidence l'universalité de sa théorie ?
• Expliquez l'expression : « un fait providentiel ». Quelle conclusion peut-on en tirer sur la conception de l'Histoire de Tocqueville ?

㉑ HISTOIRE DE FRANCE

• Que pensez-vous du premier paragraphe du texte ?
• Quels sont « les trois âges du café ? » Relevez les adjectifs qui caractérisent chaque espèce de café.
• Caractérisez l'ambiance littéraire de chaque époque évoquée. Quel parallèle peut-on établir avec le café qui lui correspond ?

㉒ LE COMMANDANT SÉLUNE...

• Expliquez l'expression : « À la guerre comme à la guerre ! »
• Observez les adjectifs du texte : quel effet l'auteur cherche-t-il à produire ?
• Relevez et comparez les trois passages évoquant la « balafre » de Sélune.

㉓ LE RÊVE DU JAGUAR

• Donnez un titre à chaque partie du texte.
• Observez les procédés stylistiques (rythme, sonorités, ordre des mots...) de la première phrase du poème : quelle impression est ainsi produite ?
• Comment expliquez-vous le changement de rythme des vers 9-13 ?
• Expliquez le contraste qui figure dans les six derniers vers ; par quels procédés stylistiques est-il mis en valeur ?

㉔ MARIS STELLA

• Quel effet produisent les noms propres du poème ?
• Quels sont les sentiments qui s'expriment dans ce sonnet ?
• Quels points communs pourrait-on établir entre le travail de Heredia et celui d'un peintre ?

㉕ HARMONIE DU SOIR

• Relevez deux vers traduisant des « correspondances horizontales » (entre différentes sensations) et des « correspondances verticales » (entre un phénomène concret et son équivalent abstrait).
• Classez dans un tableau à deux colonnes les termes à connotation sensorielle et ceux à connotation mystique ; quelles conclusions peut-on tirer d'une telle observation ?
• Comparez les deux derniers quatrains. Quel rôle y joue la forme métrique du « pantoum » ?
• Le titre vous paraît-il bien choisi ? Pourquoi ?

㉖ SPLEEN

• Relevez les éléments du décor qui marquent un rétrécissement, vertical et horizontal, de l'univers du poète. Montrez comment ces éléments extérieurs correspondent à des notations psychologiques.
• Étudiez les notations auditives du texte.
• En observant la ponctuation, comparez le rythme de chacune des deux parties du texte. Quels sentiments Baudelaire cherche-t-il à transmettre ?
• Étudiez les procédés stylistiques (rythme, sonorités...) du dernier quatrain : quel sentiment Baudelaire veut-il suggérer ?

㉗ LES YEUX DES PAUVRES

• Relevez et comparez les passages évoquant des « yeux ». Quelles conclusions peut-on en tirer sur l'importance du regard pour Baudelaire ?
• Résumez les sentiments exprimés par chaque personnage du texte.
• Quelle image de Paris Baudelaire nous donne-t-il ici ? Quel rôle les « tableaux parisiens » jouent-ils pour le poète ?

㉘ MADAME BOVARY

• À partir des dires d'Homais, brossez le portrait de ce personnage.
• Relevez les notations romantiques qui transparaissent dans les goûts de Léon.
• Madame Bovary entre Charles et Léon : quelles remarques pouvez-vous faire ?
• Qu'est-ce que Flaubert cherche à mettre en évidence par l'alternance qui apparaît au cours du dialogue ?

㉙ L'ASSOMMOIR

• Relevez les symptômes successifs de la maladie de Coupeau et montrez-en l'évolution.
• Relevez les images du texte ; quel effet Zola cherche-t-il à produire ?
• Quelles sont les significations symboliques des notations concernant les mains de Coupeau ?
• En quoi ce texte est-il représentatif du naturalisme de Zola ?

㉚ LE PETIT FÛT

• Marquez les étapes du texte et donnez-leur un titre.
• Relevez les adjectifs caractérisant Chicot ; que révèlent-ils de son caractère ?
• Montrez comment l'expression « Pu tôt que ce sera fini, pu que je serai content » résume toute l'intrigue du conte.
• Faites apparaître les principales caractéristiques linguistiques du patois normand.

㉛ LE PETIT CHOSE

• Que révèle le premier paragraphe du texte sur le caractère du principal ?
• Quel contraste Daudet met-il en évidence dans son portrait de Monsieur Viot ?
• Par quels procédés Daudet nous amène-t-il à partager son jugement sur son héros ? Explicitez son point de vue.

㉜ LA SOUPE DES MENDIANTS

• Quelle valeur donner à l'expression : « une pelletée de misérables » ?
• Quels sentiments Huysmans cherche-t-il à suggérer dans les deux premiers paragraphes ?
• Observez et commentez le vocabulaire et la structure de la dernière phrase.

㉝ L'ORGUE À BOUCHE

• Expliquez le fonctionnement de l'orgue à bouche.
• Expliquez l'expression : « la musique des liqueurs ».
• Dans les deux derniers paragraphes, relevez les « correspondances » ; quel est, selon vous, le but que des Esseintes cherche à atteindre ?

㉞ LE SECRET DE L'ÉGLISE

• Marquez les étapes du texte et donnez-leur un titre.
• Quel jugement l'auteur porte-t-il sur ses personnages ?
• Par quels procédés stylistiques l'auteur réussit-il à communiquer l'impression d'une angoisse croissante ?
• Que pensez-vous du « secret » révélé ? En quoi peut-il paraître terrible ?

㉟ RETOUR DE LA TRAPPE

• Quels sentiments la ponctuation du premier paragraphe traduit-elle ?

• Quelle image de la société L. Bloy cherche-t-il à donner dans ce texte ?
• Où le désespoir de Marchenoir prend-il sa source ?

㊱ CLAIR DE LUNE

• Relevez les oppositions du poème : à qui appartient, selon vous, l' « âme » ainsi décrite ? Définissez-la.
• Quelle progression observez-vous entre chaque strophe de ce poème ?
• Observez les sonorités et les rythmes du texte ; montrez leur symbolisme par rapport à la thématique qu'ils soutiennent.

㊲ LA LUNE BLANCHE

• Relevez les sensations évoquées dans ce texte : quelles impressions Verlaine cherche-t-il à suggérer ?
• Quels sentiments l'amour fait-il naître dans l'âme du poète ?
• Quels points communs pourrait-on trouver entre ce poème et la peinture impressionniste ?

㊳ LE CIEL EST PAR-DESSUS LE TOIT...

• Quel effet Verlaine cherche-t-il à produire dans les deux premières strophes ? Par quels procédés stylistiques y parvient-il ?
• Comparez (rythmes, sonorités...) la dernière strophe aux précédentes : comment expliquez-vous ce choix ?
• En quoi ce poème correspond-il au titre du recueil : *Sagesse* ?

㊴ MA BOHÈME

• Relevez les détails du texte qui révèlent qu'il s'agit d'un adolescent.
• Relevez et expliquez ce qui rappelle dans ce poème la condition du poète romantique.
• Quels rôles la nature joue-t-elle pour Rimbaud ?
• Relevez les expressions qui brisent le sérieux de l'image traditionnelle de l'inspiration poétique ; dans quel but Rimbaud les utilise-t-il ?

㊵ ALCHIMIE DU VERBE

• Marquez les différentes étapes de l'expérience entreprise par Rimbaud.
• Relevez les passages exprimant l'orgueil du jeune poète.
• Observez les « hallucinations » évoquées : quelles remarques peut-on faire ?
• À partir du texte expliquez la formule : « alchimie du verbe ».

㊶ MARINE

• Quelle impression les mouvements représentés ici provoquent-ils ?
• Montrez comment se mêlent les éléments maritimes et terrestres.
• Étudiez les procédés stylistiques ; quels effets Rimbaud cherche-t-il à produire ?

㊷ L'AZUR

• Comment « l'azur » apparaît-il dans la première strophe ? Que symbolise-t-il pour le poète ?
• Quelles sont les différentes attitudes adoptées par Mallarmé pour tenter d'échapper à l' « ironie » de l'azur ?
• Observez les couleurs dans les strophes 3 à 5 ; que symbolisent-elles ?
• Quels sentiments expriment les deux dernières strophes ? Commentez le dernier vers.

㊸ LE TOMBEAU D'EDGAR POE

• Expliquez l'expression : « suscite son siècle » ; définissez, à l'aide des quatrains, les rapports entre le poète et le public ; montrez en quoi une telle conception est romantique.
• Quelle image de la création poétique peut-on dégager de la deuxième strophe ?
• Retrouvez la construction grammaticalement usuelle de la phrase des tercets en replaçant les vers 9 et 12. Décrivez le « bas-relief » que Mallarmé a tenté de sculpter dans les quatrains. Quel doit être le rôle du monument de « granit » aux yeux de Mallarmé ?

㊹ MALDOROR ET LA LAMPE

• Marquez les différentes étapes de la lutte entre Maldoror et la lampe.
• Observez la métamorphose de la lampe ; que symbolise en fait cette lutte ?
• « Quelque chose d'horrible va rentrer dans la cage du temps ! » : en quoi cette phrase évoque-t-elle à la fois le thème du texte et l'atmosphère créée par Lautréamont ?

㊺ L'HIVER QUI VIENT

• Relevez les éléments du décor évoquant l'hiver : quelles impressions suggèrent-ils ?
• Montrez les correspondances entre le décor et les sentiments du poète.
• Quels rôles symboliques jouent les « cors » dans ce texte ? Étudiez les correspondances entre le choix de cet instrument et la musique (rythmes, sonorités...) du poème.

Exploitation de l'iconographie

Page IX
• En quoi l'architecture présentée sur ces documents est-elle caractéristique du XIXᵉ siècle ?
• Quelle image du peuple de Paris donne ce tableau (photo n° 24) ? À quel(s) écrivain(s) peut-il faire penser ? Pourquoi ?
• Comparez l'image que ces deux documents donnent de Paris.
Page X
• Comparez l'« odalisque » d'Ingres
– aux « baigneuses » de Renoir : en quoi Ingres est-il encore « classique » ?
– à l'« Olympia » de Manet : pour quelles raisons l'œuvre de Manet a-t-elle choqué ses contemporains ?
• Le thème du « nu » : quel renouveau Renoir lui apporte-t-il ?
Page XI
• Quels courants de la première moitié du siècle ces tableaux illustrent-ils par leur sujet, leur technique picturale ?
• Par quelles ressources chacun de ces deux peintres donne-t-il à son œuvre une expressivité nouvelle ?
Page XII
• Comparez la représentation du ciel, de l'eau, de la verdure dans ces deux œuvres.
• Quelle « impression » chacun de ces deux peintres cherche-t-il à produire ? Comment y parvient-il ?
Page 232
• Relevez tous les éléments qui donnent à cette illustration de *René* sa tonalité romantique. En quoi s'oppose-t-elle à l'illustration de Bertall ?
• Identifiez les symboles sociaux (objets, vêtements, comportements...) caractérisant le XIXᵉ siècle. Quel(s) écrivain(s) ce document rappelle-t-il ? Pourquoi ?

Prolongements

① METTRE EN SCÈNE :

• l'extrait de Dumas : *Henri III et sa Cour ;*
• l'extrait n° 2 de Balzac : *Le Père Goriot ;*
• l'extrait de Mérimée : *Mateo Falcone ;*
• l'extrait de Maupassant : *Le Petit Fût ;*
• l'extrait de Daudet : *Le Petit Chose.*

② RÉDIGER :

• l'article d'un journaliste voyageant pour la première fois en chemin de fer ;
• un discours de V. Hugo pour défendre la loi limitant le travail des enfants ;
• une réponse à l'hommage rendu par Berthelot à la science ;
• la description d'un tableau de Delacroix ou de Monet ;
• à la facon de Balzac, la description d'un salon de la riche bourgeoisie parisienne ;
• à la façon de Baudelaire, un « tableau parisien » ;
• à la façon de Daudet, le récit de la première heure de travail du « petit Chose ».

③ EXPRESSION ORALE

• Imaginez le reportage en direct d'un journaliste présent à la bataille de Waterloo.
• Évoquez les réactions du public lors de la visite d'une exposition impressionniste.
• Réalisez un débat parlementaire à propos d'un projet de loi visant à augmenter les droits des mineurs dans les mines de charbon.
• Imaginez une interview de Baudelaire ou de Rimbaud.
• Imaginez la conversation, un soir, au café, entre Verlaine, Rimbaud, Lautréamont et Laforgue.

④ DISSERTATION

• Partagez-vous l'optimisme de Berthelot en ce qui concerne le bonheur que la science apporte à l'humanité ?
• À partir des textes de la première moitié du XIXᵉ siècle, étudiez le rôle que joue la nature dans la littérature romantique.
• « Un roman, c'est un miroir qu'on promène le long d'un chemin. » En prenant vos exemples chez les romanciers du XIXᵉ siècle, vous direz dans quelle mesure vous partagez cette opinion exprimée par Stendhal.

⑤ COMMENTAIRE COMPOSÉ

• Vous ferez un commentaire composé de « Ma Bohème » de Rimbaud. Vous pourrez par exemple étudier comment, par le biais de la promenade évoquée, nous est donnée une image particulière du poète et de la poésie.
• Vous étudierez, sous la forme d'un commentaire composé, le poème en prose « Les Yeux des pauvres », de Baudelaire, en observant notamment les rapports que le poète entretient avec le monde extérieur et avec son propre monde intérieur.

⑥ CONTRACTION DE TEXTE

Résumez, en environ 200 mots, dans la première partie du chapitre (« Quelques aspects de la vie quotidienne »), les paragraphes a), b) et c), à l'exception du passage concernant « l'enseignement ».

Le XXe siècle

de 1900 à 1918 : la « Belle Époque » et la guerre

Le XXe siècle a commencé en France par une dizaine d'années particulièrement brillantes. La « Belle Époque », il est vrai, ne fut pas belle pour tous : plusieurs crises laissaient présager les bouleversements futurs et, avec le recul, on mesure à quel point les tensions conduisaient peu à peu à la guerre de 1914. Cependant, la classe bourgeoise jouit d'un niveau de vie aisé et l'Exposition universelle de 1900 reflète bien l'euphorie générale.

L'activité intellectuelle et artistique, vive et brillante, était bien accordée à cet optimisme : les artistes du monde entier se rassemblent alors à Paris, remuent beaucoup d'idées et préparent la voie aux mouvements nouveaux que verra naître l'immédiat après-guerre. Les artistes prennent parti, introduisent la vie moderne dans leurs œuvres, font éclater les cadres traditionnels.

C'est dans cette atmosphère d'effervescence créative qu'éclate la guerre de 1914-1918, ouvrant une crise terrible : les pertes humaines sont considérables, les ruines matérielles et morales sont énormes ; les arts subissent le contrecoup de la guerre et se voient, sinon bloqués, du moins ralentis dans leur évolution pendant ces quatre années.

Quelques aspects de la vie quotidienne

La « Belle Époque »

Les années 1900-1914 se déroulent, pour les privilégiés, dans une sorte de tourbillon, de frénésie de plaisirs, et toute une société, essentiellement parisienne, s'enivre de vie mondaine, passant des Champs-Élysées au casino de Monte-Carlo, des plages de Deauville ou de Biarritz aux lieux prestigieux du tourisme et de l'élégance, Venise, Vienne, et le terminus de l'Orient-Express, Constantinople.

LA TROISIÈME RÉPUBLIQUE

1899-1902	Ministère Waldeck-Rousseau.
1901	Congrès national des femmes.
1902-1905	Ministère Combes.
1904	Création de la S.F.I.O.
1905	Séparation de l'Église et de l'État.
1906	*Armand Fallières président.* Acquittement définitif de Dreyfus sous le ministère de Clemenceau. Charte d'Amiens.
1907	Agitation des viticulteurs du Midi. Triple Entente entre la France, l'Angleterre et la Russie.
1908	L'Autriche-Hongrie annexe la Bosnie-Herzégovine.
1909	Blériot traverse la Manche en avion.
1911	Crise internationale à propos d'Agadir (Maroc).
1912	Protectorat de Lyautey au Maroc. Guerre balkanique.
1913	Loi des 3 ans (au lieu de 2) pour le service militaire. *Poincaré président.*
28 juin 1914	Attentat de Sarajevo.
Juillet-août 1914	Déclarations de guerre. Assassinat de Jaurès.
Août-sept. 1914	Offensive allemande en Belgique et en France.
Sept. 1914	Victoire de la Marne ; début de la « guerre des tranchées ».
Février 1916	Bataille de Verdun.
1917	Entrée en Guerre des U.S.A. ; « révolution d'Octobre » en Russie. Ministère Clemenceau.
Juillet 1918	Foch remporte la seconde victoire de la Marne.
11 novembre 1918	Victoire des alliés : l'armistice est signé à Rethondes.

Le luxe des grandes familles du faubourg Saint-Germain, entourées de leur « coterie », que restitue l'œuvre de Proust (1), les altesses et leur « suite », font de Paris une ville phare : les cafés brillent de tous leurs feux, on se presse pour dîner chez Maxim's, on parade au bois de Boulogne ou dans les hippodromes, on applaudit les défilés des grands couturiers, tel Poiret. La presse féminine se fait l'écho des réceptions, des expositions... En quelque sorte, toute une société danse au rythme des tangos argentins, et s'efforce de ne pas sentir les grondements du volcan sous ses pieds en se laissant emporter par les joies de la vitesse – on découvre l'automobile – ou par les balancements des paquebots qui partent pour de féériques croisières.

Imitant cette « aristocratie » apparaît le « demi-monde », à l'image de l'Odette de Crécy de Proust (1); il draine avec lui une cohorte d'artistes aussi bien dans les plus riches palaces de la Côte d'Azur que dans les cabarets montmartrois (2) où l'on s'encanaille (3) en écoutant le chansonnier Bruant ou en regardant danser la Goulue (4). Tous les lieux où l'on s'amuse, café-concert, cirque, music-hall, bal public, sont pleins d'un public mélangé, et le French Cancan, dansé aux Folies-Bergères, au Moulin-Rouge, devient le symbole de Paris-ville lumière. On chante, tout est prétexte à rire : le sens de l'humour, les calembours, les plaisanteries, parfois les plus grossières, suffisent à asseoir des réputations (5) et à assurer le succès des innombrables humoristes qui charment une société insouciante.

Les problèmes sociaux

FRAGILITÉ DE LA « BELLE ÉPOQUE »

Pourtant, derrière cette lumineuse façade et ces rires, toute une société se lézarde : deux crises graves ébranlent fortement l'édifice et en révèlent la fragilité.

Les grands travaux entrepris par Ferdinand de Lesseps pour creuser l'isthme de Panama sont arrêtés par la faillite de la compagnie, qui révèle la complicité de certains députés lors du vote des emprunts : le jugement de 1893 aboutit à la condamnation d'un ministre et au discrédit d'hommes politiques en place.

Peu après éclate, en 1894, l'« affaire Dreyfus », lorsqu'on croit découvrir que l'officier israélite Dreyfus a vendu des documents à l'espionnage allemand; sa condamnation déchaîne une violente crise qui passionne l'opinion, divisée entre « dreyfusards » et « antidreyfusards », ces derniers étant souvent unis aux antisémites qui dénoncent « l'Internationale juive », c'est-à-dire les puissantes ententes commerciales des banquiers européens. Clemenceau et Zola (6) mènent la lutte en faveur de Dreyfus : le romancier fait publier en première page du journal *l'Aurore* du 13 janvier 1898 la célèbre lettre à Félix Faure intitulée : « J'accuse! »

...Est-ce donc vrai, les choses indicibles, les choses dangereuses, capables de mettre l'Europe en flammes, qu'on a dû enterrer soigneusement derrière un huis clos? Non! il n'y a eu, derrière, que les imaginations romanesques et démentes du commandant du Paty de Clam (7). Tout cela n'a été fait que pour cacher le plus saugrenu des romans-feuilletons. Et il suffit, pour s'en assurer, d'étudier attentivement l'acte d'accusation lu devant le conseil de guerre.

Ah! le néant de cet acte d'accusation! Qu'un homme ait pu être condamné sur cet acte, c'est un prodige d'iniquité. Je défie les honnêtes gens de le lire, sans que leur cœur bondisse d'indignation et de révolte, en pensant à l'expiation démesurée, là-bas, à l'île du Diable (8)...

---

(1) *Cf.* pp. 326 à 328. – (2) Le quartier de Montmartre à Paris est le rendez-vous des artistes. – (3) On cherche à imiter la « canaille », le bas-peuple. – (4) Célèbre artiste de cabaret, souvent représentée par Toulouse-Lautrec. – (5) Ce fut le cas de Willy, le premier mari de Colette. – (6) *Cf.* p. 264. – (7) Lieutenant-colonel qui avait été chargé de l'enquête. – (8) Sur la côte de Guyane où Dreyfus avait été déporté.

Finalement, la cour de justice demande la révision du procès : le condamné voit sa peine diminuée, il est ensuite gracié avant d'être définitivement acquitté en 1906. Mais « l'Affaire » a profondément divisé le pays qui restera longtemps marqué par ces débats.

LE MONDE DU TRAVAIL

Malgré l'euphorie économique, qui se traduit par une nette augmentation du niveau de vie, le monde de travail entre dans une phase de mutation, qui inquiète les capitalistes installés dans leur confortable existence.

Le syndicalisme progresse, tout en hésitant entre une pensée révolutionnaire conforme à la doctrine marxiste – c'est celle de Jules Guesde (1) – et un réformisme progressif qui ne romprait pas les ponts avec l'État bourgeois, comme le préconise Allemane (2). Après le Congrès d'Amsterdam en 1904, les socialistes français se regroupent dans la section française de l'Internationale ouvrière (S.F.I.O.), parti de lutte sociale, et quittent la coalition des gauches. Les syndicalistes révolutionnaires, qui n'ont pas confiance dans l'action politique, définissent leur indépendance à l'égard des partis et du Parlement, par la charte du congrès d'Amiens en 1906. De son côté, le patronat (3) français s'organise aussi en constituant l'Union des industries métallurgiques et minières.

Clemenceau, président du Conseil de 1906 à 1909 (4), tente de renforcer l'État : il établit l'impôt sur le revenu et crée un ministère du Travail, mais en même temps réprime les grèves des mineurs et les émeutes des viticulteurs du midi en 1907 ; Briand, avec plus de souplesse, appliquera la même politique. Tout cela n'est pas fait pour apaiser le climat social.

La guerre

AU FRONT

La guerre, commencée elle aussi dans l'euphorie tant on croyait en une victoire rapide, ne tarde pas à apparaître dans toute son horreur, une horreur accentuée par le recours aux armes nouvelles sorties des usines les plus perfectionnées en la matière. Les aéroplanes font leur apparition, espionnent et repèrent les cibles sur lesquelles se déversent des milliers d'obus. Les hommes s'enterrent dans les « tranchées », véritables labyrinthes où ils mènent une vie souterraine, englués dans la boue, souvent mal ravitaillés, vivant dans la hantise de l'offensive qui permettra de gagner quelques mètres aussitôt reperdus, exposés aux gaz qui font des ravages, n'ayant comme seul espoir que la « relève » qui leur offre quelques heures, quelques jours de sommeil avant de retourner dans « l'enfer ».

Une page de Jules Romains, consacrée à la célèbre bataille, donne une idée juste de ce qu'on a appelé « l'enfer de Verdun ».

...Les abords de la piste, parfois la piste elle-même, étaient jonchés de débris : casques défoncés, tronçons de fusils, lambeaux de vêtements, bidons, carcasses de fourgons couchées sur le côté avec des roues manquantes, caissons d'artillerie piquant du nez dans le sol, et démolis comme à coups de hache.

Une odeur submergeante, chavirante, qui vous avait cerné peu à peu, et que l'on avait d'abord flairée distraitement, montrait maintenant son origine. Des cadavres de chevaux, irrégulièrement distribués, bordaient la piste, à quelque distance. Il y en eut même un qui la barrait franchement et dont il fallut

(1) Un des chefs du socialisme révolutionnaire, qui créa en 1879 le parti ouvrier (1845-1922). – (2) Ouvrier et militant socialiste, qui devait être condamné après la Commune (1843-1935). – (3) Ensemble des chefs d'entreprise. – (4) Il le sera à nouveau de 1917 à 1920.

faire le tour, en traversant une épouvantable puanteur comme si l'on se fût jeté pour y nager à pleines brasses dans une mare de liquides cadavériques.

L'on croisait des files de brancardiers qui redescendaient portant des blessés et des morts. Certains blessés étaient silencieux comme les morts. D'autres poussaient de légères plaintes à chaque secousse du brancard, et leurs plaintes, du même coup, avaient l'air d'émaner de quelque ressort, et non d'un être vivant. Il tombait des obus qui cherchaient visiblement à toucher des buts repérés ou tout au moins à se placer suivant certaines lignes. L'une de ces lignes faisait un angle très aigu avec la direction générale de la piste ; si bien qu'elle la coupait en un point, et ne s'en écartait que très lentement (...)

...Le trajet semblait interminable. Il comportait une suite de montées et de descentes ; de longs cheminements au flanc de ravins qui vers le bout laissaient voir des lueurs de tirs, ou de lentes éclosions de fusées, parfois des feux de bengale rougeâtres que l'ennemi allumait pour masquer les coups de départ. Puis, c'était des contournements de croupes (1) broussailleuses ou arides, jusqu'à des cols d'où l'on découvrait soudain un vaste horizon vers l'ouest, et des villages de la vallée de la Meuse qui flambaient. Un peu partout, les obstacles du sol retardaient la marche ; mais pourtant, quand on se rappelait la position des lieux sur la carte, l'on avait peine à croire qu'après quatre heures, puis cinq heures de chemin, on ne fût pas encore arrivé.

– Nous ne nous sommes pas trompés ? demanda Jerphanion au guide.

– Non, non, mon lieutenant, je vous garantis. Je connais l'itinéraire comme ma poche. Et la nuit n'est pas assez noire pour qu'on ait même une hésitation. Ce petit ravin où nous sommes descend de la cote 321. De l'autre côté, il y a le ravin de la Dame, que vous connaissez peut-être de nom. Nous avons encore à franchir cette croupe que vous voyez devant nous, et puis nous sommes arrivés.

– C'est-à-dire dans combien de temps ?

– Une heure à peu près.

– Eh bien !

– C'est toujours très long. Mais ça le devient de plus en plus, d'une fois à l'autre, à cause des nouveaux trous d'obus et de l'encombrement qui augmente.

Depuis qu'on avait quitté la piste du début pour des embranchements successifs, l'animation avait diminué. Que c'était étrange – quand on prenait la peine de s'arracher à sa fatigue pour rêver un instant à ce qu'on venait de voir – cette circulation de fantômes, dont certains couchés et sanglants, à travers la neige, les bois, les ravins désolés, sous une clarté bien faite à usage de fantômes, lune voilée qui décline, feux follets, étoiles filantes, prodiges dans le ciel. Cela sentait la procession nocturne, le crime nocturne, la conjuration secrète pour un massacre, l'allée et venue des sorciers et sorcières pour une grande réunion dans la forêt, et un peu aussi la nuit de veille et d'orgie d'avant l'aube de la fin du monde. Cette guerre était foncièrement amie des ténèbres. Elle avait dans ses ancêtres la nuit du Walpurgis (2) et le sabbat des nécromants (3).

Les Hommes de bonne volonté, Tome XVI.
Flammarion, édit.

À L'ARRIÈRE

Tandis que ceux que l'on a surnommés « les poilus » se battent, à l'arrière la situation est plus ambiguë. Alors que certains galvanisent les esprits, que les « marraines de guerre » (4) se réunissent pour envoyer nouvelles et colis et s'improvisent infirmières, d'autres, « les planqués », bien à l'abri dans des postes de tout repos, pérorent sur l'état d'esprit des troupes et commentent les actes de l'État-Major. Cette situation, que découvrent les permissionnaires (5) à leur retour, ne contribue pas à soutenir leur moral, et un sentiment d'injustice se fait jour, qui s'associe à une montée de l'antimilitarisme. La propagande officielle ne suffit pas à masquer l'immense lassitude, à faire oublier les souffrances, les déceptions.

Cependant, un fait est notable, conséquence du départ des hommes pour le front, et cela est un des éléments nouveaux du XXe siècle : les femmes, qui revendiquaient dès 1900 leur émancipation, aussi bien par l'évolution vestimentaire – on se coupe les cheveux, comme Colette, on libère les corps des corsets qui les étouffent – que par des actes

(1) Sommets. – (2) Nuit de rendez-vous des esprits infernaux, dans la mythologie germanique. – (3) Assemblée nocturne de sorciers évoquant les morts. – (4) Certaines femmes « adoptent » un soldat qu'elles réconfortent par du courrier et des colis de vêtements et de nourriture. – (5) Soldats provisoirement mis au repos.

plus politiques, comme le marque le Congrès national des femmes qui a lieu en 1901, commencent à l'obtenir par la force des choses. Elles entrent en effet dans le monde du travail, remplaçant les hommes dans les usines, au volant des autobus, dans les gares... Ces femmes, qui gagnent ainsi leur premier salaire, n'accepteront plus, après la guerre, un retour au foyer; on s'engage alors dans une irréversible évolution des mentalités.

Sciences et techniques

Les nouvelles conquêtes de la science

LES FRONTIÈRES DE L'INCONNU RECULENT

C'est dans le domaine de la physique que cette époque a vu les bouleversements les plus extraordinaires et les découvertes les plus surprenantes. Tandis qu'Einstein édifie la théorie de la relativité, Pierre et Marie Curie, continuant les expériences de Becquerel, découvrent en 1895 la radioactivité; en ce qui concerne la physique classique, production et transport de l'énergie, conservation de la chaleur, les progrès sont encore plus rapides.

En mathématiques, les travaux de Poincaré en géométrie, les recherches de Baire en algèbre, illustrent un renouvellement dont les applications se révèlent chaque jour plus importantes.

L'étude du monde visible n'est pas négligée : dans le *Traité de géographie physique* de Martonne (1909), l'explication s'ajoute à la description, que les techniques modernes ne cessent d'améliorer.

BIOLOGIE ET MÉDECINE

La connaissance des êtres vivants est marquée par de nombreux développements : le mécanisme de la vie et de sa transmission, l'examen approfondi des tissus et de la cellule vivante elle-même, grâce aux perfectionnements du microscope, font l'objet de travaux permettant de passionnantes découvertes, comme celle de l'anaphylaxie (1) par Charles Richet.

Les conquêtes de la médecine, elles, ont été aussi nombreuses qu'au siècle précédent, d'autant plus que la guerre stimule les recherches : on découvre de nouveaux remèdes, et la chirurgie va de l'avant; en ce qui concerne les soins aux blessés et aux brûlés, de véritables tours de force ont été réalisés, qui ouvrent la voie aux progrès futurs.

Les applications techniques

L'AUTOMOBILE

C'est dans le domaine des moteurs que les progrès furent les plus rapides et les plus spectaculaires : le moteur à gaz inventé par le Belge Étienne Lenoir et devenu, grâce à l'Allemand Otto, moteur à essence, fut allégé et amélioré et donna bientôt naissance à

(1) Le contraire de l'immunité : sensibilisation à un poison, telle qu'une seconde dose du même poison peut entraîner la mort.

l'automobile; la voiture à essence l'emporte à la fin du siècle sur la voiture à vapeur et sur la voiture électrique. En France, de nombreux constructeurs réalisent, à partir de 1891, des véhicules utilisables; les plus importants sont Panhard et Levassor, Peugeot et de Dion-Bouton. Le pneu Michelin permet, à partir de 1893, d'améliorer le confort et la tenue de route; le premier Salon de l'automobile, cette même année, rassemble de nombreux modèles et montre d'ingénieux dispositifs.

L'AVIATION

Elle naît à la même époque; Ader réussit en 1890 l'exploit de faire décoller du sol une machine à vapeur et, en 1897, exécute un bond de 300 mètres. L'adoption d'un moteur léger français permettra aux frères Wright de voler plus loin. Levavasseur et Séguin s'élancent dans les airs et Blériot réussit, en 1909, à traverser la Manche.

René Chambe, dans son *Histoire de l'aviation,* nous raconte cette péripétie historique.

Voici Blériot, avec son visage mince, très pâle, où sa grosse moustache et ses yeux brillants mettent trois taches sombres. Il souffre visiblement. Il marche avec deux béquilles, car il vient d'être cruellement brûlé à bord de son avion, au cours d'une épreuve de durée, par une fuite de gaz du pot d'échappement. Tenace, héroïque, il a refusé d'atterrir. Il a continué... Un mécanicien lui prend ses béquilles et les attache sous le siège de son avion : « Il en aura besoin, dit-il, quand il sera là-bas, en Angleterre. »

Le temps est frais, dégagé, Blériot mouille son doigt et le tend devant lui. Vent d'ouest! Mauvais, le Blériot XI sera retardé! Tant pis! On va partir quand même. Latham, Levavasseur et Gastambide (1) forment un trio trop dangereux. On ne sait jamais! Il n'y a pas de temps à perdre! Louis Blériot a pris place dans son avion. Le moteur est longuement essayé. Il donne bien. Grappe humaine, tous les mécaniciens, tous les aides sont agrippés aux ailes et aux empennages dans des attitudes de fous, les vêtements, les cheveux dressés, emportés par le vent. Émouvante vision d'une époque où l'on n'a pas encore eu la simple idée de mettre des cales devant les roues.

– Lâchez tout!

Blériot a levé le bras, geste pathétique des premiers âges à jamais disparus. [...]

Blériot a volé à environ 100 mètres de haut, 150 mètres au plus. Il n'a pu maintenir cette altitude jusqu'à la fin. Quand il parvient aux côtes, il est plus bas que le sommet des falaises. Le dur vent d'ouest repousse avec violence le frêle papillon aux ailes blanches, que défend le pauvre Anzani pétaradant de toute la puissance de ses 25 CV. Modeste bruit de motocyclette perdu dans l'immensité.

Où aller? Où passer? Blériot, qui tient la victoire dans ses mains, bourdonne et tâtonne contre la falaise anglaise, comme tâtonne et bourdonne contre la vitre l'abeille prisonnière. Tout est gris et roux à travers une mauvaise crasse, venue de terre, que crachent les mille cheminées de Douvres toute proche.

Tricolore! Blériot a vu une lumière tricolore! Charles Fontaine, pleurant de joie, s'égosille à hurler « Vive la France! » et agite éperdument de droite à gauche, dans un geste de dément, son drapeau d'étamine (2).

Toutes les formules sont alors, en même temps, mises à l'essai : l'hélicoptère, l'hydravion, le ballon dirigeable. Charles Voisin, Louis Bréguet, Esnault-Pelterie mettent sur pied la construction aéronautique et, presque sans délai, l'avion devient moyen de communication; en 1913 a lieu le premier transport aéropostal. On entre dans l'ère de la vitesse, que certains, du reste, déplorent car les accidents se multiplient.

L'ÉLECTRICITÉ

Dès la fin du XIXe siècle, une exposition d'électricité avait réuni à Paris moteurs et machines, téléphones, tramways et ascenseurs, à la lumière des milliers de lampes installées par l'Américain Edison. Après 1900, toutes ces innovations se répandent dans la vie pratique.

(1) Pionniers de l'aviation française. – (2) Étoffe dont sont faits les drapeaux.

Des améliorations considérables interviennent dans la production et le transport de l'énergie électrique à grande distance, grâce aux turbines multicellulaires de Rateau (1902), aux transformateurs, aux câbles conducteurs à haute tension. Les utilisations nouvelles de l'électricité sont innombrables : le four électrique de Moissan, réalisé dès 1892, apporte une révolution dans la chimie; le métropolitain – le « métro » – construit par l'ingénieur Bienvenüe, est inauguré en 1900. La radiotélégraphie ou T.S.F. (1), née des travaux purement théoriques à l'origine de Branly – parallèles à ceux de Marconi en Italie – passe rapidement dans le domaine public.

LE CINÉMA

Inventé dans les dernières années du XIXe siècle, le cinéma – le cinématographe, disait-on alors – trouve presque aussitôt ses caractéristiques essentielles, que complétera l'avènement du « parlant » en 1927. Il naît des expériences scientifiques de Marey et de Demeny, puis des réalisations de Louis Lumière (2), qui fait, en mars 1895 à Paris, la première démonstration publique en projetant *La Sortie des ouvriers de l'usine Lumière à Lyon-Montplaisir*. Le cinéma, après avoir été une attraction, se présente bientôt comme un spectacle courant. Il devient une véritable féerie, avec l'illusionniste George Méliès qui construit le premier studio et invente tous les trucages, ouvrant la voie à l'Américain Griffith qui, variant les plans et déplaçant la caméra, inventera véritablement le « langage cinématographique ».

Les idées philosophiques

De nouveaux domaines ouverts à la philosophie

La philosophie élargit son domaine, et tend à devenir, dans des directions fort diverses, une réflexion sur l'homme, dans ses rapports concrets avec le monde et les événements : Goblot considère la logique comme une analyse des attitudes de l'homme de science; Rauh voit dans la morale l'expérience effective de l'homme de bien; Boutroux, quant à lui, réagissant contre les abstractions de Kant, fait de la philosophie dans son ensemble un effort de la raison, qui tire parti de la science et de la vie pour se réaliser elle-même. Le philosophe trouve de nouvelles sources de méditation et de recherche dans la transformation rapide des sciences et dans une remise en question de leurs fondements; il s'intéresse et participe au développement de la psychologie et de la sociologie. À la lumière d'une connaissance souvent fort étendue des théories nouvelles, il cherche à définir la nature des choses et à comprendre leur rapport avec sa propre nature. C'est ainsi que le mathématicien Poincaré définit *La Science et l'Hypothèse* en insistant sur le rôle de l'activité humaine dans l'histoire des sciences.

---

(1) Télégraphie sans fil. – (2) Réalisation parallèle à celles d'Edison aux États-Unis, qui construit un « kinétoscope » en 1891.

Bergson (1859-1941)

Henri Bergson a vraiment l'audience du grand public et exerce une influence essentielle sur la pensée et la littérature de son temps, par exemple sur Péguy et Proust.

Élève de l'École normale supérieure, il réagit très tôt contre le positivisme, contre l'intellectualisme, et contre la part dominante faite à la raison dans la vie mentale; il définit l'intuition, par laquelle nous avons une expérience immédiate et directe de la réalité, et « l'énergie spirituelle », et oppose au temps abstrait le temps psychologique, la durée concrète, libre et créatrice, qui est, selon lui, le fondement et la nature intime de la conscience. Les ouvrages capitaux qui marquent l'évolution de sa pensée sont l'*Essai sur les données immédiates de la conscience* en 1889, *Matière et mémoire* en 1896 et *L'Évolution créatrice* en 1907. Enfin, son essai sur *Le Rire* (1900) contient une séduisante analyse du comique et d'importantes idées esthétiques, qui, prônant « l'idéalité » – autrement dit l'irréalisme – de l'art, annoncent toute la pensée artistique contemporaine.

Dans son premier livre, Bergson montre que, refusant de se contenter du « moi » superficiel, « ombre du moi profond », subdivisé par les exigences de la vie sociale et du langage, le philosophe doit retrouver le « moi fondamental » qu'une conscience inaltérée découvrirait d'elle-même, domaine de la liberté élémentaire (*Essai sur les données immédiates de la conscience*).

Un « moi fondamental »

Pour retrouver ce moi fondamental, tel qu'une conscience inaltérée l'apercevrait, un effort vigoureux d'analyse est nécessaire, par lequel on isolera les faits psychologiques internes et vivants dans leur image d'abord réfractée, ensuite solidifiée dans l'espace homogène. En d'autres termes, nos perceptions, sensations, émotions et idées se présentent sous un double aspect; l'un net, précis, mais impersonnel; l'autre confus, infiniment mobile, et inexprimable, parce que le langage ne saurait le saisir sans en fixer la mobilité, ni l'adapter à sa forme banale sans le faire tomber dans le domaine commun. Si nous aboutissons à distinguer deux formes de la multiplicité, deux formes de la durée, il est évident que chacun des faits de conscience, pris à part, devra revêtir un aspect différent selon qu'on le considère au sein d'une multiplicité distincte ou d'une multiplicité confuse, dans le temps-qualité où il se produit, ou dans le temps-quantité où il se projette.

Quand je me promène pour la première fois, par exemple, dans une ville où je séjournerai, les choses qui m'entourent produisent en même temps sur moi une impression qui est destinée à durer, et une impression qui se modifiera sans cesse. Tous les jours j'aperçois les mêmes maisons, et comme je sais que ce sont les mêmes objets, je les désigne constamment par le même nom, et je m'imagine aussi qu'elles m'apparaissent toujours de la même manière. Pourtant, si je me reporte, au bout d'un assez long temps, à l'impression que j'éprouvai pendant les premières années, je m'étonne du changement singulier, inexplicable et surtout inexprimable, qui s'est accompli en elle. Il semble que ces objets, continuellement perçus par moi et se peignant sans cesse dans mon esprit, aient fini par m'emprunter quelque chose de mon existence consciente; comme moi ils ont vécu, et comme moi vieilli. Ce n'est pas là illusion pure; car si l'impression d'aujourd'hui était absolument identique à celle d'hier, quelle différence y aurait-il entre percevoir et reconnaître, entre apprendre et se souvenir?

Pourtant cette différence échappe à l'attention de la plupart; on ne s'en apercevra guère qu'à la condition d'en être averti, et de s'interroger alors scrupuleusement soi-même. La raison en est que notre vie extérieure et pour ainsi dire sociale a plus d'importance pratique pour nous que notre existence intérieure et individuelle. Nous tendons instinctivement à solidifier nos impressions, pour les exprimer par le langage. De là vient que nous confondons le sentiment même, qui est dans un perpétuel devenir, avec son objet extérieur permanent, et surtout avec le mot qui exprime cet objet. De même que la durée fuyante de notre moi se fixe par sa projection dans l'espace homogène, ainsi nos impressions sans cesse changeantes, s'enroulant autour de l'objet extérieur qui en est cause, en adoptent les contours précis et l'immobilité.

Nos sensations simples, considérées à l'état naturel, offriraient moins de consistance encore. Telle saveur, tel parfum m'ont plu quand j'étais enfant, et me répugnent aujourd'hui. Pourtant je donne encore le même nom à la sensation éprouvée, et je parle comme si, le parfum et la saveur étant demeurée identiques, mes goûts seuls avaient changé. Je solidifie donc encore cette sensation ; et lorsque sa mobilité acquiert une telle évidence qu'il me devient impossible de la méconnaître, j'extrais cette mobilité pour lui donner un nom à part et la solidifier à son tour sous forme de goût. Mais en réalité il n'y a ni sensations identiques, ni goûts multiples ; car sensations et goûts m'apparaissent comme des choses dès que je les isole et que je les nomme, et il n'y a guère dans l'âme humaine que des progrès. Ce qu'il faut dire, c'est que toute sensation se modifie en se répétant, et que si elle ne me paraît pas changer du jour au lendemain, c'est parce que je l'aperçois maintenant à travers l'objet qui en est cause, à travers le mot qui la traduit. Cette influence du langage sur la sensation est plus profonde qu'on ne le pense généralement. Non seulement le langage nous fait croire à l'invariabilité de nos sensations, mais il nous trompera parfois sur le caractère de la sensation éprouvée. Ainsi, quand je mange d'un mets réputé exquis, le nom qu'il porte, gros de l'approbation qu'on lui donne, s'interpose entre ma sensation et ma conscience ; je pourrais croire que la saveur m'en plaît, alors qu'un léger effort d'attention me prouverait le contraire. Bref, le mot aux contours bien arrêtés, le mot brutal, qui emmagasine ce qu'il y a de stable, de commun et par conséquent d'impersonnel dans les impressions de l'humanité, écrase ou tout au moins recouvre les impressions délicates et fugitives de notre conscience individuelle.

Presses Universitaires de France, édit.

Les arts

Un bouleversement des valeurs

L'art de notre temps s'élabore de 1884 à 1914, entre le Salon des Indépendants, première manifestation de l'autonomie artistique, et la crise de 14-18. Un bouleversement fondamental se produisit alors dans le domaine de l'art et de la pensée.

Cependant, malgré les progrès, philosophiques, scientifiques et techniques, qui favorisaient ce changement, la société bourgeoise, dans l'état d'esprit immobiliste qu'elle s'était créé pour préserver sa tranquillité, le refusait, comme elle refusait de percevoir les tensions internationales ou les inquiétudes du socialisme. Ainsi le capitalisme triomphant d'une époque voulue « belle » à tout prix se berçait de l'image factice et reposante que lui renvoyait de lui-même l'art officiel. Le renouvellement culturel allait donc se faire sans lui, en marge de ses activités : l'évolution esthétique se réalise dans une indépendance totale de la mode, du goût et des mœurs. Son seul promoteur, l'artiste, subversif par définition, comme le poète, devient le paria, le maudit rejeté par la société, qui fait son scandale à part, dans son milieu obscur et trouble, condamné par les milieux officiels. Ces parias se regroupent alors, formant un nouveau genre de « compagnonnage » dans les cafés, autour d'une revue, ou dans un atelier commun.

Dans un tel milieu va s'épanouir la semence lancée naguère par l'Impressionnisme, quand il libérait l'homme devant le réel. La grande révolution sera le choix de la sensation et de l'impression, nouvelle approche instinctive du monde des apparences, comme premier moyen de connaissance et comme point de départ de toute expérience poétique et artistique : la notion de réalité devenait indissociable de l'impression visuelle, auditive ou tactile qu'elle faisait sur l'artiste. Toute une ambiance avait concouru à cette évolution : les travaux de Bergson sur l'intuition directe des données immédiates de la conscience démantelaient la réalité rationnelle et intelligible du temps et de l'espace, tandis que les apports récents des progrès scientifique et technique bouleversaient le rythme même de la vie, créaient de nouvelles dimensions, et donnaient, avec le cinéma, l'image mouvante d'un monde en métamorphose. Toute l'époque disait non à la stable assurance du cartésianisme.

Ainsi, on fit table rase des principes préexistants et l'art cessa d'être une discipline académique et conformiste, pour devenir une « expérience » toujours vivante, donc toujours nouvelle. La notion de « modernisme », d'avant-garde, naquit, pas en avant vers autre chose, afin que l'œuvre reste toujours une source vive.

Enfin, vers 1900, l'art prit sa revanche sur l'indifférence que cultivait la société à son égard. L'« Art nouveau », le *Modern Style,* ou encore le style Métro, conquit la société en s'imposant dans ses activités quotidiennes. À partir de ces années-là, « l'Europe » commence aussi à créer cet esprit international qui favorise, à Paris, la réunion d'artistes venus de partout et qui fait participer tous les pays occidentaux à des révolutions esthétiques parallèles : la culture perd peu à peu son caractère spécifiquement national, et ce phénomène de « mondialisation » constitue un des aspects essentiels du XXe siècle.

L'architecture

L'évolution de l'architecture au cours de ces trente années est intimement liée à l'histoire de deux matériaux : le fer et le béton armé. Produits de l'industrie, ils firent s'intégrer la technique à l'art du bâtisseur. C'est alors que l'on vit de nombreux architectes se mettre à l'école des techniques particulières dont dépendaient leurs matériaux : les métiers furent remis à l'honneur, la céramique et la verrerie se créèrent un style, tandis que dans les salles de spectacle et dans les rues, les rideaux de scène, les entrées de métro et les affiches publicitaires étaient l'œuvre, non plus d'artisans spécialisés mais de peintres et d'architectes. Des techniciens, comme Eiffel, se lançaient de leur côté dans l'architecture, et des ingénieurs étaient appelés à collaborer avec des architectes.

Toute la conception de l'œuvre architecturale se trouva, de ce fait, profondément modifiée et devint beaucoup plus complexe, à l'image d'une civilisation industrielle tiraillée entre un besoin de beauté pure et les nécessités pratiques d'un monde où le matérialisme s'impose de plus en plus.

LE FER

Élément préfabriqué, adopté déjà par Labrouste et maint constructeur d'édifices publics, gares, marchés, magasins, salles d'exposition, le fer déterminera la première révolution spectaculaire dans la construction, avec la disposition presque totale du mur : la Galerie des machines, que Dutert et Contamin font admirer aux visiteurs de l'Exposition de 1889, donne ainsi au fer sa première expression architecturale, tandis qu'à cette même exposition, Eiffel présente une tour vertigineuse, poème à l'ère scientifique et industrielle en même temps qu'expression d'une nouvelle optique, où la ligne vaut autant par son harmonie que par sa fonction, où l'adaptation à la fonction conditionne même la perfection esthétique. C'est d'Amérique que viendra l'idée féconde d'un édifice à ossature métallique. Chedane fut un des premiers à adopter cette technique pour son immeuble du 124, rue Réaumur à Paris, où l'ossature métallique est d'ailleurs laissée apparente. On sait quelle fortune aura par la suite cette mise au grand jour, à des fins décoratives, et dans leur aspect brut, des matériaux de base, appelés au premier chef à n'être que des éléments internes, strictement fonctionnels, simples supports de l'élaboration esthétique dans l'architecture.

Quand, aux environs de 1900, le *Modern Style* met fin à l'éclectisme architectural du XIXe siècle, il trouve dans le fer le matériau idéal, propre à concrétiser ses rêves ornementaux : courbures alanguies et délires floraux. L'homme le plus représentatif de ce style est sans doute Hector Guimard (1867-1942) qui personnifia le mieux l'universalité des conceptions et de l'action de cet Art nouveau, en étant à la fois architecte et décorateur. Il considérait l'architecture comme un tout; et l'habitat, son décor, ses éléments d'utilité pratique comme le mobilier et les objets usuels, lui paraissaient inséparables; c'est ainsi qu'il entreprit et réalisa une œuvre totale avec le Castel Béranger (1897-1898), 14, rue La Fontaine, à Paris, où le moindre détail de construction, d'ornementation ou de décoration intérieure est de lui. On y remarque par ailleurs l'adoption nouvelle de briques de verre pour les parois de l'escalier, parois translucides absolument inédites. Le fer forgé et la fonte furent largement utilisés par Guimard à des fins décoratives, d'abord dans les motifs extérieurs du même Castel Béranger, mais plus spectaculairement dans ces accès de métro délirants, d'un rococo extravagant, qui faisaient descendre dans la rue l'art du *Modern Style.* Comme dans le Castel Béranger, les fleurs du *Modern Style* firent se lover les lignes du mobilier, les dessins des papiers peints, les motifs des tentures, tandis que la verrerie de Nancy, avec Gallé, contournait la forme de ses vases et de ses lampes, iris et nénuphars opalins et onduleux. Les arts décoratifs contribuèrent ainsi largement à donner son style à l'Art nouveau.

LE BÉTON ARMÉ

Cependant un matériau nouveau, par la rigueur abstraite et dépouillée des structures qu'il imposait, allait assagir l'exubérance végétale du *Modern Style* et arrêter bientôt complètement son extension. Le béton, et plus précisément le béton armé, n'avait été utilisé de 1872 à 1905 qu'en théorie ou à des fins expérimentales, pour l'aqueduc d'Achères réalisé par Coignet en 1893, par exemple, ou pour cette villa de démonstration d'Hennebique à Bourg-la-Reine (1900); il est alors employé de plus en plus, et dans tous les pays du monde. La première église construite en béton armé est celle de Saint-Jean-de-Montmartre par Baudot (1897-1902), et Tony Garnier dresse les plans d'une cité industrielle étonnamment moderne où le béton sera roi.

Avec les deux frères Perret, Auguste (1876-1954) et Gustave (1876-1952), le béton armé atteint à l'expression architecturale et acquiert ainsi ses lettres de noblesse. Techniquement, le béton avait déjà « réussi ». Il était le matériau d'élection pour les poutres, les linteaux, les appuis de fenêtres, les planchers; il lui restait à acquérir une esthétique propre. Les frères Perret lui en fonderont une, en faisant table rase des principes antérieurs qui lui étaient étrangers, libérant du même coup l'architecture de la gangue des styles historiques. L'efficacité en est le mot d'ordre, avec la simplicité pure, claire, mathématique, cartésienne. Elle aboutira au « cube » qui, jusqu'à la Seconde Guerre mondiale, restera le volume idéal utilisé en construction. Le jeu des surfaces planes que ponctuent les saillies et les creux, et l'épiderme même du béton, en constituent toute la beauté. Toutes les œuvres de Perret, hardies, révoltantes à l'époque, mais possédant une certaine perfection, affirment le matériau, le chantent, en font le point de départ de leur ordonnance architecturale : l'immeuble du 25 bis de la rue Franklin à Paris (1902), et surtout le premier théâtre en béton armé, le théâtre des Champs-Élysées, inauguré en 1913, célèbrent la naissance d'une nouvelle architecture, la découverte du dépouillement décoratif.

Voici ce que dit Auguste Perret dans *Contribution à une théorie de l'architecture :*

Les grands édifices d'aujourd'hui comportent une ossature, une charpente en acier ou en béton de ciment armé.

L'ossature est à l'édifice ce que le squelette est à l'animal. De même que le squelette de l'animal, rythmé, équilibré, symétrique, contient et supporte les organes les plus divers et les plus diversement placés, de même la charpente de l'édifice doit être composée, rythmée, équilibrée, symétrique même.

Elle doit pouvoir contenir les organes, les organismes les plus divers et les plus diversement placés, exigés par la fondation et la destination.

Celui qui dissimule une partie quelconque de la charpente se prive du seul légitime et plus bel ornement de l'architecture.

Librairie des Alpes, édit.

La sculpture indépendante

Les métamorphoses de la sculpture, au cours de ces années décisives, furent moins spectaculaires que celles des autres arts, car elle subissait les effets d'une trop lente révolution romantique qui se prolongeait encore. Mais cette sculpture ne fut pas décadente ; à défaut d'« écoles », ce furent de grands sculpteurs isolés qui, en l'affranchissant d'une servitude anachronique, devaient lui faire prendre pied dans le XXe siècle et finalement la remettre au rythme des autres arts.

AUGUSTE RODIN (1840-1917)

Il constitue la première charnière entre deux époques, le romantisme impressionniste et l'expressionnisme. La vitalité élémentaire qui anime ses personnages titanesques, le tumulte dramatique qui tourmente leurs étreintes et leurs regards, le souci d'expressivité qui déforme leur anatomie et la transforme en autant de « signes » chargés de vie intérieure, le prolongement de leurs gestes dans le temps et dans l'espace, saisis dans l'instabilité de l'instant, relèvent pourtant d'une imagination romantique et d'une vision toute impressionniste. Le Rodin qu'admire le grand public est bien du XIXe siècle. C'est l'ouvrier en lui, l'homme fortement attaché à son métier, et soumis à ses impératifs techniques, qui dépasse les limites du romantisme et laisse pressentir la lucidité scientifique des sculpteurs à venir.

Ses premiers ouvrages, *L'âge d'airain* en particulier, firent scandale et on l'accusa de mouler sur nature. Mais ils révélaient justement l'aspect fondamental de son œuvre, le souci du modelé, qui donne une force interne à des œuvres comme *Le Penseur, Le Baiser, Les Bourgeois de Calais.* Préservé grâce à Michel-Ange des pièges de l'académisme, Rodin avait découvert ce qui séparait le « faux idéal » de cette « adoration » pour la chair attestée par la sculpture grecque, et qu'il cherchait à exprimer dans toute son œuvre. Il nous dévoile, dans un entretien avec Paul Gsell, à propos d'une copie antique de la *Vénus* des Médicis, le « grand secret » des réussites antiques.

Je vais vous confier un grand secret.

L'impression de vie réelle que nous venons d'éprouver devant cette *Vénus,* savez-vous par quoi elle est produite ?

Par la science du modelé.

Ces mots vous semblent une banalité, mais vous allez en mesurer toute l'importance.

La science du modelé me fut enseignée par un certain Constant qui travaillait dans l'atelier de décoration où je fis mes débuts de sculpteur.

Un jour, me regardant façonner dans la glaise un chapiteau orné de feuillage :

– Rodin, me dit-il, tu t'y prends mal. Toutes tes feuilles se présentent à plat. Voilà pourquoi elles ne paraissent pas réelles. Fais-en donc qui dardent leur pointe vers toi, de sorte qu'en les voyant on ait la sensation de la profondeur.

Je suivis son conseil, et je fus émerveillé du résultat que j'obtins.

– Souviens-toi bien de ce que je vais te dire, reprit Constant. Quand tu sculpteras désormais, ne vois jamais les formes en étendue, mais toujours en profondeur... Ne considère jamais une surface que comme l'extrémité d'un volume, comme la pointe plus ou moins large qu'il dirige vers toi. C'est ainsi que tu acquerras la science du modelé.

Ce principe fut pour moi d'une étonnante fécondité.

Je l'appliquai à l'exécution des figures. Au lieu d'imaginer les différentes parties du corps comme des surfaces plus ou moins planes, je me les représentai comme des saillies des volumes intérieurs. Je m'efforçai de faire sentir dans chaque renflement du torse ou des membres l'affleurement d'un muscle ou d'un os, qui se développait en profondeur, sous la peau.

Et ainsi la vérité de mes figures, au lieu d'être superficielle, sembla s'épanouir du dedans au-dehors comme sa vie même.

Or, j'ai découvert que les Anciens pratiquaient précisément cette méthode du modelé. Et c'est certainement à cette technique que leurs œuvres doivent à la fois leur vigueur et leur souplesse frémissante.

Grasset, édit.

Rodin, qui avait le culte de la vie et de l'expression, ne pouvait imaginer des formes qui ne fussent en mouvement. Mais il ne s'agit pas chez lui de vraisemblance ou d'imitation servile de la nature ; le dynamisme qui fait marcher son *Jean-Baptiste* est une invention purement plastique, affirmant une vérité plastique délibérément différente de la réalité. En fait, Rodin est de notre temps, non seulement par l'importance qu'il donne à la technique sculpturale, mais également par celle qu'il donne au matériau. Cette mise en valeur du marbre brut telle qu'elle nous apparaît dans *La Pensée* et *La Jeune Mère,* par exemple, où l'œuvre semble dictée par la forme primitive de la pierre, est l'expression même de cette soumission aux impératifs du matériau qui sera l'attitude de nombreux sculpteurs contemporains.

BOURDELLE ET POMPON

Cette sculpture de transition se prolonge avec Antoine Bourdelle (1861-1929). Mais l'on constate déjà chez lui un souci de style étranger à la démesure de Rodin. Cette démarche intellectuelle qui le pousse à penser les volumes de son *Héraclès* en fonction de l'espace, de façon à ce qu'ils s'ordonnent autour d'eux, est un pas en avant vers les réussites monumentales de Maillol. Les recherches de François Pompon (1855-1933) vont dans le même sens. Mais ses multiples animaux, dont la plénitude et la simplicité des volumes atteignent un dépouillement extrême, révèlent un lyrisme nouveau : réduits à leurs formes essentielles, ce sont moins des animaux que des volumes nus et lisses sur lesquels glisse la lumière.

MAILLOL (1861-1944)

Les grandes œuvres d'Aristide Maillol dont le thème quasi unique est le corps de la femme, ferme et épanoui, souvent plantureux, ont cette pureté, ces formes pleines qui s'habillent de lumière. Mais elles gagnent en vigueur et en force. Dégagé par le nabisme, sous l'influence de Gauguin et de Cézanne, de toute tentation romantique, l'art de Maillol est un art immobile et synthétique. Il aimait à dire qu'il ne faisait pas de portrait : « Je fais des têtes dans lesquelles je tâche de donner une impression d'ensemble. Une tête me tente lorsque je peux en tirer une architecture... »

L'ordonnance architecturale et massive de ses œuvres les impose à l'espace ; leurs volumes épurés, démunis de toute expressivité, chantent la fécondité originelle de la terre et la beauté intemporelle de la forme. Il suffit de comparer le *Balzac* de Rodin, œuvre puissante mais peu « monumentale », écrasée par l'air et l'espace, à *L'Action enchaînée* ou à *L'Île-de-France* de Maillol, qui font obstacle à la lumière et l'obligent à glisser sur leurs calmes volumes, pour s'apercevoir que Maillol a retrouvé le secret de la grande sculpture de plein air. Cependant, cet art, qui influencera tant les sculpteurs modernes, refuse l'abstraction pure : ses grands nus féminins rayonnent de chaleur humaine.

La peinture à l'avant-garde

C'est la peinture qui cristallise autour d'elle les révolutions d'optique et d'esthétique qui bouleversent le monde des arts au début du siècle. Elle sert de cadre aux manifestes, et invite les autres arts à se renouveler.

PAUL CÉZANNE (1839-1906)

Le XIXe siècle meurt, à partir du moment où s'impose en peinture la nécessité de revenir à un ordre classique. Cézanne, déjà, n'est plus impressionniste quand il parle de « faire de l'impressionnisme quelque chose de solide et de durable comme l'art des musées » ; s'il conserve la sensibilité des impressionnistes au contacts du réel et leur esthétique de la sensation, s'il reste, comme eux, enthousiaste pour la couleur claire et vive, le fait d'ordonner ses impressions sensibles selon leur logique interne, selon un équilibre dicté par les couleurs elles-mêmes, inaugure un moment nouveau dans l'histoire de la peinture. Le lumineux désordre de l'école de Monet a atteint ses limites : Cézanne lui oppose un art de réflexion, un souci de composition qui l'amène bientôt à retrouver, à travers la richesse des couleurs leurs valeurs et leur chromatisme, la forme et ses volumes essentiels : il nous révèle un espace pictural nouveau dans l'architecture de la *Montagne Sainte-Victoire,* et la géométrie colorée des *Grandes Baigneuses* (1898-1905) bouleversera les « fauves » et les orientera vers le Cubisme.

Dans ses lettres, Cézanne nous livre les grandes lignes de son message : l'amour de la nature, de la lumière, de la couleur, le souci de la structure et du rythme chromatique.

Je ne suis plus à Aix depuis un mois. J'ai commencé deux petits motifs où il y a de la mer, pour M. Chocquet, qui m'en avait parlé. C'est comme une carte à jouer. Des toits rouges sur la mer bleue. Si le temps devient propice, peut-être pourrais-je les pousser jusqu'au bout. En l'état, je n'ai encore rien fait. Mais il y a des motifs qui demanderaient trois ou quatre mois de travail, qu'on pourrait trouver, car la végétation n'y change pas. Ce sont des oliviers et des pins qui gardent toujours leurs feuilles. Le soleil y est si effrayant qu'il me semble que les objets s'enlèvent en silhouettes non pas seulement en blanc ou noir, mais en bleu, en rouge, en brun, en violet. Je puis me tromper, mais il me semble que c'est l'antipode du modelé.

Permettez-moi de vous répéter ce que je vous disais ici : traiter la nature par le cylindre, la sphère, le cône, le tout mis en perspective ; soit que chaque côté d'un objet, d'un plan, se dirige vers un point central ; les lignes parallèles à l'horizon donnent l'étendue, soit une section de la nature ou, si vous aimez mieux, du spectacle que le *Pater Omnipotens aeterne Deus* étale devant nos yeux ; les lignes perpendiculaires, à cet horizon, donnent la profondeur. Or, la nature, pour nous hommes, est plus en profondeur qu'en surface, d'où la nécessité d'introduire dans nos vibrations de lumière, représentées par les rouges et les jaunes, une somme suffisante de bleutés, pour faire sentir l'air.

Grasset, édit.

SEURAT (1859-1891) ET L'EXPÉRIENCE DIVISIONNISTE

Comme Cézanne, Georges Seurat apporte à l'esthétique impressionniste un tempérament classique qui la transforme en la stabilisant. Toutefois, chez Seurat, la sensation n'est plus le point de départ du tableau : une composition *a priori,* fondée sur le dessin et sur une étude scientifique de la lumière, l'enserre et la rationalise. Pénétré des règles de la « section d'or » et de la « divine proportion » des anciens, profondément influencé en même temps par les travaux récents des physiciens de son temps sur l'optique et la couleur, Seurat invente une technique nouvelle fondée sur la fragmentation de la touche et la loi des complémentaires, qui aura pour effet de réaliser sur la rétine du spectateur la synthèse de l'impression visuelle du peintre. C'est ainsi que, vues de loin, les mouchetures contrastées de ses tableaux produisent une illusion que rythme cette architecture extrêmement rigoureuse qui les soumet et les contient.

La *Baignade à Asnières* inaugure en 1884 le Salon des Indépendants que Seurat fonde en société avec les « refusés » du Salon officiel. De nombreux peintres orientent alors leurs recherches dans le sens de celles de Seurat et adhèrent à cette nouvelle « Société des Indépendants ». Parmi eux, Signac (1863-1935) fera figure de théoricien. Dans son livre *D'Eugène Delacroix au Néo-Impressionnisme,* il analyse les bases de l'expérience divisionniste.

Le néo-impressionniste, suivant en cela les conseils de Delacroix, ne commencera pas une toile sans en avoir arrêté l'arrangement. Guidé par la tradition et par la science, il harmonisera la composition à sa conception, c'est-à-dire qu'il adaptera les lignes (directions et angles), le clair-obscur (tons), les couleurs (teintes) au caractère qu'il voudra faire prévaloir. La dominante des lignes sera horizontale pour le calme, ascendante pour la joie, et descendante pour la tristesse, avec toutes les lignes intermédiaires pour figurer toutes les autres sensations en leur variété infinie. Un jeu polychrome, non moins expressif et divers, se conjugue à ce jeu linéaire : aux lignes ascendantes, correspondront des teintes chaudes et des tons clairs ; avec des lignes descendantes, prédomineront des teintes froides et des tons foncés ; un équilibre plus ou moins parfait des teintes chaudes et froides,des tons pâles et intenses, ajoutera au calme des lignes horizontales. Soumettant ainsi la couleur et la ligne à l'émotion qu'il a ressentie et qu'il veut traduire, le peintre fera œuvre de poète, de créateur (...)

... Dans la technique des néo-impressionnistes, bien des gens, insensibles aux résultats d'harmonie, de couleur et de lumière, n'ont vu que le procédé. Ce procédé qui a pour effet d'assurer les résultats en question par la pureté des éléments, leur dosage équilibré et leur parfait mélange optique, ne consiste pas forcément dans le point comme ils se l'imaginent, mais dans toute touche de forme indifférente, nette, sans balayage et de dimension proportionnelle au format du tableau : – de forme indifférente, car cette touche n'a pas pour but de donner le trompe-l'œil des objets, mais bien de figurer les différents éléments colorés de teintes ; – nette pour permettre le dosage ; – sans balayage, pour assurer la pureté ; – de dimension proportionnée au format du tableau et uniforme pour un même tableau, afin que, à un recul normal, le mélange optique des couleurs dissociées s'opère facilement et reconstitue la teinte. (...)

Il ne faut pas croire que le peintre qui divise se livre au travail insipide de cribler sa toile, de haut en bas, et de droite à gauche, de petites touches multicolores. Partant du contraste de deux teintes, sans s'occuper de la surface à couvrir, il opposera, dégradera et proportionnera ses divers éléments, de chaque côté de la ligne de démarcation, jusqu'à ce qu'il rencontre un autre contraste, motif d'une nouvelle dégradation. Et, de contraste en contraste, la toile se couvrira.

Floury, édit.

GAUGUIN (1848-1903) ET VAN GOGH (1853-1890)

Paul Gauguin et Vincent Van Gogh inaugurent deux nouvelles tendances qui donnent à la technique picturale une signification beaucoup plus élargie que celle, uniquement sensorielle, des impressionnistes, ou celle, abusivement scientifique, de Seurat : ils scellent l'alliance entre le fond et la forme, d'une part la pensée chez Gauguin et le sentiment chez Van Gogh, d'autre part la couleur ; les couleurs deviennent la forme sensible de l'idée, selon une esthétique parallèle à celle du Symbolisme. Il est, dit Gauguin, « des tons nobles, d'autres communs, des harmonies tranquilles, consolantes, d'autres qui excitent par leur hardiesse » ; et Van Gogh écrit à son frère :

Tu comprendras que cette combinaison d'ocre et de rouge, de vert attristé de gris, de traits noirs qui cernent les contours, cela produit un peu la sensation d'angoisse dont souffrent souvent certains de mes compagnons d'infortune, qu'on appelle « noir-rouge ». Et d'ailleurs, le motif du grand arbre frappé par l'éclair, le sourire maladif vert-rose de la dernière fleur d'automne, vient confirmer cette idée. Une autre toile représente un soleil levant sur un champ de jeune blé ; des lignes fuyantes, des sillons montant haut dans la toile vers une muraille et une rangée de collines lilas. Le champ est violet et jaune-vert : le soleil blanc est entouré d'une grande auréole jaune. Là-dedans, j'ai, par contraste à l'autre toile, cherché à exprimer du calme, une grande paix.

Je te parle de ces toiles, surtout de la première, pour te rappeler que, pour donner une impression d'angoisse, on peut chercher à le faire sans viser droit au jardin de Gethsémani historique ; que pour donner un motif consolant et doux, il n'est pas nécessaire de représenter les personnages du sermon sur la montagne.

Grasset, édit.

La peinture devient ainsi langage et la couleur écriture. Gauguin influencera profondément l'art du XXe siècle par sa technique : il procède par aplats, comme Manet l'avait déjà fait, influencé par les Japonais, et, loin de vouloir imiter la nature, il cherche à en donner une vision personnelle et intérieure. Cette technique, que l'on appellera Cloisonnisme (1) et qui consiste littéralement à « dessiner » avec la couleur, aura, en outre, une autre mission : celle de réaliser une peinture qui soit une fête pour les yeux et l'esprit en même temps. La peinture de Gauguin rejoint une conception primitive de l'image en tant que phénomène incantatoire, véhicule d'une pensée indicible, et il est normal qu'elle ait trouvé dans l'exotisme océanien une source inépuisable de thèmes.

Van Gogh, comme Gauguin, influencera les « fauves », mais ces derniers ne recevront de lui que le message plastique de la couleur pure et de ses possibilités constructives ; car, pour Van Gogh, le paroxysme des couleurs, grâce aux fonctions psychiques qu'il leur attribue, et cette vie intense dont elles animent la création tout entière, en la soulevant dans un rythme magique vertigineux, sont avant tout l'extériorisation sans retenue de ses sentiments, des mouvements de son âme : « J'ai cherché à exprimer avec le rouge et le vert les terribles passions humaines... », écrit-il à son frère.

LES NABIS

Van Gogh déjà avait songé à une « confrérie artistique » et avait fait venir Gauguin à Arles. En 1889, Paul Sérusier (1863-1927) écrit à Maurice Denis : « Je rêve pour l'avenir d'une confrérie épurée, uniquement composée d'artistes persuadés, amoureux du beau et du bien, mettant dans leurs œuvres et dans leur conduite ce caractère indéfinissable que je tiens pour Nabi (2). » Cet idéal, non seulement esthétique, mais spiritualiste et apostolique, trouve un écho dans l'âme de plusieurs peintres, parmi lesquels Maurice Denis lui-même, Bonnard, Vuillard et Rousseau qui se groupèrent en « frères », autour de Sérusier. Autant d'« initiés » au secret magique de l'art pur dont ils devaient clamer la « Vérité ». C'était Gauguin qui avait révélé ce secret avec le Cloisonnisme, cette simplification « naïve » de la vision du peintre et du tableau en deux dimensions que la couleur construit. En 1903, Maurice Denis racontera l'histoire du *Talisman,* œuvre étrange sur laquelle s'édifia l'idéal des Nabis :

C'est à la rentrée de 1888 que le nom de Gauguin nous fut révélé par Sérusier, à son retour de Pont-Aven, qui nous exhiba, non sans mystère, un couvercle de boîte à cigares sur quoi on distinguait un paysage informe, à force d'être synthétiquement formulé, en violet, vermillon, vert véronèse et autres couleurs pures, telles qu'elles sortaient du tube, puisque sans mélange de blanc. – Comment voyez-vous cet arbre ? avait dit Gauguin devant un coin du Bois d'Amour : il est vert ? Mettez donc du vert, le plus beau vert de votre palette ; et cette ombre plutôt bleue ? Ne craignez pas de la peindre aussi bleue que possible.

C'était tout un programme et les Nabis en firent la règle de leur « ordre ».

En consacrant la sensation choc et, avec elle, le « naïf » et le « pur » dans l'art, les Nabis, à la suite de Gauguin, reconnaissaient un pouvoir incantatoire à la peinture, mais ils retrouvaient en même temps la fraîcheur d'enfance de Francis Jammes et le naturisme exalté d'André Gide : en prônant le principe de la « table rase » cher au *Modern Style* dont leurs œuvres d'ailleurs, essentiellement décoratives, épousent la manière japonisante, ils prenaient pied dans la réalité de leur temps, qu'ils voyaient d'un œil railleur ou amusé, intérieurs bourgeois, rues de Paris ou autres lieux publics que leur pinceau évoque. Toute l'ironie de l'art moderne est ici annoncée, comme elle l'est dans l'œuvre de Toulouse-Lautrec.

---

(1) Divisions en compartiments par cloisons. – (2) *Nabi* en hébreu : prophète, illuminé.

LE FAUVISME

La grande libération de la couleur prend, pendant un court moment de cette période, une dimension souveraine à travers l'exaltation fauve, aux limites du paroxysme. Une rétrospective Van Gogh, en 1901, avait révélé à des peintres au tempérament passionné ses exigences absolues. Le Fauvisme naît avec l'*Intérieur à Collioure* de Matisse, où sujet et composition sont métamorphosés en taches colorées : la tache verte d'une robe sur la tache rose d'un drap. Que ces peintres viennent de l'atelier de Gustave Moreau, comme Matisse, Marquet, Camoin, Mauguin, du Havre, comme Friesz et Dufy, de Chatou, comme Derain et Vlaminck, ou tout simplement de Montmartre, comme Van Dongen, ils exaltent le même dynamisme de la création tout entière et recréent le monde à travers leur sensibilité exacerbée, grâce à la magie de cette couleur pure jaillissant directement du tube sur leurs toiles.

Au Salon d'automne de 1905, le scandale éclate. Les critiques sont submergés sous tant de vitalité furieuse, et l'un d'eux, Vauxelles, au salon suivant, voyant au milieu de ces toiles orgiaques les prudentes petites œuvres du sculpteur Marque, s'écrie : « Donatello parmi les fauves ! » C'était l'étiquette qui convenait le mieux à ces peintres dont les toiles flamboyantes « dévoraient » les rétines affaiblies, à cette violente vitalité qui exprimait l'enthousiasme d'une jeunesse ardente. Cependant, si le fauvisme représente avant tout un état d'esprit, un fait de tempérament, son apport à la peinture dépassa ses propres limites et influença plusieurs générations de peintres. En donnant à la couleur cette valeur arbitraire, autonome et détachée de tout rapport objectif avec la réalité, il avait découvert un nouveau monde : le tableau, cette « réalité en soi », dont l'existence ne sera plus jamais discutée. En parlant de cet art, Maurice Denis disait : « C'est la peinture hors de toute contingence, la peinture en soi, l'acte pur de peindre. Toutes les qualités de représentation et de sensibilité sont exclues de l'œuvre d'art. C'est proprement la recherche de l'absolu. » Bientôt, à cet absolu, la peinture sacrifiera le sujet : ce sera l'aventure de l'art abstrait, qui commence dès 1910 avec le Russe Kandinsky.

LE CUBISME

Une rétrospective Cézanne, en 1907, bouleverse les fauves. Nombreux sont ceux qui, tels Braque, Derain, Vlaminck, Dufy, remettent alors leur art en question. Ce moment de réflexion a tué le Fauvisme. Une nouvelle révolution va se faire, tandis que l'industrialisation et la mécanisation du monde moderne et, dès l'exposition de 1900, la révélation de l'art nègre, font prendre une orientation nouvelle à l'art en général, le ramenant de l'effusion sensorielle à la réflexion, au calcul géométrique, au dépouillement plastique. L'œil est remplacé par l'esprit. Selon une démarche spécifiquement intellectuelle, les « cubistes » – ce nom est une autre trouvaille du critique Vauxelles – reviennent au culte du dessin et de la construction, afin de retrouver sous les apparences la réalité essentielle et totale des choses. Picasso, avec ses *Demoiselles d'Avignon* (1907), descendantes directes des *Grandes Baigneuses* de Cézanne, inaugure le mouvement cubiste.

C'est la première manifestation d'une tendance que Braque confirme bientôt avec ses paysages de La Roche-Guyon, et que soutient tout un groupe de poètes jeunes et fougueux, parmi lesquels Apollinaire, André Salmon, Max Jacob. Cette tendance aura bientôt sa doctrine et sa technique : le peintre ramènera chaque objet à ses lignes essentielles, à un volume simple dont il pourra combiner les principaux plans, créant ainsi un nouvel espace. Pour représenter cet objet, le peintre sera alors totalement libre d'en choisir la partie qu'il juge la plus intéressante, même si, dans la réalité, elle échappe à l'œil, il pourra aussi le reconstituer en mouvement ou en cours de transformation ; ici, le cinéma, et plus particulièrement la chronophotographie, doivent être évoqués : Duchamp applique cette technique à son *Nu descendant un escalier* où il décompose son sujet en une suite de volumes qui évoquent les différentes positions du corps en mouvement ; cette tentative constitue un des aspects les plus « fantastiques » du Cubisme. De toute façon, le peintre dégagera toujours de l'objet une réalité intellectuelle qui est la seule et fondamentale vérité : car l'objet-sujet en soi n'est qu'un point de départ auquel il ne doit absolument rien. Seul compte l'exercice qu'il provoque. Et, pour que le spectateur puisse dialoguer avec cette nouvelle peinture, il lui faudra percer son énigme, traduire l'architecture des volumes qui s'étagent, la savante transparence des tons, l'insolite décomposition du mouvement pour retrouver à travers le morcellement de la toile le travail de pensée du peintre. Ainsi toute peinture cubiste sera une excitation pour l'esprit et devra exiger une initiation de la part du spectateur.

Avec Picasso, ces nouveaux intellectuels de l'art sont Braque, Gris, Léger, Lhote, Gleizes, Metzinger, Duchamp, Delaunay, Jacques Villon, La Fresnaye. La première phase du Cubisme, qu'on appellera « analytique », donnera une peinture triste, monochrome, rébarbative ; c'est une grise poésie de l'actuel, des objets inertes et quotidiens, des constructions géométriques des temps modernes : jamais la peinture n'aura été aussi sévère. Cependant, quelques artistes vont la délivrer de son austérité en lui apportant la couleur. Apollinaire chantera « l'orphisme » des mécaniques colorées de Delaunay, tandis qu'il se déclare « bien content » quand il a vu les rutilantes tôles ondulées de Fernand Léger. Cette peinture respire enfin : la couleur apprivoise les pyramides en marche de Jacques Villon et les grands plans composés de La Fresnaye ; le cubisme s'est humanisé.

La sculpture ne pouvait pas ne pas se sentir tentée par ces expériences picturales si proches de ses propres créations. Des artistes, tels que Duchamp, Villon, Laurens, Brancusi, Lipchitz et Zadkine lui ouvrent alors, dans le même esprit, de nouveaux horizons illimités. Une liberté totale leur permettant les tentatives les plus surprenantes et, le matériau leur imposant l'originalité de son grain, de sa nature, de son caractère, ces sculpteurs prennent le même recul que les peintres par rapport à la nature et à leur sujet : leur sculpture atteint à la plastique pure. Mais le but premier de cette révolution esthétique, qui se prolonge dans les expériences insolites de « collage » que lancent Picasso et Braque, dans cette foule d'objets absurdes, guidon de bicyclette, pièces de mécanique que peintres et sculpteurs introduisent dans le monde de l'art, semble bien être celui de surprendre, voire de scandaliser.

L'ÉCOLE DE PARIS

Toutes ces révolutions esthétiques qui se passent dans les cafés de Montparnasse et du Quartier latin ou au « Bateau-Lavoir » (1) à Montmartre ne sont pas le fait des seuls artistes français. Mais on peut les dire « françaises », dans la mesure où c'est à Paris que, venus du monde entier, ces peintres et ces sculpteurs, attirés par le renouvellement pictural dont cette ville était le théâtre, trouvent ces amitiés fécondes, cette atmosphère de liberté et de réceptivité, ce cadre privilégié qui leur permirent de s'exprimer dans toute leur originalité. Chagall dira dans sa conférence intitulée *Quelques impressions sur la peinture française* :

> Je suis arrivé à Paris comme poussé par le destin. À ma bouche affuaient des mots venus du cœur. Ils m'étouffaient presque. Je bégayais. Les mots se pressaient à l'extérieur, anxieux de s'éclaircir de cette lumière, de Paris, de se parer d'elle. Je suis arrivé avec des pensées, des rêves qu'on ne peut avoir qu'à vingt ans, mais peut-être ces rêves se sont-ils arrêtés en moi pour longtemps.
>
> D'habitude, on pourrait dire qu'on ne va pas à Paris avec des bagages tout faits. On y va, délesté,

(1) Maison du quartier de Montmartre, où habitaient des poètes et des peintres, comme Apollinaire, Max Jacob, Picasso et Van Dongen.

pour étudier, et on en repart avec du bagage – parfois. Je pouvais certes m'exprimer dans ma ville lointaine, dans le cercle de mes amis. Mais j'aspirais à voir de mes propres yeux ce dont j'avais entendu parler de si loin : cette révolution de l'œil, cette rotation de couleurs, lesquelles spontanément et savamment se fondent l'une dans l'autre, dans un ruissellement de lignes pensées, comme le voulait Cézanne, ou librement dominantes comme l'a montré Matisse. Cela, on ne le voyait pas dans ma ville. Le soleil de l'Art ne brillait alors qu'à Paris, et il me semblait et il me semble jusqu'à présent qu'il n'y a pas de plus grande révolution de l'œil que celle que j'ai rencontrée en 1910, à mon arrivée à Paris. Les paysages, les figures de Cézanne, Manet, Monet, Seurat, Renoir, Van Gogh, le fauvisme de Matisse et tant d'autres me stupéfièrent. Ils m'attiraient comme un phénomène de la nature. Loin de mon pays natal, ses clôtures se profilaient dans mon imagination sur le fond de ses maisons. Je n'y voyais aucune des couleurs de Renoir. Deux, trois taches sombres. Et, à côté d'elles, on aurait pu vivre une vie sans l'espoir de trouver ce langage artistique libéré qui doit respirer de lui-même comme respire un homme.

À Paris, je ne visitai ni académies, ni professeurs. Je les trouvais dans la ville même, à chaque pas, dans tout. C'était les commerçants du marché, les garçons de café, les concierges, les paysans, les ouvriers. Autour d'eux planait cette étonnante « lumière-liberté » que je n'ai jamais vue ailleurs. Et cette lumière, facilement, passait sur les toiles des grands maîtres français et renaissait dans l'art. Je ne pouvais m'empêcher de penser : seule cette « lumière-liberté », plus lumineuse que toutes les sources de lumières artificielles, peut faire naître des toiles scintillantes, où les révolutions de la technique sont aussi naturelles que le langage, le geste, le travail des passants dans la rue.

Conférence publiée
dans *la Renaissance* (1944-1945).

On appellera ce phénomène de cristallisation l'« École de Paris ». Parmi ces artistes étrangers « naturalisés », le Japonais Foujita apporte sa naïveté, l'Italien Modigliani sa science du style, le Russe Soutine son tumulte tragique, tandis qu'un Français, Henri Rousseau, dit le Douanier (1), consacre l'art naïf déjà prôné par les Nabis.

La musique

LES TECHNIQUES

Le compositeur moderne est devenu un technicien, même s'il demeure un esthète ou un inspiré. Il pense en homme de science, utilise la méthode expérimentale, traite son piano en instrument de laboratoire fait pour découvrir, essayer, modifier les agrégations sonores pressenties par sa pensée. En ce sens cette confession d'Erik Satie est révélatrice :

Tout le monde vous dira que je ne suis pas un musicien. C'est juste.

Dès le début de ma carrière, je me suis, tout de suite, classé parmi les phonométrographes. Mes travaux sont de la pure phonométrique. Que l'on prenne le *Fils des étoiles* ou les *Morceaux en forme de poire, En habit de cheval* ou les *Sarabandes,* on perçoit qu'aucune idée musicale n'a présidé à la création de ces œuvres. C'est la pensée scientifique qui domine.

Du reste, j'ai plus de plaisir à mesurer un son que je n'en ai à l'entendre. Le phonomètre à la main, je travaille joyeusement et sûrement.

Que n'ai-je pesé ou mesuré ? Tout de Beethoven, tout de Verdi, etc. C'est très curieux.

La première fois que je me servis d'un phonoscope, j'examinai un *si* bémol de moyenne grosseur. Je n'ai, je vous assure, jamais vu chose plus répugnante. J'appelai mon domestique pour le lui faire voir.

Au phono-penseur, un *fa* dièse ordinaire, très commun, atteignit 93 kilogrammes. Il émanait d'un fort gros ténor dont je pris le poids.

Connaissez-vous le nettoyage des sons ? C'est assez sale. Le filage est plus propre ; savoir les classer est très minutieux et demande une bonne vue. Ici, nous sommes dans la phonotechnique.

Quant aux explosions sonores, souvent si désagréa-

(1) Ainsi appelé par ses amis parce qu'il était employé à l'octroi – poste de douane intérieure – de Laval.

bles, le coton, fixé dans les oreilles, les atténue, pour soi, convenablement. Ici, nous sommes dans la pyrophonie.

Pour écrire mes *Pièces froides,* je me suis servi d'un kaléidophone-enregistreur. Cela prit sept minutes. J'appelai mon domestique pour les lui faire entendre...

L'Art de la musique, Seghers, édit.

En ce début de siècle, Saint-Saëns continue d'accomplir minutieusement son heure quotidienne de contrepoint rigoureux. Bâtir un chef-d'œuvre selon les règles traditionnelles, tel semble être l'idéal de la tendance conservatrice qu'il incarne. Mais à la *Schola cantorum,* Vincent d'Indy, en tête des survivants de la « bande à Franck », brandit un autre drapeau : celui d'une scolastique progressiste, qui formera Albert Roussel, auteur du *Festin de l'araignée* (1912), de *Padmàvati* (1914-1918) et de *Bacchus et Ariane* (1931).

Cependant, le goût de l'harmonie, inculqué par Gabriel Fauré, pousse Debussy, puis Ravel, vers un impressionnisme musical qui se transforme rapidement en un pointillisme savant et raffiné. Toute la gravitation sonore est bouleversée, les modes médiévaux sont ressuscités après plusieurs siècles de sommeil, de nouvelles échelles sonores sont construites (la gamme par tons, par exemple), les dissonances sont soustraites aux rigueurs de la préparation. Le *Pelléas et Mélisande* de Debussy, sur un poème de Mallarmé, résume toutes ces tendances novatrices, et fait l'effet d'une bombe sur les spectateurs de l'Opéra-Comique de 1902.

C'est dans ce raffinement édulcoré qu'éclate, au cours des « Ballets russes », la musique de Stravinsky. *L'Oiseau de feu* (1910), *Petrouchka* (1911), *Le Sacre du Printemps* (1913), soulèvent un enthousiasme délirant face aux protestations véhémentes des amateurs de ballet classique. Les rythmes brutaux, les dissonances jetées à pleine brassées dans une orchestration tonitruante, ainsi que les verts et les rouges sur une toile de Vlaminck, les mélodies simples, bien mises en relief, tout cela fait penser à un « fauvisme musical », qui deviendra la pierre de touche du fameux « groupe des Six » après la guerre.

LES ESTHÉTIQUES

Il faut entendre par là les différents idéals de beauté au service desquels est soumise la technique musicale, considérée alors comme moyen et non comme fin.

Un courant néo-classique circule toujours avec Saint-Saëns, entraînant avec lui une masse d'enseignants pétris de classicisme, tel Henri Rabaud, auteur de *La Procession nocturne* (1899), du *Divertissement sur deux chansons russes* (1905) et de l'opéra *Marouf* (1914).

En marge de cet esprit, une tendance néo-romantique sait allier l'académisme du Conservatoire à un lyrisme chaleureux, issu de Franck, et trouve un défenseur combatif en la personne de Florent Schmitt, auteur de *La Tragédie de Salomé* (1910).

Le symbolisme littéraire entraîne à sa suite une sorte de sensualisme musical. Fauré avait illustré des poèmes de Verlaine dont *La Bonne Chanson* à la fin du XIXe siècle. Debussy s'était découvert une correspondance intime avec Mallarmé, en transposant musicalement le *Prélude à l'après-midi d'un faune.* Il composera plus tard *Trois Poèmes de Stéphane Mallarmé.* Ravel pousse plus avant les subtilités de Debussy et échafaude des synthèses sonores qui n'excluent pas un certain penchant pour la musique figurative (*Histoires naturelles*, 1906, sur des poèmes de Jules Renard, *L'Heure espagnole,* 1907, *Ma mère l'Oye,* 1908).

Mais l'abus des dissonances a fini par émousser l'oreille. À l'accumulation des sonorités, succède logiquement un dépouillement systématique, repoussant toutefois le carcan de la scolastique. Une veine de simplicité naïve, apparentée à celle du Douanier Rousseau ou d'Apollinaire, se développe sous l'impulsion d'Erik Satie et de son école d'Arcueil (1920); elle se manifeste tout particulièrement dans l'oratorio de chambre de Satie : *Socrate* (1918).

LES INSPIRATIONS

Malgré leur aspect technique, voire abstrait, un grand nombre d'œuvres ont pour point de départ une étincelle extra-musicale, tel le contact avec la nature, qui joue un rôle dans *La Mer* de Debussy (1905), *Daphnis et Chloé* de Ravel (1912).

Ce retour aux sources, à l'harmonie primordiale du monde, où les civilisations primitives puisèrent et puisent encore la richesse de leur expression musicale, Debussy l'a entrepris; dans ce texte, il pressent déjà l'accueil qui allait être fait au jazz.

Il y a eu, il y a même encore, malgré les désordres qu'apporte la civilisation, de charmants petits peuples qui apprirent la musique aussi simplement qu'on apprend à respirer. Leur conservatoire, c'est le rythme éternel de la mer, le vent dans les feuilles et mille petits bruits qu'ils écoutèrent avec soin, sans jamais regarder dans d'arbitraires traités. Leurs traditions n'existent que dans de très vieilles chansons, mêlées de danses, où chacun, siècle sur siècle, apporta sa respectueuse contribution. Cependant la musique javanaise observe un contrepoint auprès duquel celui de Palestrina n'est qu'un jeu d'enfant. Et si l'on écoute, sans parti pris européen, le charme de leur « percussion », on est bien obligé de constater que la nôtre n'est qu'un bruit barbare de cirque forain...

Chez les Annamites on représente une sorte d'embryon de drame lyrique, d'influence chinoise, où se reconnaît la formule tétralogique; il y a seulement plus de dieux et moins de décors... Une petite clarinette rageuse conduit l'émotion; un tam-tam organise la terreur..., et c'est tout. Plus de théâtre spécial, plus d'orchestre caché. Rien qu'un instinctif besoin d'art, ingénieux à se satisfaire, aucune trace de mauvais goût!

– Seraient-ce donc les professionnels qui gâtèrent les pays civilisés?

Quand le dieu Pan assembla les sept tuyaux de la syrinx, il n'imita d'abord que la longue note mélancolique du crapaud se plaignant aux rayons de la lune. Plus tard, il lutta avec le chant des oiseaux. C'est probablement depuis ce temps que les oiseaux enrichirent leur répertoire. Ce sont là des origines suffisamment sacrées, d'où la musique peut prendre quelque fierté et conserver une part de mystère... Au nom de tous les dieux, n'essayons pas plus de l'en débarrasser que de l'expliquer. Ornons-le de cette délicate observance du « goût ». Et qu'il soit le gardien du Secret.

Du Goût, S. I. M.

Les travaux sur le folklore et la naissance de mouvements littéraires en province favorisent l'éclosion de musiques régionales. Déodat de Séverac chante son Languedoc, Canteloube célèbre l'Auvergne, Ropartz s'ingénie à exprimer l'âpreté et le mysticisme de la Bretagne. Ce *Menhir mélodieux* qui chante *À Marie endormie* (1912) est suivi par toute une génération de jeunes compositeurs.

Les expositions de 1889 et 1900 et les progrès des voyages développent le goût des musiques étrangères. Milhaud s'enthousiasme pour le jazz et compose *Le Bœuf sur le toit* (1919); Maurice Ravel écrit la *Rhapsodie espagnole* (1907) et le *Boléro* (1928), Louis Aubert, sa voluptueuse *Habanera* (1918) et ses *Poèmes arabes.*

Un besoin d'évasion incite parfois le musicien à se réfugier dans le domaine féerique de l'enfance. Ravel compose *Ma mère l'Oye* (1908-1912), Louis Aubert sa *Forêt bleue,* créée à l'opéra de Boston en 1913, autant de pages inspirées de l'enfance mais dédiées aux adultes.

Les lettres

Dans la profusion des genres et des écoles hérités du XIXe siècle : poésie symboliste, roman psychologique, théâtre sentimental et vaudeville, apparaissent des auteurs originaux qui annoncent, dans des œuvres fort différentes, un renouvellement général de la pensée et de la littérature.

La poésie avant 1914

Ainsi, dans le domaine poétique, tandis que certains, tels Verhaeren et Francis Jammes, restent marqués par l'empreinte symboliste, d'autres, comme Péguy ou Claudel, traduisent la sincérité de leur foi chrétienne. D'autres, enfin, comme Blaise Cendrars ou Guillaume Apollinaire, ouvrent des voies nouvelles par l'audace de l'expression ou l'inspiration puisée dans le monde moderne.

Francis Jammes (1868-1938)

Francis Jammes sut tirer, de sa paisible vie provinciale, l'inspiration de nombreux recueils d'un lyrisme rustique original : *De l'Angélus de l'aube à l'Angélus du soir* (1898), *Le Deuil des primevères* (1901), *Le Triomphe de la vie* (1902), *Les Géorgiques chrétiennes* (1912), *Ma France poétique* (1926), *De tout temps à jamais* (1935). Il y exprime son amour des bêtes, des fleurs, des champs, des pauvres gens, et, à partir de sa conversion en 1906, une foi qui se veut modeste et populaire, avec une simplicité et une naïveté extrêmes, refusant toute habileté littéraire, parce qu'il pense se montrer ainsi plus humble et plus sincère.

SILENCE

Dans ce poème, l'évasion par le songe s'opère par un dépaysement dans le temps; il s'y ajoute un lyrisme intime qu'animent l'évocation précise de détails concrets et familiers et les évolutions gracieuses de « ces petites filles modèles » chères au poète. Le vers, plus anticonformiste que celui des symbolistes, annonce déjà Apollinaire.

Silence. Puis une hirondelle sur un contrevent
fait un bruit d'azur dans l'air frais et bleuissant
toute seule. Puis deux sabots traînassent (1) dans la rue.
La campagne est pâle, mais au ciel gris qui remue
on voit déjà le bleu qui chauffera le jour.
Je pense aux amours des vieux temps, aux amours
de ceux qui habitaient aux parcs des beaux pays
riches en vigne, en blé, en foin et en maïs.
Les paons bleus remuaient sur les pelouses vertes,
et les feuilles vertes se miraient aux vitres vertes
dans le réveillement du ciel devenu vert.
Les chaînes dans l'étable où l'ombre était ouverte
avaient un bruit tremblé de choquement de verre.
Je pense au vieux château de la propriété,
aux chasseurs s'en allant par les matins d'été,
aux aboiements longs des chiens flaireurs qui [rampent...
Dans l'énorme escalier cirée était la rampe,
La porte était haute d'où les jeunes mariés,
en écoutant partir les grands-pères, riaient,
s'entrelaçaient et joignaient leurs jolies lèvres,
pendant que tremblaient, aux gîtes (2) d'argent, les [lièvres.
Que ces temps étaient beaux où les meubles Empire
luisaient par le vernis et les poignées de cuivre...
Cela était charmant, très laid et régulier
comme le chapeau de Napoléon premier.
Je pense aussi aux soirées où les petites filles
jouaient aux volants (3) près de la haute grille.
Elles avaient des pantalons qui dépassaient
leurs robes convenables et atteignaient leurs pieds.
Herminie, Coralie, Clémence, Célanire,
Aménaïde, Athénaïs, Julie, Zulmire,
leurs grands chapeaux de paille avaient de longs [rubans.
Tout à coup un paon bleu se perchait sur un banc.
Une raquette lançait un dernier volant
Qui mourait dans la nuit qui dormait aux feuillages,
pendant qu'on entendait un roulement d'orage.

De l'Angélus de l'aube à l'Angélus du soir,
Mercure de France, édit.

(1) Terminaison péjorative qui alourdit encore le mouvement des sabots. – (2) Lieu où le lièvre se repose. – (3) Jeu qui consiste à lancer avec une raquette un objet, tel un morceau de liège, garni de plumes.

Émile Verhaeren (1855-1916)

Belge d'origine, Émile Verhaeren a illustré la littérature française autant que celle de son pays. D'une inspiration d'abord symboliste, régionaliste et intimiste, il a brossé ensuite de vastes fresques épiques, à la fois descriptives et lyriques, évoquant, dans le rude décor des Flandres, les misères et les grandeurs du monde moderne.

LES USINES

Comme les romanciers naturalistes et les peintres impressionnistes, Verhaeren a été séduit et inquiété par le rythme de la vie moderne et la poésie stridente des villes industrielles. Ce sont les usines du début du siècle qu'il a vues et entendues dans les grandes plaines du Nord et dans les banlieues des « villes tentaculaires »; la puissance épique, presque hallucinatoire, qu'il leur donne, est faite des souffrances de tout un peuple.

Plus loin : un vacarme tonnant de chocs
Monte de l'ombre et s'érige par blocs;
Et, tout à coup, cassant l'élan des violences,
Des murs de bruit semblent tomber
Et se taire, dans une mare de silence,

Tandis que les appels exacerbés
Des sifflets crus et des signaux
Hurlent toujours vers les fanaux,
Dressant leurs feux sauvages,
En buissons d'or, vers les nuages.

Et tout autour, ainsi qu'une ceinture,
Là-bas, de nocturnes architectures,
Voici les docks, les ports, les ponts, les phares
Et les gares folles de tintamarres (1)
Et plus lointains encor des toits d'autres usines
Et des cuves et des forges et des cuisines
Formidables de naphte (2) et de résines
Dont les meutes de feu et de lueurs grandies
Mordent parfois le ciel à coups d'abois et d'incendies.

Au long du vieux canal à l'infini,
Par à travers l'immensité de la misère,
Des chemins noirs et des routes de pierre,
Les nuits, les jours, toujours,
Ronflent les continus battements sourds

Dans les faubourgs
Des fabriques et des usines symétriques.
L'aube s'essuie
À leurs carrés de suie;
Midi et son soleil hagard
Comme un aveugle, errent par leurs brouillards;

Seul, quand les semaines, au soir
Laissent leur nuit dans les ténèbres choir,
Le han (3) du colossal effort cesse, en arrêt,
Comme un marteau sur une enclume,
Et l'ombre, au loin, sur la ville, paraît
De la brume d'or qui s'allume.

Les Villes tentaculaires,
Mercure de France, édit.

Charles Péguy

SA VIE (1873-1914)

Après des études à Orléans, sa ville natale, Péguy va à Paris et est reçu à l'École normale supérieure en 1894. En 1896, il écrit un drame, *Jeanne d'Arc.* Attiré par les idées socialistes, il expose son point de vue dans *Marcel, premier dialogue de la cité harmonieuse* (1898) et milite pour la révision du procès Dreyfus.

(1) Bruits éclatants et désordonnés. – (2) Bitume liquide. – (3) Onomatopée sur le cri sourd d'un homme qui frappe un coup avec effort.

Bientôt, il abandonne la carrière universitaire, se sépare du parti socialiste et fonde, en 1900, une revue indépendante, les *Cahiers de la Quinzaine,* qui se propose d'informer les lecteurs et de « dire la vérité »; Péguy mènera alors un combat : en dépit des difficultés financières, les *Cahiers,* auxquels collaborent Jérôme et Jean Tharaud, Daniel Halévy, François Porché et Romain Rolland, paraîtront jusqu'à la guerre de 1914.

Les grandes œuvres en prose de Péguy y trouvent place : ce sont *Notre Patrie* (1905), où il dénonce le danger allemand et la menace de guerre, *Notre jeunesse* (1910), où il oppose mystique et politique, *L'Argent* (1913), où il évoque le monde de son enfance, qui ne connut pas la fièvre de l'argent.

SON ŒUVRE POÉTIQUE

En 1908, il déclarait à Joseph Lotte : « J'ai retrouvé la foi. » De sa méditation naissent de grandes œuvres poétiques : *Le Mystère de la charité de Jeanne d'Arc* (1910), *Le Porche du mystère de la deuxième vertu* (1911) et *Le Mystère des saints innocents* (1911). Péguy fait en 1912 plusieurs pèlerinages à Notre-Dame de Chartres. On retrouve l'écho de ces événements dans *La Tapisserie de sainte Geneviève et de Jeanne d'Arc* (1912) et dans *La Tapisserie de Notre-Dame* (1913); Péguy n'hésite pas à écrire *Ève* (1913), une œuvre d'une longueur inusitée, qui comporte huit tragédies en cinq actes et 8 000 alexandrins. Il songeait à évoquer le paradis dans un nouveau poème, quand survint la guerre où il trouva la mort.

La poésie de Péguy reflète le cheminement même d'une pensée qui se cherche, s'exprime, s'explique, se complète et se prolonge; de ce rythme « litanique », lent, lourd et monotone, illuminé par la fulguration d'une image, vision concrète et évocatoire d'une idée, naît cette « contagion mystique » qui fait de l'œuvre de Péguy, même dans sa forme, une œuvre d'apostolat.

HYMNE À LA NUIT

Des trois vertus théologales, la Foi, l'Espérance et la Charité, c'est l'Espérance qui séduit surtout Péguy. Dans Le Porche du mystère de la deuxième vertu, *il donne la parole à Dieu pour célébrer « cette petite espérance qui n'a l'air de rien du tout » mais « qui entraîne tout ». En une composition très libre, diverses variations s'enchaînent : la confiance du père de famille, l'espoir des saints et le salut du pécheur, l'espérance du peuple de France. Dieu s'attendrit sur l'abandon de l'homme dans le sommeil, et le poème se clôt sur un hymne à la nuit « sœur tourière* (1) *de* l'Espérance ».

Nuit ô ma fille la Nuit ô ma fille silencieuse
Au puits de Rébecca (2), au puits de la Samaritaine (3)
C'est toi qui puises l'eau la plus profonde
Dans le puits le plus profond
Ô nuit qui berces toutes les créatures
Dans un sommeil réparateur
Ô nuit qui laves toutes les blessures
Dans la seule eau fraîche et dans la seule eau profonde
Au puits de Rébecca tirée du puits le plus profond.
Amie des enfants, amie et sœur de la jeune Espérance
Ô nuit qui panses toutes les blessures
Au puits de la Samaritaine toi qui tires du puits le plus profond
La prière la plus profonde.
Ô nuit, ô ma fille la Nuit, toi qui sais te taire, ô ma fille au beau manteau.

(1) Religieuse chargée des relations avec l'extérieur. – (2) C'est au bord d'un puits qu'Éliézer, envoyé par Abraham, son maître, devait rencontrer Rébecca, future femme d'Isaac. – (3) Celle qui donna à boire à Jésus.

Toi qui verses le repos et l'oubli. Toi qui verses
le beaume, et le silence, et l'ombre
Ô ma Nuit étoilée je t'ai créée la première.
Toi qui endors, toi qui ensevelis déjà dans
une Ombre éternelle
Toutes mes créatures
Les plus inquiètes, le cheval fougueux, la fourmi
laborieuse,
Et l'homme ce monstre d'inquiétude.
Nuit qui réussis à endormir l'homme
Ce puits d'inquiétude.
À lui seul plus inquiet que toute la création
ensemble.
L'homme, ce puits d'inquiétude.
Comme tu endors l'eau du puits.
Ô ma nuit à la grande robe
Qui prends les enfants et la jeune Espérance
Dans le pli de ta robe
Mais les hommes ne se laissent pas faire.
Ô ma belle nuit je t'ai créée la première.
Et presque avant la première
Silencieuse aux longs voiles
Toi par qui descend sur terre un avant-goût
Toi qui répands de tes mains, toi qui verses
sur terre
Une première paix
Avant-coureur de la paix éternelle.
Un premier repos
Avant-coureur du repos éternel.
Un premier baume, si frais, une première
béatitude
Avant-coureur de la béatitude éternelle.
Toi qui apaises, toi qui embaumes, toi qui
consoles.
Toi qui bandes les blessures et les membres
meurtris.
Toi qui endors les cœurs, toi qui endors
les corps
Les cœurs endoloris, les corps endoloris,
Courbaturés,
Les membres rompus, les reins brisés
De fatigue, de soucis, des inquiétudes
Mortelles,
Des peines,
Toi qui verses le baume aux gorges déchirées
d'amertume
Si frais
Ô ma fille au grand cœur je t'ai créée
la première
Presque avant la première, ma fille au sein
immense
Et je savais bien ce que je faisais.
Je savais peut-être ce que je faisais.

Gallimard, édit.

Paul Claudel

SA VIE (1868-1955)

Né à Villeneuve-sur-Fère (Aisne), Paul Claudel gardera toute sa vie l'amour de sa terre natale, ses racines terriennes. Parisien dès 1881, il fait des études de droit et se prépare à la carrière diplomatique. Il s'enthousiasme alors pour la poésie de Rimbaud. Il fréquente les mardis de Mallarmé et commence à écrire. Cependant, c'est au cours d'une adolescence inquiète que « se produit l'événement qui domine toute ma vie », dit-il. C'était aux Vêpres de Noël 1886, à Notre-Dame de Paris : « En un instant, mon cœur fut touché et je crus. » Quatre ans plus tard, en 1890, il communie; la foi qu'il a retrouvée restera désormais vivante en lui et commandera toute son œuvre.

Entré au ministère des Affaires étrangères en 1890, il exerce, de 1893 à 1935, des fonctions administratives qui l'amèneront à connaître la terre entière et les civilisations les plus diverses. Successivement consul en Chine et à Hambourg, ministre plénipotentiaire à Rio de Janeiro et à Copenhague, ambassadeur à Tokyo, à Washington et à Bruxelles, ses fonctions ne l'écartent pourtant pas d'un travail littéraire régulier. Il aime aussi les longues promenades : il marche, attentif à tout ce qui l'entoure, aux mille détails du paysage et de l'activité humaine, qui trouveront place, ensuite, dans son œuvre, « l'hymne fourmillante » (1). Revenu en France en 1936, il finit sa vie dans le calme de sa propriété du Dauphiné.

(1) Le mot « hymne » est du féminin quand il désigne un poème de caractère religieux.

LE POÈTE

Claudel est essentiellement poète. Sa lecture assidue de l'Écriture sainte est sans doute la rencontre d'un chrétien avec la parole de Dieu, mais aussi celle d'un poète avec un poème.

Son œuvre poétique comprend principalement : les *Cinq Grandes Odes* (1904-1908, publiées en 1910), *Corona Benignitatis anni Dei* (1915), *Feuilles de saints* (1925), *Cent phrases pour éventails* (1942), *Visages radieux* (1947). Pour Claudel, le poète ne se sépare pas du chrétien. « Rassembleur de la terre de Dieu », il en dénombre les divers éléments. Tous les lieux, tous les temps, toutes les civilisations, le soleil et les étoiles, les vivants et les morts trouvent place dans son œuvre cosmique : « Et moi, c'est le monde tout entier qu'il me faut conduire à sa fin avec une hécatombe de mots » (*Cinq Grandes Odes*). Au cœur de la réalité, en la nommant par la puissance du verbe, le poète la recrée, et l'offre à Dieu, en « une action de grâces ». « Il s'agit pour le poète de répondre à la parole par la parole, à la question par un acte et au créateur par une création. » (*Positions et Propositions*.)

Pour cette recréation, Claudel cherche le mot concret, le plus particulier, et il en résulte une étonnante variété de vocabulaire. Il abandonne l'alexandrin et la rime, éléments de monotonie. C'est en versets qu'il écrit, essayant d'insérer dans son langage le mouvement de la respiration et le battement du cœur. Sa poésie ne s'adresse pas seulement à l'intelligence et à la sensibilité, mais se veut totale.

L'EAU

Ce passage se situe dans la deuxième des Cinq Grandes Odes, *intitulée* L'Esprit et l'Eau. *Claudel, qui a parcouru les océans, a aimé la mer « libre et pure ». Dans les murs de Pékin, « au plus terre de la terre », il songe à sa puissance. Elle relie les continents, accueille à elle les grands fleuves, invite aux départs, donne une image de l'infini et de la liberté. Pourtant, qu'est-elle, comparée à l'Esprit capable de dominer l'immense élément liquide ? On trouvera ici un exemple du rythme claudélien et de cette poésie à la dimension de l'univers.*

Ah, j'en ai assez de vos eaux buvables !
Je ne veux pas de vos eaux arrangées, moissonnées par le soleil, passées au filtre et à l'alambic, distribuées par l'engin des monts,
Corruptibles, coulantes.
Vos sources ne sont point des sources. L'élément même !
La matière première ! C'est la mère, je dis, qu'il me faut !
Possédons la mer éternelle et salée, la grande rose grise ! Je lève un bras vers le paradis ! Je m'avance vers la mer aux entrailles de raisin ! Je me suis embarqué pour toujours ! Je suis comme le vieux marin qui ne connaît plus la terre que par ses feux, les systèmes d'étoiles vertes ou rouges enseignées par la carte et le portulan (1).
Un moment sur le quai parmi les balles et les tonneaux, les papiers chez le consul, une poignée de main au stevedore (2) ;
Et puis, de nouveau, l'amarre larguée, un coup de timbre aux machines, le break-water que l'on double, et sous mes pieds.
De nouveau la dilatation de la houle !
Ni
Le marin, ni
Le poisson qu'un autre poisson à manger
Entraîne, mais la chose même et tout le tonneau et la veine vive,
Et l'eau même, et l'élément même, je joue, je resplendis ! Je partage la liberté de la mer omniprésente !
L'eau
Toujours s'en vient retrouver l'eau,
Composant une goutte unique.
Si j'étais la mer, crucifiée par un milliard de bras sur ses deux continents,
À plein ventre ressentant la traction rude du ciel circulaire avec le soleil immobile comme la mèche allumée sous la ventouse,

(1) Au Moyen Âge, livre à l'usage des navigateurs. – (2) Entrepreneur de chargement et de déchargement des navires.

Connaissant ma propre quantité,
C'est moi, je tire, j'appelle sur toutes mes racines, le Gange, le Mississipi,
L'épaisse touffe de l'Orénoque, le long fil du Rhin, le Nil avec sa double vessie,
Et le lion nocturne buvant, et les marais, et les vases souterrains, et le cœur rond et plein des hommes qui durent leur instant.
Pas la mer, mais je suis esprit ! et comme l'eau
De l'eau, l'esprit reconnaît l'esprit,
L'esprit, le souffle secret,
L'esprit créateur qui fait rire, l'esprit de vie et la grande haleine (1) pneumatique, le dégagement de l'esprit
Qui chatouille et qui enivre et qui fait rire !

Gallimard, édit.

LE POÈTE DRAMATURGE

Chez Claudel, drame et poésie ne font qu'un. De sa parole, il anime des êtres, fait passer son souffle poétique par la bouche même de l'acteur. Là encore, il fait acte de poète, au sens de créateur. Ses premiers drames sont l'écho des problèmes que pose la condition humaine. Ils concluent à la vanité de la puissance humaine (*Tête d'Or,* 1889), à la vanité de l'ambition et de la richesse (*La Ville,* 1890-1897), à la vanité d'un amour dont l'objet n'est pas infini (*Partage de midi,* 1906). Ensuite, trois drames se situent dans l'histoire : *L'Otage* (1909), *Le Pain dur* (1914), *Le Père humilié* (1916). Cette trilogie est une consécration du monde à Dieu ; l'inquiétude de la vérité a fait place à l'inquiétude de la perfection. Entre-temps, il a écrit *L'Annonce faite à Marie* (1910), *Le Soulier de satin* (1924), qui a pour scène le monde, est le sommet du théâtre de Claudel. Les thèmes de *Tête d'Or* et de *Partage de midi,* la conquête et la passion coupable, sont ici repris, mais une autre réponse est donnée : Rodrigue et Prouhèse renoncent l'un à l'autre. L'amour interdit s'achève en joie, il est instrument de salut, il mène à l'amour de Dieu.

L'ANNONCE FAITE À MARIE : PROLOGUE

Le théâtre de Claudel est resté souvent incompris. Violaine, l'héroïne de L'Annonce faite à Marie, *en est, sans doute, le seul personnage populaire. Dans ce prologue, la jeune paysanne s'est levée à l'aube pour ouvrir la porte de la grange à Pierre de Craon, l'architecte devenu lépreux pour l'avoir convoitée. Elle lui donnera son anneau de fiançailles et un baiser de paix. Ces deux gestes changeront sa destinée. Tout était simple pour elle jusqu'ici ; désormais, son histoire sera celle de la fidélité à ce premier élan, et de la docilité à la grâce.*

Pierre de Craon. – Violaine qui m'avez ouvert la porte, adieu ! je ne retournerai plus vers vous.

Ô jeune arbre de la science du Bien et du Mal, voici que je commence à me séparer parce que j'ai porté la main sur vous.

Et déjà mon âme et mon corps se divisent, comme le vin dans la cuve mêlée à la grappe meurtrie !

Qu'importe ? je n'avais pas besoin de femme. Je n'ai point possédé la femme corruptible.

L'homme qui a préféré Dieu dans son cœur, quand il meurt, il voit cet Ange qui le gardait.

Le temps viendra bientôt qu'une autre porte se dissolve.

Quand celui qui a plu à peu de gens en cette vie s'endort, ayant fini de travailler, entre les bras de l'Oiseau éternel,

Quand déjà au travers des murs diaphanes de tous côtés apparaît le sombre Paradis,

Et que les encensoirs de la nuit se mêlent à l'odeur de la mèche infecte qui s'éteint !

Violaine. – Pierre de Craon, je sais que vous n'attendez pas de moi des « Pauvre homme » et de faux soupirs, et des « Pauvre Pierre ».

Car à celui qui souffre, les consolations d'un consolateur joyeux ne sont pas de grand prix, et son mal n'est pas pour nous ce qu'il est pour lui.

Souffrez avec Notre-Seigneur.

Mais sachez que votre action mauvaise est effacée.

En tant qu'il est de moi, et que je suis en paix avec vous,

Et que je ne vous méprise et abhorre point parce que vous êtes atteint et malade.

(1) Souffle.

Mais je vous traiterai comme un homme sain et Pierre de Craon, notre vieil ami, que je révère, aime et crains,

Je vous le dis. C'est vrai.

Pierre de Craon. – Merci, Violaine. [...]

[Pierre évoque alors la construction de l'Église « Justitia » de Reims dont il est chargé et rappelle le martyre de la jeune Justitia.]

(Violaine tient les yeux baissés, tournant avec hésitation un gros anneau d'or qu'elle porte au quatrième doigt.)

Pierre de Craon. – Quel est cet anneau, Violaine ?

Violaine. – Un anneau que Jacques m'a donné.

(Silence.)

Pierre de Craon. – Je vous félicite.

(Elle lui tend l'anneau.)

Violaine. – Ce n'est pas décidé encore. Mon père n'a rien dit.

Eh bien ! c'est ce que je voulais vous dire. Prenez mon bel anneau qui est tout ce que j'ai et Jacques me l'a donné en secret.

Pierre de Craon. – Mais je ne le veux pas !

Violaine. – Prenez-le vite, car je n'aurai plus la force de m'en détacher.

(Il prend l'anneau.)

Pierre de Craon. – Que dira votre fiancé ?

Violaine. – Ce n'est pas mon fiancé encore tout à fait.

L'anneau en moins ne change pas le cœur. Il me connaît. Il m'en donnera un autre en argent.

Celui-ci était trop beau pour moi.

Pierre de Craon, l'examinant. – Il est d'or végétal, comme on savait les faire jadis avec un alliage de miel.

Il est facile (1) comme la cire et rien ne peut le rompre.

Violaine. – Jacques l'a trouvé dans la terre en labourant, dans un endroit où l'on ramasse parfois de vieilles épées toutes vertes et de jolis morceaux de verre.

J'avais crainte à porter cette chose païenne qui appartient aux morts.

Pierre de Craon. – J'accepte cet or pur.

Violaine. – Et baisez pour moi ma sœur Justice.

Pierre de Craon, la regardant soudain, et comme frappé d'une idée. – Est-ce tout ce que vous avez à me donner pour elle ? Un peu d'or retiré de votre doigt ?

Violaine. – Cela ne suffit-il pas à payer une petite pierre ?

Pierre de Craon. – Mais Justice est une grande pierre elle-même.

Violaine, riant. – Je ne suis pas de la même carrière.

Pierre de Craon. – Celle qu'il faut à la base n'est point celle qu'il faut pour le faîte (2).

Violaine. – Une pierre, si j'en suis une, que ce soit cette pierre active qui moud le grain, accouplée à la meule jumelle.

Pierre de Craon. – Et Justice aussi n'était qu'une humble petite fille près de sa mère.

Jusqu'à l'instant que Dieu l'appela à la confession (3).

Violaine. – Mais personne ne me veut aucun mal ! Faut-il que j'aille prêcher l'Évangile chez les Sarrasins ?

Pierre de Craon. – Ce n'est point à la pierre de choisir sa place, mais au Maître de l'Œuvre qui l'a choisie.

Violaine. – Loué donc soit Dieu qui m'a donné la mienne tout de suite et je n'ai plus à la chercher. Et je ne lui en demande point d'autre.

Je suis Violaine, j'ai dix-huit ans, mon père s'appelle Anne Vercors, ma mère s'appelle Élisabeth.

Ma sœur s'appelle Mara, mon fiancé s'appelle Jacques. Voilà, c'est fini, il n'y a plus rien à savoir.

Tout est parfaitement clair, tout est réglé d'avance et je suis très contente.

TÊTE D'OR : MONOLOGUE DE CÉBÈS

Ce drame, écrit en 1889, porte la marque de la lutte intérieure que connut Claudel entre 1886 et 1900. Dans ce monologue situé au début de la pièce, les paroles jaillissent avec une intensité qui traduit le désarroi, la solitude et l'attente du jeune homme, sentant bouillonner en lui une foule de possibilités. Claudel n'a pas voulu que fût représenté de son vivant ce drame où il avait mis tant de lui-même.

Cébès. – Me voici,
Imbécile, ignorant,
Homme nouveau devant les choses inconnues,
Et je tourne ma face vers l'Année et l'arche pluvieuse, j'ai plein mon cœur d'ennui.
Je ne sais rien et je ne peux rien. Que dire ? Que faire ?
À quoi emploierai-je ces mains qui pendent, ces pieds
Qui m'emmènent comme le songe nocturne ?
La parole n'est qu'un bruit et les livres ne sont que du papier.
Il n'y a personne que moi ici. Et il me semble que tout,

(1) Malléable, souple. – (2) Sommet. – (3) À proclamer ouvertement sa foi, ce qui entraîna son martyre.

L'air brumeux, les labours gras,
Et les arbres et les basses nuées
Me parlent, avec un discours sans mots, douloureusement.
Le laboureur
S'en revient avec la charrue, on entend le cri tardif.
C'est l'heure où les femmes vont au puits.
Voici la nuit. – Qu'est-ce que je suis?
Qu'est-ce que je fais? Qu'est-ce que j'attends?
Et je réponds : Je ne sais pas! et je désire en moi-même
Pleurer, ou crier,
Ou rire, ou bondir et agiter les bras!
Qui je suis? Des plaques de neige restent encore, je tiens une branche de minonnets à la main.
Car Mars est comme une femme qui souffle sur un feu de bois vert.
– Que l'été
Et la journée épouvantable sous le soleil soient oubliés, ô choses, ici,
Je m'offre à vous!
Je ne sais pas!
Voyez-moi! J'ai besoin,
Et je ne sais pas de quoi et je pourrais crier sans fin
Tout haut, tout bas, comme un enfant qu'on entend au loin, comme les enfants qui sont restés tout seuls, près de la braise rouge!
Ô ciel chagrin! arbres, terre! ombre, soirée pluvieuse!
Voyez-moi! que cette demande ne me soit pas refusée, que je fais!

Gallimard, édit.

Guillaume Apollinaire

SA VIE (1880-1918)

Né à Rome, Guillaume Apollinaire de Kostrowitsky habite à Monaco à partir de 1885 et, après ses études, partage la vie agitée de sa mère à travers toute la France. En 1901, devenu précepteur en Rhénanie, il s'éprend de la jeune gouvernante anglaise, Annie Playden, qu'il va voir sans succès à Londres, en 1903 et 1904. Il rencontre à Paris Derain et Vlaminck, se lie avec Picasso, Max Jacob, Jarry, Braque et fréquente la bohème de Montmartre. Il contribue à lancer le Douanier Rousseau et vit une grande passion pour le peintre Marie Laurencin.

Il compose alors de nombreux poèmes, et publie en 1909 *La Chanson du mal-aimé.* Par ses articles et ses conférences, il fait connaître l'art nouveau, explique la peinture cubiste; il publie *Alcools* en 1913. Dès 1914, il multiplie les démarches pour s'engager, tout en menant avec Louise de Coligny-Châtillon (Lou) une intrigue aussi ardente qu'éphémère; blessé en 1916, puis trépané, il reprend pourtant son activité d'écrivain, et publie, en octobre, *Le Poète assassiné.* Il fait jouer *Les Mamelles de Tirésias,* drame surréaliste, en 1917, fait imprimer *Calligrammes* (1918), son second grand recueil poétique, mais, affaibli par les suites de sa blessure, il meurt d'une grippe infectieuse.

UNE POÉSIE NOUVELLE

On retrouve dans l'œuvre d'Apollinaire à la fois la tradition poétique du XVIe et du XVIIe siècle, des réminiscences classiques, des rappels de Baudelaire et de Verlaine, les images, les thèmes et les musiques du symbolisme de la fin du XIXe siècle, coexistant dans le même recueil, parfois dans le même poème, avec un modernisme affiché qui inclut les trivialités, les calembours et les néologismes les plus agressifs, qui invente une nouvelle typographie reproduisant l'objet du poème : traînées de la pluie, mandoline, jet d'eau..., « calligrammes » (1).

(1) Littéralement : texte calligraphié, écrit d'une belle écriture.

Il y a aussi chez Apollinaire la déchirante sincérité des grands poètes de l'amour. Les « Poèmes à Lou », le « Guetteur mélancolique », et les « Poèmes à Madeleine » mêlent, de façon pathétique, l'amour et la guerre, le désir le plus ardent et les angoisses les plus immédiates, la vie quotidienne et les rêveries mystiques.

LE PONT MIRABEAU

Ce poème célèbre, paru dans Alcools, *associe « le paysage parisien » et la mélancolie des amours. Le thème du temps qui passe n'est certes pas nouveau : Apollinaire vivait alors le désarroi de la séparation avec Marie Laurencin. Mais ici la discrétion avec laquelle le poète chante sa tristesse et son acceptation tranquille de l'irréversibilité du temps, le rythme fluide des vers, sont très éloignés des épanchements et de la révolte romantiques.*

Sous le pont Mirabeau coule la Seine
Et nos amours
Faut-il qu'il m'en souvienne
La joie venait toujours après la peine.

Vienne la nuit sonne l'heure
Les jours s'en vont je demeure

Les mains dans les mains restons face à face
Tandis que sous
Le pont de nos bras passe
Des éternels regards l'onde si lasse

Vienne la nuit sonne l'heure
Les jours s'en vont je demeure

L'amour s'en va comme cette eau courante
L'amour s'en va
Comme la vie est lente
Et comme l'Espérance est violente

Vienne la nuit sonne l'heure
Les jours s'en vont je demeure

Passent les jours et passent les semaines
Ni temps passé
Ni les amours reviennent
Sous le pont Mirabeau coule la Seine

Vienne la nuit sonne l'heure
Les jours s'en vont je demeure

Gallimard, édit.

MON LOU, MA CHÉRIE...

Dans le cadre de la guerre des tranchées, décor souvent terrible, mais parfois transposé avec une verve gouailleuse, les Poèmes à Lou *expriment toutes les nuances du sentiment, de l'érotisme le plus cru au spiritualisme le plus éthéré. Usant de la naïveté feinte, de la surprise et de la dissonance, Apollinaire jongle avec les objets baroques, les diminutifs rococo, l'image lointaine des monuments parisiens et la mélancolie délicieuse des souvenirs d'amour.*

Mon Lou ma chérie Je t'envoie aujourd'hui la
[première pervenche
Ici dans la forêt on a organisé des luttes entre
[les hommes
Ils s'ennuient d'être tout seuls sans femme faut bien
[les amuser le dimanche
Depuis si longtemps qu'ils sont loin de tout ils savent
[à peine parler
Et parfois je suis tenté de leur montrer ton portrait
[pour que ces jeunes mâles
Réapprennent en voyant ta photo
Ce que c'est que la beauté
Mais cela c'est pour moi c'est pour moi seul
Moi seul ai le droit de parler à ce portrait qui pâlit
À ce portrait qui s'efface
Je le regarde parfois longtemps une heure deux heures
Et je regarde aussi les deux petits portraits
[miraculeux Mon cœur
La bataille des aéros (1) dure toujours
La nuit est venue
Quelle triste chanson font dans les nuits profondes
Les obus qui tournoient comme de petits mondes
M'aimes-tu donc mon cœur et ton âme bien née
Veut-elle du laurier dont ma tête est ornée

(1) Aéroplanes.

J'y joindrai bien aussi de ces beaux myrtes verts
Couronne des amants qui ne sont pas pervers
En attendant voici que le chêne me donne
  La guerrière couronne
Et quand te reverrai-je ô Lou ma bien-aimée
Reverrai-je Paris et sa pâle lumière
Trembler les soirs de brume autour des réverbères
Reverrai-je Paris et les sourires sous les voilettes
Les petits pieds rapides des femmes inconnues
La tour de Saint-Germain-des-Prés
La fontaine du Luxembourg
Et toi mon adorée mon unique adorée
Toi mon très cher amour

Gallimard, édit.

Blaise Cendrars (1887-1961)

Né en Suisse, Blaise Cendrars quitte son pays dès l'âge de dix-sept ans, pour courir l'aventure en Extrême-Orient; il passe ensuite en Amérique et s'engage, enfin, en 1914, à la Légion étrangère. Après la guerre, il recommence à voyager, se consacre au cinéma de 1917 à 1923, écrit des poèmes, des romans, des reportages. Il figure le type même de l'aventurier moderne.

Bien que la poésie de Cendrars soit étroitement liée à sa vie et à l'ensemble de son œuvre, son importance dans l'histoire de la poésie du début du XXe siècle est considérable : *Les Pâques à New York* (1912), la *Prose du Transsibérien et de la Petite Jehanne de France* (1913), *Le Panama ou les Aventures de mes sept oncles* (1918) annoncent véritablement un art nouveau. À la fois cosmopolite et parisienne, cette poésie naît constamment de l'actualité, se nourrit de sensations fugitives et de réalités immédiates (phrases de journaux, cris des rues, prospectus de voyage, menus exotiques) pourvu qu'elles aient le caractère insolite que désire une sensibilité moderne. C'est un reportage cinématographique, ou plutôt une « photographie verbale » ininterrompue : les mots précis et variés nous montrent aussi bien les rues de Paris que la forêt brésilienne ou les solitudes du Grand Nord.

Cette poésie se confond avec l'aventure que vécut l'éternel voyageur, mais il y avait une sorte de désespoir dans cette perpétuelle fuite en avant, mêlé à un amour profond et respectueux pour toutes les formes de la vie et à une fraternelle tendresse pour tous les hommes. Cet aventurier fut aussi un contemplatif, dans cette exaltation de la vie présente qui constitue une manière de foi élémentaire : « Le seul fait d'exister est un véritable bonheur. »

HÔTEL NOTRE-DAME

Dans cette riche évocation, on trouve à la fois le retour au Quartier latin de sa jeunesse et à la maison natale, l'image étrange et multicolore d'une ville bombardée, le contact réconfortant de la chaleur humaine et tout ce merveilleux que le poète voit naître à chaque instant de la vie quotidienne (Au Cœur du Monde).

Je suis revenu au Quartier
Comme au temps de ma jeunesse
Je crois que c'est peine perdue
Car rien en moi ne revit plus
De mes rêves de mes désespoirs
De ce que j'ai fait à dix-huit ans.

On démolit des pâtés (1) de maisons
On a changé le nom des rues
Saint-Séverin (2) est mis à nu
La place Maubert (3) est plus grande
Et la rue Saint-Jacques (4) s'élargit
Je trouve cela beaucoup plus beau
Neuf et plus antique à la fois.

---

(1) Ensemble de maisons contiguës. – (2) Église du Quartier latin. – (3) Place située au bout du boulevard Saint-Germain. – (4) Une des rues principales et les plus longues du Quartier latin.

C'est ainsi que m'étant fait sauter
La barbe et les cheveux tout court
Je porte un visage d'aujourd'hui
Et le crâne de mon grand-père.

C'est pourquoi je ne regrette rien
Et j'appelle les démolisseurs
Foutez mon enfance par terre
Ma famille et mes habitudes
Mettez une gare à la place
Ou laissez un terrain vague
Qui dégage mon origine.

Je ne suis pas le fils de mon père
Et je n'aime que mon bisaïeul (1)
Je me suis fait un nom nouveau
Visible comme une affiche bleue
Et rouge montée sur un échafaudage
Derrière quoi on édifie
Des nouveautés des lendemains.

Soudain les sirènes mugissent et je cours à ma fenêtre
Déjà le canon tonne du côté d'Aubervilliers (2)
Le ciel s'étoile d'avions allemands, d'obus, de croix,
[de fusées,
De cris, de sifflets, de mélisme (3) qui fusent et
[gémissent sous les ponts
La Seine est plus noire que gouffre avec les lourds
[chalands qui sont
Longs comme les cercueils des grands rois
[mérovingiens
Chamarrés (4) d'étoiles qui se noient au fond de l'eau
[– au fond de l'eau.
Je souffle ma lampe derrière moi et j'allume un gros
[cigare.
Les gens qui se sauvent dans le rue tonitruante (5)
[mal réveillés,
Vont se réfugier dans les caves de la Préfecture qui
[sentent la poudre et le salpêtre.
L'auto violette du préfet croise l'auto rouge
[des pompiers,
Féeriques et souples, fauves et câlines, tigresses
[comme des étoiles filantes
Les sirènes miaulent et se taisent. Le chahut bat
[son plein.
Là-haut. C'est fou.
Abois. Craquements et lourd silence. Puis chute aiguë
[et sourde véhémence des torpilles.
Dégringolades (6) de millions de tonnes. Éclairs.
Feu. Fumée. Flamme.
Accordéon des 75 (7). Quintes. Cris. Chute.
Stridences. Toux. Et tassement des effondrements.
Le ciel est tout mouvementé de clignements d'yeux
[imperceptibles.
Prunelles. Feux multicolores que coupent, que divisent, que raniment les hélices mélodieuses.

Un projecteur éclaire soudain l'affiche du bébé
[Cadum
Puis saute au ciel et y fait un trou laiteux comme
[un biberon.
Je prends mon chapeau et descends à mon tour dans
[les rues noires
Voici les vieilles maisons ventrues qui s'accotent
[comme des vieillards.
Les cheminées et les girouettes indiquent toutes le ciel
[du doigt
Je remonte la rue Saint-Jacques, les épaules
[enfoncées dans mes poches.
Voici la Sorbonne et sa tour, l'église, le lycée
[Louis-le-Grand.
Un peu plus haut je demande du feu à un boulanger
[au travail

J'allume un nouveau cigare et nous nous regardons
[en souriant
Il a un beau visage, un nom, une rose et un cœur
[poignardé.
Ce nom je le connais bien : c'est le nom de ma mère.
Je sors dans la rue en courant. Me voici devant
[la maison
Cœur poignardé – premier point de chute –
Et plus beau que ton torse nu, beau boulanger,
La maison où je suis né.

Gallimard, édit.

Le théâtre avant 1914

Ce furent des années brillantes pour le théâtre français, non seulement par le nombre des pièces jouées et l'enthousiasme du public, mais aussi grâce à l'effort d'Antoine, fondateur du Théâtre-Libre, qui renouvelle les décors, engage les acteurs à un jeu plus vrai, coordonne l'action d'une équipe unie, et révèle au public de grands auteurs étrangers comme

---

(1) Arrière-grand-père. – (2) Banlieue de Paris. – (3) Terme musical : sorte de vocalise. – (4) Ornés (excessivement). – (5) Extrêmement bruyante, comme le tonnerre. – (6) Chutes désordonnées. – (7) Canons de 75 mm.

Hauptmann, Strindberg, Ibsen. Lugné-Poë, au Théâtre de l'Œuvre, persévère dans cette voie.

Bien des pièces lancées à cette époque ont quitté la scène, lorsque le public a perdu le contact avec l'esthétique dont elles se réclamaient : pièces symbolistes de Maeterlinck, drames naturalistes de Mirbeau ou d'Émile Fabre, théâtre d'amour passionné de Porto-Riche, Bataille ou Bernstein, théâtre d'idées de Hervieu, Brieux ou de Curel, théâtre de boulevard de Feydeau, Flers et Caillavet. Mais deux auteurs au moins sont assurés de survivre pour des raisons fort différentes : Courteline, dont le comique s'accorde à la verve frondeuse parisienne, et Alfred Jarry, dont les œuvres les plus extravagantes en apparence et les plus audacieuses ont été remises en lumière par les surréalistes et les écrivains les plus modernes.

Georges Courteline (1858-1929)

Georges Moinaux, dit Courteline, né à Tours, écolier à Paris, cavalier à Bar-le-Duc, puis employé au ministère des Cultes, tira de ses expériences quotidiennes une riche matière de romans amusants, et surtout une vingtaine de pièces comiques – souvent en un acte –, qui sont de spirituelles satires de la vie quotidienne, notant l'absurdité cocasse des bureaux, des casernes, des tribunaux : *Les Gaîtés de l'escadron, Un client sérieux, Le gendarme est sans pitié*...

BRELOC ET LE COMMISSAIRE

Dans Le commissaire est bon enfant, *le malheureux Breloc, sorte de Français moyen, d'une bonne volonté évidente et naïve, se heurte à l'autorité et à la loi. Les effets de cette confrontation seront inéluctables.*

Le commissaire

Veuillez vous expliquer.

Breloc

Monsieur le commissaire, c'est bien simple. Je viens déposer entre vos mains une montre que j'ai trouvée cette nuit au coin du boulevard Saint-Michel et de la rue Monsieur-le-Prince.

Le commissaire

Une montre?

Breloc

Une montre.

Le commissaire

Voyons.

Breloc

Voici.

Il tire de son gousset (1) et remet au commissaire une montre que celui-ci examine longuement. À la fin :

Le commissaire

C'est une montre, en effet.

Breloc

Oh! il n'y a pas d'erreur.

Le commissaire

Je vous remercie.

Il va à sa table, fait jouer un tiroir et y enfouit la montre de Breloc.

Breloc

Je puis me retirer?

Le commissaire

Pas encore.

Breloc

Je suis un peu pressé.

Le commissaire

Je le regrette.

Breloc

On m'attend.

Le commissaire (sec)

On vous attendra.

Breloc (un peu étonné)

Ah!

Le commissaire

Oui.

Breloc

Mais...

Le commissaire

C'est bien. Un instant.

Vous ne supposez pas sans doute que je vais recueil-

(1) La poche de son gilet.

lir cette montre de vos mains sans que vous m'ayez dit comment elle y est tombée ?

Breloc

J'ai eu d'honneur de vous expliquer tout à l'heure que je l'avais trouvée, cette nuit, au coin de la rue Monsieur-le-Prince et du boulevard Saint-Michel.

Le commissaire

J'entends bien ; mais où ?

Breloc

Où ? Par terre.

Le commissaire

Sur le trottoir ?

Breloc

Sur le trottoir.

Le commissaire

Voilà qui est extraordinaire. Le trottoir, ce n'est pas une place où mettre une montre.

Breloc

Je vous ferai remarquer...

Le commissaire

Je vous dispense de toute remarque. J'ai la prétention de connaître mon métier. Au lieu de me donner des conseils, donnez-moi votre état civil.

Breloc

(Un commencement d'impatience dans la voix.)

Je m'appelle Breloc (Jean-Eustache). Je suis né à Pontoise, le 29 décembre 1861, de Pierre – Timoléon – Alphonse – Jean-Jacques – Alfred – Oscar Breloc et de Céleste Moucherol, son épouse.

Le commissaire

Où demeurez-vous ?

Breloc

Rue Pétrelle, 47, au premier au-dessus de l'entresol.

Le commissaire, après avoir pris note.

Quelles sont vos ressources ?

Breloc, qui se monte peu à peu.

J'ai 25 000 livres de rente (1), une ferme en Touraine, une chasse gardée en Beauce, six chiens, trois chats, une bourrique (2), onze lapins et un cochon d'Inde.

Le commissaire

Ça suffit ! Quelle heure était-il quand vous avez trouvé cette montre ?

Breloc

Trois heures du matin.

Le commissaire (ironique)

Pas plus ?

Breloc

Non.

Le commissaire

Vous me faites l'effet de mener une singulière existence.

Breloc

Je mène l'existence qui me plaît.

Le commissaire

Possible. Seulement, moi j'ai le droit de me demander ce que vous pouviez fiche à trois heures du matin au coin de la rue Monsieur-le-Prince, vous qui « dites » habiter rue Pétrelle, 47.

Breloc

Comment, je « dis » ?

Le commissaire

Oui, vous dites.

Breloc

Je le dis parce que cela est.

Le commissaire

C'est ce qu'il faudra établir. En attendant, faites-moi le plaisir de répondre avec courtoisie aux questions que mes devoirs m'obligent à vous poser. Je vous demande ce que vous faisiez à une heure aussi avancée de la nuit, dans un quartier qui n'est pas le vôtre.

Breloc

Je revenais de chez ma maîtresse.

Le commissaire

Qu'est-ce qu'elle fait votre maîtresse ?

Breloc

C'est une femme mariée.

Le commissaire

À qui ?

Breloc

À un pharmacien.

Le commissaire

Qui s'appelle ?

Breloc

Ça ne vous regarde pas.

Le commissaire

C'est à moi que vous parlez ?

Breloc

Je pense.

Le commissaire

Oh ! mais, dites donc, mon garçon, vous allez changer de langage. Vous le prenez sur un ton qui ne me revient pas (3), contrairement à votre figure, qui me revient, elle !

Breloc

Ah ! Bah !

Le commissaire

Oui, comme un souvenir. Vous n'avez jamais eu de condamnation ?

Breloc (stupéfait)

Et vous ?

Le commissaire (qui bondit)

Vous êtes un insolent.

Breloc

Vous êtes une foutue bête (4).

---

(1) De revenus annuels. – (2) Une mule. – (3) Familier : qui ne me plait pas du tout ; jeu de mots avec la même expression qui suit, dans le sens de « que je me rappelle ». – (4) Argot : un bel imbécile.

Le commissaire

Retirez cette parole !

Breloc

Vous vous fichez de moi.

Le commissaire court à la porte qu'il ouvre.

Le commissaire

Emparez-vous de cet homme-là et collez-moi-le au violon (1) !

Breloc

Ça, par exemple, c'est un comble !

L'agent

Allez ! Allez ! Au bloc (2) ! Et pas de rouspétance !

Breloc, emmené presque de force.

Eh ! bien, que j'en trouve encore une !... que j'en trouve encore une, de montre !

Il disparaît.

Flammarion, édit.

Alfred Jarry (1873-1907)

Alfred Jarry, étudiant brillant et très tôt poète, romancier, novateur ambitieux dans les sujets, les genres et l'expression, provoqua un scandale avec *Ubu roi,* joué au théâtre en 1896, qui fit oublier des œuvres riches et variées, comme *Les Minutes de sable mémorial* (1894) ou *Le Surmâle* (1902). Le choc provoqué par cette pièce, négation sauvage des conventions, des lois, de tout l'édifice moral et social, qui exprimait la volonté de bouleverser une civilisation trop sûre d'elle-même et trop égoïste, eut une importance que le surréalisme révéla ultérieurement. *Ubu roi* est une farce énorme, où l'absurde s'étale, où les grossièretés éclatent ; c'est une œuvre de rupture, or l'évolution même des événements a voulu que ce mélange de veulerie, de meurtres et de bestialité triomphante se révèle la préfiguration d'une réalité terrifiante de guerres, d'émeutes, d'attentats et de violences. C'est l'envers burlesque et saugrenu des épopées modernes.

UBU CONSPIRE

Ubu, officier de confiance du roi Wenceslas, après avoir donné libre cours à son égoïsme, à sa grossièreté et à sa gloutonnerie, se décide, non sans hésitation et lâcheté, à faire assassiner le roi bienfaiteur (sc. 8).

Père Ubu. – Eh ! mes bons amis, il est grand temps d'arrêter le plan de la conspiration. Que chacun donne son avis. Je vais d'abord donner le mien, si vous le permettez.

Capitaine Bordure. – Parlez, Père Ubu.

Père Ubu. – Eh bien ! mes amis, je suis d'avis d'empoisonner simplement le roi, en lui fourrant (3) de l'arsenic dans son déjeuner. Quand il voudra le brouter (4), il tombera mort, et ainsi je serai roi.

Tous. Fi, le sagouin (5) !

Père Ubu. – Eh quoi ! cela ne vous plaît pas ? Alors, que Bordure donne son avis.

Capitaine Bordure. – Moi, je suis d'avis de lui ficher un grand coup d'épée qui le fendra de la tête à la ceinture.

Tous. – Oui ! Voilà qui est noble et vaillant.

Père Ubu. – Et s'il vous donne des coups de pied ? Je me rappelle maintenant qu'il a pour les revues des souliers de fer qui font très mal. Si je savais, je filerais vous dénoncer pour me tirer de cette sale affaire, et je pense qu'il me donnerait aussi de la monnaie.

Mère Ubu. – Oh ! le traître, le lâche, le vilain et plat ladre (6).

Tous. – Conspuez le Père Ubu !

Père Ubu. – Hé ! Messieurs, tenez-vous tranquilles si vous ne voulez visiter mes poches. Enfin, je consens à m'exposer pour vous. De la sorte, Bordure, tu te charges de pourfendre le roi.

Capitaine Bordure. – Ne vaudrait-il pas mieux nous jeter tous, à la fois, sur lui, en braillant et gueulant ? Nous aurions chance ainsi d'entraîner les troupes.

Père Ubu. – Alors, voilà. Je tâcherai de lui marcher sur les pieds, il regimbera (7), alors je lui dirai : *Merdre* (8), et à ce signal, vous vous jetterez sur lui.

Mère Ubu. – Oui, et dès qu'il sera mort, tu prendras son sceptre et sa couronne.

(1) Argot : mettez-le moi en prison. – (2) Argot : à la prison ! – (3) Vulgaire : mettant. – (4) Manger, pour les animaux herbivores. – (5) Argot : malpropre, dégoûtant. – (6) Avare coquin et méprisable. – (7) Réagira. – (8) Ubu déforme bien des mots...

Capitaine Bordure. – Et je courrai avec mes hommes à la poursuite de la famille royale.

Père Ubu. – Oui, et je te recommande spécialement le jeune Bougrelas.

(Ils sortent.)

Père Ubu, courant après et les faisant revenir. – Messieurs, nous avons oublié une cérémonie indispensable. Il faut jurer de nous escrimer vaillamment.

Capitaine Bordure. – Et comment faire? Nous n'avons pas de prêtre.

Père Ubu. – La Mère Ubu va en tenir lieu.

Tous. – Eh bien, soit!

Père Ubu. – Ainsi, vous jurez de bien tuer le roi?

Tous. – Oui, nous le jurons. Vive le Père Ubu!

Fasquelle, édit.

Le roman avant 1914

Anatole France (1844-1924)

Anatole Thibault, devenu Anatole France, se révéla dans ses premiers romans un humaniste fervent, nourri de l'antiquité latine et grecque, un sceptique ironique et souriant (*Le Crime de Sylvestre Bonnard,* 1881, *Le Livre de mon ami,* 1885).

À partir de l'affaire Dreyfus, où il se range aux côtés de Zola pour réclamer la révision du procès, ses œuvres refléteront, au contraire, un souci constant de prendre position sur les problèmes qui passionnent l'opinion. *L'Anneau d'améthyste* (1899) offre, en même temps qu'une satire du clergé catholique, une peinture sans indulgence des « antidreyfusards », qui s'élargira dans *M. Bergeret à Paris* (1901) en une satire politique et sociale. Sous une forme allégorique mais transparente, il poursuit dans *L'Île des Pingouins* (1908) puis dans *La Révolte des anges* (1914) son œuvre de polémiste : l'ensemble de son œuvre sera couronné par le prix Nobel en 1921.

M. BERGERET À PARIS

M. Bergeret, le héros principal de quatre tomes de L'Histoire contemporaine (L'Orme du mail, Le Mannequin d'osier, L'Anneau d'améthyste, M. Bergeret à Paris) *a quitté la ville de province où il enseignait pour venir occuper une chaire en Sorbonne. À Paris, il se trouve au sein des intrigues qui opposent les adversaires et les partisans de Dreyfus. Dans ce passage (chap. IX), M. Bergeret reçoit la visite d'un ami provincial, M. Mazure, qui lui parle de l'« Affaire ». Ce texte est d'abord un témoignage sur l'exaltation des esprits à propos d'un drame qui divisa, pendant plusieurs années, les Français en deux camps irréductibles. Il montre aussi comment l'actualité offre à Anatole France l'occasion d'une satire sociale et politique : les hauts fonctionnaires sacrifient leurs convictions à leur intérêt, la justice est opportuniste et soumise à la raison d'État. L'auteur, enfin, laisse entrevoir son amour pour la République, régime de liberté individuelle et de suffrage universel, dont les hommes, s'ils étaient moins veules, pourraient faire l'instrument du progrès social.*

Le département était d'autant mieux gardé contre toute divulgation des faits les plus avérés qu'il était administré par un préfet israélite. M. Worms-Clavelin se croyait tenu, par cela seul qu'il était juif, à servir les intérêts des antisémites de son administration avec plus de zèle que n'en eût déployé à sa place un préfet catholique. D'une main prompte et sûre, il étouffa dans le département le parti naissant de la révision. Il y favorisa les ligues des pieux décerveleurs (1), et les fit prospérer si merveilleusement que les citoyens Francis de Pressensé, Jean Psichari, Octave Mirbeau (2) et Pierre Quillard, venus au chef-lieu (3) pour y parler en hommes libres, crurent entrer dans une ville du XVIe siècle. Ils n'y trouvèrent que des papistes idolâtres qui poussaient des cris de mort et les voulaient massacrer. Et comme M. Worms-Clavelin, convaincu, dès le jugement de 1894, que Dreyfus était innocent, ne faisait pas mystère de cette

(1) Formé sur le mot « cervelle » : s'applique aux personnes qui endorment l'esprit critique de leurs compatriotes. – (2) Écrivain français (1848-1917). – (3) Ville qui est le siège d'une division administrative.

conviction, après dîner, en fumant son cigare, les nationalistes, dont il servait la cause, avaient lieu de compter sur un appui loyal, qui ne dépendait point d'un sentiment personnel.

Cette ferme tenue du département dont il gardait les archives imposait grandement à M. Mazure, qui était un jacobin ardent et capable d'héroïsme, mais qui, comme la troupe des héros, ne marchait qu'au tambour, M. Mazure n'était pas une brute. Il croyait devoir aux autres et à lui-même d'expliquer sa pensée.

Après le potage, en attendant la truite, il dit, accoudé à la table :

– Mon cher Bergeret, je suis patriote et républicain. Que Dreyfus soit innocent ou coupable, je n'en sais rien. Je ne veux pas le savoir, ce n'est pas mon affaire. Mais certainement les dreyfusistes sont coupables. En substituant leur opinion personnelle à une décision de la justice républicaine, ils ont commis une énorme impertinence. De plus, ils ont agité le pays républicain. Le commerce en souffre... Ce que je reproche surtout aux dreyfusards (1), c'est d'avoir affaibli, énervé la défense nationale et diminué notre prestige au dehors.

Le soleil jetait ses derniers rayons de pourpre entre les troncs noirs des arbres. M. Bergeret crut honnête de répondre :

– Considérez, mon cher Mazure, que si la cause d'un obscur capitaine est devenue une affaire nationale, la faute en est non point à nous, mais aux ministres qui firent du maintien d'une condamnation erronée et illégale un système de gouvernement. Si le garde des sceaux avait fait son devoir en procédant à la révision dès qu'il lui fut démontré qu'elle était nécessaire, les particuliers auraient gardé le silence. C'est dans la vacance (2) lamentable de la justice que leurs voix se sont élevées. Ce qui a troublé le pays, c'était que le pouvoir s'obstinât dans une iniquité monstrueuse qui, de jour en jour, grossissait sous les mensonges dont on s'efforçait de la couvrir.

– Qu'est-ce que vous voulez?... répliqua M. Mazure, je suis patriote et républicain.

Calmann-Lévy, édit.

André Gide (1869-1951)

Même sous la fiction transparente du roman, André Gide n'a cessé de faire de lui-même la matière de ses livres et, à travers la succession de ses œuvres, on retrouve les différentes étapes d'une pensée en perpétuel devenir, en proie à un conflit permanent, où sa volonté de liberté se heurte aux scrupules et aux remords.

Né à Paris, dans une famille bourgeoise aisée, mais sévère, il passe son enfance dans une atmosphère très stricte qui le marquera. Sa fortune lui permet très tôt d'écrire sans souci matériel, et il fréquente le milieu littéraire symboliste. Un voyage en Afrique du Nord, accompli à vingt-quatre ans, lui fournit l'occasion de rompre avec ses principes d'éducation et de chanter, dans *Les Nourritures terrestres* (1897), l'affranchissement des contraintes morales et l'abandon à la joie de vivre, les désirs du corps, notamment l'homosexualité. Mais *La Symphonie pastorale* (1919) peint avec une vérité pathétique les sursauts d'une âme partagée entre les tentations d'un amour coupable et la rigueur de ses principes moraux et religieux. *Si le grain ne meurt* (1920) est la confession sincère d'une audace tranquille, dont la parution fit d'ailleurs scandale. Le titre des *Faux-Monnayeurs* (1925) révèle une des intentions essentielles du roman : Gide veut y montrer des hommes qui fondent leur existence sur des valeurs apparentes et trompeuses; de plus ce roman, qui introduit comme personnage un romancier précisément en train d'écrire l'œuvre elle-même, permet d'instaurer, à l'intérieur de l'ouvrage, une critique de l'écriture en train de se faire, mise en abyme du récit qui annonce les recherches contemporaines. Avec le *Voyage au Congo* (1927), l'écrivain élargit ses vues à des préoccupations sociales. *Thésée* (1946), enfin, qu'il intitule d'une manière significative son « dernier écrit », nous livre, par la bouche du héros, sur un ton désormais apaisé, comme un suprême jugement concernant sa vie et son œuvre, pour laquelle il reçut le prix Nobel en 1947 : une vie ouverte à toutes les curiosités (conception que l'on nomma le « gidisme »), une œuvre grâce à laquelle « les hommes se reconnaîtront plus heureux, meilleurs et plus libres ».

---

(1) Suffixe « ard » utilisé avec une intention péjorative au lieu du suffixe usuel « iste ». – (2) Manquement à ses obligations.

LES NOURRITURES TERRESTRES

Avec l'enivrement d'un homme qui vient de recouvrer la santé (1), Gide s'ouvre à la joie de vivre. Par-delà les impératifs d'une morale contraignante, il se veut disponible à tout ce qui s'offre au sein de la nature et prêt à en ressentir la plénitude.

NOURRITURES.
Je m'attends à vous (2), nourritures!
Ma faim ne se posera pas à mi-route;
Elle ne se taira que satisfaite;
Des morales n'en sauraient venir à bout
Et de privations je n'ai jamais pu nourrir que [mon âme.

Satisfactions! je vous cherche.
Vous êtes belles comme les aurores d'été.

Sources plus délicates au soir, délicieuses à midi; eaux du petit matin glacées; souffles au bord des flots; golfes encombrés de mâtures; tiédeur des rives cadencées...

Oh! s'il est encore des routes vers la plaine; les touffeurs de midi; les breuvages des champs, et pour la nuit le creux des meules;

S'il est des routes vers l'Orient; des sillages sur les mers aimées; des jardins à Mossoul; des danses à Touggourt; des chants de pâtre en Helvétie;

S'il est des routes vers le Nord; des foires à Nijni; des traîneaux soulevant la neige; des lacs gelés; certes, Nathanaël, ne s'ennuieront pas nos désirs.

Des bateaux sont venus dans nos ports apporter les fruits mûrs de plages ignorées.

Déchargez-les de leur faix un peu vite, que nous puissions enfin y goûter.

Nourritures!
Je m'attends à vous, nourritures!
Satisfactions, je vous cherche;
Vous êtes belles comme les rires de l'été.
Je sais que je n'ai pas un désir
Qui n'ait déjà sa réponse apprêtée.
Chacune de mes faims attend sa récompense.

Nourritures!
Je m'attends à vous, nourritures!
Par tout l'espace je vous cherche,
Satisfactions de tous mes désirs.

LES CAVES DU VATICAN

Des escrocs font courir le bruit que le pape, enlevé par les francs-maçons, est retenu prisonnier dans les caves du Vatican, tandis qu'un usurpateur a pris sa place. Amédée Fleurissoire, un catholique français des plus grotesques, entreprend d'aller le délivrer. Tel est le sujet burlesque et satirique de cette parodie de roman d'aventures. Les sympathies de Gide vont à un de ses personnages, Lafcadio, un être qui s'est affranchi de toutes les contraintes morales : pour affirmer sa liberté à ses propres yeux, il va commettre un « acte gratuit ». Au cours d'un voyage en chemin de fer, il va jeter par la portière Fleurissoire. (V, 1)

« Qui le verrait? pensait Lafcadio. Là, tout près de ma main, sous ma main, cette double fermeture, que je peux faire jouer aisément; cette porte, qui, cédant tout à coup, le laisserait crouler en avant; une petite poussée suffirait; il tomberait dans la nuit comme une masse; même on n'entendrait pas un cri... Et demain, en route pour les îles!... Qui le saurait? (...)

« Un crime immotivé (3), continuait Lafcadio : quel embarras pour la police! Au demeurant, sur ce sacré talus, n'importe qui peut, d'un compartiment voisin, remarquer qu'une portière s'ouvre, et voir l'ombre du Chinois cabrioler. Du moins les rideaux du couloir sont tirés... Ce n'est pas tant des événements que j'ai curiosité, que de moi-même. Tel se croit capable de tout, qui, devant que (4) d'agir, recule... Qu'il y a loin, entre l'imagination et le fait!... Et pas plus le droit de reprendre son coup qu'aux échecs. Bah! qui prévoirait tous les risques, le jeu perdrait tout intérêt!... Entre l'imagination

(1) Au mois de mai 1893, Gide avait cru avoir la tuberculose, mais le climat de l'Afrique du Nord lui avait rendu la santé. – (2) Je compte sur vous. – (3) Qui ne s'appuie sur aucun motif, gratuit. – (4) Avant.

d'un fait et... Tiens, le talus cesse. Nous sommes sur un pont, je crois; une rivière... »

Sur le fond de la vitre, à présent noire, les reflets apparaissaient plus clairement. Fleurissoire se pencha pour rectifier la position de sa cravate.

« Là, sous ma main, cette double fermeture – tandis qu'il est distrait et regarde au loin devant lui – joue, ma foi! plus aisément encore qu'on eût cru. Si je puis compter jusqu'à douze, sans me presser, avant de voir dans la campagne quelque feu, le tapir est sauvé. Je commence : une ; deux ; trois ; quatre (lentement ! lentement !) ; cinq ; six ; sept ; huit ; neuf... Dix, un feu... » Fleurissoire ne poussa pas un cri.

Gallimard, édit.

Marcel Proust

SA VIE (1871-1922)

Marcel Proust fit ses études à Paris, passant ses vacances d'abord à Illiers (1) sur les bords du Loir, ensuite sur les plages de Normandie (2). Il fréquente très tôt les milieux mondains et y rencontre ceux qui deviendront les personnages de ses romans; il se lie également avec des musiciens – Reynaldo Hahn – et des écrivains – Anatole France – . *Les Plaisirs et les Jours* paraissent en 1896 et il écrit *Jean Santeuil* entre 1896 et 1904. Mais bientôt sa santé, déjà fragile, s'altère dangereusement et, à la suite de la mort de sa mère (1905), il se replie sur lui-même loin du monde. Il vit dans une chambre capitonnée de liège, en proie à des crises d'asthme de plus en plus violentes. Là, pressé par la mort, en marge de la vie du monde, Proust travaille à sa grande œuvre : *À la recherche du temps perdu.* Elle paraîtra en 14 volumes de 1913 à 1927. *À l'ombre des jeunes filles en fleurs* obtient le prix Goncourt en 1919 : c'est la gloire.

SON ŒUVRE : UNE SOMME

Le « grand monde » qu'il a connu revit dans son œuvre avec tout ce qu'il a d'émouvante précarité, mais aussi avec une réalité inquiétante dont l'auteur souligne le cynisme, en la jugeant de son humour noir et impitoyable.

Le monde des passions est analysé avec la même finesse et la même lucidité : l'amour n'est qu'une exaltante illusion que détruisent le temps et ses contingences, il ne va pas sans la souffrance et le désenchantement; les êtres sont victimes de leur propre complexité qui les conduit à l'hypocrisie. Ce « grand monde » se peuple ainsi d'individus dont le drame intérieur est décrit avec une minutie exhaustive. D'ailleurs le style de Marcel Proust répond aux exigences de son analyse : riche, illuminé d'images et de métaphores que la phrase déploie et prolonge en mille facettes, il transpose dans le domaine intemporel de l'art les éléments vus ou vécus.

À la recherche du temps perdu est également le fruit d'une pensée philosophique nourrie des idées de Bergson (3). Au temps fini, provisoire et éphémère, Proust oppose une durée psychologique, assurée de la permanence, qui prend existence grâce à cette « autre mémoire » qui n'est pas la banale et décevante « mémoire volontaire », mais la « mémoire affective », celle qui nous fait retrouver le passé dans sa vérité et sa réalité profondes, par un jeu subtil de correspondances : des sensations imprévues ressuscitent les impressions et les émotions auxquelles elles étaient liées dans le passé.

C'est cette découverte qui suscite chez Proust l'exaltant désir de retrouver « le temps perdu », autrement dit l'unité profonde de son passé, à travers « l'œuvre d'art ». « Il fallait

(1) et (2) « Combray » et « Balbec » dans le roman. – (3) *Cf.* pp. 295-296.

tâcher d'interpréter les sensations comme les signes d'autant de lois et d'idées, en essayant de penser, c'est-à-dire de faire sortir de la pénombre ce que j'avais senti, de le convertir en un équivalent spirituel. Or, ce moyen qui me paraissait le seul, qu'était-ce autre chose que faire une œuvre d'art? »

LA MADELEINE

Proust relate ici l'expérience qui devait confirmer ce que son intuition lui avait fait découvrir : l'existence d'une « mémoire involontaire », à côté de la « mémoire volontaire », investigatrice stérile du passé. Toute son œuvre est partie de là. On croyait le passé bien mort; il subsistait, déposé dans un objet, une odeur; à la faveur d'une sensation que rien ne laissait prévoir, d'un seul coup, il nous est rendu tout entier. Une madeleine trempée dans du thé, et le monde de l'enfance surgit à nouveau, dans toute sa fraîcheur (Du côté de chez Swann).

Il y avait déjà bien des années que, de Combray, tout ce qui n'était pas le théâtre et le drame de mon coucher, n'existait plus pour moi, quand un jour d'hiver, comme je rentrais à la maison, ma mère, voyant que j'avais froid, me proposa de me faire prendre, contre mon habitude, un peu de thé. Je refusai d'abord, et, je ne sais pourquoi, me ravisai (1). Elle envoya chercher un de ces gâteaux courts et dodus appelés Petites Madeleines qui semblent avoir été moulés dans la valve rainurée d'une coquille de Saint-Jacques. Et bientôt, machinalement, accablé par la morne journée et la perspective d'un triste lendemain, je portai à mes lèvres une cuillerée du thé où j'avais laissé s'amollir un morceau de madeleine. Mais à l'instant même où la gorgée mêlée de miettes du gâteau toucha mon palais, je tressaillis, attentif à ce qui se passait d'extraordinaire en moi. Un plaisir délicieux m'avait envahi, isolé, sans la notion de sa cause. Il m'avait aussitôt rendu les vicissitudes de la vie indifférentes, ses désastres inoffensifs, sa brièveté illusoire, de la même façon qu'opère l'amour, en me remplissant d'une essence précieuse : ou plutôt cette essence n'était pas en moi, elle était moi. J'avais cessé de me sentir médiocre, contingent, mortel. D'où avait pu me venir cette puissante joie? Je sentais qu'elle était liée au goût du thé et du gâteau, mais qu'elle le dépassait infiniment, ne devait pas être de même nature. D'où venait-elle? Que signifiait-elle? Où l'appréhender? Je bois une seconde gorgée où je ne trouve rien de plus que dans la première, une troisième qui m'apporte un peu moins que la seconde. Il est temps que je m'arrête, la vertu du breuvage semble diminuer. Il est clair que la vérité que je cherche n'est pas en lui, mais en moi. Il l'y a éveillée, mais ne la connaît pas, et ne peut que répéter indéfiniment, avec de moins en moins de force, ce même témoignage que je ne sais pas interpréter et que je veux au moins pouvoir lui redemander et retrouver intact, à ma disposition, tout à l'heure, pour un éclaircissement décisif. Je pose la tasse et me tourne vers mon esprit. C'est à lui de trouver la vérité. Mais comment? Grave incertitude, toutes les fois que l'esprit se sent dépassé par lui-même; quand lui, le chercheur, est tout ensemble le pays obscur où il doit chercher et où tout son bagage ne lui sert de rien. Chercher? pas seulement : créer. Il est en face de quelque chose qui n'est pas encore et que seul il peut réaliser, puis faire entrer dans sa lumière (...)

...Certes, ce qui palpite ainsi au fond de moi, ce doit être l'image, le souvenir visuel, qui, lié à cette saveur, tente de la suivre jusqu'à moi. Mais il se débat trop loin, trop confusément; à peine si je perçois le reflet neutre où se confond l'insaisissable tourbillon des couleurs remuées; mais je ne peux distinguer la forme, lui demander comme au seul interprète possible, de me traduire le témoignage de sa contemporaine, de son inséparable compagne, la saveur, lui demander de m'apprendre de quelle circonstance particulière, de quelle époque du passé il s'agit.

Arrivera-t-il jusqu'à la surface de ma claire conscience, ce souvenir, l'instant ancien que l'attraction d'un instant identique est venue de si loin solliciter, émouvoir, soulever tout au fond de moi? Je ne sais. Maintenant, je ne sens plus rien, il est arrêté, redescendu peut-être; qui sait s'il remontera jamais de sa nuit? Dix fois, il me faut recommencer, me pencher vers lui. Et chaque fois, la lâcheté qui nous détourne de toute tâche difficile, de toute œuvre importante, m'a conseillé de laisser cela, de boire mon thé en pensant simplement à mes ennuis d'aujourd'hui, à mes désirs de demain qui se laissent remâcher sans peine.

Et tout d'un coup, le souvenir m'est apparu. Ce goût, c'était celui du petit morceau de madeleine que le dimanche matin à Combray (parce que ce jour-là je ne sortais pas avant l'heure de la messe), quand j'allais lui dire bonjour dans sa chambre, ma tante

(1) Je changeai d'opinion.

Léonie m'offrait, après l'avoir trempé dans son infusion de thé ou de tilleul. La vue de la petite madeleine ne m'avait rien rappelé avant que je n'y eusse goûté ; peut-être parce que, en ayant souvent aperçu depuis, sans en manger, sur les tablettes des pâtissiers, leur image avait quitté ces jours de Combray pour se lier à d'autres plus récents ; peut-être parce que, de ces souvenirs abandonnés si longtemps hors de la mémoire, rien ne survivait, tout s'était désagrégé ; les formes – et celles aussi du petit coquillage de pâtisserie, si grassement sensuel sous son plissage sévère et dévot – s'étaient abolies ou, ensommeillées, avaient perdu la force d'expansion qui leur eût permis de rejoindre la conscience. Mais, quand d'un passé ancien rien ne subsiste, après la mort des êtres, après la destruction des choses, seules, plus frêles, mais plus vivaces, plus immatérielles, plus persistantes, plus fidèles, l'odeur et la saveur restent encore longtemps comme des âmes, à se rappeler, à attendre, à espérer, sur la ruine de tout le reste, à porter, sans fléchir, sur leur gouttelette presque impalpable, l'édifice immense du souvenir.

Gallimard, édit.

À L'OPÉRA, AVANT LE LEVER DU RIDEAU

Le spectacle qu'offrent l'orchestre et les loges de l'Opéra, un soir de gala, fait songer à un monde de divinités marines. C'est à cette transposition poétique que nous fait assister Proust (Le Côté de Guermantes).

Mais, dans les autres baignoires (1), presque partout, les blanches déités qui habitaient ces sombres séjours s'étaient réfugiées contre les parois obscures et restaient invisibles. Cependant, au fur et à mesure que le spectacle s'avançait, leurs formes, vaguement humaines, se détachaient mollement l'une après l'autre des profondeurs de la nuit qu'elles tapissaient et, s'élevant vers le jour, laissaient émerger leurs corps demi-nus et venaient s'arrêter à la limite verticale et à la surface clair-obscur où leurs brillants visages apparaissaient derrière le déferlement rieur, écumeux et léger de leurs éventails de plumes, sous leurs chevelures de pourpre emmêlées de perles que semblait avoir courbées l'ondulation du flux ; après commençaient les fauteuils d'orchestre, le séjour des mortels à jamais séparé du sombre et transparent royaume auquel çà et là servaient de frontière, dans leur surface liquide et plate, les yeux limpides et réfléchissants des déesses des eaux. Car les strapontins du rivage, les formes des monstres de l'orchestre se peignaient dans ces yeux suivant les seules lois de l'optique et selon leur angle d'incidence, comme il arrive pour ces deux parties de la réalité extérieure auxquelles, sachant qu'elles ne possèdent pas, si rudimentaire soit-elle, d'âme analogue à la nôtre, nous nous jugerions insensés d'adresser un sourire ou un regard : les minéraux et les personnes avec qui nous ne sommes pas en relation. En deçà, au contraire, de la limite de leur domaine, les radieuses filles de la mer se retournaient à tout moment en souriant vers des tritons barbus pendus aux anfractuosités de l'abîme, ou vers quelque demi-dieu aquatique ayant pour crâne un galet poli sur lequel le flot avait ramené une algue lisse et pour regard un disque en cristal de roche.

(1) Appellation des loges de l'Opéra.

Le XXe siècle

de 1918 à mai 1940 : l'entre-deux-guerres

Après l'armistice de novembre 1918, la France retrouve un équilibre apparent, et la création de la Société des Nations soulève l'espoir d'une paix universelle. Cependant, des indices inquiétants apparaissent : la grande dépression de 1929 touche indirectement l'Europe et révèle les faiblesses du monde libéral. Mais l'amélioration du niveau de vie, les progrès de l'industrie, masquent le malaise et les troubles sociaux, qui, du reste, lors du Front populaire de 1936, aboutissent à élever sensiblement le bien-être des salariés. Pourtant la guerre menace et l'arrivée d'Hitler au pouvoir en Allemagne (1933), la guerre d'Espagne en 1936, marquent le déchaînement des violences. En mai 1940, la France est envahie; la guerre devient alors une conflagration générale.

Quelques aspects de la vie quotidienne

L'Europe en crise

Après la guerre, un grand travail de reconstruction s'effectue dans l'euphorie générale : on espère que « l'Allemagne paiera », et Paris s'illumine, s'enivre à nouveau de fêtes et de spectacles. Cet espoir est soutenu par la création de la S.D.N. qui paraît le premier pas vers la paix, surtout lorsque l'Allemagne y entre en 1926 grâce à l'action incessante de Briand, et par la conférence de Washington sur le désarmement en 1921. On entrevoit aussi la paix sociale grâce à l'action du Bureau international du travail, et, en France, Poincaré rétablit l'équilibre du budget et stabilise le franc.

Cependant, la grande crise de 1929, même si elle ne touche qu'indirectement la France, met en évidence la faiblesse de l'économie libérale : la baisse des valeurs, les excédents agricoles, les faillites industrielles et le déficit budgétaire en sont les signes les plus nets.

LA TROISIÈME RÉPUBLIQUE

1919	Fondation de la IIIe Internationale. Victoire du « Bloc national » aux élections. Loi « Astier » sur l'enseignement technique.
Juin 1919	Signature du traité de Versailles et du pacte de la S.D.N.
1920	*Paul Deschanel président* : il démissionne pour raisons de santé ; démission de Clemenceau. Congrès de Tours : scission entre socialistes et communistes. *Millerand président.*
1921	Ministère Briand. Conférence de Washington sur le désarmement.
1922	Ministère Poincaré.
1923	Les armées françaises et belges occupent la Ruhr.
1924	Élection du « Cartel des gauches ». Démission de Millerand et crise financière. *Gaston Doumergue président;* sous le ministère Herriot, la France reconnaît l'U.R.S.S.
1925	Pacte de Locarno entre France/Angleterre/Italie et Allemagne : évacuation de la Ruhr. Ministère Painlevé.
1926	Entrée de l'Allemagne dans la S.D.N. grâce à Briand. Fin du « Cartel des gauches » ; ministère Poincaré.
1928	Pacte Briand-Kellog. Stabilisation de la monnaie par la création du « franc Poincaré ».
1929	Krach boursier à Wall Street.
1931	*Paul Doumer président.* Exposition coloniale à Paris.
1932	Assassinat de Doumer. *Albert Lebrun président;* ministère Herriot. Accords de Lausanne : fin du paiement des « réparations » par l'Allemagne.
1933	Loi de gratuité de l'enseignement secondaire. Affaire Staviski. Ministère Daladier. Hitler est élu chancelier : l'Allemagne quitte la S.D.N.
1934	À Paris, des émeutes violentes opposent la droite à la gauche : Daladier démissionne. Ministère d'« Union nationale ». Assassinat du ministre Barthou et d'Alexandre Ier de Yougoslavie.
1935	Accords de Stresa entre France/Angleterre/Italie pour faire respecter le traité de Versailles, contre le rétablissement du service militaire obligatoire en Allemagne. Mussolini attaque l'Éthiopie.
1936	« Front populaire » : ministère Léon Blum. Signature des Accords Matignon, lois sociales. Début de l'aide militaire à l'Espagne républicaine.
1937	Démission de Blum : instabilité ministérielle. La Belgique abandonne l'alliance française. Exposition internationale à Paris.
Sept. 1938	Rupture du « Front populaire ». Conférence de Munich.
3 sept. 1939	Déclaration de guerre : début de la « drôle de guerre ».
Mars 1940	Gouvernement Paul Reynaud.
10 mai 1940	L'Allemagne attaque.

Le régime politique se montre incapable de redresser la situation, d'autant plus qu'il est secoué par des scandales. L'affaire Staviski, en 1933, éclabousse les personnalités gouvernementales, accusées de l'avoir fait éliminer, tandis que la version officielle conclut que Staviski, à l'origine d'une énorme escroquerie au Crédit municipal de Bayonne, s'est suicidé. En février 34, des émeutes violentes éclatent dans les rues de Paris.

Après plusieurs ministères modérés, l'arrivée au pouvoir, aux élections de 1936, d'un gouvernement de « Front populaire », présidé par le socialiste Blum, coupe la France en deux : son ministère prend d'importantes mesures sociales, fixant à 40 heures la durée légale de la semaine de travail, instituant les congés payés et les contrats collectifs. Pour des hommes et des femmes qui travaillent depuis l'âge de 13 ans souvent, les grèves de mai et juin 1936 prennent une allure de fête : on chante, on danse au son de l'accordéon ou de la T.S.F. En août 36, les départs pour les premiers « congés payés » marquent l'ouverture d'une nouvelle ère, celle des loisirs, avec les promenades « à bicyclette » comme le chante Yves Montand, la découverte du camping et des joies de la mer et du soleil. Sabine Beauséjour évoque cette période :

Le hall des gares ressemble à une sortie d'usine et l'on fait queue aux guichets où sont vendus près d'un million de « billets populaires de congés annuels ». Deux cent mille travailleurs quittent la région parisienne pour la grande aventure, nous disent les journaux du temps. Des délégués des Comités touristiques du Rassemblement populaire (1) accueilleront les voyageurs aux gares d'arrivée et leur indiqueront les meilleures conditions de séjour.

Où vont-ils ces gens des villes pris d'une sorte de nomadisme ? Entre le 2 et le 5 août 1936, la Normandie double ou triple sa population ; la Côte d'Azur affiche complet. À La Baule (2) on cherche vainement un coin de sable pour planter son parasol. Pensions de famille, hôtels, maisons de location, tout ce qui a quatre murs et un toit est envahi.

Des familles errent autour des hôtels combles sans y trouver de place et doivent s'entasser dans une seule pièce. Rien n'est prêt pour les accueillir, mais en général la bonne humeur résiste à la crise du logement. Quant aux hôteliers, interviewés par les reporters de 1936 ils s'inquiètent parfois devant ce flot d'émigrants dont le portefeuille n'augure (3) rien de bon ! (...)

Quelle revanche ! L'ouvrier barbote dans la même eau que les bourgeois et brunit au même soleil. Il découvre le climat privilégié de la Côte d'Azur, les plages à la mode, le casino. Il mord à belles dents dans un saucisson sous le regard condescendant des élégantes. Il lance son ballon avec l'entrain d'un joueur de rugby ; il éclabousse par ses ébats la digne mère de famille qui rappelle avec inquiétude ses marmots près d'elle, comme pour les soustraire à « l'ogre laïc (4) ».

Les autochtones (5) de la campagne écarquillent les yeux devant cette invasion de jeunes gens qui n'ont ni la même langue ni les mêmes mœurs. Vaguement choqués par la liberté des gestes et la simplicité des tenues – on voit beaucoup de torses bronzés et de shorts très courts – ils ne goûtent pas toujours qu'on entonne des chants révolutionnaires sur la place de l'église, ni qu'on salue poing tendu.

Historia, juillet 71. Éd. Tallandier.

Les capitalistes, quant à eux, s'effraient, font des investissements à l'étranger : la situation financière empire et la dévaluation devient nécessaire. Cela ne fait que renforcer les mouvements d'extrême-droite qui prônent une idéologie fasciste, tel le « Mouvement social français » du colonel de La Roque qui revendique environ deux millions d'adhérents en 1936 ; ils se livrent à toutes sortes d'excès, comme des lynchages. La situation devient explosive.

---

(1) Nom officiel du « Front populaire ». – (2) Plage de l'Atlantique. – (3) Ne promet. – (4) Issu de l'école laïque, celle de l'État. – (5) Les habitants.

Les « temps modernes » (1)

L'effort de reconstruction entamé après la guerre fait aussi entrer le pays dans les « temps modernes » avec leurs contradictions. L'homme est désormais associé à la machine : ouvrier à la chaîne, automobiliste à son volant, aviateur, marin, dactylographe, téléphoniste ; il est aussi inséparable du moteur de sa machine qu'il l'était jadis de la nature. Chaque citoyen dépend de plusieurs machines pour se nourrir, pour se déplacer, pour travailler, pour se distraire ; avec le Salon des arts ménagers, créé en 1923, la machine entre peu à peu dans la cuisine, et l'on chante les bienfaits de la « Fée Électricité ».

En même temps, la relance économique va nécessiter une main-d'œuvre considérable : de 1920 à 1930, la France connaît une période d'immigration massive, tant dans le secteur agricole (Italiens, Espagnols surtout) qu'industriel (Polonais, Tchèques et ressortissants des colonies françaises) : le dynamisme qu'apporte cette population nouvelle ne masque pas le fait que sa présence renforce les idéologies xénophobes.

La presse

La presse a été étouffée pendant la guerre par la rareté du papier et les exigences de la censure ; pourtant, les journaux subsistent et on voit naître *Le Populaire* et *Le Canard enchaîné,* célèbre feuille satirique. À la fin de la guerre, la presse reprend vie et améliore sa présentation. On pratique une mise en page « à tiroirs » qui permet d'ajouter des articles de « dernière heure », en particulier pour les éditions d'après-midi. En 1924, on insère sept colonnes au lieu de six en une page, et 1925 voit apparaître la couleur.

Les grands quotidiens sont devenus de véritables usines qui emploient des centaines de rédacteurs, d'ouvriers qualifiés, de reporters, de photographes, qui ont leurs moyens de transport, leurs services de diffusion et d'information. Le désir d'informations toujours plus récentes donne lieu à des tours de force sans cesse répétés. Lors de l'attentat qui causa la mort du roi Alexandre de Yougoslavie et de Louis Barthou à Marseille, *Paris-Soir,* devenu en 1932 un journal d'informations illustrées, réussit à présenter au public parisien, une heure après l'événement, reportage et documents transmis par belinogramme.

Les journaux d'opinion : *Le Populaire, L'Humanité, L'Œuvre, Le Peuple, La Croix,* plus sobres dans leur présentation, ne dédaignent pas cependant les prestiges de l'image, ou les titres éloquents. Seuls *L'Action Française, Le Temps, Les Débats, Le Figaro,* journaux d'information, gardent une sobriété qui convient mieux à leur clientèle plus limitée.

L'enseignement

Les problèmes de l'enseignement font l'objet de débats passionnés au Parlement. Depuis le début du siècle, bien des progrès ont été réalisés. L'enseignement primaire public s'est développé régulièrement ; écoles maternelles et « jardins d'enfants », rendus nécessaires par le travail féminin, se multiplient. Après la guerre, l'évolution de la société française met de plus en plus en valeur l'importance des connaissances, des compétences, de l'activité professionnelle. En 1919, la loi Astier définit l'enseignement technique et le rend officiel. Les instructions ministérielles de 1923 précisent les buts de l'enseignement primaire qui ne doit pas seulement apporter des notions élémentaires, mais aussi constituer un appren-

---

(1) D'après le titre d'un film de Charlie Chaplin, sorti en 1936 à New York, qui dénonce les excès du monde moderne.

F. Flameng :
« A Souchez,
18.12.1915 ».

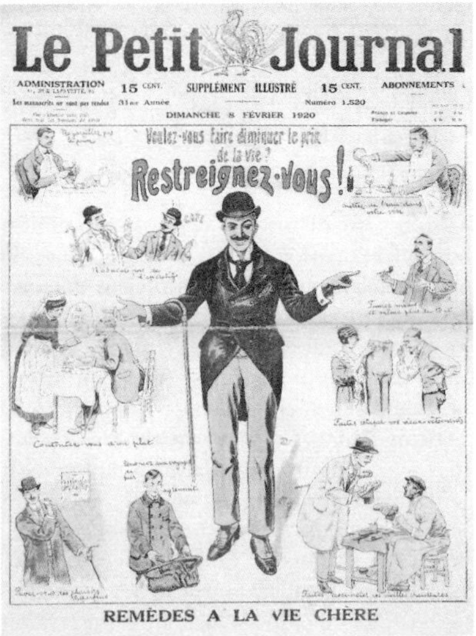

Le Petit Journal

ADMINISTRATION | 15 CENT. | SUPPLÉMENT ILLUSTRÉ | 15 CENT. | ABONNEMENTS

Les manuscrits ne sont pas rendus | 31me Année | Numéro 1.520

DIMANCHE 8 FÉVRIER 1920

Voulez-vous faire diminuer le prix de la vie ?
Restreignez-vous !

REMÈDES A LA VIE CHÈRE

« La vie chère »,
Le Petit Journal,
8.2.1920.

G.A. Pavis : « Le charleston sur la plage », 1926.

« L'entrevue de Montoire », 24.10.1940.

tissage de la vie sociale et civique. En 1933, l'enseignement secondaire devient gratuit et s'ouvre plus largement à toutes les classes sociales. Les bourses, qui permettent de soulager les parents les plus modestes, continuent à être attribuées, en particulier pour les pensionnaires et demi-pensionnaires.

Une page de Giraudoux, extraite du roman *Simon le Pathétique,* donne une idée de la vie d'un pensionnaire dans un lycée de province et de ce que les études représentent à cette époque.

Mon lycée de briques et de ciment était tout neuf. À tous les étages, la clarté, l'espace, l'eau. D'immenses cours sans arbres. D'immenses dortoirs dont les fenêtres donnaient sur le terrain d'une caserne. Au lever, en voyant au-dessous courir et manœuvrer ces uniformes, on avait l'impression qu'après la classe au second étage, après l'étude au premier, à midi l'on sortirait soldat. La sonnerie du clairon au réveil et au couvre-feu, une demi-heure avant notre lever, une demi-heure après notre coucher, encadrait la journée d'une marge, d'un temps neutre et libre pour lequel nous réservions nos gambades, nos folies. Je trouvai tout en abondance : dans mes rêves les plus heureux, ce que j'avais juste imaginé, c'était le lycée. Les poêles ronflaient à rouge. Chaque étude possédait des dictionnaires historiques, sa bibliothèque, son atlas. J'eus le jour même trente volumes, sur lesquels j'écrivis mon nom ; j'eus d'un seul coup vingt professeurs.

Travail, cher travail, toi qui terrasses la honteuse paresse ! Travail d'enfant, généreux comme un amour d'enfant ! Il est si facile, quelle que soit la surveillance, de travailler sans relâche. Au réfectoire, alors qu'on distribuait les lettres, j'en profitais, puisqu'on ne m'écrivait jamais, pour relire mes cahiers. Le jeudi et le dimanche, pour éviter la promenade, je me glissais à la Permanence. Ce nom vous plaît-il autant qu'il me plaisait : travail permanent, permanente gloire ! Dans les récréations, il suffisait, sans même dissimuler son livre, de tourner lentement autour d'un pilier selon la place d'un répétiteur qui faisait les cent pas. Je me levais chaque matin à cinq heures avec joie, pour retrouver, dans mon pupitre, le chantier de mes thèmes, mes feuilles de narration éparpillées, mais déjà portant leur numéro, comme les pierres d'un édifice.

Grasset, édit.

Sciences et techniques

Les progrès des sciences exactes

L'entre-deux-guerres constitue une période féconde pour la recherche. En mathématiques, le groupe Bourbaki, fondé en 1934 par de jeunes mathématiciens, parmi lesquels Henri Cartan, Claude Chevalley, Jean Delsarte, Jean Dieudonné et André Weil, entreprend de refaire l'exposé de toutes les mathématiques en les prenant à leur point de départ logique ; ce groupe publie une première synthèse en 1939 : *Éléments de mathématiques.*

Dans le domaine de la physique, Louis de Broglie met sur pied en 1924 la mécanique ondulatoire et permet ainsi le développement de l'analyse et de l'optique électroniques. Langevin, sur les rayons X, et Perrin, sur les rayons cathodiques, accomplissent des travaux décisifs. Enfin, Irène et Frédéric Joliot-Curie participent à l'identification du neutron en 1932, découvrent la radioactivité artificielle en 1934, réalisent la première réaction nucléaire et, dès 1938, la fission de l'atome.

La connaissance des êtres vivants

La guerre va stimuler les recherches médicales, non seulement dans le domaine de la traumatologie, où l'acte opératoire s'améliore grâce au perfectionnement des instruments, mais aussi sur le plan des médicaments : la découverte de la pénicilline par l'Anglais Fleming en 1928 précède celle des sulfamides par Trefouël et Fourneau, celle des antipaludéens et des anesthésiques locaux.

En même temps la biologie a des ramifications nombreuses : la biochimie, l'origine des espèces, l'origine de l'homme sont étudiées simultanément. Teilhard de Chardin a étudié le « sinanthrope » et a tiré de son observation des conceptions neuves et fécondes. Les pages où il conte l'apparition de l'« Homo sapiens » sont parmi les plus suggestives de la littérature scientifique du XXe siècle.

En l'homme du Paléolithique (1) supérieur donc, non seulement à noter les traits essentiels de son anatomie, mais à suivre les lignes maîtresses de son ethnographie, c'est vraiment nous-mêmes, c'est notre propre enfance que nous découvrons. Non seulement le squelette de l'Homme moderne, déjà – mais les pièces maîtresses de l'Humanité moderne. Même forme générale du corps. Même répartition fondamentale des races. Même tendance (au moins esquissée) des groupes ethniques à se rejoindre, par-dessus toute divergence, en un système cohérent. Et (comment cela ne suivrait-il pas actuellement) mêmes aspirations essentielles dans le fond des âmes.

Chez les Néanderthaloïdes (2), avons-nous vu, un pas psychique est manifeste, marqué, entre autres indices, par l'apparition dans les grottes des premières sépultures. Même aux Néanderthaliens les plus renforcés tout le monde agrée pour accorder la flamme d'une intelligence véritable. De cette intelligence toutefois l'activité paraît avoir été largement absorbée par les soins de survivre et de se propager. S'il y avait plus, nous ne le connaissons, ou nous ne le reconnaissons pas. Que pouvaient bien penser ces cousins lointains ? Nous n'en avons aucune idée. À l'âge du renne, au contraire, avec l'Homo sapiens, c'est une Pensée définitivement libérée qui fait explosion, toute chaude encore, aux parois des cavernes. En eux, les nouveaux arrivants apportaient l'Art – un art naturaliste encore, mais prodigieusement consommé. Et, grâce au langage de cet art, nous pouvons, pour la première fois, entrer de plain-pied dans la conscience des êtres disparus dont nous remontons les os. Étrange proximité spirituelle jusque dans le détail ! Les rites exprimés en rouge et noir sur la muraille des grottes, en Espagne, dans les Pyrénées, au Périgord, ne se pratiquent-ils pas encore sous nos yeux, en Afrique, en Océanie, en Amérique même ? Quelle différence y a-t-il, par exemple, on l'a fait remarquer, entre le Sorcier des « Trois-Frères », affublé de sa peau de cerf, et telle divinité océanienne ?... Mais ceci n'est pas encore le plus important. Nous pouvons nous méprendre en interprétant à la moderne les empreintes de mains, les bisons envoûtés, les emblèmes de fécondité, par où s'exprimaient les préoccupations et la religion d'un Aurignacien (3) ou d'un Magdalénien (4). Là au contraire où nous ne saurions nous tromper, c'est lorsque, tant à la perfection du mouvement et des silhouettes qu'au jeu imprévu des ciselures ornementales, nous percevons chez les artistes de cet âge lointain le sens de l'observation, le goût de la fantaisie, la joie de créer : ces fleurs d'une conscience, non seulement réfléchie, mais exubérante, sur elle-même. Ainsi donc l'inspection des squelettes et des crânes ne nous décevait pas. Au Quaternaire supérieur, c'est bien l'Homme actuel, dans toute la force du terme, qui nous apparaît : L'Homme point encore adulte, mais déjà parvenu à « l'âge de raison ». Dès ce moment, par rapport à nous, son cerveau est achevé – si bien achevé que, depuis cette époque, aucune variation mesurable ne semble avoir perfectionné plus outre l'instrument organique de notre pensée.

Seuil, édit.

Enfin, les sciences humaines font de grands progrès. Les Français ont découvert, comme les psychologues étrangers, l'influence des tests, ont tiré des conséquences de la psychanalyse de Freud, même si la psychologie reste encore liée à la médecine, dont la psychiatrie est un secteur essentiel.

(1) Le premier âge de l'humanité historique, l'âge de la pierre taillée. – (2) Types d'hommes préhistoriques, chez qui l'on trouve les caractères de l'homme de Néanderthal (*cf.* chap. 1). – (3) Homme de l'époque aurignacienne, période de l'ère paléolithique, dont l'industrie est caractérisée par un travail affiné des silex et l'apparition d'outils en os. – (4) Homme de l'époque magdalénienne, dernière époque de l'ère paléolithique, caractérisée par une industrie poussée de l'os et par un développement de l'art pictural dans les grottes.

Les idées philosophiques

L'« essai », outil du philosophe

De 1918 à 1939, le mouvement intellectuel ne cesse d'être original et vigoureux ; il aboutit à des essais nouveaux dans la forme et dans l'esprit, à des leçons très enrichissantes, à d'excellents ouvrages de critique.

Ces vingt années voient s'illustrer des professeurs comme Émile Chartier, dit Alain (1868-1951), moraliste, esthéticien, dont les *Propos sur le bonheur* (1928) ont constitué un véritable code de sagesse personnelle et politique, prônant une sagesse moyenne, étayée d'une solide connaissance de nos grandeurs et de nos faiblesses. Gustave Lanson, Paul Hazard, Daniel Mornet, historiens de la pensée française à travers toutes ses manifestations, des critiques à la pensée originale comme Charles du Bos et Thibaudet, choisissent le genre de l'« essai » pour exprimer leurs idées.

Plus métaphysicien, Maurice Blondel (1861-1949) défend la tradition catholique, en la rattachant à une expérience spirituelle globale de l'individu.

Gabriel Marcel (1889-1973)

Gabriel Marcel est un de ceux qui ont introduit en France la pensée existentielle héritée de Kierkegaard, Husserl et Heidegger, avec son *Journal métaphysique* (1914-1928) et *Être et Avoir* (1935), manuels de l'existentialisme chrétien ; leur influence n'a pas cessé de s'étendre en France et à l'étranger. Cette page d'*Être et Avoir* est une protestation contre l'absurde et témoigne d'un élan impératif de l'être vers un ailleurs spirituel qui l'aide à s'accomplir.

Espérance et existence

C'est peut-être la réflexion sur l'espérance qui nous permet de saisir le plus directement ce que signifie le mot transcendance, car l'espérance est un élan, elle est un bond.

Elle implique une sorte de refus radical de supputer les possibilités, et ceci est de la plus grande importance. C'est comme si elle enveloppait à titre de postulat cette affirmation que la réalité déborde toute supputation possible, comme si elle prétendait rejoindre, à la faveur de je ne sais quelle affinité secrète, un principe caché au fond des choses, ou plutôt au fond des événements, qui se rit de ces supputations. Ici on pourrait citer d'admirables textes de Péguy et peut-être de Claudel, qui vont au fond même de ce que j'aperçois.

En ce sens, l'espérance n'est pas seulement une protestation dictée par l'amour, elle est une sorte d'appel, de recours éperdu à un allié qui est amour lui aussi. Et l'élément surnaturel qui est au fond de l'espérance se manifeste ici aussi clairement que son caractère transcendant, car la nature non éclairée par l'espérance ne peut nous apparaître que comme le lieu d'une sorte d'immense et inflexible comptabilité.

D'un autre côté, je me demande si on ne discerne pas ici certaines des limites de la métaphysique bergsonienne, car celle-ci ne me semble pas pouvoir faire la moindre place à ce que j'appelle l'intégrité. Pour un bergsonien, le salut est dans la liberté pure au lieu que, pour une métaphysique d'essence chrétienne, la liberté est ordonnée au salut. Je ne puis que le répéter, l'espérance archétype, c'est l'espoir du salut : mais il semble que le salut ne puisse résider que dans la contemplation. Je ne crois pas que ceci puisse être dépassé.

Ce que j'ai écrit, cet après-midi, sur la non-supputation des possibles me conduit à penser qu'un rapprochement doit être opéré entre l'espérance et la volonté (non point du tout le désir, bien entendu).

L'espérance ne serait-elle pas une volonté dont le point d'application serait placé à l'infini ? Formule à approfondir.

De même qu'il peut y avoir une volonté mauvaise, on doit pouvoir concevoir une espérance démoniaque, et peut-être cette espérance est-elle l'essence même de ce que nous appelons le Démon.

Volonté, espérance, vision prophétique, tout cela se tient, tout cela est assuré dans l'être, hors de la portée d'une raison purement objective ; il me faudrait creuser maintenant la notion de démenti, l'idée d'une puissance de réfutation automatique appartenant à l'expérience en tant que telle.

L'âme n'est que par l'espérance ; l'espérance est peut-être l'étoffe dont notre âme est faite. Ceci encore sera à creuser. Désespérer d'un être, n'est-ce pas le nier en tant qu'âme ; désespérer de soi, n'est-ce pas se suicider par anticipation ?

Éd. Montaigne.

Les arts

La peinture

DADA ET LE SURRÉALISME

La guerre de 14-18 incite, de façon extrêmement aiguë, les philosophes, les poètes, les artistes, à croire en l'absurdité de tout système humain, du monde, de l'existence même. Dada et sa deuxième forme, le surréalisme, naîtront de la guerre : cette explosion de révolte et de destruction systématique, négations de toutes les valeurs considérées comme telles, va tout bouleverser dans le domaine des arts : « Qu'est-ce que c'est beau ? Qu'est-ce que c'est laid ? Qu'est-ce que c'est grand ? fort, faible ? Qu'est-ce que c'est Carpentier, Renan, Foch ? Connais pas. Qu'est-ce que c'est moi ? Connais pas. Connais pas. Connais pas. » (Georges Ribemont-Dessaignes : *Dadaphone, n° 7*). Allant jusqu'à nier l'art en soi, les artistes, qui veulent en ignorer les problèmes spécifiques, ne le considèrent plus comme une fin, mais comme un moyen de libérer leur subconscient, seule vraie puissance de l'esprit, de toutes les contraintes de la raison, afin de transformer le monde. De là, l'importance primordiale qui fut alors donnée au hasard, au rêve, à l'hallucination, à la folie.

La peinture, expression plastique favorite des surréalistes, devient alors une activité spirituelle qui s'en prend au monde extérieur dont l'artiste accepte l'existence pour la désorganiser, la disloquer et dégager, à travers cet éclatement et à partir des rapports insolites qu'il y établit, le vrai mystère du monde. Il faut déconcerter, en brisant la supposée cohérence du monde, pour éveiller l'esprit à sa « réalité supérieure », sa surréalité. Le scandale et le sacrilège sont l'essence même du surréalisme. Marcel Duchamp et Picabia, anti-artistes d'une « époque mécaniste », donnent, l'un avec ses œuvres-sujets, « ready-made », l'autre avec ses engins industriels qu'il appelle « machines inutiles », les premières expressions foncièrement subversives du surréalisme. Le peintre surréaliste choisit comme point de départ de son acte de peindre les images du monde extérieur. Plus ces objets seront reproduits avec réalisme et précision, plus insolites encore paraîtront les combinaisons arbitraires qu'il en fera, et ainsi plus destructeur sera le coup qu'il aura porté au monde extérieur. On comprend dès lors la minutie et l'exactitude photographique des toiles de Dali, le choc hallucinatoire qu'elles provoquent et l'angoisse irrésistible qui en ressort. Cet agencement absurde, ces combinaisons d'images dont la gratuité est celle du rêve, donnent l'occasion au peintre d'épuiser toutes les ressources de son imagination. Mais, à côté de ces images réelles, aux prolongements fantastiques, il y en a d'autres, surgies directement du monde irrationnel de l'inconscient. Ce sont les formes primitives et rudimentaires aux couleurs prestigieuses, que Miró lance dans des espaces imaginaires, ce sont ces germes de vie, souples et ondulants, qui baignent dans l'irréelle et laiteuse clarté des toiles de Tanguy, ce sont les reliefs ronds et durs d'Arp, les tragiques combats élémentaires d'André Masson. Une lumière nouvelle éclaire ces apocalypses : lueur blafarde d'astres morts, cette anti-lumière de cauchemar constitue tout l'insolite des toiles de Max Ernst.

Dans *Le Surréalisme et la Peinture,* André Breton, qui fut le maître à penser du mouvement surréaliste, le considère comme une révolution totale de la pensée, poétique et scientifique : il en explique la démarche nouvelle.

... C'est la même démarche d'une pensée en rupture avec la pensée millénaire, d'une pensée non plus réductive, mais indéfiniment inductive et extensive dont l'objet, au lieu de se situer une fois pour toutes en deçà d'elle-même, se recrée à perte de vue au-delà. Cette pensée ne se découvrirait, en dernière analyse, de plus sûre génératrice que l'anxiété inhérente à un temps où la fraternité humaine fait de plus en plus défaut, cependant que les systèmes les mieux constitués – y compris les systèmes sociaux – paraissent frappés de pétrification. Elle est, cette pensée, déliée de tout attachement à tout ce qui a pu être tenu pour définitif avant elle, éprise de son seul mouvement.

Cette pensée se caractérise essentiellement par le fait qu'y préside une volonté d'objectivation sans précédent. Que l'on comprenne bien, en effet, que les « objets » mathématiques au même titre que les objets poétiques se recommandent de tout autre chose, aux yeux de ceux qui les ont construits, que de leurs qualités plastiques et que si, d'aventure, ils satisfont à certaines exigences esthétiques, ce n'en serait pas moins une erreur que de chercher à les apprécier sous ce rapport. Lorsque, par exemple, en 1924, je proposais la fabrication et la mise en circulation d'objets apparus en rêve, l'accession à l'existence concrète de ces objets, en dépit de l'aspect insolite qu'ils pouvaient revêtir, était bien plutôt envisagée par moi comme un moyen que comme une fin.

Certes, j'étais prêt à attendre de la multiplication de tels objets une dépréciation de ceux dont l'utilité convenue (bien que souvent contestable) encombre le monde dit réel ; cette dépréciation me semblait très particulièrement de nature à déchaîner les puissances d'invention qui, au terme de tout ce que nous pouvons savoir du rêve, se fussent exaltées au contact des objets d'origine onirique, véritables désirs solidifiés. Mais, par-delà la création de tels objets, la fin que je poursuivais n'était rien moins que l'objectivation de l'activité de rêve, son passage dans la réalité...

Gallimard, édit.

L'ART ABSTRAIT

L'art abstrait, en bouleversant toutes les structures traditionnelles, a déclenché la grande révolution artistique de notre temps. Il est l'aboutissement logique d'une démarche expérimentale, profondément vraie, de cubistes et de surréalistes qui ont, d'une part, poussé jusqu'à ses extrêmes limites l'étude du réel (ce sont les épures de Mondrian, qui privilégie les formes tracées à la règle), et qui ont, d'autre part, abandonné l'investigation du réel figuré pour celle de l'informel : c'est la première aquarelle abstraite de Kandinsky (1910), libérée du sujet, affranchie de toutes contingences extérieures, expression colorée et musicale de son propre rythme intérieur. C'est une peinture métaphysique déroutante et, si l'on reste perplexe devant de telles œuvres, qui n'offrent aucun point de repère, on y sent, du moins, quelquefois, la présence d'un univers bien réel et cette présence est sans conteste une preuve d'authenticité. L'art abstrait est devenu un langage universel ; pour certains, qui dédaignent les pures conceptions géométriques, il se présente comme le prolongement d'un geste instinctif et spontané, ce qui amène Hartung et Mathieu à réinventer le « signe » violent et jaillissant de la calligraphie ; il est l'expression d'une expérience spirituelle qui se révèle une impasse, l'aboutissement final de l'angoisse de vivre quand on ne croit plus à rien.

L'EXPRESSIONNISME

La guerre de 14-18, en leur révélant la cruauté du monde, avait amené les peintres à traduire en images violentes l'horreur qu'elle avait fait naître en eux ; les œuvres de ces peintres furent farouches comme celles de Fauconnier, virulentes comme celles d'Édouard Goerg ; toutes célébraient un retour à la figuration et à l'image, mais cette image était toujours déformée, caricaturale, blasphématoire. Tel se veut, en effet, l'expressionnisme, « expression » de la réaction sentimentale ou frénétique de l'artiste aux événements extérieurs. Ainsi Gromaire apporte sa verve gothique à la peinture de la comédie sociale – la rue, l'auto, le quotidien le plus trivial –, dont elle prend la couleur de terre et les formes mal dégrossies. Sensible à la matière, Gromaire l'enrichira pourtant d'une vitalité qui la sauve du tragique.

Figurative ou non, la peinture moderne est ainsi plus que jamais une œuvre personnelle, qui s'adresse avant tout à celui qui l'a inventée, tandis que peut de moins en moins se définir le plaisir esthétique qu'elle réserve au spectateur. Ce que dit ici Picasso révèle un aspect fondamental de l'art contemporain.

Le peintre subit des états de plénitude et d'évacuation. C'est là tout le secret de l'art. Je me promène dans la forêt de Fontainebleau. J'y attrape une indigestion de vert. Il faut que j'évacue cette sensation sur un tableau. Le vert y domine. Le peintre fait de la peinture comme un besoin urgent de se décharger de ses sensations ou de ses visions. Les hommes s'en emparent pour habiller un peu leur nudité. Ils prennent ce qu'ils peuvent et comme ils peuvent. Je crois que, finalement, ils ne prennent rien ; ils ont tout simplement taillé un habit à la mesure de leur incompréhension. Ils font tout à leur image depuis Dieu jusqu'au tableau. C'est pourquoi le piton (1) est le destructeur de la peinture. Celle-ci a toujours quelque importance, au moins celle de l'homme qui l'a faite. Le jour où elle a été achetée et accrochée au mur, elle a pris une importance d'une autre espèce, et la peinture a été fichue...

Tout le monde veut comprendre la peinture. Pourquoi n'essaie-t-on pas de comprendre le chant des oiseaux ? Pourquoi aime-t-on une nuit, une fleur, tout ce qui entoure l'homme, sans chercher à les comprendre ? Qu'ils comprennent surtout que l'artiste œuvre par nécessité ; qu'il est, lui aussi, un infime élément du monde, auquel il ne faudrait pas prêter plus d'importance qu'à tant de choses de la nature qui nous charment mais que nous ne nous expliquons pas. Ceux qui cherchent à expliquer un tableau font, la plupart du temps, fausse route. Gertrude Stein m'annonçait, il y a quelque temps, joyeuse, qu'elle avait enfin compris ce que représentait mon tableau : trois musiciens. C'était une nature morte !

Cahiers d'Art, édit.

La sculpture

La sculpture de l'entre-deux-guerres, après la « géométrisation » cubiste et le « readymade » surréaliste, qu'elle continuera d'ailleurs d'exploiter, redécouvrira l'homme et son éternelle souffrance. Giacometti (1901-1966), qui fut cubiste et surréaliste, donnera le meilleur de son art et de lui-même dans ses figures étirées, filiformes et sans poids, squelettes tragiques dont le dynamisme intérieur s'impose à l'espace comme un défi. Pevsner (1886-1962), venu de Russie, conquiert cet espace en y décrivant les développements rythmés de ses « constructions » qui tiennent autant de l'architecture que de la sculpture.

La sculpture abstraite, qui peut tout se permettre, s'imposera davantage grâce au langage du matériau et à ses possibilités illimitées. Traditionnel ou inédit comme le laiton ou le carton lancés par le cubisme et le surréalisme, le matériau prend une importance capitale et devient en soi élément de beauté.

(1) Qui sert à accrocher la toile au mur.

La musique

En 1918, se constituera, autour de Cocteau et de Satie, le « groupe des Six », avec G. Auric, L. Durey, A. Honegger, D. Milhaud, F. Poulenc et G. Tailleferre, qui partagent la volonté de célébrer un expressionnisme musical, où Claudel jouera bientôt un rôle prépondérant (1). Dans *Le Coq et l'Arlequin,* Cocteau définit cette musique nouvelle, simple et proche de l'auditeur.

Il faut que le musicien guérisse la musique de ses enlacements, de ses ruses, de ses tours de cartes, qu'il l'oblige le plus possible à rester en face de l'auditeur.

Un poète a toujours trop de mots dans son vocabulaire, un peintre trop de couleurs sur sa palette, un musicien trop de notes sur son clavier.

Schönberg est un maître; tous nos musiciens et Stravinsky lui doivent quelque chose, mais Schönberg est surtout un musicien de tableau noir.

Satie contre Satie. – Le culte de Satie est difficile, parce qu'un des charmes de Satie, c'est justement le peu de prise qu'il offre à la déification.

En musique la ligne, c'est la mélodie. Le retour au dessin entraînera nécessairement un retour à la mélodie.

Satie enseigne la plus grande audace à notre époque : être simple. N'a-t-il pas donné la preuve qu'il pourrait raffiner plus que personne ? Or, il déblaie, il dégage, il dépouille le rythme. Est-ce de nouveau la musique sur qui, disait Nietzsche, « l'esprit danse », après la musique « dans quoi l'esprit nage » ?

Ni la musique dans quoi on nage, ni la musique sur qui on danse : DE LA MUSIQUE SUR LAQUELLE ON MARCHE.

Assez de nuages, de vagues, d'aquariums, d'ondines et de parfums la nuit; il nous faut une musique sur la terre, UNE MUSIQUE DE TOUS LES JOURS.

La musique est le seul art dont la foule admette qu'il ne représente pas quelque chose. Et pourtant, la belle musique est la musique ressemblante.

Les lettres

La poésie entre les deux guerres

Tandis que Paul Valéry exerce dans le champ de la poésie le contrôle impitoyable de sa froide lucidité et l'art savant de son expression, le mouvement surréaliste libère, au contraire, l'inspiration poétique de toutes les contraintes et la fait jaillir des profondeurs de l'inconscient.

Paul Valéry

SA VIE (1871-1945)

Né à Sète, Paul Valéry passe sa jeunesse à Montpellier, où il entreprend des études de droit. Admirateur de Verlaine et de Mallarmé, il écrit d'abord des poèmes symbolistes, réunis plus tard dans l'*Album de vers anciens* (1920). Mais, bientôt, il abandonne la poésie pour s'attacher exclusivement à analyser et à discipliner sa propre pensée, à pénétrer les

---

(1) C'est Milhaud, par exemple, qui va composer, en 1932, la musique de *L'Annonce faite à Marie,* Honegger qui compose celles de *Jeanne au bûcher* (1935) et de *La Danse des morts* (1938), œuvres de Claudel.

secrets de l'esprit et de ses démarches, à jeter les bases d'une méthode universelle de la pensée. *L'Introduction à la méthode de Léonard de Vinci* (1895) est née, de son propre aveu, de la séduction qu'exerçait sur lui l'universalité d'un génie qui « avait trouvé l'attitude centrale à partir de laquelle les entreprises de la connaissance et les opérations de l'art sont également possibles ». *La Soirée avec M. Teste* (1896) offre, dans le même sens, un autre témoignage : M. Teste est « un monstre d'intelligence et de conscience de soi » qui, par l'analyse aiguë du fonctionnement de son esprit, arrive à découvrir les lois de la pensée qui nous échappent.

Après avoir consacré, comme son héros, vingt ans de sa vie à une ascèse intellectuelle, dont ses *Cahiers* offrent le témoignage, Valéry revient à la poésie et publie *La Jeune Parque* (1917) puis un dernier recueil, *Charmes* (1922). Désormais, le prosateur prend le pas sur le poète. Il traite les sujets les plus divers, en une langue précise et vigoureuse. *Eupalinos* (1923) élargit au domaine artistique un essai dialogué sur l'architecture. La suite de volumes parus sous le titre de *Variété* groupe des articles littéraires, philosophiques et politiques, tandis que Valéry occupe au Collège de France la chaire de Poétique.

SA DOCTRINE POÉTIQUE

Le penseur qui s'est assigné comme idéal de réaliser en lui « le plus de conscience possible » ne saurait accepter d'être l'inspiré, « ce poète qui se borne à transcrire ce qu'il reçoit, à livrer à des inconnus ce qu'il tient de l'inconnu ». Au reste, cette soumission à l'inspiration se condamne elle-même par ses résultats : « Il ne reste que quelques vers de bien des poèmes. » C'est au contraire par un effort de concentration lucide et méthodique que s'édifiera une œuvre poétique.

Le même contrôle sévère et lucide s'exerce sur la forme. Valéry accepte de se plier aux règles de la prosodie classique comme à celles qui régissent les poèmes à forme fixe, car il y voit autant de contraintes salutaires, propres à endiguer l'élan aveugle de l'inspiration. De même, le détail de l'expression, le choix des mots et leur agencement sont le fruit d'un travail patient et savant. Car les mots, au sein du langage poétique, cessent pour lui d'être liés, comme dans la prose, au contenu précis de la pensée : ils valent par leur sonorité, par la manière dont ils s'insèrent dans un rythme, par le pouvoir de suggestion qu'ils possèdent en eux-mêmes et en vertu de leurs combinaisons. Aussi peuvent-ils agir sur le moi total du lecteur, à la manière d'un « charme » qui l'enveloppe.

Quant à l'objet de cette poésie, il est la prise de conscience de l'intelligence par elle-même, l'appréhension des phénomènes mentaux et des mouvements de l'âme. « La poésie est l'essai de représenter ou de restituer par les moyens du langage articulé ces choses ou cette chose que tentent obscurément d'exprimer les cris, les larmes, les caresses, les baisers, les soupirs... ». Son domaine d'élection se situe donc moins dans la clarté de la conscience que dans la pénombre de ses arrière-plans.

LE CIMETIÈRE MARIN

L'évocation du cadre dans les premières strophes – le cimetière de Sète au bord de la mer, où sera d'ailleurs enterré le poète – annonce déjà cette méditation sur la vie et la mort qui est le sujet du poème, puisque la mer symbolise ici le mouvement et la vie. Le sentiment que le poète prend de son existence éphémère l'amène à méditer sur la condition de l'homme, sur l'espérance d'immortalité, sur cet anéantissement qui succède à la mort.

Ils ont fondu dans une absence épaisse,
L'argile rouge a bu la blanche espèce (1),
Le don de vivre a passé dans les fleurs !
Où sont des morts les phrases familières,
L'art personnel, les âmes singulières ?
La larve file où se formaient des pleurs.

Les cris aigus des filles chatouillées,
Les yeux, les dents, les paupières mouillées,
Le sein charmant qui joue avec le feu,
Le sang qui brille aux lèvres qui se rendent,
Les derniers dons, les doigts qui les défendent,
Tout va sous terre et rentre dans le jeu !

Et vous, grande âme, espérez-vous un songe (2)
Qui n'aura plus ces couleurs de mensonge
Qu'aux yeux de chair l'onde et l'or font ici ?
Chanterez-vous quand serez vaporeuse ?
Allez ! Tout fuit ! Ma présence est poreuse,
La sainte impatience meurt aussi !

Dans un sursaut, le poète se rattache à la vie éphémère. Il en goûte la plénitude avec une sorte d'ivresse physique, dont l'élan se poursuit jusqu'aux derniers vers.

Non, non !... Debout ! Dans l'ère successive (3) !
Brisez, mon corps, cette forme pensive !
Buvez, mon sein, la naissance du vent !
Une fraîcheur, de la mer exhalée,
Me rend mon âme... Ô puissance salée !
Courons à l'onde en rejaillir vivant !

Oui ! Grande mer de délires douée,
Peau de panthère et chlamyde (4) trouée
De mille et mille idoles du soleil (5),
Hydre absolue, ivre de ta chair bleue,
Qui te remords (6) l'étincelante queue
Dans un tumulte au silence pareil,

Le vent se lève !... Il faut tenter de vivre !
L'air immense ouvre et referme mon livre,
La vague en poudre ose jaillir des rocs !
Envolez-vous, pages tout éblouies !
Rompez, vagues ! Rompez d'eaux réjouies
Ce toit tranquille où picoraient des focs (7) !

Gallimard, édit.

Tristan Tzara et le mouvement Dada

Dès le début du XXe siècle, une méfiance croissante à l'égard des valeurs rationnelles et des traditions bourgeoises se fait jour. Le philosophe Bergson a mis l'accent sur le rôle de l'intuition dans la vie mentale (8) ; les romans de Dostoïevski font une large part aux contradictions, aux poussées anarchiques et incontrôlables du cœur humain ; le domaine de la médecine s'étend à la psychopathologie, que Freud renouvelle avec la psychanalyse ; les savants admettent dans la physique même un principe d'indétermination, et les peintres cubistes dissocient la réalité pour mieux la saisir.

Dans la littérature même, certains écrivains ne s'étaient pas contentés d'explorer l'univers du mal comme Baudelaire, de se livrer à l'aventure poétique comme Rimbaud, ou de libérer toutes les forces individuelles comme Lautréamont ; Apollinaire, qui a inventé le mot « surréaliste », avait cherché d'instinct le détail surprenant, la dissonance, la surprise, tout comme Cendrars ; Jarry, avec une intention provocatrice, avait lancé l'énorme farce d'*Ubu* et fait de sa vie même un défi constant.

Mais c'est la guerre de 14 qui suscita une véritable poussée d'indignation et de colère : le désespoir de quelques jeunes hommes audacieux et convaincus les incite à dénoncer violemment l'absurdité du monde et les mensonges de la société.

---

(1) Les ossements des morts, désignés précédemment par « ils ». – (2) La croyance que la mort permettrait d'accéder à la réalité par-delà le monde des apparences qui est le monde des humains ; pour Valéry, dans cet universel écroulement qu'est la mort, l'inspiration disparaît en même temps que le sentiment. – (3) La continuité du temps. – (4) Manteau grec. – (5) Idoles : au sens étymologique, images, ici celles qui se reflètent dans la mer. – (6) Te mords à nouveau : cela évoque le flux et le reflux. – (7) La mer où passaient les voiles des navires. – (8) *Cf.* pp. 295-296.

LE MOUVEMENT DADA

C'est en 1916, au café Voltaire à Zurich, que Tristan Tzara proclame à la face du monde le vocable dérisoire et révolutionnaire de « Dada », en publiant *La Première Aventure céleste de M. Antipyrine* (1). Correspondant d'Apollinaire, il collabore à *Nord-Sud,* revue que dirige Reverdy, et fait paraître l'éclatant *Manifeste dada* en 1918, où il exprime avec force son dégoût.

Tout produit du dégoût susceptible de devenir une négation de la famille est ***dada***; protestation aux poings de tout son être en action destructive : DADA ; connaissance de tous les moyens rejetés jusqu'à présent par le sexe pudique du compromis commode et de la politesse : DADA ; abolition de la logique, danse des impuissants de la création : *DADA* ; de toute hiérarchie et équation sociale installée pour les valeurs par nos valets : DADA ; chaque objet, tous les objets, les sentiments et les obscurités, les apparitions et le choc précis des lignes parallèles, sont des moyens pour le combat : DADA; abolition de la mémoire : **DADA**; abolition de l'archéologie : ***DADA***; abolition des prophètes : **DADA**; abolition du futur : **DADA**; croyance absolue indiscutable dans chaque dieu produit immédiat de la spontanéité : **DADA**; saut élégant et sans préjudice d'une harmonie à l'autre sphère ; trajectoire d'une parole jetée comme un disque sonore cri ; respecter toutes les individualités dans leur folie du moment : sérieuse, craintive, timide, ardente, vigoureuse, décidée, enthousiaste ; peler son église de tout accessoire inutile et lourd; cracher comme une cascade lumineuse la pensée désobligeante ou amoureuse, ou la choyer – avec la vive satisfaction que c'est tout à fait égal – avec la même intensité dans le buisson, pur d'insectes pour le sang bien né, et doré de corps d'archanges, de son âme. Liberté : **DADA DADA DADA**; hurlement des douleurs crispées, entrelacement des contraires et de toutes les contradictions, des grotesques, des inconséquences : LA VIE.

J.-J. Pauvert, édit.

Il arrive à Paris en 1919 et se met en rapport avec Aragon, Breton, Soupault, Éluard, Ribemont-Dessaignes. Plusieurs manifestations sont organisées et provoquent le scandale prévu. Cependant, un mouvement si destructeur finit logiquement par se détruire lui-même, mais les hommes qui l'avaient constitué vont faire tous leurs efforts pour réorganiser le monde : ce sera le surréalisme.

LA POÉSIE DE TZARA (1896-1963)

Pendant dix ans, Tzara reste à l'écart du surréalisme, poursuivant la démolition impitoyable de la littérature et l'éclatement du langage, gardant son indépendance. Il ne se rapproche du mouvement surréaliste que vers 1931, au moment où celui-ci devient révolutionnaire, parce qu'il croit à la nécessité de l'action. En effet, la destruction de la littérature a pour contrepartie, pour Tzara, le recours à l'action : il s'agissait pour lui de fournir la preuve que la poésie était une force vivante sous tous les aspects, même antipoétiques, l'écriture n'en étant qu'un véhicule occasionnel. Cette action fut sans doute combat politique, et résistance à la tyrannie – de 1934 à 1936, il joue un rôle d'organisateur en Espagne, puis participe à la Résistance – mais elle prit aussi les formes de la danse, du masque, du chant primitif, formes vraies et spontanées de sa vie affective. La poésie, en réalité, ne se détruit pas, elle change de dimension et de portée; elle est une action où le poète est libre et responsable. Ainsi, elle est activité même de l'esprit (2) : elle n'a pas à exprimer une réalité, elle est elle-même réalité. Les œuvres essentielles de Tzara sont : *Le Poids du monde* (1951), *La Face intérieure* (1954), *Le Fruit permis* (1957), *La Rose et le Chien* (1958).

---

(1) Médicament qui fait baisser la température et calme les névralgies. – (2) Ce qui n'est pas si loin de l'étymologie du mot « poésie », du grec « poièsis » : art de faire.

LE CERVEAU DÉSINTÉRESSÉ

La première publication dada, qui est aussi la première œuvre de Tzara, est une éclatante manifestation de la nouvelle doctrine, une complète démolition du langage. Par des contradictions insolentes – le cerveau, organe habituel de l'intelligence, est ici « désintéressé », l'œil « porte des moustaches » comme les portraits du livre d'un écolier irrespectueux –, par des associations insolites, par des mots antipoétiques ou des objets inutiles auxquels la rêverie s'accroche, ce monde nouveau est vraiment un monde brisé (La Deuxième Aventure céleste de M. Antipyrine, fragments).

Sifflet gonflé de citronnade sans amour
réveil dans le lait condensé
rencontre un poisson de femme jaune merci aspire
la couleur de lanterne opium
les oreilles du violon
l'heure de la tranche de l'œil du vent
porte des moustaches
M. Interruption
eh bien mon œil porte aussi des moustaches.
M. Absorption
sort par une pompe à gomme
mesure ou parfume
ou allume car je suis toujours possible
M. Antipyrine
je exportation
M. Saturne
avez-vous des grenouilles dans les souliers
Oreilli
bbbbbbbbb
M. Absorption
les pincettes chevalines
des sexes d'autruche saturés.

Les Réverbères, édit.

André Breton et le surréalisme

LE MOUVEMENT SURRÉALISTE

Le surréalisme regroupe la plupart de ceux qui avaient suivi Tzara : André Breton, Aragon, Éluard, Soupault, Desnos, Ernst, ont suffisamment d'intentions communes pour qu'on puisse les associer jusqu'en 1930.

Le *Premier Manifeste du surréalisme,* publié par André Breton en 1924, exprime, d'une façon très méthodique, leur programme d'exploration du surréel : il y a bien là une volonté de connaissance nouvelle et de reconquête du monde, qui apparaît dans la définition que donne Breton.

Surréalisme, nom masculin : automatisme psychique pur par lequel on se propose d'examiner, soit verbalement, soit par écrit, soit de toute autre manière, le fonctionnement réel de la pensée. Dictée de la pensée en l'absence de tout contrôle exercé par la raison, en dehors de toute préoccupation esthétique ou morale.

Encycl. Philos. Le surréalisme repose sur la croyance à la réalité supérieure de certaines formes d'associations négligées jusqu'à lui, à la toute puissance du rêve, au jeu désintéressé de la pensée. Il tend à ruiner définitivement tous les autres mécanismes psychiques et à se substituer à eux dans la résolution des principaux problèmes de la vie.

Il propose aussi une méthode pour atteindre la surréalité, dont l'écriture automatique, la transcription des rêves, les révélations du délire et de la folie sont les moyens.

Faites-vous apporter de quoi écrire, après vous être établi en un lieu aussi favorable que possible à la concentration de votre esprit sur lui-même. Placez-vous dans l'état le plus passif, ou réceptif, que vous pourrez. Faites abstraction de votre génie, de vos talents et de ceux de tous les autres. Dites-vous bien que la littérature est un des plus tristes chemins qui mènent à tout.

Écrivez vite sans sujet préconçu, assez vite pour ne pas retenir et ne pas être tenté de vous relire. La première phrase viendra toute seule, tant il est vrai qu'à chaque seconde il est une phrase étrangère à notre pensée consciente qui ne demande qu'à s'extérioriser. Il est assez difficile de se prononcer sur le cas de la phrase suivante ; elle participe sans doute de notre activité consciente et de l'autre, si l'on admet que le fait d'avoir écrit la première entraîne un minimum de perception. Peu doit vous importer, d'ailleurs ; c'est en cela que réside, pour la plus grande part, l'intérêt du jeu surréaliste.

Gallimard, édit.

De 1930 à 1939, le surréalisme diffuse ses leçons en prenant des formes très diverses. Beaucoup d'écrivains s'en éloignent pourtant, soit volontairement, soit après avoir été exclus par Breton, et, tels Reverdy et Jouve, poursuivent une œuvre personnelle. Mais surtout l'évolution d'Aragon, dès 1930, d'Éluard, en 1938, vers une pensée personnelle nettement engagée, marque une scission importante du surréalisme. Breton affirme la nécessité d'une action révolutionnaire, sans se rallier toutefois au socialisme soviétique. L'éclatement est définitif, mais l'esprit surréaliste reste très vivant ; la conférence de Londres se réunit en 1936, des manifestations nombreuses ont lieu à la veille de la guerre à Paris, en Suisse, aux Canaries.

Pendant la guerre, bien des poètes, qui avaient tenté l'expérience surréaliste, s'adonnent à une action directe et militent dans la Résistance (Desnos, qui meurt en déportation, Max Jacob, Éluard, Aragon, Char, Jouve...). Dans leurs poèmes clandestins, les images surréalistes s'associent parfois à l'épopée traditionnelle. D'autres artistes, réfugiés aux États-Unis (Salvador Dali, Tanguy) et au Mexique (Péret), continuent leurs recherches. Leurs publications sont nombreuses, leur rayonnement est indéniable.

Le retour de Breton à Paris (1946) sera marqué par de nouvelles manifestations ; il participe à des mouvements pacifistes et mondialistes, et tente de ranimer le mouvement surréaliste. Mais celui-ci appartient déjà à l'histoire de la pensée moderne ; Maurice Nadeau, Michel Carrouges l'étudient et l'expliquent. Pourtant, il alimente encore la littérature actuelle.

L'ŒUVRE DE BRETON (1896-1966)

Après le *Manifeste du surréalisme* proclamant la nécessité de révéler « la vie intérieure », Breton publie, en 1926, *Légitime Défense* et, en 1928, *Nadja,* roman qui introduit avec une sorte d'aisance lucide, la folie dans l'œuvre littéraire et qui l'analyse dans ses rapports avec la vie quotidienne. Dans le *Second Manifeste du surréalisme* (1930), Breton défend la doctrine dans toute sa pureté, et il donne dans *L'Immaculée Conception,* en collaboration avec Éluard, une imitation du délire verbal des aliénés. *Les Vases communicants* paraissent en 1932, *L'Amour fou* en 1937.

L'action de Breton s'est exercée avant tout dans le sens d'une révolution totale, qui ne veut épargner ni la famille, ni la patrie, ni la religion. Cette volonté de destruction met en cause l'image que l'homme se fait de l'univers, dissocie les structures fondamentales de la pensée. En fait, Breton prétend conquérir l'irrationnel, non s'y abandonner ; il veut découvrir « la vie passive de l'intelligence ». Il s'efforce d'exprimer cette discontinuité mentale que la composition rhétorique ne peut encadrer, en recourant à des images neuves, à des associations inédites, à des contrastes, à des effets de surprise, à des calembours. Il a reconnu « l'absence de frontière entre la folie et la non-folie » et affirmé que « rien n'est impossible ». Le rêve, l'écriture automatique, le délire, l'humour noir, « révolte supérieure de l'esprit », sont à la fois explorations et expériences.

Le moyen de reconstruire le monde, de retrouver l'union de l'homme et de l'univers, c'est l'amour, qui ne se distingue guère de la poésie : « ''L'étreinte poétique'', comme ''l'étreinte de chair'' empêche toute échappée sur la misère du monde. ''Aimez'' est le dernier commandement... et l'essentiel (1). »

(1) *Vie légendaire de Max Ernst,* 1942.

CLAIR DE TERRE (1923)

Sorte de rébus où l'imagination et la poésie jouent à cache-cache, figures de rêves et paysages de villes fantastiques, c'est bien un monde nouveau que l'inconscient du poète, en une création spontanée, nous entrouvre ici, mêlant le plus profond pessimisme et l'élan vers la vie et l'amour.

Si seulement il faisait du soleil cette nuit
Si dans le fond de l'Opéra deux seins miroitants et [clairs
Composaient pour le mot amour la plus merveilleuse [lettrine (1) vivante
Si le pavé de bois s'entr'ouvrait sur la cime des [montagnes
Si l'hermine regardait d'un air suppliant
Le prêtre à bandeaux rouges
Qui revient du bagne en comptant les voitures fermées
Si l'écho luxueux des rivières que je tourmente
Ne jetait que mon corps aux herbes de Paris
Que ne grêle-t-il à l'intérieur des magasins de [bijouterie
Au moins le printemps ne me ferait plus peur
Si seulement j'étais une racine de l'arbre du ciel
Enfin le bien dans la canne à sucre de l'air
Si l'on faisait la courte échelle aux femmes
Que vois-tu belle silencieuse
Sous l'arc de triomphe du Carrousel (2)
Si le plaisir dirigeait sous l'aspect d'une passante [éternelle
Les Chambres n'étant plus sillonnées que par [l'œillade violette des promenoirs
Que ne donnerais-je pour qu'un bras de la Seine se [glissât sous le Matin
Qui est de toute façon perdu
Je ne suis pas résigné non plus aux salles caressantes
Où sonne le téléphone des amendes du soir
En partant j'ai mis le feu à une mèche de cheveux [qui est celle d'une bombe
Et la mèche de cheveux creuse un tunnel sous Paris
Si seulement mon train entrait dans ce tunnel.

Gallimard, édit.

Robert Desnos (1900-1945)

Parisien épris de sa ville, Desnos a assimilé toutes les acquisitions surréalistes, en particulier les révélations de l'écriture automatique et du sommeil hypnotique, puis il s'est séparé d'eux. Il a redécouvert la complainte populaire, puis le poème militant et même guerrier :

Je suis le veilleur de la Porte-Dorée (3)
Autour du donjon le bois de Vincennes épaissit ses [ténèbres
J'ai entendu des cris dans la direction de Créteil (4)
Et des trains roulent vers l'est avec un sillon de chants [de révolte...

Avant de mourir en déportation, il ne cessa d'affirmer son refus de toutes les contraintes, par exemple dans *Deuil sur deuil* (1924) et dans *La Liberté ou l'Amour* (1927), et son amour fraternel pour l'humanité :

J'ai tant rêvé de toi, tant marché, parlé, couché avec ton fantôme qu'il ne me reste plus peut-être, et pourtant, qu'à être fantôme parmi les fantômes et plus ombre cent fois que l'ombre qui se promène et se promènera allégrement sur le cadran solaire de ta vie.

Corps et Biens (1930), Gallimard, édit.

(1) Lettre majuscule, le plus souvent ornée, qui figure au début d'un chapitre. – (2) Il se trouve face au Louvre, dans le jardin des Tuileries. – (3) Une des portes de Paris. – (4) Dans les environs de Paris.

Philippe Soupault (1897-1990)

Lui aussi prit une part active à l'aventure surréaliste, en particulier par sa collaboration au recueil *Les Champs magnétiques* (1920) avec Breton, suite de textes obtenus par l'écriture automatique. Ses nombreux voyages comme journaliste à travers le monde enrichissent son œuvre poétique qui se fait l'écho des expériences nouvelles et du modernisme artistique : Soupault fait preuve notamment d'un goût prononcé pour la ville et ses contrastes, pour les rythmes échevelés du jazz; dans ses romans et ses poèmes (*Georgia,* 1926; *Poésies complètes,* 1937), il célèbre l'insolite et l'amour, le plus fou et le plus désespéré.

Je ne dors pas Georgia
Je lance des flèches dans la nuit Georgia
j'attends Georgia
Le feu est comme la neige Georgia
La nuit est ma voisine Georgia
J'écoute les bruits tous sans exception Georgia
je vois la fumée qui monte et qui fuit Georgia
je marche à pas de loup dans l'ombre Georgia
je cours voici la rue les faubourgs Georgia
Voici une ville qui est la même
et que je ne connais pas Georgia
je me hâte voici le vent Georgia
et le froid et le silence et la peur Georgia
je fuis Georgia
je cours Georgia
les nuages sont bas ils vont tomber Georgia
j'étends les bras Georgia
je ne ferme pas les yeux Georgia
j'appelle Georgia
je crie Georgia
j'appelle Georgia
je t'appelle Georgia
Est-ce que tu viendras Georgia
bientôt Georgia
Georgia Georgia Georgia
Georgia
je ne dors pas Georgia
je t'attends
Georgia

Grasset, édit.

Paul Éluard

SA VIE (1895-1952)

Né dans une triste banlieue ouvrière de Paris, Eugène Grindel, dit Paul Éluard, participe activement, après la guerre de 14-18, au mouvement littéraire et se mêle au groupe surréaliste, rêvant d'une poésie vivante qui consolerait les souffrances des hommes et leur apporterait l'espérance. Au cours de la dernière guerre, il milite dans la Résistance, rallie le parti communiste clandestin (1942) et mène de pair une activité politique et une carrière littéraire féconde.

DU SURRÉALISME À L'ENGAGEMENT

L'œuvre d'Éluard, essentiellement poétique, s'étend sur trente-cinq années : *Capitale de la douleur* (1926), *L'Amour, la poésie* (1929), *La Rose publique* (1934) appartiennent à sa période surréaliste; de 1922 à 1925, il apprend à explorer les domaines secrets du rêve, des angoisses, de l'hypnose, de la folie. Cette recherche est traduite par un art exigeant et une langue parfaitement pure; la syntaxe peut être elliptique, le choix des mots reste rigoureux. C'est de la sobriété même de la prose poétique que doit naître la rêverie : la quête surréaliste se confond ainsi avec l'aventure spirituelle la plus haute.

Les surréalistes voulaient changer la vie : *Poésie et Vérité* (1942), *Au rendez-vous allemand* (1944), *Poésie ininterrompue* sont les témoignages de son engagement politique et patriotique. Mais pour Éluard, tuberculeux dès son adolescence, témoin de tant de misères dans sa banlieue natale et dans les tranchées, l'engagement politique est inséparable d'une tendresse fraternelle. Même ses poèmes de guerre contiennent plus d'amour pour les victimes que de haine pour l'ennemi.

Éluard fut aussi un grand poète de l'amour, et la femme tient une très grande place dans son œuvre. Joie spontanée au spectacle de la beauté, profondeurs mystérieuses de la passion, et aussi souffrances éprouvées à la mort de sa femme Nusch en 1946, il a connu et fait connaître toutes les nuances, toutes les variations heureuses ou malheureuses du sentiment amoureux. Il chante également les joies familières et les satisfactions quotidiennes que lui procurait son amour des êtres et des choses, en une sorte de certitude intime, une joie de vivre et de chanter, qui triomphait de toutes les laideurs et de toutes les souffrances d'un monde cruel, « réinventant » le feu, « réinventant » les hommes et la nature et leur patrie,
« celle de tous les hommes,
celle de tous les temps ».

L'AMOUR, LA POÉSIE

Dans ce poème, par le jaillissement des images, Éluard associe la puissance de l'amour et la création poétique, capables tous deux de métamorphoser le monde.

La terre est bleue comme une orange
Jamais une erreur les mots ne mentent pas
Ils ne vous donnent plus à chanter
Au tour des baisers de s'entendre
Les fous et les amours
Elle sa bouche d'alliance
Tous les secrets tous les sourires
Et quels vêtements d'indulgence
À la croire toute nue.
Les guêpes fleurissent vert
L'aube se passe autour du cou
Un collier de fenêtres
Des ailes couvrent les feuilles
Tu as toutes les joies solaires
Tout le soleil sur la terre
Sur les chemins de la beauté.

Gallimard, édit.

LA MORT, L'AMOUR, LA VIE

Ce poème est bien la « somme » lyrique annoncée par son titre. Dans la première partie, c'est le désespoir immense, le chagrin nu et l'acceptation du néant. La deuxième partie ramène la lumière de l'amour, promet l'aurore et le repos ébloui; la vie triomphe enfin dans les champs, les usines, sur la mer et sur les forêts. Le poète retrouve la fraternité et s'élève à une communion cosmique (Le Phénix, *1951*).

J'ai cru pouvoir briser la profondeur l'immensité
Par mon chagrin tout nu sans contact sans écho
Je me suis étendu dans ma prison aux portes vierges
Comme un mort raisonnable qui a su mourir
Un mort non couronné sinon de son néant
Je me suis étendu sur les vagues absurdes
Du poison absorbé par amour de la cendre
La solitude m'a semblé plus vive que le sang

Je voulais désunir la vie
Je voulais partager la mort avec la mort
Rendre mon cœur au vide et le vide à la vie
Tout effacer qu'il n'y ait rien ni vitre ni buée
Ni rien devant ni rien derrière rien entier
J'avais éliminé le glaçon des mains jointes
J'avais éliminé l'hivernale ossature
Du vœu de vivre qui s'annule.

Tu es venue le feu s'est alors ranimé
L'ombre a cédé le froid d'en bas s'est étoilé
Et la terre s'est recouverte
De ta chair claire et je me suis senti léger

Tu es venue la solitude était vaincue
J'avais un guide sur la terre je savais
Me diriger je me savais démesuré
J'avançais je gagnais de l'espace et du temps
J'allais vers toi j'allais sans fin vers la lumière
La vie avait un corps l'espoir tendait sa voile
Le sommeil ruisselait de rêves et la nuit
Promettait à l'aurore des regards confiants
Les rayons de tes bras entr'ouvraient le brouillard
Ta bouche était mouillée des premières rosées
Le repos ébloui remplaçait la fatigue
Et j'adorais l'amour comme à mes premiers jours

Les champs sont labourés les usines rayonnent
Et le blé fait son nid dans une boule énorme
La moisson la vendange ont des témoins sans nombre
Rien n'est simple ni singulier
La mer est dans les yeux du ciel ou de la nuit
La forêt donne aux arbres la sécurité
Et les murs des maisons ont une peau commune
Et les routes toujours se croisent
Les hommes sont faits pour s'entendre
Pour se comprendre pour s'aimer
Ont des enfants qui deviendront pères des hommes
Ont des enfants sans feu ni lieu
Qui réinventeront le feu
Qui réinventeront les hommes
Et la nature et leur patrie
Celle de tous les hommes
Celle de tous les temps.

Seghers, édit.

Louis Aragon

SA VIE (1897-1982)

Au cours de ses études de médecine, Aragon fréquente les jeunes écrivains d'avant-garde, adhère à l'école Dada, puis joue un grand rôle dans la création du mouvement surréaliste; il se rallie au parti communiste en 1927, écrit des poèmes engagés et participe au congrès des écrivains révolutionnaires à Karkhov. Son activité se poursuit alors sur deux plans : il est à la fois romancier et directeur du journal *Le Soir.* Mobilisé en 1939, puis résistant, il publie articles et livres clandestins et, après la libération, il continue son œuvre littéraire (poésie et roman) et prend, en 1953, la direction du journal hebdomadaire *Les Lettres françaises.*

SON ŒUVRE

L'œuvre romanesque d'Aragon, particulièrement riche, constitue une vaste fresque historique et sociale : *Le Payson de Paris,* roman « surréaliste », paraît en 1926, *Les Cloches de Bâle* en 1934, *Les Beaux Quartiers* en 1936, *Aurélien* en 1945, *Servitude et Grandeur des Français* en 1945, puis l'énorme ouvrage intitulé *Les Communistes* de 1949 à 1951, et *Blanche ou l'oubli* enfin, en 1967.

Mais c'est surtout son œuvre poétique qui l'a rendu célèbre : elle est surréaliste dans *Mouvement perpétuel* (1925), avec ce que cette tentative poétique comporte de volonté de surprise et de choc.

Persiennes

	Persienne	Persienne	Persienne
	Persienne	Persienne	Persienne
Persienne	Persienne	Persienne	Persienne
Persienne	Persienne	Persienne	Persienne
Persienne	Persienne		
	Persienne	Persienne	Persienne
	Persienne		

Elle est également poésie d'action et de combat (1934 : *Hourra l'Oural;* 1942 : *Brocéliande;* 1943 : *Le Musée Grévin;* de 1942 à 1944 : *La Diane française*) évoquant la révolution russe, la guerre, la Résistance et, parfois, simplement l'amour sincère et profond d'Aragon pour la France (*France écoute... Je te salue, ma France*).

Même s'il peut être un poète savant, il sait aussi atteindre la simplicité, en élargissant le domaine de la poésie à la vie quotidienne et aux objets les plus communs : pour Aragon, il n'y a « pas de sujets poétiques »; tout peut émouvoir le vrai poète et faire naître la beauté.

LA NUIT D'AOÛT

C'est un des poèmes les plus vigoureux et les plus riches du recueil Brocéliande (1). *Cette nuit est une veillée d'armes contre l'usurpateur, le géant de fer; c'est une « nuit de feu qui défait les défaites », où retentit le cri des victimes et où mûrit la récolte de colère : « Justice, justice soit faite. »*

Je vous entends voix des victimes Vous venez
À l'heure où se vend la vengeance à la criée (2)
Réclamer votre dû Vous craignez que j'oublie
Votre droit sur le grain mûrissant sur l'août glorieux
Vous craignez que j'oublie ô mes amis le prix payé
Et le sol arrosé de votre sacrifice
Et le refus qui féconda votre terre troublée
Le doute à vos pieds évanoui. Le poids de vos fers
[sur les sillons incrédules
Vos bouches de soleil dans le silence imposé
La pause de la peur au pas de vos paroles
Vos derniers mots parés des prestiges de la mort
Vous craignez que j'oublie aveuglément ce qui me lie
À vous ce qui me lie à votre sang versé
Vous craignez le bonheur des survivants et leur folie
Le ciel adouci sans raison sur la maison mal balayée
Et le peuple content des nouvelles statues
Fussent les vôtres vainement aux faux dieux
[substituées
Je vous entends voix des victimes.
Vous en qui j'ai cru (...)
Saurais-je un jour comme vous mourir mais tout ceci
Vaut seulement pour vous et moi compagnons de ma
[guerre à moi tombés en route
Ô grand saute-mouton des étoiles
Une clarté d'apocalypse embrasera le noir silence
Quand au scandale des taillis le rossignol
[Lance
L'étincelle de chant qui répond au ciel incendié
[de son signal
Ah que je vive assez pour être ce chanteur
Pour ce cri pur où crépite la délivrance
Ah que je vive assez pour l'instant d'en mourir
Guetteur des tours oiseau de la plus haute branche
Ah que je vive assez pour
Brûler de même feu né de Brocéliande
Et dire à l'avenir le nom de notre amour
Nuit belle nuit d'août de colline à colline
Parlant le langage étrange des bergers
Nuit belle nuit d'août couleur des cendres
Belle nuit d'août couleur du danger
Je ne demande rien que de vivre assez pour voir
la nuit fléchir et le vent changer.

Cahiers du Rhône, édit.

LES YEUX D'ELSA

Elsa Aragon, connue sous le pseudonyme littéraire d'Elsa Triolet, tient une place essentielle dans l'œuvre de son mari... « toi qui me rends cet univers sensible ». Comme les plus grands poètes lyriques, Aragon a chanté simultanément la lutte, l'espérance, le deuil et l'amour, parfois dans le même poème : c'est ainsi qu'en 1942 il compose le recueil Les Yeux d'Elsa : *« À l'heure de la plus grande haine, j'ai un instant montré à ce pays déchiré le visage resplendissant de l'amour. »*

(1) Vaste forêt de Bretagne où les romans de la Table Ronde situent le séjour de l'enchanteur Merlin. – (2) Vente aux enchères.

Tes yeux sont si profonds qu'en me penchant pour [boire
J'ai vu tous les soleils y venir se mirer
S'y jeter à mourir tous les désespérés
Tes yeux sont si profonds que j'y perds la mémoire

À l'ombre des oiseaux c'est l'océan troublé
Puis le beau temps soudain se lève et tes yeux [changent
L'été taille la nue (1) au tablier des anges
Le ciel n'est jamais bleu comme il l'est sur les blés

Les vents chassent en vain les chagrins de l'azur
Tes yeux plus clairs que lui lorsqu'une larme y luit
Tes yeux rendent jaloux le ciel d'après le pluie
Le verre n'est jamais si bleu qu'à sa brisure

Mère des sept douleurs (2) ô lumière mouillée
Sept glaives ont percé le prisme des couleurs
Le jour est plus poignant qui point entre les pleurs
L'iris troué de noir plus bleu d'être endeuillé

Tes yeux dans le malheur ouvrent la double brèche
Par où se reproduit le miracle des Rois
Lorsque le cœur battant ils virent tous les trois
Le manteau de Marie accroché dans la crèche.

Une bouche suffit au mois de Mai des mots
Pour toutes les chansons et pour tous les hélas
Trop peu d'un firmament pour des millions d'astres
Il leur fallait tes yeux et leurs secrets gémeaux

L'enfant accaparé par les belles images
Écarquille (3) les siens moins démesurément
Quand tu fais les grands yeux je ne sais si tu mens
On dirait que l'averse ouvre des fleurs sauvages

Cachent-ils des éclairs dans cette lavande où
Des insectes défont leurs amours violentes
Je suis pris au filet des étoiles filantes
Comme un marin qui meurt en mer en plein mois [d'août

J'ai retiré ce radium de la pechblende (4)
Et j'ai brûlé mes doigts à ce feu défendu
Ô paradis cent fois retrouvé reperdu
Tes yeux sont mon Pérou ma Golconde (5) mes Indes

Il advint qu'un beau soir l'univers se brisa
Sur des récifs que les naufrageurs enflammèrent
Moi je voyais briller au-dessus de la mer
Les yeux d'Elsa les yeux d'Elsa les yeux d'Elsa

Seghers, édit.

Max Jacob

SA VIE (1876-1944)

À Paris, Max Jacob fréquenta Apollinaire et André Salmon, devint l'ami de Picasso et exerça toutes sortes de métiers ; mais il fut aussi peintre de talent et critique d'art avisé. En 1909, le Christ lui apparaît : cette vision le fait passer par les émotions les plus intenses et entraîne sa conversion (1914). De 1921 à 1928, il se retire à Saint-Benoît-sur-Loire et il y retourne en 1930 ; mais les nazis l'arrêtent comme juif et il est interné au camp de Drancy où il mourra.

FANTAISIE ET MYSTICISME

Le titre même de ses œuvres : *Œuvres burlesques et mystiques de Frère Matorel* (1912), *Le Cornet à dés* (poèmes en prose, 1917), *La Défense de Tartuffe* (1919), *Le Laboratoire central* (1921), *Les Pénitents en maillots roses* (1925) nous révèle une surprenante dualité.

Il y a constamment en lui une fantaisie débridée, une mystification qui mêle aux souvenirs du Quimper natal tout un bric-à-brac moderne ou exotique : l'Apocalypse, l'art nègre, des histoires de fantômes jaillissent pêle-mêle dans sa mémoire. Imitateur habile, il repro-

(1) Emploi poétique : désigne le ciel. – (2) Invocation sous laquelle la tradition catholique désigne la Vierge Marie devant les souffrances de son Fils. – (3) Ouvre tout grand. – (4) Oxyde naturel d'uranium. – (5) Ancienne ville forte de l'Hindoustan, célèbre par ses fabuleuses richesses.

duit les cris des passants, le refrain d'une chanson populaire, les comptines (1) des enfants. Mais il y a aussi en lui une âme sentimentale, sensible jusqu'à l'excès et jusqu'à la souffrance, un rêveur passionné qui s'élève jusqu'à l'extase mystique. Il atteint parfois la simplicité vraie et traduit une angoisse si profonde qu'il faut bien penser que virtuosité, fantaisie et humour sont peut-être un moyen de défense contre l'incompréhension, la grossièreté, la cruauté du monde.

POUR LES ENFANTS ET POUR LES RAFFINÉS

Ce poème des Œuvres burlesques et mystiques de Frère Matorel *a tout l'insolite poétique des comptines : images de rêve et détails familiers se bousculent, au gré des rimes qui les suscitent, et l'univers féerique des imaginations enfantines se transforme en ronde sous la cadence marquée du rythme.*

À Paris
Sur un cheval gris
À Nevers
Sur un cheval vert
À Issoire
Sur un cheval noir
Ah ! qu'il est beau ! qu'il est beau !
Ah ! qu'il est beau ! qu'il est beau !
Tiou !
C'est la cloche qui sonne
Pour ma fille Yvonne.
Qui est mort à Perpignan ?
C'est le femm' du commandant.
Qui est mort à la Rochelle ?
C'est la nièce du colonel !
Qui est mort à Épinal ?
C'est la femme du caporal !
Tiou !
Et à Paris, papa chéri.
Fais à Paris ! qu'est-ce que tu me donnes à Paris ?
Je te donne pour ta fête
Un chapeau noisette
Un petit sac en satin
Pour le tenir à la main.
Un parasol en soie blanche
Avec des glands sur le manche
Un habit doré sur tranche
Des souliers couleur orange.
Ne les mets que le dimanche
Un collier, des bijoux
Tiou !
C'est la cloche qui sonne
Pour ma fille Yvonne !
C'est la cloche de Paris
Il est temps d'aller au lit
C'est la cloche de Nogent
Papa va en faire autant.
C'est la cloche de Givet
Il est l'heure d'aller se coucher.
Ah ! non ! pas encore ! dis !
Achète-moi aussi une voiture en fer
Qui lève la poussière
Par devant et par derrière,
Attention à vous ! mesdames les garde-barrières
Voilà Yvonne et son p'tit frère
Tiou !

Gallimard, édit.

Pierre Reverdy

SA VIE (1889-1960)

Pierre Reverdy, après une jeunesse libre et campagnarde, vint à Paris en 1910; il s'y lia avec de nombreux artistes et poètes : Picasso, Braque, Apollinaire, Max Jacob. Engagé volontaire en 1914, réformé en 1916, il publie à partir de 1915 des recueils de poèmes en prose ou en vers, regroupés dans *Plupart du Temps* (1945) et *Main-d'œuvre* (1949).

À partir de 1926, il se retira à Solesmes dans une petite maison proche de l'abbaye et,

(1) Chanson enfantine servant à tirer au sort dans les jeux.

exception faite de quelques voyages, il y vécut désormais loin du monde, pour se consacrer uniquement à son œuvre poétique. Il a précisé ses idées sur la vie et sur l'art dans deux recueils de pensées : *Le Gant de crin* (1927) et *Le Livre de mon bord* (1948).

LE PÈLERIN DE L'ABSOLU

La nature tient une place importante dans l'œuvre de Reverdy – si l'on veut bien entendre par là la beauté des choses élémentaires, la lumière, le vent, la neige, l'horizon, les nuages. Cet homme refuse le monde dans sa totalité hostile, mais lui emprunte sans cesse tel ou tel détail pour composer son poème. Ainsi, il méprise Solesmes, « affreux petit village réel », mais note avec ferveur l'éblouissante gelée blanche « d'un matin de rêve » et « le reflet magique sur tous les murs ».

Chacun de ses poèmes est un drame, car chaque instant apporte une appréhension nouvelle devant la vie, une attente, une espérance déçue, une trahison... Pèlerin de l'absolu comme Mallarmé, Reverdy demande à la poésie de l'aider à retrouver ce qu'il y a en l'homme de plus secret, d'unique. Âme profondément religieuse et démunie, d'une foi pourtant positive, il ne peut échapper à son angoisse devant le monde et à sa souffrance profonde. Son œuvre apparaît pourtant comme une revanche sur la solitude et sur la mort. Le poète a conscience de créer un équilibre nouveau « de forces, de formes, de valeurs, d'idées, de lignes, d'images, de couleurs », et ainsi de transformer l'émotion brute, lourdement matérielle, en « une jouissance ineffable d'esprit. » Misérable et solitaire, le poète peut créer la beauté.

TENDRESSE

Ce poème, extrait de Ferraille *(1937) traduit bien les sentiments intimes de Reverdy : l'amitié y est aussi ardente qu'impossible, les murmures du soir se heurtent à la porte fermée, les projets sans départs ne sont que belles ruines, la mort est là. Pourtant, le réveil est toujours plus clair dans la flamme de ses mirages, dans la beauté d'une poésie que recréent chaque jour et chaque instant.*

Mon cœur ne bat que par ses ailes
Je ne suis pas plus loin que ma prison
Ô mes amis perdus derrière l'horizon
Ce n'est que votre vie cachée que j'écoute
Il y a le temps roulé sous les plis de la voûte
Et tous les souvenirs passés inaperçus
Il n'y a qu'à saluer le vent qui part vers vous
Qui caressera vos visages
Fermer la porte aux murmures du soir
Et dormir sous la nuit qui étouffe l'espace
Sans penser à partir
Ne jamais nous revoir
Amis enfermés dans la glace
Reflets de mon amour glissés entre les pas
Grimaces du soleil dans les yeux qui s'effacent
Derrière la doublure plus claire des nuages
Ma destinée pétrie de peurs et de mensonges
Mon désir retranché du nombre
Tout ce que j'ai oublié dans l'espoir du matin
Ce que j'ai confié à la prudence de mes mains
Les rêves à peine construits et détruits
Les plus belles ruines des projets sans départs
Sous les lames du temps présent qui nous déciment
Les têtes redressées contre les talus noirs
Grisées par les odeurs du large de la terre
Sous la fougue du vent qui s'ourle (1)
À chaque ligne des tournants
Je n'ai plus assez de lumière
Assez de peau assez de sang
La mort gratte mon front
Et la même matière
S'alourdit vers le soir autour de mon courage
Mais toujours le réveil plus clair dans la flamme de
[ses mirages

Le Journal des Poètes, édit. (Bruxelles).

(1) Se replie.

OUTRE MESURE

La présence de la mort, obsédante chez Reverdy, assure l'unité profonde du Chant des morts, *recueil de poèmes composés de 1944 à 1948. Les barreaux de l'horizon, une terre gercée* (1) *de douleurs composent le décor du drame humain; les regrets suprêmes, les espoirs abandonnés s'éloignent peu à peu de « l'homme qui va mourir ».*

Le monde est ma prison
Si je suis loin de ce que j'aime
Vous n'êtes pas trop loin barreaux de l'horizon
L'amour la liberté dans le ciel trop vide
Sur la terre gercée de douleurs
Un visage éclaire et réchauffe les choses dures
Qui faisaient partie de la mort
À partir de cette figure
De ces gestes de cette voix
Ce n'est que moi-même qui parle
Mon cœur qui résonne et qui bat
Un écran de feu abat-jour tendre.
Entre les murs familiers de la nuit
Cercle enchanté des fausses solitudes
Faisceaux de reflets lumineux
Regrets
Tous ces débris du temps crépitent au foyer
Encore un plan qui se déchire
Un acte qui manque à l'appel
Il reste peu de chose à prendre
Dans un homme qui va mourir.

Mercure de France, édit.

Milosz (1877-1939)

Oscar Vladislas de Lubicz Milosz, né en Lituanie, garde du château de ses ancêtres une image émerveillée. Venu très tôt à Paris, il se passionna pour les langues orientales et pour l'archéologie, fit de grands voyages dont il garda des souvenirs désenchantés, et acquit une grande expérience des milieux les plus humbles, des quartiers les plus misérables : il « a vécu parmi les hommes..., sait comment ils aiment, sait comment ils pleurent ».

Dans ses œuvres lyriques – *Les Sept Solitudes* (1906), *la Confession de Lemuel* (1922) – il est facile de rattacher les visions de rêves, les impressions étranges, la musique lointaine, le charme mystérieux de ses vers à la poésie symboliste. Mais les pays imaginaires sont aussi des souvenirs de jeunesse; les images allégoriques sont les signes d'une expérience vraie de l'occultisme et d'une quête persévérante de l'absolu : cette poésie si profondément vécue finit par s'abolir devant la suprême nécessité de la prière.

SYMPHONIE INACHEVÉE

Une maison très loin, il y a très longtemps, siège et symbole d'une âme secrète, refuge ou souvenir mélancolique du dernier descendant d'une très vieille et très noble race...

Tu m'as très peu connu là-bas, sous le soleil du
[châtiment
Qui marie les ombres des hommes, jamais leurs âmes,
Sur la terre où le cœur des hommes endormis
Voyage seul dans les ténèbres et les terreurs, et ne
[sait pas vers quel pays.
C'était il y a très longtemps – écoute, amer amour
[de l'autre monde
C'était très loin, très loin – écoute bien, ma sœur
[d'ici.
Dans le Septentrion natal où des grands nymphéas
[(2) des lacs
Monte une odeur des premiers temps, une vapeur
[de pommeraies (3), de légendes englouties.
Loin de nos archipels de ruines, de lianes, de harpes,
Loin de nos montagnes heureuses.

(1) Fendillée (comme par le gel). – (2) Nénuphars blancs. – (3) Lieux plantés de pommiers.

– Il y avait la lampe et un bruit de hache dans la
[brume,
Je me souviens,
Et j'étais seul dans la maison que tu n'as pas connue,
La maison de l'enfance, la muette, la sombre;
Au fond des parcs touffus où l'oiseau transi du matin
Chantait bas pour l'amour des morts très anciens,
[dans l'obscure rosée.
C'est là, dans ces chambres profondes aux fenêtres
[ensommeillées
Que l'ancêtre de notre race avait vécu
Et c'est là que mon père après ses longs voyages
Était venu mourir.
J'étais seul et, je me souviens,
C'était la saison où le vent de nos pays
Souffle une odeur de loup, d'herbe de marécage et
[de lin pourrissant
Et chante de vieux airs de voleuse d'enfants dans les
[ruines de la nuit.

Symphonies, in *Poésies II*.

Jules Supervielle (1884-1960)

Né à Montevideo, Jules Supervielle passe ses premières années en Uruguay, fait ses études en France, partage ensuite son existence entre la France, l'Amérique et l'Uruguay, puis revient définitivement à Paris en 1945.

L'œuvre de Supervielle est essentiellement poétique, même quand elle prend la forme de conte, de roman ou de pièce de théâtre. Dans *Débarcadères* (1925), *Le Voleur d'enfants, Le Forçat innocent* (1930), *Les Amis inconnus* (1934), *La Fable du monde* (1938), *Les Poèmes de la France malheureuse* (1941) se mêlent toutes les fantasmagories de l'enfance. Resté orphelin très tôt, il garde la nostalgie des années d'innocence et de fraîcheur, tandis que l'atteinte d'une maladie de cœur le rend plus sensible à la fragile palpitation de la vie, à la vibration même de son corps. Mais son attention n'est pas égoïste : il entre en communication, par une sympathie universelle, avec le monde, les bêtes et les choses. Il refait à sa guise la création, ainsi que Dieu, qu'il imagine comme une sorte de poète supérieur et amical. Cette fraternité est l'acceptation de l'accord avec le monde réel : sa vision nous emmène de la Chine au Paraguay, elle embrasse l'espace de la pampa, du ciel, de l'océan, mais il sait aussi comprendre le brin d'herbe, écouter le plus humble des animaux, étant peut-être le plus audacieux, mais aussi le plus pudique, des poètes modernes.

LE MATIN DU MONDE

Ce « Matin du monde » n'est pas la création d'une imagination en délire, mais le déroulement d'une fresque à la manière de Fra Angelico, une légende naïve où les arbres, les animaux, les enfants, les vagues et les étoiles jouent un rôle parfaitement naturel et pourtant ordonné. C'est le premier matin de la Genèse, retrouvé tous les matins par le poète, dans toute sa nouveauté, sous un regard neuf, vie rendue à son contentement originel, à la naïveté de son premier élan.

Alentour naissaient mille bruits
Mais si pleins encor du silence
Que l'oreille croyait ouïr
Le chant de sa propre innocence.

Tout vivait en se regardant,
Miroir était le voisinage
Où chaque chose allait rêvant
À l'éclosion de son âge.

Les palmiers trouvant une forme
Où balancer leur plaisir pur
Appelaient au loin les oiseaux
Pour leur montrer leurs dentelures.

Un cheval blanc découvrait l'homme
Qui s'avançait à petit bruit
Avec la Terre autour de lui
Tournant pour son cœur astrologue.

Le cheval bougeait les naseaux
Puis hennissait comme en plein ciel,
Et tout entouré d'irréel
S'abandonnait à son galop.

Dans la rue, des enfants, des femmes
À de beaux nuages pareils,
S'assemblaient pour chercher leur âme
Et passaient de l'ombre au soleil.

Mille coqs traçaient de leurs chants
Les frontières de la campagne
Mais les vagues de l'océan
Hésitaient entre vingt rivages.

L'heure était si riche en rumeurs,
En nageuses phosphorescentes,
Que les étoiles oublièrent
Leurs reflets dans les eaux parlantes.

Gallimard, édit.

Jean Cocteau (1889-1963)

Né dans une famille de la bonne société parisienne, Jean Cocteau rencontra très jeune les écrivains à la mode, les imita d'abord, mais se libéra vite des influences extérieures. Au cours de la première guerre mondiale, il réussit, quoique réformé, à se glisser au front, puis, une fois découvert, il accompagna dans ses missions son ami l'aviateur Roland Garros. Il essaya l'opium, peut-être pour se consoler de la mort de Raymond Radiguet (1), son protégé, fit le tour du monde, se convertit. Cette poursuite incessante du nouveau, ou plutôt du renouvellement de lui-même, à la fois grandeur et faiblesse, fait de Cocteau un explorateur de terres ignorées. Il nous enseigne que la poésie ne peut être étrangère ni à l'avion, ni aux voyages dans la lune, ni au rêve, ni au délire, ni à la jeunesse délinquante, ni à la bombe atomique, ni à ce qui nous entoure, ni à ce qui nous écrase. Ses recueils poétiques – *Discours du grand sommeil* (1916-1918), *Poésies* (1920), *Vocabulaire* (1922), *Plain-Chant* (1923), *Opéra* (1925-27), *Allégorie* (1941) – sont l'expression la plus condensée d'un humanisme adapté à notre temps, le point de rencontre de tous les rêves, de toutes les aventures et de toutes les audaces d'un grand créateur.

Homme de tous les genres, de tous les arts, dessinateur, décorateur et illustrateur, il joue aussi un rôle de premier plan dans l'histoire du théâtre moderne, adapte *Œdipe-Roi* et *Macbeth,* crée *La Machine infernale, La Voix humaine* et *Les Parents terribles* (1938); il est aussi capable de monter, avec Diaghilev et Picasso, un ballet, *Parade,* et de composer un drame féerique en alexandrins, *Renaud et Armide* (1948).

La place qu'il occupe dans le cinéma français est exceptionnelle. En 1930, il réalise, avec le concours d'Erik Satie et de Georges Auric, de Buñuel et d'Antonin Artaud, *Sang d'un poète;* après la guerre, *La Belle et la Bête* puis *Orphée,* qui ont l'audace d'associer le merveilleux de la légende et de la mort à la poésie des objets quotidiens; il se livre enfin lui-même à la postérité dans *Le Testament d'Orphée* (1959). Il a créé un art inimitable par la beauté des images, le sens du mystère de la vie et la profondeur étrange des personnages.

JE N'AIME PAS DORMIR...

L'amour, la mort, le sommeil, constituent une trilogie sombre et merveilleuse : Jean Cocteau la célèbre dans Plain-Chant *avec une timidité attentive et une douceur pleine de tendresse; les images irréelles, les symboles étranges, la tête coupée, le cœur-oiseau, le chant du coq, les racines du sommeil évoquent ici une magie familière et consolante.*

(1) *Cf.* pp. 367-368.

Je n'aime pas dormir quand ta figure habite
La nuit, contre mon cou;
Car je pense à la mort, laquelle vint si vite
Nous endormir beaucoup.

Je mourrai, tu vivras et c'est ce qui m'éveille!
Est-il une autre peur?
Un jour, ne plus entendre auprès de mon oreille
Ton haleine et ton cœur.

Quoi, ce timide oiseau, replié par le songe
Déserterait son nid,
Son nid d'où notre corps à deux têtes s'allonge
Par quatre pieds fini.

Puisse durer toujours une si grande joie
Qui cesse le matin,
Et dont l'ange chargé de construire ma voie,
Allège mon destin.

Léger, je suis léger sous cette tête lourde
Qui semble de mon bloc,
Et reste en mon abri, muette, aveugle, sourde,
Malgré le chant du coq.

Cette tête coupée, allée en d'autres mondes,
Où règne une autre loi.
Plongeant dans le sommeil des racines profondes
Loin de moi, près de moi.

Ah! je voudrais, gardant ton profil sur ma gorge,
Par ta bouche qui dort
Entendre de tes seins la délicate forge
Souffler jusqu'à ma mort.

Stock, édit.

Le théâtre entre les deux guerres

L'effort de rénovation du théâtre français, entrepris au début du siècle, s'est épanoui après la guerre : Jacques Copeau (1879-1949) exerce alors, au théâtre du Vieux-Colombier, une très grande influence, exigeant le respect des textes, la modestie et la discipline des acteurs, simplifiant le décor; il trouve aide et encouragement auprès d'interprètes tels Dullin et Jouvet, qui deviennent plus tard d'excellents metteurs en scène, le premier au théâtre de l'Atelier, en 1921, le second à la Comédie des Champs-Élysées, puis à l'Athénée. D'autre part, deux hommes contribuent à l'éclat du théâtre à cette époque : Georges Pitoëff joue avec succès Ibsen, Pirandello, Strindberg, qui s'ajoutent ainsi au répertoire français, et Gaston Baty, directeur du théâtre Montparnasse à partir de 1930, fait porter ses efforts sur une mise en scène originale et brillante. Dullin, Jouvet, Pitoëff et Baty, malgré leurs orientations si différentes, s'unissent pour former « le Cartel des Quatre » et prolonger les recherches de Copeau; Édouard Bourdet, administrateur de la Comédie-Française de 1936 à 1940, fit appel à eux pour donner à ce théâtre une nouvelle jeunesse. Ces grands animateurs et techniciens du théâtre eurent la collaboration d'une pléiade d'auteurs de talent : Sacha Guitry, Édouard Bourdet, Marcel Pagnol, Marcel Achard, Jean Sarment, Charles Vildrac, Armand Salacrou, Lenormand, Jean-Jacques Bernard, Stève Passeur, sans oublier Anouilh, qui commence alors sa carrière.

Jules Romains (1)

Après avoir tenté d'adapter « l'unanimisme » au théâtre avec *L'Armée dans la ville* (1911) et *Cromedeyre-le-Vieil* (1920), Jules Romains trouve, avec *M. le Trouhadec saisi par la débauche* (1923) la formule qui fera l'énorme succès de *Knock* (1923) et de *Donogoo* (1930) : la farce satirique. Reprenant la tradition moliéresque, il excelle dans la caricature vigoureuse des charlatans et des imposteurs. Ses dialogues, pleins de verve et de froide ironie, sont irrésistibles.

(1) *Cf.* pp. 364-365.

LE DOCTEUR KNOCK ET LA DAME EN NOIR

Le docteur Knock s'est établi à Saint-Maurice, village de montagne, après avoir acheté le cabinet du vieux docteur Parpalaid. La clientèle était peu nombreuse et payait fort mal, mais le nouveau docteur applique des méthodes aussi efficaces qu'audacieuses, et une journée de consultation gratuite lui donne l'occasion de prendre contact avec la population. Nous assistons ici (II, 4) au triomphe de la mystification : une « dame en noir » se présente, « qui respire l'avarice paysanne ».

Knock. (Il s'approche d'elle.) Tirez la langue. Vous ne devez pas avoir beaucoup d'appétit.

La Dame. – Non.

Knock. – Vous êtes constipée.

La Dame. – Oui, assez.

Knock, il l'ausculte. – Baissez la tête. Respirez. Toussez ? Vous n'êtes jamais tombée d'une échelle, étant petite ?

La Dame. – Je ne me souviens pas.

Knock, il lui palpe et lui percute (1) *le dos, lui presse brusquement les reins.* – Vous n'avez jamais mal ici le soir, en vous couchant ? Une espèce de courbature ?

La Dame. – Oui, des fois.

Knock, il continue de l'ausculter. – Essayez de vous rappeler. Ça devait être une grande échelle.

La Dame. – Ça se peut bien.

Knock, très affirmatif. – C'était une échelle d'environ trois mètres cinquante, posée contre un mur. Vous êtes tombée à la renverse. C'est la fesse gauche, heureusement, qui a porté.

La Dame. – Ah ! oui ! *(Un silence.)*

Knock la fait asseoir. – Vous vous rendez compte de votre état ?

La Dame. – Non.

Knock, il s'assied en face d'elle. – Tant mieux. Vous avez envie de guérir ou vous n'avez pas envie ?

La Dame. – J'ai envie.

Knock. – J'aime mieux vous prévenir tout de suite que ce sera très long et très coûteux.

La Dame. – Ah ! mon Dieu ! et pourquoi ça ?

Knock. – Parce qu'on ne guérit pas en cinq minutes un mal qu'on traîne depuis quarante ans.

La Dame. – Depuis quarante ans ?

Knock. – Oui, depuis que vous êtes tombée de votre échelle.

La Dame. – Et combien est-ce que ça me coûterait ?

Knock. – Qu'est-ce que valent les veaux, actuellement (2) ?

La Dame. – Ça dépend des marchés et de la grosseur. Mais on ne peut guère en avoir de propres à moins de quatre ou cinq cents francs.

Knock. – Et les cochons gras ?

La Dame. – Il y en a qui font plus de mille.

Knock. – Eh bien ! ça vous coûtera à peu près deux cochons et deux veaux.

La Dame. – Ah ! là là ! Près de trois mille francs. C'est une désolation, Jésus, Marie !

Knock. – Si vous aimez mieux faire un pèlerinage (3), je ne vous en empêche pas.

La Dame. – Oh ! un pèlerinage, ça revient cher aussi et ça ne réussit pas souvent. *(Un silence.)* Mais qu'est-ce que je peux donc avoir de si terrible que ça ?

Knock, avec une grande courtoisie. – Je vais vous l'expliquer en une minute au tableau noir. *(Il va au tableau et commence un croquis.)* Voici votre moelle épinière, en coupe, très schématiquement, n'est-ce pas ? Vous reconnaissez ici votre faisceau de Turck et ici votre colonne de Clarke. Vous me suivez ? Eh bien ! quand vous êtes tombée de l'échelle, votre Turck et votre Clarke ont glissé en sens inverse. *(Il trace des flèches.)* De quelques dixièmes de millimètres. Vous me direz que c'est très peu. Évidemment. Mais c'est très mal placé. Et puis, vous avez ici un tiraillement continu qui s'exerce sur les multipolaires. *(Il s'essuie les doigts.)*

La Dame. – Mon Dieu ! Mon Dieu !

Knock. – Remarquez que vous ne mourrez pas du jour au lendemain. Vous pouvez attendre.

La Dame. – Oh ! là là ! J'ai bien eu du malheur de tomber de cette échelle !

Knock. – Je me demande même s'il ne vaut pas mieux laisser les choses comme elles sont. L'argent est si dur à gagner. Tandis que les années de vieillesse, on en a toujours bien assez. Pour le plaisir qu'elles donnent !

La Dame. – Et en faisant ça plus... grossièrement, vous ne pourriez pas me guérir à moins cher ?... à condition que ce soit bien fait tout de même.

Knock. – Ce que je puis vous proposer, c'est de vous mettre en observation. Ça ne vous coûtera presque rien. Au bout de quelques jours, vous vous rendrez compte par vous-même de la tournure que prendra le mal, et vous vous déciderez.

La Dame. – Oui, c'est ça.

Knock. – Bien. Vous allez rentrer chez vous. Vous êtes venue en voiture ?

(1) Examine en frappant. – (2) Satire des habitudes campagnardes : le sens de la valeur n'est relatif qu'aux produits de la ferme. – (3) Double satire, d'une part de l'esprit arriéré de la campagne, d'autre part de l'absence totale de scrupules de l'arriviste moderne.

La Dame. – Non, à pied.

Knock, tandis qu'il rédige l'ordonnance, assis à sa table. – Il faudra tâcher de trouver une voiture. Vous vous coucherez en arrivant. Une chambre où vous serez seule, autant que possible. Faites fermer les volets et les rideaux pour que la lumière ne vous gêne pas. Défendez qu'on vous parle. Aucune alimentation solide pendant une semaine. Un verre d'eau de Vichy toutes les deux heures et, à la rigueur, une moitié de biscuit, matin et soir, trempée dans un doigt de lait. Mais j'aimerais autant que vous vous passiez de biscuit. Vous ne direz pas que je vous ordonne des remèdes coûteux ! À la fin de la semaine, nous verrons comment vous vous sentez. Si vous êtes gaillarde, si vos forces et votre gaieté sont revenues, c'est que le mal est moins sérieux qu'on ne pouvait croire, et je serai le premier à vous rassurer. Si, au contraire, vous éprouvez une faiblesse générale, des lourdeurs de tête et une certaine paresse à vous lever, l'hésitation ne sera plus permise et nous commencerons le traitement.

Gallimard, édit.

Jean Giraudoux (1882-1944)

Jean Giraudoux, né à Bellac, devint fonctionnaire au ministère des Affaires étrangères après la guerre de 1914, puis commissaire à l'information au début de la guerre de 39. Il fut un écrivain fécond, romancier de *Siegfried et le Limousin, Bella, Simon le Pathétique, Choix des élues,* critique et homme de théâtre surtout, principalement après sa rencontre avec Jouvet, dans *Siegfried* (1928), *Amphitryon 38* (1929), *Intermezzo* (1933), *La guerre de Troie n'aura pas lieu* (1935), *Électre* (1937), *Ondine* (1939); *Sodome et Gomorrhe* sera jouée en 1943.

Les pièces de Giraudoux sont d'une grande variété : tour à tour modernes et antiques, tragiques ou fantaisistes, terribles ou souriantes; on les reconnaît à une élégance du ton, qui peut passer pour de la désinvolture ou de la préciosité, mais qui n'est au fond que la poésie du quotidien. Cette facilité s'harmonise avec une sorte d'optimisme poétique, un état d'âme spiritualisé qui fut sans doute le meilleur art de vivre d'une seconde « belle époque » si menacée et si séduisante.

LA GUERRE DE TROIE N'AURA PAS LIEU

*Giraudoux est tout entier dans ce titre, qui semble remettre en question, sur un ton de souriante désinvolture, l'existence même des faits historiques, avec sa foi en l'homme, qui lui fait supposer que la lucidité humaine peut s'opposer victorieusement à la fatalité de l'événement. L'intérêt dramatique se confond ici avec l'approche d'un destin inéluctable à laquelle l'imminence de la guerre franco-allemande ajoutait alors une terrible actualité. Il a situé l'action de sa pièce avant le début du légendaire conflit dont l'*Iliade *d'Homère retraçait un épisode essentiel : Hector, soutenu par sa femme Andromaque, s'efforce de sauver la paix menacée par l'enlèvement d'Hélène. Il espère la remettre aux mains d'Ulysse, venu la réclamer à la tête d'une flotte grecque. Les deux chefs, hommes de bonne volonté et d'une grande lucidité, sont face à face (II, 13).*

L'art de Giraudoux, qui sait montrer, à côté des palais majestueux, la terrasse à l'angle du jardin, les hommes en conversation familière, les pétales des magnolias tombant sur leurs épaules, a une valeur d'incantation par l'évocation de ce crépuscule radieux qu'embraseront bientôt les flammes des incendies et les cris des victimes.

Hector. – Et voilà le vrai combat, Ulysse?

Ulysse. – Le combat d'où sortira ou ne sortira pas la guerre, oui.

Hector. – Elle en sortira?

Ulysse. – Nous allons le savoir dans cinq minutes.

Hector. – Si c'est un combat de paroles, mes chances sont faibles.

Ulysse. – Je crois que cela sera plutôt une pesée. Nous avons vraiment l'air d'être chacun sur le plateau d'une balance. Le poids parlera...

Hector. – Mon poids? Ce que je pèse, Ulysse? Je pèse un homme jeune, une femme jeune, un enfant à naître. Je pèse la joie de vivre, l'élan vers ce qui est juste et naturel.

Ulysse. – Je pèse l'homme adulte, la femme de trente ans, le fils que je mesure chaque mois avec des encoches contre le chambranle du palais... Mon beau-père prétend que j'abîme la menuiserie... Je pèse la volupté de vivre et la méfiance de la vie.

Hector. – Je pèse la chasse, le courage, la fidélité, l'amour.

Ulysse. – Je pèse la circonspection devant les dieux, les hommes et les choses.

Hector. – Je pèse le chêne phrygien, tous les chênes phrygiens, feuillus et trapus, épars sur nos collines avec nos bœufs brisés.

Ulysse. – Je pèse l'olivier.

Hector. – Je pèse le faucon, je regarde le soleil en face.

Ulysse. – Je pèse la chouette.

Hector. – Je pèse tout un peuple de paysans débonnaires, d'artisans laborieux, de milliers de charrues, de métiers à tisser, de forges et d'enclumes... Oh! pourquoi, devant vous, tous ces poids me paraissent-ils tout à coup si légers?

Ulysse. – Je pèse ce que pèse cet air incorruptible et impitoyable sur la côte et sur l'archipel.

Hector. – Pourquoi continuer? La balance s'incline.

Ulysse. – De mon côté?... Oui, je le crois.

Hector. – Et vous voulez la guerre?

Ulysse. – Je ne la veux pas. Mais je suis moins sûr de ses intentions à elle.

Hector. – Nos peuples nous ont délégués tous deux ici pour la conjurer. Notre seule réunion signifie que rien n'est perdu...

Ulysse. – Vous êtes jeune, Hector!... À la veille de toute guerre, il est courant que deux chefs des peuples en conflit se rencontrent seuls dans quelque innocent village, sur la terrasse au bord d'un lac, dans l'angle d'un jardin. Et ils conviennent que la guerre est le pire fléau du monde, et tous deux, à suivre du regard ces reflets et ces rides sur les eaux, à recevoir sur l'épaule ces pétales de magnolias, ils sont pacifiques, modestes, loyaux. Et ils s'étudient. Ils se regardent. Et, tiédis par le soleil, attendris par un vin clairet, ils ne trouvent dans le visage d'en face aucun trait qui justifie la haine, aucun trait qui n'appelle l'amour humain, et rien d'incompatible non plus dans leurs langages, dans leur façon de se gratter le nez ou de boire. Et ils sont vraiment comblés de paix, de désirs de paix. Et ils se quittent en se serrant les mains, en se sentant des frères. Et ils se retournent de leur calèche pour se sourire... Et le lendemain, pourtant, éclate la guerre... Ainsi, nous sommes tous deux maintenant. Nos peuples autour de l'entretien se taisent et s'écartent, mais ce n'est pas qu'ils attendent de nous une victoire sur l'inéluctable. C'est seulement qu'ils nous ont donné pleins pouvoirs, qu'ils nous ont isolés, pour que nous goûtions mieux, au-dessus de la catastrophe, notre fraternité d'ennemis. Goûtons-la. C'est un plat de riches. Savourons-la... Mais c'est tout. Le privilège des grands, c'est de voir les catastrophes d'une terrasse.

Hector. – C'est une conversation d'ennemis que nous avons là?

Ulysse. – C'est un duo avant l'orchestre. C'est le duo des récitants avant la guerre. Parce que nous avons été créés sensés, justes et courtois, nous nous parlons, une heure avant la guerre, comme nous nous parlerons longtemps après, en anciens combattants. Nous nous réconcilions avant la lutte même, c'est toujours cela. Peut-être, d'ailleurs, avons-nous tort. Si l'un de nous doit un jour tuer l'autre et arracher, pour reconnaître sa victime, la visière de son casque, il vaudrait peut-être mieux qu'il ne lui donnât pas un visage de frère... Mais l'univers le sait, nous allons nous battre.

Hector. – L'univers peut se tromper. C'est à cela qu'on reconnaît l'erreur. Elle est universelle.

Ulysse. – Espérons-le. Mais quand le destin, depuis des années, a surélevé deux peuples, quand il leur a ouvert le même avenir d'invention et d'omnipotence, quand il a fait de chacun, comme nous l'étions tout à l'heure sur la bascule, un poids précieux et différent pour peser le plaisir, la conscience et jusqu'à la nature, quand, par leurs architectes, leurs poètes, leurs teinturiers, il leur a donné à chacun un royaume opposé de volumes, de sons et de nuances, quand il leur a fait inventer le toit en charpente troyen et la voûte thébaine, le rouge phrygien et l'indigo grec, l'univers sait bien qu'il n'entend pas préparer ainsi aux hommes deux chemins de couleur et d'épanouissement, mais se ménager son festival, le déchaînement de cette brutalité et de cette folie humaines qui, seules, rassurent les dieux. C'est de la petite politique, j'en conviens. Mais nous sommes chefs d'État, nous pouvons bien entre nous deux le dire : c'est couramment celle du Destin.

Hector. – Et c'est Troie, et c'est la Grèce qu'il a choisies cette fois?

Ulysse. – Ce matin, j'en doutais encore. J'ai posé le pied sur votre estacade et j'en suis sûr.

Hector. – Vous vous êtes senti sur un sol ennemi?

Ulysse. – Pourquoi toujours revenir à ce mot ennemi! Faut-il vous le redire? Ce ne sont pas les ennemis naturels qui se battent. Il est des peuples que tout désigne pour une guerre, leur peau, leur langue et leur odeur, ils se jalousent, ils se haïssent, ils ne peuvent pas se sentir... Ceux-là ne se battent jamais. Ceux qui se battent, ce sont ceux que le sort a lustrés et préparés pour une même guerre : ce sont les adversaires.

Hector. – Et nous sommes prêts pour la guerre grecque?

Ulysse. – À un point incroyable. Comme la nature munit les insectes dont elle prévoit la lutte, de faiblesses et d'armes qui se correspondent, à distance, sans que nous nous connaissions, sans que nous nous en doutions, nous nous sommes élevés tous deux au niveau de notre guerre. Tout correspond de nos armes et de nos habitudes, comme les roues à pignon. Et le regard de vos femmes, et le teint de vos filles sont les seuls qui ne suscitent en nous ni la brutalité, ni le désir, mais cette angoisse du cœur et de la joie qui est l'horizon de la guerre. Frontons et leurs soutaches d'ombre et de feu, hennissements des chevaux, peplums disparaissant à l'angle d'une colonnade, le sort a tout passé chez vous à cette couleur d'orage qui m'impose, pour la première fois, le relief de l'avenir. Il n'y a rien à faire. Vous êtes dans la lumière de la guerre grecque.

Hector. – Et c'est ce que pensent aussi les autres Grecs ?

Ulysse. – Ce qu'ils pensent n'est pas plus rassurant. Les autres Grecs pensent que Troie est riche, ses entrepôts magnifiques, sa banlieue fertile. Ils pensent qu'ils sont à l'étroit sur du roc. L'or de vos temples, celui de vos blés et de votre colza, ont fait à chacun de nos navires, de vos promontoires, un signe qu'il n'oublie pas. Il n'est pas très prudent d'avoir des dieux et des légumes trop dorés.

Hector. – Voilà enfin une parole franche... La Grèce en nous s'est choisi une proie. Pourquoi alors une déclaration de guerre ? Il était plus simple de profiter de mon absence pour bondir sur Troie. Vous l'auriez eue sans coup férir.

Ulysse. – Il est une espèce de consentement à la guerre que donnent seulement l'atmosphère, l'acoustique et l'humeur du monde. Il serait dément d'entreprendre une guerre sans l'avoir. Nous ne l'avions pas.

Hector. – Vous l'avez maintenant !

Ulysse. – Je crois que nous l'avons.

Grasset, édit.

Marcel Pagnol (1895-1974)

Après avoir commencé une carrière universitaire, Pagnol s'oriente vers le théâtre, où il connaît, avec une comédie satirique, *Topaze* (1928), un succès retentissant. Au sein d'une intrigue alerte, il sait associer, sans disparate, la fantaisie burlesque, la note d'émotion discrète, la satire féroce. Les dialogues, brillants par la qualité du trait, par des formules où s'exprime la médiocrité morale d'un personnage, restent parfaitement naturels.

Trois autres pièces, *Marius* (1928), *Fanny* (1929), *César* (1931), témoignent d'un autre aspect, plus détendu, de cet auteur : elles exploitent de l'une à l'autre le rebondissement de la même intrigue, et on y voit revivre, avec les mêmes personnages, devenus légendaires, l'atmosphère riche de verve et de bonne humeur, les activités quotidiennes des milieux populaires, sur le port de Marseille. La satire y est toujours souriante et presque complice. Les scènes familières, avec leurs conversations à bâtons rompus, ont la couleur et le naturel de la vie.

Pagnol s'oriente ensuite vers le roman : *La Gloire de mon père* (1957), *Le Château de ma mère* (1958) et *Le Temps des secrets* (1960) constituent une autobiographie tout emplie de l'atmosphère provençale ; enfin, au cinéma, après avoir d'abord transposé des œuvres théâtrales, il impose son originalité avec *Joffroi* et *Angèle*.

TOPAZE

Topaze est un jeune professeur, plein de candeur et d'idéal, qui gagne péniblement sa vie. Mêlé ensuite au monde des affaires, où des gens louches exploitent sa crédulité, il finit par comprendre que l'absence de scrupules est la condition nécessaire du succès. Désormais, sa décision est prise. Il n'hésitera devant aucune malhonnêteté pour bâtir sa propre fortune.

Dans cette scène (IV, 2), Topaze, qui gère sous son nom une agence appartenant en réalité à Castel-Bénac, annonce à ce dernier qu'il a décidé d'exploiter désormais l'affaire à son propre compte ; le rythme et la mise en scène, la sécheresse laconique, le ton tranchant, les répliques cyniques de Topaze montrent qu'il est vraiment devenu un autre homme : l'avenir est à lui.

Il (1) *porte un costume du bon faiseur. Il a des lunettes d'écaille, sa face est entièrement rasée. Il marche d'un pas décidé.*

Castel-Bénac, sec et autoritaire. – J'ai le regret de vous dire qu'il est quatre heures trois quarts. *(Topaze les regarde d'un air absent, passe devant lui, salue Suzy* (2) *et va s'asseoir au bureau. Il ouvre un tiroir, prend un carnet.)* Nous vous attendons depuis deux heures. Il est tout de même paradoxal...

Topaze, glacé. – Vous permettez ? une seconde. *(Il note quelque chose et remet le carnet dans le tiroir. Suzy et Castel-Bénac se regardent, un peu ahuris. Castel fait à Suzy un signe qui veut dire : « Tu vas voir tout à l'heure. »)* C'est fait. Eh bien, je suis charmé de vous voir. De quoi s'agit-il ?

Suzy. – Du règlement de comptes pour le mois de septembre, puisque nous sommes le quatre juillet.

Topaze, se lève. – Chère Madame, vous êtes la grâce et le sourire, tandis que des règlements de comptes sont des choses sèches et dures. Je vous supplie de ne point faire entendre ici une voix si pure qu'elle rendrait ridicules les pauvres chiffres dont nous allons discuter. *(Il lui baise la main et la conduit, avec beaucoup de bonne grâce, jusqu'à un fauteuil au premier plan, à gauche. Il la fait asseoir et lui tend un journal illustré.)* Voici le dernier numéro de la Mode française... Car j'ai suivi votre conseil, je me suis abonné. *(Il la laisse ahurie et se tourne vers Castel.)* Qu'y a-t-il pour votre service ? Des chiffres ?

Castel-Bénac. – Oui. Venons-en aux chiffres. Je vous dirai ensuite ma façon de penser.

Topaze. – Je serai charmé de la connaître. *(Il prend un registre.)* Je vous dois pour le mois de septembre, une somme globale de soixante-cinq mille trois cent quarante-sept francs.

Il lui remet un papier. Castel-Bénac compare avec un carnet qu'il a tiré de sa poche.

Castel-Bénac. – Ce chiffre concorde avec les miens.

Il examine le papier. Suzy lit par-dessus son épaule.

Suzy. – L'affaire du Maroc est-elle comprise ?

Castel-Bénac. – Oui, qu'est-ce que c'est que cette affaire du Maroc ?

Topaze, froid. – Personnelle.

Castel-Bénac. – Comment, personnelle ?

Topaze. Cela veut dire qu'elle ne vous regarde pas.

Suzy. – Monsieur Topaze, que signifie cette réponse ?

Topaze. – Elle me paraît assez claire.

Castel-Bénac, qui commence à suffoquer. – Comment ?

Topaze. – Laissez-moi parler, je vous prie. Asseyez-vous. *(Castel-Bénac hésite un instant, puis il s'asseoit. Topaze a tiré de sa poche un étui d'argent. Il le tend à Castel-Bénac.)* Cigarette ?...

Castel-Bénac. – Merci.

Topaze, allume sa cigarette, puis, très calme et très familier. – Mon cher ami, je veux vous soumettre un petit calcul. Cette agence vous a rapporté en six mois, sept cent quatre-vingt-cinq mille francs de bénéfices nets. Or, le bureau vous a coûté dix mille francs pour le bail, vingt mille pour l'ameublement, en tout trente mille. Comparez un instant ces deux nombres : sept cent quatre-vingt-cinq mille francs et trente mille.

Castel-Bénac. – Je ne vois pas l'intérêt de cette comparaison.

Topaze. – Il est très grand. Cette comparaison prouve que vous avez fait une excellente affaire, même si elle s'arrêtait aujourd'hui.

Castel-Bénac. – Pourquoi s'arrêterait-elle ?...

Topaze, souriant. – Parce que j'ai l'intention de garder ce bureau pour travailler à mon compte. Désormais, cette agence m'appartient, les bénéfices qu'elle produit sont à moi. S'il m'arrive encore de traiter des affaires avec vous, je veux bien vous abandonner une commission de six pour cent... C'est tout.

(Castel-Bénac et Suzy se regardent.)

Castel-Bénac, avec effort. – Je vous l'avais toujours dit. Notre ami Topaze est un humoriste.

Topaze. – Tant mieux, si vous trouvez cela drôle. Je n'osais pas l'espérer.

Suzy. – Monsieur Topaze, parlez-vous sérieusement ?

Topaze. Oui, Madame. D'ailleurs, en affaires je ne plaisante jamais.

Castel-Bénac. – Vous vous croyez propriétaire de l'agence ?

Topaze. – Je le suis. L'agence porte mon nom, le bail est à mon nom. Je suis légalement chez moi.

Castel-Bénac. – Mais ce serait un simple vol.

Topaze. – Adressez-vous aux tribunaux.

Suzy, partagée entre l'indignation, l'étonnement et l'admiration. – Oh !...

Castel-Bénac, il éclate. – J'ai vu bien des crapules, je n'en ai jamais vu d'aussi froidement cyniques.

Topaze. – Allons, pas de flatterie, ça ne prend pas.

Suzy. – Régis, allez-vous supporter... Dis quelque chose, voyons.

Castel-Bénac, dégrafe son col. – Oh ! nom de Dieu !...

Topaze. – Madame, mettez-vous à sa place ! C'est tout ce qu'il peut dire.

Castel-Bénac, après un tout petit temps. – Topaze, il y a certainement un malentendu.

Suzy. – Vous êtes incapable de faire une chose pareille...

Topaze. – Vous niez l'évidence.

Castel-Bénac. – Allons, réfléchissez. Sans moi, vous seriez encore à la pension Muche. C'est moi qui vous ai tout appris.

Topaze. – Mais vous avez touché sept cent quatre-vingt-cinq mille francs. Jamais un élève ne m'a rapporté ça...

Fasquelle, édit.

(1) Topaze. – (2) L'amie de Castel-Bénac.

Le roman entre les deux guerres
Le roman-fleuve (1)

Roger Martin du Gard (1881-1958)

Son premier roman important, *Jean Barois,* nous offre le bilan de huit années consacrées, dans une demi-retraite, au travail, à la méditation et à des entretiens avec Marcel Hébert, un prêtre défroqué d'opinions socialistes, sur les grands problèmes politiques et religieux. En même temps que le drame intérieur d'un intellectuel déchiré entre la raison et la foi, Martin du Gard y évoque les grands événements, comme l'affaire Dreyfus, auxquels le héros du roman s'est trouvé mêlé, et les grands systèmes philosophiques qui ont marqué les hommes de sa génération.

Après la guerre de 14, il entreprend son œuvre maîtresse, *Les Thibault,* qui retrace la vie d'une grande famille de la bourgeoisie parisienne au cours de la première partie du XXe siècle, et qui lui vaudra le prix Nobel de littérature en 1937. Ce roman-fleuve, auquel Roger Martin du Gard consacre près de vingt années de sa vie, frappe par sa sobriété et sa densité. Le style est dépouillé à l'extrême ; les personnages principaux, dont les états d'âme sont suggérés jusque dans leurs échappées les plus fugitives, gardent néanmoins un relief vigoureux de types humains. Oscar Thibault, un grand bourgeois orgueilleux et intransigeant, a toujours exercé, sur tous ceux qui l'entourent, une autorité despotique. Pour briser la résistance de son fils cadet, Jacques, un adolescent révolté à la fois contre son père et contre l'ordre social qu'il incarne, il n'a pas hésité à l'enfermer dans une maison de redressement (*Le Cahier gris, le Pénitencier*). Quelques années plus tard, miné par la maladie qui va l'emporter, il offre le spectacle affligeant d'un homme diminué physiquement et moralement, impotent, en proie à des sautes d'humeur presque enfantines, hanté par la crainte de la mort. Les personnages épisodiques s'épanouissent eux aussi dans toute leur complexité. La probité intellectuelle de l'auteur, ancien chartiste (2), se manifeste aussi bien dans le récit, scrupuleusement exact, d'une opération chirurgicale que dans la peinture des milieux sociaux divers où il nous entraîne. Lorsque, dans *L'Été 14,* le tableau s'élargit en une fresque historique de la France et de l'Europe, au cours des quelques semaines qui ont précédé la guerre, on reconnaît le même souci de documentation minutieuse. Le dernier tome, *Épilogue,* relate la lente agonie du héros, Antoine Thibault, victime de la guerre, et montre le courage stoïque du personnage qui, tout en suivant les progrès de sa maladie, adresse des conseils de vie à son jeune neveu, conseils largement empreints des propres conceptions de R. Martin du Gard.

Georges Duhamel (1884-1966)

Mobilisé comme chirurgien pendant la guerre de 1914, Duhamel témoigne dans *Vie des martyrs* (1917) et *Civilisation* (1918) de son immense compassion pour ces blessés dont il cherche chaque jour à apaiser les souffrances, et s'insurge, avec une âpre ironie, contre la fureur destructive, responsable de toutes les misères. *La Possession du monde* (1919) tire la leçon de ces épreuves et propose, comme instrument essentiel du bonheur, la sympathie compréhensive que nous devons accorder aux êtres et aux choses. De 1920 à 1932, paraissent les cinq tomes de *Vie et Aventures de Salavin* et, de 1932 à 1945, les dix tomes de *La Chronique des Pasquier.*

---

(1) Roman d'une longueur exceptionnelle, souvent en plusieurs tomes. – (2) Étudiant de l'École des chartes, une des grandes écoles de Paris formant bibliothécaires et archivistes.

LA CHRONIQUE DES PASQUIER

Roman cyclique, La Chronique des Pasquier *s'organise autour de Laurent Pasquier, professeur de biologie au Collège de France, qui a entrepris d'écrire ses mémoires. Comme* Les Thibault, *elle est l'histoire d'une famille sous la IIIe République. En même temps qu'un témoignage suggestif et vivant sur l'atmosphère de cette époque, elle dessine, autour du narrateur, divers personnages, riches de vérité et de relief. La forte personnalité de Laurent, où Duhamel a mis beaucoup de lui-même, domine l'ouvrage : Laurent est l'homme qui, dans un optimisme raisonné, fait le bilan de sa vie, à l'aube de la maturité, l'accepte telle qu'elle est et s'attache à tirer le plus noble parti de valeurs incertaines.*

Trente-trois ans ! Est-ce possible ? Oui, c'est parfaitement possible. Et même, c'est fort bien ainsi. Ce n'est pas « trente-trois ans déjà » que le rêveur en blouse blanche doit compter, c'est « trente-trois ans », oui, dans vingt ans, il n'aura que cinquante-trois ans, ce qui doit être le sommet d'une belle vie laborieuse. Et dans quarante ans, s'il y va, sera-t-il beaucoup plus vieux que ses maîtres Dastre ou Richet (1) dont le monde entier admire encore l'intelligence rayonnante ?

C'est un immense champ de vie qui reste à labourer. Et, pourtant, que signifie l'étonnant changement de rythme qui, depuis près d'un lustre (2), brouille toute supputation ? Il semble que les années se mettent à tourner bien plus vite que naguère et que jadis. On dit que, pour les vieillards, le temps n'a pas même valeur que pour les adolescents. Trente-trois ans ! Ce n'est pas forcément le milieu de la course. Les journées sont encore bien longues ; mais les années commencent de valser avec fureur et de sombrer tour à tour dans le ténébreux abîme. Il y a déjà plus d'un an que Cécile (3) a perdu son petit enfant. Plus de trois ans que Laurent a présenté ses deux thèses de doctorat, thèse de sciences, thèse de médecine. Il y a cinq ans au moins que le triste Jean-Paul Sénac s'est retiré dans la mort. Cinq ans que le professeur Chalgrin est tombé paralytique. Ne faudrait-il quand même pas lui faire une petite visite, bien qu'il soit aussi distant et insensible qu'un cadavre ? Il y a longtemps, longtemps que les amitiés du « Désert » se sont dénouées dans l'amertume (...)

... Le front de Laurent Pasquier, ce front bombé, lumineux, se plisse par vagues soucieuses. L'effort de sa lignée va-t-il s'arrêter en lui ? Il n'a pas encore fondé un foyer. Il chérit la solitude autant qu'il la redoute. Il a déjà des habitudes et presque des manies de vieux garçon. Se peut-il que la poussée de sève qui monte du fond des âges vienne se tarir en lui ?

Le jeune homme hausse les épaules. Il pense en remuant les lèvres : « J'aime la vie, même quand elle me blesse, même quand elle me désespère. Que pourrait-il m'arriver qui me fît dévier de ma route ? Toutes mes ambitions sont déclarées, toutes mes ambitions se présentent en pleine lumière. Je fais le métier que j'aime. Tout le monde s'accorde à dire que je le fais loyalement. Si je ne suis pas heureux, cela ne regarde que moi. Je n'ai pas même le droit de m'en plaindre à qui que ce soit. »

D'un vif mouvement de l'échine (4), le jeune homme à la blouse blanche vient de se rejeter en arrière. Comme l'esprit vole hardiment ! Cette lente songerie n'a pas duré la moitié d'une minute. Le nuage qui voguait, toutes voiles dehors, à la rencontre du soleil, il ne l'a pas encore atteint. L'abeille un peu engourdie qui visite les tulipes n'est pas encore sortie de la première corolle. La bulle d'air, montée des profondeurs du bassin, n'a pas encore eu le temps d'expirer à la surface. Laurent Pasquier, très vite, passe sur les plis de son front cette blanche main de savant dont il voudrait être fier et dont il est plutôt honteux. Puis, il se prend à marcher.

Mercure de France, édit.

Jules Romains (1885-1972)

Louis Farigoule, dit Jules Romains (5), venu très tôt à Paris, entre à l'École normale supérieure, devient agrégé de philosophie et enseignant. À partir de 1919, il se consacre uniquement à la littérature.

Un soir, à dix-huit ans, en remontant une rue populeuse de Paris, il prend intuitivement conscience de « l'unanimisme » : selon lui, une « harmonie naturelle et spontanée » se manifeste au sein d'un groupe « d'hommes qui participent à la même émotion ». Les

(1) Ch. Richet (1850-1935), physiologiste français. – (2) Période de cinq ans. – (3) Sœur de Laurent. – (4) Colonne vertébrale. – (5) *Cf.* pp. 357-359.

XXe siècle

33. P. Cézanne : « La montagne Sainte-Victoire », 1905.

34. H. Matisse : « La desserte, Harmonie rouge », 1907.

35. F. Léger :
« La noce »,
1910-1911.

36. P. Picasso :
« Femme à la
mandoline », 1909.

37. J. Tanguy :
« Jour de lenteur »,
1937.

38. J. Dubuffet :
« Dhotel nuance
d'Abricot », 1947.

39. B. Rancillac : « Bloody Comics », 1977.

40. A. Fougeron :
« Rue de Paris », 1943.

41. D. Laget :
« L'ami au blanc-visage », 1983.

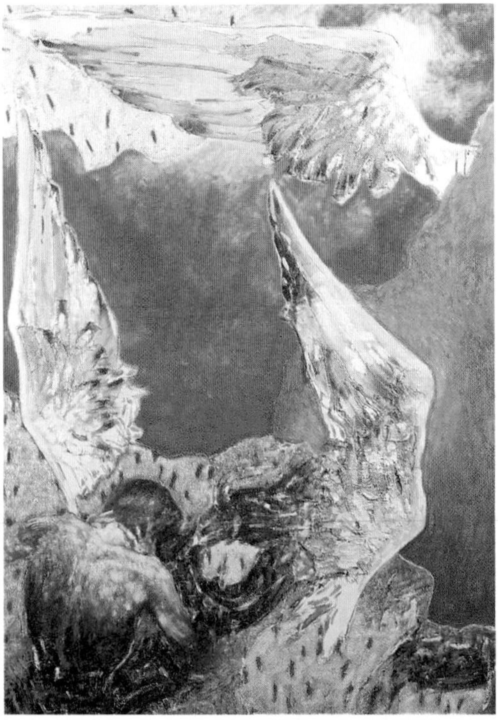

sentiments qui se font jour en cette âme collective épanouissent l'individu qui y participe et orientent sa conduite. Les recueils poétiques de Jules Romains (*La Vie unanime,* 1908 ; *Odes et Prières,* 1913) appellent à une communion avec « cet être vaste et élémentaire », dont le poète reçoit et apporte la révélation. Au théâtre, *Knock* consacre son succès.

Mais c'est dans le domaine du roman que Jules Romains a donné son œuvre maîtresse : *Les Hommes de bonne volonté* retracent la vie de la société française au cours d'un quart de siècle (1908-1933). En accord avec sa vision unanimiste, il représentera cette société comme « un vaste ensemble humain, avec une diversité de destinées individuelles ». Ainsi, le sens qu'il a de la prédominance du groupe sur l'individu l'empêche de se contenter d'une unité factice fondée sur le retour des mêmes personnages, ou de construire un roman cyclique, tel Romain Rolland dans *Jean-Christophe,* autour d'un personnage essentiel, aux faits et gestes duquel les événements à l'échelle sociale et les hommes servent surtout de toile de fond. Chaque tome de son ouvrage s'organise naturellement autour d'une certaine qualité d'atmosphère, à laquelle participent, chacun à son niveau et selon son tempérament, des individus qui « cheminent pour leur propre compte, en s'ignorant la plupart du temps ». Jules Romains sait souligner, par la tonalité fondamentale propre à chaque volume et en accord avec l'atmosphère qu'il y restitue, une unité qui n'est pas factice.

SPIRITUS FLAT

Des phrases courtes, juxtaposées, sans verbe, évoquent fidèlement le rythme haletant des impressions ressenties par le physiologiste Viaur au cours d'une nuit où il est possédé par l'inspiration. L'interprétation unanimiste, en nous montrant cet homme inspiré, qui abolit son individualité pour entrer en communion avec l'Esprit, élargit les perspectives du roman à des dimensions métaphysiques (Les Créateurs).

Toute la nuit suivante, il la passa sans dormir un instant. Il était couché sur le dos, les yeux fermés. Il pensait avec une extrême rapidité, mais sans précipitation. Il n'éprouvait aucune impatience. Le temps ne lui durait absolument pas. Il lui semblait qu'il aurait pu vivre ainsi pendant une immense période ; pendant quelque chose d'aussi long que la nuit polaire. Il ne demandait au monde extérieur que le silence, le moelleux suffisant de ce lit où il reposait, et assez de chaleur pour n'avoir aucune préoccupation, aucune distraction de ce côté-là.

Il pensait tellement vite qu'il lui aurait fallu des centaines de pages pour fixer les idées qui lui venaient ; et tellement net que l'expression de ces idées eût été du premier coup sans flottement, sans bavures. Les idées elles-mêmes accouraient de partout. C'était un branle-bas prodigieux, une mobilisation immense et alerte. Quelque chose de comparable à ce qui se passerait dans une ville comme Paris ou Londres, si les cloches de toutes les églises se mettaient à sonner, si des escouades de clairons et de tambours parcouraient les rues, si des automobiles, munies d'avertisseurs (1) puissants, traversaient et retraversaient les quartiers. Au fond des arrière-cours, des paralytiques se lèveraient en s'appuyant sur leurs cannes. De très vieilles femmes ramasseraient un restant de forces pour aller à la fenêtre et écarter le rideau.

Les idées venaient des régions les plus reculées de l'esprit, du passé le plus lointain. Une phrase entendue au lycée, au cours de philosophie, ou à celui d'histoire naturelle, quinze ans plut tôt. Un fragment de lecture qu'on aurait cru totalement enfoui. Une discussion, jadis, avec un camarade. Tout ce que la culture humaine, inlassable, myriadaire (2), comme la pluie d'automne, comme la neige de janvier, laisse tomber depuis l'enfance dans une tête d'homme. Entre telle ou telle de ces milliers et milliers de particules brillantes, il fulgurait (3) soudain un rapport. Le dedans de l'esprit ressemblait à l'un de ces interminables orages tranquilles qui remplissent une nuit de canicule (4). Des éclairs à chaque instant ; par traits de feu, ou par nappes. Une perpétuelle pulsation de l'obscur. Une illumination spasmodique de l'obscur.

Flammarion, édit.

(1) Klaxons. – (2) De myriade, quantité indéfinie ; autrement dit : multiple, immense. – (3) Brillait (en jetant des éclairs). – (4) Intense chaleur.

Le roman psychologique

Le roman, foisonnant dans des directions diverses, renforce, dans l'entre-deux-guerres, sa fonction psychologique : les romans « populistes » d'Eugène Dabit, de Louis Guilloux et de Francis Carco s'ouvrent à un monde encore peu exploré, celui des petites gens de Paris ou de la province, avec leurs soucis quotidiens, celui aussi (*La Rue* de Carco, 1930) des marginaux parisiens et de la « zone » (1) avec ses activités louches. Le point de vue féminin est représenté par Colette, tandis que Radiguet, Maurois (*Climats,* 1928), Marcel Arland, Jacques Chardonne, affinent l'analyse psychologique en montrant les régions troubles du cœur humain. Le même trouble traverse l'œuvre de romanciers comme Mauriac, Bernanos, Jouhandeau, Green, qui dépeignent le conflit entre la matérialité de l'homme et ses élans vers la pureté spirituelle.

Colette (1873-1954)

Née à Saint-Sauveur-en-Puisaye, dans l'Yonne, Gabrielle Colette connut, dans son village natal, une enfance heureuse et libre, auprès d'une mère tendrement chérie qui lui apprit à voir et à aimer la nature et l'aida à épanouir sa personnalité riche et sensible. Ses premières œuvres sont une transposition de ses souvenirs vécus et contribuèrent à renforcer les volontés de libération féminine de son époque : *Claudine à l'école* (1900), *La Vagabonde* (1910) et *L'Entrave* (1913). Avec *Chéri* (1920) et *Le Blé en herbe* (1923), le roman autobiographique cède la place au roman de mœurs. *La Maison de Claudine* (1922) et *Sido* (1929) nous ramènent au cadre et au temps de son enfance, et l'évocation des souvenirs se prolonge en des méditations apaisées. *Prisons et Paradis*, *Le Pur et l'Impur* (1932), *La Chatte* (1933), *Duo* (1934), *Gigi* (1943) montrent la diversité de son inspiration, dont le grand thème est la difficulté de concilier l'amour et la liberté.

Colette aime sensuellement la vie : elle en contemple avec ravissement les manifestations exaltantes au sein de la nature, dans la fleur qui s'épanouit, dans l'herbe qui pousse. Plus encore qu'aux couleurs, elle est sensible aux saveurs et aux parfums. Dans le domaine sentimental, elle est allée vers la vie avec le même élan, faisant fi de toutes les contraintes, et, à son image, les personnages de ses romans vont sans cesse à la recherche d'une plénitude qui leur échappe. Elle sait analyser et traduire, chez les êtres comme chez elle-même, les sensations, les nuances les plus fugitives de la sensibilité. Son style est également à l'image de son tempérament avec sa puissance de suggestion plastique, le choix du terme juste, la qualité des images, le dessin souple de la phrase : elle ressuscite ainsi le réel et l'évoque à tous nos sens.

LA MAISON DE CLAUDINE

Colette retrace son enfance au sein de la vieille maison familiale; sa mère est au centre du texte, surprise dans la familiarité de ses occupations domestiques, en quête de ses enfants ivres de grand air et de liberté. L'évocation vivante, enjouée, s'achève sur un ton de mélancolie contenue.

« Où sont les enfants ? » Elle surgissait, essoufflée par sa quête constante de mère-chienne trop tendre, tête levée et flairant le vent. Ses bras emmanchés de toile blanche disaient qu'elle venait de pétrir la pâte

(1) On appelle ainsi la périphérie de Paris, située à l'emplacement des anciennes fortifications, espace mal fréquenté.

à galette, ou le pudding saucé d'un brûlant velours de rhum et de confitures. Un grand tablier bleu la ceignait, si elle avait lavé la havanaise (1), et, quelquefois, elle agitait un étendard de papier jaune craquant, le papier de la boucherie ; c'est qu'elle espérait rassembler, en même temps que ses enfants égaillés, ses chattes vagabondes, affamées de viande crue...

Au cri traditionnel s'ajoutait, sur le même ton d'urgence et de supplication, le rappel de l'heure : « Quatre heures ! ils ne sont pas venus goûter ! Où sont les enfants ?... » « Six heures et demie ! Rentreront-ils dîner ? Où sont les enfants ?... » La jolie voix, et comme je pleurerais de plaisir à l'entendre... Notre seul péché, notre méfait unique était le silence, et une sorte d'évanouissement miraculeux. Pour des desseins innocents, pour une liberté qu'on ne nous refusait pas, nous sautions la grille, quittions les chaussures, empruntant pour le retour une échelle inutile, le mur bas d'un voisin. Le flair subtil de la mère inquiète découvrait sur nous l'ail sauvage d'un ravin lointain ou la menthe des marais masqués d'herbe. La poche mouillée d'un des garçons cachait le caleçon (2) qu'il avait emporté aux étangs fiévreux, et la « petite », fendue au genou, pelée au coude, saignait tranquillement, sous des emplâtres de toiles d'araignée et de poivre moulu, liés d'herbes rubannées...

– Demain, je vous enferme ! Tous, vous entendez, tous !

Demain... Demain, l'aîné, glissant sur le toit d'ardoises où il installait un réservoir d'eau, se cassait la clavicule et demeurait muet, courtois, en demi-syncope, au pied du mur, attendant qu'on vînt l'y ramasser. Demain, le cadet recevait, sans mot dire, en plein front, une échelle de six mètres, et rapportait avec modestie un œuf violacé entre les deux yeux...

– Où sont les enfants ?

Deux reposent (3). Les autres, jour par jour, veillent. S'il est un lieu où l'on attend après la vie, celle qui nous attendit tremble encore, à cause des deux vivants. Pour l'aînée de nous tous, elle a du moins fini de regarder le noir de la vitre, le soir : « Ah ! je sens que cette enfant n'est pas heureuse... Ah ! je sens qu'elle souffre... »

Pour l'aîné des garçons, elle n'écoute plus, palpitante, le roulement d'un cabriolet de médecin sur la neige, dans la nuit, ni le pas de la jument grise. Mais je sais que pour les deux qui restent, elle erre et quête encore, invisible, tourmentée de n'être pas assez tutélaire (4) : « Où sont, où sont les enfants ?... »

Ferenczi, édit.

Raymond Radiguet (1903-1923)

Poète précoce (*Les Joues en feu* sont publiées en 1920), Radiguet fréquente très tôt les milieux littéraires où il est introduit par Cocteau. Comme s'il sentait la mort qui devait l'emporter, il produisit une comédie burlesque et provocatrice, *Les Pélicans* (1921) et surtout deux romans, *Le Diable au corps* (1923) et *le Bal du comte d'Orgel* (paru en 1924). Si le premier révèle toute la sensibilité d'un adolescent, qui vit avec excès une passion qui le dépasse, le second, lui, comme *La Princesse de Clèves* dont il représente une version moderne, témoigne d'un sens remarquable de l'analyse psychologique, soutenu par une écriture d'une rigueur et d'une pureté classiques.

LE BAL DU COMTE D'ORGEL

Ce texte reflète deux thèmes chers à Radiguet, celui de l'incommunicabilité – l'aveu que Mahaut vient de faire à son mari Anne de son amour pour François de Séryeuse ne fera que les séparer davantage – et celui de l'impossibilité d'éprouver des sentiments purs de toute arrière-pensée, thèmes qu'évoque à lui seul l'extrême dépouillement du style.

Enfin, il semblait comprendre ! Mahaut voyait bien que sa phrase avait porté. Attendant et souhaitant une tempête, elle ferma les yeux. Mais Anne regrettait déjà d'avoir pu, par des mots prononcés plus fort que les autres, sortir de son cérémonial. Mahaut, tremblante, l'entendit donc qui disait d'une voix très douce :

– C'est absurde... Il faut que nous cherchions un moyen de tout réparer.

Il y avait entre ces deux êtres une grande distance. Elle rendait impossible à Mahaut de saisir le méca-

(1) Une petite chienne. – (2) Caleçon de bain. – (3) Sont morts. – (4) Protectrice.

nisme qui amenait cette douceur. Elle se coucha doucement sur son oreiller, comme dans ces rêves qui se terminent par une chute. Ces sortes de chutes réveillent. Elle se réveilla, se redressa. Elle regardait son mari, mais le comte d'Orgel ne vit pas qu'il avait devant lui une autre personne.

Mahaut regardait Anne, assise dans un autre monde. De sa planète, le comte, lui, n'avait rien vu de la transformation qui s'était produite, et qu'au lieu de s'adresser à une frénétique, il parlait maintenant à une statue.

– Allons ! Mahaut, calmons-nous. Nous ne vivons pas ici dans les Îles. Le mal est fait, réparons-le. François viendra au bal. Et peut-être serait-il bon que Mme de Séryeuse vînt aussi.

Puis, l'embrassant sur les cheveux, et prenant congé d'elle :

– François *doit* faire partie de notre entrée. Vous lui choisirez un costume.

Debout dans le chambranle de la porte, Anne était beau. N'accomplissait-il pas un devoir d'une frivolité grandiose, lorsque, sortant à reculons, il employa, sans se rendre compte, avec un signe de tête royal, la phrase des hypnotiseurs :

– Et maintenant, Mahaut, dormez ! Je le veux.

Éd. Grasset.

François Mauriac (1885-1970)

Né à Bordeaux dans une famille bourgeoise catholique, François Mauriac passe les vingt premières années de sa vie dans sa province natale, qu'il choisira pour cadre de ses romans. Son premier grand roman, *Le Baiser au lépreux* (1922) est bientôt suivi par *Génitrix* (1923), *Le Désert de l'amour* (1925) et *Thérèse Desqueyroux* (1927) qui lui valent la célébrité. Toute l'œuvre de Mauriac, que viennent encore jalonner *Le Nœud de vipères* (1932), *Le Mystère Frontenac* (1933), *La Pharisienne* (1941) et qui sera couronnée du prix Nobel en 1952, est hantée par la misère de l'homme pécheur que seule la grâce peut sauver. Dans l'intimité des foyers provinciaux, Mauriac nous montre les conflits qui opposent sournoisement les membres d'une même famille. Mais il met surtout l'accent sur le drame intérieur des personnages qui se sentent incommunicables les uns aux autres, déchirés entre les appels de leur sensualité et les élans de leur foi, et qui puisent, dans ce combat incessant, leur puissance pathétique. Le romancier ne cache pas la sympathie qu'il éprouve pour ces êtres qui gardent, au sein de leurs pires égarements, une soif de pureté, et comme une nostalgie de l'amour divin.

LE MYSTÈRE FRONTENAC

La première page de ce roman est un modèle d'exposition : l'attitude des personnages – beau-frère et belle-sœur – et leurs gestes les plus insignifiants en apparence révèlent, en même temps que leur caractère, leur incompréhension mutuelle. Le description du mobilier, pompeux et désuet, reflète la mentalité de cette bourgeoisie attachée à ses traditions et murée dans ses souvenirs.

Xavier Frontenac jeta un regard timide sur sa belle-sœur qui tricotait, le buste droit, sans s'appuyer au dossier de la chaise basse qu'elle avait rapprochée du feu ; et il comprit qu'elle était irritée. Il chercha à se rappeler ce qu'il avait dit, pendant le dîner : et ses propos lui semblèrent dénués de toute malice. Xavier soupira, passa sur son crâne une main fluette.

Ses yeux fixèrent le grand lit à colonnes torses où, huit ans plut tôt, son frère aîné, Michel Frontenac, avait souffert cette interminable agonie. Il revit la tête renversée, le cou énorme que dévorait la jeune barbe vigoureuse ; les mouches inlassables de juin, qu'il ne pouvait chasser de cette face suante. Aujourd'hui, on aurait tenté de le trépaner, on l'aurait sauvé peut-être ; Michel serait là. Il serait là... Xavier ne pouvait détourner les yeux de ce lit ni de ces murs. Pourtant, ce n'était pas dans cet appartement que son frère avait expiré : huit jours après les obsèques, Blanche Frontenac, avec ses cinq enfants, avait quitté la maison de la rue Vital-Carles, et s'était réfugiée au troisième étage de l'hôtel qu'habitait, rue de Cursol, sa mère, Mme Arnaud-Miqueu. Mais les mêmes rideaux à fond bleu, avec des fleurs jaunes, garnissaient les fenêtres et le lit. La commode et l'armoire se faisaient face, comme dans l'ancienne chambre. Sur la cheminée, la même dame en bronze, robe montante et manches longues, représentait la Foi. Seule, la lampe avait changé : Mme Frontenac avait acquis un modèle nouveau que toute la famille admirait : une colonne d'albâtre supportait le réservoir de cristal où la mèche, large ténia, baignait dans le pétrole. La flamme se divisait en nombreux pétales incandescents. L'abat-jour était un fouillis de dentelles crème, relevé d'un bouquet de violettes artificielles.

Georges Bernanos (1888-1948)

Bernanos, étudiant en lettres et en droit, prend alors part aux activités du mouvement monarchiste de l'« Action française ». Il fait la guerre de 14-18 en volontaire et ce ne sera qu'en 1926, avec *Sous le soleil de Satan,* qu'il donne sa première grande œuvre. Elle sera suivie de *L'Imposture* (1927) et de *La Joie* (1929). Installé aux Baléares, il publie en 1936 *Le Journal d'un curé de campagne*, et en 1938 *Les Grands Cimetières sour la lune,* violent pamphlet que lui inspire la guerre civile espagnole. Après un séjour au Brésil, il revient à Paris où il achève, peu avant sa mort, *Dialogues des Carmélites.*

Les romans de Bernanos situent le drame humain sur le plan métaphysique. Pour lui, l'homme est en butte aux puissances du mal, théâtre d'un combat entre Dieu et Satan. Ainsi, son premier roman, *Sous le soleil de Satan,* oppose vigoureusement Mouchette, une jeune fille qui s'abandonne au démon, et l'abbé Donissan dont la lente ascension vers la sainteté, aux prises avec l'indifférence et l'hostilité des autres, s'accomplit dans l'angoisse et, souvent, dans les tentations du désespoir. Bernanos, pourtant, garde sa sympathie aux âmes dévoyées, en proie à un drame douloureux, tel cet abbé Cénabre, le triste héros de *L'Imposture* et de *La Joie*, qui retrouve la foi dans un déchirement intérieur où va sombrer sa raison. Mais il n'est pas de recours pour les médiocres et les tristes, qui s'installent hypocritement dans une pauvre quiétude, dans la méconnaissance et le refus des vrais problèmes.

SOUS LE SOLEIL DE SATAN

L'abbé Donissan, face à Satan, se sent vaincu, et pourtant il est vainqueur car, par sa souffrance, il rejoint celle du Christ auquel s'adresse ce monologue. C'est ce déchirement intérieur, la difficulté pour l'homme de reconnaître les tentations de Satan, qu'exprime le style haché, pressé, qui correspond aux incertitudes et à l'angoisse métaphysique du héros.

Seigneur, il n'est pas vrai que nous vous ayons maudit; qu'il périsse plutôt, ce menteur, ce faux témoin, votre rival dérisoire ! Il nous a tout pris, nous laisse tout nus, et met dans notre bouche une parole impie. Mais la souffrance nous reste, qui est notre part commune avec vous, le signe de notre élection, héritée de ses pères, plus active que le feu chaste, incorruptible... Notre intelligence est épaisse et commune, notre crédulité sans fin, et le suborneur subtil, avec sa langue dorée... Sur ses lèvres, les sons familiers prennent le sens qu'il lui plaît, et les plus beaux nous égarent mieux. Si nous nous taisons, il parle pour nous et, lorsque nous essayons de nous justifier, notre discours nous condamne. L'incomparable raisonneur, dédaigneux de contredire, s'amuse à tirer de ses victimes leur propre sentence de mort. Périssent avec lui les mots perfides ! C'est par son cri de douleur que s'exprime la race humaine, la plainte arrachée à ses flancs par un effort démesuré. Vous nous avez jetés dans l'épaisseur comme un levain. L'univers, que le péché nous a ôté, nous le reprendrons pouce par pouce, nous vous le rendrons tel que nous le reçûmes, dans son ordre et sa sainteté, au premier matin des jours. Ne nous mesurez pas le temps, Seigneur ! Notre attention ne se soutient pas, notre esprit se détourne si vite ! Sans cesse le regard épie, à droite ou à gauche une impossible issue ; sans cesse l'un de vos ouvriers jette son outil et s'en va. Mais votre pitié, elle, ne se lasse point, et partout vous nous présentez la pointe du glaive ; le fuyard reprendra sa tâche, ou périra dans la solitude... Ah ! l'ennemi qui sait tant de choses ne saura pas celle-là ! Le plus vil des hommes emporte avec lui son secret, celui de la souffrance efficace, purificatrice... Car ta douleur est stérile, Satan !... Et pour moi, me voici où tu m'as mené, prêt à recevoir ton dernier coup... Je ne suis qu'un pauvre prêtre assez simple, dont ta malice s'est jouée un moment, et que tu vas rouler comme une pierre... Qui peut lutter de ruse avec toi ? Depuis quand as-tu pris le visage et la voix de Mon Maître ? Quel jour ai-je cédé pour la première fois ? Quel jour ai-je reçu avec une complaisance insensée le seul présent que tu puisses faire, trompeuse image de la déréliction des saints, ton désespoir, ineffable à un cœur d'homme? Tu souffrais, tu priais avec moi, ô l'affreuse pensée! Ce miracle même... Qu'importe! Qu'importe! Dépouille-moi! Ne me laisse rien! Après moi un autre, et puis un autre encore, d'âge en âge, élevant le même cri, tenant embrassée la Croix... Nous ne sommes point ces saints vermeils à barbe blonde que les bonnes gens voient peints, et dont les philosophes eux-mêmes envieraient l'éloquence et la bonne santé. Notre part n'est point ce que le monde imagine. Auprès de celle-ci, la contrainte même du génie est un jeu frivole. Toute belle vie, Seigneur, témoigne pour vous; mais le témoignage du saint est comme arraché par le fer.

Éd. Plon, 1926.

Le roman de l'action

André Malraux (1901-1976)

Après des études à l'École des langues orientales, toutes les étapes de la vie aventureuse qu'il a menée à partir de 1923 se retrouvent dans la succession de ses romans. Une mission archéologique dans le Haut-Laos, sa participation active à des mouvements révolutionnaires aux côtés du Kuomintang lui inspireront *Les Conquérants* (1928), *La Voie royale* (1930), *La Condition humaine* (1933); *L'Espoir* (1937) évoque la lutte des Républicains espagnols avec lesquels il combattit; enfin, *Les Noyers de l'Altenburg* (1943) offrent un écho de la deuxième guerre mondiale qu'il acheva à la tête de la brigade Alsace-Lorraine. Ministre de l'Information en 1945, il fut ministre d'État chargé des Affaires culturelles de 1958 à 1969, sous la présidence du général De Gaulle auquel il témoigne son admiration dans *Les Chênes qu'on abat* (1971).

Chez Malraux, le romancier et l'homme d'action ne se dissocient pas du penseur qui cherche irrésistiblement dans l'action une révélation de lui-même, une prise de conscience de son drame, celui de la condition humaine. Toute son œuvre tend essentiellement à exprimer, à travers le comportement de ses personnages dotés d'une vigoureuse et complexe individualité, quelle peut être l'attitude de l'homme devant l'absurdité de son destin, devant la perspective inéluctable de la mort. D'abord conçu comme une simple diversion et un moyen d'échapper à cette hantise, le recours à l'action apparaît bientôt comme l'occasion de se dégager de cette attitude passive, même s'il ne garde aucune illusion sur l'efficacité de son effort, et d'affirmer sa dignité. C'est aussi le moyen de prendre une conscience exaltante de cette « fraternité virile » qui unit des êtres engagés dans une entreprise commune. Sous cette perspective, le combat idéologique dans lequel les personnages sont engagés semble plutôt pour l'homme une occasion épisodique de s'affirmer qu'une fin en soi : voilà pourquoi les romans de Malraux n'apparaissent jamais comme des œuvres partisanes en faveur d'un système politique ou d'une conception sociale. La méditation sur l'art, qui fait l'objet des *Voix du Silence* (1951) et de ces deux ouvrages de « psychologie de l'art » que sont *Le Musée imaginaire de la sculpture mondiale* (1952) et *La Métamorphose des dieux* (1957), ainsi que de ses *Antimémoires* (t. I, 1967 ; t. II, 1976), approfondissent le même problème que ses romans. Dans l'acte créateur de l'artiste, l'homme sort enfin vainqueur et comme purifié de l'obsession de la mort : « L'art est un anti-destin. »

LA CONDITION HUMAINE

Le roman a pour cadre Shangaï et relate avec exactitude les événements qui s'y déroulèrent en mars 1927. La ville, encore aux mains des forces gouvernementales, est libérée par les milices révolutionnaires qui la remettent à l'armée du Kuomintang, commandée par Tchang Kaï-Chek. Mais celui-ci, qui s'apprête à se détacher des éléments communistes auprès desquels il avait trouvé jusqu'alors un appui, fait désarmer les milices et, se heurtant à leur résistance, exerce une répression impitoyable. Sur cet arrière-plan, historiquement exact, se détache un groupe d'hommes, communistes, tels Kyo ou Katow, qui s'efforcent, par le vertige de l'action, d'oublier le drame sans issue de leur condition humaine. Cela les mène à l'emprisonnement et à la mort. Mais, dans la prison où Kyo attend son exécution, sa dernière méditation lui apporte la certitude d'avoir choisi la voie juste et le sentiment réconfortant de la fraternité humaine.

Allongé sur le dos, les bras ramenés sur la poitrine, Kyo ferma les yeux : c'était précisément la position des morts. Il s'imagina, allongé, immobile, les yeux fermés, le visage apaisé par la sérénité que dispense la mort pendant un jour à presque tous les cadavres, comme si devait être exprimée la dignité même des plus misérables. Il avait beaucoup vu mourir, et, aidé par son éducation japonaise, il avait toujours pensé qu'il est beau de mourir de sa mort, d'une mort qui ressemble à sa vie. Et mourir est passivité, mais se tuer est acte. Dès qu'on viendrait chercher le premier des leurs, il se tuerait en pleine conscience. Il se souvint – le cœur arrêté – des disques de phonographe. Temps où l'espoir conservait un sens ! Il ne reverrait pas May (1), et la seule douleur à laquelle il fût vulnérable était sa douleur à elle, comme si sa propre mort eût été une faute. « Le remords de mourir », pensa-t-il avec une ironie crispée. Rien de semblable à l'égard de son père qui lui avait toujours donné l'impression, non de faiblesse, mais de force. Depuis plus d'un an, May l'avait délivré de toute solitude, sinon de toute amertume. La lancinante fuite dans la tendresse des corps noués pour la première fois jaillissait, hélas ! dès qu'il pensait à elle, déjà séparé des vivants... « Il faut maintenant qu'elle m'oublie... » Le lui écrire, il ne l'eût que meurtrie et attachée à lui davantage. « Et c'est lui dire d'en aimer un autre. » Ô prison, lieu où s'arrête le temps, – qui continue ailleurs... Non ! C'était dans ce préau séparé de tous par les mitrailleuses, que la révolution, quel que fût son sort, quel que fût le lieu de sa résurrection, aurait reçu le coup de grâce ; partout où les hommes travaillent dans la peine, dans l'absurdité, dans l'humiliation, on pensait à des condamnés semblables à ceux-là comme les croyants prient ; et, dans la ville, on commençait à aimer ces mourants comme s'ils eussent été déjà des morts... Entre tout ce que cette dernière nuit couvrait de la terre, ce lieu de râles était sans doute le plus lourd d'amour viril. Gémir avec cette foule couchée, rejoindre jusque dans son murmure de plaintes cette souffrance sacrifiée... Et une rumeur inentendue prolongeait jusqu'au fond de la nuit ce chuchotement de la douleur : ainsi qu'Hemmelrich (2), presque tous ces hommes avaient des enfants. Pourtant, la fatalité acceptée par eux montait avec leur bourdonnement de blessés comme la paix du soir, recouvrait Kyo, ses yeux fermés, ses mains croisées sur son corps abandonné, avec une majesté de chant funèbre. Il aurait combattu pour ce qui, de son temps, aurait été chargé du sens le plus fort et du plus grand espoir ; il mourrait parmi ceux avec qui il aurait voulu vivre ; il mourrait, comme chacun de ces hommes couchés, pour avoir donné un sens à sa vie. Qu'eût valu une vie pour laquelle il n'eût pas accepté de mourir ? Il est facile de mourir quand on ne meurt pas seul. Mort saturée de ce chevrotement fraternel, assemblée de vaincus où des multitudes reconnaîtraient leurs martyrs, légende sanglante dont se font les légendes dorées ! Comment, déjà regardé par la mort, ne pas entendre ce murmure de sacrifice humain qui lui criait que le cœur viril des hommes est un refuge à morts qui vaut bien l'esprit ?

Il tenait maintenant le cyanure dans sa main (3). Il s'était souvent demandé s'il mourrait facilement. Il savait que, s'il décidait de se tuer, il se tuerait ; mais, connaissant la sauvage indifférence avec quoi la vie nous démasque à nous-mêmes, il n'avait pas été sans inquiétude sur l'instant où la mort écraserait sa pensée de toute sa pesée sans retour.

Non, mourir pouvait être un acte exalté, la suprême expression d'une vie à quoi cette mort ressemblait tant ; et c'était échapper à ces deux soldats qui s'approchaient en hésitant. Il écrasa le poison entre ses dents comme il eût commandé, entendit encore Katow l'interroger avec angoisse et le toucher, et, au moment où il voulait se raccrocher à lui, suffoquant, il sentit toutes ses forces le dépasser, écartelées au-delà de lui-même contre une toute-puissante convulsion.

La Condition humaine, VI
éd. Gallimard.

Antoine de Saint-Exupéry (1900-1944)

Après son service militaire fait dans l'aviation, Saint-Exupéry devient pilote de ligne : ses romans s'inspirent étroitement de son expérience vécue. Il assure d'abord la liaison entre Toulouse et Dakar, puis est nommé chef de « l'aéroplace » (4) de Cap-Juby, dans une zone insoumise du Maroc espagnol. *Courrier-Sud* (1927) met en œuvre des éléments

(1) Amie de Kyo : Allemande née à Shanghaï, médecin, elle participe à l'action clandestine des révolutionnaires. – (2) Militant qui est freiné dans son action révolutionnaire par la maladie de son enfant. – (3) Chaque militant porte toujours sur lui du cyanure pour échapper au risque d'avouer sous la torture. – (4) Base aérienne.

empruntés à ces deux étapes de sa carrière; *Vol de nuit* (1931) est écrit à Buenos Aires, où il est directeur d'une filiale de l'Aéropostale; *Terre des hommes* (1939) offre comme un bilan de ses souvenirs. Pilote de guerre dès 1939, après un exil de deux ans aux États-Unis, où il publie *Le Petit Prince,* il revient en France où il reprend le combat en 1943; il disparaît au cours d'une mission de reconnaissance aérienne. Après sa mort sera publié *Citadelle* qui, sous la forme d'une parabole, dégage les éléments d'une philosophie inspirée par l'action.

Les romans de Saint-Exupéry sont autre chose que de simples reportages effectués par un homme de métier. Déjà *Vol de Nuit,* centré autour de l'attente de trois courriers de l'aérodrome de Buenos Aires, nous fait assister au drame humain qui se livre sur terre, au poste de commandement, et dans le ciel, auprès des pilotes, approfondit l'étude d'un caractère, et se prolonge en une méditation sur l'action. *Terre des hommes,* plus explicitement encore, s'organise autour de cette méditation sur la grandeur d'un métier qui affermit la volonté, exalte un sentiment de fraternité entre ceux qui œuvrent pour une tâche commune et leur fait prendre une conscience élargie de leur responsabilité : la grandeur de l'homme, c'est de se sentir « dans la mesure de son travail »... « responsable un peu du destin des hommes ». *Le Petit Prince* reprendra ce thème sous la forme d'une parabole poétique : le dialogue du petit Prince avec le renard nous enseigne que l'amitié qui « crée des liens » entre les êtres ensoleille la vie, à condition que la connaissance se double d'un élan vers les choses et vers les hommes, sans quoi elle ne saurait combler le cœur. Enfin, dans *Citadelle,* Saint-Exupéry médite sur les valeurs révélées par l'action qui font la dignité de l'homme et qui s'équilibrent en lui : elles sont susceptibles de donner un sens à sa vie. Son humanisme, résolument spiritualiste, postule Dieu plus qu'il ne le trouve, traduisant cependant une aspiration vers le divin.

VOL DE NUIT

Fabien, un des trois pilotes qui cherchent à gagner l'aérodrome de Buenos Aires, ne peut plus échapper à la mort. Les communications avec le sol sont coupées et son réservoir d'essence est à peu près vide. Dans une sorte de vertige qui fera de sa mort une apothéose, Fabien monte vers les étoiles. La description unit, sans la moindre impression de disparité, la réalité et le rêve, dans une profusion de détails techniques sur le comportement de l'avion et sur le spectacle qui, bientôt, aux yeux du pilote, se transfigure en vision. Mais, déjà, celui-ci semble comme détaché de la vie terrestre, comme intégré au monde cosmique, dans une exaltation telle que la mort, certaine, toute proche, vient plutôt comme une délivrance.

Il monta, en corrigeant mieux les remous, grâce aux repères qu'offraient les étoiles. Leur aimant pâle l'attirait. Il avait peiné si longtemps, à la poursuite d'une lumière, qu'il n'aurait plus lâché la plus confuse. Riche d'une lueur d'auberge, il aurait tourné jusqu'à la mort, autour de ce signe dont il avait faim. Et voici qu'il montait vers des champs de lumière.

Il s'élevait peu à peu, en spirale, dans le puits qui s'était ouvert, et se refermait au-dessous de lui. Et les nuages perdaient, à mesure qu'il montait, leur boue d'ombre, ils passaient contre lui, comme des vagues de plus en plus pures et blanches. Fabien émergea.

Sa surprise fut extrême : la clarté était telle qu'elle l'éblouissait. Il dut, quelques secondes, fermer les yeux. Il n'aurait jamais cru que les nuages, la nuit, pussent éblouir. Mais la pleine lune et toutes les constellations les changeaient en vagues rayonnantes.

L'avion avait gagné d'un seul coup, à la seconde même où il émergeait, un calme qui semblait extraordinaire. Pas une houle ne l'inclinait. Comme une barque qui passe la digue, il entrait dans les eaux réservées. Il était pris dans une part de ciel inconnue et cachée comme la baie des îles bienheureuses. La tempête, au-dessous de lui, formait un autre monde de trois mille mètres d'épaisseur, parcouru de rafales, de trombes d'eau, d'éclairs, mais elle tournait vers les astres une face de cristal et de neige.

Fabien pensait avoir gagné des limbes (1) étranges, car tout devenait lumineux, ses mains, ses vêtements, ses ailes. Car la lumière ne descendait pas des astres, mais elle se dégageait, au-dessous de lui, autour de lui, de ces provisions blanches.

Ces nuages, au-dessous de lui, renvoyaient toute la neige qu'ils recevaient de la lune. Ceux de droite et de gauche aussi, hauts comme des tours. Il circulait un lait de lumière dans lequel baignait l'équipage. Fabien, se retournait, vit que le radio souriait.

– Ça va mieux ! criait-il.

Mais la voix se perdait dans le bruit du vol, seuls communiquaient les sourires. « Je suis tout à fait fou, pensait Fabien, de sourire : nous sommes perdus. »

Pourtant, mille bras obscurs l'avaient lâché. On avait dénoué ses liens, comme ceux d'un prisonnier qu'on laisse marcher seul, un temps, parmi les fleurs.

« Trop beau », pensait Fabien. Il errait parmi les étoiles accumulées avec la densité d'un trésor, dans un monde où rien d'autre, absolument rien d'autre que lui, Fabien, et son camarade, n'était vivant. Pareils à ces voleurs des villes fabuleuses, murés dans la chambre aux trésors dont ils ne sauront plus sortir. Parmi ces pierreries glacées, ils errent, infiniment riches, mais condamnés.

Gallimard, édit.

Le roman rustique

Une des réactions après la guerre de 14-18 est la nostalgie du monde rustique d'antan, où la nature pouvait encore s'épanouir, loin de toute atteinte de la civilisation urbaine. Plusieurs romanciers s'attachent alors à restituer l'atmosphère des campagnes, comme Marcel Aymé, célèbrent l'âme de la Provence tel Giono, l'harmonie entre l'homme et sa terre comme Maurice Genevoix dans *Raboliot* (1925) ; tous pourraient reprendre à leur compte la formule de l'écrivain suisse francophone Charles-Ferdinand Ramuz : « J'ai besoin d'une terre quand même, sinon je me sentirais perdu. »

Jean Giono (1895-1970)

Provençal d'origine, c'est la Provence que Giono chante avec lyrisme dans ses premières œuvres : *Colline* (1928), *Un de Baumugnes* (1929), *Regain* (1930), *Jean le Bleu* (1932). Mais plus que l'évocation d'une région particulière et des hommes qui forgèrent ses traditions, c'est un véritable hymne épique, où les forces naturelles de mort sont impuissantes face à la poussée irrésistible de la vie, de la vraie vie du monde, que l'on entend, plus encore dans *Le Chant du monde* (1934) et *Que ma joie demeure* (1935). Giono résiste à la guerre, exalte le pacifisme ; cela lui vaut une première peine de prison en 1939, puis, son œuvre exaltant, comme le fait le gouvernement de Vichy, les valeurs traditionnelles, une seconde condamnation en 1944. Cela contribue à donner une tonalité plus sombre aux œuvres qui suivront : *Un Roi sans divertissement* (1947), *Le Hussard sur le toit* (1951), notamment, sont sans illusions sur l'homme, dont Giono met en relief la cruauté foncière, et sur sa condition, vouée à la souffrance, à l'ennui, à la mort.

REGAIN

Le roman relate la résurrection d'un village abandonné, grâce à Panturle, chasseur d'abord, devenu agriculteur par amour ; mais c'est surtout une épopée où les forces naturelles de vie, jointes à la volonté et au sacrifice de l'homme, triomphent de la mort. Dans ce passage, Panturle, homme presque primitif, prend une dimension mythique à l'image de la terre dure où il habite.

(1) Régions mystérieuses, calmes et sereines.

Aubignane est collé contre le tranchant du plateau comme un petit nid de guêpes ; et c'est vrai, c'est là qu'ils ne sont plus que trois. Sous le village la pente coule, sans herbes. Presque en bas, il y a un peu de terre molle et le poil raide d'une pauvre oseraie. Dessous, c'est un vallon étroit et un peu d'eau. C'est donc des maisons qu'on a bâties là, juste au bord, comme en équilibre, puis, au moment où ça a commencé à glisser sur la pente, on a planté, au milieu du village, le pieu du clocher et c'est resté tout accroché. Pas tout : il y a une maison qui s'est comme décollée, qui a coulé du haut en bas, toute seule, qui est venue s'arrêter, les quatre fers d'aplomb au bord du ruisseau, à la fourche du ruisseau et de ce qu'ils appelaient la route, là, contre un cyprès.

C'est la maison de Panturle.

Le Panturle est un homme énorme. On dirait un morceau de bois qui marche. Au gros de l'été, quand il se fait un couvre-nuque avec des feuilles de figuier, qu'il a les mains pleines d'herbe et qu'il se redresse, les bras écartés, pour regarder la terre, c'est un arbre. Sa chemise pend en lambeaux comme une écorce. Il a une grande lèvre épaisse et difforme, comme un poivron rouge. Il envoie la main lentement sur toutes les choses qu'il veut prendre, généralement, ça ne bouge pas ou ça ne bouge plus. C'est du fruit, de l'herbe ou de la bête morte ; il a le temps. Et quand il tient, il tient bien.

De la bête vivante, quand il en rencontre, il la regarde sans bouger : c'est un renard, c'est un lièvre, c'est un gros serpent des pierrailles. Il ne bouge pas ; il a le temps. Il sait qu'il y a, quelque part, dans un buisson, un lacet de fil de fer qui serre les cous au passage.

Il a un défaut, si on peut dire : il parle seul. Ça lui est venu aussitôt après la mort de sa mère.

Un homme si gros que ça, ça avait une mère comme une sauterelle. Elle est morte du mal. On appelle ça : « le mal », mais c'est une vapeur ; ça prend les gens d'âge. Ils ont les « trois sueurs », le « point de côté » puis, ça s'arrache tout, là-dedans, et ils meurent. C'est le sang qui se caille comme du lait.

Quand elle a été morte, il l'a prise sur son dos et il l'a portée au ruisseau. Il y a là un pré d'herbe, le seul de tout le pays, un petit pré naturel et il a quitté sa mère sur l'herbe. Il lui a enlevé sa robe, et ses jupes, et ses fichus parce qu'elle était morte habillée. Il n'avait pas osé la toucher pendant qu'elle souffrait et qu'elle criait. Comme ça, il l'a mise nue. Elle était jaune comme de la vieille chandelle, jaune et sale. C'est pour ça.

Il avait porté un morceau de velours et la moitié d'une pièce de savon et il a lavé sa mère de la tête aux pieds, partout, en faisant bien le tour des os, parce qu'elle était maigre. Puis, il l'a mise dans un drap, et il est allé l'enterrer ; c'est du soir même qu'il s'est mis à parler seul.

Regain (1930)
éd. Grasset

Marcel Aymé (1902-1967)

Marcel Aymé passa son enfance dans l'atmosphère villageoise qu'il fait revivre dans *La Table aux crevés* (1929) et *La Jument verte* (1933). Il est aussi à l'aise dans le cadre du conte (*Les Contes du chat perché,* 1934-1958 ; *Le Passe-Muraille,* 1943) et, au théâtre, sa verve satirique, son art de faire rebondir le dialogue, triomphent avec *Clérambard* (1950) et *La Tête des autres* (1952).

Marcel Aymé s'est d'abord imposé par la qualité de sa peinture des mœurs et de la mentalité paysannes, saisies sur le vif et mises en scène souvent avec une truculence pittoresque, parfois même avec une note de pathétique. Mais il séduit surtout par sa manière dont il sait associer intimement, avec un naturel parfait, les éléments du merveilleux et ce réalisme pittoresque. Ainsi, dans *La Vouivre* (1943), on voit un personnage mythique se mêler à la vie quotidienne des paysans et engager, notamment avec l'un d'entre eux, de longues et savoureuses conversations : tout cela est conté avec une apparence de sérieux, de simplicité et de naturel, d'un comique irrésistible.

LA TABLE AUX CREVÉS

Cet extrait donne une idée de l'originalité de Marcel Aymé ; satire féroce du monde paysan, patriarcal, avec son ava-

rice, ses superstitions, le texte amène cependant à sourire devant les réactions partagées de Coindet, mais d'un sourire qui reste amer, grinçant.

Urbain Coindet arriva vers les sept heures et demie de la foire de Dole où il venait d'échanger un cheval contre une jument grise de six ans, belle bête, mais panarde (1) un peu des jambes de devant. Coindet avait fait à pied les quinze kilomètres du retour, tirant par la bride sa jument grise qu'il n'osait monter à cru (2), dans la crainte de gâter son meilleur pantalon. Il était fatigué, mais en entrant dans la cour, il voulut étonner sa femme et mit sa bête au trot.

– Aurélie ! cria-t-il, viens voir.

L'Aurélie ne se montrait pas. Coindet fut ennuyé d'avoir manqué son entrée. Arrivé à l'autre bout de la cour, il cria encore : « Aurélie ! » Persuadé qu'elle l'avait entendu de sa cuisine, il remit sa jument au trot et fit en sens inverse le chemin parcouru. Point d'Aurélie. Il en fut irrité et, tirant toujours sa jument par la bride, alla pousser la porte de la cuisine. L'Aurélie ne touchait pas terre. Saisi, Coindet resta quelques secondes immobile, la main crispée sur la bride.

– Eh ben, eh ben, murmura-t-il, si je m'attendais à celle-là...

Il fit trois pas dans la cuisine et entraîna la jument dont l'arrière-train boucha l'entrée aux trois quarts. L'Aurélie se présentait à son homme de profil, la langue dehors, l'œil en binocle (3), le cou très dégagé. Coindet la considéra bien attentivement. Le corps n'avait pas la moindre oscillation, il en conclut que la mort remontait à une heure au moins. Il n'y avait rien à faire. Coindet voulut faire sortir la jument pour la conduire à l'écurie. La présence de cette bête, une étrangère pour Aurélie, lui paraissait inconvenante. Troublée par le cadavre et malmenée par la main nerveuse de Coindet, la jument hésitait à reculer, et finit par se mettre de biais dans le chambranle de la porte, le flanc serré par une arête du mur. Coindet voulut prendre du champ pour la remettre en bonne position et heurta le corps de sa femme. Il frissonna, fit un signe de croix avec sa main gauche.

– Cré charogne (4), dit-il à la jument.

L'Aurélie se balançait au bout de la corde, tourniquait doucement avec des grâces raides. Coindet ne se souciait pas de la regarder, encore tremblant d'avoir touché la main froide, et s'appliquait à expulser la jument. La sale bête s'obstinait à ne pas reculer et ses efforts exagéraient gravement le défaut des jambes panardes dont Coindet s'avisa soudain.

– Pas possible, murmura-t-il.

Il lâcha la bride pour que la jument prît une attitude naturelle. Libre, elle recula toute seule et débarrassa la cuisine. Debout sur le seuil, Coindet la regardait marcher. Pas d'erreur, elle était panarde (1).

– Bon Dieu, v'là qu'elle marche comme mon beau-père. Moi qui n'ai rien vu de ça. Ah c'est le jour aujourd'hui...

Il reprit la bride et conduisit la jument à l'écurie. Les idées un peu en désordre, il grommelait (5) de temps à autre :

– Si je m'attendais à celle-là...

Il ne savait pas trop s'il pensait à sa femme ou à sa jument. Bien sûr qu'il était surtout préoccupé de l'Aurélie, mais la découverte de ces jambes panardes lui paraissait souligner étrangement la catastrophe. Tandis qu'il attachait la bête, il songea :

– J'aurais jamais cru que le piton de la suspension était si solide.

Cette réflexion le fit souvenir qu'il avait, dans son désarroi, oublié de couper la corde.

La Table aux crevés (1929)
éd. Gallimard.

(1) Ses pieds sont tournés en dehors. – (2) Sans selle. – (3) L'œil révulsé. – (4) Insulte : sale bête. – (5) Grognait.

Le XXe siècle

de mai 1940 à mai 1968

Après les souffances subies dans la France occupée à partir de mai 1940, la libération en 44 entraîne une explosion de joie. Le reconstruction qui commence alors plonge le pays dans le rythme effréné de la vie moderne. Malgré les crises dues à l'instabilité de la IVe République, à la décolonisation, dramatique en Indochine et en Algérie, et, sur le plan mondial, à la menace nucléaire, le pays est prospère; l'art connaît aussi un nouveau dynamisme, même s'il s'attache à exprimer surtout les angoisses de l'homme moderne. Il cherche en fait à permettre à l'homme de retrouver un équilibre dans le monde dont les dimensions le dépassent.

Quelques aspects de la vie quotidienne

La vie sous l'occupation

L'EXODE

L'entrée des troupes allemandes en France et l'effondrement de l'armée française entraînent une véritable panique : les soldats se replient vers le sud, mêlés à des « réfugiés » civils : cet « exode » de 5 à 8 millions de personnes donne lieu à des scènes dramatiques; les avions mitraillent les routes surpeuplées que décrit Saint-Exupéry (1) dans *Pilote de guerre* (XV).

---

(1) *Cf.* pp. 371-372.

LA TROISIÈME RÉPUBLIQUE

Juin 1940	Entrée des troupes allemandes à Paris. Démission de Reynaud : ministère Pétain, qui demande l'armistice.
18 juin 1940	À la radio de Londres, le général De Gaulle appelle à la résistance.

GOUVERNEMENT DE VICHY

25 juin 1940	Entrée en vigueur de l'armistice : la France est coupée en 2 « zones » ; À Vichy, le *chef d'État, le maréchal Pétain,* commence une politique de collaboration : rencontre à Montoire de Pétain, Laval et Hitler.
1941	Arrestations de Juifs et exécutions d'otages. Création des Francs Tireurs populaires, groupe de Résistants. L'Allemagne attaque l'U.R.S.S. ; les U.S.A. entrent en guerre après Pearl Harbour.
1942	Loi sur le S.T.O. Laval reçoit les pleins pouvoirs. Rafle du « Vél'd'hiv' » : déportation massive de Juifs vers l'Allemagne. Débarquement allié en Afrique du Nord; invasion de la « zone libre » par l'Allemagne.
1943	Défaite allemande à Stalingrad. Débarquements alliés en Sicile et en Calabre. Création de la « Milice », qui combat aux côtés des Allemands.
6 juin 1944	Débarquement allié en Normandie.

GOUVERNEMENT PROVISOIRE

Août 1944	Débarquement allié en Provence. Fin du gouvernement de Vichy : *gouvernement provisoire de la République française* dirigé par le général De Gaulle. Droit de vote aux femmes.
1945	Conférence de Yalta. L'Allemagne capitule : procès de Pétain et Laval. Création de l'O.N.U.
1945-48	Lois sur la « Sécurité sociale ».
1946	Démission du général De Gaulle. Instabilité gouvernementale.

LA QUATRIÈME RÉPUBLIQUE

1947	*Vincent Auriol président.* Début de la guerre d'Indochine. Gouvernement tripartite de Daladier : les communistes sont exclus du gouvernement. Création du Rassemblement du peuple français, parti gaulliste. Projet Langevin-Wallon sur la scolarité.
1948	Construction de la première pile atomique française.
1949	Signature de l'O.T.A.N.
1950	Appel de Stockholm contre l'arme atomique.
1951	Institution de la Communauté européenne du charbon et de l'acier.
1952	Le gouvernement Pinay chute : crise ministérielle.
1953	*René Coty président.*
1954	Gouvernement Mendès-France. Défaite de Diên Biên Phu, en Indochine.
1954	Accords de Genève : le Viêt-minh possède le nord du Viêt-nam. Début de la guerre d'Algérie.

1955	Le sud du Viêt-nam devient une république. Chute de Mendès-France. Gouvernement Edgar Faure.
1956	Gouvernement Guy Mollet. Indépendance du Maroc et de la Tunisie. Crise de Suez : intervention anglo-franco-israélienne.
1957	Le traité de Rome crée la Communauté économique européenne et l'Euratom. Crise politique : De Gaulle reçoit les pleins pouvoirs pour 6 mois.

LA CINQUIÈME RÉPUBLIQUE

1958	*De Gaulle président.* Accord monétaire européen, et création du « franc lourd ». Mise en service de l'avion « Caravelle ».
1959	Droit à l'« auto-détermination » accordé à l'Algérie. Scolarité obligatoire jusqu'à 16 ans.
1960	Émeutes en Algérie : début du règlement de la question algérienne. La première bombe atomique française explose au Sahara. Mise en circulation du « franc lourd ».
1960	Les colonies d'Afrique noire accèdent à l'indépendance.
1961	Référendum sur l'Algérie : cessez-le-feu et début des pourparlers à Évian. Début de l'intervention américaine au Viêt-nam.
1962	Nombreux attentats O.A.S. en France et en Algérie ; des manifestations anti-O.A.S. font des morts à Paris. Accords d'Évian et référendum favorable à l'indépendance algérienne : retour des « pieds-noirs » en France.
1963	4ᵉ semaine de congés payés chez Renault.
1965	Réforme Fouchet de l'enseignement secondaire et supérieur.
1966	*Le général De Gaulle est réélu.* Lancement du 1ᵉʳ satellite français et 1ʳᵉ explosion atomique française dans le Pacifique. La France quitte l'O.T.A.N.
1967	Création de l'avion « Concorde ».
Mai-juin 1968	Des manifestations étudiantes tournent à l'émeute dans le Quartier latin ; une grève générale paralyse le pays. Accords de Grenelle avec les syndicats. Dissolution de l'Assemblée nationale et large victoire gaulliste aux élections. Début des pourparlers pour la paix au Viêt-nam à Paris.

Je survole donc des routes noires de l'interminable sirop qui n'en finit plus de couler. On évacue, dit-on, les populations. Ce n'est déjà plus vrai. Elles s'évacuent d'elles-mêmes. Il est une contagion démente dans cet exode. Car où vont-ils ces vagabonds ? Ils se mettent en marche vers le sud, comme s'il était, là-bas, des logements et des aliments, comme s'il était, là-bas, des tendresses pour les accueillir. Mais il n'est, dans le Sud, que des villes pleines à craquer, où l'on couche dans les hangars et dont les provisions s'épuisent. Où les plus généreux se font peu à peu agressifs à cause de l'absurde de cette invasion qui, peu à peu, avec la lenteur d'un fleuve de boue, les engloutit. Une seule province ne peut ni loger ni nourrir la France !

Où vont-ils ? Ils ne savent pas ! Ils marchent vers des escales fantômes, car à peine cette caravane aborde-t-elle une oasis, que déjà il n'est plus d'oasis. Chaque oasis craque à son tour, et à son tour se déverse dans la caravane. Et si la caravane aborde un vrai village qui fait semblant de vivre encore, elle en épuise, dès le premier soir, toute la substance. Elle le nettoie comme les vers nettoient un os.

L'ennemi progresse plus vite que l'exode. Des voitures blindées, en certains points, doublent le fleuve qui, alors, s'empâte et reflue.

Gallimard, édit.

COLLABORATION ET RÉSISTANCE

Après l'armistice du 17 juin, le pays s'organise, coupé en deux géographiquement par la ligne de démarcation qui sépare la zone occupée par les Allemands au nord de la zone dite « libre » (1) au sud, où siège, à Vichy, le gouvernement dirigé par le maréchal Pétain. Il est aussi coupé en deux politiquement entre ceux qui suivent le maréchal et sa devise « Travail, Famille, Patrie », et ceux qui se rallient au général De Gaulle et aux mouvements de résistance. Tandis qu'une partie de la France résiste à l'occupant, que les « maquis » (2) se peuplent d'une jeunesse qui refuse le Service du travail obligatoire (3) et de tous ceux qui ont pour idéal la liberté et la dignité – qu'ils paieront souvent de leur vie –, d'autres collaborent avec les vainqueurs : bars, restaurants, cabarets accueillent l'occupant parfois fort aimablement, la police de Vichy soutient la politique de persécution des juifs et des « indésirables », arrête les Résistants, appelés « terroristes ».

Entre ces deux extrêmes la majorité de la population française, elle, tente de vivre le plus normalement possible, malgré les restrictions alimentaires, le froid, les déplacements difficiles, le couvre-feu, les arrestations, les multiples alertes... L'ingéniosité triomphe : la bicyclette fait fureur, le cyclo-pousse remplace les taxis. La mode aussi s'adapte aux nouvelles conditions de vie : « la Symphonie des semelles de bois », selon le titre d'une chanson de Maurice Chevalier, résonne sur la pavé des villes, on a recours à des matériaux de toutes sortes pour les transformer en vêtements, on se teint les jambes pour imiter les bas, poussant le luxe jusqu'à peindre une couture. Des « réseaux » se mettent en place entre les campagnes et les villes : beurre, pommes de terre, jambon..., transportés malgré les risques que cela comporte, permettent à la population urbaine d'augmenter les rations autorisées par les tickets d'alimentation, et certains font ainsi fortune grâce au marché noir.

Toutes ces difficultés de la vie quotidienne, jointes aux horreurs des camps de concentration découvertes lors de la libération, expliquent en grande partie les règlements de comptes, parfois excessifs, qui auront lieu en 1944, depuis les femmes tondues pour avoir « collaboré » avec les Allemands jusqu'aux procès dits « d'épuration ».

---

(1) Elle restera contrôlée par les Italiens jusqu'en juillet 43, où les Allemands prendront la relève. – (2) On appelle ainsi les lieux isolés où se réunissaient les Résistants ; un des plus célèbres est celui du Vercors. – (3) À partir de juin 1942, sous prétexte de relève l'Allemagne réclame trois travailleurs en France pour relâcher un seul prisonnier.

L'amélioration économique et sociale de l'après-guerre

L'après-guerre est marqué par un élan de toutes les forces vives du pays, dont un des symboles est le « baby-boom », progression considérable de la natalité entre 1945 et 1950. La France entreprend alors la reconstruction de son économie, et cela s'accompagne d'une série de mesures politiques et sociales : les femmes obtiennent le droit de vote en avril 44; la Sécurité sociale (1945) avec ses branches « maladies », « accidents », « allocations familiales »... améliore les conditions de vie et de travail. On est en marche vers une société où tout acte sera garanti par un organisme de protection.

Certes, certains secteurs restent défavorisés : des besognes pénibles s'accomplissent encore dans les industries métallurgiques, minières et chimiques, la situation des ouvriers agricoles reste précaire, des taudis et des « bidonvilles » (1) subsistent aux abords des grandes villes. On entreprend la construction de logements nouveaux, d'écoles... : la construction de grands ensembles, de H.L.M. (2), dans les banlieues des grandes villes, voire de cités entières, telle Sarcelles (1958-1961), comble les besoins immédiats. Mais ces blocs inhumains ne sont pas encore des unités sociales comme le furent la paroisse, le village, ou même le quartier urbain traditionnel, et Sarcelles devient le symbole de la cité-dortoir à laquelle les constructeurs n'ont pas su donner une âme : le nouveau mal du siècle, la « sarcellite », rappelle aux architectes que les hommes ne sont pas faits pour vivre dans n'importe quelles conditions. Certains, pourtant, rêvent d'édifier les villes de l'avenir : le plus célèbre d'entre eux, Le Corbusier (3), a construit à Marseille et à Rezé (4) deux immeubles qu'il a voulu accorder à la fois à la vie des habitants et à la nature qui les entoure. Voici comment Le Corbusier voyait le problème du logement et quelle solution il proposait :

La maison des hommes ayant abdiqué sa dignité, est aujourd'hui déchue de son titre : la maison n'est plus celle des hommes. Bourgeoise ou ouvrière, et par l'effet des négligences, de la rapacité de l'argent, de la décadence de la profession d'architecte, elle n'est plus qu'une anomalie quand elle n'est pas, plus tragiquement encore, un taudis. Par l'effort et la persévérance des siècles, le logis avait acquis un nombre de vertus suffisant pour mériter son titre de maison des hommes; c'était vraiment un abri. Par l'effet d'un siècle d'académisme déformant peu à peu la notion de service et surtout de bien servir, la mesure humaine était abandonnée et les conditions de cause à effet méconnues ou trahies...

Retrouver l'échelle humaine, c'est tout remettre en question, c'est faire l'énoncé d'un programme partant du détail et atteignant l'ensemble. On s'aperçoit alors, ayant dressé notre bonhomme d'homme au milieu de la scène où se joue la partie, que le déroulement des événements s'opérera du dedans au-dehors, en croissance régulière et organiquement commandée... De l'arbitraire, nous aurons passé sous le régime des lois, des lois émanant de la nature, de rapports impeccablement établis entre l'homme et son milieu. Par conséquent, ni « axes », ni « ordres » de l'architecture et pas de « façades », mais un dehors exprimant régulièrement un dedans...

Un logis est un contenant d'homme. Cet homme a les yeux placés sur la figure et regardant devant lui, d'une hauteur d'environ un mètre et demi, situation qui est la clef même de ses appréciations et qui disqualifie trop d'axes installés en étoiles sur les planches à dessin des architectes. Il dort, il marche, il travaille, fonctions qui requièrent des dispositions opportunes : l'équipement domestique. Cet équipement domestique est comme le prolongement de ses membres : c'est en fait, de l'outillage; outils qui sont des meubles et des ustensiles...

L'observation nous dit encore que des êtres s'épanouissent lorsqu'ils sont placés dans des conditions de nature propices... Les matériaux de l'urbaniste sont le soleil, l'espace, la verdure, l'acier et le ciment armé, dans cet ordre et dans cette hiérarchie. Affirmation qui juge désormais et l'état de nos villes et la valeur des projets actuellement mis en chantier (...)

... Le problème est dès aujourd'hui résolu techniquement : une nouvelle biologie du logis a été créée... L'étude a montré ici par exemple, qu'en tirant un parti tout naturel des progrès accomplis dans les procédés de circulation verticale (ascenseurs), on pou-

---

(1) Zone de baraques faites à partir d'éléments en tôle pris à de vieux bidons. – (2) Habitations à loyer modéré. – (3) *Cf.* p. 393. – (4) En Loire-Atlantique, près de Nantes.

vait se contenter d'élever des immeubles locatifs d'une hauteur de cinquante mètres, et obtenir ainsi la clef même de l'organisation harmonieuse du logis, à savoir :

1° une batterie d'ascenseurs commandés nuit et jour par des liftiers professionnels. Deux mille cinq cents personnes peuvent alors habiter autour de cette circulation verticale, la distance extrême de leur logis à l'ascenseur variant entre soixante et cent mètres. Moyennant quoi :

2° on obtiendra une densité de près de mille habitants à l'hectare, tout en n'ayant recouvert que les 12 % de la surface du sol. Le terrain libre mis ainsi à disposition est de 88 % plantés en parc. Conséquence :

3° on pourra réaliser la séparation de l'automobile et du piéton, ceux-ci ne se rencontrant que sur les « autos-ports » devant la porte même des immeubles ;

4° les parcs seront émaillés de piscines et de terrains de ballon ; la culture physique se pratiquera au dernier étage des bâtiments, à cinquante mètres au-dessus du sol, la terrasse-toiture étant consacrée à l'hélio et l'hydrothérapie dans des jardins suspendus et des plages de sable. À l'étage même de la culture physique, seront les locaux du dispensaire et du service de santé. À l'entresol, les entrepôts et les étals de la coopérative de ravitaillement, les locaux de la régie hôtelière qui aura pris en charge le service domestique dans chaque appartement.

Tout cela est étudié et mis au point depuis des années. C'est en fait la cité-jardin verticale à laquelle on oppose la cité-jardin horizontale.

Opposition qui vaut d'être signalée ; elle incarne le dilemme même qu'il faudra bien trancher : la cité-jardin verticale offre les mêmes avantages de nature que la cité-jardin horizontale, avec cette différence que dans l'une, tout est ample, fécond, au service des hommes, alors que dans l'autre tout conduit à l'impasse : la dépense brute, l'extension catastrophique des zones habitées, l'étriquement d'une nature mise en saccage, l'étouffement dans des dimensions minuscules. La cité-jardin verticale s'installe en ville et supprime le problème des transports mécaniques.

La Maison des hommes,
cité dans *Le Monde contemporain,*
J. Bouillon, P. Sordin et J. Rudel,
Bordas, édit.

Cependant, l'expansion économique continue à permettre tous les espoirs. La création de la Communauté économique européenne en mars 1957, appelée initialement « Europe des Six » (1), donne un dynamisme accrû aux entreprises : acharnées à produire et à vendre toujours plus, elles modernisent leur matériel, accélèrent les cadences de travail, intensifient le processus de concentration ; elles font aussi venir une main-d'œuvre étrangère, essentiellement en provenance d'Afrique noire et du Maghreb ; enfin, en 1962, environ 900 000 « pieds-noirs », Français établis en Algérie, refluent vers la métropole. Les nécessités du développement économique sont telles que cette population nouvelle réussit assez bien à s'insérer dans la vie active. En même temps, malgré des conditions de travail encore souvent dures, les bienfaits de la production de masse commencent à se faire sentir. Bien des objets, naguère réservés aux plus riches, deviennent d'usage courant : appareils ménagers, automobile, télévision... On entre ainsi dans la société de consommation, dont Boris Vian se moque dans une de ses chansons :

Complainte du progrès

Autrefois pour faire sa cour
On parlait d'amour
Pour mieux prouver son ardeur
On offrait son cœur
Maintenant c'est plus pareil
Ça change. Ça change
Pour séduire le cher ange
On lui glisse à l'oreille
Ah... Gudule (2) !... Viens m'embrasser...
Et je te donnerai

(1) Elle comporte alors : l'Allemagne fédérale, la Belgique, le Luxembourg, la France, l'Italie, les Pays-Bas. – (2) Prénom féminin.

Un frigidaire
Un joli scooter
Un atomizer (1)
Et du Dunlopillo (2)
Une cuisinière
Avec un four en verre
Des tas de couverts
Et des pell' à gâteaux
Une tourniquette
Pour fair' la vinaigrette
Un bel aérateur
Pour bouffer (3) les odeurs
Des draps qui chauffent
Un pistolet à gaufres
Un avion pour deux
Et nous serons heureux

Autrefois s'il arrivait
Que l'on se querelle
L'air lugubre on s'en allait
En laissant la vaisselle
Aujourd'hui, que voulez-vous
La vie est si chère
On dit rentre chez ta mère
Et on se garde tout
Ah... Gudule... Excuse-toi...
Ou je reprends tout ça...

Les médias

L'aspect le plus saisissant de la vie moderne est sans doute la rapidité extraordinaire de l'information et la multiplication infinie des nouvelles. Toutes les techniques coexistent, enrichies par la concurrence ; la France n'a pas échappé à ce bouillonnement étourdissant qui rompt définitivement l'isolement des campagnes.

LA RADIO ET LA TÉLÉVISION

Les postes d'émissions radiophoniques nationaux ou privés (Radio-Luxembourg, Radio-Monte-Carlo, Europe n° 1, stations périphériques installées aux frontières) offrent une gamme de programmes d'une grande variété, résument l'actualité intellectuelle et artistique, diffusent les informations de dernière heure. Les années 60 accentuent encore l'engouement pour la radio avec les transistors et la miniaturisation qui la rendent mobile.

Dans les années 50, la télévision démarre ; depuis, le nombre de postes de télévision augmente régulièrement et, en 1967, la télévision en couleurs fait son apparition sur le marché. Les reportages « en direct », la retransmission des grands événements politiques ou sportifs attirent l'attention d'un public passionné, même si l'on critique parfois le monopole de l'État sur la télévision. En 1962, une réussite technique est venue accroître les possibilités de transmission : l'utilisation du satellite américain Telstar a permis à la station de mondo-vision de Pleumeur-Bodou (Côtes-du-Nord) de capter un programme d'Outre-Atlantique ; puis, en avril 1964, les télespectateurs français peuvent voir en direct une émission de la Radiodiffusion-Télévision japonaise. On est entré dans l'« ère de l'image ».

LA PRESSE

La guerre de 39-45 ramène la censure et les restrictions de papier. Certains quotidiens ne sont plus imprimés à Paris, mais dans la « zone libre ». La presse clandestine, qui se développe à partir de 1942, prend plutôt la forme de pamphlets dactylographiés, tirés au duplicateur ou imprimés à petit tirage. Son rôle, important moralement et politiquement, est nécessairement limité par les circonstances.

(1) Flacon vaporisateur. – (2) Marque célèbre de matelas. – (3) Argot : manger.

Août 44 donne naissance aux journaux de la Libération, interdits pendant la guerre, comme *L'Humanité, Le Soir, L'Aube, Le Figaro,* ou créés par des équipes de journalistes résistants, *Libération, Le Parisien libéré, Combat, Franc-Tireur, Résistance,* selon un plan d'ensemble préparé dès 1943 dans la clandestinité. La vie de ces journaux se révèle matériellement difficile : de 30 en 1946, il n'en restera que 14 en 1950.

Peu à peu, les journaux se font moins nombreux, mais plus solides financièrement, et ils couvrent tout l'éventail des idées politiques. Les journaux de grande information sont les plus lus, tel *France-Soir.* Les hebdomadaires illustrés, comme *Paris-Match,* sont servis par des équipes de photographes excellents; d'autres se créent sur le modèle américain, comme *L'Express* (1953) ou *le Nouvel Observateur* (1964). Les magazines les plus divers se multiplient d'année en année : journaux féminins (*Elle,* 1945 ; *Jours de France,* 1961), journaux d'enfants, revues sportives ou littéraires...

L'enseignement

L'enseignement libre, en majorité catholique, coexiste avec l'enseignement officiel, suit à peu près les mêmes programmes et prépare aux examens publics. Depuis 1951, l'État attribue une allocation pour tout enfant, de 6 à 14, puis à 16 ans (1), fréquentant un établissement public ou privé et, depuis 1959, offre aux établissements privés la possibilité de s'intégrer ou de s'associer par contrat à l'enseignement public, s'engageant à payer leurs maîtres sur lesquels il devra exercer alors un contrôle pédagogique.

Après la Libération, la réforme de l'enseignement a paru une pièce maîtresse de la reconstruction nationale. Des solutions d'ensemble, comme le projet Langevin-Wallon (1947), ont été proposées pour organiser un système cohérent sous la conduite de maîtres compétents. Les structures d'une réforme fondamentale de l'enseignement secondaire et de l'enseignement supérieur ont été établies dès 1965. Mais il faudra encore bien des efforts pour répondre aux besoins d'une clientèle notablement élargie, et l'enseignement supérieur des Facultés et des Grandes Écoles n'a pas changé de structures ni de traditions à la veille de l'explosion de mai 1968 (2).

Sciences et techniques

Les recherches scientifiques connaissent un nouvel élan après la guerre; en mathématiques pures, Jean Leray et Laurent Schwartz multiplient les travaux sur la théorie des fonctions et sur les équations aux dérivées partielles. Les applications de ces calculs rejaillissent sur les autres disciplines scientifiques, notamment la physique, où les recherches d'Alfred Kastler (1902-1984) qui, en 1950, invente avec Bitter et Brossel le « pompage optique », permettent la mise au point des lasers et des masers. Les disciplines nouvelles se subdivisent à l'extrême : physique nucléaire, thermochimie, électromagnétisme, spectrochimie... En même temps, la complexité croissante des nouvelles découvertes ôte aux hommes de science l'optimisme du siècle précédent : ils savent qu'ils sont encore loin d'une connaissance parfaite des lois qui régissent notre univers, comme l'explique Louis Leprince-Ringuet dans la conclusion d'un ouvrage collectif, *Les Grandes Découvertes du XXe siècle :*

---

(1) Une loi de 1959, prolongeant jusqu'à 16 ans la scolarité obligatoire, prendra son plein effet en 1967. – (2) *Cf.* pp. 418-419.

L'homme a tellement travaillé, par groupes si nombreux, dans des domaines si divers, que chaque branche de notre savoir est devenue un arbre très complexe dont il est fort difficile d'atteindre toutes les ramifications. Nous ne sommes pas universels ; nous ne pouvons plus, comme l'honnête homme du XVIIe siècle, appréhender l'ensemble des sciences : tout devient nécessairement très spécialisé à mesure que l'humanité poursuit plus avant son effort de connaissance et de conquête.

C'est bien un des caractères dominants de notre siècle que ce cheminement parallèle de techniques difficiles, poursuivant leur évolution vers une complexité dont la perfection interdit presque l'approche. Et pourtant, nous souhaitons tous, avidement, ne pas rester à l'écart ; nous voulons connaître et comprendre : le défrichement de notre univers ne peut nous laisser indifférents...

Il faut dire également que la connaissance de l'homme a dépassé les objets familiers, les dimensions auxquelles nous sommes, dès notre enfance, habitués. Nous plongeons dans l'abîme des vitesses supersoniques, toutes nouvelles, et les représentations que nous pouvons nous faire de l'atome, ainsi que de son noyau par une extrême réduction des particules les plus petites, accessibles à nos sens, sont des images fort grossières dont l'inexactitude est flagrante. C'est ainsi que les passages sur les structures des noyaux, sur les électrons, sur leur déplacement dans les semi-conducteurs et, à l'opposé, sur les mouvements des galaxies, contiennent des difficultés supplémentaires dues à l'impossibilité de notre adaptation à ces réalités.

Larousse, édit.

Cependant, malgré la modestie de ce savant atomiste, les travaux de cette période et leurs applications techniques font progresser de façon remarquable notre connaissance et notre maîtrise de l'univers et du vivant.

L'exploitation de notre univers

LA PLANÈTE TERRE

Notre planète cache encore bien des mystères. Certaines terres sont mal connues, et les expéditions de Paul-Émile Victor au Groenland ou en terre Adélie étudient la géologie, le climat, la faune et la flore des zones glaciaires. Les scientifiques sondent aussi les entrailles de notre planète, que ce soit par la spéléologie ou la vulcanologie, où s'illustre le géologue Haroun Tazieff, ou par l'océanographie : à bord de sa *Calypso,* navire de recherches équipé d'un appareillage perfectionné, le commandant Cousteau entreprend, dès 1951, l'étude des fonds marins, dans la mer Rouge. Les bathyscaphes, comme le *Trieste* du physicien Auguste Piccard et de son fils Jacques, améliorent sans cesse leurs performances, découvrant les profondeurs abyssales. Toutes ces équipes rapportent de leurs expéditions des films qui font partager au grand public leur émerveillement devant ces mondes jadis impénétrables.

En même temps, les besoins d'une économie en plein essor conduisent à rechercher une meilleure utilisation des sources potentielles d'énergie. Le charbon ne suffit plus et toute une série de grands barrages (à Génissiat en 1948, à Tignes et à Donzère-Mondragon en 1952, à Serre-Ponçon en 1959) permet de produire toujours plus d'électricité. C'est dans ce même but qu'est construite en 1966 l'usine marémotrice de la Rance, la plus grande de ce type au monde. Enfin la découverte de gaz naturel près de Laon dynamise de nombreuses industries.

L'AVENTURE SPATIALE

Cette même période marque le début de l'aventure spatiale : les U.S.A. et l'U.R.S.S. rivalisent d'exploits. Plus modestement et plus tardivement – le premier satellite français, « Astérix », ne sera lancé par la fusée Diamant qu'en 1965 – la France fait ses premières expériences : au Centre national d'études spatiales, créé dès 1961, elles apportent des données nouvelles sur l'ionosphère et stimulent les recherches techniques.

L'ÈRE DE L'ATOME

Mais l'aventure scientifique comporte aussi ses horreurs : l'entrée dans l'ère atomique, avec les deux bombes lâchées en 1945 par les U.S.A. sur le Japon, fait prendre conscience des risques que la science fait courir à notre planète. Cette peur de l'atome explique le succès que rencontre en France l'appel de Stockholm en 1950, qui s'élève contre la bombe atomique, et l'affirmation, lors du plan quinquennal (1) de 1952, de la volonté de développer l'énergie atomique « à des fins exclusivement pacifiques ». Cependant, la recherche nucléaire reste double. D'un côté, elle permet la production d'électricité (la pile atomique de Marcoule, mise au point dès 1948 par l'équipe de Frédéric Joliot-Curie, fonctionne en 1956) à des fins civiles. De l'autre, elle se développe à des fins militaires : en 1960, la première bombe atomique française explose dans le Sahara, et cette explosion déclenche de vives protestations, même si le président De Gaulle exprime sa satisfaction de voir une France « plus forte et plus fière » devenir la quatrième puissance atomique mondiale. Le chef de l'État refuse en 1963 de signer l'accord de Moscou sur l'arrêt des essais nucléaires, qui ne cesseront pas de se poursuivre au Sahara, puis sur la base installée dans l'atoll de Mururoa; en 1967, l'arme nucléaire équipe même le sous-marin *Le Redoutable* lancé à Cherbourg.

La connaissance de l'homme

LES VOIES DE LA RECHERCHE

En ce qui concerne la recherche biologique et médicale, les scientifiques vont s'engager dans deux voies particulièrement fécondes. La génétique connaît un essor important avec les travaux de Jean Rostand (1894-1977) sur la parthénogénèse, ceux d'André Lwoff, Jacques Monod et François Jacob qui reçoivent le prix Nobel de médecine en 1965, ceux de Dausset qui le conduisent à découvrir les groupes tissulaires.

D'autre part, la psychiatrie entre dans une ère nouvelle avec Jean Delay (1907-1987) qui étudie l'électro-encéphalographie, les maladies de la mémoire, la somatisation.

LES EXPLOITS DE LA CHIRURGIE

Ces recherches, et les perfectionnements techniques, rejaillissent sur la chirurgie. Filmer une opération (expérience réalisée en 1949) permet à des centaines d'étudiants d'analyser ce que seule voyait jadis l'équipe chirurgicale et ouvre ainsi de nouvelles méthodes d'enseignement. La mise au point des techniques radiographiques affine les diagnostics. On découvre surtout que les « pièces de la machine humaine » peuvent être changées, remplacées soit par une pièce artificielle, soit par une pièce vivante : on implante un rein artificiel ou l'on greffe un rein vivant (1952, Jean Hamburger), la première greffe de valves et de valvules cardiaques est effectuée en 1960 par le docteur Binet, celle du foie en 1963. Enfin, malgré l'échec des professeurs Cabrol et Guiraudon en avril 1968, l'espoir de permettre la survie en greffant un cœur est dès lors solide.

Tous ces progrès ne vont pas sans effrayer car, à travers eux, l'homme peut apparaître de plus en plus déshumanisé. C'est une réponse à cette angoisse que propose Jean Rostand et associant les termes « biologie » et « morale ».

---

(1) Projet qui prévoit les orientations économiques du pays, tous les 5 ans.

Quels que soient les procédés dont userait l'Homme pour se « surhumaniser », il aurait besoin d'un critère moral pour le guider, dans son perfectionnement artificiel. Et ce critère, il est permis de penser que, dans une certaine mesure, la biologie pourrait le lui fournir, car – en se fondant uniquement sur la connaissance du fonctionnement optimal de l'Homme normal, et en dehors de toute référence à des qualités transcendantes – elle peut prétendre à définir avec plus ou moins de précision ce qui est bon pour l'Homme – ce qui est humanisant –, et ce qui est mauvais pour lui – ce qui est déshumanisant.

Cette « morale biologique » a été développée par Lecomte du Nouy, Teilhard de Chardin, J. Grasset, Carrel; de nos jours, elle est brillamment soutenue par Paul Chauchard, qui insiste tout particulièrement sur les devoirs qui incombent à l'être humain, du seul fait qu'il possède un cerveau supérieurement organisé.

Ce cerveau n'est pas seulement un organe d'intelligence et de volonté, capable d'assurer la « maîtrise de soi », mais aussi un organe d'affectivité; l'Homme n'est pleinement Homme, il n'utilise à fond cette merveilleuse « machine à être » qu'est le cerveau qu'à la condition d'exercer tout à la fois ses facultés de compréhension, son pouvoir de volonté, ses facultés d'altruisme et de dévouement.

La biologie rejoindrait ici les enseignements de la psychanalyse qui nous indique quel est le sens normal de l'évolution des instincts au cours de la construction de la personnalité individuelle : ils partent du pur égocentrisme de la captivité infantile, pour atteindre, lors de la maturité du sujet, à l'oblativité ou capacité de dévouement.

Enfin, certaines données de la psychiatrie viennent appuyer cette façon de voir, en nous rappelant que beaucoup de névroses, de déficiences mentales, liées à un état d'immaturité ou d'arriération affective, sont caractérisées par l'inaptitude à s'intéresser au prochain. Un certain degré d'altruisme – d'aisance – paraît indispensable au bon fonctionnement du psychisme et à l'épanouissement de la personne.

En bref, la morale biologique pourrait, très schématiquement, se résumer comme il suit : être le plus Homme possible, développer en soi ce qui est le « propre de l'homme », et pour cela, être le moins bestial, le moins infantile, le moins névrosé.

La Vie. Larousse, édit.

LA MÉDECINE PRÉVENTIVE

L'évolution médicale se caractérise enfin par le développement de la notion de prévention. Les vaccinations, devenues obligatoires comme le B.C.G. contre la tuberculose (1950) ou le vaccin antipoliomyélitique (1965) (1), font reculer de façon significative bon nombre de maladies. On peut aussi rattacher à cette même attitude préventive les examens médicaux effectués dans les écoles, les entreprises, la systématisation de la radiographie qui permet un dépistage rapide, telle la mammographie (2) améliorant le traitement précoce du cancer du sein. Les femmes, quant à elles, voient leur vie transformée par la contraception, autorisée en France par la loi Neuwirth (1967), et les nouvelles techniques d'accouchement « sans douleur ». Ainsi maladie et douleur sont de moins en moins perçues comme une fatalité.

L'ère de la vitesse

L'après-guerre entraîne le pays dans l'ère des communications, que l'on pourrait résumer par la formule : « Toujours plus grand, plus loin, plus vite! » L'automobile cesse peu à peu d'être un luxe, et la construction d'un réseau d'autoroutes, facilitée par l'instauration en 1960 du principe du « péage », le percement de gigantesques tunnels (celui du Mont-Blanc, du Grand-Saint-Bernard, en 1965), les diverses améliorations techniques accentuent le goût des voyages. En 1960 est lancé le paquebot « France », géant de la mer. Le chemin de fer, qui généralise le recours à la traction électrique entrepris dès 1952 sur la ligne Paris-Lyon, bat chaque année de nouveaux records de vitesse, dépassant les 250 km/h.

(1) Vaccin mis au point par le docteur Lépine en 1955. – (2) Radiographie du sein, mise au point par le docteur Villemin en 1953.

Mais c'est sans doute l'aviation qui connaît les réussites les plus spectaculaires. Dans le domaine militaire, la société Dassault construit des chasseurs à réaction de plus en plus rapides et efficaces, depuis l'Ouragan 450 (1949) jusqu'au Mirage F I en 1966, en passant par les divers Mystères. L'aviation civile bénéficie de ces progrès : la compagnie Air France ouvre en 1958 une ligne Paris-Tokyo passant par le Pôle ; la Caravelle, premier transport à réaction français mis en service en 1959, est considérée comme une réussite technique. Prendre l'avion ne représente plus, pour le grand public, un exploit.

Les idées philosophiques

La guerre de 1939-1945 joue un rôle essentiel dans l'évolution de la pensée philosophique en France et contribue également à transformer l'image du philosophe. Devant les réalités terribles de l'Occupation, le philosophe n'est plus autorisé à se cantonner dans la réflexion métaphysique pure ; on lui demande de proposer des réponses aux questions politiques, sociales... les plus diverses, et d'agir lui-même, de « s'engager ». L'après-guerre pose de nouvelles interrogations : les récits des déportés de retour des camps de concentration, l'explosion atomique, les années de « guerre froide » incitent à remettre en cause toutes les valeurs traditionnelles de l'humanisme et à analyser sous un nouvel angle de vue les rapports entre l'Homme et l'Histoire. À cette image obsédante du néant humain se heurte, après la Libération, la volonté d'exister, intensément et sans contraintes, dont fait preuve la jeunesse qui souhaite rattraper le temps perdu. Dans ce contexte, le philosophe est de plus en plus considéré comme un guide, et lui-même est conscient que son devoir est de prendre part aux combats de l'Histoire tout en rappelant les droits de la conscience face à elle.

L'existentialisme

Les philosophies de l'existence, qui se développent en Allemagne vers 1930, affirment la primauté de l'existence, c'est-à-dire de la conscience malheureuse, « jetée » seule dans le monde, déchirée lors des choix qu'elle doit faire de son propre destin sur lequel pèsent les contraintes de l'ordre social et les limites inhérentes à la condition humaine. Elles s'opposent aux philosophies de l'essence, pour lesquelles il existe un absolu qui transcende l'homme, une Idée vers laquelle tendre. Les philosophies de l'existence insistent particulièrement sur la manière subjective dont l'homme prend conscience de son existence, par l'angoisse et le « souci ».

Le climat des années de guerre et d'après-guerre s'est trouvé en accord avec le pessimisme de ce mouvement philosophique qui accordait tant de place au tragique et rompait avec les espérances et les transcendances. Mais, dans la mesure où la volonté de vivre s'affirme avec la Résistance à l'ennemi, puis lors de la Libération, la pensée philosophique française a construit un existentialisme propre, « espoir des désespérés » selon l'expression d'Emmanuel Mounier, qui tente de définir les valeurs d'un nouvel humanisme.

Cependant l'existentialisme de l'après-guerre devient rapidement autre chose qu'une théorie philosophique. Intellectuels et artistes se retrouvent autour de Sartre et de sa compagne, Simone de Beauvoir, au « café de Flore », près de l'église de Saint-Germain-des-Prés. Ce quartier est aussi le cadre d'une vie nocturne ardente : dans les « caves », comme « Le Tabou », on danse au son du jazz, on écoute Boris Vian, Juliette Gréco... Les journalistes baptisent alors « existentialistes » tous ceux qui fréquentent ces lieux à la mode, ce qui provoque une vive réaction de Sartre : « Ils ont décidé que c'est une théorie qui exalte le goût d'exister, de vivre sa vie sans contraintes. Tous mes adversaires ont exploité cette erreur en m'accusant de pervertir la jeunesse actuelle. » Même si l'on peut regretter cette déformation infligée à la réflexion philosophique, il faut pourtant reconnaître que les années 1945-1955 ont constitué un moment unique dans l'histoire de la philosophie qui s'est profondément enracinée dans la vie politique, a exercé une influence considérable sur le monde littéraire et artistique et est même devenue l'expression d'un mode de vie.

SARTRE (1905-1980)

Agrégé de philosophie en 1929, Jean-Paul Sartre devient enseignant, puis est mobilisé; fait prisonnier, il s'évade en 1941. Dès 1944, il se consacre à l'écriture et fonde, en 1946, la revue d'idées philosophiques et de problèmes d'actualité, *Les Temps modernes.* Même s'il s'exprime au moyen d'œuvres romanesques et théâtrales (1), voire de façon concrète, par l'action politique à laquelle il donne de plus en plus la priorité, ses écrits et ses actes restent nourris de sa pensée philosophique. Sartre a d'ailleurs produit des œuvres strictement philosophiques : *L'Imagination* (1936), *Esquisse d'une théorie des émotions* (1939), *L'Imaginaire* (1940), *L'Être et le Néant* (1943), *L'existentialisme est un humanisme* (1946), *Critique de la raison dialectique* (1960).

Pour Sartre, le point de départ de toute réflexion est le sujet, « l'être », ce qui écarte d'emblée toute transcendance : l'homme doit accepter l'idée que rien ne le justifie, qu'il est seul face à la pesanteur du monde extérieur. Cette solitude existentielle a pour contrepartie l'affirmation de la liberté : « l'homme est condamné à être libre », mais d'une liberté enracinée dans l'existence. Toute pensée, toute action est choix de soi-même; l'homme devient ainsi pleinement responsable de soi et de son Histoire : il « est ce qu'il se fait », même si sa mauvaise foi se cherche sans cesse des alibis. En même temps, il se voit contraint de respecter chez autrui cette même liberté puisqu'elle n'est pas métaphysique, mais historique, et qu'il est responsable devant l'Histoire des succès ou des défaites de la liberté.

L'existentialisme athée que je représente est plus cohérent. Il déclare que si Dieu n'existe pas, il y a au moins un être chez qui l'existence précède l'essence, un être qui existe avant de pouvoir être défini par aucun concept, et que cet être c'est l'homme ou, comme dit Heidegger, la réalité humaine. Qu'est-ce que signifie ici que l'existence précède l'essence ? Cela signifie que l'homme existe d'abord, se rencontre, surgit dans le monde et qu'il se définit après. L'homme, tel que le conçoit l'existentialiste, s'il n'est pas définissable, c'est qu'il n'est d'abord rien. Il ne sera qu'ensuite, et il sera tel qu'il se sera fait. Ainsi, il n'y a pas de nature humaine puisqu'il n'y a pas de Dieu pour la concevoir. L'homme est seulement non seulement tel qu'il se conçoit mais tel qu'il se veut, et comme il se conçoit après l'existence, comme il se veut après cet élan vers l'existence ; l'homme n'est rien d'autre que ce qu'il se fait. Tel est le premier principe de l'existentialisme...

Nagel, édit.

Un tel lien entre l'homme et le monde explique le fait que Sartre développe ainsi des analyses sur les grands problèmes de son temps, comme *Réflexions sur la question juive* (1947), prend parti politiquement en soutenant l'idéologie marxiste et les mouvements révolutionnaires. Enfin, dans ce monde impitoyable où l'homme affronte l'autre, Sartre cherche quelles valeurs édifier : l'amour ne peut être que mensonge; quant à l'œuvre d'art, en aucun cas – et cela apparaît dans les 10 tomes d'essais critiques, *Situations* (1947-1965) – elle ne peut être une finalité qui justifierait une existence. Elle est seulement un aspect concret de l'existence, et la seule justification qu'on puisse lui accorder est de la mettre au service de la liberté.

---

(1) *Cf.* pp. 418-419.

Si l'on me donne ce monde avec ses injustices, ce n'est pas pour que je contemple celles-ci avec froideur, mais pour que je les anime de mon indignation et que je les dévoile et les crée avec leur nature d'injustices, c'est-à-dire d'abus-devant-être-supprimés. Ainsi l'univers de l'écrivain ne se dévoilera dans toute sa profondeur qu'à l'examen, à l'admiration, à l'indignation du lecteur ; et l'amour généreux est serment de maintenir, et l'indignation généreuse est serment de changer, et l'admiration serment d'imiter ; bien que la littérature soit une chose et la morale une tout autre chose, au fond de l'impératif esthétique nous discernons l'impératif moral. Car puisque celui qui écrit reconnaît, par le fait même qu'il se donne la peine d'écrire, la liberté de ses lecteurs, et puisque celui qui lit, du seul fait qu'il ouvre le livre, reconnaît la liberté de l'écrivain, l'œuvre d'art, de quelque côté qu'on la prenne, est un acte de confiance dans la liberté des hommes. Et puisque les lecteurs comme l'auteur ne reconnaissent cette liberté que pour exiger qu'elle se manifeste, l'œuvre peut se définir comme une présentation imaginaire du monde en tant qu'il exige la liberté humaine. (...)

Ainsi qu'il soit essayiste, pamphlétaire, satiriste ou romancier, qu'il parle seulement de passions individuelles ou qu'il s'attaque au régime de la société, l'écrivain, homme libre s'adressant à des hommes libres, n'a qu'un seul sujet : la liberté.

Dès lors, toute tentative d'asservir ses lecteurs le menace dans son art même. Un forgeron, c'est dans sa vie d'homme que le fascisme l'atteindra mais pas nécessairement dans son métier : un écrivain, c'est dans l'une et dans l'autre, plus encore dans le métier que dans la vie. (...)

On n'écrit pas pour des esclaves. L'art de la prose est solidaire du seul régime où la prose garde un sens : la démocratie. Quand l'une est menacée, l'autre l'est aussi. Et ce n'est pas assez que de les défendre par la plume. Un jour vient où la plume est contrainte de s'arrêter et il faut alors que l'écrivain prenne les armes. Ainsi de quelque façon que vous soyez venu, quelles que soient les opinions que vous ayez professées, la littérature vous jette dans la bataille ; écrire c'est une certaine façon de vouloir la liberté ; si vous avez commencé, de gré ou de force vous êtes engagé.

Qu'est-ce que la littérature ? chapitre II,
« Pourquoi écrire », © éd. Gallimard, 1948.

MERLEAU-PONTY (1908-1961)

Agrégé de philosophie en 1930, puis enseignant, Merleau-Ponty fonde avec Sartre la revue *Les Temps modernes.* Existentialiste, il s'appuie sur la phénoménologie de Husserl et refuse l'idée de « conscience en soi » ; dans ses œuvres – *La Structure du comportement,* 1942 ; *La Phénoménologie de la perception,* 1945 ; *Sens et Non-Sens,* 1948 ; *Les Aventures de la dialectique,* 1955 – , il met en évidence le fait que la conscience n'existe pas séparée de l'objet qu'elle considère. Ainsi toute description, littéraire, scientifique, historique..., est vision du monde puisque la perception même est un acte par lequel la conscience imprime des significations : « Il s'agit de décrire, et non pas d'expliquer ni d'analyser », affirme Merleau-Ponty, ouvrant la voie aux recherches de ceux qu'on appellera les « nouveaux romanciers ».

Emmanuel Mounier (1905-1950) et le personnalisme

Agrégé de philosophie en 1928, Mounier consacra son premier ouvrage à la pensée de Péguy, et c'est une phrase de cet écrivain qu'il choisit de mettre en exergue au recueil où il regroupe les articles qu'il avait fait paraître en 1932 et 1935 dans sa revue *Esprit :* « La révolution sera morale ou ne sera pas. » En effet, Mounier tente de concilier le progrès social et les valeurs du christianisme, d'allier les thèmes de l'existentialisme au refus du matérialisme athée. *Le Traité du caractère* (1946), l'*Introduction aux existentialismes* (1946), *Le Personnalisme* (1949), autant d'œuvres qui définissent la personne : même si elle participe au monde extérieur, elle est la seule réalité que l'on puisse connaître de l'intérieur. Elle n'est pas seulement un moi idéal transcendant, mais elle tend au dépassement et, dans cette mesure, l'homme s'affirme libre par son action et insère cette liberté dans l'Histoire.

Théorie de l'engagement

Une philosophie pour qui existent des valeurs absolues est tentée d'attendre, pour agir, des causes parfaites et des moyens irréprochables. Autant renoncer à agir. L'Absolu n'est pas de ce monde et n'est pas commensurable (1) à ce monde. Nous ne nous engageons jamais que dans des combats discutables sur des causes imparfaites. Refuser pour autant l'engagement c'est refuser la condition humaine. On aspire à la pureté : trop souvent on appelle pureté l'étalement de l'idée générale, du principe abstrait, de la situation rêvée, des bons sentiments, comme le traduit le goût intempérant des majuscules : le contraire même d'une héroïcité personnelle. Ce souci inquiet de pureté exprime souvent aussi un narcissisme supérieur, une préoccupation égocentrique d'intégrité individuelle, retranchée du drame collectif. Plus banalement, il lui arrive de couvrir d'un manteau royal l'impuissance, la pusillanimité (2), voire la puérilité. Le sens de l'absolu se commet ici avec une cristallisation psychologique ambiguë. Non seulement nous ne connaissons jamais de situations idéales, mais le plus souvent nous ne choisissons pas les situations de départ où notre action est sollicitée. Elles nous attaquent autrement que nos schémas ne le prévoyaient, et de court. Il nous faut répondre impromptu, en pariant et inventant, là où notre paresse s'apprêtait à « appliquer ». On parle toujours de s'engager comme s'il dépendait de nous : mais nous sommes engagés, embarqués, préoccupés. C'est pourquoi l'abstention est illusoire. Le scepticisme est encore une philosophie; la non-intervention, entre 1936 et 1939, a engendré la guerre d'Hitler, et qui ne « fait pas de politique » fait passivement la politique du pouvoir établi.

Cependant, s'il est consentement au détour, à l'impureté (« se salir les mains ») et à la limite, l'engagement ne peut consacrer l'abdication de la personne et des valeurs qu'elle sert. Sa force créatrice naît de la tension féconde qu'il suscite entre l'imperfection de la cause et sa fidélité absolue aux valeurs impliquées. La conscience inquiète et parfois déchirée que nous y prenons des impuretés de notre cause nous maintient loin du fanatisme, en état de vigilance critique.

Le Personnalisme. A. Colin, édit.

Gaston Bachelard (1884-1962)

Après s'être efforcé de dégager, de la science moderne et de la remise en cause des principes de la raison cartésienne, une philosophie enrichie par l'expérience dans *Le Nouvel Esprit scientifique* (1934), Gaston Bachelard publie successivement *La Psychanalyse du feu* (1937), *L'Eau et les Rêves* (1941), *La Poétique de l'espace* (1957), *La Poétique de la rêverie* (1960), pour ne citer que les œuvres les plus connues. Il y montre, par opposition au monde de la rationalité, la richesse créatrice de l'imagination, la faculté poétique qui gît en toute âme humaine et se développe à partir des éléments fondamentaux, le feu, l'air, la terre, l'eau. Ainsi la rêverie, qui le rapproche de son état d'enfance, amène le poète à recréer sans cesse le monde.

Mais la rêverie ne raconte pas. Ou du moins, il est des rêveries si profondes, des rêveries qui nous aident à descendre si profondément en nous qu'elles nous débarrassent de notre histoire. Elles nous libèrent de notre nom. Elles nous rendent des solitudes d'aujourd'hui, aux solitudes premières. Ces solitudes premières, ces solitudes d'enfant laissent, dans certaines âmes, des marques ineffaçables. Toute la vie est sensibilisée pour la rêverie poétique, pour une rêverie qui sait le prix de la solitude. L'enfant connaît le malheur par les hommes. En la solitude, il peut détendre ses peines. L'enfant se sent fils du cosmos quand le monde humain lui laisse la paix. Et c'est ainsi que dans ses solitudes, dès qu'il est maître de ses rêveries, l'enfant connaît le bonheur de rêver qui sera plus tard le bonheur des poètes. Comment ne pas sentir qu'il y a communication entre notre solitude de rêveur et les solitudes de l'enfance? Et ce n'est pas pour rien que dans une rêverie tranquille, nous suivons souvent la pente qui nous rend à nos solitudes d'enfance.

Laissons alors à la psychanalyse le soin de guérir les enfances malmenées, de guérir les puériles souffrances d'une *« enfance indurée »* qui opprime la psyché

(1) N'a pas de commune mesure avec. – (2) Faiblesse d'esprit.

de tant d'adultes. Une tâche est ouverte à une poético-analyse qui nous aiderait à reconstituer en nous l'être des solitudes libératrices. La poético-analyse doit nous rendre tous les privilèges de l'imagination. La mémoire est un champ de ruines psychologiques, un bric-à-brac de souvenirs. Toute notre enfance est à réimaginer. En la réimaginant, nous avons chance de la retrouver dans la vie même de nos rêveries d'enfant solitaire.

Dès lors, les thèses que nous voulons défendre en ce chapitre reviennent toutes à faire reconnaître la permanence, dans l'âme humaine, d'un noyau d'enfance, une enfance immobile, mais toujours vivante, hors de l'histoire, cachée aux autres, déguisée en histoire quand elle est racontée, mais qui n'a d'être réel que dans ses instants d'illumination, autant dire dans les instants de son existence poétique.

La Poétique de la rêverie.
P.U.F. édit.

Les travaux de Bachelard vont inspirer les analyses de bien des critiques littéraires, tels Georges Poulet, Gilbert Durand ou Jean-Pierre Richard qui, dans *Littérature et Sensation* (1954), étudie le monde imaginaire de Stendhal et de Flaubert à travers les thèmes sensibles récurrents dans leurs œuvres.

Le structuralisme et les sciences humaines

Dans les années soixante, le mot qui s'impose dans la philosophie et les sciences humaines est celui de « structure ». À partir des études du linguiste suisse Ferdinand de Saussure (1857-1913), qui avait défini les notions de « signifiant » et de « signifié » (1) et posé les principes de la sémiologie (2), et de celles de Jakobson aux U.S.A., naît le structuralisme : il attache plus d'importance aux formes et aux fonctions des différents éléments du réel décomposé qu'à son sens global ; il se développe rapidement dans des domaines aussi divers que la psychanalyse, l'ethnologie ou la critique littéraire où il va provoquer des débats passionnés.

STRUCTURALISME ET PSYCHANALYSE

Médecin et psychanalyste, Jacques Lacan (1901-1981) fonda l'École freudienne de Paris (1964-1980) et ses *Écrits* (1966) résument l'essentiel de sa théorie qui ancre la psychanalyse sur les données de la linguistique puisque « l'inconscient est structuré comme un langage ». La cure psychanalytique se donne alors pour objectif de faire retrouver au sujet qui parle, qui exprime un signifié, ce qui lui manque, qui s'exprime à travers le signifiant, c'est-à-dire « l'autre » qui est lui-même.

MICHEL FOUCAULT (1926-1984)

Dans son premier ouvrage, *Histoire de la folie à l'âge classique* (1961), Michel Foucault rattache étroitement la folie à « l'angoisse du signifiant » échappant à la norme d'une société à une époque donnée. Son œuvre essentielle, *Les Mots et les Choses* (1966), introduit le vaste projet d'« archéologie du savoir » – titre d'un ouvrage publié en 1969 – où Foucault se propose d'analyser tout ce qui est du domaine des « choses dites » pour « prendre la mesure des mutations qui s'opèrent » et mettre « en question les méthodes, les limites, les thèmes propres à l'histoire des idées ».

---

(1) Le signifiant est la forme matérielle qui constitue le support d'un sens, le « signifié ». – (2) Science qui étudie les systèmes de « signes ».

CLAUDE LÉVI-STRAUSS (né en 1908)

Le premier ouvrage de ce philosophe devenu anthropologue, *Les Structures élémentaires de la parenté* (1949), appliquait déjà les méthodes de l'analyse structurale aux matériaux de l'ethnologie. Il évoqua ses expériences et ses recherches dans *Tristes Tropiques* (1955); son *Anthropologie structurale* (1958) contribua à répandre la « mode » du structuralisme : il y expose la découverte de schémas structuraux élémentaires qui peuvent être combinés de façons diverses par les différentes sociétés. Une étude attentive des manifestations culturelles d'une société permet alors de retrouver ces schémas premiers.

Une nouvelle méthode pour l'anthropologie

Les recherches de structure ne revendiquent pas un domaine propre, parmi les faits de société; elles constituent plutôt une méthode susceptible d'être appliquée à divers problèmes ethnologiques, et elles s'apparentent à des formes d'analyse structurale en usage dans des domaines différents.

Il s'agit alors de savoir en quoi consistent ces modèles qui sont l'objet propre des analyses structurales (...). Nous pensons en effet que pour mériter le nom de structure, des modèles doivent exclusivement satisfaire à quatre conditions.

En premier lieu, une structure offre un caractère de système. Elle consiste en éléments tels qu'une modification quelconque de l'un d'eux entraîne une modification de tous les autres.

En second lieu, tout modèle appartient à un groupe de transformations dont chacune correspond à un modèle de même famille, si bien que l'ensemble de ces transformations constitue un groupe de modèles.

Troisièmement, les propriétés indiquées ci-dessus permettent de prévoir de quelle façon réagira le modèle, en cas de modification d'un de ses éléments.

Enfin, le modèle doit être construit de telle façon que son fonctionnement puisse rendre compte de tous les faits observés.

Anthropologie structurale, Plon, édit.

ROLAND BARTHES (1915-1980)

Les premiers essais de Roland Barthes, comme *Le Degré zéro de l'écriture* (1953), traduisent une volonté de rénover la critique littéraire à l'aide des données de la sémiotique d'une part, des études marxistes d'autre part. À partir d'œuvres littéraires (*Michelet,* 1954; *Racine,* 1963), Barthes analyse les rapports entre l'écrivain et l'histoire, c'est-à-dire la langue et le style, et la fonction-écriture, expression des choix propres de l'écrivain; enfin *Mythologies* (1957) déborde largement le domaine littéraire et cherche à décoder les « signes » révélant les mythes du monde moderne.

Dans ses *Essais critiques* (1964), R. Barthes explique en quoi consiste « l'activité structuraliste » : il s'agit de découvrir l'« Homo significans », non pas l'homme « riche de certains sens », mais l'homme « fabricateur de sens ».

Le but de toute activité structuraliste, qu'elle soit réflexive ou poétique, est de reconstituer un « objet », de façon à manifester dans cette reconstitution les règles de fonctionnement (les « fonctions ») de cet objet. La structure est donc en fait un *simulacre* de l'objet, mais un simulacre dirigé, intéressé, puisque l'objet imité fait apparaître quelque chose qui restait invisible, ou si l'on préfère, inintelligible dans l'objet naturel. L'homme structural prend le réel, le décompose, puis le recompose : c'est en apparence fort peu de chose. (...) Pourtant, d'un autre point de vue, ce peu de chose est décisif; car entre les deux objets, ou les deux temps de l'activité structuraliste, il se produit *du nouveau,* et ce nouveau n'est rien moins que l'intelligible général : le simulacre, c'est l'intellect ajouté à l'objet, et cette addition a une valeur anthropologique, en ceci qu'elle est l'homme même, son histoire, sa situation, sa liberté et la résistance même que la nature oppose à son esprit.

Éd. du Seuil.

Les arts

L'architecture

Le besoin urgent de logements après la guerre et les progrès de l'industrialisation, des transports... vont modifier le rôle de l'architecte qui ne peut plus être seulement un styliste : il doit se mettre au service de la collectivité et son mot d'ordre devient le « fonctionnel ». Que ce soit pour la maison de la Radio (1962), conçue à Paris par Henry Bernard (né en 1912) selon un anneau avec au centre une tour quadrangulaire, pour l'aéroport d'Orly (1961), où Henri Vicariot doit prendre en compte des problèmes techniques complexes, plus modestement pour des maisons de la culture, telle celle de Grenoble réalisée par Wogenscky (1967), ou des immeubles d'habitation, il s'agit d'utiliser les matériaux modernes, fer, béton, verre, pour offrir à l'homme un cadre de vie et de travail adapté aux nécessités nouvelles. Mais construire vite et de manière fonctionnelle ne veut pas forcément dire privilégier la laideur et sacrifier l'homme.

LE CORBUSIER (1887-1965)

D'origine suisse, Le Corbusier complète ses études par de nombreux voyages qui lui font connaître les formes d'architecture les plus diverses. Établi à Paris dès 1917, il publia *Vers une architecture* (1923), *L'Art décoratif d'aujourd'hui, Urbanisme* (1925), où il pose déjà ses principes novateurs, fondés sur l'utilisation de la géométrie. Mais il s'intéresse surtout à l'habitat collectif et expose ses conceptions dans *La Ville radieuse* (1935), *Manière de penser l'urbanisme* (1946). La « cité radieuse » de Marseille, achevée en 1952, les résume : des cités-jardins verticales offrent à chaque famille le maximum d'intimité et d'indépendance tout en permettant une vie communautaire (boutiques, terrains de sport sur le toit) et en limitant la surface occupée au sol; le soleil pénètre à flot dans des appartements peints de couleurs claires et gaies et dont l'orientation a été soigneusement calculée. Le Corbusier y met aussi en application le « Modulor », échelle de mesure tirée des proportions du corps humain. Le Corbusier cherche en fait à réaliser l'épanouissement de l'individu au sein de la collectivité, en associant la lumière et les formes géométriques épurées : « Nos yeux sont faits pour voir les formes sous la lumière. Les formes primaires sont les belles formes parce qu'elles se lisent clairement. » Il réalise cette fusion dans les édifices de Chandigârh, nouvelle capitale du Pâñjâb, dans la construction de la chapelle de Ronchamp (1953) où le jeu des lignes et des courbes donne l'impression d'une sculpture, au cloître d'Évreux près de Lyon (1957-1960), au musée d'art moderne de Tokyo.

DYNAMISME NOUVEAU, NOUVEL URBANISME

Cependant, l'exposition universelle de Bruxelles en 1958 marque un renouveau dans l'architecture et annonce l'avènement d'une géométrie qui part à la conquête de l'espace comme celle du « pavillon de France » de Guillaume Gillet (né en 1912) renouvelant la réussite de son église de Royan. D'immenses ailes de béton et de verre se déploient, ignorant désormais la nécessité du pilier. Le symbole de cette architecture audacieuse est le Centre national des industries et des techniques (1956-58), construit au rond-point de la Défense à Paris par Bernard Zehrfuss également architecte du palais de l'Unesco en collaboration avec Camelot et de Mailly : le C.N.I.T. forme un triangle équilatéral qui présente trois immenses verrières en façade ; une triple voûte convergente, en béton, couvre l'ensemble d'une surface de 90 000 m^2.

Simultanément se manifeste un refus des cités inhumaines et glacées, car trop fonctionnelles, et l'aménagement des banlieues notamment va prendre en considération les conceptions de l'architecte É. Aillaud (né en 1902) : « Mon urbanisme repose sur une conception de l'homme, d'un homme apte à la solitude, à l'attente, à la patience », écrit-il dans son livre *Désordre apparent, ordre caché.* Dans la banlieue parisienne, il réalise l'ensemble de « la Grande-Borne » à Grigny, la cité de la Courtillière à Pantin, un immeuble sinueux de 1,5 km : dans ces « villes nouvelles », les formes rectilignes sont bannies, les murs se couvrent de couleurs, les pavés forment des vagues et l'œil, surpris, découvre au coin de la rue un portrait de Rimbaud ou une tourterelle géante. L'espace retrouve sa dimension humaine.

L'urbanisme collectif, monotone et répétitif des grands ensembles a le pouvoir insinueux de détruire l'individu. Il y a, au contraire, des lieux qui sont aptes à la patience, à l'attente, à la mélancolie. Je pense à ces places faites de rien comme la place Furstenberg, qui sont des lieux merveilleux d'ennui. On peut s'y asseoir, les mains sur les genoux et attendre le soir. Ce qui devrait être le fond de l'existence d'un quotidien difficile. Attendre. Vivre, en somme.

Il y a à la Grande-Borne, à chaque détour d'un bâtiment, de ces places, de ces replis, où l'on sent que le quotidien peut s'écouler. Dans un grand ensemble orthogonal et rigoureux, il ne peut que passer, s'enfuir.

Désordre apparent, ordre caché,
Fayard, édit.

La sculpture

La sculpture va subir, à partir des années 50, le contrecoup de l'entrée dans l'ère industrielle et atomique, exprimant les nouvelles angoisses par tous les moyens qu'offrent les nouvelles techniques : l'atelier du sculpteur rappelle parfois celui d'un mécanicien !

UN EXPRESSIONNISME TORTURÉ

Dans le sillage de Giacometti, Robert Couturier, en schématisant les formes (*Jeune Fille lamelliforme,* 1950), obtient des figures raides, anguleuses, qui semblent figées dans l'angoisse, ou ondulantes, insaisissables. Germaine Richier (1904-1959), pour sa part, fait surgir ce même sentiment de formes hybrides, où le minéral, le végétal, l'animal et l'humain se mêlent, comme sa *Sauterelle* (1946-56), insecte aux extrémités humaines. La surface trouée, déchiquetée de ses créatures, monstres atteints de mystérieux cancers, leur anatomie massive mais aux terminaisons squelettiques et effrayantes, moignons ou griffes, évoquent les corps torturés des victimes d'Hiroshima.

LE NOUVEAU RÉALISME

Cette étiquette regroupe assez improprement des artistes qui ont un point commun : l'utilisation de l'objet, l'affirmation de l'invasion du quotidien par l'objet. Ainsi Martial Raysse assemble des objets en plastique dans ses *Étalages de Prisunic* (1960) et nous fait entrer de plain-pied dans la société de consommation. On retrouve ces mêmes objets, métalliques, écrasés et soudés dans les *Compressions* de César qui présente aussi comme sculpture trois balles de métal telles quelles. Pour César, l'homme même se fait objet quand il expose ses agrandissements du *Pouce* (1964) ou du *Sein* (1966).

L'objet du reste n'échappe pas à l'angoisse moderne : chez R. Malaval, l'objet le plus traditionnel, un meuble par exemple, se couvre d'une matière blanchâtre qui tend à le submerger, à le ronger peu à peu (*Aliment blanc,* 1963). Les objets exercent leur emprise sur l'humain chez Kudo, venu du Japon à Paris, et chez Jean-Pierre Raynaud : les objets les plus dérisoires suffisent pour eux à définir un homme. Les *Psycho-Objets* (1965) de Raynaud présentent des surfaces carrelées, murs ou sols, sur lesquelles sont fixés des objets, tels des signaux autobiographiques.

Niki de Saint-Phalle réalise dès 1964 ses premières *Nanas* (1), faites de tissu tendu sur une armature, puis de plâtre et de polystyrène; ces sculptures sont des femmes énormes, maquillées, colorées, ondulantes, telle la *Hon* (1966), « nana-cathédrale » abritant une galerie d'art, un cinéma, un bar; c'est ici l'humain qui est érigé en objet.

L'ART LUMINO-CINÉTIQUE

En 1925, une exposition à Paris s'intitule « le mouvement » : les œuvres présentées cherchent toutes à mettre la sculpture en mouvement et utilisent les effets d'optique et toutes les ressources de la lumière. Puis, en 1960, est fondé le Groupe de recherche d'art visuel avec Horacio Garcia Rossi, Julio Le Parc, l'animateur du groupe, François Morellet, Francesco Sobrino, Joël Stein et J.P. Yvaral. Tous ces sculpteurs pratiquent un art non figuratif, aux formes géométriques, aux structures simples.

Certains, par un effet d'optique, la superposition de lignes dans l'espace par exemple comme le font Soto ou Contreras-Brunet, provoque l'effet du mouvement lors des déplacements du spectateur. Agam aboutit même en 1966 à des sculptures transformables, telle sa *Tente* à l'université de Dijon. D'autres s'aident de moteurs, comme Tinguely pour ses *Métamécaniques* ou Schöffer. Les jeux de lumière deviennent essentiels; elle se fait même matériau chez Morellet, qui élabore des structures clignotantes en tubes de néon, fixes ou mobiles. Le spectateur est convié à participer à la création, quelquefois en commandant le mouvement ou, comme dans les *Labyrinthes* du G.R.A.V., en parcourant la sculpture, parcours de sensations visuelles, auditives, tactiles.

Les recherches de ces artistes marquent l'abandon de l'idée de sculpture traditionnelle qui se voit remplacée par celles de construction, de machine, d'environnement : à leur façon, ils expriment la rationalisation accrue d'un monde où le hasard et l'inspiration semblent ne plus avoir cours.

La peinture

Malgré les affirmations du groupe COBRA (1948-1961) qui refuse d'enfermer l'art dans des concepts d'abstraction ou de figuration, et prône un « art libre », ces concepts restent commodes pour définir les directions choisies par les peintres de l'après-guerre : on assiste à la fois à une consécration de l'art abstrait et à sa remise en cause avec un retour au réalisme. Cependant abstraction et figuration explorent de nouvelles voies. En même temps qu'elle sort du musée, la peinture reflète profondément les angoisses d'une époque où l'humain semble se perdre dans une société qui le nie et l'enferme dans sa matérialité.

---

(1) Argot : femmes.

PEINDRE LE RÉEL

La guerre et l'après-guerre posent au peintre la même question qu'au philosophe ou à l'écrivain : son devoir n'est-il pas de « s'engager » ? Il peut le faire doublement. D'abord, il a le pouvoir de célébrer une identité nationale et de traduire la permanence de valeurs alors niées. L'exposition de 1943, « 12 peintres d'aujourd'hui », présente des paysages, des scènes intimistes, des images de la rue, comme les *Maternités* de Robin et de Fougeron, *La Jeune Fille au pichet* (1942) de M. Estève. D'autre part les portraits de mineurs de Pignon, les tableaux de Fougeron témoignent d'une volonté plus accentuée de rendre l'art au peuple, et Fougeron, à partir de 1948, réclame même un « art de parti » :

Les prémisses d'un réalisme nouveau sont à extraire de la richesse des sentiments du peuple considéré comme principale source d'inspiration, de *sujet*... Il reste donc nécessaire, avant tout, de mettre l'accent sur la *réalité du contenu social* du sujet. Ce sera déjà un coup sérieux porté sur les positions esthétiques de l'ennemi et, pour les artistes qui en ont l'intention courageuse, le moyen d'éviter un danger : celui que l'effort du peintre soit vain, *« s'il n'y a pas à l'origine la capacité pour les masses et l'artiste de s'émouvoir aux mêmes choses »* (Laurent Casanova, rapport du XIᵉ Congrès du P.C.F. à Strasbourg).

La peinture, ce fut d'abord, sur les murs des cavernes, l'image des bêtes, effrayante nourriture de nos ancêtres. Puis, de divinités qu'on croyait propices à conjurer le désastre des éléments déchaînés. Enfin, cela devint une femme qui donnait le sein à un enfant auréolé ; symbole aussi de la vie qui se renouvelle sans cesse, de l'avenir voulu toujours plus beau.

Mais aujourd'hui, à quelle notion d'évolution humaine le sort de la peinture se trouve-t-il lié ? « Au mien ! », répond une voix. Laquelle ? Celle du fichier d'adresses d'une bonne galerie. Ça vaut 1 500 noms bien comptés. Au milieu des honnêtes amateurs qui se délectent des accords proposés par le peintre, combien sont-ils qui pensent : « La peinture est-elle une bonne combine pour placer mon argent ? Que vaudra-t-elle dans dix ans ? » C'est ça, *l'élite*. Ceux qui le proclament sont ceux qui ont la bouche pleine. C'est mince quand même !

L'élite, aujourd'hui, il faut la chercher ailleurs. Elle est là aussi où se trouve la source d'inspiration nécessaire à une renaissance artistique : dans le peuple, dans la force du peuple, parce que « ceux qui vivent, ce sont ceux qui luttent » et que l'art est toujours du côté de la vie.

15 novembre 1948
(Texte publié dans *La Nouvelle Critique,* n° 1, Paris, décembre 1948).

Mais la déshumanisation, profondément ressentie par les artistes dans les années 50, rend difficile la poursuite de ces choix : comment fixer sur la toile une réalité insaisissable ? Bernard Buffet déjà, avec son chromatisme terne, ses personnages misérables, tout en longueur, ses espaces comme grillagés et ses thèmes, les grandes villes oppressantes, l'horreur de la guerre, trahit ce mal de vivre. Il se manifeste encore plus nettement dans les sujets de Gruber, personnages nus, squelettiques, épuisés, de Balthus dont les personnages paraissent tous murés dans leur solitude, sans oublier les couleurs ternes, grises, ocres, des toiles de Giacometti : l'être humain y est emprisonné dans un lacis de cadres et de tracés et l'espace lui-même paraît impossible à délimiter.

L'INFORMEL : DUBUFFET (1901-1985)

Dans ce contexte, l'œuvre de Jean Dubuffet apparaît à la fois comme un aboutissement et comme une ouverture. C'est en 1951 que cet artiste fonde la Compagnie de l'art brut. Il choisit de représenter tout ce que l'artiste n'avait pas le droit de représenter, malaxant, triturant les matériaux les plus divers, graviers, sable, ailes de papillon..., incisant, griffant les supports, reproduisant la lutte sauvage, quasi primitive, entre l'homme l'outil et la matière pour s'opposer à la rationalité technologique. Dans *Prospectus et tous écrits suivants* (1967), il évoque ses sujets : « Une affiche déchirée, un bout de tôle qui brille, un fer rouillé, un chemin crotté, un couvercle badigeonné au coaltar (1), une devanture peinte

(1) Goudron utilisé comme enduit.

en vert pin, une enseigne bariolée... et des traces, des traces, des traînées, des hasards, comme nos logis d'hommes et nos villes en sont remplis. » Tels sont les thèmes de *Mirobolus, Macadam et Cie., Hautes Pâtes,* présentation grotesques, caricaturales, voire obscènes, de l'homme et de son environnement. Dubuffet déchaîna le scandale, il est pourtant à l'origine des efforts de toute la seconde moitié du siècle pour découvrir une nouvelle force dans l'expression figurative, à commencer par ceux de Wols et de Fautrier.

L'ABSTRACTION

L'autre attitude adoptée par les peintres face à ce réel inhumain reste l'abstraction, qui entre à nouveau en scène avec la fondation de l'Académie d'art abstrait, en 1950, par Jean Dewasne et Edgard Pillet. Mais l'abstraction découvre alors de nouvelles expressions. Certains, comme Soulages (né en 1919) ou Nicolas de Staël (1914-1955) cherchent à conserver, derrière l'abstraction, la perception du réel. Après ses premières compositions complètement abstraites (*Astronomie,* 1944; *Composition en gris et bleu,* 1950), N. de Staël s'intéresse à nouveau à la réalité du paysage, cherchant à faire ressortir sa lumière, sa vibration (*La Ville blanche,* 1950; *Agrigente,* 1954), et même à l'humain, dans sa série de *Footballeurs,* 1950, où l'abstraction tend à traduire la couleur et le mouvement.

Parallèlement, l'abstraction se rapproche de la technologie avec l'apparition d'une peinture géométrique et cinétique, depuis les combinaisons de formes simples et le chromatisme binaire de Nicolas Schöffer jusqu'aux compositions de Vasarely, carrés, triangles, cercles combinés en des structures impeccables, de couleurs pures. Réconcilier l'art et la technique, l'intégrer dans le paysage urbain, tels sont les objectifs de Vasarely : « Le mouvement se crée par le déplacement du spectateur devant l'œuvre intégrée dans les volumes et les espaces de l'architecture. »

NOUVEAU RÉALISME, NOUVELLE FIGURATION

Les années 60 voient l'émergence d'un courant que l'on retrouve dans la peinture comme dans la sculpture, l'artiste étant d'ailleurs souvent à la fois peintre et sculpteur comme Raysse, Arman, Niki de Saint-Phalle... Ce courant a pour support l'aventure de l'objet, le monde, l'humain faits d'objets. Mais tous ne vivent pas cette aventure de la même façon.

Dans les « tableaux-pièges » de Spoerri, ou chez Arman, c'est la profusion d'objets qui frappe, objets collés, entassés comme par une dérision d'une société qui s'engage dans la voie de la consommation à outrance. Inversement, c'est par le vide qu'Yves Klein (1928-1962) manifeste cette dérision; dès 1957, une seule couleur éclate sur ses toiles, un bleu outremer intense, et cette obsession du vide atteint son point ultime lors de son exposition de 1958 : le public contemple les murs blancs d'une salle vide. La reconquête de l'expression picturale se fait ensuite, dans les *Cosmogonies,* par l'essai de faire collaborer les éléments naturels, pluie, vent, à la réalisation de l'œuvre, puis, dans les *Anthropométries* (1958-60 – les toiles sont des empreintes de corps féminins enduits de peinture bleue –), par le désir de suggérer la matérialité de l'être.

Enfin, inspirée du Pop'Art américain, la figuration devient narrative vers 1965, et l'histoire du monde, de ses grands hommes, de ses crises, mais aussi l'histoire de la vie quotidienne, de ses violences et de ses désirs, entrent dans la peinture. Gilles Aillaud, Arroyo et Recalcati exposent, en 65, huit tableaux collectifs, *Vivre et laisser mourir ou la Fin tragique de Marcel Duchamp,* qui affirment délibérément leur volonté d'anonymat – le réel seul parle de lui-même – et leur goût pour l'anecdote. Le N° 1 de la revue *Opus international* explique : « La peinture ne se conçoit plus guère sans référence au cinéma, à la publicité, au roman, à la photographie, à la linguistique. » Ainsi B. Rancillac emprunte ses thèmes à la bande dessinée, reporte sur la toile des photographies agrandies, restitue la violence du monde par la violence des couleurs. Comme il le dit, il veut « témoigner d'une subjectivité collective » :

J'entends ne renoncer à aucun de ces deux niveaux de communication, étroitement imbriqués cela va sans dire, constatant l'embarras des peintres non figuratifs dès qu'ils sont affrontés au besoin de délivrer un message plus ou moins formulable à un public plus ou moins déterminé. Ce besoin, qui m'apparaît une obligation, s'éprouve sans conteste pour peu qu'on désire participer, en tant qu'artiste, à la vie publique en assurant un rôle dans la société... La *ressemblance* qu'on exige du peintre, même la plus invraisemblable, est justement celle que la photographie, à tort ou à raison, monopolise à son profit. Fort de cette garantie apparemment incontestée, le peintre pourra par le travail de la couleur plonger ce réseau d'apparences reconnues dans le bain magique de la subjectivité, le napper de toutes les nuances du désir, le teinter du rayonnement indicible que distillent la peur de la folie, l'approche de la mort... Toujours matière subjective, la peinture nous survivra pour autant qu'elle pourra témoigner d'une subjectivité collective.

« De quelques problèmes inhérents à l'activité picturale », dans *Art actuel/Skira annuel 76,* Genève 1976

La musique et la danse

L'influence des musiques de pays lointains et les découvertes technologiques qui se mettent au service des musiciens bouleversent radicalement l'univers musical français.

DODÉCAPHONISME ET MUSIQUE SÉRIELLE

Olivier Messiaen (né en 1908) compose en 1949 la première œuvre totalement « sérielle », *Mode de valeurs et d'intensité pour piano,* en reprenant la recherche de l'Autrichien Schönberg : la gamme et le système tonal sont remplacés par 12 sons égaux dont la succession constitue une « série ». La musique de Messiaen assimile d'autres influences diverses, orientales, médiévales (le plain-chant grégorien par exemple), que l'on retrouve dans ses pièces mystiques, *Trois petites Liturgies* (1944), œuvre vocale, *Messe de la Pentecôte* (1950) pour orgue, ou, pour orchestre, *Couleurs de la cité céleste* (1963). Toujours à la recherche de sonorités nouvelles, il étudie le chant des oiseaux et intègre ses harmoniques à des compositions comme *Réveil des oiseaux* (1953) ou *Catalogue d'oiseaux.* Exposées dans *Techniques de mon langage musical* (1944) et dans son *Traité du rythme* (1954), les conceptions de Messiaen portent leurs fruits : cette quête d'innovations se poursuit avec le groupe « Jeune France » qui rassemble à ses côtés André Jolivet, Daniel Lesur et Yves Baudrier. Le sociologue Jacques Attali résume, dans son article « Répéter », les éléments de cette révolution musicale qu'il rattache, comme on a pu le faire pour les autres arts, à l'évolution de notre société.

Scientisme – La théorie de la musique occidentale s'exprime essentiellement dans ses rapports avec la science et sa crise : « Notre époque sera occupée, et cela pendant plusieurs générations, à construire et à structurer un langage nouveau qui sera le véhicule des chefs-d'œuvre du futur » (Boulez). Ou encore : « La musique est en pensée unifiée aux sciences. Ainsi, pas de rupture entre elles et les arts. (...) Désormais, le musicien devra être un fabricant de thèses philosophiques et d'architectures globales, de combinaisons de structures (formes) et de matières sonores » (Xenakis).

Le parallèle avec la science est total. Comme la science, la musique a rompu ses codes. Depuis l'abandon de la tonalité il n'y a plus de critère de vrai ou de référence commune à ceux qui composent et à ceux qui écoutent. En voulant explicitement créer un style en même temps que l'œuvre, la musique est aujourd'hui conduite à élaborer le critère de vrai en même temps que la découverte, la parole en même temps que la langue. Comme la science, la musique se meut alors dans un champ de plus en plus abstrait, de moins en moins accessible à l'empirisme, où le sens disparaît devant l'abstraction, où le vertige de l'absence de règles est permanent. Ainsi la musique énonce le devenir de la science dans la répétition et ses difficultés. Elle renvoie à une abstraction des conditions de fonctionnement de la société qui se met en place, aux difficultés d'une science de la répétition. (...)

Bruits, « Répéter », PUF 1977.

LA RECHERCHE MUSICALE

Des instruments magnétiques et électroniques sont mis au point, et les élèves de Messiaen, Pierre Boulez, Pierre Henry, Yannis Xenakis, profitent de cet enrichissement. P. Boulez, qui commence sa carrière sous le signe du dodécaphonisme, ne cessera jamais ses recherches formelles, mise en musique de poèmes de R. Char par exemple, *Visage nuptial* (1946-50) ou *Le Marteau sans maître* (1955), ou sa *Polyphonie* pour 18 instruments. En même temps, il anime des festivals, il transforme la technique de la direction d'orchestre, il développe une réflexion théorique féconde.

À la même époque les recherches de timbres et de sons nouveaux se poursuivent et donnent naissance au « Groupe de recherche musicale » : les premières productions de musiciens comme Pierre Schaeffer, père de la « musique concrète », ou de Pierre Henry (*Symphonie pour un homme seul,* 1950) font scandale. Cela n'empêche pas le G.R.M. d'être une pépinière de jeunes musiciens qui vivent, dans l'enthousiasme, l'aventure qu'évoque P. Schaeffer :

Mars.

De retour à Paris, j'ai commencé à collectionner les objets. Je vais à la Radio française au Service du bruitage. J'y trouve des claquettes, des noix de coco, des klaxons, des pompes à bicyclettes. Je songe à une gamme de pompes. Il y a des gongs. Il y a des appeaux (1). Je ris de découvrir des appeaux à la Radiodiffusion française qui, après tout, est une administration. (...)

L'appeau me redonne du courage. J'emporte aussi des timbres, un jeu de cloches, un réveil, deux crécelles, deux tourniquets à musique avec leur coloriage pour enfants. Le fonctionnaire préposé me fait quelques difficultés. On vient, d'habitude, le trouver pour un accessoire précis, pour un « bruitage » qui se rapporte à un texte. Moi, je veux tout. Je convoite. Je suppute. Je fais l'impasse.

À vrai dire, et sans doute par superstition, je pense qu'aucun de ces objets ne me servira. Ils sont compromis. Peut-être l'appeau ? Cependant, après quelques démêlés ave l'administration, et non sans avoir signé plusieurs décharges, je les emporte.

Je les emporte avec la joie d'un enfant qui sortirait du grenier, les bras remplis de bricoles inutiles et compromettantes.

Sous l'œil goguenard du préposé,
Avec un secret sentiment de ridicule,
Plus exactement de malhonnêteté,
Dès le départ, j'ai mauvaise conscience.

Je ne saurais assez insister sur cette compromission qui vous amène à vous saisir de trois douzaines d'objets pour faire du bruit sans la moindre justification dramatique, sans la moindre idée préconçue, sans le moindre espoir. Bien plus, avec le secret dépit de faire ce qu'il ne faut pas faire, de perdre son temps, ceci dans une époque sérieuse où le temps même nous est mesuré.

Tel est l'état d'esprit du musicien concret après son premier rapt d'objets (concrets?).

Dans la revue *Polyphonie,*
1er trimestre 1950.

(1) Instrument imitant le cri des animaux dont on se sert pour les attirer.

MUSIQUE ET DANSE

Le renouveau musical retentit sur un art voisin, la danse, qui, à son tour, découvre des chorégraphies nouvelles. Roland Petit, déjà, avait monté des ballets sur des œuvres de Milhaud et de Dutilleux, selon une chorégraphie originale. Mais c'est Maurice Béjart qui, rejetant les traditions des corps de ballet, révolutionna le monde de la danse. À propos de sa *Symphonie pour un homme seul* (1955), sur une musique de P. Henry et de P. Schaeffer, on parle de « cubisme chorégraphique » : synthèse de chant, de paroles, de danse, le ballet devient, avec Béjart, un spectacle total au cours duquel, selon sa formule, « le geste semble créer le bruit ». Pour lui, la danse revêt à la fois un sens métaphysique – il s'agit d'exprimer l'âme du monde et les pulsations qu'elle éveille en nous – et un sens social, car danser, pour ce chorégraphe, c'est danser la ville et son rythme, danser le désir ou le rejet de l'autre : *Messe pour le temps présent,* titre d'un ballet monté au festival d'Avignon en 1967, telle est bien la fonction de la danse pour Béjart.

LA CHANSON

La chanson a toujours joué un rôle dans la vie quotidienne de chacun, en reflétant les grandes étapes de l'évolution de la société et des mœurs; mais les innovations techniques de l'après-guerre, l'apparition du disque microsillon, puis du « 33 tours », la banalisation de la radio puis du transistor, enfin la télévision et la musicassette (1966), vont lui offrir un public de plus en plus large, de plus en plus passionné : à cette époque, la chanson conquiert le droit de cité dans la culture française. On peut y distinguer deux tendances : celle qui privilégie le rythme, et celle où le texte lui-même est mis en valeur.

Avec les Américains débarque le jazz, musique interdite en France pendant la guerre. Le premier festival international du jazz s'ouvre à Nice en 1948 avec des représentants français : le clarinettiste Claude Luter, le violoniste Stéphane Grappelli, le guitariste tzigane Django Reinhardt. Les rythmes de jazz influencent alors la chanson française. En 1958, un tournant s'opère : une nouvelle génération de chanteurs apparaît, qui s'adresse à un seul public, la jeunesse, sur un seul rythme, le rock'n'roll, né quelques années auparavant aux U.S.A. Très vite, les groupes fleurissent (« Les Chaussettes noires », « Les Chats sauvages »...), qui font connaître des chanteurs aux pseudonymes anglo-saxons, tel Eddy Mitchell. Dans ce contexte explose la vague des années 60, celle des « yé-yé » chantant au rythme du twist, que l'on danse au « Golf Drouot ». Le public se déchaîne lors des concerts; toute la jeunesse s'identifie à ses idoles, Johnny Halliday ou Claude François, Sylvie Vartan, Sheila ou Françoise Hardy. Dans ce sillage, l'industrie du disque fait fortune, des magazines spécialisés, comme *Salut les copains,* sont lancés. Dans ces chansons, le rythme compte plus que le texte, le talent de certains chanteurs est parfois discutable, mais il faudra attendre 10 ans pour que cette mode s'essouffle.

Parallèlement, les chanteurs « à texte » n'ont pas disparu. Maurice Chevalier, Tino Rossi, Charles Trenet, Édith Piaf ont, pendant la guerre, avec des chansons tendres ou humoristiques, tenté de soutenir le moral des Français : « Y a d'la joie », chantait Trenet... Ils poursuivront tous une longue carrière, atteindront parfois une renommée internationale telle Piaf, dont la voix émouvante interpréta des textes restés célèbres, comme *La Vie en rose* ou *L'Hymne à l'amour.* Les années 50 marquent l'avènement d'une nouvelle « race » : les auteurs-compositeurs-interprètes : Serge Gainsbourg, Georges Brassens, dont l'œuvre sera couronnée en 1967 par le Grand Prix de poésie, Jacques Brel et Léo Ferré, qui débutent en 1953, Gilbert Bécaud, surnommé « monsieur 100 000 volts ». D'Aznavour à Nougaro, de Gréco à Barbara, en passant par Montand et Ferrat, il serait trop long de dresser la liste de tous ceux dont les chansons, sentimentales ou « engagées », ont profondément marqué la mémoire collective et fidèlement reproduit leur époque, ses aspirations et ses questions.

CHANSON POUR L'AUVERGNAT : G. BRASSENS (1921-1981)

Par bien des aspects, Brassens rappelle un troubadour qui aurait emprunté un peu de l'anarchie de Villon. Défis aux « honnêtes » gens, qu'il caricature souvent, et aux institutions, armée, police, Église, ses chansons célèbrent la nature, l'amour sincère et l'amitié, les cœurs purs et sensibles, comme le montre cet extrait.

Elle est à toi cette chanson
Toi l'Auvergnat qui sans façon
M'as donné quatre bouts de bois
Quand dans ma vie il faisait froid.
Toi qui m'as donné du feu quand
Les croquantes et les croquants (1)
Tous les gens bien intentionnés,
M'avaient fermé la porte au nez.
Ce n'était rien qu'un feu de bois,
Mais il m'a réchauffé le corps
Et dans mon âme il brûle encore
À la manièr' d'un feu de joie.
Toi l'Auvergnat, quand tu mourras,
Quand le croq' mort (2) t'emportera
Qu'il te conduise à travers ciel
Au Père Éternel.

LE PLAT PAYS : J. BREL (1929-1978)

Si, parfois, Brel chante des textes anticonformistes (Les Bourgeois, Les Bigotes), *humoristiques* (J'vous ai apporté des bonbons) *ou marqués par la présence obsédante de la mort* (Le dernier repas), *il sait aussi composer des poèmes pleins de tendresse, comme celui-ci, dédié à son pays, la Belgique.*

Avec la mer du Nord pour dernier terrain vague
Et des vagues de dunes pour arrêter les vagues
Et de vagues rochers que les marées dépassent
Et qui ont à jamais le cœur à marée basse
Avec infiniment de brumes à venir
Avec le vent de l'est écoutez-le tenir
La plat pays qui est le mien

Avec des cathédrales pour uniques montagnes
Et de noirs clochers comme mâts de cocagne
Où des diables en pierre décrochent les nuages
Avec le fil des jours pour unique voyage
Et des chemins de pluie pour unique bonsoir
Avec le vent d'ouest écoutez-le vouloir
Le plat pays qui est le mien

Avec un ciel si bas qu'un canal s'est perdu
Avec un ciel si bas qu'il fait l'humilité
Avec un ciel si gris qu'un canal s'est pendu
Avec un ciel si gris qu'il faut lui pardonner
Avec le vent du nord qui vient s'écarteler
Avec le vent du nord écoutez-le craquer
Le plat pays qui est le mien

Avec de l'Italie qui descendrait l'Escaut
Avec Frida la Blonde quand elle devient Margot
Quand les fils de novembre nous reviennent en mai
Quand la plaine est fumante et tremble sous juillet
Quand le vent est au rire quand le vent est au blé
Quand le vent est au sud écoutez-le chanter
Le plat pays qui est le mien.

GÖTTINGEN : BARBARA (née en 1930)

Plus sombres, plus violents, sont les textes de Barbara, qui chante le mal de vivre, la solitude dans laquelle chacun est enfermé, la haine qui sépare les peuples. Cependant, derrière ce pessimisme un peu désespéré, Barbara continue à croire en la force de l'amour.

(1) Femmes et hommes de rien. – (2) Employé chargé des enterrements.

Bien sûr ce n'est pas la Seine
Ce n'est pas le bois de Vincennes
Mais c'est bien joli tout de même
À Göttingen, à Göttingen (1).

Pas de quais et pas de rengaines (2)
Qui se lamentent et qui se traînent
Mais l'amour y fleurit quand même
À Göttingen, à Göttingen.

Ils savent mieux que nous je pense
L'histoire de nos rois de France
Herman, Peter, Helga et Hans
À Göttingen.

Et que personne ne s'offense
Mais les contes de notre enfance (3)
« Il était une fois » commencent
À Göttingen.

Bien sûr nous, nous avons la Seine
Et puis notre bois de Vincennes
Mais Dieu que les roses sont belles
À Göttingen, à Göttingen.

Nous, nous avons nos matins blêmes
Et l'âme grise de Verlaine
Eux c'est la mélancolie même
À Göttingen, à Göttingen.

Quand ils ne savent rien nous dire
Ils restent là, à nous sourire
Mais nous les comprenons quand même
Les enfants blonds de Göttingen.

Et tant pis pour ceux qui s'étonnent
Et que les autres me pardonnent
Mais les enfants ce sont les mêmes
À Paris ou à Göttingen.

Ô faites que jamais ne revienne
Le temps du sang et de la haine
Car il y a des gens que j'aime
À Göttingen, à Göttingen.

Et lorsque sonnerait l'alarme
S'il fallait reprendre les armes
Mon cœur verserait une larme
Pour Göttingen, pour Göttingen.

Éd. Métropolitaines; Seghers.

Le cinéma

Depuis longtemps le cinéma, muet puis parlant, a conquis un public enthousiaste, mais les années sombres de la guerre, suivies de l'explosion de la Libération et des nouvelles questions que suscitent les métamorphoses de la société, vont lui permettre de devenir un art à part entière, essor symbolisé en 1946 par la création du Festival international de Cannes et celle du Centre national de la cinématographie. Les écrivains, du reste, ont perçu la richesse du cinéma. Jacques Prévert, scénariste des films de Marcel Carné (*Les Visiteurs du soir,* 1942; *Les Enfants du paradis*, 1945); ou d'André Cayatte (*Les Amants de Vérone,* 1948), leur apporte une dimension poétique. Jean Cocteau, pour sa part, en réalisant *La Belle et la Bête* (1946), *Les Parents terribles* (1948), *Orphée* (1949), trouve dans le cinéma la possibilité d'illustrer ses rêves.

L'ADAPTATION CINÉMATOGRAPHIQUE

La première tentation du réalisateur est d'adapter à l'écran une œuvre littéraire, mais, de plus en plus, il refuse la transcription fidèle et imprime à l'œuvre sa marque. Certains réalisateurs, dont G.H. Clouzot dans *Manon* (1949), R. Vadim dans *Les Liaisons dangereuses* (1960), transposent très librement le roman qu'ils adaptent en le situant dans le monde contemporain. D'autres sont plus fidèles à leur source et tentent de reconstituer, avec les moyens que leur offrent la caméra et les techniques propres au cinéma, l'atmosphère de l'œuvre choisie; c'est notamment le cas de Claude Autant-Lara dans *Le Blé en herbe* (1954),

---

(1) Vieille ville universitaire d'Allemagne occidentale. – (2) Chanson que chacun connaît. – (3) Allusions aux contes des frères Grimm.

d'après Colette, *Le Diable au corps* (1947), d'après Radiguet, ou de Christian-Jaque dans *La Chartreuse de Parme* (1947), d'après Stendhal. On assiste alors parfois à des réussites, dans lesquelles les qualités du metteur en scène s'unissent à celles de l'écrivain : J. Delannoy dans *La Symphonie pastorale* (1946) renforce l'aspect pathétique et mystique du roman de Gide, le dépouillement et l'austérité du style de R. Bresson servent parfaitement Bernanos, dont il met en scène *Le Journal d'un curé de campagne* (1951), le film de Marcel Camus, *Le Chant du monde* (1955) est primé tant il a su donner d'intensité à l'œuvre de Giono. La plus belle preuve de la puissance que l'image peut ajouter au texte est d'ailleurs l'interdiction, en 1967, du film de Jacques Rivette, *La Religieuse,* d'après Diderot.

CINÉMA ET SOCIÉTÉ

En même temps, plus que jamais le cinéma s'enracine dans son époque. La guerre bien sûr offre matière à d'innombrables films, dans lesquels tour à tour ses diverses facettes sont observées, avec la tendresse et l'émotion de regards d'enfants (*Jeux interdits* de R. Clément, 1951), avec humour (en 1956, *La Traversée de Paris* de Cl. Autant-Lara, servi par deux grands acteurs, Bourvil et Gabin, ou *Le Caporal épinglé* de Jean Renoir en 1962). La plus évidente manifestation des liens solides tissés entre le cinéma et la société nous est sans doute donnée par l'image de la femme qu'il transmet : on mesure toute son évolution si l'on compare le rôle interprété par Michèle Morgan, très élégante en robe noire dans *Remorques* (1941) de Grémillon, à l'héroïne de *Casque d'or* (1952) qu'incarne Simone Signoret, puis à celle des *Amants* (1958) de Louis Malle – avec Jeanne Moreau – qui, pour la première fois, filme une scène d'amour. Brigitte Bardot, que Vadim fait tourner dans *Et Dieu créa la femme* (1956) et *Le Repos du guerrier* (1962), est le symbole de cette évolution : cette actrice fascine et annonce, par-delà son apparence d'« objet sexuel », la naissance d'une femme libérée, maîtresse de son corps, qui se soucie peu des convenances sociales.

LE CINÉMA D'AUTEUR

Les cinéastes deviennent de plus en plus des artistes à part entière : comme on reconnaît les grands romanciers, on reconnaît par exemple l'atmosphère particulière, sombre et mystérieuse, des films de Clouzot (*L'assassin habite au 21,* 1942 ; *Le Corbeau,* 1943 ; *Les Diaboliques,* 1954), ou la verve satirique de Jacques Tati, servie par son sens du gag et des dialogues réduits au minimum : *Jour de fête,* 1948 ; *Les Vacances de M. Hulot,* 1953 ; *Mon Oncle,* 1958. Enfin, l'expérience américaine enrichit le cinéma français de quelques comédies musicales qui révèlent des réalisateurs comme Jacques Demy (Catherine Deneuve fait ses débuts d'actrice dans *Les Parapluies de Cherbourg* en 1963, sur une musique de Michel Legrand) et Claude Lelouch, avec *Un homme et une femme* en 1966.

LA « NOUVELLE VAGUE »

Le mouvement qui a le plus marqué cette période, même s'il n'a pas séduit un large public, est celui qu'on a baptisé la « nouvelle vague », dans les années 60. Le film d'Agnès Varda, *La Pointe courte* (1955), dans lequel elle se libère de la logique du récit et mêle fiction et réalité, peut être considéré comme précurseur d'un mouvement qui présente bien des points communs avec les recherches des nouveaux romanciers. Marguerite Duras et Alain Robbe-Grillet (1) ne s'y trompent pas, qui vont réaliser avec Alain Resnais, un des

(1) *Cf.* pp. 442-444.

plus célèbres représentants de cette « nouvelle vague », l'une *Hiroshima mon amour* (1959), l'autre *L'Année dernière à Marienbad* (1961). Cet extrait d'*Hiroshima mon amour* constitue un exemple évocateur des thèmes et des techniques de Resnais :

ELLE. – J'ai vu les actualités.

Le deuxième jour, dit l'Histoire, je ne l'ai pas inventé, dès le deuxième jour, des espèces animales précises ont ressurgi des profondeurs de la terre et des cendres.

Des chiens ont été photographiés.
Pour toujours.
Je les ai vus.
J'ai vu les actualités.
Je les ai vues.
Du premier jour.
Du deuxième jour.
Du troisième jour.

LUI *(il lui coupe la parole)*. – Tu n'as rien vu. Rien.

Chien amputé.
Gens, enfants.
Plaies.
Enfants brûlés hurlant.

ELLE. – ...du quinzième jour aussi.

Hiroshima se recouvrit de fleurs. Ce n'étaient partout que bleuets et glaïeuls, et volubilis et belles d'un jour qui renaissaient des cendres avec une extraordinaire vigueur, inconnue jusque-là chez les fleurs.

ELLE. – Je n'ai rien inventé.

LUI. – Tu as tout inventé.

ELLE. – Rien.

De même que dans l'amour cette illusion existe, cette illusion de pouvoir ne jamais oublier, de même j'ai eu l'illusion devant Hiroshima que jamais je n'oublierai.

De même que dans l'amour.

Des pinces chirurgicales s'approchent d'un œil pour l'extraire.

Les actualités continuent.

ELLE. – J'ai vu aussi les rescapés et ceux qui étaient dans les ventres des femmes de Hiroshima.

Un bel enfant se tourne vers nous. Alors nous voyons qu'il est borgne.

Une jeune fille brûlée se regarde dans un miroir.

Une autre jeune fille aveugle aux mains tordues joue de la cithare.

Une femme prie auprès de ses enfants qui meurent.

Un homme se meurt de ne plus dormir depuis des années. (Une fois par semaine, on lui amène ses enfants.)

ELLE. – J'ai vu la patience, l'innocence, la douceur apparente avec lesquelles les survivants provisoires de Hiroshima s'accommodaient d'un sort tellement injuste que l'imagination d'habitude pourtant si féconde devant eux, se ferme.

Toujours on revient à l'étreinte si parfaite des corps.

ELLE. – *(bas)*. – Écoute...
Je sais...
Je sais tout.
Ça a continué.

LUI. – Rien. Tu ne sais rien.

Hiroshima mon amour.

Manipulations du temps, juxtaposition d'images réelles ou imaginaires, insertions de la réalité à l'état brut sous forme de flashes, utilisation de voix « off », tout donne à ces films une dimension autre, celle d'une quête de soi-même à travers un monde perçu comme absurde. Telles sont les ressemblances que l'on peut trouver entre les films d'A. Varda (*Cléo de cinq à sept,* 1961), ceux de F. Truffaut, plus confidentiels parce que plus autobiographiques (*Les Quatre Cents Coups,* 1959; *Jules et Jim,* 1962), de Claude Chabrol (*Le Beau Serge,* 1958), ceux de Resnais : tous prônent un cinéma plus véridique. Le représentant de la « nouvelle vague » qui a le plus choqué, déconcerté, provoqué des controverses passionnées, est Jean-Luc Godard, dès 1960, avec *À bout de souffle,* dans lequel apparaît un jeune acteur promis à une brillante carrière, Jean-Paul Belmondo : Godard travaille sans découpage préétabli, improvise, ce qui donne un rythme brisé, haletant, à son œuvre, il rejette délibérément la logique afin de reproduire l'absurdité contemporaine et ses critiques politiques sont sévères; cela explique sans doute le fait qu'il a longtemps dérangé ceux qui préfèrent que le cinéma ne soit qu'un divertissement. Mais des films comme *Vivre sa vie* (1962), *Le Mépris* (1963), et surtout *Pierrot le fou* (1965) font date dans l'histoire du cinéma et ont influencé de nombreux jeunes réalisateurs.

Les lettres

La poésie de 1940 à 1968

Poésie satirique ou engagée (1), quête métaphysique ou exploration verbale, tous les chemins sont ouverts à la poésie durant cette période.

Les héritiers du surréalisme

Henri Michaux (1899-1984)

Comme les surréalistes, Michaux se donne pour but l'exploration de paysages réels – il est attiré par le mysticisme de la Turquie, de l'Inde, de la Chine –, mais surtout des paysages imaginaires de son inconscient; les titres de ses principaux recueils sont révélateurs : *La nuit remue* (1934), *Lointain intérieur* (1938), *La Vie dans les plis* (1949), *L'Infini turbulent* (1957), *Connaissance par les gouffres* (1961). Si cette aventure est d'abord celle du langage, réinventé, déconstruit, mais qui n'oublie jamais l'humour face à un monde perçu comme disloqué, Michaux, pour mieux découvrir ses abîmes intérieurs, recherche, à partir de 1956, par les drogues hallucinogènes la dépossession de soi : sortir de son corps, de son état conscient, est pour lui le moyen de retrouver peut-être, un infini perdu, que l'écriture ou la peinture, car il a aussi usé de ce moyen d'expression, jette avec violence sur le papier.

Dans cet extrait de *Qui je fus* (1927), « Le grand combat », le langage, recréé dans une sorte d'ivresse, témoigne de son désir profond : « Ce que je voudrais (pas encore ce que je fais) c'est musique pour questionner, pour ausculter, pour approcher le problème d'être. » *(Passages)*

Il l'emparouille et l'endosque contre terre;
Il le rague et le roupète jusqu'à son drâle;
Il le pratèle et le libucque et lui baruffle
les ouillais;
Il le tocarde et le marmine,
Le manage rape à ri et ripe à ra.
Enfin il l'ecorcobalisse,
l'autre hésite, s'espudrine, se défaisse, se torse et se
ruine (2)
C'en sera bientôt fini de lui;
Il se reprise et s'emmargine... mais en vain,
le cerveau tombe qui a tant roulé.
Abrah! Abrah! Abrah! (3)

Le pied a failli!
le bras a cassé!
le sang a coulé!
Fouille, fouille, fouille,
Dans la marmite de son ventre est un grand secret
Mégères alentour qui pleurez dans vos mouchoirs;
On s'étonne, on s'étonne, on s'étonne
Et vous regarde,
On cherche aussi, nous autres, le Grand Secret.

« Le grand combat », *Qui je fus*,

Michaux a été tout particulièrement fasciné par la nuit : les fonds noirs de ses tableaux, les thèmes de ses poèmes, révèlent une obsession angoissée. Nuit d'un monde contemporain en proie à la guerre, théâtre de toutes les cruautés, nuit surtout de l'homme menacé, déchiré, poursuivi par la mort, nuit d'un gouffre sans fond : le poète s'y enfonce, à la

(1) *Cf.* pp. 346-351. – (2) La plupart de ces termes sont inventés par Michaux. – (3) Interjection inventée.

fois terrifié et irrésistiblement attiré. Les répétitions, les ruptures, le choc des sonorités, tout contribue à évoquer cette descente aux Enfers que seule l'écriture poétique peut arrêter pour un temps.

Dans la nuit
Dans la nuit
Je me suis uni à la nuit
À la nuit sans limites
À la nuit.

Mienne, belle, mienne.
Nuit
Nuit de naissance
Qui m'emplit de mon cri
De mes épis.
Toi qui m'envahis
Qui fais houle houle
Qui fais houle tout autour
Et fume, es fort dense
Et mugis
Es la nuit.
Nuit qui gît, nuit implacable.
Et sa fanfare, et sa plage
Sa plage en haut, sa plage partout,
Sa plage boit, son poids est roi, et tout ploie
  sous lui
Sous lui, sous plus ténu qu'un fil
Sous la nuit
La Nuit.

« Dans la nuit », *Lointain intérieur,*
© éd. Gallimard, 1938.

René Char (1907-1988)

En 1929, René Char se lie d'amitié avec Breton et Éluard, et adhère au surréalisme, mais, dès 1934, dans *Le Marteau sans maître,* il s'en écarte tout en gardant les notions essentielles de ce mouvement : la confiance en la puissance de l'esprit humain, en la force de la poésie qui fonde la « neuve innocence » de la vie, et son goût des images. Son expérience dans la Résistance est évoquée dans *Seuls demeurent* (1945) et *Feuillets d'Hypnos* (1946) et il participe au renouveau de l'art moderne par sa collaboration avec P. Boulez (1) et son amitié avec N. de Staël (2). Cependant, même s'il sait « s'engager » contre les injustices, pour lui « la vérité est personnelle, stupéfiante et personnelle ». Comme le disait déjà Héraclite (« Ils ne comprennent pas comment les contraires se fondent en unité. »), elle naît du perpétuel conflit entre moi et le monde, de la réconciliation, sans cesse à répéter, entre les différents fragments de l'homme éclaté : « Poésie, la vie future à l'intérieur de l'homme requalifié. » Telle est le sens de recueils comme *Le Poème pulvérisé* (1947), *Fureur et Mystère* (1948), *La Parole en archipel* (1962). Cette conception d'un univers, d'un homme en miettes, explique le langage poétique le plus souvent adopté par Char : vers ou versets brisés, fulgurances d'images qui se heurtent. Ainsi, dans cet extrait de *Feuillets d'Hypnos,* nous trouvons l'expression de cette entreprise poétique qui tente d'illuminer une vérité confuse.

N'étant jamais définitivement modelé, l'homme est receleur de son contraire. Ses cycles dessinent des orbes différents selon qu'il est en butte à telle sollicitation ou non. Et les dépressions mystérieuses, les inspirations absurdes, surgies du grand externat crématoire, comment se contraindre à les ignorer ? Ah ! circuler généreusement sur les saisons de l'écorce, tandis que l'amande palpite, libre...

Le temps vu à travers l'image est un temps perdu de vue. L'être et le temps sont bien différents. L'image scintille éternelle, quand elle a dépassé l'être et le temps.

Feuillets d'Hypnos, 55 et 13, 1946 in
Fureur et Mystère, © éd. Gallimard, 1948.

(1) *Cf.* p. 398-399. – (2) *Cf.* p. 397.

Ainsi, chaque poème représente un éclair où, mystérieusement, comme dans l'amour, l'énigme de l'homme se résout, sans pour autant s'anéantir. Cette résolution momentanée s'accomplit notamment au sein de la nature provençale où la lumière se fait sereine, ou par le biais de la tendresse que savent offrir l'arbre, l'animal, l'enfant, la femme aimée. Néanmoins, pour ce poète de la tension, tout accomplissement ne peut être que provisoire.

A...

Tu es mon amour depuis tant d'années
Mon vertige devant tant d'attente,
Que rien ne peut vieillir, froidir,
Même ce qui nous est étranger,
Et mes éclipses et mes retours.

Fermée comme un volet de buis
Une extrême chance compacte
Est notre chaîne de montagnes
Notre comprimante splendeur.

Je dis chance, ô ma martelée;
Chacun de nous peut recevoir
La part de mystère de l'autre
Sans en répandre le secret;
Et la douleur qui vient d'ailleurs
Trouve enfin sa séparation
Dans la chair de notre unité,
Trouve enfin sa route solaire
Au centre de notre nuée
Qu'elle déchire et recommence.

Je dis chance comme je le sens
Tu as élevé le sommet
Que devra franchir mon attente
Quand demain disparaîtra.

Gallimard, édit.

Jacques Prévert (1900-1977)

Exclu du surréalisme en 1928, Prévert n'oubliera jamais ce que ce mouvement lui aura appris. Mais, issu d'un milieu modeste, il en reste proche et refuse une poésie trop raffinée qui se coupe du public populaire. Les films réalisés avec son frère, ceux de Marcel Carné, avec lequel il collabore (1), la mise en musique, par Joseph Kosma, de ses poèmes, interprétés par les plus grands chanteurs d'alors, font de lui le plus populaire des poètes du XXe siècle.

Des surréalistes, Prévert a conservé la virulence libertaire : il vitupère « les braves gens », ceux qui pensent « bien » et vont à la messe, les snobs, les intellectuels, tous ceux qui, pour lui, symbolisent l'hypocrisie sociale et les pouvoirs établis. Ni les politiciens fauteurs de guerres, ni l'Église, ni même Dieu, n'échappent à une satire qui se transforme parfois en un véritable jeu de massacre, comme dans « Dîner de têtes » ou « La Crosse en l'air » (*Paroles,* 1946). Mais, par-delà sa violence, dans tous ses recueils (les plus connus sont, outre *Paroles, Histoires,* en 1946, et *Spectacle,* en 1951) Prévert sait aussi faire preuve de tendresse quand il évoque l'amour « tremblant de peur comme un enfant dans le noir / Et si sûr de lui », le rire d'un enfant pas sage encore capable de rêver, les oiseaux, symboles de liberté, les squares, les jardins publics, tous ces lieux où vit le peuple parisien, celui qu'il aime, humble, pur et innocent. Dans ses poèmes, longs réquisitoires ou courtes fables, Prévert raconte toujours une histoire sur un ton qui fait alterner colère et tendresse, gouaille et mélancolie : Prévert est un peu lui-même ce « cancre » dont il nous fait le portrait.

(1) *Cf.* p. 402.

Il dit non avec la tête
mais il dit oui avec le cœur
il dit oui à ce qu'il aime
il dit non au professeur
il est debout
on le questionne
et tous les problèmes sont posés
soudain le fou rire le prend
et il efface tout
les chiffres et les mots
les dates et les noms
les phrases et les pièges
et malgré les menaces du maître
sous les huées des enfants prodiges
avec des craies de toutes les couleurs
sur le tableau noir du malheur
il dessine le visage du bonheur

Paroles. Gallimard, édit.

Chez Prévert, les mots sont en liberté comme les idées, et il jongle avec eux : énumérations, allitérations, calembours, comparaisons inattendues, contrepèteries, toutes les ressources du langage sont mises au service de la dénonciation :

L'amiral

L'amiral Larima
Larima quoi
la rime à rien (1)
l'amiral Larima
l'amiral Rien

Paroles. Gallimard, édit.

Tout en fait est matière à poésie ; une rencontre un jour de pluie fait surgir « Barbara » et, en même temps que le poète s'écrie : « Quelle connerie la guerre », il chante :

Je dis tu à tous ceux que j'aime
Même si je ne les ai vus qu'une seule fois
Je dis tu à tous ceux qui s'aiment
Même si je ne les connais pas

Paroles. Gallimard, édit.

Un simple fait divers – un enfant s'est échappé du pénitencier de l'île – devient prétexte à une « chasse à l'enfant », duel inégal dans lequel le poète a choisi son camp ; celui des opprimés et des exclus.

À Marianne Oswald.

Bandit ! Voyou ! Voleur ! Chenapan ! (2)

Au-dessus de l'île on voit des oiseaux
Tout autour de l'île il y a de l'eau

Bandit ! Voyou ! Voleur ! Chenapan !

Qu'est-ce que c'est que ces hurlements

Bandit ! Voyou ! Voleur ! Chenapan !

C'est la meute des honnêtes gens
Qui fait la chasse à l'enfant

Il avait dit : « J'en ai assez de la maison de [redressement »
Et les gardiens à coups de clefs lui avaient brisé [les dents
Et puis ils l'avaient laissé étendu sur le ciment

Bandit ! Voyou ! Voleur ! Chenapan !

Maintenant il s'est sauvé
Et comme une bête traquée
Il galope dans la nuit
Et tous galopent après lui
Les gendarmes, les touristes, les rentiers, les artistes

(1) Jeu à partir de l'expression familière : « ça ne rime à rien » = cela n'a pas de sens. – (2) Vaurien.

Bandit! Voyou! Voleur! Chenapan!

C'est la meute des honnêtes gens
Qui fait la chasse à l'enfant
Pour chasser l'enfant pas besoin de permis
Tous les braves gens s'y sont mis
Qu'est-ce qui nage dans la nuit
Quels sont ces éclairs, ces bruits
C'est un enfant qui s'enfuit
On tire sur lui à coups de fusil

Bandit! Voyou! Voleur! Chenapan!

Tous ces messieurs sur le rivage
Sont bredouilles et verts de rage

Bandit! Voyou! Voleur! Chenapan!

Rejoindras-tu le continent rejoindras-tu le continent
Au-dessus de l'île on voit des oiseaux
Tout autour de l'île il y a de l'eau.

Paroles. Gallimard, édit.

Ainsi le surréalisme a explosé dans des directions multiples, mais toutes ont en commun une certaine façon de faire « table rase » de l'image traditionnelle de l'homme, du poète, pour prêter au langage une nouvelle puissance. Cependant, malgré cette révolte, une confiance subsistait au moins en la puissance inconsciente de l'esprit une fois libéré du carcan de la raison et des conventions sociales. Après la guerre, cette confiance s'écroule : l'homme ne se définit plus que par les mots « solitude », « angoisse », « absurde », et seule demeure la conscience d'exister. Quelle poésie peut encore se faire entendre dans ce désert?

Nouveaux itinéraires poétiques

Francis Ponge (1899-1988)

Entré au parti communiste en 1937, Francis Ponge participa activement à la Résistance et collabora à l'hebdomadaire communiste *Action.* À l'exception de *Douze Petits Écrits* (1926), il publia tardivement et ne fut vraiment connu du public que vers 1960. Pourtant Sartre, qui tente de l'annexer à l'existentialisme, lui consacra, en 1944, un article repris dans *Situations I*; l'analyse faite par Sartre du titre du premier grand recueil de Ponge, *Le Parti pris des choses* (1942), résume ses objectifs, son choix de « céder l'initiative » aux choses : prendre le parti des choses contre les hommes; prendre son parti de leur existence (contre l'idéalisme qui réduit le monde aux représentations); en faire un parti pris esthétique.

Si nous observons un texte de ce recueil, comme « le Cageot », nous voyons comment Ponge associe le signifiant du mot à son signifié, l'observation la plus minutieuse, détachée et analytique, au regard poétique qui fait que la chose devient parole.

À mi-chemin de la cage au cachot la langue française a cageot, simple caissette à claire-voie vouée au transport de ces fruits qui de la moindre suffocation font à coup sûr une maladie.

Agencé de façon qu'au terme de son usage il puisse être brisé sans effort, il ne sert pas deux fois. Ainsi dure-t-il moins encore que les denrées fondantes ou nuageuses qu'il enferme.

À tous les coins de rue qui aboutissent aux halles, il luit alors de l'éclat sans vanité du bois blanc. Tout neuf encore, et légèrement ahuri d'être dans une pose maladroite à la voirie jeté sans retour, cet objet est en somme des plus sympathiques, – sur le sort duquel il convient toutefois de ne s'appesantir longuement.

Le Parti pris des choses (1942),
éd. Gallimard.

Ponge retrouve alors la fonction première du poète, créer les choses par son pouvoir de les nommer, et il rejoint les conceptions d'un Malherbe (*Pour un Malherbe,* 1965) : il faut travailler l'expression pour atteindre la pureté parfaite.

L'Huître

...À l'intérieur l'on trouve tout un monde, à boire et à manger : sous un *firmament* (à proprement parler) de nacre, les cieux d'en-dessus s'affaissent sur les cieux d'en-dessous, pour ne plus former qu'une mare, un sachet visqueux et verdâtre, qui flue et reflue à l'odeur et à la vue, frangé d'une dentelle noirâtre sur les bords.

Parfois très rare une formule perle à leur goulet de nacre, d'où l'on trouve aussitôt à s'orner.

Le Parti pris des choses,
éd. Gallimard.

Dans ses derniers recueils, Ponge va encore plus loin dans cette aventure. « La Crevette » du *Parti pris des choses* devient, dans *Le Grand Recueil* (1961), « La Crevette dans tous ses états »; il s'agit de présenter les états successifs du texte, reprises, variantes, retouches : le travail de l'écrivain apparaît, qui nous propose aussi ses réflexions critiques. Aussi le texte, comme l'objet, naît-il véritablement devant nous. Le poète se bat même avec les lettres du mot :

Par ailleurs, j'aime assez que dans VERRE, après la forme (donnée par le V), soit donnée la matière par les deux syllabes ER RE, parfaitement symétriques comme si, placées de part et d'autre de la paroi du verre, l'une à l'intérieur, l'autre à l'extérieur, elles se reflétaient l'une en l'autre. Le fait que la voyelle utilisée soit la plus muette, la plus grise, le E, fait également très adéquat. Enfin, quant à la consonne utilisée, le R, le roulement produit par son redoublement est excellent aussi, car il semble qu'il suffirait de prononcer très fort ou très intensément le mot VERRE en présence de l'objet qu'il désigne pour que, la matière de l'objet violemment secouée par les vibrations de la voix prononçant son nom, l'objet lui-même vole en éclats. (Ce qui rendrait bien compte d'une des principales propriétés du verre : sa fragilité.)

Comment définir le genre auquel appartient un tel texte? Est-ce un poème en prose, une esquisse, une sorte de fable, une réflexion linguistique? Le titre d'un autre recueil, *Proêmes* (1948), amalgame de « prose » et de « poème », apporte une réponse : la démarche de Ponge ne peut s'inscrire dans un genre déterminé, puisqu'elle cherche à déterminer les choses : seuls priment le travail sur les mots, l'effort pour atteindre l'équivalence parfaite entre les objets et l'expression « du contenu entier de leurs notions ». Ainsi, la chose, le lieu, l'animal ou l'humain, décrits, pourront contribuer, de toute leur puissance, à l'invention de l'homme de demain, selon l'objectif que se fixe Ponge :

« Du fait seul de vouloir rendre compte du contenu entier *de leurs notions,* je me fais tirer, *par les objets,* hors du vieil humanisme, hors de l'homme actuel et en avant de lui. J'ajoute à l'homme les nouvelles qualités que je nomme.

Voilà *Le Parti pris des choses.* »

René-Guy Cadou (1920-1951)

C'est une autre manière de relier l'homme au monde que choisit René-Guy Cadou. Il fit partie de « l'école de Rochefort », groupe de poètes rassemblés pendant la guerre, parmi lesquels on peut citer Jean Rousselot, Luc Bérimont et surtout Jean Follain (*Exister,* 1947; *Territoires,* 1953; *Appareil de la Terre,* 1961). Tous partagent, selon la formule de Follain, la volonté d'exprimer « la transparence du monde ». Pour Cadou, le secret consiste à porter sur le monde un regard où se mêlent la ferveur et la sérénité chrétiennes et la douleur de n'être qu'un humain, blessé et faible. Dans *Pétales de voix* (1940), *Morte Saison* (1942), *Les Visages de la solitude* (1947), on rencontre un intense désir de lire et de dire le monde comme s'il surgissait, neuf, chaque matin, d'énumérer tous les éléments naturels d'une vie simple et tranquille – les pommes dans le compotier, le vert des prairies, les lettres d'un ami – , qui entourent un homme égaré, apeuré, comme exilé : « Chaque journée est pleine de coups de foudre... » que Cadou narre dans un style aussi simple, mais sans banalité, que peut l'être la naissance du jour.

Il faut tout dire
Écoute
Un coin des lèvres se déchire
Il y a le grand vent
Un filon de soleil dans la houille du temps
Pour toi la nuit entière
La douleur sous la main
L'eau fraîche sous la pierre
Et l'homme qui se lève du fond du lendemain
Sur les flancs du chemin
L'écume de la terre
Au bord de l'horizon
Des guirlandes de pas
Ce qui force le cœur
Et qui ne revient pas

Pétales de voix, éd. Seghers.

Plus encore dans les poèmes lyriques dédiés à sa femme, *Hélène ou le Règne végétal* (posthume, 1952), Cadou réussit à donner à la temporalité humaine, si fugitive, une dimension d'éternité. Vision de rêve ou attente mystique, passé retrouvé et découverte exaltante de la beauté du monde, l'univers entier est contenu dans l'instant unique où s'exalte l'amour.

Je t'attendais ainsi qu'on attend les navires
Dans les années de sécheresse quand le blé
Ne monte pas plus haut qu'une oreille dans l'herbe
Qui écoute apeurée la grande voix du temps

Je t'attendais et tous les quais toutes les routes
Ont retenti du pas brûlant qui s'en allait
Vers toi que je portais déjà sur mes épaules
Comme une douce pluie qui ne sèche jamais

Tu ne remuais encor que par quelques paupières
Quelques pattes d'oiseaux dans les vitres gelées
Je ne voyais en toi que cette solitude
Qui posait ses deux mains de feuille sur mon cou

Et pourtant c'était toi dans le clair de ma vie
Ce grand tapage matinal qui m'éveillait
Tous mes oiseaux tous mes vaisseaux tous mes pays
Ces astres ces millions d'astres qui se levaient

Ah que tu parlais bien quand toutes les fenêtres
Pétillaient dans le soir ainsi qu'un vin nouveau
Quand les portes s'ouvraient sur des villes légères
Où nous allions tous deux enlacés par les rues

Tu venais de si loin derrière ton visage
Que je ne sais plus à chaque battement
Si mon cœur durerait jusqu'au temps de toi-même
Où tu serais en moi plus forte que mon sang

Seghers, édit.

Saint-John Perse (Alexis Saint-Léger, dit) (1887-1975)

« L'exil n'est point d'hier » (*Exil,* 1942-1946), s'écrie Alexis Saint-Léger, dit Saint-John Perse. Son premier exil remonte à son enfance, à son île natale, la Guadeloupe, paradis perdu (*Éloges,* 1911), incessamment recréé par la mémoire. Son deuxième exil est lié à sa vie professionnelle : secrétaire d'ambassade à Pékin, de 1916 à 1921, il voyage dans les terres inconnues de Chine, du Japon, de Mongolie, puis, en 1940, à cause de sa participation au gouvernement Daladier, il doit s'exiler aux U.S.A. : ce long éloignement explique sa découverte tardive par le public français, quand le prix Nobel de littérature lui est attribué, en 1960.

Mais l'exil primordial de Saint-John Perse est métaphysiphe : c'est l'exil du poète qui cherche désespérément à retrouver sa véritable patrie, celle où la vérité essentielle du monde lui serait livrée en une illumination. Ainsi *Anabase* (1924) rappelle l'épopée des 10 000 soldats grecs commandés par Xénophon, leur longue route pour regagner, de la Perse lointaine où ils se sont perdus, leur patrie, route ponctuée de batailles; de la même façon, dans ce recueil comme dans le reste de son œuvre, le poète livre bataille aux mots pour remonter aux sources les plus pures de son existence propre, et même aux sources de l'univers, « comme si la vérité verbale était liée à une vérité cosmique » (Jean Paulhan).

À nulles rives dédiée, à nulles pages confiée la pure amorce de ce chant...
D'autres saisissent dans les temples la corne peinte des autels :
Ma gloire est sur les sables! ma gloire est sur les sables!... Et ce n'est point errer, ô Pérégrin,
Que de convoiter l'aire la plus nue pour assembler aux syrtes de l'exil un grand poème né de rien, un grand poème fait de rien...
Sifflez, ô frondes par le monde, chantez, ô conques sur les eaux!
J'ai fondé sur l'abîme et l'embrun et la fumée des sables. Je me coucherai dans les citernes et dans les vaisseaux creux,
En tous lieux vains et fades où gît le goût de la grandeur. (...)
L'exil n'est point d'hier! l'exil n'est point d'hier! « Ô vestiges, ô prémisses »,
Dit l'Étranger parmi les sables, « toute chose au monde m'est nouvelle!... » Et la naissance de son chant ne lui est pas moins étrangère.

Exil, © éd. Gallimard, 1942.

On ne peut pas ne pas évoquer Bachelard, face à cette poésie des éléments, dans laquelle on entend le déchaînement des « milices du vent » (1), « le bruit des grandes eaux en marche sur la terre »; monté sur son vaisseau, dans lequel il a pris en charge l'humanité, le poète guette, scrute l'horizon, cherche un lieu où aborder : l'amour le lui fera trouver. *Amers* (1950-1953) allie l'image de la mer à celle de la femme.

Ô toi hanté, comme la mer, de choses lointaines et majeures, j'ai vu tes sourcils joints tendre plus loin que femme. La nuit où tu navigues n'aura-t-elle point son île, son rivage? Qui donc en toi toujours s'aliène et se renie? – Mais non, tu as souri, c'est toi, tu viens à mon visage, avec toute cette grande clarté d'ombrage comme d'un grand destin en marche sur les eaux (ô mer soudain frappée d'éclat entre ses grandes emblavures de limon jaune et vert!). Et moi, couchée sur mon flanc droit, j'entends battre ton sang nomade contre ma gorge de femme nue.

Tu es là, mon amour, et je n'ai lieu qu'en toi. J'élèverai vers toi la source de mon être, et t'ouvrirai ma nuit de femme, plus claire que ta nuit d'homme; et la grandeur en moi d'aimer t'enseignera peut-être la grâce d'être aimé. Licence alors aux jeux du corps! Offrande, offrande, et faveur d'être! La nuit t'ouvre une femme : son corps, ses havres, son rivage; et sa nuit antérieure où gît toute mémoire. L'amour en fasse son repaire!

Amers, © éd. Gallimard, 1957.

On ne peut pas non plus ne pas se souvenir du Claudel des *Cinq Grandes Odes* (2); comme lui, Saint-John Perse a recours au verset, qui s'étire, se rétracte selon un rythme respiratoire, et chante, de façon lyrique, parfois solennelle et prophétique, la gloire du poète, la gloire du poème et, plus encore, la gloire de l'univers que le poème recrée. Certes, la poésie de Saint-John Perse est rendue difficile par la richesse de son vocabulaire, le jaillissement incessant des images et les fluctuations de la syntaxe. Pourtant, par sa précision sémantique, par les jeux des rythmes et des sonorités, elle devient une véritable « sorcellerie évocatoire », comme dans cet extrait de *Vents* (1946) : le poète suggère ici les élans des vents qui ont le pouvoir de s'emparer de l'univers, d'assécher les esprits humains, mais aussi sont vents de l'inspiration poétique, qui font bruire le « très grand arbre du langage peuplé d'oracles ».

Flairant la pourpre, le cilice, flairant l'ivoire et le tesson, flairant le monde entier des choses,
Et qui couraient à leur office sur nos plus grands versets d'athlètes, de poètes,
C'étaient de très grands vents en quête sur toutes pistes de ce monde,
Sur toutes choses périssables, sur toutes choses saisissables, parmi le monde entier des choses...
Et d'éventer l'usure et la sécheresse au cœur des hommes investis,
Voici qu'ils produisaient ce goût de paille et d'aromates, sur toutes places de nos villes,
Comme au soulèvement des grandes dalles publiques. Et le cœur nous levait
Aux bouches mortes des Offices. Et le dieu refluait des grands ouvrages de l'esprit.

(1) Troupes armées. – (2) *Cf.* pp. 312-316.

Yves Bonnefoy (né en 1923)

Ce critique d'art, traducteur des œuvres de Shakespeare, fut aussi le principal animateur de la revue *L'Éphémère,* qui parut de 1966 à 1973. Chez lui aussi, la poésie devient une quête du « vrai lieu », pour reprendre le titre de la dernière section de son premier recueil *Du mouvement et de l'Immobilité de Douve* (1953), dans lequel il proclame : « Ce que je tiens serré n'est peut-être qu'une ombre / Mais sache y distinguer un visage éternel ». L'ombre est l'obsession de Bonnefoy, tout comme le vide, l'absence, le néant, autant de figures de la mort, désert évoqué dans *Hier régnant désert* (1958), pierre figée sur laquelle se fige la « salamandre » (1). Mais la salamandre, selon la légende, peut traverser le feu sans périr; l'image, le Verbe poétique sont les flammes, par eux et à travers eux, le monde figé peut s'animer.

Une voix

Oui, je puis vivre ici. L'ange, qui est la terre,
Va dans chaque buisson et paraître et brûler.
Je suis cet autel vide, et ce gouffre, et ces arches
Et toi-même peut-être, et le doute : mais l'aube
Et le rayonnement de pierres descellées.

Pierre écrite, 1959.

Pourtant, Bonnefoy ne chante pas une vérité enfin découverte, mais la quête elle-même, qui, sans cesse, tente de dépasser le néant, parfois semble y parvenir, mais, sans cesse, doit être recommencée.

Ainsi marcherons-nous sur les ruines d'un ciel [immense,
Le site au loin s'accomplira
Comme un destin dans la vive lumière.

Le pays le plus beau longtemps cherché
S'étendra devant nous terre des salamandres.

Regarde, diras-tu, cette pierre :
Elle porte la présence de la mort.
Lampe secrète c'est elle qui brûle sous nos gestes,
Ainsi marchons-nous éclairés.

La perspective religieuse

À l'issue de la guerre, de nombreux poètes n'ont pas trouvé d'autre réponse à l'angoisse et au sentiment de l'absurde que la découverte « dans l'acte poétique [d'] une perspective religieuse – seule réponse au néant du temps », comme l'explique Pierre-Jean Jouve. Ce dernier entraînera à sa suite Jean Grosjean (né en 1912), qui célèbrera l'omniprésence de Dieu dans des recueils inspirés par les thèmes bibliques (*Hypostases,* 1950; *Apocalypse,* 1962; *Le Messie,* 1974), et Patrice de La Tour du Pin (1911-1975), qui exprime sa foi profonde, son désir d'une « théopoésie » dans *Psaumes* (1938) ou *Genèse* (1945). Enfin et surtout, chez Pierre Emmanuel (1916-1984), fils spirituel de Claudel et de Jouve, l'œuvre poétique se fait prière à travers la transcendance du quotidien : *Orphiques* (1942), *Babel* (1952), *Évangéliaire* (1961), *Jacob* (1970) sont autant de manières de s'élever vers Dieu.

(1) Petit batracien rampant.

Pierre-Jean Jouve (1887-1976)

Venu d'Arras, sa ville natale, à Paris en 1909, Jouve y rencontre tous les courants artistiques d'alors : l'unanimisme (1), le cubisme, le dadaïsme, le surréalisme. Ils marqueront ses premiers recueils qu'une crise intérieure, en 1925, l'amènera à renier. À partir de ce moment, son œuvre, romanesque (notamment *Paulina 1880,* 1925 ; *Le Monde désert,* 1927 ; *Hécate,* 1928 ; *Hélène,* 1936), comme poétique, s'oriente définitivement vers la quête désespérée du salut par la foi catholique, ou, plus tardivement, l'esprit du Tao oriental.

Les trois termes du titre de son essai, *Inconscient, spiritualité et catastrophe* (1933), définissent le tragique existentiel qu'il vit intensément. Comme Baudelaire, Jouve ressent en lui la « double postulation simultanée » vers Dieu et vers Satan : Satan est le domaine de la chair, exploré par Freud ; Jouve retrouve en lui toutes les images sexuelles remontées des profondeurs de l'inconscient, et elles jaillissent avec violence dans son œuvre. *Noces* (1931), *Sueur de sang* (1933), *Moires* (1962), *Ténèbre* (1965) traduisent l'explosion de la chair, explosion inéluctablement liée au péché, car la « spiritualité » ne s'en dissocie pas : le plaisir érotique englobe aussi la conscience de la faute. La psychanalyse freudienne ajoute une dimension nouvelle à l'éternel conflit : à Eros répond Thanatos, instinct de mort, destruction de l'autre et de soi, apocalypse individuelle et collective.

La poésie peut alors jouer son rôle : seul le langage poétique a assez de puissance pour tenter de résoudre le conflit, par le « Chant », c'est-à-dire par la force et l'éclat de la beauté. L'écriture, mise au service d'une foi ardente (*Kyrie,* 1938 ; *Gloire,* 1942) prend donc, chez Jouve, toute sa valeur de « catharsis », de purification, comme dans cet extrait de *Gloire* ; lors de cette « résurrection apocalyptique », la chair, jadis maudite, devient la plus grande gloire : c'est « le corps glorieux qui fait l'esprit ».

Je vois
Les morts ressortant des ombres de leurs ombres
Renaissant de leur matière furieuse et noire
Où sèche ainsi la poussière du vent
Avec des yeux reparus dans les trous augustes
Se lever balanciers perpendiculaires
Dépouiller lentement une rigueur du temps ;
Je les vois chercher toute la poitrine ardente
De la trompette ouvragée par le vent.
Je vois
Le Tableau de Justice ancien et tous ses ors
Et titubant dans le réveil se rétablir
Les ors originels ! Morts vrais, morts claironnés,
Morts changés en colère, effondrez, rendez morts
Les œuvres déclinant, les monstres enfantés
Par l'homme douloureux et qui fut le dernier,
Morts énormes que l'on croyait remis en forme
Dans la matrice de la terre.
Morts putréfiés dans la matière intense de la gloire,
Qu'il en sorte et qu'il en sorte encor, des morts [enfantés
Soulevant notre terre comme des taupes rutilantes,
Qu'ils naissent ! Comme ils sont forts, de chairs [armés !
Le renouveau des morts éclatés en miroirs
Le renouveau des chairs verdies et des os muets
En lourdes grappes de raison sensuel et larmes
En élasticité prodigieuse de charme,
Qu'ils naissent ! Comme ils sont forts de chairs armés.

Fontaine, édit. (Alger).

Le théâtre de 1940 à 1968

Malgré l'Occupation allemande qui étouffe la vie culturelle française, le théâtre se porte bien et réalise des records d'entrées. Certes, le public a besoin de divertissements, et cela

(1) *Cf.* pp. 364-365.

explique le succès des comédies de Pagnol, de Marcel Achard, d'André Roussin et celui des vaudevilles de Sacha Guitry, conventionnels mais fertiles en mots d'esprit et en rebondissements.

Cependant, des metteurs en scène comme Jean Vilar, ou le couple Madeleine Renaud-Jean-Louis Barrault qui dirigea le théâtre de l'Odéon de 1958 à 1968, surent, à la même époque, orienter les goûts du public vers un théâtre plus difficile.

L'après-guerre marque du reste l'avènement de ce qu'on pourrait appeler « le règne du metteur en scène » : les grands noms du « cartel des Quatre » (1) disparaissent dans les années 50, mais la relève est assurée : l'action de Jean Vilar, notamment, est immense, tant avec la troupe du T.N.P. au palais de Chaillot, de 1951 à 1963, qu'au festival d'Avignon, qu'il inaugure en 1947. Il ouvre au théâtre deux voies nouvelles : celle de la décentralisation d'abord. Le théâtre, jusqu'alors phénomène parisien, se déplace en province où se développent de véritables centres d'animation théâtrale avec des troupes de talent : le Grenier de Toulouse, le Centre dramatique de l'Est, la Comédie de Provence... D'autre part, aidé par le fait que le théâtre est désormais subventionné (2) par l'État, il modifie les conditions matérielles de la représentation (prix et location des places, tenue des spectateurs...), ce qui permet à un plus large public de découvrir un théâtre qui, même s'il a recours à des mises en scène souvent fastueuses, ne cède cependant pas à la facilité démagogique. Parallèlement, dans les années 50, de petites salles de théâtre peu connues (les Noctambules, le théâtre de la Huchette, le théâtre Montparnasse...) s'ouvrent à des pièces d'avant-garde, qui autorisent aussi bien des expériences de mise en scène que des recherches sur le langage théâtral.

Henri de Montherlant (1896-1972)

Henri de Montherlant fut attiré dans sa jeunesse par l'héroïsme et l'action violente : il se lança dans la guerre, le sport, la tauromachie. Ses premiers romans, *Les Bestaires* par exemple, traduisent la volonté de se dépasser soi-même. Cette ardeur, parfois stérile, peut déboucher sur le refus et le goût du néant. Mais l'orgueil et l'esprit de domination l'emportent dans les trois romans des *Jeunes Filles* (1936-1939).

Le sentiment de supériorité, la grandeur solitaire de cet écrivain qui, devenu malade et aveugle, se suicida, ont trouvé une voie privilégiée dans la création dramatique : pièces modernes (*Fils de personne,* 1943 ; *Celles qu'on prend dans ses bras,* 1950 ; *Brocéliande,* 1956), ou en costumes (*La Reine morte,* 1942 ; *Malatesta,* 1946) ; *Le Maître de Santiago,* 1947 ; *Le Cardinal d'Espagne,* 1960).

À cause de la construction classique de ses intrigues, d'un langage toujours empreint de noblesse, de ses héros, dont la force, la rigueur, l'idéal austère sont mis en valeur par le contraste avec les personnages médiocres qui les entourent, on a qualifié le théâtre de Montherlant de « théâtre de la grandeur ». Mais une observation plus attentive révèle que l'héroïsme des personnages relève d'abord du désir de rester fidèles à une certaine image d'eux-mêmes qu'ils veulent imposer aux autres et à eux-mêmes. Le drame vient de ce que, au fond de leur âme, ils sont conscients de ce qu'il s'agit d'un masque, ils mesurent avec lucidité la vanité de leurs actes. Selon la formule de M. Clavel, « ils ne cessent de ciseler leurs statues (...), mais dans l'imaginaire ». Le tragique du théâtre de Montherlant vient dont le plus souvent du fait que cet idéal de grandeur ne supporte pas d'être démasqué, surtout pas par des personnages qui, eux, tendent vers une vraie grandeur spirituelle.

---

(1) *Cf.* p. 357. – (2) Aidé financièrement.

LA REINE MORTE

Montherlant s'inspire de l'assassinat, en 1355, par le roi Ferrante, d'Inès qu'avait épousée en secret l'Infant du Portugal, Don Pedro. Le mobile de ce crime est la « raison d'État » (Inès est enceinte) qui s'oppose ici, comme dans les tragédies classiques, aux élans du cœur. Au cours d'une entrevue avec Dona Inès, le roi avoue :

« Je voudrais ne plus m'occuper que de moi-même, à si peu de jours de me montrer devant Dieu ; cesser de mentir aux autres et de me mentir, et mériter enfin le respect que l'on me donne, après l'avoir si longtemps usurpé. »

Mais cet aveu ne l'empêche pas de s'enfoncer volontairement dans l'injustice et le crime pour préserver l'image que son peuple a de lui ; pour tenter aussi d'effacer l'insupportable conscience de la supériorité spirituelle de la jeune femme, il donne d'ordre de la tuer (III, 6).

(Ferrante, resté seul, monologue.) Pourquoi est-ce que je la tue ? Il y a sans doute une raison, mais je ne la distingue pas. Non seulement Pedro n'épousera pas l'Infante, mais je l'arme contre moi, inexpiablement. J'ajoute encore un risque à cet horrible manteau de risques que je traîne sur moi et derrière moi, toujours plus lourd, toujours plus chargé, que je charge moi-même à plaisir, et sous lequel un jour... Ah ! la mort qui vous met enfin hors d'atteinte... Pourquoi est-ce que je la tue ? Acte inutile, acte funeste. Mais ma volonté m'aspire, et je commets la faute, sachant que c'en est une. Eh bien ! qu'au moins je me débarrasse tout de suite de cet acte. Un remords vaut mieux qu'une hésitation qui se prolonge *(Appelant.)* – Page ! Oh non ! pas un page. Garde ! *(Entre un garde.)* Appelez-moi le capitaine Batalha. *(Seul.)* Plus je mesure ce qu'il y a d'injuste et d'atroce dans ce que je fais, plus je m'y enfonce, parce que plus je m'y plais. *(Entre le Capitaine.)* Capitaine, dona Inès de Castro sort d'ici et se met en route vers le Mondego, avec quatre hommes à elle, peu armés. Prenez du monde, rejoignez-la, et frappez. Cela est cruel, mais il le faut. Et ayez soin de ne pas manquer notre affaire. Les gens ont toutes sortes de tours pour ne pas mourir. Et faites la chose d'un coup. Il y en a qu'il ne faut pas tuer d'un coup : cela est trop vite. Elle, d'un coup. Sur mon âme, je veux qu'elle ne souffre pas.

Le Capitaine. – Je viens de voir passer cette dame. À son air, elle était loin de se douter...

Ferrante. – Je l'avais rassurée pour toujours.

Le Capitaine. – Faut-il emmener un confesseur ?

Ferrante. – Inutile. Son âme est lisse comme son visage. *(Fausse sortie du Capitaine.)* Capitaine, prenez des hommes sûrs.

Le Capitaine, montrant son poignard. – Ceci est sûr.

Ferrante. – Rien n'est trop sûr quand il s'agit de tuer. Ramenez le corps dans l'oratoire du palais. Il faudra que je le voie moi-même. Quelqu'un n'est vraiment mort que lorsqu'on l'a vu mort de ses yeux, et qu'on l'a tâté. Hélas, je connais tout cela. *(Exit le Capitaine.)* Il serait encore temps que je donne un contre-ordre. Mais le pourrais-je ? Quel bâillon invisible m'empêche de pousser le cri qui la sauverait ? *(Il va regarder à la fenêtre.)* Il fera beau demain : le ciel est plein d'étoiles... – Il serait temps encore. – Encore maintenant. Des multitudes d'actes, pendant des années, naissent d'un seul acte, d'un seul instant. Pourquoi ? – Encore maintenant. Quand elle regardait les étoiles, ses yeux étaient comme des lacs tranquilles... Et dire qu'on me croit faible. *(Avec saisissement.)* Oh ! – Maintenant il est trop tard. Je lui ai donné la vie éternelle, et moi, je vais pouvoir respirer. – Gardes ! apportez des lumières ! Faites entrer tous ceux que vous trouverez dans le palais. Allons, qu'attendez-vous, des lumières ! des lumières ! Rien ici ne s'est passé dans l'ombre. Entrez, Messieurs, entrez ! *(Entrent des gens du palais, de toutes conditions, dont Egas Coelho.)*

Messieurs, dona Inès de Castro n'est plus. Elle m'a appris la naissance prochaine d'un bâtard du prince. Je l'ai fait exécuter pour préserver la pureté de la succession du trône, et pour supprimer le trouble et le scandale qu'elle causait dans mon État. C'est là ma dernière et grande justice. Une telle décision ne se prend pas sans douleur. Mais, au-delà de cette femme infortunée, j'ai mon royaume, j'ai mon peuple, j'ai mes âmes ; j'ai la charge que Dieu m'a confiée et j'ai le contrat que j'ai fait avec mes peuples, quand j'ai accepté d'être roi. Un roi est comme un grand arbre qui doit faire de l'ombre... *(Il passe la main sur son front et chancelle.)* Oh ! je crois que le sabre de Dieu a passé au-dessus de moi... *(On apporte un siège, on l'assoit.)*

Gallimard, édit.

Jean Anouilh (1910-1987)

Anouilh a choisi de répartir son œuvre dramatique entre des « pièces noires » (*Le Voyageur sans bagages,* 1937 ; *La Sauvage,* 1938 ; *Antigone,* 1944), des « pièces roses » (*Le Bal des voleurs,* 1938), des « pièces brillantes » (*L'Invitation au château,* 1947 ; *La Répétition ou l'Amour* puni, 1950), des « pièces grinçantes » (*Pauvre Bitos,* 1956) et des « pièces costumées » (*L'Alouette,* en 1953, qui évoque le procès de Jeanne d'Arc; *Becket ou l'Honneur de Dieu,* en 1959, où l'on voit cet ancien compagnon de débauche d'Henri II devenu archevêque).

Cependant, derrière ce classement, des thèmes communs apparaissent, soutenus par un pessimisme fondamental qui s'exprime par le tragique désespéré, ou par la dérision, l'ironie comique : son œuvre constitue un réquisitoire contre la famille, l'hypocrisie sociale, quelle que soit la classe sociale considérée, les pouvoirs établis. Mais surtout toutes ses pièces présentent la lutte acharnée que se livrent deux camps. D'un côté, il y a ceux qui acceptent la vie, même si « vivre avilit », car ils savent que la réalité oblige à faire des concessions; de l'autre, ceux qui refusent de « s'habituer à vivre », comme Jeanne, Antigone, ou la Sauvage. Ces héros du refus sont tous hantés par leur rêve de pureté absolue, leur exigence de se maintenir, même à l'âge adulte, à la hauteur de l'innocence de leur jeunesse : mais, au contact de la réalité, ils ne peuvent plus préserver cet idéal, sinon en mourant. Finalement, le destin humain interdit une vie sans souillure, et, chez Anouilh, le destin l'emporte toujours. En fait, Anouilh, comme Montherlant, a pleinement conscience de l'absurde, comme en témoignent sa mise en scène de la pièce surréaliste de Vitrac en 1962 (*Victor ou les Enfants au pouvoir)* et les éloges qu'il adresse à Beckett et à Ionesco.

Les thèmes d'Anouilh, fondés sur le refus, ont trouvé un écho particulier pendant la guerre : Antigone, notamment, qui lutte contre Créon, a symbolisé la résistance à toute compromission avec les nazis. L'interprétation symbolique du théâtre d'Anouilh, qui n'est pourtant pas un théâtre « à thèse », fut d'ailleurs facilitée par des mises en scène anachroniques (*Antigone* fut représentée dans un décor et avec des costumes modernes) ou, dans l'intrigue même, par l'amalgame entre le passé et le présent et les dissonances d'un dialogue dans lequel se mêlent poésie, noblesse et familiarité.

ANTIGONE

Antigone a été surprise recouvrant de terre le cadavre de son frère Polynice, malgré l'interdiction de Créon : Polynice avait tué son frère Étéocle en faisant alliance avec des princes étrangers. Face à Créon, Antigone reconnaît les faits. Dans cette scène, elle brave Créon : « Je le devais », s'écrie-t-elle, quand Créon lui demande des explications. Deux conceptions de la vie s'affrontent ici : de façon pathétique, Créon se dénude peu à peu devant une héroïne, tout aussi pathétique, dont la volonté de pureté reste inébranlable.

ANTIGONE. – Pauvre Créon! avec mes ongles cassés et pleins de terre et les bleus que tes gardes m'ont faits aux bras, avec ma peur qui tord le ventre, moi je suis reine.

CRÉON. – Alors, aie pitié de moi, vis. Le cadavre de ton frère qui pourrit sous mes fenêtres, c'est assez payé pour que l'ordre règne dans Thèbes. Mon fils t'aime. Ne m'oblige pas à payer avec toi encore. J'ai assez payé.

ANTIGONE. – Non. Vous avez dit « oui ». Vous ne vous arrêterez jamais de payer maintenant!

CRÉON *la secoue soudain, hors de lui.* – Mais, bon Dieu! Essaie de comprendre une minute, toi aussi, petite idiote! J'ai bien essayé de te comprendre, moi. Il faut pourtant qu'il y en ait qui disent oui. Il faut pourtant qu'il y en ait qui mènent la barque. Cela prend l'eau de toutes parts, c'est plein de crimes, de bêtise, de misère... Et le gouvernail est là qui ballotte. L'équipage ne veut plus rien faire, il ne pense qu'à piller la cale et les officiers sont déjà en train de se construire un petit radeau confortable, rien que pour eux, avec toute la provision d'eau douce pour tirer au moins leurs os de là. Et le mât craque, et le vent siffle et les voiles vont se déchirer et toutes ces brutes vont crever toutes ensemble, parce qu'elles ne pensent qu'à leur peau, à leur précieuse peau et à leurs petites affaires. Crois-tu, alors, qu'on a le temps de faire le raffiné, de savoir s'il faut dire « oui » ou « non », de se demander s'il ne faudra pas payer trop cher un jour et si on pourra encore être un homme après? On prend le bout de bois, on redresse devant la montagne d'eau, on gueule un ordre et on tire dans le tas, sur le premier qui s'avance. Dans le tas! Cela n'a pas de nom. C'est comme la vague qui vient de s'abattre sur le pont devant nous; le vent qui vous gifle, et la chose qui tombe dans le groupe n'a pas de nom. C'était peut-être celui qui t'avait donné du feu en souriant la veille. Il n'a plus de nom. Et toi non plus, tu n'as plus de nom, cramponné à la barre. Il n'y a plus que le bateau qui ait un nom et la tempête. Est-ce que tu le comprends, cela?

ANTIGONE *secoue la tête.* – Je ne veux pas comprendre. C'est bon pour vous. Moi je suis là pour autre chose que pour comprendre. Je suis là pour vous dire non et pour mourir.

CRÉON. – C'est facile de dire non!

ANTIGONE. – Pas toujours.

CRÉON. – Pour dire oui, il faut suer et retrousser ses manches, empoigner la vie à pleines mains et s'en mettre jusqu'aux coudes. C'est facile de dire non, même si on doit mourir. Il n'y a qu'à ne pas bouger et attendre. Attendre pour vivre, attendre même pour qu'on vous tue. C'est trop lâche. C'est une invention des hommes. Tu imagines un monde où les arbres aussi auraient dit non contre la sève, où les bêtes auraient dit non contre l'instinct de la chasse ou de l'amour? Les bêtes, elles au moins, sont bonnes et simples et dures. Elles vont, se poussant, les unes après les autres, courageusement, sur le même chemin. Et si elles tombent, les autres passent et il peut s'en perdre autant que l'on veut, il en restera toujours une de chaque espèce prête à refaire des petits et à reprendre le même chemin avec le même courage, toute pareille à celles qui sont passées avant.

ANTIGONE. – Quel rêve, hein? pour un roi : des bêtes! Ce serait si simple.

Un silence. Créon la regarde.

Jean Anouilh, *Antigone* (1944),

L'existentialisme au théâtre

Le théâtre existentialiste, qui naît pendant la guerre et se trouve confronté aux plus extrêmes violences de l'histoire et aux conflits idéologiques, a constitué le moment où la philosophie s'est le mieux exprimée dans la littérature, d'abord parce que le théâtre peut toucher un large public. Mais, surtout la scène, qui fait vivre devant nos yeux les luttes de l'homme face à autrui et à soi-même, se prête particulièrement bien aux questions que pose l'existentialisme, notamment à celle des rapports entre morale, liberté et action.

Jean-Paul Sartre (1)

L'univers dramatique de Sartre, de 1943 *(Les Mouches)* à 1959 *(Les Séquestrés d'Altona)* n'a fait que s'assombrir au fur et à mesure que le philosophe abordait des questions de plus en plus liées à l'Histoire. Le meurtre accompli par Oreste dans *Les Mouches* fondait sa liberté, même s'il tuait plus pour donner un sens à sa propre vie, en concrétisant un projet ancien, que pour délivrer le pays de la tyrannie. De même, dans *Huis clos* (1944), le thème restait le conflit entre les consciences : l'existence de la conscience d'autrui qui me juge m'emprisonne à jamais dans mes actes, irréversibles une fois accomplis.

À partir de 1945, le théâtre de Sartre devient le drame de « l'engagement politique ». *Les Mains sales* (1948) pose le problème de l'action politique et des nécessaires compromissions qu'elle implique; *La Putain respectueuse* (1946) aborde, dans le cadre d'une petite ville du sud des U.S.A., le thème du racisme; dans *Le Diable et le Bon Dieu* (1951), le héros passe du mal au bien sur un coup de dés pour affirmer sa liberté, mais finit par se rendre compte que « Dieu est mort... il n'y a que les hommes », et que ceux-ci peuvent détourner ses choix vers des conséquences qu'il n'avait pas prévues. À partir de là, le choix individuel entraîne la collectivité : l'œuvre de Sartre n'évoque plus « des libertés qui se choisissent dans des situations » mais le poids tragique de l'Histoire qui semble annihiler la liberté de l'homme. Écrasé de culpabilité face aux violences, aux tortures, le héros des *Séquestrés d'Altona* sombre dans la folie par peur du jugement des générations à venir, et n'a d'autre issue que le suicide.

Ainsi, le théâtre de Sartre n'apporte guère de lumière et a correspondu tout à fait aux

(1) *Cf.* pp. 388-389.

angoisses de l'après-guerre. Les héros y sont enfermés dans leur solitude et, en même temps, condamnés à « être-pour-autrui », à convaincre l'autre du bien-fondé de leurs choix, ce qui est aussi une façon de s'en convaincre eux-mêmes. Dans ce monde, amour et tendresse sont illusoires. L'action dramatique, de schéma classique, progresse inéluctablement vers le vide ou la mort, l'homme ne peut accéder à la liberté qu'au prix du sang, et toujours dans la souffrance. Cette progression ne se suspend que lors des dialogues denses, où les héros s'affrontent tout en s'autojustifiant.

LES MAINS SALES

Hugo, jeune intellectuel, entre au parti communiste par refus de ses origines bourgeoises et pour donner un sens à sa vie par l'action. Devenu secrétaire de Hoederer, chef du parti, militant efficace qui sait que l'action concrète exige d'accepter des « mains sales », il tente désespérément de défendre ses principes de pureté (tableau V, 3).

HUGO. – Hoederer, je... je sais mieux que vous ce que c'est que le mensonge ; chez mon père tout le monde se mentait, tout le monde me mentait. Je ne respire que depuis mon entrée au Parti. Pour la première fois j'ai vu des hommes qui ne mentaient pas aux autres hommes. Chacun pouvait avoir confiance en tous et tous en chacun, le militant le plus humble avait le sentiment que les ordres des dirigeants lui révélaient sa volonté profonde, et s'il y avait un coup dur, on savait pourquoi on acceptait de mourir. Vous n'allez pas...

HOEDERER. – Mais de quoi parles-tu ?

HUGO. – De notre Parti.

HOEDERER. – De notre Parti ? Mais on y a toujours un peu menti. Comme partout ailleurs. Et toi Hugo, tu es sûr que tu ne t'es jamais menti, que tu n'as jamais menti, que tu ne mens pas à cette minute même ?

HUGO. – Je n'ai jamais menti aux camarades. Je... À quoi ça sert de lutter pour la libération des hommes, si on les méprise assez pour leur bourrer le crâne ?

HOEDERER. – Je mentirai quand il faudra et je ne méprise personne. Le mensonge, ce n'est pas moi qui l'ai inventé : il est né dans une société divisée en classes et chacun de nous l'a hérité en naissant. Ce n'est pas en refusant de mentir que nous abolirons le mensonge : c'est en usant de tous les moyens pour supprimer les classes.

HUGO. – Tous les moyens ne sont pas bons.

HOEDERER. – Tous les moyens sont bons quand ils sont efficaces. (...)

HUGO. – Et le meilleur moyen que vous ayez trouvé pour lutter contre elle (1), c'est de lui (2) offrir de partager le pouvoir avec vous ?

HOEDERER. – Parfaitement. Aujourd'hui, c'est le meilleur moyen. *(Un temps.)* Comme tu tiens à ta pureté, mon petit gars ! Comme tu as peur de te salir les mains. Eh bien, reste pur ! À quoi cela servira-t-il et pourquoi viens-tu parmis nous ? La pureté, c'est une idée de fakir et de moine. Vous autres, les intellectuels, les anarchistes bourgeois, vous en tirez prétexte pour ne rien faire. Ne rien faire, rester immobile, serrer les coudes contre le corps, porter des gants. Moi j'ai les mains sales. Jusqu'aux coudes. Je les ai plongées dans la merde et dans le sang. Et puis après ? Est-ce que tu t'imagines qu'on peut gouverner innocemment ?

Jean-Paul Sartre, *Les Mains sales,*
éd. Gallimard.

Contraint par le parti de tuer Hoederer, dont les choix politiques ne correspondent plus à la ligne choisie par les dirigeants, Hugo accomplit ce meurtre, mais autant pour des raisons sentimentales (il a surpris sa femme dans les bras de Hoederer) que politiques. Un changement dans l'orientation politique du parti vide ce meurtre de tout sens, et fait de Hugo un assassin gênant. Le seul acte libre qui lui reste possible est le suicide : il va au-devant des camarades chargés de le tuer.

(1) La société « divisée en classes ». – (2) Le chef d'État de l'Illyrie.

Albert Camus (1913-1960)

VIE ET ŒUVRE

Fils d'un ouvrier d'Algérie mort en 1914, Camus évoque, dans son essai autobiographique *L'Envers et l'Endroit* (1937), son enfance pauvre auprès d'une mère silencieuse, mais sur une terre baignée de soleil, ses études accomplies grâce à une bourse (1), sa tuberculose qui l'écarte de l'enseignement. Tout en poursuivant des études de philosophie et en animant une troupe de théâtre, il entre dans la vie active comme journaliste, dénonçant déjà l'action française injuste en Algérie. Il quitte rapidement le parti communiste qui l'avait, pour un temps, attiré et, quand éclate la guerre, il se rend en France, publie en 1942 *L'Étranger,* et collabore au journal de la Résistance, *Combat,* dont il devient rédacteur en chef à la Libération. Son œuvre se partage alors entre des essais philosophiques, *Le Mythe de Sisyphe* (1942), *L'Homme révolté* (1951), qui marque le début d'une polémique avec Sartre, des romans (*La Peste,* 1947 ; *La Chute,* 1956) et surtout le théâtre : en plus de ses propres créations, il adapte, en 1956, le *Requiem pour une nonne* de Faulkner, et, en 1959, *Les Possédés* de Dostoïevsky. Son œuvre sera couronnée du prix Nobel en 1957, trois ans avant sa mort dans un accident de voiture.

ABSURDE, RÉVOLTE ET SOLIDARITÉ

Son œuvre théâtrale reproduit les grandes étapes d'une réflexion philosophique plus orientée vers la morale que vers la métaphysique. Comme Sartre, Camus a pleinement conscience de l'absurde, fondement pour lui de la condition humaine, qui soumet l'homme au temps, à la mort, et le rend « étranger » aux autres, au monde, à lui-même. Dénoncer l'absurde du conflit entre les plus nobles aspiration de l'homme, son goût de vivre intensément, et la réalité, est la première étape de l'œuvre de Camus, celle du roman *L'Étranger,* du *Malentendu* (1944) et de *Caligula* (1944) au théâtre : il est absurde de tuer ceux qu'on aime sans les reconnaître *(Le Malentendu),* de voir mourir ceux qu'on aime, comme Caligula, de mourir soi-même.

« Ce côté élémentaire de l'aventure (2) fait le contenu du sentiment absurde. Sous l'éclairage mortel de cette destinée, l'inutilité apparaît. Aucune morale, ni aucun effort ne sont a priori justifiables devant les sanglantes mathématiques qui ordonnent notre existence. »

Cependant, Camus ne s'arrête pas à la prise de conscience désespérée de l'absurde ; elle entraîne une réaction de révolte, mais – et c'est ici que Camus se sépare de Sartre, qui l'accuse d'idéalisme – cette révolte ne justifie pas le fait d'agir par tous les moyens. La double question posée par Camus est : « Peut-on tuer et être juste ? Peut-on aimer la vie et choisir de mourir ? » Il condamne fermement aussi bien l'action révolutionnaire lorsqu'elle fait peu de cas des innocents, que le refuge cherché dans la religion ou le suicide, qui ne sauve que soi et est un aveu d'impuissance.

Ainsi, dans *L'État de siège* (1948) ou *Les Justes* (1949), il oriente la juste révolte face au mal vers une morale collective qui chante la solidarité : pour être juste, il faut tuer sans haine, et pour qu'il ne soit jamais plus nécessaire de tuer. C'est cette foi en l'homme, sa morale de l'effort et du sacrifice qui vaudront à Camus le blâme de ses amis intellectuels politiquement engagés. Mais elles expliquent aussi sans doute le succès qu'a rencontré Camus.

---

(1) Aide financière fournie par l'État. – (2) Celle que représente la destinée humaine.

CALIGULA

Caligula a perdu la femme qu'il aimait; là est la seule vérité qui éclate à ses yeux : l'homme éprouve le besoin de vivre, d'aimer, de se sentir en harmonie avec l'univers, mais la mort détruit tout cela. Révolté, Caligula décide alors de faire découvrir aux hommes cette vérité, et d'atteindre l'immortalité en affirmant sa liberté dans le mal. Lors de ce dialogue avec le jeune Scipion, dont il a tué le père, (II, 14), il laisse exploser, dans un sursaut désespéré, son désir d'absolu, toutes les haines qui expliquent sa férocité, et sa profonde amertume.

Le jeune Scipion, même jeu. (1) – Quel cœur ignoble et ensanglanté tu dois avoir. Oh ! comme tant de mal et de haine doivent te torturer !

Caligula, doucement. – Tais-toi maintenant.

Le jeune Scipion. – Comme je te plains et comme je te hais !

Caligula, avec colère. – Tais-toi.

Le jeune Scipion. – Et quelle immonde solitude doit être la tienne !

Caligula, éclatant, se jette sur lui et le prend au collet; il le secoue. – La solitude ! Tu la connais, toi, la solitude ? celle des poètes et des impuissants. La solitude ? Mais laquelle ? Ah ! tu ne sais pas que seul, on ne l'est jamais ! Et que partout le même poids d'avenir et de passé nous accompagne ! Les êtres qu'on a tués sont avec nous. Et pour ceux-là, ce serait encore facile. Mais ceux qu'on a aimés, ceux qu'on n'a pas aimés et qui vous ont aimé, les regrets, le désir, l'amertume et la douceur, les putains et la clique (2) des dieux. *(Il le lâche et recule vers sa place.)* Seul ! ah ! si du moins, au lieu de cette solitude empoisonnée de présences qui est la mienne, je pouvais goûter la vraie, le silence de clameurs perdues. Et près des femmes que je caresse quant la nuit se referme sur nous et que je crois, éloigné de ma chair enfin contentée, saisir un peu de moi entre la vie et la mort, ma solitude entière s'emplit de l'aigre odeur du plaisir aux aisselles de la femme qui sombre encore à mes côtés.

Il a l'air exténué. Long silence.

Le jeune Scipion passe derrière Caligula et s'approche, hésitant. Il tend une main vers Caligula et la pose sur son épaule. Caligula, sans se retourner, la couvre d'une des siennes.

Le jeune Scipion. – Tous les hommes ont une douceur dans la vie. Cela les aide à continuer. C'est vers elle qu'ils se retournent quand ils se sentent trop usés.

Caligula. - C'est vrai, Scipion.

Le jeune Scipion. – N'y a-t-il donc rien dans la tienne qui soit semblable, l'approche des larmes, un refuge silencieux ?

Caligula. – Si, pourtant.

Le jeune Scipion. – Et quoi donc ?

Caligula, lentement. – Le mépris.

Gallimard, édit.

Au moment où Caligula, qui, peu à peu, s'est enfoncé dans la démence, tombe sous les coups des conjurés, il s'écrie : « Je n'ai pas pris la voie qu'il fallait, je n'aboutis à rien. Ma liberté n'est pas la bonne ». Cet aveu d'échec témoigne de l'orientation humaniste de Camus qui écrira dans *Lettres à un ami allemand :* « Je continue de croire que ce monde n'a pas de sens supérieur. Mais je sais que quelque chose en lui a du sens, et c'est l'homme, parce qu'il est le seul être à exiger d'en avoir. »

Le « théâtre de l'absurde »

Tandis que la philosophie existentialiste transparaît dans le théâtre engagé de Sartre et de Camus, de jeune auteurs entreprennent d'exprimer le sentiment de l'absurde dans des pièces qui se veulent une démolition de l'humain : l'intrigue disparaît assez souvent, la présence de l'homme est effacée par celle des objets, et le langage, support de l'humain, se disloque pour devenir une mécanique vide de sens dans la bouche de personnage eux-même mécanisés. Même quand ce théâtre choisit la lutte sociale et politique, comme chez Adamov (1908-1970) qui accuse le capitalisme dans *L'Invasion* (1949), *Le Ping-Pong* (1955) ou *Paolo Paoli* (1957), jamais il n'oublie que la condition de l'homme est dérisoire.

(1) Avec un peu de tristesse. – (2) La troupe, dans un sens péjoratif.

Dans cet article paru dans *La Nouvelle Revue française* (février 1958), Ionesco, en nous révélant sa conception et sa technique théâtrales, résume aussi celles de ces nouveaux auteurs dramatiques.

... Pousser le théâtre au-delà de cette zone intermédiaire qui n'est ni théâtre, ni littérature, c'est le restituer à son cadre propre, à ses limites naturelles. Il fallait non pas cacher les ficelles, mais les rendre plus visibles encore, délibérément évidentes, aller à fond dans le grotesque, la caricature, au-delà de la pâle ironie des spirituelles comédies de salon. Pas de comédies de salon, mais la farce, la charge parodique extrême. Humour, oui, mais avec les moyens du burlesque. Un comique dur, sans finesse, excessif. Pas de comédies dramatiques, non plus. Mais revenir à l'insoutenable. Pousser tout au paroxysme, là où sont les sources du tragique. Faire un théâtre de violence : violemment comique, violemment dramatique.

Éviter la psychologie ou plutôt lui donner une dimension métaphysique. Le théâtre est dans l'exagération extrême des sentiments, exagération qui disloque le réel. Dislocation aussi, désarticulation du langage.

Si d'autre part, les comédiens me gênaient parce qu'ils me paraissaient trop peu naturels, c'est peut-être parce qu'eux aussi étaient ou voulaient être trop naturels : en renonçant à l'être, ils le redeviendront peut-être d'une autre manière. Il faut qu'ils n'aient pas peur de ne pas être naturels.

Pour s'arracher au quotidien, à l'habitude, à la paresse mentale qui nous cache l'étrangeté du réel, il faut recevoir comme un véritable coup de matraque. Sans une virginité nouvelle de l'esprit, sans une nouvelle prise de conscience, purifiée, de la réalité existentielle, il n'y a pas de théâtre, il n'y a pas d'art non plus ; il faut réaliser une sorte de dislocation du réel, qui doit précéder sa réintégration.

À cet effet, on peut employer parfois un procédé : jouer contre le texte. Sur un texte insensé, absurde, comique, on peut greffer une mise en scène, une interprétation grave, solennelle, cérémonieuse. Par contre, pour éviter le ridicule des larmes faciles, de la sensiblerie, on peut, sur un texte dramatique, greffer une interprétation clownesque, souligner, par la farce, le sens tragique d'une pièce. La lumière rend l'ombre plus obscure, l'ombre accentue la lumière. Je n'ai jamais compris, pour ma part, la différence que l'on fait entre comique et tragique. Le comique étant intuition de l'absurde, il me semble plus désespérant que le tragique. Le comique n'offre pas d'issue. Je dis : « désespérant », mais, en réalité, il est au-delà ou en deçà du désespoir ou de l'espoir.

Pour certains, le tragique peut paraître, en un sens, réconfortant car, s'il veut exprimer l'impuissance de l'homme vaincu, brisé par la fatalité par exemple, le tragique reconnaît par là même, la réalité d'une fatalité, d'un destin, de lois régissant l'Univers, incompréhensibles parfois, mais objectives. Et cette impuissance humaine, cette inutilité de nos efforts peut aussi, en un sens, paraître comique.

J'ai intitulé mes comédies « anti-pièces », « drames comiques », et mes drames : « pseudo-drames », ou « farces tragiques », car, me semble-t-il, le comique est tragique, et la tragédie de l'homme, dérisoire. Pour l'esprit critique moderne, rien ne peut être pris tout à fait au sérieux, rien tout à fait à la légère.

Eugène Ionesco (né en 1912)

Après une enfance passée en France, Ionesco vit, de 1925 à 1938, en Roumanie, pays d'origine de son père, d'où le chasse la montée du fascisme, que reproduit *Rhinocéros* (1960). De retour en France, il travaille pour une maison d'édition. La lecture d'une méthode « Assimil » pour apprendre l'anglais lui fait mesurer, dit-il, à quel point les lieux communs, les automatismes du langage, peuvent retracer l'image de l'homme moderne : la cohérence apparente de la forme masque mal le vide réel de la pensée d'êtres solitaires, englués dans le quotidien et promis à la mort.

À partir de ce constat, l'œuvre de Ionesco se déploie dans trois directions. La première est la démythification du langage, qui s'effectue dans toutes ses pièces : dans *La Cantatrice chauve* (1950), les phrases banales d'une conversation vide de sens finissent par révéler l'incommunicabilité entre ces mécaniques qu'on appelle hommes, incommunicabilité particulièrement flagrante au sein du couple (*Amédée ou comment s'en débarrasser,* 1954) ; le langage scientifique du professeur dans *La Leçon* (1950), celui du logicien dans *Rhinocéros,* sont même dangereux dans la mesure où ils peuvent servir de caution à tous les totalitarismes, à tous les fanatismes, et Ionesco s'acharne à les démasquer.

La deuxième est une démythification de toutes les convictions, de tous les respects qui fondent notre société et l'humanisme traditionnel. Dans le monde de Ionesco, Dieu est mort, l'amour se détruit en quelques heures entre Bérenger et Daisy *(Rhinocéros),* devient un cadavre envahissant dans le salon d'Amédée et le Madeleine ; tous les rapports humains fonctionnent à l'envers : le professeur finit par tuer son élève dans *La Leçon,* le progrès de la « civilisation » exige la mort, que distribue aveuglément un tueur « sans gages » : « Il est possible que la vie du genre humain n'ait aucune importance, donc sa disparition non plus », suggère Bérenger dans *Tueur sans gages* (1959).

Pourtant, par le biais du burlesque et de la farce, l'œuvre de Ionesco défend l'homme, précisément parce que sa condition est tragique. Dans son théâtre, il sonde l'inconscient, et tous les fantasmes, toutes les pulsions – chacun porte en soi un « rhinocéros » prêt à tuer –, toutes les obsessions, notamment celle du vieillissement et de la mort *(Le roi se meurt,* 1962), se matérialisent. Or, dans ce monde où toute expression humaine semble promise au néant, l'homme ne cesse, de façon pathétique, de proclamer son existence, comme Bérenger dans *Rhinocéros :* « Je suis le dernier homme, je le resterai jusqu'au bout ! Je ne capitule pas ! » Au fil des pièces, cette résistance de l'homme se fait de plus en plus difficile : l'univers s'effondre dans un désastre de boue et de sang et, dans *La Soif et la Faim* (1966), l'emprisonnement de l'homme dans sa condition d'esclave et de mortel est irrémédiable. « Seul un fou peut encore espérer », cette remarque de son *Journal en miettes* (1967-68) résume l'orientation actuelle de Ionesco.

LA LEÇON

Ce passage de La Leçon *démolit peu à peu la plus logique des sciences, la « science moderne par excellence », l'arithmétique vénérable des philosophes et des savants ; il démontre, par l'enchaînement et le rythme du dialogue, l'impuissance du raisonnement aux prises avec la réalité concrète, avec l'entêtement de la jeune fille, et le laisse vaincu par l'absurde.*

Le Professeur. – Vous avez..., vous avez..., vous avez...

L'élève. – Dix doigts !...

Le Professeur. – Si vous voulez. Parfait. Bon. Vous avez donc dix doigts.

L'élève. – Oui, Monsieur.

Le Professeur. – Combien en auriez-vous, si vous en aviez cinq ?

L'élève. – Dix, Monsieur.

Le Professeur. – Ce n'est pas ça !

L'élève. – Si, Monsieur.

Le Professeur. – Je vous dis que non !

L'élève. – Vous venez de me dire que j'en ai dix...

Le Professeur. – Je vous ai dit aussi, tout de suite après, que vous en aviez cinq !

L'élève. – Je n'en ai pas cinq, j'en ai dix.

Le Professeur. – Procédons autrement... Limitons-nous aux nombres de un à cinq, pour la soustraction... Attendez, Mademoiselle, vous allez voir. Je vais vous faire comprendre. *(Le Professeur se met à écrire sur un tableau noir imaginaire. Il l'approche de l'élève qui se retourne pour regarder.)* Voyez, Mademoiselle... *(Il fait semblant de dessiner au tableau noir un bâton (1) ; il fait semblant d'écrire au-dessous le chiffre 1 ; puis deux bâtons sous lesquels il fait le chiffre 2, puis trois bâtons avec en dessous le chiffre 3, puis quatre bâtons au-dessous desquels il fait le chiffre 4.)* Vous voyez...

L'élève. – Oui, Monsieur.

Le Professeur. – Ce sont des bâtons, Mademoiselle, des bâtons. Ici, c'est un bâton ; là ce sont deux bâtons ; là trois bâtons, puis quatre bâtons, puis cinq bâtons. Un bâton, deux bâtons, trois bâtons, quatre et cinq bâtons, ce sont des nombres. Quand on compte des bâtons, chaque bâton est une unité, Mademoiselle... Qu'est-ce que je viens de dire ?

L'élève. – « Une unité, Mademoiselle ! Qu'est-ce que je viens de dire ? »

Le Professeur. – Ou des chiffres ! Ou des nombres ! Un, deux, trois, quatre, cinq, ce sont des éléments de la numération, Mademoiselle.

L'élève, hésitante. – Oui, Monsieur. Des éléments, des chiffres, qui sont des bâtons, des unités et des nombres...

Le Professeur. – À la fois... C'est-à-dire, en définitive, toute l'arithmétique elle-même est là.

(1) Trait vertical, premier exercice d'écriture à l'école.

L'élève. – Oui, Monsieur. Bien, Monsieur. Merci, Monsieur.

Le Professeur. – Alors, comptez, si vous voulez, en vous servant de ces éléments... additionnez et soustrayez...

L'élève, comme pour imprimer dans sa mémoire. – Les bâtons sont bien des chiffres et les nombres, des unités ?

Le Professeur. – Hum... si l'ont peut dire. Et alors ?

L'élève. – On peut soustraire deux unités de trois unités, mais peut-on soustraire deux deux de trois trois ? et deux chiffres de quatre nombres ? et trois nombres d'une unité ?

Le Professeur. – Non, Mademoiselle.

L'élève. – Pourquoi, Monsieur ?

Le Professeur. – Parce que, Mademoiselle.

L'élève. – Parce que quoi, Monsieur ? Puisque les uns sont bien les autres ?

Le Professeur. – Il en est ainsi, Mademoiselle. Ça ne s'explique pas. Ça se comprend par un raisonnement mathématique intérieur. On l'a ou on ne l'a pas.

L'élève. – Tant pis !

Le Professeur. – Écoutez-moi, Mademoiselle, si vous n'arrivez pas à comprendre profondément ces principes, ces archétypes arithmétiques, vous n'arriverez jamais à faire correctement un travail de polytechnicien. Encore moins ne pourra-t-on vous charger d'un cours à l'École polytechnique... ni à la maternelle supérieure (1). Je reconnais que ce n'est pas facile, c'est très, très abstrait... évidemment... mais comment pourriez-vous arriver, avant d'avoir bien approfondi les éléments premiers, à calculer mentalement combien font, et ceci est la moindre des choses pour un ingénieur moyen – combien font, par exemple, trois milliards sept cent cinquante-cinq millions neuf cent quatre-vingt-dix-huit mille deux cent cinquante et un, multiplié par cinq milliards cent soixante-deux millions trois cent trois mille cinq cent huit ?

L'élève, très vite. – Ça fait dix-neuf quintillions trois cent quatre-vingt-dix quadrillions deux trillions huit cent quarante-quatre milliards deux cent dix-neuf millions, cent soixante-quatre mille cinq cent huit...

Le Professeur, étonné. – Non, je ne pense pas. Ça doit faire dix-neuf quintillions trois cent quatre-vingt-dix quadrillions, deux trillions huit cent quarante-quatre milliards deux cent dix-neuf millions cent soixante-quatre mille cinq cent neuf...

L'élève. – Non... Cinq cent huit...

Le Professeur, de plus en plus étonné, calcule mentalement. – Oui, vous avez raison... le produit est bien... *(Il bredouille inintelligiblement.)*... quintillions, quadrillions, trillions, milliards, millions... *(Distinctement.)*... cent soixante-quatre mille cinq cent huit... *(Stupéfait.)* Mais comment le savez-vous, si vous ne connaissez pas les principes du raisonnement arithmétique ?

L'élève. – C'est simple. Ne pouvant me fier à mon raisonnement, j'ai appris par cœur tous les résultats possibles de toutes les multiplications possibles...

Gallimard, édit.

Samuel Beckett (1906-1989)

Cet écrivain irlandais, qui a choisi d'écrire en français car cette langue lui paraissait plus apte à exprimer le néant humain, commence par publier, successivement en anglais et en français, des romans et des nouvelles : *Murphy* (1938), *Molloy* et *Mallone meurt* (1951), *L'Innommable* et *Watt* (1953). Mais c'est surtout son œuvre théâtrale qui assure son succès et lui vaut le prix Nobel de littérature en 1969. Dans cette œuvre, encore plus tragique que celle de Ionesco, Beckett formule la grande question métaphysique : puisque Dieu n'existe plus, quel peut être le sens de la vie de l'homme ?

Les personnages de *En attendant Godot* (pièce représentée en 1952), de *Fin de partie* (1957) et de *Oh ! les beaux jours* (1963) sont des sortes de clowns qui, dans un lieu vide, se donnent l'illusion d'agir, de communiquer, de vivre. L'intrigue, qui n'est elle-même que néant, démasque vite cette illusion, et cet univers morne et sinistre sombre dans la léthargie, dans une attente qui n'est sans doute que celle de la mort. « Et si on se pendait ? », suggère Estragon à Vladimir dans *En attendant Godot ;* mais à quoi bon se pendre ? Il suffit de vivre, dans des poubelles *(Fin de partie)*, peu à peu enlisés *(Oh ! les beaux jours)*, déroulant des paroles vides, seulement « occupés à mourir ».

(1) Jeu de mots entre la « maternelle », école pour les enfants de 3 à 6 ans, et la classe de « Mathématique supérieure » qui prépare à l'entrée dans les grandes écoles, d'ingénieurs par exemple.

FIN DE PARTIE

Cette « fin de partie » est une fin du monde, sans intervention finale de Dieu, et un effacement définitif de l'homme. Des moribonds, véritables larves, échangent des propos désespérés et sarcastiques dans un décor sinistre : lumière grise, fenêtres inaccessibles, escabeau boiteux, poubelles...

Hamm, avec élan. – Allons-nous-en tous les deux, vers le sud ! Sur la mer ! Tu nous feras un radeau. Les courants nous emporteront, loin, vers d'autres... mammifères !

Clov. – Parle pas de malheur.

Hamm. – Seul, je m'embarquerai seul ! Prépare-moi ce radeau immédiatement. Demain, je serai loin.

Clov, se précipitant vers la porte. – Je m'y mets tout de suite.

Hamm. – Attends. *(Clov s'arrête.)* Tu crois qu'il y aura des squales ?

Clov. – Des squales ? Je ne sais pas. S'il y en a, il y en aura. *(Il va vers la porte.)*

Hamm. – Attends ! *(Clov s'arrête.)* Comment vont tes yeux ?

Clov. – Mal.

Hamm. – Mais tu vois.

Clov. – Suffisamment.

Hamm. – Comment vont tes jambes ?

Clov. – Mal.

Hamm. – Mais tu marches.

Clov. – Je vais, je viens.

Hamm. – Dans ma maison. *(Un temps. Prophétique et avec volupté.)* Un jour, tu seras aveugle. Comme moi. Tu seras assis quelque part, petit plein perdu dans le vide, pour toujours, dans le noir. Comme moi. *(Un temps.)* Un jour, tu te diras : Je suis fatigué, je vais m'asseoir, et tu iras t'asseoir. Puis tu diras : J'ai faim, je vais me lever et me faire à manger mais tu ne te lèveras pas. Tu te diras : J'ai eu tort de m'asseoir, mais puisque je me suis assis, je vais rester assis encore un peu, puis je me lèverai et je me ferai à manger. Mais tu ne te lèveras pas et tu ne te feras pas à manger. *(Un temps.)* Tu regarderas le mur un peu, puis tu te diras : Je vais fermer les yeux, peut-être dormir un peu, après ça ira mieux, et tu les fermeras. Et quand tu les rouvriras, il n'y aura plus de mur. *(Un temps.)* L'infini du vide sera autour de toi, tous les morts de tous les temps ressuscités ne le combleraient pas, tu y seras comme un petit gravier au milieu de la steppe. *(Un temps.)* Oui, un jour, tu sauras ce que c'est, tu seras comme moi, sauf que toi, tu n'auras personne, parce que tu n'auras eu pitié de personne et qu'il n'y aura plus personne de qui avoir pitié. *(Un temps.)*

Clov. – Ce n'est pas dit. *(Un temps.)* Et puis tu oublies une chose.

Hamm. – Ah !

Clov. – Je ne peux pas m'asseoir.

Hamm, impatient. – Eh bien, tu te coucheras, tu parles d'une affaire. Ou tu t'arrêteras, tout simplement, tu resteras debout, comme maintenant. Un jour, tu te diras, je suis fatigué. Je vais m'arrêter. Qu'importe la posture.

Éd. de Minuit.

Le nouveau langage théâtral

Au-delà de l'expression de l'absurde et du malaise existentiel, sans pourtant les oublier, de jeunes auteurs partent à la recherche d'un nouveau langage théâtral. Henri Pichette (né en 1924), dans *Les Épiphanies* (1947), redécouvre le lyrisme pour célébrer la vie et la mort du Poète ; *Nucléa* (1952) chante les bonheurs et les douleurs de la guerre, de la paix, de l'amour, en deux parties opposées, « les infernales » et « le ciel humain », où se mêlent poésie classique, prose poétique et chœurs. La même lutte entre le bien et le mal se révèle à travers le délire verbal et la fantaisie de Jacques Audiberti (1899-1965) : *Quoat-Quoat* (1946), *Le mal court* (1947). Les mises en scène de Marcel Maréchal pour *Le Cavalier seul* (1963) et *L'Opéra du monde* (1965) soulignent le rythme enfiévré de ces pièces, la foisonnante imagination de leur auteur. Roland Dubillard (né en 1923) poursuit cette plongée dans l'imaginaire, déjà entreprise par Ionesco, dans *Naïves Hirondelles* (1961), *La Maison d'os* (1962), *Le Jardin de betteraves* (1969). La tentative de *La Maison d'os,* symbole qui évoque le corps, « maison » de la conscience d'un vieillard qui agonise seul, est originale : des images fantastiques se succèdent en de brèves scènes, et l'auteur remet au metteur en scène le choix de les ordonner à son gré.

Ce nouveau théâtre ne néglige pas l'observation de la société. Armand Gatti (né en 1924) tente de mettre l'amalgame du réel et de l'imaginaire au service de la dénonciation politique dans *La Vie imaginaire de l'éboueur Auguste Geai* (1962), *Chant public devant deux chaises électriques* (1966) et *V. comme Viêt-nam* (1967). René de Obaldia (né en 1918) choisit, lui, de faire rire en parodiant tous les mythes du monde moderne, le snobisme intellectuel dans *Génousie* (1960), la télévision et le nouvel engouement pour la liberté sexuelle dans *Le Satyre de la Villette* (1963), le western et ses personnages dans *Du Vent dans les branches de sassafras* (1965).

Jean Genet (1910-1986)

Jean Genet est sans doute, de tous ces auteurs, celui qui allie le mieux les deux tendances, la mise au jour des plus sombres pulsions de l'homme et la dénonciation sociale et politique. Rancœur, haine et violence se déchaînent dans *Les Bonnes* (1947), *Le Balcon* (1960), *Les Nègres* (1958), tandis que *Les Paravents,* pièce jouée en France en 1966, provoque le scandale en ravivant les blessures de la guerre d'Algérie. Dans ce spectacle de 4 heures, dont les décors – des paravents autour desquels les acteurs se déplacent – changent à chaque instant sous les yeux du public, 65 comédiens se partagent 100 rôles : Arabes ou militaires et colons français en Algérie, tous incarnent une forme du mal que Genet démasque impitoyablement ; le lyrisme le plus pur, celui des rituels liturgiques, y côtoie le langage le plus grossier. Dans son théâtre comme dans ses romans, notamment *Querelle de Brest* (1944), Genet, enfant abandonné, qui fit plusieurs séjours en prison pour vol, prostitution homosexuelle, se battit dans la Légion étrangère, mena une vie de marginal à travers l'Europe, crie sa haine de la société, comme pour l'exorciser ; mais il ne peut se délivrer du mal qu'en créant un univers littéraire où le mal se donne libre cours : « Je décidai (...) de poursuivre mon destin (...) à l'inverse de vous-mêmes, et d'exploiter l'envers de votre beauté ».

LES BONNES

Les deux bonnes, Solange et Claire, ont réussi à se débarrasser de leur patron en le dénonçant faussement à la police. Mais la police le libère, et les manigances des deux sœurs risquent d'être découvertes, en particulier leur « jeu » : à tour de rôle, elles se libèrent de leur haine en se déguisant avec les vêtements de « Madame » et en « volant ses gestes ». Pourquoi ne pas plutôt empoisonner Madame ? Ce meurtre leur permettrait peut-être de se délivrer de leur infériorité sociale, de toute cette violence qu'elles ressentent, qui n'est au fond que leur haine d'elles-mêmes. La tension du style de Genet restitue la psychologie, effrayante mais aussi pathétique, de ses deux personnages.

CLAIRE, *calmement.* – Pardon. Je sais ce que je dis. Je suis Claire. Et prête. J'en ai assez. Assez d'être l'araignée, le fourreau de parapluie, la religieuse sordide et sans dieu, sans famille ! J'en ai assez d'avoir un fourneau comme autel. Je suis la pimbêche, la putride. À tes yeux aussi.

SOLANGE, *elle prend Claire aux épaules.* – Claire... Nous sommes nerveuses. Madame n'arrive pas. Moi aussi je n'en peux plus. Je n'en peux plus de notre ressemblance, je n'en peux plus de mes mains, de mes bas noirs, de mes cheveux. Je ne te reproche rien, ma petite sœur. Tes promenades te soulageaient...

CLAIRE, *agacée.* – Ah ! laisse.

SOLANGE. – Je voudrais t'aider. Je voudrais te consoler, mais je sais que je te dégoûte. Je te répugne. Et je le sais puisque tu me dégoûtes. S'aimer dans le dégoût, ce n'est pas s'aimer.

CLAIRE. – C'est trop s'aimer. Mais j'en ai assez de ce miroir effrayant qui me renvoie mon image comme une mauvaise odeur. Tu es ma mauvaise odeur. Eh bien ! je suis prête. J'aurai ma couronne. Je pourrai me promener dans les appartements.

SOLANGE. – Nous ne pouvons tout de même pas la tuer pour si peu.

CLAIRE. – Vraiment ? Ce n'est pas assez ? Pourquoi, s'il vous plaît ? Pour quel autre motif ? Où et quand trouver un plus beau prétexte ? Ce n'est pas assez ? Ce soir, Madame assistera à notre confusion. En riant aux éclats, en riant parmi ses pleurs avec ses soupirs épais ! Non. J'aurai ma couronne. Je serai cette empoisonneuse que tu n'as pas su être. À mon tour de te dominer.

SOLANGE. – Mais, jamais...

CLAIRE, *énumérant méchamment, et imitant Madame.* – Passe-moi la serviette ! Passe-moi les épingles à linge ! Épluche les oignons ! Gratte les carottes ! Lave les carreaux ! Fini. C'est fini. Ah ! J'oubliais ! ferme le robinet ! C'est fini. Je disposerai du monde.

SOLANGE. – Ma petite sœur !

CLAIRE. – Tu m'aideras.

SOLANGE. – Tu ne sauras pas quels gestes faire. Les choses sont plus graves, Claire, plus simples.

CLAIRE. – Je serai soutenue par le bras solide du laitier. Il ne flanchera pas. J'appuierai ma main gauche sur sa nuque. Tu m'aideras. Et s'il faut aller plus loin, Solange, si je dois partir pour le bagne, tu m'accompagneras, tu monteras sur le bateau. Solange, à nous deux, nous serons ce couple éternel, du criminel et de la sainte ! Nous serons sauvées, Solange, je te le jure, sauvées !

Elle tombe assise sur le lit de Madame.

SOLANGE. – Calme-toi. Je vais te porter là-haut. Tu vas dormir.

CLAIRE. – Laisse-moi. Fais de l'ombre. Fais un peu d'ombre, je t'en supplie.

Solange éteint.

Jean Genet, *Les Bonnes* (1947),
© éd. L'Arbalète.

Le roman de 1940 à 1968
Roman « engagé » ou « désengagé »

Au cours de cette période, les romanciers, marqués par les événements historiques – la seconde guerre mondiale, mais aussi la guerre froide et les guerres coloniales –, ont bien du mal à les oublier dans leurs œuvres. Ainsi le roman, réaliste et social, a ses « camps », de ceux qui ont prôné l'idéologie fasciste comme Brasillach (1909-1945) ou Drieu La Rochelle (1893-1945), et l'ont payé de leur vie, à ceux qui ont exalté la Résistance (Roger Vailland dans *Drôle de jeu,* 1944 ; Joseph Kessel dans *L'Armée des ombres,* 1946) et le militantisme communiste (Vailland dans *Bon pied, bon œil,* 1950). De tels romans cependant, derrière leur volonté d'engagement politique, masquent mal le désarroi de toute une jeunesse qui a vécu le drame de la défaite et a côtoyé la mort. Les témoignages de Jean-Louis Bory (*Mon Village à l'heure allemande,* 1945) ou de Robert Merle (*Week-end à Zuydcoote,* 1949 ; *La Mort est mon métier,* 1953) ouvrent la voie à un nouveau « mal du siècle » : que deviennent l'individu, ses apirations, ses droits, au milieu de conflits idéologiques qui paraissent, du reste, de plus en plus dérisoires ? Et l'amertume de Roger Nimier (1925-1962) dans *Le Hussard bleu* (1950) est aussi celle de sa génération :

La guerre de 39 était idiote, la Résistance à moitié folle ; quant à la Milice (1), eh bien, c'était mal. Donc je mourrai dans cette campagne, ce sera beaucoup plus simple. Je mourrai facilement. Maintenant que je suis tout seul, je peux l'avouer : je déteste la violence. Elle est bruyante, injuste, passagère. Mais je ne vois pas encore qui saura me la reprocher. Sûrement pas les démocrates qui sont les plus tapageurs des hommes. Pour la justice, ils y croient. Ils l'ont vue plusieurs fois, le samedi soir, au cinéma.

Le Hussard bleu, « La Composition d'histoire » (1950),
© éd. Gallimard.

Peu à peu l'exaltation des valeurs guerrières, de la fraternité d'armes ou d'idées, fait donc place au cynisme, à la dérision, au « désengagement », qui traduisent, comme chez Antoine Blondin (*Les Enfants du Bon Dieu,* 1952 ; *Un Singe en hiver,* 1959), un immense besoin

(1) Police française qui collaborait avec l'occupant allemand.

de tendresse et de fraternité « vraie ». C'est cette même fraternité humaine que cherchent à rebâtir, quand ils dénoncent les exclusions et les mépris, des romanciers comme Roger Ikor (*Les Eaux mêlées,* en 1955, évoque l'intégration, parfois difficile, des juifs en France) ou Gilbert Cesbron qui, dans *Chiens perdus sans collier* (1954), s'attache, comme Prévert, aux plus démunis, les enfants.

Sans doute dans le même but de « désengagement », certains romanciers choisissent d'exclure de leurs œuvres les grandes crises politiques ou sociales pour privilégier l'analyse psychologique, et surtout rappeler les droits de l'individu contre les contraintes sociales. Hervé Bazin s'élève contre les tyrannies familiales, et brosse, dans *Vipère au poing* (1948) le portrait féroce d'une mère : son œuvre ne cesse jamais de défendre l'enfant face à l'adulte. Ce sont les révoltes de l'adolescence que peignent Françoise Mallet-Joris (*Le Rempart des Béguines,* 1952) et Françoise Sagan (*Bonjour Tristesse,* 1954; *Un certain sourire,* 1957). Les premières œuvres de ces deux femmes font scandale parce qu'elles n'hésitent pas à montrer une fureur de vivre sans tabous, pathétique moyen, en fait, d'oublier, comme le dit Sagan, « le corps nu, efflanqué, tremblotant de notre solitude »; elles portent un regard direct, chargé parfois d'ironie violente, parfois d'humour, sur la société de l'après-guerre dont elles dévoilent les hypocrisies et démythifient les modes, afin de faire ressortir, selon l'expression de Mallet-Joris, l'« empire céleste » (1), c'est-à-dire « la parcelle de vérité que chacun porte en soi ».

Julien Gracq (né en 1910)

Les choix de Julien Gracq affirment tous sa volonté de prendre ses distances par rapport à son siècle. Il en rejette d'abord les pouvoirs établis, notamment les institutions littéraires qu'il stigmatise dans *La Littérature à l'estomac* (1950) : aussi refuse-t-il le prix Goncourt attribué, en 1951, à son roman, *Le Rivage des Syrtes.* Il refuse aussi l'engagement idéologique, l'enracinement dans le réel, qu'il soit psychologique ou social. Pour Gracq, héritier des surréalistes, le véritable réel est l'imaginaire que l'homme porte en lui, le regard qu'il jette sur un monde qu'il transfigure à son gré. La « fiche signalétique » de ses personnages, qui figure dans ses essais critiques, *Lettrines* (1967-1974), suggère l'atmosphère de ses romans.

Époque : *quaternaire récent*
Lieu de naissance : *non précisé*
Date de naissance : *inconnue*
Nationalité : *frontalière*
Parents : *éloignés*
État civil : *célibataires*
Enfants à charge : *néant*
Profession : *sans*
Activités : *en vacances*
Situation militaire : *marginale*
Moyens d'existence : *hypothétiques*
Domicile : *n'habitent jamais chez eux*
Résidences secondaires : *mer et forêt*
Voiture : *modèle à propulsion secrète*
Yacht : *gondole, ou canonnière*
Sports pratiqués : *rêve éveillé – noctambulisme*

Lettrines I (1967),
© éd. J. Corti.

Dans le décor des rivages marins du *Château d'Argol* (1938), du *Beau Ténébreux* (1945), de *La Presqu'île* (1970), ou au milieu des arbres fantasmagoriques du *Balcon en forêt* (1958), les mêmes personnages évoluent : fragiles, presque immatériels, dans un cadre lui-même flou et immatériel, ils ne sont pas soumis à une intrigue parce que l'action se trouve remplacée par l'attente et la quête, par un désir d'on ne sait quoi qui ne se résout que dans l'immensité du silence.

---

(1) Titre d'un de ses romans, paru en 1958.

LE RIVAGE DES SYRTES

Le héros, Aldo, est prisonnier de son attente, de son désir, « reflet » indécis et « trésor » vers lequel il tend de toutes ses forces. L'écriture de Gracq, la précision lexicale, le rythme de ses phrases, s'harmonise avec les songes de son personnage, avec le paysage, avec cet univers de vide peuplé de silence.

Mes pas me portaient vers l'embrasure où je m'étais attardé avec Marino (1) lors de ma première visite. Les brumes mornes qui la fermaient alors faisaient souvent place à une grande tombée de soleil qui découpait au ras du sol, comme la bouche d'un four, un carré flamboyant de lumière dure. Du fond de la pénombre de ce réduit suspendu en plein ciel, dans cet encadrement nu de pierres cyclopéennes (2), je voyais osciller jusqu'à l'écœurement une seule nappe sombre et éblouissante d'un bleu diamanté, qui nouait et dénouait comme dans une grotte marine des maillons de soleil au long des pierres grises. Je m'asseyais sur la culasse du canon. Mon regard, glissant au long de l'énorme fût de bronze, épousait son jaillissement et sa nudité, prolongeait l'élan figé du métal, se braquait avec lui dans une fixité dure sur l'horizon de mer. Je rivais mes yeux à cette mer vide, où chaque vague, en glissant sans bruit comme une langue, semblait s'obstiner à creuser encore l'absence de toute trace, dans le geste toujours inachevé de l'effacement pur. J'attendais, sans me le dire, un signal qui puiserait dans cette attente démesurée la confirmation d'un prodige. Je rêvais d'une voile naissant du vide de la mer. Je cherchais un nom à cette voile désirée. Peut-être l'avais-je déjà trouvé. (...)

Quand je reviens par la pensée à ces journées si apparemment vides, c'est en vain que je cherche une trace, une piqûre visible de cet aiguillon qui me maintenait si singulièrement alerté. Il ne se passait rien. C'était une tension légère et fiévreuse, l'injonction d'une insensible et pourtant perpétuelle mise en garde, comme lorsqu'on se sent pris dans le champ d'une lunette d'approche – l'imperceptible démangeaison entre les épaules qu'on ressent parfois à travailler, assis à sa table, le dos à une porte ouverte sur les couloirs d'une maison vide. J'appelais ces dimanches vacants comme une dimension et une profondeur supplémentaire de l'ouïe, comme on cherche à lire l'avenir dans les boules du cristal le plus transparent. Ils me démasquaient un silence de veille d'armes et de poste d'écoute, une dure oreille de pierre tout entière collée comme une ventouse à la rumeur incertaine et décevante de la mer.

Le Rivage des Syrtes,
© éd. J. Corti.

Marguerite Yourcenar (1903-1987)

Née d'une mère belge et d'un père français, Marguerite Yourcenar choisit de se libérer du poids de sa famille et des conventions de la vieille Europe en se fixant définitivement aux U.S.A. dès 1947. Son occupation essentielle fut la littérature, qu'elle enseigna, traduisit (*Les Vagues* de Virginia Woolf, en 1937), analysa de l'intérieur, en reconstituant par exemple l'itinéraire du Japonais Mishima dans *Mishima ou la Vision du vide* (1980). Son œuvre poétique (*Les Dieux ne sont pas morts,* 1922; *Feux,* 1936), théâtrale (*Électre ou la Chute des masques,* 1954; *Les Mystères d'Alceste,* 1963) et surtout romanesque, lui vaudra d'être la première femme élue à l'Académie française (1980). Comme en témoignent les entretiens avec Mathieu Galey publiés dans *Les Yeux ouverts* (1980), elle réalise de façon parfaite « l'engagement » dans le « désengagement » : M. Yourcenar ne s'est pas désintéressée de son époque, en a partagé certains combats, aux côtés des minorités comme celle des Noirs d'Amérique, mais, dans son œuvre, elle a délibérément transposé les questions que posaient son siècle, sa civilisation, en d'autres lieux (*Les Nouvelles orientales,* 1937; *Le Coup de grâce,* 1939) ou d'autres temps : *Les Mémoires d'Hadrien* (1951), *L'Œuvre au noir* (1968).

(1) L'officier qui commande l'Amirauté. – (2) Aussi gigantesques que celles utilisées, pour leurs travaux, par les cyclopes, légendaires géants.

Même son autobiographie en trois tomes, *Le Labyrinthe* (1974-1988), est surtout une remontée dans le temps d'avant sa naissance, comme pour comprendre le présent à l'aide du passé.

C'est que, pour M. Yourcenar, profondément classique dans son anticonformisme (*Alexis ou le Traité du vain combat,* publié en 1929, est la confession douloureuse d'un jeune homme que les femmes laissent indifférent), l'être humain est de tous les lieux et de tous les siècles : « Tout être qui a vécu l'aventure humaine est moi », écrit-elle dans ses *Carnets de notes des Mémoires d'Hadrien,* et nous pourrions ajouter « est chacun de nous ». Sans cesse l'homme se voit confronté aux mêmes fanatismes : il n'y a pas loin des idéologies du XXe siècle et de son « rideau de fer », à l'obscurantisme et à l'Inquisition, dont elle nous montre les excès et les horreurs dans *L'Œuvre au noir :* « Les quelque soixante années à l'intérieur desquelles s'enferme l'histoire de Zénon ont vu s'accomplir un certain nombre d'événements qui nous concernent encore. » En fait l'Histoire qui, grâce à une reconstitution érudite, sert de trame aux *Mémoires d'Hadrien,* lettre-testament politique et philosophique léguée par cet empereur romain du IIe siècle à son successeur, Marc-Aurèle, ou à *L'Œuvre au noir,* qui raconte les recherches de Zénon, médecin, philosophe et alchimiste de la Renaissance, n'est qu'un prétexte, même si elle passionne l'écrivain : l'éloignement de l'œuvre – d'ailleurs longuement mûrie à travers de multiples remaniements – dans le temps lui permet d'aborder de façon plus détachée, plus sereine, dans leur continuité et leurs métamorphoses, les grandes questions humaines ; la méditation d'Hadrien révèle aussi les espoirs des années 50 :

> La vie est atroce ; nous savons cela. Mais précisément parce que j'attends peu de chose de la condition humaine, les périodes de bonheur, les progrès partiels, les efforts de recommencement et de continuité me semblent autant de prodiges qui compensent presque l'immense masse des maux, des échecs, de l'incurie et de l'erreur. Les catastrophes et les ruines viendront ; le désordre triomphera, mais de temps en temps l'ordre aussi. La paix s'installera de nouveau entre deux périodes de guerre ; les mots de liberté, d'humanité, de justice retrouveront çà et là le sens que nous avons tenté de leur donner. Nos livres ne périront pas tous ; on réparera nos statues brisées ; d'autres coupoles et d'autres frontons naîtront de nos frontons et de nos coupoles ; quelques hommes penseront, travailleront et sentiront comme nous : j'ose compter sur ces continuateurs placés à intervalles irréguliers le long des siècles, sur cette intermittente immortalité.
>
> Éd. Plon.

Au fil des années, l'évolution politique et sociale contemporaine accentue le pessimisme de M. Yourcenar : « Ce IIe siècle m'intéresse parce qu'il fut, pour un temps fort long, celui des derniers hommes libres. En ce qui nous concerne, nous sommes peut-être déjà fort loin de ce temps-là. » Sa confiance en l'homme, en ses légitimes aspirations, en sa faculté d'imposer à son époque son désir de liberté, diminue. Peut-être sa seule liberté consiste-t-elle, à la façon des sages antiques, en une préparation à la mort : le suicide de Zénon apparaît ainsi comme le dernier acte libre qu'un homme puisse encore accomplir.

MÉMOIRES D'HADRIEN

Malgré les détails révélateurs du monde romain antique, la méditation à laquelle se livre ici l'empereur Hadrien est intemporelle : ce texte d'idées, logiquement structuré, n'est cependant pas didactique ni abstrait, grâce à la sensibilité de l'écrivain qui transparaît à travers les images.

Comme tout le monde, je n'ai à mon service que trois moyens d'évaluer l'existence humaine : l'étude de soi, la plus difficile et la plus dangereuse, mais aussi la plus féconde des méthodes ; l'observation des hommes, qui s'arrangent le plus souvent pour nous cacher leurs secrets ou pour nous faire croire qu'ils en ont ; les livres, avec les erreurs particulières de perspective qui naissent entre leurs lignes. J'ai lu à peu près tout ce que nos historiens, nos poètes, et même nos conteurs ont écrit, bien que ces derniers soient réputés frivoles, et je leur dois peut-être plus d'informations que je n'en ai recueilli dans les situations assez variées de ma propre vie. La lettre écrite m'a enseigné à écouter la voix humaine, tout comme les grandes attitudes immobiles des statues m'ont appris à apprécier les gestes. Par contre, et dans la suite, la vie m'a éclairci les livres.

Mais ceux-ci mentent, et même les plus sincères. Les moins habiles, faute de mots et de phrases où ils la pourraient enfermer, retiennent de la vie une image plate et pauvre ; tels, comme Lucain (1), l'alourdissent et l'encombrent d'une solennité qu'elle n'a pas. D'autres, au contraire, comme Pétrone (2), l'allègent, font d'elle une balle bondissante et creuse, facile à recevoir et à lancer dans un univers sans poids. (...) Je m'accommoderais fort mal d'un monde sans livres, mais la réalité n'est pas là, parce qu'elle n'y tient pas tout entière.

L'observation directe des hommes est une méthode moins complète encore, bornée le plus souvent aux constatations assez basses dont se repaît (3) la malveillance humaine. Le rang, la position, tous nos hasards, restreignent le champ de vision du connaisseur d'hommes : mon esclave a pour m'observer des facilités complètement différentes de celles que j'ai pour l'observer lui-même ; elles sont aussi courtes que les miennes. Le vieil Euphorion me présente depuis vingt ans mon flacon d'huile et mon éponge, mais ma connaissance de lui s'arrête à son service, et celle qu'il a de moi à mon bain, et toute tentative pour s'informer davantage fait vite, à l'empereur comme à l'esclave, l'effet d'une indiscrétion. Presque tout ce que nous savons d'autrui est de seconde main. Si par hasard un homme se confesse, il plaide sa cause ; son apologie est toute prête. Si nous l'observons, il n'est pas seul. On m'a reproché d'aimer à lire les rapports de la police de Rome ; j'y découvre sans cesse des sujets de surprise ; amis ou suspects, inconnus ou familiers, ces gens m'étonnent ; leurs folies servent d'excuses aux miennes. Je ne me lasse pas de comparer l'homme habillé à l'homme nu. Mais ces rapports si naïvement circonstanciés s'ajoutent à la pile de mes dossiers sans m'aider le moins du monde à rendre le verdict final. Que ce magistrat d'apparence austère ait commis un crime ne me permet nullement de le mieux connaître. Je suis désormais en présence de deux phénomènes au lieu d'un, l'apparence du magistrat, et son crime.

Quant à l'observation de moi-même, je m'y oblige, ne fût-ce que pour entrer en composition avec cet individu auprès de qui je serai jusqu'au bout forcé de vivre, mais une familiarité de près de soixante ans comporte encore bien des chances d'erreur.

Mémoires d'Hadrien (1951).
Éd. Plon.

Un nouveau langage romanesque
Louis-Ferdinand Céline (1894-1961)

L'œuvre romanesque de Céline reproduit, sous le masque des personnages, comme Bardamu dans *Voyage au bout de la nuit* (1932), ou directement, quand elle est autobiographique, la vie tourmentée d'un homme qui, dès son enfance, a lutté contre la pauvreté, réussissant à devenir médecin en 1924, et a subi tous les cataclysmes de l'Histoire. Ses nombreux voyages lui ont fait mesurer les excès du colonialisme, du capitalisme à l'américaine, et ont développé en lui une rage contre tout ce qui, partout, ôte à l'homme sa dignité. Sa hantise de la guerre, du « péril juif », explique un antisémitisme exacerbé, proche du délire de la persécution, qui l'a conduit à adopter les thèses nazies. Ce choix, les condamnations de l'après-guerre, ont écarté pendant longtemps les lecteurs d'une œuvre dont on reconnaît aujourd'hui l'importance.

Les romans de Céline ont choqué, tant par leur contenu que par leur forme. Dans *Voyage au bout de la nuit, Mort à crédit* (1936), *D'un château l'autre* (1957), *Nord* (1960) et *Rigodon* (posthume, 1969), les plus connus, Céline ne respecte rien de ce qui fait partie du monde des « honnêtes gens », et hurle sa rage sans retenue. « La vérité, c'est la Mort », et seuls sont sacrés les émotions et les cauchemars de l'homme aux prises avec elle, seul ou avec ceux qui partagent sa triste condition :

L'Émoi c'est tout dans la Vie !
Faut savoir en profiter !
L'Émoi c'est tout dans la Vie !
Quand on est mort c'est fini !

(1) Poète épique latin (39.65). – (2) Auteur satirique latin (1er s. av. J.-C.). – (3) Se nourrit.

Ses romans sont tous une initiation à cette vérité, une succession d'épreuves à la façon des récits picaresques, vécues dans la violence et la destruction.

De même, les normes littéraires sont bannies d'une œuvre, qui, comme celle de Rabelais, mêle tous les genres, épopée, satire, poésie..., tous les tons, pour mieux restituer les émotions et les fantasmes. Le désespoir et la haine explosent souvent en sarcasmes, expressions de l'impuissance de l'homme qui ne peut se délivrer que par le rire : « Je ne me réjouis que dans le grotesque aux confins de la mort. » La phrase de Céline, flux verbal, véritable délire parfois, qu'elle soit longue période, ou fragments lancés avec force, est toujours destructurée, et se moule sur la langue orale, dont elle adopte le lexique, argotique jusqu'à la grossièreté, le rythme et la syntaxe, faite de ruptures et de silences. Car, finalement, pour Céline, tous les combats, individuels ou collectifs, s'anéantissent dans le silence de la mort.

GUIGNOL'S BAND (1944)

Ce roman a pour cadre Londres, où Céline a vécu en 1915, mais, même si l'intrigue se déroule lors de la première guerre mondiale, cet extrait évoque davantage les bombardements aériens de la seconde. Céline veut faire revivre les émotions de l'homme sous ce déluge qui tombe du ciel : il y parvient en adoptant un style qui explose comme les bombes et comme la peur de l'homme, seul face à la mort.

Encore un autre (1) qui nous agresse ! Il nous fond dessus tambour à mort ! Il crève les nuées à la mitraille... Ses petites langues de feu dardent partout !... Je vois toutes ses flammes pointées vers nous... Il est gris et noir !... et maudit de la tête en queue !... Il nous cherche... Il rejaillit du ciel en fronde égrenant sa rage !... Il nous ensorcelle !... Il nous damne !... Nous nous jetons à genoux... Nous implorons la Vierge Marie !... à grands signes de croix très fervents !... Le Dieu le père... Les Aquilons ! le Trou du Cul !... Miséricorde ! qui nous forfait dans la culotte à glouglous... C'est la débâcle des Esprits !... Il arrête pas de nous fusiller, salve après salve l'autre atroce ! suspendu aux anges !... Il se voltige... s'élance... balance... Il se rapproche dans son cyclone... Ffrrou !... il glisse encore !... Il tourbillonne dessus-dessous... Un bruit de soie !... On le voit plus... Il nous enchante !... Un signe de croix !... et trois... quatre... cinq !... Ça n'empêche pas les horreurs !... les atrocités assassines !... Rien n'est conjuré !...

Raymond Queneau (1903-1976)

Après des études de philosophie, Raymond Queneau participe au mouvement surréaliste, qu'il évoque dans une nouvelle, *Odile* (1937). D'ailleurs, toutes les nouveautés le passionnent, depuis les recherches mathématiques jusqu'à celles de la psychanalyse (*Chêne et Chien,* 1937), en passant par le jazz, le cinéma, la linguistique. Cet amour de la linguistique, notamment du structuralisme (2), explique sans doute la fondation, en 1960, de l'OuLiPo – Ouvroir de littérature potentielle – (3), sorte de laboratoire où l'on expérimente tous les effets du langage, indépendamment du message qu'il véhicule.

Queneau a lui-même abordé bien des champs d'action du langage, poésie, chansons, scénarios, pour Resnais, Chabrol, Clément, romans : *Le Chiendent* (1933), *Pierrot mon ami* (1942) ; *Zazie dans le métro* (1959) surtout retrouve, avec humour et vivacité, toute la saveur insolite de la vie parisienne, observée par une petite provinciale. La langue parlée que Queneau reproduit, argot, néologismes, raccourcis et ruptures syntaxiques, soutient cette image du quotidien.

---

(1) Un avion bombardier. – (2) *Cf.* pp. 391-392. – (3) *Cf.* p. 470.

EXERCICES DE STYLE (1947)

Ce sont sans doute ses Exercices de style, *99 variantes stylistiques de la même anecdote banale, qui démontrent le mieux l'importance que Queneau accorde au langage. Par ces jeux, dans lesquels il utilise tous les procédés, des plus rhétoriques aux techniques des journalistes ou au « jargon » des spécialistes, il démythifie la littérature, relativise la notion de « style », tout en faisant de l'écriture un « problème humain » : ce qui importe n'est plus ce qu'on dit, mais comment on le dit, ce qui révèle qui le dit.*

Notations

Dans l'S (1), à une heure d'affluence. Un type dans les vingt-un ans, chapeau mou avec cordon remplaçant le ruban, cou trop long comme si on lui avait tiré dessus. Les gens descendent. Le type en question s'irrite contre un voisin. Il lui reproche de le bousculer chaque fois qu'il passe quelqu'un. Ton pleurnichard (2) qui se veut méchant. Comme il voit une place libre, se précipite dessus.
Deux heures plus tard, je le rencontre Cour de Rome, devant la gare Saint-Lazare. Il est avec un camarade qui lui dit : « Tu devrais faire mettre un bouton supplémentaire à ton pardessus ». Il lui montre où (à l'échancrure) et pourquoi.

Métaphoriquement

Au centre du jour, jeté dans le tas des sardines voyageuses d'un coléoptère à l'abdomen (3) blanchâtre, un poulet au grand cou déplumé harangua soudain l'une, paisible, d'entre elles et son langage se déploya dans les airs, humide d'une protestation. Puis, attiré par un vide, l'oisillon s'y précipita.
Dans un morne désert urbain, je le revis le jour même se faisant moucher (4) l'arrogance pour un quelconque bouton.

Télégraphique

BUS BONDÉ STOP JNHOMME (5) LONG COU CHAPEAU CERCLE TRESSÉ APOSTROPHE VOYAGEUR INCONNU SANS PRÉTEXTE VALABLE STOP QUESTION DOIGTS PIEDS FROISSÉS CONTACT TALON PRÉTENDU VOLONTAIRE STOP JNHOMME ABANDONNE DISCUSSION POUR PLACE LIBRE STOP QUATORZE HEURES PLACE ROME JNHOMME ÉCOUTE CONSEILS VESTIMENTAIRES CAMARADE STOP DÉPLACER BOUTON STOP SIGNÉ ARCTURUS.

Onomatopées

Sur la plate-forme, pla pla pla, d'un autobus, teuff teuff teuff, de la ligne S (pour qui sont ces serpents qui sifflent sur, il était environ midi, ding din don, ding din don, un ridicule éphèbe, proüt, proüt, qui avait un de ces couvre-chefs, phui, se tourna (virevolte, virevolte) soudain vers son voisin d'un air de colère, rreuh, rreuh, et lui dit, hm hm : « Vous faites exprès de me bousculer, monsieur ». Et toc. Là-dessus, vroutt, il se jette sur une place libre et s'y assoit, boum.
Ce même jour, un peu plus tard, ding din don, ding din don, je le revis en compagnie d'un autre éphèbe, proüt, proüt, qui lui causait bouton de pardessus (brr, brr, brr, il ne faisait donc pas si chaud que ça...).
Et toc.

L'existentialisme dans le roman

Jean-Paul Sartre (6)

Pour les lecteurs des années 40, le roman, *La Nausée* (1938), et le recueil de cinq récits, *Le Mur* (1939), ont été le miroir de ce qu'ils ressentaient. Dans *La Nausée,* le héros, Antoine Roquentin, exprimait son dégoût d'une vie où tout lui paraissait absurde, à commencer par sa propre existence : « À présent quand je dis "je", ça me semble creux. » D'autres romans suivront, réunis dans *Les Chemins de la liberté,* trilogie aux titres significatifs : *L'Âge de raison* et *Le Sursis,* en 1945, puis *La Mort dans l'âme* (1949). L'œuvre critique de Sartre

(1) Nom d'une ligne d'autobus. – (2) Pleureur. – (3) Ventre. – (4) Moucher quelqu'un = en argot, le faire taire. – (5) Jeune homme. – (6) *Cf.* pp. 387-389 et 418-419.

et son autobiographie, *Les Mots* (1964), achèvent l'illustration d'une doctrine qui montre l'homme, désespérément solitaire, confronté à un monde dont chaque chose lui reste extérieure, impénétrable. Seul l'art « engagé » peut justifier son existence et lui donner un sens.

LE MUR

Pablo Ibbieta, le narrateur, qui doit être fusillé à l'aube, a passé toute la nuit dans l'attente de son exécution. L'imminence de la mort a fini par lui donner une sorte de détachement lucide : le voici spectateur et non plus acteur de la comédie humaine; il prend conscience de l'absurdité et du grotesque des hommes; il se rend compte aussi de l'inanité de tout ce qui faisait pour lui le prix de la vie.

Dans la lingerie je m'assis sur un escabeau (1) parce que je me sentais très faible et je me mis à réfléchir. Mais pas à leur proposition (2). Naturellement je savais où était Gris : il se cachait chez ses cousins, à quatre kilomètres de la ville. Je savais aussi que je ne révélerais pas sa cachette, sauf s'ils me torturaient (mais ils n'avaient pas l'air d'y songer). Tout cela était parfaitement réglé, définitif et ne m'intéressait nullement. (...) Et pourtant j'étais là, je pouvais sauver ma peau en livrant Gris et je me refusais à le faire. Je trouvais ça plutôt comique : c'était de l'obstination. Je pensai :

– « Faut-il être têtu ! » Et une drôle de gaieté m'envahit.

Ils vinrent me chercher et me ramenèrent auprès des deux officiers. Un rat partit sous nos pieds et ça m'amusa. Je me tournai vers un des phalangistes (3) et je lui dis :

– Vous avez vu le rat?

Il ne répondit pas. Il était sombre, il se prenait au sérieux. Moi j'avais envie de rire mais je me retenais parce que j'avais peur, si je commençais, de ne plus pouvoir m'arrêter. Le phalangiste portait des moustaches. Je lui dis encore :

– Il faut couper tes moustaches, ballot (4).

Je trouvais drôle qu'il laissât de son vivant les poils envahir sa figure. Il me donna un coup de pied sans grande conviction, et je me tus.

– Eh bien, dit le gros officier, tu as réfléchi?

Je les regardai avec curiosité, comme des insectes d'une espèce très rare. Je leur dis :

– Je sais où il est. Il est caché dans le cimetière. Dans un caveau ou dans la cabane des fossoyeurs.

C'était pour leur faire une farce. Je voulais les voir se lever, boucler leurs ceinturons et donner des ordres d'un air affairé.

Ils sautèrent sur leurs pieds.

– Allons-y. Moles, allez demander quinze hommes au lieutenant Lopez. Toi, me dit le petit gros, si tu as dit la vérité, je n'ai qu'une parole. Mais tu le paieras cher si tu t'es fichu (5) de nous.

Ils partirent dans un brouhaha et j'attendis paisiblement sous la garde des phalangistes. De temps en temps, je souriais parce que je pensais à la tête qu'ils allaient faire. Je me sentais abruti et malicieux. Je les imaginai, soulevant les pierres tombales, ouvrant une à une les portes des caveaux. Je me représentais la situation comme si j'avais été un autre : ce prisonnier obstiné à faire le héros, ces graves phalangistes avec leurs moustaches et ces hommes en uniforme qui couraient entre les tombes; c'était d'un comique irrésistible.

Au bout d'une demi-heure, le petit gros revint seul. Je pensai qu'il venait donner l'ordre de m'exécuter. Les autres devaient être restés au cimetière.

L'officier me regarda. Il n'avait pas du tout l'air penaud (6).

– Emmenez-le dans la grande cour avec les autres, dit-il. À la fin des opérations militaires, un tribunal régulier décidera de son sort.

Je crus que je n'avais pas compris. Je lui demandai :

– Alors, on ne me... on ne me fusillera pas?...

– Pas maintenant en tout cas. Après, ça ne me regarde plus.

Je ne comprenais toujours pas. Je lui dis :

– Mais pourquoi?

Il haussa les épaules sans répondre et les soldats m'emmenèrent. Dans la grande cour il y avait une centaine de prisonniers, des femmes, des enfants, quelques vieillards. Je me mis à tourner autour de la pelouse centrale, j'étais hébété. À midi on nous fit manger au réfectoire. Deux ou trois types m'interpellèrent. Je devais les connaître, mais je ne leur répondis pas : je ne savais même plus où j'étais.

Vers le soir, on poussa dans la cour une dizaine de prisonniers nouveaux. Je reconnus Garcia, le boulanger. Il me dit :

(1) Tabouret. – (2) On lui a promis la vie sauve s'il trahissait un de ses compagnons, Gris. – (3) Membre de l'armée nationaliste espagnole. – (4) Argot : imbécile. – (5) Argot : moqué. – (6) Honteux.

– Sacré veinard ! Je ne pensais pas te revoir vivant.

– Ils m'avaient condamné à mort, dit-je, et puis ils ont changé d'idée. Je ne sais pas pourquoi.

– Ils m'ont arrêté à deux heures, dit Garcia.

– Pourquoi ?

Garcia ne faisait pas de politique.

– Je ne sais pas, dit-il. Ils arrêtent tous ceux qui ne pensent pas comme eux.

Il baissa la voix.

– Ils ont eu Gris.

Je me mis à trembler.

– Quand ?

– Ce matin. Il avait fait le con (1). Il a quitté son cousin mardi parce qu'ils avaient eu des mots (2). Il ne manquait pas de types qui l'auraient caché mais il ne voulait plus rien devoir à personne. Il a dit : « Je me serais caché chez Ibbieta, mais puisqu'ils l'ont pris, j'irai me cacher au cimetière. »

– Au cimetière ?

– Oui. C'était con (1). Naturellement, ils y ont passé ce matin, ça devait arriver. Ils l'ont trouvé dans la cabane des fossoyeurs. Il leur a tiré dessus et ils l'ont descendu.

– Au cimetière !

Tout se mit à tourner et je me retrouvai assis par terre : je riais si fort que les larmes me vinrent aux yeux.

Gallimard, édit.

Simone de Beauvoir (1908-1986)

Agrégée de philosophie, Simone de Beauvoir, aux côtés de Sartre, rencontré en 1929, et des plus brillants intellectuels de sa génération, dont elle brosse des portraits pittoresques dans *Les Mandarins* (1954), participa à la réflexion philosophique (*Pyrrhus et Cinéas,* 1944 ; *Pour une morale de l'ambiguïté,* 1947), aux engagements politiques de l'après-guerre et de la décolonisation. Dès son premier roman, *L'Invitée* (1943), elle dépeint la condition féminine et ses aliénations : *La Femme rompue* (1968) ; son essai, *Le Deuxième Sexe* (1949), publié d'abord dans la revue *Les Temps modernes,* est d'ailleurs à l'origine des mouvements féministes contemporains : elle y dénonce l'oppression des femmes-objets par les hommes-sujets, fait socioculturel auquel seule l'indépendance économique permet d'échapper. Son autobiographie montre précisément comment une petite bourgeoise, qui avait tout pour suivre le chemin tracé d'avance (*Mémoires d'une jeune fille rangée,* 1958), à force de volonté et de travail (*La Force de l'âge,* 1960) auxquels s'ajoute la prise de conscience politique (*La Force des choses,* 1963), devient Simone de Beauvoir ; *Tout compte fait* (1972) constitue le bilan de cette vie et d'une œuvre de réflexion, rendue vivante par le ton chaleureux des récits et l'émotion qui les anime.

LES MANDARINS

Dans ce roman, S. de Beauvoir nous présente, à travers l'histoire d'amour malheureuse de la narratrice, les intellectuels de gauche et leurs débats de conscience après la guerre : leur faut-il rester des « mandarins », cantonnés dans leurs études et à l'abri des remous historiques, ou s'engager dans l'action ? Le roman conclut à leur impuissance, et souligne, comme dans cet extrait, leurs illusions et leur mauvaise foi.

– Oh ! nous n'avons fait de mal à personne, dit Dubreuilh, et autant s'occuper de politique que de se saouler, c'est plutôt moins mauvais pour la santé. N'empêche que nous nous sommes joliment fourvoyés ! Quand on relit ce que nous écrivions entre 44-45, on a envie de rire : faites-en l'expérience, vous verrez !

– Je suppose que nous étions trop optimistes, dit Henri ; ça se comprend...

– Je nous accorde toutes les circonstances atténuantes que vous voudrez ! dit Dubreuilh. Le succès de la Résistance, la joie de la Libération, ça nous excuse largement ; le bon droit triomphait, l'avenir était promis aux hommes de bonne volonté ; avec

(1) Grossier = idiot. – (2) Ils s'étaient querellés.

notre vieux fond d'idéalisme, nous ne demandions qu'à le croire. Il haussa les épaules : « Nous étions des enfants. »

Henri se tut ; il y tenait à ce passé : comme on tient, justement, à des souvenirs d'enfance. Oui, ce temps où on distinguait sans hésiter ses amis et ses ennemis, le bien et le mal, ce temps où la vie était simple comme une image d'Épinal, ça ressemblait à une enfance. Sa répugnance même à le renier donnait raison à Dubreuilh.

– Selon vous, qu'est-ce que nous aurions dû faire ? demanda-t-il ; il sourit : « Nous inscrire au parti communiste ?

– Non, dit Dubreuilh. Comme vous me le disiez un jour, on ne s'empêche pas de penser ce qu'on pense : impossible de sortir de sa peau. Nous aurions été de très mauvais communistes. » Il ajouta brusquement : « D'ailleurs qu'est-ce qu'ils ont fait ? rien du tout. Ils étaient coincés eux aussi.

– Alors ?

– Alors rien. Il n'y avait rien à faire. »

Henri remplit de nouveau son verre. Dubreuilh avait peut-être raison, mais alors, c'était bouffon. Henri revit cette journée de printemps où il contemplait avec nostalgie les pêcheurs à la ligne ; il disait à Nadine : « Je n'ai pas le temps. » Il n'avait jamais de temps : trop de choses à faire. Et pour de vrai il n'y avait rien eu à faire.

– Dommage qu'on ne s'en soit pas avisé plus tôt. On se serait évité bien des emmerdements.

– Nous ne pouvions pas nous en aviser plus tôt ! dit Dubreuilh. Admettre qu'on appartient à une nation de cinquième ordre, et à une époque dépassée : ça ne se fait pas en un jour. » Il hocha la tête : « Il faut tout un travail pour se résigner à l'impuissance. »

Henri regarda Dubreuilh avec admiration ; le joli tour de passe-passe ! il n'y avait pas eu d'échec, seulement une erreur ; et l'erreur même était justifiée, donc abolie. Le passé était net comme un os de seiche et Dubreuilh, une impeccable victime de la fatalité historique. Oui ; eh bien ! Henri ne trouvait pas ça satisfaisant du tout ; il n'aimait pas penser que d'un bout à l'autre de cette affaire il avait été mené. Il avait eu de grands débats de conscience, des doutes, des enthousiasmes, et d'après Dubreuilh les jeux étaient faits d'avance. Il se demandait souvent qui il était ; et voilà ce qu'on lui répondait : Il était un intellectuel français grisé par la victoire de 44 et ramené par les événements à la conscience lucide de son inutilité.

Éd. Gallimard.

Albert Camus (1)

L'œuvre romanesque de Camus illustre aussi sa philosophie. Entraîné par le rythme des jours et esclave d'occupations routinières, comme Sisyphe (*Le Mythe de Sisyphe,* 1942) ou Meursault, le héros de *L'Étranger* (1942), l'homme s'avise malaisément du caractère irrationnel du monde et de l'absurdité de son existence, faite d'une suite « d'actions sans lien qui devient son destin... bientôt scellé par sa mort ». Ce n'est que lorsqu'il se trouve en prison pour le meurtre d'un Arabe que Meursault, jusqu'alors étranger au monde, aux autres, à son meurtre et à lui-même, spectateur de sa propre vie qu'il raconte avec un détachement accentué par le style adopté par Camus – phrases sèches, récit au passé composé –, se révolte : sa condamnation à mort lui permet de comprendre qu'il aime la vie, qu'il existe ; il goûte alors la plénitude de l'instant présent.

L'absurde et la révolte, ces deux étapes de la réflexion philosophique de Camus, trouvent leur aboutissement dans *La Peste* (1947), œuvre symbolique de toutes les violences, à commencer par le fascisme, qui écrasent l'homme. Révolté contre toutes les souffrances, physiques et morales, le docteur Rieux refuse de baisser les bras et provoque un élan de solidarité fraternelle qui triomphera du mal ; mais, pour Camus, la lutte ne peut jamais cesser car « le microbe de la peste ne disparaît jamais ».

L'Été (1954), puis le recueil de nouvelles, *L'Exil et le royaume* (1957), offrent enfin à l'homme, « exilé » dans un monde absurde et promis à la mort, un « royaume », l'univers, terre, mer et soleil, avec lesquels il peut connaître des moments d'union et d'harmonie totales : le style de Camus sait se faire lyrique pour célébrer ces « noces » (2) de l'homme avec l'univers.

---

(1) *Cf.* pp. 420-422 – (2) Titre d'un essai de Camus, publié en 1939.

L'ÉTRANGER

Meursault assiste avec passivité à son procès, au cours duquel on lui reproche plus son indifférence à l'égard de sa mère que le meurtre de l'Arabe. Incapable de se repentir, il refuse d'écouter l'aumônier venu dans sa cellule pour l'y inviter, car chaque moment de vie lui est devenu précieux. Seul, il retrouve la sérénité en comprenant l'absurdité du monde et de la condition humaine. Les mots simples, les phrases courtes et juxtaposées concourent à donner l'image d'un homme qui se contente d'enregistrer les impressions qu'il reçoit d'un monde « indifférent »; cependant Camus sait aussi, à travers la sensibilité de son héros qui s'ouvre enfin au monde, nous faire mesurer l'importance du seul fait de vivre, d'être homme parmi les hommes.

Lui parti, j'ai retrouvé le calme. J'étais épuisé et je me suis jeté sur ma couchette. Je crois que j'ai dormi parce que je me suis réveillé avec des étoiles sur le visage. Des bruits de campagne montaient jusqu'à moi. Des odeurs de nuit, de terre et de sel rafraîchissaient mes tempes. La merveilleuse paix de cet été endormi entrait en moi comme une marée. À ce moment, et à la limite de la nuit, des sirènes ont hurlé. Elles annonçaient des départs pour un monde qui maintenant m'était à jamais indifférent. Pour la première fois depuis bien longtemps, j'ai pensé à maman. Il m'a semblé que je comprenais pourquoi à la fin d'une vie elle avait pris un « fiancé », pourquoi elle avait joué à recommencer. Là-bas, là-bas aussi, autour de cet asile où des vies s'éteignaient, le soir était comme une trêve mélancolique. Si près de la mort, maman devait s'y sentir libérée et prête à tout revivre. Personne, personne n'avait le droit de pleurer sur elle. Et moi aussi, je me suis senti prêt à tout revivre. Comme si cette grande colère m'avait purgé du mal, vidé d'espoir, devant cette nuit chargée de signes et d'étoiles, je m'ouvrais pour la première fois à la tendre indifférence du monde. De l'éprouver si pareil à moi, si fraternel enfin, j'ai senti que j'avais été heureux, et que je l'étais encore. Pour que tout soit consommé, pour que je me sente moins seul, il me restait à souhaiter qu'il y ait beaucoup de spectateurs le jour de mon exécution et qu'ils m'accueillent avec des cris de haine.

Le « nouveau roman »

Le « nouveau roman » naît des multiples crises des années 50 : dans ce monde où l'homme cherche sa place, l'écriture romanesque elle-même se fait recherche. L'intrigue devient, tantôt le simple flux d'une conscience, tantôt, comme l'enseigne la phénoménologie, la multiplicité des regards portés sur un même fait, tantôt, en suivant les analyses de la linguistique structurale, le jeu des multiples possibles. Dans ces conditions, le personnage n'est plus le centre de l'œuvre mais seulement celui sur qui les éléments du monde, les êtres, les objets, sont focalisés. Le romancier perd alors son rôle traditionnel d'observateur du réel, chargé de le reproduire; il reste extérieur au réel, se borne à en enregistrer la discontinuité.

Alain Robbe-Grillet, dans un article du *Dictionnaire de littérature contemporaine,* donne une définition du « nouveau roman », en dégageant, indépendamment de ses vues personnelles, ce qui unit des écrivains qui n'ont jamais formé une école et ont développé leur recherche dans des voies originales.

Le Nouveau Roman
n'est pas une théorie
c'est une recherche.

...Loin d'édicter des règles, des théories, des lois, ni pour les autres ni pour nous-mêmes, c'est au contraire dans la lutte contre des lois trop rigides que nous nous sommes rencontrés. Il y avait, il y a encore, en France tout spécialement, une théorie du roman implicitement reconnue par tout le monde ou presque, et que l'on opposait comme un mur à tous les livres que nous faisions paraître. On nous disait : « Vous ne campez pas de personnage, donc vous n'écrivez pas de vrais romans », « Vous ne racontez pas une histoire, donc vous n'écrivez pas de vrais romans », « Vous n'étudiez pas un caractère, ni un milieu, vous n'analysez pas les passions, donc vous n'écrivez pas de vrais romans », etc.

Mais nous, au contraire, qu'on accuse d'être des théoriciens, nous ne savons pas ce que doit être un roman, un « vrai roman » ; nous savons seulement que le roman d'aujourd'hui sera ce que nous le ferons, aujourd'hui, et que nous n'avons pas à cultiver la ressemblance avec ce qu'il était hier, mais à nous avancer plus loin.

Le Nouveau Roman
ne s'intéresse qu'à l'homme
et à sa situation
dans le monde.

...Comme il n'y avait pas, dans nos livres, de « personnages », au sens traditionnel du terme, on en a conclu, un peu hâtivement, qu'on n'y rencontrait pas d'hommes du tout. C'était bien mal les lire. *L'homme y est présent à chaque page, à chaque ligne, à chaque mot.* Même si l'on y trouve beaucoup d'« objets », et décrits avec minutie, il y a toujours et d'abord le regard qui les voit, la pensée qui les revoit, la passion qui les déforme. Les objets de nos romans n'ont jamais de présence en dehors des perceptions humaines, réelles ou imaginaires ; ce sont des objets comparables à ceux de notre vie quotidienne, tels qu'ils occupent notre esprit à tout moment...

Le Nouveau Roman
ne propose pas
de signification toute faite.

Et l'on arrive à la grande question : notre vie a-t-elle un sens ? Quel est-il ? Quelle est la place de l'homme dans le monde ? On voit tout de suite pourquoi les objets balzaciens étaient si rassurants : ils appartenaient à un monde dont l'homme était le maître ; ces objets étaient des biens, des propriétés, qu'il ne s'agissait que de posséder, de conserver ou d'acquérir. Il y avait une constante identité entre ces objets et leur propriétaire : un simple gilet, c'était déjà un caractère et une position sociale en même temps. L'homme était la raison de toute chose, la clef de l'univers, et son maître naturel, de droit divin...

Il ne reste plus grand-chose, aujourd'hui, de tout cela. Pendant que la classe bourgeoise perdait peu à peu ses justifications et ses prérogatives, la pensée abandonnait ses fondements essentialistes, la phénoménologie occupait progressivement tout le champ des recherches philosophiques, les sciences physiques découvraient le règne du discontinu, la psychologie elle-même subissait de façon parallèle une transformation aussi totale.

Les significations du monde, autour de nous, ne sont plus que partielles, provisoires, contradictoires même, et toujours contestées. Comment l'œuvre d'art pourrait-elle prétendre illustrer une signification connue d'avance, quelle qu'elle soit ? Le *roman moderne,* comme nous le disions en commençant, *est une recherche mais une recherche qui crée elle-même ses propres significations, au fur et à mesure.* La réalité a-t-elle un sens ? L'artiste contemporain ne peut répondre à cette question : il n'en sait rien. Tout ce qu'il peut dire c'est que cette réalité aura peut-être un sens après son passage, c'est-à-dire l'œuvre une fois menée à son terme.

Pourquoi voir là un pessimisme ? En tout cas, c'est le contraire d'un abandon. Nous ne croyons plus aux significations figées, toutes faites, que livrait à l'homme l'ancien ordre divin, et à sa suite l'ordre rationaliste du XIXe siècle, mais nous reportons sur l'homme tout notre espoir : ce sont les formes qu'il crée qui peuvent apporter des significations au monde.

Éd. Universitaires.

Nathalie Sarraute (née en 1902)

Née en Russie, Nathalie Sarraute, venue en France à l'âge de 8 ans, devient avocate, mais quitte cette profession en 1941, pour se consacrer à la littérature qu'elle avait déjà abordée, mais sans succès, avec *Tropismes* (1938). Dans *L'Ère du soupçon* (1956), elle justifie son rejet du roman traditionnel, et explique ses propres recherches entreprises au théâtre (*Le Mensonge,* 1967) comme dans ses romans : *Portrait d'un inconnu* (1948), *Martereau* (1953), *Le Planétarium* (1959) : « L'objet de ma recherche, ce sont certains mouvements qui préparent nos paroles et nos actes, ce que j'ai appelé les tropismes. »

L'intrigue n'a donc aucune importance, on peut même prendre comme sujet la création de l'œuvre littéraire, sa survie : *Les Fruits d'or* (1963), *Entre la vie et la mort* (1968). Il s'agit plutôt d'appréhender des états psychologiques à peine perceptibles, mouvements d'attraction et de répulsion non définis et seulement pressentis qui affleurent fugitivement, se succédant et se détruisant sans cesse dans une zone obscure de notre conscience ; pour cela, il faut décrypter, sous les phrases banales, tout ce qui n'est pas dit, ce que Nathalie

Sarraute nomme « la sous-conversation ». Ainsi le roman permet de démasquer les multiples « drames microscopiques » qui se tissent entre l'homme et les autres, sa famille en particulier, l'homme et les objets, et même au sein de la conscience, jalousies, rivalités, mensonges, mauvaise foi. Pour y parvenir, l'auteur utilise la juxtaposition de scènes, dans *Tropismes,* de visions de la même scène par différents personnages, de phrases qu'ils prononcent, procédant par des approximations successives qui cernent la nuance impalpable, par des silences, des refus, des hésitations qui ouvrent le chemin de l'inexprimable.

LE PLANÉTARIUM

Pierre rend visite à sa sœur Berthe, pour la décider à accepter un échange d'appartements. Ce passage restitue l'atmosphère de cette visite; les rapports entre les deux personnages, faits d'élans et de rejets successifs, la mauvaise conscience du héros, sont traduits par le style particulier de Nathalie Sarraute : dans ce flux de conscience souterrain, qui laisse parfois affleurer des bribes de dialogue, les silences parlent plus que les mots.

Elle glisse une main caressante le long de son bras... « Allons, mais assieds-toi donc, mets-toi donc là... tu as l'air tout empêtré... » Il rougit, il se baisse pour cacher son visage, il se penche, il fixe les yeux sur le coin du tapis qu'il a retourné en passant, il le saisit entre ses doigts, il faut se donner une contenance, gagner du temps... Voilà, il le retourne, il l'aplatit, c'est fait, le mal est réparé. Elle le regarde d'un air soupçonneux et comme un peu vexé : « Ça n'a pas d'importance, voyons... Laisse donc ça... » Il y a comme un reproche attristé dans sa voix... et il lâche le tapis, se redresse aussitôt, un peu gêné : il l'a froissée, blessée, elle doit penser qu'il a voulu lui remettre le nez dans ses petites manies, renchérir encore sur elle pour se moquer... elle doit le trouver mesquin, impur, incapable une seule fois, pendant un seul instant, de jeter, d'éparpiller au vent dans un élan de confiance, de générosité toutes ces bribes d'elle, ces parcelles infimes, insignifiantes qu'il a pendant si longtemps méticuleusement amassées, ne laissant rien passer ; incapable juste une seule fois de balayer tout cela et de la voir tout entière comme elle est : sincère, pure, large, capable, elle, de tout oublier dans un moment de tendresse, d'abandon...

Mais elle a tort, il n'est pas si mauvais, ni stupide... il la voit ainsi, lui aussi, il sait comme elle peut être, comme elle est, il la connaît mieux qu'elle ne croit... Il ne peut plus attendre, soutenir un instant de plus ce regard qu'elle tient posé sur ses yeux. Il ne veut pas avec elle – qui tromperait-il d'ailleurs ? – avoir recours aux petites ruses mesquines, aux petites sournoiseries... « Écoute, ma petite Berthe... Voilà... Il s'éclaircit la voix... Voilà pourquoi je suis venu... ça m'embête terriblement de te parler de ça... mais j'aime mieux t'en parler tout de suite... Gisèle est venue me demander. Les enfants disent... » Mais c'est de sa faute à elle, après tout, pourquoi tant s'attendrir, c'est elle, après tout, elle, de ses propres mains qui a préparé tout cela, c'est par sa faute à elle qu'il a été acculé à faire ce qu'il fait en ce moment... tant pis pour elle, comme on fait son lit, on se couche, qu'elle se débrouille avec eux maintenant... « Il paraît que tu leur as proposé de leur céder ton appartement. »

Il s'y attendait, il le redoutait... ça ne pouvait pas manquer, il a soufflé trop fort... la petite flamme fragile qui s'était allumée en elle quand il était entré, qui avait vacillé faiblement, s'est rabattue, couchée, éteinte... il fait sombre en elle de nouveau, comme avant, comme toujours... son pauvre visage tout tiré sous le fard... son œil où aucune lueur ne brille... mais s'il pouvait seulement ranimer, rallumer... c'était vrai qu'il était heureux tout à l'heure quand il l'a vue, qu'il est content d'être ici, il ne la voit pas assez souvent, quel gâchis, on néglige stupidement des gens qu'on aime le plus, on croit qu'il suffit de savoir qu'ils existent, on est si sûr d'eux... elle est comme une partie de lui-même, elle doit bien le savoir, elle est tout ce qui lui reste de son enfance, de leurs parents, ils sont seuls tous les deux maintenant pour toujours, deux vieux orphelins, il a envie de passer la main sur la mince couche soyeuse de ses cheveux si fins, comme ceux de maman, un vrai duvet... c'est indestructible entre eux, ces liens, c'est plus fort que tout, plus sûr, même, que ceux qui vous attachent à vos enfants... « Ces petits monstres, ils se sont mis ça dans la tête maintenant, tu les as mis en appétit... ils ne rêvent que de ça... Tante Berthe nous a offert, elle nous a promis... Tu les gâtes trop... tu sais bien comment ils sont... Ah, s'ils pouvaient nous pousser dehors, prendre notre place... ils ne demandent que ça... Tu n'aurais jamais dû. Mais maintenant, ils se sont excités là-dessus, ils m'ont demandé... Que veux-tu que j'y fasse, je suis comme toi, trop faible... J'ai accepté de venir t'en parler. Ça m'ennuie beaucoup... Mais Gisèle est venue me supplier... Alain, bien sûr, n'a pas osé, il avait peur que je me fâche, il me connaît, mais la petite – j'ai pensé que tu étais folle – elle m'a expliqué que tu trouvais ton appartement trop lourd, que tu aurais voulu prendre quelque chose de plus petit, faire un échange... enfin, j'ai accepté de t'en parler, bien qu'il m'en coûte, tu sais. Tu sais combien j'ai horreur de me mêler de ces choses-là. » Pas la moindre lueur en elle, tout est bien éteint. Les gerbes d'étincelles de tendresse, de confiance qu'il fait jaillir de ses mots, de ses yeux, de son sourire crépitent en vain contre la paroi ignifuge (1) qu'elle a dressée entre elle et lui. C'est fini maintenant.

Gallimard, édit.

Marguerite Duras (née en 1914)

Vivant en France depuis 1927, après une jeunesse passée en Indochine, qu'elle évoque dans *Un Barrage contre le Pacifique* (1950) et *Le Vice-consul* (1966), Marguerite Duras partage les recherches des « nouveaux romanciers », les exploite au théâtre (*Le Square,* 1962 ; *Des journées entières dans les arbres,* 1968 ; *L'Amante anglaise* 1967) et au cinéma (2) : elle réalise elle-même *India Song* (1975) et *Le Camion* (1977).

Dans ces différents domaines, en particulier dans ses romans (*Les Petits Chevaux de Tarquinia,* 1953 ; *Moderato Cantabile,* 1958 ; *Le Ravissement de Lol V. Stein,* 1964 ; *L'Amant,* 1984), les personnages vivent « sans savoir pourquoi », et attendent, de façon pathétique, « que quelque chose sorte du monde et vienne » à eux ; ainsi ses œuvres, statiques et lentes, faites de regards et de silences, présentent toutes un effort de la conscience pour se saisir dans le futur, tandis que l'instant présent, incertain, devient si vite passé. C'est aussi la « sous-conversation » (3) qui passionne Marguerite Duras, quand elle met en scène l'amour, ses éclats et ses déchirements, tout en restant parfaitement extérieure à ses personnages, impassible comme l'objectif d'une caméra.

MODERATO CANTABILE

L'épouse d'un riche industriel, Anne Desbaresdes, et Chauvin, un ancien ouvrier de son mari, ont été témoins d'un crime passionnel et des rapports ambigus se sont tissés entre eux. Mais, au cours de ce dîner qu'elle préside, Anne comprend que l'amour ne peut exister entre eux. Le détachement du style de M. Duras, les dialogues elliptiques, le jeu des temps, renforcent l'aspect pathétique de l'héroïne qui reste prisonnière de sa solitude.

Quelques-uns ont repris du canard à l'orange. La conversation, de plus en plus facile, augmente à chaque minute un peu davantage encore l'éloignement de la nuit.

Dans l'éclatante lumière des lustres, Anne Desbaresdes se tait et sourit toujours.

L'homme (4) s'est décidé à repartir vers la fin de la ville, loin de ce parc. À mesure qu'il s'en éloigne, l'odeur des magnolias diminue, faisant place à celle de la mer.

Anne Desbaresdes prendra un peu de glace au moka afin qu'on la laisse en paix.

L'homme reviendra malgré lui sur ses pas. Il retrouve les magnolias, les grilles, et les baies au loin, encore et encore éclairées. Aux lèvres, il a de nouveau ce chant (5) entendu dans l'après-midi, et ce nom dans la bouche qu'il prononcera un peu plus fort. Il passera.

Elle, le sait encore. Le magnolia entre ses seins se fane tout à fait. Il a parcouru l'été en une heure de temps. L'homme passera outre au parc tôt ou tard. Il est passé. Anne Desbaresdes continue dans un geste interminable à supplicier la fleur.

– Anne n'a pas entendu.

Elle tente de sourire davantage, n'y arrive plus. On répète. Elle lève une dernière fois la main dans le désordre blond de ses cheveux. Le cerne de ses yeux s'est encore agrandi. Ce soir, elle pleura (6). On répète pour elle seule et on attend.

– Il est vrai, dit-elle, nous allons partir dans une

(1) Que le feu ne peut atteindre. – (2) *Cf.* pp. 402-404. – (3) *Cf.* supra pp. 438-440. – (4) Chauvin. – (5) Le morceau interprété au piano parle fils d'Anne. – (6) En quittant chauvin.

maison au bord de la mer. Il fera chaud. Dans une maison isolée au bord de la mer.

– Trésor (1), dit-on.

– Oui.

Alors que les invités se disperseront en ordre irrégulier dans le grand salon attenant à la salle à manger, Anne Desbaresdes s'éclipsera, montera au premier étage. Elle regardera le boulevard par la baie du grand couloir de sa vie. L'homme l'aura déjà déserté. Elle ira dans la chambre de son enfant, s'allongera par terre, au pied de son lit, sans égard pour ce magnolia qu'elle écrasera entre ses seins, il n'en restera rien. Et entre les temps sacrés de la respiration de son enfant, elle vomira là, longuement, la nourriture étrangère que ce soir elle fut forcée de prendre.

Une ombre (2) apparaîtra dans l'encadrement de la porte restée ouverte sur le couloir, obscurcira plus avant la pénombre de la chambre. Anne Desba—resdes passera légèrement la main dans le désordre réel et blond de ses cheveux. Cette fois, elle prononcera une excuse.

On ne lui répondra pas.

Éd. de Minuit.

Michel Butor (né en 1926)

Michel Butor, après avoir enseigné la littérature en Angleterre, en Grèce, en Égypte, aux U.S.A., choisit de s'y consacrer et ne cesse d'aller plus loin dans ses recherches sur l'écriture, dont il présente les objectifs et les moyens dans ses *Essais sur le roman* (1964). Il privilégie tout d'abord l'étude de l'espace et du temps ; dans son roman, *Passage de Milan* (1954), il reproduit la succession des heures d'une nuit, vécue par les sept familles d'un immeuble parisien, puis celle des minutes d'une heure de cours dans *Degrés* (1960) ; le passé, le présent et l'avenir se mêlent dans *L'Emploi du temps* (1956) et dans *La Modification* (1957) : un voyage entre Paris et Rome conduit le narrateur, qui va voir sa maîtresse, à évoquer, en un long monologue intérieur, tous ses autres voyages en train pour enfin découvrir, surpris, sa « modification » psychologique. Dans l'œuvre de Butor, les objets servent de révélateurs à une conscience incapable de s'appréhender seule.

De plus en plus, d'ailleurs, l'individu et sa conscience propre s'effacent de ses romans pour laisser la place aux représentations collectives qui s'expriment par le langage : *Mobile* (1962), *6 810 000 litres d'eau par seconde* (1965). Par des énumérations, des collages que le lecteur parcourt à son gré, des répétitions de mots, de phrases, de chiffres empruntés à un réel que l'écrivain n'a pas créé lui-même, comme les phrases du texte de Chateaubriand sur les chutes du Niagara, Butor compose une sorte de partition symphonique, démythifie le rôle du romancier et appelle le lecteur à entrer dans le réseau de significations ainsi tissé.

SPEAKER **Partout d'immenses arbres de Noël couverts de girandoles multicolores.**
se suspendent mille arcs-en-ciel, LECTEUR
Et je m'en retourne dans la nuit noire. KENT
et des carcajous au levant descendent dans une ombre effrayante, on dirait une colonne d'eau du déluge.
LIDDY Et je me renferme dans ma propre nuit noire.
celle qui tombe au fond du gouffre,
Messes dans les églises aux vitres illuminées.
de toutes les couleurs,
MILTON Avec elle autrefois, mais c'était dans une autre saison.
descendent en tournoyant en nappe de neige et brillent au clair de lune.
Avec lui autrefois dans cette neige. NELLY
entraînés par le courant d'air qui se précipite au midi,
Je hais cette nuit. KENT
s'arrondit en un vaste cylindre,
Les réveillons dans tous les restaurants décorés de gui et de houx.

LA MODIFICATION

Dans un compartiment de chemin de fer, les objets et les êtres qui l'entourent servent de catalyseurs à l'inconscient

(1) Surnom du fils d'Anne. – (2) Son mari.

du narrateur : à la fin de son voyage, presque arrivé à Rome, cet homme découvre brusquement qu'il renoncera à sa maîtresse et que l'écriture seule sera susceptible de donner un sens à son existence. La phrase de Butor et ses méandres reconstitue la pensée sous-jacente qui se déroule indépendamment de la conscience : celle-ci s'observe avec détachement (emploi du « vous ») avant d'arriver, au terme du voyage, à affirmer son « moi » en même temps que sa participation au mythe collectif que fonde le seul nom de « Rome ».

De l'autre côté du corridor, passe la grande raffinerie de pétrole avec sa flamme et les ampoules qui décorent, comme des arbres de Noël, ses hautes tours d'aluminium.

Toujours debout, face à votre place, à cette photographie de l'Arc de Triomphe de Paris, tenant le livre entre vos doigts, quelqu'un frappe sur votre épaule, ce jeune marié que vous appeliez Pierre, et vous vous asseyez pour le laisser sortir, mais ce n'est pas cela qu'il veut; il allonge le bras et ouvre la lumière.

Tous les yeux s'écarquillent alors, tous les visages marquent de la hâte.

Il prend une des valises au-dessus de sa jeune épouse, la dépose sur la banquette, l'ouvre, y cherche leurs affaires de toilette. Vous vous dites :

s'il n'y avait pas eu ces gens, s'il n'y avait pas eu ces objets, et ces images auxquels se sont accrochées mes pensées de telle sorte qu'une machine mentale s'est constituée, faisant glisser l'une sur l'autre les régions de mon existence au cours de ce voyage différent des autres, détaché de la séquence habituelle de mes journées et de mes actes, me déchiquetant;

s'il n'y avait pas eu cet ensemble de circonstances, cette donne (1) du jeu, peut-être, cette fissure béante en ma personne ne se serait-elle pas produite cette nuit, mes illusions auraient-elles pu tenir encore quelque temps;

mais maintenant qu'elle s'est déclarée, il ne m'est plus possible d'espérer qu'elle se cicatrise ou que je l'oublie, car elle donne sur une caverne qui est sa raison, présente à l'intérieur de moi depuis longtemps, et que je ne puis prétendre boucher, parce qu'elle est en communication avec une immense fissure historique.

Je ne puis espérer me sauver seul. Tout le sang, tout le sable de mes jours s'épuiserait en vain dans cet effort pour me consolider.

Donc préparer, permettre, par exemple au moyen d'un livre, à cette liberté future hors de notre portée, lui permettre, dans une mesure si infime soit-elle de se constituer, de s'établir;

c'est la seule possibilité pour moi de jouir au moins de son reflet tellement admirable et poignant;

sans qu'il puisse être question d'apporter une réponse à cette énigme que désigne dans notre conscience ou notre inconscience le nom de Rome, de rendre compte même grossièrement de ce foyer d'émerveillements et d'obscurités.

Passe la gare de Roma Trastevere. Au-delà de la fenêtre, les premiers tramways allumés se croisent dans les rues.

Alain Robbe-Grillet (né en 1922)

Alain Robbe-Grillet a été ingénieur agronome avant de devenir, avec *Les Gommes* (1953), romancier, théoricien dans son essai *Pour un nouveau Roman* (1963), enfin cinéaste, d'abord avec Resnais (2), puis seul à élaborer les mises en scène de films quasi expérimentaux : *L'Immortelle* (1963), *Trans-Europe-Express* (1967), *L'homme qui meurt* (1968), *Glissements progressifs du plaisir* (1974). La réflexion réalisée au cinéma sur l'importance du montage des séquences prolonge celle déjà élaborée dans ses romans.

Comme les autres « nouveaux romanciers », Robbe-Grillet refuse tout roman psychologique qui tendrait à proposer une interprétation philosophique, politique, psychanalytique, de la réalité :

« ...Le monde n'est ni signifiant ni absurde. Il *est,* tout simplement. (...) À la place de cet univers de « significations » (psychologiques, sociales, fonctionnelles), il faudrait donc essayer de construire un monde plus solide, plus immédiat. Que ce soit par leur *présence* que les objets et les gestes s'imposent, et que cette présence continue ensuite à dominer, par-dessus toute théorie explicative qui tenterait de les enfermer dans un quelconque système de référence, sentimental, sociologique, freudien, métaphysique ou autre. »

Robbe-Grillet va très loin dans cette direction : ses *Instantanés* (1962) sont des natures mortes, et la place accordée aux objets dans ses autres romans (*Le Voyeur,* 1955 ; *La Jalou-*

---

(1) Distribution de cartes, au jeu. – (2) *Cf.* pp. 403-404.

sie, 1957 ; *Dans le labyrinthe,* 1959 ; *La Maison de rendez-vous,* 1965) reflète notre société où l'objet impose son évidence. Comme plusieurs de ses personnages, l'écrivain- « voyeur » enregistre des gestes, des comportements, souvent les plus insignifiants, sans laisser transparaître le moindre état d'âme ; l'ambition du romancier devient : « Bâtir quelque chose à partir de rien, qui tienne debout tout seul, sans avoir à s'appuyer sur quoique ce soit d'extérieur à l'œuvre ». C'est donc la forme de l'œuvre, sa construction, qui en feront le sens. Pour Robbe-Grillet, la forme ne peut être que répétitive, traduction des images obsessionnelles de l'homme, de sa vaine agitation ; surtout, à travers la reprise de scènes identiques, à quelques variations près, il propose l'image d'un temps « instantané », porteur pourtant d'un passé qui signale l'usure infligée à l'homme face à l'immobilité froide des choses. Mais le romancier refuse d'intervenir dans un récit qu'il semble effacer au fur et à mesure des pages, car le but premier du roman est que le lecteur, libre, démonte lui-même le mécanisme de l'œuvre et de la création littéraire.

LA JALOUSIE

Dans ce roman, un mari, jaloux, observe sa femme et son amant supposé, Franck, par une fenêtre de bois à lamelles (1). *Dans ce passage, le mari, resté seul – sa femme et Franck sont allés au port en voiture et sont en retard –, regarde un mille-pattes qui devient le pivot de la construction de cette scène : l'auteur y détruit toute cohérence spatiale et temporelle puisque le présent de la narration, froide, presque mécanique, correspond aussi au passé et au futur, mêle le réel et l'imaginaire, juxtapose des actions dont la répétition révèle seule la valeur obsessionnelle.*

Il est possible, en approchant l'oreille, de percevoir le grésillement léger qu'elles (2) produisent.

Le bruit est celui du peigne dans la longue chevelure. Les dents d'écaille passent et repassent du haut en bas de l'épaisse masse noire aux reflets roux, électrisant les pointes et s'électrisant elles-mêmes, faisant crépiter les cheveux souples, fraîchement lavés, durant toute la descente de la main fine – la main fine aux doigts effilés, qui se referment progressivement.

Les deux longues antennes accélèrent leur balancement alterné. L'animal s'est arrêté au beau milieu du mur, juste à la hauteur du regard. Le grand développement des pattes, à la partie postérieure du corps, fait reconnaître sans risque d'erreur la sculigère, ou « mille-pattes-araignée ». Dans le silence, par instant, se laisse entendre le grésillement caractéristique, émis probablement à l'aide des appendices buccaux.

Franck, sans dire un mot, se relève, prend sa serviette ; il la roule en bouchon, tout en s'approchant à pas feutrés, écrase la bête contre le mur. Puis, avec le pied, il écrase la bête sur le plancher de la chambre.

Ensuite il revient vers le lit et remet au passage la serviette de toilette sur sa tige métallique, près du lavabo.

La main aux phalanges effilées s'est crispée sur le drap blanc. Les cinq doigts écartés se sont refermés sur eux-mêmes en appuyant avec tant de force qu'ils ont entraîné la toile avec eux : celle-ci demeure plissée de cinq faisceaux de sillons convergents... Mais la moustiquaire retombe tout autour du lit interposant le voile opaque de ses mailles innombrables, où des pièces rectangulaires renforcent les endroits déchirés.

Dans sa hâte d'arriver au but, Franck accélère encore l'allure. Les cahots deviennent plus violents. Il continue néanmoins d'accélérer. Il n'a pas vu, dans la nuit, le trou qui coupe la moitié de la piste. La voiture fait un saut, une embardée... Sur cette chaussée défectueuse le conducteur ne peut redresser à temps. La conduite-intérieure bleue va s'écraser, sur le bas-côté, contre un arbre au feuillage rigide qui tremble à peine sous le choc, malgré sa violence.

Aussitôt des flammes jaillissent. Toute la brousse en est illuminée, dans le crépitement de l'incendie qui se propage. C'est le bruit que fait le mille-pattes, de nouveau immobile sur le mur, en plein milieu du panneau.

À le mieux écouter, ce bruit tient du souffle autant que du crépitement : la brosse maintenant descend à son tour le long de la chevelure défaite. À peine arrivée au bas de sa course, très vite elle remonte la branche ascendante du cycle, décrivant dans l'air une courbe qui la ramène à son point de départ, sur les cheveux lisses de la tête, où elle commence à glisser derechef.

Éd. de Minuit.

(1) Qu'on appelle précisément « une jalousie ». – (2) Les mâchoires du mille-pattes.

César :
« Compression »,
1960.

G. Richier :
« Le Griffu », 1952,
bronze.

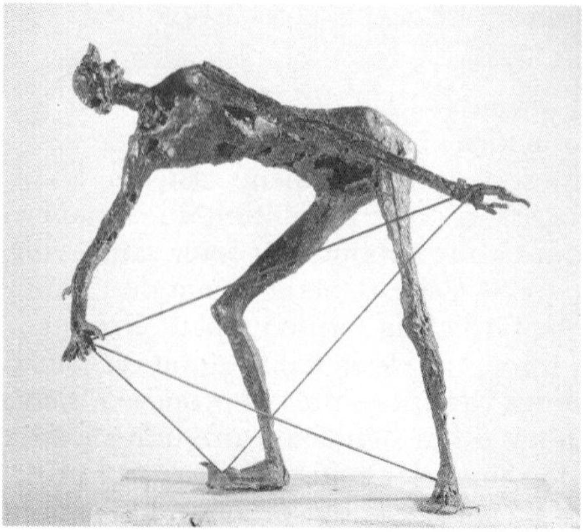

Le centre
Georges Pompidou,
architectes R. Piano,
R. Rogers,
assistés de G. Franchini.

La Géode, architecte A. Fainsilber.

Le XXe siècle

de mai 1968 à nos jours

La contestation étudiante, qui explose en mai 1968, tourne à l'émeute, et entraîne des mouvements ouvriers qui paralysent le pays ; même si la situation s'apaise assez rapidement, elle aura marqué de façon indélébile le pays car elle exprime un malaise paradoxal : alors que toute une société – et ceux-là même qui la contestent – a été séduite par un matérialisme croissant, que l'acte de consommer s'est démocratisé, la consommation ne suffit pas à constituer un idéal. D'autre part, la crise énergétique de 1973, qui provoque une récession économique, démontre la fragilité de la société d'abondance : le chômage augmente, les « laissés-pour-compte » (1) du progrès se multiplient. Même si les années 80-90 voient l'économie se redresser lentement, la « crise » a semé le doute et la peur dans les esprits : les mouvements de libération régionale remettent en cause l'unité nationale, les mouvements écologiques jettent des cris d'alarme de plus en plus écoutés, les citoyens font de moins en moins confiance aux idéologies et aux pouvoirs institués. Ces peurs diverses expliquent notamment des réactions racistes, le recours à l'irrationnel...

Enfin, à l'époque où, à travers la mode, la publicité, les médias, l'informatique, les loisirs..., chacun s'insère, de gré ou de force, dans un groupe, l'individualisme se développe et s'affiche, comme si la famille, le mariage, l'acquisition d'une maison particulière, pouvaient seuls faire contrepoids à l'insertion dans le groupe. Dans ce contexte, les philosophes, les hommes de science, les artistes, semblent impuissants à proposer de nouvelles valeurs ; pourtant, jamais ils n'ont eu à leur disposition autant de moyens pour toucher une société dont ils s'affirment les témoins.

Quelques aspects de la vie quotidienne

Le monde du travail

SON ORGANISATION

L'économie française s'est profondément modifiée durant cette période, à commencer par la division traditionnelle du travail : la population agricole est en forte baisse et la

(1) Ceux qui ne bénéficient pas des bienfaits du progrès.

LA CINQUIÈME RÉPUBLIQUE

Oct. 1968	Loi « Edgar Faure » sur l'enseignement supérieur.
1969	L'échec du référendum sur la régionalisation entraîne la démission de De Gaulle. *Georges Pompidou président.* 1re dévaluation du franc.
1970	Mensualisation des salaires accordée chez Renault. Service militaire réduit à 12 mois.
1971	J. Lecanuet et J.-J. Servan-Schreiber fondent le Mouvement réformateur. Congrès d'Épinay : naissance du parti socialiste de F. Mitterrand. Loi sur la participation des entreprises à la formation continue des salariés.
1972	Signature du programme commun Parti socialiste/Parti communiste. La Grande-Bretagne, l'Irlande et le Danemark entrent dans la C.E.E.
1973	Manifestations lycéennes contre la « loi Debré ». Ier choc pétrolier.
1974	Hausse des prix de 13 % et nombreuses grèves. Mort de Pompidou. *Valéry Giscard d'Estaing président;* J. Chirac premier ministre. Majorité civile abaissée à 18 ans, loi sur l'interruption volontaire de grossesse.
1975	Mesures de relance économique, mais 1 million de chômeurs. Agitation en Corse, et dans les lycées et les universités. Rappel des troupes françaises basées au Tchad. Mise en service de l'aéroport de Roissy.
1976	Démission de J. Chirac. Raymond Barre, premier ministre, adopte un « plan d'austérité » et le franc sort du « serpent monétaire européen ».
1977	Rupture de l'union de la gauche.
1978	La gauche battue aux élections législatives. Libéralisation des prix.
1979	Ire élection de l'Assemblée européenne. Second choc pétrolier ; retour de la France dans le « serpent ».
1980	Échos importants en France de la crise politique polonaise. Visite du pape Jean-Paul II à Paris.
1981	*François Mitterrand président :* il dissout l'Assemblée nationale. Ier gouvernement Mauroy, avec participation communiste. Augmentations des salaires et assurances sociales, abolition de la peine de mort. 2e dévaluation du franc et blocage des prix. La Grèce entre dans la C.E.E.
1982	Nombreuses mesures sociales. Envoi d'une force militaire française au Liban dans le cadre de l'O.N.U.
1983	Recul de la gauche aux élections municipales. 3e dévaluation du franc. Intervention française au Tchad.
1984	Les armées françaises quittent le Liban. Accord franco-libyen sur l'évacuation réciproque du Tchad. Manifestations en faveur de l'enseignement libre.
1985	Espagne et Portugal entrent dans la C.E.E. « Affaire Greenpeace », bateau écologiste coulé par la France ; nombreuses manifestations écologistes.
1986	Nombreux attentats terroristes en France. Échec de la gauche aux élections législatives : Chirac, premier ministre, « cohabite » avec le président Mitterrand. Manifestations étudiantes contre la « loi Devaquet ».
1987	Privatisation de T.F.1 et de plusieurs sociétés nationalisées. Krach boursier. Prise d'otages français au Liban ; mesures anti-terroristes et nombreuses arrestations. Rupture France/Iran.
1988	*Mitterrand réélu président;* premier ministre Michel Rocard. Violentes manifestations indépendantistes en Nouvelle-Calédonie ; dans un référendum, ce pays choisit cependant de rester français. Montée du F.N., parti d'extrême-droite.
1989	Bicentenaire de la Révolution. Chute du « mur de Berlin » et début de démocratisation du « Bloc de l'Est ».
1990	Efforts gouvernementaux pour résoudre la question de l'immigration, mais violentes manifestations racistes. Invasion du Koweit par l'Irak : la France, sous l'égide de l'O.N.U., participe à l'envoi d'une force militaire en Arabie Saoudite.

production se rationalise, est planifiée selon les régions et les directives de la C.E.E. (1); certains secteurs économiques, comme la sidérurgie dans le Nord et en Lorraine, les chantiers navals en Loire-Atlantique ou dans les Bouches-du-Rhône, semblent condamnés, tandis que le secteur tertiaire, employés de bureau et des « services », est en plein essor, et s'initie aux méthodes venues des U.S.A.

DE NOUVELLES EXIGENCES

Ces mutations se répercutent sur la notion même de travail, valeur non contestée auparavant, aujourd'hui remise en cause. Avec la disparition de l'artisanat, la parcellisation accrue des tâches, la fusion des entreprises, leur affiliation à des « multinationales », travailler ne signifie plus, pour l'individu, servir son pays tout en satisfaisant ses aspirations personnelles, mais seulement « faire une carrière », obtenir un salaire qui permette de mener une vie confortable. Parallèlement se manifeste une exigence de « qualité de vie » dans le monde du travail, qui se traduit dans les revendications des principaux syndicats – la C.G.T., Confédération générale du travail; F.O., Force ouvrière; la C.F.D.T., Confédération française démocratique du travail –, même si leur nombre d'adhérents a tendance à diminuer : tous réclament de meilleures conditions de travail, qui vont de l'horaire et des locaux mieux aménagés à la possibilité pour les travailleurs de prendre des initiatives, voire de participer à la gestion de l'entreprise, autant de combats contre une dépersonnalisation croissante.

LE CHÔMAGE, SES CONSÉQUENCES

En même temps, le spectre de la récession économique, et son corollaire, le chômage, se sont installés, tant dans l'esprit des chefs d'entreprise que dans celui de leurs employés : alors que les jeunes appréhendent d'entrer dans ce monde, les chefs d'entreprise ont recours à des sociétés intérimaires, qui font régner une atmosphère d'insécurité mais permettent une plus grande souplesse et mobilité d'embauche.

L'observation d'une offre d'emploi parue dans *L'Express* (27-04-1990) est révélatrice du compromis que l'entreprise doit réaliser entre les nécessités de son propre développement dans une situation de concurrence et les nouvelles exigences des employés. Aussi l'employeur cherche-t-il à séduire, tout en rassurant, sans pour autant masquer le fait que la vie professionnelle est un combat.

LA PLUPART DE NOS DIRECTEURS
ONT RÉUSSI PARCE QU'ILS ONT
COMMENCÉ PAR OCCUPER
SUR LE TERRAIN
DES POSTES
OPÉRATIONNELS

C'est ce que nous vous proposons pour réussir un début de carrière qui, après quelques années d'expérience, vous ouvrira des possibilités d'évolution dans tous les domaines, dans un secteur professionnel d'avenir pour ceux qui sauront se montrer courageux et réalistes au départ. Après une période d'intégration et de formation, vous prendrez en charge, avec une grande autonomie, une région dans laquelle vous :

* Animerez et gérerez un réseau d'Agents;
* Développerez une politique commerciale spécifique et adaptée à l'environnement;
* Conseillerez une clientèle d'entreprises sur la gestion de leurs risques.

Si, JEUNES DIPLÔMÉS, après une excellente formation supérieure et un tempérament incontestablement commercial, ce genre de défi vous apporte les satisfactions que vous recherchez;

Si vous êtes « ainsi fait » : actif, créatif, combatif, sportif... et bien entendu mobile, notre Groupe d'Assurances à capitaux privés, à la fois souple et puissant (1 000 collaborateurs,

(1) Communauté économique européenne; cf. p. 381.

1,6 MdFrs de Chiffre d'affaires) et à taille humaine, vous permettra d'exprimer vos qualités de Leader, de Négociateur et d'Entrepreneur.
L'expérience commençant par la réalisation de ses passions, venez nous parler de vos premières réussites et satisfactions tant personnelles que professionnelles, nous commenter ce qui dans vos compétences et vos motivations rejoint nos attentes.

Ces mêmes difficultés sont la cause première du phénomène de rejet des travailleurs immigrés, venus principalement du Maghreb (1), d'Afrique noire, des Antilles, de Turquie, à un moment où le pays, en plein développement, avait besoin de main-d'œuvre pour remplir des emplois dont les Français métropolitains ne voulaient plus. On leur impute aujourd'hui, inconsidérément, le chômage et tous les maux qui en découlent; leur présence, leur intégration deviennent un enjeu politique. Cependant, le consensus s'est fait pour mettre un frein à l'immigration; davantage surveillée, elle s'effectue alors clandestinement, ce qui accentue encore davantage les réflexes racistes.

LE TRAVAIL FÉMINININ

« Aujourd'hui, les métiers n'ont pas de sexe » : ce titre d'un film éducatif, patronné par le ministère des Droits de la femme (2), pourrait résumer l'évolution du travail féminin à partir des années 70. Les créations du Comité du travail féminin, en 1971, puis de l'association « Retravailler » par Évelyne Sullerot en 1973, destinée aux femmes qui souhaitent se réinsérer dans la vie professionnelle, témoignent de la volonté de faire reconnaître l'importance économique et sociale du travail féminin à ceux qui l'accusent d'accroître le chômage et d'engendrer toutes les décadences morales.

Peu à peu, les femmes pénètrent dans les grandes écoles (en 1969, l'École nationale d'administration; en 1972, une femme sort major de Polytechnique), dans la Bourse, commencent à exercer des professions traditionnellement réservées aux hommes, telles celle de pilote (la première femme pilote de ligne est recrutée par Air France en 1974), de commissaire de police (1976)... De 1970 à 1980, le nombre des femmes ingénieurs double. Certes, malgré la loi contre la discrimination sexiste qu'Yvette Roudy, alors ministre, a fait adopter en 1983, les femmes restent pénalisées : elles effectuent encore, plus souvent que les hommes, des tâches d'exécution, leurs salaires sont encore en moyenne de 20 % inférieurs, leur carrière est freinée par leur vie familiale, elles apparaissent peu dans le monde politique. Néanmoins elles ont déjà parcouru un chemin irréversible, comme le souligne cet article de Christophe Agnus et Agnès Baumier :

Par promotions entières, sorties des meilleures écoles, les jeunes femmes sont en train d'investir l'entreprise. Une révolution silencieuse.

À l'époque héroïque – au début des années 80 – c'étaient des pionnières. On les appelait « superwomen » et on en avait un peu peur. Championnes exceptionnelles des « trois-huit » – boulot-enfant-mari – aux tailleurs impeccables et aux dents acérées, elles forçaient un à un les bastions (3) mâles des entreprises. Ascensions périlleuses. Très peu ont conquis les sommets. Mais elles ont ouvert de larges brèches.

La nouvelle vague s'y engouffre. En moyenne, on compte, dans toute la France, 40 % de femmes parmi les cadres administratifs et commerciaux de moins de 30 ans et 20 % parmi les ingénieurs de la même classe d'âge. Chez les plus de 35 ans, la proportion n'est, respectivement, que de 25 % et de 10 %. L'égalité n'est pas complète. Mais la mutation s'accélère.

Informaticiennes, publicitaires, spécialistes de la finance ou des ressources humaines, les jeunes femmes prennent leurs marques (4). Et commencent à s'exprimer. Un nouveau langage. Finies les concessions forcées. Dépassées les « femmes-mecs » (5) qui en faisaient trois fois plus pour s'imposer. La génération montante veut tout : un travail intéressant, bien sûr – comme leurs copains de cours – l'amour et

(1) Algérie, Maroc et Tunisie. – (2) Ce ministère remplaça, de 1981 à 1986, le secrétariat d'État à la Condition féminine, créé en 1974. – (3) Métaphore guerrière : les entreprises sont comparées à des forteresses à conquérir. – (4) Comme le font des coureurs avant le départ. – (5) Mec, en argot « homme ».

la famille – comme maman – et, en plus, des loisirs... (...)

On revient de très loin. Difficile d'imaginer l'époque où HEC (1) était interdit aux femmes et Polytechnique (2) totalement masculin. HEC Jeunes Filles enseignait la dactylo et la sténo (on ne sait jamais...), et Polytechnique féminine n'avait de commun avec l'X (3) que son homonymie. « Pour une scientifique de bon niveau, se souvient Colette Lewiner, toute nouvelle directrice du développement d'EDF, la seule chance de s'en sortir, c'était Normale sup » (4). « Le choix était restreint pour se former aux affaires, rappelle Geneviève Gomez, directrice de l'immobilier chez Indosuez. En 1961, c'était Sciences po ou rien. » Et, pour beaucoup, c'était rien.

L'Express, 16-22 mars 1990.

Consommation et loisirs

« TOUJOURS PLUS »

Les étudiants de mai 1968 ont dénoncé le système de « production-consommation », duquel ils se sentaient prisonniers; certains ont alors expérimenté d'autres modes de vie, communautés artisanales et agricoles, élevage de moutons... Ces tentatives, isolées, n'ont pas modifié profondément les lois d'une économie dont le mot d'ordre reste, pour reprendre le titre d'un essai de François de Closets, « toujours plus ». Les petits magasins sont devenus de petits libre-service, ou supérettes, puis des supermarchés, enfin des hypermarchés à la périphérie des villes, Auchan, Carrefour, Géant Casino, Euromarché, Mammouth..., selon les régions. Les zones piétonnes urbaines, avec leurs boutiques diverses, leurs « galeries marchandes », leurs restaurants... prolifèrent et incitent à l'achat, qui s'effectue de plus en plus à crédit.

Même si la concurrence qui s'ensuit profite parfois aux consommateurs, ceux-ci en sont aussi souvent les victimes. Pour les aider dans leur choix, l'État a créé, en 1966, l'Institut national de la consommation, dont l'action n'a cessé de s'intensifier depuis. Les enquêtes qu'il mène pèsent sur la réglementation – les lois de décembre 1973 et de janvier 1978 répriment la publicité mensongère –, protègent les consommateurs, et il dispose aujourd'hui d'émissions de télévision, d'un magazine mensuel, *50 millions de consommateurs,* il aide les organisations privées de consommateurs qui, elles aussi, sont de plus en plus efficaces, tant sur le plan de la prévention que de la juridiction.

LA PUBLICITÉ

Mais les consommateurs peuvent difficilement échapper à la publicité : en 1983, par exemple, la télévision, qui n'offrait alors que trois chaînes, a diffusé 24 400 messages publicitaires; aujourd'hui, sur les chaînes privées, les émissions sont entrecoupées de messages, destinés tantôt à susciter un besoin nouveau, tantôt à orienter notre choix vers un produit présenté comme « nouveau ». La publicité a su faire appel à toutes les mythologies qui traversent nos sociétés, s'appuyer sur toutes les modes, sur toutes les identités culturelles et certaines des images qu'elle a répandues sont devenues « classiques » : celle de la « Mère Denis », par exemple, qui a vanté, de 1972 à 1983, les mérites d'un lave-linge puis ceux d'un lave-vaisselle, a correspondu à la fois à la mode d'un retour aux valeurs traditionnelles, au mythe du bon sens paysan, tandis qu'elle répondait à tous les détracteurs de la publicité par son exclamation souvent parodiée depuis : « C'est ben (5) vrai,

(1) École des hautes études commerciales. – (2) Forme à des emplois hautement qualifiés dans les corps civils et militaires de l'État. – (3) Surnom de Polytechnique. – (4) Forme professeurs et chercheurs en lettres, sciences, médecine et sciences économiques. – (5) Déformation paysanne de « bien ».

ça ! » La publicité exerce actuellement son action dans tous les domaines : on vend un candidat aux élections, voire une notion abstraite (charité, solidarité, sécurité, santé...), comme naguère une lessive.

LA « NOUVELLE PAUVRETÉ »

Le paradoxe est à son comble quand on utilise les supports publicitaires pour faire savoir qu' « un Français sur 100 ne mange pas à sa faim ! » Liée à la récession économique des années 75, à des flux migratoires mal contrôlés et à un système scolaire insuffisamment adapté aux réalités actuelles, une « nouvelle pauvreté » est apparue, un « quart monde » composé des « exclus » de la consommation, de ceux qui dépendent des caisses d'assistance (1) et des organisations caritatives pour vivre : les 9 000 bénévoles des « Restaurants du cœur », fondés par l'humoriste Coluche, ont distribué, dans leurs 925 centres, 25 millions de repas pendant l'hiver 1988-89 ; l'Armée du Salut, les Compagnons d'Emmaüs, communauté créée par l'abbé Pierre en 1954, n'ont jamais autant aidé les plus défavorisés qu'en ces années de consommation effrénée.

L'ÈRE DES LOISIRS

Les loisirs font partie eux aussi de la société de consommation. Voyages organisés, séjours dans des « clubs », toutes sortes de formules permettent aux jeunes ou aux moins jeunes, le « 3e âge » comme on l'appelle, de visiter le monde ou, à défaut, de pratiquer, en groupe ou individuellement, l'activité qui leur plaît : on « fait » l'Égypte, comme on faisait jadis une promenade en bicyclette. Une véritable industrie des loisirs est née, qui touche tous les domaines : des magazines de toutes natures, des émissions de radio et de télévision orientent les choix des consommateurs.

La radio et la télévision ont été les premières touchées par cette révolution. Dès 1980, les radios « pirates » se multiplient au point qu'il est voté, en juillet 1982, pour réglementer les « radios libres », une loi dont l'application ne se fait pas sans heurts et nécessite l'intervention de la Haute Autorité qui a remplacé l'ancien organisme étatique, l'O.R.T.F. (2). La Haute Autorité a aussi pour fonction de nommer les présidents des chaînes d'État (Antenne 2 et F.R.3, chaîne des régions) et de veiller à ce que les chaînes privées respectent les engagements pris en matière de publicité et de diffusion des films. Ces chaînes privées, dont l'autorisation a donné lieu à bien des controverses, prospèrent : outre la privatisation d'une chaîne nationale, T.F.1, l'avènement de « Canal Plus », chaîne codée payante, la création d'une cinquième, puis d'une sixième chaîne en 1986, les progrès techniques offrent aujourd'hui des chaînes qui fonctionnent par câble ou par satellite.

Mais la caractéristique essentielle de cette époque est l'engouement pour le sport qui apporte équilibre et détente. Certes, parfois le snobisme et la mode interviennent, la violence se déchaîne sur certains stades, et il est difficile d'oublier les intérêts financiers en jeu dans le développement de nombreux sports. Pourtant, par-delà ces excès, on assiste à une véritable révolution dans le mode de vie d'une fraction de plus en plus large de la population : entretenir son corps par le sport, par une hygiène de vie, notamment alimentaire, est une des valeurs actuelles. La kinésithérapeute Thérèse Bertherat la résume : « Le secret de la forme, c'est d'arriver à mettre ensemble les muscles, l'esprit, les sensations, les émotions. L'être tout entier ». De même, à ceux qui dénoncent les excès du culturisme ou de certains régimes alimentaires, qui voient dans le culte du corps un narcissisme, signe de décadence, Gérard Bonnot répond :

---

(1) Elles fournissent notamment des indemnités en cas de chômage, des aides familiales diverses. – (2) Office de Radio-Télédiffusion française.

Le paysan courbé sur son champ du lever au coucher du soleil, le manœuvre qui coltinait des fardeaux dix heures par jour n'avaient pas besoin de penser à leur corps. S'ils aspiraient à quelque chose, c'était à reposer leurs muscles fatigués, à pouvoir enfin réfléchir, rêver. Ou bien à faire la fête entre amis. Pour l'informaticien qui passe sa journée devant une console d'ordinateur, ou pour le spécialiste des relations publiques qui voit sans arrêt défiler de nouvelles têtes, c'est l'inverse. Ils aspirent au plaisir d'exercer leurs muscles et à la solitude. Parce que le travail moderne est de plus en plus abstrait, la redécouverte du corps, et de tous les plaisirs qu'il apporte, est, malgré les excès inévitables de la mode, une preuve de santé. Ce n'est pas un hasard si la Californie, le pays de l'éternel été, qui a donné le signal de cette évolution des mœurs, est aussi l'endroit de la terre qui compte la plus forte concentration d'industries de pointe en pleine expansion.

N'en déplaise aux moralistes bougons, aux employeurs qui s'obstinent à confondre l'atelier ou le bureau avec une caserne, l'avenir appartient à ceux qui sauront inventer une nouvelle joie de vivre.

Le Nouvel Observateur,
décembre 1983.

La jeunesse

LA CONTESTATION

Les industriels ont certainement été les premiers à concevoir l'importance de la jeunesse, divisée en « classes d'âge », à renverser l'ordre patriarcal où les anciens dirigeaient la communauté, pour faire de la jeunesse une qualité en soi afin d'en jouer comme argument publicitaire. Un énorme marché s'est développé, dont les acheteurs potentiels vont de l'enfant, qui impose ses désirs, à l'adolescent, sans oublier l'adulte qui veut, à tout prix, rester jeune.

Le mouvement de mai 1968, fortement marqué par l'idéologie marxiste et ses courants chinois ou cubain, s'est dressé contre cet emprisonnement dans un système qui imposait le « devoir d'acheter » mais n'accordait, en échange, que peu de droits aux jeunes. Les slogans des étudiants de 68 sont éloquents.

« Changez la vie donc transformez son mode d'emploi. »

« Dans les facultés 6 % de fils d'ouvriers
Dans les internats de rééducation 90 %. »

« Pacifistes de tous les pays faites échec à toutes les entreprises guerrières en devenant citoyens du monde. »

« L'âge d'or était l'âge où l'or ne régnait pas. Le veau d'or est toujours de boue. »

« Nous voulons : les structures au service de l'homme et non pas l'homme au service des structures. Nous voulons avoir le plaisir de vivre et non plus le mal de vivre. »

« Seule la vérité est révolutionnaire. »

« La liberté commence par une interdiction. Celle de nuire à la liberté d'autrui. »

« Cache-toi, *objet.* »

« Êtes-vous des "consommateurs" ou bien des "participants" ? »

« L'imagination prend le pouvoir. »

Journal mural mai 68. Quelques-unes des citations recueillies par Julien Besançon. Tchou.

Ils souhaitaient inventer un nouvel art de vivre, fondé sur la création plus que sur la consommation. Certains poussèrent la contestation jusqu'à se marginaliser. L'appartenance à des « communautés », voire à des sectes, le recours à la drogue, la délinquance des « blousons noirs », aujourd'hui « loubards » (1) des banlieues, sont autant de signes du malaise de la jeunesse, non guéri. Il inquiète le monde adulte, qui a pourtant contribué à le susciter, comme l'explique Albert Sigusse dans son livre *Salauds de jeunes.*

(1) Ces jeunes gens, souvent vêtus de blousons de cuir noir, se livrent à toutes sortes de violences.

En tout pays, la jeunesse est un tunnel qui débouche sur l'âge adulte. Or, la majorité des Français se comportent comme si le débouché comptait plus que la traversée ; comme si tout adulte arrivé au terme du voyage, était a priori plus estimable que le jeune. (...) Par définition, le jeune est un pas-encore-adulte, même face à l'intelligence adulte la plus débile. Dès qu'il y a contestation dans l'établissement de la vérité, il doit crier pour se faire entendre. La réaction spontanée de la majorité des adultes est de la taxer (1) d'ignorance et d'invoquer l'ordre, l'obéissance ou l'autorité. (...)

Par ailleurs, la jeunesse a peu à voir avec le nombre des années ; c'est une certaine façon de refuser l'extermination de l'espoir. Tout adulte absolu est un enfant mort ; chez certains, c'est venu tôt ; chez d'autres, ça ne viendra jamais ; chacun d'entre nous se trouvera toujours être le jeune de quelqu'un, comme il pourrait en être le juif, le nègre ou le prolétaire. Même sans qu'on tire à la courte paille (2), c'est toujours lui qui sera mangé.

Cette hostilité, jamais définie mais presque partout présente, régit les rapports de la France à l'égard de ses jeunes. (...) Mai 68 est un symptôme ambigu et non pas un accident dans l'histoire des relations de la jeunesse française au reste du pays. C'est une déchirure venue tard dans une situation de docilité usée. Elle était prévisible à qui voulait se donner la peine de coller son oreille au sol.

La tentation est forte, au niveau où se prennent les décisions nationales, de demander à la jeunesse ce qu'elle propose. C'est couper la voix à l'expression du malaise, et ne pas tolérer qu'il s'exprime sans proposer de solution de remplacement. Quitte à s'étonner, la main sur le cœur, lorsque des jeunes préfèrent le suicide à l'entrée dans l'univers des adultes. Lorsqu'un jeune se tue parce que tous les États du monde laissent affamer le Biafra, c'est qu'il refuse les détours de la politique internationale où la générosité n'est jamais une valeur. Ce suicide est la condamnation de la diplomatie secrète par quelqu'un qui n'a aucun pouvoir sur elle.

Denoël, édit.

LA FAMILLE

L'évolution des structures familiales a contribué à accentuer le désarroi des jeunes. Si les campagnes et les petites villes de province préservent encore l'intégration des jeunes dans la communauté des adultes, le rythme de vie des grandes villes, l'absence au foyer des deux parents, qui travaillent, la limitation des naissances, les divorces nombreux, ont brisé le cadre familial de naguère ; souvent livrés à eux-mêmes, les jeunes le reconstituent en formant des « bandes ». Le paradoxe est que jamais les jeunes, majeurs à 18 ans depuis 1974, mais dépendants économiquement des parents du fait de la prolongation de la scolarité, ne sont restés si longtemps au sein de la famille. Et, si des conflits éclatent souvent, le second paradoxe est que les enquêtes effectuées prouvent que la peur de l'insertion dans la vie professionnelle transforme l'image de la famille : en 1980, elle semble redevenir le lieu de l'épanouissement individuel, du soutien psychologique et social, et non plus celui de toutes les aliénations.

L'ENSEIGNEMENT

La contestation de Mai 68 a aussi ouvert les yeux sur la nécessité de modifier le système scolaire : tout en conservant ses grands principes – laïcité , gratuité, coexistence de l'école publique et de l'école privée, accès à l'université de tous les titulaires du baccalauréat –, il s'agissait de l'adapter aux réalités sociales, scientifiques, technologiques et économiques nouvelles.

La loi d'orientation d'octobre 1968 modifia notablement l'enseignement supérieur. Elle lui accorda une autonomie qui n'a fait que s'accentuer depuis : en 1990, les UER (3), par discipline, élaborent elles-mêmes leurs programmes, les modalités d'examen, choisis-

---

(1) L'accuser. – (2) Tirer au sort au moyen de brins de paille de différentes longueurs. – (3) Unités d'enseignement et de recherche.

sent leurs enseignants, gèrent un budget attribué conjointement par l'État et la Région. Parallèlement, professeurs, chercheurs, personnel administratif et de service, étudiants, participent davantage à la vie de ces UER et des IUT (1). L'enseignement supérieur attire actuellement tellement d'étudiants qu'y entrer relève d'un véritable « parcours du combattant », et leur nombre, excessif par rapport aux installations prévues et au personnel existant, révèle son inadaptation aux besoins du pays. Beaucoup d'entre eux finissent par s'en détourner et préfèrent la formation dispensée dans des « grandes écoles », publiques ou privées, où la sélection s'effectue par concours mais dont les coûts sont souvent dissuasifs. Chacun reconnaît aujourd'hui qu'il est urgent de réformer l'enseignement supérieur, mais l'accord est loin de se faire sur les objectifs et les moyens, comme en témoignent les manifestations étudiantes en 1973, 1976, 1986.

Le malaise universitaire reflète celui de l'ensemble du système scolaire. Depuis 1968, les réformes se sont succédé sans réellement parvenir à mettre un frein aux accusations portées contre l'école. La démocratisation de l'enseignement a provoqué un afflux d'élèves et les différentes méthodes proposées (2) ne réussissent pas vraiment à adapter l'école à la fois aux rythmes individuels et aux nécessités collectives : dans *La Mystification pédagogique,* Bernard Charlot met en évidence cet échec.

Psychomotricité à l'école maternelle, mode du tâtonnement et du travail en groupe à l'école élémentaire, mode du dialogue et de l'ouverture sur l'actualité à l'école secondaire. Ils (3) ont à la fois tort et raison. Tort, car ces réformes correspondent à des progrès dans la connaissance théorique des enfants et des adolescents et dans la réflexion pédagogique sur les disciplines qu'on leur enseigne. Raison, car si on les introduit sans référence aux objectifs pédagogiques qu'elles visent et sans formation correcte des maîtres, ces réformes ne sont effectivement que des modes.

Cette tendance regrettable à utiliser des méthodes pédagogiques sans déterminer les finalités éducatives auxquelles elles correspondent ne s'explique pas seulement par un phénomène de mode, par l'insuffisance de la formation continue des enseignants, et par l'évolution rapide des connaissances et des pratiques pédagogiques. Elle traduit plus profondément l'impossibilité de déterminer des fins éducatives sur lesquelles tout le monde puisse se mettre d'accord. Il y a là un fait caractéristique de notre époque.

Payot, édit.

Des sections spécialisées, créées pour apporter un enseignement de soutien aux élèves les plus faibles, souvent les plus défavorisés socialement, se sont mutées en voies de garage où des enfants, sans espoir et révoltés parfois, attendent l'âge d'aller travailler, mais sans véritable formation. L'obsession du chômage se traduit, dans les lycées, par de véritables drames de l'orientation, car chaque famille ambitionne pour son enfant l'entrée dans la voie royale des sections scientifiques. Enfin, le recrutement des enseignants n'est pas épargné par cette crise : il devient de plus en plus difficile car cette profession est peu attractive.

En fait, l'école est le révélateur et le nœud de conflits idéologiques, et toute solution semble porter en elle-même la source de nouvelles insatisfactions.

Cependant, malgré ce malaise indéniable et l'image négative qu'on a tendance à proposer, il convient de ne pas tomber dans une généralisation excessive : les jeunes ne sont certes pas toujours capables de résister aux sollicitations de la publicité, avouée ou camouflée, ils prennent souvent pour argent comptant des discours démagogiques ; mais ils restent capables d'élans de générosité, comme le montrent tous ceux qui aident bénévolement des associations diverses, ceux qui, au sein d'associations, telle « S.O.S. Racisme », s'élèvent contre les exclusions. Même si les jeunes de 1990 sont assurément moins politisés que leurs aînés, ils ne renoncent pas pour autant à porter un regard sévère sur leur société, et leurs critiques peuvent avoir des conséquences heureuses.

---

(1) Instituts universitaires de technologie. – (2) La loi de réforme de l'orthographe, proposée en 1990 se présente aussi comme un remède, au moins partiel, à l'échec scolaire. – (3) Ceux qui critiquent les diverses réformes et méthodes nouvelles introduites à l'école.

Le régionalisme

Sans doute pour faire contrepoids à l'uniformisation des individus que suscite le mode de vie contemporain, les traditions régionales ont été, surtout depuis 1968, ranimées et revalorisées. Pour faire aboutir leurs revendications d'autonomie, certaines organisations puissantes – le Front de libération de la Bretagne, le Front de libération nationale corse, l'E.T.A. (1) basque, par exemple en France métropolitaine, et divers mouvements indépendantistes dans les territoires français d'outre-mer – n'ont d'ailleurs pas hésité à se lancer dans des actions militaires terroristes.

Plus pacifiquement, la création, à Paris en 1972, du musée des Arts et Traditions populaires, la redécouverte du folklore et de l'artisanat, et surtout la reconnaissance officielle des langues régionales, scientifiquement étudiées, enseignées, devenues matières d'examen, parlées dans des stations de radio et de télévision locales, sont les aboutissements d'un vaste effort tendant à prouver que « Paris n'est pas la France » et que la vie rurale n'est pas un désert culturel. Des chercheurs, du reste, récoltent patiemment les traditions orales et les étudient.

Des artistes de toutes sortes, en particulier des chanteurs, tels les Bretons Gilles Servat et Alan Stivell, l'Occitan Serge Bec, et tant d'autres, et des écrivains, ont largement contribué à ce mouvement. Ainsi, Pierre-Jakez Hélias avec *Le Cheval d'orgueil* (1972), Henri Vincenot dans *La Billebaude* (1978), Antoine Sylvère, auteur de *Toinou, le cri d'un enfant auvergnat* (1980), parmi d'autres, rédigent de véritables hymnes à la nature et à la vie de leurs ancêtres paysans, difficile, tragique parfois, mais d'un « exotisme » fascinant pour leurs lecteurs citadins. En même temps, ils tendent d'opposer la société de consommation, si éphémère, à la permanence rassurante de la tradition : le mythe d'une vie pleine de couleurs, de sensations, de richesses intérieures, s'est élaboré, celle que décrit l'agriculteur devenu romancier, Claude Michelet, dans *Des Grives aux loups* (1979), *Les Promesses du ciel et de la terre* (1985), *Pour un arpent de terre* (1986), *Le Grand Sillon* (1988). Dans *J'ai choisi la terre,* il nous montre quelles récompenses celle-ci sait offrir à celui qui l'aime.

Moi je l'aime (2) davantage, je lui pardonne de ne pas m'enrichir, je ne lui en veux même pas de me coûter cher, parfois.

Elle est si belle ! Belle dans sa nudité et son réparateur sommeil d'hiver. Belle au réveil du printemps, quand elle embaume et qu'elle chante. Belle au soleil d'été. Belle sous les labours d'automne qui l'ouvrent et l'ensemencent, la cajolent (3) et la comblent (4) avant la longue nuit.

Mais rien de cela n'est monnayable (5), négatif donc.

Bilan négatif aussi pour ceux qu'affolent la solitude profonde d'une forêt, l'épais silence d'une nuit de décembre, l'absence de la foule et du vacarme.

Que ceux-là me laissent au moins aimer la solitude, elle est le seul miroir de l'homme, miroir fidèle mais impitoyable. Qu'ils me laissent aussi aimer le silence, il me permet d'écouter. Quant à la foule, qu'ils m'excusent si je l'évite, je ne l'aime pas ; elle est anonyme, donc méchante et vicieuse, pleine d'un tumulte dont j'ai horreur car il rend aphone.

Chacun ses goûts. Pour beaucoup, les miens sont peut-être indéfendables. Pour d'autres, qui ont parfaitement le droit d'apprécier ce que bon leur semble, ils sont incompréhensibles. Cela n'a aucune importance, absolument aucune. Le danger viendra le jour où quelqu'un ou un système, voudra imposer sa propre, sa seule vision de l'existence, son unique idée du « bonheur ». Ce jour-là, une fois de plus, notre métier tel que je le conçois, c'est-à-dire et avant tout, libre, sera menacé.

Claude MICHELET,
J'ai choisi la terre (R. Laffont).

(1) Euzkadi ta Askatasuna = pays basque et liberté. – (2) La terre. – (3) La caressent. – (4) En semant, ils emplissent la terre et satisfont ainsi tous ses désirs. – (5) Ne peut s'évaluer financièrement ni s'échanger contre de l'argent.

Sciences et techniques

L'interaction, de plus en plus poussée, de disciplines qui, dans le même temps, se subdivisent à l'extrême, caractérise la recherche scientifique actuelle, qui se déroule à l'échelle internationale. Il est inévitable que cette complexité croissante sépare définitivement les chercheurs des non-initiés. Pourtant, paradoxalement, ces derniers se sentent de plus en plus concernés par des recherches qui rejaillissent souvent directement sur leur vie quotidienne, et que leur expliquent de nombreux magazines de vulgarisation, des émissions de télévision aux images évocatrices. Cela engendre d'immenses espoirs, mais aussi des réactions de méfiance, quelquefois justifiées, souvent irrationnelles, face aux pouvoirs croissants de la science.

Mathématiques, physique, chimie

LA SCIENCE MATHÉMATIQUE

La science mathématique, durant cette période, a trouvé la solution de problèmes vieux parfois de trois siècles, mais surtout l'esprit de la recherche mathématique s'est transformé : les mathématiciens ne cherchent plus à construire de vastes théories abstraites, mais à trouver d'abord des outils qui leur permettront de s'attaquer à une question. Ainsi Alain Connes, chercheur au CNRS (1), a appliqué sa découverte, en géométrie non commutative, de la « cohomologie cyclique » qui a pour objet les « espaces quantiques », à l'algèbre, puis à la physique des particules.

LA PHYSIQUE

La physique étend son champ d'études de l'infiniment grand à l'infiniment petit, grâce à des appareils sophistiqués, comme les télescopes géants capables de capter des images spatiales vieilles de 12 milliards d'années, ou les énormes accélérateurs de particules. Aidés aussi par les observations effectuées par les satellites, les sondes spatiales, ou au cours de vols spatiaux, les astrophysiciens, que l'on peut comparer, comme le fait le planétologue André Brahic, à Christophe Colomb et à Magellan partant découvrir de nouveaux mondes, déchiffrent peu à peu les lois de l'univers. Des chercheurs, tels Evry Schatzman, Pierre Léna, Claude Catala à l'observatoire de Meudon, Thibault Damour, tentent de trouver où et comment naissent les étoiles, de connaître la masse des « trous noirs », et ces cadavres d'étoiles que sont les « pulsars ».

Si toutes ces recherches paraissent bien éloignées des préoccupations quotidiennes du citoyen français, d'autres, comme la découverte, née des travaux de Bernard Raveau et de Claude Michel, des « supraconducteurs », susceptibles de transporter l'électricité sans déperdition d'énergie, peuvent se répercuter sur leur environnement direct.

LA CHIMIE

Dans les années 70, les travaux de la chimie tendent à démontrer que l'homme peut reproduire, de façon identique, comme le prouve la découverte de la molécule de synthèse

(1) Centre national de la recherche scientifique.

de la vitamine B12, le plus complexe de tous les catalyseurs chimiques. Mais le chimiste Jean-Marie Lehn, lauréat du prix Nobel en 1987, cherche à aller plus loin en fondant la chimie « supramoléculaire » qui, s'inspirant de celles existantes, fabrique des molécules inédites, susceptibles de réactions multiples. Selon le communiqué de Stockholm, « les lauréats ont identifié les facteurs permettant aux molécules de se reconnaître et de s'adapter les unes aux autres comme une clé s'adapte à une serrure ». C'est toute l'industrie chimique classique qui entre alors dans une ère nouvelle.

Les progrès de la génétique

LA BIOLOGIE MOLÉCULAIRE

Dans leurs ultimes conséquences, les découvertes en mathématiques, en physique, en chimie, concernent directement l'homme et sa santé. Les nouvelles connaissances de la biologie moléculaire, par exemple, servent la recherche pharmaceutique : on crée des molécules adaptées à telle action sur tel organe, comme la « fausse hormone » de la pilule abortive R.U. 486, conçue par le professeur Beaulieu. C'est aussi dans cette direction que se dirigent, depuis la découverte par le professeur Montagnier du virus H.I.V. (1), responsable du SIDA (2), les recherches entreprises pour prévenir et soigner cette épidémie, révélée en 1981, qui constitue le fléau de cette fin de siècle. Enfin, les travaux se multiplient en neurobiologie : comprendre – voire reproduire – l'architecture cérébrale est devenu le nouveau défi scientifique.

LE CODE GÉNÉTIQUE

Lors de la découverte, dans les années 60, du code génétique, le généticien se contentait de spéculer sur les propriétés des cellules génétiques; il sait, aujourd'hui, les observer, les isoler, en faire la synthèse, les modifier.

Assurément, les perspectives ainsi ouvertes font peur, et le généticien fait figure d'apprenti-sorcier : les manipulations génétiques, notamment sur l'embryon, pourraient conduire à l'eugénisme et à un « meilleur des mondes » (3) effrayant. On est loin de la fécondation *in vitro,* du premier « bébé-éprouvette » français né en 1982 grâce à l'équipe du professeur René Frydman et du biologiste Jacques Testart : depuis 1986, il en naît 3 000 par an. On imagine aisément les questions juridiques et éthiques que soulève la possible existence de trois mères, la mère biologique, la mère « porteuse » et la mère sociale, et des trafics de toutes natures ont déjà dus être sanctionnés.

Mais, malgré certains excès, d'immenses espoirs s'offrent à l'homme. Les travaux de Jean Dausset, prix Nobel 1980, ceux de Nicole Le Douarin, qui lui ont valu la médaille d'or du CNRS en 1986, ont permis de contrôler le rejet des greffes : on réalise actuellement des greffes multiples, telle la greffe du cœur, des deux poumons et du foie effectuée en juin 1990 par l'équipe du professeur Alain Carpentier. La découverte, à l'institut Pasteur en 1974, de facteurs immunologiques communs au fœtus et aux cellules cancéreuses ouvre la voie à l'immunothérapie, susceptible peut-être de guérir cette maladie du XXe siècle : les professeurs Frydman et Jasmin étudient la possibilité de prélever des cellules malades et de les traiter afin que, réinjectées dans l'organisme, elles tuent les cellules malades qui y restent et s'y développent. Si l'on parvient à remplacer le gène responsable

(1) Human Immunodeficiency Virus. – (2) Syndrome d'Immunodéficience acquise. – (3) Titre d'un roman célèbre d'Huxley.

d'une anomalie par un gène normal, peut-être pourra-t-on supprimer la maladie d'Alzheimer, inscrite dans les gènes comme l'a établi, en 1987, l'équipe du professeur Sinet.

Prévoir, soigner, prévenir, tels sont les pouvoirs immenses de la génétique. Mais jusqu'où la science peut-elle aller? La multiplication des comités d'éthique traduit une salutaire prise de conscience de la gravité du débat. Si le Mouvement universel de la responsabilité scientifique, présidé par Jean Dausset, déclare qu'« il ne saurait être question d'arrêter, voire de ralentir cet élan vers la connaissance qui constitue l'honneur de l'homme », du moins ce dernier doit-il être conscient des « nouveaux devoirs » qui pèsent sur lui, comme le souligne le professeur Jean Bernard.

Nouveaux pouvoirs de la science, nouveaux devoirs de l'homme. La formule devenue fameuse définit bien l'état actuel de la génétique humaine. Pouvoir du diagnostic in utero, tôt dans la grossesse, de graves maladies de l'enfant avec les conséquences de ce pouvoir. Pouvoir de prédiction à la naissance par l'étude du système HLA. Pouvoir de modifier le patrimoine génétique des êtres vivants. Acquis depuis vingt ans pour le colibacille. En passe d'être acquis pour l'éléphant et pour l'homme. Avec, d'un côté, l'espoir de limiter la fréquence, la gravité de maladies héréditaires, comme ces maladies de l'hémoglobine qui frappent par millions les hommes d'Afrique, d'Asie, du Bassin méditerranéen ; d'un autre côté, la crainte de préparer je ne sais quel Meilleur des Mondes. Le neuropsychiatre de 1950 était un orateur qui alliait brillamment métaphysique, analyse, éloquence. Le neuropsychiatre de 1987 est tout à la fois un physicien, un chimiste, un anatomiste, un sociologue. Il maîtrise ou va bientôt maîtriser des millions et des millions de neurones, de synapses (1). Il progresse remarquablement dans la connaissance des désordres chimiques qui définissent les maladies de l'esprit. Sans contradiction avec les méthodes de la psychosociologie, Œdipe peut être amélioré, et par une bonne connaissance des relations nouées avec sa mère, son beau-père, toute une famille abusive, et par la correction du trouble chimique responsable de son complexe. Longtemps, la médecine, selon la formule de France Quéré, n'a su qu'enchaîner ses déments. Aujourd'hui, elle les calme. Elle entrevoit déjà de les guérir. Ainsi sont précisés les caractères de la médecine de demain. Elle sera, après des millénaires d'impuissance, souvent efficace. Elle est devenue rationnelle. Les découvertes du présent, celles du futur sont, seront inspirées par la rigueur de la biologie moléculaire. Rigueur qui n'exclut pas la diversité, l'originalité. Doublement, comme l'écrit François Jacob. Les chromosomes, les structures considérées naguère comme intangibles, sont l'objet de remaniements permanents. *« Notre présence sur cette terre est le résultat d'un immense bricolage cosmique. »* Et aussi les découvertes ne viendront pas nécessairement de laboratoires bien équipés mais surviendront *« dans une cave, un grenier, habités par de jeunes illuminés »*.

Cette médecine du futur sera prévoyante, annonciatrice, préventive, empêchant souvent les maladies. Elle sera constamment associée aux autres sciences de l'homme, recevant leur concours, leur posant de nouveaux problèmes, tels ceux qui font actuellement l'objet des travaux des comités d'éthique (dissociation entre amour et fonction de reproduction, génie génétique, etc.). Elle sera individuelle, considérant chaque homme différent des autres, unique, irremplaçable. Elle s'efforcera d'être universelle. L'homme d'Europe, d'Amérique meurt de thrombose, d'artériosclérose, de cancer. L'homme, et surtout l'enfant d'Afrique, d'Asie du Sud-Est, d'Amérique du Sud, meurt de faim, ou victime des parasitoses.

De très fortes actions devraient être entreprises pour limiter ces inégalités, pour diminuer le malheur de ces populations. Mais ici les médecins ne sont pas seuls concernés.

J.B.
Le Nouvel Observateur.
(6-12 février 1987.)

Les technologies nouvelles

Elles s'appuient sur les découvertes en mathématiques, physique, chimie : on utilise des « mémoires à plasma », fondées sur l'emploi de gaz ionisés, des mémoires magnétiques; les métaux « à mémoire de formes » (2), par exemple, sur lesquels travaille Alain Dubertret, promettent de multiples usages.

---

(1) Région de contact entre les neurones, par où passent les informations. – (2) Un métal, travaillé, peut conserver certaines formes en mémoire et les retrouver sous certaines conditions, de température par exemple.

LA TECHNOLOGIE SPATIALE

Depuis qu'en 1973, l'ESA (1), association de 11 nations, a mis sur pied le programme des fusées Ariane, l'observation de la terre, la météorologie, les télécommunications bénéficient des progrès de la technologie spatiale : les satellites T.V. Sat.1 (1987) et T.D.F.1 (1988) ont été les premiers pas vers la télévision de haute définition.

L'INFORMATIQUE

L'informatique, avec ses diverses branches, marque les trente dernières années. Il suffit de lire le rapport Nora-Minc (1978) intitulé : « Informatisation de la société », pour comprendre toutes les implications de son développement et de sa vulgarisation.

France Telecom (2) a déjà inauguré le programme NUMERIS (3), destiné à remplacer le réseau téléphonique actuel, qui permettra l'échange de la voix, des données et des images; la télématique a pénétré dans les foyers avec le « Minitel », dont l'usage va de la simple recherche de données à la conversation à distance. La « puce », ou micro-processeur, fait aujourd'hui partie de la vie quotidienne, depuis la carte de crédit jusqu'aux ordinateurs, de plus en plus petits, de plus en plus perfectionnés. À quand l'ordinateur qui pense? Les chercheurs travaillent actuellement sur le langage, comme Patrick Greussay, afin que la machine comprenne l'homme, sur l'intelligence artificielle : Francis Frydman a fabriqué des programmes de « réseaux neuronaux » et l'ordinateur devient peu à peu capable de s'autogérer. Il est alors permis de rêver à toutes les applications que pourraient en faire la bureautique (4), la domotique (5), aux transformations culturelles et sociales qui en découleraient : ce sont elles qu'étudie le Centre mondial « Informatique et ressources humaines », créé par Jean-Jacques Servan-Schreiber en 1981.

La peur de la science

L'ÉCOLOGIE

Le mouvement de Mai 68 et son rejet de la société de consommation, la crise pétrolière de 1973, ont accéléré la prise de conscience des dangers que la recherche scientifique et ses applications techniques faisaient courir à la planète. Dès 1973 s'est créé à Paris le Centre international de recherche sur l'environnement et le développement. Mais il a fallu les multiples accidents – la pollution de l'île d'Ouessant en 76 par un pétrolier géant, celle des côtes bretonnes lors du naufrage du supertanker *Amoco Cadiz* en 1978, celle de l'île de Batz en 1980, celle du Rhône par les déchets industriels qui s'y déversent – pour que les mouvements écologiques se fassent véritablement écouter.

Aujourd'hui, l'écologie fait partie intégrante de la société, et participe à sa vie politique; on envisage même la création d'une « université de l'environnement ». Les écologistes se battent sur tous les fronts, depuis l'importante question du transport et du stockage des déchets, notamment nucléaires, jusqu'au tracé des autoroutes, des nouvelles voies ferrées destinées au TGV (6)... Même si leur combat est loin d'être gagné, ils ont déjà remporté des victoires, telles, en 1983, la loi rendant obligatoire la déclaration de détention de produits toxiques, en 1985, l'ouverture de la première station-service débi-

(1) Agence spatiale européenne. – (2) Postes et Télécommunications. – (3) Réseau numérique à intégration de services. – (4) Informatique appliquée aux tâches de bureau. – (5) Informatique appliquée à la vie quotidienne dans la maison. – (6) Train à grande vitesse, inauguré en 1981 sur la ligne Paris-Lyon.

tant de l'essence sans plomb, l'utilisation de détergents sans phosphates, celle d'aérosols protégeant la couche d'ozone (1989)... La protection de l'environnement est désormais à l'ordre du jour : l'opinion publique y est définitivement sensibilisée et les industriels sont contraints de céder à sa pression.

LES SCIENCES PARALLÈLES

Parallèlement à cette lutte rationnelle contre des dangers réels, la peur de sciences devenues de plus en plus complexes a pour conséquence l'apparition de sciences parallèles, qui, sous l'enveloppe scientifique qui leur sert de caution, font appel aux instincts les plus irrationnels de l'homme. De l'instinctothérapie – médecine fondée sur l'ingestion d'aliments crus choisis instinctivement par l'odorat – à la numérologie, en passant par « la médecine par les plantes », l'hypnose, l'homéopathie, la sophrologie, et autres techniques plus ou moins sérieuses, guérisseurs et sorciers en tous genres prospèrent. Le plus souvent, ces « sciences » se contentent d'exploiter les terreurs enracinées de longue date en l'homme, comme le soulignait, en 1976, Robert Debré dans son ouvrage, *Ce que je crois.*

Voici qu'à présent il est de bon ton de ne pas accepter les justes méthodes, les démonstrations rationnelles et les expériences valables de la science « officielle », c'est-à-dire de la vraie science, mais de lui opposer les succès de ceux qui guérissent des maux incurables par l'imposition des mains ou l'ingestion d'une tisane bien composée. L'hypnotisme et le somnambulisme renaissent. Aux efforts difficiles de la psychologie pour acquérir les caractères d'une science on oppose la parapsychologie et ses fantaisies. La radio et la télévision prédisent à chacun son avenir personnel, ses difficultés d'argent, ses peines de cœur et toutes les aventures de sa vie en lui rappelant qu'il est né sous l'influence d'une constellation ou d'un astre (...).

On nous dit que jamais les magnétiseurs, les radiesthésistes, les diseuses de l'avenir n'ont eu tant de succès. Que penser du masque scientifique dont se couvrent la parapsychologie et la psychocinétique pour nous raconter des histoires de cuillers ou de fourchettes qui se tordent sous l'influence d'un regard!

Comme dans toutes les basses époques, c'est la diffusion de cette crédulité qui manifeste la défaite du bon sens et la démission de la raison. Même chez certains qui se disent ou se croient éclairés, cet appel à l'irrationnel se propage. Point d'effort pour comprendre – il n'est pas toujours simple d'y parvenir – mais plutôt la recherche d'un refuge vers les mystères ou l'abri que procure une crédulité qui va souvent jusqu'à la sottise.

Les idées philosophiques

Après l'explosion de Mai 1968, les philosophes sont entrés dans l'ère de la contestation. *Le Système des objets* (1968) de Jean Baudrillard, de même que ses autres ouvrages (*La Société de consommation,* 1970; *Pour une critique de l'économie politique du signe,* 1972; *L'Échange symbolique et la mort,* 1976; *Cool Memories,* 1987), dénonce le monde de la consommation, où les signes prolifèrent aux dépens de l'humain, et démythifie le « bonheur mesurable » que promet la « révolution du bien-être ». L'homme apparaît donc définitivement aliéné au « rapport de production », aux « appareils idéologiques d'État » qui le soutiennent, comme le montrent les analyses d'Althusser.

Mais aujourd'hui, la contestation ne suffit plus; or, la philosophie semble ne plus présenter de grands noms, de normes, de systèmes, d'écoles. Certains philosophes, comme Gilles Lipovetsky, parlent même d' « ère du vide » (1983) ou, comme Alain Finkielkraut, de « défaite de la pensée » (1988). Est-ce alors la fin de la philosophie? Les philosophes, désemparés par les bouleversements idéologiques, sociaux, économiques, scientifiques..., sont-ils devenus incapables de surmonter ces incertitudes?

La « philosophie éclatée »

PHILOSOPHIE ET SCIENCES HUMAINES

La philosophie a subi le contrecoup du cloisonnement actuel de la connaissance et, plutôt que de philosophes, on parle volontiers d'anthropologues (Edgar Morin), de politologues (Jacques Attali), d'historiographes (François Furet), de sociologues (Pierre Bourdieu), de psychanalystes (Françoise Dolto)... La psychanalyse s'est d'ailleurs introduite dans tous les domaines, critique littéraire, histoire, économie, art... Il est significatif, à ce propos, de lire le *Rapport sur l'enseignement de la philosophie,* élaboré par Pierre Bourdieu et Jacques Derrida en 1990, qui propose purement et simplement de remplacer, dans les lycées, l'enseignement de la philosophie par celui des « sciences humaines ». La phénoménologie, les travaux de la linguistique (Claude Hagège), de la sémiotique (A.J. Greimas), et la méthode d'analyse structurale ont certainement contribué à dissocier ce qui apparaissait comme un nœud de contraires, à discréditer la métaphysique, à exclure toute transcendance.

LES « NOUVEAUX PHILOSOPHES »

Mais les années 1980, en même temps que le déclin très net du marxisme, voient s'exprimer la volonté de briser les dogmatismes, chez ceux que l'on a appelés « les nouveaux philosophes » : Jean-Marie Benoist, Lardeau, Bernard-Henri Lévy, et surtout André Glucksmann, dont les analyses (*Les Maîtres penseurs,* 1977; *Descartes, c'est la France,* 1987) s'attaquent aux formes d'oppression qui écrasent l'homme moderne, et aux penseurs qui les cautionnent.

Parallèlement se font jour des tentatives pour revaloriser la religiosité (Marcel Gauchet, animateur de la revue *Le Débat,* dans *La Pratique de l'esprit humain,* en 1980, et *Le Désenchantement du monde,* en 1985; René Girard dans *La Violence et le Sacré,* en 1972), pour réaffirmer l'exigence d'une pensée systématique cohérente, pour prendre en compte l'être dans son unicité.

La philosophie et la science

LA RÉFLEXION SUR LA SCIENCE

La science, qui exerce un pouvoir considérable sur les esprits, tout en se faisant de plus en plus hermétique aux non-initiés, ouvre un vaste champ de réflexion au philosophe. Tantôt, de façon spécifique, il s'intéresse, comme Jean-Toussaint Desanti pour les mathématiques, au fonctionnement d'une science qu'il pratique souvent lui-même.

D'autre part, les découvertes scientifiques conduisent à repenser les concepts essentiels de la philosophie. Les découvertes de la génétique, par exemple, reposent la question de l'intuition, du hasard (Jacques Monod, *Le Hasard et la Nécessité,* 1970), de la finalité (François Jacob, *La Logique du vivant,* 1970); le travail du physicien, qui, paradoxalement, détermine aujourd'hui la masse après l'avoir détruite, amène à s'interroger sur le réel, à travers l'influence que la mesure de laboratoire exerce sur lui.

SCIENCE ET ÉTHIQUE

À partir des données scientifiques, le philosophe reprend aussi son rôle, non du côté des choses, mais du côté de la conscience : face à une science devenue quasi mythique et aux pouvoirs qui se l'approprient, il cherche à réaffirmer les droits de l'homme : il pose alors des questions fondamentales, tel Kostas Axelos dans *Pour une éthique problématique* (1972).

Ni les visées, ni les méthodes, ni les contenus de l'activité technoscientifique – à l'exception peut-être de la sphère mathématique pure – ne sont neutres : ils véhiculent une orientation, des « partis pris » initiaux, des intérêts, des idéologies. De plus, là où cette activité ne croit viser que l'efficacité pratique, elle continue à être mue par une curiosité et une inquiétude qui la propulsent toujours vers l'exploration et l'exploitation de tout ce qui est, que ce soit de manière intéressée ou gratuite – si l'on peut maintenir cette distinction –, que cela rapporte et transforme dans le présent ou que cela prépare un lointain avenir. Les recherches et les enquêtes spatiales, par exemple, ont moins de justification pratique immédiate – elles n'en sont pas tout à fait dépourvues – que d'intérêt apparemment gratuit, tendant à remplir le « vide », tant cosmique qu'humain. Elles obéissent à la philosophie théorique et pratique de la modernité : devenir maître et possesseur de tout ce qui est, transférer vers le haut les problèmes insolubles d'ici-bas, affronter le néant. L'éthique de la volonté de puissance et de la volonté de volonté qui régit l'homme moderne et la technique planétaire se manifeste dans toutes les branches du savoir et de la science, théoriquement et pratiquement, pendant que sciences et techniques veulent prendre en charge l'éthique, la constituer, la réglementer. Que devient dans cette configuration le *problème* éthique? Quel est le lieu à partir d'où rayonne sa question? Ce problème et ce lieu subsistent-ils encore, ou sont-ils d'ores et déjà organisés et administrés technoscientifiquement?

Kostas Axelos, *Pour une éthique problématique,* éd. de Minuit, 1972.

Dans ce domaine, Michel Serres (*Le Parasite,* 1980; *Genèse,* 1982; *Les Cinq Sens,* 1985; *Statues,* 1987) se distingue par son originalité. Il étudie systématiquement les relations entre les sciences qu'il appelle « dures » (géométrie, physique, biologie...) puis celles qui les unissent ou les séparent des sciences humaines, histoire, anthropologie, politique, religion; pour prendre de la distance par rapport à des sujets d'actualité, souvent brûlants, il choisit de développer ses analyses à partir des mythes antiques, des tableaux de Carpaccio, des œuvres de La Fontaine, Balzac, Zola..., tentant ainsi de concilier la connaissance scientifique et la poésie : « Les philosophes qui veulent jouer la rigueur, et la rigueur seulement, pourquoi ne sont-ils pas mathématiciens? Les philosophes qui veulent jouer la poésie sans rigueur, pourquoi ne sont-ils pas « poètes »? (...) Je crois que la vraie philosophie, celle qui m'importe, dit ces deux choses à la fois. C'est une exploitation très précise de la rationalité dans sa rigueur, mais c'est aussi une reconnaissance du tissu le plus épais de la langue. L'un sans l'autre, ce n'est rien. » Mais les analyses qu'il propose sont autant de méditations sur des problèmes fondamentaux, la vérité, le savoir, la violence et la mort.

La science a reconnu qu'il lui fallait se priver des questions : pourquoi? se limiter aux questions : comment? Par cette contraction et quelques autres de la même famille, elle est devenue opérationnelle. Elle est devenue un outil; mieux, l'outil de tous les outils. Elle doit sa puissance et son efficacité pratique à ces décisions opératoires. Cela est d'évidence, comme une tautologie (1). Mais alors, un instrument pour quoi? Pour quoi faire et pour qui? Voyez le danger : la réduction du questionnaire appliqué aux objets rejaillit sur l'activité globale du questionnaire. De même que la science cherche à reconnaître comment les phénomènes se produisent et non pourquoi, de même elle en vient à concevoir comment elle fonctionne elle-même et non pourquoi. Son objet, oui, est privé de projet : elle-même, tout à coup, est un objet privé de projet. Un instrument polyvalent sans fin (2). Elle est libre. J'entends par liberté, non point ce que la politique ou la métaphysique entendent par ce mot, mais ce que la mécanique en dit. Ou le langage ordinaire. Comme on dit qu'une femme est libre lorsqu'elle n'a pas de *liaison,* ou lorsqu'elle n'est plus amoureuse. Libre, sans contrainte, à prendre. (...) D'où vient que la théorie avoisine la terreur? On a vérifié mille fois que le savoir est constamment localisé au plus près du pouvoir, de son exercice, de sa conservation et de sa conquête. Dès l'aurore, il est aux mains des prêtres de l'Égypte, des maîtres que

(1) Répétition inutile d'une même idée. – (2) Sans finalité précise.

la *République* forme au cours de son cursus, etc. La théorie de la science est toujours aussi proche qu'on veut de la théorie de la domination qu'elle procure. Et, de nouveau, c'est vrai de Comte : le savoir positif est finalisé par le positivisme politique. Jusqu'au moment où la science ne sera plus que l'étiquette de la pratique politique elle-même. Être ou devenir le maître, le possesseur, des autres et du monde. Le chancelier Bacon, Descartes, le redisent à la renaissance du savoir expérimental. Nous comprenons aujourd'hui qu'il ne s'agissait pas d'une prescription d'ordre épistémologique (1), mais d'un diagnostic ethnologique. Connaître, c'est pratiquer un exercice involué (2) dans l'idéologie du commandement et de l'obéissance. Or la domination, ce n'est jamais autre chose que l'appropriation de la mort et de la destruction légitimes.

Michel Serres, *Hermès III,* « La Traduction »,
© éd. de Minuit, 1974.

Un thème philosophique : l'altérité

« JE EST UN AUTRE » (3)

De nombreuses raisons expliquent l'intérêt porté par les philosophes contemporains au thème de l'altérité, envisagé sous des angles de vue différents. Depuis la psychanalyse, on sait que le « moi » est étranger à lui-même, mais l'ouvrage de Gilles Deleuze et Félix Guattari, *L'Anti-Œdipe* (1972) pose les limites des théories freudiennes et valorise la schizophrénie existant en chaque être. En mettant l'accent sur l'altérité inhérente à la personne, Gilles Deleuze (*Logique de la sensation,* 1982 ; *L'Image-mouvement,* 1983 ; *L'Image-temps,* 1985) rejoint à sa façon Michel Foucault (*La Volonté de savoir,* 1976 ; *L'Usage des plaisirs, Le Souci de soi,* 1984) : ils font du désir, sans cesse rejaillissant, non plus un manque, mais un dynamisme.

MOI ET AUTRUI

Cette altérité « intérieure » ne peut être séparée de l'analyse des rapports entre « moi » et « autrui » : il s'agit de sortir du « cogito » cartésien, qui pose le sujet et oublie « l'autre ». De plus, la pression sociale, qui contraint l'individu à s'insérer dans un groupe tandis qu'il affirme sa solitude originale, les études effectuées sur le fonctionnement des groupes (R. Schérer, *Philosophies de la communication,* 1971), les phénomènes de rejet de ceux qui sont « autres », toutes ces réalités sociales poussent le philosophe à approfondir ce thème. L'essor du féminisme suscite, pour sa part, la question des rapports entre l'homme et la femme : faut-il suivre Élisabeth Badinter et admettre qu'après qu'ils ont été « l'un et l'autre », le patriarcat les a dressés « l'un contre l'autre » jusqu'à l'époque actuelle où « l'un est l'autre » (4) ?

En fait, les questions concernant l'altérité se multiplient. Autrui me demeure-t-il irrémédiablement étranger, voire ennemi et objet de haine ? Inversement, la marche de notre société, selon la pensée de Marcel Gauchet, ne tend-elle pas à une diminution progressive de l'altérité ? Sera-t-elle bénéfique, ou, au contraire, réductrice ? Peut-on imaginer un monde sans « autrui » ? Autrui n'est-il pas, comme le suggère Gilles Deleuze, « l'expression d'un monde possible » ?

---

(1) Du domaine de la connaissance pure. – (2) Englobé dans, lié à. – (3) Formule célèbre d'Arthur Rimbaud. – (4) *L'Un est l'autre,* 1985.

En comparant les premiers effets de sa présence et ceux de son absence, nous pouvons dire ce qu'est autrui. Le tort des théories philosophiques, c'est de le réduire tantôt à un objet particulier, tantôt à un autre sujet (et même une conception comme celle de Sartre se contentait, dans *L'Être et le Néant,* de réunir les deux déterminations, faisant d'autrui un objet sous mon regard, quitte à ce qu'il me regarde à son tour et me transforme en objet). Mais autrui n'est ni un objet dans le champ de ma perception, ni un sujet qui me perçoit : c'est d'abord une structure du champ perceptif, sans laquelle ce champ dans son ensemble ne fonctionnerait pas comme il le fait. Que cette structure soit effectuée par des personnages réels, par des sujets variables, moi pour vous, et vous pour moi, n'empêche pas qu'elle préexiste, comme condition d'organisation en général, aux termes qui l'actualisent dans chaque champ perceptif organisé – le vôtre, le mien. Ainsi *Autrui-a-priori* comme structure absolue fonde la relativité des autruis comme termes effectuant la structure dans chaque champ. Mais quelle est cette structure ? C'est celle du possible. Un visage effrayé, c'est l'expression d'un monde possible effrayant, ou de quelque chose d'effrayant dans le monde, que je ne vois pas encore. Comprenons que le possible n'est pas ici une catégorie abstraite désignant quelque chose qui n'existe pas : le monde possible exprimé existe parfaitement, mais il n'existe pas (actuellement) hors de ce qui l'exprime. Le visage terrifié ne ressemble pas à la chose terrifiante, il l'implique, il l'enveloppe comme quelque chose d'autre, dans une sorte de torsion qui met l'exprimé dans l'exprimant. Quand je saisis à mon tour et pour mon compte la réalité de ce qu'autrui exprimait, je ne fais rien qu'expliquer autrui, développer et réaliser le monde possible correspondant. (...) Bref, autrui comme structure, c'est l'*expression d'un monde possible,* c'est l'exprimé saisi comme n'existant pas encore hors de ce qui l'exprime.

Gilles Deleuze, *Logique du sens,*
U.G.E., coll. 10-18, 1969, pp. 408-409.
© éd. de Minuit

La fin du siècle marque donc à la fois la fin des certitudes, notamment idéologiques, et le désir d'élaborer de véritables « systèmes », qui répondent à deux exigences. D'une part, Vladimir Jankélévitch (1903-1985) ouvre la voie en proclamant l'exigence de la contingence (1) : l'existence du « je-ne-sais-quoi » et celle du « presque-rien » le conduisent à affirmer une nécessité plus haute, ontotéléologique (2), celle du divin. D'autre part, parce qu'ils ne se contentent plus des réponses des sciences humaines, jugées illusoires, des philosophes tels Alain Finkielkraut ou Luc Ferry (*La Pensée 68,* en collaboration avec A. Renaut, 1985 ; *Homo aestheticus,* 1990) insistent sur l'exigence de rationalité : ils reprennent le questionnement philosophique, en quête d'une pensée cohérente, d'une éthique et d'une esthétique tirées de leur propre jugement, sans pour autant dire que chacun peut faire ce qu'il veut.

Les arts

Les artistes, notamment au sein de l' « Atelier populaire des beaux-arts », participent à l'effervescence de Mai 68 : l'art descend alors dans la rue, le refus de toutes les tentatives d'embrigadement dans un mouvement ou une école s'affirme et les frontières entre les arts s'estompent. Depuis cette époque, jamais les artistes n'ont été aussi libres : ils ont donc poursuivi leurs recherches, souvent éloignées des goûts du grand public. Pourtant, paradoxalement, jamais ils n'ont tant subi les pressions d'un « marché de l'art » en constante progression, et qui a pris des dimensions internationales : l'art est devenu un produit de consommation, les œuvres d'artistes reconnus atteignent des prix exorbitants lors des ventes aux enchères, et ses nouvelles vedettes sont lancées sur le marché à grand renfort de publicité médiatique.

---

(1) Est opposée, en philosophie, à la « nécessité ». – (2) Qui concerne l'essence de l'être et sa finalité

L'architecture

L'explosion provoquée, montrée au ralenti à la télévision, d'un des immeubles de la « Cité des 4000 » à La Courneuve, en 1986, symbolise parfaitement les changements intervenus dans l'architecture depuis les années 70 : dans le respect de « l'environnement », mot nouveau qui apparaît alors, architectes et urbanistes travaillent ensemble à rendre les villes, qui regroupent 80 % de la population, plus humaines et plus belles.

MIEUX VIVRE EN VILLE

La première ambition a été de donner aux banlieues, défigurées par l'abus du béton, « cités-dortoirs » aux vastes espaces ouverts sans centres d'activités, une identité qui en fasse des villes à part entière et non des satellites de la Ville. Aussi bien pour rénover que pour bâtir les « villes nouvelles », qui prolifèrent aujourd'hui autour de Paris, l'urbaniste s'inspire de la structure d'un quartier traditionnel, rend la rue aux piétons et cache ce qui peut enlaidir, parkings, hypermarchés... Tout en laissant aux citadins des repères, avenues, squares, pièces d'eau, il conserve à l'intérieur du quartier une intimité en y ménageant des parcours sinueux, de petites rues et des passages, que viennent animer des commerces traditionnels.

L'architecte, pour sa part, comme Henri Gaudin, Grumbach, Barda, Henri Ciriani, Christian de Portzamparc, ou le Catalan Ricardo Bofill, travaille sur les formes des bâtiments, peu élevés, dont les lignes s'assouplissent. Des arches, des poutres, des portiques relient les immeubles entre eux et rompent ainsi avec la rigidité anonyme précédemment en vigueur; coursives, escaliers extérieurs, décrochements, terrasses en épis ou courbes, viennent heureusement briser la symétrie. Les façades s'animent par le jeu des couleurs dans des fresques, des mosaïques, des tubulures peintes, par celui de la lumière sur les verrières ou les miroirs. Le projet « Banlieues 89 », dont Roland Castro est un des principaux animateurs, tient compte de ces données, déjà mises en œuvre dans les villes d'Évry, Marne-la-Vallée, Saint-Quentin-en-Yvelines... ou dans l'ensemble des « Hautes Formes », réalisé dans le XIIIᵉ arrondissement de Paris par Portzamparc (1978).

Au service même des entrepreneurs et des industriels, les architectes cherchent à mieux insérer les volumes et les matériaux dans le paysage urbain ou rural : certaines de leurs réalisations sont exemplaires, tel le château d'eau des Quatre Pavés à Marne-la-Vallée (Portzamparc), tour à dix faces entourée d'un treillage hélicoïdal destiné à supporter diverses végétations.

LES GRANDS TRAVAUX

On a beaucoup critiqué la politique de grands travaux lancée à Paris par le Président G. Pompidou dès 1969. Certes, on peut lui reprocher d'avoir parfois privilégié les voitures, en particulier par l'ouverture d'une voie express sur la rive droite de la Seine, et d'avoir abusé de la construction de « tours » à l'américaine, telles la tour Montparnasse ou celles du quartier de La Défense. Mais il a inauguré une ère architecturale qui a ouvert Paris à l'avenir, lui a rendu sa place de métropole culturelle internationale et a stimulé l'imagination des jeunes architectes français qui doivent se mesurer aux étrangers dans des concours internationaux. La silhouette futuriste du « Centre national d'art et de culture » de Beaubourg, avec son architecture métallique apparente imaginée par R. Piano et R. Rogers entre 1970 et 1977, qui lui a valu, à ses débuts, le surnom de « raffinerie », le « Forum des Halles » (architectes : Vasconi et Pencreac'h ; 1971-1979), font aujourd'hui partie intégrante d'une ville modernisée.

Les présidents de la République qui lui succéderont auront à cœur de continuer dans la voie ainsi tracée. Les projets du Président Giscard d'Estaing (Le Musée d'Orsay, installé dans l'ancienne gare, et réalisé par Colboc, Philippon et Baudon tandis que l'Italien Aulenti se charge de l'aménagement intérieur; la « Cité des sciences et de l'industrie », dans le cadre des anciens abattoirs, avec sa « Géode » – architecte : Fainsilber –) et sa Halle transformée en salle d'exposition – architectes : Reichen et Robert – ont été menés à bien par le Président Mitterand, qui a lui-même repris cette politique de grands travaux.

Il a amplifié le projet initial, afin de faire de La Villette le parc du XXIe siècle, dans lequel B. Tschumi a disposé ses pavillons, ou « folies », et où est prévue une « Cité de la musique » (architecte : Portzamparc). La musique a aussi été honorée à la Bastille, d'un vaste opéra (architecte : Carlos Ott) qui tient compte de toutes les exigences technologiques actuelles. Enfin, la marque du XXe siècle a été apposée sur deux hauts lieux parisiens : la cour du Louvre dispose en son centre d'une pyramide de verre qui couronne l'entrée d'un immense ensemble souterrain (architectes : Pei et Biasani) et, pour faire écho à l'Arc de triomphe, la perspective des Champs-Élysées se clôt par une arche, énorme cube de 110 mètres de haut, évidé en son centre (architecte : von Spreckelsen). D'autres projets sont en cours, dans le nouveau quartier de Bercy, où la « Cité de la finance » et le stade omnisports sont déjà édifiés, tandis que le concours ouvert en 1989 a confié l'érection de la future « bibliothèque de France » à D. Perrault. Au total, 16 projets à Paris, 22 en province, 2 outre-mer, créations ou réhabilitations d'ouvrages anciens, comme le dit E. Biasani : « Les ''grands chantiers'' du Président donnent à l'architecture une importance symbolique et nationale; une ambition pour la France du XXe siècle. »

Peinture, sculpture, photographie

L'ART MINIMAL ET CONCEPTUEL

Même si la France n'a pas connu avec la même ampleur que les U.S.A. le développement de l'art minimal et conceptuel, certaines des recherches entreprises par les artistes peuvent être rattachées à ce mouvement. Le groupe B.M.P.T. (Buren, Mosset, Parmentier, Toroni), actif en 1967, tente effectivement de réduire la peinture à sa seule existence. Niant toute expression individuelle, ils réalisent des toiles constituées de bandes verticales bichromes ou d'empreintes de pinceau régulièrement disposées, dont seul l'espace limite l'extension. Comme le soulignent les titres des œuvres de Buren (*Couleurs-Sculptures,* 1975; *Formes-Peintures,* 1977), la peinture fusionne avec la sculpture pour atteindre une sorte de « degré zéro »; le « programme minimal » du groupe vise à ne lui faire exprimer rien d'autre qu'elle-même : elle ne doit être, selon la formule de Jean Clair, « ni discours (...), ni silence (...), mais plutôt la répétition indéfinie du neutre ».

Dans la même optique, le groupe « Supports/Surfaces » créé par Louis Cane, qui fonde, en 1971, un magazine important, *Peinture, cahiers théoriques,* et regroupe autour de lui, parmi d'autres, Bioulès, Devade, Dezeuze, Saytour, Valensi, Viallat, veut révéler, dans la peinture ou la sculpture, les procédés de construction et de travail. L'exposition réalisée à l'ARC (section Animation-Recherche-Confrontation du musée d'Art moderne de Paris), en 1970, fait connaître des œuvres qui vont influencer l'inspiration d'autres artistes, tels les sculpteurs Bertrand Lavier, Toni Grand, ou Bernard Pagès avec ses *Assemblages* (1972-79) et ses *Colonnes* (1979-85), arrangements d'objets hétérogènes. Mais ils souhaitent avant tout sortir de la salle d'exposition, du musée, afin d'échapper à l'emprise du « marché de l'art ». Ils organisent donc des « actions artistiques » : Dezeuze, Pagès, Saytour et Viallat, dans le village provençal de Coaraze, puis en pleine nature avec Valensi (été 1971), s'attaquent à toutes sortes de supports, draps et bannières extensibles, bâches, parasols, restructurent le paysage par le moyen de cordes tressées, de filets, d'échelles souples, modèlent le site lui-même en agissant sur son sol, sur les pierres... Tout devient alors matériau brut à sculpter et à peindre ; l'art impose son empreinte à la nature même.

LA FIGURATION

Tandis que l'« hyperréalisme », avec Aillaud, Arroyo, Biras, Chambas, poursuit sa route dans les années 70-73 (Salons de la jeune peinture), en cette période d'incertitude, où la liberté laissée à l'artiste prend une dimension effrayante, il cherche la sécurité dans le repli sur soi, dans la solitude de l'atelier, dans une nouvelle figuration qui s'écarte peu à peu de son approche première, narrative et politiquement engagée.

La peinture d'histoire ne peut plus se présenter comme celle des héros et des victimes. Elle ne peut plus verser des larmes de sang et de lumière sur l'autel de l'Être suprême, ni même sur les mausolées de la « religion » révolutionnaire. Elle ne peut s'articuler qu'à la vérité vécue, au corps, à la respiration de chaque individu : à son expérience quotidienne, à la vitesse qu'il prend à moto sur l'autoroute, au journal qu'il lit, aux rues dans lesquelles il rêve toujours de rencontrer quelqu'un, à la femme qui attend dans un appartement où l'on ne sait jamais à quoi elle pense. (...) L'idée que les peintres accomplissent à leur manière une « révolution du regard » a été acceptée. Mais les peintres qui se soucient plus lucidement du renouvellement et de l'approfondissement du langage figuratif vont-ils maintenant s'approcher d'une autre idée, celle-là toujours considérée comme utopique : la mise en espace de la révolution individuelle dans la révolution collective ? Il m'arrive d'y croire.

Alain Jouffroy,
(*Guillotine et peinture, Topino-Lebrun et ses amis,*
Le Chêne, Paris 1977).

En fait, dans les années 1980, la peinture aspire à retrouver ses fondements, fait son autocritique et renie ses excès.

Pour moi, l' « art moderne » est une notion dépassée, caduque. L'art moderne conçu comme quelque chose de plus en plus moderne, de futuriste, l'idée de « progrès » en peinture, d'évolution formelle obligée, tout cela a chassé la thématique picturale, ce qui fait la saveur de la peinture, la profondeur, les rapports de couleurs, l'expression, le charme et le plaisir de la peinture. Tout cela a conduit à une espèce d'entropie de la dépense et de la sublimation que je rejette à présent. Depuis trois, quatre ans, je suis entré dans la solitude de la peinture... Le peintre vit un temps de production complètement différent de celui des médias, il y a un décalage épouvantable...
Ma conviction est : il faut remettre de la loi. Dans un même tableau, il y a la figure extrêmement « bien faite » et de la figure interprétée. Cette femme assise est pratiquement cubiste, celle-ci fauviste, cette autre, non. Je joue ainsi sur les registres formels et culturels de la peinture et je réintroduis des effets de loi.

Louis Cane, (« La peinture et la loi »,
entretien avec Michel Braudeau.
Art Press, n° 70, Paris, mai 1983).

Deux tendances se font jour. Le groupe « Figuration libre », avec F. Boisrond, R. Blanchard, R. Combas, H. Di Rosa, veut assumer son époque, la bande dessinée, le rock, la télévision, et, sans renoncer à la liberté de « faire moche » (1), d'user de matériaux hétéroclites, retrouver l'expression subjective de l'homme moderne, en qui le fond de culture classique coexiste avec une nouvelle forme de culture, où l'image prolifère hors de tout critère esthétique.

D'autres souhaitent nouer plus fortement des liens entre les références du passé et celles du présent. Ainsi Garouste, à partir de sujets mythologiques ou de « natures mortes », tente de brasser tous les styles afin de réaliser *le* tableau qui contiendrait toute l'histoire de la peinture. Alberola, lui aussi, pour reprendre le titre d'un de ses tableaux, désire « tenir à l'histoire » (1983), et n'hésite pas à exposer côte à côte un tableau figuratif, un

(1) Argot : « moche » = laid.

tableau abstrait, un collage..., autant d'allusions à sa situation de peintre au confluent des courants. Les œuvres de Denis Laget expriment le même refus d'annuler le passé pour être moderne à tout prix et, comme *L'Ami au blanc visage* (1983), unissent harmonieusement la composition figurative, la dislocation de l'abstraction, la couleur et la matière : « Je mets en place des bribes d'histoire que je force entre elles », explique-t-il. Dans la même direction, les sculpteurs Anne et Patrick Poirier, par leurs maquettes miniaturisées de sites archéologiques fictifs, ou leurs gigantesques marbres brisés, leurs colonnes qui paraissent exhumées des décombres d'un mystérieux cataclysme, créent des cités et des civilisations imaginaires surgissant ainsi comme pour dialoguer avec la nôtre, pour se faire l' « intermédiaire d'un certain temps – nos origines – et une représentation concrète, personnelle. »

L'AFFICHE ET LA PHOTOGRAPHIE : DEUX ARTS TARDIVEMENT RECONNUS

En mai 1968, l' « Atelier populaire des beaux-arts » popularise, avec environ 300 000 affiches placardées dans les rues, une technique méconnue : la sérigraphie. L'affiche conquiert alors ses lettres de noblesse. Aujourd'hui, les publicitaires ont pris le relais, et les murs deviennent le support d'œuvres parfois fort réussies.

Un an après, au festival d'Arles, les « rencontres de la photo », initiative de Lucien Clergue, font connaître au grand public un art déjà ancien. Depuis l'ouverture, à Paris en 1975, par Agathe Gaillard, de la première galerie française, la photographie est devenue un art à part entière, qui a ses magazines *(Photo, Photomagazine, Le Photographe),* ses expositions (par exemple celle de Cartier-Bresson au musée d'Art moderne de Paris, en 1980), ses rétrospectives même, telle celle consacrée, en 1980, aux œuvres du portraitiste Jacques-Henri Lartigue, et dont on peut retracer l'évolution : à l'origine, moyen de fixer l'instant éphémère, la photographie se construit aujourd'hui comme un tableau, et part souvent d'une idée pour la matérialiser. C'est la magie de l'enfance qu'*Étendoirs* (1983) de B. Faucon, linge étendu dans un champ de lavande, veut restituer.

Du reste, les peintres actuels se font parfois photographes, et les photographes participent aux recherches des peintres, tel L. Jammes, au sein du groupe « Figuration libre », ou J. Le Gac avec sa série *Le Peintre* (1973), sorte de biographie romancée. Eux aussi partent en quête de l'individu : soit ils se mettent, directement ou indirectement, en scène, comme Boltanski par ses images d'une enfance banale dans une famille ordinaire, soit, par le rêve ou l'humour, ils démythifient notre société (P. Dolémieux fait ainsi apparaître, dans un paysage, deux voitures, l'une, jouet miniature, qui a l'air vraie, l'autre, véhicule réel, qui semble fausse), soit enfin ils en captent les écroulements, comme le fait G. Rousse en photographiant les murs délabrés et fissurés de taudis.

La musique et la danse

Ces deux arts se développent dans la continuité de la période précédente. Le groupe G.R.M. (1) travaille, dans la lignée de la musique concrète, sur la musique dite « acousmatique ». À l'IRCAM (2), les recherches en électronique ont permis de mettre au point le « 4X », qui analyse et synthétise le son en temps réel et dont Pierre Boulez démontre l'usage artistique dans *Repons* (1980-84). L'UPIC, synthétiseur réalisé par Y. Xenakis, ouvre, lui, l'art de la composition aux non-initiés. Mais le grand public se tient un peu à l'écart de ces expériences, même si elles lui sont rendues plus accessibles par les œuvres

(1) *Cf.* p. 399. – (2) Institut de recherche et de coordination acoustique-musique.

et les spectacles de Jean-Michel Jarre (*Oxygène,* 1977 ; *Équinoxe,* 1978). Une tendance apparaît pourtant, en réaction contre la musique sérielle et les excès de l'électronique : J.C. Éloy, notamment, entreprend un retour aux sons naturels, aux instruments de bois, syncrétisant les apports de l'Occident, de l'Afrique et de l'Extrême-Orient dans *Kamakala* (1971) ou *À l'approche du feu méditant* (1983).

La danse, elle, est restée longtemps prisonnière de l'influence des chorégraphes étrangers, l'Américaine Carolyn Carlson, chorégraphe à l'opéra de Paris de 1975 à 1980, l'Allemande Pina Bausch, ou des ballets japonais. Mais les années 80 semblent l'aube d'un renouveau, avec des chorégraphes comme C. Brumachon, et surtout Karine Saporta : sa chorégraphie originale fait appel à la violence, à l'extrême vitesse, à des accélérations brutales, qui alternent avec une extrême langueur, une obsédante lenteur du geste, sans jamais perdre, cependant, sa construction ni son harmonie.

Le cinéma

UN CINÉMA INTIMISTE

Les écrans sont envahis de comédies, de films d'aventures, fantastiques ou policiers, productions souvent médiocres : le cinéma, dit-on, traverse une crise. Pourtant, les années 80 voient l'amorce d'un redressement. Certes, le cinéma français n'a pas fini de se pencher sur le passé, notamment la deuxième guerre mondiale, comme pour l'exorciser, non plus en reproduisant les actions militaires, mais plutôt vu dans son quotidien le plus humble (Truffaut : *Le Dernier Métro,* 1980 ; L. Malle : *Au revoir les enfants,* 1987), voire de façon documentaire (C. Lanzmann : *Shoah,* 1987) ou autobiographique (D. Kurys : *Diabolo-menthe,* 1977 ; *Coup de foudre,* 1983). La particularité du cinéma français est assurément son goût pour la veine intimiste : les films de Tacchela (*Cousin, cousine,* 1975), de Pialat (*Nous ne vieillirons pas ensemble,* 1972 ; *À nos amours,* 1984), de Pinoteau, de Miller, et le succès de Coline Serreau (*Trois hommes et un couffin,* 1985), reflètent souvent en huis clos les mutations sociales et la fragilité des rapports au sein de la famille, celle de l'adolescence, du couple.

L'ESTHÉTISME

Même s'il n'existe pas aujourd'hui de courant comparable à celui de la « nouvelle vague », plusieurs jeunes réalisateurs ont su donner un nouvel élan au cinéma : *Diva* (1981), le premier film de Beineix, à moitié film policier, à moitié romance, frappe par l'esthétisme raffiné qui enveloppe une atmosphère trouble, étrange, où le fantasme se mêle à l'humour, ton que l'on retrouve dans ses autres films (*La Lune dans le caniveau,* au titre éloquent (1), et *37°2 le matin*) comme dans ceux de Corneau, Doillon, Besson (*Subway,* 1985 ; *Kamikaze,* 1987 ; *Le Grand Bleu,* 1988). Enfin J.J. Annaud, avec les mises en scène grandioses réalisées pour sa vaste fresque préhistorique, *La Guerre du feu* (1981), pour *Le Nom de la rose* (1982), épopée de la connaissance, ou *L'Ours* (1988), retrouve la magie d'un cinéma qui sait raconter une histoire, même quand les dialogues sont rares, sans renoncer à faire rêver grâce à son esthétisme poétique.

(1) Au pied du trottoir, endroit où s'écoule l'eau.

Les lettres

La poésie de 1968 à nos jours

Les ouvrages poétiques sont souvent édités « à compte d'auteur » (1) car les éditeurs savent bien que les lecteurs ne s'y intéressent guère. Si l'on excepte son expression à travers les chansons, s'est-elle donc définitivement coupée du public, est-elle un genre « en voie de disparition » ? La multiplication des revues (parmi les plus connues, *L'Action poétique, Caractères, Change* fondée en 1968, *Chorus* fondée par F. Venaille et D. Viga dans les années 70, *Exit, Minuit, TXT* et l'importante revue *Poεsie,* animée depuis 1976 par M. Deguy et J. Roubaud) et la publication de « manifestes » prouvent qu'elle connaît, au contraire, un nouvel essor.

Éclats et révoltes

Le slogan de Mai 68, « l'imagination au pouvoir », ne pouvait que laisser présager cet essor. La poésie se nourrit de désir et les jeunes poètes de cette époque, influencés par l'Amérique, ses « hippies » et « beatniks », son rock et ses chanteurs « engagés », en rupture contre la vieille Europe, clament leurs révoltes. Le poème devient un cri de protestation, parfois un tract : D. Biga (*Les Oiseaux mohicans,* 1969 ; *Kilroy was here,* 1972), M. Bulteau (*Poème A, effectation-laque,* 1972 ; *Ether-mouth/Slit/Hypodermique,* 1974 ; *Des siècles de folie dans les calèches étroites,* 1977), D. Messagier (*Nord d'été naître opaque,* 1972 ; *Sanctifié,* 1974 ; *Poèmes 1967-1971,* 1977) s'insurgent, hors de toute « avant-garde » et de toute idéologie, contre la société de consommation, contre toutes les valeurs dites « établies », alliant désinvolture, violence et humour. La parution, en 1971, de *Manifeste électrique aux paupières de jupe* (Bulteau et Messagier) donne à cette génération son nom de « génération électrique » qui, selon la formule de C. Pélieu à propos de Bulteau, « enfonce méchamment le scalpel de l'humour noir à l'intérieur des grimaces ».

Chez Pélieu lui-même, on retrouve l'Amérique de la vitesse, de la musique pop au rythme heurté que le langage reproduit, repoussante et fascinante Amérique :

Roses errant sur les toits de Frisco-roses lumineuses caressant le ciel-tiges de chewing-gum vacillantes, au-dessus de la lampe le gant de crin du rêve exaspère. Gommes gammes et thunes (2) – viscères-œufs coloriés – les choses bougent à deux heures du matin.

Jukeboxes, 1972.
10/18, édit.

Les poètes du « signifiant »

Certes, l'opposition entre « poètes du signifiant » et « poètes du signifié » est artificielle dans la mesure où le jeu sur le langage, la volonté de découvrir un nouveau pouvoir des mots, ne peuvent se faire hors de tout contenu ; elle traduit, cependant, la préoccupation majeure affichée par l'une ou l'autre tendance, et permet une classification commode face à une effervescence poétique que l'absence de recul rend difficile à cerner.

---

(1) L'auteur paie lui-même les frais d'édition. – (2) Argot : pièces d'argent, ici les dollars.

« TEL QUEL »; L'OULIPO (1)

De 1960 à 1982, la revue *Tel Quel,* sous l'égide de Philippe Sollers, prête sa voix à un mouvement qui souhaite mettre « la poésie à la plus haute place de l'esprit », sans pour autant la couper de la philosophie, ni de l'idéologie politique; il prône une nouvelle pratique littéraire, irriguée par les apports de la linguistique, de la sémiotique, du structuralisme, dans le but de fonder, par le texte et sa « notation signifiante », une « pratique matérialiste dialectique » : pour être poète, il s'agit d'abord d'être « poéticien ».

À la même période et jusqu'à aujourd'hui, les membres du mouvement « oulipien » (parmi d'autres, G. Perec et J. Lescure), lancé par Queneau (2), et soutenu par les manifestes de F. Le Lionnais (« Premier » et « Second Manifeste » publiés, en 1973, dans *OuLiPo, la littérature potentielle*), s'élèvent à leur tour contre les notions d'inspiration et d'émotion, qui sont, pour eux, secondaires. Ils partent alors en quête de toutes les « contraintes » techniques qui concourent à faire naître le plaisir du texte : « ...Toute une gamme de structures, plus ou moins contraignantes, a fait depuis l'invention du langage l'objet de multiples expériences. L'OuLiPo a la conviction, très forte, qu'on pourrait en envisager un plus grand nombre. »

Joignant la pratique à la théorie, ils explorent donc ces ressources, anciennes et modernes, introduisant même mathématiques et informatique dans leur jeu sur le langage. Ainsi naissent le « lipogramme », dans lequel l'écrivain renonce à une ou plusieurs voyelles, le « tautogramme », où il recherche la répétition sonore, comme dans les « Poèmes pour bègue » de Lescure.

À Didyme où nous nous baignâmes
les murmures de l'Ararat
cessaient de faire ce rare ah!
leçon sombre où brouiller les âmes.

Même et marine Marmara
tu tues un temps tendre à périr.
L'âme erre amère en des désirs
qui quitte enfin un art à rats. (...)

Lescure, *OuLiPo,*
la littérature potentielle.
Éd. Gallimard.

Ce poète expérimente aussi la méthode « S + 7 » (« l'on remplace tous les substantifs d'un texte par le 7e qui le suit dans un lexique donné »), qui ouvre la porte à toutes les variations mathématiques, et littéraires, possibles, telles celles qu'il effectue sur le postulat d'Euclide.

« Si deux droites situées dans un plan font avec une même sécante des angles intérieurs du même côté dont la somme soit plus petite que deux droits, ces deux droites se rencontrent de ce côté. »

Licence : On remplacera la préposition *de* dans l'expression « de ce côté » par la préposition *dans* si le sens l'exige.

S + 2 *(Dictionnaire Français-Italien)* Hatier, 1929 :
Si deux drôles situés dans un plancher font avec une même sécession des angoisses intérieures de la même côtelette dont le sommeil soit plus petit que deux droitures, ces deux drôles se rencontrent dans cette côtelette.

S + 9 (d°) :
Si deux ducs situés dans un plantigrade font avec un même secret des anneaux intérieurs du même cotonnier dont le somnifère soit plus petit que deux dualismes, ces deux ducs se rencontrent dans ce cotonnier.

De nombreux poètes s'attachent à ce jeu sur le signifiant, et explorent poétiquement toutes les ressources du langage, et d'abord le graphisme : on en arrive ainsi à une poésie visuelle, telle celle que pratiquent Dotremont, ou Parant dont les textes, sans séparation

---

(1) Ouvroir de littérature potentielle. – (2) *Cf.* pp. 432-433

typographique, s'organisent autour du nombre de lettres, du nombre de fois où l'œil retrouve le même mot, ou de « boules » d'où émerge la lettre (*Les Yeux CIII CXXV,* 1976). Tortel, quant à lui, dans *Arbitraires Voyages* (1987), lance des fragments de phrases, séparés, à chaque ligne, par un point qui force l'œil à s'arrêter, tandis que continue la création poétique.

Plusieurs chacun.
Divisible ou pervers.
Coexistants on pourrait.
Qualifier sans contresens.
Espaces l'insituable.
Éd. Flammarion.

M. Vachey (*Coulure : ligne,* 1970) laisse ses textes « couler », lignes épaisses et compactes agglomérées au bas d'une page, ou unités parsemées glissant le long d'une autre, rature et réécrit (*Caviardage,* 1971), pratique des collages (*La Langue slave,* 1973). Selon cette même pratique du « langage explosé », J.-C. Grosjean décompose la syntaxe, puis le mot, joue ensuite sur toutes les combinaisons possibles pour recomposer un texte sous forme de « grappes » (*Grappes,* 1977), qui offre au lecteur une totale liberté de parcours.

Parmi ces « inventeurs », deux poètes méritent qu'on leur accorde une place particulière.

JACQUES ROUBAUD (NÉ EN 1932)

Membre, depuis 1966, de l'OuLiPo, ce poète participe aux expériences de ce groupe à partir de modèles divers : la poésie médiévale (*Graal théâtre,* en 1977, avec F. Delay; *Graal fiction,* 1978), le Japon (*Mono no aware,* en 1970, s'inspire du « haïku »; ε en 1967, de la structure d'une partie de « go »), qui lui permettent de jouer sur les rythmes, en accord aussi avec les mathématiques dans *Trente et un au cube* (1973), recueil de 31 doubles pages de 31 lignes de 31 syllabes.

Dans « GO.151 » (ε), qu'il nomme « sonnet en prose », les choix lexicaux et rythmiques, après le verre qui se brise dans la première strophe, laissent apparaître les couches de ce même verre, qui se fait liquide dans la troisième strophe pour devenir miroir dans la dernière.

verre fusain verre averse cotre cassé où fut caillou fut lait débordé en d'épaisses vitres terreau des échardes d'aiguilles humus de tessons nova des glaces qui volèrent s'achemina vers cette couche crissante s'abîma verre vantail voile verre vosge du verre au long des nasses de charbon ici l'envers au triangle canal triage et stère de bois

courbe plain-pied du verre causse de verre tarot litres décousus grenat grenaille bruns pont en poudre paon transparent verre qui s'y couche qui prend ce lit qui trébuche se mêle sous ces draps quand la pluie qui se couche fait face à l'opaque trop long chemin émietté de la lumière qui verre

étendue sur une unique dalle intacte plate débarquée de la péniche kiel 60 qui descendit comme un bouchon le long d'imprévisibles fibrilles de voies d'eau avec laine ciré noir soie verte soyeusement sur verre âcre s'éveillant de la pluie d'août au plafond moins bas du ciel

sur le gravier de verre chaud soudain d'un morceau de soleil au bleu de hauteur contre l'étoffe de verre raide le bras nu le poignet sans mouvement et regarde entre deux lattes du caisson de planches regarde le miroir infracassable pour ballons pour flocons ou nuées la proche et niaise eau boueuse l'ourcque (1).

Jacques ROUBAUD, ε, (1967),
© éd. Gallimard.

(1) Féminisation de l'Ourcq, canal à Pantin.

DENIS ROCHE (NÉ EN 1937)

« La Poésie est inadmissible. D'ailleurs elle n'existe pas », tel est le début, provocateur, d'une série de textes de Roche : *Le Mécrit* (1972). Cet écrivain, affilié à *Tel Quel* jusqu'en 1973, auteur aussi d'*Éros énergumène* (1969), détruit les conventions, malmène le langage, part en quête de la « mécriture », sorte de point limite de la poésie ; le texte, arbitrairement coupé, ponctué de majuscules tout aussi arbitrairement disposées, parfois barré ou raturé, reproduit la lutte entre le poète et les mots, matériau compact qui lui résiste.

ce qui peut constituer une réserve de chutes – avant
l'exercice mécanique du surgissement littéraire où l'
on se retrouve aux prises avec la frustration vraiment
génitale née de diverses formes de résistance. D'abord

celle de ne pouvoir
suivre ce qui se pa
sse quand on-est-à-
écrire ; puis celle
de la mise en ordonnan
cement des termes
(c-à-d. le dieu sur
veillant) ; enfin ce
lle de la machine à
écrire qui prête ses
propres erreurs aux
arguments dont nos
doigts voudraient fai
re preuve.

c'est en train de venir tout doucement L'
endroit où si longess'appliquent attreint les motS
que je fais ici pourrir – comme la lumière du jouR
Ou c'est comme B. Constant qui commence à émer-Ger
de ce canon à la lisière d'un bois de pins, ou filL
dans une belle gerbe de lumière sur cette calA-
mité de moitié avec toi de l'écriture — marée Q
ui monte qui vient l't'lécher le haut des cuisseS
Les rochers deviennent d'un gris pâle tandis quE
sous la pluie battante vous vous rendez à ce L
ieu de promenade qui entre les plis du canon
+ « aient perdu toute trace de mousse », eT
+ « les arbres clairsemés empruntéS »
J'ai mis les 3 (———) (donc :) psque tout d'un couP
ilm'semblait que cette parole devenait grise C
omme on aurait dit aussi que B. Constant, suG-
urgi ———————— mulet, ô selle terreuse et tertrE
repère pour entrer dans un petit parc d'herbeS.

Le Mécrit, © éd. du Seuil.

Les poètes du signifié

EN QUÊTE

La revue *Tel Quel* cesse de paraître en 1982 et se trouve remplacée par *L'Infini,* dont le titre apparaît comme le symbole de l'autre tendance qui traverse la poésie : dire l'homme, ses doutes et ses espérances, dire l'univers qui l'environne. Car, à travers l'exploration du langage, à travers ses hésitations et ses maladresses, se perçoivent le monde et les limites de l'humain : « Je ne cesse pas d'entendre quelque chose qui respire en avant de moi dans la nuit. Je n'en puis dire plus », écrit P. Jaccottet (*L'Ignorant,* 1958 ; *Leçons,* 1969 ; *À la Lumière d'hiver,* 1977 ; *À travers un verger,* 1984) ; il traduit ainsi cette emprise du mystère qu'éprouvent des poètes comme A. Bosquet, B. Delvaille, J. Dupin, E. Hocquard, P. Oster Soussouev, J. Réda, J. Sacré, F. Venaille, pour n'en citer que quelques-uns.

Du reste, même s'il est commode de les regrouper, chacun d'eux a son propre espace poétique, la rue et la mémoire de l'enfance, de l'adolescence, chez Venaille (*L'Apprenti foudroyé,* 1969 ; *Pourquoi tu pleures, dis, pourquoi tu pleures ? Parce que le ciel est bleu. Parce que le ciel est bleu,* 1972 ; *Jack to Jack,* 1982...), le monde bucolique et les rapports sensibles, fragiles, à des paysages presque impalpables, chez J. Sacré (*Cœur élégie rouge,* 1972 ; *Figures qui bougent un peu,* 1978 ; *Quelque chose de mal raconté,* 1981...), l'infini cosmique et « l'éternel dessein divin », en de larges versets à la façon de Claudel, chez P. Oster Soussouev (*Les Dieux,* 1970 ; *Le Sang des choses,* 1973 ; *Rochers,* 1982 ; *Vingt-neuvième poème,* 1985), les contradictions et les joies du poète, athée face à la mystique, créateur face à la mort, chez Bosquet (*Le Livre du doute et de la grâce,* 1977 ; *Un jour après la vie,* 1985 ; *Le Tourment de Dieu,* 1987). Courts poèmes, entrecoupés de silences, chez beaucoup de ces jeunes écrivains, ou élans lyriques plus amples parfois, ces œuvres plongent en l'homme, l'interrogent, en même temps qu'elles sondent le monde, comme pour faire reculer la mort.

Ce poème d'Emmanuel Hocquard (*Le Portefeuil,* 1973 ; *Les espions thraces dormaient près des vaisseaux,* 1975 ; *Voyage vers l'Occident,* 1978 ; *Dans l'air entre les branches des hêtres,* 1979 ; *Tum color,* 1983) fournit un exemple intéressant de cette quête entreprise par les poètes actuels : il évoque une descente, qui n'est pas seulement celle d'un « chemin en pente », mais celle de l'homme dans le mystère des choses et de la vie.

Décembre, en descendant avec beaucoup de [précautions
ce chemin très en pente
Rendu glissant entre les murs par les pluies de la veille
et les petites branches.

Fouillant en vain la pénombre des yeux
à la recherche de détails complémentaires
suffisamment probants pour éclairer la situation
sous un angle nouveau,
Nous n'avons rien trouvé qui ne nous fût déjà connu,
pas même le hérisson
qui se risquait à travers la rue
Ou que la grille du jardin ne grinçait pas quand il [pleuvait,
ce qui ne prouvait alors déjà rien
Et nous inciterait aujourd'hui à conclure que l'affaire
est classée, que le bruit des feuilles
est le bruit des feuilles et le silence
une nécessité heureuse.

Emmanuel Hocquard,
Une ville, une petite île (1981),

JACQUES RÉDA (NÉ EN 1929)

Après un premier recueil (*Cendres chaudes,* 1955), quinze ans de silence permettent à ce poète de mûrir sa méditation à l'écart des excès littéraires. Il revient à la poésie avec *Amen* (1968) et *Récitatif* (1970). Dans ses poèmes en prose (*Les Ruines de Paris,* 1977), ou en vers, plus simples, mieux marqués, dans ses plus récents recueils (*Hors les Murs,* 1982 ; *Le bitume est exquis,* 1984), Réda entreprend l'inlassable recherche d'un centre, qui serait connaissance, mais qui se dérobe en un incessant mouvement de déviation, origine du vertige qu'évoque le titre d'un recueil, *La Tourne* (1975). Comme un piéton égaré le poète déambule dans les lieux insolites de Paris et de sa périphérie, dans les mémoires visuelles et sonores – les rythmes du jazz, notamment – qui entourent celui qui se définit comme « un passant parmi d'autres » :

Ce que j'ai voulu c'est garder les mots de tout le [monde ;
Un passant parmi d'autres, puis plus personne (sinon
Ce bâton d'aveugle qui sonde au fond toute mémoire)
Afin que chacun dise est-ce moi, oui, c'est moi qui [parle –
Mais avec ce léger décalage de la musique
À jamais solitaire et distraite qui le traverse.

Jacques Réda, *La Tourne* (1975),

Avec Réda, le poète devient, pour reprendre le titre d'un de ses recueils, le « laboureur du silence » : dans les champs d'un monde silencieux, impénétrable, voire hostile, il creuse, par ses mots, des sillons, d'où germera, peut-être, la lumière, si la pluie consent à la laisser passer.

Je rassemble contre mon souffle
Un paysage rond et creux qui me précède
Et se soulève au rythme de mon pas. La rue
Penche, brisée en travers des clôtures.
Le jour qu'on ne voit pas lentement se rapproche,
Poussé par les nuages bas,
Décombres fumants de l'espace.
Des cafés à feux sourds restent ancrés à la périphérie
Où roulent des convois, la mer
Sans fin dénombrant ses épaves.
Je tiens ce paysage contre moi,
Comme un panier de terre humide et sombre.
La pluie errante en moi parcourt
L'aire d'une connaissance désaffectée.

Jacques Réda, *Amen* (1968),

Le théâtre de 1968 à nos jours

En 1968, le théâtre est descendu dans la rue et a voulu rompre avec les traditions. Même si, aujourd'hui, c'est encore le cas, notamment lors des festivals, à Avignon par exemple, dans l'ensemble l'effort gouvernemental – le nombre de compagnies théâtrales subventionnées a triplé depuis 1981 – a ramené le théâtre dans des salles, rénovées, ou nouvelles comme celle du « théâtre de la Colline » à Paris, ou des théâtres de Marseille, de Nice...

Jusqu'aux années 70, il était assez simple d'opposer un théâtre « pessimiste », celui de « l'absurde » dans lequel l'homme, sa société, et même son langage, se trouvaient emportés dans un cataclysme qui les réduisaient au néant, et un théâtre « optimiste », qui chantait les beaux lendemains de la révolution notamment. Avec la remise en cause des idéologies et le désir de retrouver l'humain envers et contre tout ce qui peut le détruire, une telle opposition n'est plus de mise actuellement. Même si les auteurs dramatiques d'aujourd'hui mêlent volontiers le conscient et l'inconscient, individuels ou collectifs, sans se priver d'ajouter une dimension poétique à leurs œuvres, on peut envisager, certes arbitrairement, de distinguer un théâtre intimiste, où se font entendre les voix intérieures, et un théâtre davantage enraciné dans l'histoire et dans sa société.

La mise en scène

Que ce soient les pièces classiques jouées à la « Comédie-Française », les comédies de boulevard, telles celles de F. Dorin, les spectacles à sketches présentés dans les « cafés-théâtres » – le « Café de la gare » dirigé par R. Bouteille fut, dans les années 1970, une pépinière de jeunes acteurs de talent – ou les grandes réalisations, pour fêter le bicentenaire de la Révolution de 1789 par exemple, le théâtre actuel se caractérise par la toute-puissance du metteur en scène, français ou étranger. On ne va plus voir une pièce de Molière, mais Molière revu par A. Vitez (1), par J. Savary et sa troupe du « Grand Magic Circus », par M. Maréchal (*Don Juan,* 1988) ou J. Weber (*Le Misanthrope,* 1989).

C'est aussi le metteur en scène qui adapte, pour la scène, des romans et textes divers : *Rabelais,* par J.L. Barrault (1968), *Vendredi ou la vie sauvage* de M. Tournier par Vitez, *Les*

(1) Directeur du « Théâtre national de Chaillot » de 1981 à sa mort, en 1990 ; P. Chéreau lui succède dans cette fonction.

Possédés de Dostoïevski par D. Llorca (1983), *Astérix,* d'après la bande dessinée de Goscinny et Uderzo, par J. Savary (1988).

C'est lui, enfin, peut-être par manque de grand auteur dramatique, qui crée l'œuvre originale, comme R. Hossein, avec la pièce, cosignée par A. Decaux, *Un homme nommé Jésus* (1983), spectacle d'une ampleur exceptionnelle au cours duquel une troupe de 90 comédiens joue trente-trois tableaux dans un décor grandiose de grottes et de rochers, haut de 9 mètres et large de 40. Dans ce domaine, l'expérience effectuée par Ariane Mnouchkine et sa troupe coopérative du « Théâtre du Soleil », fondée en 1964 et qui s'installe à la « Cartoucherie de Vincennes », en 1970, pour jouer *1789,* impose une nouvelle conception du théâtre : le public circule au milieu de comédiens qui improvisent sur des textes de l'époque; il participe même directement à l'action. De même, *L'Age d'or* (1975), avec des acteurs qui sont à la fois comédiens, poètes, clowns, acrobates, conduit les spectateurs à escalader des montagnes de terre, des collines de béton, sous un ciel « d'or et de lumière », afin de parcourir la vie quotidienne, où chacun, à sa façon, du travailleur immigré au jeune drogué, recherche l'évasion.

Le théâtre intimiste

Pour mieux tisser les fils qui lient leurs personnages entre eux, le huis clos est souvent choisi par des auteurs qui s'intéressent aux rapports entre les êtres. Ils sont faits de tension, de mensonge, de haine même, dans *Visite d'un père à son fils* (1989) de J.L. Bourdon, également auteur de *Jock* (1988) : la bibliothèque d'une prison sert de cadre à un dialogue terrible par lequel deux êtres, déçus l'un par l'autre, s'affrontent impitoyablement. Loleh Bellon, elle, préfère adopter un ton doux-amer, car l'affrontement se teinte de mélancolie et de tendresse. Elle-même analyse son œuvre : « À l'origine de chacune de ces pièces, il y a une émotion ressentie, des sentiments vécus : la petite fille qui affleure sous le visage des vieilles dames (*Les Dames du jeudi,* 1976), l'acteur au quotidien (*Changement à vue,* 1978), la rencontre d'une femme de ménage et de peine avec une bourgeoise au grand cœur et aux sentiments variables (*Le Cœur sur la main,* 1986), ou cette façon qu'a un jour une fille de parler à sa mère vieillissante sur le ton dont celle-ci lui parlait lorsqu'elle avait dix ans (*De si tendres liens,* 1984). »

Le passé perdu, que la mémoire tente de faire renaître, est d'ailleurs un thème cher à ces auteurs intimistes, comme si seule la mémoire pouvait permettre à l'homme en miettes de retrouver son unité, tel, dans *Une absence* (1988) de L. Bellon, ce personnage unique qui est à la fois vieille femme dans un hôpital et fillette du temps jadis. Cette même petite musique, secrète et douce, du passé qui rejoint le présent s'entend dans *Entrevue au parloir* (1990) de F. Seltz, ou dans *Tout contre un petit bois* (1990) de J.-M. Ribes, auteur aussi de *Jacky Parady* (1978) : à la recherche de son fils, Tommy, – cela ajoute à la pièce le ton d'un roman policier – Blinka explore les creux de sa mémoire, et parcourt le temps, qui s'est enfui mais semble n'avoir laissé aucune empreinte.

Peut-être ce théâtre intimiste est-il le refuge d'auteurs qui voient dans la plongée au fond d'une âme la seule vérité que l'homme puisse encore essayer de posséder?

Le théâtre pluriel

THÉÂTRE ET HISTOIRE

À l'opposé de ce théâtre intimiste, l'histoire, proche ou lointaine, nationale ou mondiale, s'empare du théâtre. Mai 68 ouvre la voie, remet à la mode le théâtre politique, évoque les idoles d'alors, comme le fait P. Bourgeade dans *Étoiles rouges* (1977), ou *Fragments pour Guevara* (1979), qui rappelle la légende tissée autour du « Che » (1) :

HOMME. – Il y a plus de six mois maintenant qu'il est parti.

FEMME 1. – Sept mois une semaine et trois jours.

HOMME. – À mon avis, il est en Chine. Il a été voir ce qui se passe là-bas. Comment ils font leur révolution.

HAUT-PARLEUR 1. – À mon avis, il est en Inde. Il lutte contre la pauvreté. Contre la misère.

HAUT-PARLEUR 2. – À mon avis, il est aux États-Unis. Il se cache à Harlem. Il a été aider les révolutionnaires noirs.

HAUT-PARLEUR 3. – À mon avis, il est au Viêtnam. Il a dit plusieurs fois qu'il voulait allumer dans le monde mille foyers, mille incendies, mille Viêtnam, et il a été voir ce qui se passe là-bas.

HOMME. – Il y a plus d'un an maintenant qu'il a adressé une lettre au camarade Fidel Castro pour lui dire qu'il quittait Cuba, et depuis personne ne sait ce qu'il est devenu.

FEMME 2. – Vous vous trompez. À mon avis, il est revenu en Argentine. C'est un bourgeois. Il s'est entiché de Castro, il s'est battu pour Cuba, mais il l'a fait par romantisme, par dilettantisme. Aujourd'hui il s'est fatigué de l'héroïsme. Il est revenu en Argentine, il a retrouvé sa première femme, sa famille riche, sa moto, et il vit sa vie comme il vivait avant de rencontrer Castro.

FEMME 2.
Raconte-nous sa dernière soirée.
La dernière fois qu'il te parla
Assis sur le banc devant la maison
Ou sur une chaise de la chambre
Les mains croisées sur les genoux
La tête penchée en avant
Dans une attitude familière
Laissant échapper les mots
Comme s'il se parlait à lui-même.

Fragments pour Guevara,
© éd. Jacques-Marie Laffont et associés, 1979.

De même, Copi dépeint Eva Peron (*Eva Peron,* 1969), Hélène Cixous, connue aussi pour ses romans et ses essais féministes, donne à la troupe d'A. Mnouchkine des pièces centrées autour d'hommes dont la personnalité politique a éveillé des échos en France, Gandhi dans *L'Indiade* (1987), et surtout *L'Histoire terrible mais inachevée de Norodom Sihanouk roi du Cambodge* (1985) : sur fond d'épopée se détache un personnage séduisant, pathétique quand, après sa destitution, il analyse son destin et démasque les jeux politiques.

SIHANOUK. – J'ai trop oublié les sentiers intérieurs de notre Bouddha. Mon malheur a été d'être choisi par les Français pour monter sur le trône. La veille encore, je te l'assure, j'étais le plus heureux des enfants. Ce qui me faisait le plus peur au monde, c'était le Bac. Et maintenant comment oublier le grand rêve qui est devenu moi-même... Je ne peux plus m'arrêter d'être le Cambodge. Je suis devenu moi-même ces fleuves, ces rizières, ces montagnes, et tous ces paysans qui me peuplent. Je voudrais m'oublier et vivre une autre vie. Il faudrait que je meure. Tu viendrais avec moi ?

LA PRINCESSE. – Vous me le demandez ?

SIHANOUK. – Si tu veux, nous renaîtrons ensemble. Alors qu'aimerais-tu faire ou être si nous recommencions ?

LA PRINCESSE. – Être ? Encore une femme, encore ton amante, oui, encore une fois. J'aimerais bien faire de la peinture.

SIHANOUK. – Sans la décision des dieux et des Français, je serais devenu un grand saxophoniste.

LA PRINCESSE. – Pourquoi pas footballeur ?

SIHANOUK. – Et pourquoi pas ?

LA PRINCESSE. – Pourquoi pas cuisinier chinois ?

SIHANOUK. – Chinois ?...

Je suis tombé de notre rêve. Je ne peux plus jouer.

LA PRINCESSE. – C'est de la Chine que vous avez peur ? Il n'y a pas de raison. Un sourire de Zhou Enlai (2) aura vite fait de vous guérir.

SIHANOUK. – J'ai hâte de le voir. C'est une sorte d'homme fatal, incroyable. C'est un Greta Garbo (3), c'est un vrai Circé (4). La première fois que je l'ai rencontré, il m'invite à déjeuner. J'y vais. Je n'avais jamais vu d'homme aussi beau. Heureusement que moi aussi j'étais un homme. Nous passons à table. Au premier plat, je suis ensorcelé. Et s'il me trahissait lui aussi ? Ah ! Les traîtres, ils m'ont abîmé le cœur !

---

(1) Surnom d'E. Guevara, compagnon de Castro. – (2) Un des chefs de la révolution chinoise, devenu ministre des Affaires étrangères. – (3) Star américaine, d'origine suédoise, qui fascina un large public. – (4) Magicienne qui séduisit Ulysse, dans *L'Odyssée.*

Penn Nouth! Penn Nouth! Où sommes-nous? Quelle heure est-il?

PENN NOUTH. – Nous serons à Pékin dans une heure, Monseigneur.

SIHANOUK. – Dans une heure! Dès que nous arrivons à Pékin, Penn Nouth, j'adresse un éclatant message à notre peuple.

Je lui dirai :

Ô mon peuple. Ô mes enfants!...
Ah! Mais où est mon peuple?
Où va mon peuple?
Et moi où vais-je? Quand le retrouverai-je?
Ces nuages sont si serrés. On dirait une terre glacée qui nous sépare de la terre vivante.

(Ils sortent et les nuages aussi.)

L'histoire de France n'échappe pas au scalpel de ces auteurs : *Le Souper* (1990) de J.C. Brisville imagine une rencontre, en 1815, entre Fouché et Talleyrand, mais ce duel rhétorique, dont les répliques claquent comme des balles, met en valeur, en fait, un machiavélisme politique qui n'a pas d'âge. La seconde guerre mondiale constitue la trame de nombreuses pièces : J.M. Besset, dans *Villa Luco* (1989), retrace une rencontre imaginaire, en 1945, entre De Gaulle et Pétain, alors prisonnier à l'île d'Yeu; D. Benoin, dans sa fresque *Sigmaringen* (1990), château où se réfugia le gouvernement de Vichy, exilé en compagnie de ses fidèles, entreprend un débat sur la guerre, l'antisémitisme et le fascisme, développe les crises morales de ses personnages, qui vivent dans une pathétique illusion de pouvoir. Le colonialisme n'est pas oublié avec *Brûle, rivière, brûle!* (1990) de J.P. Fargeau qui montre comment les plantations des Indes occidentales reçurent, en 1794, le cri de libération venu de France, *Congo-Océan* (1990) de B. Amberrée et D. Paquet, qui démonte les sordides mécanismes économiques à l'œuvre dans la politique coloniale française, et, plus violentes encore, les pièces de P. Guyotat (*Tombeau pour 500 000 soldats,* en 1967, sur la guerre d'Algérie) et de B.M. Koltès : *Le Retour au désert* (1988) tisse, sur le fond de haine de la guerre d'Algérie, les relations, elles aussi haineuses, entre un frère et une sœur, tandis que *Combat de nègre et de chiens* (1983) retrace l'inévitable incompréhension qu'engendre l'univers néo-colonial en Afrique noire, dans un décor nocturne symbolique et une langue poétique et mystique que mettent en valeur les mises en scène de P. Chéreau.

À L'ÉCOUTE DE LA SOCIÉTÉ

Le théâtre retrouve aussi son enracinement dans une société dont il caricature les nouvelles réalités et les personnages caractéristiques, par exemple le monde de la télévision, et ses méfaits (M. Vinaver dans *À la renverse,* en 1980, ou *L'Émission de télévision,* en 1990), la justice et ses erreurs (B. Noël, *La Reconstitution,* 1989), la vie féroce de l'entreprise (M. Vinaver, *Par-dessus bord,* 1972).

Particulièrement intéressantes, plusieurs pièces s'appuient sur les mythologies collectives qui sous-tendent la société. R. Fichet, dans *Plage de la Libération* (1989) marque le lien entre l'héroïsme d'une petite ville pendant la guerre et les explosions néo-nazies qui viennent ébranler sa mémoire, quarante ans après; P. Rambert, dans *Météorologies, Allez Hop* (1988) ou *Les Parisiens* (1989), mêle les cultures qui ont traversé sa jeunesse, romans policiers et « stars » du spectacle, et les insère dans la vie quotidienne.

Trois auteurs, notamment, méritent d'être cités pour avoir abordé, de façon originale, le monde moderne à travers les fantasmes collectifs et les mythologies inconscientes qui le parcourent. J.C. Penchenat, dans *Le Bal* (1981), construit des tableaux qui sont une véritable autopsie du XXe siècle, réalisée par le biais de la musique et des comportements des danseurs des bals populaires; dans *1, place Garibaldi* (1990), c'est par les yeux éblouis de deux enfants et de leurs copains, passionnés de cinéma, qu'il évoque, avec émotion, sa propre enfance d'après-guerre et l'imaginaire collectif marqué par le cinéma. Copi (1939-1987), Argentin installé à Paris dès 1962, unit l'univers extérieur et ses propres drames, son obsession de la mort notamment, dans *L'Homosexuel ou la Difficulté de s'exprimer* (1971),

La Nuit de Madame Lucienne (1988), *Une visite inopportune* (posthume, 1988); *Les Escaliers du Sacré-Cœur* (posthume, 1989) déroule autour d'une vespasienne (1) de Montmartre, une ronde étrange d'êtres en proie à tous leurs fantasmes sexuels : on se bat, on s'insulte, on s'aime et on meurt, la cruauté se donne libre cours, mais elle se mêle aux gags, tout comme la brutalité et la vulgarité du langage s'allient à la légèreté de vers de 7 syllabes. Ambiguïté de l'humain, sérieux et dérision, sont aussi les caractéristiques des pièces de J.-C. Grumberg : *Demain, une fenêtre sur rue* (1968) et *Dreyfus* (1973) sont directement liées à l'histoire, mais *En r'venant de l'Expo* (1975), *L'Atelier* (1979) et *L'Indien sous Babylone* (1985) montrent les courants divers qui irriguent la société et que portent en eux les créateurs, la guerre et l'antisémitisme, le capitalisme et le socialisme, les données modernes de la culture, ou, plus simplement, la vie qui cherche à triompher des forces de mort.

L'ATELIER

Léon, patron d'un atelier de couture dans les années 50, critique ici le travail de ses ouvrières; mais, derrière la familiarité du langage et l'humour, on devine que ce personnage modeste est aussi le témoin d'une époque, le symbole de ceux qui se veulent « vivants ».

LÉON *(d'un calme inhabituel attend le retour de Mme Laurence qui se réinstalle, puis il démarre.)* – Bon. À votre avis, mesdames, on travaille pour qui, pour les morts ou pour les vivants ? *(Pas de réponse, Léon tout en faisant tourner le veston sous tous les angles – c'est une pauvre chose.)* Si on travaille pour les morts, je dis que ce vêtement est un très bon vêtement pour mort... Seulement entre nous, un mort peut très bien se passer de vêtements non ? On le jette dans un bout de chiffon, on le roule dedans et hop au trou... On peut même faire l'économie du bout de chiffon et du trou. Ça s'est déjà vu non ?... Si on travaille pour les vivants, il faut prévoir qu'un vivant sera inévitablement amené à faire certains gestes comme bouger un bras, s'asseoir, respirer, se lever, boutonner, déboutonner; je parle même pas du temps de guerre où fréquemment le vivant pour rester vivant est obligé de lever les deux bras en l'air et en même temps, non, je parle des mouvements ordinaires, de la vie ordinaire dans la confection ordinaire. Regardez cette pièce, Monsieur Max vient de me la retourner avec sur le revers un petit papier épinglé, je vais vous lire ce qu'il y a sur le papier : « C'est du travail pour les morts. » *(Il montre le papier et il continue.)* C'est écrit en gros caractères !... À peine un client a enfilé... *(bref silence)* que la doublure de la manche, oui madame Simone, a craqué, bon je sais c'est pas grave, pas la peine de pleurer déjà, ce sont des choses qui arrivent, c'est ce que le vendeur a dit aussitôt, un fil de mauvaise qualité, un point trop lâche, passons... Ensuite les boutons sont tombés un par un quand le client a voulu... *(Il fait le geste de boutonner.)* Machinalement, alors le client a posé les yeux sur les boutonnières, ou Madame Mimi, regardez-les aussi : boutonnières faites main ?

MIMI. – Ben qu'est-ce qu'elles ont ?

LÉON. – On dirait qu'elles chient (2) et qu'elles dégueulent (3) en même temps... voilà ce qu'elles ont... Puis il a levé les yeux et s'est aperçu dans la glace alors il a arraché cette chose de son corps et il est sorti du magasin en courant et s'est précipité la tête la première chez la concurrence... Vous avez peut-être déjà entendu parler de la concurrence, vous savez tous ces gens qui travaillent bien mieux et qui sont bien moins chers parce qu'ils ont moins de frais généraux... Voyant son client sortir en courant, le patron du magasin a renvoyé toute la marchandise qu'il venait de recevoir au travers de la gueule de Monsieur Max avec ce petit papier épinglé sur le revers, et puis lui aussi a été se fournir en courant chez la concurrence. Monsieur Max a reçu le paquet, il a examiné, il m'a appelé, j'ai examiné à mon tour et je dois reconnaître que le client a raison : c'est du travail pour les morts ! *(Silence. Léon reprend, toujours très professeur.)* Maintenant je dois vous prévenir : celles qui désirent continuer à travailler pour les morts iront le faire ailleurs qu'ici... Dorénavant mon atelier se consacrera exclusivement aux vivants, et ceux-là croyez-moi, ils en veulent aujourd'hui pour leur argent. C'est fini le temps où on leur collait la pire cochonnerie (4), les pardessus avec les deux manches gauches, les vestes qui se boutonnent dans le dos, etc., etc. Fini !... La guerre est terminée depuis longtemps;

(1) Urinoir public destiné aux hommes. – (2) Vulgaire : déféquer. – (3) Vulgaire : vomir. – (4) Vulgaire : travail mal fait, objet sans valeur.

avec un peu de chance il y en aura bientôt une autre qui sait, ça va tellement bien partout... On est plus dans l'après-guerre, on est de nouveau dans l'avant-guerre, tout est redevenu normal, on trouve de tout aujourd'hui, à tous les prix, on parle même de supprimer les tickets, plus de restrictions... J'exige maintenant un minimum de conscience professionnelle vous entendez..., un minimum. *(Il enfile la veste, elle est trop grande pour lui, et elle pend lamentablement de tous les côtés.)* Regardez, regardez « demi-mesure »! Une épaule déjà au premier étage et l'autre encore au sous-sol... Madame Laurence il faut un peu regarder ce qu'on fait quand on travaille, pas toujours regarder ce que font les autres...

Jean-Claude Grumberg, *L'Atelier* (1979),
© éd. Actes Sud.

Le roman de 1968 à nos jours

Il est assurément difficile de présenter un panorama cohérent de l'activité des romanciers actuels : la mode, qui fait les best-sellers, est loin d'être un gage de qualité, et, en ce qui concerne l'attribution des prix littéraires (les plus célèbres sont le « Grand Prix du roman de l'Académie française », le « prix Goncourt », le « prix Renaudot », le « prix Interallié », le « prix Fémina » et le « prix Médicis »), les intérêts des éditeurs priment souvent la qualité littéraire. Enfin, la « surproduction » noie fréquemment un écrivain de valeur au milieu d'œuvres médiocres, et les revues critiques *(Le Magazine littéraire, La Quinzaine littéraire, La Nouvelle Revue française, Les Temps modernes...)* ou les émissions télévisées (« Apostrophes » de B. Pivot, de 1975 à 1990, fut presque une institution!) mettent souvent plus l'accent sur l'écrivain lui-même que sur son œuvre. Malgré cela, quelques tendances se dégagent, et certains romanciers ont d'ores et déjà conquis leurs lettres de noblesse.

Dans les coulisses de l'Histoire

Tout comme les auteurs dramatiques, romanciers, auteurs de nouvelles, essayistes, se penchent sur le passé, un passé rendu fascinant par l'éloignement : sur une trame qui rend vivante la vie quotidienne – souvent négligée par les manuels scolaires – (*La Baie des Anges,* trilogie de M. Gallo – 1975-76 – dépeint ainsi Nice à la « belle époque »), se détachent les grandes figures qui ont fait l'Histoire, telle celle de Madame de Maintenon dans *L'Allée du roi* (1988) de F. Chandernagor. Elle réussit, dans son roman, à restituer la langue même de ce siècle classique.

Certains de ces romans ont d'ailleurs contribué à redresser des jugements erronés : les romans de G. Duby (*Le Dimanche de Bouvines,* 1973; *Le Chevalier, la femme et le prêtre,* 1981) ou de J. Bourin (*La Chambre des dames,* 1979; *Le Jeu de la tentation,* 1981) animent un Moyen Âge qui ne ressemble guère aux « siècles obscurs » que l'on y voit souvent. Ces romanciers du passé seraient certainement d'accord avec la raison que J. Bourin, parlant d'elle-même, donne de son goût pour le roman historique : « Elle aimait l'Histoire dans ce qu'elle contient de plus quotidien, parce que ce terrain-là est composé de l'humus même où plongent nos racines. »

Ainsi, à une époque où l'homme se pose plus de questions qu'il ne trouve de réponses, la plongée dans l'Histoire offre le moyen de s'enraciner dans de rassurantes certitudes et de conquérir une permanence, une identité, qui font défaut à l'époque contemporaine.

La quête de soi

L'autobiographie relève du même désir, puisqu'elle permet, à travers le décor de la vie collective, de donner à une vie individuelle, morcelée dans le temps, l'épaisseur d'un destin qui lui rend son unité et son sens. D'autre part, le public se passionne pour ce que Mauriac appelait « un misérable tas de petits secrets ». Il y a, certes, du voyeurisme dans ce goût prononcé pour les vies d'hommes célèbres (quel chanteur, acteur, sportif ou homme politique n'a pas, aujourd'hui, publié ses « mémoires »?) et la « marginalité » fait recette : il suffit de se rappeler le succès du roman d'H. Charrière, *Papillon* (1969), qui retraçait la vie « exotique » de cet ancien bagnard.

Au milieu de cette prolifération autobiographique, certaines œuvres se détachent pourtant, parce qu'en faisant la chronique d'une époque, elles mettent en évidence les mythologies qui la traversent, et qui sous-tendent encore la société actuelle, parce qu'elles ne se contentent pas de décrire, mais approfondissent l'analyse psychologique, enfin parce qu'elles entreprennent une exploration du langage souvent intéressante.

AUTOBIOGRAPHIE ET INCONSCIENT

Dans l'autobiographie, l'enjeu est la mémoire, collective d'abord, pour cerner ensuite la place de l'individu, qui remonte dans son enfance, pour trouver, aux sources de l'inconscient, l'explication de son être actuel, de ses désirs, voire de ses fantasmes, effort d'exorcisme par là-même. Les titres de la trilogie de C. Roy, *Moi je* (1969), *Nous on* (1972) et *Somme toute* (1976), résument cette quête : « Où est le dernier moi, qui jugera tous les autres, et pourra les absoudre, parce qu'enfin délivré d'être sempiternellement un moi? »

Il (1) était pour moi la statue et la stature calme du silence. Il était grand, fort, pesant, taciturne, froid par la maladresse autant que par horreur du *mouillé*. Il était tout ce que je n'étais pas, et désespérais d'être. Il avait l'involontaire dureté des dieux austères, qui rabrouent l'effusion du fidèle et découragent l'élan du sacerdoce. Je désespérais de l'égaler. Si j'ai, depuis, entrevu sa faiblesse, deviné sa fissure, et retourné parfois en ressentiment apitoyé la vénération effrayée qu'il m'inspirait, il eut longtemps pour moi cette armure intacte du chevalier vaincu, et désespéré. Un épicurien sentimental admirait un stoïcien silencieux. Le doux mépris lassé qu'il marquait à ma mère m'embrassait dans sa réprobation. J'étais de la race maudite des exubérants bavards, soubresautant (2) d'émotions et d'élans, le cœur sur la main, la main sur le cœur, le visage toujours vulnérable et nu de trop exprimer les mouvements de leur cœur. Il y avait de l'autre côté d'un abîme que je ne franchirais jamais les Grands Calmes, les hautaines citernes d'amertume et de silence. Je ne me sentais pas devant mon père faible seulement de ma petitesse en face de sa stature, de mon agitation en face de sa réserve, de mon ébullition d'eau vive en face de son poli de bronze. Car j'étais non seulement désarmé – mais indigne. Né coupable. Il m'a fallu vivre mille ans pour entrevoir enfin la chance d'être innocent, et de ne m'avouer coupable qu'à partir de cette innocence première.

L'homme est un loup malin et pénétrant pour l'homme. J'ai toujours, je ne dis pas : prêté le flanc (3), mais tendu la joue, offert le cœur, à qui sut user (abuser) de ce sentiment premier d'*indignité*. Je suis entré dans la vie en plaidant coupable. Parfois j'essaie de masquer ma faiblesse, de faire le fanfaron, de croire qu'on ne s'apercevra de rien, que ça passera à l'as (4). Je m'illusionne des illusions que j'essaie d'imposer. Je prends l'air dégagé, faraud, hâbleur ou séducteur. Mais ils vont bien finir par s'apercevoir que je suis un bagnard en rupture de ban (5), que j'ai un casier judiciaire chargé. Ils vont voir la trace de l'anneau et de la chaîne à mes chevilles. Je serai cuit, repris. J'ai vécu des années en liberté provisoire. En péril d'être *fait aux pattes* (6).

Aussi ai-je longtemps abordé les Grandes Amours et les Grandes Causes comme l'évadé mal assuré frappe à la porte d'un refuge. J'ai toujours été étonné devant les êtres à qui je semblais « en imposer », ou que je paraissais réchauffer. Émerveillé qu'on puisse m'aimer, moi le paria, qu'on puisse recevoir de moi,

(1) Son père. – (2) Tressaillant. – (3) Offrir son corps aux armes de l'ennemi. – (4) Familier : cela passera inaperçu. – (5) Qui commet le délit de revenir dans un endroit d'où il a été banni. – (6) Argot : être rattrapé.

le démuni. Depuis que j'écris, les lettres de lecteurs inconnus, qui parfois disent me savoir gré, les confidences de ceux qui me confient que je les ai tirés d'affaire, ou aidés : je n'en reviens pas. Qu'on puisse avoir *besoin* de moi me stupéfie toujours. M'enchante, me fait chanter. Je ris en me voyant si beau dans le miroir des autres (1).

Claude Roy, *Moi je,* éd. Gallimard.

Se délivrer de la culpabilité d'être soi, telle est la tâche entreprise par bon nombre de romanciers : D. Fernandez (*L'Étoile rose,* 1977), J.-L. Bory (*Ma moitié d'orange,* 1972 ; *Le Pied,* roman réalisé au magnétophone en 1977) ou Y. Navarre (*Les Loukoums,* 1973 ; *Le Cœur qui cogne,* 1974 ; *Killer,* 1975 ; *Le Temps voulu,* 1978 ; *Le Jardin d'acclimatation,* roman plus traditionnel qui lui valut le prix Goncourt, en 1980), en même temps qu'ils analysent leurs différences à travers leur homosexualité, tentent de les surmonter. Si D. Fernandez se masque encore sous de multiples doubles, castrat dans la Naples du XVIIIe siècle (*Porporino ou les Mystères de Naples,* 1974), poète (*Dans la main de l'ange,* 1982), peintre allemand passionné d'art italien (*L'Amour,* 1986)..., l'autobiographie ne se retranche plus guère, aujourd'hui, derrière les pudeurs de la fiction. Le style adopté du reste par ces écrivains contribue à ôter les masques, langage sans fard de L. Bodard (*Monsieur le Consul,* 1973 ; *Le Fils du consul,* 1975...), recours au discours oral et à la gouaille populaire chez C. Lanzmann (*Le Têtard,* 1976 ; *Tous les chemins mènent à soi,* 1979 ; *Rue des mamours,* 1981) ou chez F. Cavanna (*Les Ritals,* 1978 ; *Les Russkoffs,* 1979 ; *Bête et méchant,* 1980), qui déclare avec énergie : « Mais les grammaires, quel régal ! – Je sais, c'est très mal porté de dire ça, au jour d'aujourd'hui (...) Si vous saviez (...) ce qu'on peut se marrer (2) avec des virgules et des passés simples... ! » Il évoque par là la richesse et la plasticité d'une langue qui peut unir toutes les rigueurs de l'écrit et toutes les libertés de l'oral.

LES MYTHOLOGIES COLLECTIVES

Enfin l'autobiographie fait pénétrer dans une mythologie collective où chacun retrouve un peu ses propres racines. Dans les romans de R. Sabatier (notamment *Les Allumettes suédoises,* 1969 ; *Trois Sucettes à la menthe,* 1972 ; *Les Noisettes sauvages,* 1972) sont rendus à la vie les mythes du Paris des années 50, avec son métro aux murs couverts de « réclames », ses petits commerces, décor de l'enfance avec la magie des vitrines et des jeux sur le trottoir, avec ses chagrins et ses joies, telles les vacances à la campagne ; pour P. Labro (*L'Étudiant étranger,* 1986 ; *Un été dans l'Ouest,* 1988), le mythe est l'Amérique, et c'est dans les campus, à travers les grands espaces, la vie rude de ceux qui mènent encore une vie de « pionniers », que se découvre la liberté et que se développe une initiation à la vie. Pour sa part, A. Jardin (*Le Zèbre* lui fit obtenir le prix Fémina en 1988) réalise son parcours initiatique par la démythification de la cellule familiale et des relations amoureuses : la statue du père, érigée avec amour, est abattue avec humour.

PATRICK MODIANO (NÉ EN 1945)

Étranges autobiographies chez P. Modiano ! Autobiographie à visage nu dans *Livret de famille* (1977) ou, le plus souvent, masquée sous une fiction romanesque racontée à la première personne, elle est plus une recherche qu'une saisie du contenu de la mémoire ; car le drame de Modiano et de ses « doubles narrateurs » vient précisément du fait de se sentir prisonnier des lieux de mémoire, notamment parisiens, d'un passé insaisissable tout autant qu'ineffaçable : l'objet de chaque roman, comme il le dit dans *Quartier perdu* (1985), est

(1) *Cf. Faust* de Gounod : « Je ris de me voir si belle en ce miroir. » – (2) Vulgaire : rire, s'amuser.

de « visiter les ruines et tenter d'y découvrir une trace de soi ». Dans ses premières œuvres, il s'agit de dérouler le fil d'une mémoire quasi prénatale, recherche du père disparu, retrouvé au milieu de collaborateurs (1) s'adonnant au marché noir dans *Les Boulevards de ceinture* (1972), de sa propre identité qui s'évanouit dans les brumes de l'amnésie (*Rue des boutiques obscures,* prix Goncourt en 1978) ou expérience d'une douloureuse dualité : le héros de *La Ronde de nuit* (1969) s'introduit à la fois dans la Gestapo, sous le nom de « Swing troubadour », et dans un réseau de Résistance, où il se fait appeler Lamballe, et, dans ce jeu d'agent double, il finit par se perdre lui-même.

« À quoi pensez-vous, Lamballe? – Aux mouches, mon lieutenant (2). » Quelquefois, il me retenait dans son bureau pour que nous ayons un « petit tête-à-tête ». « Vous commettrez cet attentat. J'ai confiance en vous, Lamballe. » Il prenait un ton autoritaire et me fixait de ses yeux bleu-noir. Lui dire la vérité? Laquelle au juste? Agent double? ou triple? Je ne savais plus qui j'étais. Mon lieutenant, JE N'EXISTE PAS. Je n'ai jamais eu de carte d'identité. Il jugerait cette distraction inadmissible à une époque où l'on devait se raidir et montrer un caractère exceptionnel. Un soir, je me trouvais seul avec lui. Ma fatigue rongeait, comme un rat, tout ce qui m'entourait. Les murs me semblèrent brusquement tendus de velours sombre, une brume envahissait la pièce, estompant le contour des meubles : le bureau, les chaises, l'armoire normande. Il demanda : « Quoi de neuf, Lamballe? » d'une voix lointaine qui me surprit. Le lieutenant me fixait comme d'habitude mais ses yeux avaient perdu leur éclat métallique. Il se tenait derrière le bureau, la tête inclinée du côté droit, sa joue touchant presque son épaule dans une attitude pensive et découragée que j'avais vue à certains anges florentins. Il répéta : « Quoi de neuf, Lamballe? » du ton avec lequel il aurait dit : « Vraiment, cela n'a pas d'importance », et son regard s'appesantit sur moi. Un regard chargé d'une telle douceur, d'une telle tristesse que j'eus l'impression que le lieutenant Dominique avait tout compris et me pardonnait : mon rôle d'agent double (ou triple), mon désarroi de me sentir aussi fragile, dans la tempête, qu'un fétu de paille, et le mal que je commettais par lâcheté ou inadvertance. Pour la première fois, on s'intéressait à mon cas.

Gallimard, édit.

Pour Modiano, aucune confiance ne peut être accordée à la mémoire, qui n'est qu'une sorte de mirage où apparaît l'ombre de ce que l'on a vécu; même quand il tente d'oublier l'Occupation, la quête de l'identité, et de sortir du récit à la première personne (*Une jeunesse,* 1981; *Memory lane,* 1981), le jeu des rétrospectives se poursuit, le temps passé pénètre dans le présent; chaque roman reste, en fait, le récit des premiers pas dans la ville, dans la vie, dans l'absence : *Dimanches d'août* (1986), *Vestiaires de l'enfance* (1989), *Voyage de noces* (1990). L'historien H. Rousso résume ainsi l'œuvre de ce romancier : « C'est un puzzle qu'il ne faut surtout pas reconstituer, la vérité filtrant des vides. »

L'écriture au féminin

L'après-68 marque l'entrée en force des femmes dans la littérature, qu'elles refusent le concept d'« écriture féminine », ou qu'elles le revendiquent avec force comme A. Leclerc (*Parole de femme,* 1974), H. Cixous (*Dedans,* 1969; *Neutre,* 1972; *La,* 1976) et tout le courant des éditions « Des Femmes ».

TOUT DIRE

D'une façon générale, les romancières veulent tout dire, et s'approprient des domaines de langage jusqu'alors réservés aux hommes : trivialité, pornographie..., aucun tabou ne semble arrêter celles qui ont choisi de donner la parole au corps de la femme, à ses pas-

(1) Ceux qui travaillent avec l'occupant allemand. – (2) Le chef du réseau de Résistance auquel appartient Lamballe.

sions, à ses douleurs. Ainsi se trouvait présenté, par son éditeur, *Les Mots pour le dire* (1975) de M. Cardinal : « Livre cri, livre coup, d'une sincérité violente, impudique et sans concession (...). Ce n'est pas la première fois qu'une femme raconte une crise intime, mais jamais on n'avait osé employer comme elle le fait « les mots pour le dire », les mots vrais, les mots interdits, les mots qui délivrent. »

ÉCRITURE-DÉLIVRANCE

Ces œuvres, souvent autobiographies à peine déguisées, sont d'abord une délivrance, de la prostitution (J. Cordelier, *La Dérobade,* 1976), de la maternité, du couple dans de nombreux romans, tels ceux de M. Chapsal (*Grands Cris dans la nuit du couple,* 1966; *La Maison de Jade,* 1986; *Une saison de feuilles,* 1988). L'amour reste le grand thème, sur fond de guerre (M. Cerf, *Maria Tiefenhaler,* 1982), d'adultère et de conquêtes perverses, par exemple chez R. Billetdoux (*Mes nuits sont plus belles que vos jours,* 1985) ou C. Rihoit (*La Favorite,* 1982), ou encore amour platonique mêlé de désirs troubles ou sublimés comme dans *La Décharge* (1980) ou *Stella Corfou* (1988) de B. Beck.

Parfois journalistes, comme E. Charles-Roux (*Oublier Palerme,* 1966; *Elle Adrienne,* 1971; *Une enfance sicilienne,* 1981) ou B. Groult, qui milita activement aux côtés des féministes, elles jettent un regard impitoyable sur la société, et leurs romans semblent souvent être un refuge dans la solitude, la recherche d'un impossible exil de son passé, des autres, du présent, tels ceux de D. Sallenave, aux titres évocateurs : *Paysage de ruines avec personnages,* 1975; *Les Portes de Gubbio,* 1980; *Un Printemps froid,* 1983; *La Vie fantôme,* 1986...)

CHRISTIANE ROCHEFORT (NÉE EN 1917)

De son enfance vécue dans un quartier populaire, C. Rochefort a conservé le goût de l'indépendance, parallèlement à un vif intérêt porté aux réalités humaines des grandes villes : adolescent lâché dans Paris après une querelle familiale (*Printemps au parking,* 1970), femme qui, voulant se libérer, se laisse entraîner par l'homme dans l'humiliation (*Le Repos du guerrier,* 1958) ou revendique sa sexualité (*Stances à Sophie,* 1963), enfants surtout, qui se débattent pour être heureux contre le monde des adultes et ses agressions, matérielles et morales : *Les Petits Enfants du siècle* (1961), *Encore heureux qu'on va vers l'été* (1975), *Les Enfants d'abord* (1976); le Prix Médicis est attribué à *La Porte du fond* (1988), qui résume sa volonté d'échapper au monde réel pour un autre monde, comme la manifestait déjà Josyane, l'héroïne des *Petits Enfants du siècle,* ou bien l'enfant rencontré au cours d'une promenade :

Voyez cette personne grande accrochée à la main d'une personne petite, qui pourrait marcher seule : elle est en train de l'empêcher d'être heureuse, en ce même moment. Observez comme la personne petite tente de se décrocher de la poigne puissante, elle veut s'échapper, elle regarde ailleurs, ça y est elle s'est cassé la gueule, c'était fatal, elle ne marchait pas dans la Réalité.

Encore heureux qu'on va vers l'été.

Par l'écriture (*C'est bizarre l'écriture,* 1970), C. Rochefort a pu entrer dans cet autre monde, une écriture qui retrouve le rythme rapide de l'oral, la saveur du langage populaire, tout en conservant la distanciation d'où jaillissent, comme dans cet extrait des *Petits Enfants du siècle,* l'humour et la tendresse.

Je suis née des Allocations (1) et d'un jour férié dont la matinée s'étirait, bienheureuse, au son de « Je t'aime Tu m'aimes » joué à la trompette douce. C'était le début de l'hiver, il faisait bon dans le lit, rien ne pressait.

À la mi-juillet, mes parents se présentèrent à l'hôpital. Ma mère avait les douleurs. On l'examina, et on lui dit que ce n'était pas encore le moment. Ma mère insista qu'elle avait les douleurs. Il s'en fallait de quinze bons jours, dit l'infirmière ; qu'elle resserre sa gaine.

Mais est-ce qu'on ne pourrait pas déclarer tout de même la naissance maintenant ? demanda mon père. Et on déclarerait quoi ? dit l'infirmière : une fille, un garçon, ou un veau ? Nous fûmes renvoyés sèchement.

Zut dit mon père c'est pas de veine (2), à quinze jours on loupe la prime (3). Il regarda le ventre de sa femme avec rancœur. On n'y pouvait rien. On rentra en métro. Il y avait des bals, mais on ne pouvait pas danser.

Je naquis le 2 août. C'était ma date correcte, puisque je résultais du pont (4) de la Toussaint. Mais l'impression demeura, que j'étais lambine (5). En plus j'avais fait louper les vacances, en retenant mes parents à Paris pendant la fermeture de l'usine. Je ne faisais pas les choses comme il faut.

J'étais pourtant, dans l'ensemble, en avance : Patrick avait à peine pris ma place dans mon berceau que je me montrais capable, en m'accrochant, de quitter la pièce dès qu'il se mettait à brailler (6). Au fond je peux bien dire que c'est Patrick qui m'a appris à marcher.

Quand les jumeaux, après avoir été longtemps égarés dans divers hôpitaux, nous furent finalement rendus – du moins on pouvait supposer que c'était bien eux, en tout cas c'était des jumeaux – je m'habillais déjà toute seule et je savais hisser sur la table les couverts, le sel, le pain et le tube de moutarde, reconnaître les serviettes dans les ronds.

« Et vivement que tu grandisses, disait ma mère, que tu puisses m'aider un peu. »

Elle était déjà patraque (7) quand je la connus ; elle avait une descente d'organes ; elle ne pouvait pas aller à l'usine plus d'une semaine de suite, car elle travaillait debout ; après la naissance de Chantal elle s'arrêta complètement, d'ailleurs on n'avait plus avantage, avec le salaire unique, et surtout pour ce qu'elle gagnait, sans parler des complications avec la Sécurité (8) à chaque Arrêt de Travail, et ce qu'elle allait avoir sur le dos à la maison avec cinq tout petits enfants à s'occuper, ils calculèrent qu'en fin de compte, ça ne valait pas la peine, du moins si le bébé vivait.

À ce moment-là je pouvais déjà rendre pas mal de services, aller au pain, pousser les jumeaux dans leur double landau, le long des blocs, pour qu'ils prennent l'air, et avoir l'œil sur Patrick, qui était en avance lui aussi, malheureusement. Il n'avait pas trois ans quand il mit un chaton dans la machine à laver ; cette fois-là tout de même papa lui en fila une bonne (9) : la machine n'était même pas finie de payer.

Christiane Rochefort,
Les Petits Enfants du siècle (1961),
© éd. Grasset.

La reconnaissance de la « paralittérature »

Même si on les qualifie encore, de façon méprisante, de « paralittérature », des genres aussi divers que le roman policier, le roman de science-fiction, et surtout la bande dessinée, ont reçu une reconnaissance officielle après Mai 68, époque où ils ont exprimé les courants sociaux, les contestations et toutes les « marginalités » que la « culture classique » n'avait pas encore répercutés dans ses œuvres : on organise aujourd'hui des « rétrospectives », des « salons », et, puisque des chercheurs leur consacrent des thèses, l'université les a inscrits dans ses programmes. Bien des romanciers « officiels », d'ailleurs, leur empruntent aussi bien des thèmes (Le Clézio, dans *Les Géants,* en 1973, peint une « Hyperpolis » futuriste, digne de la science-fiction ; V. Volkoff, dans ses romans d'espionnage, tel *Le Retournement,* en 1979) que des techniques d'écriture : J. Lahougue, par exemple, dans *La Comptine des Height* (1980), démythifie les poncifs des romans d'Agatha Christie en une savoureuse parodie baroque.

---

(1) Argent versé par l'État pour l'entretien d'un enfant. – (2) On n'a pas de chance. – (3) On ne pourra pas obtenir l'argent versé à la naissance. – (4) Jour supplémentaire de congé accordé quand les jours fériés sont un vendredi ou un mardi. – (5) Lente. – (6) À crier. – (7) En mauvaise santé. – (8) La « Sécurité sociale » qui contrôle la validité des arrêts de travail. – (9) Lui donna une sérieuse correction.

LE ROMAN POLICIER

Le roman policier actuel, celui de la « nouvelle série noire », est d'abord l'héritier direct des maîtres américains, Hammett, Chandler..., et intègre, dans ses intrigues, le substrat politique et social : manœuvres politiques, policiers corrompus, gangsters et terroristes, tous les « exclus » de la société, traversent, souvent violemment, les romans de Vautrin (*Bulletin rouge,* 1973 ; *Billy the Kick,* 1974 ; *Bloody Mary,* 1974 ; *Groom,* 1980 ; *Canicule,* 1982...), d'A.D.G. [pseudonyme d'Alain-Fournier (1)], Bialot (*Le Salon du prêt-à-saigner,* 1978), Jaouen, Rick...

Mais la nouveauté la plus remarquable est sans doute la distance que ces auteurs prennent avec les règles du genre, qui devient alors le terrain d'élection de toutes les démythifications. Ainsi, chez J.-P. Manchette (*Nada,* 1972 ; *La position du tireur couché,* 1976), se trouvent démasqués, par la parodie, les lieux communs des discours politiques ou le style des journalistes de la télévision. F. Dard, lui, dans sa célèbre série des « San Antonio », se soucie moins de l'intrigue que de l'animation de personnages poussés jusqu'à la caricature, tels l'ubuesque Bérurier ou la petite « Marie-Marie », fleur du pavé parisien, et de l'élaboration d'un langage dans lequel les néologismes, qui foisonnent, lui permettent toutes les ironies. De même J. Vautrin a trouvé un style lapidaire, qui a le rythme et la violence du monde moderne, avec son chômage, son racisme et ses marginaux.

Hôtel Algonquin.

8 heures du matin. 1er novembre. Jour des Morts.

Le 607 s'allume au tableau.

Dans le cagibi, le 607 s'allume au tableau.

Dans le cagibi des grooms, le 607 s'allume au tableau.

Et clignote d'impatience.

J'éteins mon clope (2) contre le mur. À rebours du règlement.

Et je pense à Monsieur Bing.

Il y a quinze jours à peine, Vieux Bing m'a encore mis en garde contre la vie qui trépide trop autour de moi.

Il m'a dit qu'il jugeait ma cadence infernale pour un garçon de mon âge. Et même si je ne lui ai pas montré mes foutus sentiments, d'un coup, j'ai senti qu'il avait triple raison.

J'étais si sacrément fatigué ce jour-là, malgré mes douze ans qui m'avantagent. Faute à ma chienne de vie, garçon d'étage à l'Hôtel Algonquin. Vous n'avez pas idée. Mais pas seulement à cause d'elle. Aussi parce que je suis poreux. Je veux dire perméable. Tout le saint-frusquin (3) autour de nous qui me déprime. Les guerres. Les meurtres. Les génocides. Les conneries tire-larigot (4).

Je ne sais pas si vous lisez. Si vous écoutez. Les journaux. Les médias comme ils disent. On ne peut plus suivre. Tellement il y a du malheur. On n'arrive plus à fournir, question-sensibilité. Et ça me tue.

Ça me tue vif et ça fait mal.

Jean Vautrin, *Groom* (1980), © éd. Gallimard.

LA SCIENCE-FICTION

Comme le roman policier, ce genre s'est profondément renouvelé dans les années 70, et la « science anticipatrice » n'est plus aujourd'hui qu'un prétexte à dénoncer les abus du monde moderne et les risques qui le menacent, concrets, comme les conséquences du totalitarisme politique dans *Futurs sans avenir* (1971) de Sternberg, ou la pollution dans *Paysage de mort* (1978) de J.-P. Andrevon, ou plus abstraits : M. Jeury dans *Le Temps incertain* (1973) et *Les Singes du temps* (1974), développe une réflexion philosophique sur le temps, tandis que G. Klein (*Les Seigneurs de la guerre,* 1971) s'interroge sur les pouvoirs qui régentent l'Histoire. La science-fiction possède bien ses qualités originales et sa vie propre, comme l'affirme G. Klein :

(1) Ne pas confondre avec son homonyme, auteur du *Grand Meaulnes,* qu'il parodie du reste dans *Le Grand Môme.* – (2) Ma cigarette. – (3) Tous les événements. – (4) Incessantes.

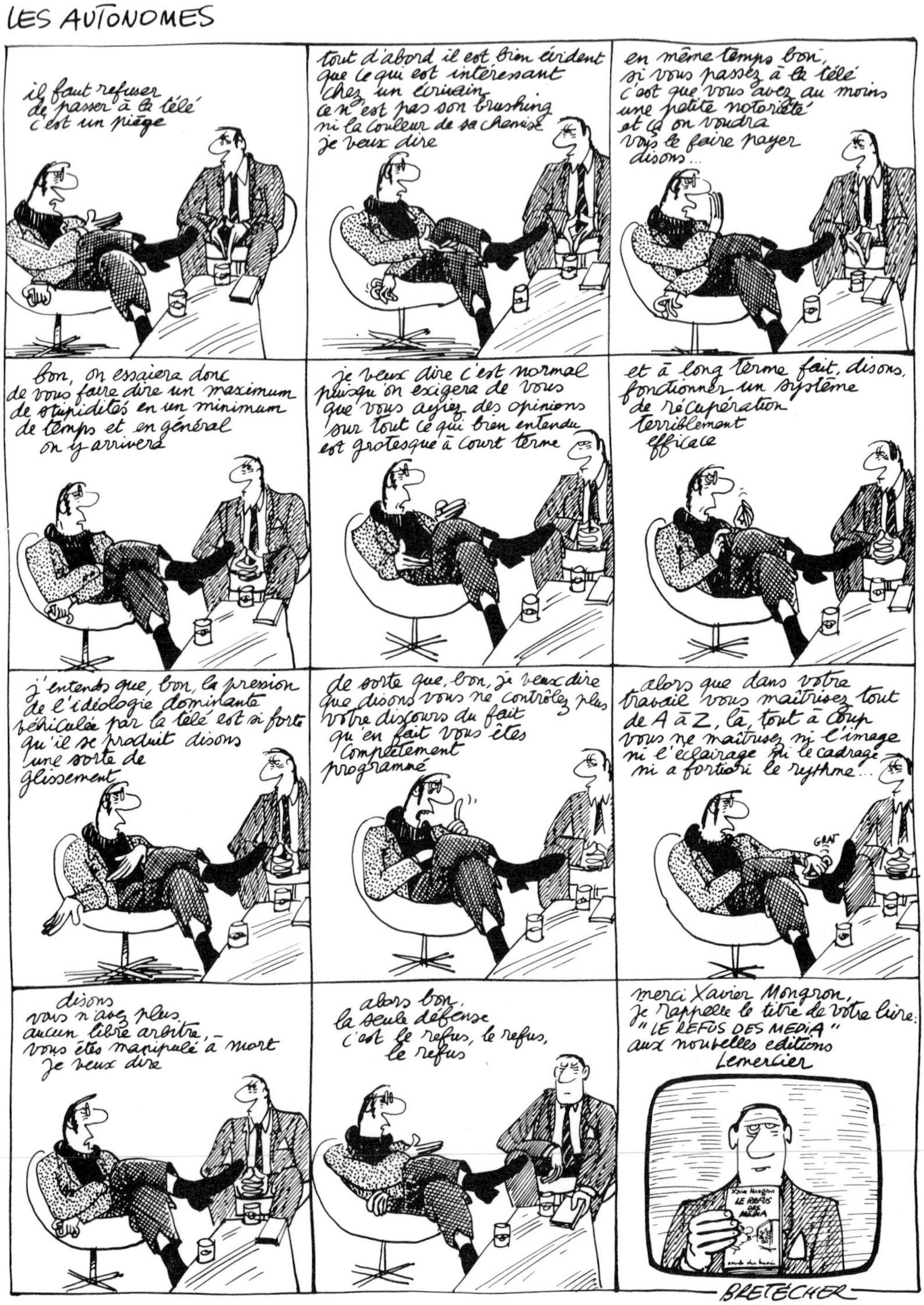
LES AUTONOMES
il faut refuser de passer à la télé c'est un piège
tout d'abord il est bien évident que ce qui est intéressant chez un écrivain ce n'est pas son brushing ni la couleur de sa chemise je veux dire
en même temps bon, si vous passez à la télé c'est que vous avez au moins une petite notoriété et ça on voudra vous le faire payer disons...
bon, on essaiera donc de vous faire dire un maximum de stupidités en un minimum de temps et en général on y arrivera
je veux dire c'est normal puisqu'on exigera de vous que vous ayiez des opinions sur tout ce qui bien entendu est grotesque à court terme
et à long terme fait, disons, fonctionner un système de récupération terriblement efficace
j'entends que, bon, la pression de l'idéologie dominante véhiculée par la télé est si forte qu'il se produit disons une sorte de glissement
de sorte que, bon, je veux dire que disons vous ne contrôlez plus votre discours du fait qu'en fait vous êtes complètement programmé
alors que dans votre travail vous maîtrisez tout de A à Z, là, tout à coup vous ne maîtrisez ni l'image ni l'éclairage ni le cadrage ni a fortiori le rythme...
GRAT
disons vous n'avez plus aucun libre arbitre, vous êtes manipulé à mort je veux dire
alors bon la seule défense c'est le refus, le refus, le refus
merci Xavier Mongron, je rappelle le titre de votre livre: "LE REFUS DES MEDIA" aux nouvelles éditions Lemercier
Xavier Mongron LE REFUS DES MEDIA
BRETECHER

Avec le jazz, la pop-music, et peut-être la bande dessinée, en attendant l'hypothétique apport des femmes, la S.F. est l'une des trois ou quatre grandes subcultures, géographiquement et socialement déterritorialisées, surgies de l'En-dehors de la culture dominante. Tant qu'il y aura une culture dominante, et par suite des damnés de cette culture, de telles subcultures naîtront, et tant qu'il existera, spécifiquement ici, une relation à la science qui ne soit ni d'exploitation ni d'ignorance (par force) mais de désir (et de crainte), la S.F. durera, évoluera.
(« La S.F. par le menu », *Europe,* n° 580-58, 1977.)

LA BANDE DESSINÉE

Dans les années 68, l'apparition de magazines contestataires (*Charlie,* 1969 ; *L'Écho des savanes,* 1973 ; *Métal hurlant,* 1975 ; *Fluide glacial,* 1975...) offre à la bande dessinée une plus vaste audience, et un public d'adultes, alors qu'elle avait, pendant longtemps, été réduite à n'être qu'un genre « pour enfants ». Elle profite aussitôt de cette situation nouvelle pour opérer une évolution très nette, tant dans ses thèmes – on y retrouve les caractéristiques du nouveau roman policier (Manchette, avec le dessinateur Tardi, réalise *Griffu,* B.D. criminelle ; Duchateau et Tibet imaginent le personnage du détective Ric Hochet) ou de la science-fiction –, que dans le dessin ou la mise en page, qui, futuristes ou oniriques, empiètent de plus en plus sur le texte.

La bande dessinée a aujourd'hui sa place dans la littérature, et des magazines d'information *(Le Point, L'Express, Le Nouvel Observateur)* proposent leur « page humoristique » où l'on retrouve les noms d'auteurs d'albums, tels Reiser, Plantu, Wolinski, Faizant, Bretécher. Elle a même, à Angoulême, son « Salon international », depuis 1973, son musée-bibliothèque, depuis 1983. Puisant ses intrigues dans le monde moderne [Margerin, par exemple, par son personnage, Lucien, fait parcourir au lecteur la banlieue, avec ses « loubards » (1) qui parlent le « verlan » (2)], elle a aussi réussi à générer des personnages qui se sont insérés dans la mythologie quotidienne, au point que l'on ne sait plus si c'est l'auteur qui a puisé dans la société, ou la société qui s'est peu à peu confondue avec l'image qu'il donnait d'elle. Comment expliquer autrement le succès d'*Astérix* (texte de Goscinny et dessins d'Uderzo), des « beaufs » (3) de Cabu ou des *Frustrés* (1973) et des *Mères* (1982) de Bretécher ?

CLAIRE BRETÉCHER (née en 1940)

Sacrée « meilleure sociologue française » par R. Barthes, C. Bretécher souligne le conformisme et l'anticonformisme par le biais de ses personnages : intellectuels parisiens qui, par peur de ne plus « être à la mode », suivent toutes les modes, du snobisme au gauchisme, du sexisme au féminisme, tous en proie à leurs contradictions, et prisonniers d'un langage où tous les clichés se donnent libre cours.

Grands romanciers d'aujourd'hui et de demain

Parmi la pléiade de romanciers qui brillent le temps d'un best-seller, il n'est pas question de dresser un palmarès, mais plutôt de tenter de distinguer ceux qui seront les inventeurs de demain, ou sont déjà les grands noms d'aujourd'hui. Selon quels critères d'ailleurs classer le « nouveau romancier » Claude Simon (*La Route des Flandres,* 1960 ; *Leçon de choses,* 1975 ; *Les Géorgiques,* 1981), prix Nobel de littérature, P. Sollers (*H,* 1973 ; *Para-*

(1) *Cf.* p. 451, note 1. – (2) Argot qui consiste à parler en inversant l'ordre des lettres : ex : « une meuf » = une femme et « verlant » = l'envers. – (3) Abréviation de « beau-frère », personnage présenté par le chanteur Renaud comme étroit d'esprit et réactionnaire.

dis, 1974; *Femmes,* 1983), J.-E. Hallier (*Fin de siècle,* 1980) et B.-H. Lévy (*Le Diable en tête,* 1984), philosophes et essayistes autant que romanciers, M. Déon et J. Lacarrière, D. Decoin (*John l'Enfer,* 1977) ou Y. Quéffelec (*Les Noces barbares,* 1985), tous deux prix Goncourt, ou les nouvellistes, tel D. Boulanger (*Table d'hôte,* 1982 ; *Les Jeux du tour de ville,* 1983)? Tous ont en commun le fait d'allier l'observation, souvent féroce, de la société à des recherches stylistiques originales.

PATRICK GRAINVILLE (né en 1947)

Auteur notamment de *La Diane rousse* (1978), *Le Dernier Viking* (1980), *Le Paradis des orages* (1986), *L'Orgie, la neige* (1990), ce romancier, qui a reçu le prix Goncourt en 1976 pour *Les Flamboyants,* mêle l'onirisme et le baroque ; il manie un vocabulaire luxuriant, se déployant en de longues phrases qui tentent de restituer tous les prestiges de l'univers, par exemple ceux de l'Afrique dans *Les Flamboyants.* Lui-même s'explique à ce sujet : « ... Il aime qu'un bouquin (1) attrape le monde et le langage comme un corps, en tous sens, palpant masse et matière, texture, pompant, pillant les sucs, blackboulant (2) les gisements, reliefs, orifices. C'est son côté fresque, son obsession touffue, son tam-tam de chaque jour, tresser des ramures de mots ! » Sa boulimie de mots, ainsi avouée, correspond à une plongée dans les forces de l'univers, celles des éléments, emportés par les cyclones ou figés sous la neige, celle des mythes, qui surgissent dans les rêves éternels de l'homme.

JEAN ECHENOZ (né en 1946)

À l'opposé de P. Grainville, J. Echenoz (*Le Méridien de Greenwich,* 1979 ; *Cherokee,* prix Médicis en 1983 ; *L'Équipée malaise,* 1986 ; *L'Occupation des sols,* 1988 ; *Lac,* 1989) travaille dans la discrétion, comme ses personnages, piétons anonymes et fatigués de la grande ville qu'ils parcourent d'un pas incertain, aussi incertain que le tissu des romans, parodies de roman d'espionnage, policier ou d'aventures à la mesure de nos sociétés, c'est-à-dire, pour Echenoz, dérisoires. Dans cet univers en décomposition, le style, lui, échappe au flou, la phrase se fait concise et rigoureuse, sans négliger le recours à l'humour.

Le soir après le dîner, Fabre parlait à Paul de sa mère, sa mère à lui Paul, parfois dès le dîner. Comme on ne possédait plus de représentation de Sylvie Fabre, il s'épuisait à vouloir la décrire toujours plus exactement : au milieu de la cuisine naquirent des hologrammes que dégonflait la moindre imprécision. Ça ne se rend pas, soupirait Fabre en posant une main sur sa tête, sur ses yeux, et le découragement l'endormait. Souvent ce fut à Paul de déplier le canapé convertible, transformant les choses en chambre à coucher.

Le dimanche et certains jeudis, ils partaient sur le quai de Valmy vers la rue Marseille, la rue Dieu, ils allaient voir Sylvie Fabre. Elle les regardait de haut, tendait vers eux le flacon de parfum Piver, Forvil, elle souriait dans quinze mètres de robe bleue. Le gril d'un soupirail trouait sa hanche. Il n'y avait pas d'autre image d'elle.

L'artiste Flers l'avait représentée sur le flanc d'un immeuble, juste avant le coin de la rue. L'immeuble était plus maigre et plus solide, mieux tenu que les vieilles constructions qui se collaient en grinçant contre lui, terrifiées par le plan d'occupation des sols. En manque de marquise, son porche saturé de moulures portait le nom (Wagner) de l'architecte-sculpteur gravé dans un cartouche en haut à droite. Et le mur sur lequel, avec toute son équipe, l'artiste Flers avait peiné pour figurer Sylvie Fabre en pied, surplombait un petit espace vert rudimentaire, sorte de square sans accessoires qui ne consistait qu'à former le coin de la rue.

Choisie par Flers, pressée par Fabre, Sylvie avait accepté de poser. Elle n'avait pas aimé cela. C'était trois ans avant la naissance de Paul, pour qui ce mur n'était qu'une tranche de vie antérieure. Regarde un peu ta mère, s'énervait Fabre que ce spectacle met-

(1) Familier : un livre. – (2) Bouleversant.

tait en larmes, en rut, selon. Mais il pouvait aussi chercher la scène, se faire franchement hostile à l'endroit de l'effigie contre laquelle, en écho, rebondissait ses reproches – Paul s'occupant de modérer le père dès qu'un attroupement menaçait de se former.

Plus tard, suffisamment séparé de Fabre pour qu'on ne se parlât même plus, Paul visita sa mère sur un rythme plus souple, deux ou trois fois par mois, compte non tenu des aléas qui font qu'on passe par là. D'une cabine scellée dans le champ visuel de Sylvie Fabre, il avait failli appeler son père lorsqu'on se mit à démolir la vieille chose insalubre qui jouxtait l'immeuble Wagner. Celui-ci demeura seul, dressé comme un phare au bord du canal. Le ravalement de la façade fit naître sur la robe bleue, par effet de contraste, une patine ainsi que des nuances insoupçonnées. C'était une belle robe au décolleté profond, c'était une mère vraiment. On remplaça la vieille chose par un bâtiment dynamique tout carrelé de blanc, bardé de balconnets incurvés, l'autre flanc du Wagner se trouvant heureusement protégé par la pérennité de l'espace vert, qui formait un gazon subsidiaire aux pieds de Sylvie.

L'Occupation des sols, éd de Minuit.

Jean-Marie Gustave Le Clézio (né en 1940)

LES AGRESSIONS MODERNES

Dans ses premiers romans (*Le Procès-Verbal,* prix Renaudot 1963; *La Guerre,* 1970; *Les Géants,* 1973), J-M.G. Le Clézio s'associe aux refus de la jeune génération : la société de consommation attire, mais elle conduit à la folie le jeune marginal A. Pollo, héros du *Procès-Verbal*; le décor du monde industriel dépersonnalise l'homme, la grande ville l'enferme dans sa solitude; le monde moderne tue, et d'abord avec les mots, quand ce sont les « Maîtres du langage » *(Les Géants)* qui les utilisent :

Les Maîtres du langage n'aiment pas les hommes. Ils écrivent leurs mots, des mots grands comme des immeubles, leurs terribles silencieux mots qui écrasent le monde. Ils inventent les syllabes qui endorment l'esprit, ils créent les phrases magiques qui persécutent. Derrière chacun de ces mots il y a le pouvoir, la force, la violence. Libérez-vous des mots! Les mots sont pareils à des animaux féroces, ils cherchent à tuer. Les mots ont des gueules dévorantes. Les mots vont d'un bout à l'autre de la terre, en répétant leurs cris. Les mots guettent dans l'ombre, ils remplacent la lumière, la vie, l'amour. Vous regardez au-dehors et vous croyez voir la terre, le ciel, les hommes et les femmes qui marchent dans la rue; mais vous ne voyez que des mots, des mots. Comment être libre? Comment échapper aux ordres qui viennent de toutes parts? Il faudrait détruire tous les mots, alors, les effacer des affiches et des livres, les buriner, les faire éclater avec les bouteilles qui les portent, briser les tubes et les lampes, brûler les pages des journaux, brûler les livres aussi, et crever les membranes des haut-parleurs. Il faudrait qu'il n'y ait plus de mots sur la terre pendant des années et des siècles, que tout redevienne comme avant, nu, désert, silencieux. Car les mots des Maîtres du langage ont tout contaminé autour d'eux, et il n'y a plus un nom, plus un verbe qui soit resté hors d'atteinte. (...)

Éd. Gallimard.

LE CHANT DU MONDE

Les voyages en Amérique centrale de Le Clézio, qui s'intéresse alors aux civilisations primitives (*Les Prophéties de Chilam Balam,* 1976), marquent un tournant dans son œuvre : il entreprend de découvrir la permanence des beautés de l'univers, et de la restituer par les mots rendus à leur épaisseur première : « Je voudrais partir pour un pays où il n'y aurait pas de bruit, pas de douleur, rien qui trouble ou qui détruise, un pays sans haine, plein de silence, plein de la lumière éblouissante du soleil. Là je ferais seulement de la musique avec mes mots pour embellir mon langage et lui permettre de rejoindre les autres langages du vent, des insectes, des oiseaux, de l'eau qui coule, du feu qui crisse, des rochers et des cailloux de la mer. »

Ainsi ses romans font appel aux enfants, ceux de *Mondo et autres histoires* (1978), contes où, dans une langue limpide, se donnent libre cours le rêve et la fantaisie, celui de *L'Inconnu* sur la terre (1978) qui, à travers l'espace, assis « au bord des nuages, comme sur une dune de sable », rassemble, dans son regard, les beautés éparses : le livre devient un essai poétique, qui chante un monde de lumière, d'amour et de sagesse, et exalte la vie.

DÉSERT (1980)

Désert *apporte à Le Clézio le succès public, et le destin de la jeune Touareg, Lalla, illustre parfaitement ses thèmes favoris : l'exil à Marseille fait sombrer cette enfant du désert, c'est-à-dire de la lumière, de l'air et de la liberté des sables, dans un monde glacé que la richesse (elle devient mannequin), ne parvient pas à humaniser. Mais elle porte en elle la vraie richesse, celle de ses origines, et c'est parmi les éléments du désert qu'elle choisira de s'unir au monde, pour la naissance de son enfant.*

Dans cet extrait, Lalla Hawa, par la magie de la musique et de la danse, retrouve, dans une boîte de nuit marseillaise, un rythme primitif qui efface la société autour d'elle, et la rend à la liberté. « L'ivresse » de la danse surgit du rythme même des phrases, empreintes d'une poésie faite de clarté et de musicalité.

Elle est toute seule dans le cercle de lumière, elle ne voit personne. Elle danse sur le rythme lent de la musique électrique, et c'est comme si la musique était à l'intérieur de son corps. La lumière brille sur le tissu noir de sa robe, sur sa peau couleur de cuivre, sur ses cheveux. On ne voit pas ses yeux à cause de l'ombre, mais son regard passe sur les gens, emplit la salle, de toute sa force, de toute sa beauté. Hawa danse pieds nus sur le sol lisse, ses pieds longs et plats frappent au rythme des tambours, ou plutôt, c'est elle qui semble dicter avec la plante de ses pieds et ses talons le rythme de la musique. Son corps souple ondoie, ses hanches, ses épaules et ses bras sont légèrement écartés comme des ailes. La lumière des projecteurs rebondit sur elle, l'enveloppe, crée des tourbillons autour de ses pas. Elle est absolument seule dans la grande salle, seule comme au milieu d'une esplanade, seule comme au milieu d'un plateau de pierres, et la musique électrique joue pour elle seule, de son rythme lent et lourd. Peut-être qu'ils ont tous disparu, enfin, ceux qui étaient là autour d'elle, hommes, femmes, reflets passagers des miroirs éblouis, dévorés ? Elle ne les voit plus, à présent, elle ne les entend plus. Même le photographe a disparu, assis sur sa marche. Ils sont devenus pareils à des rochers, pareils à des blocs de calcaire. Mais elle, elle peut bouger, enfin, elle est libre, elle tourne sur elle-même, les bras écartés, et ses pieds frappent le sol, du bout des orteils, puis du talon, comme sur les rayons d'une grande roue dont l'axe monte jusqu'à la nuit.

Elle danse, pour partir, pour devenir invisible, pour monter comme un oiseau vers les nuages. Sous ses pieds nus, le sol de plastique devient brûlant, léger, couleur de sable, et l'air tourne autour de son corps à la vitesse du vent. Le vertige de la danse fait apparaître la lumière, maintenant, non pas la lumière dure et froide des spots, mais la belle lumière du soleil, quand la terre, les rochers et même le ciel sont blancs. C'est la musique lente et sourde de l'électricité, des guitares, de l'orgue et des tambours, elle entre en elle, mais peut-être qu'elle ne l'entend même plus. La musique est si lente et profonde qu'elle couvre sa peau de cuivre, ses cheveux, ses yeux. L'ivresse de la danse s'étend autour d'elle, et les hommes et les femmes, un instant arrêtés, reprennent les mouvements de la danse, mais en suivant le rythme du corps de Hawa, en frappant le sol avec leurs doigts de pieds et leurs talons. Personne ne dit rien, personne ne souffle. On attend, avec ivresse, que le mouvement de la danse vienne en soi, vous entraîne, pareil à ces trombes qui marchent sur la mer.

La lourde chevelure de Hawa se soulève et frappe ses épaules en cadence, ses mains aux doigts écartés frémissent. Sur le sol vitrifié, les pieds nus des hommes et des femmes frappent de plus en plus vite, de plus en plus fort, tandis que le rythme de la musique électrique s'accélère. Dans la grande salle, il n'y a plus tous ces murs, ces miroirs, ces lueurs. Ils ont disparu anéantis par le vertige de la danse, renversés. Il n'y a plus ces villes sans espoir, ces villes d'abîmes, ces villes de mendiants et de prostituées, où les rues sont des pièges, où les maisons sont des tombes. Il n'y a plus tout cela, le regard ivre des danseurs a effacé tous les obstacles, tous les mensonges anciens. Maintenant, autour de Lalla Hawa, il y a une étendue sans fin de poussière et de pierres blanches, une étendue vivante de sable et de sel, et les vagues des dunes.

Désert (1980),
éd. Gallimard.

Georges Perec (1936-1982)

LES CHOSES

Tel est le titre du premier roman (1965) de G. Perec, « histoire des années 60 ». Il dépeint, avec l'objectivité d'une caméra, la société envahie par les objets et les modes, à travers l'évolution des jeunes héros, Sylvie et Jérôme, étudiants en sociologie : malgré leur désir d'indépendance d'esprit, ils n'échapperont pas au monde des « choses », comme le révèle déjà leur fascination pour le magazine *L'Express;* Perec l'évoque en des termes qui montrent à quel point les objets se sont emparés du monde de la pensée et ont dépersonnalisé l'homme.

L'Express leur offrait tous les signes du confort : les gros peignoirs de bain, les démystifications brillantes, les plages à la mode, la cuisine exotique, les trucs utiles, les analyses intelligentes, le secret des dieux, les petits trous (1) pas chers, les différents sons de cloche (2), les idées neuves, les petites robes, les plats surgelés, les détails élégants, les scandales bon ton (3), les conseils de dernière minute.

Cette même invasion des choses se retrouve dans *La Boutique obscure* (1973), qui dévoile les « choses » du rêve, dans *Espèces d'espaces* (1974), et dans ses « autobiographies » (*W ou le Souvenir d'enfance,* 1975; *Je me souviens,* 1978) qui, loin de chercher l'essence du « moi », mettent en évidence les clichés et les stéréotypes qui le constituent.

LES MOTS

L'étape suivante, logique pour cet écrivain fasciné par les « choses » de la société de consommation, était de porter son attention sur les « signifiants » qui leur servent de supports et qui en arrivent peu à peu à perdre leur valeur de *mots.* En 1969, Perec s'associe aux recherches de l'OuLiPo (4), et publie *La Disparition,* « roman lipogrammatique » d'où la voyelle E a disparu, tandis que, dans *Les Revenentes* (1972), elle sera la seule voyelle employée. Il s'affranchit ainsi de toutes les traditions romanesques, bouleverse l'espace et le temps, pour libérer précisément l'écriture du réel et de sa matérialité.

LA VIE, MODE D'EMPLOI (1978)

Ce dernier roman, qui reçut le prix Médicis, prend pour cadre un immeuble parisien dont un des occupants, Bartlebooth, a entrepris, avec l'aide de ses voisins, un gigantesque puzzle : il veut reconstituer les 500 aquarelles qu'il a réalisées au cours d'un voyage autour du monde, puis fait découper en 750 pièces chacune. Mais cette trame n'est, pour l'écrivain, qu'un prétexte lui servant à construire lui-même un puzzle de 99 chapitres; chacun est consacré à l'un des locataires, d'hier ou d'aujourd'hui, à l'inventaire incongru de sa vie et des objets qui l'entourent. Perec élabore ainsi une monumentale encyclopédie de « choses » et de « mots », dont cet extrait donne un exemple.

La cave des Altamont, propre, bien rangée, nette : du sol au plafond, des étagères et des casiers munis d'étiquettes larges et bien lisibles. Une place pour chaque chose et chaque chose à sa place; on a pensé à tout : des stocks, des provisions, de quoi soutenir un siège, de quoi survivre en cas de crise, de quoi voir venir en cas de guerre.

Le mur de gauche est réservé aux produits alimentaires. D'abord les produits de base : farine, semoule, maïzena, fécule de pommes de terre, tapioca, flocons d'avoine, sucre en morceaux, sucre en poudre, sucre glace, sel, olives, câpres, condiments, grands bocaux

(1) Endroit isolé. – (2) Opinions. – (3) Ceux que l'on peut raconter sans manquer de décence. – (4) *Cf.* pp. 470-472.

de moutarde et de cornichons, bidons d'huile, paquets d'herbes séchées, paquets de poivre en grains, clous de girofles, champignons lyophilisés, petites boîtes de pelures de truffes ; vinaigre de vin et d'alcool ; amandes effilées, cerneaux de noix, noisettes et cacahouettes empaquetées sous vide, biscuits apéritifs, bonbons, chocolat à cuire et à croquer, miel, confitures, lait en boîte, lait en poudre, poudre d'œufs, levure, entremets Francorusse, thé, café, cacao, tisanes, bouillon Kub, concentrés de tomates.

Éd. Hachette.

Michel Tournier (né en 1924)

LA LECTURE DU MYTHE

Toutes les mythologies, à l'état brut ou déjà réinterprétées par la littérature, se donnent rendez-vous dans son œuvre : Robinson dans *Vendredi ou les Limbes du Pacifique* (son premier succès, couronné du Grand Prix de l'Académie en 1967), l'ogre des *Contes* de Perrault et « Le roi des Aulnes » de la mythologie allemande dans *Le Roi des aulnes* (prix Goncourt 1970), Castor et Pollux, Abel et Caïn dans *Les Météores* (1975) ; fasciné par l'Orient, dont il parodie les légendes dans *La Goutte d'or* (1985), il prend aussi fréquemment comme support la Bible, par exemple dans *Gaspard, Melchior et Balthazar* (1980) ; enfin il ne néglige pas les grandes figures mythologiques de l'Histoire, tels Jeanne d'Arc et Gilles de Rais dans *Gilles et Jeanne* (1983).

Ce recours au mythe s'explique déjà par la volonté de célébrer les forces cosmiques au sein desquelles l'homme cherche sa place, le langage des vents, des sphères et des météores, le combat de la terre et du ciel : seul le soleil peut rendre l'homme à sa vérité.

Soleil, (...) apprends-moi la légèreté, l'acceptation riante des dons immédiats de ce jour, sans calcul, sans gratitude, sans peur.
Soleil, rends-moi semblable à Vendredi. Donne-moi le visage de Vendredi, épanoui par le rire, taillé tout entier pour le rire. Ce front très haut, mais fuyant en arrière et couronné d'une guirlande de boucles noires. Cet œil toujours allumé par la dérision, fendu par l'ironie, chaviré (1) par tout ce qu'il voit. Cette bouche immense aux coins relevés, gourmande et amicale. Ce balancement de la tête sur l'épaule pour mieux rire, pour mieux frapper de risibilité toutes choses qui sont au monde, pour mieux dénoncer ces deux crampes, la bêtise et la méchanceté. (...)
Sur le miroir mouillé de la lagune, je vois Vendredi venir à moi, de son pas calme et régulier. (...)
Le voici. Saurai-je jamais marcher avec une aussi naturelle majesté ? Puis-je écrire sans ridicule qu'il semble drapé dans sa nudité ? Il va, portant sa chair avec une ostentation souveraine se portant en avant comme un ostensoir de chair. Beauté évidente, brutale, qui paraît faire le néant autour d'elle.

Vendredi ou les Limbes du Pacifique,
éd. Gallimard.

LA LECTURE PHILOSOPHIQUE

Le mythe se trouve aussi à l'origine d'un long travail d'alchimie au cours duquel l'écriture va lui apporter un sens, qui deviendra la « pierre philosophale » permettant d'atteindre l'absolu : pour Tournier, qui a reçu une formation philosophique, le roman est « une affabulation aussi conventionnelle que possible recouvrant une infrastructure métaphysique invisible, mais douée d'un rayonnement actif » (2).

La question omniprésente dans ses œuvres, posée par Robinson avant l'arrivée de Vendredi, par Balthazar face à sa belle esclave blonde, par l'enfant des sables dans *La Goutte d'Or* ou par le jumeau séparé de son double *(Les Météores),* est de savoir si l'homme existe encore privé du regard d'autrui, privé de la reconnaissance que lui accorde ce regard.

(1) Bouleversé. – (2) Dans son essai, *Le Vent Paraclet* (1977), Tournier expose ses conceptions littéraires et existentielles.

Ainsi le romancier prête une attention toute particulière aux marginaux, aux exclus, rejetés par la société et sa morale (notamment les homosexuels), à Gilles de Rais, le criminel, face à Jeanne, la sainte, au quatrième Roi mage dont la Bible ne parle pas. Pour lui, tous ces exclus cherchent un absolu qui leur accorderait cette reconnaissance, et dont ils pressentent, autour d'eux et en eux, la présence; peu importe quel il sera. « Tout est beau, même la laideur; tout est sacré, même la boue », si l'homme y trouve sa vérité : l'Allemagne, « pays des essences pures », et le mythe nazi, pour Tiffauges, le héros du *Roi des aulnes*; la décharge d'ordures pour Alexandre *(Les Météores),* qui en devient le roi, ou, inversement, l'amour, absolu jusqu'au sacrifice, pour le prince Taor, jusqu'alors muré dans son égoïsme; la lumière du soleil dans un monde primitif pour Vendredi. Chaque homme est semblable à ces Rois mages qui, après la naissance du Christ, repartent, chacun avec sa vérité absolue.

Mais la plus grande des vérités est sans doute celle que véhicule le langage, oral – l'étrange « cryptophasie » (1) des jumeaux, ou les légendes orientales – ou écrit, tel le tracé des caractères arabes *(La Goutte d'Or)* : le langage est, à lui seul, vérité, à condition qu'il soit « l'image », le double exact de ce qu'il veut exprimer. Ainsi Tournier, qui affirme sans cesse sa volonté d'une forme « aussi traditionnelle, préservée et rassurante que possible », intègre pourtant, dans ses romans, une véritable recherche littéraire. Certes, au rebours de bien des romanciers actuels, il conserve une intrigue et des personnages dotés d'une réelle épaisseur; mais la tradition littéraire se trouve détournée, comme se trouve perverti le mythe : les catégories de l'espace et du temps s'évanouissent sous l'effet d'anachronismes délibérés, l'ironie et la parodie introduisent une distanciation qui contraste curieusement avec le lyrisme le plus pur, ou le récit le plus dépouillé. La structure même des œuvres, comme celle de *La Goutte d'Or,* où les légendes alternent avec l'intrigue, ou celle des contes et nouvelles du *Coq de bruyère* (1978), est, à elle seule, démonstrative.

GASPARD, MELCHIOR ET BALTHAZAR

Le prince Taor, gourmand de sucreries, est venu des Indes en Palestine pour découvrir la recette du « rahat-loukoum à la pistache ». Arrivé à Bethléem trop tard pour assister à la naissance du Christ, il rencontre cependant les Rois mages qui lui racontent le merveilleux événement. Ce récit transforme miraculeusement cet homme égoïste : il offre un goûter aux enfants de plus de deux ans, qui échappent ainsi au massacre perpétré par Hérode (2). Jusqu'alors futile et superficiel, il entreprend alors une quête initiatique qui doit satisfaire sa soif d'absolu. Le décor désolé, qui unit le minéral et le végétal, répond à l'ascèse que Taor va pratiquer et qui lui permettra de trouver la vérité qui jaillit de la conciliation des contraires : le sucre et le sel, l'enfer et le ciel, le meurtre et l'amour.

Lorsque les voyageurs traversèrent le village dans un aube blafarde, un silence brisé par de rares sanglots l'enveloppait. On murmurait que le massacre avait été exécuté par la légion cimmérienne d'Hérode, formation de mercenaires au mufle roux, venus d'un pays de brumes et de neiges, parlant entre eux un idiome indéchiffrable, auxquels le despote réservait ses missions les plus effrayantes. Ils avaient disparu aussi soudainement qu'ils s'étaient abattus sur le village, mais Taor détourna les yeux pour ne pas voir des chiens faméliques laper une flaque de sang qui se coagulait sur le seuil d'une masure. Siri (3) insista pour qu'on obliquât vers le sud-est, préférant l'aridité du désert de Juda et des steppes de la mer Morte à la présence des garnisons militaires d'Hébron et de Bersabée par lesquelles passait la voie directe. On ne cessait de descendre, et le terrain était parfois si pentu que les éléphants faisaient crouler des masses de terre grise sous leurs larges pieds. Dès la fin du jour, des roches blanches et granuleuses commencèrent à jalonner la progression des voyageurs. Ils les examinèrent : c'était des blocs de sel. Ils entrèrent dans une

(1) Ils ont inventé un langage qu'eux seuls peuvent comprendre. – (2) *Cf.* « le massacre des innocents » dans La Bible. – (3) Son intendant.

maigre forêt d'arbustes blancs, sans feuilles, qui paraissaient couverts de givre. Les branches se cassaient comme de la porcelaine : c'était encore du sel. Enfin le soleil disparaissait derrière eux, quand ils virent dans l'échancrure de deux sommets un fond lointain d'un bleu métallique : la mer Morte. Ils préparaient le camp de la nuit, lorsqu'un brusque coup de vent – comme il s'en produit souvent au crépuscule – rabattit sur eux une puissante odeur de soufre et de naphte (2).

– À Bethléem, dit sombrement Siri, nous avons franchi la porte de l'Enfer. Depuis, nous ne cessons de nous enfoncer dans l'Empire de Satan (3).

Taor n'était ni surpris, ni inquiet. Ou s'il l'était, sa curiosité passionnée l'emportait sur tout sentiment de peur ou d'angoisse. Depuis son départ de Bethléem, il ne cessait de rapprocher et de comparer deux images apparues en même temps, et pourtant violemment opposées : le massacre des petits enfants et le goûter du jardin des cèdres. Il avait la conviction qu'une affinité secrète unissait ces deux scènes, que, dans leur contraste, elles étaient d'une certaine façon complémentaires, et que, s'il était parvenu à les superposer, une grande lumière aurait jailli sur sa propre vie, et même sur le destin du monde. Des enfants étaient égorgés pendant que d'autres enfants assis autour d'une table se partageaient des nourritures succulentes. Il y avait là un paradoxe intolérable, mais aussi une clef pleine de promesses. Il comprenait bien que ce qu'il avait vécu cette nuit à Bethléem préparait autre chose, n'était en somme que la répétition maladroite, et finalement avortée, d'une autre scène où ces deux extrêmes – repas amical et immolation sanglante – se trouveraient confondus. Mais sa méditation ne parvenait pas à percer l'épaisseur trouble à travers laquelle il entrevoyait la vérité. Seul un mot surnageait dans son esprit, un mot mystérieux qu'il avait entendu pour la première fois depuis peu, mais où il y avait plus d'ombre équivoque que d'enseignement limpide, le mot *sacrifice* (4).

Michel Tournier, *Gaspard, Melchior et Balthazar*, éd. Gallimard.

L'étude de cette fin de siècle, tant en ce qui concerne le mode de vie de la société française que ses acquis scientifiques et techniques, conduit certes à des inquiétudes : l'homme est-il en passe de devenir « chose »? Les philosophes, les artistes, les écrivains, n'ont pas manqué de se poser cette question. Les réponses, diverses, que leurs œuvres proposent représentent déjà un espoir, comme, d'ailleurs, le simple fait de poursuivre cette interrogation, cette quête de l'humain envers et contre tout ce qui tend à le détruire.

---

(1) Sodome a été détruite *(La Genèse)* par le soufre et le feu ; la femme de Loth, elle, a été changée en statue de sel. – (2) La surface de la mer morte est à 400 mètres au-dessous de celle de la Méditerranée, et à 800 mètres au-dessous de Jérusalem (note de M. Tournier). – (3) Cela annonce le sacrement de l'Eucharistie, que Taor sera le premier à recevoir, 33 ans plus tard.

Questions et recherches

Histoire

• Présentez les causes et les conséquences de la guerre de 14-18, en les observant du point de vue français.
• Étudiez les revendications sociales jusqu'à la seconde guerre mondiale : leurs causes, leurs manifestations, leurs conséquences.
• Occupation et Résistance pendant la seconde guerre mondiale : étudiez-en les principaux aspects.
• En quoi les événements de mai 1968 peuvent-ils être considérés comme importants ?
• La construction de l'Europe : ses étapes, ses difficultés, ses avantages et ses inconvénients.

Civilisation

• L'émancipation progressive des femmes au XXe siècle.
• En quoi les sciences et les techniques occupent-elles aujourd'hui une place de plus en plus grande ?
• Expliquez l'expression « société de consommation » ; vous paraît-elle justifiée ?
• Les nouvelles questions éthiques d'après 68 : quelles réponses y sont proposées ?
• L'art au XXe siècle :
– Pourquoi peut-on parler de « révolution artistique » dans la période 1900-1914 ?
– Présentez le surréalisme, ses origines, ses conséquences.
– Comment peut-on expliquer le succès rencontré par l'existentialisme ?
– Étudiez l'évolution de l'architecture depuis 1945.
– Présentez les grandes tendances de la musique depuis 1945.

Littérature

de 1900 à 1918

① SILENCE

• Observez l'impression produite par le choix des couleurs.
• L'image du temps passé : comment Jammes l'évoque-t-il ? Quels sentiments cherche-t-il à faire naître ?
• Étudiez le travail de versification dans ce poème.

② LES USINES

• Relevez les termes exprimant le bruit : quel effet produisent-ils ?
• Par quels procédés Verhaeren donne-t-il à ce tableau une dimension épique ?
• Étudiez l'expression du temps dans ce texte : quel sens symbolique apparaît ainsi ?

③ HYMNE À LA NUIT

• Comment l'homme apparaît-il à travers ce poème ?
• Quelles sont les vertus de la « Nuit » ?
• Expliquez les deux derniers vers.
• Pourquoi ce poème mérite-t-il le nom d'« hymne » ? Étudiez, notamment, les procédés rythmiques.

④ L'ANNONCE FAITE À MARIE

• Dans la première tirade de Pierre de Craon, expliquez les symboles en montrant l'opposition entre l'âme et le corps, la part sacrée et la part terrestre de l'homme.
• Étudiez le personnage de Violaine.
• Quel rôle symbolique joue Pierre de Craon dans ce texte ? Quel langage Claudel lui prête-t-il ?

⑤ LE PONT MIRABEAU

• Expliquez la valeur des trois « comme » dans la 3e strophe ; en quoi reproduisent-ils les thèmes du poème ?
• Y a-t-il une évolution des sentiments au fil du poème ?
• Étudiez les rythmes et les sonorités du texte : que suggèrent-ils ?
• Proposez une ponctuation pour ce texte.

⑥ HÔTEL NOTRE-DAME

• Une poésie du monde moderne : relevez-en

les thèmes. Par quels procédés stylistiques ces thèmes sont-ils renforcés ?
• De quels sentiments Cendrars fait-il preuve vis-à-vis du passé, de son passé ?
• L'eau, le ciel, le feu : observez-en les occurrences et dégagez leur valeur symbolique.

⑦ UBU CONSPIRE

• Faites le portrait psychologique du père Ubu.
• Montrez que ce texte, par la parodie, s'attaque à toutes les valeurs habituellement respectées.
• Caractérisez le style adopté par Jarry.

⑧ M. BERGERET À PARIS

• Faites le portrait du préfet Worms-Clavelin : que cherche à mettre en évidence A. France ?
• Résumez les arguments des adversaires de Dreyfus.
• Observez les adjectifs qualificatifs dans la réponse de M. Bergeret : que révèlent-ils de l'opinion de l'auteur ?

⑨ LES NOURRITURES TERRESTRES

• Quels sentiments exprime le choix des modes et des temps dans la 1re strophe ?
• Étudiez les rythmes et les sonorités de la partie centrale : en quoi est-elle représentative du « gidisme » ?
• Quelles conclusions peut-on tirer de la comparaison des 8 premiers et des 10 derniers vers du texte ?

⑩ LA MADELEINE

• Expliquez en quoi consiste la « vertu du breuvage » et comment elle agit.
• Relevez les phrases interrogatives du texte et analysez leur progression.
• Observez la structure de la dernière phrase : en quoi est-elle l'image de l'œuvre même de Proust ?

de 1918 à 1940

① CLAIR DE TERRE

• Relevez les oppositions : en quoi sont-elles représentatives des recherches surréalistes ?
• Étudiez l'image de la femme proposée par ce texte.
• Expliquez les images des 3 derniers vers : que révèlent-elles des conceptions surréalistes ?

② LA MORT, L'AMOUR, LA VIE

• Classez, dans un tableau à 3 colonnes, les images correspondant au thème de chacune des trois parties.
• Quel double rôle joue la femme pour Éluard ?
• Quelle conception Éluard se fait-il de « la nature » ? Comment les hommes s'y trouvent-ils associés ?
• Quel effet produit le rythme des 9 derniers vers ?

③ LES YEUX D'ELSA

• Étudiez l'image polymorphe de la femme et son rôle, selon le poète.
• Précisez, à partir des images qu'évoquent les yeux d'Elsa, la dualité du monde telle que se la représente Aragon.
• Quel sens symbolique peut-on donner aux 4 derniers vers ? Observez-en la versification.

④ LE MATIN DU MONDE

• Relevez les termes exprimant l'idée d'un « commencement ».
• Quels sentiments traversent ce poème ?
• Comment est exprimé le thème de « l'unité » du monde, de la fraternité ?

⑤ JE N'AIME PAS DORMIR

• Montrez par quels procédés s'exprime le contraste entre la proximité et l'éloignement des 2 amants.
• Quelle image de l'amour se dégage de ce poème ?
• Quel rôle joue l'alternance des alexandrins et des hexasyllabes ?

⑥ LA GUERRE DE TROIE N'AURA PAS LIEU

• En observant la « pesée », expliquez l'opposition entre les deux héros et leur peuple.
• Qu'a de paradoxal et de terrible l'image du monde diplomatique ?
• Quelles sont, d'après ce texte, les causes des

guerres? Pensez-vous, que, pour Giraudoux, l'homme puisse être libre?
• Étudiez l'emploi de « Et » et sa valeur.

⑦ LA CHRONIQUE DES PASQUIER

• Que met en valeur Duhamel par le choix des modes et des temps?
• Quel rôle joue l'évocation de la nature dans le dernier paragraphe?
• En quelles valeurs humaines Duhamel croit-il?

⑧ SPIRITUS FLAT

• En étudiant les images de ce texte, expliquez comment l'inspiration vient à l'esprit d'un savant.
• Comment J. Romains se représente-t-il l'esprit humain?
• En quoi ce texte se rattache-t-il à « l'unanimisme »?

⑨ LA MAISON DE CLAUDINE

• Relevez les comparaisons entre l'homme et l'animal : comment les expliquez-vous?
• Quel rôle multiple jouent les sensations chez Colette?
• Étudiez les sentiments, anciens et actuels, qui unissent Colette et sa mère.

⑩ LE BAL DU COMTE D'ORGEL

• Faites le portrait psychologique du comte Anne d'Orgel.
• Relevez les expressions qui révèlent la « distance » entre les deux personnages.
• Étudiez la place occupée par le romancier dans ce texte, et le rôle qu'il joue.

⑪ LE MYSTÈRE FRONTENAC

• Que révèlent les éléments du décor sur la façon dont Mauriac voit la bourgeoisie?
• Quels sont les sentiments qui se font jour entre Xavier et sa belle-sœur, Blanche? Quelle image de la famille donnent-ils?

⑫ SOUS LE SOLEIL DE SATAN

• Relevez les termes qualifiant Satan : quel rôle joue-t-il auprès de l'homme?
• Quelle double image de l'homme apparaît dans ce texte?
• Quels sentiments révèlent les interrogations et les exclamations?

⑬ LA CONDITION HUMAINE

• Caractérisez les visages multiples que prend la mort dans ce texte.
• Analysez les différentes formes d'amour évoquées ici.
• Relevez les termes et images se rattachant au christianisme : comment expliquez-vous ce choix du romancier?

⑭ REGAIN

• Quelle impression Giono cherche-t-il à produire par la description du décor?
• Classez, dans un tableau à 3 colonnes, les éléments qui font de Panturle un humain, un homme-animal, un homme-végétal; pourquoi Giono lui donne-t-il une telle dimension?
• À travers le ton adopté, définissez le rôle joué par le romancier dans ce texte.

de mai 1940 à mai 1968

① A...

• Quelle image de l'amour se trouve suggérée par les adjectifs de la 2e strophe?
• Observez les images de la 3e strophe, et proposez une interprétation.
• Que représente la dernière strophe par rapport au reste du texte?

② LE CAGEOT

• Cageot, « à mi-chemin de la cage au cachot » : comment Ponge va-t-il utiliser cette remarque? Vous paraît-elle justifiée par rapport à l'objet lui-même?
• Relevez les personnifications : quelles conclusions peut-on en tirer?
• Comment justifiez-vous la dernière remarque de ce poème?

③ HÉLÈNE OU LE RÈGNE VÉGÉTAL

• Relevez les images qui dépeignent le poète avant l'arrivée d'Hélène : comment vivait-il alors ?
• À l'aide des images de la deuxième partie de ce poème, expliquez ce que représente Hélène pour Cadou ?
• Observez et commentez l'emploi des modes et des temps dans la dernière strophe.

④ VENTS

• Observez le 1er verset, son rythme, ses sonorités, les antithèses : quel est le premier rôle des vents ? Pourquoi l'auteur emploie-t-il le mot « office » pour qualifier ce rôle ?
• Quelle image de l'homme apparaît à travers ce poème ?
• Montrez que, dans un premier temps, ces vents semblent destructeurs ; n'y a-t-il pas cependant en eux une force bénéfique, suggérée par certaines images ?

⑤ GLOIRE

• Quelle est la caractéristique des « morts vrais » dont parle Jouve ? À quelle autre conception de la mort s'opposent-ils ?
• Quelle conception de l'homme traduisent les images des 6 derniers vers ? Est-ce la conception chrétienne traditionnelle ?
• Quels sont les procédés stylistiques qui concourent à donner à ce texte le ton d'une « apocalypse » ?

⑥ LA REINE MORTE

• Relevez les passages où Ferrante fait preuve de lucidité.
• À travers ce que révèlent les monologues de Ferrante, répondez à sa question : « Pourquoi est-ce que je la tue ? »
• Comment expliquez-vous la dernière phrase ?

⑦ ANTIGONE

• Définissez le personnage d'Antigone à partir de ses répliques et de leur ton.
• Résumez les arguments de Créon : montrez ce qu'a de pathétique ce personnage.
• Montrez comment ce texte représente en fait un débat entre la vie et la mort.

⑧ LES MAINS SALES

• Faites le portrait de Hugo ; quelle est l'attitude de Hoederer à son égard ?
• Hugo doit décider ici s'il doit ou non tuer Hoederer : en quoi cela accentue-t-il le ton dramatique de ce passage ?
• Comment Sartre réussit-il à rendre vivant ce débat philosophique ?
• Comparez ces deux personnages à Antigone et à Créon chez Anouilh.

⑨ CALIGULA

• Quels sentiments éprouvent les deux personnages l'un vis-à-vis de l'autre ?
• Quelle image de la condition humaine ce texte fait-il ressortir ?
• Expliquez ce qu'a de pathétique et de terrible la dernière réplique du texte.

⑩ FIN DE PARTIE

• Qu'ont de tragique les 4 premières répliques ?
• « Petit plein perdu dans le vide » : en quoi le texte s'accorde-t-il à cette définition de l'homme selon Beckett ?
• Montrez que ce texte, à travers le maniement de l'absurde, progresse vers une destruction totale de l'homme.

⑪ LES BONNES

• Quels sont les sentiments mutuels des deux sœurs ?
• Quelles sont les raisons qui poussent Claire à vouloir tuer sa patronne ?
• Expliquez la formule : « Nous serons sauvées. »
• Quelles sont les caractéristiques du langage théâtral de Genêt ?

⑫ LE RIVAGE DES SYRTES

• Que symbolisent les éléments du décor ?
• Dans la 1re strophe, relevez les passages suggérant les sentiments du héros.
• Montrez comment Gracq met en correspondance les deux thèmes parallèles du désir et du vide ; observez, en particulier, la dernière phrase du texte.

⑬ MÉMOIRES D'HADRIEN

• Dégagez la structure du texte ; quel problème philosophique tente de résoudre le narrateur ?
• Quel jugement M. Yourcenar porte-t-elle sur les livres ?
• Pourquoi l'observation des hommes n'est-elle jamais complète ?
• Par quels procédés stylistiques l'auteur donne-t-il vie à ce texte d'idées ?

⑭ LES MANDARINS

• À partir de ses deux premières répliques, dégagez les sentiments de Dubreuilh.
• Qu'est-ce qui oppose Henri à Dubreuilh ? Que lui reproche-t-il ?
• Quelles conceptions différentes de la politique ce texte reproduit-il ?

⑮ L'ÉTRANGER

• En quoi le style des 8 premières phrases du texte s'accorde-t-il au sens ?
• Quelle différence observez-vous entre le début du texte et ses 3 dernières phrases ? Comment justifiez-vous ce changement ?
• Relevez les adjectifs qualificatifs du texte et montrez-en l'importance par rapport à la situation du héros et aux conceptions philosophiques de Camus.

⑯ LE PLANÉTARIUM

• Quel rôle joue la description gestuelle du début du texte ?
• Marquez les différentes étapes dans les sentiments de Berthe tels que les ressent Pierre.
• Quelles contradictions Pierre porte-t-il en lui ? Comment l'écrivain les rend-il perceptibles ?

⑰ MODERATO CANTABILE

• Observez les gestes de l'héroïne : quel rôle jouent-ils ?
• Étudiez l'emploi de « on » : quel effet produit-il ?
• Observez le jeu des temps : quelle image de la condition humaine se trouve ainsi présentée ?

⑱ LA MODIFICATION

• Quel rôle a joué l'environnement (décor et personnages) pour le narrateur ?
• Relevez les passages qui justifient le choix du pronom « vous ».
• Quel est le rôle assigné à l'écriture pour Butor ?

⑲ LA JALOUSIE

• Observez les bruits dans ce passage : quel effet produisent-ils ?
• Classez, dans un tableau à 3 colonnes, les passages concernant le passé, le présent, le futur imaginé. Quel est l'élément commun à ces différents passages ?
• Étudiez la place du romancier dans ce texte.

de mai 1968 à nos jours

① GO. 151 (ε)

• Dans la 1re strophe, relevez les termes évoquant la brisure ; montrez le contraste avec les éléments épais, solides.
• Observez les actions verbales des 2 premières strophes ? Que remarquez-vous ? Quelle image du verre a-t-on alors ?
• Un décor, des personnages suggérés : relevez-en les éléments.
• Quel rôle joue, par rapport au reste du texte, la proposition finale ?

② UNE VILLE, UNE PETITE ÎLE

• Dans les 8 premiers vers, relevez les expressions évoquant une « quête » : comment le rythme adopté s'associe-t-il à ce thème ?
• Quel rôle jouent les négations dans la partie centrale du poème ?
• Commentez les 4 derniers vers et étudiez-en le rythme et les sonorités.

③ AMEN

• Relevez les termes et expressions qui rendent ce décor sinistre ; par quelles sonorités cette impression est-elle renforcée ?
• Étudiez les métaphores marines dans ce texte : à quoi s'opposent-elles ?
• Étudiez l'image et la fonction du poète.

④ FRAGMENTS POUR GUEVARA

• Relevez les éléments politiques du texte ; quelle image idéologiquement « positive » composent-ils ?
• Montrez comment Bourgeade introduit un recul dans l'image politique de Guevara.
• La dernière réplique détruit-elle ou renforce-t-elle le mythe ?

⑤ L'HISTOIRE TERRIBLE MAIS INACHEVÉE DE NORODOM SIHANOUK

• Étudiez les divers aspects du héros ; quelle impression l'auteur cherche-t-il à produire ?
• Quelle vision du monde politique ce texte propose-t-il ?
• Quels sont les passages qui donnent une dimension épique au texte ? Avec quel autre aspect contrastent-ils ?

⑥ L'ATELIER

• Expliquez ce que suggère l'expression : « du travail pour les morts ».
• La guerre et l'après-guerre : comment ces deux périodes sont-elles évoquées ?
• Étudiez le personnage de Léon ; quel rôle joue l'humour dans ce monologue ?

⑦ MOI JE

• Montrez ce que comportent de « freudien » l'image du père et les relations père/fils.
• Relevez les images qui sous-tendent le thème de la culpabilité ; observez à ce propos l'emploi des temps.
• Montrez comment l'humour, dont vous étudierez les procédés, empêche le texte de sombrer dans le tragique.

⑧ LA RONDE DE NUIT

• Étudiez l'emploi des modes et des temps : que révèle-t-il ?
• Par quels procédés Modiano met-il en évidence l'effacement du narrateur ?
• Comment la guerre et l'héroïsme sont-ils présentés ?

⑨ LES PETITS ENFANTS DU SIÈCLE

• Montrez comment les questions économiques priment tout sentiment et toute morale.
• Une initiation à la vie : dégagez-en les acquis.
• Montrez le contraste entre les souvenirs d'enfance réels et le travail d'écriture de l'adulte : quel effet cela produit-il ?

⑩ GROOM

• À la lecture de cet extrait, peut-on imaginer que le narrateur soit un enfant ?
• À l'aide du texte, expliquez l'image : « Je suis poreux. »
• Par quels procédés stylistiques Vautrin reproduit-il la « cadence infernale » de cette vie de « groom » ?

⑪ LES AUTONOMES

• Observez les mécanismes automatiques dans le langage de l'écrivain ; quels traits de caractère suggèrent-ils ?
• Étudiez, dans cette page, l'héritage de Mai 68.
• Relevez les contradictions internes du personnage.
• Appréciez le rôle joué par le dessin dans cette B.D.

⑫ DÉSERT

• Observez l'évolution du thème de la lumière au fil du texte ; quel sens métaphorique prend-elle à la fin ?
• Quel drame vit Lalla ? Comment peut-elle en sortir ?
• Relevez les occurrences du mot « rythme ». Que remarquez-vous ? À partir de quelques exemples, montrez comment Le Clézio reproduit cela dans ses phrases.

⑬ GASPARD, MELCHIOR ET BALTHAZAR

• Observez les éléments du décor : quelle impression Tournier cherche-t-il à produire ?
• « On ne cessait de descendre » : quelles significations prend cette phrase ?
• Relevez les passages qui se rattachent au catholicisme dans cet extrait ; quelles fonctions Tournier assigne-t-il à cette religion ?

Exploitation de l'iconographie

Page XIII
• Analysez en quoi le tableau de Cézanne correspond au texte de Paul Cézanne cité p. 301.
• Étudiez les techniques (structures, lignes, couleurs...) mises en œuvre par Matisse.
• Expliquez en quoi ces deux œuvres illustrent l'évolution de la peinture au début du siècle.

Page XIV
• Quels points communs peut-on établir entre ces deux œuvres ?
• D'après ces tableaux, caractérisez le « cubisme analytique » ; en quoi correspond-il bien à l'époque qui le voit naître ?

Page XV
• Comparez le graphisme et le traitement de la couleur dans ces deux œuvres.
• Quelle image du monde et de l'homme ressort de chacun de ces tableaux ? Quels rapports pouvez-vous établir entre eux et la date de leur réalisation ?
• Pourquoi ces œuvres ont-elles choqué le public ?

Page XVI
• Quels liens peut-on établir entre ces trois tableaux (leur sujet, leur technique...) et la société de leur époque (faits historiques, évolution des mentalités...) ?
• À quel(s) auteur(s) dramatique(s) peut faire penser le tableau de Fougeron ? Pourquoi ?
• Selon vous, quel effort Rancillac cherche-t-il à produire ? Par quels moyens ?
• « Au confluent des courants » : en quoi le tableau de Laget correspond-il à cette formule ?

Page 333
• Ces documents constituent deux paires antithétiques : lesquelles ? Pourquoi ?
• En quoi ces quatre documents, par delà leur date, représentent-ils quatre images significatives du XXe siècle et quatre grands courants de pensée ?

Page 444
• Analysez comment ces sculptures présentent deux visions de l'homme du XXe siècle et de son époque.
• En quoi ces deux réalisations architecturales évoquent-elles le XXe siècle ? Laquelle préférez-vous ? Pourquoi ?

Prolongements

① METTRE EN SCÈNE :

• l'extrait de Courteline : « Breloc et le commissaire » ;
• l'extrait de *Knock* de J. Romains ;
• l'extrait de *Topaze* de M. Pagnol ;
• le poème « Chasse à l'enfant » de Prévert ;
• l'extrait de *La Leçon* de Ionesco ;
• l'extrait du *Mur* de Sartre ;

② RÉDIGER :

• une lettre d'un soldat combattant dans les tranchées en 1917 à sa fiancée restée à Paris ; La réponse de celle-ci ;
• la réponse d'un peintre cubiste à un article critiquant son œuvre ;
• le récit d'un homme du « Moyen Âge » découvrant un hôpital moderne ;
• à la façon de J. Romains, les réflexions d'un chat des rues qui entre, pour la première fois, dans un appartement moderne ;
• un texte libre à la manière des surréalistes ;
• la réponse de Gudule à la chanson de B. Vian ;
• à la façon des *Exercices de style* de Queneau, le même récit fait par un biologiste, un philosophe, un « loubard » ;
• une bande dessinée à la façon de Bretécher, située dans un salon parisien.

③ EXPRESSION ORALE

• Imaginez le reportage d'un journaliste participant à l'inauguration du métro parisien.
• Réalisez un « meeting » tenu par des étudiants en Mai 68.
• Réalisez un débat entre partisans et adversaires de l'écologie.
• Imaginez l'entrevue entre un chef d'entreprise et un candidat à un emploi.
• Réalisez une émission télévisée où quelques romanciers français contemporains viendraient présenter un de leurs ouvrages.

④ DISSERTATION

• Partagez-vous l'opinion de Leprince-Ringuet à propos de la science au XXᵉ siècle ?
• « L'imagination au pouvoir » : quelles réflexions vous suggère ce slogan de Mai 68 ?
• Considérez-vous, comme E. Mounier, qu'un écrivain ne peut pas « refuser l'engagement » ?
• À partir des textes présentés dans le chapitre « De mai 1968 à nos jours », dégagez l'image de l'homme moderne, tel que le dépeignent les écrivains.
• Antonin Artaud, dans *Le Théâtre et son double,* considère que « le théâtre contemporain est en décadence parce qu'il a perdu le sentiment d'un côté du sérieux et de l'autre du rire ». Partagez-vous cette opinion ? (vous fonderez votre analyse sur les textes présentés, de 1940 à nos jours).

⑤ COMMENTAIRE COMPOSÉ

• Vous ferez un commentaire composé du texte de Proust : « À l'Opéra avant le lever du rideau ». Vous pourrez, par exemple, étudier comment, en mêlant le réel et sa transfiguration poétique, Proust parvient à dépeindre la haute société de son temps.
• Vous étudierez, sous forme de commentaire composé, le poème de Reverdy, « Tendresse » *(Ferraille),* en observant, notamment, le contraste entre la tristesse ressentie par le poète, et ses espoirs, souvent déçus, mais toujours vifs.
• Vous essaierez de montrer, dans un commentaire composé de la chanson « Göttingen », comment Barbara, tout en soulignant l'opposition entre Paris et Göttingen, choisit de faire triompher la fraternité humaine.
• Vous rédigerez un commentaire composé de l'extrait de *L'Occupation des sols* de J. Echenoz : vous observerez, en particulier, les personnages et le décor, en étudiant la distanciation qu'Echenoz introduit dans ses descriptions et l'effet ainsi produit.

⑥ CONTRACTION DE TEXTE

• Résumez, en environ 150 mots, les paragraphes b) et c) dans la première partie du chapitre : « Quelques aspects de la vie quotidienne » (XXᵉ siècle, 1ʳᵉ partie).
• Résumez, en environ 200 mots, les pages concernant « la peinture » (XXᵉ siècle, 2ᵉ partie).
• Résumez, en environ 250 mots, la partie « Sciences et techniques » (XXᵉ siècle, 3ᵉ partie).
• Résumez, en 250 mots environ, les paragraphes b) et c) (sauf ce qui concerne l'enseignement) de la première partie du chapitre : « Quelques aspects de la vie quotidienne » (XXᵉ siècle, 4ᵉ partie).

Index

[Figurent dans cet index les noms qui ont fait l'objet d'une analyse, ou qui ont caractérisé une époque, un courant... Les pages principales sont indiquées en caractères gras.]

Références photographiques

Moyen Âge et XVIe siècle :
Page I : 1 Bibliothèque Nationale, Paris, ph © Bibl. Nat./Archives Photeb – **2** ph © Pix – **3** ph © Taury-Pix;
Page II : 4 Musée Condé, Chantilly ph © Giraudon – **5** Musée de Cluny, Paris, ph Luc Joubert © Archives Photeb;
Page III : 6 Bibliothèque Nationale, Paris ph © Bibl. Nat./Archives Photeb – **7** Bibliothèque de l'Arsenal, Paris ph © Bibl. Nat./Archives Photeb – **8** Bibliothèque Nationale, Paris ph © Bibl. Nat./Photeb;
Page IV : 9 ph © Pix – **10** Washington National Gallery of Art ph © Edimedia – **11** ph © R. Rozencwajg-Diaf.

XVIIe et XVIIIe siècles :
Page V : 12 Bibliothèque-Musée de la Comédie Française, Paris, ph Luc Joubert © Archives Photeb – **13** Musée National du château de Versailles ph Luc Joubert © Archives Photeb – **14** ph © Hubert Josse;
Page VI : 15 Musée du Louvre, Paris ph Hubert Josse © Photeb – **16** Musée National du château de Versailles ph Hubert Josse © Archives Photeb – **17** Musée du Louvre, Paris ph Hubert Josse © Archives Photeb;
Page VII : 18 Dulwich Picture Gallery ph © The Bridgeman Art Library-Artephot – **19** Musée du Louvre, Paris ph Hubert Josse © Archives Photeb – **20** Musée Calvet, Avignon, ph Musée Calvet © Archives Photeb;
Page VIII : 21 Bibliothèque Nationale, Paris ph © Bibl. Nat./Archives Photeb – **22** ph © P. Miriski-Pix – **23** Bibliothèque Nationale, Paris ph © Bibl. Nat./Archives Photeb.

XIXe siècle :
Page IX : 24 Bibliothèque des Arts Décoratifs, Paris, ph © J.-L. Charmet – **25** Bibliothèque Nationale, Paris ph Jeanbor © Archives Photeb;
Page X : 26 Musée du Louvre, Paris ph Hubert Josse © Archives Photeb – **27** Musée d'Orsay, Paris ph Hubert Josse © Archives Photeb – **28** Philadelphie, The Philadelphia Museum of Art ph © Zauho Press-Artephot;
Page XI : 29 Musée du Louvre, Paris ph Hubert Josse © Archives Photeb – **30** Musée des Beaux-Arts, Nantes ph Studio Madec © Archives Photeb;
Page XII : 31 Musée du Louvre, Paris ph Hubert Josse © Archives Photeb – **32** The Art Institute, Chicago ph © 1990, The Art Institute Chicago All Right reserved © by SPADEM, 1991.

XXe siècle :
Page XIII : 33 Kunsthaus, Zürich ph © Giraudon – **34** Musée de l'Ermitage, Leningrad, ph © Succession Matisse;
Page XIV : 35 Musée National d'Art moderne, CNAC Georges Pompidou, Paris ph Luc Joubert © Archives Photeb, © by SPADEM 1991 – **36** Musée de l'Ermitage, Leningrad ph © Giraudon © by SPADEM 1991;
Page XV : 37 Musée National d'Art Moderne, CNAC Georges Pompidou, Paris, ph © du Musée © by SPADEM 1991 – **38** Musée National d'Art Moderne, CNAC Georges Pompidou, Paris, ph © du Musée, © by ADAGP 1991;
Page XVI : 39 Musée de Dôle, ph © Chechillot – Musée de Dôle, © by ADAGP 1991 – **40** Coll. Part. ph © Lauros Giraudon © by SPADEM 1991 – **41** Collection Fondation Paribas, ph © de la Fondation Paribas/D.R.

Page 232 : Chateaubriand : bibliothèque Nationale, Paris ph Jeanbor © Archives Photeb – Bertall : Bibliothèque Nationale, Paris, ph © Bibl. Nat./Archives Photeb.
Page 333 : Flameng; Musée de l'Armée, Paris ph H. Josse © Archives Photeb – Pavis : ph © Kharbine – Tapabor/D.R. – Le Petit Journal : Coll. Part. ph Jeanbor © Archives Photeb – Montoire : Collection Dalinval ph © Signal – D.R./Archives Photeb.
Page 444 : Richier : Galerie Creuzevault, Paris, ph Luc Joubert © Archives Photeb © by ADAGP 1991 – César : Musée National d'Art Moderne, CNAC Georges Pompidou, Paris, ph Hubert Josse © Archives Photeb © by SPADEM 1991 – Centre Georges Pompidou : ph © CNAC – G.P. – Géode : ph © d'Hérouville-Pix.

Aubin Imprimeur
LIGUGÉ, POITIERS

Dépôt légal : mars 1991
N° d'impression L 37405
Imprimé en France